U0922239

全球股票市场基本情况图

图1　全球主要交易所股票市值（截至2016年12月31日）

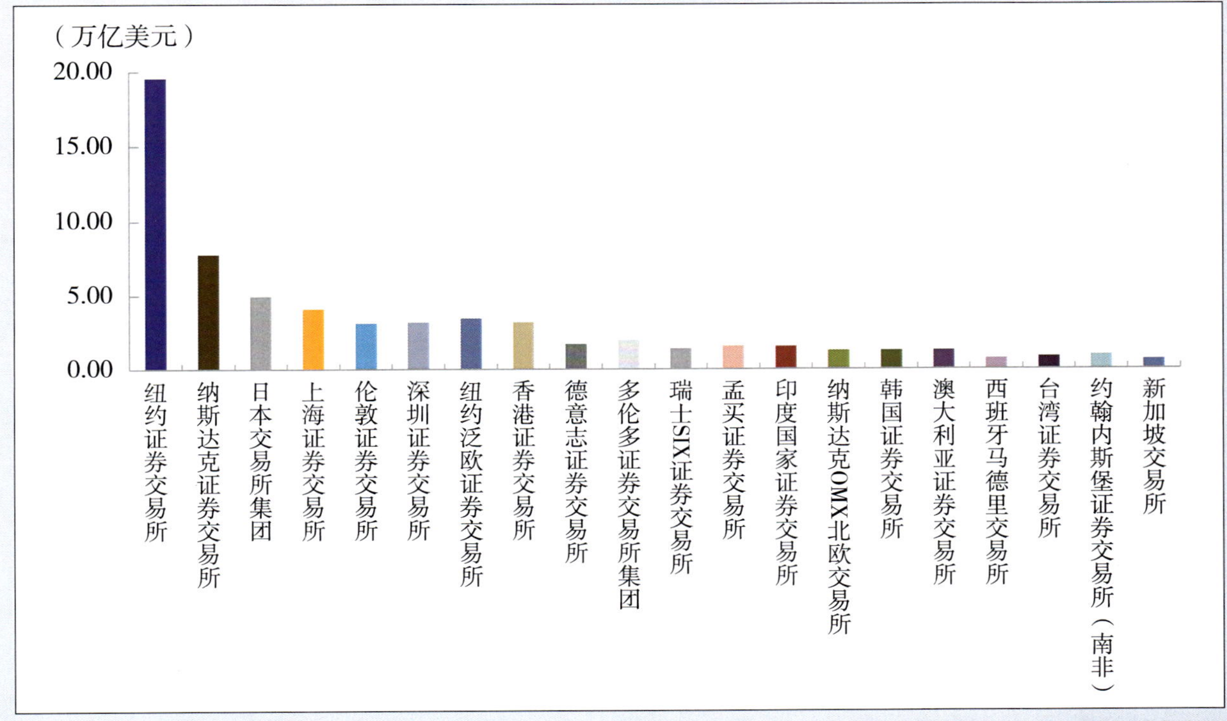

■ 资料来源：世界交易所联合会。

图2　2016年全球主要股票指数变动情况

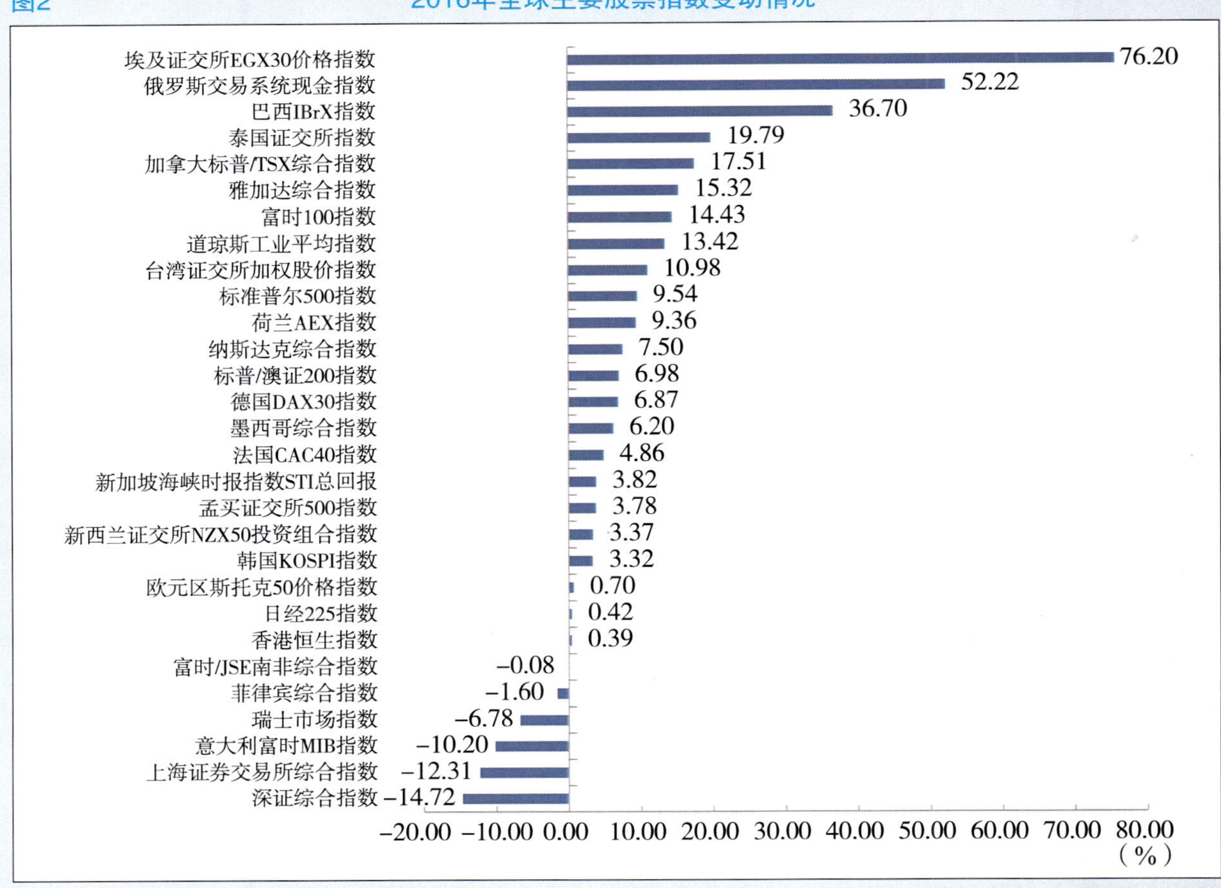

■ 资料来源：Bloomberg。

图3　全球股票总市值历年变化情况

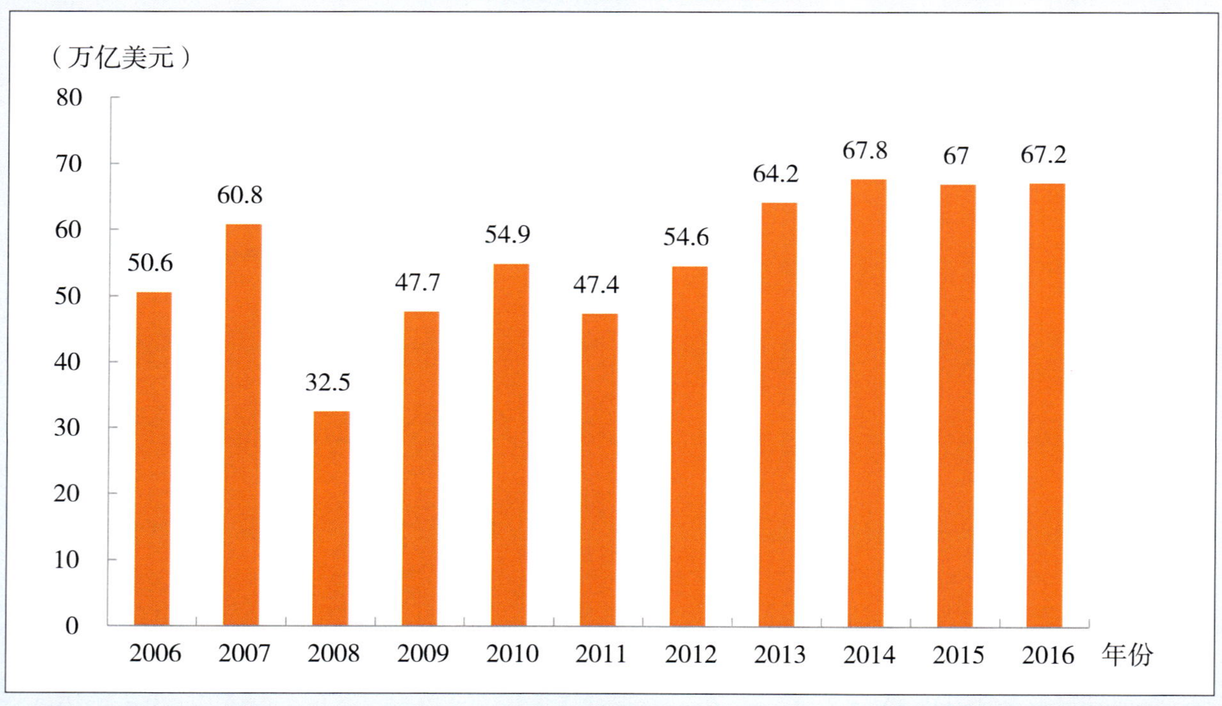

资料来源：世界交易所联合会。

图4　上证综指和深证综指走势

资料来源：Wind资料。

图5　沪深300指数、中小板综指和创业板综指走势

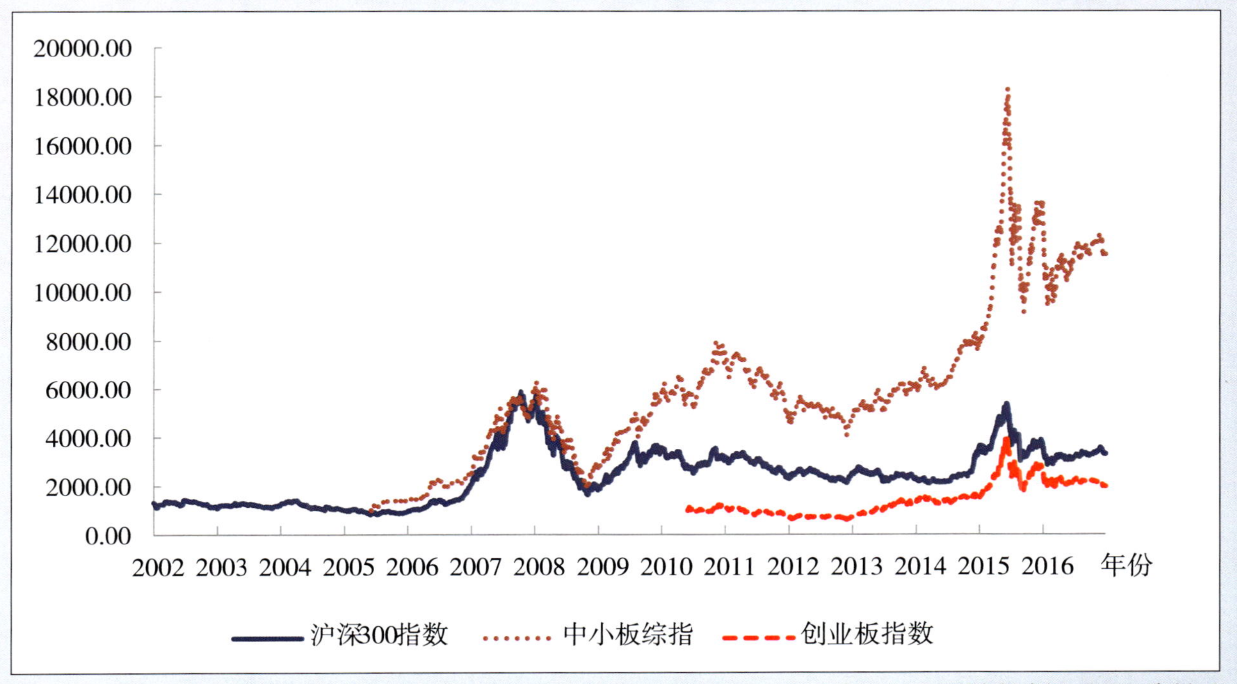

■ 资料来源：Wind资料。

图6　摩根士丹利全球股票指数走势

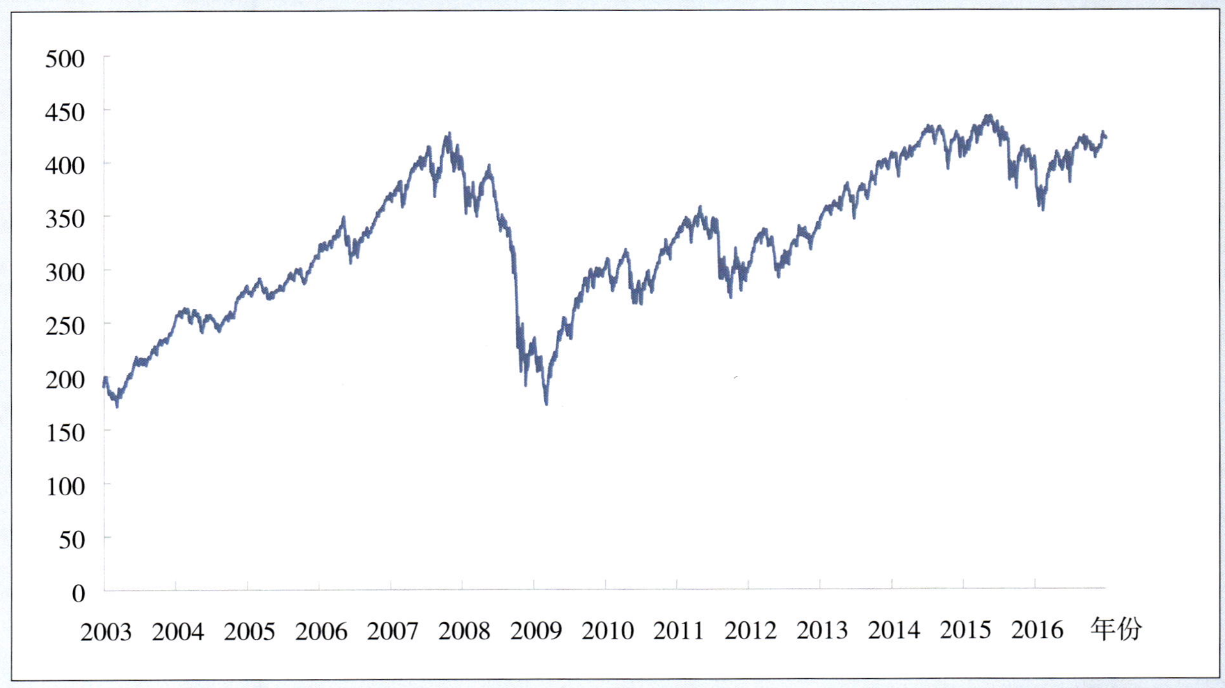

■ 资料来源：Bloomberg。

图7　　摩根士丹利全球发达国家股票指数走势

■ 资料来源：Bloomberg。

图8　　摩根士丹利发展中国家股票指数走势

■ 资料来源：Bloomberg。

ALMANAC OF THE
CHINESE LISTED COMPANIES

中国上市公司年鉴

2017

中国证券监督管理委员会
中 国 上 市 公 司 协 会 编

中国财经出版传媒集团
中国财政经济出版社

图书在版编目（CIP）数据

中国上市公司年鉴．2017／中国证券监督管理委员会，中国上市公司协会编．—北京：中国财政经济出版社，2018.10

ISBN 978－7－5095－8519－1

Ⅰ．①中…　Ⅱ．①中…②中　Ⅲ．①上市公司－中国－2017－年鉴　Ⅳ．①F279.246－54

中国版本图书馆CIP数据核字（2018）第210455号

责任编辑：付克华　　　　责任校对：胡永立

封面设计：北京兰卡绘世

中国财政经济出版社出版

URL：http：//www.cfeph.cn

E－mail：cfeph@cfeph.cn

社址：北京市海淀区阜成路甲28号　邮政编码：100142

营销中心电话：010－88191537　北京财经书店电话：64033436　84041336

北京虎彩文化传播有限公司印刷　各地新华书店经销

889×1194毫米　16开　59印张　1 800 000字

2018年10月第1版　2019年11月北京第3次印刷

定价：998.00元

ISBN 978－7－5095－8519－1

（图书出现印装问题，本社负责调换）

本社质量投诉电话：010－88190744

打击盗版举报热线：010－88191661　QQ：2242791300

《中国上市公司年鉴》（2017）编辑委员会

毛毕华	中国证券监督管理委员会重庆监管局	局　长
叶锦伟	中国证券监督管理委员会安徽监管局	局　长
田向阳	中国证券监督管理委员会宁波监管局	局　长
闫　勇	中国证券监督管理委员会河北监管局	局　长
安青松	中国证券监督管理委员会天津监管局	局　长
孙春生	中国证券监督管理委员会山西监管局	局　长
严伯进	中国证券监督管理委员会上海监管局	局　长
苏虎超	中国证券监督管理委员会内蒙古监管局	局　长
李立国	中国证券监督管理委员会黑龙江监管局	局　长
李永春	中国证券监督管理委员会厦门监管局	局　长
李秉恒	中国证券监督管理委员会湖北监管局	局　长
杨　光	中国证券监督管理委员会贵州监管局	局　长
杨宗儒	中国证券监督管理委员会海南监管局	局　长
吴运浩	中国证券监督管理委员会新疆监管局	局　长
邱　勇	中国证券监督管理委员会湖南监管局	局　长
何庆文	中国证券监督管理委员会江西监管局	局　长
张文鑫	中国证券监督管理委员会青岛监管局	局　长
陈小澎	中国证券监督管理委员会广东监管局	局　长
陈家琰	中国证券监督管理委员会山东监管局	局　长
林　林	中国证券监督管理委员会云南监管局	局　长
柳　磊	中国证券监督管理委员会辽宁监管局	局　长
梁世鹏	中国证券监督管理委员会青海监管局	局　长
梁永生	中国证券监督管理委员会江苏监管局	局　长
焦津洪	中国证券监督管理委员会深圳监管局	局　长
鲁颂宾	中国证券监督管理委员会福建监管局	局　长
滕必焱	中国证券监督管理委员会四川监管局	局　长
颜晓红	中国证券监督管理委员会西藏监管局	局　长

主　　编：宋丽萍

执行主编：刘翠兰

执行编委：（按姓氏笔画排序）

王　坤　王春峰　王修祥　王珠林　王章明　叶　敏　史春阳
匡晓凤　朱晓俊　许加林　苏文贤　李　旭　李金玉　杨德红
肖雪维　何　伟　余　辉　张小军　张文生　张玉祥　张兆兵
张佑君　张海山　张　智　陆　倩　陈剑夫　易　峥　赵凤霞
赵洪军　侯　巍　俞　峰　贺　玲　聂旺标　郭世明　葛　玮
董文敬　韩少平　韩文旦　程催禧　储晓明　蔡　英　廖庆轩
滕兆滨

编写组成员：（按姓氏笔画排序）

丁思德　于灯灯　于晓萌　于　淼　于嘉馨　马昕晔　马秋霞
马兹晖　马倾城　马浩博　马静如　王　亮　王小星　王　刚
王迎光　王佳炜　王宝卷　王珊珊　王　俊　王　勇　王　勐
王　斌　王　瑞　王　磊　王鹤涛　王　璟　卞　民　孔艳芬
石　晋　平海庆　田德水　史凡可　史达宁　白逸凡　印高远
包志敏　吕　品　吕　哲　吕　梁　朱智敏　朱镜宇　任　思
任宪功　伊　韬　刘小勇　刘艺多　刘秀峰　刘建宏　刘浩雅
刘燕强　汤梅梅　孙　林　孙素美　孙晓晖　孙晓雯　孙　烨
孙景文　孙　蕾　苏　飞　李世伟　李东升　李　苗　李学峰
李　艳　李检华　李康莉　李龄玲　杨才表　杨司瀚　杨　帆
杨志华　杨　锐　杨镇宇　杨德付　肖永鹏　肖　勇　肖彬彬
吴亚新　吴凯亮　吴惠清　吴　鹏　何发荣　何庆文　谷　茜
宋文瑜　宋　涛　张　文　张文生　张仕元　张冬明　张姗姗
张　浩　张敏聪　张彩霞　张婉姝　张雅婧　张景霞　张蓉蓉

张　瑶　陆　倩　陈永强　陈　宇　陈　希　陈国飞　陈周飞
陈　玲　陈显帆　陈绪旺　陈燕苹　邵珠东　范家勇　易华强
易　轰　金晟哲　周子歆　周　羽　周建华　周星辰　周　峰
周笑汀　周海东　庞　秦　郑连声　郑坤山　郑昕璨　郎丰高
赵金厚　赵　波　赵　南　赵　超　赵　瀛　胡文浩　胡文静
胡书乐　侯英杰　侯　睿　俞　峰　洪文志　洪　娟　祝庆松
弭杨囡　贺众营　袁同济　贾汝明　顾　晟　柴小平　徐　勇
徐　萍　徐雪洁　栾伟华　高恺阳　郭若超　唐国强　黄弘扬
黄锦涛　曹玲燕　龚毓幸　盛　夏　梁　澈　宿伟娜　彭　勃
彭家乐　葛　军　董岚枫　董阅军　蒋　诚　蒋隐丽　韩轶超
韩　瑶　程锦文　鲁斯嘉　曾海青　曾　琦　谢　誉　楚天慧
訾　磊　鲍　晟　翟太煌　樊晓晖　樊跃华　潘　俊　潘琼芳
薛静漪　霍　丹　戴文慧　戴佳娴

支持单位：（排名不分先后）

中信证券股份有限公司　上海证券交易所
申万宏源证券有限公司　深圳证券交易所
长江证券股份有限公司　伦敦证券交易所
渤海证券股份有限公司　德意志交易所
华融证券股份有限公司　东京证券交易所
山西证券股份有限公司　纽约证券交易所
西南证券股份有限公司　多伦多证券交易所
银华基金管理股份有限公司　新加坡证券交易所
博时基金管理有限公司　中信建投证券股份有限公司
浙江核新同花顺网络信息股份有限公司
《中国证券报》　《上海证券报》　《证券时报》　《证券日报》

编写说明

《中国上市公司年鉴》由中国证监会、中国上市公司协会组织编撰，是一部全面反映中国上市公司经营、发展和改革状况，以及上市公司监管政策、法律法规体系的专业性、权威性、综合性年鉴。《中国上市公司年鉴》从2007年起，每年一卷，以作为上市公司、投资者、监管工作者、研究机构、证券公司、基金公司、有关中介机构等共享和沟通上市公司信息资源的平台。

《中国上市公司年鉴（2017）》全方位、多角度、跨地区、跨行业地汇集了上市公司2016年度的基本状况，尤其对不同行业、不同地区上市公司经营状况及相关数据进行了详尽的采集和深度的分析，使读者可以全面、细致、深入地了解上市公司的经营状况和发展前景。

《中国上市公司年鉴（2017）》共设有8个篇目，各篇目下按具体内容分为章、节、目、段多个层次。篇目内容依次为：综合发展篇、上市公司行业篇、上市公司地区篇、上市公司治理篇、上市公司并购重组篇、大事记、政策法规篇及统计篇。为方便读者，本年鉴配有CD－ROM电子出版物。另外，因篇幅所限，政策法规篇和统计篇的内容只进入了电子出版物。

《中国上市公司年鉴（2017）》“上市公司行业篇”中，上市公司的行业归属系根据中国证监会2016年第四季度发布的最新行业划分标准分类。

《中国上市公司年鉴（2017）》由中国证监会、中国上市公司协会、各证监局、上海证券交易所、深圳证券交易所、部分证券公司、相关媒体等单位及部分专家、学者共同参与编写，各种资料和数据权威、可靠，均经各撰稿单位审阅。

《中国上市公司年鉴（2017）》由中国上市公司协会首任会长陈清泰同志、中国证监会副主席阎庆民同志任编委会名誉主任，中国上市公司协会会长王建宙同志、中国上市公司协会副会长李小雪同志任编委会主任，中国证监会上市公司监管部、上海证券交易所、深圳证券交易所、中国上市公司协会的负责同志任编委会副主任，各证监局负责人任编委会委员。

《中国上市公司年鉴（2017）》“上市公司行业篇”“上市公司地区篇”中的数据，除特别说明外，由浙江核新同花顺网络信息股份有限公司整理提供。

《中国上市公司年鉴（2017）》中的资料、数据，除特别说明外，截止时间为2016年12月31日。

《中国上市公司年鉴（2017）》的编撰工作得到了各撰稿单位及撰稿人的大力支持，在此谨表示衷心的感谢！对本年鉴的不足之处，诚请提出批评和改进意见，以使《中国上市公司年鉴》日臻完善。

《中国上市公司年鉴》编辑部

2018年5月　　北　京

目　录

第一篇　综合发展篇

第二篇　上市公司行业篇

第三篇　上市公司地区篇

第四篇　上市公司治理篇

第五篇　上市公司并购重组篇

大事记

注：限于篇幅，以下内容只进入随书 CD－ROM，目录只做列示

政策法规篇

行政法规、法规性文件

中国证监会发布的部门规章及规范性文件

综合类

市场交易类

附录

司法解释及其他司法文件

其他部委发布的相关部门规章及规范性文件

统计篇

第一篇

综合发展篇

- 2016 年上市公司基本情况
- 沪市上市公司 2016 年报整体分析报告
- 沪市上市公司 2016 年报会计问题分析报告
- 沪市上市公司 2016 年报审计问题分析报告
- 沪市上市公司 2016 年报内部控制信息披露分析
- 深交所多层次资本市场上市公司 2016 年报实证分析报告
- 深市上市公司 2016 年国资改革情况分析
- 深市上市公司 2016 年报内控报告披露情况分析
- 深市上市公司 2016 年公司治理情况分析
- 深市上市公司 2016 年社会责任报告情况分析
- 2016 年海外股票市场基本情况

2016 年上市公司基本情况

2016 年，从国际环境来看，世界经济增速持续放缓，发达经济体经济增速明显回落，新兴市场与发展中经济体整体增速止跌回升，分化态势加剧；贸易保护主义抬头，国际贸易持续低迷；大宗商品价格低位回升，彭博商品指数上涨 11.5%，创下自 2010 年以来的首次上涨；英国脱欧、美国大选和美联储加息预期增强等因素导致国际金融市场时有震荡，全球经济金融环境依然严峻；国际直接投资活动有所减缓，全球并购交易增长率显著下降。国内方面，在积极的财政政策、适应性的货币政策和房地产政策的作用下，国内经济在持续筑底中企稳回升。2016 年我国经济结构转型取得显著成效，企业绩效大幅改善，经济回暖的微观基础逐步筑实。

2016 年，国家出台一批具有标志性、关键性的重大改革方案，在重要领域和关键环节改革取得突破性进展，开放型经济发展水平不断提升：加快投融资体制改革步伐，优化投资结构；深化价格改革，发挥市场的定价功能；稳步开展国有企业和重点行业改革，促进国有企业迸发新活力；加快形成公平竞争市场环境，出台建立公平竞争审查制度的意见，预防政府部门制定限制竞争的措施；有序推进财税金融改革，全面推开营改增试点，正式启动“深港通”机制。全年经济运行缓中趋稳、稳中向好，全年经济增长处在预期目标区间，经济结构调整和供给侧结构性改革取得明显成效。

2016 年，我国 GDP 为 743585.5 亿元，同比增长 6.7%，增长率较 2015 年小幅下滑，但是经济增长逐步企稳。全年 CPI 上涨 2.0%，较 2015 年有所上升；全年 PPI 下降 1.4%，较 2015 年降幅有所收窄，12 月份达到 102.8；PPI 回升使得企业利润有所增加，2016 年全国规模以上工业企业利润总额为 68803.2 亿元，比 2015 年同比增长 8.5%。进出口同比回落，全年货物进出口总额 243344.2 亿元，比 2015 年下降 1.0%，贸易顺差继续保持高位，达到 33473.1 亿元。与此同时，我国产业结构优化升级加速，第二产业持续向高端制造业转型，高技术制造业和装备制造业增加值比 2015 年分别增长了 10.8% 和 9.5%，增速分别比规模以上工业快 4.8 个百分点和 3.5 个百分点。在制造业投资整体低迷、基建投资增速回落的情况下，服务业投资达到了 10.9% 的增长。服务业增长强劲，第三产业增加值同比增长 7.8%，第二产业增加值增速为 6.1%。全年第三产业国内生产总值占 GDP 的比重达到 51.6%，高于第二产业 11.8 个百分点。高端制造业和现代服务业快速发展，表明我国新旧增长动能正在加速转换。

面对挑战和机遇，2016 年 A 股上市公司经营业绩整体仍实现增长。其中，大盘蓝筹股依然起到了中流砥柱的作用；战略新兴产业经营规模占比逐步提升，研发投入持续增加，上市公司具有创新性和成长性。

2016 年，IPO 新规取消预缴款申购制度，减少了投资者在打新时需要动用的资金数量，同时证监会在下半年加大 IPO 审核力度，新股发行速度明显提升。在监管政策趋严的环境下，上市公司并购重组在"依法、全面、从严"的监管引导下呈现"量降质升"态势。中国经济发展债务率、杠杆率较高的形势依然严峻，加大直接融资、加快资本形成的需求依然强烈，这也将为资本市场发展提供巨大空间。

截至 2016 年年底，我国境内上市公司数量为 3052 家，上市公司总资产规模达到 201.97 万亿元，归属于上市公司母公司净利润达到 2.73 万亿元。

一、公司上市速度加快，支持创新创业

截至 2016 年年底，共有 227 只新股相继发行，总募资规模近 1496 亿元。我国股票市场上市公司数量增至 3052 家（见图 1），较 2015 年增加 225 家，同比增长 7.96%。其中，上交所上市公司为 1182 家，较 2015 年增加 101 家；深交所上市公司为 1870 家，较 2015 年增加 124 家，其中主板、中小板、创业板分别为 478 家、822 家、570 家，除深市主板上市公司数量维持不变之外，深市中小板和创业板上市公司数量均有所增加，分别同比增长 5.93% 和 15.85%。中小板、创业板公司数量逐步增加，由此可以看出我国重视创新创业理念，使得中小板、创业板得到了迅速发展。

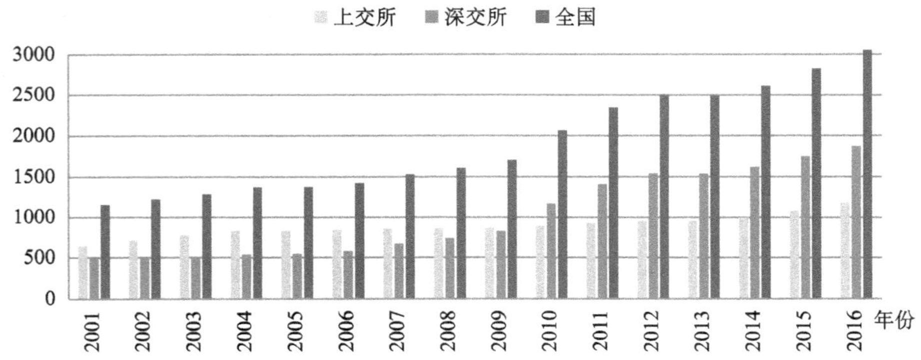

资料来源：沪深交易所，同花顺。

图 1　各年度全国上市公司数量（1998～2016 年）

截至 2016 年年底，3052 家上市公司仅发行 A 股的公司数量为 2952 家，仅发行 B 股的上市公司为 18 家，A+B 股上市公司为 82 家。

二、上市公司股本规模持续增加

2016 年，上市公司数量增加，上市公司股本呈现扩大趋势。截至 2016 年 12 月 31 日，上市公司总股本（包括 A 股、B 股和 H 股）达 55953 亿股，其中境内股本规模（A 股和 B 股）为 48821 亿股，境内流通股本规模 41119 亿股。上市公司平均总股本达到 18.33 亿股，其中平均境内总股本为 16.00 亿股，平均境内流通股本规模为 13.47 亿股。

根据统计数据，1996 年底总股本规模在 5 亿股以上的上市公司数量为 5 家，2015 年年底为 1471 家，而这一数据截至 2016 年年底为 1745 家；总股本规模在 10 亿股以上的企业在 1996 年年底仅为 10 家，2015 年年底为 713 家，2016 年年底增至 912 家（见表 1）。

表 1　　2016 年年底上市公司按股本规模数量分布　　单位：家

总股本规模	上海	深圳	合计（单位：家）
1 亿股以下	31	105	136
1 亿 ~2 亿股（含 2 亿股）	74	201	275
2 亿 ~3 亿股（含 3 亿股）	107	194	301
3 亿 ~5 亿股（含 5 亿股）	197	398	595
5 亿 ~10 亿股（含 10 亿股）	285	548	833
10 亿股以上	488	424	912
合计	1182	1870	3052

资料来源：沪深交易所，Wind 资讯。

截至 2016 年年底，总股本达到 100 亿股以上的公司数量为 66 家，合计总股本 26699 亿股，较 2015 年增加 3 家（见表 2）。其中，银行业公司共 15 家，总股本达到 15525 亿股，占这一区间股本总数的 58.15%。

表 2　　2016 年年底总股本超过 100 亿股的 66 家公司股本情况　　单位：亿股

代码	名称	总股本	A 股	H 股
601398. SH	工商银行	3564	2696	868
601288. SH	农业银行	3248	2941	307
601988. SH	中国银行	2944	2108	836
601939. SH	建设银行	2500	96	2404
601857. SH	中国石油	1830	1619	211
600028. SH	中国石化	1211	956	255
601328. SH	交通银行	743	393	350

续表

代码	名称	总股本	A 股	H 股
601998. SH	中信银行	489	341	149
601818. SH	光大银行	467	398	69
600016. SH	民生银行	365	296	69
000725. SZ	京东方 A	352	340	0
600010. SH	包钢股份	326	326	0
601668. SH	中国建筑	300	300	0
601628. SH	中国人寿	283	208	74
601766. SH	中国中车	273	229	44
600036. SH	招商银行	252	206	46
600018. SH	上港集团	232	232	0
601390. SH	中国中铁	228	186	42
600900. SH	长江电力	220	220	0
600000. SH	浦发银行	216	216	0
601899. SH	紫金矿业	215	158	57
600050. SH	中国联通	212	212	0
000166. SZ	申万宏源	201	201	0
601088. SH	中国神华	199	165	34
600795. SH	国电电力	197	197	0
601618. SH	中国中冶	191	162	29
601166. SH	兴业银行	191	191	0
601989. SH	中国重工	184	184	0
601318. SH	中国平安	183	108	74
000001. SZ	平安银行	172	172	0
603993. SH	洛阳钼业	169	130	39
600221. SH	海航控股	168	164	0
600019. SH	宝钢股份	165	165	0
601800. SH	中国交建	162	117	44
601985. SH	中国核电	156	156	0
601169. SH	北京银行	152	152	0
600011. SH	华能国际	152	105	47
601600. SH	中国铝业	149	110	39
601006. SH	大秦铁路	149	149	0

续表

代码	名称	总股本	A 股	H 股
600115. SH	东方航空	145	98	47
600871. SH	石化油服	141	120	21
601669. SH	中国电建	138	138	0
600023. SH	浙能电力	136	136	0
601186. SH	中国铁建	136	115	21
601727. SH	上海电气	134	105	30
601991. SH	大唐发电	133	100	33
601898. SH	中煤能源	133	92	41
601018. SH	宁波港	132	132	0
601111. SH	中国国航	131	85	46
601880. SH	大连港	129	77	52
600157. SH	永泰能源	124	124	0
000100. SZ	TCL 集团	122	122	0
600606. SH	绿地控股	122	122	0
600030. SH	中信证券	121	98	23
600048. SH	保利地产	119	119	0
601866. SH	中远海发	117	79	38
600919. SH	江苏银行	115	115	0
600837. SH	海通证券	115	81	34
000002. SZ	万科 A	110	97	13
600104. SH	上汽集团	110	110	0
600688. SH	上海石化	108	73	35
600015. SH	华夏银行	107	107	0
601992. SH	金隅股份	107	83	23
000709. SZ	河钢股份	106	106	0
601919. SH	中远海控	102	76	26
600005. SH	武钢股份（退市）	101	101	0

资料来源：沪深交易所，Wind 资讯。

三、最严重组新规发布，并购重组量降质升

2016 年，并购重组沿着服务实体经济的主方向，助改革、强主业、促转型、去产能，产业逻辑和价值导向贯穿始终，成为供给侧改革和国企改革的新亮点，转型升级和培育新动能的支撑点，响应“一带一路”倡议的发力点。在证监会“依法、全面、从严”的监管下，上市公司实施并购重组更加理性务实，紧贴实体经济运行轨道。从总体上来看，虽然上市公司并购重组的数量略有下降，但是质量

效率却有所提升，并购重组的协同效应、财富效应和市值效应获得更好体现。2016年前三季度，沪市完成重组的89家公司共实现营业收入3843亿元，同比增长39.4%；实现净利润202亿元，同比增长112.6%。

2016年，沪深两市并购重组数量和规模均发生下滑，沪市全年共完成并购重组594家次，交易总金额8500亿元，较2015年度同比分别下降31%和18%。重大资产重组方面，178家公司停牌进入重组程序，同比下降28%。150家公司披露重组方案。89家公司完成重大资产重组，同比下降3.26%；涉及交易金额3500亿元，同比下降19.56%。合计增加市值1900亿元，新增市值超过百亿的公司13家。深市上市公司共披露重组方案247单，涉及交易金额5409亿元，配套融资金额2024亿元。而2015年度深市上市公司共披露重组方案385单，涉及交易金额8686亿元，配套融资金额3113亿元。2016年重组方案披露单数、交易金额、配套融资金额较2015年同期分别下降36%、38%、35%。

2016年9月8日，证监会发布《关于修改〈上市公司重大资产重组管理办法〉的决定》，对《上市公司重大资产重组管理办法》的部分条文进行修订。随着股权分置改革的完成，我国资本市场逐步具备了促进上市公司大规模并购重组的能力和条件，新办法的实施有利于保护上市公司和投资者的合法权益，促进上市公司质量不断提高，维护证券市场秩序和社会公共利益。其中的修订包括：重新界定非上市公司反向收购上市公司的标准；明确首次累计原则的累计期限；明确上市公司控制权的认定标准；增加对上市公司及原控股股东的合规性要求；取消重组上市的募集配套融资；延长股份锁定期；增加对规避重组上市的追责条款等。

2016年，沪市国有控股上市公司国企改革与供给侧改革同向发力，并购重组主渠道作用发挥更加充分。沪市共有近61家中央和地方国企披露重大资产重组预案，交易金额近3000亿元，此外，17家国有上市公司借助并购重组引入战略合作伙伴，实施股权激励和员工持股计划，将国企改革向纵深推进；深市共有75家国有企业披露重组或再融资方案，52家国有企业完成重组或再融资方案实施。

在此过程中，宝钢武钢披露合并报告，合并成功后将成为全国钢铁产业无可争议的巨无霸，这有利于通过兼并重组化解过剩产能，推进行业“去产能”；中船重工144亿动力资产注入风帆股份，打造中船重工统一的动力业务平台；国药集团实施内部业务整合，与国家深化医疗体制改革战略相契合。

四、上市公司行业分布改善，地区分布呈现两极分化

由于自然地理、历史文化、地区政策、市场结构和投资环境的不同，我国上市公司地域性差异依然存在，各地区经济增长有显著差别，上市公司的数量、规模和盈利能力也表现出不平衡性。

截至 2016 年年底，全国拥有上市公司数量前 5 名的地区为江苏 317 家、北京 282 家、浙江 273 家、广东 241 家、上海 240 家，均为发达地区，符合我国经济增长的区域格局；而上市公司数量排名靠后的则为青岛、贵州、西藏、青海和宁夏，大部分为相对落后的地区，其中宁夏 2016 年无新增上市公司（见表 3）。

表 3　2016 年年底上市公司按省市数量分布　单位：家

地区	上市公司数量	地区	上市公司数量
江苏省	317	陕西省	45
北京市	282	重庆市	44
浙江省	273	吉林省	41
广东省	241	山西省	38
上海市	240	厦门市	37
深圳市	233	江西省	36
山东省	148	广西壮族自治区	36
四川省	110	黑龙江省	35
湖北省	96	云南省	32
安徽省	93	甘肃省	30
湖南省	85	大连市	28
河南省	74	海南省	28
福建省	70	内蒙古自治区	26
宁波市	56	青岛市	25
河北省	52	贵州省	23
辽宁省	48	西藏自治区	14
新疆维吾尔自治区	47	青海省	12
天津市	45	宁夏回族自治区	12

资料来源：沪深交易所，同花顺。

区域分布上，华东地区比重最大，共有 1295 家上市公司，占全部上市公司比重的 42.43%，同比增加 9.47%；中南地区次之，上市公司数量为 793 家，占比 25.98%，同比增加 8.93%；而上市公司分布最少的为西北地区，仅为 146 家，占比 4.78%（见表 4），同比增加 8.15%。整体来看，华东地区、中南地区上市公司占比进一步上升，同时华北地区、西南地区、东北地区占比则都有所下降。我国上市公司区域分布不平衡与我国目前的经济格局基本一致，且从 2016 年的分布情况来看，两极分化情况未得到改善，反而有微幅加剧的趋势。

表 4　　2016 年年底全国上市公司区域分布

	数量（家）	比例（%）	包括省份
华东地区	1295	42.43	鲁（含青岛市）、苏、皖、浙（含宁波市）、沪、赣、闽（含厦门市）
中南地区	793	25.98	鄂、湘、桂、粤（含深圳市）、琼、豫
华北地区	443	14.52	京、津、冀、晋、内蒙古
西南地区	223	7.31	滇、黔、蜀、藏、渝
东北地区	152	4.98	辽（含大连市）、吉、黑
西北地区	146	4.78	陕、甘、宁、青、新
合计	3052	100.00	

资料来源：沪深交易所，同花顺。

截至 2016 年年底，我国制造业上市公司数量占上市公司总数的比例为 62.65%，与 2015 年相比，下降了 0.49 个百分点，信息传输、软件和信息技术服务业上市公司数量占比为 6.65%，与 2015 年相比，上升了 0.99 个百分点；批发和零售业上市公司占比相对于 2015 年下降了近 0.19 个百分点，占比为 5.11%；房地产业上市公司数量占比下降了 0.61 个百分点，占比达到 4.23%。电力、热力、燃气及水生产和供应业、交通运输、仓储和邮政业、采矿业均有小幅下降。建筑业、金融业、租赁和商务服务业和文化、体育和娱乐业均有小幅上升。住宿和餐饮业、卫生和社会工作和教育业的上市公司数量占比依然不足 0.5%（见表 5）。

表 5　　2016 年年底全国上市公司按门类行业比例分布

行业	上市公司家数	占比（%）	行业	上市公司家数	占比（%）
制造业	1912	62.65	农、林、牧、渔业	46	1.51
信息传输、软件和信息技术服务业	203	6.65	文化、体育和娱乐业	45	1.47
批发和零售业	156	5.11	租赁和商务服务业	42	1.38
房地产业	129	4.23	水利、环境和公共设施管理业	32	1.05
电力、热力、燃气及水的生产和供应业	96	3.15	科学研究和技术服务业	27	0.88
建筑业	90	2.95	综合	23	0.75
交通运输、仓储和邮政业	89	2.92	住宿和餐饮业	11	0.36
采矿业	75	2.46	卫生和社会工作业	7	0.23
金融业	66	2.16	教育	3	0.10

资料来源：沪深交易所，同花顺。

制造业上市公司细分为 29 个行业大类，其中公司总数超过 100 家的子行业分别是计算机、通信和其他电子设备制造业、化学原料及化学制品制造业、电气机械及器材制造业、医药制造业、专用设备制造业和通用设备制造业，和 2015 年保持一致（见表 6）。我国计算机、通信和其他电子设备制造业上市公司数量占制造业上市公司总数的比例为 14.17%，与 2015 年相比，上升了 0.67 个百分点；化学原料及化学制品制造业上市公司占比相对于 2015 年下降了近 0.14 个百分点，占比达到了 10.62%；电气机械及器材制造业上市公司占比相对于 2015 年下降了 0.16 个百分点，占比达到了 10.09%。

表 6　　2016 年年底全国制造业上市公司按行业大类分布

行业	上市公司家数	占比（%）	行业	上市公司家数	占比（%）
计算机、通信和其他电子设备制造业	271	14.17	食品制造业	38	1.99
化学原料及化学制品制造业	203	10.62	铁路、船舶、航空航天和其他运输设备制造业	36	1.88
电气机械及器材制造业	193	10.09	黑色金属冶炼及压延加工业	33	1.73
医药制造业	174	9.10	纺织服装、服饰业	30	1.57
专用设备制造业	174	9.10	造纸及纸制品业	27	1.41
通用设备制造业	120	6.28	化学纤维制造业	21	1.10
汽车制造业	95	4.97	石油加工、炼焦及核燃料加工业	18	0.94
非金属矿物制品业	78	4.08	其他制造业	18	0.94
有色金属冶炼及压延加工业	60	3.14	家具制造业	13	0.68
橡胶和塑料制品业	57	2.98	文教、工美、体育和娱乐用品制造业	11	0.58
金属制品业	52	2.72	印刷和记录媒介复制业	10	0.52
酒、饮料和精制茶制造业	41	2.14	木材加工及木、竹、藤、棕、草制品业	9	0.47
纺织业	40	2.09	皮革、毛皮、羽毛及其制品和制鞋业	8	0.42
仪器仪表制造业	40	2.09	废弃资源综合利用业	4	0.21
农副食品加工业	38	1.99	总计	1912	—

资料来源：沪深交易所，同花顺。

2016年，我国经济结构得到进一步优化，服务业在国内生产总值中的比重上升至51.6%，比2015年提高了1.4个百分点，与此同时，我国上市公司行业分布也得到改善：一方面，以制造业和农、林、牧、渔业为代表的第一、二产业上市公司数量占比下降，而第三产业金融业、租赁和商务服务业、文化、体育和娱乐业以及科学研究和技术服务业上市公司占比上升，上市公司行业分布向附加值更高的第三产业倾斜；另一方面，制造业上市公司中，计算机、通信和其他电子设备制造业和医药制造业等占比上升，制造业上市公司分布向技术更为先进的中高端制造业倾斜。

五、上市国企改革深化，多形式优化结构提质增效

2016年，国有企业改革取得重大进展。一方面，顶层设计基本完成，以《关于深化国有企业改革的指导意见》为引领、以若干文件为配套的“1+N”政策体系基本形成；另一方面，“十项改革试点”全面铺开，重大改革举措加快落地。

2016年，公司制股份制改革步伐明显加快，中央企业的子企业公司制改制面超过92%，混合所有制企业户数占比达到68%。董事会建设进一步深化，建设规范董事会的中央企业达到85家，外部董事人才库增加到389人，专职外部董事增加到26人。同时，供给侧改革不断深化，央企重组明显提速。2016年，国资委推动港中旅与国旅、中粮与中纺、中国建材与中材集团、宝钢与武钢、中储粮与中储棉这5对10户中央企业进行重组，央企总数缩减至102户。

2016年，沪深两市上市公司在国家有关政策的支持下，多种形式国资国企改革的成绩有目共睹。在中央文件的指引下，中央国有企业和地方国有企业充分利用集团或省份内的上市公司资源，利用混合所有制改革、并购重组、国有资本投资运营平台等改革手段，实现了国有企业的做大做优做强，也形成了中国联通、中粮集团和云南白药等一批中央和地方国有企业的国企改革样板，为国有企业改革的全面铺开打下了坚实的基础。未来国有企业将充分利用上市公司资源和资本市场工具，实现实体经济与金融市场的双赢。

六、2016年上市公司经营情况

根据上市公司2016年年报披露数据，2016年度全部上市公司共实现营业收入324014亿元，按可比口径计算，较2015年同比增长6.74%；实现利润总额37689亿元，同比增长4.54%；实现归属于母公司股东的净利润2.73万亿元，同比增长5.9%。

2015年上市公司年报数据呈现出以下特点：

（一）上市公司业绩整体向好

2015年，上市公司业绩整体向好。一方面，2016年全年3052家上市公司营

业收入按可比样本计算，累计同比增长6.74%，较2015年增幅增加5.09个百分点；另一方面，2016年全年3052家上市公司归属于母公司股东的净利润同比增长5.9%，较2015年的增幅增加3.66个百分点。

根据年报披露情况，按可比口径计算，2016年上市公司盈利的数量为2808只，占全部上市公司总数的92.01%，较2015年有所上升；2016年上市公司亏损公司的数量为244家，按照可比口径，较2015年354家减少100家。

根据上市公司盈利水平分布状况统计，按可比口径计算，2016年度实现归属于母公司股东的净利润超过6000万元水平的上市公司数量为2083家，较2015年增加347家；实现归属于母公司股东的净利润超过1亿元的上市公司数量为1707家，较2015年增加324家，增加幅度为14.56%；实现归属于母公司股东的净利润超过10亿元的上市公司数量为287家，较2015年增加58家；实现归属于母公司股东的净利润超过100亿元的上市公司数量为37家，较2015年减少7家。

（二）供给侧改革取得成效，传统行业回暖

根据上市公司2016年年报数据，按可比口径计算，除电力、热力、燃气及水的生产和供应业、采矿业之外，其他各行业的营业收入均实现了不同程度的增长（见图2）。

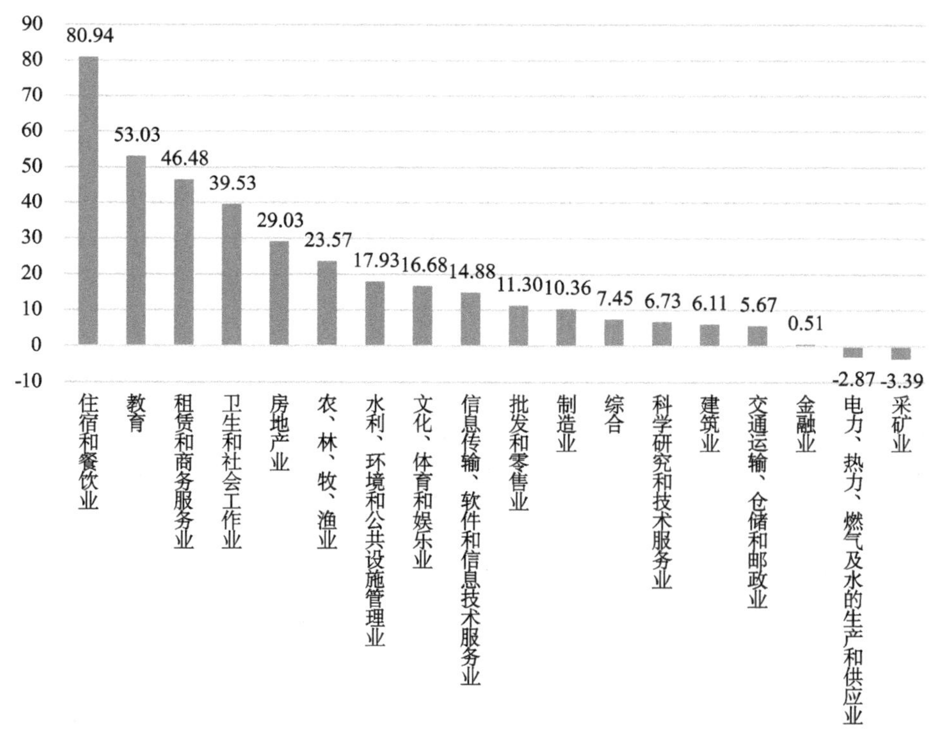

资料来源：沪深交易所，同花顺。

图2　2016年上市公司分行业主营业务收入增长率（%）

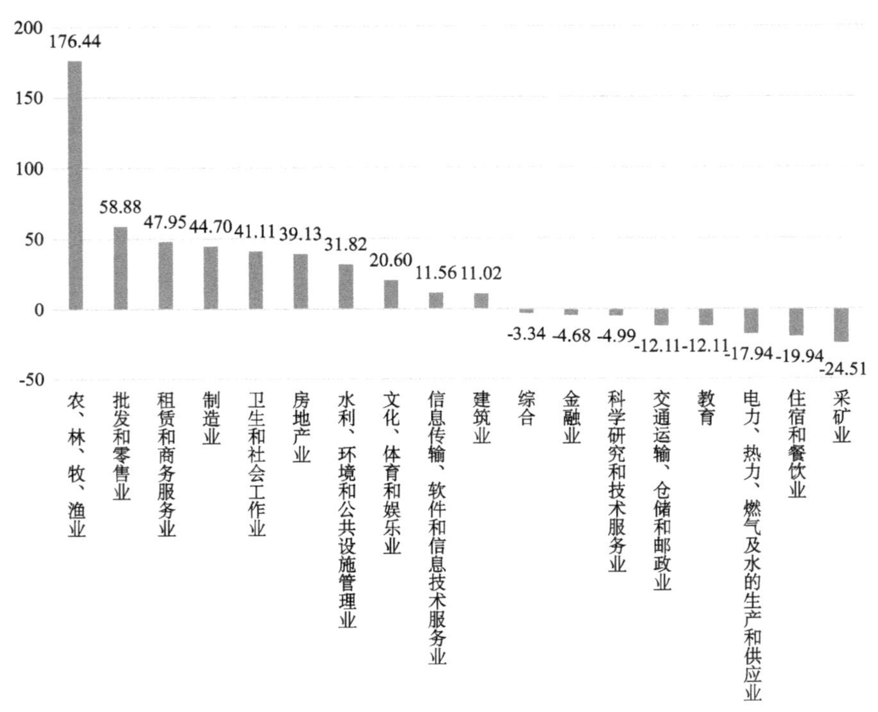

资料来源：沪深交易所，同花顺。

注：住宿和餐饮业前值为负，因而使用前值绝对值计算增长率。

图 3　2016 年上市公司分行业归属母公司净利润增长率（%）

2016 年，传统行业在向中高端迈进的转型过程中虽然年度业绩有所回升，但结构性问题仍存在，其增长幅度较其他行业仍有待提高。其中，采矿业营业收入下降 3.39%，较 2015 年的 -24.9% 有所好转，但其下降幅度在 18 个门类中最深，归属于母公司股东的净利润同比下降 24.51%，较 2015 年的 -65.22% 上升 40.71%；电力、热力、燃气及水的生产和供应业营业收入下降 2.87%，相比 2015 年的 -5.03% 上升 2.16%，黑色金属冶炼及压延加工业营业收入同比上升 2.95%，相比 2015 年的 -26.58% 上升 29.53%，黑色金属冶炼及压延加工业的归母净利润由 2015 年的 -571.55 亿元扭转为盈利 159 亿元；上游传统行业的回升也带动了周期性较强的制造业，2016 年制造业营业收入同比增 10.36%，相比 2015 年的 -1.90% 上升 12.26%，归属于母公司的净利润同比增长 44.7%，相比 2015 年的 -14.3% 上升 59%（见图 3）。

毛利率方面，17 个门类中，有 5 个门类毛利率同比增长，其中：农、林、牧、渔业，住宿和餐饮业，制造业，采矿业，批发和零售业分别增长 39.16 个百分点、11.56 个百分点、8.84 个百分点、1.39 个百分点、1.19 个百分点，而卫生和社会工作业，科学研究和技术服务业，综合，文化、体育和娱乐业，房地产业，水利、环境和公共设施管理业，信息传输、软件和信息技术服务业，租赁和商务服务业，交通运输、仓储和邮政业，建筑业，电力、热力、燃气及水的生产和供应业，教育分别下降了 0.29 个百分点、1.12 个百分点、1.47 个百分点、2.09 个百分点、3.27 个百分点、3.68 个百分点、4.47 个百分点、9.54 个百分点、9.96 个百分点、11.22 个百分点、13.99 个百分点、18.73 个百分点（见图 4）。

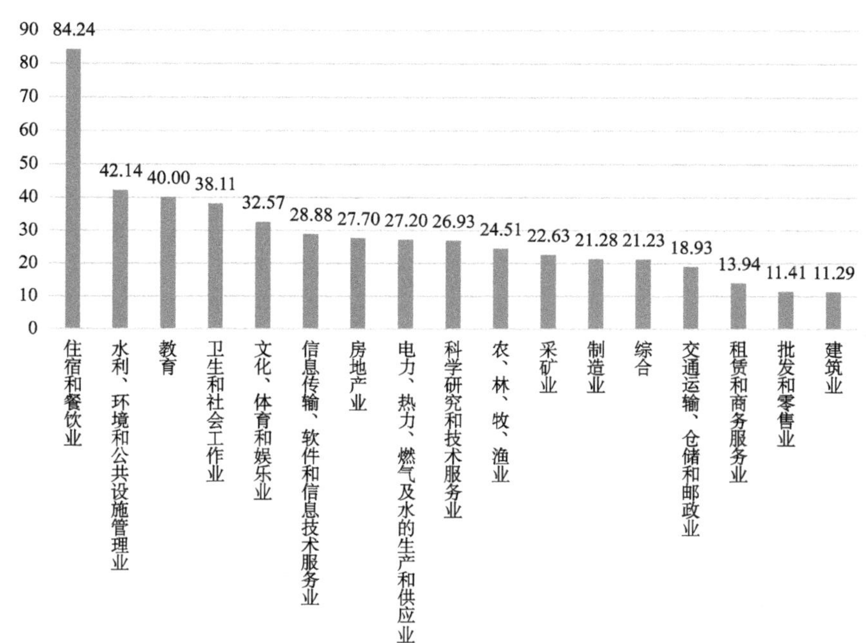

注：金融业不以毛利润作为盈利指标，故不在图中列出。

资料来源：沪深交易所，同花顺。

图 4　2015 年上市公司分行业毛利润（%）

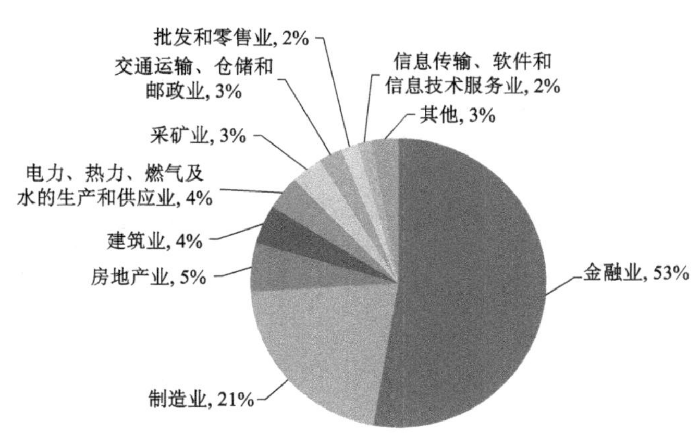

注：图中的其他行业包括租赁和商务服务业，水利、环境和公共设施管理业，农、林、牧、渔业，科学研究和技术服务业，综合业，卫生和社会工作业，住宿和餐饮业，教育。

资料来源：沪深交易所，Wind 资讯。

图 5　2016 年上市公司净利润分行业构成

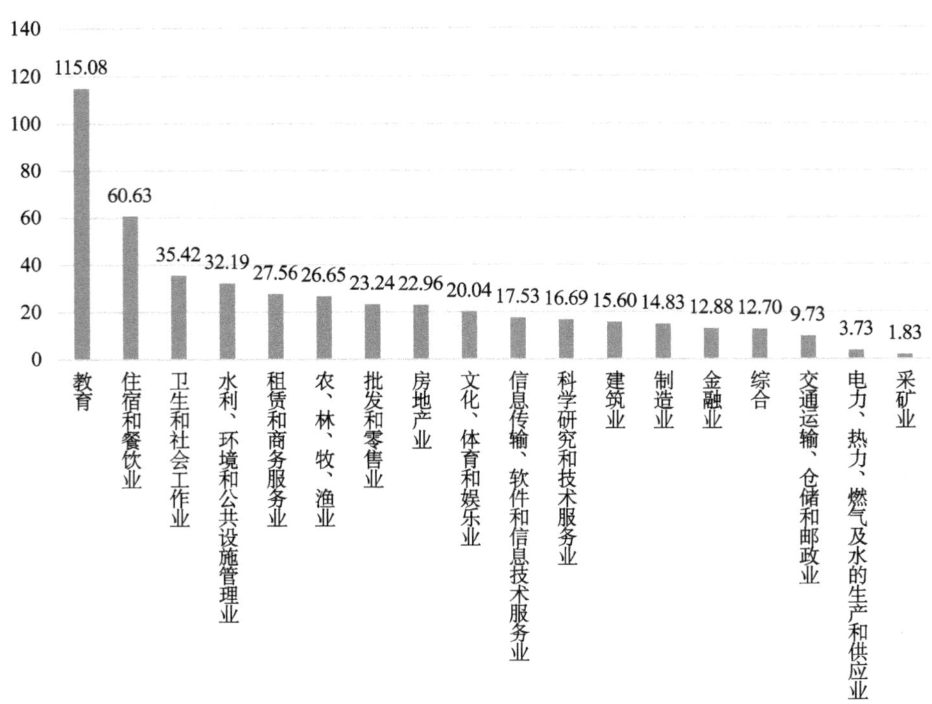

资料来源：沪深交易所，同花顺。

图 6　2016 年上市公司分行业总资产增长率（%）

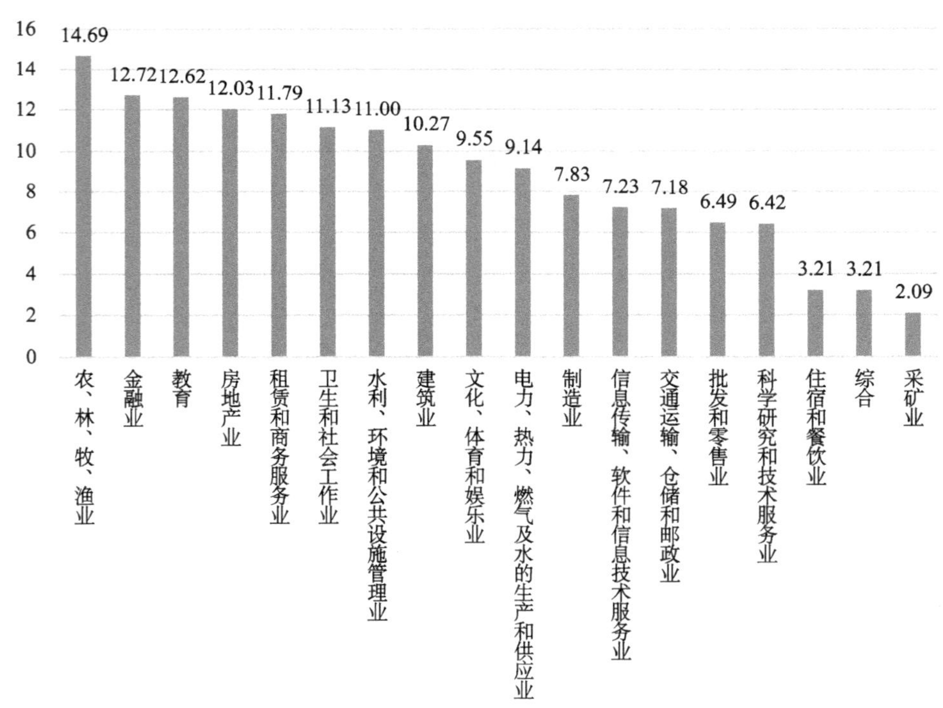

资料来源：沪深交易所，同花顺。

图 7　2016 年上市公司分行业净资产收益率（%）

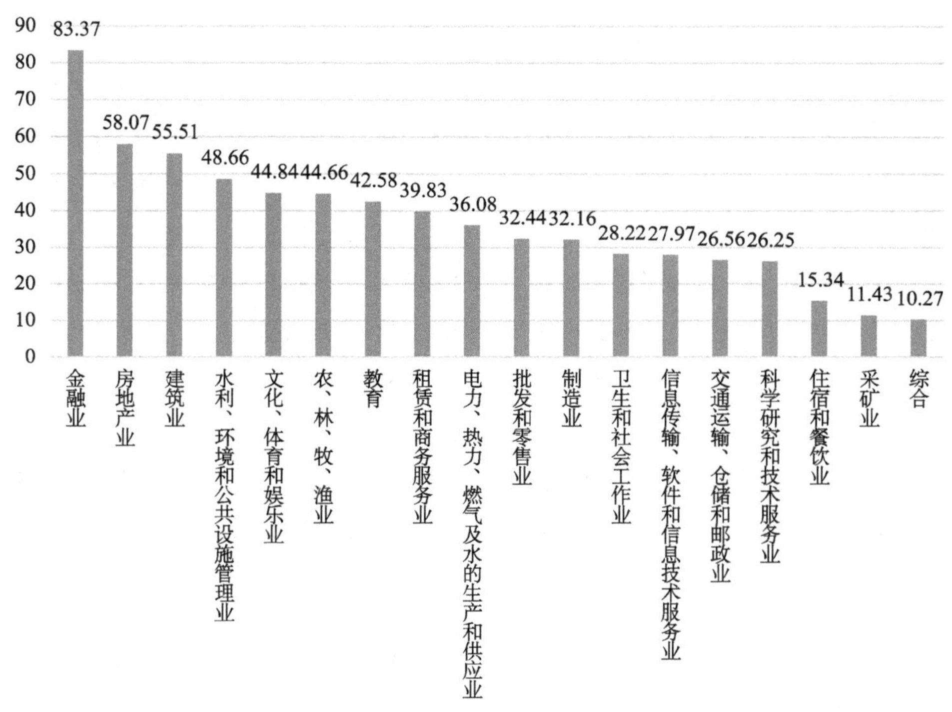

资料来源：沪深交易所，Wind 资讯。

图 8　2016 年上市公司分行业平均每股收益

（三）创新创业推动，新兴行业发展态势良好

近些年，我国深入实施创新驱动发展战略，高度大力推动创新创业，发展新兴战略性产业，以发挥其对经济社会全局和长远发展的重大引领作用。在这一推动下，2016 年上市公司新兴行业得到快速发展，经营业绩表现突出。

2016 年，战略性新兴产业 27 个主要行业主营业务收入达到 19.1 万亿元，同比增长 11.3%，新兴产业一批新动能加快蓄积。具体来看，太阳能发电产业增长 41.2%，锂电子电池制造业增长 31.6%，信息化学品制造业增长 17.8%，软件和信息技术服务业增长 14.9%。根据上市公司年报数据，2016 年沪深两市共有信息技术相关行业公司 203 家，营业收入同比增长 14.88%，归母净利润同比增长 11.56%。其中，38 家互联网企业表现突出，其营业收入同比增长高达 55.50%，归母净利润同比增长 26.10%。同时，互联网、创意等要素与电商、旅游、教育等领域广泛融合，形成一批新的经济增长点。

（四）上市公司经营状况两极分化

根据上市公司年报数据统计，2016 年，占全部上市公司总数 20% 的上市公司（盈利居前的 610 家公司）实现营业收入 248442.9 亿元，占所有上市公司营业收入的 76.68%；实现归属母公司净利润25768.6亿元，占所有上市公司归属于母公司净利润的86.99%。

2016年，所有上市公司中归属于母公司净利润排名前10的分别是工商银行、建设银行、农业银行、中国银行、交通银行、中国平安、招商银行、兴业银行、浦发银行、民生银行。这10家上市公司共实现营业收入38582.97亿元，占全部上市公司营业收入的11.91%；实现归属于母公司净利润12047.05亿元，占全部上市公司归属于母公司净利润的44.06%。

（五）产业结构稳中向好

2016年，我国经济结构继续改善，国内生产总值中服务业占比达到51.6%；消费对经济增长贡献率达64.6%。上市公司的经营数据也体现了这一结构性改善，第三产业的规模与效益均超过第一、二产业。

从规模上看，第三产业总资产比重达83.36%，远超第一、第二产业。从效益上看，第一产业下属的农林牧渔四部门中，农业、林业、牧业部门均实现了净利润增长。第二产业中，制造业、建筑业净利润分别增长44.70%、11.02%；采矿业与电力、燃气及用水生产供应业净利润分别下跌24.51%、17.94%。

2016年，第三产业营收达12.26万亿，同比增长8.54%，净利润达1.97万亿，同比增长0.05%。细分来看，计算机服务和软件业营收增长14.88%，归母净利润增长11.56%；金融业营收增长0.51%，归母净利润下降4.68%；房地产业营收增长29.03%，归母净利润增长39.13%；租赁和商务服务业营收增长46.48%，归母净利润增长47.95%；水利、环境和公共设施管理业营收增长17.93%，归母净利润增长31.82%；文化、体育和娱乐业营收增长16.68%，归母净利润增长20.60%；卫生和社会工作行业营收增长39.53%，归母净利润增长41.11%。第三产业上市公司整体业绩呈现出良好的增长势头，产业结构稳中向好。

（六）各地上市公司经营状况呈现地域差异

我国上市公司存在区域发展分化的现象，沿海区域的产业结构更为合理、基础设施更为完善、经营理念更为开放，因而该区域的上市公司在供给侧结构性改革中转型调整速度相对更快，在经济增速放缓中增长态势相对稳定。而与之相对，产业机构单一、基建设施落后、产能过剩集中地区的上市公司，受到的冲击则更为严重。

根据上市公司2016年年报，平均每家上市公司营业收入靠前的市依次是北京、上海、厦门、深圳、大连，排名靠后的依次是广西、吉林、甘肃、宁夏、西藏。北京的上市公司平均营业收入达448.47亿元/家，是西藏上市公司平均营业收入的25.92倍，呈现悬殊的格局（见表7）。我国这种各地上市公司经营成果悬殊的状况与大部分国有大型企业总部设在北京且注册在北京的背景相符。

我国上市公司的盈利情况也存在区域性差异。2016 年，平均每家上市公司归属于母公司净利润靠前的省市依次是北京、上海、深圳、贵州、福建，排名靠后的依次是黑龙江、云南、甘肃、宁夏、天津。与西部经济欠发达地区的上市公司相比，东部的经济发达地区上市公司数量较多且经营业绩更好，我国经济实力东强西弱的整体格局依然不变。

表 7　　2016 年年底全国各省区上市公司平均营业收入和归属于母公司净利润状况

省区	上市公司数量（家）	营业收入（亿元）	归属母公司股东的净利润（亿元）	平均营业收入（亿元/家）	平均归属母公司股东的净利润（亿元/家）
北京市	282	126469.47	13308.27	448.47	47.19
上海市	240	39279.96	3159.76	163.67	13.17
厦门市	37	5015.84	51.11	135.56	1.38
深圳市	233	26796.40	2671.61	115.01	11.47
大连市	28	3158.69	137.97	112.81	4.93
江西省	36	4004.85	92.19	111.25	2.56
河北省	52	5500.64	353.04	105.78	6.79
青岛市	25	2289.29	105.98	91.57	4.24
内蒙古自治区	26	2338.73	128.34	89.95	4.94
山西省	38	3221.60	102.90	84.78	2.71
云南省	32	2611.42	36.59	81.61	1.14
福建省	70	4933.42	772.47	70.48	11.04
天津市	45	3057.58	-117.06	67.95	-2.60
安徽省	93	6261.78	375.59	67.33	4.04
山东省	148	9598.91	532.78	64.86	3.60
重庆市	44	2790.10	182.97	63.41	4.16
新疆维吾尔自治区	47	2950.18	189.91	62.77	4.04
广东省	241	14759.29	1342.72	61.24	5.57
湖北省	96	5816.12	272.37	60.58	2.84
贵州省	23	1320.86	261.05	57.43	11.35
青海省	12	670.74	24.21	55.90	2.02
辽宁省	48	2477.97	97.90	51.62	2.04
河南省	74	3643.28	213.41	49.23	2.88
四川省	110	5276.16	255.89	47.97	2.33

续表

省区	上市公司数量（家）	营业收入（亿元）	归属母公司股东的净利润（亿元）	平均营业收入（亿元/家）	平均归属母公司股东的净利润（亿元/家）
陕西省	45	1976.39	116.27	43.92	2.58
江苏省	317	13919.03	1040.93	43.91	3.28
浙江省	273	11589.52	928.31	42.45	3.40
湖南省	85	3601.42	163.17	42.37	1.92
宁波市	56	2294.48	255.00	40.97	4.55
黑龙江省	35	1290.35	41.25	36.87	1.18
海南省	28	1025.19	47.65	36.61	1.70
广西壮族自治区	36	1314.02	73.28	36.50	2.04
吉林省	41	1360.46	76.40	33.18	1.86
甘肃省	30	923.70	27.09	30.79	0.90
宁夏回族自治区	12	234.06	-10.04	19.51	-0.84
西藏自治区	14	242.23	34.00	17.30	2.43
总计	3502	324014.16	27345.27	106.16	8.96

资料来源：沪深交易所。

审稿人：黄锦涛

撰稿人：黄锦涛

沪市上市公司 2016 年报整体分析报告

2017 年 4 月 30 日，沪市上市公司 2016 年年报披露顺利收官，1264 家上市公司均已按期对外披露 2016 年年报。年报信息反映了上市公司全年经营情况，也从多维角度呈现了中国实体经济发展的新进展、新特征。本报告对沪市公司年报相关数据进行了统计分析。总的来看，沪市公司 2016 年的经营表现可圈可点，在供给侧结构性改革的大背景下，不少公司主动调整、主动适应，取得了可喜的成绩，沪市蓝筹主板市场的优势地位继续得到巩固和发展。同时，也需要注意，上市公司作为实体经济的主力部队，仍然存在一些不平衡的因素，需要在持续改革中予以解决。

一、供给侧结构性改革大背景下，沪市公司生产经营呈现七大积极特征

2016 年是“十三五”规划的开局之年。过去一年，在世界经济增长继续放缓、国内结构性矛盾突出、经济下行压力加大的背景下，沪市公司迎难而上，借力供给侧结构性改革，认真落实“三去一降一补”的政策要求，积极化解过剩产能，发力战略新兴产业新增长点，整体经营出现积极变化，呈现稳中向好的发展态势。总体上看，有七大方面的积极特征。

（一）蓝筹主板市场的优势地位依旧明显

2016 年，沪市公司共实现营业收入 24.46 万亿元，同比上升 4.55%（见图 1）；共实现净利润约 2.18 万亿元，同比上升 1.29%（见图 2），扭转了 2015 年营收和利润双降的局面，实现“十三五”计划稳中有增的良好开局。整体上看，沪市营业收入和净利润占两市比例分别为 74.66% 和 78.99%，蓝筹主板市场对实体经济的贡献仍占主体地位。

盘点沪市企业的业绩表现，有两个突出特征：一是代表国家支柱性行业龙头的上证 50、上证 180 公司的经济贡献最为显著。上证 50 实现营业收入 12.97 万亿元，净利润 1.41 万亿元，占沪市整体 53.04%、64.75%，上证 180 实现营业收入 18.16 万亿元，净利润 1.92 万亿元，占沪市整体 74.26%、87.90%。二是国有企业继续发挥了支柱和龙头作用。报告期内，沪市国有公司（包括金融类）数量 648 家，约占总体的 5 成，实现营业收入 20 余万亿元，占沪市整体比例约 9 成；实现净利润约 1.97 万亿元，占比 90%。

沪市公司的社会贡献也同样表现优异。在财政贡献上，沪市公司对国家税收的贡献持续稳定，现金流量表反映沪市公

司支付的各项税费共计 2.31 万亿元，同比基本持平，与沪市公司实现的净利润总量相当。在就业规模上，雇用员工数稳步上升，沪市公司创造了近 1300 万个就业岗位，合计支付职工薪酬 2.16 万亿元，同比增加 7.47%，高于营业收入的增长率。在履行社会责任上，沪市公司着力开展各项精准扶贫工作，初步统计，沪市已有 360 余家上市公司披露了精准扶贫信息，帮助建档立卡贫困人口脱贫超过 32.9 万人。

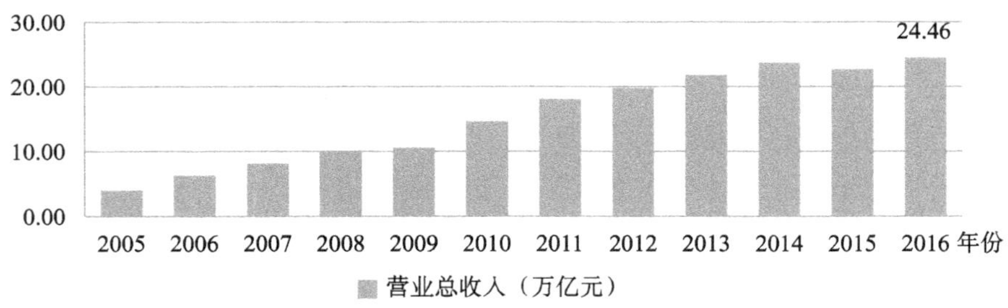

图 1　2005～2016 沪市上市公司营业收入

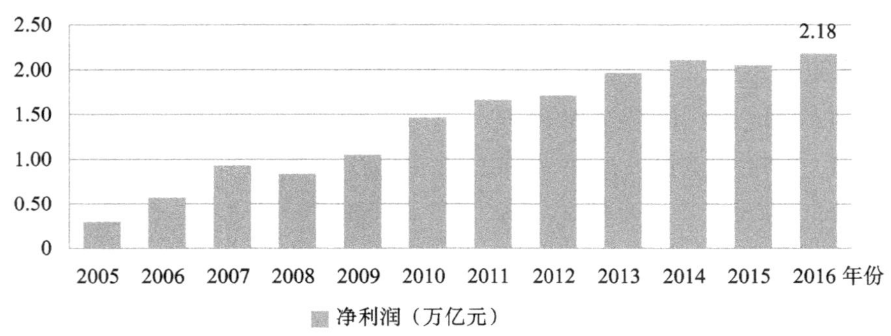

图 2　2005～2016 沪市上市公司净利润

（二）实体类上市公司业绩整体改善

2016 年，扣除金融类企业，沪市实体类公司实现营业收入 18.91 万亿元，同比上升 5.72%；实现净利润 0.72 万亿元，同比上升 12.98%，实现了收入与盈利的双增长。相对于 2015 年沪市实体类公司营业收入 8.57% 和净利润 21.93% 的降幅，沪市非金融类企业一改 2015 年走势疲弱的态势，2016 年实体经济回暖态势显现。

不少传统行业企业加大供给侧结构性改革力度，业绩得到明显改善。例如，化工龙头企业万华化学，在经历 2015 年度的业绩下滑后，2016 年公司实现销售收入 301.00 亿元，同比增长 54.42%；实现净利润 36.79 亿元，同比增长 128.57%；每股收益 1.70 元。同时，国家“一带一路”战略为不少企业提供了强大的发展助力。例如，中国建筑营业收入已达 9598 亿元，同比增长达 9%；净利润接近 300 亿元，同比增长约 15%，其海外业务营业收入首次突破百亿美元。

特别值得注意的是，“三去一降一补”的政策实施后，传统产能行业效益和质量明显改善，原煤、钢材等大宗商品价格上涨，三大去产能重点行业的营业收入及净利润均实现大幅增长。这些行业中，诸如中国神华等传统行业龙头企业狠抓内功，持续推进降成本、减费用，创造了良好的经营业绩。同时，强强联合也成为结构优化的新举措。宝钢、武钢两大钢铁巨头的顺利合并，市场广泛关注，对整个钢铁行业提质增效起到了良好的示范作用。

在三大去产能行业中，煤炭行业收入同比增长约11个百分点，净利润由约23亿元大幅增长至约302亿元；黑色金属业营业收入合计约5573亿元，同比增长5.32%，净利润更是由2015年亏损近300亿元，到2016年成功扭亏，实现90余亿元的利润；有色金属业营业收入与净利润约为7785亿元和67亿元，也分别同比增长约10.87%和422%。

（三）战略新兴产业继续保持良好势头

2016年，传统过剩行业的调整初见成效，同时创新制造业力量不断积蓄，新旧动能转换加快，在目前新旧动能接续发展的关键时期，成为加快发展经济的“新引擎”，主要体现在3个方面：

一是高技术产业、战略性新兴产业等新动能持续较快增长，其中尤以汽车、电子、医药制造、电气机械等新兴制造业更为明显，合计实现营业收入2.43万亿元，同比增长15.31%；实现净利润1421.85亿元，同比增长17.21%，业绩保持了高于沪市平均水平的高速增长。这其中，不少企业在战略转型升级中取得了突出成绩。例如，家用电器行业龙头青岛海尔，实施走出去战略，在收购GE家电业务后，其全年营收已突破千亿。又如医药制造行业龙头恒瑞医药，持续强化核心产品的研发和推广，经营绩效实现高速增长，净利润为25.89亿元，比2015年同期增长了19.22%。

二是新动能投资增速加快，发展力量不断积蓄。2016年，在整体制造业固定资产投资增速有所回落的情况下，汽车、电子、医药制造、电气机械等新兴制造业投资增速保持上升趋势，达到17.42%，较2015年提高近10个百分点。企业加大投入，其产出效果比较明显。如中国中车作为先进制造业的代表，常年持续加大投入，已成为全球技术领先的轨道交通装备供应商。

三是新兴制造业对整个实体经济的贡献率也在不断提高。新兴制造业占沪市营业收入的比重由2015年的11.16%上升至2016年的12.87%。以广汽集团为例，从2005年至今，集中资源发力自主开发项目，品牌销量从2010年1.7万辆到2016年突破30万辆，自主品牌车型销量同比增长90.66%，实现了跨越发展。

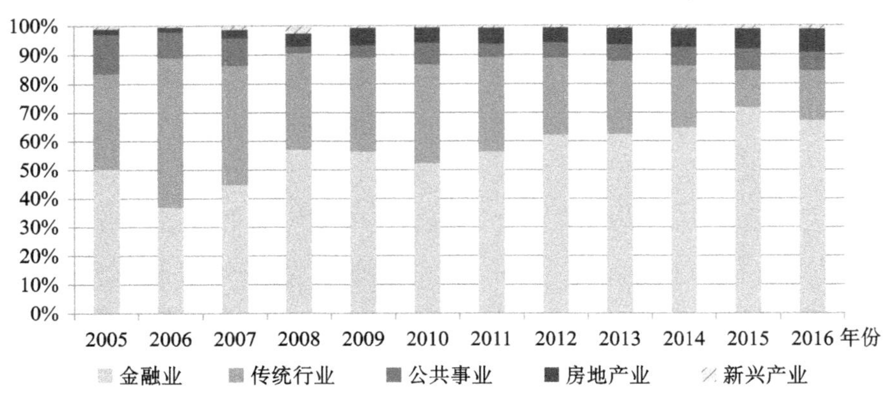

图 3　沪市行业净利润贡献情况

（四）服务消费行业呈现快速增长

近年来，沪市利润贡献公司已经以第三产业的服务业为主（见图 3）。2016 年，沪市包括房地产、金融、文化、信息技术、饮食、零售百货等在内的服务业公司，合计实现净利润约 1.7 万亿，占总体比例已近八成，贡献极大。不少企业实现快速增长。例如，零售百货企业永辉超市实现营业总收入 492.32 亿元，同比增长 16.82%，实现净利润 12.42 亿元，同比增长 105.18%。

2016 年，教育培训、医疗卫生、健康养生、文化娱乐、休闲旅游等新兴服务性消费成为消费热点，促进了沪市相关公司的高速发展，也成为经济发展的结构性亮点，合计实现营业收入 3114.51 亿元，同比增长 36.82%，实现净利润 184.84 亿元，同比增长 15.73%。收入和利润的增速明显高于沪市整体水平。

消费类企业中，一批行业龙头公司已成为投资者心中的价值白马。例如，伊利股份实现营业总收入 606.09 亿元，较 2015 年同期增长 0.41%，净利润 56.69 亿元；贵州茅台实现营业收入 388.62 亿元，同比增长 18.99%，实现净利润 242.66 亿元，同比增长 9.51%；这些企业的稳定增长，既有企业自身不断改进经营的持续追求，又体现了国家经济发展中人民消费能力的提高。

另外，2016 年沪市房地产公司合计实现营业收入 8987.03 万亿元，同比增长 27.92%。但在国家“房子是用来住的，不是用来炒的”整体政策调控下，部分投机氛围过浓地区的房地产企业未来发展需要审慎观察。

（五）并购重组助推效应得到强化

过去一年，沪市并购重组仍以强劲活力助推供给侧结构性改革和国企改革不断深入。2016 年，沪市公司并购重组呈现量减质增的总体态势。全年共完成并购重组 594 家次，交易总金额 8500 亿，较 2015 年度同比分别下降 31% 和 18%。重大资产重组方面，共有 178 家公司停牌启动重组，同比下降 28%；共披露 150 个重组预案，同比下降 1.32%；89 家公司完成重大资产重组，涉及交易金额 3500

亿元，合计增加市值1900亿元，新增市值超过百亿公司13家。与往年相比，2016年沪市并购重组回归价值创造本源，与宏观经济改革更为合拍。总体上来看，沪市2016年并购重组有3个亮点：

一是聚焦主业做强做精做细产业链成为沪市并购重组的主基调。150单重大重组中，接近130家公司涉及横向或纵向产业整合，交易金额近4000亿元，方案数量和交易金额的占比均达到沪市整体重组公司的8成。

二是并购重组方向呈现出回归实体经济的良好态势。重组产业多分布于实体行业，主要集中于电子、医药、化工、房地产、建筑、有色金属和交通运输等与国民经济休戚相关的制造业和服务业，标的资产属于实体行业的方案数量与交易金额均超过沪市整体的80%。

三是在并购重组支持企业产业转型中升级发挥的作用更加明显。全部并购重组案例中，近1/2集中于高端制造、节能环保、生物医疗、新能源等新兴行业，展现出通过整合协同，加速向高端价值创造发展的新方向。

（六）投资者回报继续保持高位水平

近年来，沪市公司现金分红水平持续维持高位。2016年，沪市公司分红整体比例为31.38%，仍然与往年基本持平，在整体经济仍处转型调整的背景下尤其不易。统计显示，共有870余家公司推出派现方案，占公司总数的69.38%，同比增加约2个百分点；合计派现6800余亿元，同比增加约1.5个百分点。

在分红公司中，代表蓝筹绩优股的上证50和上证180成分公司依然是分红主力，分别派现4068亿元和5747亿元，占沪市分红总额的59.56%和84.15%。从行业分布情况来看，金融业的派现力度最大，合计派现3900余亿元，占沪市分红总额的58.02%。从公司分布情况来看，持续稳定高比例分红公司群体正在逐渐形成，单年分红比例在50%以上的企业174家，30%以上的634家，其中有300余家公司连续3年分红比例超过30%。诸如中国神华、福耀玻璃、大秦铁路等公司已经成为沪市公司长期大比例分红的典范。

（七）公司成本费用减负初见成效

2016年，在国家“三去一降一补”宏观政策影响下，影响业绩的因素发生了积极变化。特别是，损益表和现金流量表反映，沪市实体经济（非金融类公司）在成本节约、费用控制、现金流量方面都呈现良好趋势，整体经营质量有所改善。

营业成本方面，在大宗商品价格上涨、营业收入增长的影响下，非金融类公司同比上升3.23%，但小于营业收入5.72%的增长幅度，提升了实体经济的盈利空间（见图4）。融资成本方面，2016年度沪市公司支付财务费用2900余亿元，同比下降约9个百分点，进一步提升了实体经济的效益。在现金流量方面，公司也采取了更加谨慎的态度，全年经营活动产生的现金流量持续上升，2016年净现流为2.08万亿元，同比上升15.43%。

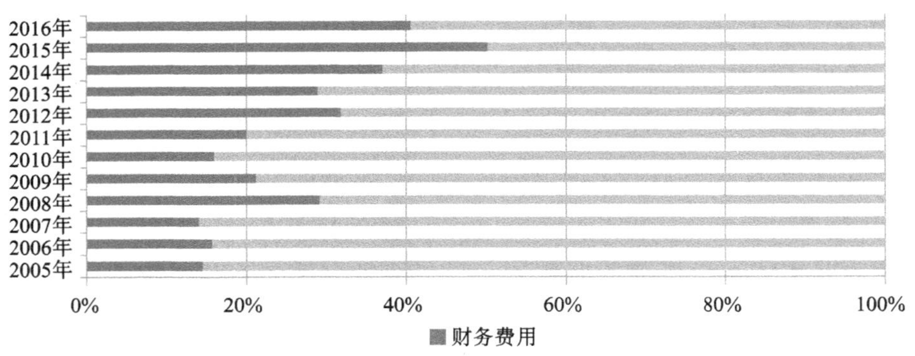

图 4　沪市非金融类公司财务费用占净利润比重

二、经济结构调整周期中，沪市公司还存在四个方面的不平衡因素

在经济“三期叠加”背景下，不少企业仍然处于结构调整、转型升级的进程中，由此沪市上市公司中也表现出一些结构上的不平衡因素，需要着力予以解决。

（一）传统产业与新兴产业的发展不平衡

目前，供给侧结构性改革初见成效，新兴制造与消费快速发展，新旧动能转换力度日益彰显。但是也必须看到，经济发展仍处于爬坡过坎的过程中，当前产能过剩、需求不足等结构性矛盾尚未实质扭转，仍需进一步化解。

一是部分传统产能行业业绩仍出现较大幅度下滑。例如，受国际油价低位震荡、国内天然气价格大幅下降等因素影响，石油开采业及加工业的营业收入及净利润较去年同期下滑约 5%。其中，石化油服等公司业绩出现大幅亏损。

二是传统产业的增长持续性仍待观察。一方面，去产能带来的大宗价格回升，提升了传统产能公司的经济效益；另一方面，价格的回升也加大了去产能任务落实的反复，推进“三去一降一补”重点任务仍然艰巨复杂。此外，部分实现效益增长的传统产能公司可能通过资产减值准备，仅仅是做到了“报表去产能”，去产能的质量仍待观察。

三是新兴动能规模尚小，对经济发展的支持作用仍需培育。例如，发展较为迅速的铁路设备、医药制造、电器制造、汽车等制造业总资产规模与煤炭、石油、黑色金属及有色金属等传统产能相比，占比仍小，约为四大行业总资产的 40%，仍需培育。

（二）金融与非金融企业利润贡献和发展速度不平衡

沪市金融业贡献占比过大的局面仍然延续。2016 年，金融业公司实现净利润 1.46 万亿元（见图 5），在其营业收入约 20% 的情况下，净利润占沪市整体比例高达 2/3，沪市利润贡献还存在过于依赖金融业的情况。

同时，金融业发展规模有所趋缓，在营业收入较 2015 年同比基本持平的情况下，净利润同比下滑3.59%。其中，沪市21家上市银行，2016年共实现营业收入3.63万亿元，同比仅微增0.36%；实现净利润1.30万亿元，同比仅增长1.74%，远低于非金融类公司的增长率。

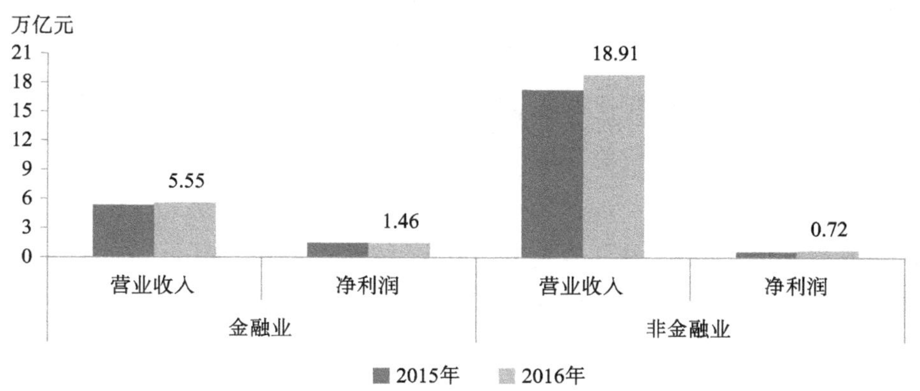

图5 沪市金融和非金融类上市公司业绩情况

（三）国有民营企业经济增长不平衡

2016年，沪市国企经营保持稳定。在国企混改政策引导下，沪市国企以并购重组为抓手，积极推动企业提质增效。但是，受限于管理机制、行业周期等多种因素影响，相关经营效益的增长仍有待提升。

总体来看，沪市国企业绩的增长水平低于沪市平均水平。除金融行业外，沪市国企主要分布在采掘、电力、交通运输、汽车、钢铁等传统制造业，受周期性、总量性等因素影响，2016年国企营业收入同比仅上升2.41%，并且净利润下降1.28%，低于沪市平均水平。因此，国有企业作为国民经济的主力军，有必要加快推进国企国资改革，并以提高核心竞争力和资源配置效率为目标，形成有效的公司治理、灵活高效的市场化经营机制，以进一步实现助推经济发展的关键作用。

此外，国企、民企经营业绩增速差异明显。2016年，与国企营业收入微增、净利润下滑相反，民企营业收入和利润实现了“双升”，增长率分别达到20%和29%，并且远高于沪市平均水平。因此，激发非公有制经济活力，深入落实支持非公有制经济发展的政策措施，有利于促进国民经济的更快发展。

（四）不同公司财务质量和经营风险不平衡

部分公司出现业绩滑坡甚至亏损。统计表明，419家上市公司净利润同比出现下降，其中，145家公司同比下降50%以上；236家公司主营业务亏损，其中，131家依靠政府补助、资产处置收益等非经常性损益项目实现盈利；107家公司出现亏损，占公司总数的8.47%，其中，31家公司因连续两年亏损等财务指标触及退市指标，被实施退市风险警示

(*ST)，有2家公司因连续3年亏损被予以暂停上市。

盈利公司中，部分公司盈利质量不高。统计数据表明，1157家盈利公司中，212家公司经营活动产生的现金流净额为负，部分非金融类公司存在杠杆比率较高的现象，有180余家公司资产负债率高达70%以上。

另外，还有部分公司在财务报表信息质量和内控方面存在问题。51家公司年度报告被年审会计师出具非标准审计意见；部分公司会计政策、估计和处理不规范，对财务报表结果产生不当影响。此外，部分公司内部控制被出具否定或无法表示意见，公司治理和规范运作存在较为严重的缺陷。

三、持续提升上市公司质量的相关政策建议

2016年以来，在错综复杂的国内外形势下，沪市公司主动适应经济发展新常态，坚持以供给侧结构性改革为主线，积极推进结构调整和新旧动能转换，有效防控风险，经营运行稳中向好，实现了良好开局。但是，在充分肯定成绩的同时也要看到，当前经济向好有周期性等因素作用的影响，结构性调整仍任重道远，面临不少挑战。需要坚持“稳中求进”总基调，继续抓好监管，做好服务，发挥资本市场服务实体经济应有的作用，促进上市公司持续提升经营质量。

（1）监管上继续全面加强一线监管，整治市场乱象，抑制上市公司“脱实向虚”的不良倾向。

第一，巩固整治市场乱象的成果。从严监管概念炒作、“忽悠式”重组、大股东清仓式减持等市场乱象，继续完善高送转、股东减持、权益变动等相关配套制度。

第二，持续推进全方位、实质性监管。要从公司、中介、交易、会员等各方面，全面强化一线监管。对扰乱市场秩序的行为，坚决打击，切实强化公司责任意识，让中介机构承担起“看门人”的责任，净化市场环境，改善资本市场生态。

第三，实施穿透式监管，防止金融风险向实体经济传导。对杠杆增持、举牌等行为，强化出资方、资金来源、杠杆水平等方面的穿透式披露，在揭示风险的同时，也避免违规杠杆资金流入股市，防止金融风险的交叉感染，维护市场稳定。

（2）服务上紧紧围绕供给侧结构性改革这条主线，切实提升交易所服务上市公司的水平。

第一，优化上市公司结构，吸引更多战略新兴产业公司在蓝筹主板上市。近一年来，沪市180余家新上市公司中，80%的新公司属于高端设备制造、信息技术、文化传媒等战略新兴行业。后续要进一步充分发挥资本市场融资平台作用，主动对接促进新兴制造、新兴产业发展的国家战略，支持更多新兴技术、高端制造、创新业态的企业发行上市，促进国家经济发展转型升级。

第二，促进更多公司利用可转债、优

先股等再融资品种发展壮大。提升政策服务水平，强化债券、优先股等各类融资方式的推广和培训服务，以助力公司多举措降低融资成本，让资本市场红利惠及广大投资者，惠及各类企业。

第三，积极支持上市公司利用并购重组实现结构调整和转型升级。对符合国家产业政策、有利于帮助上市公司化解过剩产能、支持实体经济发展等重大资产重组事项，加大政策咨询服务力度，提高信息披露事后审核效率，引导鼓励上市公司主动利用资本市场持续改善经营质量。

沪市上市公司2016年报会计问题分析报告

真实公允的财务信息披露有利于保护投资者利益，优化资本市场资源配置，增强市场透明度，进而推动资本市场健康发展。近年来，在国际财务报告准则持续进行重大变革、我国会计准则国际趋同大步推进、国内创新业务和商业模式日趋复杂多变的背景下，财务报告信息越来越复杂化，对财务报告编制和披露的要求也越来越高。在此背景下，纵观2016年财务信息披露，上市公司财务信息披露质量仍保持较为平稳的水平。不过，在一些复杂交易的关键判断方面，仍存在一些亟须探讨和研究的会计问题。本报告对2016年年报财务报告中的会计差错、会计估计和会计政策变更，A+H股公司境内外报表差异，政府补助等情况进行了全面分析。同时，归纳总结实务中存在的重大会计处理问题。在此基础上，提出提升财务信息披露质量，推动资本市场健康发展的建议。

一、2016年年报上市公司财务会计处理基本情况

2016年以来，在经济结构转型调整、并购重组日益活跃、创新业务层出不穷的背景下，财务报告作为公司经营和财务状况的反映，相关会计处理也日趋复杂。与此同时，在中央深化改革及国际趋同需要的大背景下，企业会计准则改革步伐明显加快。总体来看，在经济和政策环境的双重压力下，沪市公司2016年年报的财务信息执行在会计政策和估计变更方面趋于稳定，会计信息披露的质量逐步提高。不过，会计差错更正数量有所上升，一方面反映公司财务信息质量仍有待提升；另一方面也反映在从严监管的影响下，公司自我约束能力及外界监督质量的提升。

一是会计政策变更同比持平。2016年共有26家公司进行了会计政策变更，占全部1264家公司的2.06%，公司数量较去年的24家同期略有增加，但占比略小于2015年的2.24%。其中，9家因执行2016年12月3日财政部发布的《增值税会计处理规定》而实施会计政策变更，另有1家因选择执行《商品期货套期业务会计处理暂行规定》而进行会计政策变更。剔除上述两项制度的影响，沪市有16家公司实施了会计政策变更，占全部公司的1.26%，与2015年基本持平。

二是会计估计变更类型及公司数量变化较小。2016年共有86家公司进行了会计估计变更，占全部1264家公司的6.80%。变更家数较2015年增加6家但占比略微降低。同2016年一样，会计估计变更类型仍然集中在固定资产折旧调整以及坏账准备计提调整，涉及公司数量合

计达到69家，占2016年会计估计变更总数的80.23%。

三是会计差错更正增幅较大。从2016年4月30日至2017年4月30日，共有32家公司进行了会计差错更正，占全部1264家公司的2.53%。变更家数和占比分别较2015年新增9家、上升0.49个百分点。会计差错涉及的公司家数相对于2015年有所上升且高于近年来的平均水平，侧面反映报表编制者会计处理能力仍需提升，公司财务信息质量有待加强。

四是A+H境内外准则差异数量趋于稳定。2016年共有19家公司披露了境内外准则差异事项，占79家沪市A+H股公司的24%，与2015年的数量持平。境内外准则差异的内容与往年基本相同，主要系以前年度遗留的差异事项。自香港联交所于2010年允许在港上市的内地企业（H股）采用内地会计准则编制其财务报表后，除几类主要遗留事项以及准则层面的差异以外，大部分A+H公司境内外报表差异已经被消除，大部分遗留事项将随着时间的推移逐步消除。

五是政府补助金额出现下降。借力供给侧结构性改革，沪市公司在化解过剩产能方面取得阶段性成果，依靠政府补助的情况也出现好转。2016年计入非经常性损益的政府补助合计720.48亿元，较2015年下降约46.85亿元，降幅约为6.1%；政府补助占归属于母公司股东净利润的比例为3.33%，较2015年同期略有下降。

二、2016年年报上市公司财务会计的主要问题

在日趋复杂的外部环境下，原则导向的会计准则涉及大量职业判断，准则执行中的实务问题更加复杂多变。同时，部分公司存在脱困境、保盈利的压力和动机，沪市上市公司的会计处理仍存在一些值得关注的问题。

（一）会计政策变更问题

2016年，沪市上市公司会计政策的变更有诸多原因（见表1），较2015年无重大变化，但在会计政策变更执行中仍存在一些值得关注的问题。特别是会计政策变更披露存在不充分的问题。会计政策的随意变更会影响会计信息的可比性。除法律、行政法规或者国家统一会计制度等要求变更外，应当仅在能更加客观、公正地反映公司财务状况和经营成果，提供更可靠、更准确的会计信息时，才可以进行会计政策变更。因此，自主变更会计政策应当充分说明其性质、内容和原因，并披露相关科目的影响金额。例如，部分公司对投资性房地产从成本法计量变更为公允价值计量，未充分披露是否满足存在活跃的房地产交易市场以及企业能够从房地产交易市场上取得同类或类似房地产的市场价格等要求，也未能充分披露投资性房地产公允价值的确认依据及合理性。

表 1　　2016 年会计政策变更情况表

变更类型		家数	变更公司名单
执行新政策导致会计政策变更	《增值税会计处理规定》	12	圆通速递、重庆建工、龙韵股份、北方稀土、永泰能源、康缘药业、石油化服、华达科技、银龙股份、安通控股、凌钢股份、九有股份
	《商品期货套期业务会计处理暂行规定》	1	驰宏锌锗
其他会计政策变更	投资性房地产后续计量方法从成本模式到公允价值模式	3	*ST中安、*ST匹凸、隆鑫通用
	存货核算方法	8	祁连山、重庆百货、四川长虹、亚邦股份、龙马环卫、浙能电力、金山股份、九有股份
	坏账计提政策	2	九有股份、同济堂
	外币财务报表核算	3	九有股份、中航资本、怡球资源
	生产成本核算方式调整	1	凌钢股份
	在建工程核算方法	1	九有股份
	计提安全生产费用	1	安通控股
	合计（同一家公司不重复计算）	26	

（二）会计估计变更问题

会计估计的存在是由于经济活动中内在不确定性因素的影响。在会计核算中，企业需要根据经营经验，以最近可利用的可靠信息为基础，对存在的不确性进行估计。但是，不恰当的会计估计会影响公司财务报表的公允性。对此，年报中主要存在以下值得关注的问题：

一是部分公司会计估计对利润影响较大。会计估计变更的原因主要集中于固定资产折旧年限和坏账准备计提比例等方面。在披露了财务影响的 60 家公司中，22 家公司对 2016 年归属于母公司股东净利润的影响达到了 10% 以上。其中，云煤能源以及杭齿前进 2 家公司对净利润影响达到了 100% 以上，会计估计变更已影响到公司的盈亏变化，可能存在盈余管理的倾向。

二是部分公司频繁进行会计估计变更。在 2016 年进行会计估计变更的公司中，有包括兰花科创、杭齿前进、陕西黑猫、中国太保以及深高速在内的 5 家上市公司于 2015 年同样进行了会计估计变更。除存在特殊原因外，频繁变更类似固定资产折旧及坏账准备计提方法等重要会计估计，在一定程度上反映上市公司会计估计可能存在不审慎的情况。并且，部分公司对导致会计估计变更的具体因素及其合理性的说明不够充分。

表2　　2016年会计估计变更情况表

变更类型	家数	变更公司名单
固定资产折旧年限调整	25	云天化、西宁特钢、岷江水电、中国船舶、浦东建设、盘江股份、九有股份、厦门钨业、海油工程、国新能源、浦东金桥、百川能源、*ST丹科、洛阳玻璃、开滦股份、同煤业、陕西黑猫、杭齿前进、中国西电、中远海发、威帝股份、长白山、汇嘉时代、司太立、博敏电子
固定资产折旧方法调整	12	中远海能、延长化建、五洲交通、中远海特、锦江投资、云煤能源、天业股份、百联股份、上柴股份、宏发股份、览海投资、四川成渝
坏账计提比例调整	15	凤凰光学、同济堂、航天机电、桂冠电力、铜峰电子、平高电气、兰太实业、恒丰纸业、现代制药、山东药玻、招商证券、中国汽研、大唐发电、金诚信、安通控股
坏账计提方法调整	18	北方稀土、太极集团、首旅酒店、安琪酵母、*ST海润、国机通用、康缘药业、卧龙电气、新安股份、游久游戏、湖南海利、*ST厦工、益民集团、四川长虹、三联商社、广安爱众、江河集团、珍宝岛
无形资产摊销方法调整	5	中原高速、兰花科创、深高速、盛屯矿业、广电电气
保险准备金变动	3	新华保险、中国太保、中国人寿
安全费用、维简费、质量索赔、预计担保损失计提标准调整	3	宇通客车、亚星客车、东方电气
金融资产减值准备计提方法调整	1	国投安信
其他	4	开开实业、海南橡胶、中远海控、信捷电气
合计（同一家公司不重复计算）	86	

（三）会计差错更正问题

2016年公司自查后进行会计差错更正的情形有所增加。大部分公司能够根据前期客观情况进行会计差错更正，但也有少数公司的会计处理反映出公司在内部控制方面存在较大缺陷。年报会计差错主要反映问题如下：

一是会计差错发现途径类型多样。存在会计差错更正的32家公司（见表3）的会计差错发现途径主要包括外部单位检查或监管、审计师审计以及自查。其中，5家公司系交易所问询或证监会派出机构现场检查发现，主要涉及商誉的确认、控制的认定等股权投资会计处理问题；税务部门、财政局、审计局甚至巡视组检查发现前期差错的公司共有3家，主要涉及补缴税金问题；审计师审计发现的有6家公司，主要涉及总额法/净额法的收入确认、折旧计提等需要专业判断的技术问题；19家公司系自查发现并进行差错更正，主要问题包括收入费用的确认及对联营企业股权投资的处理。

二是部分公司未能严格区分会计估计变更和会计差错更正。《企业会计准则第28号——会计政策、会计估计变更和差错更正》第十一条明确了前期会计差错的认定条件，并列举了常见的会计差错类型。但是实践中，部分上市公司对于会计估计变更和会计差错未能做出准确的判断。例如，部分公司对税收优惠的处理就值得探讨。如果公司在报告期依据相关事实与依据对相关税收政策做出了判断并进行了相应的会计处理，即便在报告期后，由于新增事实（如税务局的认定）导致公司前期相关税收优惠的计算存在不当之处，只要公司在报告期中基于当时的全部事实做出了恰当判断，那么相关的税收优惠处理不宜视为前期差错。

三是部分公司会计差错更正事项可能存在信息披露不合规的情况。会计差错影响数占调整年份的归属于母公司的净资产、归属于母公司的净利润、总资产、营业收入4项指标中任何一项10%以上的公司共计17家，均触及上市规则的信息披露标准。考虑产生差错的主观或客观影响因素，存在会计差错的公司可能违反了信息披露真实性、准确性、完整性的规定。

表3　　2016年会计差错情况表

更正原因	家数	更正公司名单
税收调整	4	华钰矿业、*ST昆机、雪峰科技、力帆股份
收入、成本、费用的确认	17	中国高科、海南椰岛、厦华电子、瑞茂通、*ST昆机、置信电气、*ST智慧、赤天化、力帆股份、中安消、洛阳玻璃、西部黄金、上海梅林、国栋建设、通葡股份、美都能源、海利尔
联营合营参股企业会计差错	12	东方集团、农发种业、中国重工、平煤股份、中电广通、通策医疗、上实发展、凯乐科技、海油工程、上海梅林、通葡股份、航天晨光
会计科目重分类调整	4	赤天化、上海梅林、长江传媒、新日恒力
合计	32	（上述合计已经剔除同时存在两种及以上变更情形）

（四）A+H境内外准则差异问题

随着内地企业会计准则与国际财务报告准则的持续趋同，以及在港上市的内地企业（H股）可采用内地会计准则编制其财务报表后，A+H上市公司境内外准则差异影响逐渐变小。沪市79家A+H上市公司中，有60家在2016年的年报中披露不存在境内外准则差异，剩余存在差异主要体现在以下两个方面：

一是国际财务报告准则委员会认同的差异。目前，同一控制下的企业合并、长期资产减值准备的转回等是国际财务报告准则委员会认同的差异。对此，2016年年报中，华能国际、华电国际、东方航空、南方航空、兖州煤业等公司披露存在前述准则差异。

二是实务中部分国家规定影响产生的执行差异。例如，对于高危行业维简费、安全生产费的计提与使用境内外准则处理不尽相同。又如，按照我国相关文件规定作为资本公积处理的政府补助。再如，境内外准则对外币借款汇兑差额的会计处理亦存在不同。

（五）政府补助问题

上市公司取得的政府补助的形式多样，如经营性补贴、搬迁补偿款、产业结构升级补偿款、税收返还等。实务中上市公司对原则化的政府补助会计准则的理解和把握不完全一致，部分政府补助的会计处理值得探讨。

一是搬迁补偿款的会计处理。近年来，由于我国城镇化步伐的加快以及环保治理的落实，越来越多的上市公司因停产或搬迁而收到政府大额的补偿款。按照《企业会计准则解释第3号》的规定，如果企业收到的搬迁补偿满足“因公共利益进行搬迁”和“补偿款由政府从财政预算直接拨付”两个条件，则应当将收到的政府补偿款作为专项应付款核算。之后，在搬迁和重建过程中，发生的固定资产和无形资产损失，有关费用性支出、停工损失及搬迁后拟新建资产进行补偿的，应自专项应付款转入递延收益。企业取得的搬迁补偿款扣除上述转入递延收益后如有结余的，作为资本公积处理。但是实务中，多数动拆迁都是采用市场化方式进行的。一般来讲，政府使用财政资金设立项目公司作为建设单位，该项目公司再委托专门的动拆迁公司进行操作，拆迁补偿款则由上述专门公司转付给上市公司。在这种情况下，由于补偿款并非直接由政府支付，上市公司往往对该款项是否应当按照前述规定进行处理存在分歧。

二是与资产相关还是与收益相关的政府补助问题。依据现行企业会计准则，“与资产相关的政府补助，是指企业取得的、由于购建或以其他方式形成长期资产的政府补助；与收益相关的政府补助，是指除与资产相关的政府补助之外的政府补助”。然而，由于政府补助形式的复杂性及政府出文的不明确，上市公司在与资产相关和与收益相关判断方面存在一定的主观性，并导致相关会计处理存在恰当性问题。

三是政府补助与交易的区分问题。根据准则，政府补助具有无偿性的特点，即企业不需要以提供服务、转让资产等方式偿还。实务中，部分公司在进行房屋拆迁时，会与政府签订相关的补偿协议，补偿金额是在被拆搬迁房屋、资产市场评估均价的基础上确定的。公司为获得该补偿，需完成搬迁等义务，否则须承担违约责任。鉴此，前述补偿并不具有无偿性，更倾向于具有双向、互惠特征的交易行为。

但是对此类交易事项如何确认，相关准则的原则性规定影响了执行判断，进而造成实务的难点。

（六）其他会计问题

除前述在会计估计、会计政策等方面存在的问题外，本次年报审核还发现存在下述值得关注的问题：

一是逾期担保涉及的预计负债确认问题。根据准则，与或有事项相关的义务同时满足下列条件的，应当确认为预计负债：一是该义务是企业承担的现时义务；二是履行该义务很可能导致经济利益流出企业；三是该义务的金额能够可靠计量。然而，准则规定的原则化造成实务中部分公司的预计负债确认存在差异。例如，部分公司对对外逾期担保的预计负债计提存在差异，主要问题体现在：其一，对该事项是否构成现时义务存在判断差异。部分公司认为，该事项不构成一项现时义务。但是也有观点认为，被担保人逾期未偿还债务时，债权人有权直接向担保人主张权利，该类担保在逾期时公司即承担了一项现时义务。当然，在被担保方能足额偿付相关债务的情况下，该项现时义务可能为零。其二，预计负债金额的确认。准则要求，预计负债应当按照履行相关现时义务所需支出的最佳估计数进行初始计量。企业在确定最佳估计数时，应当综合考虑与或有事项有关的风险、不确定性和货币时间价值等因素。相关判断的主观性影响了预计负债金额的确认。例如，部分公司在被担保人已进入破产或重整程序、偿债能力已经受到严重影响的情况下，公司作为连带责任保证人并未足额计提或者未计提预计负债，相关计提是否充分值得商榷。

二是海外参股公司财务核算问题。目前，境外并购发展迅速，涉及标的资产为境外上市公司的交易也越来越多。但是，境内外会计准则对会计期间、定期报告披露等规定存在差异，信息披露规则也不尽相同，在合并日标的资产可能无须披露相关财务资料，从而使得相关会计处理存在尚需明确的问题，特别是与长期投资相关的确认与计量问题。本次年报发现，部分公司收购境外公司受法律法规等限制，无法获取相关公司的可辨认净资产的公允值，造成期末报表合并时相关报表科目核算存在较大障碍，只能以暂估值入账。对此种特殊情况，会计准则未予以充分考虑，造成实务执行的难点。

三是总额法和净额法的判断。实务中，电子商务、百货零售、运输装卸、对外贸易等行业的企业，其销售业务与供应商之间一般存在代理安排，此类业务的收入是按照总额法还是净额法确认争议由来已久。例如，某公司 2016 年底与供应商签订电脑服务器采购合同，同日与客户签订上述电脑服务器的销售合同。在年报中，公司分别以上述金额确认采购成本和销售收入，并将相关差价确认为报告期利润。后经公司核实，该业务系仅通过赚取贸易差价收取相应的服务费，交易的实质是收取居间服务费，公司不承担所交易的商品或服务所有权上的主要风险和报酬，应按照净额法计量收入。但是，在目前追逐收入规模扩大、满足主管部门考核等利益的促动下，上市公司倾向于按照总额法确认前述业务收入，而并未从合同安排、承担的存货风险、是否有权利主导交易价格等方面进行具体分析。现行会计准则中也多为原则性规定，并未对总额法/净额法的判断提供明确依据。该类事项的处理对公司经营规模扩张的实质判断会产生较大影响，有必要明确标准。

四是金融资产或负债的终止确认。准则中对附有追索权的金融资产转移明确了相关标准，在特定情况下不宜终止确认。但实务中，存在相关金融负债与金融资产挂钩的行为，如果考虑其经济实质与一致性原则，对相关金融负债的终止确认也值得探讨。例如，本次年报中发现，某公司拟将金融机构的借款转移到关联方名下，用于冲抵该关联方对公司等额的经营性欠款。对此，考虑该关联方无法偿还债务时，公司须承担担保责任，即意味着相关金融机构拥有对该关联方债权的追索权，公司终止确认相关债权值得商榷。此外，在不能终止确认相关债权的情况下，公司本身所承担的风险与报酬并无实质上的改变，也不存在经济资源的流入流出，公司终止确认相关债务也值得探讨。现有会计准则体系中，金融负债终止确认规定较为原则化，特别是对仍需承担担保义务的金融负债转移，如何区分具体情况进行处理需要提供进一步的指南。

五是与企业合并相关的问题。本次年报发现，企业合并中存在一些亟须明确的问题。例如，子公司被第三方增资确认的资本公积，在子公司处置时是应当继续确认为资本公积还是应当确认收益，存在不同观点。一种观点认为该资本公积在合并报表层面应当从来源保持其资本性投入的本质，不应从资本公积中转出，另一种观点认为其以公允价值出售时，该部分资本公积已实现其经济利益，应当确认为投资收益。对此，需要提供进一步明确的原则。又如，公司在未持有投资的公司过半股权时，大部分公司仅从董事局席位考虑控制权的变化，未能充分全面考查公司各方面活动的控制权力问题，存在一定的主观性。再如，在丧失控制权的情况下，确认剩余股权的重估价值时未能充分考虑控制权溢价问题，计量的合理性存疑。针对前述问题，集中反映目前原则化的准则规定亟需通过细化的指南与案例，对实务中的难点提供指引，避免造成实务执行的疑问。

三、会计问题相关监管思考

（一）会计问题的产生及监管

2016年，绝大多数上市公司能够严格按照企业会计准则的要求，选择稳健的会计政策、恰当运用会计估计，真实完整地反映公司财务状况和经营成果，但也有部分公司在财务信息的披露和会计准则执行中仍存在一些问题。这些问题的产生，既有准则适用、准则理解等客观因素影响，也有公司与审计机构执业不审慎、未勤勉尽责甚至进行操纵等主观因素影响。

一是会计准则的国际趋同与国内市场环境不尽适应。目前，我国政府与国际财务报告准则委员会已签订趋同协议。从实践来看，国际财务报告准则的原则性导向在我国仍然不尽适应，主要由于使用国际财务报告准则的国家以发达国家为主，大多拥有较为成熟的金融市场，监管环境、市场基础等因素均较为规范；而我国金融市场正处于高速发展阶段，市场乱象较多、历史数据不充分，过于原则化的准则导向容易被市场利用，且会造成监管低效。例如，近年来，上市公司在公允价值计量、确认方面，出现较多的盈余管理行为。这与我国市场环境要素不健全，许多资产在市场上很难找到可供观察的交易价格紧密相关。

二是公司会计从业人员的执业水平亟待提升。自2014年修订或颁布职工薪酬、公允价值计量、合并财务报表、长期股权投资、其他主体权益的披露、财务报表列报、合营安排、金融负债与权益工具的区分等八项准则或规定后，近期或未来又会对收入、租赁、政府补助等准则进行相关的修订。这些准则涉及较多的新概念，反映较多的新交易背景，对从业人员的掌握与执行产生了极大的挑战。实务中，部分公司对准则理解的偏差造成财务报表编制问题，例如，控制权认定、商誉确认等认识理解不足造成的会计确认差错。

三是中介机构“看门人”责任意识不足。实务中，存在部分会计师事务所执业人员在审计过程中未能勤勉尽责发现公司存在的财务问题，甚至存在部分执业人员配合委托客户，利用准则规定原则化的空间，进行盈余管理甚至利润操纵。特别是近期立信、瑞华等国内排名前列的事务所均出现了较为严重的执业质量问题，并相继被财政部、证监会采取行政处罚措施，反映出中介机构未能有效承担起“看门人”的责任，未能有效保护投资者权益。

（二）加强会计监管的思考与建议

针对存在的中介机构履职不到位、准则理解执行不充分等问题，结合会计监管现状，在现有的监管框架下，建议从监管机制、问责处罚、准则执行等方面采取措施，以增进会计监管效能。

一是完善准则协调机制，提高准则问题反馈效率。在当前的监管环境下，针对会计准则规定相对原则化的实际情况，建议在证券监管部门与准则制订部门之间建立较为高效的准则解读、修订协调沟通机制或渠道，及时通畅地反馈和解答执行难点或具体个案问题，提高上市公司准则执行质量与水平。尤其是有必要对监管实践中大量出现的滥用准则情况，及时在监管层面作出解释认定，督促纠正，维护会计准则适用的一致性，提升会计信息披露质量。

二是强化培训，提升从业人员会计合规水平。对上市公司的会计信息披露培训是传递监管要点的重要切入点。有助于上市公司乃至中介从业人员快速把握监管思路、明晰准则逻辑、解答财务疑点。2016年，在年报披露前，我部组织专门力量开展了共计5场4000余人次的培训，覆盖全部沪市上市公司，着力提高上市公司定期报告财务信息披露质量，取得了不错的效果。建议继续扩大培训覆盖面，及时总结日常监管中发现的类型化、典型化问题，在新公司培训及董秘培训等日常培训中增设相关课程，帮助上市公司举一反三，持续提升上市公司会计合规水平。

三是进一步加强监管协作，加大对中介机构问责力度。近期，财政部、证监会对立信、瑞华暂停承接业务处罚，在业界产生极大的威慑力。对中介机构从业资格或承接业务的检查认定有利于监管效能的实现。基于这一考虑，可以考虑加强监管协作，以督促会计师事务所切实履行“看门人”责任为抓手，继续探索和拓展对会计师事务所的监管方式，以会计师执业质量的提升带动上市公司整体会计信息质量的提高。具体操作方面，可协调财政部、中注协、中评协等监管机构，与证监会和交易所协作，强化对上市公司审计事务所的执业检查，及时有效地对违规审计机构问责追责，强化其提升执业质量的内在动力。同时，针对发现的违规线索，存在信息披露违规的，提交纪律处分，发现一起，查处一起；发现疑点的，提请关注或核查，形成监管威慑。尽快建立公司监管部门与交易所新设立的监管执行部的协作机制，将发现的问题线索及时转请其开展核查，重点打击恶性财务造假行为，净化市场秩序。

四是深化事前约谈、事中公开、事后追责监管机制。前期，我们已对2016年度的年报会计监管进行了创新，以问题为导向前移年报监管端口。及时摸排保壳类、重组类和行业异常类公司，对发现的上市公司重大交易事项提前介入，抓早抓小。在向上市公司发出专项监管问询函的同时，约谈公司年审会计师事务所，提示风险，明确相关事项的财务判断与审计责任，取得了一定的监管效果。不少公司如*ST亚星、上实发展等多家公司终止交易或者进行会计差错更正。鉴于此，可以进一步深化该项监管工作机制，做到早发现、早动作、早见效，结合事中监管公开，事后检查与追责，综合举措，在尽量减小上市公司监管对抗性的同时，也可以进一步提高监管效能。

沪市上市公司2016年报审计问题分析报告

审计意见是投资者判断上市公司财务信息真实性、可靠性的重要依据。会计师对财务报表出具标准无保留意见（以下简称标准意见）还是非标准无保留审计意见（以下简称非标意见），以及非标意见的具体类型，体现了会计师对公司财务报表的基本态度。投资者可以结合公司财务运营情况、审计意见类型以及其他重大关键事项做出决策，审计意见及其适当性对投资者投资决策影响重大。本报告在分析沪市上市公司2016年审计报告的基础上，归纳2016年年报审计存在的问题，提出上市公司年报审计及相关信息披露的监管建议。

一、2016年度审计总体情况分析

（一）审计意见总体情况

沪市1264家上市公司披露了2016年度报告，其中，1213家公司被出具标准意见审计报告，占全部披露年报公司的95.97%；51家公司的年度财务报告被出具了非标意见，占4.03%，较2015年度略有下降，创历史新低。1998年以来非标意见统计情况具体如表1所示。

表1　1998～2016年沪市上市公司非标意见统计表

年度	强调事项		保留意见		无法表示意见		否定意见		非标总数			非标意见比例	公司总数
	家数	%	家数	%	家数	%	家数	%	总数	ST数	ST占%		
1998	57	68.7	19	22.9	6	7.2	1	1.2	83			18.40%	452
1999	53	61.3	29	33	5	5.6	1	1.1	88			17.80%	494
2000	52	65	22	27.5	5	6.3	1	1.2	80			13.20%	608
2001	42	58.3	23	32	7	9.7	0	0	72			10.90%	661
2002	37	52.9	23	32.9	11	14.2	0	0	71	16	23	9.70%	733
2003	37	62.7	13	22	9	15.3	0	0	59	24	41	7.30%	806
2004	30	42.3	33	46.5	8	11.2	0	0	71	32	45	8.50%	836
2005	43	53.1	27	33.3	11	13.6	0	0	81	26	32	9.80%	828
2006	43	53.7	26	32.5	11	13.8	0	0	80	28	35	9.40%	848
2007	50	74.6	9	13.4	8	12	0	0	67	38	57	7.80%	862

续表

年度	强调事项		保留意见		无法表示意见		否定意见		非标总数			非标意见比例	公司总数
	家数	%	家数	%	家数	%	家数	%	总数	ST数	ST占%		
2008	44	65.7	14	20.9	9	13.4	0	0	67	36	54	7.80%	864
2009	41	69.5	9	15.3	9	15.3	0	0	59	41	70	6.80%	873
2010	42	71.2	16	27.1	1	1.7	0	0	59	43	73	6.51%	906
2011	49	83.1	9	15.2	1	1.7	0	0	59	42	71	6.29%	938
2012	35	83.7	6	11.6	2	4.7	0	0	43	17	40	4.50%	954
2013	29	70.7	10	24.4	2	4.9	0	0	41	11	27	4.28%	957
2014	39	76.5	10	19.6	2	3.9	0	0	51	14	27	4.9%	1041
2015	47	90.4	4	7.7	1	1.92	0	0	52	19	37	4.74%	1098
2016	39	76.5	7	13.7	5	9.80	0	0	51	21	41	4.03%	1264

从表1中，可以发现2016年审计意见的以下几个特点：

一是非标意见比重持续下降，创历史新低。从表1可见，各年度非标意见数量相差较大，非标意见占上市公司总数的比重呈明显下降趋势，从1998年最高占比18.4%降到2016年最低的4.03%，且自2012年以来持续维持在5%以下。非标意见公司家数及占比创历史新低的原因除了上市公司自身运作进一步规范外，近年来将审计意见类型纳入退市制度考量指标、逐渐加强事前事中对审计机构的监管等措施也导致会计师对出具非标意见更加谨慎。

二是强调事项占比持续保持高位。表1显示的另一个特点是，非标意见为带强调事项的无保留意见（以下简称强调事项）占比持续较高，虽与2015年相比有所回落，但仍然连续多年维持在70%以上。该情形也说明，即使同为非标意见，会计师往往倾向于出具强调事项这种不太“严重”的审计意见，而对其他非标意见更加谨慎，甚至可能出现以强调事项代替其他非标意见类型的极端情形。

三是非标意见的构成出现结构性变化。值得注意的是，2016年被出具无法表示意见的公司数占比大幅上升，创7年来新高。一方面显示出在从严监管的背景下，会计师对于审计意见的出具日趋谨慎；另一方面可能是，部分会计师出于减轻自身责任的考虑，倾向于以出具无法表示意见的方式避免对相关会计事项做出判断。

（二）2016年度审计意见变化情况

审计意见的变化与公司经营情况及财务数据的真实可靠性密切相关，其意见类型及变化是投资者做出决策的重要依据。一般而言，审计意见由非标意见变更为标准意见表示上市公司总体状况改善，导致出具非标意见的因素已经消除；反之，由标准意见变更为非标意见则意味着上市公司某些方面出现不利状况，投资者需对相关事项予以关注。对比2016年与2015年度财务审计结果（见表2），1186家公司两年均为标准意见，27家公司两年均出具了相同的非标意见，38家公司审计意见发生了变化。

表2　　2015～2016年度审计意见变化情况表

<table>
<tr><th>变动状态</th><th>家数</th><th colspan="4">具体情况</th></tr>
<tr><td>两年均为标准意见</td><td>1186</td><td>具体变动</td><td>家数</td><td colspan="2">具体情况</td></tr>
<tr><td rowspan="7">非标意见与标准意见转换</td><td rowspan="7">38</td><td rowspan="4">标准意见转为非标意见</td><td rowspan="4">19</td><td>变动后审计意见类型</td><td>涉及公司</td></tr>
<tr><td>保留意见</td><td>航天通信、*ST匹凸、秋林集团</td></tr>
<tr><td>强调事项</td><td>12家</td></tr>
<tr><td>无法表示意见</td><td>*ST海润、*ST中安、*ST大控、*ST昆机</td></tr>
<tr><td rowspan="3">非标意见转为标准意见</td><td rowspan="3">19</td><td>变动前审计意见类型</td><td>涉及公司</td></tr>
<tr><td>保留意见</td><td>*ST新梅、一汽富维</td></tr>
<tr><td>强调事项</td><td>17家</td></tr>
<tr><td rowspan="6">均为非标意见</td><td rowspan="6">32</td><td>变动情形</td><td>家数</td><td colspan="2">涉及公司</td></tr>
<tr><td>同为保留意见</td><td>1</td><td colspan="2">ST成城</td></tr>
<tr><td>同为强调事项</td><td>26</td><td colspan="2">略</td></tr>
<tr><td>强调事项转为保留意见</td><td>3</td><td colspan="2">*ST新亿、天目药业、天津磁卡</td></tr>
<tr><td>强调事项转为无法表示意见</td><td>1</td><td colspan="2">*ST吉恩</td></tr>
<tr><td>保留意见转为强调事项</td><td>1</td><td colspan="2">ST山水</td></tr>
</table>

对于审计意见变化的情形，不同变化情况关注的重点不同。如对于标准意见转为非标意见的公司，须关注其具体影响事项及其对公司过往和未来经营业绩的可能影响；对于由非标意见转为标准意见的情况，须格外关注此前影响审计意见的事项是否已完全消除，结合公司自身情况综合判断审计意见的恰当性，例如，是否存在“摘星”“摘帽”动机、本年度是否拟筹划再融资等重大事项等。即使同为非标意见，鉴于否定意见和无法表示意见均被纳入退市情形，由上述非标意见转为其他非标意

见亦可能存在审计意见恰当性的问题。

二、会计师事务所变更与审计意见类型变化

2016年度沪市有103家上市公司的财务报告审计机构发生变化，占全部公司的8.15%，而2015年度变更审计机构的数量为120家。剔除事务所改名、分立、合并等没有分析意义的被动变更外，2016年主动变更会计师事务所的上市公司共计89家，略多于2015年的86家。但由于2016年度上市公司数有所增加，占比反而有所下降。

（一）主动变更会计师事务所原因分析

根据公司披露的变更审计机构公告以及与其相关的董事会决议公告，我们对前述89家上市公司变更会计师事务所的原因进行了统计（见表3）。

表3　会计师事务所变更的原因

原因类别	具体原因	涉及公司数
公司原因	业务需要	12
	重大资产重组原因	9
	所属集团统一聘用审计机构	1
	考虑审计费用	1
	公司注册地变更	1
会计师事务所原因	原会计师事务所审计年限长	27
	原会计师事务所聘期已到	2
	瑞华被责令暂停接收新的业务并限期整改	6
	原会计师事务所团队人员发生重大人事变动	1
	原会计师事务所业务繁忙	4
政策原因[①]		21
未说明原因		4
总计		89

① 相关政策主要有：（1）财政部、国务院国资委《关于加强中央企业财务决算工作的通知》（财会〔2011〕24号），规定会计师事务所连续承担同一家中央企业财务决算审计业务应不少于2年，不超过5年；全国会计师事务所综合评价排名前15位且审计质量优良的会计师事务所，经相关企业申请、国资委核准，连续审计年限应不超过8年；经财政部、证监会审核推荐从事H股企业审计且已经完成特殊普通合伙转制的大型会计师事务所，连续审计年限达到上述规定的，经相关企业申请、国资委核准，可自完成转制工商登记当年起延缓2年轮换，但连续审计年限最长不超过10年。（2）财政部《金融企业选聘会计师事务所招标管理办法（试行）》（财金〔2010〕169号）要求金融企业连续聘用同一会计师事务所最长不得超过10年。（3）《中央企业财务决算审计工作规则》（国资发评价〔2004〕173号）要求同一会计师事务所承办企业年度财务决算审计业务不应连续超过5年。（4）保监会《保险公司财会工作规范》（保监发〔2012〕8号）要求保险公司建立审计轮换制度。（5）各地方国资委的有关规定。

表 3 显示，4 家公司未披露更换会计师事务所的原因，另有 12 家因业务需要变更会计师事务所的公司普遍披露不够充分。从信息披露的角度来看，未披露或者未充分披露会计师事务所变更原因的情况一直较普遍，部分上市公司披露的随意性较大，针对性不强，很难从披露的内容中知悉更换会计师事务所的真正原因。

（二）变更会计师事务所前后审计意见变更情况

在上述 89 家变更会计师事务所的公司中，审计意见类型与上年相同且都为标准意见的有 73 家，发生变化的有 10 家，另有 6 家公司两年均为带强调事项段非标意见。前述审计意见类型发生变化的公司中，6 家变更后审计意见更优，4 家变更后更差。审计意见类型变化情况具体如表 4 所示。

表 4　变更会计师事务所前后两年的审议意见类型

表现更优			
代码	简称	2015 年审计意见	2016 年审计意见
600179	安通控股	带强调事项段的无保留意见	标准无保留意见
600234	ST 山水	保留意见	带强调事项段的无保留意见
600339	中油工程	带强调事项段的无保留意见	标准无保留意见
600603	广汇物流	带强调事项段的无保留意见	标准无保留意见
600710	*ST常林	带强调事项段的无保留意见	标准无保留意见
600732	*ST新梅	保留意见	标准无保留意见
表现更差			
代码	简称	2015 年审计意见	2016 年审计意见
600576	万家文化	标准无保留意见	带强调事项段的无保留意见
600654	*ST中安	标准无保留意见	无法表示意见
600671	天目药业	带强调事项段的无保留意见	保留意见
600677	航天通信	标准无保留意见	保留意见
保持不变的非标意见			
代码	简称	2015 年审计意见	2016 年审计意见
600149	*ST坊展	带强调事项段的无保留意见	带强调事项段的无保留意见
600281	太化股份	带强调事项段的无保留意见	带强调事项段的无保留意见
600403	*ST大有	带强调事项段的无保留意见	带强调事项段的无保留意见
600678	四川金顶	带强调事项段的无保留意见	带强调事项段的无保留意见
600707	彩虹股份	带强调事项段的无保留意见	带强调事项段的无保留意见
600890	中房股份	带强调事项段的无保留意见	带强调事项段的无保留意见

在年报审核中，应重点关注变更会计师事务所前后审计意见类型发生变化的公司，通过分析审计意见类型的适当性，核查是否存在通过变更会计师事务所“购买”审计意见的情形。

（三）变更事务所与公司盈亏性质变化

在上述89家变更会计师事务所的公司中，2016年发生盈亏变化的有27家，占比30.34%，其中，由亏转盈20家，由盈转亏7家，详见表5。

表5　　变更会计师事务所前后两年的盈亏情况　　单位：万元

由亏损变盈利			
代码	简称	2015年净利润	2016年净利润
600010	包钢股份	-330632.91	8503.37
600179	安通控股	-26778.67	40129.28
600186	莲花健康	-50848.70	6524.74
600234	ST山水	-1610.89	1426.97
600246	万通地产	-61222.03	11030.67
600281	太化股份	-17723.50	3293.20
600282	南钢股份	-243242.59	35373.52
600339	中油工程	-94761.52	128753.91
600346	恒力股份	-24310.17	117983.43
600532	宏达矿业	-35453.24	11463.12
600603	广汇物流	-19471.59	24687.11
600671	天目药业	-2154.37	121.72
600681	百川能源	-404.38	55117.41
600710	*ST常林	-52703.05	20665.56
600732	*ST新梅	-11240.92	1954.76
600745	中茵股份	-14646.02	4798.15
600764	中电广通	-12499.33	726.71
600882	广泽股份	-27491.06	3221.01
600963	岳阳林纸	-38997.67	2822.86
601001	大同煤业	-180102.09	18571.19
由盈利变亏损			
代码	简称	2015年净利润	2016年净利润
600123	兰花科创	1372.55	-66004.22
600227	赤天化	1500.55	-34953.42
600678	四川金顶	419.58	-2824.68
600707	彩虹股份	5021.58	-27251.25
600712	南宁百货	2767.85	-3427.64
600778	友好集团	1529.83	-39971.89
600890	中房股份	1213.35	-4201.88
连续两年亏损			
代码	简称	2015年净利润	2016年净利润
600149	*ST坊展	-6415.13	-2479.42
600403	*ST大有	-128832.60	-196263.13
601106	*ST一重	-179505.80	-573401.85

在上述20家由亏转盈的公司中，ST山水、中油工程依靠非经常性损益避免了暂停上市，此外，还有8家公司依靠非经常性损益避免了被实施退市风险警示。依靠非经常性损益扭亏的公司本身就具有较高的风险性，如果其在扭亏年度还变更了会计师事务所，则有必要对此类上市公司盈利的合规性及审计意见的适当性进行重点审核。

三、财务审计与内控审计的比较分析

财务审计与内控审计虽然在审计方法、审计范围等方面有所不同，但是本质上二者都是从不同层面或环节对上市公司披露的会计信息质量进行鉴证，二者存在必然的联系。例如，内控评价是审计抽样的重要依据。因此，二者的结论具有一定的关联性。

（一）2016年度财务审计与内控审计的差异汇总

2016年度报告中，1134家公司披露了内控审计报告，其中，1077家公司被出具标准无保留意见，57家公司被出具非标意见，包括44家带强调事项段的无保留意见和13家否定意见。与财务审计的结果比较发现，共有72家公司的两类审计意见类型存在差异，具体情况如表6所示。

表6　两类审计意见类型差异表

内控审计意见类型	财务审计意见类型	公司名称
标准意见	无法表示意见	*ST吉恩（1家）
	保留意见	天目药业（1家）
	强调事项	浙江广厦、澄星股份、ST明科、*ST坊展、ST山水、太化股份、宏达股份、山东金泰、抚顺特钢、*ST大有、*ST柳化、科力远、恒生电子、金杯汽车、四川金顶、彩虹股份、ST云维、宁波富邦、宜宾纸业、*ST厦工、宁波中百、厦华电子、*ST嘉陵、中房股份、杭齿前进（25家）
强调事项	标准意见	上海梅林、西部资源、江苏吴中、海南椰岛、海正药业、西南证券、三房巷、宝光股份、海航基础、康恩贝、新华医疗、东方明珠、陆家嘴、太极实业、金龙汽车、百花村、重庆百货、实达集团、华银电力、长江传媒、汉商集团、亚泰集团、三联商社、恒源煤电、力帆股份、龙宇燃油、中衡设计、明星电缆、贵人鸟、星光农机、道森股份（31家）
	保留意见	ST成城（1家）
否定意见	保留意见	航天通信、*ST匹凸、天津磁卡、秋林集团（4家）
	强调事项	安泰集团、*ST上普（2家）
	无法表示意见	*ST海润、*ST中安、*ST大控、*ST昆机（4家）
	标准意见	ST慧球、中国高科、大晟文化（3家）

（二）财务报告审计与内控审计的差异分析

一般而言，公司内控审计意见类型与财务报告审计意见类型之间存在天然的联系。公司内部控制的优劣在很大程度上决定了财务数据的可靠性，因而与财务审计密切相关。内部控制制度的强弱直接决定了财务审计的具体实施，如审计范围、审计方法的选择等。若企业内部控制薄弱甚至无效，相关财务数据的可靠性就会大打折扣。虽然不能认为财务审计与内控审计的审计意见类型应保持一致，但是若二者差异过大，应当就差异原因及相互影响情况进行必要的解释说明。从报表使用者的角度来看，也可以通过分析二者的差异对财务审计的恰当性和可靠性进行反向判断，特别是对内部控制审计意见类型较差而财务审计意见类型为标准意见的公司，其财务审计结果的恰当性值得进一步分析探讨。分析本年度内控为否定意见且财务审计为标准意见的公司发现，相关内控问题主要集中于关联方资金占用、关联交易的识别和审批程序、营业收入和成本错报、成本结算不及时等方面。对此，可以进一步分析其关联交易的影响范畴和对整体财务基础的影响，分析其财务审计意见的恰当性。

多数公司财务报告审计意见中并未体现其内部控制情况。年审会计师在进行财务报告审计及内控审计时理应考虑两种审计意见之间的关系，尤其是财务报告审计应考虑内部控制情况可能对财务的影响，并在审计意见或相关说明中有所体现。但分析发现，除安泰集团、*ST中安、航天通信、*ST上普、*ST匹凸、*ST大控、天津磁卡、*ST昆机、秋林集团在财务报告审计意见中体现了相关事项外，其他公司均无相应体现，其中包括ST慧球、中国高科、大晟文化3家内控报告为否定意见，审计报告为标准意见的公司。

四、非标审计意见相关问题分析

（一）非标意见及涉及事项汇总

2016年度非标意见分类以及涉及主要事项统具体如表7所示。

表7　2016年度非标意见涉及主要事项

意见类型	简称	代码	非标意见简述
无法表示意见	*ST海润	600401. SH	财务报告内控制度存在多项重大缺陷，内部控制失效。
	*ST吉恩	600432. SH	公司连续3年亏损，财务状况严重恶化，持续经营能力存疑。且破产重整事项未被法院受理，存在重大不确定性。
	*ST中安	600654. SH	业务的经济实质以及相关营业收入和营业成本的确认和计量、应收及预付款项的可收回性等获取充分、适当的审计证据。
	*ST大控	600747. SH	公司连续两年亏损，涉嫌信息披露违规被立案调查。公司子公司和孙公司部分业务是否具备经济实质无法判断，且重大经营合同执行存在不确定性。
	*ST昆机	600806. SH	存货不实、销售收入虚计及跨期，重要子公司存在私设多个账务账套的情况。涉嫌信息披露违法违规被证监会立案调查。

续表

意见类型	简称	代码	非标意见简述
保留意见	航天通信	600677. SH	子公司智慧海派的供应链业务，涉及的供应链企业下游客户和上游供应商均存在受智慧海派控制的情况，且相关内部控制缺失，无法准确判断智慧海派与供应链企业的交易是经销还是代理。
	*ST匹凸	600696. SH	（1）公司涉诉，预计负债金额计提准确性；（2）原子公司荆门汉通破产清算，可供出售金融资产的公允价值及应收账款减值准备的准确性。
	秋林集团	600891. SH	（1）孙公司采购、销售业务对收入成本的影响无法判断，运费完整性无法判断；（2）与关联方存在大额资金往来。
保留意见+强调事项	*ST新亿	600145. SH	保留意见：4.84 亿元应收票据的真实性及可收回性。 强调事项：（1）证监会立案调查尚在进行中；（2）新疆高院对公司破产重整纠纷案件的立案审查，核查结论尚未形成；（3）关联方的资产注入不能实施，持续经营能力具有不确定性。（4）期末应收票据余额 4.84 亿元均于 2017 年 3 月底前到期，期后并未兑付，而是背书转让。
	ST 成城	600247. SH	保留意见：无法获得分公司和子公司会计核算资料 强调事项：（1）2016 年亏损 2.14 亿元，累计未分配利润 -5.4 亿元，部分子公司业务停滞；逾期借贷 6.09 亿元等持续经营能力存在重大不确定。（2）未决诉讼；（3）假交易无法重述。
保留意见+强调事项	天目药业	600671. SH	保留意见：无法取得联营公司财务数据 强调事项：（1）部分生产线尚未通过 GMP 认证；（2）流动比率 0.57，盈利来源于偶发性收入。
	天津磁卡	600800. SH	保留意见：无法获取被投资单位的财务数据，对财报影响无法判断。 强调事项：累计亏损 6.74 亿元，欠付大股东借款 2.05 亿元，经营现金流 -8812.85 万元，持续经营能力存在不确定性。
带强调事项段的无保留意见	浙江广厦	600052. SH	主营亏损，本年以来股权转让确认大额非经常性损益盈利。
	澄星股份	600078. SH	公司涉嫌违法违规披露被立案调查。
	ST 明科	600091. SH	公司停产，未来发展方向不明确，持续经营能力存在不确定性。
	*ST坊展	600149. SH	公司连续两年亏损，持续经营能力存在不确定性。
	*ST昌九	600228. SH	公司连续两年亏损，且重要子公司、分公司停产多年、无法原地恢复生产。持续经营能力存在重大不确定性。
	ST 山水	600234. SH	流动负债高于流动资产，且投资性房地产、固定资产和无形资产等多项资产处于法院查封状态，持续经营能力存在不确定性。
	*ST昌鱼	600275. SH	公司连续两年亏损，持续经营能力存在不确定性。
	太化股份	600281. SH	公司报告期大额亏损，主要化工生产分公司已停产多年、相关资产处置正在进行，持续经营能力存在不确定性。

续表

意见类型	简称	代码	非标意见简述
带强调事项段的无保留意见	ST南化	600301. SH	公司依赖资产处置盈利，扣非经营连年亏损。重要子公司净资产为负，建设用地未如期交付，公司持续经营能力存在重大不确定性。
	亚星化学	600319. SH	公司营运资金为负，可能会影响公司的持续经营能力。
	宏达股份	600331. SH	公司涉及大额诉讼，金额约为21亿元，且占公司净资产比重较大的低品位矿，其利用项目尚处于前期准备阶段。
	山东金泰	600385. SH	公司本年微利，且公司本部经营困难，不能按规定履行纳税义务，职工的薪酬和社保费未按时发放和缴纳。持续经营能力存在不确定性。
	抚顺特钢	600399. SH	公司为控股股东及子公司提供债务担保，但控股股东及子公司尚处于破产重整中。
	*ST大有	600403. SH	因2012年非公开发行股票期间涉嫌欺诈发行以及未按规定信息披露，证监会拟对公司进行行政处罚，如公司因该立案调查事项被中国证监会最终认定存在重大信息披露违法行为，公司股票将被实施退市风险警示，并暂停上市。
	安泰集团	600408. SH	公司存在大额关联方经营欠款，以及逾期银行借款、应付利息、未缴税费和未缴社保。上述事项导致公司未来持续经营能力存在重大不确定性。
	仰帆控股	600421. SH	公司立案调查尚在进行中，且流动负债已高于流动资产，其持续经营能力存在重大不确定性。
	*ST柳化	600423. SH	公司本年亏损，且净资产为负，持续经营能力存在重大不确定性。
	科力远	600478. SH	公司因项目搬迁，向原厂址所在政府支付大额搬迁补偿资金，同时向现厂址政府收到大额搬迁补偿资金。
	山煤国际	600546. SH	公司存在重大诉讼，最终影响存在不确定性。
	万家文化	600576. SH	证监会立案调查尚在进行中。
	八一钢铁	600581. SH	公司流动负债超过流动资产，持续经营能力仍存在重大不确定性。
	新安股份	600596. SH	（1）会计估计变更；（2）控股子公司停产整改。
	金杯汽车	600609. SH	持续经营能力存在重大不确定性。
	中毅达	600610. SH	证监会立案调查尚在进行中。
	四川金顶	600678. SH	本年亏损，累计亏损较大，资产负债率高，流动负债大于流动资产；存在未决诉讼、大股东股份转让事项和其他诉讼，持续经营能力存在重大不确定性。
	*ST上普	600680. SH	（1）子公司挪用募集资金偿债未履行审批程序；（2）证监会立案调查尚在进行中。

续表

意见类型	简称	代码	非标意见简述
带强调事项段的无保留意见	彩虹股份	600707. SH	主业亏损、资金压力大，持续经营能力存在不确定性。
	ST 云维	600725. SH	重大资产重组尚未获批，持续经营能力尚存在不确定性。
	东方银星	600753. SH	公司现阶段处于转型期，仅有少量建材贸易业务，持续经营能力存在一定的不确定性。
	宁波富邦	600768. SH	公司扣非后净利润亏损，流动负债高于流动资产，持续经营能力存在重大不确定性。
	宜宾纸业	600793. SH	资产负债率高，一年内到期的长期借款金额较大，扣非后净利润、累计未分配利润和经营现金流量为负，持续经营能力仍然存在重大的不确定性。
	*ST厦工	600815. SH	（1）公司已连续两年亏损，流动负债超过流动资产，持续经营能力存在不确定性；（2）大额计提应收账款坏账准备。
	宁波中百	600857. SH	中建四局对公司提出的仲裁尚在审理当中。
	厦华电子	600870. SH	公司已终止经营原有彩电业务，目前尚处于形成稳定盈利模式的转型期，持续经营能力存在重大不确定性。
	*ST嘉陵	600877. SH	所有者权益为负，流动负债高于流动资产，持续经营能力存在重大不确定性。
	中房股份	600890. SH	公司累计未分配利润为负，无后续开发项目，持续经营能力存在不确定性。
	杭齿前进	601177. SH	（1）公司变更固定资产折旧年限；（2）将房屋土地等资产转让给控股股东，以上两个事项对公司损益影响重大。
	*ST锐电	601558. SH	（1）苏州美恩超导等对公司提出的诉讼尚在审理中；（2）连续两年巨亏，每股净资产已低于股本，存在经营风险。
	恒生电子	600570. SH	公司子公司被行政处罚，尚有大额罚款未支付，且该子公司净资产为负，其持续经营能力存在重大不确定性。

（二）非标意见涉及主要因素分析

根据非标意见的整体情况，可进一步将非标意见涉及主要事项分类具体如表 8 所示。

本年度无法表示意见共 5 家，相比 2015 年的 1 家大幅上升。5 家被出具无法表示意见的公司均被*ST，其中不乏高风险、甚至可能财务造假的公司。例如，*ST昆机审计意见涉及存货不实、销售收入虚计及跨期确认，重要子公司存在私设多个账务账套的情况。同时，因涉嫌信息披露违法违规被证监会立案调查。目前公司已暂停上市。

本年度保留意见共 3 家，数量略少于 2015 年度，均涉及子公司具体会计处理和确认的事项。此外，带强调事项段的保

表8　　非标意见主要事项分析表

非标意见类型	事项性质	涉及公司
无法表示意见	内部控制缺陷、持续经营能力重大不确定、会计处理恰当性、立案调查、财务造假	*ST海润、*ST中安、*ST吉恩、*ST大控、*ST昆机
保留意见	内部控制缺陷、诉讼、关联方资金往来、会计处理恰当性	航天通信、*ST匹凸、秋林集团
保留意见+强调事项	保留意见：业务真实性、无法获取财务数据； 强调事项：立案调查、持续经营能力重大不确定性	*ST新亿、ST成城、天目药业、天津磁卡
强调事项	诉讼、突击交易、会计估计变更、破产重整等重大风险事项或对损益影响重大的事项	11家
	主要业务或产品停产导致的持续经营不确定性	8家
	主营业务亏损、累计亏损巨大、净资产负数、高负债率、营运资金负数、每股净资产低于股本、大额关联方资金占用等，导致持续经营存在重大不确定性事宜	18家
	立案调查，结果未明	7家
合计（同一家公司不重复计算）		51家

留意见明显增加，其中关于保留意见的部分主要为业务真实性，无法获取被投资单位的会计核算资料，对财报影响无法判断。

本年度强调事项26家，以持续经营存在重大不确定性为主，包括具体经营状况不佳和主要业务或产品停产的情况等。其次是关于如诉讼、突击交易等重大事项的风险提示。另外，在2014年年底退市制度改革将重大信息披露违法列为退市情形后，被证监会立案调查也成为较为重要的风险因素。对于尚未明确结果的立案调查、已出具事先告知书但未下发最终决定的情形，会计师均进行了一定的提示，提示投资者关注可能存在的风险。

五、关键审计事项披露情况分析

2016年12月，财政部印发了《中国注册会计师审计准则第1504号——在审计报告中沟通关键审计事项》等12项准则，并要求注册会计师在对A+H上市公司2016年度财务报表进行审计时，开始适用上述准则，在审计报告中增加“关键审计事项”部分；非A+H上市公司可自愿选择是否在本年适用新审计准则。截至2017年4月30日，沪市共有A+H上市公司79家，其中有77家公司按照新准则披露了关键审计事项。未披露关键审计事项的两家公司中，国泰君安是由于H股上市日（2017年4月11日）晚于其年报披露日（2017 年 2 月 21 日）；*ST昆机则是由于财务报表被出具无法表示意见，按照审计准则规定不得在审计报告中沟通关键审计事项。此外，还有浦发银行和中新药业 2 家纯 A 股公司自愿披露了带关键审计事项的审计报告。

2016 年度各上市公司审计报告披露关键审计事项主要有以下两大特点：

一是合规性层面，整体披露情况符合准则要求。2016 年度的审计报告中对于关键审计事项的披露基本遵守了新审计准则的要求，未发现 A + H 公司未按要求披露关键审计事项的情形。

二是有效性层面，涉及事项体现出一定的针对性。总体来看，关键审计事项可以为会计报表使用者提示会计信息构成及审计执行过程中关注的重点，一定程度上提高了审计报告的有用性，对投资者决策有所助益。其中，作为会计难点问题的资产减值是最受关注的事项，79 家公司中的 66 家公司关键审计事项涉及资产减值问题；特殊行业或业务的收入确认问题也受到不少关注。此外，特定行业问题鲜明，例如，金融业的银行、证券类公司集中关注了结构化主体的合并、金融工具公允价值的确定等事项。

表 9　　关键审计事项汇总分析表

关键审计事项	涉及家数	行业特征
收入确认（特殊行业、特定业务的收入确认）	20	
各类资产减值	66	
结构化主体的合并	14	银行、证券
金融工具、公允价值（确认、转移等）	9	银行、证券
收购、出售资产及重大重组	8	
递延所得税资产的确认	4	
经营性租赁资产的修理	3	航空
无形资产（特许使用权）的摊销	2	高速公路
合并范围	4	
金融资产确认、准备金评估	3	
其他事项（套期会计、可转债、诉讼、搬迁补偿、政府补助、开发支出资本化、收入真实性、售后服务支出、关联交易、商誉确认等）	分别涉及 1～2 家	

六、2016 年年报审计的相关问题

（一）审计意见的适当性问题

一是多数非标意见审计报告未对具体会计事项发表明确意见。2016 年度，审计意见类型整体进一步向好，但也出现了较为明显的结构性变化。非标意见占比进一步下降至 4.03%，创历年新低，但无法表示意见数量大幅增加至 5 家，保留意见增加至 7 家。进一步分析无法表示意见

和保留意见的审计报告可以发现，除*ST昆机的审计报告中对公司会计问题做出明确判断外，其余公司的审计报告中均以“无法判断”“无法获取充分证据”为由避免对相关会计事项发表意见。在部分涉及会计处理的非标意见中，会计师本应披露自己的职业判断，但却出于减轻自身责任的考虑未做判断，这使得审计报告的有用性大打折扣，也使得非标意见的适当性存疑。

二是部分会计师出具审计意见不审慎。个别公司的会计处理事宜存在明显的违规和不恰当的情况，而年审会计师对此并未表示异议，其适当性值得重点怀疑。例如，厦华电子在2016年年底与供应商签订电脑服务器采购合同，同日，与客户签订上述电脑服务器的销售合同，公司仅是通过赚取贸易差价收取相应的服务费，并不承担所交易的商品或服务所有权上的主要风险和报酬。在年报中，公司分别以上述金额确认采购成本和销售收入，并将相关差价确认为报告期利润。公司的会计处理与交易的经济实质和会计准则规范的逻辑、原理并不相符，但年审会计师在首次出具意见时并未就该事项提出异议。直至对公司年报进行问询并约谈会计师后，公司才进行会计差错更正，会计师也相应修订了审计意见。个别审计机构出具审计意见时的随意性可见一斑。

三是不同公司因类似事项被出具的意见类型差异较大。此类问题集中体现在持续经营能力不确定和被立案调查等事项中。本年度共计25家公司因持续经营能力不确定被出具带强调事项的无保留意见，6家公司因被立案调查被出具带强调事项的无保留意见，但也有部分公司因上述事项被出具保留意见或无法表示意见，如*ST吉恩、*ST大控等。鉴于持续经营不确定性的影响程度、被立案调查涉及业务的范围等因素确实因公司而异，会计师判断存在差异具有一定的合理性。但实践中会计师进行相关判断的考虑和标准并不明确，相关说明及其披露的针对性不足，难以判断相关事项的影响程度和范围，以及据此出具审计意见的具体标准。

四是审计意见类型变化的原因以及后续披露缺失。一般来讲，审计意见好转的原因应是导致非标意见的因素已经消除或减轻。但审计报告中无法反映相关情况，定期报告中亦未对前期非标意见所涉事项的解决、纠正情况进行披露。例如，会计师对公司持续经营能力产生疑虑的原因多是因为财务状况恶化，比如连续亏损、负债逾期、流动负债高于流动资产、资产负债率高等，这些情况往往源于主营业务的经营不善。部分公司仅通过出售资产、债务豁免或政府补助等手段实现非经常性盈利，并未从根本上改善其经营状况，但其审计意见次年变更为较“优”的类型，其变更原因及适当性值得关注。由于对审计意见类型变更的考虑因素或标准的披露没有相应的规则予以规范，以致审计报告使用者对审计意见变化的依据和适当性往往难以判断。

五是会计师专项说明针对性不足。根据规定，定期报告被出具非标意见时，负责审计的会计师事务所应出具专项说明。但有关专项说明的信息披露一直不尽完善，主要表现在3个方面：其一，简单重复审计报告有关内容。少数公司仅简单引用审计准则条款，并无会计师的判断和分析过程；部分公司专项说明与审计报告有关内容基本雷同，未作针对性的延伸和解释。其二，未说明非标意见涉及事项的具体影响。多数专项说明都未明确表述非标意见涉及事项对财务状况、经营成果的影响，仅称无法判断可能的影响。其三，不属于明显违反会计准则事项的原因未予说明。如在某些会计处理确实值得商榷的情况下，会计师并未进一步具体说明涉及的会计处理事项未违反会计准则的原因，导致该项要求沦为专项说明中的标准段落。

六是因重大资产重组豁免对新并入子公司实施内控审计的情况值得探讨。虽然相关内控审计豁免有明确的规则依据，但是鉴于相关公司的财务审计与内部控制审计机构均为同一审计机构，在未对新纳入子公司的内部控制情况进行充分了解的情况下，其财务信息的可靠性存在一定的不确定性，财务审计的基础存疑。此外，由于此类公司均涉及重大资产重组，新纳入的合并主体对公司财务报表影响重大，在未对其内控情况进行充分审计的情况下出具标准无保留财务审计意见，其恰当性存在疑问。如*ST中安的会计师在内控审计结论中明确称，“根据中国证券监督管理委员会发布的《上市公司实施企业内部控制规范体系监管问题解答》（2011年第1期，总第1期）的相关豁免规定，中安消股份在对财务报告内部控制于2016年12月31日的有效性进行评价时，未将被收购公司的财务报告内部控制包括在评价范围内。同样，根据《企业内部控制审计指引实施意见》的相关指引，我们对中安消股份财务报告内部控制执行审计工作时，也未将被收购公司的财务报告内部控制包括在审计范围内。”

（二）聘任及变更会计师相关问题

一是与审计师聘任相关的信息披露存在不足。目前与聘任会计师事务所相关的信息披露存在较大不足，分别反映在定期报告与临时公告两方面。临时公告披露方面，根据上市规则，聘任或者解聘会计师事务所应作为单独事项进行披露，但仍存在部分上市公司以董事会决议的形式代替单独公告。此外，由于现有规则中并未对该类公告的具体内容做出明确信息披露的要求，公司披露内容不够规范，审计费用金额缺失以及更换审计机构理由不充分是较为常见的两种情况。上述不足有助于管理层在一定程度上绕开中小股东对公司聘任审计机构的监督，容易滋生“购买审计意见”的问题。年报披露方面，根据《公开发行证券的公司信息披露内容与格式准则第2号——年度报告的内容与格式》的要求，公司应披露聘任/解聘会计师事务所的情况、会计师事务所报酬情况以及审计机构和签字会计师连续服务年限等信息。但根据2016年度的执行情况，公司年报中往往仅简单披露会计师变更情况以及本年度报酬，就审计机构和签字会计师连续服务年限等具体信息的披露不足，难以判断是否切实执行了执业会计师轮换等相关规定。

二是存在公司年报披露前突然更换审计机构的现象。部分公司有关变更年审会计师事项的决策时间与年报披露时间间隔较短，如中房股份、绿城水务、南宁百货、中国国旅、信捷电气等公司，直到2017年3、4月份才召开临时股东大会审议改聘会计师事务所。其中，信捷电气、太化股份等均未能详细说明变更会计师事务所的具体原因；中房股份、太化股份等公司则已经连续两年被出具非标审计意见。该种情况的出现不排除因在审计过程中出现审计意见分歧而更换年审会计师的可能性。

七、年报审计监管建议

（一）督促会计师披露对具体会计事项的职业判断

针对本年新出现的多单以无法表示意见、保留意见等非标意见代替职业判断的现象，建议在公司日常监管中进一步加强对非标意见的监管。对于审计报告中涉及具体会计处理的事项，如发现会计师以“无法判断”“无法获取充分证据”等理由不发表明确意见时，应及时通过问询、约谈的方式，督促会计师补充披露其职业判断。职业判断中确有困难的，应详细说明审计受限的原因，以及对于相关判断的影响。

（二）加强2017年对于关键审计事项披露的监管

2017年对境内上市公司的审计将首次全面披露关键审计事项。为保证新审计准则顺利实施，树立披露典范，有必要在2017年度报告披露时加强对关键审计事项披露的监管。一是重点关注关键审计事项披露的合规情况。根据审计准则规定，仅在以下3种情况下可以不披露关键审计事项：（1）在对财务报表发表无法表示意见时；（2）不存在需要沟通的关键审计事项；（3）仅有的需要沟通的关键审计事项是导致非无保留意见的事项，或可能导致对被审计单位持续经营能力产生重大疑虑的事项或情况。即使因后两种情况不披露关键审计事项，仍应当在审计报告中单设的关键审计事项部分对此进行说明。如果发现任何违反审计准则的事项，应第一时间要求会计师补充更正，并视情况给予纪律处分。二是重点关注关键审计事项披露的有效性。沟通关键审计事项，旨在通过提高已执行审计工作的透明度增加审计报告的价值，为报表预期使用者提供额外信息，以帮助其了解会计师根据职业判断认为对本期财务报表审计最为重要的事项。因此，为确保准则理念得以实现，避免关键审计事项的披露流于形式，应结合同行业其他公司的披露情况，判断公司对于关键审计事项披露的有效性。对于明显有缺失或披露不充分的，可以通过问询的方式要求会计师说明原因或补充披露。

（三）加强内控审计意见与财务报告审计意见的联动

目前，内控审计意见与财务报告审计意见存在差异的问题依然存在。建议从日常监管和规则制定两个角度着手实现二者的联动。一是在年报审核和日常监管中着重关注二者存在差异的公司，及时问询。通过问询，明确相关内部控制缺陷的影响和范围，以及其对财务报告审计的影响，以信息披露间接推动审计意见的严谨性和适当性的提升。二是配合相关信息披露规则的修订。在适当时机，修订现有关于审计意见的披露规则，要求会计师在二者存在差异时，说明是否考虑相关审计意见和事项的影响，明确做出上述判断的主要考虑和相应标准等。

（四）强化会计师专项说明的编制要求

对于专项说明针对性不足的问题，建议进一步完善关于会计师对于非标意见专项说明的披露要求。如说明审计范围受限的具体情形及会计师做出审计判断的所需条件；是否违反会计准则的结论应明确且理由充分；明确说明非标意见对被审计单位财务状况与经营成果的具体影响；详细说明做出审计判断的原因和关键因素等。

（五）在年报中增加对审计意见变更的额外说明

目前，在上市公司年报中未强制要求会计师就审计意见变更原因进行解释。特别是由非标意见变更为标准审计意见的公司，投资者无法获悉导致上一年度被出具非标意见事项的解决情况。对于上述问题，建议进一步完善关于审计意见变更的披露要求，要求公司说明上一年度非标审计意见类型所涉及的事项、为消除非标意见所涉事项所做的工作和进展、相关影响是否已消除等，并结合本年度审计意见变更情形，说明审计意见的适当性。

（六）加强会计师事务所变更的信息披露监管

目前，上市公司对会计师事务所变更相关情况的披露随意性较大，针对性不强，其中可能隐藏了审计分歧及“购买”审计意见等行为。建议发布专门的《上市公司变更审计机构公告》格式指引予以规范。一是进一步明确变更审计机构应单独披露的要求。二是要求原会计师出具说明，就是否存在分歧、与新聘会计师的沟通情况、上一年度导致非标意见事项的后续进展情况等进行披露。三是就年报披露前3个月内决定变更审计机构的情形，还应要求公司和原会计师详细说明较迟变更的原因。

沪市上市公司 2016 年报内部控制信息披露分析

内部控制是防范企业财务报告错误和舞弊的第一道防线，投资者可根据其有效性，作出合理的投资决策。近年来，在相关政策推动下，沪市公司从 2006 年仅 34 家披露内控评价报告和内控审计报告，到 2014 年起全面披露内控信息，取得了显著的进步。2016 年沪市公司内部控制建设和信息披露情况总体良好，但也存在一些不可忽视的问题。本文基于沪市公司 2016 年年报内控信息披露的情况，通过分析沪市公司内部控制建设及其信息披露存在的问题，提出相应监管思考和建议。

一、2016 年沪市公司内控信息披露总体情况

按照 2012 年财政部与证监会联合发布的《关于 2012 年主板上市公司分类分批实施企业内部控制规范体系的通知》（以下简称《通知》），自 2014 年起，除因进行破产重整、借壳上市或重大资产重组以及新上市两种特殊情况外，主板上市公司应当全面披露内控评价报告和内控审计报告。2016 年已是分类分批实施原则全面执行的第三年，虽然新上市公司数量不断增加，但是沪市公司较好地执行了《通知》有关要求，内控信息披露的规范性和有效性逐步提升，整体披露情况良好。近九成公司披露了内控评价报告和内控审计报告，亦有多家新上市公司及年度内完成重大资产重组的公司自愿进行了披露。此外，本年度被出具否定意见内控审计报告的公司数量较 2015 年明显增加。

（一）内控评价报告披露情况

随着监管要求的日益完善，沪市上市公司内控评价报告信息披露的数量和质量稳步提高。据统计，截至 2017 年 4 月 30 日，沪市披露 2016 年年度报告的 1224 家公司中，有 1095 家公司同时披露了内控评价报告，占比达到 89.5%。129 家未披露内控评价报告的公司中，新上市公司有 117 家，因进行破产重整、借壳上市或重大资产重组而未建立健全内控体系的上市公司有 12 家。本年度内控评价报告披露情况如下：

1. 11 家公司财报内控为无效

披露内控评价报告的 1095 家公司中，1084 家公司认为其 2016 年度财务报告内部控制有效，11 家公司“自曝家丑”，其财务报告内控评价结论为无效，分别为 *ST海润、安泰集团、ST 慧球、*ST中安、航天通信、*ST匹凸、中国高科、天津磁卡、*ST昆机、秋林集团、大晟文化。认定内控无效的公司数量较 2015 年有所增加。

2. 内控评价范围占比较高，评价结果说服力加强

根据《公开发行证券的公司信息披露编报规则第 21 号——年度内部控制评价报告的一般规定》（以下简称《一般规定》）要求，上市公司需按风险导向原则确定纳入评价范围的主要单位、业务和事项以及高风险领域，并对评价范围是否存在重大遗漏形成明确结论。对纳入评价范围的主要单位需披露资产总额占比及营业收入合计占比两个量化指标。据统计，2016 年沪市公司均披露了评价范围占比情况，其中，纳入评价范围单位的资产总额占合并报表资产总额之比达 80% 以上的公司 1041 家，占披露内控评价报告公司家数的 95.1%；营收合计占比 80% 以上的共 1031 家，占披露公司家数的 94.1%。上述两项指标均优于 2015 年度。两项指标分布明细如表 1 所示。

表 1　　2016 年沪市公司纳入内部控制评价范围单位两项指标分布情况　　单位：家

	纳入评价范围资产总额占比分布	纳入评价范围资产总额占比分布
100% 以上（含）	490	543
80% ~100%	551	488
50% ~80%	43	52
50% 以下	11	12

3. 内控缺陷认定标准披露良好，体现不同公司特征

根据《一般规定》，对于内控评价工作情况，公司应区分财务报告内部控制和非财务报告内部控制，分别披露重大、重要缺陷的认定标准、认定结果及整改情况等。2016 年披露内控评价报告的沪市公司均能够结合公司规模、行业特征、风险偏好和风险承受度等因素，制定并披露适用于公司自身的内部控制缺陷具体认定标准。在定量标准方面，多数公司采用缺陷导致的错报对财务报表的影响程度，作为财务报告内部控制缺陷的量化指标，包括缺陷导致的总资产、净资产、营业收入、营业成本、税前/税后利润等指标潜在错报金额及/或其占财务报表对应项目的比重，并按不同取值范围确定为重大缺陷和重要缺陷；非财务报告内部控制缺陷定量标准的量化指标大多与此相同，部分公司采用直接财产损失、目标偏离度、员工流失率、停产/业务中断时间等指标。在同类指标取值上，各家公司由于其所处行业或公司自身特点等原因，亦有所差异。在定性标准方面，多数公司的财务报告及非财务报告内控缺陷的定性标准较为明确，包括董监高的舞弊行为、会计师发现财务报告重大错报、财务报告更正，以及决策失误、违法违规、造成环境污染等 。

4. 少数公司内控存在缺陷，部分未整改完毕

缺陷认定结果方面，共有 12 家公司披露财务报告内部控制存在重大缺陷，除

上述内控评价结果为无效的11家公司外，龙宇燃油亦发现其报告期内存在财务报告内控的重大缺陷，但其截至报告基准日已完成整改。上述公司认定的重大缺陷主要集中在投资管理、财务管理、资产管理等业务领域，主要涉及会计核算、款项回收、关联交易、应收票据等问题。14家公司披露了非财务报告内部控制重大缺陷，包括西部资源、黄河旋风、广汇能源、*ST大有、*ST柳化、ST慧球、新安股份、东阳光科、*ST上普、金龙汽车、*ST昆机、智慧能源、*ST重钢、兴业证券，缺陷主要集中在资产管理、财务管理、其他等业务领域，主要涉及资金使用、信息披露、环保等方面的违规行为。多数公司已就非财务报告缺陷进行整改（见表2）。

表2　　2016年沪市公司内部控制缺陷认定及整改情况

	披露公司家数	截至基准日已完成整改的公司家数
存在财务报告内部控制重大缺陷	12	2
存在财务报告内部控制重要缺陷	4	3
存在非财务报告内部控制重大缺陷	14	10
存在非财务报告内部控制重要缺陷	17	13

由于《一般规定》对一般缺陷未做强制披露要求，各公司披露较为宽泛，多称无一般缺陷，或仅笼统说明对一般缺陷已及时制定整改计划、落实整改措施。但也有部分公司详细披露了一般缺陷数量、内容、影响与整改措施等。

（二）内控审计报告披露情况

2016年，在已披露内控评价报告的1095家公司中，共有1084家公司披露内控审计报告，其中57份为非标意见。11家未披露的公司中，10家为新公司，1家为重大资产重组（安通控股）。部分公司进行了自愿披露，其中，19家为2016年后新上市公司，另有部分公司完成重组后，积极建立健全内控体系，主动披露内控审计报告。可见，除监管要求外，上市公司越来越重视外部对公司内部控制设计和运行有效性的审视。本年度沪市内控审计报告非标意见基本情况如下：

1. 带强调事项段的审计报告数量同比基本持平

带强调事项段的无保留意见内控审计报告共45份，较2015年基本持平。强调事项大致分为5类：第一类是因公司部分业务处于停产状态、或当年进行并购重组等事项，审计范围未涵盖相关业务的内部控制活动，如上海梅林、*ST昌九、ST南化、东方银星、陆家嘴、百花村等。其中，上海梅林、*ST昌九、ST南化等公司已多次因审计范围受限被出具带强调事项段的审计报告。第二类是目前或曾经因违反证券法律收到监管部门处罚、立案调查等事项。如江苏吴中、西南证券、仰帆控股等。第三类是前期缺陷已整改，但整改后的内部控制尚未有效运行，或存在正在进行整改的非财务报告内控缺陷。例如，道森股份利用闲置募集资金超过审批限额购买理财产品，公司经自查发现后已予以整改；亚星化学2016年度因废水超标排污问题被环保部门多次罚款，尽管公司已经治理，但是审计师认为至审计报告日其并未根据计划有效实施并运行。第四类是公司治理结构问题，如中毅达内部审计人员配备不足，华锐风电、海南椰岛的核心管理人员变动，宝光股份控制权变动后未及时改选董事会等。第五类是因业绩预告变脸或差异过大，审计师认为其会计处理不审慎，如海正药业、新华医疗、八一钢铁等。

2. *否定意见数量同比增加*

否定意见内控审计报告共计13份，否定意见占比1.19%，较2015年有明显增长。但该比例仍远低于美国2005～2014年根据《萨班斯—奥克斯利法案》404条款，会计师事务所审计发现上市公司内部控制无效的平均比例6.24%。导致否定意见的情形主要集中于关联方资金占用、募集资金挪用、重大会计差错、担保及对外投资等重要事项的审议审批程序等方面。13家公司中，秋林集团连续两年被出具否定意见，*ST匹凸、*ST大控去年内控审计为带强调事项段的无保留意见，大晟文化2015年因重组事项未进行内控审计，而*ST海润、安泰集团、ST慧球、*ST中安、航天通信、*ST上普、中国高科、天津磁卡、*ST昆机则由2015年度的标准无保留意见变更为否定意见。其中，*ST中安、航天通信在本年度变更内部控制审计师事务所。此外，2015年内控审计为否定意见的8家公司中，*ST大有、太化股份、海南橡胶今年更换事务所，除秋林集团继续被出具否定意见外，其他7家公司均为标准无保留意见。

（三）部分公司内控审计与财报审计意见存在差异

比对2016年沪市公司内控审计报告与财报审计报告发现，两项意见总体相符，但仍有72家公司存在差异，占比为6.64%。其中，27家内控审计报告为标准无保留意见的公司，其财报审计意见为非标意见（包括1家保留意见、1家无法表示意见及25家带强调事项段的无保留意见）；内控审计为带强调事项段无保留意见的32家公司中，31家审计为标准无保留意见，1家为保留意见；13家内控审计为否定意见公司的审计报告中，3家为标准无保留意见，2家被出具带强调事项段的无保留意见，4家被出具保留意见，另有4家无法表示意见。具体如表3所示。

通常而言，内控审计与财报审计存在相关性，内控审计报告被出具否定意见，意味着企业运营和财务数据生成的基本机制可能存在问题，继而可能影响财务审计的根本基础。但实践中，内部控制非标审计意见并不必然导致当年度财务报告审计意见为非标。若管理层已识别并整改相应缺陷，或在对外披露的财务报告中已对产

表3　2016年沪市公司内控审计与财报审计意见差异情况

内控审计	财报审计	公司名称
标准无保留意见	带强调事项段的无保留意见	浙江广厦、澄星股份、ST明科、*ST坊展、ST山水、太化股份、宏达股份、山东金泰、抚顺特钢、*ST大有、*ST柳化、科力远、恒生电子、金杯汽车、四川金顶、彩虹股份、ST云维、宁波富邦、宜宾纸业、*ST厦工、宁波中百、厦华电子、*ST嘉陵、中房股份、杭齿前进（25家）
	保留意见	天目药业（1家）
	无法表示意见	*ST吉恩（1家）
带强调事项段的无保留意见	标准无保留意见	上海梅林、西部资源、江苏吴中、海南椰岛、海正药业、西南证券、三房巷、宝光股份、海航基础、康恩贝、新华医疗、东方明珠、陆家嘴、太极实业、金龙汽车、百花村、重庆百货、实达集团、华银电力、长江传媒、汉商集团、亚泰集团、三联商社、恒源煤电、力帆股份、龙宇燃油、中衡设计、明星电缆、贵人鸟、星光农机、道森股份（31家）
	保留意见	ST成城（1家）
否定意见	标准无保留意见	ST慧球、中国高科、大晟文化（3家）
	带强调事项段的无保留意见	安泰集团、*ST上普（2家）
	保留意见	航天通信、*ST匹凸、天津磁卡、秋林集团（4家）
	无法表示意见	*ST海润、*ST中安、*ST大控、*ST昆机（4家）

生的相关错报进行了恰当调整，则会计师可认为内控缺陷未对当年度财务报表出具的审计报告产生影响。如大晟文化内控审计师认为其子公司中联传动对预付的影视剧制作款监督不到位，可能导致资金被合作方无偿占用，且影视剧制作成本决算不及时、成本核算不准确。但公司已进行整改并收回尚未按进度拍摄的预付款项，内控审计报告中涉及的上述情况并未对当年度财报审计构成影响。

但鉴于两项审计意见在理论上具备相关性，两者差异可能导致投资者对审计意见恰当性产生疑问，有必要对审计意见的一致性予以适当关注，并要求注册会计师在内控审计报告中具体说明对财务报表审计意见的影响。2016年被出具否定意见的内控审计报告中，大部分公司明确表示相关事项“未对财务报表审计报告产生影响”，或“已在财务报告审计中考虑了相应缺陷的影响”，但多为简单概括，未具体说明缺陷整改及财报调整情况。

二、2016年沪市公司内部控制及其信息披露存在的主要问题

内部控制是防范企业财务报告错误和舞弊的第一道防线，也是保证财务报告公允反映公司财务状况和经营成果的内在机制。良好的内控信息披露有助于投资者判定上市公司的内部控制有效性，据以作出

合理投资决策。但从沪市公司内部控制及信息披露实践来看，在内部控制的建立健全和有效实施以及相关信息披露的及时性、规范性和充分性等方面还存在一定问题。

（一）沪市公司内部控制存在的主要问题

内控审计为否定意见，表明公司的内部控制在制定及实施过程中存在严重不足，无法为企业的控制目标提供合理保证。总结13份内控否定意见及相关公司特点，可归纳出如下问题：

一是资产管理、财务管理、销售管理是相关公司重大缺陷发生的主要业务领域。按企业经营活动的主要业务领域分类，2016年沪市上市公司否定意见内控审计报告中披露的35个重大缺陷，主要涉及的业务领域包括资产管理、财务管理、销售管理，与2015年度产生重大缺陷的主要领域基本类似。资产管理领域内的重大缺陷主要体现在应收款项逾期未收回、资金支付未履行审批决策程序、违规挪用募集资金、存货出入库管理不善等。财务管理领域的重大缺陷主要包括未合理计提减值损失、成本决算不及时、收入成本等确认计量不当、对外投资款项暂挂个人账户等。销售管理领域的重大缺陷主要体现在缺乏客户资信评价、关联购销业务未履行审批决策程序等。其他发生重大缺陷的领域还包括综合管理、投资管理等。

二是授权审批控制、会计系统控制及财产保护控制是相关公司重大缺陷的主要控制活动类型。根据《企业内部控制基本规范》的控制活动类别，2016年沪市上市公司内部控制重大缺陷主要集中在授权审批控制、会计系统控制、财产保护控制、不相容职责分离控制等，其中，授权审批控制缺陷最为突出，而预算控制、绩效考评控制等则未出现重大缺陷。这说明在财务报告相关控制活动的执行过程中较易发生主观偏离。

三是经营业绩不佳或经营困境，催发逾越内控行为或内控执行不力。13家内控被出具否定意见的公司中，由于行业低迷、主营业务萎缩或产品核心竞争力不强等原因，大部分公司业绩表现较差，有7家公司2016年度每股收益为负，另有2家公司每股收益低于0.01，为微利公司。由上述公司的盈利变化趋势来看，有9家公司2016年度盈利较2015年度呈下降趋势，数家公司近年来处于盈亏交替的状态。究其原因，一方面，鉴于没有良好的盈利作为支撑，管理层为了粉饰业绩，抑或出于控股股东或自身利益的考虑，极有可能出现逾越内部控制的行为。如*ST昆机涉嫌财务造假等。另一方面，该类公司由于经营困难或试图转型，管理层没有足够的精力放在内控建设上，导致内控的执行不力。例如，中国高科对子公司的大额资金支付未按规定实行集体决策或联签制度。

四是缺乏有效的控制环境，诱发内部控制缺陷。内部控制五要素中，内部环境是整个企业内部控制制度的基调和框架基础，它在很大程度上决定了其他要素的质量，是内部控制得以有效实施的保障。缺乏有效的内部环境，再多的控制措施也将流于形式。在13家公司中，不乏内部环境较差的公司，如*ST海润无实际控制人，董事长凌驾于董事会和股东大会之上，未形成有效的监督制衡机制；ST慧球经历了控制权多次变更，公司治理混乱，内部管理制度尚未建立健全；*ST大控管理层合规意识差，不配合监管，信息披露人员专业胜任能力不足。相关公司本年度均出现了多个内部控制重大缺陷。

此外，2016年内控被出具否定意见的公司中，有3家为典型“壳公司”。因丧失持续经营能力，经营管理基本处于停滞状态，控制环境相对不健全，在各业务流程中易存在较大风险或缺陷；且壳公司出于规避退市等目的，其常依靠非经常性损益实现盈利，进行盈余操纵的动机较强，存在逾越内部控制的隐患。

五是跨行业重组风险难以识别，导致内部控制失效。公司若收购跨行业的子公司，可能由于对相应新业务不熟悉或与标的公司沟通不畅、协同性不足等原因，相关风险无法得到恰当识别，进而导致相关内部控制失效；或相关方出于满足业绩承诺的动机而进行盈余管理。如航天通信的主营业务为通信产业，其通过重组置入的智慧海派公司主要从事通讯终端产品ODM业务以及物联网终端产品的设计与生产，报告期内，智慧海派出现了关联交易未识别，收入成本核算依据不充分等重大缺陷，使得公司内部控制整体无效。

（二）沪市公司内控信息披露的主要问题

1. 内控信息披露的及时性和完整性不足

2016年度，仍有部分公司在年报中提及已实施内部控制评价或内部控制审计，但未及时将相应报告公开披露，经监管提醒后才将相关资料进行上网。亦有少数公司未按照本所《备忘录一号》的要求，使用统一的内控报告编制模板编制，使得相应报告的可比性不足。个别上市公司内控相关信息披露不完整，或存在补充修订，对内部控制缺陷或内部控制审计意见等关键信息进行更正的情况。如艾华集团内控审计报告未严格按照《企业内部控制审计指引》的规定，对内部控制设计和运行的有效性作出明确的结论性意见，公司在监管问询后对相应内容进行了补充更正。

2. 内控信息披露的规范性和恰当性不够

一是内控评价报告披露内容不准确。部分上市公司内控评价报告披露的内容前后矛盾，如黄河旋风内控自评报告在“内部控制评价结论”段中称“于内部控制评价报告基准日，公司未发现非财务报告内部控制重大缺陷”，但“内部控制缺陷认定及整改情况”部分显示，发现非财务报告内部控制重大缺陷1个，且报告期末未完成整改。

二是内控评价范围重大遗漏标准不明确。《一般规定》要求上市公司评价范围存在重大遗漏的，应当披露评价范围重大遗漏的具体情况及其对评价结论产生的影响，但在是否存在重大遗漏的判断标准方面却未予规范。2016年度，有6家公司纳入评价范围的单位资产及营业收入占比两项指标均低于50%，另存在1家公司的资产占比指标不足10%、1家公司营业收入占比指标不足10%，但前述公司均认为其评价范围不存在重大遗漏。此外，金杯汽车披露其纳入评价范围的两项指标均为100%，但却称其评价范围存在重大遗漏："本年度由于内部控制固有局限性未能对构成内部控制重要方面的控制政策和程序遵循进行内部控制评价，由于上述评价范围的重大遗漏，根据内部控制审计结果，推测未来内部控制的有效性具有一定风险"，但由上述表述无法获知公司出现遗漏的具体事项。

三是内控有效性认定不一致。本年度内控评价中，龙宇燃油发现其报告期内存在出纳盗取公司资金的情况，为财务报告内控的重大缺陷，但因截至报告基准日已完成整改，其内控评价结论为有效，审计师也对其出具了无保留意见的审计报告，并对相关事项在强调事项段中进行描述。而中国高科虽亦披露截至报告基准日对发现的2项财务报告内部控制均完成整改，但其内控评价结论为无效，审计师的审计报告为否定意见。由此可见，上述两家公司对重大缺陷完成整改后是否仍应将内控认定为无效存在不一致。

四是内控评价结论与内控审计意见存在明显差异。按照《企业内部控制审计指引》，会计师认为财务报告内部控制存在一项或多项重大缺陷的，除非审计范围受到限制，应当对财务报告内部控制发表否定意见。但是，个别公司未严格执行上述规定。例如，*ST上普的内控被出具否定审计意见，但其内控评价报告中将相应缺陷列为非财务报告重大缺陷，并称财务报告内部控制评价结论为有效。又如，*ST大控的内控审计报告被出具否定意见，认定存在内部控制重大缺陷，但内部控制评价报告仅将其存在的缺陷作为一般缺陷披露，并认为内部控制整体有效，有"避重就轻"之嫌。

五是以前年度内控信息披露合理性存疑。如前所述，2016年被出具内控否定意见的公司大部分在2015年度均获得标准无保留的审计意见，但部分导致否定意见的事实在以前年度已经存在。例如，安泰集团2016年年末因关联方累计17.34亿元欠款逾期未收回，认定自身存在财务报告内部控制重大缺陷，并由审计师出具了否定意见的审计报告。但是关联方巨额欠款的情况已长期存在，虽然公司曾于2015年承诺在2016年6月底前偿还完毕，但是欠款方经营困难、连续亏损、负债率极高，截至2015年末欠款归还金额较少，偿债能力不足，公司相应的财产保护控制未能有效执行。在此情况下，公司上一年度内控评价未披露存在控制缺陷，且审计意见为标准无保留，甚至没有出具强调事项段提醒报告使用者关注，相关信息披露的合理性存疑。

3. 内控信息披露的充分性有待改善

一是部分违规行为未在内控评价中体现。上市公司在年度内出现违规行为，甚至被采取监管措施或纪律处分，一定程度上可反映出公司在相应方面的内部控制已存在缺陷。但经核实，部分公司的违规行为并未在公司的内控评价报告中予以体现。如根据2016年年报审核情况，有13家公司存在关联方非经营性资金占用，但其中仅有3家公司在内控评价报告中将其作为缺陷进行披露。内控评价的充分性不足，内控缺陷认定是否合理存在疑问。

二是内控审计报告对重大缺陷的影响未详细披露。内控重大缺陷往往会造成上市公司报告期内的重大经济损失或潜在风险，但部分内控审计报告对公司重大缺陷的描述未能体现其具体影响程度。例如，*ST中安的内控审计报告认定公司在业务承接、实际执行、施工进度管控等业务流程方面存在重大缺陷，但描述时仅为"影响财务报表中与工程业务相关的营业收入、营业成本、应收应付及预付款项以及财务报表其他项目的确认和计量"简单概括。又如，*ST大控的内控审计报告否定意见段仅简单罗列了导致否定意见的事项类型，并未具体说明其如何影响财务报表。此外，不同事务所对同一性质的事件发表的内部控制审计意见不一致，如对于上市公司存在内部控制审计范围豁免的，有的作为强调事项段披露，有的则出具标准无保留意见，内控审计结论的严谨性有待提升。

三、监管思考及建议

2016年度，沪市上市公司内部控制及其信息披露情况总体良好，但在内部控制建设和信息披露方面仍然存在一些问题和不足。对此，本文提出以下3个方面的建议，以督促上市公司进一步提升内部控制水平，提高风险防范能力。

（一）加强对内控缺陷高发领域的监督检查，加大对控制环境薄弱公司的监管力度

根据缺陷所处业务领域分类统计发现，沪市公司内部控制重大缺陷的"高发带"主要集中于资产管理、财务管理和销售管理。日常监管中，对于上市公司财务管理领域中的会计处理问题，大多已通过定期报告审核等予以关注，但针对其中的资金、资产管理不善等，日常监管关注度不足，亟须加强监督检查。一方面，引导上市公司树立风险意识，建立健全资产管理和资金管控制度，强化资产和资金的安全完整和使用效益，同时督促上市公司及时披露相关业务领域重大缺陷的发现及其整改情况，对于整改进程较慢的公司，应进行持续跟踪；另一方面，加强与证监局的监管协作，将重大事项及时提请证监局关注，借助证监局的现场检查与监督等方式，切实防范上市公司资产和资金风险，促进公司健康发展。

此外，建议有针对性地对经营业绩不佳、控制环境较差以及近期完成重组置入资产尤其是进行跨行业重组的公司在日常监管中予以重点关注。个别公司出于保壳、扭亏等多方面需要，逾越、弱化内部控制的风险较大，对此类公司应持续关注公司内控情况，并作出风险预判。

（二）细化并统一披露要求，强化内控信息披露的监管力度

针对沪市公司在内控信息披露及时

性、完整性、规范性和充分性等方面存在的问题，一是建议在规则制定层面，进一步细化相关信息披露要求。例如，规范重大遗漏的判断标准，细化内控缺陷发现及整改的“过程型”信息披露要求等。二是明确和统一相关判断标准。目前，《一般规定》和《关于印发企业内部控制规范体系实施中相关问题解释第1号的通知》对是以截止报告基准日是否存在未完成整改的重大缺陷，还是以报告期内是否存在内部控制重大缺陷作为依据，来判定内部控制评价结论有效性的标准不一致，不便于公司实际执行和适用，也不利于各公司内控评价情况的可比性，建议对相关标准予以明确和统一。三是强化内部控制信息披露的监管力度。建议进一步提升对相关信息披露的及时性及披露质量的监管力度，督促未将内控评价报告与内控审计报告对外披露的公司及时补充，对披露不规范的公司采取必要的监管措施，并增加上市公司披露虚假信息、隐瞒内部控制重大缺陷的违规成本，强化信息披露规则的约束力。

（三）强化对会计师内控审计执业行为的监管，充分发挥其外部监督作用

实施内部控制审计，有利于保证上市公司内部控制信息的真实、可靠和完整，但从近几年内控审计报告披露情况看，尚存在内控审计标准模糊、否定意见比例低、内控缺陷内容及其影响的披露不充分等问题。对此，建议进一步加强对中介机构内部控制审计执业行为的监管力度，提高内控审计报告质量，切实发挥中介审计机构对上市公司内部控制建设的监督作用，具体包括如下3个方面：一是细化内控审计报告对重大缺陷的披露要求。内控审计机构作为独立的第三方，其对重大缺陷的描述情况将直接影响投资者的价值判断。目前部分内控审计报告对重大缺陷的描述较为宽泛，或仅描述相应业务但未说明对财报的具体影响，建议明确要求审计师说明重大缺陷的具体内容、影响了哪些认定、影响的金额和可能性等，并详细说明对财务报表审计意见的影响，以便投资者能够获得充分信息。二是明确内部控制审计的执行标准。建议对内控审计的重大缺陷认定引入定性及定量标准，旨在减少内控审计执业过程的主观性，增强内控审计意见的可比性。如定性评价标准方面，可采取列举方式，从事件的性质上明确某项缺陷是否应认定为重大缺陷；定量评价标准方面，明确要求测算内控缺陷可能导致的财务报表错报金额或潜在风险损失金额，披露衡量缺陷严重程度时采用的具体指标，并保持一贯性。三是对注册会计师违规行为加大处罚力度。实践中，审计师或多或少受到来自上市公司的压力，能否出具客观、公允的审计意见存在一定阻力。建议各监管部门加强协作，借助定期现场核查等形式，督促注册会计师归位尽责，强化独立性意识；同时，对注册会计师在内部控制审计过程中存在的失职行为及时进行处罚，以切实发挥注册会计师对上市公司内部控制建设的监督作用。

深交所多层次资本市场上市公司 2016年报实证分析报告

截至2017年4月30日，深市有1958家上市公司披露了2016年年报或年报数据，其中，主板公司476家，中小板公司851家，创业板公司631家。2016年至今，中小板、创业板IPO分别新增75家、139家上市公司。深交所上市公司在新兴产业、中小企业和民营企业群体中的代表性不断增强，年报数据从一个侧面反映出过去一年国民经济运行的整体情况，折射出我国经济转型的过程、方向和正在形成的突破口。

全样本统计分析显示：（1）业绩整体实现较快增长，盈利质量有所提高；制造业整体向好，传统行业企稳回暖；经济结构逐步优化，创新驱动战略深入实施；去产能、去库存、去杠杆持续推进，成效显著；并购重组持续推动产业整合与转型升级；积极参与高水平双向开放，服务区域、城乡协调发展；回报股东、回馈社会的意识和力度进一步增强。（2）3个板块差别化发展格局继续强化，主板市场化蓝筹持续做优做强，资本运作为国企改革注入新动力；中小板稳步增长助力结构转型，涌现一批细分行业龙头；创业板服务创新创业，为经济发展聚集新动能。（3）问题也同样值得关注。在经济下行压力下，业绩增长的持续性有待进一步检验；鼓励投资的政策效果仍需进一步观察；部分行业、公司经营风险需予关注。

一、上市公司总体情况分析

2016年是“十三五”规划的开局之年，也是供给侧结构性改革的攻坚之年。一方面，上市公司面临世界经济深度调整，国内经济结构性问题突出、下行压力加大等困难因素；另一方面，创新驱动发展、供给侧结构性改革、“一带一路”等战略的深入实施和持续推进，为上市公司的发展提供了新机遇、新动能和新空间。2016年，深市上市公司整体经营状况良好，传统制造业企稳回暖，新兴产业蓬勃发展，新旧动能转换有序推进。

（一）整体实现较快增长，盈利质量有所提高

2016年，深市上市公司实现营业总收入82100.64亿元，同比增长15.10%，其中主板、中小板和创业板同比分别增长10.98%、17.16%和33.05%。整体而言，2014～2016年间，深市上市公司营收规模保持稳步增长态势。以具有可比数据的公司为样本，3年间主板、中小板、创业板公司平均营业总收入分别增长

20.78%、55.97%和109.10%，对应的年复合增长率分别为6.50%、15.97%和27.87%。

2016年，深市上市公司归属母公司股东净利润合计5819.36亿元，同比增长26.39%，其中主板、中小板和创业板分别增长20.12%、30.32%和36.39%。2016年深市共有1842家公司实现盈利，占比94.08%；617家公司净利润增长超过50%，比2015年增加131家。在业绩大幅增加的同时，盈利质量也有明显改善。2016年深市上市公司净资产收益率为9.41%，非金融上市公司毛利率为22.58%，较2015年有所提升（见表1）。

表1　2016年深市上市公司总体业绩情况

板块	平均营业总收入增长率（%）	平均净利润增长率（%）	平均净资产收益率（%）	平均毛利率（%）（非金融上市公司）
全部公司	15.10	26.39	9.41	22.58
主板	10.98	20.12	8.73	20.73
中小板	17.16	30.32	9.88	22.85
创业板	33.05	36.39	10.50	31.00

（二）制造业整体向好，传统行业企稳回暖

2016年全国工业企业利润增长8.5%，与2015年下降2.3%相比有明显的企稳迹象。深市制造业上市公司整体业绩向好，29个细分行业均实现盈利，营业总收入同比增长12.98%，净利润同比增长43.73%；净资产收益率、销售毛利率和存货周转率分别为8.69%、22.64%和4.28次，盈利能力和经营效率有所提升。

黑色金属冶炼及压延加工、有色金属冶炼及压延加工、“铁路、船舶、航空航天和其他运输设备制造”3个行业净利润分别由2015年亏损182.29亿元、35.97亿元和1.71亿元扭转为盈利62.38亿元、66.30亿元和39.39亿元；化学原料和化学制品制造业扭转2015年业绩下滑的趋势，净利润增长47.38%；非金属矿物制品、化纤制造业、造纸业业绩大幅增长，净利润同比分别增长116.13%、104.90%和40.02%。消费类行业中纺织服装、服饰业与文体用品制造业销售营业总收入分别增长13.77%和25.98%，净利润分别增长7.24%和17.01%。

新兴制造业继续保持快速增长态势，2016年通用设备制造业、计算机制造业、医药制造业、电气机械及器材制造业营业总收入分别同比增长4.38%、20.36%、18.02%和16.57%，净利润同比分别增长8.13%、14.17%、19.18%和27.28%。

（三）经济结构逐步优化，创新驱动战略深入实施

服务业稳步增长，“五大幸福产业”助力消费升级。2016年深市上市公司营业总收入中，服务业占比30.46%，同比

增加1.56个百分点。在优化经济结构、补齐发展短板的政策驱动下，服务业快速发展。其中，旅游、文化、体育、健康、养老“五大幸福产业”发展突出，上市公司行业分类中对应的公共设施管理业（包括旅游景点相关上市公司）、文体娱乐业和卫生业净利润同比分别增长36.91%、23.26%和90.87%。

创新驱动发展战略深入实施，战略新兴产业继续保持稳定增长。截至2017年4月30日，深市战略性新兴产业上市公司784家，占深市上市公司家数的40.04%；营业总收入为25056.43亿元（同比增长19.57%），净利润为1971.03亿元（同比增长26.94%），分别占深市非金融上市公司的34.40%和37.81%；毛利率为26.08%，较2015年增加0.68个百分点，高于深市平均水平。其中，新材料行业扭转了2015年同期净利润下滑的趋势，净利润增长1.72倍；绿色产业（节能环保、新能源、新能源汽车）业绩增长幅度进一步扩大，净利润同比增长29.99%；生物医药行业2016年继续保持稳定增长，营业总收入增长17.70%，净利润增长16.11%。新一代信息技术行业在连续多年的高速增长之后，2016年净利润基本与2015年持平，3年复合增长率为18.93%。此外，深市58家数字创意类上市公司，净利润同比增长33.39%。

研发投入普遍加大，积极提高创新能力。深市上市公司不断加大研发投入力度，努力实现技术升级、产品升级、服务升级。2016年，深市已披露年度研发数据的上市公司研发投入金额合计2082.15亿元，平均每家1.09亿元，较2015年增加14.74%，整体平均研发强度（研发投入占营业收入比例）2.57%，较2015年提高0.12个百分点。其中，589家公司研发强度超过5%；182家公司超过10%；39家超过20%。战略性新兴产业上市公司研发投入1186.46亿元，较2015年增长22.51%，平均研发强度为4.76%，超过深市平均水平。上市公司通过持续加大研发投入不断夯实创新基础，提升盈利能力。

（四）去产能、去库存、去杠杆持续推进，成效显著

固定资产投资下降，过剩行业持续去产能。2016年钢铁行业、煤炭行业固定资产投资额（现金流量表中“购建固定资产、无形资产和其他长期资产支付的现金”，下同）均改变了2015年增加的态势。钢铁行业固定资产投资额为249.29亿元，同比下降19.43%；煤炭行业固定资产投资额为52.4亿元，同比下降18.05%。受去产能和行业周期性回暖的影响，2016年深市钢铁行业上市公司整体实现扭亏，盈利71.44亿元，煤炭行业上市公司盈利32.76亿元，净利润增长1.75倍。

房地产去库存取得初步成效。2016年房地产上市公司业绩持续向好，营业总收入、净利润分别同比增长30.60%、46.39%，总资产增长27.92%。与之对应，存货（主要为在建商品房和待售商

品房）总量同比增长14.68%，低于营业总收入和总资产的增长率。存货在总资产中的占比由2015年年末的60.19%降低至2016年年末的53.96%。以万科为例，在公司持续观察的14个主要城市中，2014年末的新房库存为1.55亿平方米，2015年末降至1.39亿平方米，2016年末继续降低至0.93亿平方米。

优化负债结构，助力非金融企业去杠杆。2016年深市非金融上市公司资产负债率57.63%，略低于2015年的58.3%。分行业来看，采矿业、批发和零售业和化学原料及化学制品制造业等行业资产负债率分别较2015年下降6.85、5.87和2.88个百分点。债务结构方面，2016年债券融资规模和占比持续增长，其中，应付债券同比增长42.92%，在总负债中的占比较2015年提高1个百分点，长短期借款在总负债中的占比较2015年下降1个百分点，负债结构有所优化。

（五）并购重组持续推动产业整合与转型升级

2016年深市完成并购重组212起，同比下降15.87%；并购交易金额4476.41亿元，同比增长8.46%。其中，主板、中小板、创业板并购交易金额分别增长19.49%、3.34%和1.4%（见表2）。

表2　各板块公司重大资产重组事件数量和交易金额（2015～2016年）

年度	板块	主板	中小板	创业板	合计
2016	实施完成数量（起）	50	83	79	212
	完成交易金额（亿元）	1676.80	2002.47	797.14	4476.41
2015	实施完成数量（起）	41	103	108	252
	完成交易金额（亿元）	1403.35	1937.74	786.29	4127.38
同比增长	实施完成数量（%）	21.95	-19.42	-26.85	-15.87
	完成交易金额（%）	19.49	3.34	1.4	8.46

资料来源：深交所统计，交易金额不包括配套融资金额。

从标的资产与上市公司业务关联情况来看，产业整合型并购重组占主导地位。2016年披露的重组方案中56%为产业整合，产业协同性较强。如艾派克收购美国公司Lexmark，形成从打印复印机整机设备到打印耗材、配件以及管理服务的完整产业链。从并购规模来看，大额并购增加，平均交易规模上升。2016年深市并购交易金额超过100亿元（不考虑募集配套资金，并剔除吸收合并）的有18起，比2015年增加4起。

海外并购继续升温，助力上市公司获取资源和技术。2016年深市公司披露海外重大资产重组方案29起，交易金额2570亿元，高于2015年的25起和723亿元。海外标的主要集中于欧洲、美国、中国香港等经济发达体，行业集中于先进制造业、信息技术、医疗器械等。收购的主要目的是快速获取优势资源和技术。拓展海外市场过程中，出现一批优质并购案例。如美的集团收购德国上市公司库卡，向高端智能制造领域延伸。

并购重组对上市公司业绩提升的作用明显。2015 年度完成重组的深市公司 2016 年平均营业总收入和净利润同比增长 29.26% 和 29.35%，高于深市业绩整体增速。以产业整合、产业升级、产业调整为主的外延式发展模式，对深市公司业绩提升产生积极作用。

（六）积极参与高水平双向开放，服务区域、城乡协调发展

积极参与高水平双向开放。据不完全统计，深市有 280 多家公司通过产品出口、工程建设、设立制造基地或研发中心、收购资产等多种方式参与“一带一路”建设。以主板为例，49 家上市公司积极贯彻“一带一路”国家战略，在 63 个国家或地区开展业务。招商蛇口形成“前港、中区、后城”的生态发展路径，将“蛇口样本”在吉布提等“一带一路”沿线国家落地。此外，2016 年深市约 6 成公司有海外收入，其中，海外收入占比超过 20% 的公司有 473 家，占公司总数的 24.16%；海外收入占比超过 50% 的公司有 152 家，占公司总数的 8.12%。

服务区域和城乡平衡发展。深市中小板和创业板在中西部地区共有 309 家上市公司，占两个板块上市公司数的 20.85%。其中，中部 173 家，西部 136 家，较 2015 年分别增加 20 家及 15 家。两个板块中，中部和西部地区的上市公司的营业总收入同比分别增长 10.71% 和 9.86%；东北地区的上市公司的营业总收入同比增长 3.03%，业绩呈现企稳。

深市共有 54 家涉农类上市公司，2016 年营业总收入增长 9.41%，较 2015 年有较大幅度提高。

（七）回报股东、回馈社会的意识和力度进一步增强

现金分红逐年稳步增加，回报股东力度不断增强。截至 2017 年 4 月 30 日，深市 76.92% 的上市公司（1470 家）推出现金分红预案，分红金额达 1924.47 亿元，同比增加 24.99%；股利支付率为 33.74%。深市盈利公司中，17.99% 的公司（263 家）股利支付率超过 50%。2014 ~ 2016 年连续 3 年分红的公司有 925 家。分红金额最高的 3 个行业分别是电气机械及器材制造业、房地产以及金融业，分别达 249.35 亿元、226.43 亿元、142.17 亿元。

积极履行社会责任服务国家脱贫攻坚战略。2016 年深市上市公司结合自身产业特点与扶贫地区实际，通过成立扶贫产业基金、兴办实业、开展培训教育、参加扶贫公益活动等多种形式，推动产业发展脱贫、转移就业脱贫等。据不完全统计，截至目前深市有 215 家上市公司披露了 2016 年精准扶贫工作信息，帮助建档立卡贫困人口脱贫超过 8.3 万人。

上市公司吸纳就业人数稳步增长。2016 年年末，深市上市公司员工总人数 722.17 万人，同比增加 9.3%。其中主板、中小板、创业板分别为 302.59 万人、

311.98万人和107.60万人，分别增长2.26%，14.10%和17.83%。

二、3个板块差别化发展格局继续强化

目前深市主板、中小板、创业板分别有476家、851家、631家上市公司。随着中小板、创业板公司数量的逐步增加，以及主板公司运用资本市场工具持续整合、优化与发展，3个板块实现各自市场定位的基础更加宽厚，差别化特征更加清晰和丰富，差别化发展的格局继续强化。

（一）3个板块的公司在规模、毛利率等方面继续呈现阶梯状特征

2016年，主板、中小板、创业板公司平均资产规模依次为286.10亿元、73.56亿元和26.82亿元，平均营业总收入依次为92.26亿元、35.26亿元和12.96亿元，平均净利润分别为5.52亿元、2.64亿元和1.50亿元。公司资产、营收和利润的阶梯状分布，反映了各板块企业的规模、发展阶段和行业等方面的差异。

2016年，主板、中小板、创业板非金融行业公司平均毛利率分别为20.73%、22.58%和31%。毛利率在3个板块长期呈现由低到高依次排列的规律，体现了不同板块公司的行业分布、企业成长阶段以及商业模式等方面的特征。

2016年年底，主板、中小板和创业板非金融行业公司的平均资产负债率依次为66.02%、48.37%和36.90%。从绝对指标看各板块资产负债率差异依然明显，并且短期内导致差异的微观基础仍将存在。具体如表3所示。

表3　　深市多层次资本市场各板块发展概况

	平均总资产（亿元）	平均营业总收入（亿元）	平均净利润（亿元）	平均毛利率（剔除金融）	资产负债率（剔除金融）
主板	286.10	92.26	5.52	20.73	66.02%
中小板	73.56	35.26	2.64	22.85	48.37%
创业板	26.82	12.96	1.50	31.00%	36.90%

（二）主板：市场化蓝筹，国企改革下的新动力

2016年，主板净利润排名前10位的上市公司合计实现净利润1208.32亿元，占主板公司总体净利润的45.99%。这10家公司多处于银行、房地产等传统或支柱型行业以及食品饮料、家电等消费型行业，通过各种创新，在公司规模相对较大的基础上仍保持较快发展，2016年平均净利润增速达24.33%。在一些竞争性行业里，一批主板企业自我积累与外延扩张相结合，成为市场化蓝筹企业。2016年主板中的万科、美的集团、格力电器、平

安银行、TCL 集团、中兴通讯等 6 家公司，实现营业总收入过千亿，行业地位进一步巩固。华数传媒、长安汽车等 116 家公司 2014 ~ 2016 年净利润复合增长率超过 30%。

主板国有企业占比接近 60%，应用并购重组等资本市场工具自我革新、转型升级的需求强烈。2016 年主板市场涌现出了一批值得关注的国企改革样本。如中油资本完成重大资产重组登陆资本市场，实现中石油集团金融板块整体上市，强化产融结合；国药一致通过并购重组整合资产，成为国药集团的分销零售平台；长城电脑换股吸收合并长城信息，实现资产及业务的深度整合，成为中国电子自主可控计算的重要载体。

（三）中小板：细分行业龙头，产业升级下的新经济

中小板上市公司作为我国广大优秀中小企业群体的代表，在践行国家经济发展战略，支持自主创新和转型升级、促进产业整合和结构优化、保障和改善民生等方面发挥着积极作用。中小板目前已经覆盖了包括高端制造、信息技术、文化传播、物流服务、金融地产等在内的 16 个行业。在 16 大行业中，农林牧渔、软件和信息技术服务、建筑业、制造业等 12 个行业 2016 年度净利润实现同比增长，其中公司家数占比最多的制造业净利润同比增长 40.41%，远高于 2015 年制造业净利润同比增长率，在服务供给侧结构性改革方面取得了良好成效。

中小板作为培育行业龙头和领军企业的摇篮，聚集了一大批细分行业优秀公司，在经济发展中发挥了良好的示范引导作用。2016 年中小板营业总收入超过 100 亿元的公司有 54 家，有 43 家公司净利润超过 10 亿元。苏宁云商、比亚迪 2 家公司的营业总收入超过 1000 亿元，海康威视、科大讯飞等已成为行业领军企业。作为国家民营经济和新兴产业的典型代表，中小企业板上市公司运用资本市场手段深化产业升级、实现跨越式发展。例如，借助并购重组中小板聚集了顺丰控股、申通快递、韵达股份等快递行业龙头。

（四）创业板：创新创业引擎，经济转型下的新动能

创业板服务创新创业，成立 7 年多来，不断为经济创新发展注入新的动能。创业板上市公司集中分布在信息技术、环保、新材料、新能源、高端制造、生物医药等新兴产业。创业板公司平均研发强度 4.77%，板块高新技术企业占比 9 成，战略性新兴产业公司占比 7 成，明显高于其他板块。创业板已经形成创新成长型企业的积聚和示范效应，涌现出碧水源、汇川技术等具有较强影响力和创新力的企业。

在创新驱动的引领下，一批创新型公司实现快速发展。2016 年创业板计算机制造、软件和信息技术服务、医药制造这 3 个创新活跃行业的上市公司净利润同比分别增长 45.68%、44.01% 和 36.10%。一些公司逐渐颠覆“小而美”的形象，发展成为百亿营收的行业龙头。蓝思科技

等6家公司营业总收入超过100亿元。

三、问题和趋势

深市上市公司数量众多、分布广泛、模式多样，一定程度上反映出新常态下国民经济运行的新特点、新问题和新趋势。2016年，在经济下行压力较大、供给侧结构性改革深入推进的背景下，深市上市公司整体发展向好，业绩企稳回暖；新兴产业高速扩张，传统行业加速转型，取得了较好的效果。但在这些成绩的背后，一些问题不容忽视。

（一）业绩增长的持续性有待进一步检验

面对错综复杂的国内外形势，中国经济在2016年一季度迎来了开门红，全年则保持了“缓中趋稳、稳中向好”的运行态势。作为中国经济最优秀、最重要的群体之一，上市公司在2016年取得了较好的成绩。但不容忽视的是，部分行业盈利大幅增长是源于行业的周期性向好，也有部分行业源于外部环境变化带来的被动价格上涨。企业内生性增长动力是否提高、业绩增长可否持续尚有待继续观察。

在新旧发展动能转换期，深市新兴产业上市公司蓬勃发展、业绩突出，显现出新兴产业的潜力与活力。但是，深市战略性新兴产业公司在深市公司的收入和净利润占比都只有3成左右，其激活经济发展新动能的作用尚未得到充分释放，新旧动能转换仍需持续推进。

此外，“三去一降一补”五大重点任务依然艰巨。去产能面临稳增长和人员安置的巨大压力，一些产能过剩行业供大于求的矛盾尚未得到根本解决。房地产去库存结构性问题突出，二三线城市情况依旧不容乐观。非金融企业的杠杆率仍然处于近年来的高位，潜在的债务风险值得警惕。在降成本方面，企业仍然面临着较大的人力成本、财务成本、税务成本压力。

（二）鼓励投资的政策效果仍需进一步观察

随着企业效益的持续改善以及相关政策效应的逐步显现，民间投资增速自2016年9月起连续4个月回升，出现了阶段性筑底迹象，全年投资呈现企稳态势。上市公司方面也反映了这一特征，2016年非金融上市公司在建工程同比下降5.23%，购建固定资产现金支出增加14.81%，而现金及现金等价物同比增长22.39%，持有的交易性和可供出售金融资产金额同比增长64.91%，投资性房地产同比增长38%。

民间投资是我国固定资产投资保持较快增长、经济保持平稳运行的重要支撑力量。2016年国务院、发改委出台了一系列政策措施，消除民间投资障碍，激发民间投资的积极性。深市公司数据显示民间投资有所企稳，政策效果有待进一步显现和持续观察。

（三）部分行业、公司经营风险需予关注

2016年，虽然大部分行业取得了较

快的增长，但是也有个别行业和公司面临较大经营压力，业绩多年持续承压。采矿业延续了2015年的亏损状态，2016年亏损额扩大近一倍；“电力、热力、燃气及水生产和供应”行业净利润下降17.99%。截至目前，深市有42家公司处于退市风险警示状态，有1家公司未能按时披露2016年年报，个别公司的经营风险需予以关注。

此外，伴随并购重组等外延式扩张，深市上市公司的商誉由2013年的617亿元增加至2016年的6247亿元，部分公司存在商誉减值风险。目前已有公司因子公司业绩不及预期而计提商誉减值，拖累公司业绩。

附：数据说明

1. 分析样本包括新上市公司，共1958家；行业分类采用中国证监会2016年的分类标准，战略性新兴产业样本根据深交所分类确定。

2. 东部地区是指北京、天津、河北、上海、江苏、浙江、福建、山东、广东和海南10省（市）；中部地区是指山西、安徽、江西、河南、湖北和湖南6省；西部地区是指内蒙古、广西、重庆、四川、贵州、云南、西藏、陕西、甘肃、青海、宁夏和新疆12省（区、市）；东北地区是指辽宁、吉林和黑龙江3省。

3. 报告中毛利率及资产负债率的计算，均剔除了金融行业，其他全样本指标，如未专门说明均包含了金融行业。

4. 平均研发强度根据已披露公司的研发投入和营业收入，按照整体法计算得出，计算时剔除了数据缺失的公司。

5. 股利支付率为上市公司中报分红和年报分红预案合计，与当年归属母公司股东净利润之比，按照整体法计算得出，计算时剔除了数据缺失的公司。

6. 并购重组的统计口径为重大资产重组及发行股份购买资产。

7. 计算单个公司净利润复合增长率时，剔除掉了基期亏损的公司。

8. 就业人数、海外收入数据来自Wind数据库。

深市上市公司2016年国资改革情况分析

一、国资改革的政策背景和环境

2016年，国企改革“四梁八柱”拔地而起，从“设计”加速迈向“施工”，落实党中央、国务院颁布实施的《关于深化国有企业改革的指导意见》（以下简称《指导意见》），先后出台了7个专项配套文件，国企改革“1+N”文件体系已经完成。同时，国务院国资委还会同有关部门出台了36个配套文件。以《指导意见》为引领、以若干文件为配套的“1+N”政策体系基本完成，搭建起了国企改革的主体框架，共同形成了国企改革的设计图、施工图，为新时期国有企业改革指明了方向，确立了原则，明确了路径，强化了措施。这些文件涉及我国国企改革的众多方面，包括国企功能分类、混合所有制改革、国企结构调整重组、股权激励、员工持股、业绩考核、党建等，标明了今后国企改革的深度、广度和路径。

例如，2016年8月18日，国资委联合财政部、证监会联合发布《关于国有控股混合所有制企业开展员工持股试点的意见》（以下简称《试点意见》），意味着国企员工持股推行在即。《试点意见》与十八届三中全会《决定》提到的“允许混合所有制经济实行企业员工持股，形成资本所有者和劳动者利益共同体”，以及2015年9月发布的《关于深化国有企业改革的指导意见》一脉相承，乃决策层深化国有企业改革的重要举措。《试点意见》对开展员工持股试点涉及的试点企业条件、持股员工范围、出资入股方式、入股价格、股权结构、持股比例、股权流转等关键事项，都提出了明确要求。在混合所有制企业规范开展员工持股工作，有利于建立健全激励约束长效机制，调动员工积极性，激发企业活力。

2016年7月1日，国务院国资委、财政部联合发布《企业国有资产交易监督管理办法》（以下简称《办法》），旨在规范企业国有资产交易行为，加强监管，防止国有资产流失。相对于2004年起施行的《企业国有产权转让管理暂行办法》，最新发布的《办法》在国有产权转让的基础上，增加了对“增资”与“资产转让”两类国有资产交易行为的详细规定。

2016年7月26日，国务院办公厅发布《关于推动中央企业结构调整与重组的指导意见》（以下简称《意见》），对推动中央企业结构调整与重组工作做出部署。《意见》明确了下一阶段推进中央企业结构调整和重组的重点工作，即“巩固加强一批、创新发展一批、重组整合一批、清理退出一批”，到2020年，中央企业战略定位更加准确，功能作用有效发挥，总体结构更趋合理，国有资本配置效率显著提高，发展质量明显提升，形成一批具有创新能力和国际竞争力的世界一流跨国公司。

随着中央国资改革顶层设计方案的推出，各省区市、计划单列市、新疆生产建设兵团和全国中央企业都成立了改革领导机构。各地结合自身实际，加强顶层结构设计，共制定出台国有企业改革文件394件。各省市的国资改革方案中同中有异，各具特色。上海、广东、福建、重庆、山东、北京、湖南、江西等地对提高证券化率、资产整合、兼并重组等均有明确的鼓励政策。例如，山东发布《关于省属国有企业发展混合所有制经济的意见》，更是明确了提高国资证券化的目标，除了将积极推进国有资本证券化、引进各类社会资本参与国企改革、稳妥实施员工持股、推动国有资本参与非国有经济发展，还鼓励国有资本、民间资本、外商资本以及保险资金、股权（产业）投资基金等各类资本参与省属国有企业改革。四川省也发布了《四川省人民政府关于省属国有企业发展混合所有制经济的意见》，提出推进股份制改革，加快资产证券化，引入非公有资本参与国企改制重组，鼓励国有企业参股民营企业等内容，还将尝试搭建国有经济与其他所有制经济的平台。福建同样印发了《关于深化国有企业改革的实施意见》，明确了国企改革的目标、重点和关键。将改制上市作为实现混合所有制改革的主要形式，也鼓励国有企业之间互相投资持股。

除此之外，作为2016年国企改革重要任务和方法的“十项改革试点”全面铺开。“十项改革试点”由国务院国企改革领导小组直接组织开展，旨在通过试点对国改中的重点难点问题寻求突破、以点带面，推进体制机制创新。“十项改革试点”具体包括：落实董事会职权、市场化选聘经营管理者、推行职业经理人制度、企业薪酬分配差异化改革、国有资本投资运营公司、中央企业兼并重组、部分重要领域混合所有制改革、混合所有制企业员工持股、国有企业信息公开工作、剥离企业办社会职能和解决历史遗留问题。

从已出台的文件中及推出的措施来看，国企改革将继续沿着市场化的方向进行，监管层要进一步简政放权，逐步从“管资产”过渡到“管资本”，企业层面则要继续推进公司制改革，引入各类投资者实现股权多元化，发展混合所有制经济，激发国企的活力。

二、深市2016年度国资改革情况

截至2017年4月30日，深市国有上市公司家数和占比如表1所示。

表1　深市国有企业数量和占比

	主板	中小板	创业板	合计
上市公司总数	477	851	631	1959
国有上市公司数	278	105	22	405
占比	58.28%	12.32%	3.49%	20.67%

从板块分布来看，主板具备国有企业比例高的特点，而其他两个板块则以民营企业为主导。从公司所在产业来看，深市国有上市公司多集中在制造业、批发零售、房地产业、水电燃气等行业，具体涉及电子信息、交通运输、国防科工、机械制造等领域。

资本市场是国资改革实施的重要平台。2016年7月4日，全国国有企业改革座谈会在北京召开。中共中央总书记习近平作出重要指示强调，要理直气壮的做强做优做大国有企业。资本市场机制灵活，可以提供多元化的投资主体、多样化的金融工具，便于跨行业、跨地区、跨所有制的并购重组和资本扩张，实现做强做优做大。2016年，深市国有企业在参与重大资产重组、通过非公开发行募集资金和发起股权激励、员工持股计划、公司治理方面十分积极，涌现了不少成功的案例。下文即区分不同的交易类型介绍2016年深市国资利用重组交易改革的具体情况。

（一）深市国有企业利用重组交易情况

1. 深市国有企业重组交易概况

与2015年相比，2016年披露重组方案的国企数量有略微的增长，从53家增长到58家。由于创业板民企重组十分活跃，国企披露方案家数占全部披露公司家数有微弱下降。但是，相比于主板、中小板、创业板和3个板块合计国有企业占比58.28%、12.32%、3.49%和20.67%，披露重组方案的国企占比仅分别为48.15%、11.94%、2.21%和16.25%，说明相对于非国有企业，国有企业进行重组交易的积极性仍显不足。具体情况如表2所示。

表2　深市国有企业2014～2016年披露重组方案数量和占比

	主板	中小板	创业板	合计
2014年内披露重组方案的国企家数	17	6	1	24
2014年内披露重组方案的总家数	41	94	89	224
2014年内披露重组方案的国企占全部披露方案的公司数量的比例	41.46%	6.38%	1.12%	10.71%
2015年内披露重组方案的国企家数	33	17	3	53
2015年内披露重组方案的总家数	85	160	54	299
2015年内披露重组方案的国企占全部披露方案的公司数量的比例	38.82%	10.63%	5.56%	17.72%
2016年内披露重组方案的国企家数	39	16	3	58
2016年内披露重组方案的总家数	81	134	142	357
2016年内披露重组方案的国企占全部披露方案的公司数量的比例	48.15%	11.94%	2.21%	16.25%

在交易涉及的金额方面，2016 年深市频频出现金额大、市场关注度高的重组案例：2016 年披露方案并完成实施的中油资本（000617）重组方案，交易金额达到 759.51 亿元，创下 2016 年 A 股市场并购重组交易规模之最，并购完成后的中油资本业务范围涵盖财务公司、银行、金融租赁、信托、保险、保险经纪和证券等多项金融业务，拥有齐全的金融业务牌照。

2016 年深市国有企业披露的重组方案涉及的交易金额（不包括募集配套资金）达到 3776.47 亿元，而 2015 年为 3185.26 亿元，增长幅度达 18.56%。具体情况如表 3 所示。

表 3　深市国有企业 2014～2016 年披露重组方案涉及的金额　单位：亿元

	主板	中小板	创业板	合计
2014 年内披露重组方案的国企交易涉及的金额（不含募集配套资金）	994.71	197.61	25	1217.32
2015 年内披露重组方案的国企交易涉及的金额（不含募集配套资金）	2857.41	311.56	16.29	3185.26
2016 年内披露重组方案的国企交易涉及的金额（不含募集配套资金）	3300.29	467.18	0	3776.47
较 2015 年的变动幅度	15.50%	49.95%	/	18.56%

2. 深市国有企业重组的具体方式

2015 年深市国有上市公司通过重组实现了发展混合所有制经济、提高集团公司证券化率、增强企业竞争力和活力、促进国有资产增值保值和做大做强等目标，具体路径主要包括：借壳上市、央企整合、资产注入、引入战略投资者、不同所有制混合等。

（1）借壳上市。国有资产证券化，一方面可以实现投资主体多元化，加快现代企业制度建设；另一方面可以为企业发展融资，提升企业的整体竞争力，是国有企业利用资本市场发展壮大最常见的方式。2016 年度深市国有企业披露预案（尚未终止）或者实施完毕的借壳上市案例如表 4 所示。

表 4　深市国有企业 2016 年借壳上市案例

代码	公司简称	方案披露时间	借壳后第一大股东/实际控制人	借壳后公司主要业务	上市公司购入资产金额（亿元）
000591	太阳能	2015/4/17	中国节能环保集团公司/国务院国资委	太阳能光伏电站的投资运营以及太阳能电池组件生产销售	85.25
000557	西部创业	2014/12/30	宁夏回族自治区人民政府	铁路运输、仓储物流、葡萄酒、酒店餐饮	44.87
000958	东方能源	2015/8/4	国务院国资委	热电联产、清洁能源发电业务	13.00
000813	德展健康	2015/12/14	张湧	医药行业	83.69

（2）央企整合。央企一直是国企改革的重中之重。央企整合是一个重要的改革方向，通过合并同类项减少无谓竞争、提高经营效率、巩固市场地位。央企整合有助于推动解决中央企业发展过程中存在的资源分散、重复建设等问题。整合后的央企规模增大，实力增强，抗风险能力提高，最大程度地发挥规模经济与协同互补效应，形成集合优势，达到1+1大于2的效果。

2016年度深市国有企业披露预案（尚未终止）或者实施完毕的产业整合案例如表5所示。

表5　深市国有企业2016年央企整合案例

代码	公司简称	方案披露时间	产业整合后第一大股东/实际控制人	产业整合后公司主要业务	上市公司购入资产金额（亿元）
000066	中国长城	2016/2/25	中国电子信息产业集团有限公司/国务院国资委	显示器、液晶电视、计算机电源研发制造	458.67
000028	国药一致	2016/4/8	国药控股股份有限公司/国务院国资委	医药研发、制药工业、药品分销、医药物流	34.95
200053002314	深基地B 南山控股	2016/7/2	中国南山开发集团股份有限公司/国务院国资委	房地产、物流	16.50

（3）资产注入。对于已有上市平台的国有集团，集团资产注入也是常见的国企重组类别，其方式既可能是集团整体上市，又可能是部分业务板块整体上市，还可能是部分资产注入。整体上市可以减少关联交易和同业竞争，同时将企业全部资产或者部分业务置于资本市场的监督之下，有利于企业的规范运作和做大做强。

2016年度深市国有企业披露预案（尚未终止）或者实施完毕的控股方注入资产案例如表6所示。

表6　深市国有企业2016年控股方注入资产案例

代码	公司简称	方案披露时间	实际控制人	实际控制人注入的资产	注入资产后公司主要业务	上市公司购入资产金额（亿元）
000901	航天科技	2016/1/19	科工集团	Hiwinglux公司100%的股权、IEE公司97%的股权、Navilight公司100%的股权	汽车电子产业	17.49
000657	中钨高新	2016/2/2	中国五矿	硬质合金资产	有色金属冶炼和压延加工业	30.36

续表

代码	公司简称	方案披露时间	实际控制人	实际控制人注入的资产	注入资产后公司主要业务	上市公司购入资产金额（亿元）
000058	深赛格	2016/2/4	深圳市人民政府国资委	赛格创业汇100%股权、赛格康乐55%股权、赛格物业发展100%股权、赛格地产79.02%股权	商务服务业、房地产	45.04
000065	北方国际	2016/3/1	中国兵器工业集团集团公司	北方车辆100%股权、北方物流51%股权、北方机电51%股权、北方新能源51%股权、深圳华特99%股权	国际、国内工程承包、铝业、房地产	16.30
000968	*ST煤气	2016/6/20	山西省国资委	煤层气资产	煤矿瓦斯治理及煤层气勘探、开发及利用	30.72
000401	冀东水泥	2016/6/30	冀东发展集团有限责任公司	金隅水泥经贸等31家公司股权	水泥、混凝土、砂石骨料、耐火材料、环保	30.72
000537	广宇发展	2016/7/6	国务院国资委	重庆鲁能34.50%股权、宜宾鲁能65%股权、鲁能亘富100.00%股权、顺义新城100.00%股权、重庆鲁能英大30.00%股权	房地产开发与销售、商业经营业务	87.29
000932	华菱钢铁	2016/7/18	湖南省国资委	华菱节能100%股权、财富证券37.11%股权、财信投资100%股权	金融业务、节能发电	136.48
000505	*ST珠江	2016/8/2	北京市国资委	京粮股份100%股权	植物油加工、食品制造业	24.18

续表

代码	公司简称	方案披露时间	实际控制人	实际控制人注入的资产	注入资产后公司主要业务	上市公司购入资产金额（亿元）
000524	岭南控股	2016/8/25	广州市国资委	广之旅90.45%股权、花园酒店100%股权、中国大酒店100%股权	酒店、旅游、会展、食品	34.37
000582	北部湾港	2016/8/26	广西壮族自治区国资委	钦州盛港100%股权、北海港兴100%股权、防城胜港100%股权	港口装卸、货物仓储、外轮理货、商业贸易	20.10
000617	中油资本	2016/9/6	中国石油天然气集团公司	中油资本100%股权	综合性金融业务	755.09
000950	*ST建峰	2016/9/12	重庆市国资委	重庆医药96.59%股份	医药行业	69.35
000553	沙隆达A	2016/9/14	国务院国资委	ADAMA100%股权	农药、化工	185.67
000409	山东地矿	2016/9/12	山东省地质矿产勘查开发局	莱州金盛100%股权	铁矿石、有色金属	20.48
000720	新能泰山	2016/9/21	国务院国资委	宁华物产、宁华世纪100%股权、南京市燕江路201号房产	发电、煤炭开采、热力供应、房地产	24.07
000565	渝三峡A	2016/9/21	重庆市国资委	宁夏紫光100%股权	油漆涂料、饲料添加剂	30.93
000923	河北宣工	2016/9/30	河北省国资委	四联香港100%股权	推土机、有色金属创产	28.86
000544	中原环保	2015/2/13	郑州市人民政府	五龙口污水处理厂一期和二期、马头岗污水处理厂一期和二期（污泥消化、干化资产除外）、南三环污水处理厂、马寨污水处理厂、王新庄污水处理厂技改工程	污水处理、供热销售、管网工程费收入	32.31

续表

代码	公司简称	方案披露时间	实际控制人	实际控制人注入的资产	注入资产后公司主要业务	上市公司购入资产金额（亿元）
000990	诚志股份	2015/9/16	教育部	惠生（南京）清洁能源股份有限公司99.6%股权	化工产品、医疗服务、新能源	97.52
000429	粤高速A	2015/7/1	广东省国资委	广东省佛开高速公路有限公司25%股权，广州广珠交通投资管理有限公司100%股权	收取通行费	43.66
002110	三钢闽光	2016/1/14	福建省国资委	三钢集团100%股权	金属加工、钢铁生产	30.18
002040	南京港	2016/1/19	南京市国资委	龙集公司100%股权	港口运输	23.62
002053	云南能投	2016/2/29	云南省投资控股集团有限公司	云南能投集团100%股权	盐、天然气、能源投资管理	9.55
002544	杰赛科技	2016/3/31	中国电子科技集团有限公司	远东通信、中网华通、华通天畅、电科导航、上海协同、东盟导航100%股权	信息网络建设技术服务	19.09
002608	江苏国信	2016/4/29	江苏省国资委	江苏信托81.49%的股权、新海发电89.81%的股权、国信扬电90%的股权、射阳港发电100%的股权、扬州二电45%的股权、国信靖电55%的股权、淮阴发电95%的股权、协联燃气51%的股权	信托、发电	210.13

续表

代码	公司简称	方案披露时间	实际控制人	实际控制人注入的资产	注入资产后公司主要业务	上市公司购入资产金额（亿元）
002246	北化股份	2016/7/18	中国兵器工业集团公司	新华化工 100% 股权	三防器材、硝化棉	10.04
002659	中泰桥梁	2016/12/24	北京市海淀区国资委	文凯兴 20.22% 股权	桥梁钢结构制作、文化教育	2.51
002238	天威视讯	2016/12/24	深圳广播电影电视集团	宜和股份 60% 股权	有线电视网络、电视购物	1.26
002080	中材科技	2015/8/22	国务院国资委	泰山玻璃纤维有限公司 100% 的股权	玻璃纤维及制品的制造和销售	38.5
002061	江山化工	2015/12/4	浙江铁路投资集团有限公司	浙铁大风化工 100% 股权	化学原料和化学制品制造业	9.8
002109	兴化股份	2015/12/18	陕西省国资委	延长集团天然气公司 兴化化工	化工	42.12
002046	轴研科技	2016/8/8	国务院国资委	国机精工 100% 股权	金属加工	8.98
002092	中泰化学	2016/12/24	新疆维吾尔自治区政府国资委	新疆富丽达、金富纱业、蓝天物流 100% 股权	氯碱化产品、化工、纺织	28.01

（4）引入战略投资者。目前，大部分国有上市公司仍然面临着“一股独大”的问题，行政干预难以避免，市场化运作机制受到一定程度的限制。引入战略投资者对国有企业在增强资金实力、构建合理产权结构、完善治理结构、提高管理水平和提升核心竞争力等方面都可以发挥出重要功能，在吸收高效社会资本同时，最大程度地释放企业活力、提升经营效率与效果，实现国有资本和社会资本的共赢。

在重大重组交易中引入战略投资者主要有两个途径：一是向持有标的资产的战略投资者发行股份购买其资产，二是向战略投资者发行股份募集配套资金。其中，认购配套募集资金的战略投资者可以分为产业性投资者和金融类投资者。以岭南控股（000524）为例，根据其在 2016 年 8 月 25 日推出的重组方案，广州国法、广州证券和广州金控认购公司配套募集资金所发行的股份，成为金融类投资者。除此之外，越秀金控（000987）在收购广州证券 37.765% 股权时，向广州越企、广州越卓、铁路基金、信达证券、广州传媒、温氏投资、九泰基金、佳银资产、绿联君和基金（有限合伙）、贯弘长河（有限合伙）发行股份募集配套资金，引入产业性投资者，实现上市公司股权结构的多样化，形成“金融＋产业”“金融＋金融”等方面的协同效应，支持上市公司创新发展。

（5）不同所有制混合。混合所有制改革是新一轮国企改革的“突破口”，被实质性加速推进。国有资本、集体资本、非公有资本等交叉持股、相互融合是混合所有制改革的题中之意。积极推动国有企业混合所有制改革成为各省市本轮国资改革计划的“标配”，部分省市甚至提出了明确的时间表。通过深化国有企业混合所有制改革，推动完善现代企业制度，健全企业法人治理结构，提高国有资本配置和运行效率，优化国有经济布局，增强国有经济活力、控制力、影响力和抗风险能力，放大国有资本功能，实现国有资产的保值增值。

很多国有企业向民营资本发行股份购买其持有的优质资产，既增强了公司的盈利能力，又引入了民营持股，激发了公司的活力。2016年度披露预案（尚未终止）或者实施完毕的深市国有企业市场化并购案例如表7所示。

表7　深市国有企业2016年市场化并购案例

代码	公司简称	方案披露时间	实际控制人	市场化并购的资产	非国有交易对方在方案实施后持有上市公司股权比例	上市公司购入资产金额（亿元）
000925	众合科技	2016/4/25	浙江大学	苏州科环100%股权	18.31%	6.82
000504	*ST生物	2016/8/31	湖南省人民政府	惠州梵宇100%股权	0	0.54
000415	渤海金控	2016/12/10	海南省慈航公益基金会	C2公司100%股权	0	677.46
000987	越秀金控	2016/12/26	广州市国资委	广州证券32.765%股权	26.9%	62.64
000969	安泰科技	2015/4/20	国务院国资委	北京天龙钨钼科技股份有限公司100%股权	12.19%	10.36
000851	高鸿股份	2015/12/16	国务院国资委	江苏高鸿鼎恒信息技术有限公司41.77%股权	4.27%	3.2
002682	龙洲股份	2016/7/6	龙岩市国资委	兆华领先100%股权		12.42
002465	海格通信	2016/9/20	广州市国资委	怡创科技40%股权、海通天线10%股权、嘉瑞科技51%股权和驰达飞机53.125%股权		11.04
002077	大港股份	2015/12/15	镇江市国资委	艾科半导体100%股权	18.67%	10.8
002683	宏大爆破	2015/12/15	广东省广业资产经营有限公司	新华都工程100%股权、涟邵建工42.05%股权	13.03%	12.45

（6）海外并购。纵观国内外经济形式及国家战略，国有企业海外并购是中国经济实现增长动力转换的关键一环，也是在全球化趋势下推进国有企业混合所有制发展的一种形式。近年来，中央陆续出炉多项政策文件，均与规范及推动国企海外投资并购相关。国企海外并购不是简单的规模扩张，而是以战略性拓展为目标的资源整合。

（二）深市国有企业利用再融资交易情况

1. 深市国有企业再融资交易概况

2016 年，深市合计提出再融资方案的国有企业数量达到 61 家，占所有披露再融资方案的公司的比例略有增加，由 17.81% 上升到 18.60%。具体情况如表 8 所示。

表 8　深市国有企业 2014～2016 年披露再融资方案数量和占比

	主板	中小板	创业板	合计
2014 年内披露再融资方案的国企家数	27	18	1	46
2014 年内披露再融资方案的公司总数	59	151	71	281
2014 年内披露再融资方案的国企占全部披露方案的公司数量的比例	45.76%	11.92%	1.41%	16.37%
2015 年内披露再融资方案的国企家数	46	30	2	78
2015 年内披露再融资方案的公司总数	113	215	110①	438
2015 年内披露再融资方案的国企占全部披露方案的公司数量的比例	40.70%	13.95%	1.82%	17.81%
2016 年内披露再融资方案的国企家数	41	20	0	61
2016 年内披露再融资方案的公司总数	70	171	87	328
2016 年内披露再融资方案的国企占全部披露方案的公司数量的比例	58.57%	11.70%	/	18.60%

2. 深市国有企业利用再融资交易改革的具体方式

（1）民营企业转变为国有企业。国有资本可以通过认购上市公司定向增发股份的形式取得上市公司控制权。（2）国资之间的混合所有制改革。以混合所有制改革为重要突破口深化国企改革，国资之间的合作是题中应有之义。不同国资之间的相互混合，亦即“国资混合所有制”，实现利益制衡或紧密合作关系，可以使国有经济内部形成了投资主体和利益主体多元化，不同主体彼此制约，因而愿意通过市场化的方式实现共同的经济利益，有利于完善上市公司内部治理结构，激发企业

① 《创业板上市公司证券法发行管理暂行办法》于 2014 年 5 月 16 日正式发布，此后创业板公司才陆续推出非公开发行计划。

活力。（3）向关联方定向募集资金，加强国有资本控制。国有企业通过再融资向控股股东一方募集资金加码主业，是国有上市公司加强控股地位最为便捷的渠道。（4）向民营企业定向募集资金，促进混合所有制改革。国有和民间资本等交叉持股、相互融合的混合所有制经济，是我国基本经济制度的重要实现形式，有利于国有资本放大功能、保值增值、提高竞争力、有利于各种所有制资本取长补短、相互促进、共同发展。通过再融资引入处于行业领先地位、拥有丰富行业经验和掌握行业资源的民营企业作为重要股东，可以在不丧失控制权的前提下为公司注入活力。

（三）深市国有企业实施股权激励或员工持股计划情况

股权激励和员工持股计划有利于改善公司治理水平，有利于形成资本所有者和劳动者利益共同体，同时对贯彻落实《中共中央关于全面深化改革若干重大问题的决定》、推动国有企业开展混合所有制改革等具有重要意义。

2016年7月25日，证监会发布《上市公司股权激励管理办法》，此次修订，取消了股权激励授权、行权条件的强制性规定，扩大了激励对象范围，也取消了股权激励与其他重大事项排斥性的限制，这是证券监管部门在股权激励业务规则市场化方面迈出的坚实一步。2016年8月12日，深交所相应发布了《股权激励备忘录》。2016年8月18日，国务院国资委发布了《关于国有控股混合所有制企业开展员工持股试点的意见》（以下简称《试点意见》），明确在年内启动国有企业员工持股试点，这标志着国有企业员工持股制度改革再次起航。从《试点意见》的内容来看，此次试点“严”字当头，对于试点范围、参与持股人员、锁定期以及后期风险防范等都做出了详细的规定。《试点意见》要求，首批试点原则上在2016年内启动实施，各省、自治区、直辖市及计划单列市和新疆生产建设兵团可分别选择5~10户企业，国务院国资委可从中央企业所属子企业中选择10户企业，开展首批试点。2018年底进行阶段性总结，视情况适时扩大试点。

2016年，在国企改革向纵深推进背景下，深市国有企业积极地推出了股权激励或员工持股计划，且形式多样，切合公司的实际情况实现对管理层和员工的利益绑定，激励其与公司共享长远的发展利益，具体情况如表9所示。

表9　深市国有企业2016年披露股权激励方案情况

代码	名称	激励标的物	激励总数占当时总股本比例	预案公告日	实际控制人
000625	长安汽车	期权	0.63%	2016/8/13	国务院国资委
000868	安凯客车	期权	1.00%	2016/10/10	安徽省国资委
001979	招商蛇口	期权	0.62%	2016/11/29	国务院国资委
300034	钢研高纳	股票	0.76%	2016/12/17	国务院国资委

续表

代码	名称	激励标的物	激励总数占当时总股本比例	预案公告日	实际控制人
002400	省广股份	期权	2.93%	2016/3/31	广东省国资委
002672	东江环保	股票	2.25%	2016/8/31	广东省国资委
002415	海康威视	股票	0.88%	2016/10/21	国务院国资委
002179	中航光电	股票	0.99%	2016/10/28	中国航空工业集团公司

表10　　深市国有企业2016年披露员工持股计划情况

证券代码	证券简称	预案披露日	初始资金规模（万元）	股票来源	实际控制人
000600	建投能源	2016/3/25	6200	二级市场购买	河北省国资委
000630	铜陵有色	2016/1/13	90000	认购非公开发行	安徽省国资委
000728	国元证券	2016/7/9	43071	上市公司回购	安徽省国资委
000826	启迪桑德	2016/4/28	14979	认购非公开发行	教育部
000651	格力电器	2016/8/19	237439	认购非公开发行	珠海市国资委
000524	岭南控股	2016/8/25	13960	认购非公开发行	广州市国资委
000903	云内动力	2016/1/21	2000	二级市场购买	昆明市国资委
000948	南天信息	2016/3/15	20000	认购非公开发行	云南省国资委
002777	久远银海	2016/3/29	10000	认购非公开发行	中国工程物理研究院
002732	燕塘乳业	2016/8/31	3600	认购非公开发行	广东省农垦集团公司
002682	龙洲股份	2016/9/14	12000	认购非公开发行	龙岩市国资委
002461	珠江啤酒	2016/7/20	6253	认购非公开发行	广州市国资委
300212	易华录	2016/10/22	23158	认购非公开发行	国务院国资委
002386	天原集团	2016/5/17	19998	认购非公开发行	宜宾市国资委

国有上市公司占深市公司总数的比例约为20.67%，受政策等因素影响，国有上市公司推出股权激励和员工持股方案较少。2016年，深市公司推出股权激励和员工持股计划的总数为352家次，而国有企业占22家次，占比仅为6.25%，活跃度有待提升。

三、国资改革过程中需要关注的问题

2016年，在国家政策的有力支持和国有上市公司积极践行落实下，深市国有控股上市公司通过并购重组、再融资、公司治理和其他形式开展国资改革，取得了各界公认的成效。一方面，交易数量和交易金额均实现增长，创新和试点案例不断增加，有望在未来得到推广。另一方面，公司经营业绩大幅增长，成绩喜人。国有控股上市公司平均实现营业收入76.31亿元，较2015年同期增加了11.19%，平均实现净利润4.41亿元，较2015年同期上涨高达56.38%。在积极支持和推动国有上市公司深化改革的过程中，需要充分关注其中可能存在的一些问题，做好相应的信息披露、风险提示和监管工作。

1. 国企交易积极性不足，存在体制机制障碍

深市国有企业占比达20.67%（截至2016年4月），而2016年推出重组方案、再融资方案、股权激励计划和员工持股计划的国有企业占全部推出方案的公司的比例仅分别为15.41%、18.60%、3.85%和9.72%。国有上市公司资本运作不活跃，资产证券化率有待进一步提高。

国有上市公司在改革过程中，除了遵守相关证券法律法规外，还要接受国资监管部门的监督，双重监督为国企改革保驾护航，是国企改革目标得以实现的重要保障，而作为客观结果，国有企业筹划相关交易须履行的审批程序较多，时间较长，且往往适用较高标准。例如，在涉及股份发行的重组交易中，上市公司推出方案前一般须先取得国资监管部门的原则同意，在方案报会前须取得正式批准。又如，国有企业实施股权激励和员工持股计划一直受限于难以把握“激励员工”和“保全国有资产”之间的平衡，面临着一些体制机制方面的障碍。

一是国资监管政策趋严。国资委和财政部的关于股权激励的相关政策对国有上市公司股权激励方案的规模数量（首次授予原则上控制在股本1%以内）、激励对象收益范围（境内上市公司激励对象股权激励收益占全部薪酬最高比重不超过40%）、行权指标（业绩目标水平应不低于最近3年同行业平均业绩水平）等方面作出严格规定，影响了股权激励的效果，也降低了国有上市公司进行股权激励的积极性。

员工持股方面，2016年8月18日国务院国资委发布的《关于国有控股混合所有制企业开展员工持股试点的意见》（以下简称《试点意见》）对纳入试点企业条件（实施员工持股计划后国有股东控持股比例不得低于34%、央企二级以上企业和各省所属一级企业暂不开展员工持股试点、企业必须是主业处于竞争行业和领域的商业类企业）、参与员工范围（必须是关键岗位工作并对公司经营业绩和持续发展有直接或较大影响的科研人员、经营管理人员和业务骨干）、股份来源（明确了增量引入的原则、员工持股应设定不少于36个月的锁定期）、入股价格（入股价格不得低于经核准或备案的每股净资产评估值）等方面作出了比证监会发布的《关于上市公司实施员工持股计划试点的指导意见》更为严格的规定，影响了国有上市公司推广员工持股的范围和效果。

二是审批流程长。国有上市公司的股权激励方案审批流程较长，往往要经过当地国资委、当地政府、省国资委、国务院国资委的逐级审批，审批周期长，沟通和实施难度较大。

三是资金来源受限。现行《公司法》、国资以及上市公司监管规则，禁止公司直接或间接资助高管和员工参与股权激励和员工持股计划。对于大部分国有上市公司员工而言，较低的薪酬水平使员工

以自有资金参与股权激励、员工持股计划的能力有限，将很难发挥股权激励、员工持股计划的作用。

四是禁止股东赠予。国有上市公司担负着国有资产保值增值的目标，以及防止国资资产流失的责任，使得股东赠予这一对民营上市公司有效的股票来源形式，无法在国有上市公司层面实施。

2. 国资民资融合共生发展问题

混合所有制改革的目的是通过股权适当的多元化和分散化，通过股东大会、董事会和监事会中表决权安排，使得不同所有者相互制衡，最终形成良好的公司治理机制，促进公司的所有者和经营者为了企业的价值共同努力，最终达到国有资本增值保值的目的。混合所有制改革的关键不在“混”，而在“合”，既要充分借助国有资本为企业后续发展在品牌、技术、资金、人才等提供基础支撑，又要充分利用民营资本在经营理念和管理效率上的创新活力。无论是引入国资还是引入民资，重组只是第一步，更重要的是加大重组后的融合力度。重组不仅要资本合、资源合、组织合，而且要做到理念合、战略合、管理合，在物理变化的基础上加快化学反应。

3. 重组未能顺利完成

国有上市公司通过重大资产重组，或从控股股东处获得优质资产注入，或通过市场化交易购入行业领先标的，可以凭借外延式收购获得快速发展。国资改革任重道远，改革并非一蹴而就，推出方案后终止的情况也时有发生。2016 年以来，深市国有上市公司，有 3 家停牌筹划重组事项未披露方案就终止筹划，有 7 家在披露方案后终止筹划重组事项，有 1 单重组方案被股东大会否决，另有 1 单重组方案被证监会重组委否决。造成国资重组无法顺利完成的因素很多，现对其中的主要因素梳理如下：

（1）标的因素。重组标的方面的因素，特别是重组标的在重组实施前业绩下滑、财务指标恶化、未来盈利能力存在不确定性等，是导致重组交易无法顺利推行最主要的因素。

（2）程序因素。一般而言，重组交易的规模都较大，对公司的资产、业务都将产生重要的影响，因此往往需要多主体多环节的审查，特别对于国有企业，其重组事项还需要特定层级的国有资产管理部门审查，审查程序复杂、审查进度迟缓和审查条件严苛都可能造成重组交易的终止。除此之外，重组方案未获得股东大会审议通过也是因程序因素未能完成重组的一种情形。

（3）商业谈判未达成一致。根据《上市公司业务办理指南第 10 号》和《上市公司停复牌业务备忘录》的相关规定，上市公司及相关方研究、筹划、决策涉及上市公司重大资产重组事项的，原则上应当在相关股票停牌后或者非交易时间进行，并且原则上停牌时间不能超过 6 个月。因此，上市公司通常待停牌后开始对重组方案进行谈判磋商，部分公司因无法在规定时限内就重组方案达成一致，从而决定终止筹划重组事项。

（4）合规性因素。尽管上市公司在重组时都会聘请专业的财务顾问和法律顾问，确保重组方案合法合规，但是仍有部分重组方案因为信息披露义务履行不到位，甚至违反《重组管理办法》等相关法律法规的要求而未获得证监会重组委审查通过。

深市上市公司2016年报内控报告披露情况分析

上市公司内部控制信息披露主要关注5个方面的内容，分别是内部控制自我评价报告（简称内控自评报告）、内控审计/鉴证报告、内控审计/鉴证意见、内控缺陷的披露情况以及审计机构发现的非财务报告内部控制重大缺陷情形。2014年起，除重大资产重组可豁免外，主板上市公司需全部发布内控审计报告[①]。现阶段，中小板要求上市公司至少每两年发布一次内控审计报告或内控鉴证报告。2015年起，创业板不再要求上市公司每两年出具一次内控鉴证报告。

一、2016年深市上市公司内控信息披露总体情况

（一）内控自评报告披露情况

2016年，深市1958[②]公司中共有1956家披露了内控自评报告，占比99.90%。其中，主板476家公司中有474家披露了内控自评报告，藏格控股（000408）[③]和德展健康（000813）因重大资产重组未披露；中小板851家公司中，833家披露了内控自评报告，另有18家公司在招股说明书中披露了公司内部控制自我评估意见；创业板631家公司中，602家披露了内控自评报告。另有29家公司在招股说明书中披露了公司内部控制自我评估意见。2009年以来，深市主板、中小板、创业板披露内控自评报告的公司比例始终在90%以上（见表1）[④]。

（二）内控审计/鉴证报告披露情况

2016年度，深市公司共有1293家披露内控审计/鉴证报告，占比66.04%。报告期内，主板共计468家公司披露了内控审计报告，其余8家因重大资产重组未披露。2014年起，除重大资产重组可豁免外，主板公司需全部披露内控审计报告，因此近3年披露比例高于往年（见图1）。

报告期内，中小板共计497家公司披露了内控审计/鉴证报告。2009～2016年间，公司披露内控审计/鉴证报告的数量基本呈大小年分布（见图2）。

---

① 广义上，内控审计报告包括规范的内部控制审计报告、内部控制鉴证报告、内部控制审核报告等。这里对于主板上市公司严格以规范的内部控制审计报告为统计口径，对于中小板、创业板上市公司以规范的内部控制审计报告、内部控制鉴证报告、内部控制审核报告等为统计口径。内控鉴证报告相比内控审计报告的成本要低一些。

② 不含*ST烯碳（000511），该公司未按时披露2016年年度报告。

③ 6月27日之前证券名称为：金谷源。

④ 数据参考深市上市公司2015年内控报告披露情况分析报告。

表 1　　深市上市公司 2009～2016 年内控自评报告披露情况

年度	主板			中小板			创业板		
	披露数	总家数	占比	披露数	总家数	占比	披露数	总家数	占比
2009	485	485	100.00%	358	358	100.00%	58	58	100.00%
2010	484	485	99.79%	554	554	100.00%	188	188	100.00%
2011	483	484	99.79%	653	653	100.00%	292	292	100.00%
2012	479	482	99.40%	701	701	100.00%	355	355	100.00%
2013	475	480	98.96%	719	719	100.00%	355	355	100.00%
2014	477	480	99.37%	746	746	100.00%	442	446	99.10%
2015	474	478	99.16%	782	784	99.74%	504	504	100.00%
2016	474	476	99.60%	833	851	100.00%	602	631	100.00%

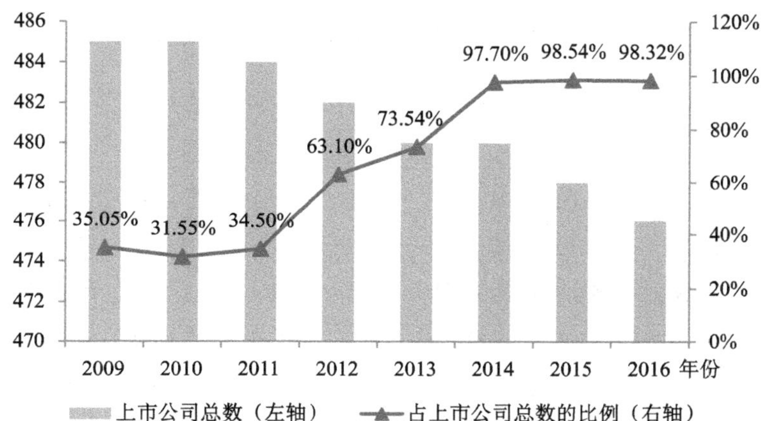

图 1　主板上市公司 2009～2016 年内控审计报告披露情况

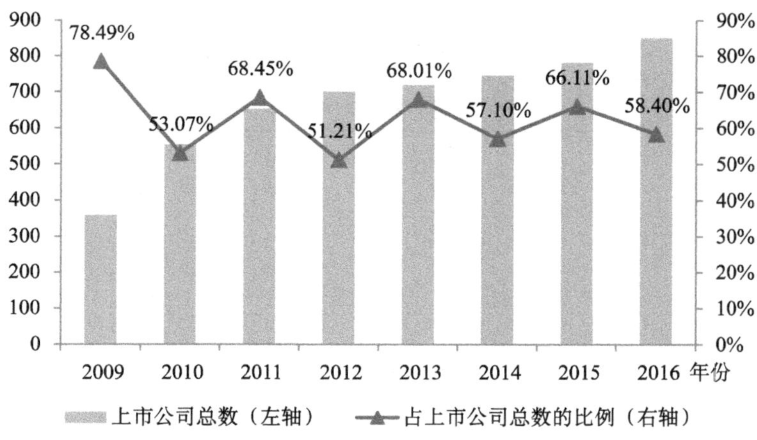

图 2　中小板上市公司 2009～2016 年内控审计/鉴证报告披露情况

报告期内，创业板有328家公司自愿披露了内控鉴证报告，与以前年度相比，披露比例为历年最低，但是也在半数以上（见图3）。

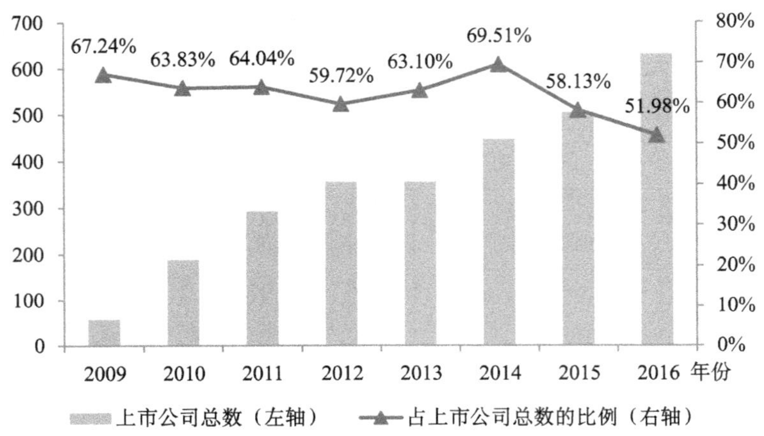

图3　创业板上市公司2009～2016年内控鉴证报告披露情况

（三）内部控制审计/鉴证意见披露情况

2016年，主板有15家公司被出具带强调事项段无保留意见，7家被出具否定意见；中小板有8家被出具带强调事项段无保留意见，2家被出具否定意见；创业板1家被出具保留意见，1家被出具带强调事项段无保留意见，其余均为标准无保留意见（见表2）。与2015年相比，主板被出具否定意见的公司维持不变，中小板新增1家，创业板均为标准无保留意见。被出具否定意见的公司，多为曾被交易所公开谴责的公司，如ST生化、ST亚太等。2016年深市公司内控审计报告被出具否定意见的原因主要包括公司投资决策管理、资金管理、印章管理和子公司管理等方面不到位，以及因涉嫌违法违规被证监会立案调查等，具体原因详见表3。

表2　深市公司2016年内控审计/鉴证意见分布

内控审计意见类型	主板	中小板	创业板
标准无保留意见	446	487	326
带强调事项段的无保留意见	15	8	1
保留意见	0	0	1
否定意见	7	2	0
合计	468	497	328

（四）内部控制缺陷的披露情况

报告期内，主板有5家公司披露其财务报告存在重大缺陷，3家披露其非财务报告存在重大缺陷，与2015年相比略有减少；9家公司披露财务报告存在重要缺

表 3　　9 家上市公司内控审计/鉴证报告被出具否定意见的主要原因

证券代码	证券名称	内控审计报告被出具否定意见的主要原因
000403. SZ	ST 生化	使用个人账户替代公司账户进行现金管理。
000506. SZ	中润资源	中润资源公司未对其他应收款执行有效的确保资金安全的措施。
000691. SZ	ST 亚太	冲减控股股东及关联方应收款项会计处理错误；支付控股股东及关联方款项会计处理错误；企业成本核算不实，成本管理内控失效。
000693. SZ	*ST华泽	上期内部控制审计报告中发现的财务报告内部控制重大缺陷整改不彻底；供应商管理不到位，导致预付货款产生重大损失；供应商未按合同供货时，未及时跟进催要货物和预付货款；在供应商存在大额预付货款的情况下，本年又发生新的资金支付。子公司存在资金拆借业务贸易化情形，资金拆借利率畸高；固定资产重大报废事项未按内控制度要求履行董事会审批程序。孙公司未按制度规定对存货计提减值准备。
000789. SZ	万年青	公司财务部原部长涉嫌挪用资金、违规以应收账款质押向银行贷款提供虚假证明；债务人未能按期还款导致债权人银行诉至法院，请求法院判决公司支付应收账款项；借款合同纠纷案件导致公司资金被冻结，同时被银行强制划转资金。
000798. SZ	中水渔业	原股东占用新阳洲公司资金，使新阳洲公司无法继续进行正常的生产经营；被中国证监会立案调查。
000800. SZ	一汽轿车	公司与关联交易的授权和批准相关的内部控制存在重大缺陷。
002207. SZ	*ST准油	印章管理和使用存在个别人员未严格履行职责、未经审批将公章带出用印，不符合贵公司印章管理规定的情形。
002490. SZ	*ST墨龙	财务报表中营业收入和营业成本等出现错报。

陷，7 家披露非财务报告存在重要缺陷（见表 4）。中小板有 5 家公司在内控自评报告中披露其财务报告存在重大缺陷，3 家披露其非财务报告存在重大缺陷，与去年基本持平；6 家披露其非财务报告存在重要缺陷（见表 5）。创业板有 2 家公司，即欣泰电气（300372）和三维丝（300056）披露其内部控制存在重大缺陷。其中，欣泰电气非财务报告同时存在 2 项重大和重要缺陷，三维丝为非财务报告存在重要缺陷（见表 6）。

表 4　　主板上市公司内部控制缺陷披露情况

公司代码	公司名称	财务报告重大缺陷数量（个）	非财务报告重大缺陷数量（个）	财务报告重要缺陷数量（个）	非财务报告重要缺陷数量（个）
000009. SZ	中国宝安	0	0	1	0
000058. SZ	深赛格	0	0	1	0

续表

公司代码	公司名称	财务报告重大缺陷数量（个）	非财务报告重大缺陷数量（个）	财务报告重要缺陷数量（个）	非财务报告重要缺陷数量（个）
000403.SZ	ST生化	1	0	0	0
000506.SZ	中润资源	1	0	0	0
000518.SZ	四环生物	0	1	0	0
000536.SZ	华映科技	0	0	3	1
000566.SZ	海南海药	0	0	1	0
000595.SZ	*ST宝实	0	0	1	0
000678.SZ	襄阳轴承	0	0	0	2
000691.SZ	ST亚太	2	0	0	0
000693.SZ	ST华泽	0	3	2	2
000716.SZ	黑芝麻	0	0	0	1
000737.SZ	南风化工	0	0	1	0
000788.SZ	北大医药	0	0	1	1
000789.SZ	万年青	1	0	0	0
000792.SZ	盐湖股份	0	1	0	0
000796.SZ	凯撒旅游	0	0	0	4
000798.SZ	中水渔业	1	0	0	0
000803.SZ	*ST金宇	0	0	0	1
000911.SZ	南宁糖业	0	0	1	0

表5　中小板上市公司内部控制缺陷披露情况

公司代码	公司名称	财务报告重大缺陷数量（个）	非财务报告重大缺陷数量（个）	财务报告重要缺陷数量（个）	非财务报告重要缺陷数量（个）
002072.SZ	凯瑞德	0	0	1	1
002192.SZ	融捷股份	1	0	0	0
002194.SZ	武汉凡谷	1	0	0	0
002207.SZ	*ST准油	0	1	0	0
002235.SZ	安妮股份	0	0	0	3
002259.SZ	升达林业	0	0	0	1
002278.SZ	神开股份	0	0	0	2

续表

公司代码	公司名称	财务报告重大缺陷数量（个）	非财务报告重大缺陷数量（个）	财务报告重要缺陷数量（个）	非财务报告重要缺陷数量（个）
002460. SZ	赣锋锂业	0	1	0	0
002490. SZ	*ST墨龙	1	0	0	0
002504. SZ	*ST弘高	3	0	0	0
002509. SZ	天广中茂	0	0	0	1
002514. SZ	宝馨科技	1	1	0	0
002788. SZ	鹭燕医药	0	0	0	1

表6　　创业板上市公司内部控制缺陷披露情况

公司代码	公司名称	财务报告重大缺陷数量（个）	非财务报告重大缺陷数量（个）	财务报告重要缺陷数量（个）	非财务报告重要缺陷数量（个）
300056. SZ	三维丝	0	0	0	2
300372. SZ	欣泰电气	0	2	0	2

（五）审计机构发现的非财务报告内部控制重大缺陷情形

报告期内，主板公司四环生物、ST华泽、盐湖股份存在非财务报告内控重大缺陷；中小板公司*ST准油被审计机构发现非财务报告内控重大缺陷；创业板无公司披露被发现非财务报告内控重大缺陷。审计机构发现的非财务报告内控重大缺陷主要包括公司全面预算流程存在缺陷、被监管部门关注、印章管理不到位，以及生产安全责任事故等，具体情况如表7所示。

表7　　审计机构发现的非财务报告内控重大缺陷情况一览表

证券代码	证券名称	非财务报告内控的重大缺陷
000518. SZ	四环生物	全面预算流程存在重大缺陷。
000693. SZ	ST华泽	《全面预算管理制度》制度系统性失效；华泽钴镍被监管部门持续、多次关注，管理层变动频繁，对公司造成重大负面影响，不利于正常经营；子公司陕西华泽镍钴金属有限公司银行预留财务印鉴丢失后未及时、妥善应对，影响相关银行正常业务。
000792. SZ	盐湖股份	未严格执行相关《安全生产规章制度》和操作规范，导致发生较大生产安全责任事故。
002207. SZ	*ST准油	印章管理和使用存在未经审批借出用印，不符合公司印章管理规定。

二、深市上市公司2016年内控信息披露的亮点

（一）A、H股公司审计报告进一步明确了管理层内控相关职责，新增了治理层责任表述

根据证监会的要求，深市17家A+H公司在2016年度审计报告中率先执行新审计报告准则。依据新审计报告准则规定，在这17家公司的审计报告中，管理层对其责任事项段的表述有所改进，明确了管理层严格设计、执行和维护必要内部控制的职责，并新增对持续经营能力的关注，要求管理层在编制财务报表时，评估被审计单位的持续经营能力和使用持续经营假设是否适当，披露（如适用）与持续经营相关的事项，并描述在何种情况下使用持续经营假设是适当的。同时，还新增了对治理层①责任段的表述，明确了其对财务报告编制过程的监督职责，有助于提升公司内控水平。

（二）创业板持续有半数以上公司自愿披露内控鉴证报告

2015年以后，创业板不再要求公司必须两年披露一次内控鉴证报告。尽管与2015年6成自愿披露相比略低，但2016年仍有半数以上的公司自愿披露。这也反映出这些创业板公司主观上有加强规范运作、提升内控水平的自我需求。

（三）部分公司连续多年主动聘请内控咨询机构加强内控建设

尽管目前仍未强制要求公司聘请内控咨询机构提升其内控水平。但是已有部分公司主动聘请内控咨询机构，借助第三方专业机构逐项对企业内部控制制度流程进行梳理、测试、修订、优化，补充完善风险控制点，促进提升内控管理水平以适应公司的战略发展要求。如凯撒旅游（000796）、金科股份（000656）、天华超净（300390）、小天鹅A（000418）等。并有部分公司连续多年主动聘请外部咨询机构协助提升内部控制体系，如万科A（000002）连续9年、恒信东方（300081）连续6年聘请内控咨询机构。

三、深市上市公司2016年内控信息披露存在的不足

近年来，深市上市公司内控信息披露不断改善，但2016年内控信息披露仍存在6个方面的不足。

（一）内控自评报告中整改信息披露质量仍然差异较大

在《企业内部控制规范体系》和21号文②中，均对存在重大缺陷公司的整改

---

① 治理层是指对被审计单位战略方向以及管理层履行经营管理责任负有监督责任的人员或组织。在某些被审计单位，治理层可能包括管理层成员。

② 2014年证监会和财政部共同发布的《公开发行证券的公司信息披露编报规则第21号——年度内部控制评价报告的一般规定》。

方面提出了具体披露要求。如《企业内部控制规范体系》要求披露，内部控制缺陷的整改情况及重大缺陷拟采取的整改措施等。21号文则要求披露内部控制缺陷认定及整改情况，如财务报告内部控制缺陷认定及整改情况、报告期内公司是否存在财务报告内部控制重大缺陷和重要缺陷、数量分别是多少、重大和重要缺陷分别是什么，等等；非财务报告内控缺陷认定及整改情况等的披露也是如此。尽管有明确的规定，但是部分公司披露不到位的情况持续存在。

（二）仍有部分公司未对财务报告内控有效性给出明确结论

在内控自我评价报告中，部分公司在结论部分披露得并不清楚，难以明确判断公司在财务和非财务报告内控方面是否有效，这一问题在2016年仍然存在。

（三）个别主板公司以内控鉴证报告替代内控审计报告

严格来说，《内部控制审计报告》和《内控鉴证报告》存在差异。

《内部控制审计报告》是在2010年4月五部委发布的《内部控制基本规范》配套指引中提出，只有根据《内部控制审计指引》出具的报告才能称为“内部控制审计报告”。该报告鉴证内容较为广泛，除了关注企业整体内部控制、评价是否存在缺陷，重点关注与财务报告相关内控以外，还需要披露所关注到非财务报告内控方面的重大缺陷。《内控鉴证报告》则通常是按照《中国注册会计师其他鉴证业务准则第3101号——历史财务信息审计或审阅以外的鉴证业务》执行的规定，仅对财务报表相关的内部控制发表意见，其规定相对较为宽松。

根据规定，主板上市公司需披露《内控审计报告》，但是执行中，存在个别企业混淆两者概念，以内控鉴证报告替代内控审计报告的情况。

（四）部分中小板公司两年未发布内控审计/鉴证报告

根据监管要求，中小板上市公司两年至少需发布一次内控审计报告或内控鉴证报告。在实际执行过程中，监管部门在年报发布阶段也会提醒公司需要发布此类报告。但是，有部分公司两年未发布内控审计/鉴证报告。

（五）仍有个别公司内控审计报告意见与内控自评报告结论不一致

与以前年度类似，仍有个别公司的内控审计报告意见与其内控自评报告结论存在差异。这在一定程度上表明，公司与审计机构对内控有效性及重大缺陷方面的认知还存在一定偏差。

（六）部分上市公司的全资子公司内控不力

通过分析公司内控自评报告，发现有公司披露其全资子公司内控不力，这在一定程度上反映出该上市公司在内控方面也存在一些问题，值得关注。

深市上市公司2016年公司治理情况分析

一、股权结构与实际控制人状况

（一）股权结构

1. 第一大股东持股比例

据统计在3个板块中，主板第一大股东平均持股比例为32.44%，中小板和创业板分别为31.79%和30.57%，与2015年度的32.84%、33.5%和31.44%相比略有下降，没有太大变化（见图1）。第一大股东最大持股比例出现在中小板公司（珠江钢琴），最小持股比例出现在创业板（温氏股份）。

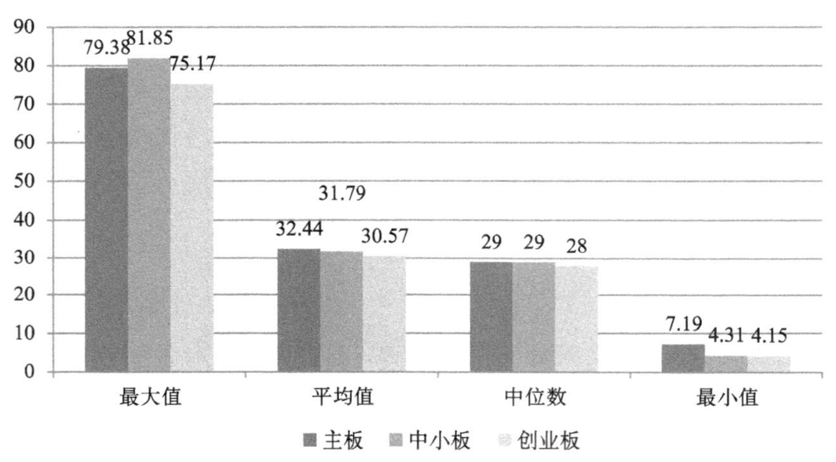

图1 深市公司2016年第一大股东持股比例情况（%）

主板公司第一大股东持股比例最大的公司是首钢股份，实际控制人（以下简称“实控人”）北京市国资委持有79.38%股份；持股比例最小的是TCL集团和欢瑞世纪，第一大股东持股比例均为7.19%。

中小板第一大股东持股比例最大的公司是珠江钢琴，实际控制人广州市国资委持有81.85%的股份；持股比例最少的是积成电子，其第一大股东持股比例为4.31%。

创业板第一大股东持股比例最大的公司是蓝思科技，实际控制人周群飞通过蓝色科技（香港）有限公司间接持股75.17%；持股比例最小的是温氏股份，第一大股东温鹏程持有4.15%的股份，尽管温氏股份的第一大股东持股比例低，但是该公司前十大股东均为家族持股形式的自然人，合计持股25.68%。

2013～2016年，从平均值来看，三

大板块第一大股东的持股比例都有所下降，其中，主板大股东持股比例在3年间下降了4.15%。相比较主板，中小板和创业板的第一大股东持股比下降较多，分别为9.9%和7.3%，主要原因是中小板和创业板上市公司发行前第一大股东持股比例较高，在上市后保持控制权地位不变的情况可以进行较大幅度减持（见图2）。

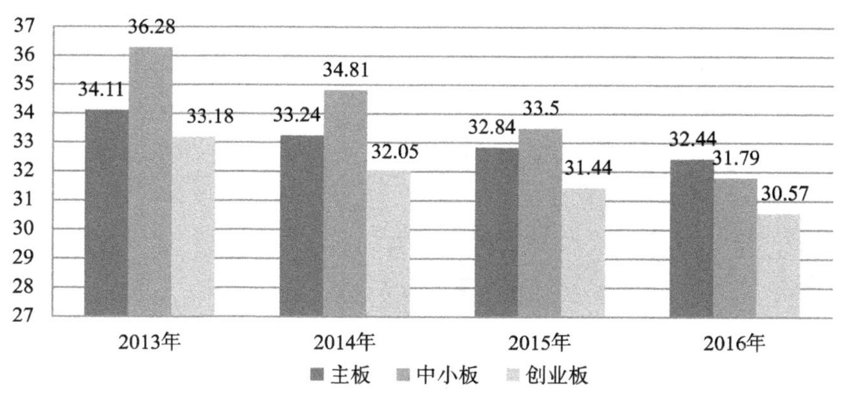

图2 深市公司历年第一大股东持股比平均值情况（%）

2. 存在单一控股股东的情况

我们以国际上通行的持股25%以上作为控股标准①，发现64.59%的主板公司、63.95%的中小板公司和62.02%的创业板公司存在着单一控股股东。与2015年度相比，除了创业板公司以外，主板和中小板的单一控股股东的公司比例呈现逐年降低的趋势，但这一指标仍然说明总体上深市上市公司股权集中度较高（见图3）。

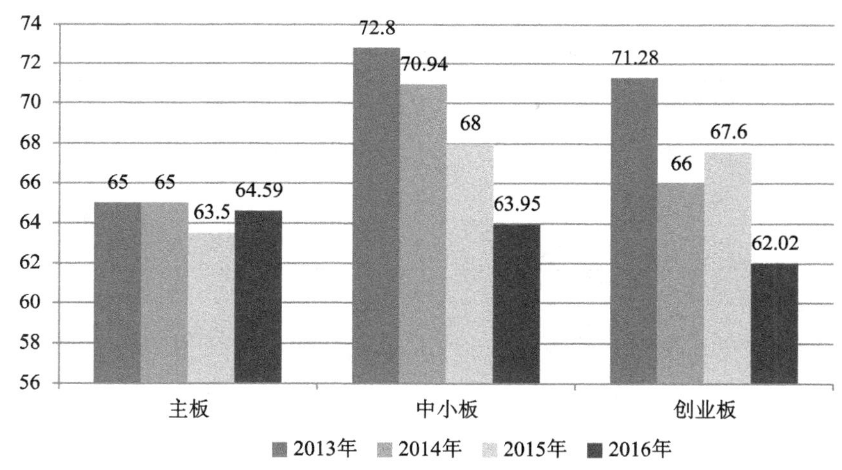

图3 深市公司历年存在单一控股股东的比例（%）

① 对于没有（超过50%）绝对控股的第一大股东而言，由于其他股东存在集体行动困难的原因，具有相对持股优势的第一大股东仍然可以获得控制权。根据Leech和Leaby的分析，持股25%以上的股东在表决权争夺中更容易获得其他股东的支持，将处于优势控制地位。见Leech D.，Leaby J.，Ownership Structure，Control Type and Classifications and the performance of large British companies，The Economic Journal，Vol 191，1991。

3. 前三大股东持股平均比例

主板、中小板和创业板的第一大股东持股的平均比例分别是 32.44%、31.79% 和 30.58%，远大于第二大股东和第三大股东的持股总和。这一比例与上一年度差别不大。由于我国历来贯彻一股一权的股权平等原则，不存在多重表决权股，控股股东要想实现对上市公司的控制权，通常只能依靠持股数量优势（见图 4）。

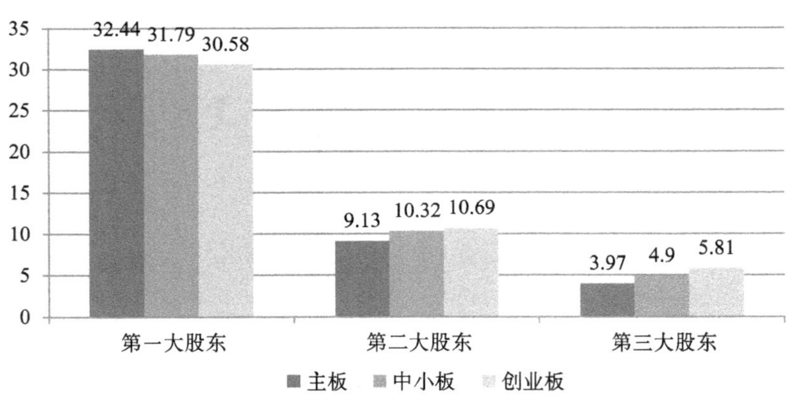

图 4　深市公司 2016 年前三大股东持股平均比例（%）

从前三大股东的平均持股比例的分布来看，3 个板块较为一致，第一大股东基本处于 31% 左右，呈现出股权集中的特点。2012 ~ 2016 年，3 个板块公司第一大股东持股比例均略有下降，其中，中小板上市公司第一大股东平均持股比例从 37.18% 降至 31.79%，下降明显（见表 1）。

表 1　深市各板块公司历年前三大股东持股比例　单位：%

年度	前三大股东	主板	中小板	创业板
2012	第一大股东	34.26	37.18	33.92
	第二大股东	7.56	11.80	13.27
	第三大股东	3.03	5.28	6.89
2013	第一大股东	34.17	33.18	36.28
	第二大股东	7.53	12.01	11.12
	第三大股东	3.12	6.08	4.94
2014	第一大股东	33.42	34.82	32.05
	第二大股东	8.10	10.61	11.05
	第三大股东	3.57	4.74	5.65
2015	第一大股东	32.84	33.50	31.44
	第二大股东	8.47	10.50	10.90
	第三大股东	3.69	4.90	5.65

续表

年度	前三大股东	主板	中小板	创业板
2016	第一大股东	32.44	31.79	30.58
	第二大股东	9.13	10.32	10.69
	第三大股东	3.97	4.9	5.81

4. 机构投资者持股情况①

2016年年末，深市机构持有流通市值占比为51.99%，较2015年小幅上升，一般机构占比34.54%，较2015年有较大程度下降，而专业机构则有较大程度的上升。其中，公募基金和基金专户持有流通市值总占比达8.15%，持有创业板公司流通市值的占比更是超过了10%；保险公司和QFII持有流通市值占比分别达2.21%和1.27%，且均偏好于持有主板公司股票；社保基金持有流通市值占比为1.23%，略低于2015年年末的1.33%（见表2）。

表2　深市公司2016年机构投资者持股占比　单位:%

板块名称	公募基金	基金专户	保险机构	QFII	信托机构	社保基金	其他机构	一般机构	机构投资者
深证A股	5.56	2.59	2.21	1.27	1.26	1.23	2.09	34.54	51.99
主板	4.16	2.94	3.76	1.64	1.14	1.29	1.71	43.95	61.88
中小板	5.45	2.48	1.45	1.16	1.47	1.21	2.14	33.8	50.45
创业板	8.47	2.17	0.89	0.79	1.04	1.19	2.69	18.26	36.52

从板块的情况来看，机构投资者持有主板公司的流通市值占比为61.88%，不过主要以一般机构为主，占比达43.95%；机构投资者持有创业板公司的流通市值占比为36.52%，远低于主板公司，但其中一般机构持有的流通市值占比仅为18.26%，与2015年类似，公募基金持有创业板公司的流通市值占比显著高于另外两个板块，但社保基金持有创业板公司的流通市值占比显著下降，与2015年的情况有所差异；机构投资者持有中小板公司的流通市值占比的情况基本介于主板和创业板之间。

（二）实际控制人状况

1. 实际控制人概况

首先，从所有制形态来看，57.73%的主板公司、14.99%的中小板公司和5.03%的创业板公司属于国有控股，也就是说大部分的中小板和创业板公司都属于

① 机构投资者分为一般机构和专业机构两大类，其中，专业机构按照市值占比规模细分为公募基金、基金专户、保险机构、QFII、信托机构、社保基金和其他机构共7类，小于1%的机构类型没有报告。

民营控股上市公司，这一比例与2015年度相比变化不大（见表3）。这一所有制形态反映出深市多层次资本市场的重要特征，即国有控股和民营家族企业在不同板块当中有各自鲜明的代表，也最终会反映出不同的治理需求。

其次，从民营控股公司的实际控制人类型来看，50.39%的中小板公司和51.74%的创业板公司是由单一自然人控制的；23.00%的中小板公司和22.92%的创业板公司是由家族控制的。如果我们将单一自然人控制的企业看作是广义的家族控制企业，那么有约73.39%的中小板上市公司、74.92%的创业板上市公司属于家族控制企业，相比2015年的73.39%和74.66%，本年度家族控制公司的占比没有发生显著变化。从2012年至2016年的变化趋势来看，广义的家族控制企业除主板占比略有上升外，在中小板和创业板均呈下降趋势。

最后，从公司年报反映的无实际控制人的情况来看，6.44%的主板公司、3.26%的中小板公司和4.36%的创业板公司没有实际控制人。

表3 深市公司2016年控制人类型

		国有控股①	民营控股				
			单一自然人	家族	创业团队或多人	投资机构或法人	无实际控制人
主板	家数	269	128	22	4	13	30
	占比	57.73%	27.47%	4.72%	0.86%	2.79%	6.44%
中小板	家数	116	390	178	60	4	26
	占比	14.99%	50.39%	23.00%	7.75%	0.52%	3.26%
创业板	家数	29	298	132	90	1	26
	占比	5.03%	51.74%	22.92%	15.63%	0.17%	4.51%

表4列示了搜集和整理的深市民营控股上市公司的控制层级与金字塔结构的特征。其中，3个板块中采取3层以上的控制方式的公司数量相较2015年均有所增加。创业板公司的控制结构相对简单和直接，过半的公司采取的是直接控制方式，而主板公司则只有8家公司是直接控制。此外，创业板的直接控制与一级控制方式的公司比例占整个板块的92.34%，只有7家公司是采取三级以上控制。中小板公司的直接控制和一级控制约占整个板块的83.55%。主板公司则相反，只有8家公司是采取直接控制的，采用二级和三级控制方式的占据一半以上。

总的来看，中小板和创业板上市公司以自然人或家族控制为主，控制层级相对较少；主板的民营上市公司挂牌时间较早，很多前身是国有控股公司，经过增

① 只要实际控制人是国资委、地方国资委或国有企事业单位的，一律纳入到国有控股类型。

发、重组、借壳等资本运作方式后呈现控制层级较多的特征，多家公司的控制层级达到五层以上。

表4　深市2016年民营控股上市公司的控制方式

		直接控制	金字塔控制		
			一级	二级	三级及以上
主板	家数	8	65	50	44
	占比	4.79%	39.92%	29.94%	26.35%
中小板	家数	249	274	70	33
	占比	39.78%	43.77%	11.18%	5.27%
创业板	家数	297	209	35	7
	占比	54.20%	38.14%	6.39%	1.28%

2. 控制层级的模式分析

作为控股股东控制企业集团的主要方式，金字塔结构成为实际控制人进行有效控制的主要方式之一①。金字塔结构具体体现为实控人的控制权和现金流权的分离②，控制权即实控人在股东会和董事会决议时拥有的投票权，现金流权即实控人在公司现金股利分红中所能得到的现金流比例（即实控人获得控制权的初始资本投入）。

在我国，实控人通过控制董事会、安插高管等途径放大控制权，支配远远超过自身拥有的资本量，使需承担的经济责任和义务远低于在公司中的经营管理决策权力和资金调配运作等控制人，从而激发实控人谋取私利和侵占中小股东利益的动机，二者之间的代理冲突就是这种动机的原动力所在。我国资本市场起步较晚，正处于快速发展期，市场机制和监管规则的不成熟，实控人通过一系列非正式制度安排攫取外部股东利益的行为时有发生。

本报告以三层及以上的控制层级的民营控股公司为样本，将样本公司划分为如下5种类型进行考察（见表5）。

表5　深市2016年多层控制层级的民营控股公司特征分析

层级类型	特征描述	平均ROE
集团控制的金字塔结构	实际控制人通常对集团有绝对的控股权，而集团与上市公司之间的层级较少且控股权较高，此类公司的两权分离度不高。	8.21%

① 所谓金字塔结构来自于La Porta等（1999）的终极产权理论，该理论指出，在股权集中度较高的情况下，公司最终控制人往往不是大股东，而是背后的实际控制人，实控人可能通过金字塔型股权结构（Pyramid Shareholding Schemes，实控人至少通过一家中间公司来间接控制上市公司）来掌控或者扩大对公司的控制权。

② 本报告的两权分离不是指经营权和所有权的分离。

续表

层级类型	特征描述	平均 ROE
法人机构控制的金字塔结构	此类公司控制层级中的核心节点往往是一家或多家投资公司（一般法人机构），相较以集团为核心的金字塔结构公司而言有更高程度的金融资本参与，两权分离度高于前者。	5.16%
有限合伙企业控制的金字塔结构	此类公司的控制权往往带有较高的杠杆属性，实控人以普通合伙人的角色出现，以较少的资金主导有限合伙企业的决策，进而撬动对上市公司的控制权，此类公司的两权分离度较高。	0.89%
混合控制的金字塔结构	此类公司由于涉及多种类型的控制节点，因此两权分离度处于金字塔结构公司中的平均水平。	7.56%
非金字塔结构	此类公司由于实际控制人实质上直接对上市公司控股，两权分离度很低。	15.23%

3. 实际控制人的年龄

从表6的统计来看，多数实际控制人的年龄在40～60岁之间，主要出生于20世纪60年代和70年代。其中，主板、中小板和创业板3个板块50岁以上的实际控制人占比分别超过了60%、80%和70%，说明在未来的十年里家族企业的传承问题会成为企业治理的重要议题。

创业板东方通的实际控制人张齐春于1939年出生，是深市公司中最年长的实际控制人；中小板兴民智通的实际控制人王志成于1990年出生，是深市公司中最年轻的实际控制人。

表6　深市公司2016年实际控制人年龄状况

		40岁以下	40～50岁	50～60岁	60岁以上
主板	家数	6	35	42	21
	占比	5.77%	33.65%	40.38%	20.19%
中小板	家数	15	110	298	176
	占比	2.50%	36.79%	49.75%	29.38%
创业板	家数	8	141	279	80
	占比	1.57%	27.76%	54.92%	15.75%

4. 无实际控制人

据年报披露，2016年无实际控制人的深市上市公司共有82家，其中，主板、中小板和创业板分别有30家、26家和226家。

二、股东大会状况

（一）股东大会会议次数

在2016年度，深市绝大多数上市公司召开次数为3次①；其中，股东大会召开次数最多的是主板的阳光城，2016年共召开了33次股东大会，平均每月两次以上；此外，中小板的怡亚通召开了20次，*ST宇顺和江粉磁材分别召开13次。从平均值来看，近3年深市公司召开股东大会会议次数有所增加，并且2016年深市公司召开股东大会平均值为历年最高（见表7和表8）。

表7　深市公司2016年股东大会召开次数统计

板块	平均数	最高	最低	中位数
主板	3.9	33	1	3
中小板	3.9	20	1	4
创业板	3.8	18	1	4

表8　深市公司历年召开股东大会平均值

	主板	中小板	创业板
2012	3.66	3.56	3.21
2013	3	3	3
2014	3.3	3.3	3.4
2015	3.7	3.7	3.8
2016	3.9	3.9	3.8

（二）股东大会形式②

深市公司2016年共召开股东大会7081次，其中，采用现场投票方式召开股东大会的有172次，占比2.43%，采用现场投票与网络投票相结合的方式的有6908次，占比97.56%。从数据来看，上市公司采用现场投票与网络投票相结合方式已被绝大多数上市公司所采纳（见表9）。

表9　深市公司2016年股东大会投票方式

	现场投票+网络投票	现场投票	其他方式
深市A股	97.56%（6908）	2.43%（172）	0.01%（1）
主板	99.84%（1814）	0.17%（3）	0.00%（0）
中小板	97.95%（3102）	2.02%（64）	0.03%（1）
创业板	94.99%（1992）	5.01%（105）	0.00%（0）

① 《公司法》规定，股份公司每年至少召开一次股东大会。

② 这部分数据来自国泰安数据库。

就 3 个板块的具体情况来看，采取网络投票与现场投票相结合的方式的比例分别是主板的 99.84%，中小板的 97.95% 和创业板的 94.99%。主板的网络投票比例较高，主要是因为主板的股东大会审议事项经常是重大资产重组、增发类的事项，而这些恰好属于必须提供网络投票的范畴（见图 5 和图 6）。网络投票技术的普遍适用实际上是深交所对中小股东权益保护的重要成果，能够较好地为中小股东表达自身的诉求提供了低成本参与的渠道。但是，中小股东参与公司治理的意愿仍有待提高，委托投票权行使的成本也亟须降低。

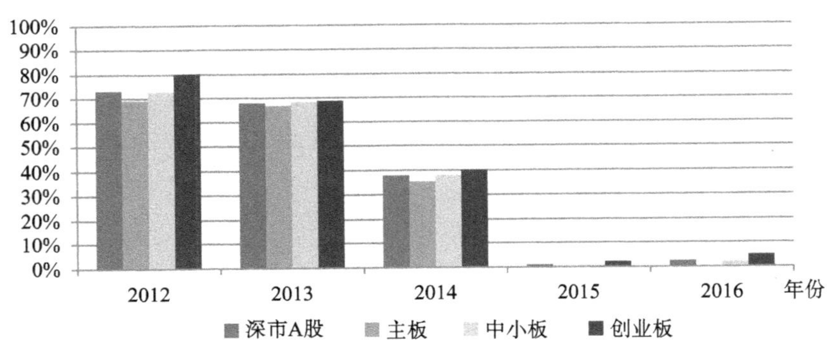

图 5　深市公司历年股东大会投票方式变化（现场）

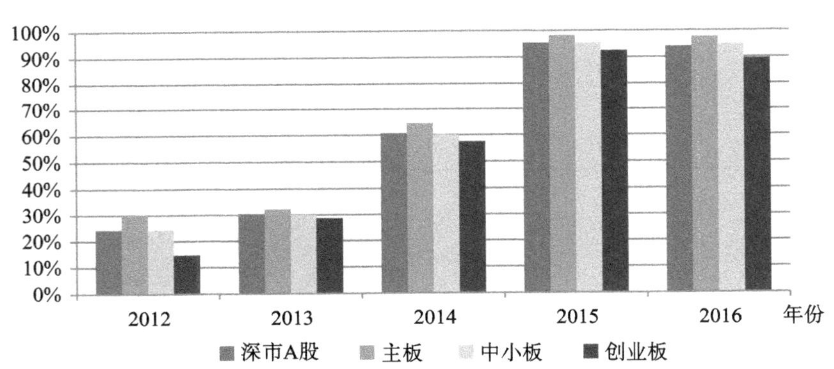

图 6　深市公司历年股东大会投票方式变化（现场与网络结合）

（三）股东大会参会情况①

从出席股东大会的股东及股东代表人数来看，主要存在以下 3 个方面的特征：

（1）公司与公司之间的差异比较大（标准差高达 131.77），出席会议股东数最少为 1 人，最多为 5141 人，平均为 32 人，中位数为 14 人，众数为 7 人。相对于 2014 年，参与公司股东大会的股东人数有所减少（在 2015 年深圳 A 股上市公司中，出席股东数平均为 35，众数为 8）。从大多数公司的股东参与情况来看，出席会议股东数的平均数从 2015 年的 35 人下

① 这部分数据来自国泰安数据库，此外这里的参会包括了现场、网络和委托出席的情况。

降到32人。这表明，深市上市公司股东参与公司治理的积极性没有得到显著提升（见表10）。

（2）从板块的角度来看，主板公司参会股东平均人数最多，为64人，其次为中小板，为22人，创业板最低，为18人，3个板块与2015年度相比均略有下降。深市公司参会股东数最多的是格力电器，该公司于2016年10月召开临时股东大会，参会人数达到5141人。

表10　　深市公司2016年股东大会出席会议的股东及股东代表人数情况

	出席股东数最多（人）	出席股东数最少	平均值	中位数	众数	标准差
深市A股	5141	1	32	14	7	131.77
主板	5141	1	64	19	6	249.72
中小板	993	1	22	13	7	43.53
创业板	370	1	18	12	9	22.11

（3）从出席股东大会的股东持股比例情况来看，深市A股的平均值为48.14%，中位数为47.78%。在3个板块中，股东大会出席股份比例创业板（50.82%）与中小板（48.98%）基本持平，高于主板（43.58%）。与2015年度相比，主板和创业板公司股东大会出席股份比例基本持平，中小板则略有下降（见表11和图7），主要原因是主板上市公司股权结构相对于中小板、创业板更加分散。

表11　　深市公司2016年股东大会出席股份比例情况　　单位:%

	最大值	最小值	平均值	中位数	众数	标准差
深市A股	100	0.004	48.14	47.78	100	18.47
主板	100	0.130	43.58	43.43	54.32	18.30
中小板	100	0.004	48.98	49.18	100	17.75
创业板	100	0.574	50.82	49.84	100	19.13

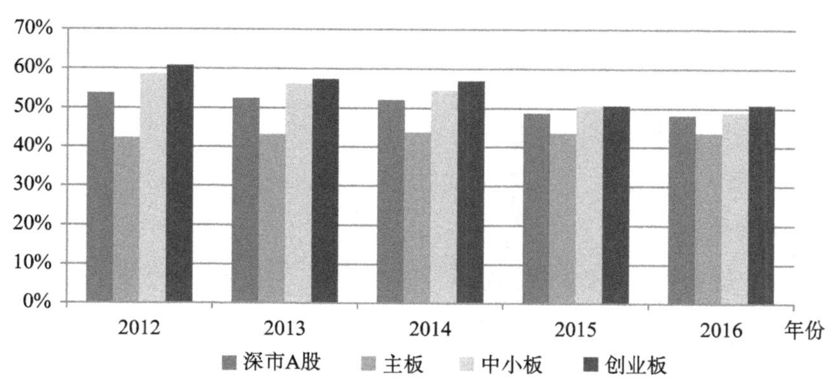

图7　深市公司历年股东大会参会情况

三、董事会与管理层状况

（一）董事会基本状况

1. 董事会规模

在董事会规模上，呈现出公司越小董事会规模越小的规律。在数值上，创业板的董事会平均规模为7.96人，要略低于中小板8.35人和主板8.95人的水平，主板泛海控股有18名董事，是深市公司中拥有董事人数最多的公司（见表12）。

表12　深市公司历年董事会规模概况　单位：人

年份	主板			中小板			创业板		
	平均	最高	最低	平均	最高	最低	平均	最高	最低
2013	9.02	18	5	8.50	18	5	8.12	13	5
2014	8.93	18	5	8.47	17	5	8.07	13	5
2015	8.87	18	5	8.45	18	5	8.01	12	5
2016	8.95	18	5	8.35	16	5	7.96	12	5

通过历年数据对比显示，主板、中小板及创业板公司的董事会规模基本保持稳定，董事会人均数目维持在8~9人，而3个板块的最低董事会人数为5人（《公司法》规定董事会人数5~19人）。创业板公司规模相对较小，董事会最高值为12人，主板公司董事会规模较大，最高值为18人，而中小板为16人。

相比之下，美国标普500公司2016年董事会平均人数为10.8，董事会规模从5~19人不等，2016年有72%的公司董事会规模处于9~12人这个区间，只有12%的公司董事会规模小于8人，同时也只有16%的公司董事会人数是大于13人的①。

2. 董事会会议次数

大部分深市上市公司召开董事会的次数在10~11次。其中，主板的阳光城在2016年召开了39次董事会会议，成为深市公司中召开董事会会议最多的公司。对比数据显示，连续4年3个板块公司的董事会会议次数维持在10~11次左右，而会议次数的最高及最低值并无呈现出随板块或年度变化的规律（见表13）。

相比之下，美国标普500公司2016年平均召开了8.4次董事会，略低于深市上市公司。这些董事会会议包括了计划内的例行董事会也包括了特别会议，既包括了现场参会也包括电话通信形式召开的会议，大多数公司董事会召开次数在6~10次之间，有十家公司召开了超过19次的董事会。

① 曾斌：《美国上市公司董事会治理状况（情况快报，2017年2月27日）》，下文有关美国上市公司董事会治理状况的内容同样参考自该文。

表13　　深市公司历年董事会会议次数

年份	主板			中小板			创业板		
	平均	最高	最低	平均	最高	最低	平均	最高	最低
2013	10.00	26	2	9.01	35	3	9.13	24	4
2014	9.89	29	2	9.29	44	3	9.56	33	3
2015	10.73	31	3	10.18	35	3	10.05	32	3
2016	11.47	39	3	10.72	35	3	10.34	32	3

（二）董事会专门委员会状况

根据深圳证券交易所3个板块的《规范运作指引》，主板公司“董事会可以设立审计委员会、薪酬与考核委员会、提名委员会”，中小板公司“董事会应当设立审计、提名、薪酬与考核委员会”，创业板公司“董事会必须设立审计、薪酬与考核委员会”。[①] 也就是说主板公司可以自愿设立董事会专门委员会的，而中小板和创业板公司则是强制设立董事会专门委员会的。

1. 董事会专门委员会数量

89.87%的主板公司、99.35%的中小板公司和95.27%的创业板公司都设立了完整的3个专门委员会。其中主板的平安银行、四川美丰和中小板的新野纺织、宁波银行、天原集团6个专门委员会，是深市设立专门委员会最多的公司。中小板和创业板公司之所以呈现出较为完整的专门委员会设立现象，主要与深交所对中小板和创业板的强制要求有着密切关系（见表14）。

表14　　深市公司历年董事会专门委员会数量②

板块	年份	0		1		2		3及以上	
		家数	占比	家数	占比	家数	占比	家数	占比
主板	2014	0	0	11	2.4%	45	9.83%	402	87.77%
	2015	0	0	7	1.53%	43	9.37%	409	89.11%
	2016	0	0	5	1.08%	42	9.05	417	89.87%
中小板	2014	1	0.14%	3	0.42%	18	2.53%	689	96.9%
	2015	0	0	2	0.26%	22	2.86%	744	96.89%
	2016	1	0.13%	1	0.13%	4	0.52%	759	99.35%
创业板	2014	0	0	0	0	5	8.93%	51	91.07%
	2015	0	0	2	0.46%	25	5.76%	407	93.78%
	2016	0	0	3	0.53%	24	4.20%	524	95.27%

① 参见《深圳证券交易所主板上市公司规范运作指引》2.3.4条、《深圳证券交易所中小企业板上市公司规范运作指引》第2.3.4条、《深圳证券交易所主创业板上市公司规范运作指引》第2.3.4条。

② 在主板公司466家有效数据中，有2家公司没有披露专门委员会设立情况，中小板有10家公司、创业板公司中有3家没有披露专门委员会设立情况。

具体从专门委员会的类型来看，3个板块的绝大多数公司都设置了战略、审计、提名、薪酬与考核委员会，还有少量公司设置了风险管理委员会和关联交易委员会（见表15）。

表15　深市公司董事会专门委员会分类　单位：家

	战略委员会	审计委员会	提名委员会	薪酬与考核委员会	风险管理委员会	关联交易委员会
主板	335	392	341	367	24	7
中小板	702	773	727	746	27	7
创业板	516	559	503	550	14	0

相比之下，超过71%的美国标普500公司设置了比纽交所强制要求的3个专门委员会（包括薪酬、审计和提名）更多的专门委员会。其中，21%的公司董事会有5个常设的专门委员会，有14%的公司设置了超过6个专门委员会。除了3个强制设立的专门委员会，公司最常设的是执行委员会（33%）和融资委员会（31%）。

在过去的十年，包括风险委员会、科技委员会、环境和卫生安全委员会成为最流行的专门委员会，比如，2006年的时候只有4%的公司设置了风险委员会，而现在则有11%的公司设置风险委员会。相比之下，公共政策委员会、社会责任委员会如今逐渐式微。

在美国的董事会治理中，逐渐开始关注网络安全对公司信息安全的影响，因此，有超过1/4的公司认为董事会应当对公司的网络安全起到监察责任，同时有75%的公司将指派专门委员会（审计委员会或风险、技术委员会）对网络安全进行监督。面对科技金融、网络安全等新问题，美国关于董事会专门委员会类型的变革在某些方面可供深市上市公司参考。

2. 董事会专门委员会会议次数

单纯从数据显示来看，似乎所有设立了专门委员会的公司都召开了会议，事实上并非如此，因为没有召开会议的公司不会专门披露会议召开情况，而我们的统计只能是针对已披露会议召开情况的公司。主板有267家公司，中小板有302家公司，创业板有271家公司都没有披露具体的专门委员会会议情况。49.25%的主板公司和74.36%的中小板公司的专门委员会都召开6次以上的会议，海王生物（召开了33次）成为了深市A股公司中召开专门委员会会议最多的公司。单纯从披露的信息来看，再结合披露此项信息的公司数量的因素，中小板公司专门委员会的运作情况相比之下显得更加规范（见表16）。

数据显示，委员会会议，72%以上的中小板公司连续3年都召开了6次以上的专门委员会会议，而由于对专门委员会会议情况做出披露的创业板公司数量逐年上升，2016年有高达70.63%的创业板公司召开了6次以上的专门委员会会议。

表16　　深市公司历年董事会专门委员会会议情况①

		1~3次		4~6次		6次以上	
		家数	占比	家数	占比	家数	占比
主板	2014	45	27.27%	47	28.48%	73	44.24%
	2015	28	15.91%	54	30.68%	94	53.41%
	2016	34	17.09%	67	33.69%	98	49.25%
中小板	2014	34	6.5%	113	21.60%	377	72.08%
	2015	9	2.21%	67	15.76%	349	82.12%
	2016	19	4.03%	102	21.61%	351	74.36%
创业板	2014	0	0	2	66.7%	1	33.3%
	2015	18	7.73%	64	27.47%	151	64.81%
	2016	20	6.60%	69	22.77%	214	70.63%

相比之下，美国标普500公司的审计委员会平均召开8.6次，薪酬和提名委员会相对而言更少一些，分别平均召开6.1次和4.8次。

专门委员会制度是董事会制度的重要组成部分，既体现了董事会的专业性，又体现了独立董事通过审计委员会等对公司进行监督的独立性，进一步完善和突出专门委员会的作用，应当成为下一步公司治理改革的突破口之一。

（三）独立董事状况②

1. 2017年独董《备案办法》修订的主要内容

为进一步充分发挥独立董事在公司治理中的积极作用，完善独立董事任职资格备案工作，深交所在2017年5月对《深圳证券交易所独立董事备案办法》（以下简称“《备案办法》”）进行了修订。本次修订主要有以下3个方面的特点：

一是进一步严格了独立董事任职资格的相关要求。一方面对国家相关部委出台的有关规定进行细化落实；另一方面加强持续监管，对独立董事在任职后出现不符合任职资格情形的，明确要求其在一个月内辞职，上市公司在两个月内完成补选工作。

二是增加对独立董事候选人过往履职情况的关注和披露要求。针对独立董事候选人过往任职期间未亲自出席董事会会议、未按规定发表独立董事意见或发表的独立意见经证实明显与事实不符、在任期届满前被上市公司提前免职等情形，要求提名人披露具体情形、仍提名该候选人的理由、是否对上市公司规范运作和公司治理产生影响及应对措施。

三是在细化任职资格要求、更加关注

① 主板有199家公司、中小板有472家公司、创业板有303家公司对专门委员会会议情况做出了披露。

② 数据来源于深市2015年年报。

过往履职情况的背景下，适当放宽了独立董事候选人获得资格证书的时间要求，并适度扩大以会计专业人士身份担任独立董事的认定范围。

2. 独立董事数量

在公司聘请独立董事的平均人数方面，主板、中小板和创业板不存在太大差异，平均约为3人。主板（深南电A、泛海控股、粤电力A）和创业板（东信和平、麦达数字、宁波银行）各有3家公司聘任了6名独董；而创业板公司有两家公司（佳讯飞鸿、美尚生态）聘任了5名独董（见表17）。

如果将独董数量与深市公司董事会规模相比较，不论从最高值、中位数还是平均值来看，深市公司独董数量完全符合监管部门规定的“三分之一”达标线。根据2001年《关于在上市公司建立独立董事制度的指导意见》，上市公司董事会成员中应当至少包括1/3的独立董事。3个板块历年的平均独董数量连续4年保持稳定，大部分公司的独董规模达到3人。

相比之下，美国上市公司的独立董事在董事会中占有绝对的人数优势。2016年美国标普500公司中，独立董事人数占85%，独立董事与非独立董事的比例达到5.4:1，平均每个董事会中有9.1名独立董事和1.7名非独立董事。由于董事会的高度独立性，公司的CEO往往成为董事会当中唯一的一名非独立董事，2016年的数据当中，有60%的标普500公司CEO成为唯一一名非独立董事。

表17　深市公司历年独立董事数量情况　单位：人

年份	主板			中小板			创业板		
	平均	最高	最低	平均	最高	最低	平均	最高	最低
2013	3.00	8	2	3.00	6	2	3.04	5	2
2014	3.00	8	2	3.00	6	2	3.04	5	2
2015	3.24	6	2	3.11	6	2	2.99	5	2
2016	3.25	6	2	3.08	6	2	2.98	5	2

3. 独立董事表决情况

根据2016年年报披露，主板中有6家公司的独立董事投了反对票，分别是南玻A、张家界、神雾节能、茂业物流、*ST华泽和*ST皇台，有5家公司的独立董事投了弃权票，分别是南玻A、盈方微、深康佳A、*ST华泽和长江证券；中小板没有出现反对票、弃权票；创业板中，硅宝科技和朗科科技的独立董事投了反对票，有5家公司的独立董事投了弃权票，分别是硅宝科技、朗科科技、三维丝、GQY视讯和华伍股份（见表18）。由于2016年控制权争夺事件频发，独立董事反对、弃权票的次数较往年明显增加，据课题组的统计，2012～2015年上市公司反对、弃权票的合计仅为32次。

表18 深市公司2016年独董表决情况概览 单位：次

板块	反对	弃权	质疑
主板	16	41	0
中小板	0	0	0
创业板	4	11	0

从反对和弃权的事项来看，主要集中在独立董事认为决议违反法律法规、规章和公司程序（见表19）。

表19 深市公司2016年独董反对和弃权事项类别

事项类别	反对（次）	弃权（次）
违反法律法规、规章	6	4
决议违反公司程序	2	20
决议涉及人事薪酬	0	—
涉及对外投资与合作	1	5

4. 独立董事薪酬情况

主板、中小板和创业板独董薪酬的平均值分别是7.92万元、7.01万元和6.53万元。创维数字独立董事23万元的薪酬是主板公司中最高的；中小板的国信证券的30.27万元薪酬是中小板公司中最高的；创业板大富科技独董的18.24万元薪酬是创业板公司中最高的（见表20）。

表20 深市公司历年独立董事薪酬① 单位：万元

年份	主板		中小板		创业板	
	平均值	最高值	平均值	最高值	平均值	最高值
2013	7.05	38.62	6.35	37.08	6.18	20
2014	7.3	40.36	6.38	30.27	6.24	20
2015	7.5	42	6.5	30.27	6.21	20
2016	7.92	23	7.01	30.27	6.53	20

5. 独立董事出席会议情况

从表21可见，只有34.77%的主板公司独立董事和45.44%的中小板独立董事是采取现场出席董事会会议的，其他都是采取委托或通信出席方式；独立董事缺席比例都很小，主板和中小板分别只有0.11%和0.08%，而且这些缺席都主要集中在3家公司的独立董事身上，如主板

① 本部分的统计剔除了不在上市公司领取薪酬的独董；如果2016年存在换届的独董，则薪酬为离任或新任独董薪酬的最高值。

的云南白药、渤海租赁和长安汽车的独立董事分别缺席6次、7次和15次，而中小板的普路通和上海绿新的独立董事分别缺席6次、3次。

近4年来，平均37.94%的主板公司独立董事和平均50.32%的中小板独立董事是采取现场出席董事会会议的（见表21），其他都是采取委托或通讯出席方式，但是只有现场出席才能充分体现独立董事参与公司经营决策和治理的作用。从数据来看，独立董事现场出席比例不足一半，说明独立董事在公司治理中的作用仍有较大的提升空间。

表21　深市公司历年独董出席董事会议的方式（总数平均）①

年份	主板				中小板			
	现场	通讯	委托	缺席	现场	通讯	委托	缺席
2013	39.19%	57.41%	3.2%	0.20%	54.25%	44.04%	1.63%	0.08%
2014	40.96%	56.17%	2.67%	0.20%	53.36%	44.97%	1.56%	0.11%
2015	36.82%	60.33%	2.58%	0.27%	48.21%	50.54%	1.16%	0.09%
2016	34.77%	63.40%	1.73%	0.11%	45.44%	53.53%	1.73%	0.08%
平均	37.94%	59.33%	2.55%	0.20%	50.32%	48.27%	1.52%	0.09%

据本报告统计（见表22），深市主板92.06%的公司共计429家公司都存在通讯出席情况，而中小板公司中85.66%的公司共计663家存在通讯出席情况；委托表决方面，主板中有159家公司的独董采取委托出席方式，中小板则有147家公司。近年来，主板和中小板公司通讯出席的情况基本变化不大，主板公司委托出席的情况下降明显。

表22　深市主板和中小板公司历年存在通讯和委托出席的公司数占比

年份	主板				中小板			
	通讯出席		委托出席		通讯出席		委托出席	
	公司数	占比	公司数	占比	公司数	占比	公司数	占比
2013	422	90.36%	199	42.61%	592	84.45%	181	25.67%
2014	443	92.52%	264	56.41%	617	84.17%	189	25.78%
2015	424	90.6%	171	36.54%	661	84.85%	170	21.82%
2016	429	92.06%	159	34.12%	663	85.66%	147	18.99%

① 计算方式为独立董事以各种方式参加会议次数除以2016年独董应参加的董事会会议总次数。

6. 独立董事的背景[①]

独立董事的任职背景一直是对独立董事专业性的重要参考指标，根据本报告统计，独立董事群体中主要以学者为主，中介机构和行业专家次之。在独董的相关规定中，只强制要求聘请会计专业人士，“聘任适当人员担任独立董事，其中至少包括一名会计专业人士”，除此之外，没有强制规定必须聘请哪些人作为独董。从美国的情况来看，上市公司主要是聘请其他公司的高管作为独立董事（或外部董事）；而日本的上市公司则与我国的情况类似，倾向于聘请大学教授和行业专家，大学教授相对而言拥有一定的知名度和社会影响力，对相关领域和专业也能提供一些参考建议（见表23）。

退职官员成为独立董事的数据相比前两年，在2016年中退职官员担任独立董事的比例持续降低，主板、中小板和创业板的比例分别为3.37%、2.27%和2.63%，这与过去两年中央关于领导干部在企业兼职的禁止性规定有直接关系[②]。

表23　　深市公司2016年独立董事背景　　单位：%

板块	学者	行业专家	中介机构	公司高管	退职官员	其他
主板	47.39% (41.88)	3.82% (8.18)	23.76% (23.94)	16.11% (17.61)	3.37% (4.16)	4.29% (4.23)
中小板	40.70% (40.02)	7.94% (10.52)	23.86% (21.70)	18.86% (15.78)	2.27% (2.84)	6.09% (9.14)
创业板	34.74% (31.51)	13.92% (18.62)	24.33% (23.43)	19.24% (18.49)	2.63% (3.00)	4.97% (4.94)

注：本表格括号内的比例为2015年的情况。

（四）管理层状况

1. 控制人、董事长和总经理的重合情况

从表24可以看出，深市中小板和创业板公司的实际控制人大多数情况下都是自己亲自担任董事长或总经理。据统计，中小板有超过8成公司实际控制人至少担任董事长或总经理职务，而创业板则又超过9成。相对而言，主板公司显得比较特别，有47.40%的实际控制人选择不担任董事长和总经理。42.52%的中小板公司和55.38%的创业板公司的实际控制人同时兼任董事长和总经理，这反映了大多数

① 独立董事背景的分类标准为：学者是指高校老师和研究机构的人员。（退职）官员是指退休的，如果是政府机构下属的研究机构，如深圳法制办的某研究机构，也算作官员。中介机构是指律师和会计师。行业专家是指各种协会，如中国包装协会或中国服装协会；公司高管是指其他公司的高管，如王石；不能归入上述类型的，都纳入其他中。

② 2013年11月，中组部《关于进一步规范党政领导干部在企业兼职（任职）问题的意见》的出台直接影响了政府官员和退职官员兼职独董的问题。

家族式、创业型企业的特点。但从公司治理的角度来看，上市公司董事长和总经理的分离在学术上被视为治理水平高的重要标志，甚至有部分国家鼓励由不同人担任这两个职务①。

表 24　　深市公司历年实际控制人与董事长和总经理的重合情况

板块	年份	不担任董事长和总经理		担任董事长		担任总经理		兼任董事长和总经理	
		家数	占比	家数	占比	家数	占比	家数	占比
主板	2013	76	49.67%	54	35.29%	2	1.30%	21	13.72%
	2014	79	51%	53	34.19%	4	2.58%	19	12.26%
	2015	76	41.08%	54	29.19%	2	1.08%	23	12.43%
	2016	73	47.40%	55	35.71%	2	1.30%	24	15.58%
中小板	2013	61	10.62%	241	41.98%	5	0.87%	267	46.51%
	2014	79	13.19%	245	40.9%	4	0.67%	271	45.24%
	2015	98	14.89%	255	38.75%	3	0.45%	282	42.86%
	2016	124	19.75%	234	37.26%	3	0.48%	267	42.52%
创业板	2013	16	4.89%	122	37.30%	2	0.61%	186	56.88%
	2014	21	5.59%	148	39.36%	1	0.27%	206	54.79%
	2015	24	5.56%	174	40.28%	1	0.23%	255	59.03%
	2016	39	7.50%	189	36.35%	4	0.77%	288	55.38%

2. 董事长和总经理的薪酬水平

（1）董事长的薪酬状况。从2016年披露的年报信息看，万科A、分众传媒和蓝思科技的董事长薪酬分别是3个板块最高的，为999万元、600万元和480万元；而紫光学大、莱茵生物和中海达的董事长薪酬分别是3个板块最低的，为1.97万元、1.75万元和1.1万元，与平均值相差悬殊。

根据表25所示，过去4年主板公司的董事长薪酬是最高的，而中小板、创业板次之，最低值基本相当。造成这一情况的主要原因有三个：首先，若实际控制人同时担任董事长的，往往不会给自己发放太多的薪酬，如莱茵生物；其次，部分国有控股公司的董事长不一定在上市公司领薪，往往披露出来的薪酬很低，如紫光学大；最后，无实际控制人的公司一般会聘用职业经理人管理公司，这类职业经理人的薪酬一般较高，如万科A。

① Larry Fauver, Mingyi Hung, Xi Li, Board Reforms and Firm Value: Worldwide Evidence, Journal of Financial Economics, 2017.

表 25　　深市公司历年董事长的薪酬情况[①]　　单位：万元

年份	主板			中小板			创业板		
	平均值	最高	最低	平均	最高	最低	平均	最高	最低
2013	82.27	904	0.25	62.49	829.27	0.83	51.36	737.41	3
2014	89	1045	0.25	67	291	2	54	529	3
2015	92.51	998.8	0.25	62.03	643.26	1.75	60.04	500.58	2
2016	105.32	999	1.97	75.41	600	1.8	61.22	480	1.1

（2）总经理的薪酬状况。从2016年披露的年报信息来看，万科A、万达院线和蓝思科技的总经理薪酬分别是3个板块最高的，为979万元、900.5万元和480万元（见表26）。

表 26　　深市公司历年总经理的薪酬情况[②]　　单位：万元

年份	主板			中小板			创业板		
	平均	最高	最低	平均	最高	最低	平均	最高	最低
2013	82.81	869.7	3.6	61.94	326	4	51.53	477	1.8
2014	87	966	3.66	57	663.55	1.28	55	604	4
2015	93.49	998.8	0.76	69.6	265	5.46	62.06	480	4.54
2016	106.64	979.0	1.47	78.17	900.50	1.80	62.65	480	2.19

（3）董事长与总经理的薪酬差别。单纯从董事长和总经理的平均薪酬水平的差别来看，深市创业板和中小板的总经理薪酬略高于董事长的薪酬，主板公司的董事长、总经理薪酬大致相当，这与国外成熟资本市场的情况仍然有较大差异。以美国为例，一般是CEO的薪酬要远远高于董事长的薪酬，这主要是因为CEO基本上都是职业经理人，而董事长则一般是非执行董事，只是负责战略或监督职能，与我国董事长与总经理二职合一的情况有所不同。

（4）不同实际控制模式下的薪酬差别。据2016年年报的披露信息看，除创业板外，实际控制人亲自担任总经理领取的薪酬与聘请职业经理人的薪酬相比更低，与2015年的情况类似。从逻辑上来讲，当实际控制人自己担任公司总经理时，由于他可以从其他渠道进行“在职消费”，而并不愿意采用公开方式领取薪

① 本部分剔除了董事长不在上市公司领取薪酬的情况以及没有披露的样本；另外，样本公司统计的薪酬是薪酬总额，而不是实际薪酬。根据向相关公司的咨询，薪酬总额是上市公司预先确定的薪酬标准，而实际薪酬是公司根据当年具体的盈利指标和任务完成情况所实际给付的部分。

② 本部分统计剔除了不在上市公司领取薪酬的情况，主板有22家，中小板有20家，创业板有12家公司。

酬，甚至不领取名义上的薪酬，因为直接从上市公司领取薪酬并不划算，薪酬的很大一部分要缴纳个人所得税，对自己和公司都没有好处，这也在很大程度上降低了实际控制人亲自担任总经理时的平均薪酬水平（见表27）。

表27　深市公司历年控制人是否担任总经理的平均薪酬水平①　单位：万元

年份	主板		中小板		创业板	
	担任	不担任	担任	不担任	担任	不担任
2013	102.61	72.78	56.08	59.99	49.98	50.96
2014	110	89.49	59.26	63 .47	51	56.55
2015	73.75	86.48	60.6	71.19	61.5	63.54
2016	72.64	115.80	67.82	80.68	61.43	60.61

① 本部分只统计民营控股上市公司的部分，不涉及国有控股上市公司。

深市上市公司2016年社会责任报告情况分析

一、深市社会责任信息披露现状

（一）披露基本情况

2016年深市公司社会责任信息披露以独立社会责任报告为主体，同时增加精准扶贫信息①，并强化强制性环境信息②。截至2017年4月30日，深市1958家上市公司中有315家公司发布独立的社会责任报告，占全部上市公司的16.08%。其中，主板公司披露社责报告的比例最高，达到27.94%；中小板和创业板公司披露比例分别为16.22%和9.23%。精准扶贫信息的披露也呈现出相同的特征。报告期内，共有215家公司披露了扶贫工作信息，占全部上市公司的10.97%，其中，主板公司中102家披露，比例最高，达到21.43%；中小板和创业板公司披露比例分别为11.40%和2.53%。

在重点污染企业环境影响信息的披露方面，报告期内，共有213家上市公司在年报中单独进行了披露，其中，209家（及其子公司）属于环境保护部门公布的重点排污单位，按照相关指引进行了强制性披露；4家属于自愿性披露。

（二）社会责任信息披露呈现明显的公司和行业特征

1. 国有企业披露比例高于民营企业

总体来看，国有企业上市公司在社会

① 为了落实《中国证监会关于发挥资本市场作用服务国家脱贫攻坚战略的意见》，深交所在做好自身扶贫工作的同时，于2016年12月30日发布了《关于完善上市公司扶贫工作信息披露的通知》，开展、完善上市公司精准扶贫社会责任的信息披露。此类信息属自愿性披露项目，按照相关指引填报于年报的“重要事项”章节中。此外，深交所同时规定披露社会责任报告的公司，应当在社会责任报告中单独、重点披露履行精准扶贫社会责任的情况。经统计，深市披露了独立社会责任报告的315家上市公司中，仅45家披露了精准扶贫信息，且年报与社会责任报告中的相关披露情况基本一致，后续分析以年报中的情况为主。

② 2016年12月，证监会发布《公开发行证券的公司信息披露内容与格式准则第2号——年度报告的内容与格式（2016年修订）》，对属于环境保护部门公布的重点排污单位的公司及其子公司的环境信息披露进行规定。深交所3个板块2016年12月30日发布了对应的信息披露业务备忘录，引导企业在开展2016年年报披露工作中参照进行环境信息披露工作。此类信息属特定企业的强制性披露，相关内容需填报至年报的“重要事项”章节。深交所在社会责任报告指引以自愿性披露的形式披露企业环境信息，但对其内容格式与此次强制性披露的要求存在一定的差异，因此两者的对比性不强；另外，已披露独立社会责任报告的315家上市公司中，仅65家进行了强制性环境信息披露，且年报中的相关内容更加详尽，后续分析均以年报中的情况为主。

责任信息披露的主动性高于民企[①]。具体包括两个方面：第一，国有企业上市公司共117家披露了社会责任报告，占深市国企数的比例为28.53%，后者披露比例仅为12.53%。第二，深市共108家国企上市公司披露了扶贫工作情况，占深市国有企业数的24.82%；民营企业有110家披露了相关工作，占深市民营企业数7.21%。造成这种状况的原因可能是，国有企业基于国资监管、行业主管部门的政策驱动以及受到来自社会公众的监督压力，更有动力和压力披露社会责任信息。环境信息方面，由于其披露工作属特定企业的强制性披露，因此，不同产权类型企业披露的情况可视为其在污染行业上的分布，而非企业披露的主动性，本书将不对其披露情况进行单独分析。

2. 规模较大的公司披露比例更高

2017年披露独立社会责任报告的公司平均资产规模为377.10亿元，平均总收入为124.91亿元，均显著高于深市公司的平均水平110.16亿元、41.93亿元。将深市上市公司按照资产规模从低到高分成5组[②]，低资产组披露社责报告的比例最小，为2.31%，而高资产组披露比例最大，为43.36%，并且随着资产的增加，披露比例有明显的增长趋势。精准扶贫信息也服从相似的规律，报告期内，披露精准扶贫信息的上市公司平均资产规模为743亿元，平均总收入165.53亿元；高资产组披露比例最大，共85家披露，占比为39.53%；而低资产规模组披露公司数仅为1家，占比为0.4%。污染企业多属资本密集型行业，资产规模与披露比例也呈现正相关关系。因此，总体而言，规模较大的公司披露比例更高。

3. 金融业和与人民生活密切相关的行业披露比例更高

金融行业18家公司有14家披露了独立的社会责任报告，同时有13家披露了扶贫工作信息，占比均排在深市首位。非金融行业中，与人民生活密切相关的行业披露较为积极。如文教、工美、体育和娱乐用品制造业，酒、饮料和精制茶制造业，房地产业以及各类公共服务生产、服务、管理行业，披露比例排名靠前，反映了上述企业在追求经济效益的同时，也注重社会效益，并通过在生产过程、营销等方面融入社会责任因素，为企业赢得社会好评和更多的顾客。

此外，环境影响较大的行业受到政府监管和舆论监督的压力较大，公司面临更严峻的环境风险和不确定性，在报告期内也积极参与披露工作，向利益相关者披露公司采取的积极措施。如黑色金属冶炼、有色金属冶炼、采矿、造纸、制药业在环保部重点污染企业名录中所占比例较高，

---

① 产权性质分类根据Wind数据库中实际控制人或第一大股东性质判断。国企包括各级国资委、政府部门、公立院校、社会团体以及其他国企控制的企业。非国有企业控制人包括自然人、其他民营企业、投资公司等，后3类家数非常少（正文统称“民营企业”）。2017年深市1958家公司中，有410家国企（占20.94%）以及1548家民营企业（约占79.06%）。

② 将深市1958家公司按照年初总资产从小到大排列，平均分成5组，每组390~392家公司。组1代表最低资产规模组别，组5代表最高资产规模组别。

除积极披露社会责任报告、扶贫信息外，还详尽地披露了其污染排放信息，较好地回应了政府和公众对环境保护的关切。

（三）社会责任信息披露工作成效有所提高

1. 描述性披露信息以及定量绩效指标披露成效有所提高

报告期内，深市公司的社会责任信息公开工作不断稳步向前推进，在描述性披露信息以及定量绩效指标披露上都有所提升。具体来看：

首先，描述性披露信息，即愿景与战略性声明、承担社会责任现状、企业治理结构和管理系统等，在报告期内此类信息企业都给予了较为完整的披露，多数公司还采用加入具体案例，并配以专门表格等直观表现手法展示公司在承担社会责任方面的情况，提高了报告的可读性。如精准扶贫信息，此类信息涉及多个维度，包括产业发展扶贫、转移就业扶贫、教育扶贫、健康扶贫等。通过阅读报告发现，上市公司对精准扶贫工作内容的阐述丰富和细化，不单对自身践行社会责任等情况进行了说明，而且增加了对自身在产业发展扶贫等领域所采取的措施及成效等的介绍，提供了很多有启发性的扶贫措施和实践。

其次，各类定量绩效指标。就过往的情况来看，这类指标披露的比例是最低的。但报告期内，深市上市公司在相关指引的帮助下相对较好地披露了这类数据。如扶贫信息的披露，已披露精准扶贫信息的上市公司按照标准表格，披露了较为详细的定量绩效信息，包括了公司在精准扶贫工作上的总投入、实现的脱贫数，以及在各分项扶贫内容的投入、具体举措和成效情况，能够让投资者很快判断上市公司精准扶贫工作的成效。又如环境信息，报告期内符合强制性披露要求的上市公司，按照指引详尽地记录了其在污染防治、环保参与等方面的进展情况，同时有80家上市公司通过专门表格公布了其在448个污染排放口的污染物排放情况，包括主要污染物及特征污染物的名称、排放方式、排放口数量和分布情况、排放浓度和总量、超标排放情况、执行的污染物排放标准、核定的排放总量，以及防治污染设施的建设和运行情况等环境信息，整体内容翔实、客观，披露质量较高。

2. 工作成效提高的关键因素

深市社会责任信息披露工作成效的提高，一方面，上市公司独立社会责任报告编写水平提升，披露质量不断提高；另一方面，监管机构持续完善社会责任信息公开相关制度，积极引导上市公司做好披露工作。

（1）上市公司独立社会责任报告编写水平提升。《深圳证券交易所上市公司社会责任指引》发布已近11年，上市公司在披露实践中积累了宝贵经验，通过规范化报告的报告编写、直观化的内容展示，提升了披露工作的成效。以信息披露规范化为例，报告期内单独披露了社会责任报告的315家深市公司中，268家参照国内外的指引、标准开展报告的编制工作，其中，交易所指引是公司编制社会责任报告的最主要依据。此外，社会责任国家标准《社会责任报告编写指南》、中国社科院的《中国企业社会责任报告编制指南》等国内标准；如 GRI 和 SA8000、ISO26000 等国际标准也成为公司编制报告的重要参考依据。据统计，分别有 48 家、63 家公司采用了上述标准，在一定程度上进一步提高了其社会责任报告的规范化程度。

（2）深交所持续完善相关制度规定，引导上市公司做好披露工作。报告期内，深交所继续完善社会责任信息公开相关制度，在现有的社会责任报告披露体系的基础上，加入了扶贫信息、强制性环境信息披露制度，让社会责任信息公开相关制度规定更加全面、具体和细化。具体来说，交易所为上市公司的扶贫信息披露、重点排污单位环境信息披露提供了相关指引和制式表格①，除要求上市公司定性地描述扶贫及环境治理信息外，还要求上市公司用数字说话，详细填报上市公司年度精准扶贫工作情况、污染物排放情况。以精准扶贫信息披露为例，目前深交所的相关指引对精准扶贫规划、年度精准扶贫概要、精准扶贫成效以及后续精准扶贫计划，四个方面予以规范和引导；对应的年度精准扶贫工作情况统计表，包括三大项以及二十八小项，较好地覆盖了精准脱贫的各项工作。

二、社会责任信息披露尚存在的不足与难点

尽管社责信息披露在总量和质量上都有所提高，但与监管者和投资者对于社会责任信息的需求存在差距，有以下 4 个方面难点尚待突破：

（一）整体披露比例偏低，披露主体特征明显，基础性信息披露不全

深市社会责任信息披露仍以自愿性披露为主，强制性披露为辅。在缺乏相关激励机制的情况下，公司自愿披露水平偏低，披露比例相较过去并没有明显提高。此外，目前深市社会责任信息的披露工作存在明显的公司和行业特征，国企、大公司为披露主体，其中又多分布于金融行业等行业之中。而企业的社会责任是其对社会应负的责任，上市公司应以一种有利于社会的方式进行经营和管理，相关信息的披露则是公众了解、监督企业的重要渠道。而披露比例较低让这一渠道的作用难以发挥。

（二）独立社会责任报告的披露标准还需进一步完善

从披露的内容来看，企业社会信息披露的内容可分为描述性披露信息和绩效指标两部分。对于社会责任报告，企业在编制过程中会涉及股东和债权人、职工、供应商、客户和消费者，环境保护与可持续发展以及公共关系和社会公益事业等 5 个方面的内容。由于我国企业缺乏系统的社会责任管理体系，同时现有的社会责任报告披露规范还较为粗略，对企业社会影响

① 参见《关于完善上市公司扶贫工作信息披露的通知》。

和相关绩效缺乏有效的量化标准。因此，单独披露的社会责任报告还是以描述性披露信息为主，且披露的信息量较小，形式不一，内容较为分散，不便于信息使用者进行分析和比较。

（三）有的公司宣传色彩过于浓重，实质性信息披露不足

在目前自愿披露为主的披露体系下，社会责任信息宣传色彩过于浓重，实质性信息披露相对不足。首先，在实际披露过程中，部分公司直接将大量获奖和评优项目的各类证书的照片粘贴至报告中，而不注重计量和披露这些活动和项目的社会影响和经济绩效，偏离了社会责任信息披露的基本轨道。其次，披露主体普遍倾向于披露有利于自身的信息，不会或较少披露不利于该主体的信息。最后，披露公司很少客观分析自身的不足，有些公司承认目前存在一定差距，但鲜有提到改进措施和具体时间安排。

（四）缺乏对社会责任信息的第三方审验机制

对社会责任信息实施独立第三方审验是确保报告内容的客观性和可靠性，这对增加社会责任信息的价值十分重要。然而，目前市场对于社会责任信息的关注度较低，第三方审验需求不大；同时市场上无统一的审验标准和流程指引，市场认可不高。因此，虽然深市公司社会责任信息披露不断增加，但是只有为数不多的公司披露的社会责任信息引入了外部监督机制。

2016年海外股票市场基本情况

一、全球

（一）2016年全球经济增长情况

2016年是全球政治动荡不安的一年，全球经济在黑天鹅事件频出的背景下挣扎复苏。经济低速增长，贸易保护主义有所抬头，金融市场逐渐好转，大宗商品价格持续回升。发达国家经济发展态势更胜一筹，新兴经济体经济增速有所分化，全球经济整体企稳向好，复苏趋势显著。

2016年也是各经济体表现各异的一年。发达国家经济整体发展态势好于发展中国家，其中英国受脱欧政策影响，发展状况与其他发达国家相反，自2016年下半年开始呈现下滑态势。新兴市场国家中，印度始终保持较高的发展速度，成为国际经济发展的强心剂；中国2016年经济发展多次表现弱于预期。

1. 经济增速低速企稳

2016年，全球GDP增长率3.21%，较2015年上升0.01个百分点。发达经济体——美国、日本、欧元区的GDP增长率变化参差不齐，美国、英国、法国有所回落，其他发达经济体小幅上涨。整个新兴经济体的增长率总体继续呈现小幅走低的态势，极少数发展中国家经济增长有所增加，世界各国经济增速变动幅度较小，新兴经济体经济增长率的总体走低没有对全球经济增长带来拖累，全球经济总体略有回升。

2. 通货膨胀率变动发生分化

2016年，三大经济体美国、日本和欧元区通货膨胀率震荡上行，美国自2016年年初起开始摆脱2015年的通缩压力，日本和欧元区在前三季度总体延续了2015年的通缩状态，自第四季度起有所回转。新兴经济体通胀率2016年全年整体呈下降趋势，个别国家有所上升，与各国经济发展状况相一致。2016年，日本和欧元区采取了宽松的货币政策，在通胀水平缓慢回调的同时，一定程度上缓解了新兴市场国家的资本外流压力。

3. 三大经济体就业形势向好

2016年底，据Wind数据显示，美国、日本、欧元区失业率分别为4.7%、2.9%、9.7%。分月看，年内三大经济体失业率呈现相似的震荡下行态势，就业状况逐渐好转。

4. 国际贸易低迷状态改善

2016年国际贸易延续了2015年负增长的发展态势，但是相对于2015年状况略有好转。全球经济复苏态势明显，各项经济指标和2015年的普遍低迷状态不同，经济表现企稳向好，大宗商品价格逐渐回

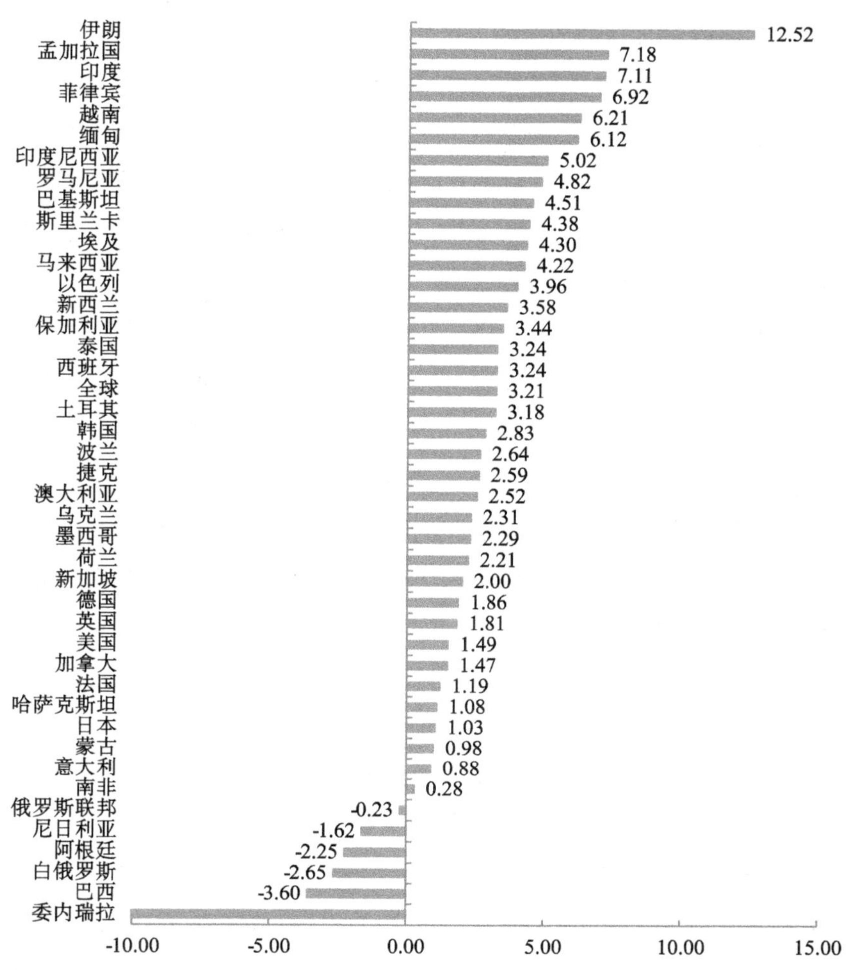

资料来源：Wind资讯。

图1　全球主要经济体GDP增速

调。贸易保护主义虽有所抬头，但贸易状况仍有改善。

5. 投资活动向好

根据联合国贸发会议的统计，2016年全球FDI规模1.75万亿美元，较2015年1.77万亿美元有所下降，在各国呼吁经济贸易自由化的同时，贸易保护主义仍有所抬头。FDI流量集中在并购领域，其中发展中国家收购量占比较大。从FDI流入地区来看，流入发达国家的资金占比从55.47%上涨到59.11%，而发展中国家占比相对下降，一定程度上与经济发展状况相一致。其中流入美国的FDI流量远高于流入其他国家的流量，达到3911亿美元。中国大陆在2016年FDI流量超过中国香港地区位居第二，流量值为1337亿美元，中国香港地区位居第三，流量值为1081亿美元。

6. 金融市场逐渐好转

2016年，全球股市逐渐走出低迷态势，发达国家和发展中国家走势有所分化，发达国家相对新兴市场国家而言涨幅较大，部分发展中国家股指略有下降。政治因素为经济带来的不确定性在股市中表现得并不明显，全球股市整体企稳好转。

7. 大宗商品价格回暖

2016 年，国际市场大宗商品价格总体走升。2016 年，能源价格比 2015 年上涨 15.9%，原油价格基本涨回 2015 年暴跌前的水平。非能源中，农产品价格表现参差不齐，总体价格上涨 1.76%，玉米、小麦价格略有下降。金属价格整体呈上升态势，其中，黄金价格较 2015 年上涨 8.14%。大宗商品回暖一定程度上体现了全球经济逐渐复苏的发展态势。

（二）2016 年全球股市情况

2016 年全球股市总市值较 2015 年略有下滑（见图 2）。全球不同国家股市表现略有分化。纵观全年，巴西股市涨幅居前，中国和欧洲在全球主要经济体股市好转时表现不佳，发达国家表现更胜一筹。

2016 年全球主要股指走势企稳，新兴市场国家表现更胜一筹。涵盖发达国家市场和新兴国家市场的 MSCI 全球指数在 2016 年表现较为稳健，年初逐渐走低，而后平稳上行，涨幅为 5.63%，MSCI 新兴市场指数和发达市场指数呈现同样的小幅平稳增长态势，涨幅分别为 8.58% 和 5.32%。

2016 年全球股市表现参差不齐，部分股指上涨幅度较大，如巴西；部分股指有所下跌，但总体较 2015 年相对好转。就具体指数来看，上证综指全年跌幅 12.31%，恒生指数小幅上涨 0.39%，富时新加坡 STI 指数下跌 0.07%，圣保罗 IBOVESPA 指数上涨 38.93%，日经 225 指数总体上涨 0.42%，德国 DAX 指数上涨 6.87%，欧洲斯托克 50 指数跌幅为 2.89%，标普 500 指数上涨 9.54%。

日本和欧元区采取宽松的货币政策，以拉动经济增长，但股市表现仍不尽人意。英国脱欧和美国大选的黑天鹅事件没有对股市带来巨大冲击，全球市场反应淡定。

1. 主要发达国家中，美国表现惹眼

2016 年，美国股指，道琼斯工业指数上涨 13.42%，标普 500 指数上涨 9.54%；亚太市场中，日经 225 指数上涨 0.42%。而欧洲斯托克 50 指数跌幅为 2.89%，德国法兰克福指数涨幅 6.87%，法国 CAC40 指数涨幅为 4.86%，意大利 ITLMS 指数下跌，跌幅达 9.9%。

2. 新兴市场表现略有分化

2016 年，随着全球经济逐渐走出低迷状态，发展中国家股指表现与各国基本面相一致，各国股指表现不一。上证综指下跌 12.31%，MSCI 哈萨克斯坦指数上涨 6.72%。另有一些发展中国家股指涨幅居前，巴西圣保罗 IBOVESPA 指数上涨 38.93%，乌克兰股票指数上涨 16.04%，埃及 CMA 指数上涨 22.38%。

二、美国

（一）2016 年美国经济增长情况

2016 年，美国经济自年初起延续

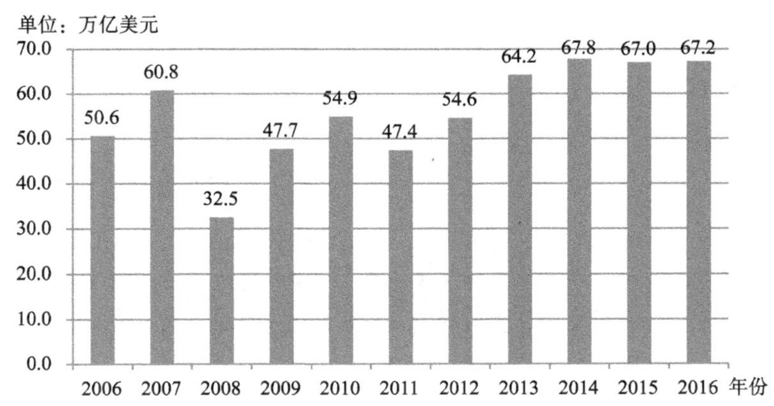

资料来源：世界交易所联合会。

图 2　全球股市总市值

2015 年的下滑趋势，年中开始回升，年末经济状况好于年初。国内方面，美国 GDP 增速较 2015 年有所降低，通胀水平保持稳中有升，2015 年的通缩压力逐渐缓解，核心 CPI 在健康水平上保持稳健；就业状况不断改善，失业率逐年降低。国际方面，美国年中仅加息一次，下半年起美元强势回归，带来黄金的逐渐走弱，同时大宗商品价格低位复苏；美国大选落下帷幕，精英阶层强烈抵制，但全球投机与避险情绪持续时间相对较短，世界经济仍是向好发展。

1. *经济增长逐渐好转*

2016 年，美国经济增长逐渐走出低迷状态。全年实际 GDP 增长率为 1.5%，与 2015 年相比有明显回落，但全年经济发展路径是先降后升。美国商务部公布的美国 2016 年 4 个季度的 GDP 不变价环比折年率分别为 0.6%、2.2%、2.8%、1.8%。美联储在 2016 年只加息了一次，带来美元的强势回升，下半年起到 2016 年年末，美元走强态势显著。美国消费者信心指数相对于 2015 年虽然有所下降，但是年末出现反弹，美国大选结果没有对经济增长带来影响，也体现了市场对经济持续复苏的信心。

2. *物价指数震荡回升*

2016 年美国物价指数相对于 2015 年同期有所上升，CPI 同比先是有所下降而后逐渐回升，核心 CPI 同比连续多年保持稳定，2016 年较 2015 年保持在更为健康的水平上。2016 年，原油现货价格一改 2015 年的下行走势，全年由 30.7 美元/桶上升到 53.59 美元/桶。食品价格全年保持稳健下行态势，1 月食品 CPI 同比增长 0.8%，12 月同比增速下降到 –0.2%。CPI 指数从 1 月的 236.92 涨至 12 月的 241.43（见图 3）。

3. 就业情况不断改善

2016 年美国就业情况整体向好，全年失业率延续 2015 年的下降趋势，从 1 月的 4.9% 下降到 12 月的 4.7%。其中，新增非农就业人数全年维持较高水平，在 2016 年 5 月处于全年最低水平，为 34 万人，但相较过去失业人数始终增加的状况有所改善，在 2016 年 7 月增加的非农就业人数达到顶峰，有 325 万人次（见图 4）。

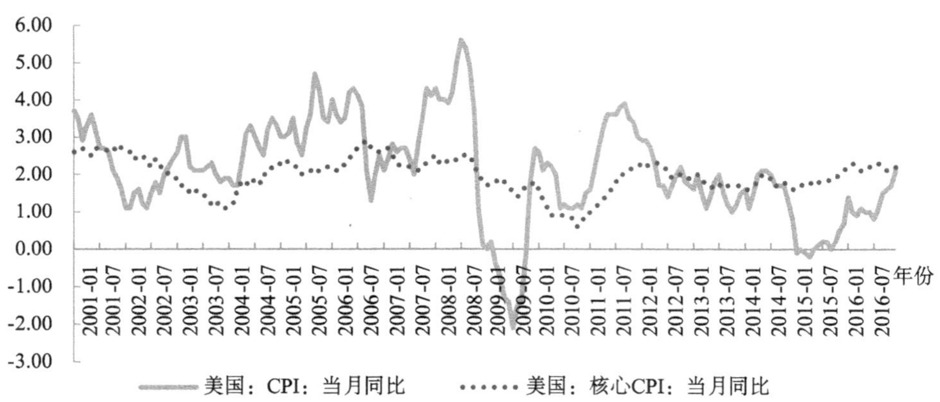

资料来源：Wind 资讯。

图 3　美国通胀情况（%）

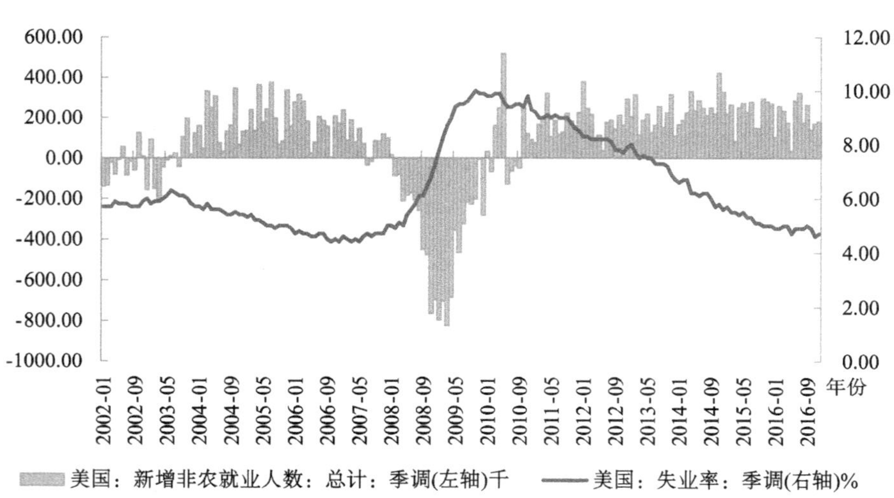

资料来源：Wind 资讯。

图 4　美国就业情况

（二）2016 年美国三大股指走势

2016 年美国三大股票指数均呈现震荡上行的走势。截至 2016 年 12 月 30 日，道琼斯指数报收 19762.60，较 2015 年 12 月 31 日的 17425.03 上升 13.42%。标准普尔 500 指数报收 2238.83，较 2015 年 12 月 31 日的 2043.94 上升 9.54%。据 Wind 数据显示，纳斯达克指数报收 5383.12，较 2015 年 12 月 31 日上升 7.5%（见图 5、图 6 和图 7）。

（三）2016 年美国股票市值及占比情况

美国股票 2016 年总市值相比 2015 年有所上升，由 2015 年的 23.5 上升至 28.8 万亿美元，美国股票市场总市值全球占比小幅下降。由 2015 年的 36.47% 降至 36.14%（见图 8）。

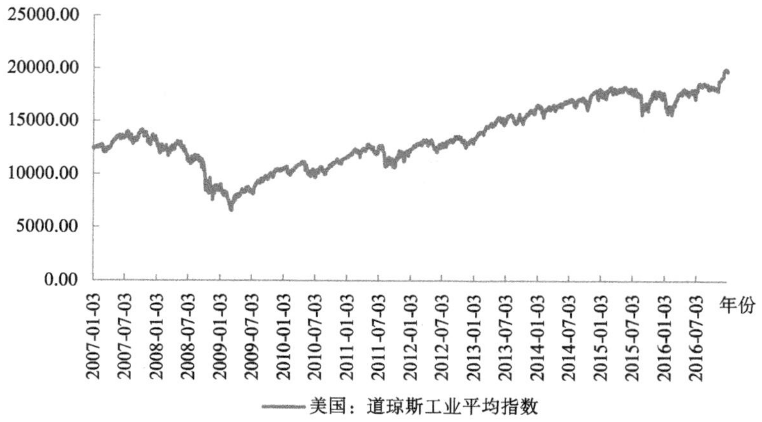

资料来源：Wind 资讯。

图 5　美国道琼斯指数

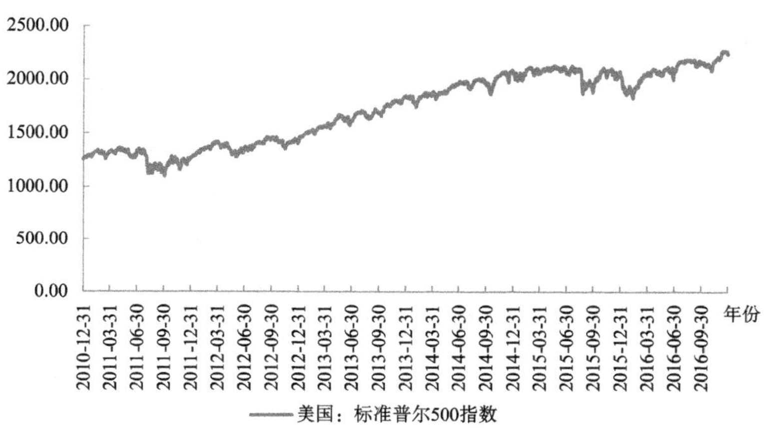

资料来源：Wind 资讯。

图 6　美国标普 500 指数

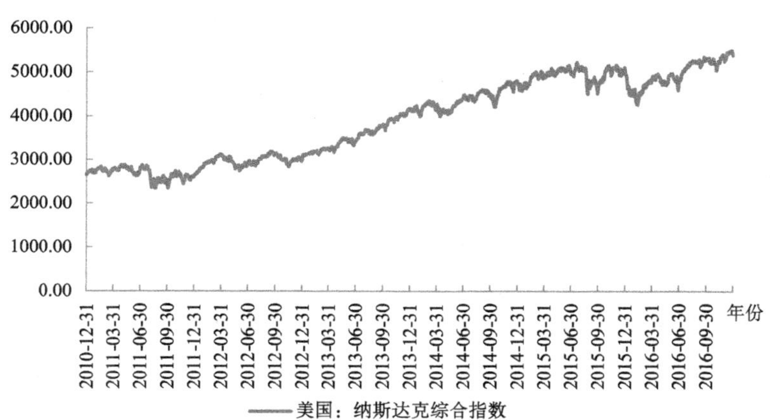

资料来源：Wind 资讯。

图 7　美国纳斯达克综合指数

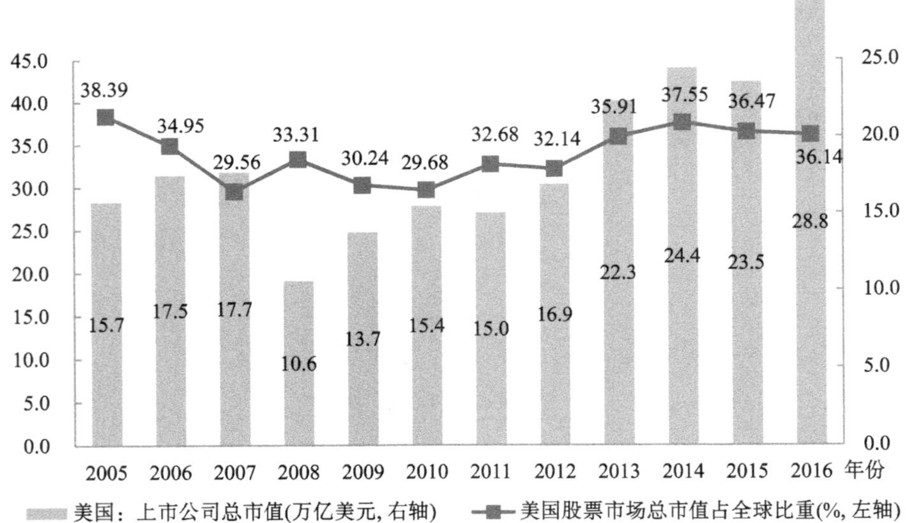

资料来源：Bloomberg。

图 8　美国股票总市值

三、欧元区

（一）2016 年欧元区经济增长情况

1. 经济弱势调整

2016 年，欧洲经济整体状况较好，经济增长先是增速回落而后逐渐回暖。总体来看，2016 年欧元区 4 个季度环比增长率分别为 0.5%、0.4%、0.4%、0.7%。分国家来看，2016 年德国经济发展与欧元区整体发展同步，经济状况较 2015 年略有改善，GDP 不变价同比增长 1.86%，德国经济增长主要受内需和投资推动，欧元区经济因英国脱欧而有所衰落，再加上全球经济弱复苏，因而德国出口对经济的促进作用不大。法国 GDP 不变价同比增长 1.20%，较 2015 年的 1.10% 略有上升，4 个季度环比增长率为 0.57%、-0.06%、0.13%、0.53%，法国 2016 年存贷款利率有所下降，对经济或有一定刺激推动作用。意大利 GDP 不变价同比增长 0.88%，较 2015 年 0.76% 的增长有所好转，4 个季度环比增长率分别为 0.28%、0.11%、0.20%、0.44%，受难民潮影响，CETA 协议要求的贸易开放无法实现，加重了意大利经济阴霾（见图 9 和图 10）。

总体而言，欧元区经济受英国脱欧以及难民危机等问题的影响，成员间团结较弱，影响贸易发展，带来欧盟整体的弱势发展。欧元区主要经济体中，德国仍是经济发展的领头羊。

2. 物价指数有所增长

2016 年，欧元区采取宽松的货币政策，用负利率政策刺激经济，推动通胀水平摆脱通缩压力。2016 年欧元区调和 CPI 同比增长有 3 个月为负，分别为 -0.2%、-0.2%、-0.1%，通缩压力尽显，而后增长率略大于零，在 12 月突破 1% 达

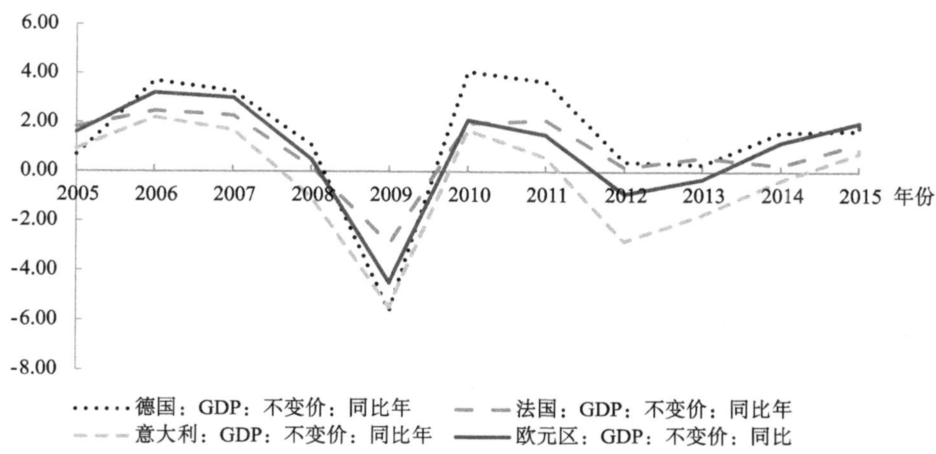

资料来源：Wind 资讯。

图 9　欧洲三大经济体经济增长情况

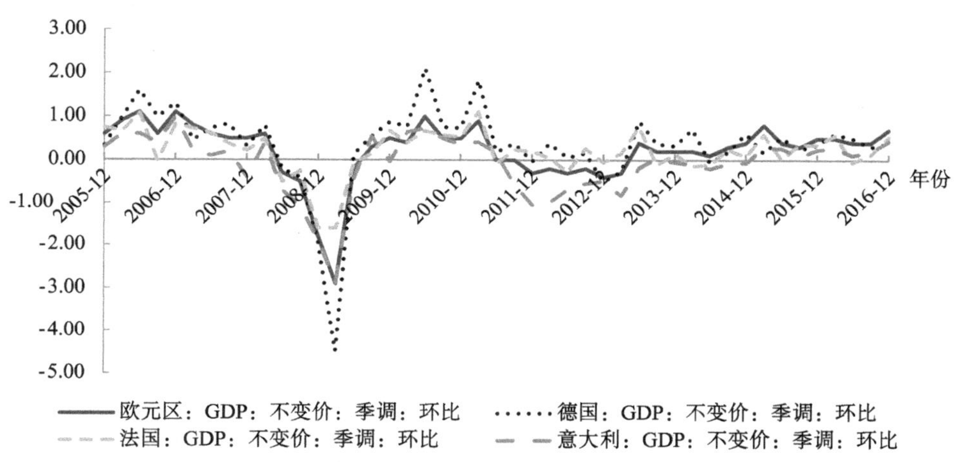

资料来源：Wind 资讯。

图 10　欧元区及主要国家经济环比增长情况

1.1%。意大利、德国和法国物价指数变化态势相似，先是延续 2015 年的低水平，而后回暖，各月 CPI 变化基本保持低于 1% 的水平。其中经济增长最为乏力的意大利，CPI 连续数月增长为负，通缩态势明显，年底稍有改善，12 月达到 0.5%（见图 11）。

3. 就业状况好转

2016 年，欧元区整体就业状况逐渐改善，失业率稳步走低，到 2016 年 12 月，季调失业率降到 9.7%，虽有所下降，但仍旧处于较高水平。分具体国家来看，德国失业率在欧元区主要国家中处于相对较低的水平，始终保持逐渐下降的发展态势，2016 年 12 月，德国的调和失业率为 3.9%。相较而言，法国的失业率水平虽然同样保持下降趋势，但整体水平相对较高，在 12 月份的失业率为 9.9%。意大利失业率水平近年来始终高于欧元区整体失业率，2016 年全年保持高位震荡，在 2016 年 12 月达到 11.8%（见图 12）。

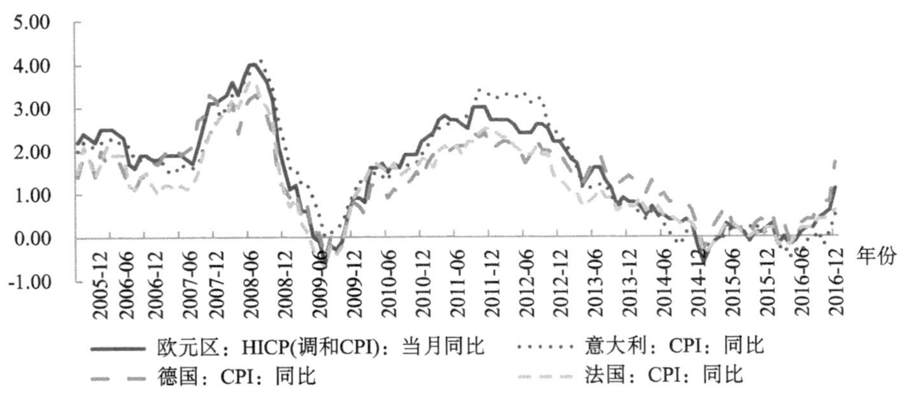

资料来源：Wind 资讯。

图 11 欧元区及主要国家 CPI 同比增长情况（%）

2016 年，难民潮对欧洲经济发展带来较大问题，同时欧元区福利政策问题仍然存在，如果各国进行经济结构调整，短期内必会影响经济发展进而打击本就高企的失业率。

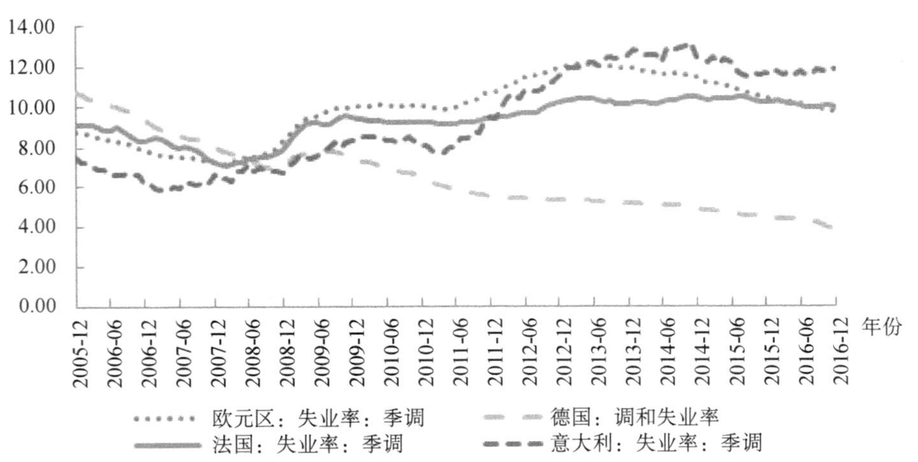

资料来源：Wind 资讯。

图 12 欧元区及主要国家失业率

（二）2016 年欧元区主要国家股指走势

2016 年，欧洲股指表现与基本面相一致，具体来看，德国法兰克福指数由 2015 年年底的 10743.01 点升至 2016 年年底 11481.06 点，涨幅 6.87%。法国 CAC40 指数由 2015 年年底的 4637.06 点升至 2016 年年底 4862.31 点，涨幅 4.86%。意大利 ITLMS 指数由 2015 年年底的 23235.76 点跌至 2016 年年底的 20936.48 点，跌幅 9.9%。各国股指涨跌与各自的经济状况相一致，意大利表现最为疲弱（见图 13）。

德国法兰克福 DAX 指数的权重股包

括费森尤斯集团、阿迪达斯、巴斯夫欧洲、拜耳等；法国 CAC40 指数的权重股包括 LAFARGEHOLCIM - RE、雅高、法国液空集团、空中客车等；意大利指数的权重股包括 MONCLER SPA、A2A 公司、阿兹慕、BANCA GENERALI SPA 等。

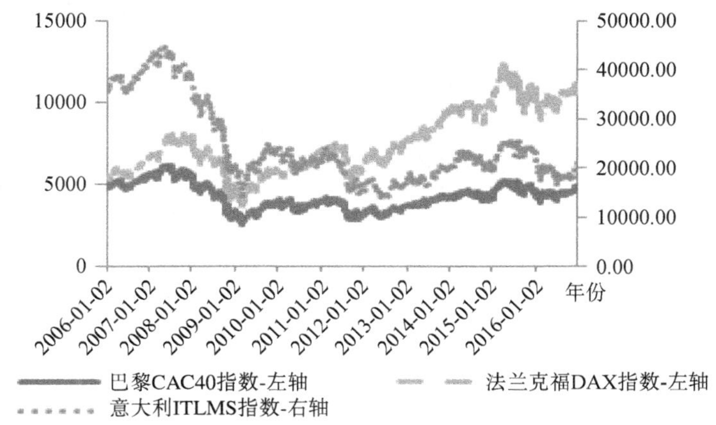

资料来源：Wind 资讯。

图 13　欧元区主要国家股指走势

（三）2016 年欧元区主要国家股票市值及全球占比情况

2016 年 12 月 31 日，德国股票总市值为 2.39 万亿美元，占全球总市值的 3.8%，比 2015 年有显著上涨（见图 14）。法国股票总市值为 2.55 万亿美元，占全球总市值的 3.20%，与 2015 年相比有所升高（见图 15）。意大利股票总市值为 0.74 万亿美元，占全球总市值的 0.93%（见图 16）。三大经济体股市市值变化基本符合经济基本面的走势规律。

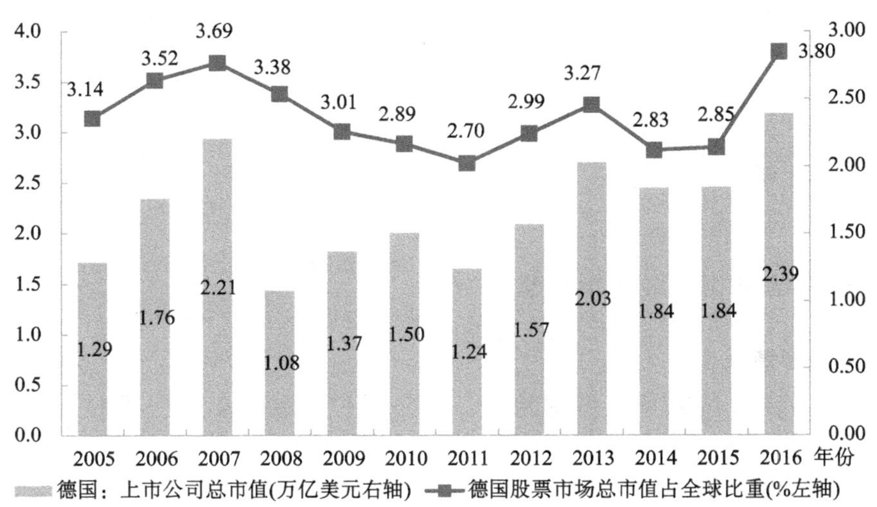

资料来源：Bloomberg。

图 14　德国股票总市值及其占全球比重

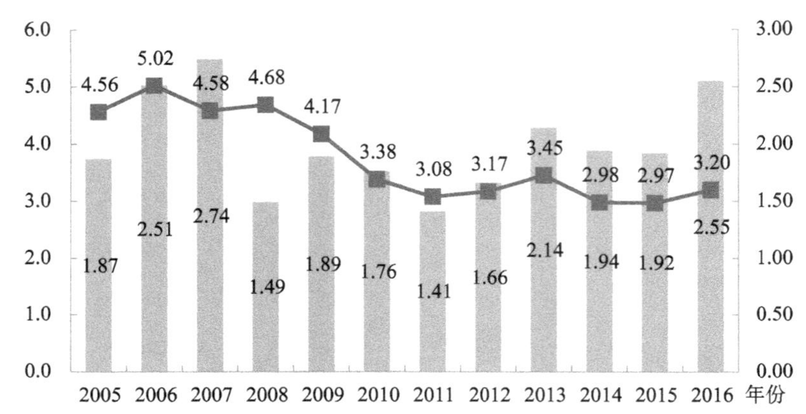

资料来源：Bloomberg。

图 15　法国股票总市值及其占全球比重

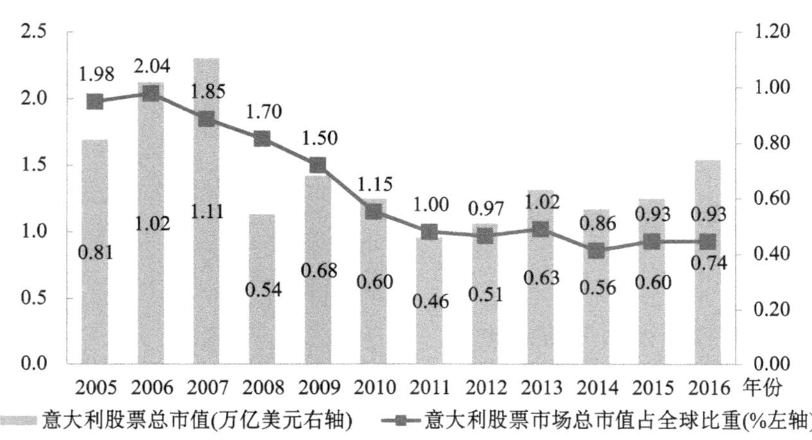

资料来源：Bloomberg。

图 16　意大利股票总市值及其占全球比重

四、金砖国家

（一）2016 年金砖国家经济增长情况

1. 经济增长普遍疲软

2016 年，金砖国家中除了印度保持较高水平的正增长外，其他国家都经历了负增长的过程，巴西甚至经历了持续全年的负增长。分国家来看，巴西 4 个季度的 GDP 同比增速分别为 -5.25%、-3.40%、-2.68%、-2.49%，为了振兴经济，巴西于 10 月份进行了自 2012 年以来的首次降息，2016 年巴西举办奥运会，其附加经济价值对于阻止经济颓势仍旧是杯水车薪。南非 4 个季度的 GDP 同比增速分别为 -0.61%、0.34%、0.67%、0.69%，经济增长问题多年来积重难返，人才流失对南非经济发展打击极大，医生护士的移民问题也导致医疗卫生条件改善缓慢，经常账户赤字增加和支出放缓也同样显示出其经济的低迷状态。印度 4 个季度的 GDP 同比增速分别为 9.03%、7.92%、7.53%、6.97%，印度经济始终是世界经济发展的一大亮点，只是 2016 年民间投资有所萎缩，印度大力发展电子支付经济，在现金短缺、经济动荡的情况下始终维持利率不改变，另外印度年底执行的废钞令短期内为经济带来一定的冲击。俄罗斯 4 个季度的 GDP 同比增速分别为 -0.40%、-0.50%、-0.40%、0.30%，原油价格有所上涨对其经济拉动作用较大。具体如图 17 所示。

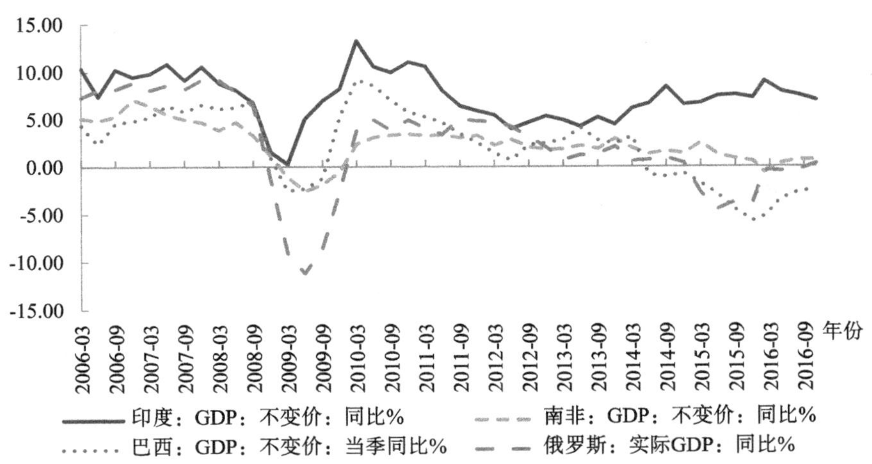

资料来源：Wind 资讯。

图 17　金砖国家经济增长情况（%）

2. 物价指数普遍回落

2016 年，金砖国家整体物价指数相对于 2016 年有所回落，除南非通胀水平持续恶化外，其他国家通胀状况都有改善。分国家来看，俄罗斯 CPI 同比由 2015 年年底的 12.90% 降至 2016 年 1 月的 9.8%，此后逐渐下降到 12 月的 5.4%。南非 CPI 走势同其他国家并不相同，从 2016 年 1 月的 6.20% 震荡上行至 12 月的 7.07%，通胀状况恶化。巴西 CPI 同样呈下行趋势，从 2016 年 1 月的 10.71% 逐渐下行至 12 月的 6.29%。印度 CPI 从 2016 年 1 月的 5.91% 先是震荡上行至年中高位 6.59% 随后下降至年末的 2.23%，达到较为健康的通胀水平。对金砖国家而言，“稳增长防通胀”仍是任重道远（见图 18）。

3. 就业市场表现较为稳定，与经济状况相适应

2016 年，金砖四国各自就业市场比其经济状况表现更佳。分国家来看，巴西就业水平指数于 2016 年有所上升。俄罗斯失业率近年来相对稳定，2016 年较 2015 年有所回落，8 月降至最低点 5.2%。而后回升至 12 月的 5.3%。南非失业率较前几年有所上涨，第四季度稍有下降，四个季度失业率分别是 26.7%、26.6%、27.1%、26.5%，失业水平始终处于金砖国家中的高水平，在全球经济向好、失业率走低的背景下，就业形势不容乐观。

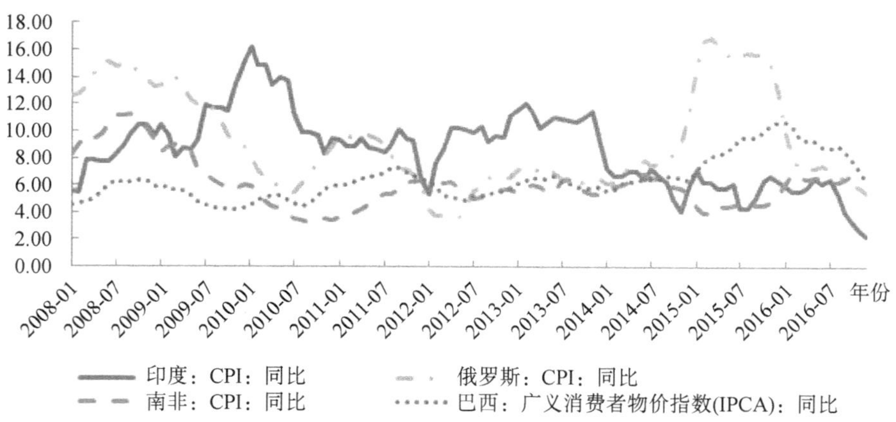

资料来源：Wind 资讯。

图 18 金砖国家通胀情况（%）

（二）2016 年金砖国家股指走势

2016 年，金砖国家股指表现相对一致，总体呈现上涨态势，除俄罗斯股指涨幅较小外，其他金砖国家涨幅普遍较高。上证综指在 2016 年 1 月大幅下跌，延续 2015 年低迷状态，而后稳中有升，但全年总体表现不佳，跌幅为 12.31%，从 2015 年年底的 3539.18 点跌至 2016 年年底的 3103.64 点（见图 19）。巴西圣保罗 IBOVESPA 指数自 2016 年年初有所下跌，跌至全年低位 37046.07 点，而后逐渐上行，5 月、11 月有所下降，全年总体从 2015 年年底的 43349.96 点上涨至 2016 年年底的 60227.29 点，涨幅为 38.93%。富时/JSE 南非综合指数总体呈现大幅震荡的发展态势，先是震荡上行，自 9 月起有所回落，全年略有降低，从 2015 年年底的 50693.76 点跌至 2016 年年底的 50653.54 点（见图 20）。印度孟买指数 2016 年初延续了 2015 年的低迷态势，触及最低点 22494.61 后反弹回升，从 2015 年年底的 26117.54 点上涨至 2016 年年底的 26626.46 点，涨幅为 1.95%（见图 21）。

俄罗斯 RTS 指数的权重股包括 ROSTELEKOM PAO、SISTEMA JSFC、AK Alrosa、BASHNEFT、Bashneft Pao - Pref、SEVERSTAL PAO、DIXY、FEDERAL GRID、GAZPROM、NORILSK NICKEL。巴西圣保罗交易所指数的前五大权重股包括 IGUATEMI、AMBEV SA、BRADESCO SA、BRADESCO SA - PREF、BB SEGURIDADE PA。印度孟买 Sensex30 指数的主要权重股包括 ITC、HDFC、REDY、HDFC BANK、HEROMOTOCO。

（三）2016 年金砖国家股票市值及全球占比情况

2016 年 12 月 31 日，印度股票市场总市值为 2.15 万亿美元，全球占比 2.69%，较 2015 年的 2.35% 上涨 0.34 个百分点；巴西股票市场总市值 0.99 万亿美元，占全球比重为 1.25%，较 2015 年有较大幅度提升，和经济基本面的颓势相反；俄罗

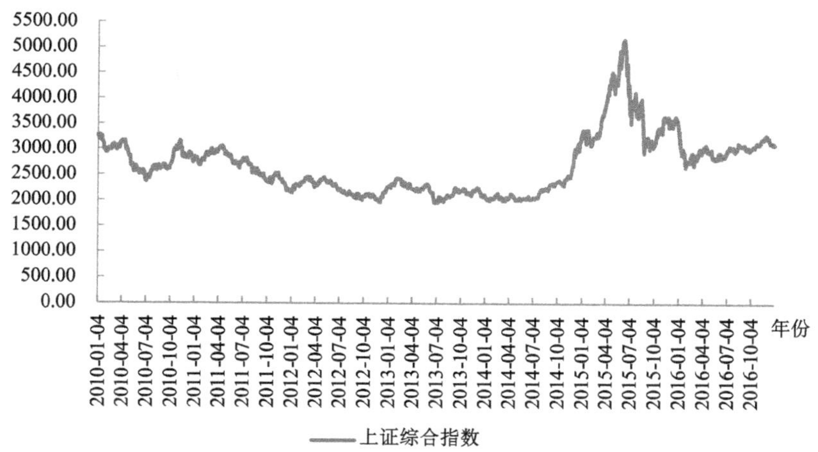

资料来源：Wind 资讯。

图 19　中国上证综合指数走势

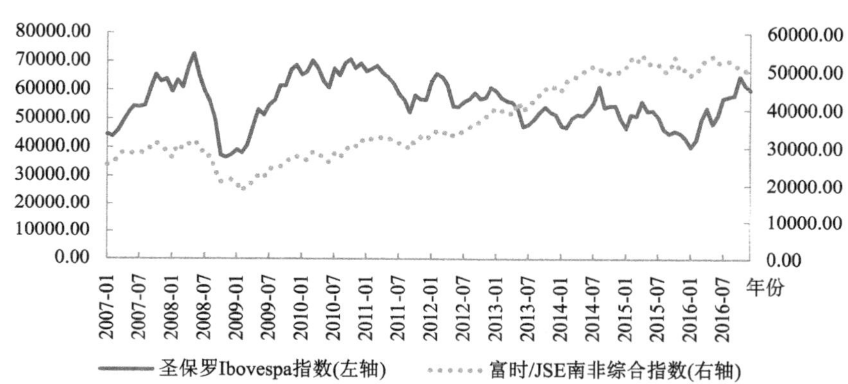

资料来源：Wind 资讯。

图 20　巴西圣保罗交易所指数和富时/JSE 南非综合指数走势

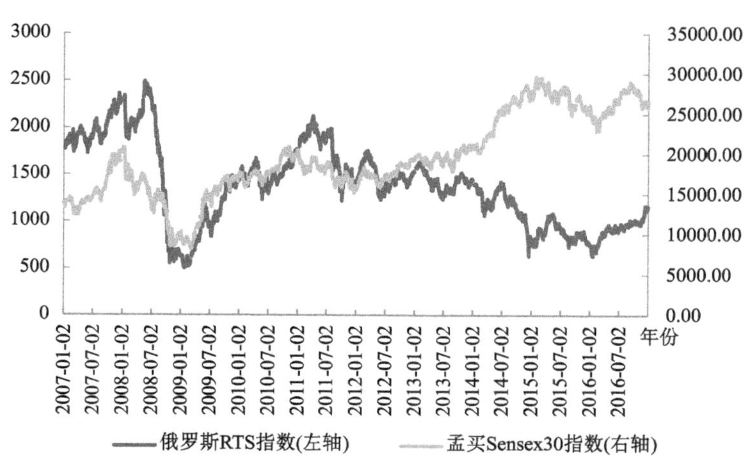

资料来源：Wind 资讯。

图 21　孟买 Sensex30 和俄罗斯 RTS 指数走势

斯股票市场总市值0.64万亿美元，占全球比重0.81%，较2016年0.39%有较大上涨；南非股票市场总市值0.59万亿美元，占全球比重0.74%，较2015年的0.55%提升0.19个百分点。具体如图22至图26所示。

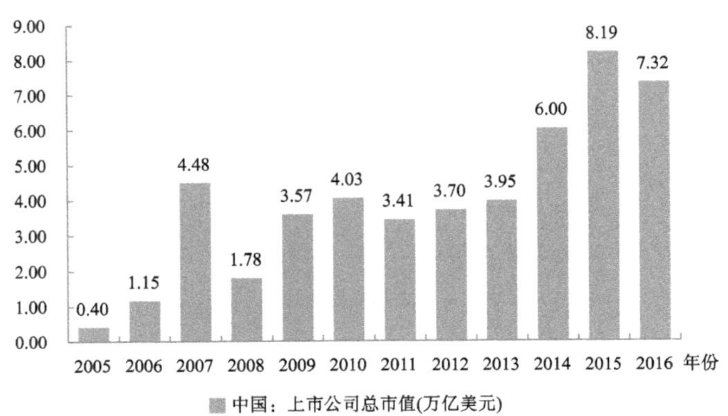

资料来源：Wind资讯。

图22　中国上市公司总市值（单位：万亿美元）

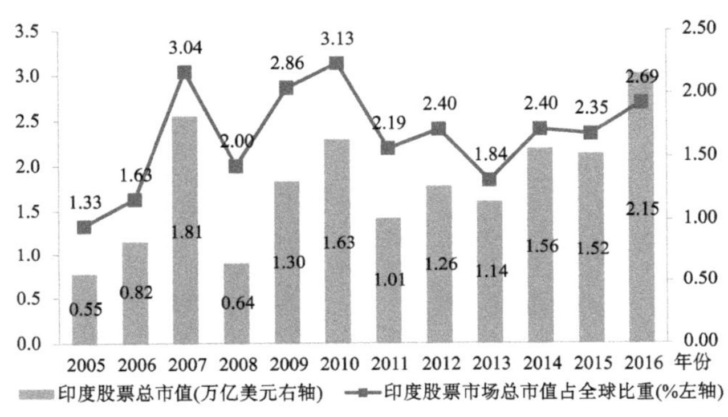

资料来源：Bloomberg。

图23　印度股票总市值及占全球比重

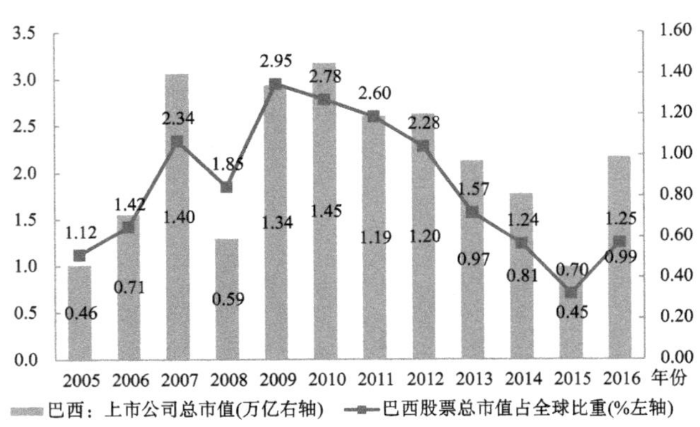

资料来源：Bloomberg。

图24　巴西股票总市值及占全球比重

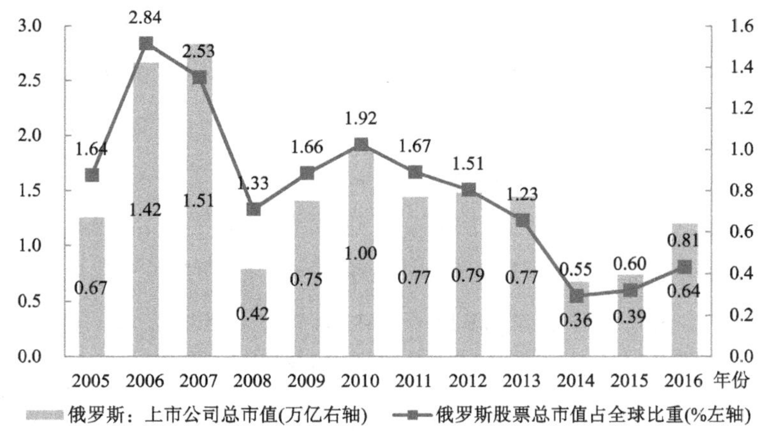

资料来源：Bloomberg。

图 25　俄罗斯股票总市值及占全球比重

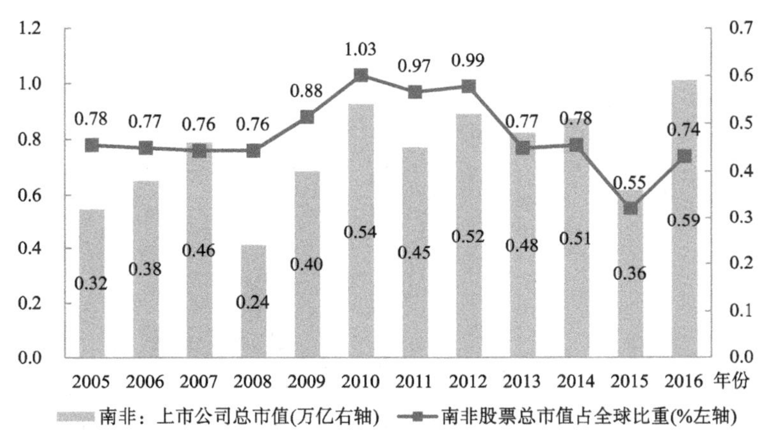

资料来源：Bloomberg。

图 26　南非股票总市值及占全球比重

五、亚洲主要国家和地区

(一) 2016 年亚洲主要国家和地区经济增长情况

1. 经济增长态势良好

2016 年中国香港和中国台湾地区经济增长从低迷发展中逐渐复苏。作为全球最自由经济体，2016 年 4 个季度，中国香港地区 GDP 同比增速分别为 1.0%、1.8%、2.0%、3.2%。2016 年台湾地区 GDP 同比增速分别为 -0.3%、1.01%、2.04%、2.77%，经济发展状况逐渐好转（见图 27）。2016 年我国周边国家经济普遍较好增长。分国家来看，2016 年日本 GDP 同比增速为 1.2%，为促进经济增长，日本采取了宽松的货币政策和大规模财政刺激政策。韩国总统弹劾案使得经济不确定性增加，但同时实行宽松的宏观经济政策，以此推动经济增长，韩国 2016 年经济同比增速为 2.8%，较 2015 年的

2.61%有所回升，季度 GDP 同比增速分别为 2.90%、3.41%、2.60%、2.41%（见图 28）。新加坡经济增速回升，增长主要依靠制造业复苏，服务业增长放缓，建筑业也出现疲软，2016 年 4 个季度同比增速分别为 2.1%、2.0%、1.7%、3.7%，全年 GDP 增长为 2.4%，较 2015 年 2.24%的经济增长略有上涨。泰国在民间消费不足以带动经济增长时，主要依靠出口和民间投资来推动经济发展，全年经济增速达到 3.3%，比 2015 年增长 0.3 个百分点，4 个季度 GDP 增速分别为 3.4%、3.6%、3.1%、3%。马来西亚数字经济背靠中国获得较大发展，作为中国商品的转运站，其经济增长受中国经济影响较大，全年经济增速达到 4.22%，4 个季度经济增速分别为 4.05%、3.95%、4.31%、4.53%。印度尼西亚 2016 年经济增速为 5.02%，较 2015 年的 4.88%略微上涨，2016 年 4 个季度 GDP 同比增速分别为 4.94%、5.21%、5.03%、4.94%。具体如图 29 所示。

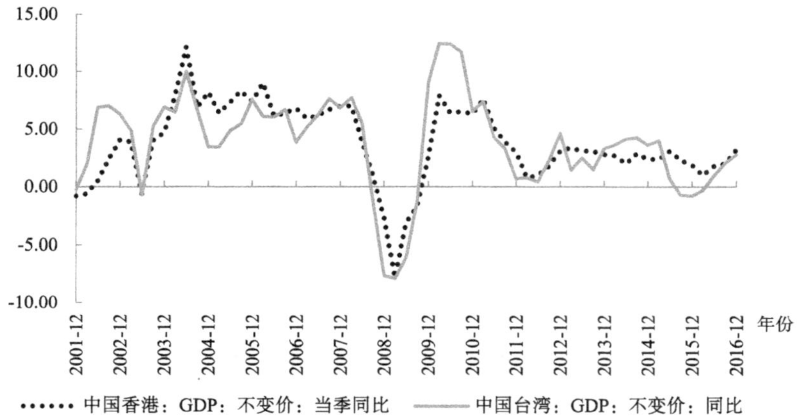

资料来源：Wind 资讯。

图 27　中国香港和台湾地区经济增长情况（%）

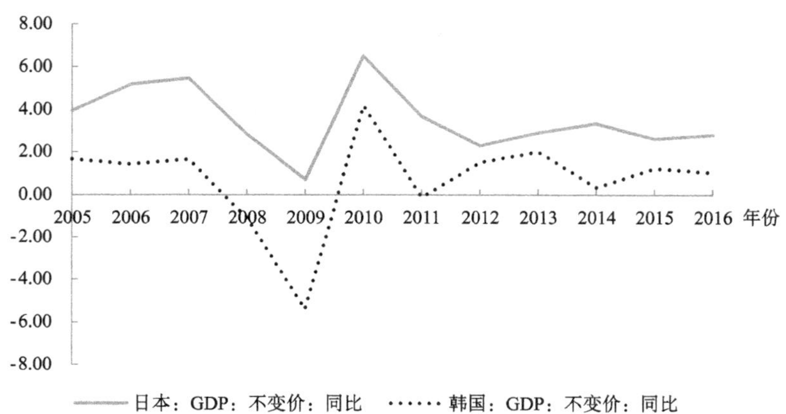

资料来源：Wind 资讯。

图 28　日本和韩国经济增长情况（%）

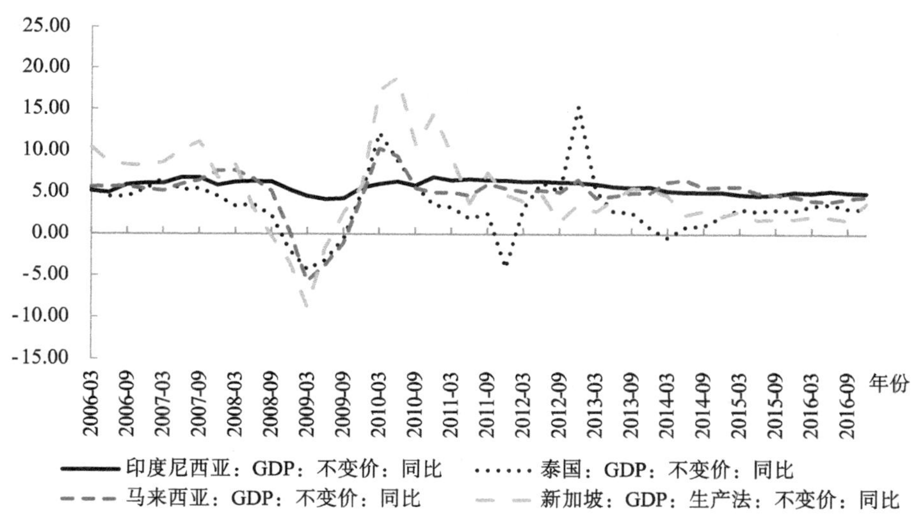

资料来源：Wind 资讯。

图 29 东南亚主要国家经济增长情况（%）

2. 通胀水平企稳趋好

2016 年，中国香港地区 CPI 整体延续了 2015 年的下降态势，8 月跃升至 4.3% 而后逐渐下降，12 月下行到 1.2%，全年 CPI 同比增速达到 2.39%。而中国台湾地区 2016 年 CPI 同比增速的通缩压力逐渐改善，整体状况较 2015 年有所好转，1 月份 CPI 同比增速 0.81%，高于 2015 年 12 月的 0.14%，年末值较年初略有上涨达到 1.69%（见图 30）。韩国 2016 年通胀水平较 2015 年有所上升，全年震荡上行，年末达到 1.34%。日本 2016 年 CPI 指数持续为负，通缩压力明显，连续 6 个月的负增长后略有好转，12 月达到 0.3%。与之相似的是新加坡的通胀率，在 2016 年延续了 2015 年的负增长，连续 10 个月 CPI 为负，最低达到 -1.6%，年末有所改善，12 月份通胀水平达到 0.2%，稍高于零。泰国 2016 年年初时延续上一年的通缩状况，4 月开始略高于零，12 月份达到 1.13%。马来西亚 2016 年通胀率先是略有上升，2 月达到最高点 4.2% 后开始震荡走低，12 月达到 1.7%，总体保持相对健康的通胀水平。菲律宾全年通胀健康趋好，相比于 2015 年呈现上升的发展态势，年末达到 2.6%。印度尼西亚 2016 年通胀变化和马来西亚相类似，上半年逐渐走升，上升到 4.45% 后有所回落，年末达到 3.02% 的水平，全年水平保持相对健康的水平。具体如图 31 所示。

3. 就业市场表现良好

2016 年，中国香港和中国台湾地区失业率略有起伏，就业情况变化并不明显，香港失业率由 1 月份的 3.1% 上升到 8 月的 3.6%，而后回落至年初水平，全年整体态势和 2015 年相当；台湾失业率从 1 月份的 3.87% 震荡上行，8 月份达到最大值 4.08%，年末值略低于年初，至 3.79%（见图 32）。我国周边地区失业率总体平稳，日本就业情况较 2015 年有所改观，2016 年全年保持在 3% 左右的健康

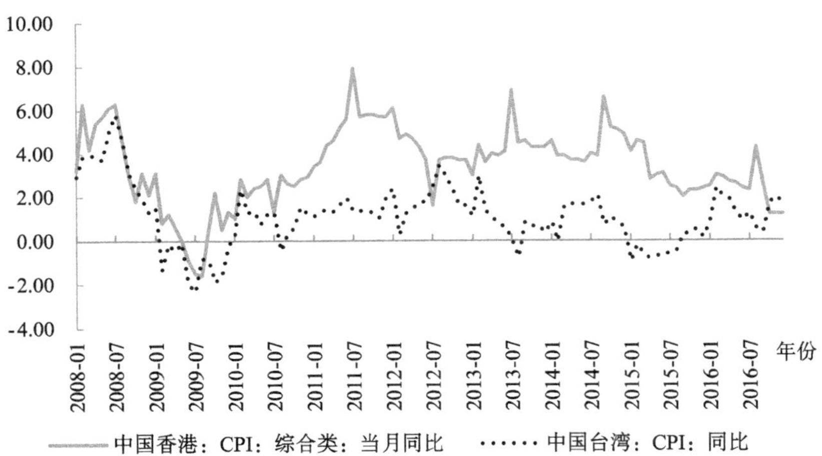

资料来源：Wind 资讯。

图 30　中国香港和台湾地区通胀情况（%）

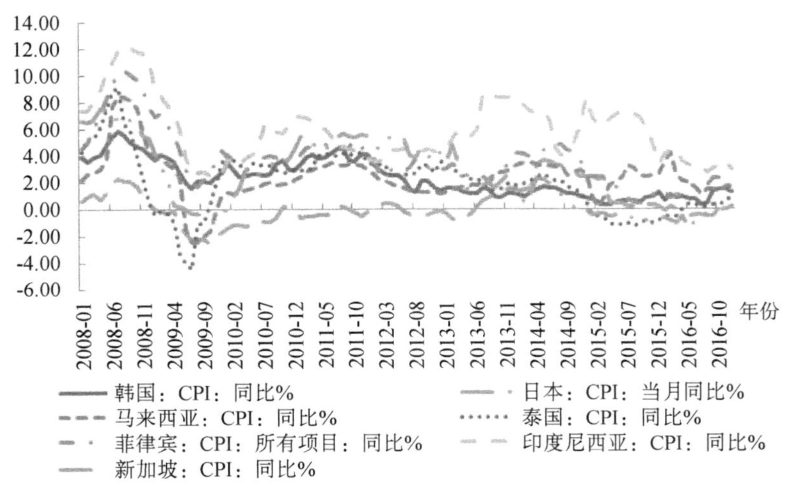

资料来源：Wind 资讯。

图 31　我国周边主要国家通胀情况（%）

水平，1 月份失业率为 3.2%，12 月份降至 2.9%。韩国失业率同样维持走低态势，在第一季度失业率有所升高，高于 4%，而后逐渐下降至 12 月份的 3.2%。马来西亚 2016 年失业率较 2015 年小幅上升，全年维持在 3.4% ~3.5% 之间，年末为 3.5%。泰国失业率相比于前几年有微弱的上涨，但始终处于低水平，2016 年全年保持在 1% 左右，年末失业率为 0.8%。具体如图 33 所示。

（二）2016 年亚洲主要国家和地区股指走势

2016 年中国香港恒生指数和中国台湾地区加权指数总体呈现上升态势。其中香港地区较 2015 年末上涨 0.39%，涨幅较小，中国台湾地区台湾加权指数较 2015 年末大幅上升，涨幅达 10.98%（见图 34）。

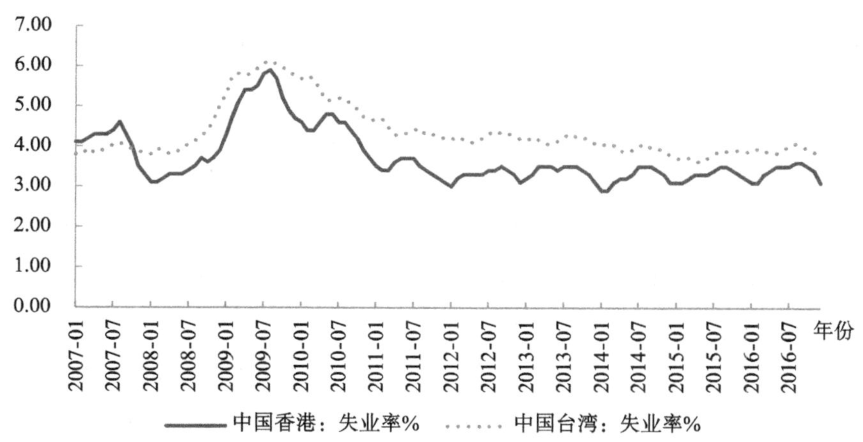

资料来源：Wind 资讯。

图 32　中国香港和台湾地区失业率走势（%）

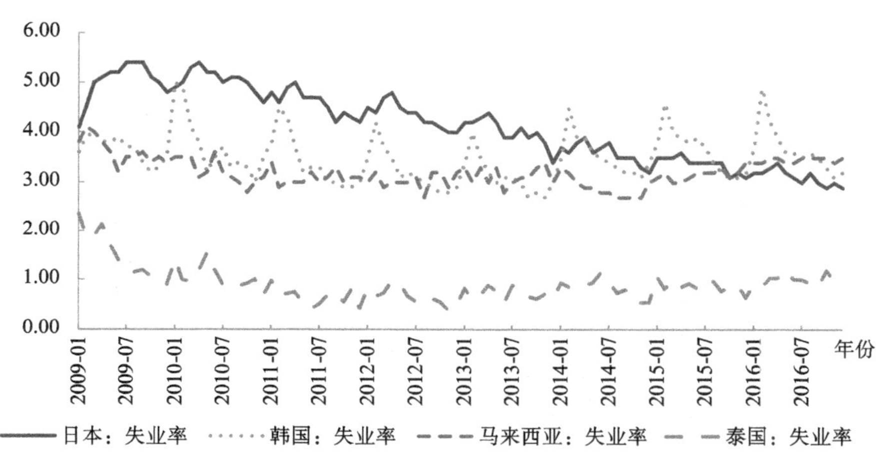

资料来源：Wind 资讯。

图 33　我国周边国家失业率走势（%）

与此同时，我国周边国家股涨跌互现，东亚地区股指表现平平，东南亚地区有所分化。具体来看，东亚地区日本经济基本面的走低状态影响股市表现，日经225 指数 2016 年相对于 2015 年小幅上涨，从 2015 年年底的 19033.71 点涨至 2016 年年底的 19114.37 点，涨幅为 0.42%。韩国经济增长略有上升，与经济基本面相似，韩国综合指数表现优于日本，涨幅为 3.32%；东南亚地区新加坡海峡指数全年略有下跌，跌幅为 0.07%，泰国 SET 指数涨幅相对较大，达 19.79%，马来西亚吉隆坡指数全年有所下降，跌幅为 3%，印度尼西亚雅加达指数年内上涨 15.32%，菲律宾综合指数略有下跌，跌幅为 1.60%。具体如图 35 至图 37 所示。

中国台湾加权指数的前五大权重股包括巨祥、广华—KY、美隆电、三商美邦、鼎固—KY。中国香港地区恒生指数前五大权重股为中国人寿、中电控股、九龙仓集团、汇丰控股、电能实业。日经 225 指数的前五大权重股为日立、日本水产、国际石油开发帝石控股、COMSYS 控股、大成建设。韩国综合指数的主要权重股为 KEYANG ELEC MACH、DONGWHA PHARM CO、KR MOTORS、KYUNGBANG、MERITZ FIRE&MARI。新加坡海峡指数的前五大权重股为 GENTING SP、Ascendasreit（行情）、CapitaComm（行情）、HPH Trust US $（行情）、新加坡吉宝。泰国证交所的权重股包括 PTT 公共有限公司、暹罗水泥股份有限公司、泰国机场股份有限公司、CP ALL 股份有限公司、暹罗商业银行股份有限公司。马来西亚吉隆坡综合指数的主要权重股包括 GENTING MALAYSIA、AMBANK HLDG BHD、RHB CAPITAL BHD、HONG LEONG FINAN、MALAYAN BANKING。印度尼西亚雅加达综合指数的前五大权重股包括 Hanjaya Mandala Sampoerna 股份有限公司、印度尼西亚电信股份有限公司、中亚银行股份有限公司、阿斯特拉国际股份有限公司、印度尼西亚联合利华股份有限公司。

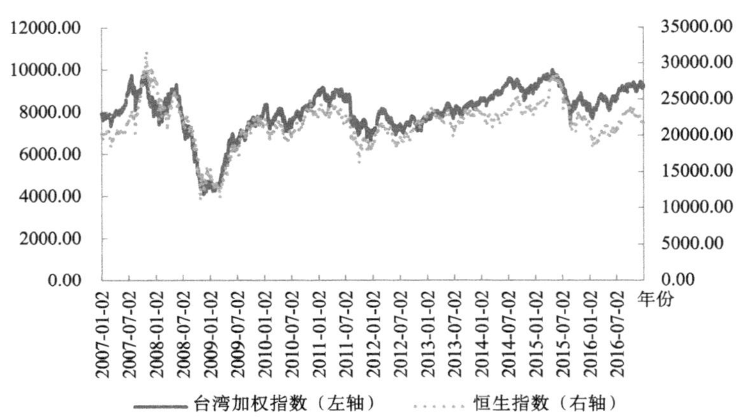

资料来源：Wind 资讯。

图 34　香港恒生股指和台湾加权指数走势

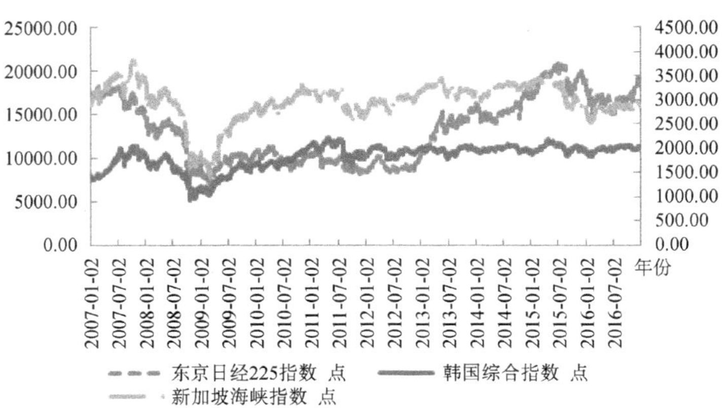

资料来源：Wind 资讯。

图 35　韩国综合指数、新加坡海峡指数走势和东京日经 225 指数

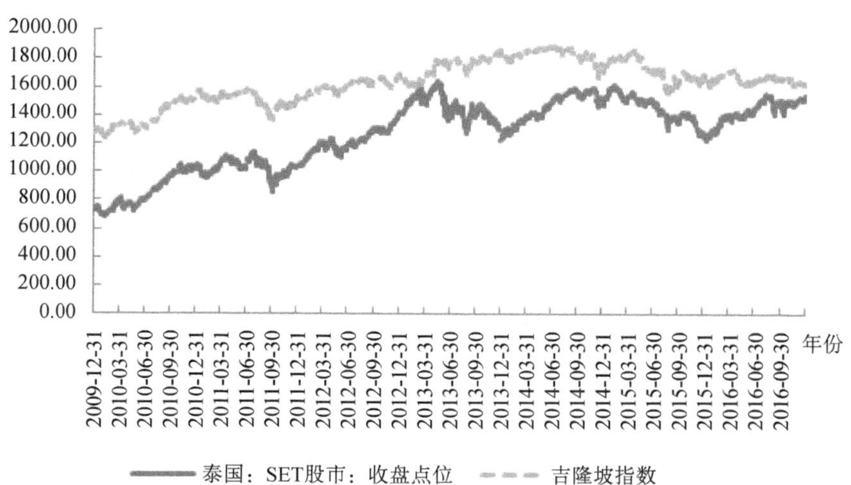

资料来源：Wind资讯。

图36　泰国SET股市指数和马来西亚吉隆坡指数走势

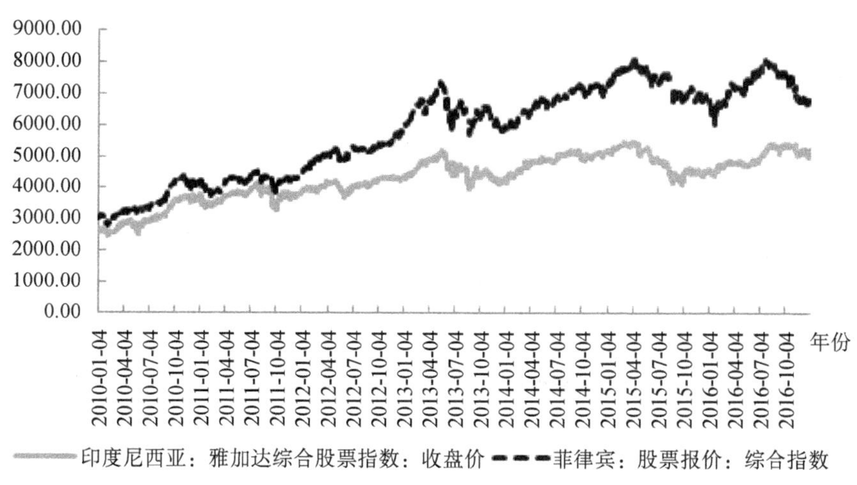

资料来源：Wind资讯。

图37　印度尼西亚雅加达综合指数和菲律宾综合指数走势

（三）2016年亚洲主要国家股票市值及占比情况

2016年12月31日，中国香港地区股票总市值为5.67万亿美元，占全球股票总市值比重的7.10%，较2015年的5.16%有较大上涨（见图38），中国台湾地区股票总市值为1.25万亿美元，全球占比1.99%，较2015年的1.33%略有上升（见图39）。

东亚地区股市市值及全球占比略有下降，日本股票总市值为5.08万亿美元，全球占比8.08%，比例较2015年有所下降（见图40）。韩国股票总市值为1.21万亿美元，全球占比1.92%，略高于2015年的1.85%（见图41）。

东南亚国家股市市值及全球占比稍有浮动。新加坡股票总市值为0.56万亿美元，占全球股票总市值比重的0.9%，略高于2015年的0.72%（见图42）。印度尼西亚股票总市值为0.50万亿美元，占全球股票总市值比重的0.8%，高于2015年的0.54%（见图43）。马来西亚股票总市值为0.35万亿美元，占全球股票总市值比重的0.56%（见图44），泰国股票总市值为0.57万亿美元，占全球股票总市值比重的0.71%，高于2015年的0.52%（见图45）。菲律宾股票总市值为0.27万亿美元，占全球股票总市值比重的0.33%，略低于2015年的0.36%（见图46）。

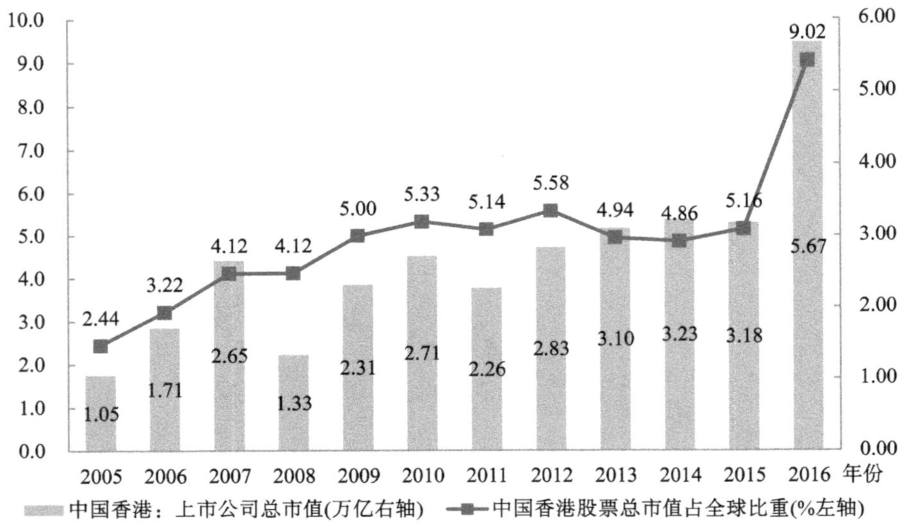

资料来源：Bloomberg。

图38 中国香港地区股票总市值及其占全球比重

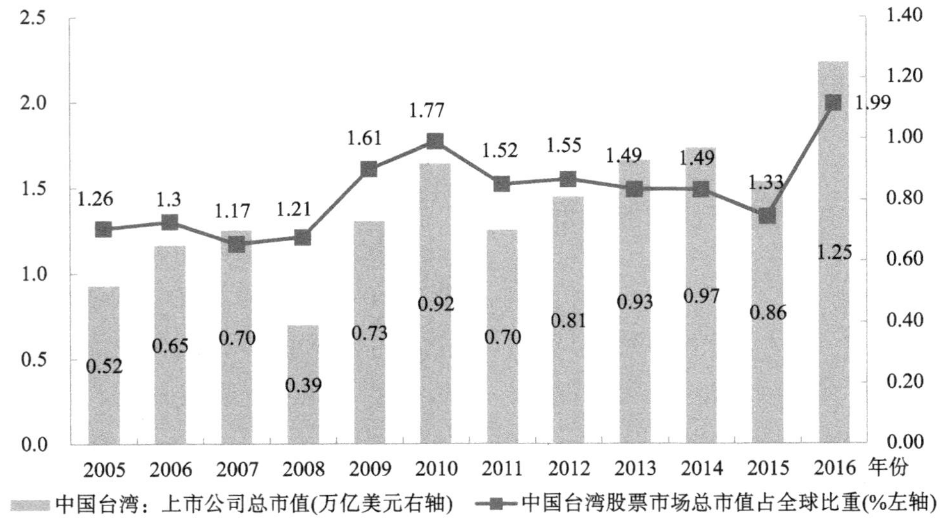

资料来源：Bloomberg。

图39 中国台湾地区股票总市值及其占全球比重

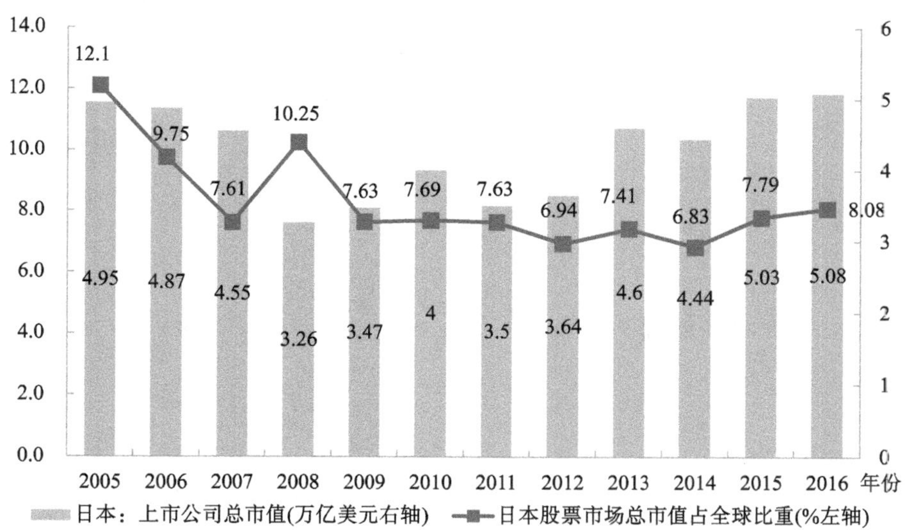

资料来源：Bloomberg。

图 40　日本股票总市值及其占全球比重

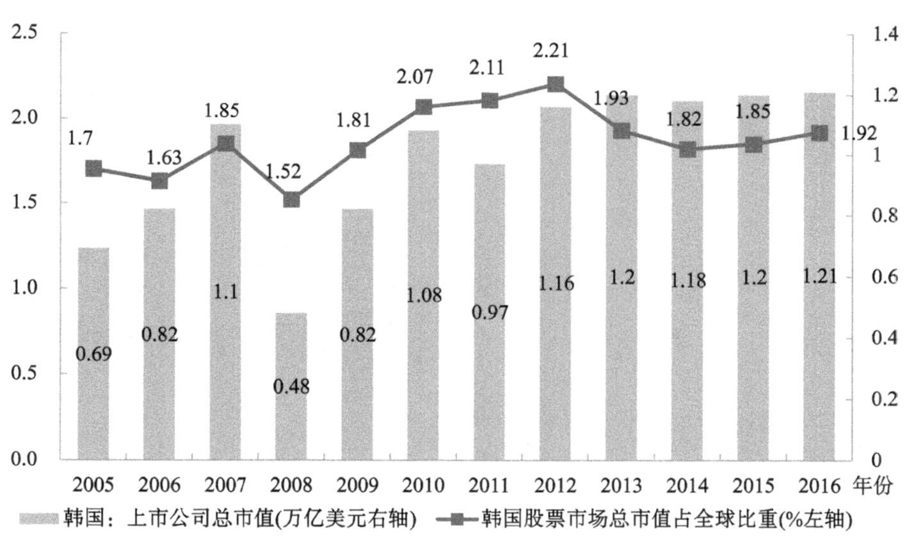

资料来源：Bloomberg。

图 41　韩国股票总市值及其全球比重

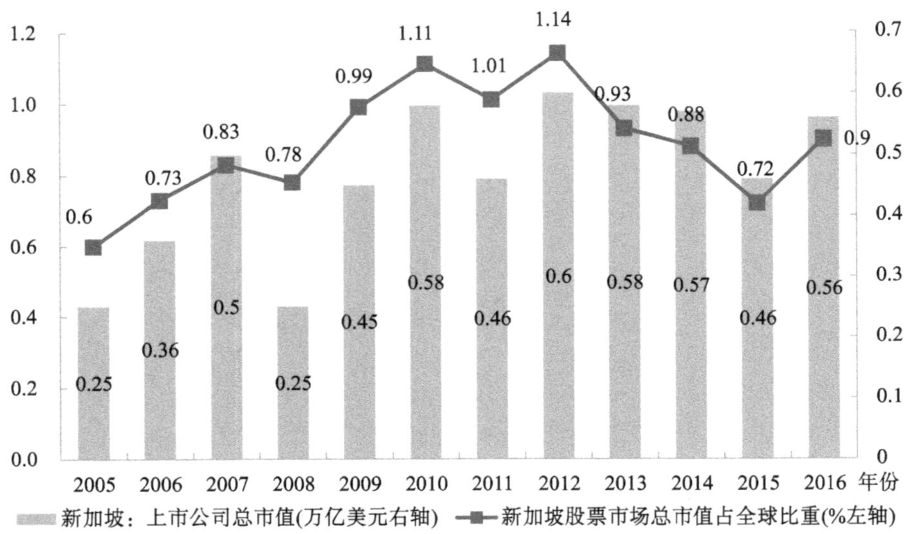

资料来源：Bloomberg。

图 42　新加坡股票总市值及其占全球比重

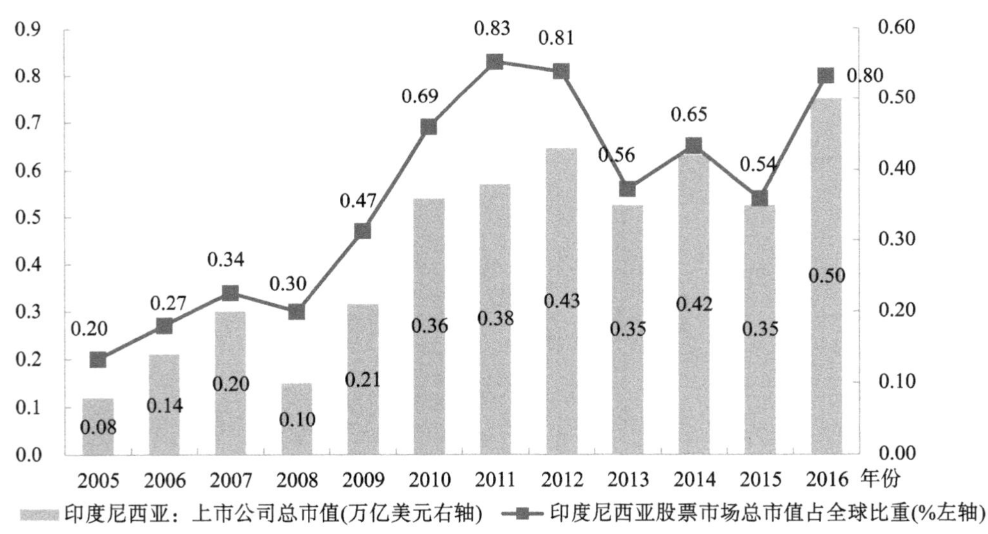

资料来源：Bloomberg。

图 43　印度尼西亚股票总市值及其占全球比重

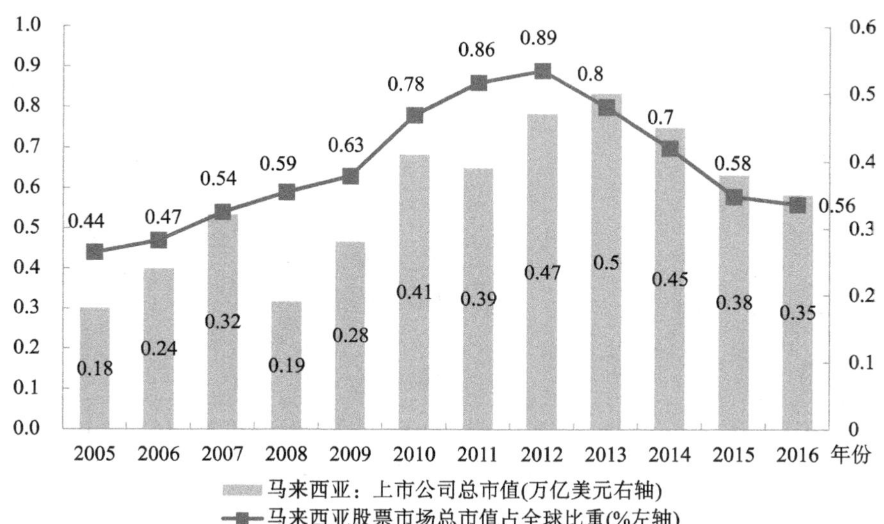

资料来源：Bloomberg。

图 44　马来西亚股票总市值及其占全球比重

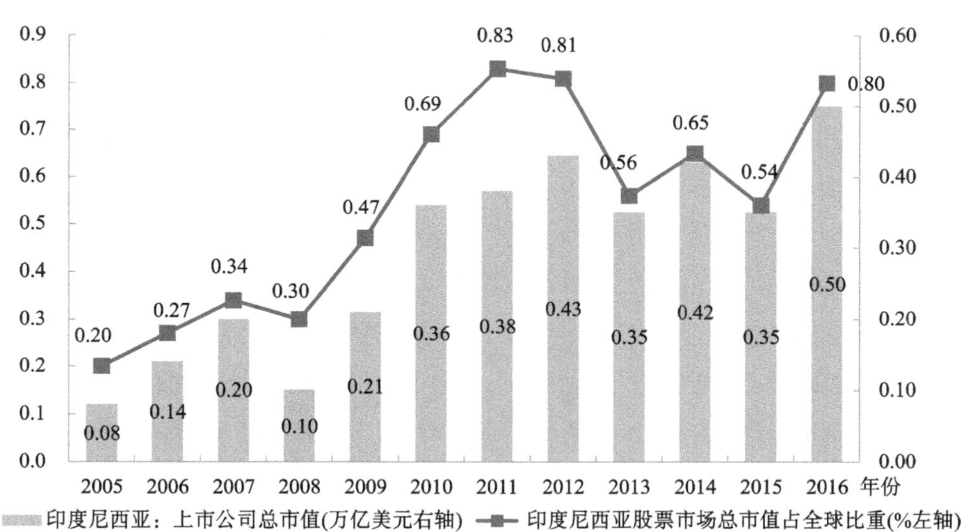

资料来源：Bloomberg。

图 45　泰国股票总市值及其占全球比重

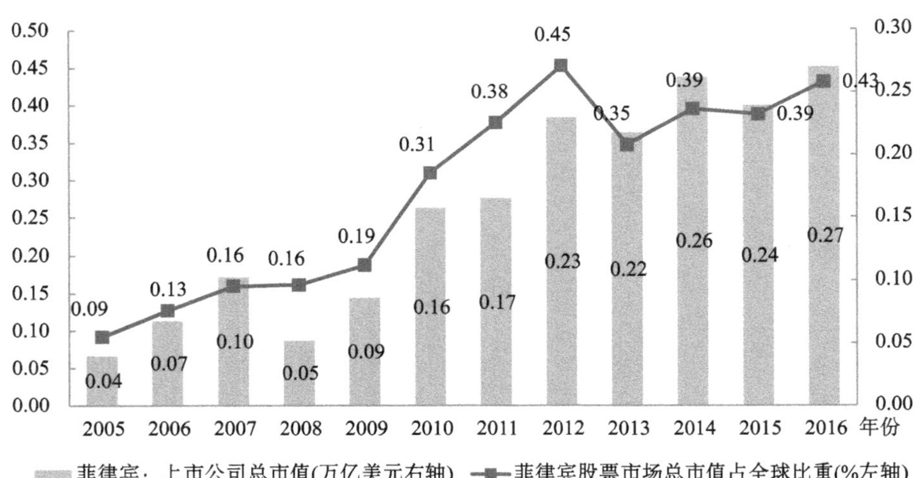

资料来源：Bloomberg。

图 46 菲律宾股票总市值及其占全球比重

六、2016 年中国企业赴海外上市基本情况

（一）纽约证券交易所

1. 纽约证券交易所概况

纽约证券交易所（New York Stock Exchange，NYSE），是全球最大的证券交易所，2016 年全年全球 IPO 融资额前十的公司中，有 3 家在纽交所上市。在 2005 年 4 月末，NYSE 收购全电子证券交易所（Archipelago），成为一个盈利性机构。纽约证券交易所的总部位于美国纽约州纽约市百老汇大街 18 号，在华尔街的拐角南侧。2006 年 6 月 1 日，纽约证券交易所宣布与泛欧证券交易所合并组成纽约证交所——泛欧证交所公司（NYSE Euronext）。2013 年 11 月，ICE（纽约洲际交易所）完成其对 NYSE - Euronext 的收购，形成现在的交易所体系。纽交所下设 2 个市场：主板市场和高增长板（Arca）市场。

纽约证券交易所有大约 2800 家上市公司。交易所经营对象主要为股票，其次为各种国内外债券。自 20 世纪 20 年代起，它一直是国际金融中心，现在它还是纽约市最受欢迎的旅游名胜之一。

2. 中资上市公司概况

截至 2016 年 12 月 31 日，累计有 59 家中国公司在纽约证券交易所主板上市并交易，累计融资额达 10655.2 亿美元。

2016 年纽交所新增的 3 家中国公司，全年融资额 191.47 亿美元。

表 1　　2016 年度纽交所新增的 3 家中国公司

公司名称	代码	上市时间	融资额（百万美元）	融资方式
China Online Education Group	COE US	6/10/2016	311	IPO
ZTO Express (Cayman) Inc. Sponsored ADR Class A	ZTO US	10/28/2016	8828	IPO
Yum China Holding Inc	YUMC US	10/17/2016	10008	非 IPO

资料来源：纽约证券交易所。

表 2　　截至 2016 年 12 月 31 日在纽约证券交易所主板上市并交易的中国公司名录

No.	上市时间	公司名称	代码	融资额（百万美元）
1	11/22/2013	500. com	WBAI US	636
2	10/31/2013	58. com. inc	WUBA US	4036
3	5/3/2007	Acorn International, Inc	ATV US	32
4	9/19/2014	Alibaba Group Holding Limited	BABA US	219110
5	12/11/2001	Aluminum Corporation of China Limited (Chalco)	ACH US	8275
6	2/10/2010	Armco Metal Holding Inc.[k]	AMCO US	0
7	9/8/2009	American Lorain Corporation	ALN US	21
8	4/14/2010	Aoxing Pharmaceutical Company, Inc.[k]	AXN US	24
9	12/11/2013	Autohome Inc.	ATHM US	2907
10	11/17/2010	Bitauto Holding Limited	BITA US	1340
11	5/8/2014	Cheetah Mobile	CMCM US	1362
12	11/6/2009	China Cord Blood Corporation	CO US	490
13	10/5/2007	China Digital TV Holding Co, Ltd	STV US	88
14	7/30/2008	China Distance Education Holdings Limited	DL US	385
15	2/4/1997	China Eastern Airlines Corporation Limited	CEA US	12075
16	3/9/2009	China Green Agriculture, Inc.	CGA US	45
17	12/17/2003	China Life Insurance Company (*China Life*)	LFC US	91439
18	10/22/1997	China Mobile Limited (China Mobile)	CHL US	214706
19	6/11/2010	China New Borun Corp	CHL US	34
20	6/10/2016	China Online Education Group	COE US	311
21	10/18/2000	China Petroleum and Chemical Corporation (*Sinopec*)	SNP US	92614
22	9/30/2009	China Pharma Holdings[k]	CPHI US	11
23	7/30/1997	China Southern Airlines Company Limited	ZNH US	8541

续表

No.	上市时间	公司名称	代码	融资额（百万美元）
24	11/14/2002	China Telecom Corporation Limited	CHA US	37334
25	6/21/2000	China Unicom	CHU US	27659
26	11/23/2010	China Xiniya Fashion	XNY US	19
27	5/12/2011	China Zenix Auto International Ltd	ZX US	62
28	2/27/2001	CNOOC Limited	CEO US	55345
29	12/11/2009	Concord Medical Services Holding Ltd.	CCM US	204
30	10/7/2010	Daqo New Energy Corp.	DQ US	201
31	11/18/2014	eHi Car Services Limited	EHIC US	629
32	5/13/1996	Guangshen Railway Company Limited	GSH US	4997
33	10/6/1994	Huaneng Power International, Inc.	HNP US	13727
34	5/14/2010	JinkoSolar Holding Co. , Ltd.	JKS US	478
35	5/16/2014	Jumel International	JMEI US	735
36	7/16/2015	Jupal Holdings Ltd Sponsored ADR	JP US	261
37	4/14/2014	Leju Holdings	LEJU US	649
38	6/6/2013	LightIn TheBox Co. Ltd.	LITB US	203
39	5/5/2011	NetQin Mobile Inc.	NQ US	310
40	9/7/2006	New Oriental Education & Technology Group Inc. *(NewOriental)*	EDU US	6630
41	11/10/2010	Noah Holdings Ltd.	NQAH US	1233
42	12/17/2009	Orient Paper Inc. [k]	ONP US	25
43	4/6/2000	PetroChina Company Limited	PTR US	201045
44	5/12/2011	Phoenix New Media Ltd.	FENG US	224
45	1/29/2008	ReneSola Ltd	SQL US	65
46	5/4/2011	Renren Inc.	RENN US	541
47	3/17/2004	Semiconductor Manufacturing International Corporation *(SMIC)*	SMI US	6478
48	7/26/1993	Sinopec Shangai Petrochemical Company Limited	SHI US	8671
49	9/17/2010	SouFun Holdings Ltd.	SFUN US	1559
50	10/20/2010	TAL Education Group	XRS US	3168
51	12/19/2006	Trina Solar Limited *(Trina)*	TSL US	860
52	3/23/2012	Vipshop Holdings Limited	VIPS US	6496
53	12/12/2007	Xinyuan Real Estate Co. , Ltd.	XIN US	360

续表

No.	上市时间	公司名称	代码	融资额（百万美元）
54	3/31/1998	Yanzhou Coal Mining Company Limited	YZC US	5936
55	6/8/2007	Yingli Green Energy Holding Company Limited	YGE US	47
56	6/12/2014	Zhaopin Limited	ZPIN US	839
57	10/28/2016	ZTO Express（Cayman）Inc. Sponsored ADR Class A	ZTO US	8828
58	12/18/2015	Yirendai Ltd. Sponsored ADR	YRD US	1212
59	10/17/2016	Yum China Holdings Inc	YUMC US	10008

（二）伦敦证券交易所

伦敦证券交易所是世界上历史最为悠久的证券交易所，最早可以追溯到 1698 年。伦敦证券交易所从露天债券交易市场成长为一家世界领先的、国际化程度极高、产品极为多元化的证券交易所经历了几百年的风雨。2005 年以来，伦敦证券交易所的 IPO 数量及融资额始终位居全球前列。英国资本市场灵活的监管体制和较低的融资成本使伦敦证券交易所成为全球企业上市融资的优先选择。

2013 年 5 月，伦敦证券交易所正式成为伦敦证券交易所集团旗下成员，集团逐渐成为坐拥伦敦证券交易所、米兰证券交易所、欧洲领先的固定收益市场 MTS、泛欧股权多边交易平台 Turquoise、金融指数提供商富时罗素、伦敦清算所（多数股权）、意大利清算所、欧洲领先的托管结算公司 Monte Titoli、位于卢森堡的中央证券存管机构 globeSettle、科技公司 MillenniumIT、GATElab 和 Exactpro 的多元化全球资本市场基础设施平台。集团在整个经济和社会活动中扮演着重要角色，通过资本市场服务、信息服务和交易后服务三大业务主线，为世界各地的企业成长和发展提供全方位、可持续性的服务与支持。集团总部位于英国，在北美、意大利、法国和斯里兰卡拥有重要经营活动，雇员来自 18 个国家，约 4000 人。

1. 整体情况

伦敦证券交易所集团 2016 年年报显示，2016 年集团业务收入约为 16.57 亿英镑，其中，来自资本市场的收入约占 22%。2016 年，134 家新公司登陆伦敦证券交易所集团的市场（2015 年为 176 家）；首发融资和再融资总额 256 亿英镑（2015 年为 417 亿英镑）；上市公司总数 2590 家（2015 年为 2685 家）。2016 年伦敦二级市场订单簿日均交易额 51 亿英镑（2015 年为 49 亿英镑）。

2016 年 6 月英国脱欧公投结果的宣布，引起了金融市场一系列波动。即使在各种不确定因素的影响下，伦敦仍吸引了大量高质素的公司进场。64 家公司登陆高增长市场（2015 年为 61 家），分别来自软件和计算机服务、媒体、医药和零售等行业，其中，42 家 IPO 公司的平均股价在年底时上涨了 41%（见表 3）。

表 3　　伦敦证券交易所 2016 年 IPO 情况　　单位：家

	主板市场	高增长市场
IPO 数量	28	42
脱欧公投之后	14	16
IPO 融资额（亿英镑）	28.10	7.1
脱欧公投之后	23.41	3.89
平均融资额（亿英镑）	1.003	0.169
脱欧公投之后	1.672	0.243

作为全球可持续性融资和创新中心，2016 年在伦敦发生了 9 笔融资额超过 10 亿美元的股权交易。此外，债权交易、交易所交易基金（ETF）和其他交易工具也在伦敦市场表现活跃。大约 13400 支债券在伦敦主板市场上市，融资额超过 4.4 万亿美元。2016 年有 68 支人民币债券在伦敦发行，使得在伦敦市场上市交易的人民币债券总数达到 103 支，伦敦已经成为大中华区以外最大的海外人民币债券发行中心；有 6 支印度玛莎拉债券在伦敦发行，总计 33 支玛莎拉债券募集了 42 亿美元资金；有 14 支绿色债券在伦敦证券交易所发行，占所有欧洲证券交易所绿色债券发行 14% 的市场份额。全球 70% 的债券二级市场交易发生在伦敦。2016 年有 124 支 ETF 在伦敦发行，其中 2 支来自中资发行人。2016 年 4 月，伦敦证券交易所在纽约举行的第 12 届年度全球 ETF 颁奖典礼上荣膺欧洲最活跃和交易规模最大的 ETF 交易所称号。

2. 2016 年大事记

2016 年 1 月，伦敦证券交易所集团加入伦敦金融城绿色金融计划。

2016 年 1 月，伦敦证券交易所集团在第 21 届联合国气候变化大会上加入绿色基础设施投资联盟。

2016 年 2 月，中国证券监督管理委员会代表团在方星海副主席带领下访问伦敦证券交易所。

2016 年 3 月，伦敦证券交易所集团宣布与德意志交易所集团就对等合并条款达成协议，并等待欧盟委员会 2017 年 4 月 3 日前的最终审批。

2016 年 4 月，伦敦证券交易所成为首个加入气候债券合作伙伴计划的全球性交易所。

2016 年 4 月，匈牙利政府在伦敦发行了 3 年期 10 亿元人民币债券，成为第二个非中国主权人民币债券发行人，并且是首个欧洲大陆主权人民币债券发行人。

2016 年 6 月，中国财政部 3 年期 30 亿元人民币债券在伦敦证券交易所成功上市。这是中国财政部首次在香港以外的离岸市场发行人民币国债。财政部副部长史耀斌出席了开市仪式。

2016 年 11 月，中国银行首支 3 年期 5 亿美元中国绿色资产担保债券在伦敦证券交易所上市，中国银行董事长田国立主持上市仪式。

2016 年 11 月，中国国务院副总理马凯访英，与英国财政大臣菲利普·哈蒙德共同主持第八次中英经济财金对话，并会见英国首相特雷莎·梅，还出席英中贸易协会举办的中英工商界欢迎晚宴等活动。伦敦证券交易所集团首席执行官罗睿铎出席了上述活动。

2016 年 12 月，伦敦证券交易所集团加入了欧洲委员会可持续金融高级别专家组。

3. 中资公司上市情况

截至 2016 年 12 月 31 日，40 家中国概念公司在伦敦证券交易所上市并交易（中国概念公司特指公司位于中国境内，或公司 70% 以上的业务或现金流来自中国的公司），其中主板市场 11 家，高增长市场 29 家。具体如表 4 和表 5 所示。

2 家从事非股权投资的中国概念公司 VALE INTL GROUP LTD 和 GOLDEN ROCK GLOBAL PLC 于 2016 年先后登陆伦敦证券交易所主板市场，融资总额 220 万英镑。GOLDEN ROCK GLOBAL PLC 是英国脱欧公投后第一家在伦敦证券交易所上市的中资企业。高增长市场上市公司 ASIAN GROWTH PROPERTIES 变更注册地址后，于 2016 年 12 月 7 日重新上市。

2016 年 12 月 31 日中国概念公司的总市值为 171.89 亿英镑，年度再融资 14 笔，年度再融资额 1222 万英镑，累计融资总额 45.84 亿英镑，分别占伦敦证券交易所整体数字的 0.38%、0.61%、0.08% 和 0.71%。

表 4　　主板市场上市的中国概念公司

公司名称	上市时间	IPO 融资额（百万英镑）	累计再融资额（百万英镑）	市值[①]（百万英镑）
JP MORGAN CHINESE INVESTMENT TRUST	1993/10/19	–	1.60	147.55
DATANG INTL POWER GENERATION	1997/3/20	0.00		642.89
ZHEJIANG EXPRESSWAY CO	2000/5/5	0.00		1101.56
CHINA PETROLEUM & CHEMICAL CORP	2000/10/18	2435.90		9404.55
AIR CHINA	2004/12/15	592.51	84.60	1845.10
FIDELITY CHINA SPECIAL SITUATIONS	2010/4/19	460.00		950.78
MACAU PROPERTY OPPORTUNITIES FUND	2010/6/30	105.00		106.60
GREEN DRAGON GAS LTD	2014/10/14	0.00		247.45
CIC GOLD GROUP LTD	23/6/2015	0.00		0.00
VALE INTL GROUP LTD	2016/9/5	0.60		1.94
GOLDEN ROCK GLOBAL PLC	2016/10/31	1.60		4.56

注：①市值统计时点为 2016 年 12 月 30 日。

表 5　　高增长市场上市的中国概念公司

公司名称	上市时间	IPO 融资额（百万英镑）	累计再融资额（百万英镑）	市值[①]（百万英镑）
GRIFFIN MINING	1997/6/30	0.00	93.64	97.51
ASIAN CITRUS HLDGS	2005/8/3	12.07	178.40	0.00
UNIVISION ENGINEERING	2005/12/16	1.50	1.36	2.59
FASTFORWARD INNOVATIONS LTD	2006/3/15	0.00	3.77	14.81
HUTCHISON CHINA MEDITECH	2006/5/19	39.98		1432.21
MINERAL & FINANCIAL INVESTMENTS LTD	2006/10/16	0.00	0.14	1.47
TERRA CAPITAL PLC	2006/11/17	42.13	71.14	47.43
TAIHUA PLC	2006/12/14	0.78	0.60	3.14
WALCOM GROUP LTD	2006/12/21	1.57		0.77
HAIKE CHEMICAL GROUP LTD	2007/2/14	10.21		4.79
NETDIMENSIONS（HLDGS）LTD	2007/5/2	15.22	11.29	38.53
PACIFIC ALLIANCE CHINA LAND LTD	2007/11/22	244.45		226.92
ORIGO PARTNERS PLC	2009/12/14	0.00	57.67	7.64
NORTHWEST INVESTMENT GROUP LTD	2010/6/2	3.00	0.04	1.34
GREKA DRILLING LTD	2011/3/8	0.00		14.75
CHINA NEW ENERGY LIMITED	2011/5/23	0.66	2.75	0.00
CHINA AFRICA RESOURCES PLC	2011/8/1	4.70	1.00	1.90
MONEYSWAP PLC	2011/8/31	3.13	2.43	0.00
NEW TREND LIFESTYLE GROUP PLC	2012/6/28	0.96		2.81
ALL ASIA ASSET CAPTIAL	2013/5/2	3.57	0.49	20.22
ADAMAS FINANCE ASIA LTD	2014/2/19	3.07	1.29	94.33
ZIBAO METALS RECYCLING HLDGS LTD	2014/6/20	1.30		1.98
JIASEN INTL HLDGS LTD	2014/7/14	2.33		5.78
BNN TECHNOLOGY PLC	2014/7/24	9.00	56.67	280.25
GRAND GROUP INVESTMENT PLC	2015/1/27	7.16		15.28
AQUATIC FOODS GROUP PLC	2015/2/3	9.26		15.85
MAYAIR GROUP PLC	2015/5/7	16.22		34.40
PCG ENTERTAINMENT PLC	2015/8/28	3.41	0.40	1.94
ASIAN GROWTH PROPERTIES	2016/12/7	0.00		367.83

注：①市值统计时点为 2016 年 12 月 30 日。

（三）东京证券交易所

1. 东京证券交易所概况

东京证券交易所（东京证券取引所）是日本的证券交易所之一，总部位于东京都中央区日本桥兜町。在东京证券交易所上市的股份分为第一部和第二部两大类，第一部的上市条件要比第二部的条件高。新上市股票原则上先在交易所第二部上市交易，每一营业年度结束后考评各上市股票的实际成绩，据此作为划分部类的标准。

2. 2016年东交所市场概况

（1）各行业股价指数变化情况。2016年整个市场继续维持了2015年的良好态势，东交所上市的33个行业中的32个行业的股价指数均超过2015年。增幅非常大的行业为：石油和煤制品、航空运输业、有色金属。33个行业中的8个行业比2015年上涨20%以上。另外，电力和燃气比2015年下跌了4.76%。

（2）各投资部门成交额占比。2016年的委托交易中海外投资者所占比例为73.8%。较2015年的71.2%上升了2.6个百分点。个人投资者占16.7%，较2015年有所下降。此外，按地区来看海外投资者在日本全国证券交易所的交易情况为，欧洲占68.34%、北美洲占17.32%、亚洲占14.13%、其他地区占0.21%。

3. 上市公司概况

纵观2016年的上市公司业绩，东交所全体上市公司的本期净利润高于2015年，创下新高，表明日本经济形势持续向好。

在此背景下，2016年日本国内的IPO公司达到86家，继2015年的98家之后继续保持高水平。特别是在东证创业板（Mothers）上市的公司超全体上市公司半数，成绩显著。此外，信息通信业和服务业的上市企业在全体上市企业中占比过半，可以说“科技新兴企业在MOTHERS上市”已然成为日本IPO的一个关键词。

（1）日本全国上市公司数。2016年年末日本全国上市公司达3654家，较2015年多出28家。其中，东交所上市企业（不包括6家外国企业）有3533家公司，占总数的96.7%。

（2）上市公司股票总市值。2016年年末东交所上市公司股票总市值为579.6万亿日元（约5.0万亿美元），较2015年底增加了10.1万亿日元。受2012年末后出台的经济政策——安倍经济学的影响，股票市场继续保持良好势头。

（3）股票成交额及换手率。2016年全年股票成交额为691.7万亿日元，较2015年减少7.3%。此外，日均成交额为28233亿日元，2016年的换手率（基于成交额）为118.20%。

（4）PER。截至2016年12月末，东交所一部上市企业实际PER平均为19.6倍。按行业来看，有色金属最高，为44.4倍，钢铁位居其后，高达34.0倍，矿业也达到了33.2倍。此外，从每股收益的当期净利润来看，除石油、石炭制品外，所有行业均为盈利。

此外，MOTHERS上市企业的实际

PER 平均为 77.2 倍。按行业来看，信息通信业最高，高达 93.5 倍，其次为零售业，为 82.1 倍。

（5）企业 IPO 情况。2016 年日本国内 IPO 公司数为 96 家。其中，东交所 IPO 公司数为 86 家，较 2015 年度减少了 9 家（见图 47）。此外，从市场分布来看，在东交所 MOTHERS 上市的公司达 54 家，占 IPO 总数的 62.8%。此外，有 13 家企业在东交所市场一部和二部上市，有 3 家公司在 TOKYO PRO Market 上市。

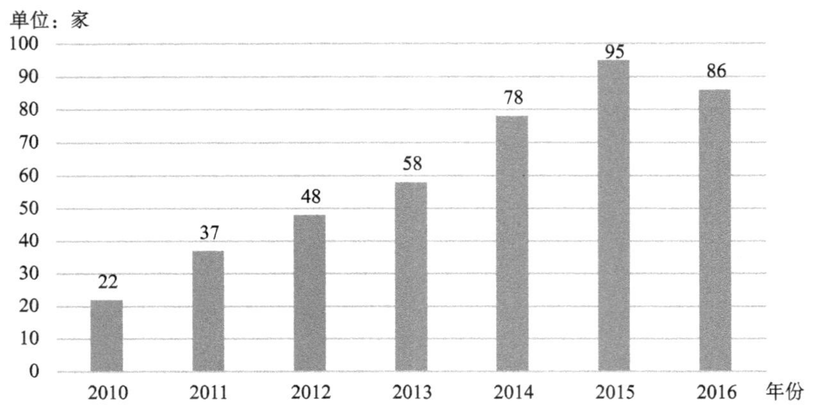

资料来源：东京证券交易所。

图 47　IPO 公司数的变化情况

2016 年东交所各行业 IPO 公司情况如下图所示。2016 年实现 IPO 的 86 家公司，25 家（29%）为信息通信业、24 家（28%）为服务业、8 家（9%）为零售业（见图 48）。

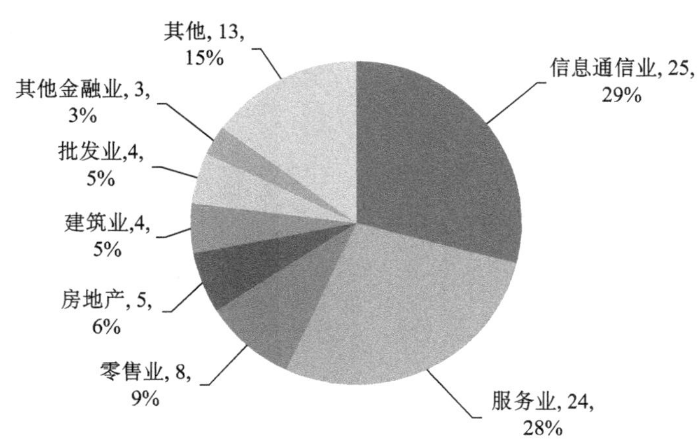

资料来源：东京证券交易所。

图 48　2016 年 IPO 公司行业分布

2016 年东交所的企业 IPO 筹资额达到 2659.19 亿日元。其中，LINE 株式会社的 IPO 筹资额最高，约为 1328 亿日元。

2016 年，东交所二部有 43 家上市企业转板至东交所一部；Mothers 市场有 13 家上市公司转板至东交所二部，29 家上市公司转板至东交所一部 。

截至 2016 年年末，Mothers 市场共有 50 家上市企业转板至市场二部，123 家上市企业转板至市场一部。

（四）德意志证券交易所

1. 2016 年德国经济及资本市场整体概况

2016 年，欧洲经济继续延续 2013 年起的低速复苏态势。2016 年欧元区 4 个季度 GDP 环比增长率为 0.6%、0.3%、0.4% 和 0.5%，其中德国当年 4 个季度 GDP 环比增长率为 0.7%、0.4%、0.3% 和 0.4%。其他宏观经济关键要素指标包括：（1）低失业率。2016 年 11 月欧元区平均失业率为 9.8%，为 2011 年 12 月以来的最低值，德国平均失业率为 6.1%，为 1990 年以来的最低水平；（2）欧洲央行于 2016 年 3 月召开货币政策会议，宣布下调隔夜存款利率 10 个基点，至 -0.4%，继续开展量化宽松政策；（3）通货膨胀率攀升。2016 年 12 月，欧元区通货膨胀率为 1.1%，德国全年通胀率为 1.7%，德国 2016 年 12 月通胀率攀升至逾 3 年来最高水平。显示出欧洲央行宽松货币政策正在发挥作用；（4）政府债务危机风险依然呈较高态势。截至 2016 年第三季度末，欧元区政府债务为 90.6%，较 2015 年同期的 91.6% 有小幅回落，但仍处于较高水平，因此，欧元兑美元也呈弱势；（5）东欧地区的不稳定政治环境以及阿拉伯世界的敏感政治环境。

上述的诸多宏观经济因素对欧洲的资本市场有着或促进或抑制的复杂影响。不仅如此，2016 年还是欧洲资本市场监管环境变化的关键一年。以数次金融危机为鉴，欧盟一直以增强市场安全性为目标，对监管法律及条例进行统一调整。随着包括欧洲市场基础设施监管规则（EMIR），欧洲资本市场联盟（Capital Market Union）以及金融工具市场指令 II（MiFID II）/金融工具市场法规（MiFIR）等在内的执行时间临近，交易所以及金融市场参与者都在为了适应更加严格的监管要求而不断进行自我调整。

2. 2016 年德国主要股指走势

2016 年，受宏观经济及资本市场监管环境变化的影响，德国现券及衍生品市场波动性和交易量都比 2015 年有所增长。包括德国指数表现也实现了波动中的显著上涨，这一良好表现的部分原因是德国相对稳定的经济形势。

德国 DAX30 指数是由包括安联保险、汉莎航空以及德意志银行等 30 只蓝筹股组成，综合反映了德国股市的走势。德意志交易所也是该指数成分股之一。2016 年，该指数于第一季度震动下跌，稳定上涨，在二、三季度在起伏钟稳定向上并在第四季度有所恢复，大幅上涨达到近几年来峰值。DAX 平均市盈率为 20。市场资本总额达 1151771. 50 欧元。2016 年 12 月 30 日，指数收盘价为 11481. 06，较 2013 年的 9533. 85 上升了 19. 73%（见图 49）。

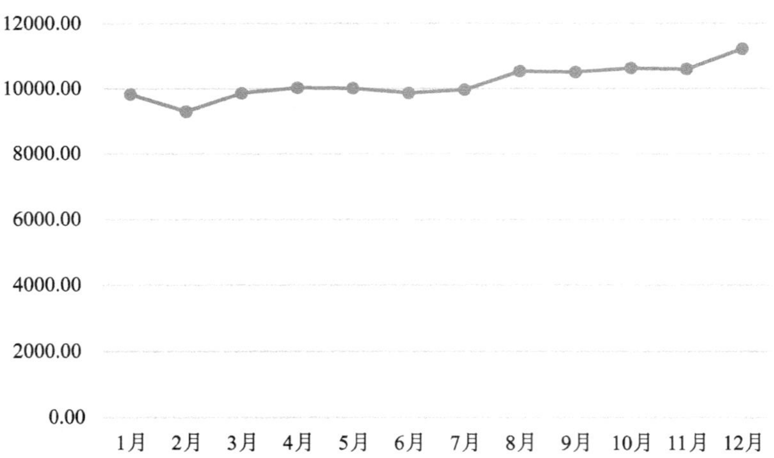

资料来源：德意志交易所集团。

图 49 2016 年 DAX 走势图

MDAX 指数是由 50 家成分股组成，反映德国中型上市企业股价走势。2016 年第一季度，第三季度震荡下跌，但总体呈现上涨趋势。由 2016 年年初的 19029. 30 涨至年末的 22146. 98（见图 50）。市场资本总额达 324938. 27 欧元。

资料来源：德意志交易所集团。

图 50 2016 年 MDAX 走势图

SDAX 指数由 50 个成分股组成，反映了德国小型企业的股价走势。该指数保持了 2015 年显著上涨的走势，并在 2016 年持续震荡上升态势。全年最低价为年初的 7740. 79；最高价出现在 12 月份，为 9504. 52；且 12 月份月平均值最高

9312.29。全年最后一个交易日收盘价位 9494.62（见图51）。

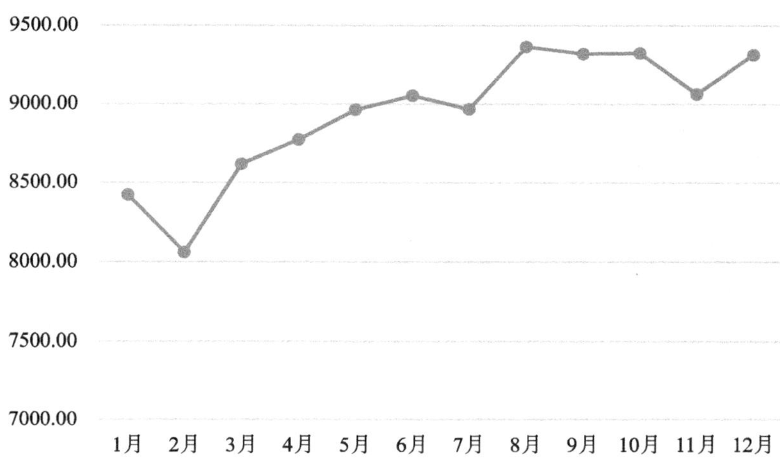

资料来源：德意志交易所集团。

图51 2016年SDAX走势图

3. 德意志交易所概况及在亚洲的发展

德交所集团成立于1992年，是依照德国交易所制度专门为运营公立性质的交易所机构而成立的股份有限公司，其前身为法兰克福证券交易所股份有限公司。20余年来，德交所集团以其纵向兼容的产品及服务从德国本土扩大到欧洲乃至全球。至2016年年底，德交所集团在全球建立了29个办公地点，通过旗下20多家法人实体（包括德意志交易所股份有限公司、欧洲期货交易所苏黎世股份有限公司、欧洲期交所清算行股份有限公司、明讯国际结算托管行股份有限公司、势拓指数有限责任公司、欧洲能源交易所、外汇交易平台360T、债券现货与回购交易有限责任公司等）提供涵盖了证券发行上市，证券及衍生品的交易与清算、交易后结算与托管服务，全球证券融资业务，指数计算与授权、信息产品和信息技术开发与服务的整个价值链。

2016年是德国资本市场的转型之年。为适应资本市场发展变化并满足市场参与者需求，德交所调整了组织结构并丰富了自身的产品线和服务内容，德交所在2016年扩展Pre IPO生态系统，努力为年轻有潜力的公司创建良好的投融资环境。同时，德交所旗下明讯银行也在新加坡取得牌照并建立分部。

2016年也是德交所发展中国市场的至关重要的一年。继与中国银行与中国建设银行与签订了合作谅解备忘录。德交所旗下由明讯控股结算托管银行与中国中央登记结算公司签署谅解备忘录，计划在债券市场开展跨境合作。作为中德第一次高级别财金对话的重大成果，中欧国际交易所（中欧所/CEINEX）在法兰克福正式运营，正式运营至今，约200个产品在中欧所平台挂牌交易，主要产品为ETF和债券。截至2016年，中欧所挂牌产品总交易额6.41亿欧元（约合46亿元人民币），日均交易额约为226万欧元（约合1645万人民币）。值得关注的是，以人民币计价的产品获得了市场认可，交易额为3.34亿人民币，占总交易额的7.3%。其中，德商行与建银国际合作发行的人民币计价产品（CBK CCBI RQFII Money Market UCITS ETF）成交活跃，表明市场对人民币产品的兴趣逐渐增加。

4. 德交所现券市场及2016年中国企业赴德IPO概况

作为一家世界领先的交易所，德意志交易所在工业、汽车、化工、银行、公用事业、消费、保险、科技、软件开发和绿色能源等多个行业具有全球领先优势。

德意志交易所负责运营法兰克福证券交易所，目前设有3个现券市场板块：高级市场板块（Primary Standard）、一般市场板块（General Standard）和初级市场板块（Entry Standard）。

截至2016年12月31日，德意志交易所共有上市公司613家，涉及18个行业和57个细分行业（见图52），总市值超过2300亿欧元。其中，高级市场有315家上市公司，一般市场有159家上市公司，初级市场有139家上市公司。其中，当年新上市公司共19家，总发行额52亿欧元。

2016年，德交所上市公司整体表现较好，以18支行业指数2016年表现来看，只有3个板块下跌。以行业板块划分，基础资源扭转了15年下跌态势，涨幅为30.8%，食品饮料行业延续前一年的上涨趋势，涨幅为27.9%，其他表现靠前的行业包括消费品（26.5%），制药与医疗（32.7%）与建筑（24.4%）等；跌幅最大的是银行板块，下跌了18.7%，此外，传媒板块下跌了14.5%，汽车下跌了5.6%，公共事业下跌2.4%。

截至2016年12月31日，共有16家中国概念企业在德交所上市，占整个交易所上市公司数量的0.26%，在高级市场上市的有4家，一般市场上市的有10家，初级市场上市的有2家。

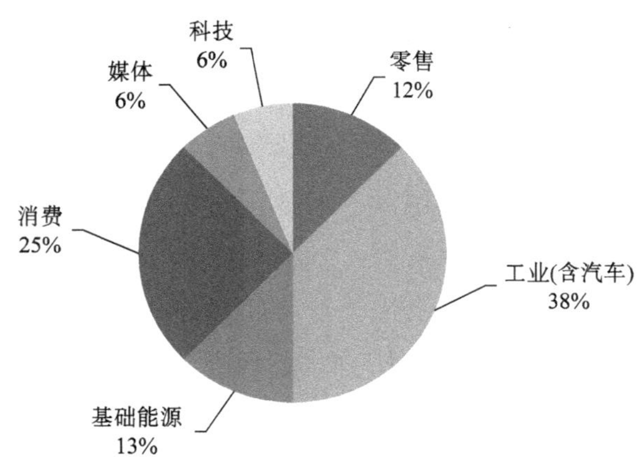

资料来源：德意志交易所集团。

图52　上市公司行业分布情况

（五）新加坡交易所

新加坡作为全球性的金融中心，惠誉评级为AAA级①，是2.7万亿美元资产的管理中心，同时有超过2000位超高净值个人②落户于此。目前，诸多跨国公司及主权基金将其区域总部设于此，包括淡马锡、GIC、挪威央行投资管理局等，新加坡交易所总部位于新加坡，原本由新加坡证券交易所（SES）、新加坡国际金融交易所（Simex）和证券结算及电脑服务公司（SCCS）组成。1999年12月1日，新加坡交易所（以下简称“新交所”）以控股公司的形式正式成立。新交所是全球率先采用金融市场基础设施准原则的交易所之一，也是亚洲首个和唯一一家获得美国监管机构全面批准的中央交易对手方；作为衍生产品清算组织和外国交易所，新交所在证券和衍生产品方面也获得了欧盟监管机构的认可。作为亚洲中央交易对手方的先行者，新交所的风险管理和清算能力得到世界认可：在2015年被《Asia Risk》《Futures and Options World》和《Global Capital》杂志评为年度最佳衍生产品交易所，并获评为《Asia Risk》年度最佳中央交易对手方（CCP）。

截至2016年年末，新交所员工超过700名，在北京、中国香港、伦敦、孟买及芝加哥等地设立了服务当地的办事机构，搭建起服务全球客户的网络。

2000年11月23日，新交所通过公开发售和私募配售，成为继澳大利亚证券交易所之后亚太地区的第二家上市交易所。新交所股票在新交所主板上市，是MSCI新加坡自由指数和海峡时报指数等基准指数的成分股。

新交所在现券市场方面具有产品多样化、流程合理便捷化、监管透明化等特点。有意愿在新交所上市发行的企业可在多样化的产品类别中进行选择：除通过债券、IPO、借壳上市、发行存托凭证以及第二上市募资等传统上市途经外，交易所层面更是一直站在企业的角度切实考虑，为企业搭建上市合理合适的融资渠道并进行上市辅导，特色产品及政策包括：

（1）企业可选择将自持资产以房地产投资信托（房托，Real Estate Investment Trust，REIT）或商业信托（Business Trust）的方式公开发行募集资金，盘活资产。新加坡是亚洲除日本外最大的房托中心，更以国际化程度和组合资产包模式区别于日本，是亚洲最大的全球性房托平台。截至2016年年末，总市值约550亿美元，其中，超过70%的房托和地产类商业信托拥有离岸资产，8年总市值年复合增长率超过25%。

（2）中国证监会与新交所与2013年12月联合推出的中国企业直接上市框架（Direct Listing Framework）的设计，即在中国境内注册的公司可在获得证监会的审核和行政许可后，经新交所审查批准上

① 惠誉评级（2015）。

② 超高净值个人指个人资产超过3千万美元。

市，节省了企业在结构设计上花费的人力物力等。

新交所上市板块分为主板及凯利板，分别针对成熟企业及快速成长期的企业。其中，凯利板于2007年设立，取代了之前的SESDAQ板块。截至2016年年末，市盈率中值为16倍，加权平均换手率140%，均在全球同类中小企业板块中领先。两大板块的优势行业包括消费品、科技、医疗保健、航海及离岸服务、矿产石油及天然气以及房地产。在新交所上市的公司结构充分体现了交易所本身的国际化程度。截至2016年12月31日，新交所共有757家上市公司，总市值为9259.95亿新币（约合4.44万亿人民币）。其中，非新加坡企业占比37%，总市值约3500亿新币。其中，还包括116家中国企业，总市值241.36亿新币（约合1185.92亿人民币）。2016年全年，新交所迎来近19家上市企业，募资总额23.92亿新币（约合117.5亿人民币），新上市企业市值约80.71亿新元（约合396.57亿人民币），其中包括3家中国概念公司（具体数字详见表1）。

表6　　2016年新交所IPO按地域分类

地域	上市公司数量	募资金额（亿新币）	市值（亿新币）
新加坡	11	1.38	6.16
中国	3	5.47	17.84
其他境外国家/地区	5	17.07	56.72
总计	19	23.92	80.72

1. 交易及清算

除上市发行股票、债券外，新交所设计开发了多样化的产品供市场选择，包括交易所交易基金、杠杆及反向产品、结构性认股权证等，部分产品还使用双重货币交易。2016年，证券市场主板股票总成交额达2537亿新币，凯利板股票总成交额71.41亿新币，证券市场所有产品日均成交额10.79亿新币。其中，中国上市企业股票年度总交易额7.13亿新币。按行业划分，金融行业股交易量最大，占总量的45%。

为在不过度干扰市场的前提下，维护市场秩序并保护个人投资者，新交所与新加坡监管机构——新加坡金融管理局一起，设计并于2012年开始实施特定投资产品（Specified Investment Products，SIPs）制度，即必须通过相关知识测试及投资经验审核的投资人才可投资该类产品，具体类别包括交易所交易基金、杠杆及反向产品等；此外，新加坡还在2014年推行了熔断机制，该措施适用于海峡时报指数成分股、明晟新加坡指数成分股以及所有第一参考价格不低于0.5新币的股票。

2. 交易后服务

新交所全资子公司中央托管公司（The Central Depository）最初成立于1987年，为新交所的现券市场提供中央对手方清算（Central Counterparty，CCP）、结算（Securities Settlement System，SSS）及存

托服务（Central Securities Depository，CSD），受新加坡金管局监管。中央托管公司与美国及中国的存托机构还建立了链接，可便捷实现跨境交易的结算。

新交所衍生品清算公司（SGX-DC）同样为新交所全资子公司，为新交所挂牌的衍生产品交易、通过新交所交易注册平台进行的场外大宗商品交易以及通过交易注册系统进行的场外金融衍生品交易提供清算服务。

3. 衍生品市场

新交所提供全方位衍生产品，覆盖亚洲股票指数、大宗商品及货币，为中国、印度、日本和东盟基准股票指数提供全世界流动性最高的离岸市场。作为全球最大的货币和固定收益交易枢纽之一，新加坡是亚洲外汇和债券价格发现的主要市场，新交所开发了股票指数、股息指数、外汇及利率衍生品供市场选择。此外，随着新兴市场升级基础设施，大宗商品在近年来实现了全球需求迅速。新交所充分利用港口地理优势及行业优势，提供了多种重要商品类别的投资产品，其中，包括铁矿石等多只产品因投资者群体的成熟而在全球市场上拥有充分的定价权。此外，作为亚洲第一个全面发展的能源市场和能源枢纽，新加坡交易所设计了电力期货并获得市场关注。

截至2016年年底，新交所期货产品交易总量超过1.62亿张合约，未平仓期货218万张合约；期权产品交易总量949万张合约，未平仓期权约149万张合约。

伦敦证券交易所有限责任公司北京代表处
德意志交易所股份有限公司北京代表处
新加坡交易所株式会社北京代表处
东京证券交易所株式会社北京代表处

西南证券股份有限公司：张仕元　杨媛媛
长江证券股份有限公司：张蓉蓉

第二篇

上市公司行业篇

- 农、林、牧、渔业
- 采矿业
- 制造业
- 电力、热力、燃气及水生产和供应业
- 建筑业
- 批发和零售业
- 交通运输、仓储和邮政业
- 住宿和餐饮业
- 信息传输、软件和信息技术服务业
- 金融业
- 房地产业
- 租赁和商务服务业
- 科学研究和技术服务业
- 水利、环境和公共设施管理业
- 教育
- 卫生和社会工作
- 文化、体育和娱乐业
- 综　合

农、林、牧、渔业

一、农、林、牧、渔业总体概况

（一）行业整体运行情况

2016年中国农业经济总体保持平稳增长，农业生产形势较好，但受国内经济增速放缓等影响，农业增速进一步放缓。2016年，农、林、牧、渔业总产值为112091.26亿元，较2015年增长4.7%。其中，农业总产值为59287.8亿元，同比增长2.9%；林业总产值为4631.6亿元，同比增长4.4%；牧业总产值为31703.2亿元，同比增长6.5%；渔业总产值为11602.9亿元，同比增长6.6%。2016年，我国气候形势复杂，灾害性天气多发，同时也是农业供给侧结构性改革启动之年，农业绿色发展机制建立并迈出重要步伐。"互联网+农业"继续发展，国家加大农村互联网基础设施建设和普及力度，农业电商发展进入"快车道"。全国农业总产值保持增长，充分体现农业供给侧结构性改革成效显著。

（二）细分行业运行概况

从细分行业来看，农、林、牧、渔业均保持增长态势。农业方面，夏粮与秋粮有所下滑，粮食产量在连续12年增产后出现小幅减产。2016年全年粮食产量61624万吨，比2015年减少520万吨，减产0.8%。其中，夏粮、早稻、秋粮产量分别为13920万吨、3278万吨、44425万吨，同比分别减产1.4%、2.7%、0.5%。在主要粮食品种中，稻谷、小麦、玉米产量分别为20693万吨、12885万吨、21955万吨，同比分别减产0.6%、1.0%、2.3%。2016年，棉花大幅度减产，全年棉花产量530万吨，同比减产5.4%。油料产量3630万吨，同比增产2.6%。糖料产量12341万吨，同比减产1.3%。

2016年，全国林业产业保持较快发展。全年林业产业总产值达到6.49万亿元，比2015年增长9.3%。全国林产品进出口贸易额为1360亿美元，同比减少2.9%，木材产量6683万立方米，人造板产量3.00亿立方米。全国木本油料、干鲜果品等特色经济林产量1.58亿吨，同比减少2.5%。全国森林食品产量354.2万吨，同比减少16.4%，木本药材产量279.8万吨，同比增长14.1%。森林旅游收入781.6亿元，同比增长10.8%。

2016年，中国畜牧业总产值约为31703.2亿元，同比增长6.5%。2016年中国全年肉类总产量8538万吨、禽蛋产量3095万吨、牛奶产量3602万吨，比

2015 年分别增长了 -1.00%、3.20% 和 -4.05%。目前我国肉类和禽蛋产量位居世界第一，肉类消费达到中等发达国家水平，奶的产量位居世界第三，人均奶类消费水平约为世界平均水平的 1/3。畜牧生产保持稳定增长，品种日益多样化，畜牧产业基础不断夯实，经营体制机制不断改革发展，我国现代畜牧业建设稳步推进。总体来看，我国畜牧业将继续在标准化、规模化、专业化的道路上继续前行。

2016 年，全国渔业经济继续保持较快发展，渔业总产值为 11602.9 亿元，同比增长 6.6%。全国水产品总产量 6901 万吨，比 2015 年增长 3.01%。其中，养殖产量 5142 万吨，同比增长 4.14%，捕捞产量 1759 万吨，同比下降 0.16%；海水产品产量 3490 万吨，同比增长 2.36%，淡水产品产量 3411 万吨，同比增长 3.68%。海水产品与淡水产品的产量比例为 50.6:49.4。加工水产品 2165.4 万吨，同比增长 3.50%。水产品供给得到充分保障。2016 年全国水产养殖面积 8346 千公顷，同比下降 1.40%。

二、行业内上市公司发展概况

（一）行业内上市公司基本情况

表 1　　2016 年农、林、牧、渔业上市公司发行股票概况

门　类	A、B 股总数	A 股股票数	B 股股票数	境内总市值（亿元）	流通 A 股市值（亿元）	流通 B 股市值（亿元）
农、林、牧、渔业	46	45	1	5611.65	4051.39	7.40
占沪深两市比重（%）	1.47	1.44	0.03	1.10	1.04	0.39

资料来源：沪深交易所，同花顺。

（二）行业内上市公司构成情况

表 2　　2016 年农、林、牧、渔业上市公司构成情况　　单位：家

门　类	沪市			深市			ST/*ST
	仅 A 股	仅 B 股	A+B 股	仅 A 股	仅 B 股	A+B 股	
农、林、牧、渔业	15	0	0	30	1	0	0/2
占行业内上市公司比重（%）	32.61	0.00	0.00	65.22	2.17	0.00	0/4.35

资料来源：沪深交易所，同花顺。

（三）行业内上市公司融资情况

表 3　　2016 年农、林、牧、渔业上市公司与沪深两市融资情况对比　　单位：家

门　类	融资家数	新股	增发	配股
农、林、牧、渔业	12	1	10	1
沪深两市总数	877	227	639	11
占比（%）	1.37	0.44	1.56	9.09

资料来源：沪深交易所，同花顺。

其中，首发的1家公司为深市公司；增发的10家公司中，有1家沪市、9家深市。

按行业大类划分，进行融资的12家公司中，农业4家，畜牧业6家，渔业1家，农、林、牧、渔服务业1家。

从融资效果来看，上述公司实际发行数量为122184.10万股；实际募集资金143.65亿元，基本完成了融资计划。

2016年农、林、牧、渔业上市公司融资情况明细见附录。

（四）行业内上市公司资产及业绩情况

表4　2016年农、林、牧、渔业上市公司资产情况　单位：亿元

指　标	2016年	2016年可比样本增长（%）	2015年	2015年可比样本增长（%）	2014年
总资产	2369.95	26.65	1845.59	14.3	1296.35
流动资产	1199.16	30.43	911.2	17.84	628.74
占比（%）	50.60	1.47	49.37	1.49	48.5
非流动资产	1170.79	23.00	934.38	11.04	667.61
占比（%）	49.40	-1.47	50.63	-1.49	51.5
流动负债	785.81	26.92	604.16	8.09	459.18
占比（%）	33.16	0.07	32.74	-1.88	35.42
非流动负债	187.73	25.70	146.88	7.85	122.43
占比（%）	7.92	-0.06	7.96	-0.48	9.44
归属于母公司股东权益	1316.79	26.26	1034.82	21.26	676.38
占比（%）	55.56	-0.17	56.07	3.22	52.18

资料来源：沪深交易所，同花顺。

表5　2016年农、林、牧、渔业上市公司收入实现情况　单位：亿元

指标	2016年	2016年可比样本增长（%）	2015年	2015年可比样本增长（%）	2014年
营业收入	1456.07	23.57	1166.97	11.68	609.21
利润总额	203.70	162.12	77.13	69.37	10.91
归属于母公司所有者的净利润	193.48	176.44	68.95	75.1	9.17

资料来源：沪深交易所，同花顺。

（五）利润分配情况

2016年全年农、林、牧、渔业上市公司中共有24家公司实施了分红配股。其中，2家上市公司仅实施送股或转增股，13家上市公司仅实施派息，其中，9

家公司既实施了送股、转增，又实施了派息。

2016 年农、林、牧、渔业上市公司分红明细见附录。

（六）其他财务指标情况

1. 盈利能力指标

表 6　　2016 年农、林、牧、渔业上市公司盈利能力情况

指　标	2016 年	2016 年可比样本变动	2015 年	2015 年可比样本变动	2014 年
毛利率（%）	24.51	6.90	17.52	1.6	17.85
净资产收益率（%）	14.69	7.98	6.66	2.05	1.36
销售净利率（%）	13.53	7.37	6.17	2.04	1.56
资产净利率（%）	9.29	5.16	4.16	1.36	0.76

资料来源：沪深交易所，同花顺。

2. 偿债能力指标

表 7　　2016 年农、林、牧、渔业上市公司偿债能力指标

指　标	2016 年	2016 年可比样本变动	2015 年	2015 年可比样本变动	2014 年
流动比率	1.53	0.04	1.51	0.12	1.37
速动比率	1.00	0.09	0.92	0.16	0.8
资产负债率（%）	41.08	0.01	40.69	-2.36	44.87

资料来源：沪深交易所，同花顺。

3. 营运能力指标

表 8　　2016 年农、林、牧、渔业上市公司营运能力情况　　单位：次

营运能力指标	2016 年	2016 年可比样本变动	2015 年	2015 年可比样本变动	2014 年
存货周转率	2.85	0.10	2.74	0.28	1.81
应收账款周转率	18.69	1.25	17.35	0.76	10.3
流动资产周转率	1.37	-0.02	1.39	-0.02	0.99
固定资产周转率	2.51	0.24	2.31	-0.02	1.66
总资产周转率	0.69	0.02	0.67	0	0.49
净资产周转率	1.17	0.00	1.16	-0.07	0.91

资料来源：沪深交易所，同花顺。

三、重点细分行业介绍

表 9　　2016 年农、林、牧、渔业上市公司数量分布及市值情况

大　类	上市公司家数（家）	占行业内比重（%）	境内总市值（亿元）	占行业内比重（%）
农业	16	34.78	1635.60	29.15
林业	4	8.70	268.82	4.79
畜牧业	14	30.43	3004.79	53.55
渔业	10	21.74	561.67	10.01
农、林、牧、渔服务业	2	4.35	140.77	2.51

资料来源：沪深交易所，同花顺。

（一）农业

1. 行业概况

2016 年农业受整体经济增长变缓的影响，增速进一步放缓。在国家多项政策扶持、农业现代化进一步发展以及农业供给侧结构性改革正式启动的背景下，农业气象灾害较 2015 年偏重，部分地区受灾较重，尽管农业再获丰收，但是农业整体增长不明显。

2016 年，同时受到播种面积减少和单产下降的影响，粮食产量在连续 12 年增产后出现小幅减产，全年粮食产量 61624 万吨，比 2015 年减少 520 万吨，减产 0.8%。其中，夏粮、早稻、秋粮产量分别为 13920 万吨、3278 万吨、44425 万吨，同比分别减产 1.4%、2.7%、0.5%。在主要粮食品种中，稻谷、小麦、玉米产量分别为 20693 万吨、12885 万吨、21955 万吨，同比分别减产 0.6%、1.0%、2.3%。

2016 年，棉花大幅度减产，全年棉花产量 530 万吨，同比减产 5.4%。油料产量 3630 万吨，同比增产 2.6%。糖料产量 12341 万吨，同比减产 1.3%。茶叶产量 240 万吨，同比增产 6.7%。

2. 行业内上市公司发展情况

表 10　　2016 年农业上市公司收入及资产增长情况　　单位：亿元

指　标	2016 年	2016 年可比样本增长（%）	2015 年	2015 年可比样本增长（%）	2014 年
营业收入	299.41	7.51	268.28	-10.56	265.58
利润总额	13.28	14.76	10.27	-30.66	12.35
归属于母公司所有者的净利润	13.93	46.79	8.25	-35.9	10.94
总资产	680.34	14.07	579.09	8.09	501.76
归属于母公司股东权益	392.93	17.47	328.68	7.63	289.19

资料来源：沪深交易所，同花顺。

表 11　2016 年农业上市公司盈利能力情况

指　标	2016 年	2016 年可比样本变动	2015 年	2015 年可比样本变动	2014 年
毛利率（%）	23.88	0.66	23.07	1.45	23.05
净资产收益率（%）	3.55	0.71	2.51	-1.7	3.78
销售净利率（%）	4.01	0.23	3.46	-1.12	4.32
资产净利率（%）	1.88	0.05	1.66	-0.83	2.21

资料来源：沪深交易所，同花顺。

表 12　2016 年农业上市公司偿债及营运情况

指　标	2016 年	2016 年可比样本变动	2015 年	2015 年可比样本变动	2014 年
资产负债率（%）	37.24	-0.72	37.12	-0.87	38.14
存货周转率（次）	2.69	0.22	2.42	0.22	1.98
总资产周转率（次）	0.47	-0.02	0.48	-0.06	0.51

资料来源：沪深交易所，同花顺。

（二）林业

1. 行业概况

2016 年，全国林业产业保持较快发展。全年林业产业总产值达到 6.49 万亿元，比 2015 年增长 9.3%。其中，林业第一产业总产值 21619 亿元，林业第二产业总产值 32081 亿元，林业第三产业总产值 11186 亿元。

2016 年全国林产品进出口贸易额为 1360 亿美元，同比减少 2.9%，木材产量 6683 万立方米，人造板产量 3.00 亿立方米。全国木本油料、干鲜果品等特色经济林产量 1.58 亿吨，同比减少 2.5%。全国森林食品产量 354.2 万吨，同比减少 16.4%，木本药材产量 279.8 万吨，同比增长 14.1%。森林旅游收入 781.6 亿元，同比增长 10.8%。

2016 年，受整体经济环境的影响，林业投资完成额为 4510 亿元，较 2015 年上涨了 5.13%，继 2015 年首次出现下降之后再次增长。

2. 行业内上市公司发展情况

表 13　2016 年林业上市公司收入及资产增长情况　单位：亿元

指　标	2016 年	2016 年可比样本增长（%）	2015 年	2015 年可比样本增长（%）	2014 年
营业收入	20.04	-4.24	20.93	11.23	23.42
利润总额	1.66	342.76	0.37	-65.89	0.92

续表

指　标	2016 年	2016 年可比样本增长（%）	2015 年	2015 年可比样本增长（%）	2014 年
归属于母公司所有者的净利润	1.13	1971.85	-0.06	-107.91	0.56
总资产	96.06	10.69	86.78	36.32	77.37
归属于母公司股东权益	47.67	3.68	45.98	73.34	29.76

资料来源：沪深交易所，同花顺。

表 14　　2016 年林业上市公司盈利能力情况

指　标	2016 年	2016 年可比样本变动	2015 年	2015 年可比样本变动	2014 年
毛利率（%）	25.14	-1.12	26.26	-0.88	24.98
净资产收益率（%）	2.37	2.50	-0.13	-3.01	1.88
销售净利率（%）	6.65	5.48	1.17	-4.13	3.5
资产净利率（%）	1.46	1.13	0.33	-1.39	1.14

资料来源：沪深交易所，同花顺。

表 15　　2016 年林业上市公司偿债及营运情况

指　标	2016 年	2016 年可比样本变动	2015 年	2015 年可比样本变动	2014 年
资产负债率（%）	45.43	2.93	42.5	-9.99	56.34
存货周转率（次）	0.37	-0.05	0.42	-0.03	0.47
总资产周转率（次）	0.22	-0.06	0.28	-0.05	0.33

资料来源：沪深交易所，同花顺。

（三）畜牧业

1. 行业概况

2016 年，中国畜牧业总产值约为 31703.2 亿元，同比增长 6.5%。2016 年中国全年肉类总产量 8538 万吨、禽蛋产量 3095 万吨、牛奶产量 3602 万吨，比 2015 年分别增长了 -1.00%、3.20% 和 -4.05%。目前我国肉类和禽蛋产量位居世界第一，肉类消费达到中等发达国家水平，奶的产量居世界第三，人均奶类消费水平约为世界平均水平的 1/3。畜牧生产保持稳定增长，品种日益多样化，畜牧产业基础不断夯实，经营体制机制不断改革发展，我国现代畜牧业建设稳步推进。总体来看，我国畜牧业将继续在标准化、规模化、专业化的道路上继续前行。2016 农业供给侧结构性改革为畜牧业发展指明方向：优化畜禽结构，降低畜产品生产成本，加强基建、提高社会服务水平等。畜牧业企业继续推进产业链上下游一体化融合发展趋势，进一步推广“企业+农户”“企业+合作社”“企业+基地”等形式多样、互惠双赢、利益共享的生产经营模式。

2. 行业内上市公司发展情况

表 16　　2016 年畜牧业上市公司收入及资产增长情况　　单位：亿元

指　标	2016 年	2016 年可比样本增长（%）	2015 年	2015 年可比样本增长（%）	2014 年
营业收入	982.38	30.84	750.32	24.76	195.6
利润总额	179.42	170.42	66.75	95.87	2.31
归属于母公司所有者的净利润	170.58	176.02	62.12	109	1.79
总资产	1262.14	38.41	906.36	20.54	454.01
归属于母公司股东权益	675.16	34.41	502.7	33.96	211.18

资料来源：沪深交易所，同花顺。

表 17　　2016 年畜牧业上市公司盈利能力情况

指　标	2016 年	2016 年可比样本变动	2015 年	2015 年可比样本变动	2014 年
毛利率（%）	25.75	10.30	15.46	2.92	10.61
净资产收益率（%）	25.27	12.96	12.36	4.44	0.85
销售净利率（%）	17.86	9.25	8.66	3.27	0.73
资产净利率（%）	16.14	8.37	7.84	3.04	0.36

资料来源：沪深交易所，同花顺。

表 18　　2016 年畜牧业上市公司偿债及营运情况

指　标	2016 年	2016 年可比样本变动	2015 年	2015 年可比样本变动	2014 年
资产负债率（%）	43.53	0.63	42.51	-3.09	51
存货周转率（次）	3.94	0.00	3.94	0.39	2.74
总资产周转率（次）	0.90	0.00	0.9	0.01	0.49

资料来源：沪深交易所，同花顺。

（四）渔业

1. 行业概况

2016 年，是“十三五”开局之年，全国渔业主要强调调控政策以加快推进渔业转方式调结构。围绕减量增收、提质增效、绿色发展的目标，国家出台了一系列重要调控措施，印发了《关于加快推进渔业转方式调结构的指导意见》；提出了“十三五”渔业发展目标，印发了《全国渔业发展第十三个五年规划》。

2016 年，全国渔业经济继续保持较快发展，渔业总产值为 11602.9 亿元，同比增长 6.6%。全国水产品总产量 6901 万吨，比 2015 年增长 3.01%。其中，养殖产量 5142 万吨，同比增长 4.14%，捕捞产量 1759 万吨，同比下降 0.16%；海水产品产量 3490 万吨，同比增长 2.36%，淡水产品产量 3411 万吨，同比增长 3.68%。海水产品与淡水产品的产量比例为 50.6:49.4。加工水产品 2165.4 万吨，同比增长 3.50%。水产品供给得到充分保障。

2016 年全国水产养殖面积 8346 千公顷，同比下降 1.40%。海水养殖面积 2167 千公顷，同比下降 6.52%。淡水养殖面积 6180 千公顷，同比增长 0.53%，海水养殖与淡水养殖的面积比例为 26.0:74.0，水产养殖面积整体呈现小幅下降态势。

2. 行业内上市公司发展情况

表 19　2016 年渔业上市公司收入及资产增长情况　单位：亿元

指　标	2016 年	2016 年可比样本增长（%）	2015 年	2015 年可比样本增长（%）	2014 年
营业收入	137.45	18.18	116.31	4.89	110.83
利润总额	8.75	1147.71	-0.58	88.68	-5.31
归属于母公司所有者的净利润	7.50	490.57	-1.66	63.74	-4.73
总资产	269.81	6.03	254.72	4.18	244.31
归属于母公司股东权益	157.44	9.65	143.85	8.29	132.81

资料来源：沪深交易所，同花顺。

表 20　2016 年渔业上市公司盈利能力情况

指　标	2016 年	2016 年可比样本变动	2015 年	2015 年可比样本变动	2014 年
毛利率（%）	17.51	1.64	15.86	-0.55	16.4
净资产收益率（%）	4.77	6.10	-1.16	2.3	-3.56
销售净利率（%）	5.70	8.33	-2.41	1.75	-4.33
资产净利率（%）	2.99	4.21	-1.12	0.84	-2.04

资料来源：沪深交易所，同花顺。

表 21　2016 年渔业上市公司偿债及营运情况

指　标	2016 年	2016 年可比样本变动	2015 年	2015 年可比样本变动	2014 年
资产负债率（%）	40.55	-2.25	42.76	-2.15	44.89
存货周转率（次）	1.75	0.21	1.54	0.15	1.39
总资产周转率（次）	0.52	0.06	0.47	0	0.47

资料来源：沪深交易所，同花顺。

（五）农、林、牧、渔服务业

1. 行业概况

农、林、牧、渔服务业指对农、林、牧、渔业生产活动进行的各种支持性服务活动，包含灌溉服务、农产品初加工服务等，但不包括各种科学技术和专业技术服务活动。2016 年国内农业上市公司中该行业只有 2 家公司，较 2015 年增长 1 家，可见该行业发展在国内尚处初步阶段，且行业内公司规模小、所处地域分散。然而，随着农业专业化、规模化等进一步的发展，农、林、牧、渔对各自支持性服务的需求将日益增加，并且对公司专业化的程度的要求也将更高，相信将来在该领域内会有越来越多能为农林牧渔行业带来增值性服务的专业服务公司。

2. 行业内上市公司发展情况

表 22　2016 年农、林、牧、渔服务业上市公司收入及资产增长情况　单位：亿元

指　标	2016 年	2016 年可比样本增长（%）	2015 年	2015 年可比样本增长（%）	2014 年
营业收入	16.79	41.68	11.13	-19.3	13.79
利润总额	0.59	133.03	0.31	-51.18	0.64
归属于母公司所有者的净利润	0.33	-50.97	0.3	-50.08	0.61
总资产	61.58	185.05	18.63	-1.38	18.89
归属于母公司股东权益	43.58	163.66	13.62	1.9	13.45

资料来源：沪深交易所，同花顺。

表 23　2016 年农、林、牧、渔服务业上市公司盈利能力情况

指　标	2016 年	2016 年可比样本变动	2015 年	2015 年可比样本变动	2014 年
毛利率（%）	20.13	-4.82	22.86	3.01	19.87
净资产收益率（%）	0.77	-3.35	2.23	-2.33	4.54
销售净利率（%）	2.45	0.73	2.74	-1.69	4.42
资产净利率（%）	0.99	0.22	1.62	-1.52	3.14

资料来源：沪深交易所，同花顺。

表 24　2016 年农、林、牧、渔服务业上市公司偿债及营运情况

指　标	2016 年	2016 年可比样本变动	2015 年	2015 年可比样本变动	2014 年
资产负债率（%）	28.82	5.25	26.88	-1.93	28.81
存货周转率（次）	1.20	-0.54	1.68	-0.33	2.01
总资产周转率（次）	0.40	-0.05	0.59	-0.12	0.71

资料来源：沪深交易所，同花顺。

四、重点上市公司介绍

（一）牧原股份

牧原股份有限公司创立于1992年，是以饲料加工、生猪养殖、屠宰加工为一体的大型现代农牧企业。2014年，牧原股份成功登陆深圳证券交易所。

2016年牧原股份全年销售生猪311.39万头，其中，商品猪222.84万头，仔猪85.63万头，种猪2.92万头。实现营业收入56.06亿元，同比上涨86.65%，其中，归属于上市公司股东的净利润为23.22亿元，同比增长289.68%

公司拥有集饲料加工、生猪育种、种猪扩繁、商品猪饲养为一体的完整生猪产业链，目前是我国较大的生猪养殖企业、生猪育种企业。一体化产业链使得公司将生猪养殖各个生产环节置于可控状态，在食品安全、疫病防控、成本控制及标准化、规模化、集约化等方面具备明显的竞争优势。

经过20多年的发展和积累，公司形成了具有特色的生猪养殖模式：自建饲料厂和研究营养配方，生产饲料，供应各环节生猪饲养；自行设计猪舍和自动化设备；建立育种体系，自行选育优良品种；建立曾祖代—祖代—父母代—商品代的扩繁体系，自行繁殖种猪及商品猪；采取全程自养方式，使各养殖环节置于公司的严格控制之中，从而使公司在食品安全控制、产品质量控制、疫病防治、规模化经营、生产成本控制等方面，具有显著的特色和优势。

（二）天康生物

新疆天康畜牧生物技术股份有限公司（简称“天康生物”），由新疆天康技术发展公司整体改制，联合新疆畜牧科学院、新疆生物药品厂、新疆农垦科学院等7家单位共同发起组成。是专业从事畜禽饲料加工、良种畜禽繁育、胚胎生物工程技术的研究与推广、生物制品及动物保健品的研发、生产为一体的现代化高新生物技术企业，并且是国家8个部委联合确定的“国家农业产业化重点龙头企业”。

2016年公司实现营业总收入44.44亿元，同期增长6.64%，营业利润3.87亿元，同期增长61.1%，利润总额4.26亿元，同期增长57.88%，归属于上市公司股东的净利润3.93亿元，比2015年同期增长59.7%，归属于上市公司股东的扣除非经常性损益的净利润为3.56亿元，同期增长111.84%，公司的经营绩效在2016年取得显著增长。

天康生物主营业务形成了饲料、动物疫苗、生猪养殖并重的格局。2016年，公司饲料业务销售收入为22.20亿元，占营业收入49.96%；制药业务销售收入为7.52亿元，占营业收入16.92%；生猪养殖及食品加工业务销售收入为7.11亿元，占营业收入16.01%。天康生物是国家首批农业产业化重点龙头企业和高新技术企业。天康生物在全国拥有饲料生产企业20余家，是全国饲料工业30强企业；是政府采购疫苗定点生产企业之一，是农业部指定的猪瘟疫苗、猪蓝耳病疫苗、小反刍兽疫疫苗的定点生产企业。

天康生物核心竞争力在于实现了现代畜牧业畜禽良种繁育—饲料与饲养管理—动物药品及疫病防治—畜产品加工销售4个关键环节的完整闭合，形成动物疫苗、饲料及饲用植物蛋白、种猪繁育、生猪养殖、屠宰加工及肉制品销售的全产业链架构。此外，公司持续加大研发投入（2016年公司研发投入7752.89万元，同期增长28.32%），提高科技创新能力，形成了丰富的产品和技术储备，公司研发中心是国家认定的企业技术中心。

五、上市公司在行业中的影响力

2016年国务院一号文件《关于落实发展新理念加快农业现代化　实现全面小康目标的若干意见》围绕加快农业现代化建设、实现全面小康目标提出了一系列新观点、新政策、新举措。2016年一号文件的重点有：（1）农业现代化。着力强化物质装备和技术支撑，构建现代农业产业体系、生产体系和经营体系。（2）农业供给侧结构性改革。2016年“供给侧结构性改革”一词首次写入了中央一号文件。推进农业供给侧结构性改革，核心是：围绕市场需求，优化资源配置，扩大有效供给，增强供给结构的适应性和灵活性。（3）下大力气补齐三农“短板”。坚持工业反哺农业、城市支持农村，促进城乡公共资源均衡配置、城乡要素平等交换，稳步提高城乡基本公共服务均等化水平。（4）推进“互联网+农业”。应用物联网、云计算、大数据、移动互联等现代信息技术，推动农业全产业链改造升级。（5）发展绿色农业、保护资源修复生态。加快形成资源利用高效、生态系统稳定、产地环境良好、产品质量安全的农业发展新格局。（6）“产业融合”支撑农民增收。深入农村改革，充分发挥农村的独特优势，深度挖掘农业的多种功能，培育壮大农村新产业、新业态，推动产业融合发展成为农民增收的重要支撑。

总体来说，文件连续3年强调农业现代化使得一些农机企业获得更多的市场关注；绿色农业和生态修复使得土壤修复类企业获得更多市场关注；补齐三农“短板”、深入农村改革使得农垦系统类企业获得更多的市场关注；推进“互联网+农业”，将使得依托互联网技术的农业企业获得更多市场关注。此外，要真正落实供给侧结构性改革，须提高农业供给体系质量和效率，形成结构合理、保障有力的农产品有效供给，高度重视去库存、降成本、补短板。

具体来说，在农业信息化、现代化持续推进的大环境下，以下几类公司将受益：（1）依托信息、互联网技术和农业政策变革努力发展农村金融新模式的企业。（2）调整战略布局，升级业务板块，加速推进转型的企业。（3）种业、新型肥料、农机以及新型种植服务等公司。

审稿人：赵金厚

撰稿人：龚毓幸

采矿业

一、采矿业总体概况

（一）行业整体运行情况

2016年采矿业整体呈现分化走势，煤炭行业通过供给侧改革成功化解了产能过剩，煤价触底反弹，行业全面复苏；有色金属采选业主要金属产量平稳增长，价格也逐步向好，经营形势稳中向好；石油天然气开采业由于油价低迷，经营效益转差，同时低迷的油价也压制了固定资本开支，开采辅助业经营效益也同步转差；黑色金属矿开采方面，钢价整体低位运行，压制原材料价格，行业经营效益环比小幅下滑。

（二）细分行业运行概况

有色金属开采方面，2016年整体呈现产量平稳增长、效益明显改善，产业总体呈稳定运行势头。产量方面，2016年十种有色金属产量为5283万吨，同比增长2.5%，连续15年位居世界第一。其中，精炼铜、原铝、铅、锌产量分别为844万吨、3187万吨、467万吨、627万吨，分别同比增长6%、1.3%、5.7%、2%；铜材和铝材产量分别为2096万吨和5796万吨，分别同比增长12.5%和9.7%。效益方面，2016年，全行业实现主营业务收入6万亿元，同比增长5.6%；实现利润2430亿元，同比增长34.8%。但同时行业发展也存在一些问题，一是精深加工和应用技术研发不足，产品不同程度存在质量稳定性差、高端材料国产化程度低等问题；二是部分品种冶炼及低端加工产能过剩，企业长期处于微利和亏损状态；三是企业生产成本不断提高，财务成本居高不下，债务负担沉重。

石油天然气开采方面，2016年，我国石油和天然气开采业规模以上企业共293家，实现主营业务收入7854.9亿元，同比下降17.3%；利润净亏损543.6亿元，而2015年为盈利857.8亿元；资产总计2.26万亿元，同比下降3.8%；完成固定资产投资2331亿元，比2015年下降31.9%。2016年全国石油天然气总产量为3.31亿吨油当量，同比下降3.0%。其中，原油产量为2亿吨，比2015年下降6.9%；天然气产量为1368.3亿立方米，比2015年增长2.2%；液化天然气（LNG）产量为695.3万吨，比2015年增长29.9%。全年进口原油3.81亿吨，比2015年增长13.6%；进口天然气752.4亿立方米，比2015年增长22%。行业运行呈现三大特点，一是国际油价在2016年第一季度创下近13年来新低，全年布伦特原油均价为45.08美元/桶，较2015年均价53.60美元/桶下降15.9%。2016年OPEC传统产油国阵营与北美页岩油等新兴阵营争夺市场份额是油价急剧探底的主要原因，但从2017年开始，美国原油产量超预期上涨，页岩油成本下降明显，市场开始新一轮博弈。二是国内维持原油产量难度加大，近10年来首次出现产量下降，对外依存度继续上升；三是天然气消费增速恢复性上涨，价改步伐加快。

煤炭开采方面，2016年煤炭行业进行了轰轰烈烈的供给侧改革，在政策的强力推动下，全年退出煤炭产能3.5亿吨，同时在5～10月之间实施了276天生产制度，同时超产和违规矿井被强力压制，在建矿井被大量叫停，煤炭产能和产量迅速下降。在产产能从2016年初的42亿吨下降到38.5亿吨，原煤产量从2015年的36.8亿吨下降到2016年的34.5亿吨。行业供需格局逆转，煤价触底反弹，代表性品种秦皇岛5500大卡动力煤平仓价从2016年年初的360元/吨上升到11月高点741元/吨，煤企的盈利能力迅速提升，走出2012年以来的下行周期，资产负债表逐渐修复，行业性的债务违约风险大幅降低，供给侧改革取得显著成效。

开采辅助方面，开采辅助活动行业主要集中于油田服务行业，这类企业专业化从事石油、天然气开采过程中的勘探、钻井、测录井、射孔、压裂、完井、采油和储运等环节的服务活动。由于油价低迷且市场预期悲观，国际各大石油公司纷纷大幅压缩上游资本支出，仅维持基本工作量。油服企业面临工作量减少，固定成本升高；产能富余，价格和毛利水平下滑的窘境。2016年开采辅助活动上市公司收入同比下降26.77%，归属于母公司所有者的净利润由正转负，为－255.38亿元，同比下降613.87%。其中，石化油服（600871.SH）、中海油服（601808.SH）均出现超百亿元的巨亏。

黑色金属矿产采选方面，2016年全国规模以上铁矿企业原矿产量12.81亿吨，同比下降3.0%，降幅较2015年收窄4.7个百分点。全年共进口铁矿石10.24亿吨，继续刷新历史纪录，同比增加7140万吨，增长7.5%，增幅较2015年扩大5.3个百分点。全国粗钢表观消费量7.1亿吨，同比增长2.1%；国内铁矿石成品矿消费量11.72亿吨，同比增长1.3%。截至2016年年末，进口铁矿石港口库存达到1.14亿吨，创2014年以来的最高水平。2016年铁矿石价格总体前低后高，普氏指数全年涨幅5.4%；国产矿均价450.7元/吨，同比下降24.89元/吨，降幅5.2%；进口矿平均到岸价格56.3美元/吨，同比下降4.18美元/吨，降幅6.9%。行业固定资产投资978.32亿元，比2015年降低28.4%，国内矿山投资持续下降，较2015年明显扩大。规模以上矿山实现主营业收入6637.6亿，同比下降7.7%，降幅收窄13个百分点。全年利润总额403.7亿元，较2015年下降13%，下降趋势与2015年相比收窄30.9个百分点。

二、行业内上市公司发展概况

（一）行业内上市公司基本情况

表 1　　2016 年采矿业上市公司发行股票概况

门　类	A、B 股总数	A 股股票数	B 股股票数	境内总市值（亿元）	流通 A 股市值（亿元）	流通 B 股市值（亿元）
采矿业	75	74	1	33196.10	30321.31	85.26
占沪深两市比重（%）	2.39	2.36	0.03	6.53	7.75	4.50

资料来源：沪深交易所，同花顺。

（二）行业内上市公司构成情况

表 2　　2016 年采矿业上市公司构成情况　　单位：家

门　类	沪市			深市			ST/*ST
	仅 A 股	仅 B 股	A + B 股	仅 A 股	仅 B 股	A + B 股	
采矿业	46	1	0	28	0	0	1/3
占行业内上市公司比重（%）	61.33	1.33	0.00	37.33	0.00	0.00	1.33/4

资料来源：沪深交易所，同花顺。

（三）行业内上市公司融资情况

表 3　　2016 年采矿业上市公司与沪深两市融资情况对比　　单位：家

	融资家数	新股	增发	配股
采矿业	16	3	12	1
沪深两市总数	877	227	639	11
占比（%）	1.82	1.32	1.88	9.09

资料来源：沪深交易所，同花顺。

其中，在首发的 3 家公司中，有 2 家在主板上市，有 1 家在中小板上市；在增发的 12 家公司中，有 4 家沪市、8 家深市。

按行业大类划分，进行融资的 16 家公司中，有色金属采选业 8 家，开采辅助业 6 家，黑色金属采选业 1 家，煤炭采选业 1 家。

从融资效果来看，上述公司实际发行数量为 401287 万股；实际募集资金 329 亿元，基本完成了融资计划。

2016 年采矿业上市公司融资情况明细见附录。

（四）行业内上市公司资产及业绩情况

表 4　　2016 年采矿业上市公司资产情况　　单位：亿元

指　标	2016 年	2016 年可比样本增长（%）	2015 年	2015 年可比样本增长（%）	2014 年
总资产	62965.11	1.83	61655.81	2.16	59179.35
流动资产	14515.51	8.73	13290.49	-2.19	13002.59
占比（%）	23.05	1.46	21.56	-0.96	21.97
非流动资产	48449.60	-0.07	48365.32	3.42	46176.76
占比（%）	76.95	-1.46	78.44	0.96	78.03
流动负债	17453.91	5.31	16469.28	-8.29	17217
占比（%）	27.72	0.92	26.71	-3.05	29.09
非流动负债	12287.04	-6.88	13226.26	9.18	12000.36
占比（%）	19.51	-1.82	21.45	1.38	20.28
归属于母公司股东权益	28537.81	2.42	27765.9	3.24	26586.4
占比（%）	45.32	0.26	45.03	0.47	44.93

资料来源：沪深交易所，同花顺。

表 5　　2016 年采矿业上市公司收入实现情况　　单位：亿元

指　标	2016 年	2016 年可比样本增长（%）	2015 年	2015 年可比样本增长（%）	2014 年
营业收入	45005.66	-3.39	46503.54	-24.99	60952.07
利润总额	1572.66	4.91	1469	-54.69	3217.27
归属于母公司所有者的净利润	596.05	-24.51	765.18	-65.22	2189.05

资料来源：沪深交易所，同花顺。

（五）利润分配情况

2016 年全年采矿业上市公司中共有 34 家公司实施了分红配股。其中，29 家上市公司仅实施派息，5 家公司既实施了送股、转增，又实施了派息。

2016 年采矿业上市公司分红明细见附录。

（六）其他财务指标情况

1. 盈利能力指标

表 6　　2016 年采矿业上市公司盈利能力情况

指　标	2016 年	2016 年可比样本变动	2015 年	2015 年可比样本变动	2014 年
毛利率（%）	22.63	0.31	22.29	3	19.42
净资产收益率（%）	2.09	-0.75	2.76	-5.43	8.23
销售净利率（%）	2.29	0.04	2.19	-1.75	3.99
资产净利率（%）	1.65	-0.06	1.67	-2.49	4.22

资料来源：沪深交易所，同花顺。

2. 偿债能力指标

表 7　　2016 年采矿业上市公司偿债能力指标

指　标	2016 年	2016 年可比样本变动	2015 年	2015 年可比样本变动	2014 年
流动比率	0.83	0.03	0.81	0.05	0.76
速动比率	0.60	0.02	0.58	0.08	0.51
资产负债率（%）	47.23	-0.91	48.16	-1.67	49.37

资料来源：沪深交易所，同花顺。

3. 营运能力指标

表 8　　2016 年采矿业上市公司营运能力情况　　单位：次

营运能力指标	2016 年	2016 年可比样本变动	2015 年	2015 年可比样本变动	2014 年
存货周转率	9.04	0.16	8.89	-1.27	10.33
应收账款周转率	19.70	1.77	17.98	-5.94	26.31
流动资产周转率	3.23	-0.22	3.46	-1.09	4.67
固定资产周转率	1.97	-0.15	2.12	-0.98	3.11
总资产周转率	0.72	-0.04	0.76	-0.29	1.06
净资产周转率	1.38	-0.12	1.49	-0.6	2.08

资料来源：沪深交易所，同花顺。

三、重点细分行业介绍

表 9　　2016 年采矿业上市公司数量分布及市值情况

大　类	上市公司家数（家）	占行业内比重（%）	境内总市值（亿元）	占行业内比重（%）
有色金属矿采选业	24	32.00	4948.81	14.91
石油和天然气开采业	4	5.33	18508.60	55.76
煤炭开采和洗选业	28	37.33	7116.53	21.44
开采辅助活动	14	18.67	1954.55	5.89
黑色金属矿采选业	5	6.67	667.61	2.01

资料来源：沪深交易所，同花顺。

（一）黑色金属矿采选业

1. 行业概况

2016 年，国内铁矿石市场景气度继续下滑，供给持续增加，消费量有所回升，但总体供大于求的局面没有改变。国内铁精粉价格处于历史较低水平，企业经营库存、资金紧张，行业投资持续萎缩，行业 90% 的企业处于累计亏损状态。

2. 行业内上市公司发展情况

表 10　　2016 年黑色金属矿采选业上市公司收入及资产增长情况　　单位：亿元

指　标	2016 年	2016 年可比样本增长（%）	2015 年	2015 年可比样本增长（%）	2014 年
营业收入	130.93	-10.59	172.43	-23.28	224.75
利润总额	-72.68	-176.67	-26.72	48.5	-51.89
归属于母公司所有者的净利润	-67.00	-166.92	-26.23	22.13	-33.7
总资产	246.42	-64.91	779.41	6.89	728.06
归属于母公司股东权益	140.66	-27.33	219.44	-8.24	239.2

资料来源：沪深交易所，同花顺。

表 11　　2016 年黑色金属矿采选业上市公司盈利能力情况

指　标	2016 年	2016 年可比样本变动	2015 年	2015 年可比样本变动	2014 年
毛利率（%）	9.11	-5.40	15.25	-11.67	26.92
净资产收益率（%）	-47.63	-34.67	-11.96	2.13	-14.09
销售净利率（%）	-55.40	-36.78	-16.33	8.46	-24.79
资产净利率（%）	-15.29	-11.32	-3.73	5.08	-8.82

资料来源：沪深交易所，同花顺。

表 12　　2016 年黑色金属矿采选业上市公司偿债及营运情况

指　标	2016 年	2016 年可比样本变动	2015 年	2015 年可比样本变动	2014 年
资产负债率（%）	40.44	-29.55	69.08	4.9	64.11
存货周转率（次）	7.67	2.35	5.32	-1.03	6.35
总资产周转率（次）	0.28	0.06	0.23	-0.13	0.36

资料来源：沪深交易所，同花顺。

（二）开采辅助活动

1. 行业概况

开采辅助活动行业主要集中于油田服务行业。这类企业专业化从事石油、天然气开采过程中的勘探、钻井、测录井、射孔、压裂、完井、采油和储运等环节的服务活动。由于油价低迷且市场预期悲观，国际各大油公司纷纷大幅压缩上游资本支出，仅维持基本工作量。油服企业面临工作量减少，固定成本升高；产能富余，价格和毛利水平下滑的窘境。2016 年开采辅助活动上市公司收入同比下降 26.77%，归属于母公司所有者的净利润由正转负，为 -255.38 亿元，同比下降 613.87%。其中，石化油服（600871.SH）、中海油服（601808.SH）均出现超百亿元的巨亏。

2. 行业内上市公司发展情况

表 13　　2016 年开采辅助活动上市公司收入及资产增长情况　　单位：亿元

指　标	2016 年	2016 年可比样本增长（%）	2015 年	2015 年可比样本增长（%）	2014 年
营业收入	824.94	-26.77	1096.29	-31.84	629.34
利润总额	-250.64	-475.64	63.46	-62.88	144.32
归属于母公司所有者的净利润	-255.38	-613.87	46.85	-66.04	122.54
总资产	2177.53	-7.88	2329.81	6.18	1342.2
归属于母公司股东权益	880.06	-20.30	1089.45	10.08	782.92

资料来源：沪深交易所，同花顺。

表 14　　2016 年开采辅助活动上市公司盈利能力情况

指　标	2016 年	2016 年可比样本变动	2015 年	2015 年可比样本变动	2014 年
毛利率（%）	-9.44	-25.72	16.13	-2.41	30.84
净资产收益率（%）	-29.02	-33.52	4.3	-9.64	15.65
销售净利率（%）	-30.95	-35.48	4.4	-4.32	19.76
资产净利率（%）	-11.24	-13.47	2.13	-4.31	9.76

资料来源：沪深交易所，同花顺。

表 15　　2016 年开采辅助活动上市公司偿债及营运情况

指　标	2016 年	2016 年可比样本变动	2015 年	2015 年可比样本变动	2014 年
资产负债率（%）	59.22	6.40	52.78	-1.66	41.05
存货周转率（次）	5.23	0.05	5.16	-2.58	11.96
总资产周转率（次）	0.36	-0.13	0.48	-0.25	0.49

资料来源：沪深交易所，同花顺。

（三）煤炭开采和洗选业

1. 行业概况

2016 年煤炭行业进行了轰轰烈烈的供给侧改革，在政策的强力推动下，全年退出煤炭产能 3.5 亿吨，同时在 5～10 月之间实施了 276 天生产制度，同时超产和违规矿井被强力压制，在建矿井大量叫停，煤炭产能和产量迅速下降。在产产能从 2016 年初的 42 亿吨下降到 38.5 亿吨，原煤产量从 2015 年的 36.8 亿吨下降到 2016 年的 34.5 亿吨。行业供需格局逆转，煤价触底反弹，代表性品种秦皇岛 5500 大卡动力煤平仓价从年初 360 元/吨上升到 11 月高点 741 元/吨，煤企的盈利能力迅速提升，走出 2012 年以来的下行周期，资产负债表逐渐修复，行业性的债务违约风险大幅降低，供给侧改革取得显著成效。

2. 行业内上市公司发展情况

表 16　　2016 年煤炭开采和洗选业上市公司收入及资产增长情况　　单位：亿元

指　标	2016 年	2016 年可比样本增长（%）	2015 年	2015 年可比样本增长（%）	2014 年
营业收入	5702.51	10.38	5108.2	-22.3	6538.5
利润总额	562.90	131.04	225.21	-70.35	761.56
归属于母公司所有者的净利润	320.94	837.89	20.63	-95.47	459.44
总资产	16875.24	2.30	16298.63	5.91	15257.6
归属于母公司股东权益	6852.42	4.82	6464.34	-1.42	6540.49

资料来源：沪深交易所，同花顺。

表 17　　2016 年煤炭开采和洗选业上市公司盈利能力情况

指　标	2016 年	2016 年可比样本变动	2015 年	2015 年可比样本变动	2014 年
毛利率（%）	30.01	2.68	27.19	-0.88	28.08
净资产收益率（%）	4.68	4.16	0.32	-6.63	7.02
销售净利率（%）	7.30	5.10	1.88	-6.88	8.86
资产净利率（%）	2.49	1.78	0.61	-3.31	3.95

资料来源：沪深交易所，同花顺。

表 18　　2016 年煤炭开采和洗选业上市公司偿债及营运情况

指　标	2016 年	2016 年可比样本变动	2015 年	2015 年可比样本变动	2014 年
资产负债率（%）	51.61	-1.33	52.85	3.27	49.28
存货周转率（次）	10.59	1.27	9.5	-1.88	11.32
总资产周转率（次）	0.34	0.02	0.32	-0.12	0.45

资料来源：沪深交易所，同花顺。

（四）石油和天然气开采业

1. 行业概况

2016 年，受国际油价深度下滑的影响。我国石油和天然气开采业实现主营业务收入 7854.9 亿元，同比下降 17.3%；利润净亏损 543.6 亿元，而 2015 年为盈利 857.8 亿元；资产总计 2.26 万亿元，同比下降 3.8%；完成固定资产投资 2331 亿元，比 2015 年下降 31.9%。2016 年全国石油天然气总产量为 3.31 亿吨（油当量），同比下降 3.0%。其中，原油产量为 2 亿吨，比 2015 年下降 6.9%，为近 10 年来首次下滑；天然气产量稳中有升，为 1368.3 亿立方米，比 2015 年增长 2.2%；液化天然气（LNG）产量表现强劲，为 695.3 万吨，比 2015 年增长 29.9%。全年进口原油 3.81 亿吨，比 2015 年增长 13.6%，进口依存度超过 65%，达 65.4%；进口天然气 752.4 亿立方米，比 2015 年增长 22%，其中，液化天然气（LNG）是进口增长的主力。

2. 行业内上市公司发展情况

表 19　　2016 年石油和天然气开采业上市公司收入及资产增长情况　　单位：亿元

指　标	2016 年	2016 年可比样本增长（%）	2015 年	2015 年可比样本增长（%）	2014 年
营业收入	35532.14	-5.30	37503.97	-26.71	51155.93
利润总额	1254.14	9.34	1145.67	-49.15	2251.64
归属于母公司所有者的净利润	545.65	-20.05	681.73	-56.39	1562.41
总资产	39562.67	1.54	38922.89	-0.36	38943.8
归属于母公司股东权益	19182.66	2.38	18714.55	4.75	17812.94

资料来源：沪深交易所，同花顺。

表 20　　2016 年石油和天然气开采业上市公司盈利能力情况

指　标	2016 年	2016 年可比样本变动	2015 年	2015 年可比样本变动	2014 年
毛利率（%）	23.13	0.39	22.75	4.23	18.51
净资产收益率（%）	2.84	-0.80	3.64	-5.11	8.77
销售净利率（%）	2.50	0.20	2.29	-1.02	3.32
资产净利率（%）	2.26	0.05	2.21	-2.22	4.44

资料来源：沪深交易所，同花顺。

表 21　　2016 年石油和天然气开采业上市公司偿债及营运情况

指　标	2016 年	2016 年可比样本变动	2015 年	2015 年可比样本变动	2014 年
资产负债率（%）	43.77	-1.00	44.81	-4.42	49.22
存货周转率（次）	9.42	0.23	9.19	-1.13	10.36
总资产周转率（次）	0.90	-0.06	0.96	-0.37	1.34

资料来源：沪深交易所，同花顺。

（五）有色金属矿采选业

1. 行业概况

2016 年整体呈现产量平稳增长、效益明显改善，产业总体呈稳定运行势头。产量方面，2016 年十种有色金属产量为 5283 万吨，同比增长 2.5%，连续 15 年居世界第一。其中，精炼铜、原铝、铅、锌产量分别为 844 万吨、3187 万吨、467 万吨、627 万吨，分别同比增长 6%、1.3%、5.7%、2%；铜材和铝材产量分别为 2096 万吨和 5796 万吨，分别同比增长 12.5% 和 9.7%。效益方面，2016 年，全行业实现主营业务收入 6 万亿元，同比增长 5.6%；实现利润 2430 亿元，同比增长 34.8%。但同时行业发展也存在一些问题，一是精深加工和应用技术研发不足，产品不同程度存在质量稳定性差、高端材料国产化程度低等问题；二是部分品种冶炼及低端加工产能过剩，企业长期处于微利和亏损状态；三是企业生产成本不断提高，财务成本居高不下，债务负担沉重。

2. 行业内上市公司发展情况

表 22　　2016 年有色金属矿采选业上市公司收入及资产增长情况　　单位：亿元

指　标	2016 年	2016 年可比样本增长（%）	2015 年	2015 年可比样本增长（%）	2014 年
营业收入	2815.14	7.14	2622.66	8.28	2403.55
利润总额	78.93	16.19	61.39	-44.29	111.62

续表

指　标	2016 年	2016 年可比样本增长（%）	2015 年	2015 年可比样本增长（%）	2014 年
归属于母公司所有者的净利润	51.84	7.26	42.2	-45.36	78.36
总资产	4103.24	23.94	3325.07	11.7	2907.68
归属于母公司股东权益	1482.01	14.78	1278.12	2.98	1210.84

资料来源：沪深交易所，同花顺。

表 23　　2016 年有色金属矿采选业上市公司盈利能力情况

指　标	2016 年	2016 年可比样本变动	2015 年	2015 年可比样本变动	2014 年
毛利率（%）	11.46	1.95	9.27	-2.42	11.56
净资产收益率（%）	3.50	-0.25	3.3	-2.92	6.47
销售净利率（%）	1.92	0.11	1.59	-1.91	3.6
资产净利率（%）	1.46	-0.07	1.32	-1.69	3.16

资料来源：沪深交易所，同花顺。

表 24　　2016 年有色金属矿采选业上市公司偿债及营运情况

指　标	2016 年	2016 年可比样本变动	2015 年	2015 年可比样本变动	2014 年
资产负债率（%）	56.68	0.78	56.26	4.23	51.98
存货周转率（次）	6.47	-1.16	7.59	-0.31	8.38
总资产周转率（次）	0.76	-0.08	0.83	-0.03	0.88

资料来源：沪深交易所，同花顺。

四、重点上市公司介绍

（一）黑色金属矿采选业：海南矿业

海南矿业拥有的石碌铁矿属多金属矿区，以富铁矿石储量大、品位高而著称，储量大，铁矿石品位居我国第一，能够生产块矿直接用于生铁冶炼，被誉为中国最大的富铁矿生产商。海南矿业的矿山开采机械化程度较高，具有采矿、选矿、尾矿回收、设备维修、金属加工等综合生产能力。海南矿业拥有的铁矿石保有储量2.57亿吨，平均品位46.60%。生产规模年产铁矿石原矿460万吨，成品铁矿石350万吨。2016年公司成品铁矿石产量290.58万吨，同比下降3.44%；铁矿石销量289.62万吨，同比下降12.75%；2016年实现营业收入9.08亿元，同比下降13.60%；亏损2.85亿元，为上市以来首次亏损。

(二)开采辅助活动:石化油服

中石化石油工程技术服务股份有限公司是目前国内规模最大的上市油田服务公司。2014年在中国石化集团的领导下,“*ST仪化”实施重大资产重组,置出原上市公司资产,并置入中国石化集团下属石油工程板块的相关业务和资产。2015年3月重组事宜全面完成,“*ST仪化”正式更名为“石化油服”。目前,石化油服上市公司拥有地球物理、钻井工程、测录井、井下特种作业和工程建设五大业务板块,涵盖从勘探、钻井、完井、油气生产、油气集输到弃井的全产业链,是我国最大的石油工程与油田技术综合服务商。截至2016年年底,拥有各类技术与施工队伍近2000支,用工总量12万余人。2016年公司实现营业收入429.24亿元,同比下降28.9%,实现归属于上市公司股东的净利润-161.15亿元。当年公司出现巨额亏损的原因是国际油价快速下跌且预期悲观,导致国内外石油公司上游勘探开发资本支出急剧缩减,油田服务作业量快速减少,作业价格下降。油服企业的设备综合利用率下降,导致固定成本上升。

(三)煤炭开采和洗选业:中国神华

中国神华是我国煤炭行业龙头企业,世界第二大煤炭企业,产量仅次于印度国家煤炭公司。公司以煤为基,打造“煤电路港运化”为一体的综合性能源集团。公司目前拥有25对矿井,核定产能3.36亿吨。公司2016年实现商品煤产量28980万吨,同比增长2%,商品煤综合售价317元/吨,同比增长8%;原煤口径自产煤开采成本109元/吨,同比下降9%,公司煤炭开采成本在行业中处于领先地位且多年来保持稳定,吨煤利润35元,净利30元/吨,煤炭业务归母净利100亿元。营业总收入1831亿,增加3.4%;归母净利227亿元,同比增加41%。

(四)石油和天然气开采业:中国石油

中国石油是国内规模最大的油气生产和销售商,在国内乃至世界油气领域均具有举足轻重的地位。受原油、天然气、成品油价格比2015年同期下降等因素影响,2016年中国石油营收和净利润双双下滑,2016年公司实现营业收入16169.03亿元,比2015年同期下降6.3%,归属于母公司股东的净利润为人民币78.57亿元,比2015年同期下降77.9%,扣除非经常性损益后的净利润26.34亿元,较2015年同期下降85.7%。

2016年公司实现原油产量9.207亿桶(约1.25亿吨),较2015年同比下降5.3%;实现天然气产量927.51亿立方米,较2015年同比增长4.6%,油气当量产量14.67亿桶,较2015年同比下降1.8%。截至2016年年底,公司原油证实储量74.38亿桶,较2015年年底同比下降12.7%,天然气证实储量22288.55亿方,较2015年年底同比增长1.5%。

分板块来看，2016 年公司勘探与生产板块实现经营利润31.48亿元，较2015年同比下降 90.7%，2016 年公司平均实现原油价格 37.99 美元/桶，较 2015 年的 48.35 美元/桶下降 21.4%；2016 年公司炼油与化工板块实现经营利润 390.26 亿元，较 2015 年同比增长 699.2%；2016 年公司销售板块实现经营利润 110.38 亿元，比 2015 年的经营亏损 5 亿元扭亏增利 115.48 亿元；2016 年公司天然气与管道业务实现营业利润 178.85 亿元，较 2015 年同比下滑 65.1%。

（五）有色金属矿采选业：紫金矿业

紫金矿业主要从事黄金、铜、锌及其他矿产资源的勘探、开采及冶炼加工及相关产品销售业务，以金、铜、锌矿产开发为主，钨、铁等其他金属为辅，适度延伸冶炼加工产业，发展与矿业关联的科研、建设、贸易和金融等业务；投资项目分布在国内 22 个省区，海外 9 个国家有矿业项目。在 2016 年《福布斯》全球 2000 强中，公司位居第 1175 位，位居其中全球金属矿业企业第 9 位、全球黄金企业第 3 位。2016 年公司金、铜、锌三大主要矿产品产量实现较大幅度的增长，其中，矿产金产量 42.55 吨，同比增长 14.50%，矿产铜产量 15.5 万吨，同比增长 3.09%，矿产锌产量 25 万吨，同比增长 26.17%；实现销售收入 788.51 亿元，同比增长 6.12%；实现归属母公司股东净利润 18.40 亿元，同比增长 11.12%。

五、上市公司在行业中的影响力

（一）黑色金属矿采选业

2016 年黑色金属矿采选业企业共 2347 家，其中，上市公司 5 家，上市公司数量占比不足 1%。受行业景气度持续下滑影响，黑色金属矿采选企业数量不断减少，行业内小型私营企业数量较多。从经营情况来看，2016 年黑色金属矿采选企业主营业务收入为 6637.6 亿元，上市公司营业收入为 130.93 亿元，占比仅达 1.97%。全年黑色金属矿采选企业实现利润总额 403.7 亿元，上市公司利润总额 -72.68亿元。从亏损面来看，2016 年共计亏损企业 604 家，亏损企业占比 25.73%，亏损总额达 119.7 亿元。其中，上市公司亏损 3 家，亏损企业占上市公司比重 60%。

（二）开采辅助活动

2016 年开采辅助活动上市公司共 14 家，其中，12 家上市公司主要从事石油天然气开采辅助活动，上市企业基本上是各自细分领域的龙头企业。其中，石化油服是国内规模最大的综合类油田服务商，业务涵盖油服全产业链，并拥有经验丰富的工程建设队伍；海油工程和博迈科是国内海洋石油装备设计和制造的代表性企业，其中海油工程是国内唯一一家同时具备承揽海洋石油、天然气开发工程设计、陆地制造和海上安装、调试、维修业务工程总承包能力的企业；中海油服是亚洲最具规模的综合型海洋油田服务供应商；通源石油是国内复合射孔领域的龙头企业；惠博普是国内综合实力位居前列的民营综合性油气资源开发利用解决方案提供商。

（三）煤炭开采和洗选业

2016年煤炭行业共有上市公司28家，同期全行业企业数量为5592家，上市公司数量占比很低，大量煤炭企业没有上市。从产量来看，上市公司2016年合计煤炭产量8.6亿吨，占全行业的25%，占比较2015年基本持平。整体来看，煤炭行业的资产证券化率依旧较低，各个大型煤炭集团体内依旧有大量产能。自2012年煤价下行以来，煤矿业绩逐年下降，现金流不断衰减，煤炭资产难以符合上市要求，同时大型煤炭集团资产注入旗下上市公司也存在困难，煤炭资产证券化逐渐停滞，2016年供给侧改革之后有望掀起新一轮证券化浪潮。

（四）石油和天然气开采业

2016年石油和天然气开采行业上市公司共4家。从产量来看，2016年上市公司共实现原油产量12.24亿桶，合1.66亿吨，其中，国内原油产量达10.17亿桶，合1.38亿吨，占全国总产量的69%；上市公司共实现天然气产量1144.3亿立方米，其中，国内天然气产量达1068.9亿立方米，占全国总产量的78.1%。行业上市公司继续保持绝对领先地位。中国石油和中国石化两家上市公司自上市以来，在市场化的浪潮中不断锤炼，生产经营效率不断优化，并率先实施“走出去”战略，为我国的能源安全和国民经济健康稳定发展做出了突出贡献。其他两家上市公司中，广汇能源是我国民营能源企业的优秀代表，除传统的煤工业务以外，公司也是国内少有的获批建设LNG接收站的民营企业之一。洲际油气在海外油气资源并购方面走在国内民营企业前列，2016年公司宣布将实施定增及配套融资，收购班克斯公司100%股权及基傲投资100%股权（间接控制NCP65%股权），并购若能实施，洲际油气拥有的资源储量将在现有的基础上扩大1倍以上，基本实现成为中大型国际油气公司的目标。

（五）有色金属矿采选业

2016年有色金属采选企业共1797家，其中，上市公司仅24家，行业内小型民营矿山企业较多。就资产体量而言，上市企业资产规模4103亿元，行业资产规模5902亿元，上市资产规模占比达到70%，较2015年提升10个百分点。资产负债率方面，2016年上市公司平均达到56.7%，高于行业整体53%的平均水平，这与上市公司债务融资相对容易有关。经营效益方面，上市公司整体销售净利率1.92%，低于行业5%的平均水平。

审稿人：金晟哲

撰稿人：吴　鹏

制造业

农副食品加工业

一、农副食品加工业总体概况

（一）行业整体运行情况

2016 年，国内宏观经济增速持续放缓，农副食品加工行业发展情况较为稳定，行业整体运行态势稳中有升，全行业规模以上企业 2.59 万家，资产总额 33764 亿元，较 2015 年增长 5.41%；实现营业收入 68952.2 亿元，较 2015 年增长 5.88%；实现利润总额 3422.8 亿元，较 2015 年增长 5.84%。行业总体盈利能力保持平稳，整体毛利率 10.48%，销售利润率 4.96%，较 2015 年水平略有下降。行业财务状况稳定，截至 2016 年年底，全行业的资产负债率达到 49.68%，较 2015 年下降 1.12 个百分点。

（二）细分行业运行概况

农副食品加工行业共分为 8 个细分子行业：饲料加工业，植物油加工业，制糖业，屠宰及肉制品加工业，水产品加工业，蔬菜、水果和坚果加工业、谷物磨制业以及其他农副食品加工业，下面介绍其中几个细分子行业的运行情况。

2016 年，我国饲料加工业积极适应“新常态”，创新发展方式，进一步提升了行业规范化和可持续健康发展的能力，产业发展更加效能。全国商品饲料总产量 20918 万吨，同比增长 4.5%。其中，配合饲料产量 18395 万吨，同比增长 5.7%；浓缩饲料产量 1832 万吨，同比下降 6.5%；添加剂预混合饲料产量 691 万吨，同比增长 5.8%。全国饲料工业总产值和总营业收入分别为 8014 亿元、7778 亿元，同比增长 2.6%、4.9%。

植物油加工制造业 2016 年总体运行平稳。油料进口量继续增加，植物油进口量有所减少；产品结构进一步调整优化，企业经济效益向好，亏损企业减少。全国规模以上植物油加工企业 2144 家，完成主营业务收入 10715.1 亿元，同比增长 5.1%；实现利润总额 405.9 亿元，同比增长 9.9%。企业亏损状况有所好转，亏损总额 30.5 亿元，同比下降 32.1%。随着制油装备自动化、智能化程度的不断提高，从业人员平均人数略有降低，2016 年较 2015 年减少 0.54 万人。

2016 年我国制糖行业规模以上企业

数量达308家，其中，134家企业出现亏损，平均亏损1483.6万元；资产总额为2084.69亿元，较2015年增长7.98%；全年实现销售收入1099.76亿元，较2015年增长9.57%；实现利润总额33.87亿元，较2015年增长19.05%；行业销售利润率3.08%，较2015年微涨0.25个百分点；

屠宰及肉制品加工业2016年整体盈利可观。生猪产业2016年在环保压力下持续去产能，并赢得去产能红利，规模迅猛扩张，散户持续退出，生猪、猪肉价格达到周期高位。引种限制下2016年种鸡、商品鸡供应均下降，白羽肉鸡行业扭亏为盈。此外，饲料成本的下降进一步支撑行业利润。

水产品加工业复苏明显，企业出口订单显著增长，水产品贸易呈现反转态势，各项数据全面增长。1～10月我国水产品进出口总量678.68万吨、总额243.56亿美元，同比分别增长3.16%、3.32%。水产品生产稳定，价格回升。据全国20个渔业主产省统计数据，1～11月国内水产品总产量（不含远洋渔业产量）5725.45万吨，同比增长2.98%，增幅较2015年稍有下降。水产品批发市场监测显示，1～11月份批发市场量减额增，价格适度上涨。

二、行业内上市公司发展概况

（一）行业内上市公司基本情况

表1　**2016年农副食品加工业上市公司发行股票概况**

门　类	A、B股总数	A股股票数	B股股票数	境内总市值（亿元）	流通A股市值（亿元）	流通B股市值（亿元）
农副食品加工业	38	38	0	4491.15	3504.81	0.00
占沪深两市比重（%）	1.21	1.21	0.00	0.88	0.90	0.00

资料来源：沪深交易所，同花顺。

（二）行业内上市公司构成情况

表2　**2016年农副食品加工业上市公司构成情况**　单位：家

门　类	沪市			深市			ST/*ST
	仅A股	仅B股	A+B股	仅A股	仅B股	A+B股	
农副食品加工业（家）	9	0	0	29	0	0	0/0
占行业内上市公司比重（%）	23.68	0.00	0.00	76.32	0.00	0.00	0/0

资料来源：沪深交易所，同花顺。

（三）行业内上市公司融资情况

表 3　　**2016 年农副食品加工业上市公司与沪深两市融资情况对比**　　单位：家

门　类	融资家数	新股	增发	配股
农副食品加工业	8	1	7	0
沪深两市总数	877	227	639	11
占比（%）	0.91	0.44	1.10	0.00

资料来源：沪深交易所，同花顺。

其中，首发的 1 家公司，在沪市主板上市；增发的 7 家公司中，有 1 家沪市主板公司、1 家深市主板公司、4 家中小板公司和 1 家创业板公司。

从融资效果来看，上述公司实际发行数量为 251236.09 万股；实际募集资金 177.74 亿元，基本完成了融资计划。

2016 年农副食品加工业上市公司融资情况明细见附录。

（四）行业内上市公司资产及业绩情况

表 4　　**2016 年农副食品加工业上市公司资产情况**　　单位：亿元

指　标	2016 年	2016 年可比样本增长（%）	2015 年	2015 年可比样本增长（%）	2014 年
总资产	2255.59	15.70	2016.58	7.42	1859.42
流动资产	945.75	12.80	929.86	-0.38	920.34
占比（%）	41.93	-1.08	46.11	-3.61	49.5
非流动资产	1309.85	17.89	1086.73	15.13	939.08
占比（%）	58.07	1.08	53.89	3.61	50.5
流动负债	740.33	14.02	671.01	-6.64	707.6
占比（%）	32.82	-0.48	33.27	-5.01	38.05
非流动负债	158.55	42.11	133.14	3.64	128.15
占比（%）	7.03	1.31	6.6	-0.24	6.89
归属于母公司股东权益	1251.40	15.02	1122.74	17.61	949.21
占比（%）	55.48	-0.33	55.68	4.83	51.05

资料来源：沪深交易所，同花顺。

表 5　　2016 年农副食品加工业上市公司收入实现情况　　单位：亿元

指　标	2016 年	2016 年可比样本增长（%）	2015 年	2015 年可比样本增长（%）	2014 年
营业收入	2833.80	5.65	2727.56	-1.95	2774.75
利润总额	178.96	18.14	151.79	14.71	131.47
归属于母公司所有者的净利润	140.96	24.11	113.49	17.64	95.81

资料来源：沪深交易所，同花顺。

（五）利润分配情况

2016 年全年农副食品加工业上市公司中共有 24 家公司实施了分红配股。其中，16 家上市公司仅实施派息，8 家公司既实施了送股、转增，又实施了派息。

2016 年农副食品加工业上市公司分红明细见附录。

（六）其他财务指标情况

1. 盈利能力指标

表 6　　2016 年农副食品加工业上市公司盈利能力情况

指　标	2016 年	2016 年可比样本变动	2015 年	2015 年可比样本变动	2014 年
毛利率（%）	14.39	1.00	14.08	1.45	12.58
净资产收益率（%）	11.26	0.83	10.11	0	10.09
销售净利率（%）	5.34	0.69	4.55	0.72	3.81
资产净利率（%）	7.20	0.41	6.37	0.33	6.02

资料来源：沪深交易所，同花顺。

2. 偿债能力指标

表 7　　2016 年农副食品加工业上市公司偿债能力指标

指　标	2016 年	2016 年可比样本变动	2015 年	2015 年可比样本变动	2014 年
流动比率	1.28	-0.01	1.39	0.09	1.3
速动比率	0.80	-0.06	0.86	0.1	0.76
资产负债率（%）	39.85	0.82	39.88	-5.25	44.95

资料来源：沪深交易所，同花顺。

3. 营运能力指标

表 8　2016 年农副食品加工业上市公司营运能力情况　单位：次

营运能力指标	2016 年	2016 年可比样本变动	2015 年	2015 年可比样本变动	2014 年
存货周转率	7.70	-0.13	6.35	-0.25	6.63
应收账款周转率	30.77	-3.52	34.75	-7.43	42.45
流动资产周转率	3.18	-0.04	2.93	-0.22	3.17
固定资产周转率	4.63	-0.33	5.02	-0.67	5.69
总资产周转率	1.35	-0.11	1.40	-0.18	1.58
净资产周转率	2.23	-0.25	2.43	-0.48	2.92

资料来源：沪深交易所，同花顺。

三、重点上市公司介绍

（一）新希望

新希望是中国最大的饲料生产企业，也是中国最大的农牧企业之一。2016 年，受养殖行业持续低迷的影响，公司实现营业收入 608.80 亿元，较 2015 年降低 1.04%。公司盈利能力保持平稳，综合毛率达到 7.97%，较 2015 年同期上升 1.02 个百分点；销售净利率 5.15%，较 2015 年上升 0.34 个百分点；实现归属于母公司所有者的净利润 24.69 亿元，较 2015 年增长 11.67%。每股收益 0.59 元，与 2015 年相比降低 44.34%。2016 年年末，公司的资产负债率达到 31.66%，较 2015 年上升 0.20 个百分点。

（二）大北农

大北农是一家业务涵盖饲料、动保、种业和植保的农业高科技企业。公司的主营业务是饲料产品生产、销售和农作物种子培育、推广。2016 年，公司实现营业收入 168.41 亿元，较 2015 年同期上升 4.61%。公司盈利能力保持稳定，毛利率为 24.88%，较 2015 年上升 0.59 个百分点；销售净利率 5.56%，较 2015 年上升 1.16 个百分点；净资产收益率 9.54%。2016 年年末，公司的资产负债率达到 34.28%，较 2015 年上升 1.14 个百分点。

四、上市公司在行业中的影响力

2016 年，农副食品加工行业规模以上企业实现资产总额 33764 亿元，较 2015 年增长 5.41%；行业内上市公司总资产 2255.59 亿元，较 2015 年增长 15.70%，上市公司总资产占行业总资产 6.68%，较 2015 年增加 0.38 个百分点。

2016 年，农副食品加工行业规模以上企业实现营业收入 68952.2 亿元，较 2015 年增长 5.88%；行业内上市公司营业收入 2833.80 亿元，较 2015 年增长 5.65%，上市公司总收入占行业总收入 4.13%，较 2015 年下降 0.06 个百分点。

2016 年，农副食品加工行业规模以上企业实现利润总额 3422.8 亿元，较 2015 年增长 5.84%。行业内上市公司利润总额 178.96 亿元，较 2015 年增长 18.14%，上市公司总利润占行业总利润 5.23%，较 2015 年增加 0.54 个百分点。

总体来说，上市公司盈利、总资产情况好于行业整体，但收入方面影响有所削弱。

审稿人：盛　夏

撰稿人：彭家乐

食品制造业

一、食品制造业总体概况

（一）行业整体运行情况

2016 年宏观经济增速继续放缓，食品制造业属于稳健刚需，行业景气指数平均值为 126，保持较好的景气态势。行业整体来看，营收和利润增速有小幅提升，消费升级趋势持续。2016 年，全行业规模以上企业 8844 家，资产总额 15348.30 亿元，较 2015 年增长 7.08%；实现营业收入 23619.20 亿元，较 2015 年增长 8.84%，增速较同期上行 1.74 个百分点；实现利润总额 2000.70 亿元，较 2015 年增长 9.20%，增速较同期上行 0.95 个百分点。行业整体毛利率 19.86%，销售利润率 8.47%，总体盈利能力保持平稳。截至 2016 年年底，全行业的资产负债率为 44.38%，较 2015 年下降 0.34 个百分点，整体财务状况保持相对稳定。

（二）细分行业运行概况

食品制造业共分为 7 个细分子行业：焙烤食品制造业、糖果、巧克力及蜜饯制造业、方便食品制造业、调味品发酵制品业、乳制品制造业、罐头食品制造业和其他食品制造业。其中，其他制品制造业包括营养食品制造业、保健食品制造业、冷冻饮品及食用冰制造业、盐加工业、食品及磁疗添加剂制造业等。以烘焙食品和调味品为例：

烘焙食品主要包括面包、糕点、饼等几大类产品，作为休闲食品的重要子分类广受消费者欢迎。我国烘焙行业起步相对较晚，但发展较快，2011～2016 年 GAGR 为 11.9%，2016 年市场规模约 1648 亿，同比增长 9.0%。我国烘焙行业的集中度较低，2016 年 CR5 约为 12.6%，其中，行业龙头达利园市占率约为 5.6%，桃李面包和好丽友分列市场份额的二、三位，占比为2.5%与2.4%。尽管目前集中度较低，但是整体呈现上升的趋势，2011年行业CR5约为10.8%，2016年提升至12.6%。未来龙头企业将凭借其优秀的产品创新能力和管理能力继续扩大其领先优势，进一步抢占市场，行业集中度的提升仍是趋势。

调味品行业方面，根据Euromonitor，2016年零售额991亿，同比增长7.5%，2002～2016年CAGR为11.3%，预计未来17～21年CAGR约8%。分量价来看，2016年调味品行业销售量为1263万吨，同比提升5%，均价提升约2.5%。行业销量增长稳定，行业的扩张主要来自于单价的增速。从市场集中度来看，2016年CR3为21%，集中度稳步提升。

二、行业内上市公司发展概况

（一）行业内上市公司基本情况

表1　　2016年食品制造业上市公司发行股票概况

门　类	A、B股总数	A股股票数	B股股票数	境内总市值（亿元）	流通A股市值（亿元）	流通B股市值（亿元）
食品制造业	38	38	0	5154.88	3422.60	0.00
占沪深两市比重（%）	1.21	1.21	0.00	1.01	0.87	0.00

资料来源：沪深交易所，同花顺。

（二）行业内上市公司构成情况

表2　　2016年食品制造业上市公司构成情况　　单位：家

门　类	沪市			深市			ST/*ST
	仅A股	仅B股	A+B股	仅A股	仅B股	A+B股	
食品制造业（家）	19	0	0	19	0	0	0/1
占行业内上市公司比重（%）	50.00	0.00	0.00	50.00	0.00	0.00	0/2.63

资料来源：沪深交易所，同花顺。

（三）行业内上市公司融资情况

表3　　2016年食品制造业上市公司与沪深两市融资情况对比　　单位：家

门　类	融资家数	新股	增发	配股
沪深两市总数	877	227	639	11
占比（%）	0.80	1.32	0.63	0.00

资料来源：沪深交易所，同花顺。

其中，首发的3家公司中，有1家在中小板上市，2家在主板上市；增发的4家公司均为深市，其中，3家中小板、1家创业板公司。

从融资效果来看，上述公司实际发行数量为26163.93万股；实际募集资金48.14亿元，基本完成了融资计划。

2016年食品制造业上市公司融资情况明细见附录。

（四）行业内上市公司资产及业绩情况

表4　　2016年食品制造业上市公司资产情况　　单位：亿元

指　标	2016年	2016年可比样本增长（%）	2015年	2015年可比样本增长（%）	2014年
总资产	1904.65	6.58	1699.54	12.45	1436.68
流动资产	939.52	8.93	833.32	11.3	705.52
占比（%）	49.33	1.07	49.03	-0.51	49.11
非流动资产	965.13	4.38	866.22	13.58	731.16
占比（%）	50.67	-1.07	50.97	0.51	50.89
流动负债	614.27	-2.13	594.24	-2.43	584.81
占比（%）	32.25	-2.87	34.96	-5.34	40.71
非流动负债	140.82	10.23	120.88	52.3	75.98
占比（%）	7.39	0.25	7.11	1.86	5.29
归属于母公司股东权益	1100.13	10.00	955.74	19.48	754.29
占比（%）	57.76	1.80	56.24	3.31	52.5

资料来源：沪深交易所，同花顺。

表5　　2016年食品制造业上市公司收入实现情况　　单位：亿元

指　标	2016年	2016年可比样本增长（%）	2015年	2015年可比样本增长（%）	2014年
营业收入	1763.41	4.93	1624.73	7.05	1417.02
利润总额	183.85	30.97	137.97	11.99	111.83
归属于母公司所有者的净利润	147.19	28.49	113.21	9.92	94.27

资料来源：沪深交易所，同花顺。

（五）利润分配情况

2016年全年食品制造业上市公司中共有27家公司实施了分红配股。其中，16家上市公司仅实施派息，11家公司既实施了送股、转增，又实施了派息。

2016年食品制造业上市公司分红明细见附录。

（六）其他财务指标情况

1. 盈利能力指标

表 6　　2016 年食品制造业上市公司盈利能力情况

指　标	2016 年	2016 年可比样本变动	2015 年	2015 年可比样本变动	2014 年
毛利率（%）	35.34	1.33	33.7	2.05	31.75
净资产收益率（%）	13.38	1.93	11.85	-1.03	12.5
销售净利率（%）	8.61	1.63	7.1	0.25	6.7
资产净利率（%）	8.23	1.28	7.19	-0.27	7.12

资料来源：沪深交易所，同花顺。

2. 偿债能力指标

表 7　　2016 年食品制造业上市公司偿债能力指标

指　标	2016 年	2016 年可比样本变动	2015 年	2015 年可比样本变动	2014 年
流动比率	1.53	0.16	1.4	0.17	1.21
速动比率	1.21	0.14	1.09	0.18	0.9
资产负债率（%）	39.64	-2.62	42.08	-3.47	45.99

资料来源：沪深交易所，同花顺。

3. 营运能力指标

表 8　　2016 年食品制造业上市公司营运能力情况　　单位：次

营运能力指标	2016 年	2016 年可比样本变动	2015 年	2015 年可比样本变动	2014 年
存货周转率	5.85	0.27	5.59	-0.18	5.77
应收账款周转率	17.54	-2.42	20.05	-3.09	23.37
流动资产周转率	1.96	-0.10	2.05	-0.20	2.21
固定资产周转率	2.90	-0.05	3.00	-0.16	3.02
总资产周转率	0.96	-0.04	1.01	-0.08	1.06
净资产周转率	1.62	-0.16	1.80	-0.24	2

资料来源：沪深交易所，同花顺。

三、重点上市公司介绍

（一）安琪酵母

安琪酵母是国内第一、世界第三的酵母龙头企业。公司全球布局 15 条生产线实现酵母年产能 18.5 万吨，占国内 50%、全球 5%的市场份额，上游糖业及下游生物饲料、保健品等业务纵向拓展，协同发展，近 5 年营业收入复合增长率 14.17%。受益消费升级，面用酵母及 YE 等衍生品空间倍增。烘焙业快速发展、人均面包消费量提升以及酵母替代老面发酵共同驱动传统面用酵母需求上升；酵母抽提物作为健康属性的增鲜剂，受益消费升级在调味品、餐饮业的快速推广，全球产量快速提升，考虑 YE 对味精的替代，目前国内味精年消费量约 200 万吨左右，YE 销量不到 6 万吨（替代率仅 3%），对比欧美市场 30%的替代率，潜在市场空间约 60 万吨，未来空间巨大；酵母衍生品在风味、营养、健康等领域应用的广度和深度正在进一步拓展。行业呈现寡头垄断格局，集中度不断提升。公司酵母系列产品为核心增长点，YE 业务近年增速超过 30%，在俄罗斯 2 万吨酵母产能及广西 1.5 万吨 YE 产能落地后将自 2017 年起投产，赤峰搬迁扩建 2.5 万吨产能项目相继启动，支撑收入增长；生物饲料、保健品、食品原料构成业务补充，在行业景气度高与政策支持下预计将保持两位数增速发展；制糖业务受益白糖价格回升，持续好转，推动业绩改善。此外，公司拥有 5 千家经销商及全国性销售团队，收购拥有 500 万黏性用户的贝太厨房借力内容传媒提升品牌影响力。

2016 年，公司实现营业收入 48.61 亿元，较 2015 年增长 15.38%；实现营业利润 5.99 亿元，较 2015 年增长 79.34%；归属母公司净利润 5.35 亿元，较 2015 年增长 91.07%。2016 年，公司综合毛利率为 32.62%，较 2015 年同期上升 2.74 个百分点；销售净利率为 11.88%，较 2014 年提升 4.22 个百分点。

（二）桃李面包

桃李面包主营以面包为核心的优质烘焙类产品的生产及销售，经营采用“中央工厂 + 批发”的模式，核心产品为桃李品牌面包，包括 3 大系列（包括软式面包、起酥面包、调理面包）30 余个品种。我国面包行业已度过初创期进入高速成长期，糕点面包制造行业的利润总额从 2012 年的 62.04 亿元增至 2015 年的 85.49 亿元，3 年复合增长率为 11.28%。面包行业主要有面包房、短保产品和长保产品 3 种模式。面包房以克里斯汀、85 度 C、面包新语为代表，租金和人力成本压力导致该模式利润增速下降甚至亏损，门店拓展趋缓甚至开始关店。短保面包以桃李、曼可顿、宾堡为代表，符合健康新鲜的消费升级趋势，曼可顿、宾堡为外资公司，在华渠道拓展较慢。长保面包以三辉麦风、达利园、盼盼等为代表，保质期在 6 个月左右，生产灵活，但在消费升级趋势下多添加的长保将受挤压。对比“面包店—短保—长保”模式，短保顺消费趋势，发展前景广阔。公司的核心竞争优势可以总结为3点：（1）产品结构：公司依靠“高性价比”的产品赢得的良好口碑，秉承少而精的产品理念，明星单品包括醇熟切片面、奶棒面包等收入过亿产品，保质期45天的天然酵母推出一年即成最大单品，未来或将因地制宜推出高端子品牌。（2）销售渠道：公司渠道直营与经销模式相结合，2016年年底已在全国建立15万多个终端，未来将以中心城市为依托，向外埠市场拓展，渠道渗透和下沉空间大。（3）产能扩张：公司的经营模式为“中央工厂+批发”，2016年年底已在全国15个城市布局了生产基地，规模经济优势强，剑指全国潜力大。

2016年实现总销售收入33.05亿元，较2015年增长28.95%，其中，面包收入占公司年度总收入的98.11%。2012～2016年，公司营业收入4年复合增长率为21.27%。2016年实现营业利润5.40亿元，较2014年增长23.02%，归母净利润4.36亿元，较2015年增长25.65%，2012～2016年净利润年复合增长率为19.33%。2016年，公司综合毛利率为36.13%，较2015年同期提升1.24个百分点；销售净利率为13.18%，较2015年下降0.36个百分点。

四、上市公司在行业中的影响力

2016年，食品制造业规模以上企业总资产达15348.30亿元，较2015年增长7.71%；行业内上市公司总资产为1863.16亿元，较2015年增长9.63%；上市公司总资产占行业总资产的12.14%，较2015年同期上升0.28个百分点。

2016年，全行业实现营业收入23619.2亿元，较2015年增长8.84%；其中，行业内上市公司营业收入1711.46亿元，较2015年增长5.34%；上市公司总收入占行业总收入7.25%，较2015年同期下降0.24个百分点。

2016年，全行业实现利润总额2000.7亿元，较2015年增长9.20%；其中，上市公司利润总额为176.55亿元，较2015年增长27.96%，高于行业水平；上市公司利润总额占行业总利润额的8.82%，较2015年同期上升1.29个百分点。总体来讲，上市公司盈利能力好于行业整体，影响力不断提升。

审稿人：戴佳娴

撰稿人：印高远

酒、饮料和精制茶制造业

一、酒、饮料和精制茶制造业总体概况

虽然2016年宏观经济整体下行压力尚存，但是GDP降幅收窄，宏观经济形势企稳呈L型探底。同时，结构性变化不容忽视，消费行业面临全面转型升级时期，酒、饮料、精制茶行业延续了3年的“深度调整新常态”于2016年触底回升，行业内以细分行业龙头为首的公司主动加快转型升级，深化改革创新以适应转型和升级。这一变化白酒行业表现较为明显，消费者追求健康化、品质化、品牌化，部分龙头企业主动适应调整。而其他细分行业如啤酒、软饮料行业从外部需求和内部调整来看，仍处于筑底阶段。

截至2016年12月31日，酒、饮料和精制茶制造业全行业规模以上企业有6797家，企业单位数较2015年增长6.96%；全行业资产总额16518亿元，较2015年增长7.5%；全行业合计实现营业收入18414.8亿元，较2015年增长6.3%；实现利润总额1824.2亿元，较2015年增长5%，全行业财务状况基本保持稳定。

二、行业内上市公司发展概况

（一）行业内上市公司基本情况

表1　　2016年酒、饮料和精制茶制造业上市公司发行股票概况

门　类	A、B股总数	A股股票数	B股股票数	境内总市值（亿元）	流通A股市值（亿元）	流通B股市值（亿元）
酒、饮料和精制茶制造业	44	41	3	10865.91	9886.52	78.00
占沪深两市比重（%）	1.40	1.31	0.10	2.14	2.53	4.12

资料来源：沪深交易所，同花顺。

（二）行业内上市公司构成情况

表2　　2016年酒、饮料和精制茶制造业上市公司构成情况　　单位：家

门　类	沪市			深市			ST/*ST
	仅A股	仅B股	A+B股	仅A股	仅B股	A+B股	
酒、饮料和精制茶制造业（家）	24	0	0	14	0	3	0/1
占行业内上市公司比重（%）	54.55	0.00	0.00	38.64	0.00	6.82	2.27

资料来源：沪深交易所，同花顺。

（三）行业内上市公司融资情况

表 3　　2016 年酒、饮料和精制茶制造业上市公司与沪深两市融资情况对比　　单位：家

门　类	融资家数	新股	增发	配股
酒、饮料和精制茶制造业	4	2	2	0
沪深两市总数	877	227	639	11
占比（%）	0.46	0.88	0.31	0.00

资料来源：沪深交易所，同花顺。

其中，首发的 2 家公司均是沪市；增发的 2 家公司中，有 1 家沪市、1 家中小板公司。

按行业大类划分，进行融资的 4 家公司中，均为食品饮料行业。

从融资效果来看，上述公司实际发行数量为 25266 万股；实际募集资金 30.97 亿元，基本完成了融资计划。

2016 年酒、饮料和精制茶制造业上市公司融资情况明细见附录。

（四）行业内上市公司资产及业绩情况

表 4　　2016 年酒、饮料和精制茶制造业上市公司资产情况　　单位：亿元

指　标	2016 年	2016 年可比样本增长（%）	2015 年	2015 年可比样本增长（%）	2014 年
总资产	4147.89	15.41	3400.11	14.06	2895.11
流动资产	2825.06	20.38	2216.81	19.4	1804.37
占比（%）	68.11	2.81	65.2	2.92	62.32
非流动资产	1322.83	6.06	1183.3	5.25	1090.74
占比（%）	31.89	-2.81	34.8	-2.92	37.68
流动负债	1243.32	28.74	877.65	21.32	695.01
占比（%）	29.97	3.10	25.81	1.54	24.01
非流动负债	114.97	3.35	74.16	2.36	71.42
占比（%）	2.77	-0.32	2.18	-0.25	2.47
归属于母公司股东权益	2707.16	10.41	2380.68	12.27	2064.12
占比（%）	65.27	-2.96	70.02	-1.12	71.3

资料来源：沪深交易所，同花顺。

表 5　　2016 年酒、饮料和精制茶制造业上市公司收入实现情况　　单位：亿元

指　标	2016 年	2016 年可比样本增长（%）	2015 年	2015 年可比样本增长（%）	2014 年
营业收入	1984.33	6.77	1750.67	3.2	1626.59
利润总额	564.17	9.08	509.81	5.41	467.88
归属于母公司所有者的净利润	399.60	7.32	366.54	6.16	333.19

资料来源：沪深交易所，同花顺。

（五）利润分配情况

2016 年全年酒、饮料和精制茶制造业上市公司中，共有 29 家公司实施了分红配股。其中，1 家上市公司仅实施送股或转增股，25 家上市公司仅实施派息，3 家公司既实施了送股、转增，又实施了派息。

2016 年酒、饮料和精制茶制造业上市公司分红明细见附录。

（六）其他财务指标情况

1. 盈利能力指标

表 6　　2016 年酒、饮料和精制茶制造业上市公司盈利能力情况

指　标	2016 年	2016 年可比样本变动	2015 年	2015 年可比样本变动	2014 年
毛利率（%）	61.55	2.38	60.28	0.1	59.92
净资产收益率（%）	14.76	-0.42	15.4	-0.88	16.14
销售净利率（%）	20.95	0.28	21.64	0.5	21.3
资产净利率（%）	10.74	-0.62	11.87	-0.57	12.37

资料来源：沪深交易所，同花顺。

2. 偿债能力指标

表 7　　2016 年酒、饮料和精制茶制造业上市公司偿债能力指标

指　标	2016 年	2016 年可比样本变动	2015 年	2015 年可比样本变动	2014 年
流动比率	2.27	-0.16	2.53	-0.04	2.6
速动比率	1.57	0.00	1.67	0.07	1.63
资产负债率（%）	32.75	2.78	27.99	1.29	26.47

资料来源：沪深交易所，同花顺。

3. 营运能力指标

表 8　　2016 年酒、饮料和精制茶制造业上市公司营运能力情况　　单位：次

营运能力指标	2016 年	2016 年可比样本变动	2015 年	2015 年可比样本变动	2014 年
存货周转率	0.89	-0.05	0.96	-0.06	1.02
应收账款周转率	78.65	6.82	76.83	7.89	69.56
流动资产周转率	0.77	-0.09	0.86	-0.07	0.92
固定资产周转率	2.49	-0.06	2.51	-0.10	2.59
总资产周转率	0.51	-0.04	0.55	-0.04	0.58
净资产周转率	0.75	-0.03	0.76	-0.07	0.81

资料来源：沪深交易所，同花顺。

三、重点上市公司介绍

（一）贵州茅台

2016 年，贵州茅台实现营业收入 401.55 亿元，归母净利润 167.18 亿元，较 2015 年分别增长 20.06% 和 7.84%。其中，第四季度收入增长显著，第四季度营业总收入 126.22 亿元，同比增长 29.96%，净利润 42.53 亿元，同比增长 4.27%。

2016 年公司核心产品飞天茅台酒稳定放量，销量 2.29 万吨，同比 +15.8%，实现收入 367.1 亿元，同比 +16.4%；在此基础之上，公司推出的生肖酒等产品备受市场青睐，羊年、猴年和鸡年纪念酒在线上平台零售价达 2000～6000 元不等，由于生肖酒出厂价高于飞天茅台，利于结构升级；同时 2016 年系列酒销售收入 24 亿元，销量 1.42 万吨，系列酒定位为中高端价格带，通过加强资源投入引导消费升级，有望成为下一重要增长点。利润方面，由于受到 2015 年四季度调整消费税税基的影响，营业税金及附加比例升至 16.75%，同比增加 5.91 个百分点，导致利润增速低于收入增速。整体来看，市场飞天茅台一批价不断走高和 2016 年年底公司预收款大幅增加彰显渠道和消费者对高端白酒的需求强劲复苏，茅台已成功转型大众消费，将进入供应紧平衡阶段。

（二）五粮液

2016 年，五粮液实现营业收入 245.44 亿元，归母净利润 67.85 亿元，较 2015 年分别增长 13.32% 和 9.85%。其中，第四季度略低预期，第四季度营业总收入 68.44 亿元，同比增长 4.84%，归母净利润 16.83 亿元，同比增长 7%。

伴随行业触底弱复苏，公司改革效果显著。首先积极清理产品线，聚焦“1 + 3 + 5”品牌组合，以普五为核心，打造交杯、1618 和低度 3 个战略品牌，系列酒打造五粮醇、五粮春、五粮头曲、五粮特曲、绵柔尖庄 5 个核心大单品，满足消费者多价格带消费需求的同时强调高端品牌形象；同时加快营销改革，加强渠道和

终端精细化管理，提升对渠道的掌控力；其次推动普五出厂价上涨，从659元提升至739元，市场一批价达到750~760元，是行业调整期以来首次实现顺价销售，2016年年底预收款达到64亿元，几乎全是按照739元新价格打款，显示渠道看涨、备货积极。公司内部改革力度坚决，外部环境高端白酒需求复苏，随着产品、渠道调整到位，提价对毛利率的提升作用亦将逐步显现。

四、上市公司在行业中的影响力

2016年，全行业资产总额16518.0亿元，较2015年增长7.6%；全行业合计实现营业收入18414.8亿元，较2015年增长6.5%。行业内上市公司总资产为4147.67亿元，较2015年增长15.5%；上市公司实现营业收入1972.23亿元，较2015年增长6.6%；上市公司实现利润总额1824.8亿元，较2015年增长9.1%。

从经营情况来看，上市公司的总资产增速、营业收入增速、利润总额增速均有所上升，出现复苏迹象。

审稿人：董岚枫

撰稿人：白逸凡 马浩博

纺织业

一、纺织业总体概况

2016年以来，我国纺织行业经济运行情况稳定，行业盈利能力稳定，运行质量持续改善。但是行业仍然面临较为复杂的内外市场环境，市场增长动力偏弱，行业出口持续负增长，投资增速回落，转型升级压力仍然较大。

2016年，我国纺织行业运行主要呈现以下特点：

（一）生产增速放缓

2016年，纺织行业生产增速逐渐放缓。据国家统计局数据，2016年1~12月，我国纺织行业规模以上企业工业增加值同比增长4.9%，低于2015年同期增速1.4个百分点。

2016年，纺织行业大部分重点产品增速也有所放缓。据国家统计局数据，2016年1~12月，规模以上纺织企业纱产量同比增长5.5%，增速较2015年加快0.8个百分点；化纤产量同比增长2.3%，增速较2015年回落10.2个百分点；布产量同比增长1.6%，增速较2015年回落1.5个百分点；服装产量同比下降1.6%，增速较2015年回落3.6个百分点。

（二）投资增速回落较大

2016年，我国纺织行业500万元以上项目投资完成额12838.7亿元，同比增长7.8%，增速较2015年降低7.2个百分点。从投资区域来看，近年来，我国中西部地区承接纺织产业转移的进度放缓，1～12月投资额同比仅增长8.2%，低于2015年同期4.4个百分点；西部地区投资额同比增长16.8%，增速也低于2015年同期2.4个百分点，而其中新疆地区投资额同比增长49.9%，投资增量占同期全国纺织行业投资增量的17.3%。

（三）国内外市场压力较为突出

2016年，我国纺织行业出口压力仍然较大，出口呈现持续负增长。据中国海关数据显示，2016年1～12月，我国累计出口纺织品服装2701.2亿美元，同比下降7.2%，降幅较2015年同期降幅扩大2.4个百分点。

（四）行业运行质量稳中趋好

纺织行业经济运行质量基本稳定。2016年，规模以上纺织企业销售利润率为5.5%，总资产周转率1.6次/年，均与2015年同期持平；产成品周转率21.98次/年，较2015年同期有所加快；三费比例为6.1%，较2015年同期下降0.1个百分点。

产业链终端环节运行态势良好，表明我国纺织行业与终端市场衔接基本顺畅。2016年1～12月，产业用纺织品行业、服装行业、家纺行业的利润率分别是6.2%、5.8%和6.2%，均高于全行业平均水平。

二、行业内上市公司发展概况

（一）行业内上市公司基本情况

表1　2016年纺织业上市公司发行股票概况

门　类	A、B股总数	A股股票数	B股股票数	境内总市值（亿元）	流通A股市值（亿元）	流通B股市值（亿元）
纺织业	43	40	3	2643.01	2076.41	51.69
占沪深两市比重（%）	1.37	1.28	0.10	0.52	0.53	2.73

资料来源：沪深交易所，同花顺。

（二）行业内上市公司构成情况

表2　2016年纺织业上市公司构成情况　单位：家

门　类	沪市			深市			ST/*ST
	仅A股	仅B股	A+B股	仅A股	仅B股	A+B股	
纺织业（家）	14	0	2	23	0	1	0/1
占行业内上市公司比重（%）	32.56	0.00	4.65	53.49	0.00	2.33	0/2.33

资料来源：沪深交易所，同花顺。

（三）行业内上市公司融资情况

表 3　　2016 年纺织业上市公司与沪深两市融资情况对比　　单位：家

门　类	融资家数	新股	增发	配股
纺织业	7	1	6	0
沪深两市总数	877	227	639	11
占比（%）	0.80	0.44	0.94	0.00

资料来源：沪深交易所，同花顺。

其中，首发的 1 家公司在创业板上市；在增发的 6 家公司中，有 2 家沪市、4 家深市均为中小板公司。

从融资效果来看，上述公司实际发行数量为 56614.5 万股；实际募集资金 65 亿元，基本完成了融资计划。

2016 年纺织业上市公司融资情况明细见附录。

（四）行业内上市公司资产及业绩情况

表 4　　2016 年纺织业上市公司资产情况　　单位：亿元

指　标	2016 年	2016 年可比样本增长（%）	2015 年	2015 年可比样本增长（%）	2014 年
总资产	1567.89	8.52	1471.56	10.69	1308.23
流动资产	764.96	9.37	730.49	7.61	660.21
占比（%）	48.79	0.38	49.64	-1.42	50.47
非流动资产	802.93	7.72	741.07	13.91	648.02
占比（%）	51.21	-0.38	50.36	1.42	49.53
流动负债	557.35	7.26	538.17	9.48	478.7
占比（%）	35.55	-0.42	36.57	-0.41	36.59
非流动负债	154.30	-3.57	157.21	22.43	127.73
占比（%）	9.84	-1.23	10.68	1.02	9.76
归属于母公司股东权益	827.19	11.97	749.81	9.72	675.77
占比（%）	52.76	1.63	50.95	-0.46	51.66

资料来源：沪深交易所，同花顺。

表 5　　2016 年纺织业上市公司收入实现情况　　单位：亿元

指　标	2016 年	2016 年可比样本增长（%）	2015 年	2015 年可比样本增长（%）	2014 年
营业收入	887.57	10.86	831.84	1.06	829.93
利润总额	67.77	36.96	52.53	4.69	46.2
归属于母公司所有者的净利润	51.14	38.00	39.43	1.92	35.72

资料来源：沪深交易所，同花顺。

（五）利润分配情况

2016 年全年纺织业上市公司中共有 28 家公司实施了分红配股。其中，23 家上市公司仅实施派息，5 家公司既实施了送股、转增，又实施了派息。

2016 年纺织业上市公司分红明细见附录。

（六）其他财务指标情况

1. 盈利能力指标

表 6　　2016 年纺织业上市公司盈利能力情况

指　标	2016 年	2016 年可比样本变动	2015 年	2015 年可比样本变动	2014 年
毛利率（%）	20.63	0.36	20.27	1.81	17.37
净资产收益率（%）	6.18	1.17	5.26	-0.4	5.29
销售净利率（%）	5.98	1.20	4.89	0.32	4.18
资产净利率（%）	3.53	0.74	2.91	-0.1	2.78

资料来源：沪深交易所，同花顺。

2. 偿债能力指标

表 7　　2016 年纺织业上市公司偿债能力指标

指　标	2016 年	2016 年可比样本变动	2015 年	2015 年可比样本变动	2014 年
流动比率	1.37	0.03	1.36	-0.02	1.38
速动比率	0.92	0.07	0.87	0.01	0.84
资产负债率（%）	45.39	-1.65	47.25	0.62	46.35

资料来源：沪深交易所，同花顺。

3. 营运能力指标

表 8　　2016 年纺织业上市公司营运能力情况　　单位：次

营运能力指标	2016 年	2016 年可比样本变动	2015 年	2015 年可比样本变动	2014 年
存货周转率	2.75	0.26	2.57	-0.12	2.7
应收账款周转率	7.45	-0.92	7.26	-2.04	10.36
流动资产周转率	1.21	0.03	1.18	-0.10	1.3
固定资产周转率	2.09	0.03	2.15	-0.17	2.34
总资产周转率	0.59	0.01	0.59	-0.06	0.67
净资产周转率	1.09	0.00	1.12	-0.11	1.25

资料来源：沪深交易所，同花顺。

三、重点上市公司介绍

（一）罗莱生活

罗莱生活立足家用纺织品传统业务（集研发、设计、生产、销售于一体）的同时，大力推进向家居生活一站式品牌零售商的转型，以差异化的渠道（线上与线下并重，传统家纺门店、大家纺小家居门店与全品类生活家居馆互补）和品牌（罗莱、罗莱儿童、LOVO乐优家、廊湾）满足不同类型的消费需求，并通过投资并购不断整合全球家居生活产业链优质资源，卫浴、餐厨、客厅等家居用品及软装家居的销售占比进一步提高。

公司采取自主品牌经营模式和品牌代理销售模式。公司拥有自主品牌，具备品牌运作、产品设计开发、供应链管理和营销网络管理的综合能力，通过自主生产、委外生产、定制生产三者相互结合的模式进行产品的设计和生产，以直营、加盟或两者相结合的模式进行产品的销售。公司同时也代理多个国际知名品牌，进一步丰富产品系列，满足消费者更加多元化的需求。

2016年度，公司实现营业收入3152216442.15元，较2015年同期增长8.11%，归属于上市公司股东的净利润317296870.91元，较2015年同期下滑22.63%。基本每股收益0.45元。

（二）百隆东方

百隆东方作为国内领先的色纺纱生产企业之一，主营业务为色纺纱的研发、生产和销售。公司以自制生产为主、委托外协加工为辅，通过特有的“小批量、多品种、快速反应”经营模式，致力于向客户提供全系列、多品种、质量可靠的以纯棉品种为主的色纺纱线，并获得海内外市场的广泛认可。

近几年，在公司产能逐年增加的背景下，百隆坚持将“做精品纱线、服务于客户”的发展理念落实于日常经营。2016年主营产品销量增幅达到16.51%，全年产销率达到103.28%，去库存化工作成效显著：（1）公司以不断提升产品质量，提高生产效率，减员增效为目的，持续加大技改投入。2016年公司累计投入9100万元人民币对不适应新产品生产的机器设备进行淘汰升级。为客户提供优质放心的色纺纱产品，是百隆得以生存发展的立身之本。（2）与客户构建“高、中、低”三位一体（即总经理、销售总监、销售人员）的营销沟通机制，向客户第一时间推介百隆产品的同时，能够及时多方位的了解客户诉求，利用本公司在色纺领域专业的研发能力和技术，有效帮助客户解决产品开发难题，协助客户共同开发新产品，进而增强业务黏合度。（3）随着“快速消费”理念地不断深入，市场对于服装产品交期不断缩短。为适应市场需求，公司持续多年开发“EcoFRESH Yarn？ 倕”系列产品。该系列于2016年销量增长81.72%，为更多客户所认可，真正实现快速交货、灵活染色、节能环保。

2016年度，公司完成营业收入54.72

亿元，比2015年增长9.09%；实现净利润6.05亿元，比2015年同期增长65.67%。基本每股收益0.40元。

四、上市公司在行业中的影响力

2014~2016年，纺织行业整体总资产分别为23510.9亿元、23755.8亿元和24726.4亿元，其中，上市公司的总资产占行业整体的比重分别为5.6%、6.2%和6.3%。

2014~2016年，纺织行业整体主营业务收入总额分别为38294.8亿元、39987亿元、40844.2亿元，其中，上市公司的主营收入占行业整体的比重基本平稳，2014年为2.2%，2015年为2.1%，2016年2.2%。

2014~2016年，纺织行业整体利润总额分别为2063亿元、2120.1亿元、2194.1亿元，其中，上市公司的利润总额占行业整体的比重逐年上升分别为2.2%，2.5%和3.1%。

审稿人：翟太煌

撰稿人：石　晋

纺织服装、服饰业

一、纺织服装、服饰业总体概况

受宏观经济及市场环境等因素的影响，我国纺织服装商品内需增速呈现稳中趋缓的态势。

（一）行业总体情况

据国家统计局的数据，2016年我国服装行业规模以上（年主营业务收入2000万元及以上）企业15715家，累计实现主营业务收入23605.09亿元，同比增长4.61%，增幅较2015年下降1.02个百分点。利润总额1364.71亿元，同比增长2.35%，增幅较2015年下降1.61个百分点。亏损企业1668家，亏损面为10.61%，比2015年下降0.46个百分点。

（二）行业盈利能力

据国家统计局统计的显示，2016年我国规模以上服装企业销售利润率为5.78%，比2015年下降0.13个百分点；销售毛利率13.93%，比2015年下降0.21个百分点。三费比例为7.89%，比2015年下降0.03个百分点。

（三）行业生产情况

据国家统计局的数据，2016年，我国服装行业规模以上企业累计完成服装产量 314.52 亿件，同比下降 1.64%，比 2015 年下降 3.64 个百分点。其中，梭织服装 170.26 亿件，同比下降 2.76%；针织服装 144.27 亿件，同比下降 0.26%。

（四）销售价格情况

国家统计局的数据显示，2016 年全国服装类商品零售价格同比上涨 1.3%，较 2015 年回落 1.5 个百分点。2016 年衣着类居民消费价格同比上涨 1.4%，其中，服装价格上涨 1.4%，衣着加工服务费上涨 4.0%，鞋类价格上涨 1.4%。2016 年衣着类生产者出厂价格同比上涨 0.9%，较 2015 年提高 0.2 个百分点。

（五）出口情况

据海关统计，2016 年我国累计完成服装及衣着附件出口 1594.47 亿美元，同比下降 9.35%，降幅较 2015 年扩大 3 个百分点。服装出口数量为 295.93 亿件，同比下降 2.75%，降幅较 2015 年收窄 4.16 个百分点。服装出口平均单价 4.29 美元/件，同比下降 7.54%，降幅较 2015 年扩大 7.54 个百分点。其中，针织服装及附件出口 744.25 亿美元，同比下降 11.2%，出口数量为 188.98 亿件，同比下降 3.27%；梭织服装及附件出口 721.44 亿美元，同比下降 8.08%，出口数量为 106.95 亿件，同比下降 1.82%。

2016 年，亚洲仍是我国服装出口第一大洲，占出口总额的 36.68%，同比下降 7.2%。欧洲占出口总额的 27.97%，同比下降 9.69%，第三是北美洲，出口额同比下降 7.52%，占出口总额的 22.58%。我国对非洲、拉丁美洲和大洋洲出口额同比分别下降 14.12%、23.98%、9.53%，分别占出口总额的 5.48%、4.56% 和 2.74%。

二、行业内上市公司发展概况

（一）行业内上市公司基本情况

表 1　2016 年纺织服装、服饰业上市公司发行股票概况

门　类	A、B 股总数	A 股股票数	B 股股票数	境内总市值（亿元）	流通 A 股市值（亿元）	流通 B 股市值（亿元）
纺织服装、服饰业	30	30	0	3420.26	2192.03	0.00
占沪深两市比重（%）	0.96	0.96	0.00	0.67	0.56	0.00

资料来源：沪深交易所，同花顺。

（二）行业内上市公司构成情况

表 2　2016 年纺织服装、服饰业上市公司构成情况　单位：家

门　类	沪市			深市			ST/*ST
	仅 A 股	仅 B 股	A+B 股	仅 A 股	仅 B 股	A+B 股	
纺织服装、服饰业（家）	9	0	0	21	0	0	0/0
占行业内上市公司比重（%）	30.00	0.00	0.00	70.00	0.00	0.00	0/0

资料来源：沪深交易所，同花顺。

（三）行业内上市公司融资情况

表 3　　2016 年纺织服装、服饰业上市公司与沪深两市融资情况对比　　单位：家

门　类	融资家数	新股	增发	配股
纺织服装、服饰业	8	1	7	0
沪深两市总数	877	227	639	11
占比（%）	0.91	0.44	1.10	0.00

资料来源：沪深交易所，同花顺。

其中，首发的 1 家公司在中小板上市；增发的 7 家公司中，有 2 家沪市、4 家中小板公司和 1 家创业板公司。

从融资效果来看，上述公司实际发行数量为 72436 万股；实际募集资金 91.1 亿元，基本完成了融资计划。

2016 年纺织服装、服饰业上市公司融资情况明细见附录。

（四）行业内上市公司资产及业绩情况

表 4　　2016 年纺织服装、服饰业上市公司资产情况　　单位：亿元

指　标	2016 年	2016 年可比样本增长（%）	2015 年	2015 年可比样本增长（%）	2014 年
总资产	1555.79	14.88	1429.31	21.18	1634.12
流动资产	979.69	13.96	896.56	13.02	1035.5
占比（%）	62.97	-0.51	62.73	-4.53	63.37
非流动资产	576.10	16.48	532.75	37.95	598.62
占比（%）	37.03	0.51	37.27	4.53	36.63
流动负债	471.59	12.29	442.29	27.84	611.51
占比（%）	30.31	-0.70	30.94	1.61	37.42
非流动负债	142.49	-3.35	153.91	43.75	139.34
占比（%）	9.16	-1.73	10.77	1.69	8.53
归属于母公司股东权益	913.81	18.68	813.64	14.31	864.83
占比（%）	58.74	1.88	56.93	-3.42	52.92

资料来源：沪深交易所，同花顺。

表 5　　2016 年纺织服装、服饰业上市公司收入实现情况　　单位：亿元

指　标	2016 年	2016 年可比样本增长（%）	2015 年	2015 年可比样本增长（%）	2014 年
营业收入	1012.86	14.10	913.92	11.26	953.79
利润总额	113.39	3.68	111.28	11.11	133.96
归属于母公司所有者的净利润	84.28	7.04	80.24	7.19	102.58

资料来源：沪深交易所，同花顺。

（五）利润分配情况

2016 年全年纺织服装、服饰业上市公司中共有 21 家公司实施了分红配股。其中，13 家上市公司仅实施派息，8 家公司既实施了送股、转增，又实施了派息。

2016 年纺织服装、服饰业上市公司分红明细见附录。

（六）其他财务指标情况

1. 盈利能力指标

表 6　　2016 年纺织服装、服饰业上市公司盈利能力情况

指　标	2016 年	2016 年可比样本变动	2015 年	2015 年可比样本变动	2014 年
毛利率（%）	30.53	-2.54	32.52	-0.39	32.84
净资产收益率（%）	9.22	-1.00	9.86	-0.66	11.86
销售净利率（%）	8.34	-0.45	8.73	-0.37	10.8
资产净利率（%）	5.81	-0.39	6.12	-0.56	6.52

资料来源：沪深交易所，同花顺。

2. 偿债能力指标

表 7　　2016 年纺织服装、服饰业上市公司偿债能力指标

指　标	2016 年	2016 年可比样本变动	2015 年	2015 年可比样本变动	2014 年
流动比率	2.08	0.03	2.03	-0.27	1.69
速动比率	1.40	0.09	1.31	-0.22	0.99
资产负债率（%）	39.47	-2.43	41.71	3.3	45.95

资料来源：沪深交易所，同花顺。

3. 营运能力指标

表 8　　2016 年纺织服装、服饰业上市公司营运能力情况　　单位：次

营运能力指标	2016 年	2016 年可比样本变动	2015 年	2015 年可比样本变动	2014 年
存货周转率	2.24	0.16	2.13	-0.06	1.44
应收账款周转率	9.05	0.11	8.67	-0.18	10.15
流动资产周转率	1.10	0.02	1.08	0.00	0.93
固定资产周转率	5.49	0.67	4.79	0.30	4.32
总资产周转率	0.70	-0.01	0.70	-0.03	0.6
净资产周转率	1.17	-0.01	1.17	-0.02	1.15

资料来源：沪深交易所，同花顺。

三、重点上市公司介绍

报喜鸟

报喜鸟主要从事品牌服装的研发、生产和销售，产品品类涵盖西服、西裤、衬衫、夹克、羊毛衫、休闲裤等全品类男士服饰，运营品牌包含报喜鸟、HAZZYS（哈吉斯）、恺米切、lafuma（乐飞叶）、东博利尼、法兰诗顿、所罗定制、宝鸟等，产品能满足中产阶层不同场合下的着装需求。2016 年度，公司被中国工信部授予"全国智能制造试点示范"荣誉称号。

2016 年，国内 GDP 增长缓中趋稳，实体经济持续低迷，是公司运营最为困难的一年，首次出现业绩亏损各品牌业绩出现两级分化，虽然代理品牌 HAZZZYS 较为强劲、仍能实现逆势增长，其他品牌经过整合调整基本趋于稳定，但是主品牌报喜鸟营业收入下降 24.20%。由于城市商业地产格局发生变化及根据其他资产的状况，报告期内，共计提资产减值准备 307249730.70 元，公司利润受到较大不利影响。报告期内，公司实现营业收入 2008224818.63 元，较 2015 年同期下降 10.41%；实现营业利润 -400175106.68 元，较 2015 年同期下降 340.74%；实现归属于上市公司股东的净利润 -386697100.08 元，较 2015 年同期下降 486.63%。基本每股收益 -0.33 元。

四、上市公司在行业中的影响力

2014～2016 年，纺织服装、服饰业整体总资产分别为 12272.3 亿元、13114.4 亿元和 13955.4 亿元，其中，上市公司的总资产占行业整体的比重分别为 13.3%、10.9%、11.2%。

2014～2016 年，纺织服装、服饰业整体主营收入总额分别为 21054.4 亿元、22232.8 亿元、23741.4 亿元，其中，上市公司的主营收入总额占行业整体比重分

别为4.5%，4.1%和4.3%。

2014～2016年，纺织服装、服饰业整体利润总额分别为1256.5亿元、1333.3亿元和1364.7亿元，其中，上市公司的利润总额占行业整体的比重下降，由2014年10.7%下降到2015年的8.3%和2016年的8.3%。

审稿人：翟太煌

撰稿人：石　晋

皮革、毛皮、羽毛及其制品和制鞋业

一、皮革、毛皮、羽毛及其制品和制鞋业总体概况

2016年全球经济低迷、市场需求不振、出口优势弱化，面对错综复杂的市场形势和内外竞争，中国皮革行业深入推进转型升级，承压前行，2016年全行业总体呈现景气指数渐冷下滑、销售增速放缓、利润同比下降、出口跌幅加剧等特征。鉴于该行业利润18年来首次下降、进出口同步下降，故此中国皮革行业主要经济指标体系发生较大转变，全行业发展进入深度调整期。

2016年我国规模以上皮革主体行业（皮革、毛皮及制品和制鞋业）企业完成销售收入1.4万亿元，同比增长3.2%，增速回落2.9个百分点。以6月份为分水岭，行业销售收入增速下滑之势日趋明显。制鞋、箱包等主要行业稳定增长，而制革同比下滑，毛皮服装同比降幅最大，为7.1%。行业利润总额862.4亿元，同比下降3%，增速回落8.5个百分点；行业利润累计同比自1998年来首次下降，且自下半年起持续下滑，没有明显好转的迹象。其中，占据全行业利润总额半壁江山的制鞋业同比下滑0.4%，毛皮服装更是销售收入、利润双项降幅最大的细分行业，利润降幅达43.1%。2016年15家电商网站的重点鞋包类产品销售额922.3亿元，同比增长9.8%，与运动相关的品类均获得高速增长，男女包袋类产品大幅下滑。数据显示，线上鞋包产品的销量增速高于销售额的增速，低价模式仍是网销产品的主要特征所在。

2016年我国皮革主体行业出口764亿美元，同比下降11.3%，跌幅加剧8.2个百分点。行业出口下降是系列不利因素叠加造成的结果：一方面，主要出口市场经济复苏缓慢，外需疲软，对于出口导向型的皮革行业影响重大；另一方面，企业生产成本不断提升，国际比较优势日趋弱化，产业及订单转移导致我国皮革主体行业在欧美市场份额逐步缩小；成本上升之时，行业出口单价却大幅下跌，更让行业出口面临雪上加霜之困局。分行业来看，

鞋业和箱包出口合计占比 91.6%，平均降幅 11.8%，决定了全行业出口的走势。行业出口的不景气直接影响了产品出口单价的下滑，2016 年鞋类出口的单价为 4.8 美元，同比下降6.8%，而2015 年的增幅为 3.4%，2014 年的增幅更是高达 10.1%。

美国作为行业出口的第一大目标市场，长期以来是行业出口的风向标。2016 年，我国皮革主体行业对美出口大幅下降 15%，而2015 年为增长5.6%，这也是行业 2008 年金融危机之后对美出口的再次下滑。与之对应的是，对东盟出口自 2010 年中国—东盟自由贸易区正式成立以来出现首次下降，降幅高达 19.1%。考虑到东盟皮革行业近来发展迅速，及我国对其出口产品的类别，行业对东盟的出口未来增长难说明朗。欧盟是我国皮革主体行业出口的第二大目标市场，2016 年对其出口同比下降 7.2%，且是连续第二年的下降，降幅加剧 3.12 个百分点。总体来看，我国皮革主体行业对外出口基本处于全线下滑的态势。

2016 年我国皮革主体行业进口 89 亿美元，同比下降 7%。制品对进口增长的贡献连年高于原料进口，且制品进口总额首次超越原料进口，显示我国的消费结构发生变化。另外，占据原料主要份额的成品革和半成品革进口量值齐降，显示行业生产有放缓的迹象。上海连续 3 年超越广东成为全行业进口第一大省，二者占我国皮革主体行业进口总额的 61.5%，但其进口产品结构差异显著。消费导向型的上海占我国鞋类进口总额的 47.7%，占箱包进口总额的 69.6%。加工贸易型的广东进口以原料为主，占我国成品革进口额的 53.8%，半成品革进口总额的 40.5%，已鞣毛皮进口总额的 25.1%。

欧盟和东盟是我国皮革主体行业进口最主要的两大来源地，占比分别为 30% 和 29.8%，同比分别下降 8.1% 和增长 14.5%。值得注意的是，越南皮革主体行业近年来对华出口持续增长，近年来取代意大利成为我国鞋类最大进口国且产品单价微增 1.8%。另外，我国自东盟进口已鞣毛皮的量值分别同比激增 62% 和 38.6%。

二、行业内上市公司发展概况

（一）行业内上市公司基本情况

表 1　　2016 年皮革、毛皮、羽毛及其制品和制鞋业上市公司发行股票概况

门　类	A、B 股总数	A 股股票数	B 股股票数	境内总市值（亿元）	流通 A 股市值（亿元）	流通 B 股市值（亿元）
皮革、毛皮、羽毛及其制品和制鞋业	8	8	0	578.77	402.73	0.00
占沪深两市比重（%）	0.26	0.26	0.00	0.11	0.10	0.00

资料来源：沪深交易所，同花顺。

（二）行业内上市公司构成情况

表 2　　2016 年皮革、毛皮、羽毛及其制品和制鞋业上市公司构成情况　　单位：家

门　类	沪市			深市			ST/*ST
	仅 A 股	仅 B 股	A+B 股	仅 A 股	仅 B 股	A+B 股	
皮革、毛皮、羽毛及其制品和制鞋业（家）	6	0	0	2	0	0	0/0
占行业内上市公司比重（%）	75.00	0.00	0.00	25.00	0.00	0.00	0/0

资料来源：沪深交易所，同花顺。

（三）行业内上市公司融资情况

表 3　　2016 年皮革、毛皮、羽毛及其制品和制鞋业上市公司与沪深两市融资情况对比　　单位：家

门　类	融资家数	新股	增发	配股
皮革、毛皮、羽毛及其制品和制鞋业	4	2	2	0
沪深两市总数	877	227	639	11
占比（%）	0.46	0.88	0.31	0.00

资料来源：沪深交易所，同花顺。

其中，首发的 2 家公司均为沪市上市公司；增发的 2 家公司为深市的中小板公司。

从融资效果来看，上述公司实际发行数量为 22295.3 万股；实际募集资金 25 亿元，基本完成了融资计划。

2016 年皮革、毛皮、羽毛及其制品和制鞋业上市公司融资情况明细见附录。

（四）行业内上市公司资产及业绩情况

表 4　　2016 年皮革、毛皮、羽毛及其制品和制鞋业上市公司资产情况　　单位：亿元

指　标	2016 年	2016 年可比样本增长（%）	2015 年	2015 年可比样本增长（%）	2014 年
总资产	237.42	3.36	203.35	18.56	152.15
流动资产	169.56	2.99	144.35	16.7	110.52
占比（%）	71.42	-0.25	70.99	-1.13	72.64
非流动资产	67.86	4.28	59	23.39	41.63
占比（%）	28.58	0.25	29.01	1.13	27.36
流动负债	49.46	-25.66	55.63	16.31	39.41
占比（%）	20.83	-8.13	27.36	-0.53	25.9
非流动负债	12.67	-24.78	16.6	100.16	8.07
占比（%）	5.34	-2.00	8.16	3.32	5.3
归属于母公司股东权益	174.32	19.85	130.64	13.84	104.04
占比（%）	73.42	10.10	64.24	-2.67	68.38

资料来源：沪深交易所，同花顺。

表 5　　2016 年皮革、毛皮、羽毛及其制品和制鞋业上市公司收入实现情况　　单位：亿元

指　标	2016 年	2016 年可比样本增长（%）	2015 年	2015 年可比样本增长（%）	2014 年
营业收入	155.35	-3.13	124.68	0.26	96.43
利润总额	14.17	-3.37	11.88	-10.11	8.51
归属于母公司所有者的净利润	10.87	-3.39	9.02	-11.09	6.34

资料来源：沪深交易所，同花顺。

（五）利润分配情况

2016 年全年皮革、毛皮、羽毛及其制品和制鞋业上市公司中共有 5 家公司实施了分红配股。其中，5 家上市公司实施派息，无上市公司实施送股或转增股。

2016 年皮革、毛皮、羽毛及其制品和制鞋业上市公司分红明细见附录。

（六）其他财务指标情况

1. 盈利能力指标

表 6　　2016 年皮革、毛皮、羽毛及其制品和制鞋业上市公司盈利能力情况

指　标	2016 年	2016 年可比样本变动	2015 年	2015 年可比样本变动	2014 年
毛利率（%）	34.03	1.26	27.26	-0.5	25.21
净资产收益率（%）	6.24	-1.50	6.91	-1.93	6.09
销售净利率（%）	7.10	-0.02	7.35	-0.96	6.77
资产净利率（%）	4.72	-0.62	4.89	-1.37	4.46

资料来源：沪深交易所，同花顺。

2. 偿债能力指标

表 7　　2016 年皮革、毛皮、羽毛及其制品和制鞋业上市公司偿债能力指标

指　标	2016 年	2016 年可比样本变动	2015 年	2015 年可比样本变动	2014 年
流动比率	3.43	0.95	2.59	0.01	2.8
速动比率	1.99	0.62	1.48	0.08	1.5
资产负债率（%）	26.17	-10.13	35.52	2.8	31.21

资料来源：沪深交易所，同花顺。

3. 营运能力指标

表 8　2016 年皮革、毛皮、羽毛及其制品和制鞋业上市公司营运能力情况　单位：次

营运能力指标	2016 年	2016 年可比样本变动	2015 年	2015 年可比样本变动	2014 年
存货周转率	1.41	-0.10	1.53	-0.18	1.51
应收账款周转率	6.81	0.50	5.85	0.15	5.05
流动资产周转率	0.93	-0.11	0.93	-0.11	0.9
固定资产周转率	5.18	-0.55	5.21	-0.51	5.38
总资产周转率	0.67	-0.08	0.67	-0.09	0.66
净资产周转率	0.97	-0.20	1.01	-0.11	0.95

资料来源：沪深交易所，同花顺。

三、重点上市公司介绍

哈森股份

哈森股份主要从事中高端皮鞋的品牌运营、产品设计、生产和销售。通过建立营销网络，公司以自有品牌为核心，同时兼顾代理品牌的多品牌运营模式，以市场为导向，自主研发、设计、销售各种鞋类产品，满足消费者的需求。

公司拥有哈森、卡迪娜等自有品牌，代理 Roberta、AS 等国际品牌，各品牌具有较高品牌认知度、美誉度，并形成特有的品牌风格，覆盖中高端鞋类细分市场。为进一步拓宽细分市场，公司在 2016 年开始布局童鞋市场。

公司市场分为内销、外销。内销以直营为主，经销为辅，同时开展线上线下经营的销售模式。截至 2016 年 12 月 31 日，公司在国内共有 1516 个直营店和 340 个经销店，建立了覆盖全国的销售网络体系。外销主要指公司为 DANSKO、CLARKS 等国际品牌运营企业提供 OEM/ODM 服务。2016 年度内销收入占总收入的 83.99%。

2016 年公司实现营业收入 168245.52 万元，同比减少 13.21%，营业利润 4881.99 万元，同比减少 46.63%，净利润 7702.71 万元，同比减少 34.49%，其中，归属于上市公司普通股股东的净利润 8049.02 万元，同比减少 32.43%。其中，内销实现营业收入 141313.77 万元、同比减少 12.97%，外销实现营业收入 26931.75 万元、同比减少 14.45%。基本每股收益 0.42 元。

四、上市公司在行业中的影响力

2014～2016 年，皮革、毛皮、羽毛及其制品和制鞋业整体总资产分别为 6873.8 亿元、7214.5 亿元和 7379.9 亿元，其中，上市公司的总资产占行业整体的比重持续上升，由 2014 年的 2.2% 上升

到2015年的2.8%，而后提升至2016年的3.2%。

2014～2016年，皮革、毛皮、羽毛及其制品和制鞋业主营收入总额分别为13896.1亿元、14659.8亿元、15163亿元，其中，上市公司的主营收入总额占行业整体的比重逐年上升，由2014年的0.69%，上涨至2015年的0.85%和2016年的1.02%。

2014～2016年，皮革、毛皮、羽毛及其制品和制鞋业整体利润总额分别为891.3亿元、937.9亿元和912.5亿元，其中，上市公司的利润总额占行业整体的比重呈现上扬趋势，由2014年的0.95%，上涨至2015年的1.3%和2016年的1.6%。

审稿人：翟太煌

撰稿人：石　晋

木材加工及木、竹、藤、棕、草制品业

一、木材加工及木、竹、藤、棕、草制品业总体概况

国家统计局数据显示，2016年中国木材加工及木、竹、藤、棕、草制品业总资产达到6532.10亿元，同比增长1.64%；行业销售收入14703.70亿元，同比增长4.43%；行业利润总额为870.90亿元，同比增长1.13%。

截至2016年年底，中国木材加工和木、竹、藤、棕、草制品业规模以上企业数量达9184家，其中，459家企业出现亏损，行业亏损率为5.00%。

从木材加工及木、竹、藤、棕、草制品业行业三费占主营业务收入的比重变化情况来看，2016年行业三费占木材加工及木、竹、藤、棕、草制品业行业销售收入的5.79%，占比较2015年回落0.25个百分点。其中，销售费用上涨1.35个百分点，财务费用回落1.29个百分点，管理费用比例基本维持不变。

从木材加工及木、竹、藤、棕、草制品业盈利能力来看，2016年木材加工及木、竹、藤、棕、草制品业总体盈利能力略有回落，2016年木材加工及木、竹、藤、棕、草制品业销售毛利率为12.39%，较2015年回落0.49个百分点，2016年销售利润率为5.92%，较2015年回落0.20个百分点，2016年资产报酬率为13.33%，较2015年回落0.07个百分点。

二、行业内上市公司发展概况

（一）行业内上市公司基本情况

表 1　　2016 年木材加工及木、竹、藤、棕、草制品业上市公司发行股票概况

门　类	A、B 股总数	A 股股票数	B 股股票数	境内总市值（亿元）	流通 A 股市值（亿元）	流通 B 股市值（亿元）
木材加工及木、竹、藤、棕、草制品业	9	9	0	732.97	554.92	0.00
占沪深两市比重（%）	0.29	0.29	0.00	0.14	0.14	0.00

资料来源：沪深交易所，同花顺。

（二）行业内上市公司构成情况

表 2　　2016 年木材加工及木、竹、藤、棕、草制品业上市公司构成情况　　单位：家

门　类	沪市			深市			ST/*ST
	仅 A 股	仅 B 股	A+B 股	仅 A 股	仅 B 股	A+B 股	
木材加工及木、竹、藤、棕、草制品业（家）	4	0	0	5	0	0	0/0
占行业内上市公司比重（%）	44.44	0.00	0.00	55.56	0.00	0.00	0/0

资料来源：沪深交易所，同花顺。

（三）行业内上市公司融资情况

表 3　　2016 年木材加工及木、竹、藤、棕、草制品业上市公司与沪深两市融资情况对比　　单位：家

门　类	融资家数	新股	增发	配股
木材加工及木、竹、藤、棕、草制品业	2	0	2	0
沪深两市总数	877	227	639	11
占比（%）	0.23	0.00	0.31	0.00

资料来源：沪深交易所，同花顺。

其中，增发的 2 家公司均为深市中小板公司。从融资效果来看，上述公司实际发行数量为 17675.89 万股；实际募集资金 12.62 亿元，基本完成了融资计划。

2016 年木材加工及木、竹、藤、棕、草制品业上市公司融资情况明细见附录。

（四）行业内上市公司资产及业绩情况

表 4　　2016 年木材加工及木、竹、藤、棕、草制品业上市公司资产情况　　单位：亿元

指　标	2016 年	2016 年可比样本增长（%）	2015 年	2015 年可比样本增长（%）	2014 年
总资产	289.55	-0.21	288.33	3.13	257.59
流动资产	147.31	-2.34	150.05	3.11	134.69
占比（%）	50.88	-1.11	52.04	-0.01	52.29
非流动资产	142.24	2.09	138.28	3.16	122.9
占比（%）	49.12	1.11	47.96	0.01	47.71
流动负债	87.37	-16.28	103.33	-8.12	102.17
占比（%）	30.18	-5.79	35.84	-4.39	39.66
非流动负债	18.13	-28.14	25.23	17.57	16.05
占比（%）	6.26	-2.43	8.75	1.07	6.23
归属于母公司股东权益	178.13	16.23	152.47	11.33	130.67
占比（%）	61.52	8.70	52.88	3.89	50.73

资料来源：沪深交易所，同花顺。

表 5　　2016 年木材加工及木、竹、藤、棕、草制品业上市公司收入实现情况　　单位：亿元

指　标	2016 年	2016 年可比样本增长（%）	2015 年	2015 年可比样本增长（%）	2014 年
营业收入	168.00	0.80	163.91	-5.64	168.61
利润总额	18.78	101.65	9	-0.3	9.58
归属于母公司所有者的净利润	15.75	122.71	6.82	4.93	6.94

资料来源：沪深交易所，同花顺。

（五）利润分配情况

2016 年全年木材加工及木、竹、藤、棕、草制品业上市公司中共有 5 家公司实施了分红配股。其中，4 家上市公司实施派息，1 家公司既实施了送股、转增，又实施了派息。

2016 年木材加工及木、竹、藤、棕、草制品业上市公司分红明细见附录。

（六）其他财务指标情况

1. 盈利能力指标

表 6　　2016 年木材加工及木、竹、藤、棕、草制品业上市公司盈利能力情况

指　标	2016 年	2016 年可比样本变动	2015 年	2015 年可比样本变动	2014 年
毛利率（%）	26.22	1.29	24.8	1.41	23.88
净资产收益率（%）	8.84	4.23	4.48	-0.27	5.31
销售净利率（%）	9.40	4.81	4.52	0.14	4.78
资产净利率（%）	5.45	2.76	2.61	-0.21	3.13

资料来源：沪深交易所，同花顺。

2. 偿债能力指标

表 7　　2016 年木材加工及木、竹、藤、棕、草制品业上市公司偿债能力指标

指　标	2016 年	2016 年可比样本变动	2015 年	2015 年可比样本变动	2014 年
流动比率	1.69	0.24	1.45	0.16	1.32
速动比率	1.13	0.21	0.92	0.16	0.81
资产负债率（%）	36.44	-8.23	44.59	-3.31	45.89

资料来源：沪深交易所，同花顺。

3. 营运能力指标

表 8　　2016 年木材加工及木、竹、藤、棕、草制品业上市公司营运能力情况　　单位：次

营运能力指标	2016 年	2016 年可比样本变动	2015 年	2015 年可比样本变动	2014 年
存货周转率	2.39	0.21	2.15	-0.20	2.52
应收账款周转率	11.37	0.66	10.55	-1.32	11.54
流动资产周转率	1.13	0.00	1.11	-0.15	1.28
固定资产周转率	1.91	0.08	1.80	-0.18	1.94
总资产周转率	0.58	-0.01	0.58	-0.07	0.65
净资产周转率	0.98	-0.11	1.07	-0.18	1.24

资料来源：沪深交易所，同花顺。

三、重点上市公司介绍

大亚圣象

大亚圣象家居股份有限公司创建于1999 年，是中国人造板和地板行业龙头企业。公司股票于 1999 年 6 月 30 日在深圳证券交易所上市交易，2016 年 12 月31 日，公司总股本 53077 万股。公司以人造板和地板为核心，目前拥有年产 160 多万立方米的中高密度板和刨花板的生产能力，并拥有年产 4700 万平方米的地板生产能力。公司机器设备、生产能力、精度、自控能力均居业内领先水平。目前已具备规模化的生产能力与较强的市场竞争力。旗下拥有“圣象”地板和“大亚”人造板品牌。

2016 年，公司实现营业收入653137.61 万元；实现归属于母公司所有者的净利润 54111.82 万元，同比增加70.22%；基本每股收益 1.02 元。2016年 12 月 31 日，公司总资产为 59.31 亿元，在沪深两市木材加工和木、竹、藤、棕、草制品业上市公司中位居首位。

2016 年“中国 500 最具价值品牌”排行榜显示“圣象”品牌价值已达235.92 亿元。同时，鉴于大亚人造板市

场知名度、美誉度、偏好度、创新力及多年来在中国行业里的地位和影响力，经世界品牌实验室及其独立的评选委员会测评，授予大亚人造板2016年“中国品牌年度大奖NO.1”（人造板行业）荣誉称号。

四、上市公司在行业中的影响力

2014～2016年，木材加工和木、竹、藤、棕、草制品业行业整体总资产分别为5869.99亿元、6427.00亿元和6532.10亿元，其中，上市公司的总资产占行业整体的比重持续上升由2014年的4.39%，到2015年的4.49%，后降低至2016年的4.43%。

2014～2016年，木材加工和木、竹、藤、棕、草制品业行业主营收入总额分别为13143.44亿元、14079.30亿元、14703.70亿元，其中，上市公司的主营收入总额占行业整体的比重逐年下降，由2014年的1.28%，下降至2015年的1.16%和2016年的1.14%。

2014～2016年，木材加工和木、竹、藤、棕、草制品业行业整体利润总额分别为826.94亿元、861.20亿元和870.90亿元，其中，上市公司的利润总额占行业整体的比重呈现上扬趋势，由2014年的1.16%，下降至2015年的1.05%，再上涨至2016年的2.16%。

审稿人：翟太煌
撰稿人：刘建宏

家具制造业

一、家具制造业总体概况

国家统计局数据显示，2016年，我国家具制造业主营业务收入8559.50亿元，同比增长8.60%；利润总额537.50亿元，同比增长7.90%。截至2016年年底，我国家具制造业总资产达到5416.60亿元，较2015年年末增长9.80%；规模以上企业数量达5561家，其中，500家企业出现亏损，行业亏损率为8.99%，较2015年同期回落1.14个百分点。

行业三费占销售收入的比例有所回落。2016年行业三费占家具制造行业销售收入比例为8.55%，较2015年回落0.24个百分点。其中，销售费用比例为3.62%，较2015年下降0.05个百分点；管理费用比例为4.27%，较2015年下降0.11个百分点；财务费用比例为0.66%，较2015年下降0.07个百分点，三费均有下降。

行业总体盈利水平略有回落。2016

年家具制造业综合毛利率为15.10%，较2015年回落0.27个百分点，主要在于行业成本增速略超收入增速1.02个百分点；2016年家具制造业销售利润率为6.28%，较2015年回落0.08个百分点；2016年家具制造业资产报酬率为9.92%，较2015年回落0.07个百分点。

二、行业内上市公司发展概况

（一）行业内上市公司基本情况

表1　　2016年家具制造业上市公司发行股票概况

门　类	A、B股总数	A股股票数	B股股票数	境内总市值（亿元）	流通A股市值（亿元）	流通B股市值（亿元）
家具制造业	13	13	0	1397.23	743.93	0.00
占沪深两市比重（%）	0.41	0.41	0.00	0.27	0.19	0.00

资料来源：沪深交易所，同花顺。

（二）行业内上市公司构成情况

表2　　2016年家具制造业上市公司构成情况　　单位：家

门　类	沪市			深市			ST/*ST
	仅A股	仅B股	A+B股	仅A股	仅B股	A+B股	
家具制造业（家）	8	0	0	5	0	0	0/0
占行业内上市公司比重（%）	61.54	0.00	0.00	38.46	0.00	0.00	0/0

资料来源：沪深交易所，同花顺。

（三）行业内上市公司融资情况

表3　　2016年家具制造业上市公司与沪深两市融资情况对比　　单位：家

	融资家数	新股	增发	配股
家具制造业	6	4	2	0
沪深两市总数	877	227	639	11
占比（%）	0.68	1.76	0.31	0.00

资料来源：沪深交易所，同花顺。

其中，首发的4家公司中，有3家在沪市主板上市，1家在深市中小板上市；增发的2家公司中，有1家是沪市主板公司，1家是深市中小板公司。

从融资效果来看，上述公司实际发行数量为30744.24万股；实际募集资金56.54亿元，基本完成了融资计划。

2016年家具制造业上市公司融资情况明细见附录。

（四）行业内上市公司资产及业绩情况

表 4　　2016 年家具制造业上市公司资产情况　　单位：亿元

指　标	2016 年	2016 年可比样本增长（%）	2015 年	2015 年可比样本增长（%）	2014 年
总资产	515.06	34.56	338.45	38.64	257.81
流动资产	299.46	47.04	180.74	29.94	141.61
占比（%）	58.14	4.93	53.4	-3.58	54.93
非流动资产	215.60	20.38	157.71	50.17	116.2
占比（%）	41.86	-4.93	46.6	3.58	45.07
流动负债	180.01	34.39	117.1	34.02	86.04
占比（%）	34.95	-0.04	34.6	-1.19	33.37
非流动负债	39.84	25.22	29.12	221.5	5.35
占比（%）	7.73	-0.58	8.6	4.89	2.08
归属于母公司股东权益	292.42	36.81	189.09	29.58	165.04
占比（%）	56.77	0.93	55.87	-3.91	64.02

资料来源：沪深交易所，同花顺。

表 5　　2016 年家具制造业上市公司收入实现情况　　单位：亿元

指　标	2016 年	2016 年可比样本增长（%）	2015 年	2015 年可比样本增长（%）	2014 年
营业收入	304.40	27.10	179.17	17.67	149.35
利润总额	41.21	9.45	27.77	38.91	23.14
归属于母公司所有者的净利润	32.35	6.74	22.38	41.28	19.21

资料来源：沪深交易所，同花顺。

（五）利润分配情况

2016 年，家具制造业上市公司中共有 9 家上市公司实施了派息，无上市公司实施送股、转增股份。

2016 年家具制造业上市公司分红明细见附录。

（六）其他财务指标情况

1. 盈利能力指标

表 6　　2016 年家具制造业上市公司盈利能力情况

指　标	2016 年	2016 年可比样本变动	2015 年	2015 年可比样本变动	2014 年
毛利率（%）	35.08	1.06	31.75	1.17	38.19
净资产收益率（%）	11.06	-3.12	11.83	0.98	11.64
销售净利率（%）	10.39	-2.11	12.33	1.91	12.82
资产净利率（%）	7.05	-1.95	7.58	0.55	8.14

资料来源：沪深交易所，同花顺。

2. 偿债能力指标

表 7　　2016 年家具制造业上市公司偿债能力指标

指　标	2016 年	2016 年可比样本变动	2015 年	2015 年可比样本变动	2014 年
流动比率	1.66	0.14	1.54	-0.05	1.65
速动比率	1.28	0.18	1.14	-0.01	1.14
资产负债率（%）	42.68	-0.62	43.2	3.7	35.45

资料来源：沪深交易所，同花顺。

3. 营运能力指标

表 8　　2016 年家具制造业上市公司营运能力情况　　单位：次

营运能力指标	2016 年	2016 年可比样本变动	2015 年	2015 年可比样本变动	2014 年
存货周转率	3.14	0.14	2.83	-0.12	2.34
应收账款周转率	6.66	0.02	5.70	-0.75	6.43
流动资产周转率	1.21	-0.11	1.12	-0.06	1.14
固定资产周转率	3.22	0.10	2.74	0.00	2.5
总资产周转率	0.68	-0.04	0.62	-0.06	0.63
净资产周转率	1.19	-0.05	1.05	-0.07	0.99

资料来源：沪深交易所，同花顺。

三、重点上市公司介绍

索菲亚

索菲亚家居股份有限公司主要从事全屋定制家具及配套家居产品的设计、生产及销售，为消费者提供全屋定制的空间解决方案，产品主要品牌为“索菲亚”全屋定制、司米“定制橱柜”以及易福诺“地板”。凭借在柔性化生产制造、销售渠道、品类拓展以及大数据运营等方面综合竞争优势，公司在 2016 年度实现了营业收入约 45.30 亿元，比上期增长 41.75%；归属于上市公司股东的净利润 6.64 亿元，比上期增长 44.74 %；每股收益为 1.48 元；2016 年年末，归属于上市公司股东的净资产 38.88 亿元，比 2015 年年末增长 68.73%。

2016 年公司继续采用以经销商为主、以直营专卖店和大宗用户业务为辅的复合营销模式。截至 2016 年年末，“索菲亚”全屋定制产品拥有经销商 1000 多位，全部店面超过 1900 家（含在装修店铺），索菲亚客户数达 48.7 万，同比增长 19.7%；司米厨柜拥有经销商接近 400 家，独立的经销商专卖店达 600 家（包括在设计中的店铺），实现营业收入 4.18 亿元。公司 2016 年 7 月完成了非公开发行股票，所募集的资金将在未来3～4年用于智能化改造以及信息技术升级。

四、上市公司在行业中的影响力

总体来看，家具制造业上市公司在行业内影响力不大。具体来看：

2014～2016年，家具制造业整体总资产分别为4529.35亿元、5013.20亿元和5416.60亿元。其中，上市公司的总资产占行业整体的比重逐年提升，由2014年的25.69%，提升至2015年的6.75%，随后又提升至2016年的9.51%。

2014～2016年，家具制造业整体营业收入分别为7187.35亿元、7872.50亿元和8559.50亿元。其中，上市公司的营收占行业整体的比重逐年提升，由2014年的2.08%，提升至2015年的2.28%，随后又提升至2016年的3.56%。

2014～2016年，家具制造业整体利润总额分别为441.90亿元、500.90亿元和537.50亿元。其中，上市公司的利润总额占行业整体的比重逐年提升，由2014年的5.24%，提升至2015年的5.54%，随后又提升至2016年的7.67%。

审稿人：翟太煌

撰稿人：刘建宏

造纸及纸制品业

一、造纸及纸制品业总体概况

2016年，造纸及纸制品行业投资规模保持稳定，全年行业累计固定资产投资额3091.33亿元，同比增长9.90%。全行业规模以上企业6704家，资产总额14209.70亿元，同比增长2.20%；实现营业收入14687.40亿元，同比增长6.50%；实现利润总额844.10亿元，同比增长16.10%；整体毛利率13.00%，较2015年同期下滑0.26个百分点；销售利润率5.75%，较2015年同期提升0.40个百分点。行业整体盈利能力小幅提升。

二、行业内上市公司发展概况

（一）行业内上市公司基本情况

表1　2016年造纸及纸制品业上市公司发行股票概况

门　类	A、B股总数	A股股票数	B股股票数	境内总市值（亿元）	流通A股市值（亿元）	流通B股市值（亿元）
造纸及纸制品业	28	26	2	2442.93	1733.13	46.78
占沪深两市比重（%）	0.89	0.83	0.06	0.48	0.44	2.47

资料来源：沪深交易所，同花顺。

（二）行业内上市公司构成情况

表 2　　2016 年造纸及纸制品业上市公司构成情况　　单位：家

门　类	沪市			深市			ST/*ST
	仅 A 股	仅 B 股	A+B 股	仅 A 股	仅 B 股	A+B 股	
造纸及纸制品业（家）	11	0	0	14	1	1	0/0
占行业内上市公司比重（%）	39.29	0.00	0.00	50	3.57	3.57	0/0

资料来源：沪深交易所，同花顺。

（三）行业内上市公司融资情况

表 3　　2016 年造纸及纸制品业上市公司与沪深两市融资情况对比　　单位：家

门　类	融资家数	新股	增发	配股
造纸及纸制品业	7	2	5	0
沪深两市总数	877	227	639	11
占比（%）	0.80	0.88	0.78	0.00

资料来源：沪深交易所，同花顺。

其中，首发的 2 家公司在中小板上市；增发的 5 家公司中，有 2 家沪市、3 家深市。

从融资效果来看，上述公司实际发行数量为 217281.13 万股；实际募集资金 111.54 亿元，基本完成了融资计划。

2016 年造纸及纸制品业上市公司融资情况明细见附录。

（四）行业内上市公司资产及业绩情况

表 4　　2016 年造纸及纸制品业上市公司资产情况　　单位：亿元

指　标	2016 年	2016 年可比样本增长（%）	2015 年	2015 年可比样本增长（%）	2014 年
总资产	2399.86	6.49	2210.53	11.58	1979.29
流动资产	1073.60	10.99	939.47	16.68	802.3
占比（%）	44.74	1.81	42.5	1.86	40.53
非流动资产	1326.26	3.12	1271.05	8.09	1176.99
占比（%）	55.26	-1.81	57.5	-1.86	59.47
流动负债	1066.18	-2.88	1076.29	19.66	906.06
占比（%）	44.43	-4.29	48.69	3.29	45.78
非流动负债	302.99	-6.60	325.23	-12.53	374.14
占比（%）	12.63	-1.77	14.71	-4.06	18.9
归属于母公司股东权益	993.85	25.05	772.52	14.88	661.76
占比（%）	41.41	6.14	34.95	1	33.43

资料来源：沪深交易所，同花顺。

表 5　2016 年造纸及纸制品业上市公司收入实现情况　单位：亿元

指　标	2016 年	2016 年可比样本增长（%）	2015 年	2015 年可比样本增长（%）	2014 年
营业收入	1146.14	14.85	953.45	3.75	917.9
利润总额	81.29	55.89	43.89	171.42	8.18
归属于母公司所有者的净利润	60.53	64.21	30.04	182.24	3.04

资料来源：沪深交易所，同花顺 。

（五）利润分配情况

2016 年全年造纸及纸制品业上市公司中共有 15 家公司实施了分红配股。其中，1 家上市公司仅转股或送股，12 家上市公司仅实施派息，2 家公司既实施了送股、转增，又实施了派息。

2016 年造纸及纸制品业上市公司分红明细见附录。

（六）其他财务指标情况

1. 盈利能力指标

表 6　2016 年造纸及纸制品业上市公司盈利能力情况

指　标	2016 年	2016 年可比样本变动	2015 年	2015 年可比样本变动	2014 年
毛利率（%）	21.46	1.11	19.84	2.02	17.25
净资产收益率（%）	6.09	1.45	3.89	2.31	0.46
销售净利率（%）	5.42	1.66	3.22	1.97	0.42
资产净利率（%）	2.67	0.91	1.47	0.87	0.2

资料来源：沪深交易所，同花顺。

2. 偿债能力指标

表 7　2016 年造纸及纸制品业上市公司偿债能力指标

指　标	2016 年	2016 年可比样本变动	2015 年	2015 年可比样本变动	2014 年
流动比率	1.01	0.13	0.87	-0.02	0.89
速动比率	0.80	0.14	0.66	0.02	0.63
资产负债率（%）	57.05	-6.06	63.4	-0.77	64.68

资料来源：沪深交易所，同花顺。

3. 营运能力指标

表 8　　2016 年造纸及纸制品业上市公司营运能力情况　　单位：次

营运能力指标	2016 年	2016 年可比样本变动	2015 年	2015 年可比样本变动	2014 年
存货周转率	3.99	0.58	3.31	0.00	3.29
应收账款周转率	6.17	0.21	6.30	-0.39	6.72
流动资产周转率	1.12	0.01	1.09	-0.08	1.16
固定资产周转率	1.28	0.11	1.13	0.02	1.09
总资产周转率	0.49	0.02	0.45	-0.02	0.48
净资产周转率	1.23	-0.05	1.26	-0.05	1.31

资料来源：沪深交易所，同花顺。

三、重点上市公司介绍

太阳纸业

太阳纸业主要从事铜版纸、白板纸、双胶纸以及白卡纸等高端纸品的生产和销售，是中国最大的民营造纸企业、中国500强企业之一。

2016 年，公司实现营业收入 144.55 亿元，同比上升 33.54%；归属于上市公司股东的净利润为 10.56 亿元，同比增长 58.52%；实现每股收益 0.42 元，公司盈利能力持续提升。毛利率为 21.92%，同比下滑 1.47 个百分点；销售净利率 8.01%，同比上升 1.03 个百分点；净资产收益率 14.12%，同比上升 3.78 个百分点。

2016 年年末，公司的资产负债率为 58.70%，同比下降 3.80 个百分点。

四、上市公司在行业中的影响力

从行业整体情况来看，2016 年行业总资产、营业收入和利润总额分别为 14209.70 亿元、14687.40 亿元和 844.10 亿元，上市公司占比分别为 16.88%、7.80% 和 9.63%。对行业的影响力有限。

审稿人：刘小勇

撰稿人：王　磊

印刷和记录媒介复制业

一、印刷和记录媒介复制业总体概况

2016 年，印刷和记录媒介复制业投资规模保持稳定，全年累计固定资产投资额为 1853.84 亿元，同比增长 0.20%。全行业规模以上企业 5470 家，资产总额 5759.80 亿元，同比增长 4.00%；实现营业收入 7879.10 亿元，同比增长 4.50%；实现利润总额 549.00 亿元，同比减少 4.50%。受到成本上行的影响，行业总体盈利能力小幅下降，整体毛利率 14.75%，较 2015 年同期下降 0.24 个百分点；销售利润率 6.97%，较 2015 年同期下降 0.73 个百分点。

二、行业内上市公司发展概况

（一）行业内上市公司基本情况

表 1　　2016 年印刷和记录媒介复制业上市公司发行股票概况

门　类	A、B 股总数	A 股股票数	B 股股票数	境内总市值（亿元）	流通 A 股市值（亿元）	流通 B 股市值（亿元）
印刷和记录媒介复制业	10	10	0	740.72	597.58	0.00
占沪深两市比重（%）	0.32	0.32	0.00	0.15	0.15	0.00

资料来源：沪深交易所，同花顺。

（二）行业内上市公司构成情况

表 2　　2016 年印刷和记录媒介复制业上市公司构成情况　　单位：家

门　类	沪市			深市			ST/*ST
	仅 A 股	仅 B 股	A+B 股	仅 A 股	仅 B 股	A+B 股	
印刷和记录媒介复制业（家）	3	0	0	7	0	0	0/0
占行业内上市公司比重（%）	30.00	0.00	0.00	70.00	0.00	0.00	0/0

资料来源：沪深交易所，同花顺。

（三）行业内上市公司融资情况

表 3　　2016 年印刷和记录媒介复制业上市公司与沪深两市融资情况对比　　单位：家

门　类	融资家数	新股	增发	配股
印刷和记录媒介复制业	4	3	1	0
沪深两市总数	877	227	639	11
占比（%）	0.46	1.32	0.16	0.00

资料来源：沪深交易所，同花顺。

其中，在首发的 3 家公司中，有 2 家在中小板上市，1 家在主板上市；增发的 1 家公司为中小板公司。

从融资效果来看，上述公司实际发行数量为 12614.21 万股；实际募集资金 13.30 亿元，基本完成了融资计划。

2016 年印刷和记录媒介复制业上市公司融资情况明细见附录。

（四）行业内上市公司资产及业绩情况

表 4　　2016 年印刷和记录媒介复制业上市公司资产情况　　单位：亿元

指　标	2016 年	2016 年可比样本增长（%）	2015 年	2015 年可比样本增长（%）	2014 年
总资产	258.82	15.50	208.58	15.68	180.3
流动资产	133.75	9.85	113.69	17.47	96.78
占比（%）	51.68	-2.66	54.51	0.83	53.68
非流动资产	125.07	22.22	94.89	13.62	83.52
占比（%）	48.32	2.66	45.49	-0.83	46.32
流动负债	87.85	16.23	70.85	17.32	58.98
占比（%）	33.94	0.21	33.97	0.48	32.71
非流动负债	8.47	114.07	3.66	-34.83	6.87
占比（%）	3.27	1.51	1.75	-1.37	3.81
归属于母公司股东权益	151.93	12.85	124.26	17.29	106.11
占比（%）	58.70	-1.38	59.57	0.81	58.85

资料来源：沪深交易所，同花顺。

表 5　　2016 年印刷和记录媒介复制业上市公司收入实现情况　　单位：亿元

指　标	2016 年	2016 年可比样本增长（%）	2015 年	2015 年可比样本增长（%）	2014 年
营业收入	121.93	13.70	96.29	1.4	94.96
利润总额	21.07	-12.87	22.24	10.54	20.08
归属于母公司所有者的净利润	16.17	-15.36	17.45	8.22	16.09

资料来源：沪深交易所，同花顺 。

（五）利润分配情况

2016 年全年印刷和记录媒介复制业上市公司中共有 6 家公司实施了分红配股。其中，5 家上市公司仅实施派息，1 家公司既实施了送股、转增，又实施了派息。

2016 年印刷和记录媒介复制业上市公司分红明细见附录。

（六）其他财务指标情况

1. 盈利能力指标

表 6　　2016 年印刷和记录媒介复制业上市公司盈利能力情况

指　标	2016 年	2016 年可比样本变动	2015 年	2015 年可比样本变动	2014 年
毛利率（%）	33.27	-3.64	37.76	2.82	34.94
净资产收益率（%）	10.64	-3.55	14.04	-1.18	15.16
销售净利率（%）	14.60	-4.73	19.86	1.55	18.27
资产净利率（%）	7.37	-2.54	9.83	-0.28	10.09

资料来源：沪深交易所，同花顺。

2. 偿债能力指标

表 7　　2016 年印刷和记录媒介复制业上市公司偿债能力指标

指　标	2016 年	2016 年可比样本变动	2015 年	2015 年可比样本变动	2014 年
流动比率	1.52	-0.09	1.6	0	1.64
速动比率	1.06	0.05	0.98	-0.02	1.03
资产负债率（%）	37.22	1.72	35.73	-0.89	36.52

资料来源：沪深交易所，同花顺。

3. 营运能力指标

表 8　　2016 年印刷和记录媒介复制业上市公司营运能力情况　　单位：次

营运能力指标	2016 年	2016 年可比样本变动	2015 年	2015 年可比样本变动	2014 年
存货周转率	1.88	0.25	1.50	-0.20	1.69
应收账款周转率	4.27	-0.36	4.80	-1.26	6.06
流动资产周转率	0.95	0.00	0.91	-0.11	1.02
固定资产周转率	1.87	0.01	1.88	-0.23	2.11
总资产周转率	0.50	-0.01	0.50	-0.06	0.55
净资产周转率	0.79	0.00	0.78	-0.12	0.89

资料来源：沪深交易所，同花顺。

三、重点上市公司介绍

劲嘉股份

劲嘉股份是烟标印刷行业龙头企业，主要从事高端包装印刷品和包装材料的研究生产，主要产品有高技术和高附加值的烟标、高端知名消费品牌包装及相关镭射包装材料镭射膜和镭射纸等。

2016年，公司实现营业收入27.76亿元，同比上升2.09%；归属于上市公司股东的净利润为5.70亿元，同比下滑20.81%；实现每股收益0.43元。毛利率为41.33%，同比下滑4.58个百分点；销售净利率22.97%，同比下滑6.05个百分点；净资产收益率13.30%，同比下滑5.72个百分点。

2016年年末，公司的资产负债率达到27.98%，同比上升9.47个百分点。

四、上市公司在行业中的影响力

从行业整体情况来看，2016年行业总资产、营业收入和利润总额分别为5759.80亿元、7879.10亿元和549.00亿元，上市公司占比分别为4.49%、1.54%和3.83%。在行业总体情况中占比较小，对行业影响力有限。

审稿人：刘小勇

撰稿人：王　磊

文教、工美、体育和娱乐用品制造业

一、文教、工美、体育和娱乐用品制造业总体概况

国家统计局数据显示，2016年，我国文教、工美、体育和娱乐用品制造业企业共有9137家，较2015年小幅增长5.96%。随着经济稳步发展和消费的升级，文教体娱逐步成为国民经济的支柱性产业，成为消费升级的亮点。未来几年我国GDP增长将转入增长结构与方式发生转变的阶段，将给行业发展带来持续动力。同时，随着国家十三五规划进一步明确加大消费战略以及文化产业的支柱性，文教、工美、体育和娱乐用品制造业受到了国家政策面的大力支持，行业未来的发展前景进一步变得明朗起来。

截至2016年12月31日，文教、工美、体育和娱乐用品制造业总资产为8860.5亿元，较2015年增长9.67%；行业全年实现营业收入16696.10亿元，较2015年增长7.90%；实现利润总额971.40亿元，较2015年增长10.19%。2016年12月31日，行业资产负债率为49.89%，相比2015年下降0.72个百分点。

二、行业内上市公司发展概况

（一）行业内上市公司基本情况

表 1　2016 年文教、工美、体育和娱乐用品制造业上市公司发行股票概况

门　类	A、B 股总数	A 股股票数	B 股股票数	境内总市值（亿元）	流通 A 股市值（亿元）	流通 B 股市值（亿元）
文教、工美、体育和娱乐用品制造业	11	11	0	1227.05	779.09	0.00
占沪深两市比重（%）	0.35	0.35	0.00	0.24	0.20	0.00

资料来源：沪深交易所，同花顺。

（二）行业内上市公司构成情况

表 2　2016 年文教、工美、体育和娱乐用品制造业上市公司构成情况　单位：家

门　类	沪市			深市			ST/*ST
	仅 A 股	仅 B 股	A+B 股	仅 A 股	仅 B 股	A+B 股	
文教、工美、体育和娱乐用品制造业（家）	2	0	0	9	0	0	0/0
占行业内上市公司比重（%）	18.18	0.00	0.00	81.82	0.00	0.00	0/0

资料来源：沪深交易所，同花顺。

（三）行业内上市公司融资情况

表 3　2016 年文教、工美、体育和娱乐用品制造业上市公司与沪深两市融资情况对比　单位：家

	融资家数	新股	增发	配股
文教、工美、体育和娱乐用品制造业	3	0	3	0
沪深两市总数	877	227	639	11
占比（%）	0.34	0.00	0.47	0.00

资料来源：沪深交易所，同花顺。

其中，增发的 3 家公司均为深市公司。从融资效果来看，上述公司实际发行数量为 7723.20 万股，实际募集资金 18.37 亿元，基本完成了融资计划。

2016 年文教、工美、体育和娱乐用品制造业上市公司融资情况明细见附录。

（四）行业内上市公司资产及业绩情况

表 4　　2016 年文教、工美、体育和娱乐用品制造业上市公司资产情况　　单位：亿元

指　标	2016 年	2016 年可比样本增长（%）	2015 年	2015 年可比样本增长（%）	2014 年
总资产	320.20	38.08	265.2	34.5	177.09
流动资产	140.14	20.29	127.64	25.07	92.36
占比（%）	43.77	-6.47	48.13	-3.63	52.15
非流动资产	180.06	56.05	137.56	44.62	84.72
占比（%）	56.23	6.47	51.87	3.63	47.84
流动负债	92.60	93.19	50.19	10.22	40.41
占比（%）	28.92	8.25	18.93	-4.17	22.82
非流动负债	28.76	60.82	17.9	104.7	8.48
占比（%）	8.98	1.27	6.75	2.32	4.79
归属于母公司股东权益	195.58	19.04	195.25	38.74	126.43
占比（%）	61.08	-9.77	73.62	2.25	71.39

资料来源：沪深交易所，同花顺。

表 5　　2016 年文教、工美、体育和娱乐用品制造业上市公司收入实现情况　　单位：亿元

指　标	2016 年	2016 年可比样本增长（%）	2015 年	2015 年可比样本增长（%）	2014 年
营业收入	185.29	25.66	153.35	4.31	113.6
利润总额	23.10	9.86	22.25	28.25	12.66
归属于母公司所有者的净利润	20.70	16.42	18.98	26.05	11.08

资料来源：沪深交易所，同花顺 。

（五）利润分配情况

2016 年全年文教、工美、体育和娱乐用品制造业上市公司中共有 8 家公司实施了分红配股。其中，4 家上市公司仅实施派息，4 家公司既实施了送股、转增，又实施了派息。

2016 年文教、工美、体育和娱乐用品制造业上市公司分红明细见附录。

（六）其他财务指标情况

1. 盈利能力指标

表 6　2016 年文教、工美、体育和娱乐用品制造业上市公司盈利能力情况

指　标	2016 年	2016 年可比样本变动	2015 年	2015 年可比样本变动	2014 年
毛利率（%）	30.29	-1.85	32.69	4.77	28.36
净资产收益率（%）	10.58	-0.24	9.72	-0.98	8.76
销售净利率（%）	10.98	-1.23	12.54	2.37	9.74
资产净利率（%）	7.37	-1.22	8.32	0.09	6.75

资料来源：沪深交易所，同花顺。

2. 偿债能力指标

表 7　2016 年文教、工美、体育和娱乐用品制造业上市公司偿债能力指标

指　标	2016 年	2016 年可比样本变动	2015 年	2015 年可比样本变动	2014 年
流动比率	1.51	-0.92	2.54	0.3	2.29
速动比率	1.10	-0.71	1.91	0.33	1.69
资产负债率（%）	37.90	9.52	25.67	-1.85	27.61

资料来源：沪深交易所，同花顺。

3. 营运能力指标

表 8　2016 年文教、工美、体育和娱乐用品制造业上市公司营运能力情况　单位：次

营运能力指标	2016 年	2016 年可比样本变动	2015 年	2015 年可比样本变动	2014 年
存货周转率	3.80	0.41	3.34	-0.21	3.29
应收账款周转率	8.27	0.39	7.26	-1.88	7.31
流动资产周转率	1.44	0.05	1.34	-0.14	1.25
固定资产周转率	4.27	0.45	3.79	-0.05	3.52
总资产周转率	0.67	-0.03	0.66	-0.15	0.69
净资产周转率	1.02	0.03	0.90	-0.21	0.96

资料来源：沪深交易所，同花顺。

三、重点上市公司介绍

晨光文具

2016年年报显示，晨光文具实现营业收入46.62亿元，同比增长24.36%；归属于上市公司股东的净利润4.93亿元，同比增长16.63%，实现基本每股收益0.54元。

传统业务稳步增长，办公文具销售收入快速增长：公司2016年营收同比增长24.36%，归母净利增长16.63%，业绩稳步提升。报告期内，公司一方面推进营销网络和渠道的优化与升级，增强渠道管控，加快产品品类的扩展和市场推广，加大技术创新，推动传统业务的增长；另一方面继续发展晨光生活馆、九木杂物社、晨光科力普、晨光科技等新业务模式，在生活馆和科力普的带动下，学生文具、办公文具收入分别同比增长19%、55%。

营销力度的加大，新业务的快速发展，销售费用大幅上涨：2016年公司费用整体可控，销售费用率同比上涨1.16%至8.68%，管理费费用率同比下降0.49%至6.43%。与2015年销售费用同比增长近44%，主要是薪资福利费、运输及装卸费、业务宣传费以及房屋租赁费增长较多所致。

传统业务渠道优势明显，加快新产品的市场拓展及渠道升级：截至2016年年末，公司在全国拥有30家一级合作伙伴、近1200家二三级合作伙伴，零售终端超7.2万家，在文具行业零售终端网络覆盖的广度和深度具有明显的先发优势和领先优势。报告期内，公司持续发展校边店和办公店，推进单店质量提升，推进配送中心的优化和升级，及连锁加盟的店铺升级，加快了办公市场、儿童美术市场、高价值产品市场拓展，营销渠道和终端质量持续提升，市场份额得到进一步巩固和扩大。

审稿人：董岚枫

撰稿人：白逸凡　史凡可

石油加工、炼焦及核燃料加工业

一、石油加工、炼焦及核燃料加工业总体概况

截至2016年年底，全国规模以上石油加工、炼焦及核燃料加工行业企业数量为1876家，其中，438家企业出现亏损，行业亏损率为29.27%。石油加工、炼焦及核燃料加工行业资产合计26508.18亿元，较2015年减少0.5%；实现销售收入34532.38亿元，与2015年基本持平；完成利润总额1884.97亿元，较2014年增

加 157.34%。

石油加工、炼焦及核燃料加工业分为精炼石油产品制造、炼焦以及核燃料加工。其中，精炼石油产品制造又可认分为原油加工及石油制品制造以及人造原油制造。

二、行业内上市公司发展概况

（一）行业内上市公司基本情况

表 1　　2016 年石油加工、炼焦及核燃料加工业上市公司发行股票概况

门　类	A、B 股总数	A 股股票数	B 股股票数	境内总市值（亿元）	流通 A 股市值（亿元）	流通 B 股市值（亿元）
石油加工、炼焦及核燃料加工业	18	18	0	1991.48	1367.58	0.00
占沪深两市比重（%）	0.57	0.57	0.00	0.39	0.35	0.00

资料来源：沪深交易所，同花顺。

（二）行业内上市公司构成情况

表 2　　2016 年石油加工、炼焦及核燃料加工业上市公司构成情况　　单位：家

门　类	沪市			深市			ST/*ST
	仅 A 股	仅 B 股	A+B 股	仅 A 股	仅 B 股	A+B 股	
石油加工、炼焦及核燃料加工业（家）	10	0	0	8	0	0	0/1
占行业内上市公司比重（%）	55.56	0.00	0.00	44.44	0.00	0.00	0/5.56

资料来源：沪深交易所，同花顺。

（三）行业内上市公司融资情况

表 3　　2016 年石油加工、炼焦及核燃料加工业上市公司与沪深两市融资情况对比　　单位：家

门　类	融资家数	新股	增发	配股
石油加工、炼焦及核燃料加工业	5	2	3	0
沪深两市总数	877	227	639	11
占比（%）	0.57	0.88	0.47	0.00

资料来源：沪深交易所，同花顺。

其中，在首发的 2 家公司中，有 1 家在沪市主板上市，1 家在中小板上市；在增发的 3 家公司中，有 1 家沪市主板公司、2 家深市主板公司。

按行业大类划分，进行融资的5家公司全部属于油加工、炼焦及核燃料加工业。

从融资效果来看，上述公司实际发行数量为106269.4万股，实际募集资金74.9亿元，基本完成了融资计划。

2016年石油加工、炼焦及核燃料加工业上市公司融资情况明细见附录。

（四）行业内上市公司资产及业绩情况

表4　　2016年石油加工、炼焦及核燃料加工业上市公司资产情况　　单位：亿元

指　标	2016年	2016年可比样本增长（%）	2015年	2015年可比样本增长（%）	2014年
总资产	1614.05	-0.11	1630.58	-8.67	1725.03
流动资产	634.78	15.65	542.76	-19.84	607.49
占比（%）	39.33	5.36	33.29	-4.63	35.22
非流动资产	979.27	-8.23	1087.83	-1.85	1117.55
占比（%）	60.67	-5.36	66.71	4.63	64.78
流动负债	678.48	-8.17	767.28	-14.61	805.99
占比（%）	42.04	-3.69	47.06	-3.27	46.72
非流动负债	145.30	-33.74	212.96	-10.96	293.48
占比（%）	9.00	-4.57	13.06	-0.34	17.01
归属于母公司股东权益	728.25	20.14	597.93	2.21	558.18
占比（%）	45.12	7.61	36.67	3.91	32.36

资料来源：沪深交易所，同花顺。

表5　　2016年石油加工、炼焦及核燃料加工业上市公司收入实现情况　　单位：亿元

指　标	2016年	2016年可比样本增长（%）	2015年	2015年可比样本增长（%）	2014年
营业收入	1633.85	-2.41	1657.07	-24.73	2060.28
利润总额	149.51	1133.24	-30.67	13.6	-47.05
归属于母公司所有者的净利润	117.55	1171.05	-23.26	28.47	-42.33

资料来源：沪深交易所，同花顺 。

（五）利润分配情况

2016年全年石油加工、炼焦及核燃料加工业上市公司中共有6家公司实施了分红配股。其中，2家上市公司仅转股或送股，3家上市公司仅实施派息，1家公司既实施了送股、转增，又实施了派息。

2016年石油加工、炼焦及核燃料加工业上市公司分红明细见附录。

（六）其他财务指标情况

1. 盈利能力指标

表 6　　2016 年石油加工、炼焦及核燃料加工业上市公司盈利能力情况

指　标	2016 年	2016 年可比样本变动	2015 年	2015 年可比样本变动	2014 年
毛利率（%）	24.04	6.64	17.08	7.05	9.95
净资产收益率（%）	16.14	17.95	-3.89	1.67	-7.58
销售净利率（%）	7.42	8.90	-2.33	-0.77	-2.22
资产净利率（%）	7.51	9.00	-2.26	-0.19	-2.71

资料来源：沪深交易所，同花顺。

2. 偿债能力指标

表 7　　2016 年石油加工、炼焦及核燃料加工业上市公司偿债能力指标

指　标	2016 年	2016 年可比样本变动	2015 年	2015 年可比样本变动	2014 年
流动比率	0.94	0.19	0.71	-0.05	0.75
速动比率	0.69	0.12	0.54	0	0.54
资产负债率（%）	51.04	-8.26	60.12	-3.61	63.74

资料来源：沪深交易所，同花顺。

3. 营运能力指标

表 8　　2016 年石油加工、炼焦及核燃料加工业上市公司营运能力情况　　单位：次

营运能力指标	2016 年	2016 年可比样本变动	2015 年	2015 年可比样本变动	2014 年
存货周转率	8.49	-0.34	8.60	-1.17	9.49
应收账款周转率	17.48	-0.02	17.45	-9.23	26.09
流动资产周转率	2.76	0.01	2.72	-0.86	3.48
固定资产周转率	2.41	0.04	2.27	-0.69	2.68
总资产周转率	1.01	0.00	0.97	-0.36	1.22
净资产周转率	2.26	-0.35	2.55	-1.03	3.32

资料来源：沪深交易所，同花顺。

三、重点上市公司介绍

上海石化

上海石化2016年实现营业收入778.94亿元，较2015年减少3.60%。2016年本集团合成纤维、树脂及塑料、中间石化产品和石油产品的加权平均价格（不含税）与2015年相比，分别下降了12.41%、3.83%、0.51%和10.81%，导致2016年本集团营业收入较2015年相比下降。实现归属于母公司股东净利润59.56亿元，比2015年同比增长83.48%。

2016年度集团的营业利润为人民币67.78亿元，比上年度的营业利润人民币39.09亿元增加73.4%。归属于母公司股东的净利润为59.55亿元，每股收益0.55元。2016年，虽然产成品销售单价随油价的下跌而下挫，但由于生产周期和附加值的影响，产成品销售单价下降幅度小于原材料采购单价下降幅度，故营业利润较2015年大幅增长。2016年度经营活动现金净流入量为人民币71.82亿元，比2015年的现金净流入人民币49.33亿元增加45.59%。

从销售收入的产品构成来看，公司石油产品收入占总收入的36.4%，2016年共实现营业收入352.62亿元，较2015年减少19.67%；毛利率44.68%，比2015年增加9.33个百分点。石化产品收入占比44.6%，包括31.2%石油化工产品贸易和13.4%中间石化产品；其中，石油化工产品贸易实现营业收入91.12亿元，比2015年减少5.16%；毛利率34.12%，比2015年增加9.4个百分点。中间石化产品实现营业收入205.97亿元，比2015年增加50.13%，毛利率为0.84%，比2015年减少0.23个百分点。公司有14.90%的收入来自树脂及塑料，2016年实现营业收入100.73亿元，比2015年减少-1.65%；毛利率为28.34%，比2015年增加5.68个百分点。有2.8%的收入来自合成纤维，2016年实现营业收入19.15亿元，比2015年减少20.10%，毛利率为-0.29%。从各板块销售净额来看，公司的盈利主要来自石油产品。从销售地区来看，出口部分销售收入119.02亿元，占比15.28%，比2015年增加190.39%；华东地区销售收入为597.37亿元，占比76.69%，比2015年减少16.63%；中国其他地区销售收入为62.56亿元，占比8.03%，比2015年增加23.75%。

四、上市公司在行业中的影响力

2016年，全行业资产规模与2015年相比出现微幅下降，基本与2015年持平。主营业务收入变化不大，不过利润总额出现了大幅上升，主要得益于成本端油价下跌幅度大于需求端产成品下跌幅度。截至2016年年底，全行业总资产达26508.18亿元，上市公司占比由2015年的6.60%下降至6.09%；行业全年实现销售收入34532.38亿元，上市公司占比由2015年的4.86%下跌至4.73%。

审稿人：宋　涛

撰稿人：马昕晔

化学原料及化学制品制造业

一、化学原料及化学制品制造业总体概况

2016 年 1～12 月，我国规模以上（主营业务收入达到 2000 万元及以上）化学原料及化学制品企业数量为 24583 家，亏损企业达到 3155 家，平均亏损金额为 3176.5 万元，亏损率为 23.35%。行业累计总资产 76073.78 亿元，较 2015 年增长 6.90%。实现销售收入 87294 亿元，较 2015 年增长 4.46%。总利润 5180.30 亿元，较 2015 年增长 10.93%。

化学原料及化学制品制造业可以分为基础化学原料制造业、肥料制造业、农药制造业、涂料油墨颜料及类似产品制造业、合成材料制造业、专用化学产品制造业和日用化学产品制造业。

二、行业内上市公司发展概况

（一）行业内上市公司基本情况

表 1　2016 年化学原料及化学制品制造业上市公司发行股票概况

门　类	A、B 股总数	A 股股票数	B 股股票数	境内总市值（亿元）	流通 A 股市值（亿元）	流通 B 股市值（亿元）
化学原料及化学制品制造业	207	202	5	19345.01	13207.09	70.26
占沪深两市比重（%）	6.60	6.45	0.16	3.80	3.37	3.71

资料来源：沪深交易所，同花顺。

（二）行业内上市公司构成情况

表 2　2016 年化学原料及化学制品制造业上市公司构成情况　单位：家

门　类	沪市			深市			ST/*ST
	仅 A 股	仅 B 股	A+B 股	仅 A 股	仅 B 股	A+B 股	
化学原料及化学制品制造业（家）	62	1	3	136	0	1	1/10
占行业内上市公司比重（%）	29.95	0.48	1.45	65.7	0.00	0.48	0.48/4.83

资料来源：沪深交易所，同花顺。

（三）行业内上市公司融资情况

表 3　　2016 年化学原料及化学制品制造业上市公司与沪深两市融资情况对比　　单位：家

门　类	融资家数	新股	增发	配股
化学原料及化学制品制造业	63	20	42	1
沪深两市总数	877	227	639	11
占比（%）	7.18	8.81	6.57	9.09

资料来源：沪深交易所，同花顺。

其中，在首发的 20 家公司中，有 7 家在沪市主板上市，5 家在中小板上市，8 家在创业板上市；在增发的 42 家公司中，有 11 家沪市主板、6 家深市主板、9 家创业板及 16 家中小板公司。配股的 1 家公司在中小板上市。

按行业大类划分，进行融资的 63 家公司全部属于化学原料及化学制品制造业，在沪深两市融资公司中占比 7.18%。

从融资效果来看，上述公司实际发行数量为 1637975.43 万股；实际募集资金 1222.61 亿元，基本完成了融资计划。

2016 年化学原料及化学制品制造业上市公司融资情况明细见附录。

（四）行业内上市公司资产及业绩情况

表 4　　2016 年化学原料及化学制品制造业上市公司资产情况　　单位：亿元

指　标	2016 年	2016 年可比样本增长（%）	2015 年	2015 年可比样本增长（%）	2014 年
总资产	14142.59	12.06	11730.23	7.6	10177.05
流动资产	5986.68	14.22	4389.06	11.37	3633.15
占比（%）	42.33	0.80	37.42	1.27	35.7
非流动资产	8155.90	10.52	7341.18	5.47	6543.9
占比（%）	57.67	-0.80	62.58	-1.27	64.3
流动负债	5898.49	10.74	4583.34	2.3	4211.53
占比（%）	41.71	-0.50	39.07	-2.03	41.38
非流动负债	1917.89	2.68	1883.37	-3.69	1863.44
占比（%）	13.56	-1.24	16.06	-1.88	18.31
归属于母公司股东权益	5898.27	17.75	4797.14	19.54	3762.05
占比（%）	41.71	2.02	40.9	4.09	36.97

资料来源：沪深交易所，同花顺。

表 5　　2016 年化学原料及化学制品制造业上市公司收入实现情况　　单位：亿元

指　标	2016 年	2016 年可比样本增长（%）	2015 年	2015 年可比样本增长（%）	2014 年
营业收入	8110.11	7.80	6947.3	-2.15	6443.84
利润总额	416.76	9.42	360.32	-1.18	301.56
归属于母公司所有者的净利润	293.95	8.90	242.11	-3.57	210.78

资料来源：沪深交易所，同花顺。

（五）利润分配情况

2016 年全年化学原料及化学制品制造业上市公司中共有 129 家公司实施了分红配股。其中，6 家上市公司仅转股或送股，91 家上市公司仅实施派息，32 家公司既实施了送股、转增，又实施了派息。

2016 年化学原料及化学制品制造业上市公司分红明细见附录。

（六）其他财务指标情况

1. 盈利能力指标

表 6　　2016 年化学原料及化学制品制造业上市公司盈利能力情况

指　标	2016 年	2016 年可比样本变动	2015 年	2015 年可比样本变动	2014 年
毛利率（%）	17.93	0.15	18.6	0.99	17.48
净资产收益率（%）	4.98	-0.40	5.05	-1.21	5.6
销售净利率（%）	3.84	0.04	3.78	-0.08	3.47
资产净利率（%）	2.32	-0.16	2.32	-0.38	2.31

资料来源：沪深交易所，同花顺。

2. 偿债能力指标

表 7　　2016 年化学原料及化学制品制造业上市公司偿债能力指标

指　标	2016 年	2016 年可比样本变动	2015 年	2015 年可比样本变动	2014 年
流动比率	1.01	0.03	0.96	0.08	0.86
速动比率	0.77	0.04	0.73	0.1	0.62
资产负债率（%）	55.27	-1.73	55.13	-3.91	59.69

资料来源：沪深交易所，同花顺。

3. 营运能力指标

表 8　　2016 年化学原料及化学制品制造业上市公司营运能力情况　　单位：次

营运能力指标	2016 年	2016 年可比样本变动	2015 年	2015 年可比样本变动	2014 年
存货周转率	4.65	-0.39	5.32	-0.45	5.54
应收账款周转率	7.99	-1.67	10.12	-2.41	12.19
流动资产周转率	1.44	-0.22	1.67	-0.26	1.85
固定资产周转率	1.70	-0.07	1.63	-0.24	1.78
总资产周转率	0.61	-0.05	0.61	-0.09	0.67
净资产周转率	1.38	-0.17	1.43	-0.27	1.63

资料来源：沪深交易所，同花顺。

三、重点上市公司介绍

（一）华鲁恒升

2016 年华鲁恒升实现营业收入 77.01 亿元，同比减少 10.68%，实现归属于母公司股东的净利润 77.01 亿元，同比减少 3.22%。

公司为多业联产的新型化工企业，主要业务包括化工产品及化学肥料的生产、销售，发电及供热业务。主要产品有肥料、有机胺、己二酸及中间品、醋酸及衍生品、多元醇等。目前具备年产 220 万吨氨醇、180 万吨尿素、60 万吨复合肥、20 万吨水溶肥、25 万吨 DMF、20 万吨混甲胺、50 万吨醋酸、45 万吨硝酸、16 万吨己二酸、20 万吨多元醇、5 万吨乙二醇、5 万吨三聚氰胺、3 万吨甲醛、5 万吨醋酐、15 万吨工业气体、20 万千瓦发电、2000 万 GJ 供热的生产能力，是国内重要的基础化工原料制造商和全球最大的 DMF 供应商。未来几年，公司将加快结构调整和优化产业布局，推动传统产能改造升级，积极发展合成气下游深加工项目，与石油化工下游产业链融合，打造高端新材料板块。母公司华鲁恒升集团是全国化工综合效益百强和山东省 200 家重点企业集团之一。

按行业划分，化肥行业实现营业收入为 19.61 亿元，较 2015 年下降 29.79%；化工行业实现营业收入 55.84 亿元，较 2015 年减少 0.66%；热电行业营业收入 55.84 亿元，较 2015 年减少 46.68%。

按主营产品划分，肥料实现营业收入 19.61 亿元，较 2015 年减少 29.79%，毛利率为 18.41%，较 2015 年减少 9.42 个百分点；有机胺实现营业收入 14.45 亿元，较 2015 年减少 0.43%，毛利率 28.36%，比 2015 年减少 5.13 个百分点；己二酸及中间品实现营业收入 12.86 亿元，较 2015 年减少 0.77%，毛利率

16.92%，比 2015 年增加 7.48 个百分点；醋酸及衍生品实现营业收入 11.39 亿元，较 2015 年减少 7.56%，毛利率 25.9%，较 2015 年增加 1.66 个百分点；多元醇实现营业收入 11.11 亿元，比 2015 年减少 10.43%，毛利率 5.84%，比 2015 年增加 0.27 个百分点。

按地区划分，出口实现营业收入 4.25 亿元，较 2015 年减少 6.98%；北方实现营业收入 48.50 亿元，较 2015 年减少 9.05%；南方实现营业收入 23.72 亿元，比 2015 年减少 15.69%。

（二）盐湖股份

盐湖股份是国内最大的钾肥生产企业，氯化钾的生产和销售是公司目前的主要业务，钾肥设计年产能达到 500 万吨。公司的主营业务分 3 部分：氯化钾的开发、生产和销售；盐湖资源综合开发利用；其他业务包括水泥生产、商贸连锁业务以及酒店业务。其中，氯化钾的开发、生产和销售业务收入为公司 2016 年主营业务核心部分，占公司营业收入的比例均在 70% 以上。其他业务包括水泥生产、商贸连锁业务以及酒店业务的资产量和业务量在公司占比较小。

2016 年，公司共实现营业收入 103.64 亿元，较 2015 年同期下降 4.76%，实现营业利润 2.35 亿元，较 2015 年同期增加 5.13%；实现归属于上市公司股东的净利润 3.41 亿元，较 2015 年同期下降 38.95 %；报告期氯化钾产品不含税单价为 1505.61 元/吨，较 2015 年下降 15.27%；经营活动产生的现金流量净额 20.28 亿元，较 2015 年同期增加 169.41%；每股收益 0.18 元，较 2015 年同期下降 47.72%。生产钾肥 495.3 万吨；销售氯化钾 492 万吨，较 2015 年同期相比增加 49 万吨。

主营业务按产品来看，氯化钾营业收入 67.80 亿元，较 2015 年减少 13.95%，毛利率 70.72%，比 2015 年减少 2.97 个百分点；盐湖资源综合利用化工产品实现营业收入 18.49 亿元，较 2015 年增加 16.86%，毛利率为 –35.00%，比 2015 年减少 10.79 个百分点；碳酸锂实现营业收入 3.10 亿元，较 2015 年增加 163.66%，毛利率 56.85%，比 2015 年同期增加 49.4 个百分点。

（三）万华化学

万华化学是国内 MDI（二苯基甲烷二异氰酸酯）制造龙头企业，是亚太地区最大的 MDI 制造企业。公司主要从事 MDI 为主的异氰酸酯系列产品、芳香多胺系列产品、热塑性聚氨酯弹性体系列产品的研究开发、生产和销售。

2016 年公司实现销售收入 301.00 亿元，同比增长 54.42%；实现归属于上市公司股东的净利润 36.79 亿元，同比增长 128.57%；每股收益 1.70 元。

2016 年年末，公司资产总额 507.65 亿元，同比增长 6.19%；归属母公司所有者权益 148.22 亿元，同比增长 28.09%；公司加权平均净资产收益率 28.11%，同比增长 13.44 个百分点；每股净资产 6.85

元，同比增长 28.04%；资产负债率 63.88%，同比降低 5.11 个百分点。

公司主营业务按照产品分，2016 年聚氨酯系列实现营业收入 164.17 亿元，较 2015 年减少 12.91%，毛利率 40.62%，石化系列实现营业收入 82.61 亿元，毛利率 14.20%；功能材料系列实现营业收入 12.35 亿元，较 2015 年增长 22.32%，毛利率 25.36%；特种化学品系列实现营业收入 14.97 亿元，较 2015 年增加 53.93%，毛利率 46.03%。

主营业务按地区来分，国内市场营业收入 236.03 亿元，较 2015 年增加 71.46%；国外市场营业收入 62.21 亿元，较 2014 年增加 14.29%。

（四）中国巨石

中国巨石股份有限公司是中国建材股份有限公司（3323. HK）玻璃纤维业务的核心企业，以玻璃纤维及制品的生产与销售为主营业务，是我国新材料行业进入资本市场早、企业规模大的上市公司之一。公司拥有浙江桐乡、江西九江、四川成都、埃及苏伊士、美国南卡（在建）5 个生产基地，已建成玻璃纤维大型池窑拉丝生产线 10 多条，玻纤纱年产能超过 140 万吨；公司玻纤产品品种广泛、品类齐全，有 100 多个大类近 1000 个规格品种，主要包括无碱玻璃纤维无捻粗纱、短切原丝、短切毡、方格布、电子布等玻纤产品。公司建有玻纤研发实验基地，包括国家认定企业技术中心、省级重点实验室及博士后科研工作站等研发机构，所属检测中心通过了国家实验室认可委员会认可，并获得德国船级社 GL 认证。目前公司设立了巨石美国、加拿大、南非、法国、意大利、西班牙、日本、韩国、印度等 14 家海外销售公司，已建立起布局合理的全球销售网络，并与包括北美、中东、欧洲、东南亚、非洲在内的 100 多个国家和地区的客户建立了长期稳定的合作关系，客户中有不少世界 500 强企业及行业龙头企业。

2016 年公司全年实现营业收入 74.46 亿元，比 2015 年同期增加 5.55%；实现归属于上市公司股东的净利润 15.21 亿元，比 2015 年同期增长 54.73%；经营活动产生的净现金流达到 31.69 亿元，同比增长 30.44%，基本每股收益为 0.62 元/股，比 2015 年同期增加 54.73%。

公司主营产品为玻纤及制品，2016 年实现营业收入 73.04 亿元，比 2015 年同期增加 5.68%；毛利率为 44.5%，比 2015 年增加 4.35 个百分点。

公司主营业务按地区分，国内实现营业收入 38.19 亿元，较 2015 年增加 7.97%；国外实现营业收入 35.53 亿元，较 2015 年减少 12.19%。

（五）巨化股份

巨化股份主要经营从事氟化工原料及后续产品、基本化工原料、化肥和农药的生产与销售等，形成了液氯、氯仿、三氯乙烯、四氯乙烯、AHF 为配套原料支撑的氟致冷剂、有机氟单体、氟聚合物完整的产业链。公司核心产业氟化工及其他主导产品在规模、技术上均处于行业领先水平。

2016年，公司实现营业收入101亿元，较2015年增加6.15%；实现利润总额23758万元，同比增加6.39%；实现归属上市公司股东的净利润15123万元，较2015年下降6.52%。

主营业务按产品来分，2016年含氟精细化工品营业收入0.34亿元，较2015年减少36.73%，毛利率49.78%，比2015年增加13.46个百分点；氟化工原料营业收入10.69亿元，较2015年增加0.43%，毛利率21.14%，比2015年减少1.4个百分点；石化材料营业收入10.15亿元，较2015年增加39.43%，毛利率0.92%，比2015年增加2.3个百分点；制冷剂营业收入24.07亿元，较2014年增长7.44%，毛利率17.85%，比2015年增加4.8个百分点。

四、上市公司在行业中的影响力

2016年，行业的资产规模、营业收入以及利润总额均稳定增长。截至2016年年底，全行业总资产达76073.78亿元，上市公司占比由2015年的16.53%上升至18.59%；行业全年实现主营业务收入87294亿元，上市公司占比由2015年的8.66%上升至9.29%；行业全年实现利润总额5180.30亿元，其中，上市公司占比由2015年的7.49%上升至8.05%。

审稿人：宋　涛

撰稿人：马昕晔

医药制造业

一、医药制造业总体概况

（一）行业整体运行情况

2016年我国经济增长逐步趋缓，供给侧改革持续，经济在新常态下保持平稳运行。

从增加值数据来看，2016年规模以上医药工业增加值较2015年增长10.6%，增速较2015年提高0.8个百分点，高于工业整体增速4.6个百分点，位居工业全行业前列。医药工业增加值在整体工业增加值中所占比重为3.3%，较2015年增长0.3个百分点，医药工业对工业经济增长的贡献进一步扩大。

从营业收入数据来看，2016年医药工业规模以上企业实现主营业务收入29635.86亿元，同比增长9.92%，增速较2015年同期提高0.90个百分点，增速高于全国工业整体增速5.02个百分点。

从盈利水平数据来看，2016年医药工业规模以上企业实现利润总额3216.43亿元，同比增长15.57%，增速较2015年同期提高 3.35 个百分点，高于全国工业整体增速 7.07 个百分点。利润增速高于主营业务收入增速，2016 年主营业务收入利润率较 2015 年增长 0.56 个百分点。

从出口数据来看，2016 年医药工业规模以上企业实现出口交货值 1948.80 亿元，同比增长 7.26%，增速较 2015 年同期提高 3.66 个百分点。根据海关进出口数据，2016 年医药产品出口额为 554.14 亿美元，同比减少 1.82%，增速较 2015 年下降 4.52 个百分点。

（二）细分行业运行概况

医药制造业共分为 8 个细分子行业，分别为化学药品原料药制造、化学药品制剂制造、中药饮片加工、中成药制造、生物药品制造、卫生材料及医药用品制造、制药专用设备制造以及医疗仪器设备及器械制造。

从营业收入数据来看，各细分子行业情况如下：化学药品原料药制造行业 2016 年实现主营业务收入 5034.90 亿元，同比增长 8.40%，增速较 2015 年下降 1.43 个百分点；化学药品制剂制造行业 2016 年实现主营业务收入 7534.70 亿元，同比增长 10.84%，增速较 2015 年提高 1.56 个百分点；中药饮片加工行业 2016 年实现主营业务收入 1956.36 亿元，同比增长 12.66%，增速较 2015 年提高 0.17 个百分点；中成药制造行业 2016 年实现主营业务收入 6697.05 亿元，同比增长 7.88%，增速较 2015 年提高 2.19 个百分点；生物药品制造行业 2016 年实现主营业务收入 3350.17 亿元，同比增长 9.47%，增速较 2015 年下降 0.86 个百分点；卫生材料及医药用品制造行业 2016 年实现主营业务收入 2124.61 亿元，同比增长 11.45%，增速较 2015 年提高 0.77 个百分点；制药专用设备制造行业 2016 年实现主营业务收入 172.60 亿元，同比增长 3.52%，增速较 2015 年下降 5.42 个百分点；医疗仪器设备及器械制造行业 2016 年实现主营业务收入 2765.47 亿元，同比增长 13.25%，增速较 2015 年提高 2.98 个百分点。由以上数据可以看出，医疗仪器设备及器械制造、中药饮片加工、卫生材料及医药用品制造以及化学药品制剂制造子行业的主营业务收入增速高于医药工业的整体增速水平；而制药专用设备制造、中成药制造、化学药品原料药制造以及生物药品制造子行业的主营业务收入增速则低于医药工业的整体增速水平。各子行业中，医疗仪器设备及器械制造与中成药制造的主营业务收入增速较 2015 年上升幅度较大。

从盈利水平数据来看，各子行业情况如下：化学药品原料药制造行业 2016 年实现利润总额 445.25 亿元，同比增长 25.85%，增速较 2015 年提高 10.51 个百分点；化学药品制剂制造行业 2016 年实现利润总额 950.49 亿元，同比增长 16.81%，增速较 2015 年提高 5.61 个百分点；中药饮片加工行业 2016 年实现利润总额 138.27 亿元，同比增长 8.64%，增速较 2015 年下降 10.14 个百分点；中成药制造行业 2016 年实现利润总额

736.28 亿元，同比增长 9.02%，增速较 2015 年下降 2.42 个百分点；生物药品制造行业 2016 年实现利润总额 420.10 亿元，同比增长 11.36%，增速较 2015 年下降 4.39 个百分点；卫生材料及医药用品制造行业 2016 年实现利润总额 191.75 亿元，同比增长 8.52%，增速较 2015 年下降 4.52 个百分点；制药专用设备制造行业 2016 年实现利润总额 15.80 亿元，同比下降 13.30%，增速较 2015 年下降 14.93 个百分点；医疗仪器设备及器械制造行业 2016 年实现利润总额 318.49 亿元，同比增长 32.29%，增速较 2015 年提高 26.95 个百分点。由以上数据可以看出，化学药品原料药制造、化学药品制剂制造以及医疗仪器设备及器械制造子行业的利润总额增速高于医药工业的整体增速水平；而制药专用设备制造、卫生材料及医药用品制造、中药饮片加工、中成药制造以及生物药品制造子行业的利润总额增速则低于医药工业的整体增速水平。在各子行业中，医疗仪器设备及器械制造与化学药品原料药制造的利润率增幅较大。

二、行业内上市公司发展概况

（一）行业内上市公司基本情况

表 1　　2016 年医药制造业上市公司发行股票概况

门　类	A、B 股总数	A 股股票数	B 股股票数	境内总市值（亿元）	流通 A 股市值（亿元）	流通 B 股市值（亿元）
医药制造业	175	174	1	26432.93	19017.60	6.13
占沪深两市比重（%）	5.58	5.55	0.03	5.20	4.86	0.32

资料来源：沪深交易所，同花顺。

（二）行业内上市公司构成情况

表 2　　2016 年医药制造业上市公司构成情况　　单位：家

门　类	沪市			深市			ST/*ST
	仅 A 股	仅 B 股	A+B 股	仅 A 股	仅 B 股	A+B 股	
医药制造业（家）	57	0	1	116	0	0	1/1
占行业内上市公司比重（%）	32.57	0.00	0.57	66.29	0.00	0.00	0.57/0.57

资料来源：沪深交易所，同花顺。

（三）行业内上市公司融资情况

表 3　　2016 年医药制造业上市公司与沪深两市融资情况对比　　单位：家

门　类	融资家数	新股	增发	配股
医药制造业	47	11	35	1
沪深两市总数	877	227	639	11
占比（%）	5.36	4.85	5.48	9.09

资料来源：沪深交易所，同花顺。

其中，在首发的11家公司中，有3家在沪市主板上市，3家在中小板上市，5家在创业板上市；在增发的35家公司中，有12家沪市公司，23家深市公司。

从融资效果来看，上述公司实际发行数量为610710.22万股；实际募集资金844.40亿元，基本完成了融资计划。

2016年医药制造业上市公司融资情况明细见附录。

（四）行业内上市公司资产及业绩情况

表4　2016年医药制造业上市公司资产情况　单位：亿元

指　标	2016年	2016年可比样本增长（%）	2015年	2015年可比样本增长（%）	2014年
总资产	10166.81	20.45	7917.49	20.9	6433.55
流动资产	5478.80	24.76	4167.86	19.29	3432.68
占比（%）	53.89	1.86	52.64	-0.71	53.36
非流动资产	4688.01	15.77	3749.63	22.73	3000.87
占比（%）	46.11	-1.86	47.36	0.71	46.64
流动负债	2697.53	11.85	2269.3	19.01	1865.51
占比（%）	26.53	-2.04	28.66	-0.46	29.00
非流动负债	900.10	28.05	651.59	13.71	571.27
占比（%）	8.85	0.53	8.23	-0.52	8.88
归属于母公司股东权益	6208.87	23.88	4740.75	23.08	3778.68
占比（%）	61.07	1.69	59.88	1.07	58.73

资料来源：沪深交易所，同花顺。

表5　2016年医药制造业上市公司收入实现情况　单位：亿元

指　标	2016年	2016年可比样本增长（%）	2015年	2015年可比样本增长（%）	2014年
营业收入	5212.38	11.58	4277.52	8.64	3800.05
利润总额	865.21	14.37	655.25	13.69	531.74
归属于母公司所有者的净利润	683.91	15.42	522.85	14.45	419.15

资料来源：沪深交易所，同花顺。

（五）利润分配情况

2016年全年医药制造业上市公司中共有135家公司实施了分红配股。其中，5家上市公司仅转股或送股，82家上市公司仅实施派息，48家公司既实施了送股、转增，又实施了派息。

2016年医药制造业上市公司分红明细见附录。

（六）其他财务指标情况

1. 盈利能力指标

表 6　2016 年医药制造业上市公司盈利能力情况

指　标	2016 年	2016 年可比样本变动	2015 年	2015 年可比样本变动	2014 年
毛利率（%）	46.38	1.51	43.96	1.01	41.97
净资产收益率（%）	11.02	-0.81	11.03	-0.83	11.09
销售净利率（%）	13.89	0.47	12.84	0.59	11.70
资产净利率（%）	7.78	-0.30	7.59	-0.45	7.54

资料来源：沪深交易所，同花顺。

2. 偿债能力指标

表 7　2016 年医药制造业上市公司偿债能力指标

指　标	2016 年	2016 年可比样本变动	2015 年	2015 年可比样本变动	2014 年
流动比率	2.03	0.21	1.84	0	1.84
速动比率	1.60	0.21	1.39	0.02	1.37
资产负债率（%）	35.39	-1.51	36.89	-0.97	37.88

资料来源：沪深交易所，同花顺。

3. 营运能力指标

表 8　2016 年医药制造业上市公司营运能力情况　单位：次

营运能力指标	2016 年	2016 年可比样本变动	2015 年	2015 年可比样本变动	2014 年
存货周转率	2.52	-0.09	2.53	-0.26	2.74
应收账款周转率	5.64	-0.39	5.85	-0.62	6.45
流动资产周转率	1.06	-0.10	1.12	-0.10	1.19
固定资产周转率	2.78	-0.02	2.82	-0.28	3.05
总资产周转率	0.56	-0.04	0.59	-0.07	0.64
净资产周转率	0.88	-0.09	0.94	-0.12	1.04

资料来源：沪深交易所，同花顺。

三、重点上市公司介绍

（一）恒瑞医药

2016 年，恒瑞医药实现营业收入 110.94 亿元，较 2015 年增长 19.08%，归属于上市公司股东的净利润 25.89 亿元，比 2014 年同期增长了 19.22%；稀释每股收益 1.10 元，较 2015 年增长 19.51%；利润分配方案为每 10 股派送现金 1.35 元（含税），每 10 股送红股 2 股。

在销售工作方面，公司继续推进销售分线，建立学术营销体系，加强人员补充力度。销售收入增长主要来自肿瘤药、造影剂、手术麻醉和输液产品。肿瘤药营业收入较 2015 年增长 25.68%；造影剂产品营业收入较 2015 年增长 30.05%；手术麻醉产品同比增长 19.14%。

在研发创新方面，公司继续加大研发投入。2016 年公司累计投入研发资金 11.8 亿元，比 2015 年同期增长 32.82%，有力地支持了公司的项目研发和创新发展。2016 年度共取得创新药临床批件 7 个、仿制药临床批件 36 个，仿制药制剂生产批件 2 个，已递交 9 项产品参比制剂备案材料，完成 4 个产品的生物等效性试验工作。专利申请和维持工作顺利开展，提交国内新申请 116 件，提交国际 PCT 新申请 31 件，获得中国大陆授权 17 件，台湾地区授权 4 件，国外授权 29 件。

国际化方面，2016 年公司继续加大国际化战略的实施力度，积极拓展海外市场。在仿制药国际化方面，吸入用七氟烷顺利销往美国，注射用环磷酰胺等系列产品销售稳步增长；欧、美、日规范市场各项目按计划开展注册申报工作；其他新兴市场如俄罗斯、南美、中东地区等逐步加强注册力度。

（二）复星医药

2016 年，复星医药实现营业收入人民币 146.2 亿元，较 2015 年增长 16.02%，剔除 2015 年出售邯郸制药及 2016 年新并购万邦天诚、新设温州老年病医院等公司的影响后，营业收入较 2015 年同口径增长 16.15%。2016 年，公司实现归属于上市公司股东的净利润人民币 28.06 亿元，较 2015 年增长 14.05%；实现归属于上市公司股东的扣除非经常性损益的净利润人民币 20.93 万元，较 2015 年增长 26.36%。稀释每股收益 1.20 元，较 2015 年增长 13.21%。利润分配方案为每 10 股派发现金红利人民币 3.50 元（含税）。

分板块来看，药品制造与研发业务实现营业收入人民币 102.60 亿元，较 2015 年增长 14.83%；医疗服务业务实现营业收入人民币 16.78 亿元，较 2015 年增长 21.67%；医疗器械与医学诊断 实现营业收入人民币 26.64 亿元，较 2015 年增长 18.17%。

2016 年，公司共有 18 个制剂单品或系列销售过亿元，奥德金、优帝尔、头孢美唑制剂、阿拓莫兰等产品或系列销售额均超过人民币 5 亿元。公司也继续加强研发投入，研发投入（含资本化）共计人民币110612万元，较2015年增长33.23%，在研新药、仿制药及生物类似药及疫苗等项目173项。重庆药友的盐酸文拉法辛片在美国获准上市，大连雅立峰的人用狂犬病疫苗（Vero细胞）、湖北新生源的乙酰半胱氨酸及盐酸组氨酸原料药、重庆药友的盐酸法舒地尔原料药、苏州二叶的注射用克林霉素磷酸酯、注射用盐酸头孢吡肟、注射用胸腺五肽、注射用甘草酸二铵、注射用乙酰谷酰获得国家食药监总局生产批件。

（三）长春高新

2016年长春高新实现主营业务收入28.97亿元，较2015年增长20.62%；实现归属于上市公司股东的净利润4.85亿元，较2015年增长26.11%。稀释每股收益2.85元，较2015年减少2.73%。利润分配方案为每10股派发现金红利8.00元（含税）。

旗下子公司业绩方面，2016年度，金赛药业实现收入13.79亿元，同比增长29.93%，实现净利润4.96亿元，同比增长28.51%。百克生物实现收入3.46亿元，同比增长34.31%，实现净利润7462.7万元，同比增长40.53%。华康药业实现收入5.93亿元，同比增长4.44%，实现净利润2831.8万元，同比降低11.60%。高新地产实现结算收入5.62亿元，同比增长14.31%，实现净利润8190.93万元，同比减少8.94%。

2016年公司研发投入为2.65亿元，较2015年增加37.55%。金赛药业着手建立微球技术平台，曲普瑞林微球临床申报完成；百克生物鼻喷流感减毒活疫苗完成Ⅰ、Ⅱ期临床试验，开始Ⅲ期临床试验，带状疱疹疫苗完成Ⅰ、Ⅱ期临床试验。迈丰药业冻干狂犬疫苗项目完成一次性临床试验基地资格认定并获得临床研究批件。

（四）云南白药

2016年云南白药实现主营业务收入224.11亿元，同比增长8.06%；实现归属于上市公司股东的净利润29.20亿元，同比增长5.38%。稀释每股收益2.80元，较2015年增加5.26%。利润分配方案为每10股派发现金红利8.00元（含税）。分板块来看，2016年公司工业销售收入为90.80亿元，较2015年减少1.09%；商业销售收入为132.76万元，较2015年增加15.17%。

公司现有业务涵盖中药资源、中西药原料/制剂、个人护理产品、原生药材、商业流通等，产品目前共计19个剂型、390余个品种。公司继续夯实根基，全力推进“新白药，大健康”事业版图的打造。公司紧跟变革与创新的时代步伐，以市场为导向、以资本为纽带、以盈利为目的、以改革为动力，对内主动提升企业效能，加速产品结构优化，增强核心竞争力；对外聚焦主营业务，转变思维模式，深耕市场牢固产业根基，借助控股股东层面的混合所有制改革的改革红利，进一步理顺体制，激活机制，提振公司发展动力，有效提升了云南白药的品牌价值、资源整合能力和平台竞争力，有力地促进和保证了公司的持续健康良性发展。

（五）康美药业

2016年康美药业实现主营业务收入216.42亿元，较2015年增长19.79%；实现归属于上市公司股东的净利润33.40亿元，较2015年增长21.17%。稀释每股收益0.67元，较2015年增加6.90%。利润分配方案为每10股派发现金红利2.05元（含税）。

分板块来看，2016年公司医药业务实现营业收入188.79亿元，较2015年增长18.54%；保健食品及食品业务实现营业收入17.35亿元，较2015年增长23.24%；其他业务实现营业收入9.43亿元，较2015年增长46.31%。

公司作为目前国内中医药产业领域业务链条最完整、医疗健康资源最丰富、整合能力最强的龙头企业之一，主营业务涵盖中药饮片、中药材贸易、药品生产销售、保健品及保健食品、中药材市场经营、医药电商和医疗服务等，已形成完整的大健康产业版图布局和产业体系的构建。在上游形成对中药材供应核心资源的掌握；在中游掌握中药材专业市场这一中医药产业中枢系统；在下游打造了集医疗机构资源、药房托管、OTC零售、连锁药店、直销、医药电商、移动医疗于一体的全方位、多层次营销网络。

（六）天士力

2016年天士力实现主营业务收入139.45亿元，较2015年增长5.47%；实现归属于上市公司股东的净利润11.76亿元，较2015年减少20.43%；实现归属于上市公司股东的扣除非经常性损益后的净利润为11.55亿元，较2015年减少18.60%。稀释每股收益1.09元，较2015年减少21.01%。利润分配方案为每10股派发现金红利5.00元（含税）。

分板块来看，医药工业业务营业收入为61.78亿元，较2015年减少2.93%，其中，中药业务实现营业收入50.43亿元，较2015年减少2.88%；化学制剂药业务实现营业收入10.54亿元，较2015年减少3.91%；化学原料药业务实现营业收入0.33亿元，较2015年增加12.46%；生物药业务实现营业收入0.38亿元，较2015年增加7.34%。医药商业业务营业收入为76.84亿元，较2015年增加13.36%。

2016年，公司研发投入4.40亿元，占公司营业收入比例为3.15%，占医药工业收入比例为7.12%。共有在研新药和专利到期抢仿药项目共68个。报告期内取得了加参片、替莫唑胺注射剂、卡培他滨等多个品种的临床批件。2016年，丹参胶囊获得欧盟植物药品注册批件，是公司中药品种在欧盟主流医药市场取得的首个治疗性药品证书。注射用丹参多酚酸获得中保初保批件，穿心莲内酯滴丸获得中保续保批件。

（七）上海医药

2016年，上海医药实现营业收入

1207.65 亿元，较 2015 年增长 14.45%。实现归属于上市公司股东净利润 31.96 亿元，较 2015 年增长 11.10%，归属于上市公司股东的扣除经常性损益的净利润 29.26 亿元，较 2015 年增长 15.62%。稀释每股收益 1.19 元，较 2015 年增加 11.10%。利润分配方案为每 10 股派送现金 3.60 元（含税）。

分板块来看，公司医药工业业务实现销售收入 124.16 亿元，较 2015 年增长 5.01%，其中，化学药品板块实现销售收入 57.73 亿元，较 2015 年增长 8.29%；中药板块（中成药、中药饮片）实现销售收入 45.52 亿元，较 2015 年增长 3.30%；生物医药板块实现销售收入 3.82 亿元，较 2015 年增长减少 6.50%；其他工业产品（原料药、保健品、医疗器械等）实现销售收入 17.09 亿元，较 2015 年增长 1.85%。医药分销业务实现销售收入 1086.18 亿元，较 2015 年增长 15.90%。医药零售业务实现销售收入 51.53 亿元，较 2015 年增长 7.47%。

2016 年公司研发投入（不包括公司中试基地建设投入）合计 6.71 亿元，占公司工业销售收入的 5.40%。创新化药 1.1 类“SPH3127 及其片剂”和“SPH1188－11 及其片剂”获批临床，治疗用生物制品“重组抗 CD20 人源化单克隆抗体注射液”获批临床，治疗用生物制品 1 类“注射用重组抗 HER2 人源化单克隆抗体组合物”申报临床获得受理；17 个仿制药品种获得临床批件，5 个品种申报生产批件；中药 1 类新药“注射用丹酚酸 A 及其粉针”获得临床批件，瑞舒伐他汀钙片获得 FDA 的 ANDA（美国仿制药申请）批件，盐酸伐昔洛韦原料药及更昔洛韦原料药已通过 FDA 认证。全面推进仿制药质量与疗效一致性评价工作，计划开展共计 90 个产品的一致性评价。在医药分销业务方面，公司持续优化产品结构，保持合理的纯销比例，推进精益六西格玛管理加强费用控制，并进一步拓展医院供应链创新服务，维护分销业务的毛利率水平。

（八）爱尔眼科

2016 年，爱尔眼科实现营业收入 40.00 亿元，较 2015 年增长 26.37%。实现归属于上市公司股东净利润 5.57 亿元，较 2015 年增长 30.24%。稀释每股收益 0.56 元，较 2015 年增加 30.23%。利润分配方案为每 10 股派送现金 1.80 元（含税），送红股 5 股（含税）。

分业务来看，2016 年公司屈光项目实现营业收入 11.43 亿元，较 2015 年增长 35.94%；白内障项目实现营业收入 9.81 亿元，较 2015 年增长 22.36%；眼前段项目实现营业收入 6.06 亿元，较 2015 年增长 5.18%；眼后段项目实现营业收入 3.31 亿元，较 2015 年增长 10.91%；视光服务项目实现营业收入 8.72 亿元，较 2015 年增长 36.67%。

公司积极顺应国家加快分级诊疗、基层首诊的医改导向，继续通过“公司＋产业并购基金”双轮驱动，加快推进各省域内地级、县级医疗网络纵向布局，同时在城域内横向探索视光发展模式和社区眼健康服务模式。

（九）乐普医疗

2016 年，乐普医疗实现营业收入 34.68 亿元，较 2015 年增长 25.25%。实现归属于上市公司股东净利润 6.79 亿元，较 2015 年增长 30.30%。稀释每股收益 0.39 元，较 2015 年增加 21.98%。利润分配方案为每 10 股派送现金 0.98 元（含税）。

分板块来看，医疗器械板块实现营业收入 21.08 万元，较 2015 年增长 17.32%；药品板块实现营业收入 11.55 万元，较 2015 年增长 31.61%；医疗服务板块实现营业收入 1.44 万元，较 2015 年增长 70.86%。

公司围绕医疗器械业务板块主营业务，进一步巩固心血管医疗器械行业优势地位，持续推进心血管领域的高端植介入器械、诊断试剂及设备市场应用与新产品研发，实现该业务板块持续增长。围绕药品业务板块，继续加强心血管药品相关领域的药品供应平台建设，构建多个亿元重磅品种的心血管药品链。进一步整合药品销售团队，强力推进降脂、抗凝、降压、心衰等心血管药品以及其他药品市场销售，实现该业务板块的持续快速增长。围绕医疗服务板块，通过多种心血管医疗服务与健康管理模式，建立辐射客户终端的心血管疾病预防、治疗及康复管理服务体系。积极开展产筛、心血管疾病等基因测序和分子诊断等第三方医学检验服务的推广应用。

四、上市公司在行业中的影响力

2016 年，医药制造业总资产规模为 28789.11 亿元，较 2015 年增长 14.83%，上市公司资产规模为 10166.81 亿元，较 2015 年增长 20.45%（可比样本），上市公司占总资产的比重为 35.31%，比 2015 年上升 3.73 个百分点。

2016 年，医药制造业实现营业收入 29635.86 亿元，较 2015 年增长 9.92%；上市公司实现营业收入为 5212.38 亿元，较 2015 年增长 11.58%（可比样本）；上市公司占营业收入比重为 17.59%，较 2015 年上升 1.68 个百分点。

2016 年，医药制造业实现利润总额 3216.43 亿元，较 2015 年增长 15.57%；上市公司实现利润总额为 865.21 亿元，较 2015 年增长 14.37%（可比样本）；上市公司占利润总额的比重为 26.90%，较 2015 年上升 3.23 个百分点。

综合以上数据分析可以看出，2016 年医药制造类上市公司在行业中的地位进一步提升。

审稿人：任宪功

撰稿人：赵　波　王　斌

化学纤维制造业

一、化学纤维制造业总体概况

根据国家统计局的数据，2016年，我国化学纤维制造业全年累计生产化学纤维4944万吨，同比增长1%。其中，人造纤维408万吨，合成纤维4536万吨。数据显示，合成纤维2016年产量分别为涤纶3959万吨、锦纶333万吨、腈纶72万吨、维纶8.7万吨、丙纶26万吨、氨纶53万吨。2016年全国规模以上化学纤维制造业企业家数为1887家，行业资产总额为7045亿元，同比增长2.6%，总负债为4014亿元，同比下降3.9%，全年实现营业收入7663亿元，同比增长3.7%，实现利润总额366亿元，同比增长19.6%。

二、行业内上市公司发展概况

（一）行业内上市公司基本情况

表1　　2016年化学纤维制造业上市公司发行股票概况

门　类	A、B股总数	A股股票数	B股股票数	境内总市值（亿元）	流通A股市值（亿元）	流通B股市值（亿元）
化学纤维制造业	21	21	0	2359.93	1720.99	0.00
占沪深两市比重（%）	0.67	0.67	0.00	0.46	0.44	0.00

资料来源：沪深交易所，同花顺。

（二）行业内上市公司构成情况

表2　　2016年化学纤维制造业上市公司构成情况　　单位：家

门　类	沪市			深市			ST/*ST
	仅A股	仅B股	A+B股	仅A股	仅B股	A+B股	
化学纤维制造业（家）	7	0	0	14	0	0	0/0
占行业内上市公司比重（%）	33.33	0.00	0.00	66.67	0.00	0.00	0/0

资料来源：沪深交易所，同花顺。

（三）行业内上市公司融资情况

表 3　　2016 年化学纤维制造业上市公司与沪深两市融资情况对比　　单位：家

门　类	融资家数	新股	增发	配股
化学纤维制造业	8	0	8	0
沪深两市总数	877	227	639	11
占比（%）	0.91	0.00	1.25	0.00

资料来源：沪深交易所，同花顺。

2016 年有 8 家公司进行了增发，分别是恒逸石化、恒力股份、吉林化纤、荣盛石化、桐昆股份、新乡化纤、海利得和春晖股份。

从融资效果来看，上述公司实际发行数量为 46 亿股；实际募集资金 283 亿元，基本完成了融资计划。

2016 年化学纤维制造业上市公司融资情况明细见附录。

（四）行业内上市公司资产及业绩情况

表 4　　2016 年化学纤维制造业上市公司资产情况　　单位：亿元

指　标	2016 年	2016 年可比样本增长（%）	2015 年	2015 年可比样本增长（%）	2014 年
总资产	1850.87	15.21	1409.14	4.22	2174.38
流动资产	749.54	22.48	518.88	4.81	959.1
占比（%）	40.50	2.40	36.82	0.21	44.11
非流动资产	1101.33	10.74	890.26	3.88	1215.28
占比（%）	59.50	-2.40	63.18	-0.2	55.89
流动负债	794.72	-3.36	687.19	-4.2	1337.82
占比（%）	42.94	-8.25	48.77	-4.28	61.53
非流动负债	181.77	56.90	90.61	-0.75	97.68
占比（%）	9.82	2.61	6.43	-0.32	4.49
归属于母公司股东权益	812.47	33.30	574.37	18.76	679.05
占比（%）	43.90	5.96	40.76	4.99	31.23

资料来源：沪深交易所，同花顺。

表 5　2016 年化学纤维制造业上市公司收入实现情况

指　标	2016 年	2016 年可比样本增长（%）	2015 年	2015 年可比样本增长（%）	2014 年
营业收入	1683.50	20.01	1226.49	-7.27	2325.76
利润总额	76.21	107.80	26.82	2233.25	20.69
归属于母公司所有者的净利润	61.84	96.71	22.55	1331.89	10.41

资料来源：沪深交易所，同花顺。

（五）利润分配情况

2016 年全年化学纤维制造业上市公司共有 12 家公司进行了分红，1 家公司进行股本转增。

2016 年化学纤维制造业上市公司分红明细见附录。

（六）其他财务指标情况

1. 盈利能力指标

表 6　2016 年化学纤维制造业上市公司盈利能力情况

指　标	2016 年	2016 年可比样本变动	2015 年	2015 年可比样本变动	2014 年
毛利率（%）	10.04	1.65	8.14	1.44	7.75
净资产收益率（%）	7.61	2.45	3.93	4.31	1.53
销售净利率（%）	3.71	1.59	1.76	2.08	0.35
资产净利率（%）	3.61	1.60	1.56	1.88	0.36

资料来源：沪深交易所，同花顺。

2. 偿债能力指标

表 7　2016 年化学纤维制造业上市公司偿债能力指标

指　标	2016 年	2016 年可比样本变动	2015 年	2015 年可比样本变动	2014 年
流动比率	0.94	0.20	0.76	0.06	0.72
速动比率	0.76	0.21	0.57	0.07	0.53
资产负债率（%）	52.76	-5.64	55.2	-4.6	66.02

资料来源：沪深交易所，同花顺。

3. 营运能力指标

表 8　2016 年化学纤维制造业上市公司营运能力情况　单位：次

营运能力指标	2016 年	2016 年可比样本变动	2015 年	2015 年可比样本变动	2014 年
存货周转率	10.02	1.29	8.69	-0.24	7.95
应收账款周转率	29.55	0.69	26.06	-3.84	7.41
流动资产周转率	2.47	-0.06	2.42	-0.11	2.31
固定资产周转率	2.43	0.10	2.23	-0.32	2.74
总资产周转率	0.97	0.03	0.89	-0.12	1.05
净资产周转率	2.18	-0.15	2.09	-0.42	2.97

资料来源：沪深交易所，同花顺。

三、重点上市公司介绍

（一）荣盛石化

2016 年 1～12 月，荣盛石化实现营业收入 455 亿元，同比增长 58.69%；实现归属于上市公司股东的净利润 19.2 亿元，同比增长 445.49%；实现每股收益 0.76 元，同比增长 375%。

公司主营业务包括化学品和化学纤维的研发、生产和销售，产品种类丰富，各类产品规格齐全，主要产品有芳烃、精对苯二甲酸（PTA）、纤维级切片（聚酯切片）、瓶级切片、涤纶预取向丝（POY）、涤纶牵引丝（FDY）和涤纶加弹丝（DTY）等。

公司是国内生产规模领先的燃料油、石脑油、芳烃、PTA、聚酯、纺丝、加弹生产企业之一，各类主要产品的生产规模在同行业中居于领先地位，生产规模的扩大有利于提高生产装置运行及产品质量的稳定性、提高生产效率、降低产品的单位投资成本及单位能耗，从而使公司产品更具市场竞争力。

（二）桐昆股份

2016 年 1～12 月，桐昆股份实现营业收入 255 亿元，同比增长 17.6%；实现归属于上市公司股东的净利润 11.3 亿元，同比增长 882.73%；实现每股收益 1.03 元，同比增长 758%。

公司主要从事各类民用涤纶长丝的生产、销售，以及涤纶长丝主要原料之一的 PTA（精对苯二甲酸）的生产。公司产品主要用于服装面料、家纺产品的制造，以及小部分用于产业用（如缆绳、汽车用篷布、箱包布等）。

公司的主要产品为各类民用涤纶长丝，包括涤纶 POY、涤纶 FDY、涤纶 DTY、涤纶复合丝四大系列一千多个品种，覆盖了涤纶长丝产品的全系列，在行业中有“涤纶长丝企业中的沃尔玛”之称。

四、上市公司在行业中的影响力

2016年化学纤维制造业上市公司盈利状况良好，全部实现盈利。截至2016年12月31日，全行业总资产7045亿元，上市公司总资产1850亿元，占全行业总资产的比例为26.26%；全行业总收入7663亿元，上市公司总收入1684亿元，占全行业总收入的21.98%；全行业利润总额366亿元，上市公司利润总额76亿元，占全行业利润总额的20.77%。

审稿人：王　刚

撰稿人：丁思德

橡胶和塑料制品业

一、橡胶和塑料制品业总体概况

2016年，我国橡胶和塑料制品业各项经营指标较2015年同期形势好转，盈利能力稳步提升。2016年，行业总资产规模达到2621.51亿元，与2015年同期相比增长36.59%；营业收入1743.18亿元，与2015年同期相比增长30.46%；实现利润总额142.38亿元，与2015年同期相比增长43.94%。

二、行业内上市公司发展概况

（一）行业内上市公司基本情况

表1　　2016年橡胶和塑料制品业上市公司发行股票概况

门　类	A、B股总数	A股股票数	B股股票数	境内总市值（亿元）	流通A股市值（亿元）	流通B股市值（亿元）
橡胶和塑料制品业	57	57	0	5647.81	3772.40	0.00
占沪深两市比重（%）	1.82	1.82	0.00	1.11	0.96	0.00

资料来源：沪深交易所，同花顺。

（二）行业内上市公司构成情况

表2　　2016年橡胶和塑料制品业上市公司构成情况　　单位：家

门　类	沪市			深市			ST/*ST
	仅A股	仅B股	A+B股	仅A股	仅B股	A+B股	
橡胶和塑料制品业（家）	12	0	0	45	0	0	0/0
占行业内上市公司比重（%）	21.05	0.00	0.00	78.95	0.00	0.00	0/0

资料来源：沪深交易所，同花顺。

（三）行业内上市公司融资情况

表 3　2016 年橡胶和塑料制品业上市公司与沪深两市融资情况对比　单位：家

门　类	融资家数	新股	增发	配股
橡胶和塑料制品业	22	10	12	0
沪深两市总数	877	227	639	11
占比（%）	2.51	4.41	1.88	0.00

资料来源：沪深交易所，同花顺。

其中，在首发的 10 家公司中，有 3 家在中小板上市，2 家在创业板上市，5 家在主板上市；在增发的 12 家公司中，有 4 家在中小板上市，5 家在创业板上市，3 家在主板上市。

从融资效果来看，上述公司实际发行数量为 18.61 亿股；实际募集资金 249.38 亿元，基本完成了融资计划。

2016 年橡胶和塑料制品业上市公司融资情况明细见附录。

（四）行业内上市公司资产及业绩情况

表 4　2016 年橡胶和塑料制品业上市公司资产情况　单位：亿元

指　标	2016 年	2016 年可比样本增长（%）	2015 年	2015 年可比样本增长（%）	2014 年
总资产	2621.51	16.45	1910.45	11.72	1871.69
流动资产	1469.61	22.62	1044.66	10.12	1028.8
占比（%）	56.06	2.82	54.68	-0.8	54.97
非流动资产	1151.90	9.42	865.79	13.72	842.88
占比（%）	43.94	-2.82	45.32	0.8	45.03
流动负债	923.79	7.23	646.55	1.92	713.74
占比（%）	35.24	-3.03	33.84	-3.26	38.13
非流动负债	250.90	-5.27	231.74	38.33	183.77
占比（%）	9.57	-2.19	12.13	2.33	9.82
归属于母公司股东权益	1415.72	28.97	1004.72	14.17	923.71
占比（%）	54.00	5.25	52.59	1.13	49.35

资料来源：沪深交易所，同花顺。

表 5　**2016 年橡胶和塑料制品业上市公司收入实现情况**　单位：亿元

指　标	2016 年	2016 年可比样本增长（%）	2015 年	2015 年可比样本增长（%）	2014 年
营业收入	1743.18	10.75	1328.87	3.91	1439.58
利润总额	142.38	18.06	98.58	19.99	87.9
归属于母公司所有者的净利润	116.30	18.90	79.13	23.33	67.08

资料来源：沪深交易所，同花顺。

（五）利润分配情况

2016 年橡胶和塑料制品业上市公司中共有 42 家公司实施了利润分配。其中，30 家上市公司仅实施派息，12 家公司既实施了送股、转增，又实施了派息。

2016 年橡胶和塑料制品业上市公司分红明细见附录。

（六）其他财务指标情况

1. 盈利能力指标

表 6　**2016 年橡胶和塑料制品业上市公司盈利能力情况**

指　标	2016 年	2016 年可比样本变动	2015 年	2015 年可比样本变动	2014 年
毛利率（%）	22.42	0.48	21.49	1.63	18.86
净资产收益率（%）	8.21	-0.70	7.88	0.59	7.26
销售净利率（%）	6.81	0.40	6.18	0.97	4.91
资产净利率（%）	4.87	0.13	4.54	0.34	4.07

资料来源：沪深交易所，同花顺。

2. 偿债能力指标

表 7　**2016 年橡胶和塑料制品业上市公司偿债能力指标**

指　标	2016 年	2016 年可比样本变动	2015 年	2015 年可比样本变动	2014 年
流动比率	1.59	0.20	1.62	0.12	1.44
速动比率	1.26	0.19	1.26	0.15	1.06
资产负债率（%）	44.81	-5.22	45.97	-0.92	47.95

资料来源：沪深交易所，同花顺。

3. 营运能力指标

表 8　2016 年橡胶和塑料制品业上市公司营运能力情况　单位：次

营运能力指标	2016 年	2016 年可比样本变动	2015 年	2015 年可比样本变动	2014 年
存货周转率	4.64	0.23	4.38	0.01	4.54
应收账款周转率	4.98	-0.32	4.98	-0.51	5.8
流动资产周转率	1.31	-0.07	1.33	-0.13	1.52
固定资产周转率	2.37	0.04	2.49	-0.19	2.68
总资产周转率	0.72	-0.02	0.73	-0.07	0.83
净资产周转率	1.36	-0.12	1.37	-0.14	1.59

资料来源：沪深交易所，同花顺。

三、重点上市公司介绍

（一）康得新

康得新是致力于高分子复合膜材料的研发、生产和销售的高科技上市公司，拥有预涂膜和光学膜两大业务板块，建立了北京、张家港、泗水、杭州四大生产基地的集团化、产业集群化的经营平台，是全球预涂膜产业的领导企业，中国光学膜的龙头企业。目前，公司在北京及张家港预涂膜生产基地建成投产了十条具有国际先进水平的预涂膜生产线。产品包含 BOPP、PET、Nylon、可降解膜四大系列等 39 个品种。

2016 年，公司实现营业收入 92.33 亿元，同比增长 22.11%，归属于上市公司股东的净利润为 19.63 亿元，同比增长 36.45%。

（二）福斯特

福斯特专业从事光伏封装材料研发与生产，主营业务为 EVA 太阳能电池胶膜、共聚酰胺丝网状热熔胶膜、太阳能电池背板产品的研发、生产和销售，与众多全球著名的光伏企业建立了深层次的供应合作关系。公司是国家火炬计划重点高新技术企业，2015 年度，公司被天合光能、晶澳、阿特斯、正泰太阳能等客户评为优秀供应商，背板产品被评为中国光伏“领跑者”卓越材料供应商。公司是中国 EVA 太阳能电池胶膜领域的龙头企业，独立开发的热熔网膜及太阳能电池背板产品均在市场中占有优势地位。公司产品相继被列入国家火炬计划、国家重点新产品计划，并被评为“浙江省优秀工业新产品、新技术”一等奖。

2016 年，公司实现营业收入 39.52 亿元，同比增长 18.57%，归属于上市公司股东的净利润为 8.48 亿元，同比增长 30.97%。2016 年公司的收入结构中，EVA 胶膜产品占 86.34%，印背板占 7.72%，热熔网膜占 0.84%，EVA 胶膜产品和印背板毛利率分别为 31.16%

和 29.56%。

（三）中鼎股份

中鼎股份于2006年在收购ST飞彩的基础上通过借壳方式重组设立，为中国密封件行业第一股，主导产品“鼎湖”牌橡胶密封件和特种橡胶制品广泛应用于汽车、工程机械、石油化工、船舶铁路、航天军事等行业领域。公司在国内同行业中具有稳固的主导地位，并在国际市场上具有较强的影响力和知名度，产品正越来越成为国内外高端战略客户的第一选择。公司装备先进，具有较强的技术开发和创新能力，通过立足自主研发、“产学研”紧密结合以及对引进技术的消化、吸收和再创新，掌握具有国际先进水平的核心技术，能够满足主机厂同步开发战略需求。

2016 年实现营业收入 83.84 亿元，同比增长 28.14%；归属上市公司股东净利润 9.01 亿元，同比增长 26.25%。

（四）金发科技

金发科技是一家主营化工新材料研发、生产和销售的国家级创新型企业，在中国的南部、东部、西南部、北部等地均设立了子公司和生产基地，是国内最大的改性塑料生产企业，也是全球改性塑料品种最为齐全的企业之一。依托国家级企业技术中心、国家工程实验室、企业研究院、院士工作站、博士后科研工作站、国家认可实验室等科研技术平台，公司自主培养出了国务院特殊津贴专家，汇聚了包括院士、博士和资深材料专家在内的众多人才，拥有强大的研发和创新能力。通过持续的自主创新，公司开发了阻燃树脂、增强增韧树脂、塑料合金、功能母粒、全降解塑料、特种工程塑料等自主知识产权产品，广泛应用于汽车、通信、电子电气、建材、玩具、电动工具、航空航天等行业，并与众多国内外知名企业建立了战略合作伙伴关系。近年来，完全生物降解塑料、碳纤维及其复合材料等一批具有世界先进水平的新材料项目成功实现量产，金发科技逐步实现从改性塑料到化工新材料的成功升级，不断向产业高端和高附加值方向延伸。此外，公司还积极开拓国际市场，争做全球最优秀的化工新材料供应商。

2016 年实现营业收入 179.91 亿元，同比增长 14.72%；归属上市公司股东净利润 7.37 亿元，同比增长 3.59%。

四、上市公司在行业中的影响力

2016 年，橡胶和塑料制造业 2016 年实现营业收入 32360.2 亿元，同比增长 5%，其中，上市公司实现营业收入 1743.18 亿元，同比增长 30.46%。2016 年全行业实现利润总额 2003.5 亿元，同比增长 6.7%，其中，上市公司实现利润总额 142.38 亿元，同比增长 43.94%。

我国橡胶和塑料制造业企业数量众多，多数企业规模较小，产品相似度高，竞争激烈。总体来说，2016 年上市公司的营业收入增长超过全行业营收增长，说明上市公司扩张速度大于中小企业；上市公司利润总额增速远超全行业利润增速，说明中国橡胶工业目前进入了转型升级、提升发展质量和水平的重要时期，并从要素驱动和投资驱动转向了创新驱动。在增速减缓、成本上升、国际竞争力加剧、科技创新凸显的新常态下，上市公司有望凭借技术优势、规模优势和资金优势，通过收购兼并等方式，不断做大做强。

审稿人：杨镇宇

撰稿人：侯英杰

非金属矿物制品业

一、非金属矿物制品业总体概况

根据国家统计局的数据，截至 2016 年年底，我国非金属矿物制品业规模以上企业数量达 35113 家，其中，3937 家企业出现亏损，行业亏损率为 11.21%，较 2015 年缩小 1.29 个百分点。行业经济运行呈现筑底回升、稳中向好势头，主要产品生产增速平稳，价格理性回升，经济效益持续好转，发展质量有所改善。但产能过剩矛盾没有根本缓解，供给结构仍待优化，国际市场需求疲软，行业回升势头仍不稳固。

（一）生产总体平稳

2016 年非金属矿物制品业增加值同比增长 6.5%，主要产品产量与 2015 年相比均实现增长，其中，水泥产量 24 亿吨，同比增长 2.5%；平板玻璃产量 7.7 亿重量箱，同比增长 5.8%；商品混凝土、玻璃纤维、钢化玻璃、建筑陶瓷、砖瓦等产品增长 7% 以上。

（二）产品价格回升

非金属矿物制品业主要产品价格自 2016 年 1 季度触底后，呈持续回升势头，扭转连续两年下滑局面，但全年平均价格仍低于 2015 年水平。12 月份，水泥出厂价格较年初上涨 46.5 元，涨幅 20%，升至 302.7 元，重回 300 元以上区间，年末价格指数同比上涨 23.18 点；平板玻璃出厂价格也回到每重量箱 70 元以上，达到 70.7 元，同比上涨 6.6 元，年末价格指数同比上涨 208 点。

（三）行业效益好转

2016 年，非金属矿物制品业主营业务收入 6.18 万亿元，同比增长 5.4%，增速较 2015 年同期提高 2.6 个百分点，实现利润 4051.0 亿元，同比增长 11.2%。其中，水泥行业完成主营业务收入 8764 亿元，同比增长 1.2%，实现利润 517.5 亿元，同比增长 56%，均扭转近两年连续下滑局面；

平板玻璃行业完成主营业务收入682亿元，同比增长16%；实现利润57.9亿元，同比增长283%。行业效益改善主要得益于大力推进去产能调结构增效益工作，业内联合重组加快，无序竞争有所遏制，区域市场供求关系得到阶段性改善。

（四）发展质量有所改善

2016年，非金属矿物制品业平均销售利润率6.55%，同比提高0.41个百分点，比全国工业企业平均销售利润率高0.55个百分点。其中，水泥行业销售利润率5.9%，同比提高2.1个百分点；平板玻璃行业销售利润率8.5%，同比提高5.9个百分点。截至2016年12月，非金属矿物制品业亏损面缩小至11.2%，同比下降1.3个百分点；资产负债率51.1%，同比下降1.9个百分点。

（五）产业结构进一步优化

2016年中建材、中材两央企实现合并，金隅和冀东、拉法基和华新水泥、昆钢嘉华和华润分别完成战略重组，吉林省和河北省沙河市分别启动压减水泥和平板玻璃过剩产能试点，河南、内蒙古、辽宁等省区开始组建水泥集团，初步统计，2016年全国前10家水泥及熟料产业集中度分别为44%和58%，比2015年分别提高5.0个和7.0个百分点。同时，非金属矿物制品业正由传统产业单项支撑向传统产业和新兴产业双支撑转变。

二、行业内上市公司发展概况

（一）行业内上市公司基本情况

表1　2016年非金属矿物制品业上市公司发行股票概况

门　类	A、B股总数	A股股票数	B股股票数	境内总市值（亿元）	流通A股市值（亿元）	流通B股市值（亿元）
非金属矿物制品业	81	78	3	7729.90	6076.40	76.23
占沪深两市比重（%）	2.58	2.49	0.10	1.52	1.55	4.02

资料来源：沪深交易所，同花顺。

（二）行业内上市公司构成情况

表2　2016年非金属矿物制品业上市公司构成情况　单位：家

门　类	沪市			深市			ST/*ST
	仅A股	仅B股	A+B股	仅A股	仅B股	A+B股	
非金属矿物制品业（家）	29	0	2	46	0	1	1/2
占行业内上市公司比重（%）	35.8	0.00	2.47	56.79	0.00	1.23	1.23/2.47

资料来源：沪深交易所，同花顺。

（三）行业内上市公司融资情况

表 3　　2016 年非金属矿物制品业上市公司与沪深两市融资情况对比　　单位：家

门　类	融资家数	新股	增发	配股
非金属矿物制品业	18	1	17	0
沪深两市总数	877	227	639	11
占比（%）	2.05	0.44	2.66	0.00

资料来源：沪深交易所，同花顺。

其中，首发的 1 家公司在沪市；在增发的 17 家公司中，有 7 家沪市、2 家深市主板、3 家创业板及 5 家中小板公司。

从融资效果来看，上述公司实际发行数量为 278662.10 万股；实际募集资金 324.21 亿元，基本完成了融资计划。

2016 年非金属矿物制品业上市公司融资情况明细见附录。

（四）行业内上市公司资产及业绩情况

表 4　　2016 年非金属矿物制品业上市公司资产情况　　单位：亿元

指　标	2016 年	2016 年可比样本增长（%）	2015 年	2015 年可比样本增长（%）	2014 年
总资产	8524.61	17.32	9052.89	24.6	7154.76
流动资产	3735.39	20.09	3130.68	12.08	2807.7
占比（%）	43.82	1.01	34.58	-3.86	39.24
非流动资产	4789.22	15.24	4192.65	5.21	4347.07
占比（%）	56.18	-1.01	46.31	-8.54	60.76
流动负债	3178.05	11.76	2843.13	8.6	2926.16
占比（%）	37.28	-1.86	31.41	-4.62	40.9
非流动负债	1313.79	35.90	986.19	-7.22	1081.62
占比（%）	15.41	2.11	10.89	-3.74	15.12
归属于母公司股东权益	3658.47	13.82	3345.95	17.28	2813.66
占比（%）	42.92	-1.32	36.96	-2.31	39.33

资料来源：沪深交易所，同花顺。

表 5　　2016 年非金属矿物制品业上市公司收入实现情况　　单位：亿元

指　标	2016 年	2016 年可比样本增长（%）	2015 年	2015 年可比样本增长（%）	2014 年
营业收入	3264.85	13.44	3073.91	-6.12	3073.02
利润总额	359.05	58.01	242.28	-33.76	357.68
归属于母公司所有者的净利润	269.46	61.87	172.87	-34.04	255.96

资料来源：沪深交易所，同花顺。

（五）利润分配情况

2016 年全年非金属矿物制品业上市公司中共有 52 家公司实施了分红配股。其中，3 家上市公司仅转股、送股，37 家上市公司仅实施派息，12 家公司既实施了送股、转增，又实施了派息。

2016 年非金属矿物制品业上市公司分红明细见附录。

（六）其他财务指标情况

1. 盈利能力指标

表 6　　2016 年非金属矿物制品业上市公司盈利能力情况

指　标	2016 年	2016 年可比样本变动	2015 年	2015 年可比样本变动	2014 年
毛利率（%）	27.83	2.82	30.11	0.56	26.55
净资产收益率（%）	7.37	2.19	5.17	-4.02	9.1
销售净利率（%）	8.48	2.93	5.55	-3.14	9.05
资产净利率（%）	3.51	1.21	2.09	-2.1	4.14

资料来源：沪深交易所，同花顺。

2. 偿债能力指标

表 7　　2016 年非金属矿物制品业上市公司偿债能力指标

指　标	2016 年	2016 年可比样本变动	2015 年	2015 年可比样本变动	2014 年
流动比率	1.18	0.08	1.1	0.03	0.96
速动比率	0.82	0.09	0.74	0.05	0.63
资产负债率（%）	52.69	0.25	59.01	2.84	56.02

资料来源：沪深交易所，同花顺。

3. 营运能力指标

表 8　　2016 年非金属矿物制品业上市公司营运能力情况　　单位：次

营运能力指标	2016 年	2016 年可比样本变动	2015 年	2015 年可比样本变动	2014 年
存货周转率	2.18	0.04	2.13	-0.39	2.53
应收账款周转率	5.60	-0.22	6.06	-1.69	7.63
流动资产周转率	0.95	-0.03	1.04	-0.20	1.16
固定资产周转率	1.08	0.04	1.11	-0.14	1.18
总资产周转率	0.41	0.00	0.38	-0.11	0.46
净资产周转率	0.87	-0.01	0.89	-0.21	1.04

资料来源：沪深交易所，同花顺。

三、重点上市公司介绍

（一）海螺水泥

安徽海螺水泥股份有限公司成立于1997年9月1日。1997年10月21日在香港挂牌上市，主要从事水泥及商品熟料的生产和销售。截至2016年年底，公司拥有129家控股子公司，6家合营公司，3家联营公司，分布在省内基地和12个区域，横跨华东、华南和西部18个省、市、自治区和印度尼西亚等国，形成了集团化管理和国际化、区域化运作的经营管理新格局，是世界上最大的单一品牌供应商。

2016年，公司盈江允罕、弋阳海螺等6条熟料生产线、以及文山海螺、赣州海螺等18台水泥磨相继建成投产，全年新增熟料产能920万吨、水泥产能2086万吨；完成了原巢东股份的水泥资产交割，增加熟料产能540万吨、水泥产能350万吨。同时，积极推进海外项目建设和发展，南加海螺二期和西巴布亚公司的水泥熟料生产线、孔雀港粉磨站以及缅甸海螺水泥熟料生产线等项目顺利建成投产，北苏海螺、柬埔寨马德望、老挝琅勃拉邦等水泥项目相继开工，伏尔加海螺、缅甸曼德勒等项目前期工作正在有序推进。

截至2016年年底，公司熟料产能2.44亿吨，水泥产能3.13亿吨，骨料产能2490万吨，其中，海外熟料产能480万吨、水泥产能935万吨。

2016年，公司主营业务收入为548.31亿元，较2015年同期增加10.26%；归属于上市公司股东的净利润为85.30亿元，较2015年同期增加13.48%；每股盈利1.61元，较2015年同期上升0.19元/股。按国际财务报告准则编制的营业收入为559.32亿元，较2015年同期增加9.72%；归属于上市公司股东的净利润为85.74亿元，较2015年同期增加13.73%；每股盈利1.62元。

（二）南玻A

中国南玻集团股份有限公司成立于1984年，为中外合资企业。1992年2月，公司A、B股同时在深交所上市，成为中国最早的上市公司之一。公司目前主要业务包括平板玻璃、工程玻璃及太阳能3个部分，资产规模已超过100亿元，是中国玻璃行业和太阳能行业最具竞争力和影响力的大型企业集团。

2016年，公司平板玻璃业务、工程玻璃业务、太阳能光伏业务、电子玻璃及显示器件业务各方面全面发力，实现营业收入89.74亿元，较2015年增长15.43亿元，增幅20.77%；整体实现净利润8.04亿元，较2015年增长2.56亿元，增幅46.83%，扣非后净利润7.77亿元，较2015年增长4.77亿元，增幅159.62%。

公司以节能产业和可再生能源产业为发展主线，全力打造玻璃产业和太阳能光伏产业完整的产业链，通过技术创新及规模效应，巩固和确立公司在节能玻璃领域和太阳能光伏领域的技术优势和市场地位，精心打造和提升平板玻璃产业、工程玻璃产业及太阳能产业的核心竞争力及可持续发展能力。

（三）中国巨石

中国巨石股份有限公司前身为中国化学建材股份有限公司，成立于1998年8月31日，由中国建筑材料集团有限公司（原名中国新型建筑材料<集团>公司）、振石控股集团有限公司（原名浙江桐乡振石股份有限公司）、江苏永联集团公司和中国建材股份有限公司（原名中国建筑材料及设备进出口公司）4家公司发起设立。1999年4月，公司在上海证券交易所上市挂牌交易，股票简称和代码为"中国玻纤（600176）"。

为了充分利用"巨石"品牌优势，不断拓宽业务发展空间，进一步提升公司的行业影响力，公司于2015年2月6日召开股东大会通过了《关于变更公司名称及股票简称的议案》《关于变更公司经营范围的议案》，并于2015年3月4日完成了《营业执照》换发手续，自2015年3月18日起，公司名称由"中国玻纤股份有限公司"变更为"中国巨石股份有限公司"，证券简称由"中国玻纤"变更为"中国巨石"，证券代码不变。

2016年公司实现营业收入74.5亿元，较2015年增长5.6%，归属上市公司股东净利润15.2亿元，较2015年增长54.7%，每股收益0.63元。公司综合毛利率44.7%，较2015年上升4.4个百分点。销售费率、管理费率和财务费率分别为4.0%、8.8%和7.2%，分别变动-0.02、0.7和-3.3个百分点，期间费率20%，较2015年下降2.6个百分点。玻纤及制品收入73亿元，较2015年增长5.7%，主营业务收入占比为98.1%；玻纤及制品毛利率为44.5%，较2015年上升4.4个百分点。分区域，国内及国外销售收入分别增长6.4%和5.1%，主营业务收入占比分别为51.8%、48.2%；毛利率水平分别为39.0%和50.3%，分别较2015年变动-0.9个和9.8个百分点。

（四）北新建材

北新建材是于1997年5月经国家建材工业局和国家经济体制改革委员会批准，由国有独资的北新建材集团有限公司（原名为"北新建材（集团）有限公司"）独家发起设立的股份有限公司。1997年6月6日，公司股票正式在深圳证券交易所挂牌上市（股票代码：000786）。

公司主要从事轻质建材制造行业，主导产品为纸面石膏板，此外还包括矿棉板、岩棉制品、轻钢龙骨等。2016年，公司实现营业收入81.56亿元，较2015年增长8.01%；营业利润16.75亿元，较2015年增长16.03%；归属于上市公司股东的净利润11.71亿元，较2015年增长30.57%；基本每股收益0.793元/股，较2015年增长25.08%；主营产品石膏板产量16.32亿平方米，较2015年增长10.94%；主营产品石膏板销量16.35亿平方米，较2015年增长13.07%。截至

2016年年底，公司主营产品石膏板产能已达21.32亿平米，位居全球第一。

四、上市公司在行业中的影响力

2016年，非金属矿物制品业主营业务收入6.18万亿元，同比增长5.4%，增速较2015年同期提高2.6个百分点，实现利润4051.0亿元，同比增长11.2%。上市公司实现收入3306.63亿元，可比样本较2015年上升16.13%；实现利润366.77亿元，可比样本较2015年上升62.42%。

综合来看，行业内上市公司收入和利润上升幅度都大于行业水平，上市公司带领行业经济运行筑底回升，主要产品生产增速平稳，价格理性回升，经济效益持续好转，发展质量有所改善。

审稿人：贺众营

撰稿人：彭　勃

黑色金属冶炼及压延加工业

一、黑色金属冶炼及压延加工业总体概况

2016年，中国黑色金属冶炼及压延加工业固定资产投资额为4161.46亿元，较2015年下降2.25%，工业品出厂价格指数为102.48。

2016年，中国黑色金属冶炼及压延加工业销售收入达到63174.30亿元，较2015年减少2.22%，利润总额为1659.10亿元，较2015年上升215.72%。毛利率为8.39%，止住2012年以来的下降趋势，与2015年相比上升了1.84个百分点。

二、行业内上市公司发展概况

（一）行业内上市公司基本情况

表1　　2016年黑色金属冶炼及压延加工业上市公司发行股票概况

门　类	A、B股总数	A股股票数	B股股票数	境内总市值（亿元）	流通A股市值（亿元）	流通B股市值（亿元）
黑色金属冶炼及压延加工业	35	33	2	6687.38	5576.15	38.38
占沪深两市比重（%）	1.12	1.05	0.06	1.31	1.42	2.03

资料来源：沪深交易所，同花顺。

（二）行业内上市公司构成情况

表 2　　2016 年黑色金属冶炼及压延加工业上市公司构成情况　　单位：家

门　类	沪市			深市			ST/*ST
	仅 A 股	仅 B 股	A+B 股	仅 A 股	仅 B 股	A+B 股	
黑色金属冶炼及压延加工业（家）	21	0	1	10	0	1	0/3
占行业内上市公司比重（%）	60	0.00	2.86	28.57	0.00	2.86	0/8.57

资料来源：沪深交易所，同花顺。

（三）行业内上市公司融资情况

表 3　　2016 年黑色金属冶炼及压延加工业上市公司与沪深两市融资情况对比　　单位：家

门　类	融资家数	新股	增发	配股
黑色金属冶炼及压延加工业	4	1	3	0
沪深两市总数	877	227	639	11
占比（%）	0.46	0.44	0.47	0.00

资料来源：沪深交易所，同花顺。

2016 年共有 4 家公司进行融资，其中，首发的 1 家公司武进不锈（603878）为沪市公司；增发的三钢闽光为深市公司，杭钢股份和西宁特钢为沪市公司。

从融资效果来看，上述公司实际发行数量为 295221.27 万股；实际募集资金 171.13 亿元，基本完成了融资计划。

2016 年黑色金属冶炼及压延加工业上市公司融资情况明细见附录。

（四）行业内上市公司资产及业绩情况

表 4　　2016 年黑色金属冶炼及压延加工业上市公司资产情况　　单位：亿元

指　标	2016 年	2016 年可比样本增长（%）	2015 年	2015 年可比样本增长（%）	2014 年
总资产	16495.35	3.08	14914.01	0.51	14721.71
流动资产	5343.28	11.32	4503.9	-9.29	4883.35
占比（%）	32.39	2.40	30.2	-3.26	33.17
非流动资产	11152.07	-0.46	10410.11	5.44	9838.36
占比（%）	67.61	-2.40	69.8	3.26	66.83
流动负债	9118.29	2.24	8420.45	3.12	8147.79
占比（%）	55.28	-0.45	56.46	1.43	55.35
非流动负债	1953.49	-0.03	1705.96	4.6	1630.51
占比（%）	11.84	-0.37	11.44	0.45	11.08
归属于母公司股东权益	4937.06	6.88	4424.71	-5.4	4612.1
占比（%）	29.93	1.07	29.67	-1.85	31.33

资料来源：沪深交易所，同花顺。

表 5　　2016 年黑色金属冶炼及压延加工业上市公司收入实现情况　　单位：亿元

指　标	2016 年	2016 年可比样本增长（%）	2015 年	2015 年可比样本增长（%）	2014 年
营业收入	9548.53	2.95	8783.16	-26.57	11888.07
利润总额	224.97	139.74	-586.61	-558.29	112.07
归属于母公司所有者的净利润	159.43	128.78	-571.55	-884.13	60.65

资料来源：沪深交易所，同花顺。

（五）利润分配情况

2016 年全年黑色金属冶炼及压延加工业上市公司中共有 9 家公司实施了分红配股。其中，6 家上市公司仅实施派息，3 家公司既实施了送股、转增，又实施了派息。

2016 年黑色金属冶炼及压延加工业上市公司分红明细见附录。

（六）其他财务指标情况

1. 盈利能力指标

表 6　　2016 年黑色金属冶炼及压延加工业上市公司盈利能力情况

指　标	2016 年	2016 年可比样本变动	2015 年	2015 年可比样本变动	2014 年
毛利率（%）	11.43	7.28	3.74	-4.67	8.27
净资产收益率（%）	3.23	15.22	-12.92	-14.48	1.32
销售净利率（%）	1.73	7.92	-6.76	-7.43	0.57
资产净利率（%）	1.01	4.74	-3.99	-4.53	0.46

资料来源：沪深交易所，同花顺。

2. 偿债能力指标

表 7　　2016 年黑色金属冶炼及压延加工业上市公司偿债能力指标

指　标	2016 年	2016 年可比样本变动	2015 年	2015 年可比样本变动	2014 年
流动比率	0.59	0.05	0.53	-0.07	0.6
速动比率	0.38	0.02	0.35	-0.01	0.36
资产负债率（%）	67.12	-0.82	67.9	1.87	66.42

资料来源：沪深交易所，同花顺。

3. 营运能力指标

表 8　　2016 年黑色金属冶炼及压延加工业上市公司营运能力情况　　单位：次

营运能力指标	2016 年	2016 年可比样本变动	2015 年	2015 年可比样本变动	2014 年
存货周转率	4.82	-0.14	4.78	-0.36	5.14
应收账款周转率	21.00	0.42	19.76	-8.47	28.1
流动资产周转率	1.88	-0.01	1.86	-0.49	2.35
固定资产周转率	1.18	-0.07	1.24	-0.52	1.75
总资产周转率	0.59	-0.01	0.59	-0.22	0.81
净资产周转率	1.81	-0.01	1.79	-0.60	2.4

资料来源：沪深交易所，同花顺。

三、重点上市公司介绍

（一）宝钢股份

宝钢股份于 2000 年 2 月由上海宝钢集团公司独家创立，同年 12 月在上海证券交易所上市，是我国最现代化的特大型钢铁联合企业。宝钢股份总部位于上海市宝山区，滨临长江入海口，现有三大钢铁精品基地，覆盖炼铁、炼钢、热轧、厚板、冷轧、硅钢、高速线材、无缝钢管、焊管等全流程生产线。宝钢股份专业生产高技术含量、高附加值的碳钢薄板、厚板与钢管等钢铁精品，在汽车板、电工钢、镀锡板、能源及管线用钢、高等级船舶及海工用钢，以及其他高端薄板产品等领域处于国内市场领导地位，产品出口日本、韩国、欧美等 70 多个国家和地区。

2016 年公司实现营业收入 1854.59 亿元，较 2015 年上升 13.23%；毛利率较 2015 年上升 3.86 个百分点至 12.73%；营业利润 115.95 亿元，较 2015 年上升 526.62%；归属于上市公司净利润 89.66 亿元，较 2015 年上升 785.16%；净资产收益率上升 6.78 个百分点至 7.68%；EPS 0.55 元，较 2015 年上升 816.67%。2016 年年末，公司资产负债率 50.96%，较 2015 年上升 3.13 个百分点。

（二）武钢股份

武钢股份系经国家经济体制改革委员会（体改生〔1997〕164 号文）批准，由武汉钢铁（集团）公司作为独家发起人，采取发起设立方式于 1997 年 11 月 7 日注册成立的股份有限公司。公司总部位于湖北省武汉市。公司及子公司主要从事冶金产品及副产品、钢铁延伸产品制造；冶金产品的技术开发；永久气体和混和气体气瓶充装（气体品种以安全生产许可证核定的许可范围为限）、医用氧气的生产；黑色、有色金属加工和销售；钢铁渣开采；废钢加工及收购生产性废旧金属等业务。

2016 年公司实现营业收入 613.10 亿元，较 2015 年上升 5.11%；毛利率较 2015 年上升 8.62 个百分点至 7.10%；营业利润 3.24 亿元，较 2015 年上升 104.08%；归属于上市公司净利润 1.10 亿元，较 2015 年上升 101.47%；净资产收益率上升 23.67 个百分点至 0.39%；EPS 0.01 元，较 2015 年上升 101.47%。2016 年年末，公司资产负债率 68.37%，较 2015 年下降 1.36 个百分点。

四、上市公司在行业中的影响力

2016 年黑色金属冶炼及压延加工业总资产规模达到 63537.39 亿元，较 2015 年下降 1.87%；其中，全行业上市公司资产总额为 16440.02 亿元，较 2015 年增加 10.10%；上市资产总额占行业资产总额的 25.87%。

2016 年黑色金属冶炼及压延加工业营业收入达到 63174.30 亿元，较 2015 年减少 2.22%；其中，全行业上市公司实现营业收入 9701.53 亿元，较 2015 年增加 4.98%；上市公司营业收入占行业营业收入总额的 15.36%。

2016 年黑色金属冶炼及压延加工业利润总额达到 1659.10 亿元，较 2015 年上升 215.72%；其中，全行业上市公司实现利润总额 222.99 亿元。

审稿人：王鹤涛

撰稿人：肖　勇　易　轰

有色金属冶炼和压延加工业

一、有色金属冶炼和压延加工业总体概况

2016 年，中国有色金属冶炼及压延加工业固定资产投资额为 5258.54 亿元，较 2015 年下降 5.80%，工业增加值同比增长 6.20%。

2016 年，中国有色金属冶炼及压延加工业主营业务收入达到 53911.10 亿元，较 2015 年增长 5.50%，利润总额为 1947.00 亿元，较 2015 年上升 42.90%。

二、行业内上市公司发展概况

（一）行业内上市公司基本情况

表 1　　2016 年有色金属冶炼和压延加工业上市公司发行股票概况

门　类	A、B 股总数	A 股股票数	B 股股票数	境内总市值（亿元）	流通 A 股市值（亿元）	流通 B 股市值（亿元）
有色金属冶炼和压延加工业	61	60	1	7610.65	6491.11	13.30
占沪深两市比重（%）	1.95	1.91	0.03	1.50	1.66	0.70

资料来源：沪深交易所，同花顺。

（二）行业内上市公司构成情况

表 2　　2016 年有色金属冶炼和压延加工业上市公司构成情况　　单位：家

门　类	沪市			深市			ST/*ST
	仅 A 股	仅 B 股	A + B 股	仅 A 股	仅 B 股	A + B 股	
有色金属冶炼和压延加工业（家）	23	0	1	36	0	0	0/5
占行业内上市公司比重（%）	37.7	0	1.64	59.02	0	0	0/8.2

资料来源：沪深交易所，同花顺。

（三）行业内上市公司融资情况

表 3　　2016 年有色金属冶炼和压延加工业上市公司与沪深两市融资情况对比　　单位：家

门　类	融资家数	新股	增发	配股
有色金属冶炼和压延加工业	11	0	11	0
沪深两市总数	877	227	639	11
占比（%）	1.25	0.00	1.72	0.00

资料来源：沪深交易所，同花顺。

2016 年，有色金属冶炼和压延加工业上市公司中共有 11 家进行融资。其中，增发的 11 家公司中有 5 家沪市、1 家深市主板和 5 家中小板公司。

从融资效果来看，上述公司实际发行数量为 377109.39 万股；实际募集资金 206.66 亿元，基本完成了融资计划。

2016 年有色金属冶炼和压延加工业上市公司融资情况明细见附录。

（四）行业内上市公司资产及业绩情况

表 4　　2016 年有色金属冶炼和压延加工业上市公司资产情况　　单位：亿元

指　标	2016 年	2016 年可比样本增长（%）	2015 年	2015 年可比样本增长（%）	2014 年
总资产	8167.39	3.12	7711.77	-1.99	7559.06
流动资产	3505.26	4.74	3283.85	-7.65	3446.77
占比（%）	42.92	0.66	42.58	-2.61	45.6
非流动资产	4662.13	1.94	4427.92	2.68	4112.3
占比（%）	57.08	-0.66	57.42	2.61	54.4
流动负债	3653.87	4.59	3452.58	-7.35	3581.29
占比（%）	44.74	0.63	44.77	-2.59	47.38
非流动负债	1113.12	-11.25	1224.82	-4.61	1238.62
占比（%）	13.63	-2.21	15.88	-0.44	16.39
归属于母公司股东权益	3028.11	6.95	2710.44	6.92	2433.98
占比（%）	37.08	1.33	35.15	2.93	32.2

资料来源：沪深交易所，同花顺。

表 5　　2016 年有色金属冶炼和压延加工业上市公司收入实现情况　　单位：亿元

指　标	2016 年	2016 年可比样本增长（%）	2015 年	2015 年可比样本增长（%）	2014 年
营业收入	8109.96	8.26	7460.07	-7.51	7964.21
利润总额	144.03	347.84	-63.64	-11.13	-67.15
归属于母公司所有者的净利润	84.61	233.99	-65.57	25.28	-95.09

资料来源：沪深交易所，同花顺。

（五）利润分配情况

2016 年全年有色金属冶炼和压延加工业上市公司中共有 30 家公司实施了分红配股。其中，1 家上市公司仅转股或送股，20 家上市公司仅实施派息，9 家公司既实施了送股、转增，又实施了派息。

2016 年有色金属冶炼和压延加工业上市公司分红明细见附录。

（六）其他财务指标情况

1. 盈利能力指标

表 6　　2016 年有色金属冶炼和压延加工业上市公司盈利能力情况

指　标	2016 年	2016 年可比样本变动	2015 年	2015 年可比样本变动	2014 年
毛利率（%）	7.76	2.95	4.66	-0.97	5.35
净资产收益率（%）	2.79	5.02	-2.42	1.04	-3.91
销售净利率（%）	1.15	2.13	-1.03	0.15	-1.29
资产净利率（%）	1.16	2.08	-0.99	0.26	-1.39

资料来源：沪深交易所，同花顺。

2. 偿债能力指标

表 7　　2016 年有色金属冶炼和压延加工业上市公司偿债能力指标

指　标	2016 年	2016 年可比样本变动	2015 年	2015 年可比样本变动	2014 年
流动比率	0.96	0.00	0.95	0	0.96
速动比率	0.62	-0.01	0.62	0.02	0.61
资产负债率（%）	58.37	-1.58	60.65	-3.03	63.76

资料来源：沪深交易所，同花顺。

3. 营运能力指标

表 8　　2016 年有色金属冶炼和压延加工业上市公司营运能力情况　　单位：次

营运能力指标	2016 年	2016 年可比样本变动	2015 年	2015 年可比样本变动	2014 年
存货周转率	6.31	0.45	5.89	-0.08	6.04
应收账款周转率	22.02	-0.74	22.48	-3.08	26.64
流动资产周转率	2.37	0.20	2.18	-0.16	2.37
固定资产周转率	2.88	0.15	2.77	-0.40	3.22
总资产周转率	1.01	0.06	0.96	-0.10	1.07
净资产周转率	2.47	0.01	2.53	-0.35	2.93

资料来源：沪深交易所，同花顺。

三、重点上市公司介绍

（一）江西铜业

江西铜业系原国家国有资产管理局（国资企发〔1996〕231 号文件等）批准，由原江西铜业公司、香港国际铜业（中国）投资有限公司、深圳宝恒（集团）股份有限公司等于 1997 年 1 月 24 日共同发起设立，并于 1997 年和 2001 年分别在香港、上海完成 H 股和 A 股上市。截至目前，公司已成为集采矿、选矿、冶炼、贸易、技术为一体的国内最大的综合性铜生产企业。公司生产的阴极铜在伦敦金属交易所和上海期货交易所注册，是期货市场主要交割品牌之一。

2016 年公司实现营业收入 2023.08 亿元，较 2015 年上升 8.90%；毛利率较 2015 年上升 1.14 个百分点至 3.46%；营业利润 19.69 亿元，较 2015 年上升 98.64%；归属于上市公司净利润 7.88 亿元，较 2015 年上升 23.59%；净资产收益率上升 0.31 个百分点至 1.70%；EPS 0.23 元，较 2015 年上升 27.78%。2016 年年末，公司资产负债率 44.13%，较 2015 年下降 2.58 个百分点。

（二）中国铝业

中国铝业股份有限公司是中国有色金属行业的龙头企业，综合实力位居全球铝行业前列，也是中国铝行业唯一集铝土矿、煤炭等资源勘探开采，氧化铝、原铝和铝合金产品生产、销售、技术研发，国际贸易，物流产业，火力发电、新能源发电于一体的大型生产经营企业。中国铝业股票分别在纽约证券交易所（股票代码：ACH）、香港联合交易所（股票代码：2600）和上海证券交易所（股票代码：601600）三地挂牌上市。公司以保障国家战略资源开发和利用为己任，在军工用铝、航空航天、轨道交通、民用高端合金等方面发挥了极为重要的作用。

2016 年公司实现营业收入 1440.66 亿元，较 2015 年上升 16.68%；毛利率较 2015 年上升 4.06 个百分点至 7.53%；营

业利润 -1.18 亿元，较 2015 年上升 96.96%；归属于上市公司净利润 4.02 亿元，较 2015 年上升 170.82%；净资产收益率上升 0.60 个百分点至 1.03%；EPS 0.02 元，较 2015 年上升 100.00%。2016 年年末，公司资产负债率 70.76%，较 2015 年下降 2.67 个百分点。

（三）驰宏锌锗

驰宏锌锗系经云南省经济体制改革委员会（云体改生复〔2000〕33 号文）批准，由云南会泽铅锌矿作为主发起人在 2000 年 7 月正式发起设立，并于 2004 年 3 月正式登陆上海证券交易所。公司是我国最早从氧化铅锌矿中提取锗用于国防尖端工业建设的企业。主营业务包括锌、铅、锗系列产品的采选、冶炼、深加工与销售，截至 2016 年年末，拥有矿山厂、麒麟厂两座自备矿山，曲靖和会泽两个生产基地，具有年采选矿石 300 万吨、铅锌精炼 52.2 万吨、银 150 吨、金 70 千克、锗产品含锗 30 吨，镉、铋、锑等稀贵金属 400 余吨的综合生产能力。公司主要产品有铅、锌、锗三大系列 20 余个品种，产品覆盖我国十余个省市，其中，“银鑫”牌锌锭为伦敦金属交易所（LME）注册商品。

2016 年公司实现营业收入 141.04 亿元，较 2015 年下降 22.13%；毛利率较 2015 年上升 3.15 个百分点至 15.21%；营业利润 -15.69 亿元，较 2015 年下降 1758.75%；归属于上市公司净利润 -16.53 亿元，较 2015 年下降 3437.48%；净资产收益率下降 19.86 个百分点至 -19.15%；EPS -0.41 元，较 2015 年下降 2877.70%。2016 年年末，公司资产负债率 65.70%，较 2015 年下降 0.97 个百分点。

（四）锡业股份

云南锡业系经云南省政府（云政复〔1998〕99 号文）批准，由云南锡业公司与个旧锡资工业公司、个旧锡都有色金属加工厂等于 1998 年 10 月共同发起设立，并于次年在深圳证券交易所挂牌上市。公司是中国最大的锡生产出口基地，主要产品有锡锭、锡铅焊料、铅锭、锡化工、锡材产品，共 20 多个系列 300 多个品种。公司所在地个旧地区是中国锡资源最集中的地区之一，素有世界“锡都”美誉，个旧矿区有良好的成矿条件，公司找矿成果丰硕。2015 年华联锌铟重组进入公司后，凭借丰富的铟储量，成就了公司锡、铟双龙头的市场地位。

2016 年公司实现营业收入 334.29 亿元，较 2015 年上升 7.56%；毛利率较 2015 年上升 3.62 个百分点至 7.04%；营业利润 4.61 亿元，较 2015 年上升 131.34%；归属于上市公司净利润 1.36 亿元，较 2015 年上升 106.91%；净资产收益率上升 24.39 个百分点至 1.75%；EPS 0.09 元，较 2015 年上升 106.91%。2016 年年末，公司资产负债率 68.47%，较 2015 年下降 0.03 个百分点。

（五）天齐锂业

天齐锂业是 2007 年 12 月 25 日由射

洪锂业整体变更设立的股份有限公司，于2010年8月在上海证券交易所挂牌上市，是国内最大的锂电新能源核心材料供应商，也是全球最大的矿石提锂生产商。公司拥有丰富的锂精矿资源，控股子公司文菲尔德拥有的格林布什锂辉石矿是全球规模最大、品位最高的固体锂辉石矿，公司参股公司日喀则扎布耶拥有的扎布耶盐湖是国内资源禀赋最好的盐湖锂资源。公司主营产品有电池级碳酸锂、工业级碳酸锂、电池级氢氧化锂、工业级氢氧化锂、电池级无水氯化锂和金属锂等。电池级碳酸锂和电池级无水氯化锂等生产技术居国际先进水平，电池级碳酸锂的国内市场占有率约54%，广泛应用于国内锂电池正极材料行业。

2016年公司实现营业收入39.05亿元，较2015年上升109.15%；毛利率较2015年上升24.31个百分点至71.25%；营业利润22.17亿元，较2015年上升330.81%；归属于上市公司净利润15.12亿元，较2015年上升510.03%；净资产收益率上升31.17个百分点至39.41%；EPS 1.54元，较2015年上升508%。2016年年末，公司资产负债率48.29%，较2015年上升2.47个百分点。

（六）华友钴业

华友钴业系于2008年4月经商务部批准由华友钴镍整体变更发起设立的中外合资股份有限公司，2015年1月在上海证券交易所挂牌上市。公司是一家专注于钴、铜有色金属冶炼及钴新材料产品深加工的高新技术企业，产品主要用于锂离子电池正极材料、航空航天高温合金、硬质合金、色釉料、磁性材料、橡胶粘合剂和石化催化剂等领域。公司是中国最大的钴化学品生产商，是中国钴行业中产品系列最丰富的企业之一，钴综合产能规模排名中国第二，世界前列。自2006年起，公司在非洲进行钴矿资源的开发，通过在非洲间接和直接的投资，已建立起独立、完整的钴铜矿产资源的采、选、冶产业链体系。

2016年公司实现营业收入48.89亿元，较2015年上升21.35%；毛利率较2015年上升5.27个百分点至16.32%；营业利润0.76亿元，较2015年上升123.35%；归属于上市公司净利润0.69亿元，较2015年上升128.15%；净资产收益率上升12.77个百分点至2.80%；EPS 0.13元，较2015年上升127.66%。2016年年末，公司资产负债率58.77%，较2015年下降16.03个百分点。

（七）洛阳钼业

洛阳钼业系经洛阳市人民政府《关于同意组建洛阳栾川钼业集团有限公司暨建立现代企业制度实施方案的批复》（洛政批〔1998〕32号）批准，由洛阳栾川钼业公司和栾川县冶金化工公司合并设立的有限责任公司，于2007年和2012年分别在香港、上海完成H股（股票代码：3993.HK）和A股（股票代码：603993）上市。洛阳钼业是国内最大、全球排名第四的钼生产商，也是国内最大的钨精矿生产商之一。公司主要从事钼、钨及黄金等稀贵金属的采选、冶炼、深加工、贸易、科研等，拥有钼采矿、选矿、焙烧、钼化工和钼金属加工上下游一体化的完整产业链条。

2016 年公司实现营业收入 69.50 亿元，较 2015 年上升 65.59%；毛利率较 2015 年下降 4.04 个百分点至 33.47%；营业利润 7.51 亿元，较 2015 年上升 3.29%；归属于上市公司净利润 9.98 亿元，较 2015 年上升 31.12%；净资产收益率上升 0.75 个百分点至 5.52%；EPS 0.06 元，较 2015 年上升 20.00%。2016 年年末，公司资产负债率 61.05%，较 2015 年上升 18.75 个百分点。

（八）北方稀土

北方稀土是我国最早建立并发展壮大的国有控股稀土企业，1997 年 1 月经改建后由包头钢铁公司、嘉鑫有限公司（香港）、包钢综合企业（集团）公司共同发起设立，同年 8 月在上海证券交易所挂牌上市。北方稀土是我国乃至全世界最大的稀土生产、科研、贸易基地，是稀土行业的龙头企业，拥有世界上最大的稀土矿山——白云鄂博稀土矿山，其稀土资源储量占全国的 97%，建有稀土选矿、冶炼分离、深加工、应用产品、科研等完善的稀土工业体系，能够生产稀土原料（精矿、碳酸稀土、氧化物与盐类、金属）、稀土功能材料（抛光材料、贮氢材料、磁性材料、发光材料、催化材料）、稀土应用产品（镍氢动力电池、磁共振仪）等门类齐全的稀土产品。

2016 年公司实现营业收入 51.13 亿元，较 2015 年下降 21.92%；毛利率较 2015 年下降 1.93 个百分点至 21.55%；营业利润 1.82 亿元，较 2015 年下降 34.95%；归属于上市公司净利润 0.91 亿元，较 2015 年下降 72.11%；净资产收益率下降 2.84 个百分点至 1.09%；EPS 0.03 元，较 2015 年下降 72.11%。2016 年年末，公司资产负债率 37.28%，较 2015 年上升 5.42 个百分点。

四、上市公司在行业中的影响力

2016 年有色金属冶炼及压延加工业总资产规模达到 40037.20 亿元，较 2015 年上升 8.00%；其中，全行业上市公司资产总额为 8167.39 亿元，较 2015 年增加 5.99%；上市资产总额占行业资产总额的 20.40%。

2016 年有色金属冶炼及压延加工业营业收入达到 53911.10 亿元，较 2015 年增加 5.50%；其中，全行业上市公司实现营业收入为 8108.85 亿元，较 2015 年增加 8.73%；上市公司营业收入占行业营业收入总额的 15.04%。

2016 年有色金属冶炼及压延加工业利润总额达到 1947.00 亿元，较 2015 年上升 42.90%；其中，全行业上市公司实现利润总额 144.03 亿元。

审稿人：葛　军

撰稿人：孙景文

金属制品业

一、金属制品业总体概况

2016年，中国金属制品业固定资产投资额为10111.29亿元，较2015年增长6.55%，工业品出厂价格指数为98.6221。

2016年，中国金属制品业销售收入达到38443.40亿元，较2015年增长3.85%。从2010年开始中国金属制品业销售收入呈不断增长趋势，但是2016年销售收入增长率较2015年下降了1.09个百分点。2016年，中国金属制品业利润总额为2185.50亿元，增长率为3.72%。从2012年开始中国金属制品业利润总额稳中有升，但2016年增长率较2015年下降了1.12个百分点。

2016年，中国金属制品业的毛利率为13.05%，与2015年相比下降了0.30个百分点。

二、行业内上市公司发展概况

（一）行业内上市公司基本情况

表1　　2016年金属制品业上市公司发行股票概况

门　类	A、B股总数	A股股票数	B股股票数	境内总市值（亿元）	流通A股市值（亿元）	流通B股市值（亿元）
金属制品业	53	52	1	4391.22	3112.50	21.96
占沪深两市比重（%）	1.69	1.66	0.03	0.86	0.80	1.16

资料来源：沪深交易所，同花顺。

（二）行业内上市公司构成情况

表2　　2016年金属制品业上市公司构成情况　　单位：家

门　类	沪市			深市			ST/*ST
	仅A股	仅B股	A+B股	仅A股	仅B股	A+B股	
金属制品业（家）	12	0	0	39	0	1	0/0
占行业内上市公司比重（%）	22.64	0.00	0.00	73.58	0.00	1.89	0/0

资料来源：沪深交易所，同花顺。

（三）行业内上市公司融资情况

表 3　　2016 年金属制品业上市公司与沪深两市融资情况对比　　单位：家

门　类	融资家数	新股	增发	配股
金属制品业	19	4	15	0
沪深两市总数	877	227	639	11
占比（%）	2.17	1.76	2.35	0.00

资料来源：沪深交易所，同花顺。

2016 年，金属制品业上市公司中共有 19 家进行融资。其中，在首发的 4 家公司中，有 2 家沪市、2 家中小板公司；在增发的 15 家公司中，有 3 家主板公司、1 家创业板公司、11 家中小板公司。

从融资效果来看，上述公司实际发行数量为 175143.16 万股；实际募集资金 173.98 亿元，基本完成了融资计划。

2016 年金属制品业上市公司融资情况明细见附录。

（四）行业内上市公司资产及业绩情况

表 4　　2016 年金属制品业上市公司资产情况　　单位：亿元

指　标	2016 年	2016 年可比样本增长（%）	2015 年	2015 年可比样本增长（%）	2014 年
总资产	4235.31	20.80	3092.93	11.35	2637.95
流动资产	2145.30	22.64	1521.92	0.41	1439.85
占比（%）	50.65	0.76	49.21	-5.36	54.58
非流动资产	2090.01	18.97	1571.01	24.5	1198.1
占比（%）	49.35	-0.76	50.79	5.36	45.42
流动负债	1682.21	15.53	1263.21	0.89	1173.33
占比（%）	39.72	-1.81	40.84	-4.24	44.48
非流动负债	706.61	41.42	445.99	35.3	321.23
占比（%）	16.68	2.43	14.42	2.55	12.18
归属于母公司股东权益	1695.96	19.11	1259.24	14.96	1045.09
占比（%）	40.04	-0.57	40.71	1.27	39.62

资料来源：沪深交易所，同花顺。

表 5　　2016 年金属制品业上市公司收入实现情况　　单位：亿元

指　标	2016 年	2016 年可比样本增长（%）	2015 年	2015 年可比样本增长（%）	2014 年
营业收入	2722.11	8.60	1990.08	-9.86	2097.99
利润总额	164.71	20.79	113.03	7.16	98.4
归属于母公司所有者的净利润	118.59	18.53	83.9	5.77	73.58

资料来源：沪深交易所，同花顺。

（五）利润分配情况

2016 年全年金属制品业上市公司中共有 45 家公司实施了分红配股。其中，1 家上市公司仅转股或送股，34 家上市公司仅实施派息，10 家公司既实施了送股、转增，又实施了派息。

2016 年金属制品业上市公司分红明细见附录。

（六）其他财务指标情况

1. 盈利能力指标

表 6　　2016 年金属制品业上市公司盈利能力情况

指　标	2016 年	2016 年可比样本变动	2015 年	2015 年可比样本变动	2014 年
毛利率（%）	18.40	0.91	16.53	1.83	14.5
净资产收益率（%）	6.99	-0.03	6.66	-0.58	7.04
销售净利率（%）	4.45	0.33	4.36	0.56	3.72
资产净利率（%）	3.13	-0.14	2.96	-0.26	3.15

资料来源：沪深交易所，同花顺。

2. 偿债能力指标

表 7　　2016 年金属制品业上市公司偿债能力指标

指　标	2016 年	2016 年可比样本变动	2015 年	2015 年可比样本变动	2014 年
流动比率	1.28	0.07	1.2	-0.01	1.23
速动比率	0.97	0.09	0.83	0	0.85
资产负债率（%）	56.40	0.62	55.26	-1.69	56.66

资料来源：沪深交易所，同花顺。

3. 营运能力指标

表 8　　2016 年金属制品业上市公司营运能力情况　　单位：次

营运能力指标	2016 年	2016 年可比样本变动	2015 年	2015 年可比样本变动	2014 年
存货周转率	4.46	0.14	3.54	-0.57	4.17
应收账款周转率	5.97	-0.51	5.53	-1.26	6.89
流动资产周转率	1.40	-0.13	1.31	-0.21	1.52
固定资产周转率	3.11	-0.11	2.72	-0.64	3.43
总资产周转率	0.70	-0.09	0.68	-0.17	0.85
净资产周转率	1.60	-0.21	1.54	-0.41	1.94

资料来源：沪深交易所，同花顺。

三、重点上市公司介绍

（一）中集集团

中集集团于1980年1月14日创立于深圳，1994年4月8日在深圳证券交易所上市，目前主要股东为招商局集团和中远集团等，是国有控股的公众上市公司。经过20多年的发展，中集集团已经成为根植于中国本土的世界领先的物流装备和能源装备供应商。公司在集装箱、道路运输车辆、能源化工及食品装备、海洋工程、物流服务、空港设备等业务领域提供高品质、可信赖的装备和服务，占据领先地位。

2016年公司实现营业收入511.12亿元，较2015年下降12.91%；毛利率较2015年上升0.77个百分点至18.84%；营业利润8.01亿元，较2015年下降73.67%；归属于上市公司净利润5.40亿元，较2015年下降73.37%；净资产收益率下降6.00个百分点至2.00%；EPS 0.14元，较2015年下降80.56%。2016年年末，公司资产负债率68.60%，较2015年增加1.84个百分点。

（二）新兴铸管

新兴铸管是一家跨地区、跨行业、集科工贸于一体的大型企业，国家520家重点企业之一。公司主营业务为离心球墨铸铁管及配套管件、钢铁冶炼及压延加工、铸造制品和机械设备和电子工程等，形成了六大产品系列：新兴铸管、新兴管件、新兴钢铁、新兴格板、新兴钢塑管、新兴机械。公司产品先后通过了SGSISO9001质量体系认证、法国BV质量体系认证，获得了欧共体15个国家承认的PSB证书，通过了德国、新加坡、埃及等十几个国家的商检，通过了ISO14001环保体系认证，获国际尤卡斯环保证书。连续7年入选“中国最具发展潜力上市公司50强”，连续7年入选深证成指样本股。

2016年公司实现营业收入521.60亿元，较2015年增加4.26%；毛利率较2015年上升0.92个百分点至5.51%；营业利润1.43亿元，较2015年上升77.41%；归属于上市公司净利润4.40亿元，较2015年下降26.58%；净资产收益率下降1.01个百分点至2.56%；EPS 0.12元，较2015年下降25%。2016年年末，公司资产负债率62.55%，较2015年下降1.45个百分点。

四、上市公司在行业中的影响力

2016年金属制品业行业总资产规模达到25970.70亿元，较2015年增长5.22%；其中，全行业上市公司资产总额为4220.54亿元，较2015年增加20.67%；上市资产总额占行业资产总额的16.25%。

2016年金属制品业行业营业收入38443.40亿元，较2015年增长3.85%；其中，全行业上市公司实现营业收入为2715.58亿元，较2015年增长8.58%；上市公司营业收入占行业营业收入总额的7.06%。

2016年金属制品业行业利润总额达到2185.50亿元，较2015年增长3.72%；其中，全行业上市公司实现利润总额为163.96亿元，较2015年增长20.83%；上市公司利润总额占行业利润总额的7.50%。

审稿人：王鹤涛

撰稿人：肖　勇　易　轰

通用设备制造业

一、通用设备制造业总体概况

（一）行业整体运行情况

通用设备制造业是装备制造业中的基础性产业，为工业行业提供基础动力、基础加工零部件和整机，在航空航天、交通运输、石油化工、轻工纺织等领域具有重要应用价值。通用设备制造业有较强周期性，特别与宏观经济政策、固定资产投资等变量高度相关。2016年上半年行业仍然处于过剩产能和库存出清的过程中，2016年下半年以来受益国内外经济复苏和投资回暖，行业订单开始复苏，从而带动资产负债表和ROE的修复。

2016年全行业实现营业收入47870.3亿元，较2015年增长2.9%，实现利润总额3054亿元，较2015年增长0.2%；在全球经济回暖的带动下，行业利润增长率于2016年触底复苏。

（二）细分行业运行概况

全球宏观经济逐步进入复苏大周期，我国经济增速保持整体稳健，2016年在基建和地产投资高峰叠加补库存因素带动下，行业收入端实现复苏回暖，但是成本端原材料价格上涨也挤压了行业利润。从结构上看，竞争能力较弱的低端通用装备仍在继续消化过剩产能，而高端装备进口替代能力较强的龙头订单已率先复苏。在《中国智造2025》的指引下，掌握智能制造核心技术、关键零部件和系统解决方案的先进制造龙头将引领中国制造业的转型创新升级。

二、行业内上市公司发展概况

（一）行业内上市公司基本情况

表1　　2016年通用设备制造业上市公司发行股票概况

门　类	A、B股总数	A股股票数	B股股票数	境内总市值（亿元）	流通A股市值（亿元）	流通B股市值（亿元）
通用设备制造业	125	117	8	11137.66	7697.38	128.32
占沪深两市比重（%）	3.99	3.73	0.26	2.19	1.97	6.77

资料来源：沪深交易所，同花顺。

（二）行业内上市公司构成情况

表 2　　2016 年通用设备制造业上市公司构成情况　　单位：家

门　类	沪市			深市			ST/*ST
	仅 A 股	仅 B 股	A+B 股	仅 A 股	仅 B 股	A+B 股	
通用设备制造业（家）	27	1	3	85	2	2	0/3
占行业内上市公司比重（%）	21.6	0.8	2.4	68	1.6	1.6	0/2.4

资料来源：沪深交易所，同花顺。

（三）行业内上市公司融资情况

表 3　　2016 年通用设备制造业上市公司与沪深两市融资情况对比　　单位：家

门　类	融资家数	新股	增发	配股
通用设备制造业	43	14	29	0
沪深两市总数	877	227	639	11
占比（%）	4.90	6.17	4.54	0.00

资料来源：沪深交易所，同花顺。

其中，在首发的 14 家公司中，有 7 家在沪市主板上市，4 家在中小板上市，3 家在创业板上市；在增发的 29 家公司中，有 3 家沪市主板、3 家深市主板、15 家中小板、8 家创业板公司。

从融资效果来看，上述公司实际发行数量为 466120.40 万股；实际募集资金 627.42 亿元，基本完成了融资计划。

2016 年通用设备制造业上市公司融资情况明细见附录。

（四）行业内上市公司资产及业绩情况

表 4　　2016 年通用设备制造业上市公司资产情况　　单位：亿元

指　标	2016 年	2016 年可比样本增长（%）	2015 年	2015 年可比样本增长（%）	2014 年
总资产	16117.24	9.13	7280.33	10.72	6646.42
流动资产	10267.41	9.00	5016.47	8.8	4608.8
占比（%）	63.70	-0.08	68.9	-1.22	69.34
非流动资产	5849.83	9.37	2263.86	15.22	2037.62
占比（%）	36.30	0.08	31.1	1.22	30.66
流动负债	10197.25	6.82	3598.29	3.21	3469.28
占比（%）	63.27	-1.37	49.42	-3.6	52.2
非流动负债	1075.33	-1.81	656.41	45.97	514.88
占比（%）	6.67	-0.74	9.02	2.18	7.75
归属于母公司股东权益	4024.85	17.80	2769.45	15.04	2427.62
占比（%）	24.97	1.84	38.04	1.43	36.53

资料来源：沪深交易所，同花顺。

表 5　　2016 年通用设备制造业上市公司收入实现情况　　单位：亿元

指　标	2016 年	2016 年可比样本增长（%）	2015 年	2015 年可比样本增长（%）	2014 年
营业收入	3918.03	2.01	3341.06	0.67	3320.7
利润总额	368.46	3.39	190.42	-19.37	233.6
归属于母公司所有者的净利润	190.75	-1.66	110.62	-32.97	162.53

资料来源：沪深交易所，同花顺 。

（五）利润分配情况

2016 年全年通用设备制造业上市公司中共有 77 家公司实施了分红配股。其中，3 家上市公司仅转股或送股，53 家上市公司仅实施派息，21 家公司既实施了送股、转增，又实施了派息。

2016 年通用设备制造业上市公司分红明细见附录。

（六）其他财务指标情况

1. 盈利能力指标

表 6　　2016 年通用设备制造业上市公司盈利能力情况

指　标	2016 年	2016 年可比样本变动	2015 年	2015 年可比样本变动	2014 年
毛利率（%）	28.07	-0.15	21.99	0.17	22.06
净资产收益率（%）	4.74	-0.94	3.99	-2.86	6.7
销售净利率（%）	7.57	0.08	4.44	-1.6	5.98
资产净利率（%）	1.92	-0.76	2.14	-1.07	3.14

资料来源：沪深交易所，同花顺。

2. 偿债能力指标

表 7　　2016 年通用设备制造业上市公司偿债能力指标

指　标	2016 年	2016 年可比样本变动	2015 年	2015 年可比样本变动	2014 年
流动比率	1.01	0.02	1.39	0.07	1.33
速动比率	0.88	0.03	1.04	0.1	0.94
资产负债率（%）	69.94	-2.11	58.44	-1.42	59.94

资料来源：沪深交易所，同花顺。

3. 营运能力指标

表 8　　2016 年通用设备制造业上市公司营运能力情况　　单位：次

营运能力指标	2016 年	2016 年可比样本变动	2015 年	2015 年可比样本变动	2014 年
存货周转率	2.18	0.12	2.00	-0.04	2.03
应收账款周转率	2.85	-0.07	2.59	-0.14	2.72
流动资产周转率	0.40	-0.15	0.69	-0.06	0.76
固定资产周转率	3.31	-0.27	3.25	-0.28	3.31
总资产周转率	0.25	-0.10	0.48	-0.05	0.53
净资产周转率	0.87	-0.25	1.18	-0.14	1.31

资料来源：沪深交易所，同花顺。

三、重点上市公司介绍

（一）上海机电

2016 年上海机电实现营业收入 189.4 亿元，较 2015 年下滑 1.85%；实现利润总额 27.6 亿元，较 2015 年下滑 12.7%；归母净利润 14.5 亿元，较 2015 年下滑 21%；扣非归母净利润 11.2 亿元，较 2015 年增长 49.2%；EPS 为 1.42 元。综合毛利率为 21.95%，较 2015 年上升 0.3pct。业绩无增长的原因是 2015 年公司剥离非电梯资产后获得大额非经常损益导致 2016 年可比基数过高，扣非利润的增长反映了公司的良好成长性。

分板块来看，电梯收入 178.4 亿元，较 2015 年增长 2.38%，毛利率 22.3%，较 2015 年下滑 0.19%，电梯行业继续保持龙头地位，与万达、恒大等核心客户密切合作，同时开拓二三线城市轨交和地产大项目；其余业务收入合计 11 亿元，其中，印刷包装和液压机器毛利率同比提高带动了综合毛利率的上升，主因资产剥离结构优化。2016 年三菱电梯安装维保服务收入超 45 亿元，收入占比超 25%，随着《特种装备安全法》颁布电梯维保市场将继续增长。公司与日本纳博合作的 RV 减速机已于 2016 年 5 月正式投入生产，预计产能 20 万台/年，目前已达到 10 万台/年的产能。母公司上海电气与日本发那科机器人合资经营的上海发那科机器人当前已形成 4 亿元净利润，国企改革想象空间较大。

（二）天奇股份

2016 年天奇股份实现营业收入 24.4 亿元，较 2015 年增长 12.1%；实现利润总额 1.35 亿元，较 2015 年增长 4%；归母净利润 1 亿元，较 2015 年增长 5.4%；扣非归母净利润 0.6 亿元，较 2015 年增长 41.6%；EPS 为 0.28 元。综合毛利率 22.4%，与 2015 年持平。公司业务受益我国汽车产销总量稳健增长带动，具备继续成长能力。

分板块来看，物流自动化装备系统收入12.8亿元，较2015年增长16.3%，毛利率14%，较2015年下滑1.57%，其中，来自汽车物流自动化装备收入11.4亿元，同比增长35%，客户覆盖吉利、一汽、上汽等重要客户，且完成了系列智能装备云平台和工业4.0项目，收购SI公司20%股权有利于公司从自动化设备提供商向系统服务提供商专变；风电零部件收入7.3亿元，较2015年下滑3.3%，毛利率23.8%，较2015年增长0.4%；循环产业收入3.4亿元，较2015年增长39.3%，毛利率36.28%，较2015年下滑1%，公司通过收购湖北力帝、宁波回收初步建立了废旧汽车拆解回收业务产业链，规模也为行业靠前，随着国务院对报废汽车拆解回收政策进一步细化，公司的业务空间也将持续拓展。

（三）机器人

2016年机器人实现营业收入20.3亿元，较2015年增长20.7%；实现利润总额4.9亿元，较2015年增长4.5%；归母净利润2.74亿元，较2015年增长10.2%；扣非归母净利润2.7亿元，较2015年增长16.8%；EPS为0.26元。综合毛利率31.7%，较2015年下滑2.35%。公司收入增长较快主因是机器人业务成功扩大了应用领域（军工特种机器人、安防、激光导航、服务机器人）和拓展了占总收入32%的新客户，而净利润增长较慢的原因是2015年投资收益较高导致基数较高。

分板块来看，工业机器人收入6.5亿元，较2015年增长26%，毛利率29.7%，较2015年下滑4%，2016年公司正式进入PC机及服务器装配行业，已与多家3C行业客户展开合作提供手机外壳磨抛服务，并完成了国内首例造船行业工业机器人系统服务；物流与仓储自动化成套装备收入5.5亿元，较2015年增长30%，毛利率28.9%，较2015年下滑1.88pct，与京东签订战略合作协议有利于公司加强智能物流开发；自动化装配与检测及系统集成收入6.5亿元，较2015年增长19%，毛利率36.3%，较2015年下滑0.98pct，公司的自动保障系统全年获得2.16亿元订单；交通自动化系统收入1.8亿元，较2015年下滑6%，系统集成业务受益于二线城市的轨交建设加速获得了哈尔滨、沈阳、南昌的地铁订单。

（四）新筑股份

2016年新筑股份实现营业收入15.2亿元，较2015年增长44.2%；实现利润总额0.46亿元，较2015年增长122.9%；归母净利润0.19亿元，较2015年增长111.8%；扣非归母净利润-1.52亿元，较2015年增长6.4%；EPS为0.03元。综合毛利率19.4%，较2015年下滑0.95pct。2016年业绩增长主因剥离工程机械产业。

分板块来看，桥梁功能部件收入6.1亿元，较2015年增长20.6%，毛利率32.7%，较2015年增长3pct；轨道交通车辆业务收入6.6亿元，较2015年增长203.2%，全年生产轨道交通车186辆，同比增长342.9%，毛利率5%，公司是国内除中车外唯一具备自主研发和生产多制式城轨车辆生产能力的公司，参考中国中车城轨车辆的毛利水平尚有10%左右的提升空间，且成都轨交网到2030年拟建成34条线路的规划有望年均增加两条地铁新线，将打开公司城轨车辆业务空间；超级电容系统收入7193万元，较2015年增长246.9%，毛利率35.9%，较2015年下滑6.4pct，公司作为国内超级电容的领军企业有望受益储能密度提升带来的市场空间。

（五）智云股份

2016年智云股份实现营业收入6亿元，较2015年增长43%；实现利润总额1亿元，较2015年增长56.9%；归母净利润0.93亿元，较2015年增长73.3%；扣非归母净利润0.34亿元，较2015年下滑34.2%，主要原因是2015年基数较高。

分板块来看，平板显示模组设备收入3亿元，较2015年增长209%，毛利率51.8%，较2015年增长1.5pct，主要因为鑫三利并表，鑫三利是国内最大的LCD和OLED面板生产线模组制程bonding设备供应商，受益国内京东方、华星光电、中电集团等主要的面板厂承接日韩关闭的LCD产能和扩建OLED产能释放高额资本开支，国内面板设备商迎来下游景气叠加国产化机遇，公司获得宸美光电订单也标志着苹果产业链供应商对公司产品实力的认可；自动装配设备收入2亿元，较2015年增长51.9%；其余的自动检测设备、物流搬运设备、清洗过滤设备和锂电池装备设备等收入均有所下滑，但总规模较小。

四、上市公司在行业中的影响力

2016年，通用设备制造业上市公司总资产占行业总量的18.9%；营业收入占行业总量的7.3%；利润总额占行业总量的6.6%。

我国通用设备制造业数量超过3万家，整体呈现小、散、乱、弱的格局，除个别细分行业外，行业集中度较低，产品相似度高、竞争激烈，小型企业数量占比接近90%，而大型企业数量占比不到1%，呈现大而不强的特点。从近年来的行业总资产、营业收入和利润总额数值来看，行业总资产和营业收入呈现递增的趋势，2016年下半年开始全球经济复苏带动的补库存周期叠加国内基建和地产投资回暖，部分行业龙头订单率先复苏，大型企业中年收入规模在百亿级别以上有5家，即上海电气、东方电气、金风科技、上海机电、湘电股份，在120余家上市公司中仍有一半企业收入低于10亿元。随着行业内部结构转型升级，未来龙头的市场集中度有望继续提升，百亿营收级别企业有望增多。

审稿人：董岚枫

撰稿人：白逸凡　陈显帆

专用设备制造业

一、专用设备制造业总体概况

专用设备制造业是专用于特定行业的设备制造业，下游应用行业包括矿山、冶金、建筑、化工、木材、非金属加工、食品、饮料、烟草及饲料生产专用设备等9大行业。作为典型的下游驱动型行业，专用设备制造业与国家宏观经济政策、固定资产投资、下游特定行业资本开支等变量高度相关。2016年上半年行业整体仍然处于过剩产能和库存出清的过程中，2016年下半年受益国内外经济复苏和投资回暖，以工程机械等为代表的细分行业订单率先复苏，从而带动对应公司资产负债表与ROE的修复。

2016年全行业实现营业收入37376.90亿元，较2015年增长4.9%，实现利润总额2169.6亿元，较2015年增长2.1%，在全球经济回暖和细分方向回归景气的带动下，行业利润增长率于2016年实现触底复苏。

全球宏观经济逐步进入复苏大周期，我国经济增速保持整体稳健，2016年在基建和地产投资高峰叠加补库存因素带动下，行业收入端实现复苏回暖，但是成本端原材料价格上涨也挤压了行业利润。以工程机械、海工装备等为代表的周期行业和以锂电设备、3C自动化设备为代表的高成长行业细分方向率先获得业绩高增速。

二、行业内上市公司发展概况

（一）行业内上市公司基本情况

表1　2016年专用设备制造业上市公司发行股票概况

门　类	A、B股总数	A股股票数	B股股票数	境内总市值（亿元）	流通A股市值（亿元）	流通B股市值（亿元）
专用设备制造业	176	174	2	15128.74	10409.74	75.26
占沪深两市比重（%）	5.62	5.55	0.06	2.97	2.66	3.97

资料来源：沪深交易所，同花顺。

（二）行业内上市公司构成情况

表 2　　2016 年专用设备制造业上市公司构成情况　　单位：家

门　类	沪市			深市			ST/*ST
	仅 A 股	仅 B 股	A+B 股	仅 A 股	仅 B 股	A+B 股	
专用设备制造业（家）	47	0	2	125	0	0	0/3
占行业内上市公司比重（%）	26.7	0.00	1.36	71.02	0.00	0.00	0/1.72

资料来源：沪深交易所，同花顺。

（三）行业内上市公司融资情况

表 3　　2016 年专用设备制造业上市公司与沪深两市融资情况对比　　单位：家

门　类	融资家数	新股	增发	配股
专用设备制造业	43	16	27	0
沪深两市总数	877	227	639	11
占比（%）	4.90	7.05	4.23	0.00

资料来源：沪深交易所，同花顺。

其中，在首发的 16 家公司中，有 5 家沪市主板公司，2 家中小板公司，9 家创业板公司；在增发的 27 家公司中，有 9 家沪市主板公司，7 家中小板公司、11 家创业板公司。

从融资效果来看，上述公司实际发行数量为 244129.64 万股；实际募集资金 324.86 亿元，基本完成了融资计划。

2016 年专用设备制造业上市公司融资情况明细见附录。

（四）行业内上市公司资产及业绩情况

表 4　　2016 年专用设备制造业上市公司资产情况　　单位：亿元

指　标	2016 年	2016 年可比样本增长（%）	2015 年	2015 年可比样本增长（%）	2014 年
总资产	10080.21	7.76	9231.38	8.08	8397.24
流动资产	6455.62	4.66	6053.81	4.94	5656.27
占比（%）	64.04	-1.90	65.58	-1.96	67.36
非流动资产	3624.58	13.76	3177.57	14.61	2740.97
占比（%）	35.96	1.90	34.42	1.96	32.64
流动负债	4151.28	6.54	3871.27	11.39	3485.27
占比（%）	41.18	-0.47	41.94	1.25	41.5
非流动负债	1188.35	27.40	934.82	-15.85	1125.88
占比（%）	11.79	1.82	10.13	-2.88	13.41
归属于母公司股东权益	4423.36	4.27	4165.01	11.43	3576.85
占比（%）	43.88	-1.47	45.12	1.36	42.6

资料来源：沪深交易所，同花顺。

表 5　　2016 年专用设备制造业上市公司收入实现情况　　单位：亿元

指　标	2016 年	2016 年可比样本增长（%）	2015 年	2015 年可比样本增长（%）	2014 年
营业收入	3649.88	1.83	3467.83	-9.79	3597.14
利润总额	94.06	-44.64	148.92	-43.45	155.64
归属于母公司所有者的净利润	25.90	-76.92	93.69	-51.23	89.66

资料来源：沪深交易所，同花顺。

（五）利润分配情况

2016 年全年专用设备制造业上市公司中共有 120 家公司实施了分红配股。其中，2 家上市公司仅转股或送股，89 家上市公司仅实施派息，29 家公司既实施了送股、转增，又实施了派息。

2016 年专用设备制造业上市公司分红明细见附录。

（六）其他财务指标情况

1. 盈利能力指标

表 6　　2016 年专用设备制造业上市公司盈利能力情况

指　标	2016 年	2016 年可比样本变动	2015 年	2015 年可比样本变动	2014 年
毛利率（%）	25.69	0.30	25.27	0.6	22.78
净资产收益率（%）	0.59	-2.06	2.25	-2.89	2.51
销售净利率（%）	1.37	-2.23	3.17	-2.32	3
资产净利率（%）	0.51	-0.93	1.24	-1.35	1.33

资料来源：沪深交易所，同花顺。

2. 偿债能力指标

表 7　　2016 年专用设备制造业上市公司偿债能力指标

指　标	2016 年	2016 年可比样本变动	2015 年	2015 年可比样本变动	2014 年
流动比率	1.56	-0.03	1.56	-0.1	1.62
速动比率	1.19	-0.02	1.2	-0.06	1.24
资产负债率（%）	52.97	1.34	52.06	-1.63	54.91

资料来源：沪深交易所，同花顺。

3. 营运能力指标

表 8　　2016 年专用设备制造业上市公司营运能力情况　　单位：次

营运能力指标	2016 年	2016 年可比样本变动	2015 年	2015 年可比样本变动	2014 年
存货周转率	1.84	-0.04	1.85	-0.32	2.11
应收账款周转率	1.79	-0.02	1.76	-0.35	2
流动资产周转率	0.58	-0.02	0.59	-0.10	0.65
固定资产周转率	2.17	-0.12	2.23	-0.46	2.48
总资产周转率	0.38	-0.02	0.39	-0.08	0.44
净资产周转率	0.79	-0.06	0.83	-0.19	0.98

资料来源：沪深交易所，同花顺。

三、重点上市公司介绍

（一）三一重工

2016 年三一重工实现营业收入 233.8 亿元，较 2015 年下滑 0.8%；实现利润总额 0.63 亿元，较 2015 年增长 318.5%；归母净利润为 2.03 亿元，较 2015 年增长 46.8%；EPS 为 0.027 元；综合毛利率 26.21%，较 2015 年增长 1.43pct。业绩增长的主要原因是由于基建和地产投资复苏带动工程机械需求回暖，龙头复苏速度快于行业整体增速，而更新、基建、一带一路三大因素将使行业复苏更具持续性，行业龙头也将强者恒强。

在板块方面，挖掘机械引领收入复苏，2016 年实现收入 74.7 亿元，较 2015 年增长 22.1%，挖掘机毛利率 32.4%，较 2015 年上升 4.9pct，主要原因是挖掘机能先于其他机种反映固定资产投资增速回暖趋势；其他板块如混凝土机械、起重机械、桩工机械、配件和路面机械尚处于消化库存的负增长阶段，其中，混凝土机械实现收入 95 亿元，较 2015 年下滑 9.3%，下滑趋势收窄；起重机械毛利率 34.04%，较 2015 年上升 4.4pct。2016 年海外市场贡献收入 92.9 亿元，占比 40%，远高于工程机械同行水平，良好的海外收入有利于收入结构多元化和平滑行业周期波动性。

（二）恒力液压

2016 年恒力液压实现营业收入 13.7 亿元，较 2015 年增长 26%；实现利润总额 0.92 亿元，较 2015 年增长 23.04%；归母净利润为 0.7 亿元，较 2015 年增长 10.8%；EPS 为 0.11 元。业绩增长的主要原因是基建行业回暖带动挖掘机销量高增速，促进挖掘机专用油缸订单放量、美元作为海外销售收入结算货币带来汇兑收益、投资收益增长等。

在板块方面，挖掘机专用油缸收入 5.29 亿元，较 2015 年增长 30%；非标油缸收入5.6亿元，较2015年增长8.6%，其中，盾构机油缸收入增长29%，国内市场占有率超70%；液压泵阀等新产品形成业务新的增长亮点，当前小批量配套，未来有望实现进口替代。综合毛利率21.7%，较2015年上升1.17pct，由于高精密液压铸件和泵阀新项目前期资本支出较大增加折旧摊销略微影响了毛利率；其中，挖掘机专用油缸毛利率25.35%，较2015年上升0.18pct。在下游工程机械持续复苏的驱动下，公司作为主要的零部件供应商短期内产能供不应求，中长期看液压泵阀国产化替代空间很大。

（三）浙江鼎力

2016年浙江鼎力实现营业收入6.95亿元，较2015年增长45%；实现利润总额2.06亿元，较2015年增长39.5%；归母净利润为2.27亿元，较2015年增长70.28%；EPS为1.08元；综合毛利率为42.3%，较2015年增长1.28pct。业绩增长的主要原因是公司作为国内高空作业平台的绝对龙头，其技术品质、品牌口碑、实践经验和营销管理都构筑了较深的护城河，对标欧美市场的高空作业平台保有量，公司销售具备持续增长的较大空间。

在板块方面，剪叉式高空作业平台收入5亿元，较2015年增长53.2%，为增速最快的板块；臂式收入0.6亿元，较2015年增长33%；公司具备多种类型产品的柔性化生产能力，也具备较好的市场适应能力。海外收入3.9亿元，较2015年增长61.3%，在总收入中的占比升至56.1%，公司产品已成功进入美、德、日三大高端市场，远销80多个国家和地区，国际市场开拓能力较强。公司拟募集不超过8.8亿元投建大型智能高空作业平台项目，扩大直臂和曲臂平台产能。

（四）振华重工

2016年振华重工实现营业收入234.5亿元，较2015年增长4.6%；实现利润总额3.69亿元，较2015年增长35.7%；归母净利润为2.12亿元，较2015年持平；扣非归母净利润1.57亿元，为2010年来首度扭亏；EPS为0.05元。综合毛利率达19.1%，为历史新高，较2015年上升3.7pct。

在板块方面，主业港机收入170.8亿元，较2015年增长13.9%，毛利率达到历史新高23.5%，港机业务全球市场占有率超80%，已进入97个国家和地区，显著受益全球经济复苏和“一带一路”倡议；散货机件收入31.5亿元，较2015年增长56.7%；以海工为主的重型装备收入12.8亿元，较2015年下滑67.8%，毛利率仅0.4%，公司2013~2016年在海工板块累计计提31.9亿元减值，其中，2016年计提12.2亿元，加速计提或预示海工业务风险已充分释放。分地区来看，国内收入90.6亿元，同比增长9.5%，海外收入150.9亿元，同比增长2.3%。

（五）先导智能

2016年先导智能实现营业收入10.8亿元，较2015年增长101.3%；实现利润总额2.7亿元，较2015年增长106.4%；

归母净利润为 2.91 亿元，较 2015 年增长 100%；EPS 为 0.71 元；综合毛利率为 42.6%，较 2015 年下滑 0.49pct。

在板块方面，锂电设备收入 7.3 亿元，较 2015 年增长 103%，毛利率 39.6%，较 2015 年增长 0.86pct；光伏设备收入 2.9 亿元，较 2015 年增长 106%，毛利率 48.76%，较 2015 年下滑 2.58pct。公司是能够在国内满足卷绕机进口替代需求的企业，业绩增长主要因为大客户 CATL、亿纬锂能、中航锂电等在新能源汽车需求带动下持续扩产带来卷绕机订单爆发式增长，以及光伏行业复苏带动的光伏设备订单回暖。公司拟以 13.5 亿元收购锂电池电芯和模组测试设备龙头泰坦新动力，泰坦在手订单超 11 亿元、净利率超 30%，盈利能力强，公司有望通过收购从锂电设备中段切入后段，强化锂电产业链话语权。而动力电池厂和设备厂都逐步进入两极分化期，前几名龙头在市场份额集中和产能利用率提升上都将更有优势。

（六）晶盛机电

2016 年晶盛机电实现收入 10.9 亿元，较 2015 年增长 88.4%；实现利润总额 2.18 亿元，较 2015 年增长 77.5%；归母净利润 2.04 亿元，较 2015 年增长 94.8%；EPS 为 0.23 元；综合毛利率 38.9%，较 2015 年下滑 5.7pct。

2016 年公司的晶体生长设备和光伏智能化装备新签合同共计 8.8 亿元。在板块方面，晶体硅生长设备收入 6.8 亿元，较 2015 年增长 69.8%，毛利率 47.3%，较 2015 年增长 1.6pct；光伏智能化装备收入 1.6 亿元，较 2015 年增长 421.9%，毛利率 43.3%，较 2015 年下滑 4.8pct。公司作为国内单晶生长炉龙头在单晶替代多晶大趋势下持续受益于光伏市场回暖；而公司已有约千万的半导体设备订单销往台湾合晶科技，在半导体国产化趋势下，半导体设备订单尚有较大市场空间。11 月完成 13 亿元定增，其中，10.82 亿元用于蓝宝石项目扩产，未来项目盈利能力取决于蓝宝石价格走势。

（七）弘亚数控

2016 年弘亚数控实现收入 5.34 亿元，较 2015 年增长 42.1%；实现利润总额 1.82 亿元，较 2015 年增长 78.1%；归母净利润 1.55 亿元，较 2015 年增长 74%；EPS 为 1.55 元；综合毛利率 40.13%，较 2015 年增长 2.55pct，为历史新高。业绩增长主要因为下游房地产建筑面积扩大带动消费升级和家具更新换代，板式家具消费量持续增长，公司优化内部管理，产品附加值持续提高，竞争力持续增强。

分板块来看，封边机收入 3.12 亿元，较 2015 年增长 31.4%，毛利率 50.8%，较 2015 年增长 4pct；裁板锯收入 1.18 亿元，较 2015 年增长 52.2%，毛利率 26%，较 2015 年增长 4.4pct。公司作为国内板式家具设备龙头正在逐步进口替代，通过外购标准零部件、控制非标准零部件自主研发外协加工模式有效提升产能和控制采购成本。通过健全的经销商体系在国内覆盖全友家私、好莱客衣柜、索菲亚等大企业，在国外覆盖40多个国家和地区。

四、上市公司在行业中的影响力

2016年，专用设备制造业上市公司总资产10536.7亿元，占全行业总量的28.3%；营业收入3991.7亿元，占全行业总量的10.7%；利润总额85.7亿元，占行业总量的3.9%。

我国专用设备制造业企业较多，市场较分散，细分领域竞争较激烈，近年来由于全球经济去产能、去库存周期资本开支整体下行，设备企业的营业收入和利润也持续下行，行业内部经历出清和洗牌。而2016年下半年开始全球经济复苏带动的补库存周期叠加国内基建和地产投资回暖，部分周期性较强的细分行业订单显著复苏，但行业集中度继续提高，其中，占据行业龙头地位的上市公司将处于竞争优势地位，未来影响力和市占率有望继续提升。而在高成长细分领域，具备核心竞争力的先进制造公司也将在下游景气向上大周期中继续获得良好业绩。

审稿人：董岚枫

撰稿人：白逸凡　陈显帆

汽车制造业

一、汽车制造业总体概况

（一）行业整体运行情况

2016年我国汽车产销分别完成2811.88万辆、2802.82万辆，同比分别增长14.46%、13.65%，比2015年分别上升11.21、8.97个百分点，总体增长较快，主要是受到2015年10月开始实施1.6L及以下排量乘用车购置税减半政策的刺激。

从财务数据看，2016年汽车行业累计实现主营业务收入83345.25亿元，同比增长13.79%，增幅同比上升9.06个百分点；累计实现利润总额6886.24亿元，同比增长10.66%。在购置税优惠政策的刺激下，行业营收与利润总额增速相比2015年有明显的改善。

2016年新能源汽车仍保持快速增长态势：根据中国汽车工业协会数据，2016年新能源汽车销量达50.70万辆，同比增长53.00%。其中，纯电动汽车销量40.9万辆，同比增长65.10%；插电式混合动力汽车销量9.80万辆，同比增长17.10%。结构方面，纯电动汽车占比80.67%，插电式混合动力汽车占比19.33%，纯电动仍然是主力推广车型。

（二）细分行业运行概况

分领域来看，首先，2016 年乘用车产销分别为2442.07 万辆、2437.69 万辆，同比分别增长 15.50%、14.93%，增速略高于汽车整体。其中，轿车产销同比增速为 3.91%、3.44%，MPV 为 17.11%、18.38%，SUV 为 45.72%、44.59%，交叉型为 –38.32%、–37.81%。在政策刺激下，1.6L 及以下排量乘用车销量为 1760.70 万辆，同比增长 21.36%，高于乘用车整体。

其次，商用车产销分别为 369.81 万辆、365.13 万辆，同比分别增长 8.01%、5.80%，主要受货车产销大幅提升拉动。其中，客车产销分别为 54.69 万辆、54.34 万辆，同比分别下降 7.44%、8.73%，货车产销分别为 315.11 万辆、310.79 万辆，同比分别增长 11.23%、8.82%，主要受益于治超新政的实施以及重型柴油机排放标准提升导致部分提前消费。

分品牌来看，2016 年自主品牌乘用车销售 1050.39 万辆，同比增长 20.75%，占乘用车销售总量的 43.09%，比 2015 年同期提高 1.88 个百分点。我们认为，主要得益于自主车企加快新车型开发和提升产品水平，抢占了韩系、法系等部分合资份额。

在出口方面，2016 年汽车整车出口 80.98 万辆，同比增长 7.19%；出口金额 114.23 亿美元，同比下降 8.15%；出口单价 1.41 万美元，低于 2015 年 0.24 万美元。在汽车整车出口主要品种中，客车同比增长明显，表现最为突出，轿车也结束 2015 年下降，呈小幅增长，载货车依然呈下降趋势。2016 年，上述三大类品种共出口 66.24 万辆，占汽车整车出口总量的 81.80%，占比自 2014 年以来连续 3 年呈下降趋势。

二、行业内上市公司发展概况

（一）行业内上市公司基本情况

表 1　　2016 年汽车制造业上市公司发行股票概况

门　类	A、B 股总数	A 股股票数	B 股股票数	境内总市值（亿元）	流通 A 股市值（亿元）	流通 B 股市值（亿元）
汽车制造业	100	94	6	15584.77	12567.38	206.49
占沪深两市比重（%）	3.19	3.00	0.19	3.06	3.21	10.89

资料来源：沪深交易所，同花顺。

（二）行业内上市公司构成情况

表 2　　2016 年汽车制造业上市公司构成情况　　单位：家

门　类	沪市			深市			ST/*ST
	仅 A 股	仅 B 股	A+B 股	仅 A 股	仅 B 股	A+B 股	
汽车制造业（家）	38	1	1	51	0	4	0/2
占行业内上市公司比重（%）	40.00	1.05	1.05	53.68	0.00	4.21	0/2.11

资料来源：沪深交易所，同花顺。

（三）行业内上市公司融资情况

表 3　　2016 年汽车制造业上市公司与沪深两市融资情况对比　　单位：家

门　类	融资家数	新股	增发	配股
汽车制造业	22	5	15	2
沪深两市总数	877	227	639	11
占比（%）	2.51	2.20	2.35	18.18

资料来源：沪深交易所，同花顺。

其中，在首发的 5 家公司中，有 2 家在创业板上市，有 3 家在主板上市；在增发的 15 家公司中，有 6 家沪市、9 家深市；配股的 2 家均为中小板公司。

从融资效果来看，上述公司实际发行数量为 301774.71 万股；实际募集资金 482.02 亿元，基本完成了融资计划。

2016 年汽车制造业上市公司融资情况明细见附录。

（四）行业内上市公司资产及业绩情况

表 4　　2016 年汽车制造业上市公司资产情况　　单位：亿元

指　标	2016 年	2016 年可比样本增长（%）	2015 年	2015 年可比样本增长（%）	2014 年
总资产	19824.46	21.11	16119.57	17.84	13556.97
流动资产	11181.61	25.54	8806.73	17.43	7439.75
占比（%）	56.40	1.99	54.63	-0.19	54.88
非流动资产	8642.85	15.83	7312.84	18.33	6117.22
占比（%）	43.60	-1.99	45.37	0.19	45.12
流动负债	9523.97	21.49	7684.74	18.21	6422.99
占比（%）	48.04	0.15	47.67	0.15	47.38
非流动负债	2134.10	36.14	1495.05	24.86	1181.44
占比（%）	10.77	1.19	9.27	0.52	8.71
归属于母公司股东权益	7294.92	17.69	6188.69	15.65	5346.92
占比（%）	36.80	-1.07	38.39	-0.73	39.44

资料来源：沪深交易所，同花顺。

表 5　　2016 年汽车制造业上市公司收入实现情况　　单位：亿元

指　标	2016 年	2016 年可比样本增长（%）	2015 年	2015 年可比样本增长（%）	2014 年
营业收入	18180.87	17.23	15272.7	9.16	13836.58
利润总额	1290.02	16.93	1098.31	10.69	980.71
归属于母公司所有者的净利润	953.41	17.25	809.76	10.63	722.81

资料来源：沪深交易所，同花顺 。

（五）利润分配情况

2016 年全年汽车制造业上市公司中共有 71 家公司实施了分红配股。其中，54 家上市公司仅实施派息，17 家公司既实施了送股、转增，又实施了派息。

2016 年汽车制造业上市公司分红明细见附录。

（六）其他财务指标情况

1. 盈利能力指标

表 6　　2016 年汽车制造业上市公司盈利能力情况

指　标	2016 年	2016 年可比样本变动	2015 年	2015 年可比样本变动	2014 年
毛利率（%）	16.81	0.85	15.94	-0.03	15.72
净资产收益率（%）	13.07	-0.05	13.08	-0.6	13.52
销售净利率（%）	6.14	-0.05	6.26	0	6.26
资产净利率（%）	6.17	-0.18	6.42	-0.5	6.89

资料来源：沪深交易所，同花顺。

2. 偿债能力指标

表 7　　2016 年汽车制造业上市公司偿债能力指标

指　标	2016 年	2016 年可比样本变动	2015 年	2015 年可比样本变动	2014 年
流动比率	1.17	0.04	1.15	-0.01	1.16
速动比率	1.01	0.05	0.96	0.01	0.96
资产负债率（%）	58.81	1.34	56.95	0.67	56.09

资料来源：沪深交易所，同花顺。

3. 营运能力指标

表 8　　2016 年汽车制造业上市公司营运能力情况　　单位：次

营运能力指标	2016 年	2016 年可比样本变动	2015 年	2015 年可比样本变动	2014 年
存货周转率	10.10	0.55	9.46	-0.21	9.7
应收账款周转率	9.25	-1.27	10.57	-2.34	12.9
流动资产周转率	1.81	-0.07	1.87	-0.11	1.97
固定资产周转率	6.23	0.22	6.04	-0.23	6.29
总资产周转率	1.00	-0.02	1.03	-0.08	1.1
净资产周转率	2.40	0.02	2.36	-0.14	2.49

资料来源：沪深交易所，同花顺。

三、重点上市公司介绍

（一）上汽集团

上海汽车集团股份有限公司是国内A股市场最大的汽车上市公司，总股本达到116.83亿股。目前，上汽集团主要业务包括整车（含乘用车、商用车）的研发、生产和销售，正积极推进新能源汽车、互联网汽车的商业化，并开展智能驾驶等技术研究和产业化探索；零部件（含动力驱动系统、底盘系统、内外饰系统，以及电池、电驱、电力电子等新能源汽车核心零部件和智能产品系统）的研发、生产、销售；物流、汽车电商、出行服务、节能和充电服务等汽车服务贸易业务；汽车相关金融、保险和投资业务；海外经营和国际商贸业务；并在产业大数据和人工智能领域积极布局。

上汽集团所属主要整车企业包括乘用车公司、上汽大通、上汽大众、上汽通用、上汽通用五菱、南京依维柯、上汽依维柯红岩、上海申沃等。

2016年，上汽集团整车销量达到648.9万辆，同比增长9.95%，继续保持国内汽车市场领先优势。2016年，公司实现营业收入7462.37亿元，归属母公司所有者的净利润为320.09亿元，同比分别增长12.83%和7.43%，第十三次入选《财富》杂志世界500强，排名第41位，比2015年上升了5位。

表9　上汽集团2013～2016年财务指标

项　目	2016年	2015年	2014年	2013年
营业收入（万元）	74623674.12	66137392.98	62671239.45	56334567.24
营业成本（万元）	65021810.59	58583288.32	54923602.59	49098848.21
营业利润（万元）	4843300.3	4358803.04	4033376.85	4017911.49
利润总额（万元）	5049245.75	4580967.65	4268879.52	4149299.77
归属母公司股东的净利润（万元）	3200861.07	2979379.07	2797344.13	2480362.63
毛利率（%）	12.87	11.42	12.36	12.84
净利率（%）	5.89	6.06	6.10	6.32
资产负债率（%）	60.20	58.78	55.41	56.71

资料来源：Wind资讯。

（二）广汽集团

广汽集团成立于2005年6月28日，目前拥有员工超过8.4万人，是国内首家实现A+H股整体上市的大型国有控股股份制汽车集团。广汽集团前身为成立于1997年6月的广州汽车集团有限公司。

自2013年以来，广汽集团连续入围《财富》世界500强，2016年位列世界企业第303位，比2015年排名上升59位。

广汽集团业务涵盖整车（汽车、摩托车）及零部件研发、制造、汽车商贸服务、汽车金融等，是国内产业链最为完整的汽车集团之一，也是国内汽车行业首家拥有保险、保险经纪、汽车金融、资本、财务、融资租赁等多块非银行业金融牌照的企业集团。目前，广汽集团旗下共有广汽乘用车、广汽本田、广汽丰田、广汽三菱、广汽菲亚特克莱斯勒、广汽研究院等数十家知名企业和研发机构。

2016 年，公司连同合营联营公司实现汽车产销 165.96 万辆和 165.01 万辆，同比增长 30.28% 和 26.96%；实现营业收入 294.18 亿元，归属母公司所有者的净利润为 42.32 亿元，分别同比增长 31.43% 和 32.48%。

表 10　　广汽集团 2013～2016 年财务指标

项目	2016 年	2015 年	2014 年	2013 年
营业收入（万元）	4941767.62	2941822.27	2237593.39	1882419.85
营业成本（万元）	3955835.44	2481615.30	1895899.28	1611301.06
营业利润（万元）	683216.15	406481.00	269588.37	299947.21
利润总额（万元）	705071.71	440692.72	305359.29	264572.20
归属母公司股东的净利润（万元）	628821.59	423235.19	318589.07	266892.19
毛利率（%）	19.95	15.64	15.27	14.40
净利率（%）	12.74	13.62	13.08	13.52
资产负债率（%）	45.38	41.28	42.05	41.06

资料来源：Wind 资讯。

（三）长城汽车

长城汽车股份有限公司是中国最大的 SUV 制造企业，于 2003 年、2011 年分别在香港 H 股和国内 A 股上市，截至 2016 年年底资产总计达 923.09 亿元。目前，旗下拥有哈弗、长城、WEY3 个品牌，产品涵盖 SUV、轿车、皮卡三大品类，拥有 4 个整车生产基地，具备发动机、变速器等核心零部件的自主配套能力，下属控股子公司 40 余家，员工 7 万余人。

2016 年，公司通过积极投放新产品，持续提升售前、售中、售后服务质量，促进汽车销量快速增长，年内整车销量达到 107 万辆，超全年销量目标 13.1%，成功进入百万级车企的行列；哈弗系列产品年销 93.3 万辆，遥遥领先市场其他对手，其中，哈弗 H6 累计 45 个月保持了销量冠军，在 2016 年 12 月更创月销 8 万辆的新纪录。

在品牌经营方面，哈弗品牌在中华全国工商业联合会汽车经销商商会发布的《中国汽车经销商对供应商满意度调查》排名中连续 2 年获评销售服务满意度第一。英国品牌评估机构 Brand Finance 发布“2016 汽车品牌百强榜”，长城集团蝉联榜单，位居总榜单第 30 位，中国品牌排行榜第一。

在宏观经济增速放缓以及汽车行业竞争加剧等背景下，公司积极推出新产品并加快产品升级，带来销量、收入的持续增长，在毛利率水平略有下降的情况下，也保持了行业较高水平，取得了归属于本公司股东净利润比 2015 年大幅增长的业绩。2016 年，公司实现营业收入 984.44 亿元，归属母公司所有者的净利润为 106.98 亿元，分别同比增长达 29.61% 和 32.74%。

表 11　　长城汽车 2013～2016 年财务指标

项目	2016 年	2015 年	2014 年	2013 年
营业收入（万元）	9844366.51	7595458.60	6259077.26	5678431.43
营业成本（万元）	7436022.35	5686391.14	4525176.11	4053799.47
营业利润（万元）	1227647.93	928042.28	924368.10	966803.73
利润总额（万元）	1248306.08	968857.68	964007.56	991972.18
归属母公司股东的净利润（万元）	1069763.05	805933.25	804153.55	822364.84
毛利率（%）	24.46	25.13	27.70	28.61
净利率（%）	10.72	10.61	12.85	14.50
资产负债率（%）	48.70	46.62	45.36	46.76

资料来源：Wind 资讯。

（四）长安汽车

长安汽车为中国汽车行业第一阵营，多年来位居全国工业企业 500 强、中国制造业 100 强、重庆上市公司前 10 强之列。经过多年发展，公司现已形成轿车、微车、客车、卡车、SUV、MPV 等低中高档、宽系列、多品种的产品谱系，拥有排量从 1.0L 到 2.0L 的发动机平台。截至目前，已成功推出逸动、逸动 XT、悦翔、CS15、CS35、CS75、CX70、欧尚、欧诺等一系列经典自主品牌车型。

公司下属主要企业包括乘用车公司长安福特、长安铃木、长安马自达、长安标致雪铁龙等乘用车企业；江铃控股等商用车企业，特别是公司 2000 公里超级无人驾驶测试创造中国整车企业首次行程无人驾驶最长的记录。

2016 年，长安汽车完成 19 款车型研发和成功上市，包括奔奔—纯电动、新逸动、CS15、CX70 等经典车型，其中，CS15、CX70 两款车型均月销突破万辆。2016 年，公司创造了年销量突破 306 万辆的成绩，市场份额达 10.9%，保持了行业第四的地位，同时连续两年实现中国品牌乘用车销量超 100 万辆，保持中国品牌领导者地位。

2016 年，公司实现营业收入 785.42 亿元，归属母公司所有者的净利润为 102.85 亿元，分别同比增长 17.63% 和 3.34%，保持平稳增长。

表 12　　长安汽车 2013～2016 年财务指标

项目	2016 年	2015 年	2014 年	2013 年
营业收入（万元）	7854244.18	6677158.05	5291333.21	3848186.23
营业成本（万元）	6448760.59	5340671.07	4326582.59	3174779.88
营业利润（万元）	945817.15	958745.62	717651.59	313053.29
利润总额（万元）	1034982.48	1001188.50	753882.96	331556.15
归属母公司股东的净利润（万元）	1028528.41	995271.42	756108.16	350564.05
毛利率（%）	17.89	20.02	18.23	17.50
净利率（%）	13.08	14.86	14.21	9.01
资产负债率（%）	59.30	61.78	63.47	65.07

资料来源：Wind 资讯。

（五）宇通客车

宇通客车是一家集客车产品研发、制造和销售为一体的大型现代化制造企业，日产整车达 360 台以上，主厂区位于河南省郑州市宇通工业园。宇通客车于 1997 年在上海证券交易所上市，是国内客车行业第一家上市公司。

目前，公司已形成了 5～18 米，覆盖公路客运、旅游、公交、团体、校车、专用客车等各个细分市场，包括普档、中档、高档等各个档次，国内 84 个产品系列，海外 68 个产品系列的完整产品链，产品批量远销至英国、法国、挪威、古巴、委内瑞拉、俄罗斯、以色列、沙特阿拉伯等 30 多个国家和地区。2016 年，客车产品实现销售 70988 辆，新能源客车销售 26856 辆。

2016 年 1 月 8 日，在国家科学技术奖励大会上，宇通客车凭借《节能与新能源客车关键技术研发及产业化》项目荣获国家科学技术进步奖二等奖，成为汽车行业首个因主导新能源项目而获奖的整车企业。2016 年，宇通客车位列“2016 中国企业 500 强”第 342 位，入选《财富》杂志“财富 500 强”，位居 176 名，继续领跑中国客车行业。

2016 年，公司实现营业收入 358.50 亿元，归属母公司所有者的净利润为 40.44 亿元，分别同比增长 14.87% 和 14.38%，保持稳健增长。

表 13　　宇通客车 2013～2016 年财务指标

项　目	2016 年	2015 年	2014 年	2013 年
营业收入（万元）	3585044.2	3121087.39	2572829.95	2209382.66
营业成本（万元）	2587631.9	2330589.85	1948136.06	1779426.64
营业利润（万元）	439333.03	382828.30	290271.13	188396.64

续表

项　目	2016 年	2015 年	2014 年	2013 年
利润总额（万元）	478229.03	410434.49	305084.04	208729.04
归属母公司股东的净利润（万元）	404374.56	353521.59	261262.19	182257.52
毛利率（%）	27.82	25.33	24.28	19.46
净利率（%）	11.44	11.49	10.31	8.25
资产负债率（%）	61.09	57.07	54.41	45.94

资料来源：Wind 资讯。

四、上市公司在行业中的影响力

在主营业务收入方面，2016 年，汽车行业累计实现主营业务收入 83345.25 亿元，同比增长 13.79%，增幅同比上升 9.06 个百分点；2016 年行业内上市公司营业收入为 18180.87 亿元，同比增长 17.23%，高于行业增速 8.17 个百分点；上市公司营业收入占行业的比重为 21.81%。

在利润总额方面，2016 年，汽车行业累计实现利润总额 6886.24 亿元，同比增长 10.66%；2016 年行业内上市公司利润总额为 1290.02 亿元，同比增长 16.93%，高于行业增速 6.27 个百分点；上市公司利润总额占行业的比重为 18.73%。

总体来看，汽车上市公司在行业中影响较大，主要汽车企业集团均已实现整体或部分上市，并在行业营业收入、利润总额及税收等方面占比较高。

撰稿人：郑连声　张冬明

审稿人：任宪功

铁路、船舶、航空航天和其他运输设备制造业

一、铁路、船舶、航空航天和其他运输设备制造业总体概况

2016 年，随着中国经济逐步回暖，工业增长企稳，投资需求逐渐回升。从企业景气指数来看，2016 年各季度铁路、船舶、航空航天和其他运输设备制造业的企业景气指数分别为 101.50、104.50、107.60、116.80，与 2015 年同比增速分别为 -15.28%、-12.41%、-6.19%、0.86%，景气度企稳回升。

从货物周转量数据来看，2016年，我国货物周转量总计完成18.66万亿吨公里，较2015年增长4.64%。其中，铁路货物周转量完成2.38万亿吨公里，较2015年增长0.20%，基本持平；公路货物周转量完成6.12万亿吨公里，较2015年增长5.60%；水运货物周转量完成9.54万亿吨公里，较2015年增长4.00%；民用航空货物周转量完成221.13亿吨公里，较2015年增长6.69%。

从旅客周转量数据来看，2016年，我国旅客周转量总计完成3.13万亿人公里，较2015年增长3.99%。其中，铁路客运周转量完成1.26万亿人公里，较2015年增长5.20%；公路客运周转量完成1.03万亿人公里，较2015年下降4.20%；水运客运周转量完成72.04亿人公里，较2015年下降1.40%；民用航空客运周转量为8359.54亿人公里，较2015年增长14.80%。

二、行业内上市公司发展概况

（一）行业内上市公司基本情况

表1　2016年铁路、船舶、航空航天和其他运输设备制造业上市公司发行股票概况

门　类	A、B股总数	A股股票数	B股股票数	境内总市值（亿元）	流通A股市值（亿元）	流通B股市值（亿元）
铁路、船舶、航空航天和其他运输设备制造业	39	35	4	9632.61	8421.71	40.19
占沪深两市比重（%）	1.24	1.12	0.13	1.89	2.15	2.12

资料来源：沪深交易所，同花顺。

（二）行业内上市公司构成情况

表2　2016年铁路、船舶、航空航天和其他运输设备制造业上市公司构成情况　单位：家

门　类	沪市			深市			ST/*ST
	仅A股	仅B股	A+B股	仅A股	仅B股	A+B股	
铁路、船舶、航空航天和其他运输设备制造业（家）	19	0	2	13	1	1	0/2
占行业内上市公司比重（%）	48.72	0.00	5.13	33.33	2.56	2.56	0/5.13

资料来源：沪深交易所，同花顺。

（三）行业内上市公司融资情况

表 3　2016 年铁路、船舶、航空航天和其他运输设备制造业上市公司与沪深两市融资情况对比　单位：家

门　类	融资家数	新股	增发	配股
铁路、船舶、航空航天和其他运输设备制造业	5	0	5	0
沪深两市总数	877	227	639	11
占比（%）	0.57	0.00	0.78	0.00

资料来源：沪深交易所，同花顺。

铁路、船舶、航空航天和其他运输设备制造业增发的有 5 家公司，其中，有 1 家沪市、2 家深市主板及 1 家中小板、1 家创业板公司。

从融资效果来看，上述公司实际发行数量为 175995.88 万股；实际募集资金 335.46 亿元，基本完成了融资计划。

2016 年铁路、船舶、航空航天和其他运输设备制造业上市公司融资情况明细见附录。

（四）行业内上市公司资产及业绩情况

表 4　2016 年铁路、船舶、航空航天和其他运输设备制造业上市公司资产情况　单位：亿元

指　标	2016 年	2016 年可比样本增长（%）	2015 年	2015 年可比样本增长（%）	2014 年
总资产	9630.86	2.89	8487.75	4.26	7908.79
流动资产	6179.18	0.64	5744.81	3.17	5414.76
占比（%）	64.16	-1.43	67.68	-0.72	68.47
非流动资产	3451.67	7.18	2742.94	6.62	2494.03
占比（%）	35.84	1.43	32.32	0.72	31.53
流动负债	4647.84	-2.87	4439.58	2.06	4205.78
占比（%）	48.26	-2.86	52.31	-1.13	53.18
非流动负债	1169.03	-1.07	1012.63	4.12	930.34
占比（%）	12.14	-0.49	11.93	-0.02	11.76
归属于母公司股东权益	3433.49	12.55	2748.18	5.96	2548.31
占比（%）	35.65	3.06	32.38	0.52	32.22

资料来源：沪深交易所，同花顺。

表 5　　2016 年铁路、船舶、航空航天和其他运输设备制造业上市公司收入实现情况　　单位：亿元

指　标	2016 年	2016 年可比样本增长（%）	2015 年	2015 年可比样本增长（%）	2014 年
营业收入	4964.90	-3.70	4722.66	4.1	4430.38
利润总额	276.73	21.31	161.95	-26.44	214.39
归属于母公司所有者的净利润	179.56	28.79	95.61	-42.73	162.12

资料来源：沪深交易所，同花顺 。

（五）利润分配情况

2016 年全年铁路、船舶、航空航天和其他运输设备制造业上市公司中共有 22 家公司实施了分红配股。其中，1 家上市公司仅转股或送股，19 家上市公司仅实施派息，2 家公司既实施了送股、转增，又实施了派息。

2016 年铁路、船舶、航空航天和其他运输设备制造业上市公司分红明细见附录。

（六）其他财务指标情况

1. 盈利能力指标

表 6　　2016 年铁路、船舶、航空航天和其他运输设备制造业上市公司盈利能力情况

指　标	2016 年	2016 年可比样本变动	2015 年	2015 年可比样本变动	2014 年
毛利率（%）	18.12	1.42	16.18	-0.44	16.62
净资产收益率（%）	5.23	0.66	3.48	-2.96	6.36
销售净利率（%）	4.16	0.96	2.36	-1.62	3.98
资产净利率（%）	2.17	0.29	1.34	-1.25	2.37

资料来源：沪深交易所，同花顺。

2. 偿债能力指标

表 7　　2016 年铁路、船舶、航空航天和其他运输设备制造业上市公司偿债能力指标

指　标	2016 年	2016 年可比样本变动	2015 年	2015 年可比样本变动	2014 年
流动比率	1.33	0.05	1.29	0.01	1.29
速动比率	0.92	0.05	0.88	0.01	0.88
资产负债率（%）	60.40	-3.35	64.24	-1.15	64.94

资料来源：沪深交易所，同花顺。

3. 营运能力指标

表 8　2016 年铁路、船舶、航空航天和其他运输设备制造业上市公司营运能力情况　单位：次

营运能力指标	2016 年	2016 年可比样本变动	2015 年	2015 年可比样本变动	2014 年
存货周转率	2.12	-0.18	2.19	-0.42	2.43
应收账款周转率	3.69	-0.40	3.89	-0.66	3.86
流动资产周转率	0.81	-0.07	0.83	-0.11	0.88
固定资产周转率	2.69	-0.45	3.13	-0.42	3.25
总资产周转率	0.52	-0.07	0.57	-0.08	0.59
净资产周转率	1.38	-0.28	1.61	-0.25	1.7

资料来源：沪深交易所，同花顺。

三、重点上市公司介绍

（一）中国中车

中国中车是经国务院同意，国务院国资委批准，由中国北车、中国南车按照对等原则合并组建的 A+H 股上市公司。经中国证监会核准，2015 年 6 月 8 日，中国中车在上海证券交易所和香港联交所成功上市。中国中车承继了中国北车、中国南车的全部业务和资产，是全球规模最大、品种最全、技术领先的轨道交通装备供应商。

2016 年是中国中车完整运营的第一年，由于市场需求结构性矛盾更加突出，全年业绩略有下滑。实现营业收入 2297.22 亿元，较 2015 年下降 5.04%；实现归属于母公司所有者的净利润 112.96 亿元，较 2015 年下降 4.42%；扣非后归属于母公司所有者的净利润 90.04 亿元，较 2015 年下降 1.97%；基本每股收益 0.41 元，较 2015 年下降 4.65%；加权平均净资产收益率 11.21%，较 2015 年下降 1.26 个百分点。

分业务来看，铁路装备业务的营业收入较 2015 年下降 17.90%，主要是 2016 年铁路市场的主要产品订单减少、交付量下降所致。城轨与城市基础设施业务的营业收入较 2015 年增长 10.27%，主要是 2016 年城市轨道车辆的交付量增加所致。新产业业务的营业收入较 2015 年增长 9.51%，主要是风电装备和新能源汽车及汽车装备等业务 2016 年交付量增加所致。现代服务业务的营业收入比 2015 年同期增长 10.39%，主要是 2016 年加大集中采购使物流收入增长所致。

（二）中航飞机

中航飞机是科研、生产一体化的特大型航空工业企业，是国内首家注入航空整机资产的上市公司。中航飞机是中航工业的龙头公司，也是中国唯一的运输机、轰炸机生产厂商。公司主营业务主要分为军

用飞机整机、民用飞机整机、国产飞机零部件和国际转包飞机零部件。

2016 年，中航飞机实现营业收入 261.22 亿元，较 2015 年增长 8.32%；实现归属于母公司所有者的净利润 4.13 亿元，较 2015 年增长 3.27%；扣非后归属于母公司所有者的净利润 2.88 亿元，较 2015 年增长 12.21%；基本每股收益 0.15 元，与 2015 年持平；加权平均净资产收益率 2.70%，较 2015 年下降 0.31 个百分点。

分主要产品业务来看，军机产品按期完成了生产交付任务，确保了国防需要；民机产品交付新舟系列飞机 1 架；飞机制动系统交付刹车系统、液压附件、刹车片等 216 套；国际合作项目交付 6055 架份部组件。非航空产品：销售铝型材 2.56 万吨。其中，截至 2016 年 12 月 31 日，公司新舟 60 飞机和新舟 600 飞机共获得国内外订单 343 架（其中，意向订单 183 架），累计交付 18 个国家、30 家用户、108 架飞机。其中，国外签订 135 架（含意向订单 61 架），交付 57 架；国内签订 208 架（含意向订单 122 架），交付 51 架。

四、上市公司在行业中的影响力

（一）上市公司资产在全行业占比开始增长

2016 年，铁路、船舶、航空航天和其他运输设备制造业总资产规模已达到 1.69 万亿元，较 2015 年增长 3.59%；全行业上市公司资产总额为 9630.86 亿元，按可比样本计算较 2015 年增长 2.89%，略低于全行业增速。上市公司资产总额占行业总资产的 56.99%，较 2015 年上升 4.98 个百分点。

（二）上市公司营业收入在行业中占比继续提升，利润占比较大幅增长

2016 年，全行业实现营业收入 1.64 万亿元，较 2015 年增长 0.78%，基本持平，其中，上市公司实现营业收入 4964.90 亿元，按可比样本计算较 2015 年下降 3.70%，增速低于全行业水平；上市公司总收入规模占全行业的比重达 30.26%，连续 4 年上升。2016 年全行业实现利润总额 1020.90 亿元，较 2015 年增长 2.09%。上市公司利润总额为 276.73 亿元，按可比样本计算较 2015 年增长 21.31%，在全行业占比为 27.11%，较 2015 年上升 10.91 个百分点。

审稿人：丁思德

撰稿人：陈周飞

电气机械及器材制造业

一、电气机械及器材制造业总体概况

（一）行业整体运行情况

根据国家统计局的数据，2016年全国规模以上电气机械及器材制造行业企业数量为23413家，行业总资产合计63002.10亿元，较2015年增长11.40%。

2016年，电气机械及器材制造业实现营业收入73357.7亿元，较2015年增长6.30%；实现利润总额4936.80亿元，较2015年增长12.60%；2016年，电气机械及器材制造行业毛利率为15.01%，较2015年增长0.32个百分点。

2016年，电气机械及器材制造业固定资产投资完成额累计12781.51亿元，较2015年增长13.04%。从国家统计局发布的细分行业企业景气指数来看，2016年四季度电气机械及器材制造业景气指数为123.5，较2015年四季度的124.1小幅回落。

（二）细分行业运行概况

1. 电气设备类公司

电气设备类公司景气度与电力投资完成情况密切相关。根据国家能源局的统计，2016年，全社会用电量59198亿千瓦时，较2015年增长5.0%。新增发电设备12061万千瓦，较2015年下降8.5%。其中，水电新增设备容量1174.00万千瓦，较2015年下降14.6%；火电新增设备容量4836.00万千瓦，较2015年下降27.6%；核电新增设备容量720.00万千瓦，较2015年下降0.49%；风电新增设备容量1873.00万千瓦，较2015年下降36.76%；太阳能新增设备容量3459.00万千瓦，较2015年大幅增长169.88%。2016年，新增220千伏及以上变电设备容量24336.00万千伏安，新增220千伏及以上线路长度34906.00千米。

2016年，全国发电设备累计平均利用3785.00小时，较2015年减少203小时。其中，水电累计平均利用3621小时，较2015年增加31小时；火电累计平均利用4165小时，较2015年减少199小时；风电累计平均利用1742小时，较2015年增加18小时；核电累计平均利用小时7042小时，较2015年减少361小时。

2016年，电源工程投资完成额3429.00亿元，较2015年下降12.90%。其中，水电工程投资完成额612.00亿元，较2015年下降22.40%；火电工程投资完成额1174.00亿元，较2015年增长0.90%；核电工程投资完成额506.00亿元，较2015年下降10.50%；风电投资完成额896.00亿元，较2015年下降25.30%；2015年，电网基本建设工程投资完成额5426.00亿元，较2015年增长16.90%。

2. 家电类公司

家电类公司景气度与房地产投资完成情况紧密相关。2016年，全国房地产开发投资完成额102580.61亿元，较2015年增长6.90%，增幅比2015年增加5.90个百分点。

2016年，彩电累计生产量17483.44万台，较2015年增长7.88%；空调累计生产量16049.30万台，较2015年增长2.55%；家用电冰箱累计生产量9238.30万台，较2015年增长2.73%；家用洗衣机累计生产量7620.90万台，较2015年增长4.76%；冷柜累计生产量2148.00万台，较2015年下降1.03%；家用燃气灶具累计生产量4224.06万台，较2015年增长15.14%。

二、行业内上市公司发展概况

（一）行业内上市公司基本情况

表1 2016年电气机械及器材制造业上市公司发行股票概况

门　类	A、B股总数	A股股票数	B股股票数	境内总市值（亿元）	流通A股市值（亿元）	流通B股市值（亿元）
电气机械及器材制造业	196	192	4	23295.22	16957.18	75.47
占沪深两市比重（%）	6.25	6.13	0.13	4.58	4.33	3.98

资料来源：沪深交易所，同花顺。

（二）行业内上市公司构成情况

表2 2016年电气机械及器材制造业上市公司构成情况　单位：家

门　类	沪市			深市			ST/*ST
	仅A股	仅B股	A+B股	仅A股	仅B股	A+B股	
电气机械及器材制造业（家）	53	0	0	136	1	3	0/2
占行业内上市公司比重（%）	27.04	0.00	0.00	69.39	0.51	1.53	0/1.02

资料来源：沪深交易所，同花顺。

（三）行业内上市公司融资情况

表3 2016年电气机械及器材制造业上市公司与沪深两市融资情况对比　单位：家

门　类	融资家数	新股	增发	配股
电气机械及器材制造业	64	12	52	0
沪深两市总数	877	227	639	11
占比（%）	7.30	5.29	8.14	0.00

资料来源：沪深交易所，同花顺。

其中，在首发的12家公司中，有6家在沪市主板上市，2家在中小板上市，4家在创业板上市；在增发的52家公司中，有10家沪市、2家深市主板、25家中小板公司及15家创业板公司。

从融资效果来看，上述公司实际发行数量为893543.57万股；实际募集资金1058.14亿元，基本完成了融资计划。

2016年电气机械及器材制造业上市公司融资情况明细见附录。

（四）行业内上市公司资产及业绩情况

表4　2016年电气机械及器材制造业上市公司资产情况　单位：亿元

指　标	2016年	2016年可比样本增长（%）	2015年	2015年可比样本增长（%）	2014年
总资产	15769.58	28.74	11972.13	14.46	10241.53
流动资产	10290.90	24.63	8105.49	11.43	7090.57
占比（%）	65.26	-2.15	67.7	-1.84	69.23
非流动资产	5478.68	37.24	3866.63	21.37	3150.97
占比（%）	34.74	2.15	32.3	1.84	30.77
流动负债	7340.16	24.95	5737.78	12.57	5018.07
占比（%）	46.55	-1.41	47.93	-0.8	49
非流动负债	1301.86	79.53	664.12	7.72	614.06
占比（%）	8.26	2.34	5.55	-0.34	6
归属于母公司股东权益	6649.62	28.10	5133.83	16.58	4273.71
占比（%）	42.17	-0.21	42.88	0.78	41.73

资料来源：沪深交易所，同花顺。

表5　2016年电气机械及器材制造业上市公司收入实现情况　单位：亿元

指　标	2016年	2016年可比样本增长（%）	2015年	2015年可比样本增长（%）	2014年
营业收入	10271.52	16.68	8619.06	0.3	8356
利润总额	1008.79	24.23	784.82	7.21	698.37
归属于母公司所有者的净利润	787.35	22.78	619.51	8.62	542.6

资料来源：沪深交易所，同花顺。

（五）利润分配情况

2016年全年电气机械及器材制造业上市公司中共有154家公司实施了分红配股。其中，7家上市公司仅转股或送股，100家上市公司仅实施派息，47家公司既实施了送股、转增，又实施了派息。

2016年电气机械及器材制造业上市公司分红明细见附录。

（六）其他财务指标情况

1. 盈利能力指标

表 6　　2016 年电气机械及器材制造业上市公司盈利能力情况

指　标	2016 年	2016 年可比样本变动	2015 年	2015 年可比样本变动	2014 年
毛利率（%）	26.41	1.00	25.27	-0.86	25.64
净资产收益率（%）	11.84	-0.51	12.07	-0.88	12.7
销售净利率（%）	8.23	0.42	7.72	0.56	7.02
资产净利率（%）	6.03	0.00	5.93	-0.44	6.16

资料来源：沪深交易所，同花顺。

2. 偿债能力指标

表 7　　2016 年电气机械及器材制造业上市公司偿债能力指标

指　标	2016 年	2016 年可比样本变动	2015 年	2015 年可比样本变动	2014 年
流动比率	1.40	0.00	1.41	-0.01	1.41
速动比率	1.17	0.00	1.18	0	1.16
资产负债率（%）	54.80	0.92	53.47	-1.15	54.99

资料来源：沪深交易所，同花顺。

3. 营运能力指标

表 8　　2016 年电气机械及器材制造业上市公司营运能力情况　　单位：次

营运能力指标	2016 年	2016 年可比样本变动	2015 年	2015 年可比样本变动	2014 年
存货周转率	4.96	0.05	4.89	-0.17	5.07
应收账款周转率	4.58	-0.14	4.69	-0.90	5.58
流动资产周转率	1.11	-0.02	1.12	-0.16	1.27
固定资产周转率	4.61	-0.09	4.77	-0.56	5.18
总资产周转率	0.73	-0.04	0.77	-0.12	0.88
净资产周转率	1.61	-0.08	1.67	-0.32	1.98

资料来源：沪深交易所，同花顺。

三、重点上市公司介绍

（一）格力电器

格力电器是目前全球最大的集研发、生产、销售、服务于一体的国有控股上市公司，家用空调产销量自1995年起连续22年位居中国空调行业第一，自2005年起连续12年领跑全球，处于行业内的龙头地位。格力电器在全球拥有珠海、重庆、合肥、郑州、武汉、石家庄、芜湖、长沙、巴西、巴基斯坦十大生产基地，家用空调年产能超过6000万台/套，商用空调年产能550万台/套，生产规模位居全球首位，同时拥有完善的配套能力和行业最完整的产业链，有效确保了空调关键零部件的自主生产和供应。

公司2016年度实现营业总收入1083.03亿元，同比增长10.8%；实现利润总额185.31亿元，同比增长24.29%；归属于母公司的净利润154.21亿元，同比增长23.05%；基本每股收益2.56元，2015年为2.08元。

2016年，公司自主研发的“高效永磁同步变频离心式冰蓄冷双工况机组”经广东省科技厅鉴定为国际领先水平，“环境温度－40℃工况下制冷技术”被鉴定为国际领先水平，“三缸双级变容积比压缩机的研究与应用”被鉴定为国际首创，达到国际领先水平。美国保险商实验室（简称UL）向格力颁发了全球首张热泵热水器的UL认证证书，格力光伏离心机、低温制热VRF获得美国AHRI证书。

（二）青岛海尔

青岛海尔股份有限公司成立于1989年4月28日，1993年11月19日在上交所上市。自公司创立以来，公司业务从单一的冰箱业务拓展到洗衣机、空调、热水器、厨房电器等成套白色家电研发、生产、销售以及渠道综合服务业务，穿越不同发展周期实现业绩持续稳健的成长，在产业市场确立了全球白电龙头企业的市场地位。根据Euromonitor 2016年全球大型家用电器品牌零售量数据：海尔大型家用电器2016年品牌零售量占全球市场的10.3%，第8次蝉联全球第一；同时，冰箱、洗衣机、酒柜、冷柜继续蝉联全球第一。在国内市场上，根据中怡康的数据，2016年海尔冰箱、洗衣机、热水器零售量份额在保持第一基础上不断扩大份额优势，其中，冰箱25.11%，提升0.94个百分点；洗衣机26.77%，提升0.82个百分点；热水器18.41%，提升0.66个百分点。公司空调零售量份额为10.09%，位居行业第三，其中，智能空调份额34.76%，以绝对领先优势位居第一。根据Stevenson公司的调研报告，按照销量份额，GEA在美国家电市场上占据的份额为19%

截至2016年12月31日，海尔在国际标准组织IEC、ISO中共拥有66个专家席位，在UL标准开发组织中拥有28个专家席位。

2016年度实现营业总收入1190.66

亿元，同比增长 32.59%，营业收入排名同业第二；利润总额为 81.83 亿元，同比增长 17.22%，归属于母公司的净利润为 50.37 亿元，同比增长 17.03%；基本每股收益为 0.83 元，2015 年度为 0.70 元。

（三）亨通光电

亨通光电成立于 1993 年，主营业务为光纤光缆的生产与销售，主要从海外进口预制棒，并自主拉丝生产光纤，然后制造成光缆出售。公司目前拥有 6 条拉丝生产线，生产光纤、光缆产品直接销售给中国移动、中国联通、中国电信等国内电信、广电系统的客户。公司业务已覆盖全球 130 个国家和地区，在西班牙、葡萄牙、南非、巴西、印度尼西亚等地建立了生产研发基地，与公司 34 个海外营销技术服务分公司相呼应，及时响应国际业务需求，形成了立足国内、面向世界、沿着“一带一路”走出去的产业布局。

2016 年度，公司实现营业总收入 193.01 亿元，同比增长 42.3%；实现利润总额 17.9 亿元，同比增长 119.89%；归属于母公司的净利润为 13.16 亿元，同比增长 129.81%；基本每股收益 1.06 元，2015 年为 0.46 元。

2016 年，海洋电力通信产品收入 4.1 亿元，同比增长 44.5%，并于 2017 年与同济大学共同开展海洋科学观测领域的装备生产、工程服务领域的合作；新能源汽车线控产品收入 1.44 亿元，同比增长 106.87%，国内出货量排名第一；2017 年承建量子通信干线工程，是 A 股第一家承担量子通信干线建设的上市公司。

（四）江特电机

江西特种电机股份有限公司是一家从事起重冶金电机、高压电机等特种电机研发、生产和销售的国家火炬计划高新技术企业，江西省高新技术企业，江西省 100 强企业，国家电机行业骨干企业。总部设在江西宜春，并在浙江兰溪和河北邯郸设有 2 家生产电机的控股子公司，2007 年 10 月公司股票在深交所上市。

公司拥有一支开发能力强大的科技队伍，已累计获得发明专利 10 项，实用新型专利 81 项，外观设计专利 8 项，软件著作权 2 项。承担国家重点新产品项目 5 项，国家火炬计划项目 4 项，国家科技型中小企业科技创新基金项目 3 项。产品广泛服务于起重、冶金、港口、电梯、船舶、电力、矿山等行业，其中，起重冶金电机的销售产值连续 3 年位居国内中小型电机行业第一。公司产品质量水平位于全国中小型电机行业前列，先后通过了 ISO9001:2000 质量管理体系认证、国家强制性产品认证（3C 认证）、中国船级社船用产品型式认证、欧共体安全认证（CE 认证）、出口产品质量许可认证。2006 年，“江特牌三相异步电动机”获“江西省名牌产品”称号。

2016 年，面对宏观经济增速持续放缓、传统产业需求不足的严峻形势，公司积极贯彻“升级·转型”战略，对内强化产业管理，对外巩固并购重组后的产业整合，实现了企业的快速发展。2016 年度实现营业总收入29.85亿元，同比增长234.29%；利润总额2.37亿元，同比增长784.21%；归属于母公司的净利润1.97亿元，同比增长400.91%；基本每股收益0.14元，2015年度0.03元。

（五）美的集团

美的于1968年成立于中国广东，迄今已建立全球平台。美的是一家横跨消费电器、暖通空调、机器人及自动化系统的全球化科技集团，提供多元化的产品种类，包括以厨房家电、冰箱、洗衣机及各类小家电为核心的消费电器业务；以家用空调、中央空调、供暖及通风系统为核心的暖通空调业务；以库卡集团、安川机器人合资公司等为核心的机器人及自动化系统业务。截至2016年12月31日，美的全球拥有约12万名员工，拥有约200家子公司及10个战略业务单位；2017年1月成为全球领先机器人公司德国库卡集团最主要的股东（约95%）。

美的集团2016年实现营收总收入1590.44亿元，同比增长14.88%，实现利润总额189.15亿元，同比增长17.84%，其中，归属于母公司的净利润为146.84，同比增长15.56%，基本每股收益2.29元，2015年为2.99元。

2016年，美的成功上榜《财富》全球500强，成为中国家电企业首个跻身世界500强的品牌，并连续3年居《财富》中国500强家电榜首位。据全球知名信息咨询公司欧睿发布的全球家电品牌排行榜，美的以4.6%的全球市场份额位居全球家电行业第二。据汤森路透发布的《2016全球创新报告》，美的位列家电领域全球排名创新机构首位及厨房电器子领域亚洲创新机构首位。欧盟委员会“2016全球企业研发投入排行榜”，美的为TOP 200中唯一上榜的中国家电企业。

（六）老板电器

始创于1979年的老板电器，是迄今为止历史悠久的专业厨房电器品牌。经过近30年的精耕细作，特别是近两年通过持续深化“大吸力”定位、打造高端品牌体验，“大吸力”已经成为了“高端吸油烟机”的代名词，“老板”品牌已成为国内知名度最高、最受消费者喜爱的专业化高端厨房电器品牌之一。2015年，“老板”品牌代表中国高端制造登陆米兰世博会，提升了“老板”品牌的高端形象和国际影响力。2016年，在德国柏林举行的IFA展上，世界权威市场调查机构欧睿国际发布调查数据显示，老板电器吸油烟机2015年品牌零售量占全球市场的5%，居全球第一。根据中怡康零售监测报告显示，截至2016年年底，公司品牌价格指数为行业平均的144%，是国内厨电行业上市公司中唯一一家定位高端品牌的企业。2017年11月9日，第十七届全国质量奖评审结果公布，老板电器获得2017全国质量奖，成厨电行业唯一荣膺该荣誉的品牌。

2016年，公司实现营业总收入57.95亿元，同比增长27.56%；利润总额14.04亿元，较2015年增长44.95%；归属于母公司的净利润 12.07 亿元，同比增长 45.32%；基本每股收益 1.67 元，2015 年度的基本每股收益为 1.73 元。

截至 2016 年年底，老板电器的净利润，已连续 8 年实现 40% 以上的增长。数据显示，自 2009 年以来，老板电器的净利率持续稳步上升，至 2016 年已达到 22.35%；同时，公司毛利率较为稳定，长期维持在 50% 以上。

（七）弘讯科技

台湾弘讯成立于 1984 年，经过 30 余年的发展，积累了深厚的技术底蕴和行业经验，宁波和上海则承续了台湾弘讯的技术发展脉络。主要经营业务包括工业自动化和新能源业务板块。2016 年，公司一方面保持原有主营业务的持续稳健发展，并以工业机器人为核心关键，积极打造“工业 4.0”技术与产品平台，同时亦积极布局新能源业务板块。公司目前研发人数占集团总人数的比例超过 35.63%。每年制定科学的研发计划，规划年度研发项目及经费投入，开展各类新产品、新技术的研发与验证，确保产品持续创新。2016 年研发费用占营业收入 10.17%。公司目前已经拥有授权专利 115 项，其中，发明专利 14 项。

2016 年下半年制造业普遍开始复苏，公司作为用于塑料制品加工设备的核心关键系统供应商，其塑机控制系统与伺服节能系统业务增长明显。但由于研发投入、新设机器人子公司的前期投入、新投资意大利 EEI 公司尚处整合期，对 2016 年并表利润带来一定的影响。公司 2016 年实现营业总收入 5.31 亿元，同比增长 37.32%；利润总额 0.58 亿元，相对于 2015 年下降 24.44%；实现归属母公司股东的净利润 0.53 亿元，相对于 2015 年下降 20.71%；基本每股收益 0.13 元，2015 年为 0.35 元。

（八）红相电力

红相电力是国内较早推广电力设备状态检测、监测产品的企业，在行业中具有先发优势，积极参与了一些行业标准和电网公司企业标准的制定。同时，公司持续不断地进行技术创新，并且拓展了丰富的产品线、积累了丰富的案例库。另外，公司建立了完善的营销网络、专业的电力运维服务队伍，具备为客户提供专业、优质技术服务的能力，在客户中树立起了“红相”品牌的良好市场形象。公司积极寻求通过外延式并购，优化公司业务结构和产业布局的机会，以进一步提升公司持续的盈利能力和抗风险能力，2016 年 6 月公司筹划重大资产重组事项，拟收购合肥星波通信股份有限公司 67.54% 股份、卧龙电气银川变压器有限公司 100% 股权，以积极把握铁路行业、军工电子产业快速发展的良好契机，向铁路和军工电子领域进行深入拓展。

公司营业收入主要来源于电子设备状态检测、监测产品以及电能表及用电管理系统，分别占营业总收入的 56.36% 和 30.96%。2016 年度实现营业总收入 4.11 亿元，同比增长 34.5%；实现利润总额 1.01 亿元，相对于 2015 年增长 14.63%；归属于母公司的净利润 0.74 亿元，同比上涨4.06%；实现基本每股收益0.26元，2015年度基本每股收益为0.83元。

（九）阳光照明

阳光照明的主营业务为LED照明产品的设计与生产、销售和相关照明工程的实施，是中国最大的节能灯生产和出口基地之一，国家级高新技术企业。主要生产紧凑型节能荧光灯、电子节能灯、直管型荧光灯、T5大功率节能荧光灯及配套灯具、CCFL荧光屏背景光源及各类台灯系列，是公认的“中国主要的节能灯生产和出口基地”。公司的产品已获得了美国UL、FCC、ENERGYSTAR、欧洲EMC、CE、GS、TUV、VDE、加拿大CSA、巴西PROCEL、北欧五国等近40项国际标准认证，产品远销欧美、东南亚、中东、港澳台等40多个国家和地区。

2016年公司销售仍然以境外销售为主，国外销售收入占比87.95%，其中，欧洲39.53%、北美洲21.14%、亚洲（不含中国）16.15%、大洋洲5.62%、拉丁美洲3.96%、非洲1.56%。

阳光照明2016年度实现营业总收入43.93亿元，相对于2015年上涨3.18%；利润总额5.46亿元，相对于2015年上涨27.6%；实现归属于母公司的净利润为4.52亿元，同比上涨21.67%；基本每股收益0.31元，2015年度为0.26元。

四、上市公司在行业中的影响力

2016年，上市公司对行业的引领作用微幅上升。2016年，电气机械及器材制造业总资产规模达到63002亿元，上市公司资产总额占行业的24.96%，提升了3.57个百分点。2016年，全行业实现营业收入73358亿元，上市公司实现营业收入占比14.20%，上升了1.52个百分点。2016年，全行业实现利润总额4937亿元，上市公司实现利润总额占比20.95%，提升了1.83个百分点。

审稿人：董岚枫

撰稿人：白逸凡　陈显帆

计算机、通信和其他电子设备制造业

一、计算机、通信和其他电子设备制造业总体概况

2016年，计算机、通信和其他电子设备制造业各项经营指标相对于2015年同期形势好转，盈利能力稳步提升。2016年，行业总资产规模达到21164.87亿元，与2015年同期相比增长31.82%；营业收入12910.41亿元，与2015年同期相比增长21.24%；实现利润总额805.64亿元，与2015年同期相比增长19.72%。

二、行业内上市公司发展概况

（一）行业内上市公司基本情况

表 1　　2016 年计算机、通信和其他电子设备制造业上市公司发行股票概况

门　类	A、B 股总数	A 股股票数	B 股股票数	境内总市值（亿元）	流通 A 股市值（亿元）	流通 B 股市值（亿元）
计算机、通信和其他电子设备制造业	278	270	8	35169.57	24086.10	100.76
占沪深两市比重（%）	8.87	8.62	0.26	6.92	6.15	5.32

资料来源：沪深交易所，同花顺。

（二）行业内上市公司构成情况

表 2　　2016 年计算机、通信和其他电子设备制造业上市公司构成情况　　单位：家

门　类	沪市			深市			ST/*ST
	仅 A 股	仅 B 股	A+B 股	仅 A 股	仅 B 股	A+B 股	
计算机、通信和其他电子设备制造业（家）	66	0	2	197	1	5	0/5
占行业内上市公司比重（%）	23.74	0	0.72	70.86	0.36	1.8	0/1.8

资料来源：沪深交易所，同花顺。

（三）行业内上市公司融资情况

表 3　　2016 年计算机、通信和其他电子设备制造业上市公司与沪深两市融资情况对比　　单位：家

门　类	融资家数	新股	增发	配股
计算机、通信和其他电子设备制造业	83	25	58	0
沪深两市总数	877	227	639	11
占比（%）	9.46	11.01	9.08	0

资料来源：沪深交易所，同花顺。

其中，在首发的 25 家公司中，有 6 家在中小板上市，14 家在创业板上市，5 家在主板上市；在增发的 58 家公司中，有 8 家沪市、50 家深市公司。

从融资效果来看，上述公司实际发行数量为 87.16 亿股；实际募集资金

1228.13 亿元，基本完成了融资计划。

2016 年计算机、通信和其他电子设备制造业上市公司融资情况明细见附录。

（四）行业内上市公司资产及业绩情况

表 4　　2016 年计算机、通信和其他电子设备制造业上市公司资产情况　　单位：亿元

指　标	2016 年	2016 年可比样本增长（%）	2015 年	2015 年可比样本增长（%）	2014 年
总资产	21246.53	28.31	16083.64	21.13	12425.50
流动资产	12695.55	28.76	9543.58	14.86	7859.64
占比（%）	59.75	0.21	59.34	-3.24	63.25
非流动资产	8550.97	27.65	6540.06	31.61	4565.86
占比（%）	40.25	-0.21	40.66	3.24	36.75
流动负债	8125.41	27.78	6108.04	14	4985.33
占比（%）	38.24	-0.16	37.98	-2.38	40.12
非流动负债	2907.04	51.94	1859.37	21.96	1431.57
占比（%）	13.68	2.13	11.56	0.08	11.52
归属于母公司股东权益	9193.70	20.79	7357.99	24.96	5568.96
占比（%）	43.27	-2.69	45.75	1.4	44.82

资料来源：沪深交易所，同花顺。

表 5　　2016 年计算机、通信和其他电子设备制造业上市公司收入实现情况　　单位：亿元

指　标	2016 年	2016 年可比样本增长（%）	2015 年	2015 年可比样本增长（%）	2014 年
营业收入	12935.97	18.75	10609.05	14.04	8791.7
利润总额	806.87	20.90	631.44	2.37	571.76
归属于母公司所有者的净利润	616.10	18.92	488.13	1.8	440.75

资料来源：沪深交易所，同花顺。

（五）利润分配情况

2016 年计算机、通信和其他电子设备制造业上市公司中共有 187 家公司实施了分红配股。其中，8 家上市公司仅转股或送股，127 家上市公司仅实施派息，52 家公司既实施了送股、转增，又实施了派息。

2016 年计算机、通信和其他电子设备制造业上市公司分红明细见附录。

（六）其他财务指标情况

1. 盈利能力指标

表 6　　2016 年计算机、通信和其他电子设备制造业上市公司盈利能力情况

指　标	2016 年	2016 年可比样本变动	2015 年	2015 年可比样本变动	2014 年
毛利率（%）	20.95	0.10	20.71	-0.06	20.59
净资产收益率（%）	6.70	-0.11	6.63	-1.51	7.91
销售净利率（%）	5.17	0.00	5.02	-0.57	5.49
资产净利率（%）	3.54	-0.20	3.63	-0.7	4.24

资料来源：沪深交易所，同花顺。

2. 偿债能力指标

表 7　　2016 年计算机、通信和其他电子设备制造业上市公司偿债能力指标

指　标	2016 年	2016 年可比样本变动	2015 年	2015 年可比样本变动	2014 年
流动比率	1.56	0.01	1.56	0.01	1.58
速动比率	1.27	0.03	1.26	0.01	1.27
资产负债率（%）	51.93	1.97	49.54	-2.3	51.64

资料来源：沪深交易所，同花顺。

3. 营运能力指标

表 8　　2016 年计算机、通信和其他电子设备制造业上市公司营运能力情况　　单位：次

营运能力指标	2016 年	2016 年可比样本变动	2015 年	2015 年可比样本变动	2014 年
存货周转率	4.74	0.04	4.80	-0.11	4.93
应收账款周转率	4.51	-0.01	4.50	-0.17	4.64
流动资产周转率	1.15	-0.04	1.19	-0.05	1.23
固定资产周转率	3.52	-0.11	3.61	-0.22	3.93
总资产周转率	0.68	-0.04	0.72	-0.05	0.77
净资产周转率	1.40	-0.08	1.46	-0.18	1.64

资料来源：沪深交易所，同花顺。

三、重点上市公司介绍

（一）中兴通讯

中兴通讯是全球领先的综合性通信制造业上市公司，是近年全球增长最快的通信解决方案提供商。公司凭借在无线产品（CDMA、GSM、3G、WiMAX 等）、网络产品（xDSL、NGN、光通信等）、手机终端（CDMA、GSM、小灵通、3G 等）和数据产品（路由器、以太网交换机等）四大产品领域的卓越实力，现已成为中国电信市场最主要的设备提供商之一，并为100 多个国家的 500 多家运营商，及全球近 3 亿人口提供优质、高性价比的产品和服务。公司承担了近 20 项国家“863”重大课题，是通信设备领域承担国家 863 课题最多的企业之一，并在美国、印度、瑞典及国内设立了 15 个研究中心。中兴通讯已相继与和记电讯、法国电信、英国电信、沃达丰、西班牙电信、加拿大 Telus 等全球顶级运营商及跨国运营商建立了长期合作关系，并持续突破发达国家的高端市场。

2016 年实现营业收入 1012.33 亿元，同比增长 1.04%；归属上市公司股东净利润 -23.57 亿元，同比亏损 173.43%。

（二）海康威视

海康威视是领先的视频产品和内容服务提供商，面向全球提供领先的视频产品、专业的行业解决方案和内容服务。公司积极布局新兴市场和新兴业务，基于互联网推出了面向家庭和小微企业的相关产品及云服务平台；进入智能制造领域，推出了一系列机器视觉产品及解决方案。公司产品已涵盖视频监控系统的所有主要设备，包括前端采集设备、后端存储及集中控制、显示、管理及储存设备。典型视频监控系统的前端设备主要包括摄像机（采集视音频信号）及 DVS（压缩及编码视音频信号）；典型视频监控系统的后端设备主要包括录像机（记录及存储视音频信号）；典型视频监控系统的中心控制设备主要包括集中控制设备（控制、检索及显示视音频信号）、VMS 软件及中心储存设备。此外，公司拥有门禁、报警、可视对讲等系列大安防领域的产品。

2016 年实现营业收入 319.24 亿元，同比增长 26.32%；归属上市公司股东净利润 74.22 亿元，同比增长 26.46%。

（三）京东方 A

京东方 A 是一家物联网技术、产品与服务提供商，核心业务包括显示器件、智慧系统、健康服务。产品广泛应用于手机、平板电脑、笔记本电脑、显示器、电视、车载、数字信息显示、健康医疗、金融应用、可穿戴设备等领域。公司在北京、四川成都、安徽合肥、内蒙古鄂尔多斯、重庆、河北固安、江苏苏州、福建厦门等地拥有多个制造基地，营销和服务体系覆盖欧、美、亚等全球主要地区。公司坚持“技术领先、全球首发、价值共创”的创新理念。2015 年，全球首发产品覆盖率39%，2016年上半年已突破40%，2015年新增专利申请量6156件，累计可使用专利超过40000件，2016年上半年新增专利申请量突破4000件，同比增长25%，继续保持业内第一。全球创新活动的领先指标——汤森路透《2016全球创新报告》显示，BOE（京东方）已跻身半导体领域全球第二大创新公司。

2016年实现营业收入688.96亿元，同比增长41.69%；归属上市公司股东净利润18.83亿元，同比增长15.05%。

（四）三安光电

三安光电是目前国内成立最早、规模最大、品质最好的全色系超高亮度发光二极管外延及芯片产业化生产基地，产业化基地分布在厦门、天津、芜湖、泉州等多个地区，是国家发改委批准的“国家高技术产业化示范工程”企业、国家科技部认定的“半导体照明工程龙头企业”，承担国家“863”“973”计划等多项重大课题，并拥有国家级博士后科研工作站及国家级企业技术中心。公司从事全色系超高亮度LED外延片、芯片、化合物太阳能电池及Ⅲ－Ⅴ族化合物半导体等的研发、生产与销售，产品性能指标居国际先进水平。目前拥有10000级到100级的现代化洁净厂房，上万台（套）国际最先进的外延生长和芯片制造等设备。

2016年实现营业收入62.73亿元，同比增长29.11%；归属上市公司股东净利润21.67亿元，同比增长27.86%。

（五）大族激光

大族激光是中国激光装备行业的领军企业，也是亚洲最大、世界知名的激光加工设备生产厂商，主要从事激光加工设备的研发、生产和销售。公司承担建设的主要科研项目被国家科技部火炬高新技术产业中心认定为“国家级火炬计划项目”。公司通过不断自主研发把“实验室装置”变成可以连续24小时稳定工作的激光技术装备，是世界上仅有的几家拥有“紫外激光专利”的公司之一。在强大的资本和技术平台的支持下，公司实现了从小功率到大型高功率激光技术装备研发、生产的跨越式发展，为国内外客户提供一整套激光加工解决方案及相关配套设施。公司还被评为深圳市高新技术企业、深圳市重点软件企业、广东省装备制造业重点企业、国家级创新型试点企业、国家科技成果推广示范基地重点推广示范企业、国家规划布局内重点软件企业，主要科研项目被认定为国家级火炬计划项目。

2016年实现营业收入69.59亿元，同比增长24.55%；归属上市公司股东净利润7.54亿元，同比增长0.98%。

（六）立讯精密

立讯精密是一家技术导向公司，公司专注于连接线、连接器的研发、生产和销售，产品主要应用于3C（计算机、通讯、消费电子）和汽车、医疗等领域。产品主要应用于3C（电脑、通信、消费电子）、汽车和通讯等领域，核心产品电脑连接器已树立了优势地位，台式电脑连接器覆盖全球20%以上的台式电脑，并快速扩大笔记本电脑连接器的生产，公司已经开发出DP、eDP、USB3.0、ESATA等新产品，同时公司正逐步进入汽车连接器、通讯连接器和高端消费电子连接器领域，拓展新的产品市场，确立了自身的竞争优势。公司是USB、HDMI、SATA等协会的会员。公司拥有自主产品的核心技术和知识产权，已申请多项发明专利，实用新型专利及外观设计专利超过百项。2007年公司实验室通过国家认可委认证，并获得“深圳市测试平台”称号。

2016年实现营业收入137.63亿元，同比增长35.73%；归属上市公司股东净利润11.57亿元，同比增长7.23%。

（七）紫光股份

紫光股份业务领域广泛覆盖IT和通讯的主流方向，是国家520户重点企业、国家重点高新技术企业、国家863计划成果产业化基地、全国电子信息“百强”企业。公司投资的清华紫光比威网络是国内领先的网络设备供应商，是国内第一家提供IPv4/v6双栈核心路由器的公司，在IPv6网络协议和IP组播技术研发上，处于国内领先位置。公司持有清华紫光科技创新投资公司16%股权，为其第一大股东，紫光创新投资公司旨在创造风险投资与高科技企业或高成长企业的完美结合，随着创业板的推出，公司有望分享其收益。未来，公司将重点拓展云服务的全球业务，在提供现有云计算基础设施建设服务、云计算行业应用解决方案服务等两个基础层级服务之上，向云计算的平台化服务加速迈进，成为国际化的大型云服务集团企业，并最终将公司成功塑造为中国乃至世界最全面和领先的IT服务平台型企业之一。

2016年实现营业收入277.1亿元，同比增长107.56%；归属上市公司股东净利润8.15亿元，同比增长435.52%。

（八）烽火通信

烽火通信是国内优秀的信息通信领域设备与网络解决方案提供商，国家科技部认定的国内光通信领域唯一的“863”计划成果产业化基地、“武汉·中国光谷”龙头企业之一。公司掌握了大批光通信领域核心技术，参与制定国家标准和行业标准200多项。公司是国家基础网络建设的主流供应商，其产品类别涵盖光网络、宽带数据、光纤光缆三大系列，光传输设备和光缆占有率居全国首列，10万套设备在网上稳定运行，50余万皮长公里光缆装备国家基础光缆干线网。目前公司通过收购南京安网进入信息网络安全领域，通过参股北京志诚进入计费软件领域，通过发起成立集成子公司进入集成领域，通过与烽火网络的整合进入数据产品领域，通过成立烽火国际公司来整合国际市场资源。公司承担的全球首条80×40GDWDM干线在中国的成功开通标志着我国DWDM的商用水平已达到了世界先进水平。

2016年实现营业收入173.61亿元，

同比增长 28.7%；归属上市公司股东净利润 7.6 亿元，同比增长 15.68%。

四、上市公司在行业中的影响力

2016 年，计算机、通信和其他电子设备制造业上市公司营业收入 12910.41 亿元，与 2015 年同期相比增长 21.24%，占行业收入的比重为 12.39%，上市公司实现利润总额 805.64 亿元，与 2015 年同期相比增长 19.72%，占全行业利润的比重为 16.84%。综合来看，上市公司营收增速和利润增速高于行业的整体水平，有效地带动了行业的发展。

计算机、通信和其他设备制造业相对景气。从 2017 年到 2022 年，随着 5G、物联网、数据中心的建设，以及人工智能、无人驾驶、AR/VR 的爆发，市场需求将不断增高。上市公司将凭借其规模优势、管理优势、资金优势、技术优势等不断进行技术创新和商业模式创新，引领行业整体不断成长。

审稿人：杨镇宇

撰稿人：黄弘扬

仪器仪表制造业

一、仪器仪表制造业总体概况

2016 年，中国仪器仪表行业继续保持增长且增速大幅上涨，实现销售收入 9355.4 亿元，同比增长 9.1%，实现利润总额 790.3 亿元，同比增长 8.2%，收入与利润总额的增速触底反弹。利润率为 8.45%，较 2015 年提升 0.68 个百分点。同时，行业出口交货值为 1352.7 亿元，同比增长 2.3%，增速有所放缓，出口交货值占行业收入的比重为 14.45%，比 2015 年下降 0.5 个百分点，国内需求有所增长。

从费用情况来看，2016 年，仪器仪表行业期间费用总计 1024.1 亿元，期间费用率为 10.95%，同比下降 0.59 个百分点。其中，销售费用为 359.6 亿元，销售费用率为 3.85%，同比下降 0.3 个百分点；管理费用为 616.5 亿元，管理费用率为 6.6%，同比下降 0.19 个百分点；财务费用为 48.0 亿元，财务费用率为 0.51%，同比下降 0.1 个百分点。

从偿债能力来看，截至 2016 年 12 月 31 日，仪器仪表行业总资产为 8542.4 亿元，同比增长 11.8%；资产负债率为 43.5%，较 2015 年年末下降 0.7 个百分点。

二、行业内上市公司发展概况

（一）行业内上市公司基本情况

表1　　2016年仪器仪表制造业上市公司发行股票概况

门　类	A、B股总数	A股股票数	B股股票数	境内总市值（亿元）	流通A股市值（亿元）	流通B股市值（亿元）
仪器仪表制造业	40	40	0	2799.74	1472.29	0.00
占沪深两市比重（%）	1.28	1.28	0.00	0.55	0.38	0.00

资料来源：沪深交易所，同花顺。

（二）行业内上市公司构成情况

表2　　2016年仪器仪表制造业上市公司构成情况　　单位：家

门　类	沪市			深市			ST/*ST
	仅A股	仅B股	A+B股	仅A股	仅B股	A+B股	
仪器仪表制造业（家）	6	0	0	34	0	0	0/0
占行业内上市公司比重（%）	15.00	0.00	0.00	85.00	0.00	0.00	0/0

资料来源：沪深交易所，同花顺。

（三）行业内上市公司融资情况

表3　　2016年仪器仪表制造业上市公司与沪深两市融资情况对比　　单位：家

门　类	融资家数	新股	增发	配股
仪器仪表制造业	17	7	10	0
沪深两市总数	877	227	639	11
占比（%）	1.94	3.08	1.56	0.00

资料来源：沪深交易所，同花顺。

其中，在首发的7家公司中，有2家沪市主板，5家创业板公司；在增发的10家公司中，有2家沪市、8家深市。

从融资效果来看，上述公司实际发行数量为89387.1万股；实际募集资金159.27亿元，基本完成了融资计划。

2016年仪器仪表制造业上市公司融资情况明细见附录。

（四）行业内上市公司资产及业绩情况

表 4　　2016 年仪器仪表制造业上市公司资产情况　　单位：亿元

指　标	2016 年	2016 年可比样本增长（%）	2015 年	2015 年可比样本增长（%）	2014 年
总资产	975.43	43.74	678.32	38.03	471.38
流动资产	588.39	43.95	397.7	24.98	302.71
占比（%）	60.32	0.09	58.63	-6.12	64.22
非流动资产	387.04	43.43	280.62	61.99	168.67
占比（%）	39.68	-0.09	41.37	6.12	35.78
流动负债	276.65	30.40	213.59	40.7	152.58
占比（%）	28.36	-2.90	31.49	0.6	32.37
非流动负债	92.92	49.38	65.04	198.15	23.44
占比（%）	9.53	0.36	9.59	5.15	4.97
归属于母公司股东权益	584.84	49.30	386.34	24.7	287.51
占比（%）	59.96	2.23	56.96	-6.09	60.99

资料来源：沪深交易所，同花顺。

表 5　　2016 年仪器仪表制造业上市公司收入实现情况　　单位：亿元

指　标	2016 年	2016 年可比样本增长（%）	2015 年	2015 年可比样本增长（%）	2014 年
营业收入	344.80	18.49	272.54	15.89	220.03
利润总额	52.51	4.46	43.66	19.6	31.52
归属于母公司所有者的净利润	42.79	1.78	36.21	16.69	26.77

资料来源：沪深交易所，同花顺。

（五）利润分配情况

2016 年全年仪器仪表制造业上市公司中共有 30 家公司实施了分红配股。其中，17 家上市公司仅实施派息，13 家公司既实施了送股、转增，又实施了派息。

2016 年仪器仪表制造业上市公司分红明细见附录。

（六）其他财务指标情况

1. 盈利能力指标

表 6　　2016 年仪器仪表制造业上市公司盈利能力情况

指　标	2016 年	2016 年可比样本变动	2015 年	2015 年可比样本变动	2014 年
毛利率（%）	38.10	-0.42	37.23	0.72	35.22
净资产收益率（%）	7.32	-3.42	9.37	-0.65	9.31
销售净利率（%）	12.85	-1.99	13.74	0.56	12.14
资产净利率（%）	5.36	-1.99	6.4	-0.74	6.38

资料来源：沪深交易所，同花顺。

2. 偿债能力指标

表 7　　2016 年仪器仪表制造业上市公司偿债能力指标

指　标	2016 年	2016 年可比样本变动	2015 年	2015 年可比样本变动	2014 年
流动比率	2.13	0.20	1.86	-0.23	1.98
速动比率	1.84	0.22	1.53	-0.17	1.62
资产负债率（%）	37.89	-2.54	41.08	5.75	37.34

资料来源：沪深交易所，同花顺。

3. 营运能力指标

表 8　　2016 年仪器仪表制造业上市公司营运能力情况　　单位：次

营运能力指标	2016 年	2016 年可比样本变动	2015 年	2015 年可比样本变动	2014 年
存货周转率	2.93	0.03	2.62	-0.19	2.85
应收账款周转率	2.26	-0.13	2.35	-0.21	2.47
流动资产周转率	0.69	-0.10	0.76	-0.03	0.78
固定资产周转率	2.46	-0.87	3.14	-1.14	4.27
总资产周转率	0.42	-0.08	0.47	-0.08	0.53
净资产周转率	0.68	-0.12	0.76	-0.05	0.81

资料来源：沪深交易所，同花顺。

三、重点上市公司介绍

（一）金卡智能

金卡智能集团股份有限公司原名金卡高科技股份有限公司，前身系浙江金卡高科技股份有限公司，成立于 2004 年，2012 年于创业板上市。公司是国内领先的智能燃气表及燃气计量管理系统提供商，主要业务是为燃气企业提供从表具计量、营收、客户服务、生产运营等全过程的信息化和智能化的智能燃气整体解决方案，是国内智能燃气表行业第一家上市企业。近年来，公司收购了天信仪表集团有限公司和北京北方银证软件开发有限公司，增资易联云计算（杭州）有限责任公司，投资设立浙江天信超声技术有限公司，并与法国雅泰科合资设立浙江金卡雅泰科智能仪表有限公司，向水行业拓展。公司还与各大燃气公司、华为、阿里巴巴等建立了长期战略合作伙伴关系。金卡智能民用智能终端优势联合天信仪表工商业流量计优势，以北京银证软件平台优势为纽带、华思科互联网技术为支撑、下游行业为延伸，并积极开拓新的技术、产品与业务，将在智能终端、智能通讯、大数据、云计算及移动应用等方面，产生强大的协同效应，为公用事业领域客户提供高价值、高性能的产品及端到端的解决方案。

2016 年，公司实现营业收入 8.54 亿元，归属于母公司股东的净利润 0.88 亿元，每股收益 0.48 元，扣除非经常性损益后归属母公司净利润为 0.98 亿元，对应的每股收益为 0.54 元。

（二）苏试试验

苏试试验的前身苏州试验仪器总厂，于 2008 年组建苏州苏试试验仪器有限公司，2011 年公司变更为股份有限公司，2015 年在深交所创业板上市。公司是一家环境试验设备及解决方案提供商，自设立以来，致力于环境试验设备的研发和生产，主导产品由力学环境试验设备向力学、气候及综合环境试验设备方向发展试验设备产品均属试验机领域内、光机电一体化的高端装备制造业，用来模拟振动、冲击、跌落、碰撞、温度、湿度等力学、气候及综合环境条件，以考核工业产品的质量可靠性。随着下游行业对产品环境与可靠性试验需求的提升，公司开始为客户提供第三方环境与可靠性试验服务，公司已建有苏州广博、北京创博、重庆广博、广州众博、上海众博、南京广博、成都广博、青岛海测、湖南广博、广东广博、西安广博共 11 家实验室子公司，基本形成全国实验室连锁网络。

2016 年，公司实现营业收入 3.94 亿元，归属于母公司股东的净利润 5397.38 万元，每股收益 0.43 元，扣除非经常性损益后归属母公司净利润为 4983.85 万元，对应的每股收益为 0.40 元。

四、上市公司在行业中的影响力

仪器仪表主要用于数据的测量、采集、分析和控制，普遍应用于工业、农业、科研等领域，产品基本覆盖人类活动的所有领域，我国仪器仪表工业起步较晚，经过 20 多年的不懈努力，已经基本形成了健全的研发和生产体系。

近年来，制造业数字化转型步伐加快，“两化融合”作为我国装备制造业实现升级的重要举措，也是我国从装备制造大国向制造强国发展的重要途径。“两化融合”的实现对设备自动化以及生产线自动化提出了更多需求，自动化的实现离不开底层生产设备数据信息的采集与分析，催生了更多专用仪器仪表的需求。仪器仪表制造业作为知识与技术密集型产业，是高端装备制造与智能制造不可或缺的重要组成部分。

2016 年，上市公司实现的营业收入和利润总额分别为 344.8 亿元、52.5 亿元，同比增长 18.51%、4.42%，在行业中的占比为 3.69% 和 6.64%，营业收入占比较 2015 年有所提升，利润总额占比较 2015 年有所下降；总体来看，比例依然较低，这与中国仪器仪表行业较为分散的行业格局是一致的，上市公司虽然在行业内领先，但是规模和影响力还是比较有限。

审稿人：丁思德

撰稿人：胡文浩

其他制造业

一、其他制造业总体概况

根据国家统计局的数据，2016 年其他制造业合计实现营业收入 1021.44 亿元，同比增长 5.77%；实现利润总额 81.17 亿元，同比增长 41.28%；行业毛利率水平 15.35%，较 2015 年同期上涨 3.79 个百分点。其他制造业中包含的黄金珠宝类公司居多，2016 年下半年起我国高端消费回暖，黄金珠宝类公司业绩水平有所提升。

二、行业内上市公司发展概况

（一）行业内上市公司基本情况

表 1　　2016 年其他制造业上市公司发行股票概况

门　类	A、B 股总数	A 股股票数	B 股股票数	境内总市值（亿元）	流通 A 股市值（亿元）	流通 B 股市值（亿元）
其他制造业	19	18	1	2238.67	1094.49	48.96
占沪深两市比重（%）	0.61	0.57	0.03	0.44	0.28	2.58

资料来源：沪深交易所，同花顺。

（二）行业内上市公司构成情况

表 2　　2016 年其他制造业上市公司构成情况　　单位：家

门　类	沪市			深市			ST/*ST
	仅 A 股	仅 B 股	A+B 股	仅 A 股	仅 B 股	A+B 股	
其他制造业（家）	4	0	1	13	0	0	0/1
占行业内上市公司比重（%）	21.05	0.00	5.26	68.42	0.00	0.00	0/5.26

资料来源：沪深交易所，同花顺。

（三）行业内上市公司融资情况

表 3　　2016 年其他制造业上市公司与沪深两市融资情况对比　　单位：家

门　类	融资家数	新股	增发	配股
其他制造业	8	1	7	0
沪深两市总数	877	227	639	11
占比（%）	0.91	0.44	1.10	0.00

资料来源：沪深交易所，同花顺。

其中，首发的公司泰晶科技在沪市上市；在增发的7家公司中，有1家沪市、6家深市。

从融资效果来看，上述公司实际发行数量为207193.32万股；实际募集资金286.48亿元，基本完成了融资计划。

2016年其他制造业上市公司融资情况明细见附录。

（四）行业内上市公司资产及业绩情况

表4　　2016年其他制造业上市公司资产情况　　单位：亿元

指　标	2016年	2016年可比样本增长（%）	2015年	2015年可比样本增长（%）	2014年
总资产	1221.03	46.41	779.68	65.09	478.67
流动资产	764.16	28.51	553.42	43.8	390.03
占比（%）	62.58	-8.72	70.98	-10.51	81.48
非流动资产	456.88	90.91	226.26	158.84	88.65
占比（%）	37.42	8.72	29.02	10.51	18.52
流动负债	494.48	35.90	342.26	48.69	231.38
占比（%）	40.50	-3.13	43.9	-4.84	48.34
非流动负债	167.83	139.16	69.58	175.8	25.32
占比（%）	13.75	5.33	8.92	3.58	5.29
归属于母公司股东权益	530.51	39.11	349.44	69.01	211.85
占比（%）	43.45	-2.28	44.82	1.04	44.26

资料来源：沪深交易所，同花顺。

表5　　2016年其他制造业上市公司收入实现情况　　单位：亿元

指　标	2016年	2016年可比样本增长（%）	2015年	2015年可比样本增长（%）	2014年
营业收入	1021.24	5.77	875.77	14.77	763.94
利润总额	81.17	47.28	44.49	21.69	37.54
归属于母公司所有者的净利润	57.23	53.48	29.97	20.61	25.69

资料来源：沪深交易所，同花顺 。

（五）利润分配情况

2016年全年其他制造业上市公司中共有14家公司实施了分红配股。其中，13家上市公司仅实施派息，1家公司既实施了送股、转增，又实施了派息。

2016年其他制造业上市公司分红明细见附录。

（六）其他财务指标情况

1. 盈利能力指标

表 6　　2016 年其他制造业上市公司盈利能力情况

指　标	2016 年	2016 年可比样本变动	2015 年	2015 年可比样本变动	2014 年
毛利率（%）	15.35	3.79	10.88	0.69	10.29
净资产收益率（%）	10.79	1.01	8.58	-3.44	12.13
销售净利率（%）	6.15	1.91	3.85	0.16	3.79
资产净利率（%）	6.11	-0.05	5.39	-1.25	6.78

资料来源：沪深交易所，同花顺。

2. 偿债能力指标

表 7　　2016 年其他制造业上市公司偿债能力指标

指　标	2016 年	2016 年可比样本变动	2015 年	2015 年可比样本变动	2014 年
流动比率	1.55	-0.09	1.62	-0.05	1.69
速动比率	0.92	-0.08	0.97	0.1	0.89
资产负债率（%）	54.24	2.20	52.82	-1.26	53.63

资料来源：沪深交易所，同花顺。

3. 营运能力指标

表 8　　2016 年其他制造业上市公司营运能力情况　　单位：次

营运能力指标	2016 年	2016 年可比样本变动	2015 年	2015 年可比样本变动	2014 年
存货周转率	3.20	-0.82	3.86	-0.02	3.88
应收账款周转率	12.81	-5.00	16.85	-4.54	21.32
流动资产周转率	1.50	-0.43	1.87	-0.35	2.21
固定资产周转率	16.10	-4.63	21.93	1.59	19.84
总资产周转率	0.99	-0.46	1.40	-0.40	1.79
净资产周转率	2.13	-0.93	3.00	-0.80	3.75

资料来源：沪深交易所，同花顺。

三、重点上市公司介绍

刚泰控股

刚泰控股 1993 年于上交所上市，原名厦门国贸泰达股份有限公司。历经数次控股股东变动和主营业务的变更，于 2008 年更改为刚泰集团有限公司，2009 年 7 月变更为甘肃刚泰控股（集团）股份有限公司。2012 年公司将原有房地产业务整体出售，收购大冶矿业 100% 股权，转型黄金产业。同年大力拓展黄金饰品加工销售业务，2014～2015 年经过多次资本运作切入互联网珠宝领域，目前公司大力拓展黄金珠宝零售业务。

公司主营业务为黄金批发与零售、钻石彩宝销售、贵金属纪念品等。其中，黄金饰品业务占比 81.08%，钻石类业务占比 7.05%，贵金属收藏品占比 9.91%，影视业务占 1.97%。2016 年，公司实现营业收入 106.64 亿元，同比增长 20.56%；实现归母净利润 4.96 亿元，同比增长 42.73%。其中，黄金饰品的毛利率为 11.53%，钻石产品的毛利率为 26.54%，贵金属收藏品毛利率为 9.80，影视业务毛利率为 53.26%。公司自 2013 年起先后并购大冶矿业、国鼎黄金、珂蓝商贸、尤娜珠宝、瑞格传播等资产，综合毛利率有所提升，2014～2016 年的综合毛利率为 8.50%、7.85%、14.75%。

刚泰控股一直做黄金批发业务，2016 年公司开启零售业务。企业本着打造自身品牌，打通全产业链布局的思路，收购了珂兰、尤娜两大珠宝平台，同时引入影视平台瑞格传媒。2016 年 12 月 24 日，公司发布公告称收购国际著名珠宝品牌 Buccellati（布契拉提）85% 的股权。拟通过切入顶级珠宝品牌，获得顶尖设计工艺和全球的销售渠道。目前正在对世界顶级珠宝品牌 Buccellati 进行并购事宜。在消费升级理念的推动下，公司旨在从“材料消费”向“品牌消费”转变。

与老凤祥、潮宏基等老品牌黄金珠宝公司相比，刚泰控股的黄金饰品是同质产品，并无特别的竞争优势，在品牌知名度、市占率上与行业龙头相比还有一定差距。但老牌珠宝公司相对资产较重，存货积压较多导致大部分资金积压在存货上，而刚泰控股的 O2O 模式相对来说存货积压较轻，门店轻资产可减少铺货，提高资金周转水平。珂兰钻石目前是钻石电商的第一名，优娜珠宝是珠宝电商的第一名，公司的产业布局有望打造一个互联网珠宝生态圈，发展自有品牌，提升市场知名度。

审稿人：丁思德

撰稿人：吕　梁

废弃资源综合利用业

一、废弃资源综合利用业总体概况

根据国家统计局的数据，2016 年全国规模以上废弃资源综合利用业企业数量为1555 家，较 2015 年增长 1.9%；行业资产合计 2018.80 亿元，较 2015 年增长6.67%。

根据国家统计局的数据，2016 年废弃资源综合利用业合计实现主营业务收入3967.30 亿元，较 2015 年增长 7.05%；实现利润总额 203.10，较 2015 年下降0.10%；2016 年废弃资源综合利用业毛利率5.12%，较 2015 年下降 0.36 个百分点。

2016 年，废弃资源综合利用业投资规模稳步提升，我国废弃资源综合利用业累计固定资产投资额为 1375.38 亿元，较2014 年增长 4.82%。

国家统计局发布的细分行业企业景气指数中，2016 年四季度废弃资源综合利用业景气指数为 108.10，较 2015 年四季度的 97.70 有所提升。

二、行业内上市公司发展概况

（一）行业内上市公司基本情况

表 1　　2016 年废弃资源综合利用业上市公司发行股票概况

门　类	A、B 股总数	A 股股票数	B 股股票数	境内总市值（亿元）	流通 A 股市值（亿元）	流通 B 股市值（亿元）
废弃资源综合利用业	4	4	0	608.97	351.93	0.00
占沪深两市比重（%）	0.13	0.13	0.00	0.12	0.09	0.00

资料来源：沪深交易所，同花顺。

（二）行业内上市公司构成情况

表 2　　2016 年废弃资源综合利用业上市公司构成情况　　单位：家

门　类	沪市			深市			ST/*ST
	仅 A 股	仅 B 股	A+B 股	仅 A 股	仅 B 股	A+B 股	
废弃资源综合利用业（家）	1	0	0	3	0	0	0/0
占行业内上市公司比重（%）	25.00	0.00	0.00	75.00	0.00	0.00	0/0

资料来源：沪深交易所，同花顺。

（三）行业内上市公司融资情况

表 3　　2016 年废弃资源综合利用业上市公司与沪深两市融资情况对比　　单位：家

门　类	融资家数	新股	增发	配股
废弃资源综合利用业	1	0	1	0
沪深两市总数	877	227	639	11
占比（%）	0.11	0.00	0.16	0.00

资料来源：沪深交易所，同花顺。

其中，增发的 1 家公司为深市公司。

从融资效果来看，上述公司实际发行数量为 34941.0462 万股；实际募集资金 32.46 亿元，基本完成了融资计划。

2016 年废弃资源综合利用业上市公司融资情况明细见附录。

（四）行业内上市公司资产及业绩情况

表 4　　2016 年废弃资源综合利用业上市公司资产情况　　单位：亿元

指　标	2016 年	2016 年可比样本增长（%）	2015 年	2015 年可比样本增长（%）	2014 年
总资产	316.88	22.48	159.39	37.56	115.87
流动资产	158.23	25.06	77.58	54.54	50.2
占比（%）	49.93	1.03	48.67	5.35	43.32
非流动资产	158.65	20.01	81.82	24.59	65.67
占比（%）	50.07	-1.03	51.33	-5.35	56.68
流动负债	129.41	23.97	61.61	39.66	44.11
占比（%）	40.84	0.49	38.65	0.58	38.07
非流动负债	58.63	41.14	29.95	22.85	24.38
占比（%）	18.50	2.45	18.79	-2.25	21.04
归属于母公司股东权益	119.29	13.18	65.62	52.98	42.89
占比（%）	37.65	-3.09	41.17	4.15	37.02

资料来源：沪深交易所，同花顺。

表 5　　2016 年废弃资源综合利用业上市公司收入实现情况　　单位：亿元

指　标	2016 年	2016 年可比样本增长（%）	2015 年	2015 年可比样本增长（%）	2014 年
营业收入	127.42	30.26	51.17	30.91	39.09
利润总额	16.11	41.51	2.49	-13.37	2.87
归属于母公司所有者的净利润	12.80	53.66	1.54	-26.93	2.11

资料来源：沪深交易所，同花顺 。

（五）利润分配情况

2016 年全年废弃资源综合利用业上市公司中共有 2 家公司实施了分红配股。其中，1 家上市公司仅实施派息，1 家公司既实施了送股、转增，又实施了派息。

2016 年废弃资源综合利用业上市公司分红明细见附录。

（六）其他财务指标情况

1. 盈利能力指标

表 6　2016 年废弃资源综合利用业上市公司盈利能力情况

指　标	2016 年	2016 年可比样本变动	2015 年	2015 年可比样本变动	2014 年
毛利率（%）	26.58	-2.23	17.12	-1.51	18.62
净资产收益率（%）	10.73	2.83	2.35	-2.57	4.92
销售净利率（%）	10.72	0.89	4.27	-2.35	6.63
资产净利率（%）	4.75	0.50	1.59	-1.09	2.68

资料来源：沪深交易所，同花顺。

2. 偿债能力指标

表 7　2016 年废弃资源综合利用业上市公司偿债能力指标

指　标	2016 年	2016 年可比样本变动	2015 年	2015 年可比样本变动	2014 年
流动比率	1.22	0.01	1.26	0.12	1.14
速动比率	0.89	0.01	0.81	0.18	0.63
资产负债率（%）	59.34	2.94	57.44	-1.67	59.12

资料来源：沪深交易所，同花顺。

3. 营运能力指标

表 8　2016 年废弃资源综合利用业上市公司营运能力情况　单位：次

营运能力指标	2016 年	2016 年可比样本变动	2015 年	2015 年可比样本变动	2014 年
存货周转率	2.41	0.23	1.69	0.04	1.65
应收账款周转率	3.24	-0.12	4.91	-1.07	5.97
流动资产周转率	0.89	-0.01	0.80	-0.14	0.94
固定资产周转率	2.10	0.01	1.66	0.03	1.64
总资产周转率	0.44	0.01	0.37	-0.03	0.4
净资产周转率	1.05	0.07	0.89	-0.17	1.06

资料来源：沪深交易所，同花顺。

三、重点上市公司介绍

东江环保

东江环保创立于1999年，是广东省属企业广东省广晟资产经营有限公司的控股子公司，国内唯一深港两地上市的环保企业。公司致力于工业和市政废物的资源化利用和无害化处理，配套发展水治理、环境工程、环境检测及PPP等业务，构建完整产业链，铸造废物资源化为核心的多层次环保服务平台，为企业的不同发展阶段定制和提供一站式环保服务，并可以为城市废物管理提供整体解决方案。

截至2016年，公司已拥有60多家子公司，并形成了覆盖泛珠江三角洲、长江三角洲及中西部地区的以工业及市政废物无害化处理及资源化利用为业务核心的产业布局，业务布局广东、江苏、浙江、山东、福建、江西、湖北、河北及新疆等省市，占据了中国最为核心的工业危废市场。

在资质方面，从事危险废物收集、贮存、处置经营活动的单位，须依照《危险废物经营许可证管理办法》的规定，领取危险废物经营许可证。公司已拥有2016年新版国家危险废物名录中46大类中的44类危废经营资质，仅次于威立雅中国。在产能规模方面，公司已取得工业危险废物资质近150万吨/年，资质产能增长明显，产能结构持续优化。在项目建设方面，公司新建工业废物无害化项目产能释放取得较大成果。

2016年，公司营业总收入26.17亿元，同比增长8.91%；利润总额6.74亿元，同比增长49.93%；归属于母公司所有者的净利润5.34亿元，同比增长60.53%；基本每股收益0.62元。

审稿人：刘小勇

撰稿人：张婉姝

电力、热力、燃气及水生产和供应业

一、电力、热力、燃气及水生产和供应业总体概况

2016 年，电力、热力、燃气及水生产和供应业发展较为平稳。根据国家统计局的数据，2016 年，全国发电量为 61425 亿千瓦时，同比增长 5.6%，增速比 2015 年增加 5.3 个百分点；全国水电发电量为 11934 亿千瓦时，同比增长 3.6%，约占全部发电量的 19.43%；火电发电量为 44371 亿千瓦时，同比增长 3.6%，约占全部发电量的 72.24%，核电发电量为 2133 亿千瓦时，同比增长 24.9%，约占全部发电量的 3.47%。

2016 年，全社会用电量 59198 亿千瓦时，同比增长 5.0%。分产业来看，第一产业用电量 1075 亿千瓦时，同比增长 5.3%，占全社会用电量的比例为 1.82%；第二产业用电量 42108 亿千瓦时，同比增长 2.9%，占全社会用电量的比例为 71.13%；第三产业用电量 7961 亿千瓦时，同比增长 11.2%，占全社会用电量的比例为 13.45%。城乡居民生活用电量 8054 亿千瓦时，同比增长 10.8%，占全社会用电量的比例为 13.61%。

二、行业内上市公司发展概况

（一）行业内上市公司基本情况

表 1　　2016 年电力、热力、燃气及水生产和供应业上市公司发行股票概况

门　类	A、B 股总数	A 股股票数	B 股股票数	境内总市值（亿元）	流通 A 股市值（亿元）	流通 B 股市值（亿元）
电力、热力、燃气及水生产和供应业	100	96	4	17668.91	12938.58	61.53
占沪深两市比重（%）	3.19	3.06	0.13	3.47	3.31	3.25

资料来源：沪深交易所，同花顺。

（二）行业内上市公司构成情况

表 2　　2016 年电力、热力、燃气及水生产和供应业上市公司构成情况　　单位：家

门　类	沪市			深市			ST/*ST
	仅 A 股	仅 B 股	A+B 股	仅 A 股	仅 B 股	A+B 股	
电力、热力、燃气及水生产和供应业	55	0	2	37	0	2	0/1
占行业内上市公司比重（%）	55	0.00	2	37	0.00	2	0/1

资料来源：沪深交易所，同花顺。

（三）行业内上市公司融资情况

表 3　　2016 年电力、热力、燃气及水生产和供应业上市公司与沪深两市融资情况对比　　单位：家

	融资家数	新股	增发	配股
电力、热力、燃气及水生产和供应业	19	1	18	0
沪深两市总数	877	227	639	11
占比（%）	2.17	0.44	2.82	0.00

资料来源：沪深交易所，同花顺。

其中，首发的 1 家公司在上交所主板上市；在增发的 18 家公司中，有 8 家沪市、10 家深市。

按行业大类划分，进行融资的 19 家公司中，电力、热力生产和供应业 13 家，燃气生产和供应业 4 家，水的生产和供应业 2 家。

从融资效果来看，上述公司实际发行数量为 1346482.43 万股；实际募集资金 1355.81 亿元，基本完成了融资计划。

2016 年电力、热力、燃气及水生产和供应业上市公司融资情况明细见附录。

（四）行业内上市公司资产及业绩情况

表 4　　2016 年电力、热力、燃气及水生产和供应业上市公司资产情况　　单位：亿元

指　标	2016 年	2016 年可比样本增长（%）	2015 年	2015 年可比样本增长（%）	2014 年
总资产	32754.36	3.73	29464.79	5.2	23909.71
流动资产	4569.77	7.72	4031.29	2.5	3334.53
占比（%）	13.95	0.52	13.68	-0.36	13.95
非流动资产	28184.58	3.11	25433.5	5.64	20575.18
占比（%）	86.05	-0.52	86.32	0.36	86.05

续表

指　标	2016 年	2016 年可比样本增长（%）	2015 年	2015 年可比样本增长（%）	2014 年
流动负债	8792.84	5.23	7733.89	3.1	6623.41
占比（%）	26.84	0.38	26.25	-0.53	27.7
非流动负债	12068.06	0.12	11160.74	-0.43	8940.9
占比（%）	36.84	-1.33	37.88	-2.14	37.39
归属于母公司股东权益	9814.82	8.47	8620.39	15.15	6872.25
占比（%）	29.96	1.31	29.26	2.53	28.74

资料来源：沪深交易所，同花顺。

表 5　2016 年电力、热力、燃气及水生产和供应业上市公司收入实现情况　单位：亿元

指　标	2016 年	2016 年可比样本增长（%）	2015 年	2015 年可比样本增长（%）	2014 年
营业收入	8157.15	-2.87	8054.63	-5.03	7708.58
利润总额	1392.01	-21.04	1632.13	9.84	1341.13
归属于母公司所有者的净利润	897.31	-17.94	1003.41	9.41	845.45

资料来源：沪深交易所，同花顺 。

（五）利润分配情况

2016 年全年电力、热力、燃气及水生产和供应业上市公司中共有 69 家公司实施了分红配股。其中，62 家上市公司仅实施派息，1 家仅转送股，其中，6 家公司既实施了送股、转增，又实施了派息。

2016 年电力、热力、燃气及水生产和供应业上市公司分红明细见附录。

（六）其他财务指标情况

1. 盈利能力指标

表 6　2016 年电力、热力、燃气及水生产和供应业上市公司盈利能力情况

指　标	2016 年	2016 年可比样本变动	2015 年	2015 年可比样本变动	2014 年
毛利率（%）	27.20	-4.43	30.49	2.53	27.65
净资产收益率（%）	9.14	-2.94	11.64	-0.61	12.3
销售净利率（%）	13.92	-2.89	15.97	2.23	13.6
资产净利率（%）	3.53	-1.22	4.48	0.07	4.51

资料来源：沪深交易所，同花顺。

2. 偿债能力指标

表 7　　2016 年电力、热力、燃气及水生产和供应业上市公司偿债能力指标

指　标	2016 年	2016 年可比样本变动	2015 年	2015 年可比样本变动	2014 年
流动比率	0.52	0.01	0.52	0	0.5
速动比率	0.45	0.01	0.45	0	0.44
资产负债率（%）	63.69	-0.95	64.13	-2.68	65.1

资料来源：沪深交易所，同花顺。

3. 营运能力指标

表 8　　2016 年电力、热力、燃气及水生产和供应业上市公司营运能力情况　　单位：次

营运能力指标	2016 年	2016 年可比样本变动	2015 年	2015 年可比样本变动	2014 年
存货周转率	9.68	0.30	9.19	-1.01	12.63
应收账款周转率	8.29	-0.33	8.34	-0.47	8.81
流动资产周转率	1.85	-0.22	2.02	-0.3	2.4
固定资产周转率	0.44	-0.05	0.49	-0.08	0.57
总资产周转率	0.25	-0.03	0.28	-0.04	0.33
净资产周转率	0.71	-0.11	0.81	-0.18	0.98

资料来源：沪深交易所，同花顺。

三、重点细分行业介绍

表 9　　2016 年电力、热力、燃气及水生产和供应业上市公司数量分布及市值情况

大　类	上市公司家数（家）	占行业内比重（%）	境内总市值（亿元）	占行业内比重（%）
水的生产和供应业	14	14.58	1660.84	9.40
燃气生产和供应业	17	17.71	1944.58	11.01
电力、热力生产和供应业	65	67.71	14063.49	79.59

资料来源：沪深交易所，同花顺。

（一）电力、热力生产和供应业

表 10　　2016 年电力、热力生产和供应业上市公司收入及资产增长情况　　单位：亿元

指　标	2016 年	2016 年可比样本增长（%）	2015 年	2015 年可比样本增长（%）	2014 年
营业收入	7021.96	-3.83	7041.71	-6.74	6857.33
利润总额	1222.33	-23.67	1474.81	9.71	1213.05
归属于母公司所有者的净利润	771.71	-20.45	882.85	8.94	748.10
总资产	29241.47	2.60	26556.95	4.38	21579.68
归属于母公司股东权益	8289.89	8.00	7333.27	14.85	5827.65

资料来源：沪深交易所，同花顺。

表 11　　2016 年电力、热力生产和供应业上市公司盈利能力情况

指　标	2016 年	2016 年可比样本变动	2015 年	2015 年可比样本变动	2014 年
毛利率（%）	27.90	-5.19	31.73	3.05	28.40
净资产收益率（%）	9.31	-3.33	12.04	-0.65	12.84
销售净利率（%）	14.22	-3.28	16.41	2.54	13.73
资产净利率（%）	3.46	-1.30	4.45	0.09	4.48

资料来源：沪深交易所，同花顺。

表 12　　2016 年电力、热力生产和供应业上市公司偿债及营运情况

指　标	2016 年	2016 年可比样本变动	2015 年	2015 年可比样本变动	2014 年
资产负债率（%）	65.24	-1.01	65.68	-2.66	66.75
存货周转率（次）	9.75	0.33	9.15	-1.13	13.07
总资产周转率（次）	0.24	-0.03	0.27	-0.04	0.33

资料来源：沪深交易所，同花顺。

（二）燃气生产和供应业

表 13　　**2016 年燃气生产和供应业上市公司收入及资产增长情况**　　单位：亿元

指　标	2016 年	2016 年可比样本增长（%）	2015 年	2015 年可比样本增长（%）	2014 年
营业收入	814.83	2.68	723.70	8.90	605.86
利润总额	93.81	9.40	81.46	8.84	66.05
归属于母公司所有者的净利润	65.27	6.95	57.85	12.09	45.81
总资产	1877.61	18.20	1447.96	16.02	1126.90
归属于母公司股东权益	759.64	14.44	605.92	15.18	484.83

资料来源：沪深交易所，同花顺。

表 14　　**2016 年燃气生产和供应业上市公司盈利能力情况**

指　标	2016 年	2016 年可比样本变动	2015 年	2015 年可比样本变动	2014 年
毛利率（%）	17.96	1.47	15.70	-0.17	15.23
净资产收益率（%）	8.59	-0.60	9.55	-0.26	9.45
销售净利率（%）	9.10	0.45	9.00	-0.05	8.82
资产净利率（%）	4.28	-0.37	4.83	-0.42	5.04

资料来源：沪深交易所，同花顺。

表 15　　**2016 年燃气生产和供应业上市公司偿债及营运情况**

指　标	2016 年	2016 年可比样本变动	2015 年	2015 年可比样本变动	2014 年
资产负债率（%）	51.95	1.54	50.08	0.63	48.70
存货周转率（次）	15.16	-4.40	25.27	3.21	30.08
总资产周转率（次）	0.47	-0.07	0.54	-0.04	0.57

资料来源：沪深交易所，同花顺。

（三）水的生产和供应业

表 16　　2016 年水的生产和供应业上市公司收入及资产增长情况　　单位：亿元

指　标	2016 年	2016 年可比样本增长（%）	2015 年	2015 年可比样本增长（%）	2014 年
营业收入	320.36	5.61	289.22	8.83	245.38
利润总额	75.87	0.18	75.86	13.48	62.03
归属于母公司所有者的净利润	60.32	-3.36	62.70	13.73	51.55
总资产	1635.27	9.84	1459.88	10.78	1203.13
归属于母公司股东权益	765.28	8.05	681.20	18.46	559.77

资料来源：沪深交易所，同花顺。

表 17　　2016 年水的生产和供应业上市公司盈利能力情况

指　标	2016 年	2016 年可比样本变动	2015 年	2015 年可比样本变动	2014 年
毛利率（%）	35.29	-0.57	37.26	-0.32	37.46
净资产收益率（%）	7.88	-0.93	9.20	-0.38	9.21
销售净利率（%）	19.63	-1.79	22.59	0.86	21.80
资产净利率（%）	4.03	-0.64	4.70	-0.01	4.68

资料来源：沪深交易所，同花顺。

表 18　　2016 年水的生产和供应业上市公司偿债及营运情况

指　标	2016 年	2016 年可比样本变动	2015 年	2015 年可比样本变动	2014 年
资产负债率（%）	49.37	0.45	49.72	-3.67	50.78
存货周转率（次）	4.12	0.86	3.06	-0.30	3.14
总资产周转率（次）	0.21	-0.01	0.21	-0.01	0.21

资料来源：沪深交易所，同花顺。

四、重点上市公司介绍

（一）华能国际

2016 年，华能国际实现营业收入 1138.14 亿元，同比减少 11.71%，营业利润 141.39 亿元，同比减少 38.54%，归属于母公司的净利润 88.14 亿元，同比减少 36.06%，摊薄每股收益 0.58 元。

截至 2016 年 12 月 31 日，华能国际可控发电装机容量达到 83878 兆瓦，国内全年发电量 3136.9 亿千瓦时，居国内行业可比公司第一。在公司火电机组中，超过50%是60万千瓦以上的大型机组，包括12台已投产的世界最先进的百万千瓦等级的超超临界机组，投产国内最高参数的66万千瓦高效超超临界燃煤机组和国内首座超超临界二次再热燃煤发电机组，天然气发电装机容量超过7900兆瓦，陆上风电装机容量超过2400兆瓦，海上风电开工建设，清洁能源比例不断提高。公司在环保和发电效率方面都处于行业领先地位，平均煤耗、厂用电率、水耗等技术指标均达到世界领先水平。截至2016年年底，公司超低排放机组数量达到102台，容量达到45788兆瓦。截至2016年12月31日，公司在中国境内的运营电厂主要分布在22个省、市和自治区，主要位于沿海沿江地区、煤炭资源丰富地区或电力负荷中心区域。这些区域运输便利，有利于多渠道采购煤炭、稳定煤炭供给以及降低采购成本。此外，公司在新加坡全资拥有一家运营电力公司。公司实施“走出去”战略，收购了新加坡大士能源，积累了海外发展的宝贵经验。公司以大士能源为海外发展平台，跟随国家“一带一路”战略，适时寻求海外投资机会，统筹资源，寻求突破。

（二）长江电力

2016年，长江电力实现营业收入489.39亿元，同比增长3.17%，营业利润222.77亿元，同比增长5.57%，归属于母公司的净利润207.81亿元，同比增长13.97%。摊薄每股收益0.94元。

长江电力是全球最大的水电上市公司，拥有总装机容量4549.5万千瓦，占全国水电装机的比例为13.70%，2016年年发电量2060.60亿千瓦时，占全国水电发电量的17.45%。公司以大型水电运营为主要业务，运行管理三峡、葛洲坝、溪洛渡、向家坝4座巨型电站，为社会提供优质、稳定、可靠的清洁能源，在发挥梯级电站综合效益、促进节能减排、推动我国经济社会发展等方面发挥了重要作用。2016年公司顺利完成金沙江电力资产重组，成功收购金沙江溪洛渡、向家坝水电站，标的资产评估价值超过2000亿元，公司新增装机容量2026万千瓦，进一步提升了公司的实力和核心竞争力，公司市值达到3000亿元左右，在中国A股市场电力板块排名第一，在全球电力上市公司中排名第四。这是继公司IPO、股权分置改革、三峡发电资产整体上市后的又一次重大资本运作，显著提升了公司资产规模和盈利能力。同时，2016年公司完成首次海外直接投资，获得德国梅尔海上风电项目30%的股权。

（三）首创股份

2016年，首创股份实现营业收入79.12亿元，同比增长12.04%，营业利润6.74亿元，同比下降4.71%，归属于母公司的净利润6.11亿元，同比增长13.92%。摊薄每股收益0.13元。

首创股份的主要业务为综合环境服务，业务范围由传统水务处理逐步延伸至固废处理、水环境治理、河道与流域治理、海绵城市建设等以生态环境为核心的城市综合环境治理服务。目前，公司拥有的项目类型包括供水、污水处理、工程建设、中水回用及再生水、污泥处理、固废处理、固废收集及储运、海水淡化、环保设备等。2016 年，公司继续扩大水务投资和产业链延伸，多方面提升核心竞争力，目前已具备完善的产业链架构。公司凭借清晰的发展战略，在开拓新领域的同时，继续深化点到面的投资拓展思路，发挥投、建、研、运的核心价值管理，将传统治水理念转变为资源、能源循环利用的价值管理理念，提升了公司的行业竞争力，有效地推动了公司各项业务的发展。2016 年，公司成功中标宁夏固原市海绵城市建设 PPP 项目，项目总投资约 50 亿元人民币，彰显公司在环境综合治理方面的实力；积极布局绿色供热业务，涉足能源循环利用行业，推动污水处理厂的污水源热泵技术与供热的结合；对外投资设立水汇环境（天津）股权基金、中关村青山绿水基金，助力国内同行业集合各投资方资源优势，拉动环保业务投资规模，在项目选择、专业孵化、项目退出等多方面，为公司提供了强有力的资金支持。

（四）深圳燃气

2016 年，深圳燃气实现营业收入 85.09 亿元，同比增长 6.80%，营业利润 9.98 亿元，同比增长 20.34%，归属于母公司的净利润 7.72 亿元，同比增长 17.03%。摊薄每股收益 0.35 元。

深圳燃气主要从事城市管道燃气供应、液化石油气批发、瓶装液化石油气零售及燃气投资业务。城市管道燃气业务为特许经营业务，截至 2016 年年底，公司在广东、广西、江西、安徽、湖南、江苏、浙江 7 省（区）拥有 29 个城市（区）管道燃气特许经营权。目前，公司管道燃气的气源均为天然气，在深圳地区，公司从中石油、广东大鹏等气源方采购天然气向用户销售；在深圳以外地区，公司从中石油、所在省管网公司等气源方采购天然气向用户销售。燃气销售价格和相关服务价格受到所在地政府物价监管部门的监管。目前，公司拥有燃气管网总长超过 5900 公里，管道燃气用户达 254 万户。公司经营业务涵盖了气源供应到终端销售的全部环节，业务链较为完整，抗风险能力较强。在气源供应方面，公司拥有广东液化天然气项目广东大鹏公司 10% 的股权，拥有宣城深燃、求雨岭天然气液化工厂，还投资兴建年周转能力为 10 亿立方米的深圳市天然气储备与调峰库。公司分别与广东大鹏公司签订了 25 年稳产期、年供 27.1 万吨照付不议的天然气采购合同，与中石油签订了稳产期年供 40 亿立方米的天然气采购协议。

五、上市公司在行业中的影响力

2016 年，电力、热力、燃气及水生产和供应业共实现主营业务收入 62308.2 亿元，比 2015 年增长 1.5%，其中，上市公司共实现主营业务收入 8157.2 亿元，上市公司总收入规模占全行业的比重达 13.09%，比 2015 年占比增加 0.23 个百分点；2016 年，电力、热力、燃气及水生产和供应业共实现利润总额 4580.4 亿元，同比下降 14.3%，其中，上市公司共实现利润总额 1392 亿元，上市公司利润总额占全行业的比重达 30.39%，比 2015 年减少 0.17 个百分点。总体来看，上市公司在行业中影响力维持稳定。

审稿人：任宪功

撰稿人：刘秀峰

建筑业

一、建筑业总体概况

2016年，全国建筑业企业（指具有资质等级的总承包和专业承包建筑业企业，不含劳务分包建筑业企业，下同）完成建筑业总产值193566.78亿元，同比增长7.09%；完成竣工产值112892.60亿元，同比增长2.54%；签订合同总额374272.24亿元，同比增长10.79%，其中，新签合同额212768.30亿元，同比增长15.42%；完成房屋施工面积126.42亿平方米，同比增长1.98%；完成房屋竣工面积42.24亿平方米，同比增长0.38%；实现利润6745亿元，同比增长4.55%。截至2016年年底，全国有施工活动的建筑业企业83017个，同比增长2.60%；从业人数5185.24万人，同比增长1.80%；按建筑业总产值计算的劳动生产率为336929元/人，同比增长3.98%。

2016年，全国建筑业企业签订合同总额374272.24亿元，比2015年增长10.79%，结束了增速连续5年下降的局面。其中，2016年新签合同额212768.30亿元，由2015年的下降方向掉头转向上升方向，比2015年增长了15.42%。2016年新签合同额占签订合同总额的比例为56.85%，比2015年提高了2.28个百分点，结束了连续两年的下降态势。

截至2016年12月，建筑行业从业人数为5185.24万人，较2015年增长1.35%；根据历年数据来看，建筑从业者人数经历了2013年和2014年两年的连续下滑后，2015年和2016年连续两年增长，这一定程度上显示出当前建筑业经营景气度有所回升。

2016年，我国对外承包工程业务完成营业额1594.20亿美元，比2015年增长3.47%，增速比2015年下降4.72个百分点。新签合同额2440.10亿美元，比2015年增长16.15%，增速比2015年提高了6.60个百分点。

二、行业内上市公司发展概况

（一）行业内上市公司基本情况

表1　2016年建筑业上市公司发行股票概况

门　类	A、B股总数	A股股票数	B股股票数	境内总市值（亿元）	流通A股市值（亿元）	流通B股市值（亿元）
建筑业	92	89	3	18718.31	15372.87	33.34
占沪深两市比重（%）	2.94	2.84	0.10	3.68	3.93	1.76

资料来源：沪深交易所，同花顺。

（二）行业内上市公司构成情况

表 2　　2016 年建筑业上市公司构成情况　　单位：家

门　类	沪市			深市			ST/*ST
	仅 A 股	仅 B 股	A+B 股	仅 A 股	仅 B 股	A+B 股	
建筑业	40	1	1	47	0	1	0/0
占行业内上市公司比重（%）	43.78	1.09	1.11	51.09	0.00	1.09	0/0

资料来源：沪深交易所，同花顺。

（三）行业内上市公司融资情况

表 3　　2016 年建筑业上市公司与沪深两市融资情况对比　　单位：家

门类	融资家数	新股	增发	配股
建筑业	31	13	18	0
沪深两市总数	877	227	639	11
占比（%）	3.53	5.73	2.82	0.00

资料来源：沪深交易所，同花顺。

其中，在首发的 13 家公司中，有 6 家沪市、4 家中小板、3 家创业板公司；在增发的 18 家公司中，有 4 家沪市、4 家深市主板、4 家创业板和 6 家中小板公司。

按行业大类划分，在进行融资的 31 家公司中，建筑安装业 1 家，建筑装饰和其他建筑业 8 家，土木工程建筑业 22 家。

从融资效果来看，上述公司实际发行数量为 375914.89 万股；实际募集资金 355.76 亿元，基本完成了融资计划。

2016 年建筑业上市公司融资情况明细见附录。

（四）行业内上市公司资产及业绩情况

表 4　　2016 年建筑业上市公司资产情况　　单位：亿元

指　标	2016 年	2016 年可比样本增长（%）	2015 年	2015 年可比样本增长（%）	2014 年
总资产	59636.13	15.60	50910.08	13.23	44246.08
流动资产	43964.54	16.00	37326.89	12.3	32809.66
占比（%）	73.72	0.25	73.32	-0.6	74.15
非流动资产	15671.59	14.51	13583.19	15.85	11436.42
占比（%）	26.28	-0.25	26.68	0.6	25.85
流动负债	35182.69	13.58	30431	9.67	27445.61
占比（%）	59.00	-1.05	59.77	-1.94	62.03

续表

指　标	2016 年	2016 年可比样本增长（%）	2015 年	2015 年可比样本增长（%）	2014 年
非流动负债	11300.25	19.70	9384.37	14.83	7948.94
占比（%）	18.95	0.65	18.43	0.26	17.97
归属于母公司股东权益	10943.28	15.80	9382.74	22.73	7485.22
占比（%）	18.35	0.03	18.43	1.43	16.92

资料来源：沪深交易所，同花顺。

表 5　　2016 年建筑业上市公司收入实现情况　　单位：亿元

指　标	2016 年	2016 年可比样本增长（%）	2015 年	2015 年可比样本增长（%）	2014 年
营业收入	39036.05	6.11	36168.07	4.72	34122.55
利润总额	1653.07	11.68	1452.27	4	1350.3
归属于母公司所有者的净利润	1123.48	11.02	990.62	6.55	893.63

资料来源：沪深交易所，同花顺 。

（五）利润分配情况

2016 年全年建筑业上市公司中共有 66 家公司实施了分红配股。其中，40 家上市公司仅实施派息，2 家仅转送股，24 家公司既实施了送股、转增，又实施了派息。

2016 年建筑业上市公司分红明细见附录。

（六）其他财务指标情况

1. 盈利能力指标

表 6　　2016 年建筑业上市公司盈利能力情况

指　标	2016 年	2016 年可比样本变动	2015 年	2015 年可比样本变动	2014 年
毛利率（%）	11.29	-1.43	12.73	0.27	12.25
净资产收益率（%）	10.27	-0.44	10.56	-1.6	11.94
销售净利率（%）	3.29	0.21	3.07	-0.01	3
资产净利率（%）	2.31	-0.02	2.31	-0.23	2.48

资料来源：沪深交易所，同花顺。

2. 偿债能力指标

表 7　　2016 年建筑业上市公司偿债能力指标

指　标	2016 年	2016 年可比样本变动	2015 年	2015 年可比样本变动	2014 年
流动比率	1.25	0.03	1.23	0.03	1.2
速动比率	0.75	0.03	0.72	0.03	0.68
资产负债率（%）	77.94	-0.40	78.21	-1.68	79.99

资料来源：沪深交易所，同花顺。

3. 营运能力指标

表 8　　2016 年建筑业上市公司营运能力情况　　单位：次

营运能力指标	2016 年	2016 年可比样本变动	2015 年	2015 年可比样本变动	2014 年
存货周转率	2.09	-0.05	2.12	-0.14	2.25
应收账款周转率	4.82	-0.14	4.99	-0.38	5.36
流动资产周转率	0.95	-0.08	1.03	-0.08	1.1
固定资产周转率	10.94	-0.24	11.09	-0.53	11.75
总资产周转率	0.70	-0.06	0.75	-0.07	0.82
净资产周转率	3.21	-0.42	3.59	-0.59	4.19

资料来源：沪深交易所，同花顺。

三、重点细分行业介绍

表 9　　2016 年建筑业上市公司数量分布及市值情况

大类	上市公司家数（家）	占行业内比重（%）	境内总市值（亿元）	占行业内比重（%）
房屋建筑业	1	1.11	44.39	0.24
建筑安装业	1	1.11	15.17	0.08
建筑装饰和其他建筑业	27	30.00	2461.94	13.15
土木工程建筑业	61	67.78	16196.81	86.53

资料来源：沪深交易所，同花顺。

（一）房屋建筑业

1. 行业概况

房屋建筑业指的是居民住宅、商业建筑、学校医院、港口码头等房屋建筑主体的施工，不包括工程前期主要准备工作的施工，是建筑业最传统的业务组成部分，上市公司中大部分公司都有业务涉及房屋建筑。根据中国建筑业协会发布的《2016年建筑业统计发展分析报告》，2016年房屋建筑业完成产值70370亿元，增长4.83%，完成营业收入产值61072亿元，增长6.80%。

2. 行业内上市公司发展情况

表10　　2016年房屋建筑业上市公司收入及资产增长情况　　单位：亿元

指　标	2016年	2016年可比样本增长（%）	2015年	2015年可比样本增长（%）	2014年
营业收入	11.14	-37.10	17.71	-9.32	19.53
利润总额	0.42	-33.58	0.63	312.04	-0.3
归属于母公司所有者的净利润	0.29	-37.07	0.47	211.63	-0.42
总资产	34.84	-12.28	39.71	7.86	36.82
归属于母公司股东权益	7.30	4.31	7	328.19	1.64

资料来源：沪深交易所，同花顺。

表11　　2016年房屋建筑业上市公司盈利能力情况

指　标	2016年	2016年可比样本变动	2015年	2015年可比样本变动	2014年
毛利率（%）	14.91	5.70	9.21	-1.97	11.21
净资产收益率（%）	4.02	-2.64	6.67	32.24	-25.61
销售净利率（%）	3.03	0.25	2.78	4.82	-2.05
资产净利率（%）	0.90	-0.38	1.29	2.42	-1.14

资料来源：沪深交易所，同花顺。

表12　　2016年房屋建筑业上市公司偿债及营运情况

指　标	2016年	2016年可比样本变动	2015年	2015年可比样本变动	2014年
资产负债率（%）	79.29	-3.42	82.71	-13.22	95.93
存货周转率（次）	1.47	-0.82	2.29	-0.39	2.68
总资产周转率（次）	0.30	-0.16	0.46	-0.09	0.56

资料来源：沪深交易所，同花顺。

（二）建筑安装业

1. 行业概况

建筑安装业是指建筑物主体工程竣工后，建筑物内的各种设备的安装，如生产设备、动力设备、起重设备、运输设备、传动设备、医疗实验设备及其他各种设备的装配、安置工程作业，包括建筑物主体施工中的敷设线路、管道的安装以及铁路、机场、港口、隧道、地铁的照明和信号系统的安装。包括与设备相连的工作台、梯子、栏杆的装设工程作业和被安装设备的绝缘、防腐、保温、油漆等工程作业在内。不包括工程收尾的装饰，如对墙面、地板、天花板、门窗等处理。建筑安装是房地产开发行业中必不可少的环节，通常认为房地产的竣工面积与建筑安装行业完成的建筑面积较为相近，其在建筑业总产值中的比例在8%左右。我国建筑安装业起步于20世纪80年代，目前仍处于快速发展阶段。

2. 行业内上市公司发展情况

表13　2016年建筑安装业上市公司收入及资产增长情况　单位：亿元

指　标	2016年	2016年可比样本增长（%）	2015年	2015年可比样本增长（%）	2014年
营业收入	20.85	88.35	–	–	–
利润总额	2.05	88.89	–	–	–
归属于母公司所有者的净利润	1.65	107.91	–	–	–
总资产	14.28	21.07	–	–	–
归属于母公司股东权益	8.88	63.31	–	–	–

资料来源：沪深交易所，同花顺。

表14　2016年建筑安装业上市公司盈利能力情况

指　标	2016年	2016年可比样本变动	2015年	2015年可比样本变动	2014年
毛利率（%）	13.81	-2.95	–	–	–
净资产收益率（%）	18.61	3.99	–	–	–
销售净利率（%）	7.93	0.75	–	–	–
资产净利率（%）	12.67	4.45	–	–	–

资料来源：沪深交易所，同花顺。

表15　2016年建筑安装业上市公司偿债及营运情况

指　标	2016年	2016年可比样本变动	2015年	2015年可比样本变动	2014年
资产负债率（%）	37.83	-16.08	–	–	–
存货周转率（次）	5.71	2.02	–	–	–
总资产周转率（次）	1.60	0.45	–	–	–

资料来源：沪深交易所，同花顺。

（三）建筑装饰和其他建筑业

1. 行业概况

建筑装饰是建筑业的重要组成部分，随着我国经济快速增长，城市化进程不断加快，建筑装饰业处于快速增长阶段，成为成长性较好的新兴行业之一，在国民经济中的地位和重要性不断提升。建筑装饰按照服务对象划分，可以分为公共建筑装饰（简称“公装”）和家庭住宅装饰（简称“家装”）。据中国建筑装饰协会的统计，2016 年全国建筑装修装饰行业完成工程总产值 3.66 万亿元，比 2015 年增加 2550 亿元，增长幅度为 7.5%。

2. 行业内上市公司发展情况

表 16　2016 年建筑装饰和其他建筑业上市公司收入及资产增长情况　单位：亿元

指　标	2016 年	2016 年可比样本增长（%）	2015 年	2015 年可比样本增长（%）	2014 年
营业收入	1135.38	5.99	1002.99	-4.32	944.86
利润总额	74.32	10.50	58.88	-12.65	55.23
归属于母公司所有者的净利润	58.65	4.56	48.07	-9.64	44.76
总资产	1800.59	18.13	1530.36	13.52	1208.08
归属于母公司股东权益	629.99	17.88	545.89	20.36	403.47

资料来源：沪深交易所，同花顺。

表 17　2016 年建筑装饰和其他建筑业上市公司盈利能力情况

指　标	2016 年	2016 年可比样本变动	2015 年	2015 年可比样本变动	2014 年
毛利率（%）	17.14	-0.75	17.92	0.43	16.96
净资产收益率（%）	9.31	-1.19	8.81	-2.92	11.09
销售净利率（%）	5.28	0.22	4.63	-0.52	4.75
资产净利率（%）	3.61	-0.20	3.23	-1.3	4.11

资料来源：沪深交易所，同花顺。

表 18　2016 年建筑装饰和其他建筑业上市公司偿债及营运情况

指　标	2016 年	2016 年可比样本变动	2015 年	2015 年可比样本变动	2014 年
资产负债率（%）	63.54	0.08	62.57	-1.48	64.14
存货周转率（次）	4.87	0.21	3.44	-0.78	4.63
总资产周转率（次）	0.68	-0.07	0.7	-0.18	0.86

资料来源：沪深交易所，同花顺。

（四）土木工程建筑业

1. 行业概况

土木工程建筑业指土木工程主体的施工活动，主要是指铁路、道路、隧道和桥梁工程建筑、水利和港口工程建筑、工矿工程建筑、架线和管道工程建筑以及公园、高尔夫球场等其他工程建筑，不包括主体工程施工签订土方挖运、拆除爆破等工程准备活动。土木工程建筑业是建筑业中最主要的细分行业之一，产值在行业总产值中占比较大。上市公司大部分集中在这一细分领域内。

2. 行业内上市公司发展情况

表 19　　2016 年土木工程建筑业上市公司收入及资产增长情况　　单位：亿元

指　标	2016 年	2016 年可比样本增长（%）	2015 年	2015 年可比样本增长（%）	2014 年
营业收入	37868.69	6.11	35147.37	5.01	33158.16
利润总额	1576.28	11.70	1392.75	4.77	1295.36
归属于母公司所有者的净利润	1062.89	11.34	942.08	7.43	849.28
总资产	57786.42	15.54	49340.01	13.22	43001.18
归属于母公司股东权益	10297.11	15.66	8829.85	22.81	7080.11

资料来源：沪深交易所，同花顺。

表 20　　2016 年土木工程建筑业上市公司盈利能力情况

指　标	2016 年	2016 年可比样本变动	2015 年	2015 年可比样本变动	2014 年
毛利率（%）	11.11	-1.45	12.58	0.28	12.12
净资产收益率（%）	10.32	-0.40	10.67	-1.53	12
销售净利率（%）	3.23	0.21	3.02	0.01	2.96
资产净利率（%）	2.27	-0.02	2.29	-0.2	2.43

资料来源：沪深交易所，同花顺。

表 21　　2016 年土木工程建筑业上市公司偿债及营运情况

指　标	2016 年	2016 年可比样本变动	2015 年	2015 年可比样本变动	2014 年
资产负债率（%）	78.40	-0.40	78.69	-1.68	80.43
存货周转率（次）	2.05	-0.06	2.1	-0.13	2.22
总资产周转率（次）	0.70	-0.06	0.76	-0.07	0.82

资料来源：沪深交易所，同花顺。

四、重点上市公司介绍

（一）中国建筑

中国建筑是由中建总公司、中国石油集团、宝钢集团和中化集团作为发起人共同发起设立。截至 2016 年 12 月 31 日，中建总公司持有公司的国家股 1687906.8569 万股，占公司股权比例的 56.26%，是公司的控股股东。公司主营业务为房屋建筑工程、房地产开发与投资、基础设施建设与投资以及设计勘察等。公司在 2016 年《财富》“世界 500 强”排名前进至 27 位，比 2015 年提升 10 个位次，继续保持世界最大建筑地产综合企业集团的地位，并在 110 家上榜中国企业中位列第 7 位。在 ENR 全球 250 家国际工程承包商排名中，全球业务位列第 1 位，国际业务位列第 14 位。

2016 年公司营业收入达 9597.65 亿元，较 2015 年增长 8.99%。公司实现归属于上市公司股东的净利润同比增长 14.6%，达到 298.7 亿元；收入净利润率为 4.3%，同比增加 0.2 个百分点；加权平均净资产收益率为 15.87%；基本每股收益 0.96 元，同比提高 0.12 元。期末资产负债率为 79.1%；净借贷资本率为 17.0%，同比下降 8.5 个百分点；货币资金占资产的比例为 23.1%，同比提高 3 个百分点。

2016 年公司建筑业务新签合同额同比增长 23.7%，达到 18796 亿元，其中，房建业务新签合同额为 12965 亿元，同比增长 8.4%；基建业务新签合同额为 5748 亿元，同比大幅增长 83.1%，占比上升至 28%；海外建筑业务新签合同额 1141 亿元，同比增长 5.8%。公司地产业务实现合约销售额 1896 亿元，同比增长 22.3%；合约销售面积 1445 万平米，同比增长 7.5%。期末拥有土地储备约 7704 万平方米，同比增长 15.7%。

房屋建筑工程业务一直是公司收入的主要来源，随着公司产业结构的优化与调整，公司继续推动房建、基建、地产收入结构，2016 年度公司房屋建筑工程、基础设施建设与投资和房地产开发与投资业务的收入比为 4.08∶1.144∶1。“十三五”时期，公司将更加关注投资业务、基础设施业务和海外“一带一路”业务。根据规划“十三五”期间，公司整体营业收入平均增速定位为 9%，到 2020 年公司营业收入接近 13300 亿元。

（二）中国铁建

中国铁建是全球最具实力、最具规模的特大型综合建设集团之一，是我国最大的两家铁路施工企业集团之一，2013 ~ 2016 年连续入选“世界 500 强企业”，分别排名第 100 位、第 80 位、第 79 位和第 57 位；连续 15 年入选 ENR“全球最大 250 家工程承包商”，2013 年排名第 1 位，2014 年排名第 2 位，2015 年和 2016 年排名第 3 位；连续入选“中国企业 500 强”，2013 年排名第 11 位，2014 年排名第 11 位，2015 年排名第 13 位，2016 年排名第10位，行业地位领先，竞争优势明显。

公司产业链较为完备，具备为业主提供一站式综合服务的能力。在高原铁路、高速铁路、高速公路、桥梁、隧道和城市轨道交通工程设计及建设领域具有领导地位。目前，公司经营业务遍及31个省、自治区、直辖市和香港、澳门特别行政区，以及世界90个国家，业务辐射范围较广。

受益于国内基础设施建设不断提速，近年来公司业务规模稳步增长。从收入构成来看，工程承包系公司核心及传统业务，近年来收入占比均保持在75%以上，2016年公司实现工程承包收入5342.80亿元，较2015年增长3.97%；勘察设计咨询及房地产开发业务占比较小，但近年末收入均保持快速增长，2016年这两类业务收入增速分别为21.60%和33.66%。

2016年，公司新签合同额12191.065亿元，同比增长28.49%；其中，国内业务新签合同额11112.578亿元，占新签合同额的91.15%，同比增长28.85%；海外业务新签合同额1078.487亿元，占新签合同总额的8.85%，同比增长24.99%。截至2016年年末，本集团未完合同额合计达19777.678亿元，同比增长9.36%。其中，海外业务未完合同额4188.812亿元，占未完合同总额的21.18%。2016年公司实现营业收入为6293.271亿元，较2015年增长4.8%；实现归属于母公司所有者的净利润148.508亿元，较2015年增长17.86%。

（三）金螳螂

苏州金螳螂建筑装饰股份有限公司是一家以室内装饰为主体，融幕墙、家具、景观、艺术品、机电设备安装等为一体的专业化装饰集团。截至2016年年底，公司已连续14年蝉联中国建筑装饰行业百强企业第1名，累计荣获79项鲁班奖，275项全国建筑工程装饰奖。公司入围“ENR工程设计企业60强”，荣获亚太设计中心颁发的“年度杰出设计机构”，多年蝉联“中国建筑装饰设计机构50强”企业第一名。

2016年，公司实现营业收入196.01亿元，比2015年同期增加5.07%；实现营业利润19.75亿元，比2015年同期增加4.66%；实现归属母公司的净利润16.83亿元，比2015年同期增加5.06%，实现每股收益0.64元。

（四）中国电建

中国电力建设股份有限公司（原名中国水利水电建设股份有限公司）是我国规模最大的水利水电建设企业，被商务部列为重点支持的大型外经企业。2016年，以中国电建为核心资产的中国电建集团在《财富》世界500强企业中名列第200位，较2015年上升35位；参与2016年ENR全球150强设计企业和ENR全球250强总承包企业的排名，分别位列第2位和第6位，在电力领域位列全球第一，位列ENR国际工程设计公司225强第27位，位列ENR国际工程承包商250强第

11 位。

2016 年，公司经营规模继续扩大，营业总收入 2389.68 亿元，较 2015 年增长 13.30%，实现归属于母公司股东的净利润 67.72 亿元，同比增长 29.32%。

2016 年，公司实现境内业务收入 1830.25 亿元，同比增长 16.33%，占主营业务收入的 77.20%。境内业务收入增长的主要原因是境内工程承包业务和房地产业务增长所致。实现境外业务收入 540.42 亿元，同比增长 4.03%，占主营业务收入的 22.80%。境外业务收入增长的主要原因是境外工程承包业务规模增长所致。

2016 年，公司新签合同 3610.22 亿元，同比增长 10.1%，为年度计划的 102.1%。2016 年年末，公司合同存量 7352.56 亿元，同比增长 17.0%，其中，国内 4476.44 亿元，占比 60.9%；国外 2876.12 亿元，占比 39.1%。全年完成投资 886.01 亿元，为年度投资计划 881.75 亿元的 100.4%。

五、上市公司在行业中的影响力

上市建筑公司引领行业增长。建筑业的上市公司充分利用公共公司的品牌、公信力方面优势，依靠资本市场融资条件优势，在整个行业中始终处在排头兵的位置，具有较强代表性。2016 年，建筑业上市公司共完成营业收入 39182.15 亿元，占建筑业总产值的 20.24%，实现利润 1302.99 亿元，占行业总利润的 19.32%。

上市建筑公司在细分领域普遍处于行业龙头地位。2016 年，全球工程建设领域最权威的学术杂志《工程新闻纪录》（ENR），对全世界工程建筑领域的重要建筑企业进行排名，选出营业收入排在全球前 250 名的工程公司，上榜的中国企业大部分为上市的建筑公司。其中，中国建筑、中国中铁、中国铁建 3 家上市建筑公司排在世界前三位。

审稿人：易华强

撰稿人：贺众营

批发和零售业

一、批发和零售业总体概况

（一）行业整体运行情况

2016 年，宏观经济增速继续放缓，而随着国家经济转型升级的有效推进和供给侧结构性改革的进一步实施，城镇居民收入、消费品价格指数等逐渐呈现向好的趋势，对零售行业带来了积极的影响。从经济结构来看，2016 年 GDP 为 74.4 万亿元，较 2015 年增长 6.7%。2016 年最终消费对经济增长的贡献率为 64.6%，比 2015 年提高 4.9 个百分点。消费市场保持平稳较快增长态势，全国百家重点大型零售企业零售额较 2015 年下降 0.5%，降幅相比 2015 年扩大 0.4 个百分点，增速连续第 5 年下降，社会消费品零售总额较 2015 年增长 10.4%，增速相比 2015 年下降 0.3 个百分点。

据国家统计局的数据显示，2004～2016 年，我国城镇居民人均可支配收入稳定提高，从 2004 年的 9422 元增长到 2016 年的 33616 元。2016 年社会消费品零售总额 33.2 万亿元，较 2015 年增长 10.4%。2016 年网上零售额为 5.1 万亿元，比 2015 年增长 26.2%。其中，实物商品网上零售额 4.2 万亿元，增长 25.6%，占社会消费品零售总额的比重为 12.6%。在实物商品网上零售额中，吃、穿和用类商品分别增长 28.5%、18.1% 和 28.8%。

批发零售业是社会化大生产过程中的重要环节，是决定经济运行速度、质量和效益的引导性力量，是我国市场化程度最高、竞争较为激烈的行业之一。从长远来看，我国居民消费无论从总量上，还是从结构上都有相当大的发展空间，这为我国批发零售行业的发展提供了良好的中长期宏观环境。

2016 年，国务院、发改委、商务部、农业部出台了一些系列政策，支持改善经商环境，发展电子商务和农产品贸易。我国已进入消费需求持续增长、消费结构加快升级、消费拉动经济作用明显增加的重要阶段。以传统消费提质升级、新兴消费蓬勃兴起为主要内容的新消费，及其催生的相关产业发展、科技创新、基础设施建设和公共服务等领域的新投资、新供给，蕴藏着巨大的发展潜力和空间。

（二）细分行业运行概况

根据商品在流通环节中的批发活动和零售活动，批发与零售业主要分为批发业和零售业两个大类。

批发行业自 20 世纪 90 年代起进入了

快速发展期，限额以上批发业企业销售额增速自2008年后不断放缓，近年来传统批发行业均出现萎缩态势。一方面，批发市场份额增长渐缓、批发商数量不断减少；另一方面，批发行业经营利润迅速下滑、用户留存率降低。从客流量、货物量、利润率等多个方面来看，昔日红火的批发市场都已大不如前。随着流通便利性增加及互联网与新模式的迅速发展，传统批发业正面临发展瓶颈。总体来讲，我国批发企业规模较小，市场集中度偏低，难以形成规模效应。

零售行业景气底部开始回暖，整体集中度开始提升，各细分业态基本面结构性差异较大。线上延续较高增长，随着互联网信息技术的高速发展，电商交易已成为商品交易的重要方式。《2016中国电商报告》指出，2016年，我国电子商务继续保持平稳发展态势。国家统计局调查显示，2016年全国电子商务交易额达5.16万亿元，较2015年增长26.2%，我国世界第一大网络零售市场地位进一步稳固。

除了阿里巴巴，京东商城等综合电商保持较好增长之外，如跨境电商、社交电商、电商服务行业涌现龙头。跨境通在2016年营业收入85.4亿元，较2015年增长115.53%；归属净利润3.94亿元，较2015年增长133.85%。微博在2016年营业收入7.04亿美元（约45.49亿元人民币），较2015年增长37.23%，归属净利润1.15亿美元（约7.49亿元人民币），较2015年增长210.91%。南极电商在2016年营业收入5.21亿元，较2015年增长33.85%；归属净利润3.01亿元，较2015年增长75.25%。

反观线下商企，整体仍处于洗牌整合过程，收入端被分流见底的迹象明显，业绩端开始逐渐回暖，同时新技术、新模式开始在线上线下融合过程中试探、应用，以超市、百货为主的传统零售企业关店、重组、调整已成为常态，互联网数字化技术对商品流通产业链的智能化改造有望开启“新零售”时代。

二、行业内上市公司发展概况

（一）行业内上市公司基本情况

表1　2016年批发和零售业上市公司发行股票概况

门　类	A、B股总数	A股股票数	B股股票数	境内总市值（亿元）	流通A股市值（亿元）	流通B股市值（亿元）
批发和零售业	163	156	7	18255.09	12788.04	87.52
占沪深两市比重（%）	5.20	4.98	0.22	3.59	3.27	4.62

资料来源：沪深交易所，同花顺。

（二）行业内上市公司构成情况

表 2　　2016 年批发和零售业上市公司构成情况　　单位：家

门　类	沪市			深市			ST/*ST
	仅 A 股	仅 B 股	A+B 股	仅 A 股	仅 B 股	A+B 股	
批发和零售业	87	0	4	62	0	3	1/4
占行业内上市公司比重（%）	53.37	0.00	2.45	38.04	0.00	1.84	0.61/2.45

资料来源：沪深交易所，同花顺。

（三）行业内上市公司融资情况

表 3　　2016 年批发和零售业上市公司与沪深两市融资情况对比　　单位：家

门　类	融资家数	新股	增发	配股
批发和零售业	51	9	42	0
沪深两市总数	877	227	639	11
占比（%）	5.82	3.96	6.57	0.00

资料来源：沪深交易所，同花顺。

其中，在首发的 9 家公司中，有 6 家在沪市主板上市，2 家在中小板上市，1 家在创业板上市；在增发的 42 家公司中，有 18 家沪市、24 家深市公司。

按行业大类划分，在进行融资的 51 家公司中，批发业 22 家，零售业 29 家。

从融资效果来看，上述公司实际发行数量为 2166163.62 万股；实际募集资金 1963.98 亿元，基本完成了融资计划。

2016 年批发和零售业上市公司融资情况明细见附录。

（四）行业内上市公司资产及业绩情况

表 4　　2016 年批发和零售业上市公司资产情况　　单位：亿元

指　标	2016 年	2016 年可比样本增长（%）	2015 年	2015 年可比样本增长（%）	2014 年
总资产	21564.74	23.24	15876.89	8.54	13585.59
流动资产	13750.50	21.03	10270.02	8.23	8755.34
占比（%）	63.76	-1.16	64.69	-0.18	64.45
非流动资产	7814.23	27.33	5606.87	9.1	4830.25
占比（%）	36.24	1.16	35.31	0.18	35.55
流动负债	10844.15	11.46	8916.93	7.13	7628.64
占比（%）	50.29	-5.32	56.16	-0.74	56.15
非流动负债	2523.20	42.05	1401.66	4.36	1266.10
占比（%）	11.70	1.55	8.83	-0.35	9.32
归属于母公司股东权益	7355.95	36.40	5073.97	12.95	4269.46
占比（%）	34.11	3.29	31.96	1.25	31.43

资料来源：沪深交易所，同花顺。

表 5　　2016 年批发和零售业上市公司收入实现情况　　单位：亿元

指　标	2016 年	2016 年可比样本增长（%）	2015 年	2015 年可比样本增长（%）	2014 年
营业收入	25536.87	11.30	21694.14	-1.48	18945.39
利润总额	729.92	49.28	451.89	-19.31	496.79
归属于母公司所有者的净利润	477.04	58.88	287.29	-20.02	319.63

资料来源：沪深交易所，同花顺 。

（五）利润分配情况

2016 年全年批发和零售业上市公司中共有 98 家公司实施了分红配股。其中，2 家上市公司仅实施转增股，79 家上市公司仅实施派息，14 家公司既实施了转增又实施了派息，3 家公司既实施了送股，又实施了派息。

2016 年批发和零售业上市公司分红明细见附录。

（六）其他财务指标情况

1. 盈利能力指标

表 6　　2016 年批发和零售业上市公司盈利能力情况

指　标	2016 年	2016 年可比样本变动	2015 年	2015 年可比样本变动	2014 年
毛利率（%）	11.41	0.13	11.08	0.82	10.96
净资产收益率（%）	6.49	0.92	5.66	-2.33	7.49
销售净利率（%）	2.13	0.71	1.39	-0.44	1.87
资产净利率（%）	2.79	0.76	1.98	-1.03	2.74

资料来源：沪深交易所，同花顺。

2. 偿债能力指标

表 7　　2016 年批发和零售业上市公司偿债能力指标

指　标	2016 年	2016 年可比样本变动	2015 年	2015 年可比样本变动	2014 年
流动比率	1.27	0.10	1.15	0.01	1.15
速动比率	0.88	0.11	0.77	0.04	0.73
资产负债率（%）	61.99	-3.77	64.99	-1.09	65.47

资料来源：沪深交易所，同花顺。

3. 营运能力指标

表 8　　2016 年批发和零售业上市公司营运能力情况　　单位：次

营运能力指标	2016 年	2016 年可比样本变动	2015 年	2015 年可比样本变动	2014 年
存货周转率	5.62	0.03	5.62	-0.61	5.49
应收账款周转率	15.49	-1.48	17.16	-3.17	18.26
流动资产周转率	2.03	-0.16	2.2	-0.31	2.23
固定资产周转率	11.14	-0.11	11.13	-1.42	11.11
总资产周转率	1.31	-0.12	1.42	-0.22	1.46
净资产周转率	3.60	-0.57	4.12	-0.77	4.32

资料来源：沪深交易所，同花顺。

三、重点细分行业介绍

表 9　　2016 年批发和零售业上市公司数量分布及市值情况

大　类	上市公司家数（家）	占行业内比重（%）	境内总市值（亿元）	占行业内比重（%）
批发业	70	44.87	7420.23	40.65
零售业	86	55.13	10834.86	59.35

资料来源：沪深交易所，同花顺。

（一）零售业

1. 行业概况

零售业指从工农业生产者、批发贸易业或居民购进商品，转卖给城乡居民作为生活消费和售给社会集团作为公共消费的商品流通企业。它是百货商店、超级市场、专门零售商店、品牌专卖店、售货摊等主要面向最终消费者（如居民等）的销售活动，包括以互联网、邮政、电话、售货机等方式的销售活动。

2016 年，零售业行业内改革和变革优化在加快：在存量优化方面，关店出清大幅提速、并购整合频率提升；在增量布局方面，跨境电商、农村电商、互联网金融及电商代运营等细分领域具备较强的成长性，越来越多的企业借助资本纽带，通过外延并购整合切入其中。

2. 行业内上市公司发展情况

表 10　　2016 年零售业上市公司收入及资产增长情况　　单位：亿元

指　标	2016 年	2016 年可比样本增长（%）	2015 年	2015 年可比样本增长（%）	2014 年
营业收入	11579.87	9.93	10203.18	6.71	8946.13
利润总额	376.58	16.06	310.89	-2.64	291.86
归属于母公司所有者的净利润	257.84	15.87	213.31	-0.81	194.54
总资产	12149.51	28.03	8411.09	9.71	7263.33
归属于母公司股东权益	4541.65	41.27	2989.96	13.13	2499.40

资料来源：沪深交易所，同花顺。

表 11　　2016 年零售业上市公司盈利能力情况

指　标	2016 年	2016 年可比样本变动	2015 年	2015 年可比样本变动	2014 年
毛利率（%）	17.30	-0.10	17.03	0.25	16.85
净资产收益率（%）	5.68	-1.24	7.13	-1	7.78
销售净利率（%）	2.38	0.15	2.21	-0.24	2.37
资产净利率（%）	2.55	-0.19	2.81	-0.5	3.03

资料来源：沪深交易所，同花顺。

表 12　　2016 年零售业上市公司偿债及营运情况

指　标	2016 年	2016 年可比样本变动	2015 年	2015 年可比样本变动	2014 年
资产负债率（%）	58.99	-4.39	62.05	-1.12	63.16
存货周转率（次）	5.09	-0.42	6.04	-0.17	5.50
总资产周转率（次）	1.07	-0.16	1.27	-0.08	1.28

资料来源：沪深交易所，同花顺。

（二）批发业

1. 行业概况

批发业是指批发商向批发、零售单位及其他企业、事业、机关批量销售生活用品和生产资料的活动，以及从事进出口贸易和贸易经纪与代理的活动。批发商可以对所批发的货物拥有所有权，并以本单位、公司的名义进行交易活动；也可以不拥有货物的所有权，而以中介身份做代理销售商；还包括各类商品批发市场中固定摊位的批发活动。

我国的批发企业存在规模过小、商品流通效率低下、市场交易秩序混乱等缺陷。

2. 行业内上市公司发展情况

表 13　　2016 年批发业上市公司收入及资产增长情况　　单位：亿元

指　标	2016 年	2016 年可比样本增长（%）	2015 年	2015 年可比样本增长（%）	2014 年
营业收入	13957.00	12.46	11490.96	-7.76	9999.25
利润总额	353.35	114.83	141	-41.42	204.93
归属于母公司所有者的净利润	219.21	182.06	73.98	-48.67	125.09
总资产	9415.22	17.56	7465.8	7.25	6322.26
归属于母公司股东权益	2814.30	29.21	2084.01	12.69	1770.06

资料来源：沪深交易所，同花顺。

表 14　　2015 年批发业上市公司盈利能力情况

指　标	2016 年	2016 年可比样本变动	2015 年	2015 年可比样本变动	2014 年
毛利率（%）	6.53	0.45	5.8	0.54	5.77
净资产收益率（%）	7.79	4.22	3.55	-4.24	7.07
销售净利率（%）	1.93	1.18	0.66	-0.68	1.42
资产净利率（%）	3.09	1.86	1.06	-1.61	2.46

资料来源：沪深交易所，同花顺。

表 15　　2016 年批发业上市公司偿债及营运情况

指　标	2016 年	2016 年可比样本变动	2015 年	2015 年可比样本变动	2014 年
资产负债率（%）	65.86	-2.72	68.3	-0.98	68.13
存货周转率（次）	6.08	0.43	5.33	-0.91	5.48
总资产周转率（次）	1.60	-0.05	1.59	-0.39	1.69

资料来源：沪深交易所，同花顺。

四、重点上市公司介绍

（一）永辉超市

永辉超市是中国大陆首批将生鲜农产品引进现代超市的流通企业之一。近年来，公司采取差异化战略进行错位竞争，逐渐确立以生鲜为主的食品用品、服装“三位一体”的连锁超市市场定位，形成以生鲜为特色的市场品牌。

线下，公司 2016 年度新开门店 105 家（含会员店、超级物种及优选店），若不含会员店，超级物种店及优选店则较

2015 年度增加 38 家，完成了 2016 年初制定的开店规划；开业门店经营面积 427.67 万平方米，较 2015 年度增加 61.44 万平方米；新签约门店 123 家，已签约未开业门店达 202 家，储备面积 178.52 万平方米。公司以部门店项目为试点，发展了精品店、美食广场点，O2O 等形式多样的购物环境。

2016 年永辉超市营业收入达 492.3 亿元，较 2015 年增长 16.82%；营业利润达到 14.96 亿元，较 2015 年增长 96.86%；归属母公司净利润达 12.4 亿元，较 2015 年增长 105.18%。2016 年，永辉超市食品用品收入为 233.72 亿元，占主营业务收入的 47.10%，生鲜及加工收入为 220.00 亿元，占主营业务收入的 50.03%，服装收入为 13.37 亿元，占主营业务收入的 2.86%。

表 16 永辉超市 2013～2016 年财务指标

项　目	2016 年	2015 年	2014 年	2013 年
营业总收入（万元）	4923164.58	4214482.96	3672680.30	3054281.67
营业总成本（万元）	4790901.12	4132593.40	3589244.43	2975862.02
营业利润（万元）	149759.58	76074.29	105584.12	80125.12
利润总额（万元）	155649.00	79732.55	108429.12	94546.22
归属母公司股东的净利润（万元）	124200.57	60532.83	85156.04	72058.12
销售毛利率（%）	20.19	19.83	19.66	19.19
销售净利率（%）	2.47	1.42	2.32	2.36
资产负债率（%）	34.64	39.51	58.24	54.40

资料来源：Wind 资讯。

（二）苏宁云商

苏宁云商是中国 3C（家电、电脑、通讯）家电连锁零售行业的领先者。截至 2016 年，公司已进入 297 个地级以上城市，拥有店面 1510 家，其中，云店 141 家、苏宁易购常规店 1303 家（旗舰店 242 家、中心店 389 家、社区店 672 家）、县镇店 34 家、苏宁红孩子店 26 家，苏宁超市店 6 家。云店是公司门店互联网化的代表作品，在 2016 年报告期末，公司已经拥有苏宁易购云店 141 家。通过加大移动端、PC 端、TV 端在门店的运用，云店实现了“电器、超市、母婴、物流、售后、金融”等全商品和服务业态的集中呈现，并且全面打通支付环节，满足消费者一站式的购物体验需求。苏宁易购服务站是 O2O 模式在三四级市场落地的载体，为苏宁互联网门店渠道下沉的重要举措，截至 2016 年年末，苏宁易购直营服务站 1902 家，苏宁易购授权服务网点 1927 家。

截至 2016 年 12 月末，公司零售体系会员总数达 2.8 亿。2016 年，公司线上业务实现自营商品销售收入 618.70 亿元（含税），开放平台实现商品交易规模为

186.40 亿元（含税），公司线上平台实体商品交易总规模为 805.10 亿元（含税），同比增长 60.14%。大力发展移动端，依托大数据应用支撑系统，重点强化智能推荐、精准营销能力，苏宁易购 APP 日新增下载用户数、活跃用户数提升显著，2016 年 12 月移动端订单数量占线上整体的比例提升至 83%。

苏宁云商 2016 年物流仓储及相关配套总面积达 583 万平方米，拥有的快递网点达到 17000 个，公司物流网络覆盖全国 352 个地级城市、2805 个区县城市。金融方面，苏宁云商发挥平台优势，支付、理财、供应链金融、众筹等方面均有显著突破。

2016 年，苏宁云商实现营业收入 1485.85 亿元，较 2015 年增长 9.62%；实现利润总额 9.01 亿元，较 2015 年增长 1.34%；归属母公司股东的净利润达到 7.04 亿元，较 2014 年下降 19.27%。

表 17　　苏宁云商 2013～2016 年财务指标

项　目	2016 年	2015 年	2014 年	2013 年
营业总收入（万元）	14858533.10	13554763.30	10892529.60	10529222.90
营业总成本（万元）	14999501.30	13780549.80	11034505.20	10522523.30
营业利润（万元）	205.20	-61002.10	-145893.30	18390.30
利润总额（万元）	90088.70	88895.70	97261.30	14438.60
归属母公司股东的净利润（万元）	70441.40	87250.40	86691.50	37177.00
销售毛利率（%）	14.36	14.44	15.28	15.21
销售净利率（%）	0.33	0.56	0.76	0.10
资产负债率（%）	49.02	63.75	64.06	65.10

资料来源：wind 资讯。

（三）王府井

王府井拥有极高的品牌价值和市场影响力，是中国零售业最知名的品牌。2016 年，公司名称由“北京王府井百货（集团）股份有限公司”变更为“王府井集团股份有限公司”。公司主要业务为商品零售和商业物业出租业务，覆盖传统百货、购物中心、奥特莱斯三大主力业态，形成了处于不同发展阶段的门店梯次，同时拥有线上自建零售渠道。截至 2016 年，公司在全国范围共运营 38 家门店，总经营建筑面积 200 万平方米，涉及华北、华中、华南、华东、西南、西北六大经济区域，17 个省、市、自治区，23 个城市。

2016 年，公司紧紧抓住消费需求和行业发展趋势，在保持传统百货业态优势的基础上，大力推进购物中心和奥特莱斯业态发展，迅速布局，新兴业态发展取得突破。公司在奥特莱斯业务板块实施了事业合伙人改革，与奥莱管理团队合资成立奥特莱斯管理公司，利用轻资产模式、市场化机制，抢占奥特莱斯业态发展窗口期，扩大公司奥莱品牌影响力，树立市场地位，快速拓展公司奥特莱斯业态。2016年，王府井分别收购了贝尔蒙特和西安西恩温泉奥特莱斯文化旅游公司，分别新增10家连锁百货，2家奥特莱斯。

2016年，公司及旗下管理公司新开7家门店，包括3家奥莱门店、3家购物中心门店和1家购物中心主力百货店。截至2016年，公司主营业务已覆盖传统百货、购物中心、奥特莱斯三大主力业态，在零售行业内逐步形成新的领先优势。同时，王府井的门店现已遍布中国六大经济区域，初步构建了由点及面的门店网络布局，除大本营北京有6家、在西安有4家门店外，在省会和副省级城市开设的门店有19家，在二三线城市开设的门店有9家，为公司在中国全境规模扩张奠定了基础。

公司旗下购物中心管理公司致力于利用全服务链的服务平台和智能管理平台，强化数据分析能力、内容创新能力和线上线下运营能力，打造行业内唯一全产业链综合服务体系，整合构建产业上下游生态群。广泛搭建王府井微信服务号，beacon平台进一步广泛应用，微信商城上线实现多渠道销售，王府井独有的线上流量平台初见规模。同时，携手腾讯发展O2O。

2016年，公司实现营业收入177.95亿元，同比上升2.70%；利润总额完成8.49亿元，同比下降9.32%，实现归属于上市公司股东的净利润5.75亿元，同比下降13.07%；主业毛利率为17.92%，同比减少0.60个百分点。

表18 王府井2013～2016年财务指标

项目	2016年	2015年	2014年	2013年
营业总收入（万元）	1779511.98	1732763.13	1827710.49	1978985.06
营业总成本（万元）	1700395.96	1645078.49	1748909.75	1890381.69
营业利润（万元）	78857.57	105954.53	95620.35	97195.89
利润总额（万元）	84853.28	93573.48	92895.69	98240.96
净利润（万元）	56552.12	66135.42	63616.50	69693.95
归属母公司股东的权益（万元）	1037656.74	738193.37	688400.92	626319.73
销售毛利率（%）	21.38	21.43	20.75	19.82
销售净利率（%）	3.18	3.82	3.48	3.52
资产负债率（%）	40.01	47.06	49.89	55.35

资料来源：Wind资讯。

（四）跨境通

跨境通，原“百圆裤业”是国内最早从事连锁经营的服装销售企业之一，特许加盟与直营销售相结合的连锁经营模式，通过产品设计开发、供应链管理、品牌推广、终端渠道建设，组织自有品牌百圆裤装的批发与零售。

全资子公司环球易购成立于2007年，拥有Sammydress，Gearbest等多个自建专业品类垂直电子商务销售平台，形成多品类，多语种，多维度的垂直电商平台体系，并在 eBay，Amazon 等第三方平台上拥有优质账号。截至 2016 年 12 月 31 日，公司旗下平台合计注册用户数量超过 7018 万人，月均活跃用户数超过 1500 万人，在线产品 SKU 数量超过 35.6 万个，2016 年公司旗下主要平台重复购买率 36.21%，流量转化率为 1.59%。公司跨境进口业务依托自建品牌“五洲会”，搭建了覆盖自有平台、第三方平台、手机 APP、O2O 线下店等全渠道进口电商体系，第三方平台及 O2O 线下店已经形成一定规模。在海外商品资源方面，公司也重点进行布局，随着销售额的不断扩大及“五洲会”品牌效应的逐步显现，未来在供应链优化方面将取得一定优势。控股子公司前海帕拓逊致力于将中国高品质的产品销售到全球各地，目前前海帕拓逊已孵化出 3 个基于欧美电商网络的品牌，如 mpow，以高品质高性价比建立了一定的影响力。

2016 年 12 月份，公司募集资金总额为 207786.02 万元，用于跨境进口电商平台建设项目（使用募集资金 15.77 亿元），跨境出口电商 B2B 综合服务平台建设项目（使用募集资金 6.32 亿元），跨境电商仓储及配套运输建设项目（使用募集资金 3 亿元）。

2016 年，公司实现营业收入 85.37 亿元，同比上升 115.53%；利润总额完成 5.37 亿元，同比下降 162.11%，实现归属于上市公司股东的净利润 3.94 亿元，同比下降 133.85%。

表 19　　跨境通 2013～2016 年财务指标

项　目	2016 年	2015 年	2014 年	2013 年
营业总收入（万元）	853690.75	396081.32	84182.07	44635.46
营业总成本（万元）	804154.01	375660.06	79708.59	40408.43
营业利润（万元）	53675.01	20394.79	4533.93	4227.03
利润总额（万元）	53741.39	20503.27	4825.59	4258.18
归属母公司股东的净利润（万元）	39376.82	16838.67	3345.08	3149.07
销售毛利率（%）	48.34	55.60	52.52	46.34
销售净利率（%）	5.01	4.20	3.40	6.41
资产负债率（%）	40.22	34.56	16.92	28.30

资料来源：Wind 资讯。

（五）天虹股份

天虹股份是中外合资的连锁零售企业，其控股股东是中国航空工业集团下属的中国航空技术深圳有限公司。公司在行业内率先突破传统百货购物模式，从实体店走向线上线下融合的全渠道，率先打造出全国首家拥有“自定义菜单”的零售微信服务号“天虹”，随后逐步创新，现已形成实体店、PC 网店、移动端（天虹微信、天虹微品、虹领巾）的全渠道零售生活平台。公司曾获“中国零售业员工最喜爱的公司”“中国人才发展最佳企业”等荣誉称号。

公司是国内拥有百货商场数量最多的连锁百货企业之一。截至2016年年末，公司已进驻广东、江西、湖南、福建、江苏、浙江、北京、四川共计8省市的21个城市。公司拥有综合百货67家（含4家君尚门店和2家天虹特许经营门店），营业面积约200万平方米，拥有购物中心4家，营业面积约32万平方米，拥有便利店157家。

2016年，公司进行业态升级，开设都市生活超市，开设首家主题编辑门店南昌“天虹COOL”，取得高度评价，君尚3019、珠海天虹、民治天虹紧随其后实现了百货业态全面主题编辑化。公司推出全新的超市业态Sp@ce，定位于都市追求品质生活的中高端客群，精选全球优质商品，以亲民的价格向消费者提供餐饮、生鲜、健康有机商品、餐桌厨房用品等，满足都会生活需要。

2016年1月份，公司与其他股东（该股东与公司不存在关联关系）共同投资1700万元设立深圳市天虹微品电子商务有限公司。

同时，天虹股份也与百度网讯就零售大数据领域战略合作。围绕大数据在零售行业内广泛应用模式的持续创新，组建“百度&天虹零售大数据实验室”，共同开发和实践大数据的收集、挖掘、分析等业务，推动零售行业大数据发展，打造差异化竞争优势。此外，公司与多点新鲜就商超O2O形成战略合作，提高销售销量。

2016年，在百货门店适当提高即时消费业态占比的情况下，公司实现营业收入172.73亿元，同比下降0.71%；实现利润总额7.15亿元，同比下降57.19%，剔除2015年转让深诚公司100%股权的影响，利润总额同比增长35.86%；实现归属于上市公司股东净利润5.24亿元，同比下降56.63%；实现归属于上市公司股东的扣除非经常性损益的净利润4.40亿元，同比下降1.64%；可比店利润总额同比增长9.73%。

表20　天虹股份2013～2016年财务指标

项　目	2016年	2015年	2014年	2013年
营业总收入（万元）	1727295.84	1739606.49	1699795.66	1603248.31
营业总成本（万元）	1665922.35	1682427.28	1627825.32	1521345.43
营业利润（万元）	67260.89	175948.23	75731.64	85211.26
利润总额（万元）	71529.30	167103.38	77267.90	87650.18
归属母公司股东的净利润（万元）	52411.06	120841.26	53841.70	61544.31
销售毛利率（%）	24.16	23.57	23.18	23.90
销售净利率（%）	3.03	6.94	3.16	3.83
资产负债率（%）	62.07	60.29	60.27	58.84

资料来源：Wind资讯。

（六）家家悦

家家悦主营业务为超市连锁经营，是一家立足于山东省内，以大卖场和综合超市为主体，以区域一体化物流为支撑，以发展现代农业生产基地和食品加工产业链为保障，以经营生鲜为特色的全供应链、多业态的综合性零售渠道商。随着公司规模的扩大，带动了大批供应商的发展壮大，形成了一批稳定、持续的供应商群体。目前，公司与超过2500家厂商建立了稳定的合作关系，其中，与宝洁、娃哈哈、雀巢、玛氏等500余家厂商保持了十年以上的良好合作关系。

公司主营业务为连锁超市经营，截至2016年，公司连锁经营各业态门店数量631家，其中，大卖场81家、社区综合超市277家、农村综合超市230家、专业店27家（其中，宝宝悦16家、其他专业店11家）、百货店11家、便利店5家，其中，大卖场、社区综合超市、农村综合超市的业态单店平均经营面积分别为3896.28平方米、955.48平方米、739.39平方米，门店生鲜和食品的销售占比达到79.88%，实现了“走进社区，深入乡村、贴近生活，打造十分钟商圈”的目标，让消费者从距离和服务方面享受到便利。公司始终坚持“发展连锁，物流先行”的经营理念，已在山东省内建立了区域一体化的高效物流配送体系。目前，公司拥有3个常温物流中心和5个生鲜物流中心，配送范围覆盖山东省内，能够实现商品2.5小时送达门店的配送能力。

公司进行消费渠道下沉，提前布局农村超市。截至2016年9月末，公司已开业的农村综合超市有226家。2016年年内，农村综合超市新开门店家数分别为26家、33家、30家和14家，2013～2015年农村综合超市营业收入复合增长率达到17.43%。随着城镇化战略的推进，农民纯收入的增长和公司农村综合超市渗透率不断提升是成为推动营业规模增长的重要引擎。

2016年，公司加快了门店升级改造，利用数据分析，推广实施货架空间管理，优化门店品类结构，加大强势品类培育，调整淘汰弱势品类。加快业态创新，推出了第二代升级大卖场，给消费者创造更好的购物环境和消费体验，根据母婴市场的消费需求，加快了宝宝悦细分业态的开店速度（2016年，新开宝宝悦6家），增强了专业化服务能力，探索发展农村电商，跨境直邮，进口商品直购体验服务，推动线上线下的联动发展。

2016年公司实现营业收入107.77亿元，较2015年增加2.91亿元，增长2.78%；其中，主营业务收入为99.91亿元，较2015年增长3.07%。

表21　　家家悦2013～2016年财务指标

项　目	2016年	2015年	2014年	2013年
营业总收入（万元）	1077696.16	1048558.47	983516.62	900010.22
营业总成本（万元）	1043392.02	1013824.39	947209.12	867256.74
营业利润（万元）	34198.25	34657.70	36278.80	32612.33
利润总额（万元）	36261.40	37265.20	38042.01	34121.83
归属母公司股东的净利润	25124.82	24725.52	22779.75	21904.22
销售毛利率（%）	21.68	22.14	22.13	21.31
销售净利率（%）	2.33	2.36	2.32	2.49
资产负债率（%）	61.17	77.73	78.70	79.28

资料来源：Wind资讯。

五、上市公司在行业中的影响力

批发与零售是我国市场化程度最高、竞争最激烈的行业。我国地域分布较广，渠道深度大，在商业区域代理格局下，上市公司区域格局明显。

根据中国商业联合会和中华全国商业信息中心联合发布的《2016 年中国零售百强名单》，共有百货 49 家，超市 27 家，专业店 8 家，购物中心 10 家，电商 6 家。据中商联信息部发布的数据显示，从上榜企业的整体情况来看，2016 年零售百强继续保持较快增长，增速略有下滑。2016 年我国零售百强企业实现销售额 4.82 万亿元，同比增长 18.5%，增幅较 2015 年同期下滑 3.9 个百分点，高于社会消费品零售总额增速 8.1 个百分点。就零售百强企业的整体发展趋势而言，电商增速明显放缓，零售实体店小幅回升。

电商依然保持较快增长，但增速有所放缓。百强中 6 家电商的销售规模达到 2.47 万亿元，同比增长 34.2%，占百强整体销售的比重为 51.2%，6 家电商对百强零售企业整体销售增长的贡献率为 83.5%。其中，京东为中国最大零售商（自营 + B2C 平台 + 实体），大商集团为中国最大实体零售商，天猫为中国最大 B2C 零售平台。此外，“实体 + 电商”型企业增速也略有放缓，2016 年，零售百强中 6 家主要的“实体 + 电商”型零售企业销售规模为 5389.1 亿元，比 2015 年同期增长 11.2%，增速低于 2015 年 4.6 个百分点。

零售百强企业中的实体零售企业增速则略有提升。2016 年，零售百强中 88 家实体零售企业销售规模达到 1.81 万亿元，同比增长 4.0%，比 2015 年加快 0.8 个百分点，销售规模占百强整体销售的比重为 37.6%，88 家实体店零售企业对百强零售企业整体销售增长的贡献率为 9.7%。

可以看出，电商增速明显回落，与实体合作加强。2016 年是电商与实体合作落地的一年，如天猫与银泰商业集团达成战略合作，共同探索线上线下 O2O 融合发展；京东到家牵手欧尚合作商超 O2O，力推“百万便利店”项目，还在线下开设了“京东母婴体验店”。

在未来的双线融合发展中，批发与零售行业上市公司须进一步提升采购、仓储物流、IT 系统等供应链效率，在行业洗牌中进一步提升市场份额，转型升级，在创新中寻求发展。

审稿人：周　羽

撰稿人：高恺阳

交通运输、仓储和邮政业

一、交通运输、仓储和邮政业总体概况

（一）行业整体运行情况

2016年，国内外宏观经济稳健复苏，全社会货运量及客货周转量均较2015年有所增长，客运量同比跌幅较2015年显著收窄。2016年全社会旅客运输量累计完成190.0亿人次，较2015年下降2.2%；全社会旅客运输周转量完成31258.46亿人公里，较2015年增加4.0%。2016年全社会货运量累计完成438.7亿吨，较2015年增加5.0%；全社会货运周转量累计完成186629.48亿吨公里，较2015年增加4.6%。其中，铁路货运、公路客货运量有所降低，铁路客运、水路和航空客货运量有所提升。

2016年交通运输、仓储和邮政业固定资产投资完成53628.48亿元，较2015年增长9.5%，增速较2015年继续放缓。其中，铁路运输固定资产投资完成7748.11亿元，较2015年增加0.2%；水上运输业固定资产投资完成2163.33亿元，较2015年减少8.0%；道路运输业固定资产投资完成32937.34亿元，较2015年增加15.1%，增速较2015年略有下降；航空运输业固定资产投资完成2219.62亿元，较2015年增长20.6%，增速较2015年小幅下降。

（二）细分行业运行概况

2016年，各细分行业景气不一，从不同的细分运输方式来看，公路旅客运输量完成154.28亿人次，较2015年降低4.71%；公路旅客运输周转量完成10228.71亿人公里，较2015年降低4.78%。铁路旅客运输量完成28.14亿人次，较2015年增长11.01%；铁路旅客运输周转量完成12579.29亿人公里，较2015年增长5.17%。水路旅客运输量完成2.72亿人次，较2015年增长0.60%；水路旅客运输周转量完成72.33亿人公里，较2015年降低1.04%。航空旅客运输量完成4.88亿人次，较2015年增长11.87%；航空旅客运输周转量完成8378.13亿人公里，较2015年增长15.04%。

2016年公路货运量完成334.13亿吨，较2015年增长6.07%；公路货运周转量完成61080.10亿吨公里，较2015年增长5.39%。铁路货运量完成33.32亿吨，较2015年下降0.78%；铁路货运周转量完成23792.26亿吨公里，较2015年增长0.16%。水路货运量完成63.82亿吨，较2015年增长4.02%；水路货运周

转量完成97338.80亿吨公里，较2015年增长6.07%；航空货运量完成668.01万吨，较2015年增长6.15%；航空货运周转量完成222.45亿吨公里，较2015年增长6.91%。

2016年，全国港口完成货物吞吐量132.01亿吨，比2015年增长3.5%。其中，沿海港口完成84.55亿吨，增长3.8%；内河港口完成47.46亿吨，增长3.1%。全国港口完成集装箱吞吐量2.20亿标准箱，比2015年增长4.0%。其中，沿海港口完成1.96亿标准箱，增长3.6%；内河港口完成2415万标准箱，增长7.4%。

二、行业内上市公司发展概况

（一）行业内上市公司基本情况

表1　2016年交通运输、仓储和邮政业上市公司发行股票概况

门　类	A、B股总数	A股股票数	B股股票数	境内总市值（亿元）	流通A股市值（亿元）	流通B股市值（亿元）
交通运输、仓储和邮政业	96	87	9	15841.87	13151.98	175.41
占沪深两市比重（%）	3.06	2.78	0.29	3.11	3.36	9.26

资料来源：沪深交易所，同花顺。

（二）行业内上市公司构成情况

表2　2016年交通运输、仓储和邮政业上市公司构成情况　单位：家

门　类	沪市			深市			ST/*ST
	仅A股	仅B股	A+B股	仅A股	仅B股	A+B股	
交通运输、仓储和邮政业	56	0	5	24	2	2	0/0
占行业内上市公司比重（%）	58.33	0.00	5.21	25	2.08	2.08	0/0

资料来源：沪深交易所，同花顺。

（三）行业内上市公司融资情况

表3　2016年交通运输、仓储和邮政业上市公司与沪深两市融资情况对比　单位：家

门类	融资家数	新股	增发	配股
交通运输、仓储和邮政业	16	2	14	0
沪深两市总数	877	227	639	11
占比（%）	1.82	0.88	2.19	0.00

资料来源：沪深交易所，同花顺。

其中，在首发的2家公司中，有1家在主板上市，1家在中小板上市；在增发的14家公司中，有12家在沪市，2家在深市主板。

按行业大类划分，在进行融资的16家公司中，水上运输业5家，航空运输业3家，道路运输业4家，仓储业1家，铁路运输业1家，邮政业1家，装卸搬运和其他运输代理业1家。

从融资效果来看，上述公司实际发行数量为133亿股；实际募集资金735亿元，基本完成了融资计划。

2016年交通运输、仓储和邮政业上市公司融资情况明细见附录。

（四）行业内上市公司资产及业绩情况

表4　　2016年交通运输、仓储和邮政业上市公司资产情况　　单位：亿元

指　标	2016年	2016年可比样本增长（%）	2015年	2015年可比样本增长（%）	2014年
总资产	24441.06	9.73	21112.24	5.52	19595.47
流动资产	5375.18	24.80	4050.37	-2.15	4066.98
占比（%）	21.99	2.66	19.18	-1.5	20.75
非流动资产	19065.88	6.12	17061.87	7.52	15528.5
占比（%）	78.01	-2.66	80.82	1.5	79.25
流动负债	6475.45	22.20	4908.6	-0.26	4814.13
占比（%）	26.49	2.70	23.25	-1.35	24.57
非流动负债	7309.53	4.85	6713.26	3.45	6312.31
占比（%）	29.91	-1.39	31.8	-0.64	32.21
归属于母公司股东权益	9590.12	6.47	8566.01	9.71	7697.71
占比（%）	39.24	-1.20	40.57	1.55	39.28

资料来源：沪深交易所，同花顺。

表5　　2016年交通运输、仓储和邮政业上市公司收入实现情况　　单位：亿元

指　标	2016年	2016年可比样本增长（%）	2015年	2015年可比样本增长（%）	2014年
营业收入	9120.66	5.67	8266.05	-1.84	8288.01
利润总额	998.45	-8.23	1020.27	8.38	925.8
归属于母公司所有者的净利润	688.57	-12.11	730.92	4.61	687.94

资料来源：沪深交易所，同花顺。

（五）利润分配情况

2016年全年交通运输、仓储和邮政业上市公司中共有73家公司实施了分红配股。其中，1家上市公司仅转送股，66家上市公司仅实施派息，6家公司既实施了送股、转增，又实施了派息。送股比例及转增比例最高的是大连港、圆通速递、欧浦智网（每股转增1股），派息比例最高的是外运发展（每股派0.5元）。

2016年交通运输、仓储和邮政业上市公司分红明细见附录。

（六）其他财务指标情况

1. 盈利能力指标

表 6　　2016 年交通运输、仓储和邮政业上市公司盈利能力情况

指　标	2016 年	2016 年可比样本变动	2015 年	2015 年可比样本变动	2014 年
毛利率（%）	18.93	-2.09	20.9	3.05	18.28
净资产收益率（%）	7.18	-1.52	8.53	-0.42	8.94
销售净利率（%）	8.37	-1.72	9.83	0.84	9.01
资产净利率（%）	3.27	-0.86	3.95	0.02	3.93

资料来源：沪深交易所，同花顺。

2. 偿债能力指标

表 7　　2016 年交通运输、仓储和邮政业上市公司偿债能力指标

指　标	2016 年	2016 年可比样本变动	2015 年	2015 年可比样本变动	2014 年
流动比率	0.83	0.02	0.83	-0.02	0.84
速动比率	0.70	-0.01	0.72	-0.02	0.74
资产负债率（%）	56.40	1.31	55.05	-1.98	56.78

资料来源：沪深交易所，同花顺。

3. 营运能力指标

表 8　　2016 年交通运输、仓储和邮政业上市公司营运能力情况　　单位：次

营运能力指标	2016 年	2016 年可比样本变动	2015 年	2015 年可比样本变动	2014 年
存货周转率	10.75	-1.97	12.32	-1.55	13.55
应收账款周转率	11.71	-5.29	17.16	-0.8	17.77
流动资产周转率	1.88	-0.16	2.02	-0.04	2.06
固定资产周转率	0.80	0.00	0.78	-0.08	0.85
总资产周转率	0.39	-0.02	0.4	-0.04	0.44
净资产周转率	0.88	-0.05	0.91	-0.11	1.02

资料来源：沪深交易所，同花顺。

三、重点细分行业介绍

表 9　　2016 年交通运输、仓储和邮政业公司数量分布及市值情况

大　类	上市公司家数（家）	占行业内比重（%）	境内总市值（亿元）	占行业内比重（%）
装卸搬运和运输代理业	3	3.37	336.68	2.13
道路运输业	32	35.96	3168.08	20.00
铁路运输业	4	4.49	1523.96	9.62
水上运输业	28	31.46	5512.14	34.79
航空运输业	12	13.48	3940.77	24.88
仓储业	9	10.11	641.11	4.05
邮政业	1	1.12	719.13	4.54

资料来源：沪深交易所，同花顺。

（一）仓储业

1. 行业概况

2016 年，我国社会物流总额高达 229.7 万亿元，与 5 年前相比增长 45% 左右，5 年年均可比增幅约为 7.8%；社会物流总费用与 GDP 的比率从 5 年前的 17.8%，降至 2016 年的 14.9%，物流行业运行效率有所提升。

2. 行业内上市公司发展情况

表 10　　2016 年仓储业上市公司收入及资产增长情况　　单位：亿元

指　标	2016 年	2016 年可比样本增长（%）	2015 年	2015 年可比样本增长（%）	2014 年
营业收入	244.39	-2.48	250.26	-14.39	287.01
利润总额	20.30	33.98	15.13	-7	15.39
归属于母公司所有者的净利润	14.01	31.64	10.64	-11.38	11.27
总资产	432.51	23.81	347.43	22.68	272.17
归属于母公司股东权益	208.29	7.20	193.46	37.44	134.09

资料来源：沪深交易所，同花顺。

表 11　　2016 年仓储业上市公司盈利能力情况

指　标	2016 年	2016 年可比样本变动	2015 年	2015 年可比样本变动	2014 年
毛利率（%）	12.32	2.68	9.55	0.38	8.66
净资产收益率（%）	6.73	1.25	5.5	-3.03	8.4
销售净利率（%）	6.13	1.70	4.43	0.15	4.1
资产净利率（%）	3.83	0.32	3.52	-1.03	4.41

资料来源：沪深交易所，同花顺。

表 12　　2016 年仓储业上市公司偿债及营运情况

指　标	2016 年	2016 年可比样本变动	2015 年	2015 年可比样本变动	2014 年
资产负债率（%）	47.80	5.87	41.86	-6.14	48.34
存货周转率（次）	4.68	-8.05	12.72	-0.6	13.79
总资产周转率（次）	0.63	-0.17	0.79	-0.27	1.07

资料来源：沪深交易所，同花顺。

（二）道路运输业

1. 行业概况

2016 年，全国营业性客运车辆完成公路客运量 154.28 亿人、旅客周转量 10228.71 亿人公里，比 2015 年分别减少 4.7%和 4.8%，平均运距 66.30 公里。全国营业性货运车辆完成货运量 334.13 亿吨、货物周转量 61080.10 亿吨公里，比 2015 年分别增长 6.1%和 5.4%，平均运距 182.81 公里。

2. 行业内上市公司发展情况

表 13　　2016 年道路运输业上市公司收入及资产增长情况　　单位：亿元

指　标	2016 年	2016 年可比样本增长（%）	2015 年	2015 年可比样本增长（%）	2014 年
营业收入	975.86	5.73	894.03	7.39	846.07
利润总额	250.49	14.91	212.74	-2.06	221.42
归属于母公司所有者的净利润	185.28	11.32	163.78	2.54	163.24
总资产	4261.38	3.94	4043.21	9.27	3626
归属于母公司股东权益	1974.33	8.46	1804.54	8.51	1656.74

资料来源：沪深交易所，同花顺。

表 14　　2016 年道路运输业上市公司盈利能力情况

指　标	2016 年	2016 年可比样本变动	2015 年	2015 年可比样本变动	2014 年
毛利率（%）	34.22	-0.91	35.02	-1.38	35.55
净资产收益率（%）	9.38	0.24	9.08	-0.53	9.85
销售净利率（%）	19.68	1.04	18.85	-0.99	19.98
资产净利率（%）	4.59	0.19	4.35	-0.32	4.81

资料来源：沪深交易所，同花顺。

表 15　2016 年道路运输业上市公司偿债及营运情况

指　标	2016 年	2016 年可比样本变动	2015 年	2015 年可比样本变动	2014 年
资产负债率（%）	50.69	-1.19	51.69	0.2	50.63
存货周转率（次）	2.42	0.32	2.05	-0.05	2.14
总资产周转率（次）	0.23	0.00	0.23	0	0.24

资料来源：沪深交易所，同花顺。

（三）航空运输业

1. 行业概况

2016 年，航空运输业完成运输总周转量 962.51 亿吨公里，比 2015 年增加 110.86 亿吨公里，增长 13.02%；其中，旅客周转量 8378.13 亿人公里，比 2015 年增加 1095.58 亿人公里，增长 15.04%；货邮周转量 222.45 亿吨公里，比 2015 年增加 14.38 亿吨公里，增长 6.91%。

2016 年，国内航线完成运输周转量 621.93 亿吨公里，比 2015 年增加 62.89 亿吨公里，增长 11.25%；其中，港澳台航线完成 15.43 亿吨公里，比 2015 年减少 0.79 亿吨里，减少 4.87%；国际航线完成运输周转量 340.58 亿吨公里，比 2015 年增加 47.97 亿吨公里，增长 16.39%。

2016 年，全行业完成旅客运输量 48796 万人次，比 2015 年增加 5178.05 万人次，增长 11.87%。国内航线完成旅客运输量 43634 万人次，比 2015 年增加 4222.56 万人次，增长 10.71%；其中，港澳台航线完成 985 万人次，比 2015 年减少 34.72 万人次，减少 3.40%；国际航线完成旅客运输量 5162 万人次，比 2015 年增加 955.04 万人次，增加 22.70%。

2016 年，全行业完成货邮运输量 668.01 万吨，比 2015 年增长 6.15%。国内航线完成货邮运输量 474.80 万吨，比 2015 年增长 7.31%；其中，港澳台航线完成 22.00 万吨，比 2015 年下降 0.46%；国际航线完成货邮运输量 193.20 万吨，比 2015 年增加 3.40%。

截至 2016 年年底，民航全行业运输飞机期末在册架数 2950 架，比 2015 年增加 300 架。定期航班航线 3794 条，按不重复距离计算的航线里程为 634.8 万公里。

2. 行业内上市公司发展情况

表 16　2016 年航空运输业上市公司收入及资产增长情况　单位：亿元

指　标	2016 年	2016 年可比样本增长（%）	2015 年	2015 年可比样本增长（%）	2014 年
营业收入	4189.31	5.94	3997.51	3.66	3716.13
利润总额	391.33	10.05	365.17	52.41	220.76
归属于母公司所有者的净利润	274.94	5.90	269.32	50.23	165.81
总资产	8989.00	9.30	8304.63	6.31	7596.32
归属于母公司股东权益	2838.74	25.27	2338.71	15.87	1959.82

资料来源：沪深交易所，同花顺。

表 17　　2016 年航空运输业上市公司盈利能力情况

指　标	2016 年	2016 年可比样本变动	2015 年	2015 年可比样本变动	2014 年
毛利率（%）	19.78	-1.52	21.16	5.81	15.29
净资产收益率（%）	9.69	-1.77	11.52	2.63	8.46
销售净利率（%）	7.21	0.00	7.37	2.32	4.88
资产净利率（%）	3.51	-0.06	3.66	1.03	2.5

资料来源：沪深交易所，同花顺。

表 18　　2016 年航空运输业上市公司偿债及营运情况

指　标	2016 年	2016 年可比样本变动	2015 年	2015 年可比样本变动	2014 年
资产负债率（%）	64.55	-4.74	68.72	-2.85	71.6
存货周转率（次）	54.45	1.98	53.13	-4.27	56.1
总资产周转率（次）	0.49	-0.01	0.5	-0.02	0.51

资料来源：沪深交易所，同花顺。

（四）水上运输业

1. 行业概况

2016 年全年完成客运量 2.72 亿人，比 2015 年增长 0.6%，旅客周转量 72.33 亿人公里，减少 1.0%。完成货运量 63.82 亿吨，增长 4.0%，货物周转量 97338.80 亿吨公里，增长 6.1%。其中，内河运输完成货运量 35.72 亿吨、货物周转量 14091.68 亿吨公里；沿海运输完成货运量 20.13 亿吨、货物周转量 25172.51 亿吨公里；远洋运输完成货运量 7.98 亿吨、货物周转量 58074.62 亿吨公里。

2. 行业内上市公司发展情况

表 19　　2016 年水上运输业上市公司收入及资产增长情况　　单位：亿元

指　标	2016 年	2016 年可比样本增长（%）	2015 年	2015 年可比样本增长（%）	2014 年
营业收入	2713.62	8.96	2281.96	-12.15	2597.19
利润总额	195.01	-32.96	240.15	-11.15	270.24
归属于母公司所有者的净利润	100.61	-45.62	143.51	-25.61	192.87
总资产	8767.45	12.35	6818.3	2.84	6609.13
归属于母公司股东权益	3089.83	-7.32	2982.27	7.5	2766.93

资料来源：沪深交易所，同花顺。

表 20　　2016 年水上运输业上市公司盈利能力情况

指　标	2016 年	2016 年可比样本变动	2015 年	2015 年可比样本变动	2014 年
毛利率（%）	14.42	-2.03	15.49	0.84	14.65
净资产收益率（%）	3.26	-2.29	4.81	-2.14	6.97
销售净利率（%）	5.19	-4.48	8.5	-0.34	8.84
资产净利率（%）	1.70	-1.65	2.89	-0.65	3.54

资料来源：沪深交易所，同花顺。

表 21　　2016 年水上运输业上市公司偿债及营运情况

指　标	2016 年	2016 年可比样本变动	2015 年	2015 年可比样本变动	2014 年
资产负债率（%）	58.51	8.38	49.08	-2.6	51.65
存货周转率（次）	8.78	-7.85	15.76	-2.13	17.88
总资产周转率（次）	0.33	-0.02	0.34	-0.06	0.4

资料来源：沪深交易所，同花顺。

（五）铁路运输业

1. 行业概况

2016 年全年全国铁路完成旅客发送量 28.14 亿人，旅客周转量 12579.29 亿人公里，比 2015 年分别增长 11.0% 和 5.2%。其中，国家铁路完成 27.73 亿人，12527.88 亿人公里，分别增长 11.1% 和 5.2%。

2. 行业内上市公司发展情况

表 22　　2016 年铁路运输业上市公司收入及资产增长情况　　单位：亿元

指　标	2016 年	2016 年可比样本增长（%）	2015 年	2015 年可比样本增长（%）	2014 年
营业收入	686.81	-8.64	745.91	-0.13	746.77
利润总额	106.78	-41.51	181.65	-6.36	193.97
归属于母公司所有者的净利润	85.77	-38.99	139.82	-7.95	151.88
总资产	1689.09	5.88	1543.17	1.05	1435.75
归属于母公司股东权益	1268.30	1.10	1215.6	2.69	1152.3

资料来源：沪深交易所，同花顺。

表 23　　2016 年铁路运输业上市公司盈利能力情况

指　标	2016 年	2016 年可比样本变动	2015 年	2015 年可比样本变动	2014 年
毛利率（%）	14.93	-9.41	24.21	-1.45	31.09
净资产收益率（%）	6.76	-4.44	11.5	-1.33	13.18
销售净利率（%）	12.35	-6.35	18.74	-1.6	20.34
资产净利率（%）	5.16	-3.84	9.11	-1.17	10.62

资料来源：沪深交易所，同花顺。

表 24　　2016 年铁路运输业上市公司偿债及营运情况

指　标	2016 年	2016 年可比样本变动	2015 年	2015 年可比样本变动	2014 年
资产负债率（%）	23.88	3.46	20.25	-1.22	19.56
存货周转率（次）	12.80	0.00	12.8	-0.17	12.09
总资产周转率（次）	0.42	-0.06	0.49	-0.02	0.52

资料来源：沪深交易所，同花顺。

（六）装卸搬运和运输代理业

1. 行业概况

2016 年中国物流总额达到 229.7 万亿元，按可比价格计算，较 2015 年上涨 6.1%。2016 年中国装卸搬运和运输代理业就业人数出现了一定的回升，较 2015 年上涨 0.29%，至 43.24 万人。

2. 行业内上市公司发展情况

表 25　　2016 年装卸搬运和运输代理业上市公司收入及资产增长情况　　单位：亿元

指　标	2016 年	2016 年可比样本变动	2015 年	2015 年可比样本变动	2014 年
营业收入	142.47	1.83	96.39	0.86	94.84
利润总额	16.26	4.65	5.44	34.95	4.03
归属于母公司所有者的净利润	14.25	2.13	3.85	34.14	2.87
总资产	189.95	35.95	55.51	-1.04	56.1
归属于母公司股东权益	128.58	23.32	31.44	12.96	27.83

资料来源：沪深交易所，同花顺。

表 26　　2016 年装卸搬运和运输代理业上市公司盈利能力情况

指　标	2016 年	2016 年可比样本变动	2015 年	2015 年可比样本变动	2014 年
毛利率（%）	12.35	1.74	11.41	1.66	9.06
净资产收益率（%）	11.08	-2.30	12.23	1.93	10.31
销售净利率（%）	10.51	0.20	4.5	1.09	3.43
资产净利率（%）	9.08	-1.53	7.77	1.56	6.2

资料来源：沪深交易所，同花顺。

表 27　　2016 年装卸搬运和运输代理业上市公司偿债及营运情况

指　标	2016 年	2016 年可比样本变动	2015 年	2015 年可比样本变动	2014 年
资产负债率（%）	27.80	4.77	37.55	-7.04	44.58
存货周转率（次）	25.86	-12.79	26.72	-5.08	31.83
总资产周转率（次）	0.86	-0.16	1.73	-0.1	1.81

资料来源：沪深交易所，同花顺。

（七）邮政业

1. 行业概况

2016年，邮政行业业务总量完成7397.2亿元，同比增长45.7%。邮政行业业务收入（不包括邮政储蓄银行直接营业收入）完成5379.2亿元，同比增长33.2%。其中，2016年，快递服务企业业务量完成312.8亿件，同比增长51.4%；快递业务收入完成3974.4亿元，同比增长43.5%。快递业务收入占行业总收入的比重为73.9%，比2015年提高5.3个百分点，快递业务收入在行业中占比继续提升。

2016年，国有快递企业业务量完成28.4亿件，实现业务收入397.8亿元；民营快递企业业务量完成282.4亿件，实现业务收入3328.8亿元；外资快递企业业务量完成2亿件，实现业务收入247.8亿元。2016年，国有、民营、外资快递企业业务量市场份额分别为9.1%、90.3%和0.6%，业务收入市场份额分别为10%、83.8%和6.2%，民营快递企业市场份额进一步提升。

2. 行业内上市公司发展情况

表28　2016年邮政业上市公司收入及资产增长情况　单位：亿元

营运能力指标	2016年	2016年可比样本变动	2015年	2015年可比样本变动	2014年
营业收入	168.18	39.04	-	-	-
利润总额	18.28	79.40	-	-	-
归属于母公司所有者的净利润	13.72	91.24	-	-	-
总资产	111.68	80.03	-	-	-
归属于母公司股东权益	82.05	139.13	-	-	-

资料来源：沪深交易所，同花顺。

表29　2016年邮政业上市公司盈利能力情况

营运能力指标	2016年	2016年可比样本变动	2015年	2015年可比样本变动	2014年
毛利率（%）	13.56	-0.12	-	-	-
净资产收益率（%）	16.72	-4.19	-	-	-
销售净利率（%）	8.16	2.22	-	-	-
资产净利率（%）	15.80	-2.86	-	-	-

资料来源：沪深交易所，同花顺。

表 30　　2016 年邮政业上市公司偿债及营运情况

营运能力指标	2016 年	2016 年可比样本变动	2015 年	2015 年可比样本变动	2014 年
资产负债率（%）	26.53	-18.16	-	-	-
存货周转率（次）	525.58	462.53	-	-	-
总资产周转率（次）	1.94	-1.21	-	-	-

资料来源：沪深交易所，同花顺。

四、重点上市公司介绍

（一）大秦铁路

大秦铁路拥有的铁路干线衔接了我国北方地区最重要的煤炭供应和中转枢纽，处于“承东启西”的战略位置。2016 年公司在全国铁路煤炭运输市场的占有率为 20.5%，公司核心经营资产大秦线为“西煤东运”的四大重要通道之一。

公司主要经营铁路客、货运输业务。铁路货物运输业务是公司最主要的业务，2016 年货运收入占公司主营业务收入的 76.17%。运输的货品以动力煤为主，主要用于火力发电，发运的其他货品还包括焦炭、钢铁等大宗物资以及零散货物、集装箱等。在铁路旅客运输方面，公司担当开行的普通旅客列车及高铁列车覆盖全国大部分省市、自治区，2016 年客运收入占公司主营业务收入的 12.39%。

2016 年，公司完成货物发送量 44737 万吨，同比下降 17.5%；货物运输量 60550 万吨，同比下降 11.1%；换算周转量 2848 亿吨公里，同比下降 16.5%。公司日均装车 17774 车，日均卸车 8832 车，货车周转时间 2.7 天，静载重 71.6 吨。大秦线货物运输量完成 35125 万吨，较 2015 年下降 11.5%；日均开行重车 71.5 列，其中，2 万吨 43.3 列，1.5 万吨 3.7 列，单元万吨 6.8 列，组合万吨 16.1 列。大秦线日均运量 95.57 万吨，最高日运量 130.8 万吨。侯月线货物运输量完成 7892 万吨。2016 年，公司完成旅客发送量 5578 万人次，较 2015 年下降 6.3%。

（二）粤高速 A

粤高速属基础设施行业，主营业务为收费高速公路、桥梁的投资、建设、收费和养护管理，是广东省高速公路系统内开发高速公路和特大桥梁的主要机构之一。截至 2016 年年底，公司控股高速公路里程 158.12 公里，参股高速公路里程 684.20 公里，按照权益比例折算里程合计 273.05 公里，核心经营的高速公路资产包括广佛高速公路、佛开高速公路、京珠高速公路广珠段以及广惠高速公路等。

2016 年 7 月，公司完成重大资产重组，持有广珠东公司股权从 20% 增加到 75%，持有佛开公司股权从 75% 增加到 100%，从而实现了对广珠东公司的并表和对佛开公司的全资控股，使得公司路产规模优势得以加强。

2016 年，公司核心经营资产表现良好：广佛高速公路实现车流量 5764.54 万辆，同比增长 14.67%；佛开高速公路实现车流量 5338.58 万辆，同比增长 14.74%；京珠高速公路广珠段实现车流量 6987.13 万辆，同比增长 10.64%。除赣康高速外，公司其余高速公路项目通行费较 2015 年同比均呈不同程度的增长，公司高速公路主业持续盈利能力进一步得到提升。2016 年，公司实现营业收入 28.25 亿元，增幅 6.30%；总资产增至 160.72 亿元，增幅 6.25%；归属于上市公司所有者净利润增至 10.01 亿元，增幅 43.83%；公司实现投资收益 4.42 亿元，完成目标值 3.60 亿元的 122.78%。

（三）上港集团

上海港位于中国大陆东海岸的中部、“黄金水道”长江与沿海运输通道构成的“T”字型水运网络的交汇点，自然条件优越，腹地经济发达。上港集团是上海港公共码头运营商，国内首家整体上市的港口股份制企业。公司母港集装箱吞吐量自 2010 年起连续 7 年位居世界第一，主要经营指标居行业前列，依托长三角和长江流域经济腹地，形成辐射整个东北亚经济腹地的主枢纽港地位。

公司主要从事港口相关业务，主营业务分为集装箱、散杂货、港口物流和港口服务四大板块，经营范围包括国内外货物装卸、储存、中转和水陆运输，船舶引水、拖带等。通过为客户提供港口及相关服务，公司相应收取港口作业包干费、堆存保管费和港口其他收费。

2016 年，公司母港货物吞吐量完成 5.14 亿吨，同比增长 0.1%。其中，母港散杂货吞吐量完成 1.47 亿吨，同比下降 5.4%，跌幅较 2015 年收窄 10.7 个百分点。母港集装箱吞吐量完成 3713.3 万标准箱，同比增长 1.6%，其中，洋山港区完成集装箱吞吐量 1561.6 万标准箱，同比增长 1.4%。2016 年，公司进一步深化和拓展水水中转业务，水水中转比例达到 46.5%。

（四）中远海控

中远海控，原名“中国远洋”，成立于 2005 年 3 月，分别于 2005 年 6 月和 2007 年 6 月上市香港联交所和上交所，公司原从事业务包括集装箱航运、干散货航运、码头和集装箱租赁业务。2015 年 12 月，航运国企改革拉开帷幕，公司剥离了集装箱租赁业务和干散货航运业务，专注于从事集装箱航运和码头业务。公司参与的资产交割于 2016 年 3 月底之前基本完成，并于 2016 年 9 月正式结束。

随着业务整合的完成，公司船队规模明显扩大，跃升为全球第四大集装箱班轮公司，形成了全球化经营、一体化服务的集装箱运输服务网络，致力于为客户提供“门到门”全程运输解决方案。公司与达飞轮船、长荣海运、东方海外共同组建的“海洋联盟”将于 2017 年 4 月 1 日正式投入运营。通过联盟的高效合作，公司进一步优化自身航线网络，将更有效地降低运营成本。

截至 2016 年 12 月 31 日，公司自营集装箱船舶 312 艘，运力规模达到 164.88 万标准箱。2016 年，公司运输集装箱重箱量共 1690.28 万标准箱，同比增加 54.36%。国际航线平均单箱收入为 4141.02 元/标准箱，同比下降 11.93%；内贸干线平均单箱收入 1581.15 元/标准箱，同比增长 2.93%。码头业务方面，2016 年中远海运港口控股及参股码头集装箱总吞吐量为 9507.19 万标准箱，同比增长 5.07%。

（五）上海机场

上海机场经营范围包括航空运输地面服务及其他相关业务。2004 年资产重组后公司以上海浦东机场为主要资产，对浦东机场进行经营管理，提供地面保障。公司经营业务主要分为航空性业务和非航空性业务。

2016 年，浦东机场的年旅客吞吐量位居全国第二，国际和地区旅客量保持全国第一，航空运量比肩全球超大型枢纽机场。2016 年浦东机场共实现飞机起降 47.99 万架次，较 2015 年增长 6.84%；旅客吞吐量 6600.24 万人次，较 2015 年增长 9.82%；货邮吞吐量 344.03 万吨，较 2015 年增长 5.04%；新增 6 家国内外客货运航空公司和 7 个国际通航点。在浦东机场运营的航空公司最多时达到 102 家，其中，国际及地区 74 家，国内 28 家。截至 2016 年年底，浦东机场共有通航点 227 个，其中，国际及地区通航点 124 个，国内通航点 103 个。

上海浦东国际机场三期扩建工程项目于 2015 年底动工，截至 2016 年年底项目进度达 13%。目前，项目已完成卫星厅及三期相关配套设施工程施工图设计，取得卫星厅工程部分规划许可证和施工许可证；已完成卫星厅桩基工程和地下围护工程施工，地下结构完成 95%，上部主体结构完成 20%；能源中心工程处于桩基工程施工阶段，捷运系统工程完成部分区段始发井结构施工，港湾站坪土方卸载完成 20%。

（六）中国国航

中国国航是中国唯一载旗航空公司，品牌优势明显。2007 ~ 2016 年公司连续十年荣列世界品牌实验室“世界品牌 500 强”，排名由 2007 年第 461 位上升至 2016 年第 295 位。公司主要定位中高端公商务主流旅客市场，目前拥有中国规模最大、价值最高的客户群体。截至 2016 年 12 月 31 日，凤凰知音会员达到 4297 万人，常旅客贡献收入占公司客运收入的 39.3%，贡献收入同比增加 8.5%。

公司以北京首都国际机场为主基地，长期以来坚持“国内国际均衡发展，以国内支撑国际”的市场布局原则，在多年的经营过程中形成了以北京、成都、上海和深圳为节点的四角菱形网络结构和广泛均衡的国内、国际航线网络。截至 2016 年 12 月 31 日，公司经营的客运航线条数达到 378 条，其中，国际航线 102 条，地区航线 14 条，国内航线 262 条，通航国家和地区 41 个。此外，公司还积极开展国际化合作，通过与星空联盟成员合作，将服务进一步拓展到全球 192 个国家的 1330 个目的地；与 35 家伙伴合作，实现每周 15037 班次航班代码共享。

截至 2016 年，集团投入 2332.18 亿可用座位公里，较 2015 年增加 8.56%；实现客运总周转量 1881.58 亿收入客公里，较 2015 年增长 9.58%；客座利用率为 80.68%，较 2015 年上升 0.75 个百分点。投入 127.37 亿可用货运吨公里，较 2015 年增加 6.30%；实现货运总周转量 69.95 亿收入货运吨公里，较 2015 年增长 6.66%；货邮载运率为 54.92%，较 2015 年上升 0.19 个百分点。

（七）外运发展

外运发展是国内航空货运代理行业第一家上市公司，在国内航空货运代理行业具有领先地位。目前，公司经营包括货运代理、电商物流、专业物流三大业务板块，具体经营业务包括：国际货运代理（含货运进口和货运出口）、国内货运、电商物流（含出口电商和进口电商）、国际快件、以及定制化的门到门一揽子物流解决方案和全程综合物流服务。

目前，公司已在全国主要大中城市成立分公司开展空运相关业务，建立了广阔的国内网络；同时，通过海外代理、设立合资公司和办事处等方式在欧美、澳洲、亚洲等主要地区搭建了海外网点，促进了国内外网络的对接。公司与国货航、中货航、南航货运、汉莎、大韩等多家航空公司签有长期合作协议，包括德线、美线往返包机协议及美、欧、东南亚诸多航线包板协议。公司拥有丰富的物流仓储设施及货运经营用车辆，在全国华北、华南、西部和华东 4 个区域空港、港口枢纽、物流集散地等核心地区建设了多个重点项目，仓库类型涵盖海关快件监管中心、海关监管仓库、保税仓库和普通物流仓库等。

2016 年，母公司国际航空货运代理业务实现代理总量 42.18 万吨，同比增长 0.79%；其中，出口货量 17.94 万吨，同比增长 3.22%；进口货量 24.24 万吨，同比下滑 0.94%。

（八）中储股份

中储股份是以综合物流、物流贸易、金融物流以及物流地产等为主营业务，同时兼具物流技术、电子商务、融资贷款等服务功能的现代综合物流企业，为我国特大型全国性仓储物流企业。

公司海内外物流作业网点 500 余家，拥有土地面积近 600 万平方米，年吞吐能力 6000 万吨。公司拥有 60 余条专用线，累计长度近 60 公里，具备公、铁运输转换的重要条件；公司天津、青岛、上海等地区分子公司拥有靠近港口的优势，无锡、南京等地区分公司拥有货运码头，有利于形成水、公、铁运输方式的转换及联运。

2016 年，公司收购英国 Henry Bath & Son Limited 集团 51% 的股权，拥有包含 SHFE 和 LME 等多个交易所资质认证的交割仓库运营商，成功进入海外大宗商品期货交割仓库业务领域，并成为唯一一家同时涉足国内、国际期货交易所交割仓库业务的大宗商品综合物流服务商。2016 年，公司与第二大股东普洛斯按照《战略合作协议》的约定，在仓储物流业务开拓、薪酬体系优化等方面已开展合作、沟通，并就与普洛斯拟成立合资公司事宜已初步达成一致。

2016 年，公司实现物流业务收入 36.16 亿元，同比增长 40.25%。其中，仓储业务收入 6.70 亿元，同比增长 49.24%；进出库收入 5.84 亿元，同比增长 14.28%；配送运输业务收入 17.47 亿元，同比增长 284.22%，完成配送运输总量 7759.22 万吨，同比增长 728.48%；集装箱业务收入 0.75 亿元，同比增长 1.56%；现货市场收入 1.93 亿元，同比下降 12.12%。物流贸易业务收入 114.28 亿元，同比下降 23.48%。

（九）圆通速递

圆通速递是国内领先的综合性快递物流运营商，以快递服务为核心，围绕客户需求提供代收货款、仓配一体等物流延伸服务。2016 年，公司借壳大杨创世登陆 A 股，成为国内第一家上市的快递物流企业。

截至 2016 年年底，公司在全国范围已建成自营枢纽转运中心 62 个，加盟商 2593 家，终端网点 37713 个，快递服务网络覆盖全国 31 个省、自治区和直辖市，地级以上城市已基本实现全覆盖，县级以上城市覆盖率达到 96.10%，航空机队 5 架。截至 2016 年年底，公司航线覆盖城市 113 个，累计开通航线数量 1373 条；公司汽运网络全网运输车辆超过 36000 辆，陆路运输干线 3475 条；与此同时，公司已陆续推出港澳台、东南亚、中亚、欧洲、美洲、澳洲及韩日快递专线产品，实现快件通达主要海外市场。

2016 年公司业务量为 44.60 亿件，市场规模位居行业前列。

五、上市公司在行业中的影响力

整体来看，交通运输、仓储和邮政业作为支撑客货运流转的基础行业，在国民经济中处于重要地位，经过多年发展，交运各细分子行业的龙头公司或具较强影响力的企业，基本均已登陆资本市场，因此，交运上市公司基本代表了交通运输、仓储和邮政业各领域的变化发展。

其中，航空板块最具代表性，目前国内体量最大的四大国有航企（中国国航、南方航空、东方航空和海航控股），以及民营航空领军企业春秋航空和吉祥航空均已上市，上述航空公司 2016 年合计完成客运量 3.88 亿人次，占全国民航客运总量的 79%。四大航为国内全服务航空的代表，而吉祥航空为民营全服务航空的特色代表航企，而春秋为国内低成本航空的领导者，也是国内第一家上市的低成本航企。总体来看，A 股上市航企从业务量到航空细分市场的服务类型上，均具高度的代表性和较强影响力。

上市机场同样在机场行业中具有较强

的代表性。目前，A 股上市机场中的上海机场、白云机场、深圳机场和厦门空港，以及在香港上市的北京首都国际机场，均为所在区域的核心航空枢纽。其中，首都机场、上海机场和白云机场位居内吞吐量前三位，2016 年国内上市机场旅客吞吐量达 2.8 亿人次，占全国机场旅客吞吐量的 28%。上述上市机场也基本代表了国内几大核心经济区的对外交流活跃程度，也是国内机场最强盈利能力的代表企业。

在铁路方面，目前已上市的大秦铁路、广深铁路和铁龙物流均具有较强的代表性。大秦铁路是中国“西煤东运”战略中最重要的一环，并且具有世界先进的重载运输装备和技术体系，且大秦铁路市值超千亿，为交运领域重要的权重股。2016 年虽然铁路货运量持续下滑，但是大秦铁路货物发送量占全国铁路货物发送量的 13.4%，煤炭发送量占全国铁路煤炭发送量的 20.5%，仍在全国铁路货运市场中占有重要地位。广深铁路是铁路客运的代表，铁龙物流承担全国铁路特种集装箱业务，是铁路物流方面的重要企业，也具有较强的代表性。

从水上运输业来看，国内代表性航运公司均已上市，其中，中远海控在航运国企重组完成之后集装箱船队规模大幅提升，全球排名跃升为第四位，成为具有较强国际竞争力的班轮公司。

在邮政业板块方面，目前已上市的圆通速递具有较强的代表性。圆通速递是行业领先的快递物流企业，也是国内仅有的两家拥有自有航空公司的民营快递企业之一。2016 年公司实现快递业务量 44.60 亿件，占全国快递业务量的 14.3%，在行业内具有较高的影响力和代表性。

审稿人：韩轶超

撰稿人：赵　超　于灯灯　鲁斯嘉

住宿和餐饮业

一、住宿和餐饮业总体概况

（一）行业整体运行情况

2016 年，住宿和餐饮业国内生产总值达 13281 亿元，同比增长 6.9%，占全国 GDP 总值的比例为 1.78%，占比逐渐扩大。2016 年，全国饭店餐饮行业呈现稳健增长的态势。主题酒店、中档连锁、民宿客栈、租赁式公寓、团餐、快餐、火锅、单品连锁、甜品咖啡、餐饮食品、外卖产业快速发展，智能化、信息化、互联网技术广泛应用，当前饭店餐饮业已经进入“全住宿、新餐饮”的时代，其实质是快速推进行业消费升级的供给侧结构性再造，快速适应中国经济新常态的宏观经济环境，以及大众旅游时代 80、90 后成为消费主力、未来 5 年居民出境旅游将达到 7 亿人次的全球化消费新趋势。

（二）细分行业运行概况

住宿业：2016 年，全国限额以上住宿企业营业收入为 3791 亿元，比 2015 年增长 4.0%。据商务部商贸服务典型企业统计测算，2016 年，全行业经营单位达 58.8 万家，比 2015 年增长 2.5%，从业人数 510.1 万，同比增长 2.1%，总收入 5307.5 亿元，同比增长 4.0%，与 2015 年度相比，增速有所放缓，主要是住宿业新业态经过 2015 年爆发式增长后进入稳步增长期。

餐饮业：2016 年，全国餐饮收入 35799 亿元，同比增长 10.8%，限额以上单位餐饮收入 9213 亿元，同比增长 6.0%，两者增速分别较 2015 年同期降低 0.9、1.0 个百分点。不过，餐饮业发展速度仍位于合理区间，餐饮收入总规模占到社会消费品零售总额的 10.8%，比重持续回升，并且餐饮市场对整个消费市场增长贡献率达到 11.1%，拉动消费市场增长 1.2%。餐饮行业稳增长、促消费的作用依然不容小觑。

二、行业内上市公司发展概况

（一）行业内上市公司基本情况

表 1　　2016 年住宿和餐饮业上市公司发行股票概况

门　类	A、B 股总数	A 股股票数	B 股股票数	境内总市值（亿元）	流通 A 股市值（亿元）	流通 B 股市值（亿元）
住宿和餐饮业	13	11	2	856.10	624.70	28.62
占沪深两市比重（%）	0.41	0.35	0.06	0.17	0.16	1.51

资料来源：沪深交易所，同花顺。

（二）行业内上市公司构成情况

表 2　　2016 年住宿和餐饮业上市公司构成情况　　单位：家

门　类	沪市			深市			ST/*ST
	仅 A 股	仅 B 股	A+B 股	仅 A 股	仅 B 股	A+B 股	
住宿和餐饮业	2	0	1	7	0	1	0/1
占行业内上市公司比重（%）	15.38	0.00	7.69	53.85	0.00	7.69	0/7.69

资料来源：沪深交易所，同花顺。

（三）行业内上市公司融资情况

表 3　　2016 年住宿和餐饮业上市公司与沪深两市融资情况对比　　单位：家

门类	融资家数	新股	增发	配股
住宿和餐饮业	2	0	2	0
沪深两市总数	877	227	639	11
占比（%）	0.23	0.00	0.31	0.00

资料来源：沪深交易所，同花顺。

其中，增发的 2 家公司均为沪市公司。

按行业大类划分，进行融资的 2 家公司均为住宿业。

从融资效果来看，上述公司实际发行数量为 4.0 亿股，实际募集资金 83.91 亿元，基本完成了融资计划。

2016 年住宿和餐饮业上市公司融资情况明细见附录。

（四）行业内上市公司资产及业绩情况

表 4　　2016 年住宿和餐饮业上市公司资产情况　　单位：亿元

指　标	2016 年	2016 年可比样本增长（%）	2015 年	2015 年可比样本增长（%）	2014 年
总资产	783.92	60.63	487.3	52.59	316.13
流动资产	178.41	37.15	129.85	21.85	112.11
占比（%）	22.76	-3.90	26.65	-6.72	35.46
非流动资产	605.51	69.17	357.46	67.98	204.02
占比（%）	77.24	3.90	73.35	6.72	64.54
流动负债	258.88	73.27	149.43	62.83	92.14
占比（%）	33.02	2.41	30.67	1.93	29.15
非流动负债	227.97	49.64	152.34	152.99	57.33
占比（%）	29.08	-2.14	31.26	12.41	18.13
归属于母公司股东权益	270.01	56.72	171.88	11.17	154.44
占比（%）	34.44	-0.86	35.27	-13.14	48.85

资料来源：沪深交易所，同花顺。

表 5　　2016 年住宿和餐饮业上市公司收入实现情况　　单位：亿元

指　标	2016 年	2016 年可比样本增长（%）	2015 年	2015 年可比样本增长（%）	2014 年
营业收入	219.23	80.94	120.93	5.81	95.39
利润总额	14.57	2.02	14.21	999.37	-2.31
归属于母公司所有者的净利润	8.68	-19.94	10.81	334.12	-5.16

资料来源：沪深交易所，同花顺 。

（五）利润分配情况

2016 年全年住宿和餐饮业上市公司中共有 6 家公司实施了分红配股。其中，1 家上市公司仅实施送股或转增股，5 家上市公司仅实施派息。

2016 年住宿和餐饮业上市公司分红明细见附录。

（六）其他财务指标情况

1. 盈利能力指标

表 6　　2016 年住宿和餐饮业上市公司盈利能力情况

指　标	2016 年	2016 年可比样本增长（%）	2015 年	2015 年可比样本增长（%）	2014 年
毛利率（%）	84.24	8.73	75.55	18.24	63.19
净资产收益率（%）	3.21	-3.08	6.29	9.28	-3.34
销售净利率（%）	4.05	-4.50	8.52	12.57	-5.41
资产净利率（%）	1.40	-1.17	2.56	4.13	-1.78

资料来源：沪深交易所，同花顺。

2. 偿债能力指标

表 7　　2016 年住宿和餐饮业上市公司偿债能力指标

指　标	2016 年	2016 年可比样本增长（%）	2015 年	2015 年可比样本增长（%）	2014 年
流动比率	0.69	-0.18	0.87	-0.29	1.22
速动比率	0.59	-0.11	0.69	-0.17	0.92
资产负债率（%）	62.10	0.27	61.93	14.34	47.28

资料来源：沪深交易所，同花顺。

3. 营运能力指标

表 8　　2016 年住宿和餐饮业上市公司营运能力情况　　单位：次

营运能力指标	2016 年	2016 年可比样本变动	2015 年	2015 年可比样本变动	2014 年
存货周转率	1.31	0.20	1.1	-0.77	1.35
应收账款周转率	24.35	4.28	20.03	-6.43	16.62
流动资产周转率	1.42	0.40	1.02	-0.24	1
固定资产周转率	1.44	0.48	0.96	-0.21	0.99
总资产周转率	0.34	0.04	0.3	-0.09	0.33
净资产周转率	0.91	0.22	0.69	-0.08	0.64

资料来源：沪深交易所，同花顺。

三、重点细分行业介绍

表 9　　2016 年住宿和餐饮业上市公司数量分布及市值情况

大　类	上市公司家数（家）	占行业内比重（%）	境内总市值（亿元）	占行业内比重（%）
住宿业	8	72.73	677.74	79.17
餐饮业	3	27.27	178.36	20.83

资料来源：沪深交易所，同花顺。

（一）住宿业

1. 行业概况

总体来看，住宿业正处在消费升级、行业结构再造、产业链重塑的转型升级关键期，上下游产业链进一步融合，“住宿 + X”成为行业发展的模式。据国家统计局的统计，2016 年，全国限额以上住宿企业营业收入为 3791 亿元，比 2015 年增长 4.0%。据商务部商贸服务典型企业统计测算，2016 年，全行业经营单位达 58.8 万家，比 2015 年增长 2.5%，从业人数 510.1 万，同比增长 2.1%，总收入 5307.5 亿元，同比增长 4.0%，与 2015 年度相比，增速有所放缓，主要是住宿业新业态经过 2015 年爆发式增长后进入稳步增长期。

2. 行业内上市公司发展情况

表 10　2016 年住宿业上市公司收入及资产增长情况　单位：亿元

指　标	2016 年	2016 年可比样本增长（%）	2015 年	2015 年可比样本增长（%）	2014 年
营业收入	194.75	107.47	93.64	11.27	59.32
利润总额	12.92	5.70	12.15	247.69	2.13
归属于母公司所有者的净利润	7.70	-16.21	9.16	971.73	-0.05
总资产	752.49	64.75	456.04	62.33	265.03
归属于母公司股东权益	249.12	64.19	151.32	11.69	129.88

资料来源：沪深交易所，同花顺。

表 11　2016 年住宿业上市公司盈利能力情况

指　标	2016 年	2016 年可比样本增长（%）	2015 年	2015 年可比样本增长（%）	2014 年
毛利率（%）	87.87	6.19	81.76	23	69.94
净资产收益率（%）	3.09	-2.97	6.05	5.42	-0.04
销售净利率（%）	4.02	-5.32	9.3	8.09	-0.17
资产净利率（%）	1.29	-1.08	2.36	1.96	-0.04

资料来源：沪深交易所，同花顺。

表 12　2016 年住宿业上市公司偿债及营运情况

指　标	2016 年	2016 年可比样本增长（%）	2015 年	2015 年可比样本增长（%）	2014 年
资产负债率（%）	63.44	-0.52	64.06	16.38	47.29
存货周转率（次）	0.93	0.26	0.67	-0.75	0.73
总资产周转率（次）	0.32	0.07	0.25	-0.08	0.25

资料来源：沪深交易所，同花顺。

（二）餐饮业

1. 行业概况

“十三五”伊始，国民经济进入增速换挡、动能转换、结构优化的新常态，餐饮业保持稳定发展。根据国家统计局的统计，2016 年，全国餐饮收入 35799 亿元，同比增长 10.8%。其中，限额以上单位餐饮收入 9213 亿元，同比增长 6.0%。餐饮业收入占社会消费品零售总额的 10.8%，比重持续回升。根据商务部商贸服务典型企业的统计，2016 年，全社会提供正餐、快餐、饮料及冷饮、其他餐饮服务的餐饮业经营单位为 365.5 万个，从业人数为 1846.0 万人，比 2015 年增加 5.7%。总的来看，餐饮业发展处于合理、平稳发展阶段。

2. 行业内上市公司发展情况

表 13　　2016 年餐饮业上市公司收入及资产增长情况　　单位：亿元

指　标	2016 年	2016 年可比样本增长（%）	2015 年	2015 年可比样本增长（%）	2014 年
营业收入	24.48	-10.29	27.29	-9.43	36.07
利润总额	1.65	-19.87	2.06	140.56	-4.44
归属于母公司所有者的净利润	0.98	-40.71	1.65	130.17	-5.11
总资产	31.43	0.52	31.27	-18.64	51.1
归属于母公司股东权益	20.89	1.59	20.56	7.48	24.56

资料来源：沪深交易所，同花顺。

表 14　　2016 年餐饮业上市公司盈利能力情况

指　标	2016 年	2016 年可比样本变动	2015 年	2015 年可比样本变动	2014 年
毛利率（%）	55.35	1.07	54.28	1	52.09
净资产收益率（%）	4.68	-3.34	8.03	36.63	-20.81
销售净利率（%）	4.33	-1.53	5.86	24.57	-14.03
资产净利率（%）	3.38	-1.21	4.59	18.78	-9.64

资料来源：沪深交易所，同花顺。

表 15　　2016 年餐饮业上市公司偿债及营运情况

指　标	2016 年	2016 年可比样本增长（%）	2015 年	2015 年可比样本增长（%）	2014 年
资产负债率（%）	30.22	-0.64	30.86	-16.13	47.22
存货周转率（次）	10.71	1.52	9.18	1.02	9.55
总资产周转率（次）	0.78	0.00	0.78	0.02	0.69

资料来源：沪深交易所，同花顺。

四、重点上市公司介绍

锦江股份

锦江股份是中国最大的酒店、餐饮业上市公司，主营酒店管理、餐饮业务。公司通过实施“国际化、品牌化、市场化”的发展战略，以星级酒店管理业务为发展方向，并通过锦江之星旅馆有限公司参与经济型酒店管理业务，继续拓展连锁中西快餐的投资经营，进一步提升公司在

“管理、品牌、网络、人才”等方面的核心竞争能力。目前，酒店管理公司在人才建设、品牌建设、网络建设及质量标准管理等方面均呈现出良好的发展态势。

截至 2016 年 12 月 31 日，锦江都城会员总数达到 2657 万人，其中，银卡会员 1990 万人，金卡会员 666 万人；铂涛会员总数 7804 万人，维也纳会员总数 1784 万人。

2016 年度，公司实现合并营业收入 1063554 万元，比 2015 年同期增长 91.19%。实现营业利润 85780 万元，比 2015 年同期增长 0.18%。实现归属于上市公司股东的净利润 69458 万元，比 2015 年同期增长 8.93%。实现归属于上市公司股东的扣除非经常性损益后的净利润 38264 万元，比 2015 年同期增长 26.85%。基本每股收益 0.8 元。

2016 年度，公司于中国大陆境内的有限服务型连锁酒店业务保持平稳发展，实现合并营业收入 688989 万元，比 2015 年同期增长 156.69%；实现归属于母公司所有者的净利润 29932 万元，比 2015 年同期增长 86.72%；合并营业收入中的首次加盟费收入 24740 万元，比 2015 年同期增长 643.17%；持续加盟费收入 147066 万元，比 2015 年同期增长 86.84%；中央订房系统渠道销售费 6846 万元，比 2015 年同期增长 20.38%。

五、上市公司在行业中的影响力

住宿餐饮业上市公司 2016 年年末的资产总额为 783.92 亿元，营业总收入为 219.23 亿元，归母净利润为 8.68 亿元。住宿餐饮业整体集中度不高，上市公司在行业中的影响不大。

审稿人：刘小勇

撰稿人：谷　茜

信息传输、软件和信息技术服务业

一、信息传输、软件和信息技术服务业总体概况

（一）行业整体运行情况

信息传输、软件和信息技术服务业是信息产业的重要支柱，是国民经济和社会信息化的重要基础。作为国家战略性新兴产业的重要组成部分，信息传输、软件和信息技术服务业具有更新换代快和知识密集性高等特性，已经融入到国民经济体系中的各个行业，提升了传统产业的生产、经营方式的演进，提高了经济社会的运行效率。近些年随着互联网技术的快速发展，企业对信息资源的挖掘、利用和开发有了更深入的要求，普通消费者对信息化产品、信息资源的利用也有了更多样化的需求，因此，信息传输、软件和信息技术服务业的重要性进一步强化，其市场的规模持续增长。

2016 年中国经济形势总的特点是缓中趋稳、稳中向好，经济运行保持在合理区间，质量和效益提高。科技进步对经济增长的作用正进入换挡期，经济结构继续优化，创新对发展的支撑作用增强。信息传输、软件和信息技术服务业保持良好的增长运行态势，产业规模不断扩大，产业地位显著提升，推动了国民经济和社会信息化建设，带动了传统产业改造升级，特别对供给侧结构性改革起到了积极推动作用，经济发展质量效益稳步提升，催生了一批高附加值、绿色低碳的新兴产业，为提升社会管理和公共服务水平提供了技术支撑。因此，加快发展信息传输、软件和信息技术服务业，能够加快增强信息技术在国民经济中的渗透带动作用，成为经济持续增长的良好支撑基础和条件，促进经济结构保持不断调整优化的前进态势。

（二）细分行业运行概况

从细分行业来看，按可比口径计算，整个信息传输、计算机服务和软件业 2016 年季度景气度较 2015 年同期有一定程度的上升。

2016 年，我国电信行业贯彻落实中央各项政策措施，继续推进“提速降费”行动，提升宽带网络基础设施水平，积极发展移动互联网新型消费形式，全面服务国民经济和社会发展，全行业保持健康发展。电信业务收入完成 11893 亿元，同比增长 5.6%。电信业务总量完成 35948 亿元，同比增长 54.2%，比 2015 年提高 25.5 个百分点。行业发展对话音业务的依赖持续快速减弱，收入结构继续向互联网接入和移动流量业务倾斜。

2016年我国广播电视产业处于深度变革之中，产业格局与市场空间均发生巨大变化，媒体融合进程进一步深化，传统广电业全面突破，从节目双创到公共服务体系建设全面升级，现代传播体系建设日趋完善，广电国际传播能力不断提升。新增影院1612家，新增银幕数量9552块，全国银幕总数41179块，占全球数字银幕的26.56%，成为世界上银幕最多的国家。全国广播影视业收入13625.88亿元，同比增长5.14%，其中，电影总票房同比小幅增长3.73%，广播媒体市场规模见底回升。

2016年中国网民规模达7.31亿，互联网普及率达到53.2%，同比增长2.9个百分点。互联网经济营收规模达到14707亿元，同比增长28.5%。移动网络经济首次超过PC端。电商营收规模占比超过60%，是推动网络经济增长的主要力量。中国互联网行业整体向规范化、价值化发展，同时，移动互联网推动消费模式共享化、设备智能化和场景多元化。随着网络强国战略、制造强国战略、国家大数据战略等重大国家政策不断细化落实，互联网产业发展前景广阔。

2016年全国软件和信息技术服务业完成软件业务收入4.9万亿元，同比增长14.9%。全行业实现利润总额6021亿元，同比增长14.9%；实现出口519亿美元，同比增长5.8%。我国软件和信息技术服务业运行态势平稳，盈利状况良好，产业内部结构不断调整优化，中心城市软件业保持领先增长态势。

二、行业内上市公司发展概况

（一）行业内上市公司基本情况

表1　　2016年信息传输、软件和信息技术服务业上市公司发行股票概况

门　类	A、B股总数	A股股票数	B股股票数	境内总市值（亿元）	流通A股市值（亿元）	流通B股市值（亿元）
信息传输、软件和信息技术服务业	205	203	2	29189.53	18544.29	40.76
占沪深两市比重（%）	6.54	6.48	0.06	5.74	4.74	2.15

资料来源：沪深交易所，同花顺。

（二）行业内上市公司构成情况

表2　　2016年信息传输、软件和信息技术服务业上市公司构成情况　　单位：家

门　类	沪市			深市			ST/*ST
	仅A股	仅B股	A+B股	仅A股	仅B股	A+B股	
信息传输、软件和信息技术服务业	42	0	2	159	0	0	1/1
占行业内上市公司比重（%）	20.49	0.00	0.98	77.56	0.00	0.00	0.49/0.49

资料来源：沪深交易所，同花顺。

（三）行业内上市公司融资情况

表 3　2016 年信息传输、软件和信息技术服务业上市公司与沪深两市融资情况对比　单位：家

门类	融资家数	新股	增发	配股
信息传输、软件和信息技术服务业	80	27	53	0
沪深两市总数	877	227	639	11
占比（%）	9.12	11.89	8.29	0.00

资料来源：沪深交易所，同花顺。

其中，在首发的 27 家公司中，有 9 家在上海主板上市，18 家在创业板上市；在增发的 53 家公司中，有 7 家沪市、46 家深市。

按行业大类划分，在进行融资的 80 家公司中，电信、广播电视和卫星传输服务业 5 家，互联网和相关服务业 17 家，软件和信息技术服务业 58 家。

从融资效果来看，上述公司实际发行数量为 708950.93 万股，实际募集资金 1349.70 亿元，基本完成了融资计划。

2016 年信息传输、软件和信息技术服务业上市公司融资情况明细见附录。

（四）行业内上市公司资产及业绩情况

表 4　2016 年信息传输、软件和信息技术服务业上市公司资产情况　单位：亿元

指　标	2016 年	2016 年可比样本增长（%）	2015 年	2015 年可比样本增长（%）	2014 年
总资产	15045.10	17.53	11976.75	23.31	9109.38
流动资产	5878.60	32.06	4012.83	29.46	2793.08
占比（%）	39.07	4.30	33.51	1.59	30.66
非流动资产	9166.49	9.79	7963.92	20.43	6316.3
占比（%）	60.93	-4.30	66.49	-1.59	69.34
流动负债	6101.45	10.09	5229.94	21.94	4047.44
占比（%）	40.55	-2.74	43.67	-0.49	44.43
非流动负债	988.22	19.52	760.63	49.32	495.61
占比（%）	6.57	0.11	6.35	1.11	5.44
归属于母公司股东权益	6160.27	29.64	4318.45	31.79	2957.74
占比（%）	40.95	3.82	36.06	2.32	32.47

资料来源：沪深交易所，同花顺。

表 5　　2016 年信息传输、软件和信息技术服务业上市公司收入实现情况　　单位：亿元

指　标	2016 年	2016 年可比样本增长（%）	2015 年	2015 年可比样本增长（%）	2014 年
营业收入	6896.97	14.88	5621.84	10.23	4743.71
利润总额	514.79	-8.49	509.87	15.07	386.21
归属于母公司所有者的净利润	445.16	11.56	356.63	24.96	239.35

资料来源：沪深交易所，同花顺。

（五）利润分配情况

2016 年全年信息传输、软件和信息技术服务业上市公司中共有 151 家公司实施了分红配股。其中，6 家上市公司仅实施送股或转增股，93 家上市公司仅实施派息，52 家公司既实施了送股、转增，又实施了派息。

2016 年信息传输、软件和信息技术服务业上市公司分红明细见附录。

（六）其他财务指标情况

1. 盈利能力指标

表 6　　2016 年信息传输、软件和信息技术服务业上市公司盈利能力情况

指　标	2016 年	2016 年可比样本增长（%）	2015 年	2015 年可比样本增长（%）	2014 年
毛利率（%）	28.88	-1.35	29.54	-3.09	32.51
净资产收益率（%）	7.23	-1.17	8.26	-0.45	8.09
销售净利率（%）	6.59	-1.34	7.69	0.38	6.82
资产净利率（%）	3.26	-0.87	3.99	-0.1	3.72

资料来源：沪深交易所，同花顺。

2. 偿债能力指标

表 7　　2016 年信息传输、软件和信息技术服务业上市公司偿债能力指标

指　标	2016 年	2016 年可比样本增长（%）	2015 年	2015 年可比样本增长（%）	2014 年
流动比率	0.96	0.16	0.77	0.04	0.69
速动比率	0.86	0.16	0.68	0.05	0.6
资产负债率（%）	47.12	-2.63	50.02	0.62	49.87

资料来源：沪深交易所，同花顺。

3. 营运能力指标

表 8　　2016 年信息传输、软件和信息技术服务业上市公司营运能力情况　　单位：次

营运能力指标	2016 年	2016 年可比样本变动	2015 年	2015 年可比样本变动	2014 年
存货周转率	8.29	0.18	8.91	-0.28	9.37
应收账款周转率	5.40	-0.46	6.12	-0.63	6.75
流动资产周转率	1.34	-0.19	1.58	-0.23	1.83
固定资产周转率	1.52	0.17	1.3	0.12	1.13
总资产周转率	0.50	-0.03	0.52	-0.04	0.55
净资产周转率	0.96	-0.07	1.03	-0.09	1.1

资料来源：沪深交易所，同花顺。

三、重点细分行业介绍

表 9　　2016 年信息传输、软件和信息技术服务业上市公司数量分布及市值情况

大　类	上市公司家数（家）	占行业内比重（%）	境内总市值（亿元）	占行业内比重（%）
软件和信息技术服务业	151	74.38	16973.68	58.15
互联网和相关服务	38	18.72	7873.39	26.97
电信、广播电视和卫星传输服务	14	6.90	4342.46	14.88

资料来源：沪深交易所，同花顺。

（一）电信、广播电视和卫星传输服务

1. 行业概况

2016 年电信行业平稳运行，业务总量与收入增速差距扩大，业务收入完成 11893 亿元，同比增长 5.6%，比 2015 年回升 7.6 个百分点。业务总量完成 35948 亿元，同比增长 54.2%，比 2015 年提高 25.5 个百分点。非话音业务收入占比由 2015 年的 69.5% 提高至 75.0%；移动数据及互联网业务收入占电信业务收入的比重从 2015 年的 26.9% 提高至 36.4%。移动宽带（3G/4G）用户占比大幅提高，光纤接入成为固定互联网宽带接入的主流。移动宽带用户在移动用户中的渗透率达到 71.2%，比 2015 年提高 15.6 个百分点；8M 以上宽带用户占比达 91.0%，光纤接入（FTTH/0）用户占宽带用户的比重超过 3/4。融合业务发展渐成规模，截至 2016 年 12 月末，IPTV 用户达 8673 万户。

2016 年电话用户规模继续扩大，全国电话用户净增 2617 万户，总数达到 15.3 亿户，同比增长 1.7%。其中，移动电话用户净增 5054 万户，总数达 13.2 亿户，移动电话用户普及率达 96.2 部/百人，比 2015 年提高 3.7 部/百人。固定电话用户总数 2.07 亿户，比 2015 年减少 2437 万户。4G 用户数呈爆发式增长，全年新增 3.4 亿户，总数达到 7.7 亿户，在移动电话用户中的渗透率达到 58.2%。2G 移动电话用户减少 1.84 亿户，占移动电话用户的比重由 2015 年的 44.5% 下降至 28.8%。2016 年，3 家基础电信企业固定互联网宽带接入用户净增 3774 万户，总数达到 2.97 亿户。宽带城市建设继续推动光纤接入的普及，光纤接入（FTTH/0）用户净增 7941 万户，总数达 2.28 亿户，占宽带用户总数的比重比 2015 年提高 19.5 个百分点，达到 76.6%。8M 以上、20M 以上宽带用户总数占宽带用户总数的比重分别达 91.0%、77.8%，比 2015 年提高 21.3、46.6 个百分点。

2016 年，宽带基础设施日益完善，"光进铜退" 趋势明显。互联网宽带接入端口数量达到 6.9 亿个，比 2015 年净增 1.14 亿个，同比增长 19.8%。互联网宽带接入端口 "光进铜退" 趋势更加明显，xDSL 端口比 2015 年减少 6259 万个，总数降至 3733 万个，占互联网接入端口的比重由 2015 年的 17.3% 下降至 5.4%。光纤接入（FTTH/0）端口比 2015 年净增 1.81 亿个，达到 5.22 亿个，占互联网接入端口的比重由 2015 年的 59.3% 提升至 75.6%。移动通信设施建设步伐加快，移动基站规模创新高。基础电信企业加快了移动网络建设，新增移动通信基站 92.6 万个，总数达 559 万个。其中，4G 基站新增 86.1 万个，总数达到 263 万个，移动网络覆盖范围和服务能力继续提升。传输网设施不断完善，本地网光缆规模与增长居首。全国新建光缆线路 554 万公里，光缆线路总长度 3041 万公里，同比增长 22.3%，整体保持较快增长态势。全国新建光缆中，接入网光缆、本地网中继光缆和长途光缆线路所占比重分别为 62.4%、34.3% 和 3.3%。其中，长途光缆保持小幅扩容，同比增长 3.5%，新建长途光缆长度达 3.32 万公里。

移动通信业务收入占比超 7 成。2016 年，移动通信业务实现收入 8586 亿元，同比增长 5.2%，占电信业务收入的比重为 72.2%，比 2015 年提高 1.8 个百分点。其中，话音业务收入在移动通信业务收入占比 30.4%，比 2015 年下降 7.9 个百分点。固定通信业务实现收入 3306 亿元，同比增长 6.7%，其中，固定话音业务收入在固定通信业务收入占比 11.0%，比 2015 年下降 0.9 个百分点。移动数据业务增长贡献突出 。2016 年，固定数据及互联网业务收入完成 1800 亿元，同比增长 7.0%，比 2015 年提高 4.4 个百分点。移动数据及互联网业务收入完成 4333 亿元，同比增长 37.9%，比 2015 年提高 10.7 个百分点。移动数据及互联网业务收入在电信业务收入中占比达到 36.4%，比 2015 年提高 8.5 个百分点，拉动电信业务收入增长10.6个百分点。

2016年全国广播节目综合人口覆盖率为98.4%，电视节目综合人口覆盖率为98.9%。有线电视实际用户2.23亿户，其中，有线数字电视实际用户1.97亿户。全年生产电视剧330部14768集，生产故事影片772部，出版各类报纸394亿份，各类期刊27亿册。同时根据国家新闻出版广电总局2016年统计年报和国家统计局提供的广播电视设备制造业相关数据显示，2016年全国广播影视业创收收入13625.88亿元（不含财政补助收入），比2015年增长5.14%。全国广播电视广告收入1547.22亿元，比2015年增加17.68亿元。其中，全国广播广告收入为145.83亿元，占广告收入的9.42%；全国电视广告收入1004.87亿元，占广告收入的64.95%；以新媒体广告为主的其他广告业务收入占比25.63%。全国广播电视节目销售收入365.05亿元，比2015年增加84.48亿元。其中，电视剧国内销售额147.96亿元，比2015年减少6.52亿元；动画电视国内销售额11.70亿元，比2015年减少2.93亿元；纪录片国内销售额7.25亿元，比2015年增加1.01亿元。全国广播电视有线电视网络收入910.26亿元，比2015年增加44.20亿元。其中，全国有线广播电视收视费收入457.92亿元，比2015年减少17.23亿元；全国付费数字电视收入76.44亿元，比2015年增加6.21亿元；三网融合业务收入122.40亿元，同比增长44.80%。互联网视听节目服务收入1070.86亿元，比2015年的增加616.82亿元。

此外，截至2016年年底，国内数字出版产业累计用户有16.73亿人（家/个），2016年产业整体收入5720.85亿元，比2015年增长29.9%，呈现持续增长态势。其中，互联网期刊收入17.5亿元，电子书收入52亿元，数字报纸（不含手机报）收入9亿元，博客类应用收入45.3亿元，在线音乐收入61亿元，网络动漫收入155亿元，移动出版（手机彩铃、铃音、移动游戏等）收入1399.5亿元，网络游戏收入827.85亿元，在线教育收入251亿元，互联网广告收入2902.7亿元。

2016年面对观众欣赏水平不断提高、电影创作体系和投资结构发生改变、消费心理变化、互联网发展迅猛等多重因素，影视业在2015年高位的基础上保持稳定增长。2016年我国共生产电影故事片772部、动画电影49部、科教电影67部、纪录电影32部、特种电影24部，总计944部；故事影片数量和影片总数量分别比2015年增长12.54%和6.31%。全国电影总票房为457.12亿元，同比增长3.73%；城市院线观影人次为13.72亿，同比增长8.89%；国产电影票房为266.63亿元，占票房总额的58.33%。国产电影海外票房和销售收入38.25亿元，同比增长38.09%。2016年中国电影票房457亿元，观影人次超过13亿。此外，全国新增影院1612家，新增银幕9552块。目前，中国银幕总数已达41179块，成为世界上电影银幕最多的国家。

2016年全国的广播听众6.91亿，较

2015年增加300多万听众，虽然互联网，特别是移动互联网的普及对传统媒体产生一定影响，但是广播在受众群中的影响力依然不减，并且逆势上扬。互联网是为广播传播提供了一个崭新的平台，广播媒体在这一平台上得到更好的施展，让广播听众可以从更多的角度与层面认识广播，进一步提升广播的媒体价值。但广播的收听来源主要还是来自传统广播。广播听众得以稳步增加，有赖于汽车的普及，随着汽车拥有量的扩大，城市交通拥堵情况日益加剧，车载听众逐步成为广播听众群中主要的组成部分。广播的车载覆盖人群达4.58亿，连同139万辆出租车司机及其乘客，车载听众达4.12亿，其中，经常收听广播的忠实听众超过3.0亿。

2016年我国卫星导航与位置服务业产值达到2118亿元，包括与卫星导航技术直接相关的芯片、器件、算法、软件、导航数据、终端设备等在内的产业核心产值达到808亿元，北斗对产业核心产值的贡献率已达70%。其中，导航定位终端产品总销量突破5.3亿台，具有卫星导航定位功能的智能手机销量达5.1亿台。汽车导航后装市场终端销量达到800万台，前装市场终端销量突破550万台，各类监控终端销量在600万台左右，高精度定位接收机14万台/套。根据卫星导航与位置服务市场中消费用户的分布情况，主要分为特殊（安全）应用市场、行业（领域）应用市场和大众（个人）应用市场三大类。其中，国内行业市场和特殊市场中，北斗兼容应用已成为主流方案，大众市场正向北斗标配化发展。

2016年北斗应用更深入渗透到交通运输、车船监管、电力、农业、渔业、公安、林业等诸多行业和领域；大众应用市场是产业发展的重心和依托，在监控跟踪类可穿戴式设备、移动健康医疗、城市快递、互联网汽车、电动自行车安防和共享单车等细分领域获得重大突破；特殊应用市场是产业发展的高端市场，涉及军用、警用、防灾减灾、应急救援、公共安全等领域，北斗产品和服务在警用和防灾减灾等细分市场获得大量部署，使得特殊市场总体保持稳定增长。未来最值得期待的是在特殊人群关护、城市快递物流、移动健康医疗和互联网位置服务等大众应用领域，卫星导航和位置服务市场潜力巨大。

2. 行业内上市公司发展情况

表10　2016年电信、广播电视和卫星传输服务上市公司收入及资产增长情况　单位：亿元

指　标	2016年	2016年可比样本增长（%）	2015年	2015年可比样本增长（%）	2014年
营业收入	3274.39	0.13	3220.65	-1.39	3086.28
利润总额	91.89	-58.51	213.01	-3.57	187.69
归属于母公司所有者的净利润	70.95	-31.60	95.37	6.35	66.79
总资产	7757.08	4.14	7354.87	13.44	6109.73
归属于母公司股东权益	1703.05	5.90	1568.46	16.58	1150.73

资料来源：沪深交易所，同花顺。

表 11　　2016 年电信、广播电视和卫星传输服务上市公司盈利能力情况

指　标	2016 年	2016 年可比样本增长（%）	2015 年	2015 年可比样本增长（%）	2014 年
毛利率（%）	23.85	-1.60	25.28	-5.36	30.8
净资产收益率（%）	4.17	-2.28	6.08	-0.58	5.8
销售净利率（%）	2.45	-2.96	5.23	-0.1	4.75
资产净利率（%）	1.05	-1.47	2.44	-0.34	2.44

资料来源：沪深交易所，同花顺。

表 12　　2016 年电信、广播电视和卫星传输服务上市公司偿债及营运情况

指　标	2016 年	2016 年可比样本增长（%）	2015 年	2015 年可比样本增长（%）	2014 年
资产负债率（%）	56.73	-0.31	57.03	1.97	55.98
存货周转率（次）	22.27	0.64	22.31	-0.52	26.14
总资产周转率（次）	0.43	-0.04	0.47	-0.06	0.51

资料来源：沪深交易所，同花顺。

（二）互联网和相关服务

1. 行业概况

2016 年我国互联网产业在引领经济发展、推动社会进步、促进创新等方面发挥了巨大作用。互联网用户和市场规模庞大、互联网科技成果惠及百姓民生、互联网与传统产业加速融合、互联网国际交流合作日益深化、互联网企业竞争力和影响力持续提升。随着网络强国战略、制造强国战略、国家大数据战略等重大国家政策不断细化落实，互联网产业发展前景广阔。截至 2016 年 12 月，中国网民规模达 7.31 亿，互联网普及率达到 53.2%，较 2015 年年底提升了 2.9 个百分点。全年共计新增网民 4299 万人，增长率为 6.2%。中国互联网行业整体向规范化、价值化发展，同时，移动互联网推动消费模式共享化、设备智能化和场景多元化。

2016 年互联网行业加快多元化应用融合，基础应用使用率保持稳定扩张，商务交易类应用保持稳健增长，网络娱乐类应用稳步发展，互联网金融与网络支付快速向线下支付场景拓展，从基础的娱乐沟通、信息查询，到商务交易、网络金融，再到教育、医疗、交通等公共服务，移动互联网塑造了全新的社会生活形态，潜移默化的改变着移动网民的日常生活。我国手机网民规模达 6.95 亿，增长率连续 3 年超过 10%。台式电脑、笔记本电脑的使用率均出现下降，手机不断挤占其他个人上网设备的使用。移动互联网与线下经济联系日益紧密，2016 年，我国手机网上支付用户规模增长迅速，达到 4.69 亿，年增长率为 31.2%，网民手机网上支付的使用比例由 57.7% 提升至 67.5%。手

机支付向线下支付领域的快速渗透，50.3%的网民在线下实体店购物时使用手机支付结算。

互联网在电商领域加快平台扩张，并与实体店相结合。互联网电商平台累计联合200多个城市的30多万线下商家——覆盖餐饮、超市、便利店、外卖、商圈、机场、美容美发、电影院等生活场景——总共吸引超过上亿消费者共同参与实体店消费。越来越多的线下零售店、服务提供商通过与互联网公司合作提升经营业绩。在教育领域，互联网企业积极发展新型的教育服务模式，在职业技能教育、资格考试培训等领域提供个性化教育服务。互联网企业与教育机构合作，发展在线开放课程，探索建立网络学习、扩大优质教育资源的新途径。与此同时，传统教育机构也在探索利用互联网手段改善教学方式、提升教学质量、探索公共教育新方式。在共享经济领域，2016年互联网促进我国分享经济呈快速发展，在交通出行、房屋租赁、家政服务、办公、酒店、餐饮、旅游等领域，涌现出摩拜单车、小猪短租、爱大厨、纳什空间、途家等一批有影响力的本土企业。在政务方面，各地加快推进“互联网+政务服务”工作，切实提高政务服务质量与实效。互联网企业和大型传统基础服务部门纷纷推出网络应用程序，提供城市政务服务，涉及政务办事、车主服务、医疗服务、充值缴费、交通出行、气象环保中的一个或多个板块。

另外，2016年互联网新的趋势是制造业与互联网的融合发展。2016年5月，国务院印发《关于深化制造业与互联网融合发展的指导意见》，协同推进“中国制造2025”和“互联网+”行动，加快制造强国建设。通过互联网与制造业的全面融合和深度应用，消除各环节的信息不对称，在研发、生产、交易、流通、融资等各个环节进行网络渗透，有利于提升生产效率，节约能源，降低生产成本，扩大市场份额，打通融资渠道。基于互联网的“双创”平台快速成长，智能控制与感知、工业核心软件、工业互联网、工业云和工业大数据平台等新型基础设施快速发展，网络化协同制造、个性化定制、服务型制造新模式不断涌现。我国数字化研发设计工具普及率、工业企业数字化生产设备联网率分别达到61.8%和38.2%，制造业数字化、网络化、智能化发展水平不断提高。

网络经济发展进入稳健期，整体仍保持稳定的增长态势，未来还将继续增长。2016年，互联网经济营收规模达到14707亿元，同比增长28.5%。从经济营收规模来看，PC网络经济营收规模为6799.5亿元，营收贡献率为46.2%，移动网络经济营收规模为7907.4亿元，营收贡献率达到53.8%，网络经济整体进入移动化时代。伴随着流量向移动端的不断倾斜，移动网络经济将引领网络经济整体发展。受人群上网技能和文化水平等多方面因素的限制，经历过多年快速增长后，网络普及过程中的人口红利已殆尽，网民和移动网民数量趋于稳定。伴随着新一代的长成，未来网民及移动网民数量还将出现新波峰。

2016 年，中国电子商务市场交易规模为 20.5 万亿元，增长 25.6%。从细分行业结构来看，B2B 电子商务合计占比超过 7 成，是电子商务的主体。中小企业 B2B、网络购物、在线旅游交易规模的市场占比同比均有小幅上升。网络购物方面，市场交易规模达 4.7 万亿元，较 2015 年增长 24.7%，增速放缓。从行业市场结构来看，2016 年中国网络购物市场中，B2C 市场交易规模为 2.6 万亿元，在中国整体网络购物市场交易规模中的占比达到 55.3%，较 2015 年提高 3.2 个百分点。在移动购物方面，2016 年中国移动网购规模超 3 万亿元，占网购总规模 70.3%，同比增长 58.3%。随着移动购物模式的多样化，社交电商、直播、VR、O2O 等与场景相关的购物方式和大数据的应用将成为驱动移动购物发展的增长点。

2016 年，中国网络广告市场规模达到 2902.7 亿元，同比增长 32.9%。其中，移动广告市场规模为 1750.2 亿元，占比首超 60%，同比增长 75.4%。随着网络广告市场发展不断成熟，未来几年的增速将趋于平稳，其中，移动广告在整体网络广告中的占比将持续增大。中国第三方互联网支付交易规模达到 20 万亿元，从该支付交易结构来看，互联网金融和个人业务是两个占比最大的细分行业。其中，互联网金融占比 31.7%。此外，线上消费占比 22.5%，充值缴费占比为 2.0%。从 2016 年的整体趋势可以看出，移动消费呈现稳定上升的状态，移动消费将成为未来移动支付交易规模增速的支撑点。

2. 行业内上市公司发展情况

表 13　　2016 年互联网和相关服务上市公司收入及资产增长情况　　单位：亿元

指　标	2016 年	2016 年可比样本增长（%）	2015 年	2015 年可比样本增长（%）	2014 年
营业收入	1379.93	55.50	671.99	88.79	286.79
利润总额	119.80	18.05	69.92	81.33	25.68
归属于母公司所有者的净利润	115.64	26.10	64.7	79.78	24.01
总资产	2264.07	43.92	1082.12	84.17	478.07
归属于母公司股东权益	1240.22	56.71	516.22	75.04	227.42

资料来源：沪深交易所，同花顺。

表 14　　2016 年互联网和相关服务上市公司盈利能力情况

指　标	2016 年	2016 年可比样本增长（%）	2015 年	2015 年可比样本增长（%）	2014 年
毛利率（%）	28.25	-6.64	30.48	-6.75	34.14
净资产收益率（%）	9.32	-2.26	12.53	0.33	10.56
销售净利率（%）	7.92	-2.33	9.58	-0.32	7.96
资产净利率（%）	5.70	-1.63	7.71	0.55	5.58

资料来源：沪深交易所，同花顺。

表 15　2016 年互联网和相关服务上市公司偿债及营运情况

指　标	2016 年	2016 年可比样本增长（%）	2015 年	2015 年可比样本增长（%）	2014 年
资产负债率（%）	43.04	-5.65	51.37	4.15	49.82
存货周转率（次）	17.95	7.36	23.75	6.09	23.46
总资产周转率（次）	0.72	0.00	0.8	0.08	0.7

资料来源：沪深交易所，同花顺。

（三）软件和信息技术服务业

1. 行业概况

得益于我国经济快速发展、政策支持、强劲的信息化投资及旺盛的 IT 消费等，软件和信息技术服务业已连续多年保持高速发展态势，产业规模不断壮大。虽然近两年行业增速有所下降，但是行业总体稳定，而且下游行业市场巨大，能充分带动行业发展。2016 年我国软件和信息技术服务业运行态势平稳，收入保持两位数增长，盈利状况良好，产业内部结构不断调整优化，中心城市软件业保持领先增长态势。软件业务收入增速平稳。全国软件和信息技术服务业完成软件业务收入 4.9 万亿元，同比增长 14.9%，增速比 2015 年回落 0.8 个百分点。利润总额同步增长。全行业实现利润总额 6021 亿元，同比增长 14.9%，与收入增长同步，比 2015 年回落 4.6 个百分点。

从软件细分领域运行情况来看，软件产品收入增速低于平均水平。全年软件产品实现收入 15400 亿元，同比增长 12.8%，增速比 2015 年提高 0.9 个百分点，但低于全行业平均水平 2.1 个百分点，占全行业收入比重为 31.7%。其中，信息安全产品增长 10.9%。信息技术服务收入增长较快。信息技术服务实现收入 25114 亿元，同比增长 16%，增速高出全行业水平 1.1 个百分点，但比 2015 年回落 2.7 个百分点，占全行业收入比重为 51.8%。其中，运营相关服务（包括在线软件运营服务、平台运营服务、基础设施运营服务等在内的信息技术服务）收入增长 16.1%；电子商务平台技术服务（包括在线交易平台服务、在线交易支撑服务在内的信息技术支持服务）收入增长 17.7%；集成电路设计增长 12.7%；其他信息技术服务（包括信息技术咨询设计服务、系统集成、运维服务、数据服务等）收入增长 16%。嵌入式系统软件收入平稳。嵌入式系统软件实现收入 7997 亿元，同比增长 15.5%，增速高出全行业平均水平 0.6 个百分点，比 2015 年提高 1.4 个百分点，占全行业收入的比重为 16.5%。

软件出口方面呈现增速稳中回升。全国软件业实现出口 519 亿美元，同比增长 5.8%，增速比 2015 年提高 4.1 个百分点。其中，外包服务出口增长 5%，扭转 2015 年同期负增长局面；嵌入式系统软件出口增长 6%，增速比 2015 年回落 3 个百分点。

分地区方面，东部和东北地区软件业

增速回落，中西部地区保持较快增长。东部地区完成软件业务收入3.8万亿元，同比增长14.9%，增速比2015年回落2.2个百分点，占全国软件业的比重为78.6%；中部地区完成软件业务收入2303亿元，增长20.6%，增速比2015年提高0.5个百分点，占全国软件业的比重为4.7%；西部地区完成软件业务收入5288亿元，增长17.2%，增速与2015年基本持平，占全国软件业的比重为10.9%；东北地区完成软件业务收入2801亿元，增长6.3%，增速低于全国平均水平8.6个百分点，占全国软件业的比重为5.8%。中心城市增速略高于全国平均水平。全国软件业务收入达到千亿元的中心城市和直辖市共15个，比2015年增加1个。

软件和信息技术服务业是关系国民经济和社会发展全局的基础性、战略性、先导性产业，具有技术更新快、产品附加值高、应用领域广、渗透能力强、资源消耗低、人力资源利用充分等突出特点，对经济社会发展具有重要的支撑和引领作用。我国的软件行业正处于高速发展的成长期，随着我国软件行业的逐渐成熟，我国软件及信息服务收入将持续提高，发展空间广阔，各行业对于基于其自身行业特点的应用软件，连接应用软件和底层操作软件之间的中间件，跨行业的管理软件以及基于现有系统的专业化服务呈现出旺盛的需求。因此，发展和提升软件和信息技术服务业，对于推动信息化和工业化深度融合，培育和发展战略性新兴产业，加快经济发展方式转变和产业结构调整，提高国家信息安全保障能力和国际竞争力具有重要意义。

2. 行业内上市公司发展情况

表16　2016年软件和信息技术服务业上市公司收入及资产增长情况　单位：亿元

指　标	2016年	2016年可比样本增长（%）	2015年	2015年可比样本增长（%）	2014年
营业收入	2242.65	21.47	1729.2	16.99	1370.64
利润总额	303.10	26.50	226.94	23.57	172.84
归属于母公司所有者的净利润	258.57	27.00	196.56	23.07	148.54
总资产	5023.96	32.96	3539.75	33.99	2521.58
归属于母公司股东权益	3217.00	36.76	2233.77	36.49	1579.58

资料来源：沪深交易所，同花顺。

表17　2016年软件和信息技术服务业上市公司盈利能力情况

指　标	2016年	2016年可比样本增长（%）	2015年	2015年可比样本增长（%）	2014年
毛利率（%）	36.63	0.15	37.1	1.19	36
净资产收益率（%）	8.04	-0.62	8.8	-0.96	9.4
销售净利率（%）	11.81	0.53	11.55	0.48	11.23
资产净利率（%）	6.02	-0.34	6.46	-0.46	6.77

资料来源：沪深交易所，同花顺。

表 18　　2016 年软件和信息技术服务业上市公司偿债及营运情况

指　标	2016 年	2016 年可比样本增长（%）	2015 年	2015 年可比样本增长（%）	2014 年
资产负债率（%）	34.13	-1.70	35.03	-0.97	35.09
存货周转率（次）	3.34	-0.01	3.43	-0.19	3.48
总资产周转率（次）	0.51	-0.05	0.56	-0.07	0.6

资料来源：沪深交易所，同花顺。

四、重点上市公司介绍

（一）中国联通

中国联通是国内三大移动运营商之一，主要经营固定通信业务，移动通信业务，国内、国际通信设施服务业务，卫星国际专线业务、数据通信业务、网络接入业务和各类电信增值业务，与通信信息业务相关的系统集成业务等。中国联通拥有覆盖全国、通达世界的最先进的现代通信网络，包括宽带移动网络和光纤宽带网络，并积极推进固定网络和移动网络的宽带化。

2016 年公司业绩实现了大幅度回落，营业收入 2741.97 亿元，比 2015 年同期减少 1%；利润总额 -2.75 亿元，比 2015 年同期减少 104.81%；归属于上市公司股东的净利润 1.54 亿元，比 2015 年同期减少 95.60%，每股盈利 0.0073 元。2016 年，公司整体毛利率为 22.84%，净利润率为 0.17%，同比减少 3.6 个百分点，扣非净资产收益率 -0.08%，同比下降 2.62 个百分点。营业成本同比增长 1.56%，管理费用同比增加 0.17%，财务费用同比减少 40.63%。公司 2016 年资产负债率为 62.57%，同比增加 0.61 个百分点，经营性现金净流量为 759.25 亿元，同比减少 10.87%。

2016 年，面对市场竞争的严峻挑战，公司积极推进落实以“聚焦、合作、创新”为核心的发展新战略，全力抢补基础短板，适度加大成本投入，业务和收入止跌企稳，为公司未来迈上健康发展之路奠定更好的基础。截至 2016 年年底，本集团拥有约 6665 万本地电话用户，约 7524 万固网宽带用户，约 2.64 亿移动出账用户，其中，4G 用户约 1.05 亿户。未来将借助国企混改等政策，积极推进集中化、专业化、扁平化运营管理体系，带来经营效率提升。

（二）巨人网络

作为一家综合性互联网企业，巨人网络当前业务以互联网游戏、互联网社区工具为主，正在布局互联网金融、互联网医疗等互联网其他领域。公司奉行聚焦精品的研运一体化的经营模式，拥有强大的研发能力、运营能力、完善技术支持能力，已成为国内领先的游戏研发、运营公司。公司拥有经验丰富、技术领先的研发团队和技术专家，具有多年游戏开发和运营经验，并善于精准判断行业趋势和玩家需求，在游戏研发上成绩斐然。同时公司拥有强大的 IP 开发及运营能力，不仅在商业模式上引领了网络游戏行业的商业模式转变；而且率先在行业里实行研发子公司制度，以不断吸引游戏行业的优秀人才，保证公司长期持续的游戏创意输出能力。

2016 年公司业绩实现了大幅度增长，营业收入 23.24 亿元，比 2015 年同期增长 17.60%；利润总额 12.02 亿元，比 2015 年同期增长 197.16%；归属于上市公司股东的净利润 10.69 亿元，比 2015 年同期增长 338.15%，每股盈利 0.68 元。2016 年，公司整体毛利率为 82.24%，净利润率为 48.52%，同比增加 55.62 个百分点，扣非净资产收益率 13.64%，同比上升 21.27 个百分点。营业成本同比增长 2.07%，管理费用同比增加 15.21 倍，财务费用同比减少 410.67 倍。公司 2016 年资产负债率为 12.3%，同比增加 6.4 个百分点，经营性现金净流量为 11.38 亿元，同比增加 50.92 倍。

2016 年重组以后公司通过内涵式增长和外延式发展相结合的方式，打造国内领先的综合性互联网企业。公司一方面持续加大研发力度，组建多个游戏工作室，打造精品，提升和优化各业务产品线；另一方面公司充分发挥品牌及平台优势，积极探索通过兼并重组方式实现跨越式的发展，拟通过发行股份及支付现金购买资产，进一步拓展公司移动游戏领域的产品线，推动公司业务“国际化”战略的实现，增强公司的持续盈利能力。公司组建互联网金融、互联网医疗领域的专业团队，探索相关领域的发展机会，实现公司发展战略的快速落地，使公司成为领先的综合性互联网增值服务商。

（三）中信国安

中信国安是一家以信息产业为主营的高科技上市企业，主要从事信息网络基础设施业投资建设、信息服务业中的相应服务与应用软件开发，此外，公司还从事盐湖资源开发、新材料的开发和生产等业务。公司先后投资了 17 个有线电视项目，投资总额超过 25 亿元，涵盖国内 7 省 14 个地市，网络覆盖人口面积近 2 亿。近两年公司结合外部经营环境变化和自身业务开展情况，积极调整业务结构，整合优势资源，推进战略转型，基本形成了以信息产业为核心，新能源、系统集成、增值电信业务等高科技行业为辅助的产业布局。

2016 年公司业绩实现营业收入 39.27 亿元，比 2015 年同期增长 39.45%；利润总额 2.54 亿元，比 2015 年同期减少 23.04%；归属于上市公司股东的净利润 2.30 亿元，比 2015 年同期减少 34.54%，每股盈利 0.06 元。2016 年，公司整体毛利率为 19.83%，净利润率为 5.81%，同比减少 6.72 个百分点，扣非净资产收益率 3.38%，同比上升 4.40 个百分点。营业成本同比增长 33.74%，管理费用同比增加 53.26%，财务费用同比减少 11.67%。公司 2016 年资产负债率为 54.54%，同比增加 17.53 个百分点，经营性现金净流量为 -2.38 亿元，同比减少 2.67 亿元。

2016 年公司抓住三网融合的发展机遇，深入推进战略转型，重点业务和重大项目进展顺利，转型布局初见成效。公司依托三大平台（以上市公司为主导的资本运作平台、以广视公司为核心的用户聚合平台和以基金公司为基础的收购兼并平台）的建设工作基本成型，在有线电视、数字电视用户规模居国内同行业上市公司领先地位，公司将继续发挥资本运作、用户聚合和收购兼并 3 个平台的作用，积极布局大数据、大视频和社区云服务，开展基于有线电视业务创新、互联网科技和大数据的智慧社区发展战略。为了提高核心价值，保证长远而稳定的发展，公司将结合外部经营环境变化情况，按照“突出主业、专业发展”的原则，积极调整业务结构，整合优势资源，重点将在信息产业方向上统筹发展，并着力提高创新能力和市场竞争力。

（四）暴风集团

暴风集团是中国知名的互联网视频企业，公司通过“暴风影音”系列软件为视频用户提供免费使用为主的综合视频服务、为商业客户提供互联网广告信息等服务。公司的业务模式是互联网行业典型的“免费 + 广告”模式。一方面，公司以持续的技术创新开发暴风影音系列产品，主要以免费方式提供给用户使用，满足视频用户从本地到在线再到多终端的视频需求；另一方面，公司凭借业内领先的用户规模，充分发挥暴风影音平台作为互联网媒体的广告投放价值，为商业客户提供互联网广告服务。公司的互联网视频广告服务成为淘宝、百胜中国、宝洁、平安保险、三星、康师傅等国内外众多知名企业的重要广告投放平台。

2016 年公司业绩实现了大幅度增长，营业收入 16.47 亿元，比 2015 年同期增长 152.62%；利润总额 -3.91 亿元，比 2015 年同期减少 343.24%；归属于上市公司股东的净利润 5281 万元，比 2015 年同期减少 69.53%，每股盈利 0.20 元。2016 年，公司整体毛利率为 27.09%，净利润率为 -14.66%，同比减少 38.86 个百分点，扣非净资产收益率 4.14%，同比下降 4.3 个百分点。营业成本同比增长 238.39%，管理费用同比增加 85.29%，财务费用同比增加 11 倍。公司 2016 年资产负债率为 67.69%，同比增加 17.07 个百分点，经营性现金净流量为 -1.76 亿元，同比减少 2.64 亿元。

2016 暴风集团在保持现有视频平台业务稳定增长的同时，快速建设 VR 和 TV 新平台、体育和影业两个内容中心，以及金融、电商、广告、秀场、O2O、游戏等众多商业模块。布局较早的暴风魔镜和 TV，已经完成了建设期，实现了团队组建、产品打磨、渠道建设的关键工作，进入规模发展期。暴风体育和暴风金融也将在 2017 年完成各自关键的业务模块的建设。新业务进入规模成长期的显著特点是将形成较大的可运营用户规模，暴风集团的业务收入构成更加多元化，增加更多的高利润率业务。在传统广告业务保持稳定增长的同时，开拓更多的收入模块，大幅提升用户点击、用户黏度和人均消费。面对娱乐的黄金 10 年，暴风将在多屏互联网娱乐平台上，创造更多新颖的娱乐体验，让用户享受创造的乐趣，并为投资者创造更大的价值。

（五）同花顺

同花顺是国内产品类别最全面的互联网金融信息提供商，最大的网上证券交易供应商，互联网安全密码通讯产品供应商，互联网电子商务软件供应商。产品涵盖证券、期货、外汇、港股、黄金等金融产品的网上交易、互联网密码安全、互联网通讯、信息服务等技术领域，形成了自主知识产权的核心技术体系，提供证券公司网上交易和互联网安全电子商务及移动证券的全面解决方案，为证券投资者提供包括网站、软件、交易、理财、社区、手机炒股在内的一站式金融理财服务。与中国移动、中国联通、中国电信三大移动运营商合作提供手机金融信息，上证信息公司许可的 Level-2 数据经营商之一。同花顺手机金融信息服务系统是目前支持手机类型最多、应用最广泛的手机证券产品。

2016 年公司营业收入 17.34 亿元，比 2015 年同期增长 20.23%；利润总额 12.96 亿元，比 2015 年同期增加 20.23%；归属于上市公司股东的净利润 12.12 亿元，比 2015 年同期增加 26.57%，每股盈利 2.25 元。2016 年，公司整体毛利率为 91.80%，净利润率为 69.89%，同比增加 3.51 个百分点，扣非净资产收益率 36.56%，同比下降 7.49 个百分点。营业成本同比增长 3.69%，管理费用同比增加 17.55%，财务费用同比减少 9.22%。公司 2016 年资产负债率为 27.60%，同比减少 12.62 个百分点，经营性现金净流量为 8.48 亿元，同比减少 47.46%。

2016 年，公司专注于金融信息服务领域，深度挖掘行业发展潜力，以客户为中心，以研发创新、服务品质提升为驱动力，尤其是加大对云计算、大数据、人工智能等领域的技术研究和开发投入。公司不断研究开发和优化拥有自主知识产权的产品，持续为客户提供优质、高性价比的金融信息服务及产品，以满足资本市场对多样化、个性化的金融信息服务及产品的需求，进一步提升公司的核心竞争力。同时同花顺进一步做好基金第三方销售和大宗商品交易服务工作，打造一站式理财服务平台，以满足公众对财富管理、投资理财的不同需求。在基金销售方面，公司进一步扩充平台产品的种类和数量，积极与银行、券商资管等其他财富管理机构、第三方支付公司、天津贵金属交易所、深圳黄金投资有限公司等机构的开展深度合作，致力于打造基于公众财富管理的“生态圈”，进一步提升公众财富管理服务能力，创新服务模式，以有效满足公众日益增长的财富管理、投资理财的需求。

（六）科大讯飞

科大讯飞公司是一家专业从事智能语音及语言技术研究、软件及芯片产品开发、语音信息服务及电子政务系统集成的国家级骨干软件企业。是我国众多软件企业中为数极少掌握核心技术并拥有自主知识产权的企业之一，其语音合成核心技术代表了世界的最高水平。基于有自主知识产权的世界领先智能语音技术，科大讯飞已推出从大型电信级应用到小型嵌入式应用，从电信、金融等行业到企业和家庭用户，能够满足不同应用环境的多种产品，在国内语音核心技术市场合作开发伙伴已有500家，市场占有率超过80%。公司目前占有中文语音技术市场60%以上市场份额，语音合成产品市场份额达到70%以上，在电信、金融、电力、社保等主流行业的份额更是达到80%以上。

2016年公司营业收入33.20亿元，比2015年同期增长32.78%；利润总额3.84亿元，比2015年同期增加28.88%；归属于上市公司股东的净利润4.84亿元，比2015年同期增加13.90%，每股盈利0.37元。2016年，公司整体毛利率为50.52%，净利润率为14.96%，同比减少2.5个百分点，扣非净资产收益率3.61%，同比下降1.44个百分点。营业成本同比增长37.51%，管理费用同比增加29.03%，财务费用同比减少10.72%。公司2016年资产负债率为30.68%，同比增加8.43个百分点，经营性现金净流量为2.99亿元，同比减少41.95%。

2016年，科大讯飞各项业务保持健康发展，人工智能在教育、公共安全、汽车等行业市场收入快速增长，人工智能开放平台及应用业务规模不断扩大，始终保持行业引导地位。公司确立人工智能产业生态体系，实现人工智能技术与多行业、多领域的深度结合推进，讯飞语音深入各行各业，产业链话语权进一步提升。公司已与三大运营商、金融机构、手机、电视、汽车等行业领先企业实现广泛战略合作。讯飞开放平台在线日服务量超30亿人次，合作伙伴达到25万家，总用户数（独立终端数量）超9.1亿。公司的人工智能产业生态持续构建了从源头技术创新到产业技术创新的全生态创新格局，并持续保持了在人工智能核心技术上的领先地位，同时在各重点行业市场和应用产品中，率先把人工智能技术落地应用，源头技术驱动的战略布局成果正在不断显现。顺应智能语音及人工智能技术应用的未来发展趋势，并结合公司现有核心技术、应用试点基础和行业优势，科大讯飞在保持原有业务快速增长的同时，积极围绕人工智能、教育等重点方向开展战略布局，持续引领和推动着中国人工智能产业发展浪潮。

（七）美亚柏科

美亚柏科是国内电子数据取证行业的龙头企业，网络空间安全与大数据信息化专家，主要围绕执法部门打击犯罪及政府网络空间社会治理提供产品和服务。公司主营业务由“四大产品+四大服务”体系构成，四大产品包括电子数据取证、视频分析及专项执法装备、网络空间大搜索产品及大数据信息化平台；在四大产品的技术基础上衍生发展出存证云+、搜索云+、数据服务和信息安全服务四大服务体系。公司持续开展投资并购项目进行外延扩张，随着美亚中敏、新德汇、武汉大千和江苏税软陆续纳入公司旗下，公司业务范围延伸至智能制造、涉税分析及自助便民设备等更广泛的领域。公司产品销售市场也由公安、检察等司法机关逐步拓展至工商、税务、海关、新闻、质监、检验检疫等多个行业。

2016 年公司营业收入 9.98 亿元，比 2015 年同期增长 30.76%；利润总额 1.40 亿元，比 2015 年同期增加 8.90%；归属于上市公司股东的净利润 1.83 亿元，比 2015 年同期增加 37.14%，每股盈利 0.38 元。2016 年公司整体毛利率为 65.39%，净利润率为 14.96%，同比减少 2.5 个百分点，扣非净资产收益率 3.61%，同比下降 0.1 个百分点。营业成本同比增长 35.90%，管理费用同比增加 36.54%，财务费用同比增加 3.8%。公司 2016 年资产负债率为 27.95%，同比增加 4.74 个百分点，经营性现金净流量为 3.45 亿元，同比增加 89.79%。

2016 年，美亚柏科公司经营主要围绕“四大产品、四大服务”的主营业务体系和网络空间安全及大数据信息化的战略方向有序推进。电子数据取证业务先发优势明显，市场竞争力强，主要围绕计算机取证产品、手机取证产品、数据分析产品及分析平台产品四大产品线进行了新产品的研发，新产品推入市场并开始得到市场的认可，提升了装备化水平，设备性能和取证效率得到进一步提高；大数据信息化，持续推动公安大数据平台建设的基础上，重点开发了“祥云”城市公共安全平台，实现风险的预测预警；网络空间大搜索进行数据源采集的扩充和系统改造，数据采集效率进一步提升；不断丰富搜索云数据，持续进行线上系统新模块研发和功能性优化，同时推出搜索云移动端，在移动端实现舆情监测及热点发现模块，逐步推进移动端服务市场，视频分析及专项执法装备等新业务拓展成效凸显，市场空间广阔，发展潜力较大。在国际市场的开拓上，“一带一路”国家是公司市场开拓的重点，在国家一带一路战略的号召下，公司配合公安部在涉外培训、技术、产品销售、援建取证实验室等方面开展相关工作。

（八）恒生电子

恒生电子是中国著名的金融、证券等软件开发商之一，也是电信、期货、电子政务、安全、软件外包等领域重要的软件开发商和系统集成商。公司主要业务系为国内的金融机构提供软件产品和服务以及金融数据业务，为个人投资者提供财富管理工具等。公司的客户群体主要包括券商、期货公司、公募基金、信托公司、保险公司、银行、交易所、私募基金等，并逐步拓展到和金融生态圈有关的互联网企业以及 C 端个人客户。软件产品收入是目前公司最主要的收入来源，基本占到公司总收入的 95% 左右，在多个领域产品市场占有率全国第一。公司已承建多个国家级、省级重点项目，其中，“国产 linux 桌面/服务器操作系统在证券业务系统中的应用”被科技部列入国家“863 计划”。

2016 年公司营业收入 21.70 亿元，

比2015年同期减少2.49%；利润总额1.41亿元，比2015年同期减少67.10%；归属于上市公司股东的净利润1829万元，比2015年同期减少95.97%，每股盈利0.38元。2016年公司整体毛利率为65.39%，净利润率为14.96%，同比减少2.5个百分点，扣非净资产收益率3.61%，同比下降0.1个百分点。营业成本同比增长35.90%，管理费用同比增加36.54%，财务费用同比增加3.8%。公司2016年资产负债率为27.95%，同比增加4.74个百分点，经营性现金净流量为3.45亿元，同比增加89.79%。

（九）用友网络

用友网络是中国科学院软件研究所下属的面向海外市场、专业从事软件技术和服务的外向型高新技术企业。公司依托于中科院领先的科研成果和雄厚的人才优势，致力于嵌入式系统、ERP系统、中间件产品和各类行业应用系统的软件开发和技术咨询、技术支持服务。核心团队全部具有十年以上软件行业从业经验、面向海外市场的软件服务经验和大型软件项目及团队管理经验，公司提供的产品和服务主要包括软件开发和技术服务、软件产品及软硬件一体化解决方案。产品和服务最终面向物联网智能终端，重点涵盖智能手机、智能车载系统和智能硬件（重点包括无人机、VR、机器人和智能摄像机）等。

2016年公司营业收入8.48亿元，比2015年同期增长37.77%；利润总额8863万元，比2015年同期减少16.56%；归属于上市公司股东的净利润1.20亿元，比2015年同期增加3.15%，每股盈利0.30元。2016年公司整体毛利率为46.42%，净利润率为14.16%，同比减少4.75个百分点，扣非净资产收益率9.69%，同比下降1.57个百分点。营业成本同比增长50%，管理费用同比增加40.47%，财务费用同比减少164.16 %。公司2016年资产负债率为41.71%，同比增加23.15个百分点，经营性现金净流量为7396万元，同比增加134%。

2016年全球智能手机出货量增速有所放缓，公司凭借在操作系统方面业已积累起的技术优势以及和全球知名的移动芯片厂商、智能终端厂商建立起的长期稳固合作关系，业务收入仍然保持稳定增长。智能手机对操作系统技术开发和服务有较大需求，智能车载、无人机、VR、机器人等新兴市场已经开始起步，带动公司相关业务收入增长。公司以操作系统为切入点，自2014年开始布局车载业务，目前已经与日本、中国等部分知名车厂一级供应商建立了合作关系，公司车载业务保持较快增长势头。但公司上述两大新兴业务刚刚起步，营业收入规模尚小，未来随着新业务市场不断拓展，产品不断满足客户需求，将对公司经营业绩起到很强的促进作用。

（十）华宇软件

华宇软件是一家以软件与信息服务为主营业务的信息技术企业，一直专注于电子政务领域的软件与信息服务，为客户的信息化事业提供全方位的解决方案与服务。公司服务内容覆盖信息系统的全生命周期，为客户提供信息化顶层设计与规划咨询、应用软件开发、系统建设、运维服务和运营服务等全方位的专业服务。公司用户涵盖法院、检察院、政府部门以及各行业大型企事业单位。公司2006年至今连续多年位列中国电子政务IT解决方案供应商10强。公司是政法行业信息化解决方案领导者，在法院信息化建设领域，公司连续多年市场占有率第一，客户遍及全国；公司是食品安全行业解决方案的先行者，并面向税务、卫生、金融、财政、工商、企事业单位等行业提供软件与信息服务。

2016年公司营业收入18.20亿元，比2015年同期增长34.66%；利润总额2.30亿元，比2015年同期增加24.56%；归属于上市公司股东的净利润2.72亿元，比2015年同期增长30.34%，每股盈利0.43元。2016年公司整体毛利率为39.42%，净利润率为15.07%，同比减少0.36个百分点，扣非净资产收益率14.75%，同比上涨1.37个百分点。营业成本同比增长36.30%，管理费用同比增加21.70%，财务费用同比减少4.85%。公司2016年资产负债率为35.75%，同比减少6.29个百分点，经营性现金净流量为2.37亿元，同比减少32.19%。

2016年公司立足电子政务领域，不断巩固和拓展优势行业，布局新兴产业，稳步提升公司在电子政务领域的市场竞争力和占有率。具体而言，公司持续专注主营业务发展，快速响应市场需求，不断巩固法院、检察院行业的优势地位。同时，公司紧密跟踪司法行政行业需求，实现重要业务突破，加速推动了大司法市场战略落地，并积极拓展食品安全、法律服务等新兴市场。公司参与投资成立了华宇元典、溯源云两家公司，进一步完善了泛电子政务细分行业的业务布局，提升了行业均衡性和延展性。公司在技术上加快大数据、人工智能、云计算、自主可控、移动互联网技术等前沿技术和应用解决方案的研究，多项技术实现了行业应用，并收获了良好的示范效应。软件与服务收入占比超过60%，进一步提升了公司的盈利能力。公司基于“面向泛政府细分行业，做领先、专业的信息服务商”的长期发展战略，完成了“五纵四横”的业务布局，充分发挥协同效应为客户提供专业全面的产品和服务，有效支撑了公司业绩持续稳健的增长。

五、上市公司在行业中的影响力

2016年信息传输、软件和信息技术服务业国内上市公司合计实现营业收入6896.97亿元，同比增长14.88%；按照可比样本的测算口径，信息传输、软件和信息技术服务业国内上市公司营业收入占行业总收入的比重为7.72%，占比持续保持较低的水平。按照细分行业来看，3个子行业中，电信、广播电视和卫星传输服务业上市公司在行业中营业收入占比有所下降，而互联网和软件行业营业收入占比均有所上升，各细分子行业情况如下：

2016 年，电信、广播电视和卫星传输服务业国内上市公司收入行业占比为 12.83%，较 2015 年下降 0.5 个百分点。2016 年上市公司占行业收入比重下降并且占有率仍然偏低，其主要原因是广播电视等行业蓬勃发展，孕育出一批创新型企业，此类公司没有上市，但是对行业营收贡献较大，同时上市公司营收增长低于行业增长率，导致上市公司营收行业占比下降。此外，占比偏低因为重量级企业如中国移动、中国电信和华为等均未在国内上市。从行业的重要性来看，行业内各个细分行业的龙头，具备较强行业竞争力的公司都在上市公司之列。因此，电信、广播电视和卫星传输服务业内的上市公司是整个行业的中流砥柱和优秀代表行业。随着电信、广播电视和卫星传输服务行业逐渐进入 5G 时代，宽带化、移动化、互联网化将是行业进一步演进的趋势，未来电信、广播电视和卫星传输服务业将吸纳更多公司上市，覆盖到更多的细分领域，影响力有望得到进一步增长。

2016 年，软件和信息技术服务业国内上市公司收入行业占比为 4.58%，较 2015 年继续上升了 0.56 个百分点。2016 年软件类上市公司整体盈利能力持续提高，软件外包出口等业务稳步增长，同期国内兴起的人工智能技术、大数据业务和存储类业务给国内的软件企业带来了崭新的发展风口，AI 加速了计算力的提升、CDN 和 IDC 等业务开拓出广阔的数据市场，由此诞生了一大批小型创新类的公司，并吸引更多的资金投入该行业，由此带来行业内公司业务创新与新的利润点出现。此外，软件和信息技术服务业与工业化深度融合，加快经济发展方式转变和产业结构调整，提高国家信息安全保障能力。上市公司占行业收入比例偏低的原因主要是行业内很多外资（包括台资）企业从事相关组件外包业务，以及一些大型互联网软件企业，并未在国内上市；同时该行业产业链较为分散，产业集中度较低，导致上市公司体量都较小导致占比重较低。随着新技术如区块链、云计算等出现，行业结构会重新整合，前期资本的投入将导入上市体系，越来越多的软件类企业进入上市公司体系，这样必然会增强上市公司群体在整个行业的影响力。

2016 年，互联网和相关服务业国内上市公司营业收入行业占比为 9.38%，较 2015 年上升 5.9 个百分点。2016 年是互联网产业快速扩张的一年，移动化大大加快了互联网技术的普及，新的上市公司数量也同步增多，此外，其他行业上市公司也纷纷从传统行业转型到互联网行业，因此，行业占比出现大幅上升的态势。互联网行业对我国国内生产总值的贡献越来越大，成长为国民经济中重要先导性产业。2016 年以来，上市公司所开发了内容丰富的新型互联网应用，业内出现了各种新型网络商业模式，用户通过其平台开展信息获取、娱乐、购物、沟通交流，使得流量变现等网络商业规模越来越大，增速远远超越传统上市公司。此类基于智能移动终端的应用，如手游，在线阅读，点播、直播视频等爆发式的增长普及都给电商、视频网站以及其他互联网上市公司开辟了一个又一个的新利润增长点。在行业快速上升期，资本的助力不可缺失，一方面上市公司依托资本市场，加快了业内横向和产业链纵向的并购，大大增加自身的实力；另一方面有技术实力与成熟和商业模式的互联网公司通过上市快速扩大规模。因此，上市公司在推动互联网传输的传统业务向新型服务性移动互联网经济转变，加速整个行业爆发起到了非常重要的作用。虽然目前上市公司各项占比较小，原因主要还是在于互联网行业分散性强，各个细分行业适合小公司模式，而且行业的龙头企业如百度、腾讯和阿里等公司均在海外上市，但是随着越来越多的行业内优秀企业上市，以及海外上市的企业回归，国内上市公司在互联网行业中的影响力将进一步增强。

审稿人：任宪功

撰稿人：徐　勇

金融业

一、金融业总体概况

（一）行业整体运行情况

金融市场运行总体平稳，2016 年年末广义货币供应量（M2）余额为 155.0 万亿元，比 2015 年末增长 11.3%，增速下降 2.0 个百分点；狭义货币供应量（M1）余额为 48.7 万亿元，同比增长 21.4%，增速上涨 6.2 个百分点；流通中现金（M0）余额为 6.8 万亿元，增长 8.1%。全部金融机构各项贷款余额 112.1 万亿元，同比增长 12.8%。其中，人民币贷款余额 106.6 万亿元，同比增长 13.5%，回落 0.8 个百分点；外币贷款余额 7858 亿美元，同比下降 5.4%。2016 年年末，全部金融机构各项存款余额 155.5 万亿元，同比增长 11.3%，下降 1.1 个百分点。其中，人民币存款余额 150.6 万亿元，同比增长 11.0%，增速下降 1.4 个百分点；外币存款余额 7119 亿美元，同比上涨 13.5%。社会融资继续较快增长，根据人民银行统计，2016 年全年社会融资规模为 17.8 万亿元，比 2015 年多 2.4 万亿元。其中，人民币贷款增加 12.4 万亿元，同比多增 11678 亿元；外币贷款折合人民币减少 5639 亿元，同比多增 787 亿元；委托贷款增加 2.2 万亿元，同比多增 5943 亿元；信托贷款增加 8592 亿元，同比多增 8159 亿元；未贴现的银行承兑汇票减少 19533 亿元；企业债券净融资 3.0 万亿元，同比多增 605 亿元；非金融企业境内股票融资 1.2 万亿元，同比多增 4826 亿元。

债券市场发行规模同比增长；银行间市场成交量大幅增长，债券指数上升；货币市场利率中枢有所上行，债券收益率曲线整体上移。2016 年，债券市场发行各类债券规模达 36.1 万亿元，较 2015 年增长 54.2%，其中，银行间债券市场发行债券 32.2 万亿元，同比增长 53.8%。银行间市场拆借、现券和债券回购累计成交 824 万亿元，同比增加 36%。其中，银行间市场同业拆借成交 95.9 万亿元，同比增加 49.4%；质押式回购累计成交 568.3 万亿元，同比增长 31.4%；买断式回购累计成交 33 万亿元，同比增长 30.3%；现券成交 127 万亿元，同比增加 44.1%。2016 年，银行间市场债券指数和交易所市场债券指数均有所上升。银行间市场债券指数由 2015 年年末的 171.4 点上升到 2016 年年末的 174.4 点，升幅 1.8%；交易所市场国债指数由 2015 年年末的 154.5 点上升到 2016 年年末的 159.8 点，升幅 3.4%。2016 年，货币市场利率中枢上行，债券收益率曲线整体上移。2016年前三季度，货币市场利率窄幅震荡，10月下旬开始货币市场利率加快上行。2016年12月，银行间货币市场质押式回购月加权平均利率为2.56%，较2015年同期上升61个基点。2016年债券市场波动加大，国债收益率曲线整体上移。1年、3年、5年、7年、10年期国债收益率较2015年年末分别上升35个、24个、15个、16个、19个基点；10年期与1年期国债期限利差为36个基点，较2016年初收窄16个基点。公司信用类债券收益率曲线大幅上行，2016年年末，5年期AAA级、AA+级和AA级企业债收益率较2015年年末分别上行65个、44个和24个基点。短期、中高信用等级公司信用类债券与国开行金融债券的信用利差扩大，中长期公司信用类债券的信用利差有所收窄，3年期AAA级、AA级、A级中短期票据与国开行金融债券的信用利差较2015年年末分别收窄4个、44个、27个基点。

2016年，股票市场股指整体下行，主要是1月延续了2015年下半年以来的熊市行情，1月28日上证指数下行至2656点，较2015年年末跌25.0%，此后震荡上行，上证指数2016年年末收于3104点，较2015年年末跌12.3%，年内最高点为3362点，最低点为2656点。沪市全年累计成交49.8万亿元，日均成交2040亿元，同比下降62.4%。深证成指收于10177点，较2015年年末下跌19.6%，年内最高点为11725点，最低点为9083点。深市全年累计成交77.6万亿元，日均成交为3180亿元，同比下降36.7%。沪深两市共筹集资金50161亿元。其中，沪深两市IPO募集资金1634亿元，发行248只；增发796只，募集资金18084亿元；配股11只，募集资金298.5亿元；优先股10支，募集资金1525亿元；可转债11只，募集资金212.5亿元；可交换债69只，募集资金668.3亿元；公司债募集资金27740亿元。截至2016年12月末，沪深两市总市值50.8万亿元，流通市值39.3万亿元，分别比2015年年底下降4.45%和5.87%。流通市值占总市值的77.5%，比2015年年底下降了1.2个百分点。

2016年，期货市场活跃度继续提高，全国期货市场累计成交量为41.4亿手，同比增长15.7%；累计成交额为195.6万亿元，同比下降64.7%。2016年期货市场无新品种上市，但乙二醇期货、白糖期权、豆粕期权已获证监会批复。从各品种的成交量来看，排在前六位的分别是螺纹钢、豆粕、铁矿石、菜籽粕、石油沥青、PTA，分别占全国期货市场总成交量的22.6%、9.4%、8.3%、6.0%、4.5%、4.2%。从国内四大交易所的整体成交情况来看，上海期货交易所累计成交量为16.8亿手，累计成交额为85.0万亿元，同比分别增长60.0%和33.7%，分别占全国市场的40.6%和43.4%；郑州商品交易所累计成交量为9.0亿手，累计成交额为31.0万亿元，同比分别下降15.8%和增长0.2%，分别占全国市场的21.8%和15.9%；大连商品交易所累计成交量为15.4亿手，累计成交额为61.4万亿元，同比分别增长37.7%和46.4%，分别占全国市场的37.2%和31.4%；中国金融期货交易所累计成交量为0.2亿手，累计成交额为18.2万亿元，同比分别下降94.6%和95.6%，分别占全国市场的0.4%和9.3%。

（二）细分行业运行概况

2016年12月末，中国银行业金融机构境内外本外币资产总额为232.3万亿元，同比增长15.8%。其中，大型商业银行资产总额86.6万亿元，占比37.3%，同比增长10.8%；股份制商业银行资产总额43.5万亿元，占比18.7%，同比增长17.5%。银行业金融机构境内外本外币负债总额为214.8万亿元，同比增长16%。其中，大型商业银行负债总额79.9万亿元，占比37.2%，同比增长11%；股份制商业银行负债总额40.8万亿元，占比19%，同比增长17.7%。

2016年银行业继续加强对“三农”、小微企业、保障性安居工程等经济社会重点领域和民生工程的金融服务。截至2016年四季度末，银行业金融机构涉农贷款（不含票据融资）余额28.2万亿元，同比增长7.1%；用于小微企业的贷款（包括小微型企业贷款、个体工商户贷款和小微企业主贷款）余额26.7万亿元，同比增长13.8%。用于信用卡消费、保障性安居工程等领域贷款同比分别增长23.4%和58.7%，分别高于各项贷款平均增速10.6和45.9个百分点。2016年12月末，商业银行（法人口径，下同）不良贷款余额15123亿元，较上季末增加183亿元；商业银行不良贷款率1.74%，比上季末下降0.02个百分点。2016年12月末，商业银行正常贷款余额85.2万亿元，其中，正常类贷款余额81.8万亿元，关注类贷款余额3.4万亿元。2016年商业银行当年累计实现净利润1.6万亿元，同比增长3.54%，增速同比上升1.11个百分点。2016年四季度商业银行平均资产利润率为0.98%，同比下降0.12个百分点；平均资本利润率13.38%，同比下降1.6个百分点。2016年12月末，商业银行贷款损失准备余额为2.7万亿元，计提压力较大，较上季末增加455亿元；拨备覆盖率为176.4%，较上季末上升0.88个百分点；贷款拨备率为3.08%，较上季末下降0.01个百分点。

2016年国内保险行业在经济下行压力加大的情况下保持强劲增长势头。2016年保险行业全年实现保费收入3.1万亿元，同比增长27.5%。其中，财产险业务继续保持较快增长，保费收入8724亿元，同比增长9.1%；人身险业务企稳回升，保费收入2.2万亿元，同比增长36.5%。2016年全年的寿险业务原保险保费收入1.7万亿元，同比增长31.7%；健康险业务原保险保费收入4042.5亿元，同比增长67.7%；意外险业务原保险保费收入749.9亿元，同比增长18.0%。2016年，保险公司总资产达到15.1万亿元，较2016年年初增长22.3%；保险资金运用余额为13.4万亿元，占保险业总资产的88.6%，较2016年年初增加2.2

万亿元，增幅为19.8%。从投资收益来看，2016年保险资金运用平均收益率为5.66%，同比下降1.9个百分点。

中国证券业协会数据显示，2016年129家证券公司全年实现营业收入3280亿元，各主营业务收入分别为代理买卖证券业务净收入1053亿元、证券承销与保荐业务净收入520亿元、财务顾问业务净收入164亿元、投资咨询业务净收入50.5亿元、资产管理业务净收入296亿元、证券投资收益（含公允价值变动）568亿元、融资融券业务利息收入382亿元，全年实现净利润1234亿元，124家公司实现盈利。据统计，截至2016年12月，125家证券公司总资产为5.79万亿元，净资产为1.64万亿元，净资本为1.47万亿元，客户交易结算资金余额（含信用交易资金）1.44万亿元，同比下降30.1%，托管证券市值33.8万亿元同比增长0.4%，受托管理资金本金总额17.8万亿元，同比增长50.0%。2016年年底，融资融券余额高达9392亿元，同比下降20.0%，其中，融资余额9358亿元，约占融资融券余额的99.6%；融券余额34.8亿元，约占0.37%，同比上涨17.5%。

2016年中国信托业跨入了“20万亿时代”，截至2016年年末，全国68家信托公司管理资产规模为20.22万亿元（平均每家信托公司资产规模2973亿元），同比增长24.0%，较2015年16.6%的增速上升明显；从季度环比增速来看，2016年4个季度分别环比增长1.70%、4.25%、5.11%和11.29%，行业进入增长态势。从营业收入来看，2016年年末，信托业实现经营收入1116亿元（平均每家信托公司16.4亿元），同比下降5.09%；从具体构成来看，利息收入为62.75亿元，同比上升5.57%，收入占比从2015年的5.05%提升至5.62%，信托业务收入749.6亿元，同比增长8.75%，占经营收入比从2015年的58.6%增加至2016年的67.2%，投资收益270.7亿元，同比下降28.2%，收入占比从2015年的31.98%下降至24.25%。从利润总额来看，2016年年末，信托业实现利润总额771.8亿元（平均每家信托公司11.4亿元），同比增长2.83%；从人均利润来看，2016年年末，信托业实现人均利润316.1万元，相较2015年年末下降1.19%。

二、行业内上市公司发展概况

（一）行业内上市公司基本情况

表1　2016年金融业上市公司发行股票概况

门　类	A、B股总数	A股股票数	B股股票数	境内总市值（亿元）	流通A股市值（亿元）	流通B股市值（亿元）
金融业	67	66	1	90231.28	80056.37	15.83
占沪深两市比重（%）	2.14	2.11	0.03	17.74	20.46	0.84

资料来源：同花顺。

（二）行业内上市公司构成情况

表 2　　2016 年金融业上市公司构成情况　　单位：家

门　类	沪市			深市			ST/ *ST
	仅 A 股	仅 B 股	A+B 股	仅 A 股	仅 B 股	A+B 股	
金融业	48	0	1	17	0	0	0/0
占行业内上市公司比重（%）	71.64	0	1.49	25.37	0	0	0/0

资料来源：同花顺。

（三）行业内上市公司融资情况

表 3　　2016 年金融业上市公司与沪深两市融资情况对比　　单位：家

	融资家数	新股	增发	配股
金融业	23	10	3	10
沪深两市总数	877	227	11	639
占比（%）	2.62	4.41	27.27	1.56

资料来源：同花顺。

2016 年，金融业有 23 家公司进行了融资，在首发的 10 家公司中，有 8 家在沪市主板上市，两家在中小板上市；在增发的 10 家公司中，有 7 家沪市、3 家深市。

按行业大类划分，在进行融资的 23 家公司中，货币金融服务业 10 家，资本市场服务业 10 家，保险业 2 家，其他金融业 1 家。

从融资效果来看，上述公司实际发行数量为 1713469.92 万股，实际募集资金 1489.49 亿元，基本完成了融资计划。

2016 年金融业上市公司融资情况明细见附录。

（四）行业内上市公司资产及业绩情况

表 4　　2016 年金融业上市公司资产情况　　单位：亿元

指　标	2016 年	2016 年可比样本增长（%）	2015 年	2015 年可比样本增长（%）	2014 年
总资产	1545654.15	12.88	1327684.77	13.71	1160390.68
总负债	1423028.32	12.95	1220927.98	13.19	1072574.83
归属于母公司股东权益	119412.93	11.45	104544.59	20.16	86040.65

资料来源：沪深交易所，同花顺。

表 5　　2016 年金融业上市公司收入实现情况　　单位：亿元

指　标	2016 年	2016 年可比样本增长（%）	2015 年	2015 年可比样本增长（%）	2014 年
营业收入	57637.05	0.51	56122.11	16.69	47552.86
利润总额	19713.73	-6.88	20710.09	10.87	18465.46
归属于母公司所有者的净利润	15185.37	-4.68	15567.62	10.48	13945.54

资料来源：沪深交易所，同花顺。

（五）利润分配情况

2016 年，金融业共有 54 家上市公司实施分红配股。其中，45 家上市公司仅实施派息，9 家上市公司实施送股或转增股。

2016 年金融业上市公司分红明细见附录。

三、重点细分行业介绍

表 6　　2016 年金融业上市公司数量分布及市值情况

大　类	上市公司家数（家）	占行业内比重（%）	境内总市值（亿元）	占行业内比重（%）
货币金融服务	24	36.36	57403.67	63.62
资本市场服务	29	43.94	19146.79	21.22
保险业	6	9.09	12048.70	13.35
其他金融业	7	10.61	1632.12	1.81

资料来源：沪深交易所，同花顺。

（一）货币金融服务

1. 行业概况

截至 2016 年年底，中国货币金融服务业金融机构共有法人机构 4398 家，从业人员 409 万人。包括 3 家政策性银行、5 家大型商业银行、12 家股份制商业银行、134 家城市商业银行、1114 家农村商业银行、40 家农村合作银行、1125 家农村信用社、68 家信托公司、236 家企业集团财务公司、56 家金融租赁公司、5 家货币经纪公司、25 家汽车金融公司、18 家消费金融公司、还有 1506 家其他机构，包括新型农村金融机构、邮政储蓄银行。

银行业资产和负债规模稳步增长。2016 年 12 月末，中国银行业金融机构境内外本外币资产总额为 232 万亿元，同比增长 16.5%。其中，大型商业银行资产总额 86.6 万亿元，占比 37.3%，同比增长 10.8%；股份制商业银行资产总额 43.5 万亿元，占比 18.7%，同比增长 17.5%。银行业金融机构境内外本外币负债总额为 214.8 万亿元，同比增长 16.7%。其中，大型商业银行负债总额

79.9 万亿元，占比 37.2%，同比增长 10.9%；股份制商业银行负债总额 40.8 万亿元，占比 19.0%，同比增长 17.7%。存贷款继续平稳增长，截至 2016 年年底，银行业金融机构本外币各项存款余额为 155.5 万亿元，比 2016 年年初增加 15.7 万亿元，同比增长 11.3%。其中，住户存款余额为 60.7 万亿元，比 2016 年年初增加 5.5 万亿元，同比增长 9.9%；非金融企业人民币存款余额为 50.2 万亿元，比 2016 年年初增加 7.2 万亿元，非金融企业外汇各项存款余额为 4140 亿美元，比 2016 年年初增加 296 亿美元。本外币各项贷款余额为 112.1 万亿元，比 2016 年年初增加 12.7 万亿元，同比增长 12.8%。其中，短期贷款余额为 37.1 万亿元，比 2016 年年初增加 1.2 万亿元，同比增长 3.4%；中长期贷款余额为 63.4 万亿元，比 2016 年年初增加 9.6 万亿元，同比增长 17.9%；票据融资余额为 5.5 万亿元，比 2016 年年初增加 8941 亿元，同比增加 19.5%。资本充足率继续维持在较高水平。2016 年 12 月末，商业银行（不含外国银行分行）加权平均核心一级资本充足率为 10.8%，较 2016 年年初下降 0.2 个百分点；加权平均一级资本充足率为 11.3%，较 2016 年年初下降 0.1 个百分点；加权平均资本充足率为 13.3%，较 2016 年年初下降 0.2 个百分点。

资产质量风险凸显，截至 2016 年年底，银行业金融机构不良贷款余额为 2.2 万亿元，比 2016 年年初增加 2311 亿元，不良贷款率为 1.91%，同比下降 0.02 个百分点。其中，商业银行不良贷款余额为 15122 亿元，比 2016 年年初增加 2378 亿元，不良贷款率为 1.74%，同比上升 0.07 个百分点。

针对信用风险计提的减值准备金额较大。2016 年 12 月末，商业银行贷款损失准备余额为 2.7 万亿元，较 2016 年年初增加 3587 亿元；拨备覆盖率为 176.40%，较 2016 年年初下降 4.8 个百分点；贷款拨备率为 3.08%，较 2016 年年初上升 0.05 个百分点。

银行业利润持续增长但增幅小幅回落。2016 年，银行业金融机构实现税后利润为 2.1 万亿元，同比增长 3.6%，较 2015 年增幅下降 1.2 个百分点；资本利润率为 12.6%，比 2016 年年初下降 1.7 个百分点；资产利润率 1.0%，比 2016 年年初下降 0.1 个百分点。其中，商业银行实现税后利润为 1.6 万亿元，同比增长 3.5%，商业银行资本利润率 13.4%，比 2016 年年初下降 1.6 个百分点；资产利润率 1.0%，比 2016 年年初下降 0.1 个百分点。

流动性水平比较充裕。截至 2015 年年底，商业银行流动性比例 47.6%，比 2016 年年初下降 0.5 个百分点；人民币存贷款比例 67.6%，比 2016 年年初上升 0.4 个百分比；人民币超额备付率 2.3%，比 2016 年年初上升 0.2 个百分点。

2. 行业内上市公司发展情况

2016 年，银行业上市公司继续保持稳定的经营，资产负债规模持续增长，经营利润增速继续放缓，资本充足率小幅下降，资产质量总体保持稳定但质量风险凸显。

表 7　　2016 年货币金融服务上市公司收入及资产增长情况　　单位：亿元

指　标	2016 年	2016 年可比样本变动	2015 年	2015 年可比样本变动	2014 年
营业收入	37645.56	0.77	36436.83	9.32	33331.28
利润总额	17030.35	-0.01	16626.61	1.23	16424.52
归属于母公司所有者的净利润	13263.75	1.85	12696.67	1.79	12473.85
总资产	1392168.41	13.41	1188446.68	12.37	1057628.16
归属于母公司股东权益	98999.25	12.11	85982.48	17.44	73221.69

资料来源：沪深交易所，同花顺。

表 8　　2016 年货币金融服务业上市公司盈利能力情况

指　标	2016 年	2016 年可比样本变动	2015 年	2015 年可比样本变动	2014 年
净利差	2.11	-0.30	2.31	-0.05	2.36
净息差	2.22	-0.32	2.45	-0.08	2.53
成本收入比率	29.28	0.25	28.18	-1.72	29.90
ROAE	14.99	-1.55	16.54	-2.19	18.73
ROAA	0.96	-0.10	1.07	-0.10	1.16

资料来源：Wind 资讯。

表 9　　2016 年货币金融服务业上市公司资本充足情况

指　标	2016 年	2016 年可比样本变动	2015 年	2015 年可比样本变动	2014 年
核心资本充足率	10.71	0.08	10.42	0.74	9.68
资本充足率	12.83	0.10	12.70	0.32	12.38

资料来源：Wind 资讯。

表 10　　2016 年货币金融服务业上市公司资产质量情况

指　标	2016 年	2016 年可比样本变动	2015 年	2015 年可比样本变动	2014 年
不良贷款余额（亿元）	11717.26	15.32	9942.01	48.76	6683.39
不良贷款率（%）	1.68	0.05	1.64	0.42	1.22
贷款损失准备（亿元）	19234.06	11.10	16854.23	13.12	14898.81
拨备覆盖率（%）	164.15	-6.23	169.53	-53.40	222.92

资料来源：沪深交易所，同花顺。

（二）资本市场

1. 行业概况

截至2016年年底，全国共有证券公司129家，与2015年相比增加了4家，129家证券公司中，共有27家证券公司在沪、深证券交易所上市，新上市的有华安证券、第一创业。

根据中国证券业协会的数据，截至2016年年底，129家证券公司总资产为5.79万亿元，同比下降9.81%，平均每家证券公司总资产为449亿元，比2015年年末下降12.6%；全部证券公司净资产规模合计1.64万亿元，同比增长13.0%；净资本为1.47万亿元，同比增长17.4%。从证券行业整体的杠杆倍数来看，由2015年的3.0倍降低至2016年的2.65倍。

2016年证券公司规模的CR5集中率发生变化，总资产集中度略有提升、净资产集中度较大幅度下降、净资本集中度基本持平，具体来看，2016年行业内总资产、净资产、净资本前五家证券公司的集中率分别为39.5%、29.8%和22.4%，而2015年三项指标CR5分别为38.7%、33.6%和22.7%。

2016年证券公司实现营业收入3279亿元，同比下降42.97%；实现净利润1234.45亿元，同比下降49.57%；行业净资产收益率（ROE）为7.53%，同比下降9.33个百分点。从2016年证券公司的收入结构来看，经纪业务和自营业务在总收入中的占比分别为32.1%和17.3%，这两项传统业务的合计占比较2015年下降21.9个百分点；融资融券业务收入占比11.6%，比2015年提升1.4个百分点，受托客户资产管理业务收入占比由4.78%上升至9.04%，投资咨询业务收入占比也由0.78%提升至1.54%。

截至2016年年底，全国证券公司营业部共9385家，与2015年相比增加1215家。从区域分布来看，沿海地区仍然是证券公司营业部布局的必争之地，而西部地区在奋起追赶。在2016年新增设的1215家营业部中，广东、浙江、江苏省占35%，分别增加了189家、123家、109家，其中，江苏和浙江近年来营业部扩张速度一直较快；此外贵州、新疆、海南、宁夏、浙江增速居前，分别增长了19家、16家、10家、7家、123家，西部地区增长快有低基数原因。从单体营业部的股票交易金额来看，单体营业部股票交易金额达135亿元，同比下降56.9%。

截至2016年年底，证券行业（含证券公司和证券投资咨询机构）已注册从业人员数达到32.36万人，同比增加31283人，增幅为10.7%。从业人员中，一般从业人员19.43万人，证券经纪业务营销人员1842人，证券经纪人8.47万人，证券投资咨询业务（分析师）2206人，证券投资咨询业务（投资顾问）3.59万人，保荐代表人3222人，投资主办人1486人。从构成看，与2015年相比，证券从业人员的结构出现了差异较大变化格局：证券经纪人同比增幅较大，较2015年增加15.6%，其次为保荐人，同比增加12.3%，一般从业人员数量同比增长10.0%；投资主办人同比微增0.3%；证券经纪业务营销人员数量同比下降23.7%；证券投资咨询业务（投资顾问）从业人员较2015年小幅上升7.7%，证券投资咨询业务（分析师）同比下降6.1%。

2. 行业内上市公司发展情况

基于证券行业分类，截止2016年年底，A股市场资本市场服务业上市公司共有27家。

表11　2016年资本市场服务上市公司收入及资产增长情况　单位：亿元

指　标	2016年	2016年可比样本变动	2015年	2015年可比样本变动	2014年
营业收入	2580.53	-39.22	4171.71	115.1	1447.09
利润总额	1139.04	-50.16	2244.71	138.35	728.31
归属于母公司所有者的净利润	851.34	-49.91	1668	141.75	545.27
总资产	47186.06	-5.94	49434.91	56.65	24311.68
归属于母公司股东权益	10853.46	10.66	9668.06	57.4	5184.97

资料来源：沪深交易所，同花顺。

表12　2016年资本市场服务业上市公司盈利能力情况

指　标	2016年	2016年可比样本变动	2015年	2015年可比样本变动	2014年
净资产收益率	8.16	-13.25	22.07	11.55	10.52
总资产收益率	1.83	-2.87	4.68	1.68	3

资料来源：同花顺。

表13　2016年资本市场服务业上市公司营运能力情况

指　标	2016年	2016年可比样本变动	2015年	2015年可比样本变动	2014年
总资产周转率（%）	0.05	-0.05	0.1	0.02	0.09

资料来源：同花顺。

（三）保险业

1. 行业概况

2016年，“保险姓保”深入落实，保险市场实现“十三五”规划良好开局。一是业务规模快速增长，增速创2008年以来新高。寿险业务一马当先，实现原保险保费收入1.7万亿元，同比增长31.7%；健康险业务高速增长，实现原保险保费收入4042.5亿元，同比增长

67.7%；财产险业务增速保持稳定，实现原保险保费收入8724.5亿元，同比增长9.1%。二是结构继续优化，市场集中度进一步下降。从业务结构来看，与国计民生密切相关的农业保险、责任保险原保险保费收入分别为417.7亿元和362.4亿元，同比分别增长11.4%和20.0%，占产险业务的比例分别为4.8%和4.2%，分别同比上升0.1和0.4个百分点；健康险业务占人身险业务的18.2%，同比上升3.4个百分点。从行业结构来看，人身险公司前10家公司原保险保费收入合计1.6万亿元，市场份额为72.3%，同比下降3.6个百分点；财产险公司前10家公司原保险保费收入合计7924.7亿元，市场份额为85.5%，同比下降0.7个百分点。三是保障能力增强。2016年保险业提供风险保障金额2373万亿元，同比增长38.1%，高于原保险保费收入增速10.6个百分点，保额增速明显快于业务增速。其中，财产险公司提供风险保障金额1283万亿元，同比增长36.2%；人身险公司提供风险保障金额1090万亿元，同比增长40.4%。四是金融科技方兴未艾。2016年云计算、移动互联网等新技术在保险业应用不断深入。从云计算应用来看，全行业已有50余家机构与第三方社会化云平台合作。从电子保单应用来看，全行业有104家机构签发了3.6亿张电子保单。从互联网保险业务来看，117家保险机构开展互联网保险业务，实现签单保费2348亿元。

2016年，保险业积极发挥保险功能作用，抓住服务供给侧结构性改革和脱贫攻坚战略两大主线，推动保险服务能力再上新台阶。在服务供给侧结构性改革方面，一是助力振兴实体经济。2016年，首台（套）保险和科技保险分别为我国装备制造企业和科研机构、科技型自主创新企业提供风险保障486.6亿元和1.0万亿元，同比大幅增长196.7%和631.3%。二是促进外向型经济发展。出口信用保险累计为8.2万家出口企业提供风险保障4167亿美元。三是支持国家重大战略项目。截至2016年年底，累计发起设立债权、股权和项目支持计划659项；合计备案注册规模1.7万亿元，为“一带一路”、长江经济带、京津冀协同发展等国家战略项目提供资金支持。四是为稳就业作出积极贡献。截至2016年年底，保险营销员达657.3万人，较年初增加186.0万人，占当年城镇新增就业总数的14.2%，保险业就业吸纳能力显著增强。助推脱贫攻坚和民生改善方面，从农业保险来看，2016年，参保农户2.04亿户次，提供风险保障2.2万亿元，为3822.7万户次农户支付赔款299.2亿元，同比增长26.2%。从大病保险看，截至2016年年底，全国31个省（区、市）保险公司承办的大病保险业务覆盖人群达9.7亿人，累计支付赔款300.9亿元。大病保险患者实际报销比例在基本医保的基础上提升了13.9%，整体报销比例达到70%。

2. 行业内上市公司发展情况

表 14　　2016 年保险业上市公司收入及资产增长情况　　单位：亿元

指　标	2016 年	2016 年可比样本变动	2015 年	2015 年可比样本变动	2014 年
营业收入	17230.10	10.58	15370.12	20.87	12716.20
利润总额	1442.60	-18.28	1754.37	40.31	1250.37
归属于母公司所有者的净利润	1003.35	-13.25	1152.31	29.55	889.45
总资产	104174.70	16.09	87978.77	13.94	77212.87
归属于母公司所有者权益	9030.68	5.00	8479.11	14.71	7391.75

资料来源：沪深交易所，同花顺。

表 15　　2016 年保险业上市公司盈利能力情况

指　标	2016 年	2016 年可比样本变动	2015 年	2015 年可比样本变动	2014 年
净资产收益率（%）	11.31	-3.28	14.58	0.67	13.91
总资产收益率（%）	1.16	-0.38	1.54	0.17	1.37

资料来源：上市公司年报，Wind 资讯。

表 16　　2016 年保险业上市公司偿债能力情况

指　标	2016 年	2016 年可比样本变动	2015 年	2015 年可比样本变动	2014 年
认可资产负债率	90.06	0.67	88.6	-0.5	89.1
偿付能力充足率	260.40	-27.89	248.0	-3.53	251.53

资料来源：上市公司年报，Wind 资讯。

表 17　　2016 年保险业上市公司资金运用效率情况（%）

指　标	2016 年	2016 年可比样本变动	2015 年	2015 年可比样本变动	2014 年
保险资金运用率	61.75	-0.87	62.62	-1.65	64.27
资金运用盈利率	4.91	-1.90	6.81	1.54	5.27

资料来源：上市公司年报，Wind 资讯。

（四）其他金融业

1. 行业概况

其他金融业包含金融信托与管理、金融租赁、邮政储蓄、典当、其他未列明的金融活动等。2016 年，中国宏观经济缓中趋稳，供给侧结构性改革持续深化，信托业积极推进自身的供给侧结构性改革，加速转型升级，强化风险治理，寻求增长动力，回归信托本源，科学构建商业模式，实现行业可持续发展。根据中国信托业协会公布的数据，2016 年年末，信托行业管理的信托资产规模为 22.2 万亿元，与 2015 年 16.3 万亿元相比，同比增长 24.0%。从信托财产来源来看，单一资金信托占比 50.1%，比 2015 年下降 7.3 个百分点；集合资金信托占比 36.3%，比 2015 年增加 3.50 个百分点；银信合作资金信托占比为 23.5%，比 2015 年年末下降了 1.4 个百分点；管理财产信托占比 13.7%，同比增加 3.8 个百分点。从信托功能来看，2016 年，投资类、融资类和事务管理类信托产品三分天下局面进一步改变，事务管理类信托产品发展速度明显快于其他两类产品。融资类信托占比继续下降，2016 年年末为 20.6%，比 2015 年年末下降 3.7 个百分点，相比历史最高占比即 2010 年的 59.0%，降幅高达 38.4 个百分点；投资类信托 2016 年年末占比为 29.6%，比上一年下降 7.4 个百分点，与此同时，事务管理类信托的占比提升幅度较大，2016 年年末为 49.8%，较 2015 年提升 11.1 个百分点。从资金信托的投向来看，工商企业占比 24.8%，同比提升 2.3 个百分点；基础产业为 15.6%，同比下降 2.3 个百分点；金融机构占比 20.7%，同比增加 2.8 个百分点；证券市场占比 16.2%，同比下降 4.2 个百分点；房地产占比 8.2%，同比下降 0.6 个百分点；其他占比 14.4%，同比增加 1.9 个百分点。

2016 年年末信托业的固有资产规模则增加到 5570 亿元，相比 2015 年的 4623 亿元，同比增长 20.5%。从资产类别来看，投资类资产一直是固有资产的主要形式，2016 年年末 4137 亿元，占比 74.3%，规模较 2015 年年末 3265 亿元同比增长 26.7%；贷款类资产 2016 年年末规模为 294 亿元，同比下降 15.8%，货币类资产规模达到 685 亿元，较 2015 年年末的 726 亿元同比下降 5.6%。2016 年年末，信托业所有者权益为 4502 亿元，比 2015 年年末 3819 亿元增长 17.89%。从净资产的组成部分来看，2016 年年末，信托业实收资本为 2038 亿元，较 2015 年年末增长了 386 亿元，占比 45.27%，实收资本占净资产比例自 2013 年以来呈现企稳上升趋势，2013～2015 年分别为 43.70%、43.38%、43.27%。信托行业固有资产与所有者权益规模持续高速增长，主要得益于信托行业的增资扩股和风险治理的强化。

2016 年信托项目年化综合实际收益率，相对于 2015 年而言，整体呈现下降趋势，2016 年 3 月份 8.18%、6 月份 6.35%、9 月份 7.59%、12 月份 7.60%，而 2015 年该收益率情况为 3 月份 8.11%、6 月份 10.19%、9 月份 7.30%、12 月份

13.96%。2016年平均年化综合信托报酬率情况为3月份0.50%、6月份0.50%、9月份0.58%、12月份0.73%。

2016年年末，信托业实现经营收入1116亿元（平均每家信托公司16.4亿元），同比下降5.09%；从具体构成来看，利息收入为62.75亿元，同比上升5.57%，收入占比从2015年的5.05%提升至5.62%，信托业务收入749.6亿元，同比增长8.75%，占经营收入比从2015年的58.6%增加至2016年的67.2%，投资收益270.7亿元，同比下降28.2%，收入占比从2015年的31.98%下降至24.25%。从利润总额来看，2016年年末，信托业实现利润总额771.8亿元（平均每家信托公司11.4亿元），同比增长2.83%；从人均利润来看，2016年年末，信托业实现人均利润316.1万元，相较2015年年末下降1.19%。

2016年是“十三五”开局之年，也是全面建设小康社会决胜阶段的开局之年。融资租赁作为集融资与融物、贸易与技术服务于一体的现代交易方式，在我国转变经济发展模式、调整产业结构所带来机遇与挑战中逆势上扬，继续保持较高增速。

截至2016年年底，全国登记在册的融资租赁企业共6158家，比2015年年底增加2543家，增幅为70.3%。其中，内资试点企业204家，增加15家，增幅为7.9%；外资企业5954家，增加2528家，增幅为73.8%。2016年3月，商务部下发《关于天津等4个自由贸易试验区内资租赁企业从事租赁业务有关问题的通知》，将注册在自贸试验区内的内资租赁企业融资租赁业务试点确认工作委托给各自贸试验区所在的省、直辖市、计划单列市级商务主管部门和国家税务局。至2016年年底共确认4批15家内资融资租赁试点企业，其中，天津12家，广东2家，上海1家。

截至2016年年末，整个行业注册资金达到19224亿元人民币，同比增幅为31.3%，是2013年2884亿元的近7倍。其中，内资试点企业最高注册资本为221亿元，外资租赁企业最高注册资本为143亿元，注册资本超百亿元的融资租赁企业有3家，超50亿元的企业有21家。

截至2016年年底，融资租赁企业资产总额21538亿元，比2015年同期增长32.4%，突破两万亿元。其中，内资试点企业资产总额5140亿元，比2015年同期增长35.2%；外资企业资产总额16398亿元，同比增长31.5%。租赁资产总额13090亿元，同比增长33.8%；融资租赁资产总额12810亿元，同比增长32.9%，总负债14088亿元，资产负债率65.4%。从单个企业来看，总资产超过百亿元的企业达33家。

2016年全行业融资租赁投放金额达到8972亿元，较2015年增长37.5%，全行业实现营业收入1536亿元，利润总额267.7亿元，较2015年分别增长35%和25.4%，其中，融资租赁业务收入937亿元，比2015年增加13.6%。

2. 行业内上市公司发展情况

截至2016年年底，A股市场其他金融业上市公司共7家：陕国投A、爱建集团、中航资本、安信信托、民生控股、新力金融、熊猫金控。

表 18　　2016 年底全国融资租赁企业概况

指　标	2016 年底企业数（家）	2015 年底企业数（家）	2016 年比上年增加（家）	企业数量增长（%）	企业数量所占比重（%）
金融租赁	59	47	12	25.5	0.83
内资租赁	205	190	15	7.9	2.87
外资租赁	6872	4271	2601	60.9	96.3
合计	7136	4508	2628	58.3	100.0

资料来源：同花顺。

表 19　　2016 年底全国融资租赁企业注册资金　　单位：亿元

指　标	2016 年底注册资金	2015 年底注册资金	2016 年比上年增加	注册资金增长增长率（%）
金融租赁	1686	1358	328	24.2
内资租赁	1420	1027	393	38.3
外资租赁	22463	12780	9683	75.8
合计	25569	15165	10404	68.6

资料来源：同花顺。

表 20　　2016 年全国融资租赁业务发展概况　　单位：亿元

指　标	2016 年底业务总量	2015 年底业务总量	2016 年比上年增加	2016 年比上年增长（%）	业务总量所占比重（%）
金融租赁	20400	17300	3100	17.9	38.3
内资租赁	16200	13000	3200	24.6	30.4
外资租赁	16700	14100	2600	18.4	31.3
合计	53300	44400	8900	20.1	100.0

资料来源：同花顺。

表 21　　2016 年其他金融业上市公司收入及资产增长情况　　单位：亿元

营运能力指标	2016 年	2016 年可比样本变动	2015 年	2015 年可比样本变动	2014 年
营业收入	180.87	12.95	143.45	30.98	104.78
利润总额	101.74	16.34	84.4	32.77	62.26
归属于母公司所有者的净利润	66.94	29.72	50.64	33.79	36.97
总资产	2124.99	11.48	1824.41	46.15	1237.98
归属于母公司股东权益	529.55	22.14	414.94	64.67	242.24

资料来源：沪深交易所，同花顺。

表 22　　2016 年其他金融业上市公司盈利能力情况　　单位：亿元

营运能力指标	2016 年	2016 年可比样本变动	2015 年	2015 年可比样本变动	2014 年
毛利率（%）	86.93	1.78	88.89	4.88	76.05
净资产收益率（%）	12.64	0.74	12.2	-2.82	15.24
销售净利率（%）	41.42	0.76	43.85	0.3	80.12
资产净利率（%）	3.72	-0.37	4.09	-0.19	4.23

资料来源：沪深交易所，同花顺。

表 23　　2016 年其他金融业上市公司偿债及营运情况

营运能力指标	2016 年	2016 年可比样本变动	2015 年	2015 年可比样本变动	2014 年
资产负债率（%）	72.57	-2.15	75.21	0.56	75.24
存货周转率（次）	19.78	8.58	16.49	-5.46	19.98
总资产周转率（次）	0.09	-0.01	0.09	0	0.05

资料来源：沪深交易所，同花顺。

四、重点上市公司介绍

（一）兴业银行

兴业银行股份有限公司成立于 1988 年 8 月，是经国务院、中国人民银行批准成立的首批股份制商业银行之一，2007 年 2 月 5 日在上海证券交易所正式挂牌上市，现已发展成为治理完善、特色鲜明、服务优良的全国性股份制商业银行，并稳居全球前 50 强银行之列。

公司主要从事商业银行业务，经营范围包括：吸收公众存款；发放短期、中期和长期贷款；办理国内外结算；发行金融债券；代理发行、代理兑付、承销各类债券；资产托管业务及经中国银行业监督管理机构批准的其他业务。公司已在全国各主要城市设立了 126 家分行（含二级分行）、2003 家分支机构，与全球 1500 多家银行建立了代理行关系，不断完善覆盖全国、衔接境内外的服务网络。

2016 年年末，兴业银行资产总额 6.1 万亿元，比 2015 年年末增长 14.9%，客户贷款总额 2.08 万亿元，比 2015 年年末增长 16.9%；客户存款总额 2.69 万亿元，比 2015 年年末增长 8.5%。

2016 年兴业银行实现归属于股东的净利润 538.5 亿元，比 2015 年增长 7.3%；拨备前利润 1146.58 亿元，同比增长 6.1%；实现利息净收入 1123.19 亿元，比 2015 年减少 6.3%；实现非利息净收入 447.41 亿元，比 2015 年增长 29.6%。

2016 年年末，兴业银行不良贷款余额 344.16 亿元，比 2015 年年末增加 84.33 亿元，上升 32.46%，不良贷款率 1.65%，比2015年年末上升0.19个百分点，拨备覆盖率为210.5%，比2015年年末上升0.42个百分点；贷款拨备率3.48%，比2015年年末上升0.42个百分点。

（二）招商银行

招商银行成立于1987年，总部位于中国深圳，是一家在中国具有相当规模和实力的全国性商业银行。公司业务以中国市场为主，分销网络主要分布在长江三角洲地区、珠江三角洲地区、环渤海经济区域等中国相对富裕的地区以及其他地区的一些大中城市。公司目前在113个国家（含中国）及地区共有境内外代理行1921家。2002年4月，公司在上海证券交易所上市。2006年9月，公司在香港联交所上市。公司向客户提供各种批发及零售银行产品和服务，亦自营及代客进行资金业务。

2016年年末，招商银行资产总额5.94万亿元，比2015年年末增长8.5%，客户贷款总额3.26万亿元，比2015年年末增长15.5%；客户存款总额3.80万亿元，比2015年年末增长6.4%。

2016年招商银行实现归属于股东的净利润620.81亿元，比2015年增长7.6%；拨备前利润1445.62亿元，同比增长8.3%；实现利息净收入1345.95亿元，比2015年减少2.2%；实现非利息净收入751.15亿元，比2015年增长17.6%。

2016年年末，招商银行不良贷款余额611.21亿元，比2015年年末增加137.11亿元，上升28.9%，不良贷款率1.87%，比2015年年末上升0.20个百分点，拨备覆盖率为180%，比2015年年末上升1.07个百分点；贷款拨备率3.4%，比2015年年末上升0.37个百分点。

（三）中国人寿

中国人寿保险（集团）公司及其子公司构成了中国最大的商业保险集团，是中国资本市场最大的机构投资者之一。中国人寿于2007年1月在A股市场上市，成为第一家在A股上市的保险业公司。

中国人寿于2003年6月30日在中国北京注册成立，并于2003年12月17日、18日及2007年1月9日分别在纽约、香港和上海3地上市的人寿保险公司。注册资本为人民币282.7亿元。

2016年，中国人寿归属于母公司股东的净利润为人民币191.3亿元，同比下降44.9%；新业务价值为人民币493.1亿元，同比增长56.4%。截至2016年年底，中国人寿内含价值为人民币6520.6亿元，同比增长16.4%。2016年中国人寿保费收入为人民币4305亿元，较2015年增长18.3%，其中，寿险业务总保费为人民币3619亿元，同比增长17.4%；健康险业务总保费为人民币540亿元，同比增长28.5%；意外险业务总保费为人民币146亿元，同比增长6.0%。个险首年期交保费同比增长57.0%，十年期及以上首年期交保费同比增长59.6%，五年期及以上和十年期及以上首年期交保费占首年期交保费的比重分别为86.2%和62.2%，个险渠道续期保费同比增长16.4%。截至2016年12月31日，有效保单数量较2015年年底增长13.9%；保单持续率（14个月及26个月）分别达90.2%和85.9%；退保率为3.5%，较2015年同期下降2个百分点。

截至2016年报告期末，中国人寿投资资产达人民币24535.5亿元，较2015年年底增长7.2%；主要品种中债券配置比例由2015年年底的43.5%变化至45.6%，定期存款配置比例由2015年年底的24.6%变化至21.9%，股票和基金（不包含货币市场基金）投资配置比例由2015年年底的9.3%变化至10.1%，金融产品投资配置比例由2015年年底的7.4%变化至9.3%。报告期内，息类收入稳定增长，净投资收益率为4.6%；受股票市场影响，价差收益和公允价值变动损益均较去年明显减少，资产减值损失有所增加，总投资收益较去年下降，为4.6%；包含联营企业和合营企业收益净额在内的总投资收益率为4.7%；考虑当期计入其他综合收益的可供出售金融资产公允价值变动净额后综合投资收益率为2.4%。

（四）新华人寿

新华人寿保险股份有限公司是一家全国性的大型寿险企业，目前拥有新华资产管理股份有限公司、新华家园养老企业管理（北京）有限公司等子公司。新华人寿于2011年12月在A股市场上市，成为第四家在A股上市的保险业公司。

2016年，新华归属于母公司股东的净利润为人民币49亿元，同比下降42.5%；新业务价值为人民币104.5亿元，同比增长36.4%。截至2016年年底，新华人寿内含价值为人民币1294.5亿元，同比增长17%。2016年公司实现寿险业务收入为人民币1125.6亿元，较2015年增长0.6%，其中，首年保费收入476.8亿元，同比下降8.9%，首年期交保费收入236.9亿元，同比增长41.3%。按渠道分析，个险渠道收入734.7亿元，同比增长20.3%，其中，首年保费收入206.8亿元，同比增长28.0%，续期保费收入527.9亿元，同比增长17.5%；银保渠道收入377.3亿元，同比减少23.7%，其中，首年保费收入256.8亿元，同比减少26.5%，续期保费收入120.5亿元，同比减少17.1%；团体保险收入13.7亿元，同比增加0.6%。按险种分析，传统型保险收入386.8亿元，同比减少12.5%，其中，首年保费收入279.6亿元，同比减少31.7%，续期保费收入107.2亿元，同比增加224.7%；分红型保险收入490.3亿元，同比减少1.9%，其中，首年保费收入85.7亿元，同比增加221.1%，续期保费收入404.6亿元，同比减少14.5%；万能型保险收入为0.39亿元，同比持平；健康保险收入235.1亿元，同比增加42.3%，其中，首年保费收入99.5亿元，同比增加28.8%，续期保费收入135.6亿元，同比增加54.2%；意外保险收入13亿元，同比增加18.4%，其中，首年保费收入12亿元，同比增加16.6%，续期保费收入1亿元，同比增加45.6%。截至2016年12月31日，退保率为6.9%，较2015年同期减少2.4个百分点。

截至2016年报告期末，新华投资资产达人民币6797.9亿元，较2015年年底增长6.9%。按投资对象分类，定期存款798.5亿元，同比减少37.5%，占比11.7%，较2015年年末下降8.4个百分点；债权型投资4368.1亿元，同比增加25.4%，占比64.3%，较2015年年末增加9.5个百分点，其中，债券及债务投资2426.5亿元，占比35.7%，信托计划投资625.3亿元，占比9.2%，债权计划投资328.4亿元，占比4.8%，项目资产支持计划投资200亿元，占比3.0%，其他债权型投资787.9亿元，占比11.6%；股权型投资1122.7亿元，同比减少1.8%，占比16.5%，较2015年年末减少1.5个百分点，其中，基金投资470.3亿元，占比6.9%，股票投资294.0亿元，占比4.3%，长期股权投资45.8亿元，占比0.7%，其他股权型投资312.6亿元，占比4.6%；现金及现金等价物投资142.3亿元，占比2.1%；其他投资366.4亿元，占比5.4%。报告期内，公司实现总投资收益322.8亿元，同比减少29.2%。总投资收益率为5.1%，较2015年下降2.4个百分点；实现净投资收益321.4亿元，同比增长6.5%，净投资收益率为5.1%，较2015年增加0.2个百分点。投资资产买卖价差收益、公允价值变动损益及投资资产减值损失合计收益4.86亿元，相比2015年154.07亿元大幅下降。

（五）中信证券

中信证券的前身是中信证券有限责任公司。中信证券有限责任公司成立于1995年10月25日，1999年12月29日完成增资扩股工作，改制为中信证券股份有限公司。2002年12月，公司首次公开发行A股于2003年1月6日在上交所上市交易。2011年9月，中信证券在香港联交所上市。

2016年，公司实现营业收入人民币380亿元，同比下降32.6%，实现归母净利润人民币104亿元，同比下降47.7%，净资产收益率7.36%，收入和净利润均继续位居国内证券公司首位，公司各项业务继续保持市场前列。

公司主要业务保持市场前列。股权融资主承销规模2408亿元，市场份额11.76%，排名行业第一；债券主承销规模3797亿元，市场份额2.55%，排名行业第二；境内并购完成交易规模1197亿元，市场份额14.15%，排名行业第一；代理股票基金交易金额人民币14.92万亿元，市场份额5.72%，排名行业第二；受托资产管理规模1.8万亿元，市场份额10.5%，排名行业第一；融资融券余额市场份额6.67%，排名行业第一；新三板股票发行人民币141亿元，市场份额10.15%，排名行业第一。

（六）国泰君安

1998年8月，国泰君安由当时著名的国泰证券与君安证券合并形成，注册资本37亿元。随后公司在2005年向中央汇金公司定向增发10亿股，注册资本增长到47亿元。2007年公司进行第二次增资，向上海国资公司定向增发4亿股，同时向原有股东进行10亿股的配股融资，增资完成后公司注册资本达到61亿元。2010年公司全资子公司国泰君安国际（1788）在港交所成功上市，为公司搭建海外业务平台。2015年在上交所成功上市，发行股份15.25亿元，募集资金超过300亿元，注册资本76.26亿元。

2016年，公司实现营业收入人民币257.6亿元，同比下降31.5%，实现归母净利润人民币98.4亿元，同比下降37.3%，净资产收益率10.64%，业绩较2015年同比下降主要受证券市场波动影响，经纪业务、融资业务、自营投资业务等出现下滑；营收和归母净利润均位列国内证券行业第二，总资产、净资产、净资本分别排名第三位、第三位、第二位。

业务体系全面均衡，主要业务实力均居于行业前列。报告期内，公司各项主营业务持续发展，综合金融服务能力稳步提升。在投资银行业务方面，证券承销金额排名行业第3位；在机构投资者服务方面，股票质押待回购余额排名行业第3位，《新财富》最佳分析师评选获得“本土最佳研究团队”及“最具影响力研究机构”第1名；在个人金融业务方面，公司代理买卖业务（含席位租赁）净收入排名行业第1位，股票及基金交易量排名行业第3位，国债期货交易量排名行业第3位，股指期货交易量排名行业第3位，融资融券余额排名行业第2位；在投资管理业务方面，受托客户资产管理业务净收入排名行业第2位，资产管理业务受托资金排名行业第3位。迄今为止，公司连续9年获得行业A类AA评级。

五、上市公司在行业中的影响力

资产规模方面，截至2016年年底，银行业上市公司总资产为139.2万亿元，同比增长（2015年可比样本同比增速）13.03%。截至2016年年底，银行业金融机构境内外本外币资产总额为232.3万亿元，同比增长15.8%。上市公司总资产占全行业比重为59.9%，同比上升0.2个百分点。

在盈利能力方面，银行业上市公司盈利规模在行业内占比仍较大。2016年，银行业上市公司全年共实现归属于母公司所有者的净利润1.33万亿元，同比增长（2015年可比样本同比增速）1.6%，银行业金融机构2016年实现税后利润为2.1万亿元，同比增长3.6%，上市公司净利润占全行业比重为63.16%，较2015年下降约0.71个百分点。

资本市场服务业：截至2016年年底，券商A股上市共有27家，新上市的有华安证券、第一创业。2016年，资本市场服务业上市证券公司共实现主营业务收入2459亿元，同比下降39.4%，降幅好于行业43.0%的水平；实现利润总额1140亿元，同比下降50.1%，降幅略大于行业的49.6%的水平；实现归属于母公司所有者的净利润852亿元，净资产收益率为8.16%，同比下降13.3个百分点，净资产收益率好于行业的7.53%水平，但下降幅度高于行业。

根据中国证券业协会的数据，截至2016年年底，129家证券公司总资产为5.79万亿元，同比下降9.81%，实现营业收入3279亿元，同比下降43.0%；实现净利润1234.45亿元，同比下降49.6%；行业净资产收益率（ROE）为7.53%，同比下降了9.33个百分点。

保险业：截至2016年年底，A股保险业上市公司共6家，分别为中国平安、新华保险、中国太保、中国人寿、西水股份、天茂集团。2016年，保险业上市公司总资产为10.4174.7亿元，同比增长18.4%；归属于母公司股东权益为9030.7亿元，同比增长6.5%。2016年，保险业上市公司共实现营业收入17230.1亿元，同比增长12.1%；实现利润总额1442.6亿元，同比下降17.8%；实现归属于母公司所有者的净利润1003.4亿元，同比下降12.9%。截至2016年12月底，保险行业资产总额达到15.1万亿元，较2016年年初增长22.3%。其中，产险公司总资产2.4万亿元，较年初增长28.5%；寿险公司总资产12.4万亿元，较2016年年初增长25.2%。从原保险保费收入的角度来看，2016年各公司合计达到3.1万亿元，同比增长27.5%。其中，产险公司原保险保费收入9266亿元，同比增长10.0%；人身险公司原保险保费收入2.2万亿元，同比增长36.8%。

其他金融业：信托业、金融租赁业上市公司数量和规模均较小，不具有行业代表性。

审稿人：王　俊　金晟哲

撰稿人：吴　鹏

房地产业

一、房地产业总体概况

2016年，在“降准、调首付、调税费”等去库存政策的指引下，房地产行业全面复苏，景气度持续上升，但随着房价快速上涨，政策开始转向，热点城市纷纷出台调控政策，行业热度有所下降，但全年商品房销售面积和销售金额分别达到15.73亿平方米和11.76万亿元，均创历史新高。

在政策方面，2016年房地产政策经历了从宽松到热点城市持续收紧的过程：两会提出因城施策去库存，但随着热点城市房价地快速上涨，政策分化进一步显现。一方面，热点城市调控政策不断收紧，限购限贷力度及各项监管措施频频加码，遏制投资投机性需求，防范市场风险；另一方面，三四线城市仍坚持去库存策略，从供需两端改善市场环境。同时，中央加强房地产长效机制建设，区域一体化、新型城镇化等继续突破前行，为行业长期发展积极构建良好环境（见图1）。

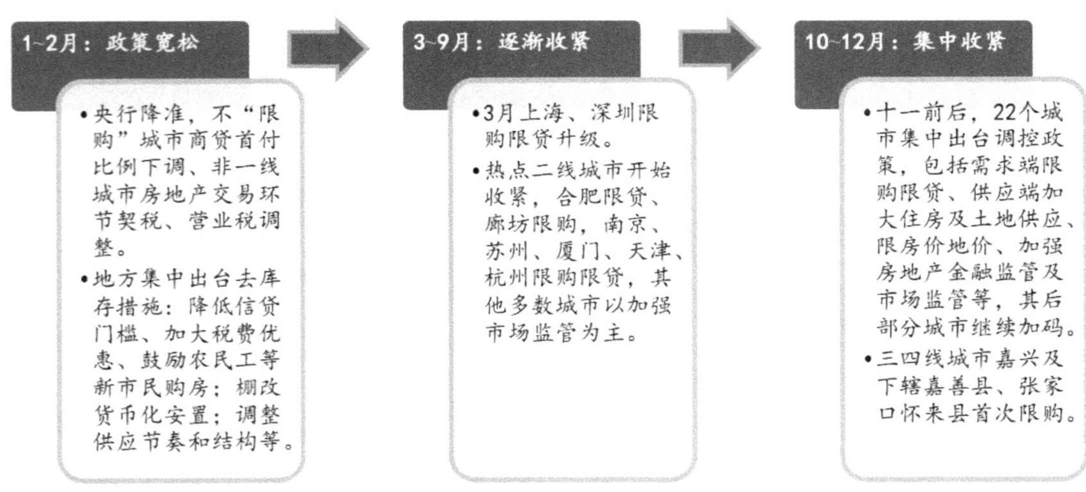

图1　2016年房地产政策变化

在销售方面，2016年，各类需求持续释放，房地产交易高位运行。根据国家统计局的数据，2016年，商品房销售面积15.73亿平方米，同比增长22.5%。其中，住宅销售面积增长22.4%，办公楼销售面积增长31.4%，商业营业用房销售面积增长16.8%。商品房销售额11.76万亿元，同比增长34.8%。其中，住宅销售额增长36.1%，办公楼销售额增长45.8%，商业营业用房销售额增长19.5%。全年商品房销售面积和销售金额均创历史新高。从中国指数研究院重点监测的50个代表城市商品住宅的成交情况来看，2016年全年月均成交约3710万平方米，同比增长超两成。国庆前后多地楼市调控政策密集出台，市场预期转向，成交量高位下调，四季度50个代表城市商品住宅月均成交约3880万平方米，同比增长7.6%，较三季度增幅收窄16.6个百分点。在区域方面，2016年，东部地区商品房销售面积72894万平方米，比2015年增长22.7%；销售额72331亿元，增长38.7%。中部地区商品房销售面积46108万平方米，增长28.4%；销售额25250亿元，增长38.7%。西部地区商品房销售面积38346万平方米，增长15.6%；销售额20046亿元，增长18.3%。

在价格方面，受相对宽松的货币政策、阶段性供求关系紧张及地价上涨的影响，2016年全国房价普遍上涨。全国70个大中城市新建住宅价格同比上涨10.5%，其中，一线城市同比上涨25%，二线城市同比上涨17.6%，三线城市同比上涨5.9%；二手住宅同比上涨7.9%，其中，一线城市同比上涨28.7%，二线城市同比上涨14.3%，三线城市同比上涨3.1%。

在投资方面，随着商品房销售全面回暖，全国房地产投资逐渐复苏，2016年全国完成房地产开发投资10.26万亿元，同比增长6.9%，其中，住宅投资6.87万亿元，同比增长6.4%。由于库存较大，2016年房地产开发商拿地并不积极，全年共购置土地2.2亿平方米，同比下降3.4%；但地价上涨使当年土地成交额达到9129.31亿元，同比上升19.8%。但房地产开发商开复工则比较积极，2016年，全国房屋新开工面积16.69亿平方米，同比增长8.1%；全国房屋竣工面积10.61亿平方米，同比增长6.1%；全国房屋正在施工面积75.9亿平方米，同比增长3.2%。

总体来看，2016年全国房地产市场全面回暖，销售面积、销售额创历史新高，一二三线城市房价全面上升，行业景气度不断上升，但由于房价快速上涨，热点一二线城市迅速出台调控政策给市场降温，使行业再次进入调控周期。

二、行业内上市公司发展概况

（一）行业内上市公司基本情况

表1　　2016年房地产业上市公司发行股票概况

门　类	A、B股总数	A股股票数	B股股票数	境内总市值（亿元）	流通A股市值（亿元）	流通B股市值（亿元）
房地产业	139	126	13	23083.72	18124.32	232.17
占沪深两市比重（%）	4.44	4.02	0.41	4.54	4.63	12.25

资料来源：沪深交易所，同花顺。

（二）行业内上市公司构成情况

表 2　　2016 年房地产业上市公司构成情况　　单位：家

门类	沪市			深市			ST/*ST
	仅 A 股	仅 B 股	A+B 股	仅 A 股	仅 B 股	A+B 股	
房地产业	62	1	6	54	2	4	1/4
占行业内上市公司比重（%）	44.6	0.72	4.32	38.85	1.44	2.88	0.72/2.88

资料来源：沪深交易所，同花顺。

（三）行业内上市公司融资情况

表 3　　2016 年房地产业上市公司与沪深两市融资情况对比　　单位：家

	融资家数	新股	增发	配股
房地产业	30	0	28	2
沪深两市总数	877	227	639	11
占比（%）	3.42	0.00	4.38	18.18

资料来源：沪深交易所，同花顺。

其中，在增发的 28 家公司中，有 15 家沪市、13 家深市；在配股的 2 家公司中，有 1 家沪市、1 家深市公司。

从融资效果来看，上述公司实际发行数量为 1483064.98 万股；实际募集资金 1290.44 亿元，基本完成了融资计划。

2016 年房地产业上市公司融资情况明细见附录。

（四）行业内上市公司资产及业绩情况

表 4　　2016 年房地产业上市公司资产情况　　单位：亿元

指标	2016 年	2016 年可比样本增长（%）	2015 年	2015 年可比样本增长（%）	2014 年
总资产	61307.06	22.96	49315.84	20.48	34006.59
流动资产	51716.42	21.43	42224.29	18.96	29531.57
占比（%）	84.36	-1.06	85.62	-1.09	86.84
非流动资产	9590.64	31.90	7091.55	30.39	4475.03
占比（%）	15.64	1.06	14.38	1.09	13.16
流动负债	31261.95	20.33	25756.48	15.01	18122.49
占比（%）	50.99	-1.12	52.23	-2.48	53.29
非流动负债	16107.16	32.83	12040.59	34.13	7316.96
占比（%）	26.27	1.95	24.42	2.48	21.52
归属于母公司股东权益	11329.44	18.15	9438.42	22.11	7101.24
占比（%）	18.48	-0.75	19.14	0.26	20.88

资料来源：沪深交易所，同花顺。

表 5　　2016 年房地产业上市公司收入实现情况　　单位：亿元

指　标	2016 年	2016 年可比样本增长（%）	2015 年	2015 年可比样本增长（%）	2014 年
营业收入	15505.51	29.03	11969.85	5.74	8135.97
利润总额	2247.50	34.26	1651.72	9.08	1320.2
归属于母公司所有者的净利润	1363.11	39.13	967.83	2.89	836.32

资料来源：沪深交易所，同花顺 。

（五）利润分配情况

2016 年全年房地产业上市公司中共有 87 家公司实施了分红配股。其中，1 家上市公司仅实施送股或转增股，76 家上市公司仅实施派息，10 家公司既实施了送股、转增，又实施了派息。

2016 年房地产业上市公司分红明细见附录。

（六）其他财务指标情况

1. 盈利能力指标

表 6　　2016 年房地产业上市公司盈利能力情况

指　标	2016 年	2016 年可比样本增长（%）	2015 年	2015 年可比样本增长（%）	2014 年
毛利率（%）	27.70	-0.94	28.43	0.82	31.8
净资产收益率（%）	12.03	1.81	10.25	-1.92	11.78
销售净利率（%）	10.46	0.43	9.94	0.34	11.73
资产净利率（%）	2.92	0.26	2.64	-0.43	3.01

资料来源：沪深交易所，同花顺。

2. 偿债能力指标

表 7　　2016 年房地产业上市公司偿债能力指标

指　标	2016 年	2016 年可比样本增长（%）	2015 年	2015 年可比样本增长（%）	2014 年
流动比率	1.65	0.02	1.64	0.05	1.63
速动比率	0.55	0.08	0.47	0.06	0.41
资产负债率（%）	77.27	0.84	76.64	0	74.81

资料来源：沪深交易所，同花顺。

3. 营运能力指标

表 8　2016 年房地产业上市公司营运能力情况　单位：次

营运能力指标	2016 年	2016 年可比样本变动	2015 年	2015 年可比样本变动	2014 年
存货周转率	0.35	0.04	0.3	-0.06	0.27
应收账款周转率	24.23	3.71	20.31	-3.85	22.81
流动资产周转率	0.33	0.02	0.31	-0.06	0.29
固定资产周转率	19.06	1.98	17.06	-2.45	17.04
总资产周转率	0.28	0.01	0.27	-0.05	0.26
净资产周转率	1.21	0.08	1.14	-0.18	1.02

资料来源：沪深交易所，同花顺。

三、重点上市公司介绍

（一）万科 A

万科企业股份有限公司成立于 1984 年，1988 年进入房地产行业，经过 30 余年的发展，已成为国内领先的城市配套服务商，公司业务聚焦全国经济最具活力的三大经济圈及中西部重点城市。2016 年公司首次跻身《财富》“世界 500 强”，位列榜单第 356 位。

2016 年公司实现营业收入 2404.8 亿元，归属上市公司股东的净利润为 210.2 亿元，分别同比增长 23.0%、16.0%。营业收入中来自房地产项目的结算收入为 2341.4 亿元，占比达到 98.21%，房地产项目结算毛利率为 19.77%，较 2015 年上升 0.32 个百分点。2016 年公司平均净资产收益率达到 19.68%，较 2015 年上升 0.44 个百分点，公司盈利能力继续提升。

在资金方面，公司继续加快销售回款，提升资金效率，全年销售回款率在 2015 年的基础上进一步提升，超过 95%。2016 年年底公司持有的货币资金达到人民币 870.3 亿元，远高于短期借款和一年内到期的负债 433.5 亿元。

2016 年年末，公司有息负债合计人民币 1288.6 亿元，占总资产的比例为 15.5%，较 2015 年的 13% 上升 2.5 个百分点。有息负债以中长期为主，短期借款和一年内到期的有息负债合计人民币 433.5 亿元，占比为 33.6%；一年期以上有息负债人民币 855.1 亿元，占比为 66.4%。

在融资方面，2016 年公司在中国银行间债券市场完成了 2016 年度第一期和第二期中期票据发行，发行金额合计为人民币 30 亿元，期限均 5 年，发行利率均为 3.2%。完成了 32 亿美元的中期票据发行，并已在联交所上市。

2015 年，公司新增开发项目 173 个，按公司权益计算的占地面积约 1892.2 万平方米，对应的规划建筑面积约 3157.3 万平方米，其中，88.3% 的新增项目位于一二线城市。截至 2016 年年底，公司在境内拥有 600 个主要开发项目，其中，在建项目权益建筑面积 3622.2 万平方米，总建筑面积约 5442.4 万平方米。

2016 年，公司境内项目实现新开工面积 3136.7 万平方米，较 2015 年增长 47.5%，较 2016 年年初计划增长 42.6%；完成竣工面积 2237.2 万平方米，较 2015 年增长 29.4%，较 2016 年年初计划增长 8.3%。2016 年，公司现有项目预计新开工面积 2923.6 万平方米，较 2016 年实际开工面积下降 6.8%；预计项目竣工面积 2448.3 万平方米，比 2016 年实际完成规模增长 9.4%。

（二）招商蛇口

招商蛇口为国内房地产上市龙头企业之一，是一家综合性开发经营企业，是 A 级央企招商局集团城市综合开发运营板块的旗舰公司，是招商局集团在国内重要的核心资产整合及业务协同平台。公司于 2015 年吸收合并招商地产上市后，聚合了原招商地产和蛇口工业区两大平台的独特优势，以打造智慧城市、智慧商圈、智慧园区、智慧社区为目标，推动城市升级发展。

2015 年，公司实现营业收入 635.73 亿元，归属上市公司股东的净利润 95.81 亿元，分别同比增长 29.15%、97.54%。营业收入中来自社区开发与运营的收入为 561.39 亿元，占比达到 88.31%；来自园区开发与运营的收入为 70.94 亿元，占比为 11.16%；来自邮轮产业建设与运营的收入为 3.4 亿元，占比为 0.53%。从 2016 年收入构成来看，社区开发与运营为招商蛇口目前的主要收入，但未来随着公司园区项目和邮轮项目逐渐投入运营，公司未来在园区与邮轮业务上的收入占比将会逐渐提高。

在负债方面，2016 年年末，公司资产负债率为 68.96%，扣除预收款后的资产负债率为 60.74%，均为近 4 年来最低水平，也处于行业较低水平。在偿债能力方面，公司 2016 年年末有息负债/股权价值为 38.19%，净负债/股权价值为 6.81%，处于行业非常低水平；总体来看，公司财务安全，具有较高安全边际。

（三）华夏幸福

华夏幸福基业股份有限公司创立于 1998 年，是中国领先的产业新城运营商。目前，公司主要从事产业新城运营，包括产业园区开发和房地产开发两大业务板块。产业园区开发核心产品包括产业新城和产业小镇。

2016 年，公司签约销售面积共计 952.56 万平方米，较 2015 年同期增长 23.56%，其中，产业新城签约销售面积 711.8 万平方米，城市地产签约销售面积 240.76 万平方米。公司销售额共计 1203.25 亿元，较 2015 年同期增长 66.43%。产业新城业务销售额共计 901.24 亿元（含园区结算收入额 177.59 亿元，产业园区配套住宅签约销售额 723.65 亿元），城市地产签约销售额 281.84 亿元，其他业务（物业、酒店）销售额 20.17 亿元。

2016年，公司投资运营的园区新增签约入园企业436家，新增签约投资额约为1122.4亿元。储备开发用地规划计容建筑面积约为1115.71万平方米。

2016年，公司实现营业收入538.21亿元，归属上市公司股东的净利润64.92亿元，分别同比增长40.4%、35.22%。2016年公司收入和利润较2015年均有较大上升。

（四）新城控股

新城控股于1993年成立于江苏常州，经过20多年的发展，已经成为国内跨足住宅地产和商业地产的综合性地产集团，2016年位居中国房地产百强企业第16位。公司2001年借壳江苏五菱于B股上市，为国内最早上市的房地产公司之一。2015年12月4日公司换股吸收合并B股在A股上市，成为国内首家B转A的民营房地产上市公司。公司的主要业务为住宅地产开发与销售、商业地产开发销售与经营服务。

2016年，公司合同销售金额达到650.60亿元（含合营项目170.85亿元），同比增长103.76%，销售面积575.00万平方米（含合营项目101.00万平方米），同比增长48.76%。公司全年新增土地储备共40幅，总建筑面积1424.22万平方米，其中，住宅地产新增1060.97万平方米，商业地产新增363.25万平方米。

2016年，公司实现竣工面积401.45万平方米（含合营项目），其中，25个子项目或分期实现竣工；实现营业收入279.69亿元，实现归属于上市公司股东净利润30.19亿元，分别比2015年增长18.67%和64.42%。截至2016年12月31日，公司总资产1031.71亿元，归属于上市公司股东的净资产148.54亿元，分别比2015年同期增长52.16%和22.44%。报告期末，公司共有59个子项目在建，在建面积为1307.36万平方米（含合营项目）。

四、上市公司在行业中的影响力

房地产上市公司作为房地产公司中的优秀企业，在品牌影响力、信息获取能力、土地资源获取能力、融资能力、管理能力、研发能力、销售能力等方面都具有较强的优势。经过前几轮房地产行业的调控和洗礼，上市房企在行业中的地位不断上升，影响力不断增强。

品牌影响力提升：经过过去的黄金十年，房地产行业不断优胜劣汰，注品牌、重形象的上市公司在行业中的地位不断巩固，万科、保利、招商地产、金地、华侨城等已经成为行业中的知名房地产品牌。良好的品牌形象使这些房地产企业在获取资源、融资、销售等方面都具有很强的优势和议价能力。

市场分化，强者恒强：2016年万科、保利地产、招商蛇口、金地集团4家上市房地产企业销售额为7494.21亿元，占全国商品房销售额的比重为6.37%，较2015年的6.13%上升0.24个百分点；4家公司销售面积为5493.41万平方米，占全国商品房销售面积的比重为3.49%，较2015年的3.17%上升0.32个百分点。从已上市公司比较来看，2016年，沪深两市房地产上市公司营业收入前30名之和为13087.39亿元，占两市房企的比例80.52%，较2015年上升0.17个百分点；前30名总资产之和为49176.71亿元，占比为77.17%，较2015年上升1.2个百分点。从以上数据可以看出，上市房地产公司行业集中度在不断提高，行业龙头公司的市场份额上升更快，强者恒强。而一些小型房地产上市公司则慢慢退出市场。

管理能力不断提高：作为公众公司，上市公司在组织架构、公司运作、财务会计、信息披露等方面必须遵守相关法律法规。另外，为了追求更高回报率，上市公司股东也要求上市公司规范治理、提升管理和运营能力。

信息获取能力和研发能力：上市房地产公司信息一般比较公开、透明，受市场关注度较高，也容易与投资者和金融机构形成互动，在互动中更容易获得市场信息。大型房地产上市公司业务布局城市非常多，在与当地相关部门、客户、金融机构的互动中也能获取更多市场信息。大量市场信息的获得也有利于上市公司提高研发能力。

融资能力更强：由于信息公开透明，上市公司能获得金融机构、评级机构、资产评估机构等中介机构更好的评级，在融资方面相对非上市公司更容易，同时融资成本也相对较低。

更能获得优质土地资源：基于在品牌影响力、信息获取能力和研发能力、融资能力，以及其他方面的优势，房地产上市公司能获得当地政府的政策支持，具有更多的市场信息和更多的资金，在土地资源获取能力具有一定的优势。

总体来看，房地产行业上市公司汇聚了房地产行业的优秀企业，代表了行业发展的方向，拥有品牌、信息、资源、规模、研发等方面的优势，房地产行业上市公司在未来的市场中将会更具优势、强者恒强。

审稿人：刘小勇

撰稿人：平海庆

租赁和商务服务业

一、租赁和商务服务业总体概况

近年来，租赁和商务服务业固定资产投资规模持续扩大，2016 年，租赁和商务服务业固定资产投资额为 12315.73 亿元，同比增长 30.52%。就业人员工资保持稳步增长，当年规模以上单位就业人员平均工资为 72855.00 元，同比增长 4.31%；国家统计局数据显示，最高岗位工资是最低岗位工资的 4.73 倍。

2016 年，在经济增长下行压力继续增大的背景下，全国融资租赁业仍呈现逆势上扬、逆周期发展的良好态势，没有出现行业性和区域性风险。据中国租赁联盟和天津滨海融资租赁研究院测算，2016 年年末，国内租赁合同余额 5.33 万亿元，同比增长 20.04%。2016 年，全国融资租赁业的市场渗透率约为 8.8%，与 17% 左右的国际水平相比差距巨大，从这一方面而言，中国融资租赁才刚起步，发展空间较大。

2016 年，中国积极适应和引领经济发展新常态，经济运行保持在合理区间，产业结构不断优化，服务业增加值占 GDP 的比重升至 51.6%，比 2015 年提高 1.4 个百分点，服务业在经济增长中“稳定器”和“助推器”的作用更为明显。国家统计局服务业调查中心开展的服务业采购经理调查结果显示，2016 年服务业商务活动指数总体运行平稳，年均值与 2015 年持平。

二、行业内上市公司发展概况

（一）行业内上市公司基本情况

表 1　　2016 年租赁和商务服务业上市公司发行股票概况

门　类	A、B 股总数	A 股股票数	B 股股票数	境内总市值（亿元）	流通 A 股市值（亿元）	流通 B 股市值（亿元）
租赁和商务服务业	43	41	2	7345.93	4547.94	27.54
占沪深两市比重（%）	1.37	1.31	0.06	1.44	1.16	1.45

资料来源：沪深交易所，同花顺。

（二）行业内上市公司构成情况

表 2　　2016 年租赁和商务服务业上市公司构成情况　　单位：家

门　类	沪市			深市			ST/*ST
	仅 A 股	仅 B 股	A + B 股	仅 A 股	仅 B 股	A + B 股	
租赁和商务服务业（家）	15	1	0	25	0	1	0/0
占行业内上市公司比重（%）	34.88	2.33	0.00	58.14	0.00	2.33	0/0

资料来源：沪深交易所，同花顺。

（三）行业内上市公司融资情况

表 3　　2016 年租赁和商务服务业上市公司与沪深两市融资情况对比　　单位：家

	融资家数	新股	增发	配股
租赁和商务服务业	13	2	11	0
沪深两市总数	877	227	639	11
占比（%）	1.48	0.88	1.72	0.00

资料来源：沪深交易所，同花顺。

其中，在首发的 2 家公司中，有 1 家为中小板，1 家为沪市主板；在增发的 11 家公司中，有 2 家沪市主板公司，2 家深市主板公司，5 家中小板公司及 2 家创业板公司。

按行业大类划分，在进行融资的 13 家公司中，租赁业 1 家，商务服务业 12 家。

从融资效果来看，上述公司实际发行数量为 416007.30 万股；实际募集资金 389.16 亿元，基本完成了融资计划。

2016 年租赁和商务服务业上市公司融资情况明细见附录。

（四）行业内上市公司资产及业绩情况

表 4　　2016 年租赁和商务服务业上市公司资产情况　　单位：亿元

指　标	2016 年	2016 年可比样本增长（%）	2015 年	2015 年可比样本增长（%）	2014 年
总资产	5789.79	27.56	4273.54	41.22	2605.02
流动资产	2637.26	6.60	2314.37	38.78	1282.91
占比（%）	45.55	-8.96	54.16	-0.95	49.25
非流动资产	3152.53	52.69	1959.17	44.21	1322.11
占比（%）	54.45	8.96	45.84	0.95	50.75
流动负债	2198.91	5.46	1973.87	31.59	1187.52
占比（%）	37.98	-7.96	46.19	-3.38	45.59
非流动负债	1606.45	84.45	856.38	68.07	503.84
占比（%）	27.75	8.56	20.04	3.2	19.34
归属于母公司股东权益	1748.95	24.38	1275	40.28	808.48
占比（%）	30.21	-0.77	29.83	-0.2	31.04

资料来源：沪深交易所，同花顺。

表 5　2016 年租赁和商务服务业上市公司收入实现情况　单位：亿元

指　标	2016 年	2016 年可比样本增长（%）	2015 年	2015 年可比样本增长（%）	2014 年
营业收入	4160.05	46.48	2709.16	26.22	1860.56
利润总额	281.70	45.47	169.91	6.82	122.08
归属于母公司所有者的净利润	206.14	47.95	120.27	6.57	83.34

资料来源：沪深交易所，同花顺 。

（五）利润分配情况

2016 年全年租赁和商务服务业上市公司中共有 32 家公司实施了分红配股。其中，2 家上市公司仅实施转增股，21 家上市公司仅实施派息，9 家公司既实施了转增，又实施了派息。

2016 年租赁和商务服务业上市公司分红明细见附录。

（六）其他财务指标情况

1. 盈利能力指标

表 6　2016 年租赁和商务服务业上市公司盈利能力情况

指　标	2016 年	2016 年可比样本增长（%）	2015 年	2015 年可比样本增长（%）	2014 年
毛利率（%）	13.94	-1.47	15.2	-0.88	14.88
净资产收益率（%）	11.79	1.88	9.43	-2.98	10.31
销售净利率（%）	5.38	0.03	4.89	-0.84	4.99
资产净利率（%）	4.33	0.38	3.63	-0.96	3.95

资料来源：沪深交易所，同花顺。

2. 偿债能力指标

表 7　2016 年租赁和商务服务业上市公司偿债能力指标

指　标	2016 年	2016 年可比样本增长（%）	2015 年	2015 年可比样本增长（%）	2014 年
流动比率	1.20	0.01	1.17	0.06	1.08
速动比率	1.03	-0.01	1.02	0.07	0.88
资产负债率（%）	65.73	0.60	66.23	-0.18	64.93

资料来源：沪深交易所，同花顺。

3. 营运能力指标

表 8　　2016 年租赁和商务服务业上市公司营运能力情况　　单位：次

营运能力指标	2016 年	2016 年可比样本变动	2015 年	2015 年可比样本变动	2014 年
存货周转率	10.30	1.90	8.27	0.71	6.97
应收账款周转率	10.09	0.86	9.18	-1.6	11.12
流动资产周转率	1.63	0.27	1.36	-0.13	1.63
固定资产周转率	3.86	-0.84	4.57	-0.03	4.22
总资产周转率	0.81	0.07	0.74	-0.06	0.79
净资产周转率	2.33	0.20	2.2	-0.18	2.25

资料来源：沪深交易所，同花顺。

三、重点细分行业介绍

表 9　　2016 年租赁和商务服务业上市公司数量分布及市值情况

大　类	上市公司家数（家）	占行业内比重（%）	境内总市值（亿元）	占行业内比重（%）
租赁业	4	9.52	620.65	8.45
商务服务业	38	90.48	6725.28	91.55

资料来源：沪深交易所，同花顺。

（一）商务服务业

1. 行业概况

服务业作为国民经济的第一大产业，对国民经济增长的贡献率进一步提高。2016 年，我国服务业增加值 384221 亿元，比 2015 年实际增长 7.8%，在三次产业中继续领跑，增速比第二产业高出 1.7 个百分点。服务业占 GDP 的比重已上升为 51.6%，比 2015 年继续提高 1.4 个百分点，比第二产业高出 11.8 个百分点。服务业对国民经济增长的贡献率为 58.2%，比 2015 年提高 5.3 个百分点，比第二产业高出 20.8 个百分点。

服务业结构调整和转型升级的步伐进一步加快，新兴服务业、高技术服务业引领服务业持续稳步增长的作用更为突出。2016 年，全年全国电子商务交易额达到 26.1 万亿元，比 2015 年增长 19.8%。电子商务的快速发展带动邮政业务的高速增长，2016 年，全国邮政行业业务收入比 2015 年增长 33.2%，增速比 2015 年加快 7.1 个百分点；全国邮政业务总量增长 45.7%，增速比 2015 年加快 8.3 个百分点。其中，快递业对邮政业务增长贡献突出。快递服务企业业务收入比上年增长43.5%，比全国邮政业务收入总量增速高出10.3个百分点；新增业务收入占全国邮政新增业务收入的89.9%。

2. 行业内上市公司发展情况

表10　　2016年商务服务业上市公司收入及资产增长情况　　单位：亿元

指　标	2016年	2016年可比样本变动	2015年	2015年可比样本变动	2014年
营业收入	3884.92	42.98	2609.24	25.77	1792.04
利润总额	244.47	44.79	148.11	2.82	108.07
归属于母公司所有者的净利润	181.12	46.49	106.53	3.56	74.21
总资产	3481.42	11.53	2937.71	25.67	1927.81
归属于母公司股东权益	1395.67	27.76	991.34	23.19	710.6

资料来源：沪深交易所，同花顺。

表11　　2016年商务服务业上市公司盈利能力情况

指　标	2016年	2016年可比样本变动	2015年	2015年可比样本变动	2014年
毛利率（%）	12.43	-1.65	13.85	-1.14	13.67
净资产收益率（%）	12.98	1.66	10.75	-2.04	10.44
销售净利率（%）	4.95	0.12	4.36	-0.96	4.53
资产净利率（%）	5.82	1.09	4.31	-1.08	4.7

资料来源：沪深交易所，同花顺。

表12　　2016年商务服务业上市公司偿债及营运情况

指　标	2016年	2016年可比样本变动	2015年	2015年可比样本变动	2014年
资产负债率（%）	55.76	-5.35	62.31	0.15	59.14
存货周转率（次）	9.81	1.64	8.09	0.69	6.81
总资产周转率（次）	1.18	0.20	0.99	-0.02	1.04

资料来源：沪深交易所，同花顺。

（二）租赁业

1. 行业概况

融资租赁作为集融资与融物、贸易与技术服务于一体的现代交易方式，在我国转变经济发展模式、调整产业结构所带来机遇与挑战中逆势上扬的背景下，继续保持较高增速，融资租赁业已经成为我国现代服务业的新兴领域和重要组成部分。

全国融资租赁企业管理信息服务平台

数据显示，截至 2016 年年底，我国登记在册的融资租赁企业数量共计 6158 家，比 2015 年年底增加 2543 家，增幅为 70.3%；全国融资租赁企业注册资本金总量为 19223.7 亿元，同比增幅为 31.3%，是 2013 年 2884.3 亿元的近 7 倍；全国融资租赁企业资产总额 21538.3 亿元，比 2015 年同期增长 32.4%，突破两万亿元；全行业融资租赁投放金额达到 8971.6 亿元，较 2015 年增加 37.5%，实现营业收入 1535.9 亿元，利润总额 267.7 亿元，较 2015 年分别增加 35% 和 25.4%。

从行业分布来看，融资租赁资产总额排名前 5 位的行业分别是能源设备、交通运输设备、基础设施及不动产、通用机械设备和工业装备，均分别超过千亿元。分区域来看，东部地区在融资租赁企业数量、注册资本金、资产总额等方面仍占据绝大部分，均达到全国总数 9 成以上。

2. 行业内上市公司发展情况

表 13　2016 年租赁业上市公司收入及资产增长情况　单位：亿元

指　标	2016 年	2016 年可比样本变动	2015 年	2015 年可比样本变动	2014 年
营业收入	275.13	123.88	99.92	39.05	68.52
利润总额	37.24	50.15	21.81	45.07	14
归属于母公司所有者的净利润	25.02	59.39	13.74	37.64	9.13
总资产	2308.37	62.87	1335.82	94.02	677.21
归属于母公司股东权益	353.28	12.62	283.66	172.44	97.89

资料来源：沪深交易所，同花顺。

表 14　2016 年租赁业上市公司盈利能力情况

指　标	2016 年	2016 年可比样本变动	2015 年	2015 年可比样本变动	2014 年
毛利率（%）	35.32	-9.70	50.39	2.99	46.42
净资产收益率（%）	7.08	2.08	4.85	-4.75	9.33
销售净利率（%）	11.47	-5.45	18.6	1.01	17.21
资产净利率（%）	1.69	-0.25	1.84	-0.15	1.89

资料来源：沪深交易所，同花顺。

表 15　2016 年租赁业上市公司偿债及营运情况

指　标	2016 年	2016 年可比样本变动	2015 年	2015 年可比样本变动	2014 年
资产负债率（%）	80.76	6.77	74.84	-5.96	81.4
存货周转率（次）	190.71	82.40	1487.64	673.53	1835.5
总资产周转率（次）	0.15	0.03	0.1	-0.01	0.11

资料来源：沪深交易所，同花顺。

四、重点上市公司介绍

（一）渤海金控

渤海金控投资股份有限公司成立于1993年，公司是一家以租赁为主业的国际化金融控股集团。公司以服务实体经济为出发点，从资产管理与运营、资产交易与咨询、融资服务等方面，为全球逾1000家客户提供包括飞机、集装箱、基础设施、高端设备及新能源等行业在内的租赁服务和配套金融服务。公司在全球拥有约30个运营中心，现已成为全球第三大飞机租赁业务集团和第二大集装箱租赁业务集团。公司旗下拥有天津渤海租赁、皖江金融租赁、Avolon、Seaco等国内外细分行业领先的租赁公司，在中国大陆境内实现了租赁业务全牌照运营。公司投资渤海人寿、联讯证券、聚宝互联、天津银行等金融企业，构建起以租赁业为基础、横跨保险、证券、互联网金融等领域的金融生态体系。

2016年是公司发展历史上具有里程碑意义的一年，国际化程度进一步提高，行业龙头地位逐步确立，经营业绩再上一个新的台阶。截至2016年12月31日，公司资产总额2166.32亿元，同比增长64.24%，归属母公司股东净资产311.48亿元，同比增长14.13%。2016年度，渤海金控实现营业收入242.58亿元，同比增长146.86%；营业利润29.95亿元，同比增加57.90%；归属于母公司所有者的净利润为22.77亿元，同比增加74.54%。每股收益0.37元；每股净资产5.04元。

（二）怡亚通

深圳市怡亚通供应链股份有限公司成立于1997年，公司是中国唯一的全程供应链服务提供商。以承接全球整合企业的非核心业务外包为核心，创造性地实现了物流外包、商务外包、结算外包和信息系统及信息处理外包等一站式供应链管理外包服务。在供应链管理服务领域，公司已基本建成服务全球整合企业的两大业务平台——全球采购执行平台和全球分销执行平台，供应链服务网络遍布中国，包括深圳、广州、上海、苏州、大连、福州、青岛、天津等沿海城市及内陆各大城市，此外，公司还是中国唯一一家全面入驻中国保税物流园区的企业。目前，公司正在加速建设覆盖全球的供应链服务网络。

2016年度，公司完成业务量753.49亿元，比2015年同期增17.02%；实现营业总收入582.91亿元，比2015年同期增长45.95%；实现利润总额6.63亿元，比2015年同期增长19.62%；归属于上市公司股东的净利润5.19亿元，比2015年同期上升5.34%。每股收益0.25元，每股净资产2.60元。

审稿人：曹玲燕

撰稿人：刘建宏

科学研究和技术服务业

一、科学研究和技术服务业总体概况

2016 年，我国科学研究和技术服务业公共财政支出预算 6069.29 亿元，较 2015 年同比增长 6.38%；公共财政支出决算 6563.96 亿元，较 2015 年同比增长 11.96%。固定资产投资额 5567.8 亿元，较 2015 年同比增长 17.16%。

科学研究和技术服务业分为研究和试验发展、专业技术服务业以及科技推广和应用服务业 3 个子行业。

其中，研究和试验发展行业方面，2016 年固定资产投资额累计达 1359.2 亿元，同比减少 3.89%；专业技术服务业方面，2016 年固定资产投资额累计达 1950.7 亿元，同比增长 13.57%；科技推广和应用服务业方面，2016 年固定资产投资额累计达 2257.9 亿元，同比增长 39.40%。

二、行业内上市公司发展概况

（一）行业内上市公司基本情况

表 1　2016 年科学研究和技术服务上市公司发行股票概况

门　类	A、B 股总数	A 股股票数	B 股股票数	境内总市值（亿元）	流通 A 股市值（亿元）	流通 B 股市值（亿元）
科学研究和技术服务业	27	27	0	1891.24	1014.21	0.00
占沪深两市比重（%）	0.86	0.86	0.00	0.37	0.26	0.00

资料来源：沪深交易所，同花顺。

（二）行业内上市公司构成情况

表 2　2016 年科学研究和技术服务上市公司构成情况　单位：家

门　类	沪市			深市			ST/*ST
	仅 A 股	仅 B 股	A+B 股	仅 A 股	仅 B 股	A+B 股	
科学研究和技术服务业	12	0	0	15	0	0	0/1
占行业内上市公司比重（%）	44.44	0.00	0.00	55.56	0.00	0.00	0/3.70

资料来源：沪深交易所，同花顺。

（三）行业内上市公司融资情况

表 3　　2016 年科学研究和技术服务上市公司与沪深两市融资情况对比　　单位：家

门类	融资家数	新股	增发	配股
科学研究和技术服务业	11	5	6	0
沪深两市总数	877	227	639	11
占比（%）	1.25	2.20	0.94	0.00

资料来源：沪深交易所，同花顺。

其中，在首发的 5 家公司中，4 家沪市主板公司，1 家创业板公司；在增发的 6 家公司中，有 2 家沪市、4 家深市。

按行业大类划分，在进行融资的 11 家公司中，专业技术服务业 10 家，研究和试验发展业 1 家。

从融资效果来看，上述公司实际发行数量为 58102.26 万股；实际募集资金 77.51 亿元，基本完成了融资计划。

2016 年科学研究和技术服务上市公司融资情况明细见附录。

（四）行业内上市公司资产及业绩情况

表 4　　2016 年科学研究和技术服务上市公司资产情况　　单位：亿元

指　标	2016 年	2016 年可比样本增长（%）	2015 年	2015 年可比样本增长（%）	2014 年
总资产	748.83	16.69	568.75	14.71	442.58
流动资产	482.18	17.09	380.35	11.29	287.37
占比（%）	64.39	0.22	66.87	-2.05	64.93
非流动资产	266.65	15.96	188.4	22.27	155.2
占比（%）	35.61	-0.22	33.13	2.05	35.07
流动负债	292.21	0.36	251.18	9.36	187.5
占比（%）	39.02	-6.35	44.16	-2.16	42.37
非流动负债	39.10	12.58	26.57	-0.88	25.37
占比（%）	5.22	-0.19	4.67	-0.73	5.73
归属于母公司股东权益	405.33	33.03	281.8	22.37	220.85
占比（%）	54.13	6.65	49.55	3.1	49.9

资料来源：沪深交易所，同花顺。

表 5　　2016 年科学研究和技术服务上市公司收入实现情况　　单位：亿元

指　标	2016 年	2016 年可比样本增长（%）	2015 年	2015 年可比样本增长（%）	2014 年
营业收入	352.40	6.73	303.35	-1.89	246.71
利润总额	32.87	-0.29	34.77	5.35	27.53
归属于母公司所有者的净利润	26.03	-4.99	28.24	5.61	22.27

资料来源：沪深交易所，同花顺 。

（五）利润分配情况

2016 年全年科学研究和技术服务业上市公司中共有 20 家公司实施了分红配股。其中，14 家上市公司仅实施派息，6 家公司既实施了送股、转增，又实施了派息。

2016 年科学研究和技术服务上市公司分红明细见附录。

（六）其他财务指标情况

1. 盈利能力指标

表 6　　2016 年科学研究和技术服务上市公司盈利能力情况

指　标	2016 年	2016 年可比样本变动	2015 年	2015 年可比样本变动	2014 年
毛利率（%）	26.93	-0.30	27.21	1.5	24.78
净资产收益率（%）	6.42	-2.57	10.02	-1.59	10.08
销售净利率（%）	7.49	-0.69	9.59	0.7	9.26
资产净利率（%）	3.80	-0.68	5.46	-0.98	5.94

资料来源：沪深交易所，同花顺。

2. 偿债能力指标

表 7　　2016 年科学研究和技术服务上市公司偿债能力指标

指　标	2016 年	2016 年可比样本变动	2015 年	2015 年可比样本变动	2014 年
流动比率	1.65	0.24	1.51	0.03	1.53
速动比率	1.34	0.21	1.2	0.04	1.2
资产负债率（%）	44.24	-6.54	48.83	-2.9	48.1

资料来源：沪深交易所，同花顺。

3. 营运能力指标

表 8　2016 年科学研究和技术服务上市公司营运能力情况　单位：次

指　标	2016 年	2016 年可比样本变动	2015 年	2015 年可比样本变动	2014 年
存货周转率	2.98	0.00	2.87	-0.77	3.4
应收账款周转率	2.38	-0.18	2.61	-0.74	3.09
流动资产周转率	0.79	-0.06	0.84	-0.21	0.96
固定资产周转率	3.22	0.12	3.77	-1.04	3.97
总资产周转率	0.51	-0.04	0.57	-0.15	0.64
净资产周转率	0.96	-0.17	1.14	-0.34	1.25

资料来源：沪深交易所，同花顺。

三、重点细分行业介绍

表 9　2016 年科学研究和技术服务上市公司数量分布及市值情况

大　类	上市公司家数（家）	占行业内比重（%）	境内总市值（亿元）	占行业内比重（%）
专业技术服务业	24	88.89	1679.78	88.82
研究和试验发展	3	11.11	211.46	11.18
科技推广和应用服务业	0	0.00	0.00	0.00

资料来源：沪深交易所，同花顺。

（一）研究和试验发展

1. 行业概况

研发和试验发展指在科学技术领域，为增加知识总量（包括人类文化和社会知识的总量），以及运用这些知识去创造新的应用进行的系统的创造性的活动，包括基础研究、应用研究、试验发展 3 类活动。

全年研究与试验发展（R&D）经费支出 15500 亿元，比 2015 年增长 9.4%，与国内生产总值之比为 2.08%，其中，基础研究经费 798 亿元。全年国家重点研发计划共安排 42 个重点专项 1163 个科技项目，国家科技重大专项共安排 224 个课题，国家自然科学基金共资助 41184 个项目。截至 2016 年年底，累计建设国家重点实验室 488 个，国家工程研究中心 131 个，国家工程实验室 194 个，国家企业技术中心 1276 家。国家科技成果转化引导基金累计设立 9 支子基金，资金总规模 173.5 亿元。全年受理境内外专利申请 346.5 万件，授予专利权 175.4 万件。截至 2016 年年底，有效专利 628.5 万件，其中，境内有效发明专利110.3万件，每万人口发明专利拥有量8.0件。全年共签订技术合同32.0万项，技术合同成交金额11407亿元，比2015年增长16.0%。

2. 行业内上市公司发展情况

表10　2016年研究和试验发展上市公司收入及资产增长情况　单位：亿元

指　标	2016年	2016年可比样本增长（%）	2015年	2015年可比样本增长（%）	2014年
营业收入	16.55	0.62	8.36	34.62	4.77
利润总额	1.93	167.84	2.92	170.68	0.63
归属于母公司所有者的净利润	1.79	204.14	2.34	218.7	0.35
总资产	63.06	-14.77	33.36	22.34	24.17
归属于母公司股东权益	43.02	85.45	19.86	58.77	10.32

资料来源：沪深交易所，同花顺。

表11　2016年研究和试验发展上市公司盈利能力情况

指　标	2016年	2016年可比样本变动	2015年	2015年可比样本变动	2014年
毛利率（%）	36.97	8.83	63	-4.94	73.58
净资产收益率（%）	4.16	11.58	11.78	5.91	3.39
销售净利率（%）	6.54	24.85	29.04	15.38	9.85
资产净利率（%）	1.58	5.79	8.01	4.24	2.41

资料来源：沪深交易所，同花顺。

表12　2016年研究和试验发展上市公司偿债及营运情况

指　标	2016年	2016年可比样本变动	2015年	2015年可比样本变动	2014年
资产负债率（%）	28.96	-36.31	36.62	-12.97	52.17
存货周转率（次）	3.17	-0.62	3.05	0.32	2.93
总资产周转率（次）	0.24	0.01	0.28	0	0.24

资料来源：沪深交易所，同花顺。

（二）专业技术服务业

1. 行业概况

专业技术服务业包括气象服务、地震服务、海洋服务、测绘服务、技术检测、环境监测、工程技术与规划管理、工程管理服务、工程勘察设计、规划管理、其他专业技术服务等。

截至2016年年末，全国共有产品检测实验室34487个，其中，国家检测中心681个。全国现有产品质量、体系认证机构312个，已累计完成对152525个企业的产品认证。全国共有法定计量技术机构3933个，全年强制检定计量器具7878万台（件）。全年制定、修订国家标准1763项，其中，新制定1255项。

2. 行业内上市公司发展情况

表13　　2016年专业技术服务业上市公司收入及资产增长情况　　单位：亿元

指　标	2016年	2016年可比样本增长（%）	2015年	2015年可比样本增长（%）	2014年
营业收入	335.85	7.05	294.99	-2.64	241.94
利润总额	30.94	-13.59	31.86	-0.23	26.9
归属于母公司所有者的净利润	24.24	-16.75	25.9	-0.41	21.92
总资产	685.77	20.79	535.39	14.26	418.41
归属于母公司股东权益	362.32	28.71	261.94	20.28	210.52

资料来源：沪深交易所，同花顺。

表14　　2016年专业技术服务业上市公司盈利能力情况

指　标	2016年	2016年可比样本变动	2015年	2015年可比样本变动	2014年
毛利率（%）	26.44	-0.75	26.2	1.35	23.82
净资产收益率（%）	6.69	-3.65	9.89	-2.05	10.41
销售净利率（%）	7.54	-2.03	9.04	0.25	9.25
资产净利率（%）	4.04	-1.60	5.31	-1.28	6.13

资料来源：沪深交易所，同花顺。

表15　　2016年专业技术服务业上市公司偿债及营运情况

指　标	2016年	2016年可比样本变动	2015年	2015年可比样本变动	2014年
资产负债率（%）	45.65	-3.25	49.6	-2.26	47.86
存货周转率（次）	2.98	0.02	2.87	-0.78	3.4
总资产周转率（次）	0.54	-0.05	0.59	-0.16	0.66

资料来源：沪深交易所，同花顺。

四、重点上市公司介绍

电科院

电科院主要从事各类高低压电器的技术检测服务，主要包括输配电电器、核电电器、机床电器、船用电器、汽车电子电气、太阳能及风能发电设备等。公司是全国性的独立第三方综合电器检测机构，是电器检测行业的龙头企业之一。公司主要业务包括电器检测、环境检测和认证3类，其中，电器检测仍是核心，2016年收入占比为93.10%。

2016年，公司实现营业收入5.53亿元，同比增长32.58%；归属于上市公司股东的净利润为7067.07万元，同比增长169.68%；实现每股收益0.10元；毛利率达到49.52%，同比提升1.32个百分点；销售净利率12.87%，同比提升6.46个百分点；净资产收益率4.64%，同比提升2.65个百分点。

2016年年末，公司的资产负债率达到48.91%，同比下降15.33个百分点。

五、上市公司在行业中的影响力

研究与试验发展业上市公司共有3家，2016年共实现营业收入16.55亿元，仅占全国研究与试验发展经费的0.1%，对行业影响力很小。

专业技术服务业上市公司共有24家，而2016年全国共有产品检测实验室34487个，产品质量、体系认证机构312个，2016年共有法定计量技术机构3933个。与此相比，专业技术服务上市公司对行业影响力很小。

审稿人：曹玲燕

撰稿人：王　磊

水利、环境和公共设施管理业

一、水利、环境和公共设施管理业总体概况

（一）行业整体运行情况

2016 年，水利、环境和公共设施管理行业固定资产投资总额为 68647.21 亿元，比 2015 年增长 23.30%，较全社会固定资产投资增长率高出 15.20 个百分点。其中，水利管理业固定资产投资总额为 8725.38 亿元，比 2015 年增长 20.40%；生态保护和环境治理业固定资产投资总额为 3145.57 亿元，比 2015 年增长 39.90%；公共设施管理业固定资产投资总额为 56776.25 亿元，比 2015 年增长22.90%。

（二）细分行业运行概况

1. 水利管理业

水利管理业包括防洪除涝设施管理、水资源管理、天然水收集与分配、水文服务和其他水利管理。我国是一个严重缺水的国家，2016 年我国人均水资源量仅有 2354.92 立方米/人，不及世界平均水平的 1/3。同时，我国水资源的分布失衡，呈现出南多北少、东多西少的状态。有效管理水资源、协调水资源使用是当前保证可持续发展的重要课题。

面对我国水资源紧张和分布不均的现状，《“十三五”规划纲要》提出要加快完善水利基础设施网络，推进水资源科学开发、合理调配、节约使用、高效利用，全面提升水安全保障能力。2016 年 4 月，水利部发布《水权交易管理暂行办法》，对区域水权交易、取水权交易及灌溉用水户水权交易的方式进行了规定，推动水权交易机制的形成。此外，2016 年内，各部委相继发布《农田水利条例（草案）》《关于加快推进高效节水灌溉发展的实施意见》《关于推行合同节水管理促进节水服务产业发展的意见》，将农田水利工作提升到前所未有的高度。2016 年 12 月，《水利改革发展“十三五”规划》印发实施，确定了“十三五”水利改革发展的 8 个重点任务：一是全面推进节水型社会建设；二是改革创新水利发展体制机制；三是加快完善水利基础设施网络；四是提高城市防洪排涝和供水能力；五是进一步夯实农村水利基础；六是加强水生态治理与保护；七是优化流域区域水利发展布局；八是全面强化依法治水、科技兴水。

当前，不少水利项目采用 PPP 的模式实施。截至 2016 年年底，财政部 PPP 项目库中包含水利建设项目 518 个，占比为 4.60%，总投资 3874 亿元，占比为 2.87%。其中，示范项目 31 个，落地 21

个，示范项目落地率67.74%。

2. 生态保护和环境管理业

生态保护业包括自然保护区管理、野生动物保护、野生植物保护、其他自然保护；环境治理业包括水污染治理、大气污染治理、固体废物治理、危险废物治理、放射性废物治理、其他污染治理。

近年来，生态环境保护和治理受到了高度的重视，重磅政策相继出台。“水十条”“大气十条”的发布对水污染、大气污染治理提出了更加明确的目标和更加严格的考核标准，督促各地对生态环境进行有效的治理。2015年8月，住建部和环保部印发《城市黑臭水体整治工作指南》对全国黑臭水体的整治工作提出了明确的目标，确定了2017年/2020年/2030年底3个考核时点，黑臭水体整治工作启动。2016年12月，中国中共中央办公厅、国务院办公厅印发了《关于全面推行河长制的意见》，“河长制”正式推行。过去水环境治理往往停留在“末端治理”的阶段，项目规模较小，往往治标不治本。“河长制”的出台，打破了原本流域治理的行政区域壁垒，使得更加有效的流域治理可以更顺利地推行。2016年12月25日，《中华人民共和国环境保护税法》表决通过，将于2018年1月1日开始施行，通过“税负平移”原则，实现排污费制度向环保税制度的转移，提高立法层级，将成为强化监管的有效手段。

从财政方面来看，全国公共财政支出中，水体污染防治和自然生态保护类支出自2010年以来均保持了增长态势。其中，水体污染防治支出2014年以后的增速明显提高，均在12%以上。2016年，该类财政支出金额达到647.82亿元，相比2015年增长21.18%。

截至2016年年底，财政部PPP项目库中包含生态环境项目633个，占比为5.62%，总投资6534亿元，占比为4.84%。示范项目60个，落地30个，示范项目落地率达到50%。

3. 公共设施管理业

公共设施管理业包括市政设施管理、环境卫生管理、城乡市容管理、绿化管理、公园管理和游览景区管理。2015年10月，国务院发布《国务院办公厅关于推进海绵城市建设的指导意见》，提出通过海绵城市建设，综合采取“渗、滞、蓄、净、用、排”等措施，最大限度地减少城市开发建设对生态环境的影响，将70%的降雨就地消纳和利用。到2020年，城市建成区20%以上的面积达到目标要求；到2030年，城市建成区80%以上的面积达到目标要求。海绵城市建设的推进有助于公共设施管理业投资规模的提升，PPP模式的推进为行业的发展创造了条件。截至2016年12月，PPP项目库中包含市政工程项目合计3998个，占比为35.51%，总投资37801亿元，占比为8.34%。

2016年，旅游业总收入4.69万亿元，同比增长13.56%。国内旅游收入39390亿元，同比增长15.19%。2016年，国内旅游人数44.00亿人次，同比增长10.00%。

二、行业内上市公司发展概况

（一）行业内上市公司基本情况

表 1　　2016 年水利、环境和公共设施管理业上市公司发行股票概况

门　类	A、B 股总数	A 股股票数	B 股股票数	境内总市值（亿元）	流通 A 股市值（亿元）	流通 B 股市值（亿元）
水利、环境和公共设施管理业	33	32	1	3477.61	2572.06	21.77
占沪深两市比重（%）	1.05	1.02	0.03	0.68	0.66	1.15

资料来源：沪深交易所，同花顺。

（二）行业内上市公司构成情况

表 2　　2016 年水利、环境和公共设施管理业上市公司构成情况　　单位：家

门　类	沪市			深市			ST/*ST
	仅 A 股	仅 B 股	A+B 股	仅 A 股	仅 B 股	A+B 股	
水利、环境和公共设施管理业	9	0	1	22	0	0	0/0
占行业内上市公司比重（%）	27.27	0.00	3.03	66.67	0.00	0.00	0/0

资料来源：沪深交易所，同花顺。

（三）行业内上市公司融资情况

表 3　　2016 年水利、环境和公共设施管理业上市公司与沪深两市融资情况对比　　单位：家

	融资家数	新股	增发	配股
水利、环境和公共设施管理业	7	0	7	0
沪深两市总数	877	227	639	11
占比（%）	0.80	0.00	1.10	0.00

资料来源：沪深交易所，同花顺。

在增发的 7 家公司中，有 1 家沪市、1 家深市主板及 5 家创业板公司，其中，2 家公司实施了 2 次增发。

按行业大类划分，在进行融资的 7 家公司中，生态保护和环境治理业 5 家，公共设施管理业 2 家。

从融资效果来看，上述公司实际发行数量为118005.8035万股；实际募集资金122.52亿元，基本完成了融资计划。

2016年水利、环境和公共设施管理业上市公司融资情况明细见附录。

（四）行业内上市公司资产及业绩情况

表4　2016年水利、环境和公共设施管理业上市公司资产情况　单位：亿元

指　标	2016年	2016年可比样本增长（%）	2015年	2015年可比样本增长（%）	2014年
总资产	3065.98	32.19	2314.14	25.35	1974.52
流动资产	1794.03	32.27	1324.19	26.37	1123.89
占比（%）	58.51	0.04	57.22	0.46	56.92
非流动资产	1271.95	32.07	989.94	24.01	850.63
占比（%）	41.49	-0.04	42.78	-0.46	43.08
流动负债	1317.17	64.66	790.55	18.48	709.43
占比（%）	42.96	8.47	34.16	-1.98	35.93
非流动负债	468.79	7.86	440.37	29.87	339.87
占比（%）	15.29	-3.45	19.03	0.66	17.21
归属于母公司股东权益	1200.11	18.11	1014.03	30.77	847.21
占比（%）	39.14	-4.67	43.82	1.81	42.91

资料来源：沪深交易所，同花顺。

表5　2016年水利、环境和公共设施管理业上市公司收入实现情况　单位：亿元

指　标	2016年	2016年可比样本增长（%）	2015年	2015年可比样本增长（%）	2014年
营业收入	812.31	17.93	689.75	12.72	644.71
利润总额	173.85	22.83	143.1	7.75	146.86
归属于母公司所有者的净利润	132.07	31.82	101.35	10.9	99.81

资料来源：沪深交易所，同花顺 。

（五）利润分配情况

2016年全年水利、环境和公共设施管理业上市公司中共有24家公司实施了分红配股。其中，1家上市公司仅实施送股或转增股，16家上市公司仅实施派息，7家公司既实施了送股、转增，又实施了派息。

2016年水利、环境和公共设施管理业上市公司分红明细见附录。

（六）其他财务指标情况

1. 盈利能力指标

表 6　　2016 年水利、环境和公共设施管理业上市公司盈利能力情况

指　标	2016 年	2016 年可比样本变动	2015 年	2015 年可比样本变动	2014 年
毛利率（%）	42.14	-1.61	43.7	-2.56	45.47
净资产收益率（%）	11.00	1.14	9.99	-1.79	11.78
销售净利率（%）	16.97	1.17	15.99	-0.61	17.28
资产净利率（%）	5.12	-0.10	5.3	-0.62	6.07

资料来源：沪深交易所，同花顺。

2. 偿债能力指标

表 7　　2016 年水利、环境和公共设施管理业上市公司偿债能力指标

指　标	2016 年	2016 年可比样本变动	2015 年	2015 年可比样本变动	2014 年
流动比率	1.36	-0.33	1.68	0.1	1.58
速动比率	0.73	-0.17	0.87	0.12	0.77
资产负债率（%）	58.25	5.02	53.19	-1.32	53.14

资料来源：沪深交易所，同花顺。

3. 营运能力指标

表 8　　2016 年水利、环境和公共设施管理业上市公司营运能力情况　　单位：次

指　标	2016 年	2016 年可比样本变动	2015 年	2015 年可比样本变动	2014 年
存货周转率	0.64	-0.01	0.65	0.05	0.61
应收账款周转率	4.40	-0.25	5.6	-0.38	6.19
流动资产周转率	0.52	-0.05	0.58	-0.04	0.62
固定资产周转率	2.14	0.17	1.92	0.06	1.91
总资产周转率	0.30	-0.03	0.33	-0.03	0.35
净资产周转率	0.69	-0.03	0.72	-0.08	0.76

资料来源：沪深交易所，同花顺。

三、重点细分行业介绍

表 9　　2016 年水利、环境和公共设施管理业上市公司数量分布及市值情况

大　类	上市公司家数（家）	占行业内比重（%）	境内总市值（亿元）	占行业内比重（%）
水利管理业	0	0.00	0.00	0.00
公共设施管理业	16	50.00	1406.25	40.44
生态保护和环境治理业	16	50.00	2071.36	59.56

资料来源：沪深交易所，同花顺。

（一）公共设施管理业

1. 行业概况

根据《国民经济行业分类》，公共设施管理业包括市政设施管理、环境卫生管理、城乡市容管理、绿化管理、城市公园管理、游览景区管理 6 个细分行业。细分行业多具有较强的公用事业属性，相关工程多由政府投资修建，行业发展受政策导向和财政投向影响较大。2014 年以来，PPP 成为公共设施建设领域重要的项目模式，截至 2016 年年底，财政部 PPP 项目库中共有市政工程类示范项目 324 个，占入库示范项目总数的 43.61%，在 19 个一级行业中位居第一；其中，180 个项目已落地，落地率 55.56%。

2. 行业内上市公司发展情况

表 10　　2016 年公共设施管理业上市公司收入及资产增长情况　　单位：亿元

指　标	2016 年	2016 年可比样本增长（%）	2015 年	2015 年可比样本增长（%）	2014 年
营业收入	459.02	9.01	425.66	4.35	450.68
利润总额	108.25	21.20	89	-3.26	109.41
归属于母公司所有者的净利润	78.14	35.45	57.38	0.08	68.73
总资产	1874.51	25.73	1496.87	18.42	1440.07
归属于母公司股东权益	675.91	16.17	587.41	26.19	555.77

资料来源：沪深交易所，同花顺。

表 11　　2016 年公共设施管理业上市公司盈利能力情况

指　标	2016 年	2016 年可比样本变动	2015 年	2015 年可比样本变动	2014 年
毛利率（%）	50.49	-0.24	50.31	-2.78	51.51
净资产收益率（%）	11.56	1.65	9.77	-2.55	12.37
销售净利率（%）	18.01	2.66	15.11	-1.14	17.54
资产净利率（%）	4.91	0.21	4.66	-0.83	5.76

资料来源：沪深交易所，同花顺。

表 12　　2016 年公共设施管理业上市公司偿债及营运情况

指　标	2016 年	2016 年可比样本变动	2015 年	2015 年可比样本变动	2014 年
资产负债率（%）	61.09	3.53	57.36	-1.79	56.92
存货周转率（次）	0.34	-0.04	0.38	0.01	0.4
总资产周转率（次）	0.27	-0.03	0.31	-0.03	0.33

资料来源：沪深交易所，同花顺。

（二）生态保护和环境治理业

1. 行业概况

“十八大”把“生态文明建设”纳入“五位一体”总体布局，提出“美丽中国”概念，生态保护和环境治理工作的重要性显著增强。随后，十八届三中全会提出加快建立系统完整的生态文明制度，中共中央、国务院发布《关于加快推进生态文明建设的意见》，首次专门就生态文明建设做出全面部署；其后的“水十条”“大气十条”“土十条”等一系列配套文件进一步完善了生态文明建设的顶层设计。生态文明建设成为“十三五”时期的重点工作之一。

2016 年，全国环境污染治理投资总额 9219.80 亿元，同比增长 4.70%，其中，城市环境基础设施建设投资总额 5412.00 亿元，同比增长 9.40%。全国环境污染治理投资总额占 GDP 的比重为 1.24%，较 2015 年降低了 0.04 个百分点，与发达国家的 2%～3% 的比例存在较大差距。

2016 年，工业污染源治理投资总额 819.00 亿元，同比增长 5.85%。其中，治理废水行业投资总额 108.24 亿元，同比下降 8.59%；治理废气投资总额 561.47 亿元，同比增长 7.60%；治理固体废物投资总额 46.67 亿元，同比增长 189.06%；治理噪声投资总额 0.62 亿元，仅为 2015 年的 22.36%；治理其他投资总额 102.00 亿元，同比下降 10.94%。

2. 行业内上市公司发展情况

表 13　　2016 年生态保护和环境治理业上市公司收入及资产增长情况　　单位：亿元

指　标	2016 年	2016 年可比样本增长（%）	2015 年	2015 年可比样本增长（%）	2014 年
营业收入	353.29	31.96	264.09	29.44	194.03
利润总额	65.60	25.62	54.1	32.57	37.44
归属于母公司所有者的净利润	53.93	26.89	43.96	29.14	31.07
总资产	1191.48	43.81	817.27	40.38	534.45
归属于母公司股东权益	524.21	20.70	426.61	37.63	291.45

资料来源：沪深交易所，同花顺。

表 14　　2016 年生态保护和环境治理业上市公司盈利能力情况

指　标	2016 年	2016 年可比样本变动	2015 年	2015 年可比样本变动	2014 年
毛利率（%）	31.29	-1.49	33.05	0.46	31.43
净资产收益率（%）	10.29	0.50	10.31	-0.68	10.66
销售净利率（%）	15.62	-0.90	17.42	0.1	16.68
资产净利率（%）	5.46	-0.75	6.57	-0.39	7.00

资料来源：沪深交易所，同花顺。

表 15　　2016 年生态保护和环境治理业上市公司偿债及营运情况

指　标	2016 年	2016 年可比样本变动	2015 年	2015 年可比样本变动	2014 年
资产负债率（%）	53.78	8.35	45.56	1.12	42.95
存货周转率（次）	3.89	0.07	4.15	-0.14	4.26
总资产周转率（次）	0.35	-0.03	0.38	-0.02	0.42

资料来源：沪深交易所，同花顺。

四、重点上市公司介绍

（一）博世科

博世科成立于 1999 年，前身为广西南宁壮王科工贸有限责任公司。2004 年开始，公司介入水污染治理领域，研发掌握多项核心水处理技术。2010 年，公司完成股份制改造，成立广西博世科环保科技有限公司，并逐渐发展成为区域水务龙头，为客户提供水污染治理整体解决方案。2014 年，公司开始布局烟气治理和重金属治理领域，后于 2015 年 2 月 17 日在创业板上市，此后逐渐布局土壤修复、环评、检测等领域。

公司总部设在广西南宁，在国内外设有多家分子公司及服务机构。公司是国家科技部火炬计划重点高新技术企业、中国环境保护产业协会骨干企业及全国环保优秀品牌企业。目前，公司业务领域重点为水处理、生态修复、清洁化生产、固废治理、大气治理、新能源及绿色产品开发等，服务范围覆盖工程咨询设计、研究开发、设备制造、工程建设、设施运营、投融资运营等环保全产业链，不断向区域环境综合治理服务商的战略目标迈进。

2016 年，公司营业总收入 8.29 亿元，同比增长 64.26%；利润总额 0.70 亿元，同比增长 40.43%；归属于母公司所有者的净利润 0.63 亿元，同比增长 45.79%；基本每股收益 0.49 元。

（二）高能环境

高能环境成立于 1992 年，前身为中科院高能物理研究所垫衬工程处，是专业从事环境技术研究和提供污染防治系统解决方案的高新技术企业。公司总资产超过50亿元，拥有国家企业技术中心、危废技术中心、工业废水处理技术研发中心、工业固废处置联合实验室，是中国环境保护产业协会副会长单位、中国城市环境卫生协会副理事长单位、国际土工合成材料协会和国际土工合成材料施工协会会员单位、重金属污染防治与环境修复产业技术创新战略联盟理事长单位。

目前，公司已形成了以城市环境、市政环境及环境修复为主的三大经营体系，这三大体系专注于固体废物、废液等污染防治技术及污染土壤、工业场地、矿山、水体等环境修复技术研发、环境工程技术服务、环保设施投资运营等。目前已完成800多项国内外大型环保工程。获得了国内外多项奖励和荣誉称号，为2014年全国市政金杯示范工程、2015环境技术“科技进步”三等奖、2015年国家重点环境实用技术、2016中国环保行业领军品牌等。

公司与国内外知名的科研院所及环保企业建立有长期战略合作关系，拥有高素质的专业从事环保技术研发、咨询的技术团队和环保工程服务管理团队，培养了一批经验丰富、获得国内国际认证的高级技师。公司拥有144项专利技术和6项软件著作权，主编3项、参编35项国家、行业标准和技术规范。

2016年，公司实现营业总收入15.65亿元，同比增长53.63%；利润总额1.84亿元，同比增长51.27%；归属于母公司所有者的净利润1.56亿元，同比增长47.09%；基本每股收益0.48元。

（三）黄山旅游

黄山旅游于1996年11月18日由原安徽省黄山旅游发展总公司变更成立，于1997年4月上市，第一大股东为黄山旅游集团有限公司，持股比例39.69%，实际控制人为黄山市国资委，为旅游行业龙头。

公司属于资源垄断性旅游企业，为“中国第一只完整意义的旅游概念股”。公司所依托的黄山风景区是世界文化与自然双遗产，世界地质公园、全国首批5A级旅游景区，以奇松、怪石、云海、温泉、冬雪“五绝”和遗存、书画、文学、传说、名人“五胜”闻名于世。黄山景区曾荣获“中国十大风景区名胜”“全国文明风景旅游区”，全国首批5A级景区等称号；公司先后荣获中国驰名商标、首批“全国旅游标准化示范单位”、首届“全国旅游服务质量标杆企业”和安徽省政府质量奖；下属企业黄山市中国旅行社连续10年跻身“全国百强”旅行社，4条索道均为全国“5S”索道，丰富的品牌资源为公司经营发展起到了重要支撑作用。

截至2016年年底，公司业务主要由酒店、索道及缆车、园林开发、旅游服务、商品房销售五大板块构成。此外，公司开发了新兴战略板块——徽菜餐饮业务，依托黄山的旅游资源，打造独具特色的文化餐饮品牌。2016年，公司酒店业务、索道及缆车业务、旅游服务业务分别贡献5.9亿元、4.7亿元、4.1亿元收入，分别占公司年度营业总收入的35.35%、28.44%、24.42%，三者合计占比超过88%，为公司的主要收入来源。

2016年，公司接待进山游客330.08万人，同比增加11.8万人，增幅3.71%，公司索道累计运送游客639.77万人次，同比增长11.36%。公司全年实现营业收入16.69亿元，同比增长0.28%，归属于上市公司股东的净利润3.52亿元，同比增长19.04%。基本每股收益0.47元。

审稿人：曹玲燕

撰稿人：张婉姝

教 育

一、教育业总体概况

2016 年，全国教育经费总投入 38888.39 亿元，较 2015 年同比增长 7.64%；其中，国家财政性教育经费 31396.25 亿元，较 2015 年同比增长 7.44%。全国公共财政教育支出 27700.63 亿元，较 2015 年同比增长 7.11%，占公共财政支出的 14.75%，较 2015 年同期上升 0.05 个百分点；其中，中央财政教育支出 4439.68 亿元，按同口径比较，较 2015 年同比增长 4.57%。

2016 年，全国各级各类学校 513300 所，同比增加 922 所。其中，高等教育院校 2880 所，同比增加 28 所；中等教育院校 77398 所，同比减少 1023 所；初等教育院校 189435 所，同比减少 15848 所；工读学校 89 所，同比增加 3 所；特殊教育院校 2080 所，同比增加 27 所；学前教育机构 239812 所，同比增加 16129 所。

2016 年，全国教职工数 19573277 人，同比增加 444846 人。其中，高等教育院校 2447903 人，同比增加 27285 人；中等教育院校 7681640 人，同比增加 51553 人；初等教育院校 5560547 人，同比增加 41177 人；工读学校 2889 人，同比减少 128 人；特殊教育院校 62468 人，同比增加 2920 人；学前教育机构 3817830 人，同比增加 322039 人。

二、行业内上市公司发展概况

（一）行业内上市公司基本情况

表 1　　2016 年教育上市公司发行股票概况

门　类	A、B 股总数	A 股股票数	B 股股票数	境内总市值（亿元）	流通 A 股市值（亿元）	流通 B 股市值（亿元）
教育	3	3	0	280.72	109.26	0.00
占沪深两市比重（%）	0.10	0.10	0.00	0.06	0.03	0.00

资料来源：沪深交易所，同花顺。

（二）行业内上市公司构成情况

表 2　　2016 年教育上市公司构成情况　　单位：家

门　类	沪市			深市			ST/*ST
	仅 A 股	仅 B 股	A+B 股	仅 A 股	仅 B 股	A+B 股	
教育	2	0	0	1	0	0	0/1
占行业内上市公司比重（%）	66.67	0.00	0.00	33.33	0.00	0.00	0/33.33

资料来源：沪深交易所，同花顺。

（三）行业内上市公司融资情况

表 3　　2016 年教育上市公司与沪深两市融资情况对比　　单位：家

	融资家数	新股	增发	配股
沪深两市总数	877	227	639	11
占比（%）	0.11	0.44	0.00	0.00

资料来源：沪深交易所，同花顺。

其中，首发的 1 家公司为沪市主板公司。

从融资效果来看，上述公司实际发行数量为 5000 万股；实际募集资金 8.2 亿元，基本完成了融资计划。

2016 年教育上市公司融资情况明细见附录。

（四）行业内上市公司资产及业绩情况

表 4　　2016 年教育上市公司资产情况　　单位：亿元

指　标	2016 年	2016 年可比样本增长（%）	2015 年	2015 年可比样本增长（%）	2014 年
总资产	83.22	115.08	18.61	8	17.23
流动资产	36.01	165.67	8.15	2.86	7.92
占比（%）	43.27	8.24	43.78	-2.19	45.97
非流动资产	47.21	87.80	10.46	12.38	9.31
占比（%）	56.73	-8.24	56.22	2.19	54.03
流动负债	52.03	190.74	9.47	23.5	7.66
占比（%）	62.52	16.27	50.87	6.38	44.46
非流动负债	1.75	18.22	0.08	-67.86	0.25
占比（%）	2.10	-1.72	0.44	-1.03	1.45
归属于母公司股东权益	26.15	50.88	8.37	0.72	8.31
占比（%）	31.43	-13.37	44.98	-3.25	48.23

资料来源：沪深交易所，同花顺。

表 5　　2016 年教育上市公司收入实现情况　　单位：亿元

指　标	2016 年	2016 年可比样本增长（%）	2015 年	2015 年可比样本增长（%）	2014 年
营业收入	38.52	53.03	11.65	-0.03	11.66
利润总额	4.50	-6.55	0.44	-38.9	0.71
归属于母公司所有者的净利润	3.30	-12.11	0.6	-4.72	0.63

资料来源：沪深交易所，同花顺。

（五）利润分配情况

2016 年全年教育业上市公司中共有 2 家公司实施了分红派息。

2016 年教育上市公司分红明细见附录。

（六）其他财务指标情况

1. 盈利能力指标

表 6　　2016 年教育上市公司盈利能力情况

指　标	2016 年	2016 年可比样本变动	2015 年	2015 年可比样本变动	2014 年
毛利率（%）	40.00	-9.22	39.71	-1.56	41.25
净资产收益率（%）	12.62	-9.05	7.18	-0.41	7.58
销售净利率（%）	8.25	-4.59	1.78	-2.73	4.55
资产净利率（%）	5.22	-3.41	1.16	-2.1	3.29

资料来源：沪深交易所，同花顺。

2. 偿债能力指标

表 7　　2016 年教育上市公司偿债能力指标

指　标	2016 年	2016 年可比样本变动	2015 年	2015 年可比样本变动	2014 年
流动比率	0.69	-0.07	0.86	-0.17	1.03
速动比率	0.93	0.15	0.78	-0.13	0.91
资产负债率（%）	64.63	14.55	51.31	5.35	45.97

资料来源：沪深交易所，同花顺。

3. 营运能力指标

表 8　　2016 年教育上市公司营运能力情况　　单位：次

指　标	2016 年	2016 年可比样本变动	2015 年	2015 年可比样本变动	2014 年
存货周转率	31.94	17.03	8.19	1.66	6.56
应收账款周转率	48.99	8.01	23.53	2.03	21.59
流动资产周转率	1.55	-0.34	1.45	-0.14	1.59
固定资产周转率	4.11	1.43	3.75	0.16	3.59
总资产周转率	0.63	-0.04	0.65	-0.07	0.72
净资产周转率	1.58	0.24	1.27	-0.29	1.56

资料来源：沪深交易所，同花顺。

三、重点上市公司介绍

东方时尚

东方时尚成立于 1996 年，于 2016 年 2 月 5 日登陆 A 股市场。目前的主营业务是驾驶员培训，提供包括驾培服务、陪练服务、汽车维修、汽车保险代理等汽车消费相关服务和产品。公司拥有世界一流的训练场及配套设施，现有宝来、桑塔纳、伊兰特、爱丽舍和金龙大型客车、中型客车、大型货车、牵引车、摩托车等各种训练用车 2000 部，员工 3000 余人，总资产达数亿元。公司是全国第一个“残疾人驾驶汽车训练示范基地”，拥有外籍学员培训资质，年培训学员数量和考试合格率均居驾校行业之首。2016 年驾培服务、陪练服务业务分别占到公司营业收入的 99.02%、0.65%。

2016 年，公司实现营业收入 11.55 亿元，同比减少 12.92%；实现利润总额 3.39 亿元，同比减少 24.41%；实现归属于母公司净利润 2.46 亿元，同比减少 25.27%；每股收益 0.60 元。

2016 年，公司毛利率达 52.69%，同比下降 4.60 个百分点；销售净利率 20.46%，同比下降 3.35 个百分点；净资产收益率 16.98%，同比下降 30.88 个百分点。截至 2016 年年末，公司的资产负债率为 28.01%，同比下降 19.31 个百分点。

审稿人：曹玲燕

撰稿人：徐雪洁

卫生和社会工作

一、卫生和社会工作总体概况

2016 年，我国卫生业公共财政支出预算 12362.81 亿元，较 2015 年同比增长 4.32%；卫生业公共财政支出决算 13158.77 亿元，较 2015 年同比增长 10.09%；2016 年，全国卫生总费用达 46344.88 亿元，较 2015 年同比增长 13.11%；人均卫生费用 3351.7 元，较 2015 年同比增长 12.44%；我国卫生和社会工作固定资产投资（不含农户）6281.55 亿元，较 2015 年同比增长 21.39%。

截至 2016 年年末，全国医疗卫生机构总数达 983394 个，相比 2015 年减少 134 个。其中，医院 29140 个，基层医疗卫生机构 926518 个，专业公共卫生机构 24866 个。与 2015 年相比，医院增加 1553 个，基层医疗卫生机构增加 5748 个，专业公共卫生机构减少 7061 个。

截至 2016 年年末，全国医疗卫生机构床位 741.0 万张，其中，医院 568.9 万张（占 76.8%），基层医疗卫生机构 144.2 万（占 19.5%）。与 2015 年相比，床位增加 39.5 万张，其中，医院床位增加 35.8 万张，基层医疗卫生机构床位增加 2.8 万张。每千人口医疗卫生机构床位数由 2015 年的 5.11 张增加到 2016 年的 5.37 张。

截至 2016 年年底，全国社会服务事业费支出 5440.15 亿元，较 2015 年同期增长 10.43%，占国家财政支出的比重约为 3.4%，较 2015 年同期上升 0.1 个百分点。中央财政共向各地转移支付社会服务事业费为 2484 亿元，较 2015 年同期增长 9.4%，占社会服务事业费的比重为 45.7%，较 2015 年同期下降 0.4 个百分点。社会服务事业基本建设在建项目建设规模 3050.9 万平方米，全年完成投资总额 245.8 亿元，较 2015 年同期增加 2.5%。

二、行业内上市公司发展概况

（一）行业内上市公司基本情况

表 1　　2016 年卫生和社会工作上市公司发行股票概况

门　类	A、B 股总数	A 股股票数	B 股股票数	境内总市值（亿元）	流通 A 股市值（亿元）	流通 B 股市值（亿元）
卫生和社会工作	7	7	0	1279.55	847.84	0.00
占沪深两市比重（%）	0.22	0.22	0.00	0.25	0.22	0.00

资料来源：沪深交易所，同花顺。

（二）行业内上市公司构成情况

表 2　　2016 年卫生和社会工作上市公司构成情况　　单位：家

门类	沪市			深市			ST/*ST
	仅 A 股	仅 B 股	A + B 股	仅 A 股	仅 B 股	A + B 股	
卫生和社会工作	2	0	0	5	0	0	0/0
占行业内上市公司比重（%）	28.57	0.00	0.00	71.43	0.00	0.00	0/0

资料来源：沪深交易所，同花顺。

（三）行业内上市公司融资情况

表 3　　2016 年卫生和社会工作上市公司与沪深两市融资情况对比　　单位：家

	融资家数	新股	增发	配股
卫生和社会工作	3	0	3	0
沪深两市总数	877	227	639	11
占比（%）	0.34	0.00	0.47	0.00

资料来源：沪深交易所，同花顺。

其中，在增发的 3 家公司中，有 1 家沪市、2 家创业板公司。

按行业大类划分，进行融资的 3 家公司均为卫生业。

从融资效果来看，上述公司实际发行数量为 36319.60 万股；实际募集资金 35.03 亿元，基本完成了融资计划。

2016 年卫生和社会工作上市公司融资情况明细见附录。

（四）行业内上市公司资产及业绩情况

表 4　　2016 年卫生和社会工作上市公司资产情况　　单位：亿元

指标	2016 年	2016 年可比样本增长（%）	2015 年	2015 年可比样本增长（%）	2014 年
总资产	310.14	35.42	129.7	63.37	58.1
流动资产	146.82	48.62	55.68	31.43	31.64
占比（%）	47.34	4.21	42.93	-10.43	54.46
非流动资产	163.32	25.40	74.01	99.93	26.46
占比（%）	52.66	-4.21	57.07	10.43	45.54
流动负债	105.00	34.18	34.49	76.95	13.44
占比（%）	33.86	-0.31	26.6	2.04	23.13
非流动负债	34.96	24.04	7.61	491.14	0.64
占比（%）	11.27	-1.03	5.87	4.25	1.1
归属于母公司股东权益	154.62	37.73	82.03	46.81	42.02
占比（%）	49.86	0.84	63.25	-7.13	72.32

资料来源：沪深交易所，同花顺。

表 5　　2016 年卫生和社会工作上市公司收入实现情况　　单位：亿元

指　标	2016 年	2016 年可比样本增长（%）	2015 年	2015 年可比样本增长（%）	2014 年
营业收入	151.10	39.53	88.45	38.71	49.45
利润总额	26.40	57.18	15.79	49.4	8.79
归属于母公司所有者的净利润	17.21	41.11	12.12	49.71	6.69

资料来源：沪深交易所，同花顺 。

（五）利润分配情况

2016 年卫生和社会工作业上市公司中共有 4 家公司实施了分红配股。其中，1 家上市公司仅实施送股或转增股，2 家上市公司仅实施派息，1 家公司既实施了送股、转增，又实施了派息。

2016 年卫生和社会工作上市公司分红明细见附录。

（六）其他财务指标情况

1. 盈利能力指标

表 6　　2016 年卫生和社会工作上市公司盈利能力情况

指　标	2016 年	2016 年可比样本变动	2015 年	2015 年可比样本变动	2014 年
毛利率（%）	38.11	-0.11	43.34	-0.3	42.29
净资产收益率（%）	11.13	0.27	14.77	0.29	15.92
销售净利率（%）	12.47	0.17	14.35	1.23	13.97
资产净利率（%）	6.99	0.30	12.14	-0.63	13.56

资料来源：沪深交易所，同花顺。

2. 偿债能力指标

表 7　　2016 年卫生和社会工作上市公司偿债能力指标

指　标	2016 年	2016 年可比样本变动	2015 年	2015 年可比样本变动	2014 年
流动比率	1.40	0.14	1.61	-0.56	2.35
速动比率	1.30	0.39	1.49	-0.54	2.17
资产负债率（%）	45.13	-1.34	32.47	6.29	24.22

资料来源：沪深交易所，同花顺。

3. 营运能力指标

表 8　2016 年卫生和社会工作上市公司营运能力情况　单位：次

指　标	2016 年	2016 年可比样本变动	2015 年	2015 年可比样本变动	2014 年
存货周转率	4.85	2.41	14.54	1.05	12.55
应收账款周转率	5.62	-0.73	6.07	-1.32	7.42
流动资产周转率	1.23	-0.04	1.8	0.06	1.72
固定资产周转率	3.09	1.18	4.69	-1.01	5.9
总资产周转率	0.56	0.02	0.85	-0.13	0.97
净资产周转率	1.03	0.02	1.21	-0.07	1.23

资料来源：沪深交易所，同花顺。

三、重点上市公司介绍

美年健康

美年健康是一家以健康体检为核心，集健康咨询、健康评估、健康干预于一体的专业体检和医疗服务集团，也是目前中国最大的个人健康大数据平台。公司拥有“美年大健康”“慈铭体检”“慈铭奥亚”“美兆体检”等多个健康体检品牌，贯彻“多品牌、多层次”的经营战略，在品牌定位上实现差异化和互补。其中，“美年大健康”和“慈铭体检”定位于服务大众健康体检的专业连锁品牌；“慈铭奥亚”定位于服务中高端团体健康体检及综合医疗服务的专业连锁品牌；“美兆体检”定位于服务高端个人健康体检专业连锁品牌。通过实施多品牌战略，为客户提供多层次、全方位、精准化、个性化的健康服务。2016 年公司主营业务为体检服务，2016 年占业务收入的比例为 99.25%。

2016 年，公司实现营业收入 30.82 亿元，同比增长 46.65%；实现利润总额 4.99 亿元，同比增长 39.03%；实现归属于母公司净利润 3.39 亿元，同比增长 30.21%；每股收益 0.14 元。

2016 年，公司毛利率达到 48.31%，同比上升 0.36 个百分点；销售净利率 12.28%，同比下降 1.34 个百分点；净资产收益率 10.63%，同比上升 0.31 个百分点。

截至 2016 年年末，公司的资产负债率为 40.16%，同比上升 12.5 个百分点。

审稿人：曹玲燕

撰稿人：徐雪洁

文化、体育和娱乐业

一、文化、体育和娱乐业总体概况

（一）行业整体运行情况

2016 年，中国传媒产业整体保持增长态势，产业总值达 16078.1 亿元人民币，较 2015 年同期增长了 26.1%，并有望在 2018 年突破 2 万亿元。中国传媒产业在 2016 年的整体繁荣伴随着结构的重大调整。传统媒体纷纷发力打造内容、服务平台。在技术与资本双重加持下的互联网媒体，坐上了市场头把交椅。随着媒体融合更加深入，技术、渠道、内容 3 类资源加速整合。传媒产业发展进入提速时代。通路化运营，线上线下打通，资源加速整合。全球化网络，多平台传播，全方位提升媒体影响力。电视媒体往上下游延伸，行业与产业融合发展大势所趋。总体来看，中国传媒产业仍将保持较强的增长力。VR/AR（虚拟现实/增强现实）、人工智能、媒体再造可能是传媒产业发展重要创新领域，在线视频、泛娱乐化、付费内容也将成为传媒产业发展的重要方向。中国传媒产业经历了互联网时代、移动时代，正在向内容时代大步迈进。

政策暖风助力传媒行业发展。2016 年 3 月 1 日，国务院三网融合工作协调小组办公室下发《关于在全国范围全面推进三网融合工作深入开展的通知》，作为 2016 年国务院三网融合工作协调小组办公室一号文，该文对全面推进三网融合全国业务的开展具有重要意义，为 IPTV 的爆发提供了足够的政策支撑。2016 年，三网融合全面、深入、稳步有序开展，对于电视新媒体及相关互联网信息服务将带来极大的影响。智时代、大视野、新视觉下的融合电视和智慧生活之门正在逐步开启。7 月中旬，为促进广播电视媒体转型升级，提升广播电视媒体在网络空间的传播力、影响力、公信力和舆论引导能力，国家新闻出版广电总局公布了《关于进一步加快广播电视媒体与新兴媒体融合发展的意见》。这是继 2015 年 4 月国家新闻出版广电总局、财政部联合印发《关于推动传统出版和新兴出版融合发展的指导意见》之后，推动媒体融合的又一重要文件，是新闻出版广电总局认真贯彻落实中央关于媒体融合发展的指示，高度重视广播电视媒体与新兴媒体融合发展工作的重要举措。11 月 7 日上午，全国人大常委会第二十四次会议以 146 票赞成、1 票反对、8 票弃权，表决通过《电影产业促进法》。《电影产业促进法》明确，国家引导相关文化产业专项资金、基金，加大对电影产业的投入力度，根据不同阶段和时期电影产业的发展情况，结合财力状况和经济社会发展需要，综合考虑、统筹安排财政资金对电影产业的支持，并加强对相关资金、基金使用情况的审计。国家实施必要的税收优惠政策，促进电影产业发展，具体办法由国务院财税主管部门依照税收法律、行政法规的规定制定。2016年12月27日，国家新闻出版广电总局向社会公布了《全民阅读“十三五”时期发展规划》。规划指出，“十三五”期间将汇聚各类相关和个人组建各级全民阅读促进协会，开展全民阅读推广工作。党的十八大以来，党中央高度重视全民阅读。《中华人民共和国国民经济和社会发展第十三个五年规划纲要》要求“推动全民阅读”，并将全民阅读工程列为“十三五”时期文化重大工程之一。可以说，文化传媒行业一直受到政府的密切关注，不止因为它可以满足人民群众日益增长的精神文化需求，更是因为它对传承中国优秀传统文化和提高公民的思想道德素质有着重大而深远的意义。

随着文化传媒行业的不断发展和创新，国家的正确引导和监管依然不容忽视。2016年11月7日，十二届全国人大常委会第二十四次会议以154票赞成、1票弃权，表决通过了《中华人民共和国网络安全法》。9月9日，新闻出版广电总局在网站刊文，下发《关于加强网络视听节目直播服务管理有关问题的通知》。相信在国家的推动和引导下，文化传媒行业将继续保持繁荣发展的趋势，预计未来5年的中国传媒产业仍将持续两位数的增长。中国传媒产业即将迎来以互联网为核心，媒介融合发展的新时代。

（二）细分行业运行概况

按照行业分类，国内文化、体育和娱乐行业主要可分为新闻和出版业、广播、电视、电影和影视录音制作业与文化艺术业3个大类，其中有多家公司的业务同时涵盖几个大类，按照各类业务收入占总收入比例最高为标准。

1. 新闻和出版业

这些年，由于互联网等新媒体的冲击，以纸质图书为代表的传统内容产品需求增长放缓。2016年，全国出版、印刷和发行服务实现营业收入23595.8亿元，较2015年增加1939.9亿元，同比增长9.0%，增速相比2015年的8.5%稍有增长，其主要原因是数字出版保持高速增长。2016年数字出版的增长贡献率达67.9%，较2015年提高7.7个百分点。从子版块增速来看，数字出版增速维持30%，而报纸出版增速为-7.61%。报纸出版增速相比2015年的-10.27%有所提高。数字出版产业对全行业营业收入增长贡献超2/3，足以证明文化内容产品向新媒体迁移成为新的时代趋势。随着知识付费的逐渐兴起和数字教育出版生态圈的逐步形成，数字出版产业将迎来重要的发展期。

2. 广播、电视、电影和影视录音制作业

2016年年末广播节目综合人口覆盖

率为 98.4%，较 2015 年年末提高了 0.2%。据 2016 年发布的《中国新媒体发展报告》蓝皮书显示，四大传统媒体中只有广播的广告收入正向增加，说明广播相较于其他传统媒体的发展并未进入寒冬，有声语言符号和听觉性非语言符号提供给受众的伴随性、想象性仍具开拓空间。但传统广播仍需注意替代品威胁，其中，以网络直播和网络广播为主。2016 年被称为“移动网络直播元年”，映客、YY、斗鱼、花椒、熊猫等直播平台成为消解生活乏味与压力且具有伴随性的新兴娱乐体验方式。从传统广播的播出特点来看，线性播出不能满足听众反复收听或充分利用碎片化时间对节目进行检索式的“招之即来”的收听需求，而网络广播平台将听众从被动的接收者转化为主动的使用者，具有点播、回播、下载、检索、收藏、等便捷而实用的功能，听众可随时依据收听偏好选择音乐、情感、小说、军事、历史、脱口秀等节目类型。但目前大多数网络广播 App 的功能比较单一，缺乏多元化的线下服务，传统广播可以利用地方性和服务性特征增强受众的使用黏度，以及通过扩展 UGC 模式激发受众的参与热情，从而实现节目主题贴近民生和受众使用行为上的双赢。

2016 年《中国电视剧 2016 产业调查报告》发布，2016 年 1 ~ 9 月共备案电视剧 892 部，34846 集，数量再创新高，较 2015 年同期增长 10%。如果说 2015 年电视剧市场已经进入“精品剧”时代，那么 2016 年电视剧市场正式进入“IP 改编”时代。据 csm52 城对于 2016 年前三季省级卫视的收视率总结，前十名的剧中，不仅 IP 改编剧占了四席，而且包揽前三名（《亲爱的翻译官》《麻雀》《解密》均改编自同名小说）。因此，2016 年电视剧市场更加内容化和头部化。进而优质 IP 及精品内容将越来越成为平台公司的竞争点。在渠道方面，传统电视受到新媒体的冲击，网络平台不受部分监管政策影响，例如“一剧两星”。网络平台可以更好地满足观众的连续播放的需求。

2016 年中国电影市场票房总额突破 445 亿元，同比 2015 年增长 3.2%，增速创下十年新低。过去十年正是中国电影市场快速增长的时期，平均年增幅达 30% 左右。2015 年为最高峰，增幅达 48%。其中，第一季度票房高达 144.6 亿，仅周星驰的《美人鱼》单片累计票房超 34 亿元。然而，第二季度开始市场显颓势，无优质影片和经济大环境为主要原因。

3. 文化艺术业

2016 年上半年，文化艺术业的营业收入均实现增长，文化服务业快速增长。文化艺术服务业营业收入 1256 亿元，增长 10%，实现两位数增长。党的十七届六中全会和十八大将文化产业的发展提升到前所未有的新高度，将推动文化产业建设成为国民经济的支柱性产业。因此，越来越多大型文化企业集团实现内部资源整合，抓住文化体制改革契机，充分发挥集团公司优势，在推动相关文化产业发展中做出杰出贡献。

二、行业内上市公司发展概况

（一）行业内上市公司基本情况

表 1　　2016 年文化、体育和娱乐业上市公司发行股票概况

门　类	A、B 股总数	A 股股票数	B 股股票数	境内总市值（亿元）	流通 A 股市值（亿元）	流通 B 股市值（亿元）
文化、体育和娱乐业	45	45	0	7892.28	5012.11	0.00
占沪深两市比重（%）	1.44	1.44	0.00	1.55	1.28	0.00

资料来源：沪深交易所，同花顺。

（二）行业内上市公司构成情况

表 2　　2016 年文化、体育和娱乐业上市公司构成情况　　单位：家

门　类	沪市			深市			ST/*ST
	仅 A 股	仅 B 股	A+B 股	仅 A 股	仅 B 股	A+B 股	
文化、体育和娱乐业	20	0	0	25	0	0	0/1
占行业内上市公司比重（%）	44.44	0.00	0.00	55.56	0.00	0.00	0/2.22

资料来源：沪深交易所，同花顺。

（三）行业内上市公司融资情况

表 3　　2016 年文化、体育和娱乐业上市公司与沪深两市融资情况对比　　单位：家

	融资家数	新股	增发	配股
文化、体育和娱乐业	15	5	10	0
沪深两市总数	877	227	639	11
占比（%）	1.71	2.20	1.56	0.00

资料来源：沪深交易所，同花顺。

其中，在首发的 5 家公司中，有 4 家在主板上市，1 家在创业板上市；在增发的 10 家公司中，有 3 家沪市、7 家深市。

按行业大类划分，在进行融资的 15 家公司中，广播、电视、电影和影视录音制作业 8 家，新闻和出版业 6 家，文化艺术业 1 家。

从融资效果来看，上述公司实际发行数量为 238785.6963 万股；实际募集资金 311.48 亿元，基本完成了融资计划。

（四）行业内上市公司资产及业绩情况

表4　2016年文化、体育和娱乐业上市公司资产情况　单位：亿元

指　标	2016年	2016年可比样本增长（%）	2015年	2015年可比样本增长（%）	2014年
总资产	3316.46	20.04	2348.98	37.76	1583.58
流动资产	1800.32	19.28	1302.56	35.51	891.04
占比（%）	54.28	-0.34	55.45	-0.92	56.27
非流动资产	1516.14	20.95	1046.42	40.66	692.54
占比（%）	45.72	0.34	44.55	0.92	43.73
流动负债	806.36	8.46	604.56	26.71	440.74
占比（%）	24.31	-2.60	25.74	-2.24	27.83
非流动负债	244.38	45.12	158.67	49.73	99.78
占比（%）	7.37	1.27	6.76	0.54	6.3
归属于母公司股东权益	2185.95	23.16	1523.28	42.09	993.58
占比（%）	65.91	1.67	64.85	1.98	62.74

资料来源：沪深交易所，同花顺。

表5　2016年文化、体育和娱乐业上市公司收入实现情况　单位：亿元

指　标	2016年	2016年可比样本增长（%）	2015年	2015年可比样本增长（%）	2014年
营业收入	1558.92	16.68	1125.54	24.63	810.96
利润总额	250.53	20.3	178.37	18.93	131.61
归属于母公司所有者的净利润	208.79	20.6	149.55	18.37	111.67

资料来源：沪深交易所，同花顺 。

（五）利润分配情况

2016年全年文化、体育和娱乐业上市公司中共有33家公司实施了分红配股。其中，4家上市公司仅实施送股或转增股，20家上市公司仅实施派息，9家公司既实施了送股、转增，又实施了派息。

2016年文化、体育和娱乐业上市公司分红明细见附录。

（六）其他财务指标情况

1. 盈利能力指标

表 6　　2016 年文化、体育和娱乐业上市公司盈利能力情况

指　标	2016 年	2016 年可比样本变动	2015 年	2015 年可比样本变动	2014 年
毛利率（%）	32.57	-0.69	33.46	-0.48	33.64
净资产收益率（%）	9.55	-0.20	9.82	-1.97	11.24
销售净利率（%）	14.27	0.43	14.15	-0.52	14.54
资产净利率（%）	7.32	-0.48	7.86	-0.71	8.25

资料来源：沪深交易所，同花顺。

2. 偿债能力指标

表 7　　2016 年文化、体育和娱乐业上市公司偿债能力指标

指　标	2016 年	2016 年可比样本变动	2015 年	2015 年可比样本变动	2014 年
流动比率	2.23	0.20	2.15	0.14	2.02
速动比率	1.95	0.20	1.88	0.19	1.71
资产负债率（%）	31.68	-0.32	32.49	-1.7	34.13

资料来源：沪深交易所，同花顺。

3. 营运能力指标

表 8　　2016 年文化、体育和娱乐业上市公司营运能力情况　　单位：次

指　标	2016 年	2016 年可比样本变动	2015 年	2015 年可比样本变动	2014 年
存货周转率	4.92	0.31	4.76	0.36	4.29
应收账款周转率	5.81	-0.36	6.13	-0.62	6.63
流动资产周转率	0.94	-0.08	0.99	-0.03	0.99
固定资产周转率	5.02	0.49	4.68	0.67	4.06
总资产周转率	0.51	-0.05	0.56	-0.03	0.57
净资产周转率	0.76	-0.1	0.83	-0.06	0.87

资料来源：沪深交易所，同花顺。

三、重点细分行业介绍

表 9　　2016 年文化、体育和娱乐业上市公司数量分布及市值情况

大　类	上市公司家数（家）	占行业内比重（%）	境内总市值（亿元）	占行业内比重（%）
新闻和出版业	20	44.44	3109.49	39.40
文化艺术业	5	11.11	835.17	10.58
广播、电视、电影和影视录音制作业	20	44.44	3947.63	50.02

资料来源：沪深交易所，同花顺。

（一）广播、电视、电影和影视录音制作业

1. 行业概况

2016 年中国电影市场票房总额突破 445 亿元，由于《美人鱼》带动下，电影票房市场第一季度表现优异高达 144.6 亿元。尽管后续《疯狂动物城》和《魔兽》均取得不错的成绩，但是后续总体市场颓势。2016 年增速仅 3.2%，相较于 2015 年的 48% 还有过去十年的平均增速 30%，增速大幅放缓。随着影片数量的上涨，观众的选择也越来越多。只有制作优良的佳作才能突出重围，因此，后续电影市场依旧以内容为王。

2. 行业内上市公司发展情况

表 10　　2016 年广播、电视、电影和影视录音制作业上市公司收入及资产增长情况　　单位：亿元

指　标	2016 年	2016 年可比样本变动	2015 年	2015 年可比样本变动	2014 年
营业收入	503.48	27.85	290.43	45.06	132.86
利润总额	109.11	22.68	70.14	32.73	38.41
归属于母公司所有者的净利润	86.24	28.67	53.93	33.36	29.59
总资产	1456.19	27.16	928.28	80.54	428.86
归属于母公司股东权益	926.91	25.75	598.96	90.16	261.99

资料来源：沪深交易所，同花顺。

表 11　　2016 年广播、电视、电影和影视录音制作业上市公司盈利能力情况

指　标	2016 年	2016 年可比样本变动	2015 年	2015 年可比样本变动	2014 年
毛利率（%）	35.59	-1.73	40.43	-1.58	44.77
净资产收益率（%）	9.30	0.21	9.00	-3.83	11.29
销售净利率（%）	18.06	-0.35	19.85	-1.38	23.85
资产净利率（%）	6.99	-1.19	7.99	-1.89	9.01

资料来源：沪深交易所，同花顺。

表 12　　2016 年广播、电视、电影和影视录音制作业上市公司偿债及营运情况

指　标	2016 年	2016 年可比样本变动	2015 年	2015 年可比样本变动	2014 年
资产负债率（%）	34.70	0.86	33.91	-2.97	36.74
存货周转率（次）	3.76	0.21	3.08	0.28	2.18
总资产周转率（次）	0.39	-0.06	0.4	-0.06	0.38

资料来源：沪深交易所，同花顺。

（二）文化艺术业

1. 行业概况

中国优秀传统文化博大精深，发展文化艺术业有着深厚底蕴和积累。国家十分重视文化艺术业，此细分行业有政策优势。例如，党的十七届六中全会和十八大将文化产业的发展提升到前所未有的新高度，将推动文化产业建设成为国民经济的支柱性产业。随着消费者对精神文化需求的不断提高，文化艺术业将有望迎来迅速发展时期。

2. 行业内上市公司发展情况

表 13　　2016 年文化艺术业上市公司收入及资产增长情况　　单位：亿元

指　标	2016 年	2016 年可比样本增长（%）	2015 年	2015 年可比样本增长（%）	2014 年
营业收入	57.15	63.29	31.39	73.92	18.05
利润总额	20.11	43.41	13.61	73	7.86
归属于母公司所有者的净利润	15.93	51.31	10.25	71.02	6
总资产	198.43	26.97	137.06	112.41	64.53
归属于母公司股东权益	162.71	28.67	109.28	98.77	55.14

资料来源：沪深交易所，同花顺。

表 14　　2016 年文化艺术业上市公司盈利能力情况

指　标	2016 年	2016 年可比样本变动	2015 年	2015 年可比样本变动	2014 年
毛利率（%）	50.40	-5.08	56.85	-0.11	56.95
净资产收益率（%）	9.79	1.47	9.38	-1.52	10.88
销售净利率（%）	28.45	-2.39	33.76	0.22	33.52
资产净利率（%）	9.17	-0.33	10.51	-0.39	10.90

资料来源：沪深交易所，同花顺。

表 15　　2016 年文化艺术业上市公司偿债及营运情况

指　标	2016 年	2016 年可比样本变动	2015 年	2015 年可比样本变动	2014 年
资产负债率（%）	15.91	-1.92	18.98	6.34	12.40
存货周转率（次）	5.93	2.31	5.07	-1.16	6.24
总资产周转率（次）	0.32	0.01	0.31	-0.01	0.33

资料来源：沪深交易所，同花顺。

（三）新闻和出版业

1. 行业概况

尽管近年来由于互联网等新媒体的冲击，以纸质图书为代表的传统内容产品需求放缓，但是随着新媒体血液的注入，新闻出版业整体依然持续稳定发展。以上市公司为例，33 家在中国内地上市的出版传媒公司经营规模不断扩大，产出和利润持续增长，总体保持稳健发展态势。南方出版传媒股份有限公司和新华文轩出版传媒股份有限公司成功上市，新华文轩成为首家“A + H”两地上市的出版传媒公司。凤凰传媒、中南传媒、中文传媒资产总额、营业收入和所有者权益均超过百亿元，共同组成“三百亿”公司阵营；“百亿”阵营持续扩大，大地传媒、皖新传媒、掌趣科技资产总额首次超过百亿，再加上新华文轩，“百亿”公司达到 11 家，占出版传媒上市公司总数的 1/3。出版公司主业挺拔，出版、发行、印刷业务继续保持核心主业地位。

截至 2016 年年底，在中国内地上市的 33 家出版传媒公司资产总额共计 2489.4 亿元，较 2015 年同期增加 520.8 亿元，增长 26.5%。33 家出版传媒公司营业收入共计 1368.9 亿元，较 2015 年同期增加 235.1 亿元，增长 20.7%。33 家出版传媒公司利润总额共计 170.6 亿元，较 2015 年同期增加 36.7 亿元，增长 27.4%。出版传媒公司整体保持稳定增长，保持了较高的盈利能力，平均净资产收益率为 10.4%。

数字出版继续保持高速增长，2016 年数字出版增速维持 30%，但是其对全行业增长贡献率达 67.9%，较 2015 年的

60.2%上升了7.6个百分点。

2. 行业内上市公司发展情况

表16　　2016年新闻和出版业上市公司收入及资产增长情况　　单位：亿元

指　标	2016年	2016年可比样本变动	2015年	2015年可比样本变动	2014年
营业收入	998.29	10.03	803.72	17.35	660.05
利润总额	121.31	15.22	94.62	6	85.34
归属于母公司所有者的净利润	106.62	11.55	85.36	6.83	76.08
总资产	1661.84	13.72	1283.64	13.95	1090.20
归属于母公司股东权益	1096.33	20.3	815.04	16.09	676.45

资料来源：沪深交易所，同花顺。

表17　　2016年新闻和出版业上市公司盈利能力情况

指　标	2016年	2016年可比样本变动	2015年	2015年可比样本变动	2014年
毛利率（%）	30.03	-0.62	30.03	-0.94	30.76
净资产收益率（%）	9.72	-0.76	10.47	-0.91	11.25
销售净利率（%）	11.55	0.34	11.33	-0.93	12.15
资产净利率（%）	7.38	-0.04	7.56	-0.35	7.85

资料来源：沪深交易所，同花顺。

表18　　2016年新闻和出版业上市公司偿债及营运情况

指　标	2016年	2016年可比样本变动	2015年	2015年可比样本变动	2014年
资产负债率（%）	30.92	-3.05	32.91	-1.3	34.39
存货周转率（次）	5.70	0.44	5.70	0.61	5.05
总资产周转率（次）	0.64	-0.02	0.67	0.02	0.65

资料来源：沪深交易所，同花顺。

四、重点上市公司介绍

（一）视觉中国

视觉中国是一家国际领先的以视觉内容为核心的互联网科技公司。2016年，公司实现营业收入7.35亿元，同比增长35.48%，归属于公司普通股股东的净利润2.15亿元，同比增长36.24%。

在图片业务上，公司整合全球高质量版权内容资源，通过互联网版权交易平台

（www. vcg. comm）提供超过亿级的海量图片、视频、音乐素材，为广大媒体及企业的客户提供视觉内容和传播服务。基于公司全球化战略，公司与全球第一大图片库 Getty Images 建立战略合作伙伴关系，2016 年收购比尔盖·茨创办的全球第三大图片库 Corbis Images，并战略投资全球领先的摄影社区 500px。公司以 PGC 视觉内容为核心，是国内最大的正版视觉内容版权交易平台之一。截至 2016 年 12 月 31 日，公司拥有的 PGC 视觉内容的互联网版权交易平台（www. vcg. com），在线提供超过 2 亿张图片、500 万条视频素材和 35 万首各种曲风的音乐或音效，是全球最大同类网络平台之一。公司视觉内容主要来源为 3 部分：公司自有版权内容、签约供应商和供稿人提供的内容。

视觉中国打造了中国领先的基于视觉为兴趣的互联网垂直社区集群：摄影师社区（www. 500px. me）和设计师社区（www. shijue. me）。2015 年 7 月，公司战略投资全球领先的摄影社区 500px，为公司社区业务奠定了国际化的基础；2016 年 10 月 21 日，针对个人摄影组织、各类摄影协会、艺术院校摄影系及摄影器材厂商，社区正式推出“部落”功能，使每个群体可以在各自的部落中管理成员、组织各类活动等。2017 年一季度，社区开通了签约供稿人功能，社区注册用户经过审核后即可成为视觉中国的签约供稿人，直接在社区上传内容、查阅授权记录、统计数据等功能。高质量的内容社区吸引了众多品牌和机构的合作。2016 年，华为、oppo、小米、索尼、茅台、摩拜单车、北京 2022 冬奥会组委会、上海旅游局等与社区联合举办摄影、设计大赛等活动，取到了良好的效果。2017 年，《科技中的设计报告 2017》将公司与阿里巴巴、小米等公司一起入选中国互联网“科技 + 设计”代表之一。

2017 年一季度，公司先后与凤凰网、一点资讯、腾讯网、百度等公司建立战略合作，视觉中国社区将与上述媒体平台打通，注册会员将可以获得自媒体认证，在社区发布的优质内容可以同步分发到各自媒体平台，帮助社区会员获得更多的品牌推广和流量分成收益。社区为 PGC 内容的创作者（摄影师、设计师、漫画师、插画师等）提供展示、分享、交流、学习以及变现服务，提升社区会员的体验以及用户黏性，是公司“社区 + 内容 + 交易”商业模式中关键一环。截至 2016 年 12 月 31 日，公司与近 18000 名供稿人建立了合作关系。

在旅游业务方面，公司于 2014 年 12 月中标国家旅游局“国家智慧旅游公共服务平台”。公司参与唱游公司定向增资扩股后，唱游公司作为“12301 国家智慧旅游公共服务平台”的实施公司，按照《国家智慧旅游公共服务平台项目特许经营协议》要求，以 12301 国家旅游公共服务号码为载体，全力推动旅游公共信息的发布与资讯服务、旅游产业监管信息的采集、景区游客承载量统计与预警、旅游形象推广等功能，并积极开展与旅游业相关的增值服务。该平台是一个连接旅游行业出行者、从业者及管理者的具有公信力的旅游服务聚合平台，是我国旅游行业大数据平台，也是视觉中国战略实施中打造的第一个直接面向 C 端消费者的互联网平台。

（二）华策影视

华策影视是国内影视剧制作的龙头企业，2016 年公司实现营业收入 44.45 亿元，同比增长 67.27%，实现归母净利润 4.78 亿元，同比增长 0.63%。

2016 年全年公司共开机全网剧 15 部 690 集，取得发行许可证的全网剧共 20 部 949 集，首播全网剧 25 部 1000 集。公司剧目在年度卫视收视排名前 10 名的剧目中占 4 部次，前 50 名剧目中占 10 部次；网络点击排名前 10 名的剧目中占 3 部，前 50 名剧目中占 8 部。其中，《解密》35、52 城市组同时段收视第 1，网络总点击量突破 60 亿次，成为主旋律和商业性俱佳的精品力作；《亲爱的翻译官》荣膺 2016 年卫视黄金档剧目收视冠军，网络点击过百亿次；《微微一笑很倾城》网台联动期间网络点击总量达 76.5 亿次，截至目前已突破 180 亿次；《锦绣未央》荣膺 2016 年东方卫视和北京卫视黄金档收视冠军，截至目前网络点击量突破 245 亿次。

2016 年公司共参与发行影片 9 部，主要有《女汉子真爱公式》《微微一笑很倾城》《反贪风暴 2》《快手枪手快枪手》等，其中，公司主投主控影片《微微一笑很倾城》取得 2.75 亿元票房，成功实现影剧联动；主控主发影片《反贪风暴 2》票房突破 2 亿元，有效提升公司发行品牌价值；参与投资电影《使徒行者》票房超过 6 亿元，在近 10 年“警匪”类影片票房排行榜中排名第二；参与了国际分账大片《佩小姐的奇幻城堡》的发行。

2016 年公司连续推出多档大型综艺节目，有力证明了公司的投资制作能力。大型经典音乐推理节目《谁是大歌神》创下浙江卫视十点档收视纪录，独家视频播放平台乐视视频全屏播放量突破 7.5 亿次，单集播放量突破 1.1 亿次，并已启动第二季的制作筹备，选手招募已在全球海选中；跨年明星户外真人秀《我们十七岁》2016 年内播出的前三期平均收视率 1.27，同时段排名第二。通过对可以传媒的投资，公司进一步扩充了综艺板块力量。

五、上市公司在行业中的影响力

伴随我国工业化进程的深入推进，以服务业为代表的第三产业开始逐步赶超以制造业为代表的第二产业，成为后工业化阶段的主要经济发展动力。传媒行业作为其中的佼佼者，在最近十年取得了长足的进步，按照这一发展趋势及宏观经济大势，相信其在未来中国经济中所占的比重将会日益提高。传媒行业的高速发展，得到了资本市场的关注和认可，已经有一大批优秀的传媒公司分别在主板和创业板上市融资。传媒行业的上市公司有以下三大特点：

（一）传媒行业上市公司在行业中数量占比较低

截至 2016 年年底，传媒行业共涵盖 45 家上市公司、45 只 A 股股票，占沪深两市股票总数的 1.44%。行业市值总额为 7892.28 亿元，占沪深两市比重的 1.55%。传媒公司无论是在上市数量，还是在市值占比上，都处于较低水平。上市公司数量占比如此之低，有历史原因，也有行业自身的原因。主要有 3 个方面：(1) 以往国家对于传媒行业进行严格的资本管控，使得传媒企业上市异常艰难；(2) 中国传媒企业数量众多，行业集中度低，规模普遍偏小，很难达到主板的上市要求；(3) 创业板开通时间尚短；(4) 15 年资本泡沫后，监管层强化了对传媒资产上市的审核力度，客观上加强了上市公司上市的难度。基于以上原因，我们预计，随着国家对于文化产业的大力推进、传媒行业的资本管控逐渐放开，我国传媒行业的上市公司数量有望进一步增长。

（二）大量的文化产业投资基金成立，产业资本介入上市公司发展

近几年，我国文化产业投资基金发展迅猛，仅 2014 年一年就新增加 51 只文化产业投资基金，其中，40 只透露募资额的基金总募资金额高达 1196.85 亿元，首期募集金额共达 140.75 亿元。

首先，在地区分布方面。投资主要分布在北京、上海、广东等一线城市，51 只基金中有 33 只分布在上述地区，占总基金数的 64%，募集基金总金额为 339.05 亿元，占比 28.32%。

其次，在行业分布方面。投资主要集中于移动互联网、旅游演艺等领域。其中，移动互联网领域 11 起，占总数的 23%；旅游演艺领域 8 起，约 17%。

同时越来越多的上市公司和产业资本紧密合作，或通过增资入股方式引入产业资本，或通过合作成立产业基金的方式投资新兴领域。通过和产业资本的结合，一方面为上市公司的发展提供更多更新产业界的力量支持，另一方面通过上市公司平台，也可以为优质项目提供更好的融资环境和成长环境。

（三）传媒行业上市公司在行业中竞争优势显著

传媒行业上市公司数量占比虽低，但其竞争优势显著，这不仅体现在收入规模和盈利水平上，而且还体现在上市公司在行业中的品牌和口碑上。

以影视领域为例，华策影视 2016 年全年共开机全网剧 15 部 690 集，取得发行许可证的全网剧共 20 部 949 集，首播全网剧 25 部 1000 集。公司剧目在年度卫视收视排名前 10 名的剧目中占 4 部次，前 50 名剧目中占 10 部次；网络点击排名前 10 名的剧目中占 3 部，前 50 名剧目中占 8 部。

再以游戏领域为例，A 股游戏公司作品在 iOS 畅销榜前 20 出现频率和个数越来越高，掌趣科技的《全民奇迹》创造了全球流水过 10 亿美金的傲人成绩，三

七互娱的《天使纪元》、完美世界的《诛仙》在 iOS 畅销榜也进入过前五名。同时，越来越多 A 股公司的作品在海外市场取得好成绩，游族网络在海外发行的《狂暴之翼》海外流水超千万美金。

随着国家推进文化产业快速发展的政策导向，行业内上市公司数量占比有望进一步提高，其行业影响力也有望日益增强。

审稿人：周建华

撰稿人：顾　晟

综　合

一、综合业总体概况

综合行业共有上市公司 23 家。综合行业特点是公司业务比较繁杂，主营业务不十分突出。从行业内部来讲，其跨度较大，涉及房地产、商业、信息、医药、制作、物流、批发零售、公用事业、餐饮旅游等多种业务。2016 年综合行业上市公司收入 363.46 亿元，同比上升 7.45%；净利润 22.39 亿元，同比下降 3.34%。

二、行业内上市公司发展概况

（一）行业内上市公司基本情况

表 1　　2016 年综合业上市公司发行股票概况

门　类	A、B 股总数	A 股股票数	B 股股票数	境内总市值（亿元）	流通 A 股市值（亿元）	流通 B 股市值（亿元）
综合业	23	23	0	2289.65	1986.69	0.00
占沪深两市比重（%）	0.73	0.73	0.00	0.45	0.51	0.00

资料来源：沪深交易所，同花顺。

（二）行业内上市公司构成情况

表 2　　2016 年综合业上市公司构成情况　　单位：家

门　类	沪市			深市			ST/*ST
	仅 A 股	仅 B 股	A+B 股	仅 A 股	仅 B 股	A+B 股	
综合业（家）	15	0	0	8	0	0	0/2
占行业内上市公司比重（%）	65.22	0.00	0.00	34.78	0.00	0.00	0/8.70

资料来源：沪深交易所，同花顺。

（三）行业内上市公司融资情况

表 3　　2016 年综合业上市公司与沪深两市融资情况对比　　单位：家

	融资家数	新股	增发	配股
综合业	4	0	4	0
沪深两市总数	877	227	639	11
占比（%）	0.46	0.00	0.63	0.00

资料来源：沪深交易所，同花顺。

其中，增发的4家公司均在沪市。

从融资效果来看，上述公司实际发行数量为17.13亿股，实际募集资金134.95亿元，基本完成了融资计划。

2016年综合业上市公司融资情况明细见附录。

（四）行业内上市公司资产及业绩情况

表4　　2016年综合业上市公司资产情况　　单位：亿元

指　标	2016年	2016年可比样本增长（%）	2015年	2015年可比样本增长（%）	2014年
总资产	1458.72	12.70	1298.09	9.02	1003.66
流动资产	708.97	14.34	653.27	0.93	560.52
占比（%）	48.60	0.70	50.33	-4.04	55.85
非流动资产	749.75	11.18	644.83	18.66	443.14
占比（%）	51.40	-0.70	49.67	4.04	44.15
流动负债	481.71	1.13	504.19	6.83	411.08
占比（%）	33.02	-3.78	38.84	-0.8	40.96
非流动负债	200.66	-0.82	204.57	3.91	149.81
占比（%）	13.76	-1.87	15.76	-0.78	14.93
归属于母公司股东权益	697.73	26.41	523.5	17.78	376.64
占比（%）	47.83	5.19	40.33	3	37.53

资料来源：沪深交易所，同花顺。

表5　　2016年综合业上市公司收入实现情况　　单位：亿元

指　标	2016年	2016年可比样本增长（%）	2015年	2015年可比样本增长（%）	2014年
营业收入	363.46	7.45	348.12	-6.62	339.26
利润总额	33.41	-8.37	9.75	-75.37	37.44
归属于母公司所有者的净利润	22.39	-3.34	4.94	-82.17	27.07

资料来源：沪深交易所，同花顺。

（五）利润分配情况

2016年全年综合业上市公司中共有10家公司实施了分红配股。其中，1家上市公司仅实施送股或转增股，6家上市公司仅实施派息，3家公司既实施了送股、转增，又实施了派息。

2016年综合业上市公司分红明细见附录。

（六）其他财务指标情况

1. 盈利能力指标

表 6　　2016 年综合业上市公司盈利能力情况

指　标	2016 年	2016 年可比样本变动	2015 年	2015 年可比样本变动	2014 年
毛利率（%）	21.23	-0.32	19.13	-4.08	21.68
净资产收益率（%）	3.21	-0.99	0.94	-5.29	7.19
销售净利率（%）	7.14	-0.76	0.88	-7.93	9.1
资产净利率（%）	1.88	-0.30	0.25	-2.57	3.07

资料来源：沪深交易所，同花顺。

2. 偿债能力指标

表 7　　2016 年综合业上市公司偿债能力指标

指　标	2016 年	2016 年可比样本变动	2015 年	2015 年可比样本变动	2014 年
流动比率	1.47	0.17	1.3	-0.08	1.36
速动比率	0.86	0.15	0.68	0.07	0.55
资产负债率（%）	46.78	-5.65	54.6	-1.57	55.88

资料来源：沪深交易所，同花顺。

3. 营运能力指标

表 8　　2016 年综合业上市公司营运能力情况　　单位：次

营运能力指标	2016 年	2016 年可比样本变动	2015 年	2015 年可比样本变动	2014 年
存货周转率	0.98	0.14	0.83	0.05	0.8
应收账款周转率	5.72	-0.86	6.41	-0.16	6.21
流动资产周转率	0.55	0.00	0.54	-0.05	0.6
固定资产周转率	3.12	0.23	2.66	-0.2	2.85
总资产周转率	0.26	-0.01	0.28	-0.04	0.34
净资产周转率	0.52	-0.08	0.63	-0.14	0.8

资料来源：沪深交易所，同花顺。

三、重点上市公司介绍

（一）张江高科

2016年，张江高科以“提质、增效、转型”为导向，做优科技地产、做强产业投资、做精创新服务三大业务板块，助力上海市科创中心、张江科学城和综合性国家科学中心建设，着力调整优化资产结构，着力加大产业投资布局，着力提升创新服务能级，着力创新商业模式和经营方式，着力推进内控和风险管理建设，着力加强党建和企业文化建设。

2016年，公司逐渐改变之前以工业地产开发运营为主导的“高投资、重资产、慢周转”模式，向“股权化、证券化、品牌化”转型，寻求科技地产和产业投资业务的有机融合、协同发展。年内收入利润结构逐步优化，转型发展经济效应增长明显。

2016年，公司经济发展韧性进一步增强，经营利润结构进一步优化，公司实现营业收入208766万元，同比减少13.70%，营业利润88692.71万元，同比增加48.06%，实现投资收益79723.91万元，同比增加18.63%，归属于股东的净利润72661.76万元，同比增加50.87%，加权平均净资产收益率9.18%，同比增加2.62个百分点。基本每股收益0.47元。

（二）中国宝安

中国宝安是一家综合类股份制集团公司，主营业务是高新技术产业、房地产业、生物医药业，曾连创“新中国第一家股份制企业、发行新中国第一张股票、第一张可转换债券、第一张中长期认股权证、成功策划武汉商场成为深交所第一家异地上市公司、首次通过证券二级市场收购上市公司上海延中实业、分拆马应龙并在上海证券交易所上市成为中国境内首例分拆企业上市的上市公司、开办新中国第一个财务顾问公司安信财务、协助川盐化、甘长风等20多家国企改制上市”等多项新中国第一。

集团作为投资控股型企业，经过30多年的发展，在产业经营与资本经营、实体经营与虚拟经营相结合方面积累了丰富经验，已初步具备控股型企业的资本保障能力，高技术产业的投资控制能力，跨产业运作的协同效应保障能力以及品牌和人才的外部保障能力。在产业布局上，相关子行业属于国家产业战略的核心范围或扶持范围；在产业运营上，已具备较合理的产业集团架构和较优良的产业资源基础，已拥有部分优势企业资源和产品资源，在部分细分市场上具备了一定的行业地位，在细分市场上有竞争优势与品牌影响力；在资本运营上，已基本完成主导产业（子集团）运营平台的构建，形成专业经营与资本经营相结合的专业能力，具备产业链延伸及产业扩张的基础；在投资模式上，搭建了多产业、多层面、多形式的投资平台，在战略并购、风险投资、财务投资方面均积累了较丰富的投资运营经验和能力。

2016 年，集团实现营业总收入 644950.63 万元，比 2015 年同期增长 31.75%；营业成本 444568.96 万元，比 2015 年同期上升 37.30%；销售费用 61280.91 万元，比 2015 年同期上升 15.70%；管理费用 74484.31 万元，比 2015 年同期上升 42.62%；财务费用 36666.31 万元，比 2015 年同期上升 48.46%；归属于上市公司股东的净利润 23338.39 万，比 2015 年同期下降 68.90%。基本每股收益 0.11 元。

审稿人：曹玲燕

撰稿人：谷　茜

第三篇

上市公司地区篇

- 北京地区·天津地区·河北地区·山西地区·内蒙古地区
- 辽宁地区·吉林地区·黑龙江地区
- 上海地区·江苏地区·浙江地区·安徽地区·福建地区·江西地区·山东地区
- 河南地区·湖北地区·湖南地区·广东地区·广西地区·海南地区
- 重庆地区·四川地区·贵州地区·云南地区·西藏地区
- 陕西地区·甘肃地区·青海地区·宁夏地区·新疆地区
- 深圳地区·大连地区·宁波地区·厦门地区·青岛地区

北京地区

一、北京国民经济发展概况

表 1　　2016 年北京国民经济发展概况　　单位：亿元

指标	1～3 月		1～6 月		1～9 月		1～12 月	
	绝对量	同比增长（%）	绝对量	同比增长（%）	绝对量	同比增长（%）	绝对量	同比增长（%）
地区生产总值（GDP）	5451.89	6.90	11413.83	6.70	17367.77	6.70	24899.26	6.70
全社会固定资产投资	1132.17	12.30	3030.93	6.40	5146.65	5.60	7888.69	5.90
社会消费品零售总额	2434.88	2.20	4976.26	3.80	7758.00	4.80	11005.08	6.50
规模以上工业增加值	–	1.10	–	1.70	–	3.90	–	5.10
规模以上工业企业实现利润	365.90	27.40	697.40	2.30	1071.10	6.90	1549.30	-0.70
居民消费价格指数（CPI）	1～3 月		1～6 月		1～9 月		1～12 月	
	1.40		1.20		1.20		1.40	

资料来源：国家统计局。

二、北京上市公司总体情况

（一）公司数量

表 2　　2016 年北京上市公司数量　　单位：家

公司总数	2016 年新增	股票类别			板块分布			
		仅 A 股	仅 B 股	（A+B）股	沪市主板	深市主板	中小板	创业板
282	17	281	0	1	121	27	48	86

资料来源：沪深交易所，同花顺。

（二）行业分布

表 3

2016 年北京上市公司行业分布情况

所属证监会行业类别	家数	占比（%）	所属证监会行业类别	家数	占比（%）
农、林、牧、渔业	2	0.71	金融业	12	4.26
采矿业	13	4.61	房地产业	18	6.38
制造业	105	37.23	租赁和商务服务业	7	2.48
电力、热力、燃气及水生产和供应业	10	3.55	科学研究和技术服务业	6	2.13
建筑业	21	7.45	水利、环境和公共设施管理业	3	1.06
批发和零售业	13	4.61	教育	1	0.35
交通运输、仓储和邮政业	3	1.06	卫生和社会工作	0	0.00
住宿和餐饮业	3	1.06	文化、体育和娱乐业	6	2.13
信息传输、软件和信息技术服务业	57	20.21	综合	2	0.71
合计	282	100.00			

资料来源：沪深交易所，同花顺。

（三）股本结构及规模

表 4

2016 年北京上市公司股本规模在 10 亿股以上公司分布情况

股本规模（亿股）	公司家数	具体公司
1000≤	6	中国石化，农业银行，工商银行，中国石油，建设银行，中国银行
200≤～<500	9	京东方 A，民生银行，长江电力，中国中铁，中国人寿，中国建筑，中国中车，光大银行，中信银行
100≤～<200	16	华能国际，华夏银行，石化油服，中国神华，中国国航，北京银行，中国铁建，中国铝业，中国中冶，中国电建，中国交建，中煤能源，中国核电，中国重工，大唐发电，金隅股份
50≤～<100	6	泛海控股，首钢股份，三一重工，福田汽车，国投电力，华锐风电
20≤～<50	29	神州高铁，金融街，燕京啤酒，中信国安，华联股份，东方园林，大北农，奥瑞金，碧水源，捷成股份，光线传媒，掌趣科技，首创股份，同方股份，万通地产，安迪苏，首开股份，信威集团，中金黄金，京能电力，天地科技，华远地产，节能风电，中国化学，东兴证券，新华保险，北辰实业，中国核建，际华集团

续表

股本规模（亿股）	公司家数	具体公司
10≤～<20	52	新华联，中色股份，北新建材，财信发展，华北高速，紫光股份，安泰科技，中科三环，东华软件，石基信息，千方科技，北京利尔，四维图新，广联达，弘高创意，中化岩土，惠博普，清新环境，首航节能，万达院线，神州泰岳，乐普医疗，蓝色光标，三聚环保，数码视讯，乐视网，神雾环保，飞利信，旋极信息，昆仑万维，中国国贸，歌华有线，中国医药，五矿发展，同仁堂，中国卫星，华业资本，北京城建，航天信息，农发种业，中航电子，华胜天成，三元股份，北方导航，用友网络，信达地产，中国电影，昊华能源，华电重工，江河集团，京运通，人民网

资料来源：沪深交易所，同花顺。

表 5　2016 年北京上市公司分地区股权构成情况　单位：家

股权性质 / 地域分布	央企国资控股	省属国资控股	地市国资控股	民营控股	其他	合计
北京市	89	35	0	151	7	282

资料来源：北京证监局。

（四）市值规模

截至 2016 年 12 月 31 日，北京 282 家上市公司境内总市值 122761.32 亿元，占全国上市公司境内总市值的 24.14%；其中上交所上市公司 121 家，总股本 15921.52 亿股，境内总市值 100138.63 亿元，占上交所上市公司境内总市值的 35.08%；深交所上市公司 161 家，总股本 1695.36 亿股，境内总市值 22622.68 亿元，占深交所上市公司境内总市值的 10.14%。

（五）资产规模

截至 2016 年 12 月 31 日，北京 282 家上市公司合计总资产 1215125.82 亿元，归属于母公司股东权益 127726.12 亿元，与 2015 年相比，分别增长 12.24%、9.90%；平均每股净资产 5.47 元。

三、北京上市公司经营情况及变动分析

（一）总体经营情况

表 6　　2016 年北京上市公司经营情况

指标	2016 年	2015 年	变动率（%）
家数	282	265	6.42
亏损家数	13	15	-13.33
亏损家数比例（%）	4.61	5.66	-1.05
平均每股收益（元）	0.57	0.59	-3.39
平均每股净资产（元）	5.47	5.16	6.01
平均净资产收益率（%）	10.42	11.44	-1.02
总资产（亿元）	1215125.82	1082602.32	12.24
归属于母公司股东权益（亿元）	127726.12	116216.88	9.90
营业收入（亿元）	126469.47	123442.08	2.45
利润总额（亿元）	18329.27	18245.7	0.46
归属于母公司所有者的净利润（亿元）	13308.27	13298.24	0.08

资料来源：沪深交易所，同花顺。

（二）分行业经营情况

表 7　　2016 年北京上市公司分行业经营情况

所属行类	营业收入（亿元）	可比样本变动率（%）	归属于母公司所有者的净利润（亿元）	可比样本变动率（%）
农、林、牧、渔业	49.49	15.24	0.80	144.12
采矿业	39032.07	-5.06	641.90	-22.41
制造业	10585.53	10.55	464.43	40.65
电力、热力、燃气及水生产和供应业	3040.85	-4.71	379.63	-21.45
建筑业	32739.48	5.80	925.46	10.35
批发和零售业	1196.81	-13.07	19.16	221.12
交通运输、仓储和邮政业	1199.35	5.01	81.09	2.39
住宿和餐饮业	84.70	137.75	2.96	-0.13
信息传输、软件和信息技术服务业	1178.19	32.51	118.65	9.02
金融业	34846.54	0.01	10409.30	-1.29
房地产业	1386.37	32.35	153.36	22.92
租赁和商务服务业	646.22	13.19	36.73	45.97
科学研究和技术服务业	68.86	-16.32	3.65	-57.74
水利、环境和公共设施管理业	138.51	62.94	27.46	39.03
教育	11.55	-12.92	2.46	-25.27
卫生和社会工作	0.00	-	0.00	-
文化、体育和娱乐业	248.84	27.97	39.61	42.70
综合	16.10	5.05	1.60	-8.40
合计	126469.47	1.05	13308.27	-0.76

资料来源：沪深交易所，同花顺。

（三）业绩变动情况分析

1. 营业收入、毛利率等变动原因分析

2016 年，北京 282 家上市公司实现营业收入 126469.47 亿元，同比增长 2.45%；营业利润 17934.53 亿元，同比增长 0.72%；归属于母公司所有者的净利润 13308.27 亿元，同比增长 0.08%；收入与净利润总体规模基本与 2015 年持平。平均毛利率为 32.60%，较 2015 年下降 0.7 个百分点。

2. 盈利构成分析

2016 年北京上市公司扣除非经常性损益后归属于母公司股东的净利润为 12536.07 亿元，同比下降 1.34%。营业利润占利润总额的比重为 97.85%，是上市公司的主要利润来源。投资净收益在利润总额中占比 18.39%，公允价值变动净收益在利润总额中占比 0.33%，投资收益对上市公司业绩贡献的比重持续上升。

3. 经营性现金流量分析

2016 年北京上市公司经营活动产生的现金流量净额为 49592.21 亿元，同比增长 7.8%；212 家上市公司经营活动产生的现金流量净额为正，其中 29 家公司经营活动现金流情况较 2015 年明显好转。

4. 业绩特点分析

（1）总体业绩与 2015 年持平。2016 年北京上市公司营业收入、净利润与 2015 年相比止住“双降”态势，收入规模有所增长；净利润剔除非经常性损益约 30% 增长的影响后，主业盈利状况未有显著提升；平均净资产收益率为 10.42%，同比减少 1 个百分点，仍呈下降趋势。

（2）供给侧结构性改革全面推进。2016 年煤炭、钢铁去产能成效显著，行业整体盈利改善。因油价持续低迷，石油勘探开发公司业绩下滑。12 家金融业上市公司利润贡献较大，2016 年实现归属于母公司股东的净利润 10409.3 亿元，占辖区净利润总额的 78.21%。

（3）亏损面有所收窄。2016 年北京有 13 家上市公司亏损，另有 18 家上市公司扣除非经常性损益后的净利润为负，共计 31 家上市公司经营性亏损，比 2015 年减少 9 家，占北京上市公司总数的 11%。

（4）大盘股对北京上市公司业绩有重要影响。中国石油、中国石化、工商银行、农业银行、中国银行、建设银行 6 家公司营业收入在北京全部上市公司中占比 46.01%、归属母公司股东的净利润占比 68.57%。

5. 利润分配情况

表 8　　2016 年北京上市公司现金分红情况

2016 年分红公司家数			2016 年分红金额		
家数	变动率（%）	分红公司家数占地区公司总数比重	金额（亿元）	变动率（%）	分红金额占归属于母公司所有者的净利润比重
244	10.41	86.52%	4695.49	15.19	35.28%

资料来源：北京证监局。

四、北京上市公司并购重组情况

（一）并购重组基本情况

2016年北京地区并购交易数量共计587项，较2015年减少129项；交易金额共计6254.39亿元，同比增长36.86%。2016年北京上市公司共发起重大资产重组交易30项[①]，交易总价值共计约1346.34亿元。其中，涉及主板公司7项、中小板公司9项、创业板公司14项。截至2016年年底，已完成交易7项、未完成交易19项、终止交易4项。

（二）并购重组特点

2016年北京上市公司并购重组交易形式主要包括2类，其中发行股份购买资产26项、协议收购4项，股份支付方式仍为绝对主流。在并购重组目的上，横向整合21项、垂直整合1项，多元化战略和业务转型共7项，借壳上市1项。在我国经济结构转型调整迫切要求下，通过并购重组加快产业整合或产业转型已成为趋势。北京地区高新技术行业较为发达、政策完善，拥有成熟的高新技术示范园区，成功吸引了大量互联网、计算机、软件等高新技术企业聚集，利于培育并购机会，助力技术升级、产业升级，提升资本市场资金对接实体经济的效率，进一步提升上市公司质量和改善公司治理。国企改革、“一带一路”建设等顶层设计也为大型国有上市公司并购重组提供了重要契机，淘汰落后产能，改变传统行业散小弱差的局面，提高行业集中度，完善资源优化配置，进而提升企业的内生增长能力，实现产业结构调整转型。

五、北京上市公司募集资金情况、使用情况

（一）募集资金总体情况

表9　2016年北京上市公司募集资金情况

发行类型	代码	简称	募集资金（亿元）
首发	002819.SZ	东方中科	1.41
	002829.SZ	星网宇达	3.35
	300513.SZ	恒泰实达	2.24
	300523.SZ	辰安科技	4.38
	300541.SZ	先进数通	3.32
	300542.SZ	新晨科技	1.85
	300552.SZ	万集科技	3.27
	300579.SZ	数字认证	2.66

① 以2016年披露重大重组预案为准。

续表

发行类型	代码	简称	募集资金（亿元）
首发	600977. SH	中国电影	41. 66
	601611. SH	中国核建	18. 22
	603060. SH	国检集团	5. 52
	603098. SH	森特股份	5. 74
	603377. SH	东方时尚	8. 20
	603569. SH	长久物流	6. 17
	603859. SH	能科股份	2. 14
	603888. SH	新华网	14. 37
	603986. SH	兆易创新	5. 82
	小计		130. 32
再融资（增发、配股、优先股）	000046. SZ	泛海控股	57. 50
	000065. SZ	北方国际	17. 06
	000603. SZ	盛达矿业	28. 77
	000786. SZ	北新建材	41. 95
	000802. SZ	北京文化	28. 94
	000938. SZ	紫光股份	220. 85
	000969. SZ	安泰科技	13. 33
	002151. SZ	北斗星通	16. 80
	002310. SZ	东方园林	17. 21
	002371. SZ	七星电子	18. 47
	002383. SZ	合众思壮	16. 30
	002462. SZ	嘉事堂	4. 00
	002542. SZ	中化岩土	4. 31
	002657. SZ	中科金财	9. 72
	300005. SZ	探路者	12. 70
	300010. SZ	立思辰	33. 94
	300036. SZ	超图软件	8. 25
	300055. SZ	万邦达	23. 70
	300058. SZ	蓝色光标	8. 30
	300070. SZ	碧水源	11. 22
	300104. SZ	乐视网	48. 00
	300157. SZ	恒泰艾普	14. 07

续表

发行类型	代码	简称	募集资金（亿元）
再融资（增发、配股、优先股）	300166. SZ	东方国信	17. 96
	300182. SZ	捷成股份	26. 00
	300213. SZ	佳讯飞鸿	6. 76
	300287. SZ	飞利信	22. 45
	300291. SZ	华录百纳	21. 91
	300296. SZ	利亚德	15. 00
	300309. SZ	吉艾科技	5. 24
	300324. SZ	旋极信息	31. 00
	300352. SZ	北信源	12. 62
	300353. SZ	东土科技	9. 67
	300364. SZ	中文在线	20. 00
	300367. SZ	东方网力	11. 27
	300370. SZ	安控科技	4. 00
	300379. SZ	东方通	8. 25
	300383. SZ	光环新网	49. 86
	300419. SZ	浩丰科技	8. 77
	300456. SZ	耐威科技	7. 50
	300465. SZ	高伟达	2. 92
	300477. SZ	合纵科技	1. 05
	600015. SH	华夏银行	200. 00
	600055. SH	华润万东	8. 80
	600056. SH	中国医药	7. 86
	600246. SH	万通地产	36. 00
	600258. SH	首旅酒店	38. 73
	600376. SH	首开股份	40. 00
	600410. SH	华胜天成	24. 20
	600489. SH	中金黄金	31. 59
	600658. SH	电子城	24. 10
	600743. SH	华远地产	17. 76
	600859. SH	王府井	29. 74
	600900. SH	长江电力	664. 40
	601169. SH	北京银行	130. 00

续表

发行类型	代码	简称	募集资金（亿元）
再融资（增发、配股、优先股）	601198. SH	东兴证券	47. 77
	601818. SH	光大银行	100. 00
	601998. SH	中信银行	350. 00
	小计		2688. 57
其他融资（公司债券、可转换债券）	000046. SZ	泛海控股	115. 00
	000402. SZ	金融街	90. 00
	000620. SZ	新华联	10. 00
	000725. SZ	京东方 A	100. 00
	002310. SZ	东方园林	22. 00
	002410. SZ	广联达	10. 00
	002554. SZ	惠博普	5. 00
	002662. SZ	京威股份	15. 00
	002701. SZ	奥瑞金	15. 00
	002721. SZ	金一文化	6. 00
	300058. SZ	蓝色光标	4. 00
	300072. SZ	三聚环保	15. 00
	300156. SZ	神雾环保	4. 50
	300182. SZ	捷成股份	6. 00
	300251. SZ	光线传媒	10. 00
	300296. SZ	利亚德	9. 00
	300315. SZ	掌趣科技	8. 00
	300370. SZ	安控科技	3. 00
	300418. SZ	昆仑万维	7. 30
	600008. SH	首创股份	10. 00
	600011. SH	华能国际	42. 00
	600031. SH	三一重工	45. 00
	600195. SH	中牧股份	12. 00
	600240. SH	华业资本	18. 30
	600376. SH	首开股份	60. 00
	600485. SH	信威集团	13. 80
	600582. SH	天地科技	10. 00
	600657. SH	信达地产	90. 00

续表

发行类型	代码	简称	募集资金（亿元）
其他融资（公司债券、可转换债券）	600730. SH	中国高科	8. 00
	600743. SH	华远地产	35. 00
	600886. SH	国投电力	12. 00
	600900. SH	长江电力	30. 00
	601101. SH	昊华能源	15. 00
	601111. SH	中国国航	80. 00
	601186. SH	中国铁建	119. 50
	601390. SH	中国中铁	41. 70
	601588. SH	北辰实业	15. 00
	601600. SH	中国铝业	32. 15
	601766. SH	中国中车	26. 00
	601857. SH	中国石油	400. 00
	601908. SH	京运通	24. 00
	601992. SH	金隅股份	50. 00
	603123. SH	翠微股份	5. 50
	小计		1649. 75
总计			4468. 64

资料来源：北京证监局。

（二）募集资金使用情况及特点

2016 年北京上市公司运用股权、债权多种资本市场工具累计融资 4468. 68 亿元。其中，17 家 IPO 公司募集资金 130. 32 亿元；53 家公司增发、配股融资共 1908. 61 亿元，同比增长 34%；4 家公司发行优先股融资共 780. 00 亿元；43 家公司发行公司债、可转债融资共 1649. 75 亿元。首发、增发、配股、可转债募投项目共计 318 个，截至 2016 年年底已投入募集资金占计划投入总额的比例约为 62%。新股发行保持常态化，再融资节奏较快，有利于公司降低杠杆水平、优化财务结构、完善产业布局。

（三）募集资金变更情况

表 10　　2016 年北京上市公司募集资金使用项目变更情况

变更募集资金使用项目的公司家数	涉及金额（亿元）	募集资金总额（亿元）	占公司募集资金总额的比例（%）
17	28. 28	264. 49	10. 69

资料来源：北京证监局。

2016 年，北京有 17 家上市公司（神州高铁、北新建材、顺鑫农业、东方雨虹、二六三、万达电影、潜能恒信、光线传媒、三联虹普、飞天诚信、双杰电气、先进数通、中青旅、福田汽车、中国重工、金诚信、能科股份）变更募集资金投向，涉及金额约 28.28 亿元，变更金额约占相关公司募集资金的 10.69%。辖区多数上市公司能够按照原计划使用募集资金，募投变更金额和比例均较 2015 年大幅减少。

六、北京上市公司规范运作情况

（一）上市公司治理专项情况

2016 年北京证监局在日常监管中以保护投资者合法权益为底线，以依法行政为准绳，切实督促上市公司完善治理结构，提高规范运作水平。以风险导向和随机抽取相结合，细化检查资源配置，有效履行派出机构一线现场监管的核心职能，在现场检查中对上市公司治理规范性予以重点关注。针对检查中发现的治理制度不完善、内部决策权限划分不明确、授权不规范、关联交易管理存在缺陷、同业竞争未解决、内幕信息知情人登记档案不完备、内控管理薄弱等问题，及时要求公司整改。同时，进一步梳理上市公司公司治理情况，推动“将党的领导融入公司治理”工作在国有企业落地实施，倡议民营企业参照实施。

（二）审计情况及监管情况

截至 2017 年 4 月 30 日，北京辖区全部上市公司已披露 2016 年年报。2016 年共有 29 家会计师事务所为北京上市公司提供年报审计服务。在北京上市公司 2016 年年报审计意见类型中，1 家为保留意见、4 家为带强调事项段的无保留意见，其他为标准无保留意见；在内部控制审计意见中，2 家为否定意见，1 家为带强调事项段的无保留意见。北京证监局通过事前周密安排、事中持续督导、事后分析检查，综合运用审计约谈、宣讲培训、现场检查、监管协作等多种方式，切实提高年报审计监管能力，严厉打击违法违规行为，圆满完成了上市公司 2016 年年报审计监管工作。

（三）信息披露情况

北京证监局在依法全面从严监管的要求下，继续加强与交易所的协作力度，结合沪深交易所年报审核情况，对高风险公司或重点公司进行重点关注，全面提升年报审核质量与效率。将行业普遍问题与公司个体问题相结合，把行业监管框架落到实处。进一步强化事后责任追究，就年报审核、现场检查等途径发现的问题，督促上市公司及时整改，对重大违规事项依法采取了责令改正、出具警示函等行政监管措施，切实提高监管效能，维护中小投资者合法权益。

（四）证券市场服务情况

2016 年，北京证监局结合十三五规划出台以及京津冀一体化战略的逐步实施，为辖区上市公司之间的学习交流牵线搭桥，通过走访调研、座谈讨论、政策宣传等方式，引导公司充分利用资本市场平台实施业务转型及产业融合，发挥资本市场资源配置功能。以调研为契机，了解国家去产能、去库存、调结构等政策的现实影响，把握重点行业公司在政策实践特别是供给侧改革过程中面临的困难。全年共组织10期上市公司董事监事培训，积极引导辖区自律组织工作，创新性地与专业培训机构合作，提高培训质量，培训内容涵盖最新监管政策讲解和案例分析、财务分析、股权激励、收购与反收购及上市公司产业战略选择等主题，力求贴近公司实际需求，充分发挥培训教育在经验交流和合规引导等方面的作用。

（五）其他

2016年北京证监局进一步规范拟上市企业辅导工作，与交易所就辖区拟上市公司辅导进行座谈对接。同时，与北京市金融局、市国资委、中关村管委会、市文资办展开合作，推进北京地区优质企业上市工作，助力首都经济发展。

审稿人：陆　倩　孙　林

撰稿人：王　璟

天津地区

一、天津国民经济发展概况

表 1　　2016 年天津国民经济发展概况　　单位：亿元

指标	1～3月		1～6月		1～9月		1～12月	
	绝对量	同比增长（%）	绝对量	同比增长（%）	绝对量	同比增长（%）	绝对量	同比增长（%）
地区生产总值（GDP）	4039.44	9.10	8500.91	9.20	13339.44	9.10	17885.39	9.00
全社会固定资产投资	2290.72	13.80	7074.14	10.70	10489.93	8.30	12756.36	8.00
社会消费品零售总额	1350.01	10.30	2701.73	8.60	4119.78	7.30	5635.81	7.20
规模以上工业增加值	—	9.20	—	8.90	—	8.80	—	8.40
规模以上工业企业实现利润	375.90	4.20	821.50	3.40	1283.30	2.10	1984.90	-0.80
居民消费价格指数（CPI）	1～3月		1～6月		1～9月		1～12月	
	2.00		1.70		1.90		2.10	

资料来源：国家统计局。

二、天津上市公司总体情况

（一）公司数量

表 2　　2016 年天津上市公司数量　　单位：家

公司总数	2016 年新增	股票类别			板块分布			
		仅 A 股	仅 B 股	（A+B）股	沪市主板	深市主板	中小板	创业板
45	3	44	0	1	23	7	8	7

资料来源：沪深交易所，同花顺。

（二）行业分布

表 3 2016 年天津上市公司行业分布情况

所属证监会行业类别	家数	占比（%）	所属证监会行业类别	家数	占比（%）
农、林、牧、渔业	0	0.00	金融业	0	0.00
采矿业	3	6.67	房地产业	6	13.33
制造业	24	53.33	租赁和商务服务业	0	0.00
电力、热力、燃气及水生产和供应业	2	4.44	科学研究和技术服务业	2	4.44
建筑业	0	0.00	水利、环境和公共设施管理业	0	0.00
批发和零售业	3	6.67	教育	0	0.00
交通运输、仓储和邮政业	4	8.89	卫生和社会工作	0	0.00
住宿和餐饮业	0	0.00	文化、体育和娱乐业	0	0.00
信息传输、软件和信息技术服务业	0	0.00	综合	1	2.22
合计	45	100.00			

资料来源：沪深交易所，同花顺。

（三）股本结构及规模

表 4 2016 年天津上市公司股本规模在 10 亿股以上公司分布情况

股本规模（亿股）	公司家数	具体公司
100≤～<200	1	中远海控
20≤～<50	6	中环股份，红日药业，海油工程，天海投资，中储股份，中海油服
10≤～<20	10	泰达股份，鑫茂科技，津滨发展，一汽夏利，天保基建，天房发展，国机汽车，天士力，天津港，创业环保

资料来源：沪深交易所，同花顺。

表 5 2016 年天津上市公司分地区股权构成情况 单位：家

股权性质 地域分布	央企国资控股	省属国资控股	地市国资控股	民营控股	其他	合计
天津市	10	18（市属）	1（区属）	14	2	45

资料来源：天津证监局。

（四）市值规模

截至2016年12月31日，天津45家上市公司境内总市值5285.11亿元，占全国上市公司境内总市值的1.04%；其中上交所上市公司23家，总股本338.92亿股，境内总市值3608.78亿元，占上交所上市公司境内总市值的1.26%；深交所上市公司22家，总股本175.02亿股，境内总市值1676.33亿元，占深交所上市公司境内总市值的0.75%。

（五）资产规模

截至2016年12月31日，天津45家上市公司合计总资产6716.73亿元，归属于母公司股东权益2131.22亿元，与2015年相比，分别增长17.88%、-0.76%；平均每股净资产3.78元，与2015年相比下降9.13%。

三、天津上市公司经营情况及变动分析

（一）总体经营情况

表6　　2016年天津上市公司经营情况

指标	2016年	2015年	变动率（%）
家数	45	42	7.14
亏损家数	7	6	16.67
亏损家数比例（%）	15.56	14.29	1.27
平均每股收益（元）	0.21	0.22	-195.45
平均每股净资产（元）	3.78	4.16	-9.13
平均净资产收益率（%）	-5.49	5.38	-10.87
总资产（亿元）	6716.73	5698.16	17.88
归属于母公司股东权益（亿元）	2131.22	2147.44	-0.76
营业收入（亿元）	3057.58	2689.94	13.67
利润总额（亿元）	-66.48	169.91	-139.19
归属于母公司所有者的净利润（亿元）	-117.06	115.62	-201.25

资料来源：沪深交易所，同花顺。

（二）分行业经营情况

表7　　2016年天津上市公司分行业经营情况

所属行类	营业收入（亿元）	可比样本变动率（%）	归属于母公司所有者的净利润（亿元）	可比样本变动率（%）
农、林、牧、渔业	0.00	—	0.00	—
采矿业	298.28	-29.23	-99.08	-310.67
制造业	535.95	5.91	45.24	14.29

续表

所属行类	营业收入（亿元）	可比样本变动率（%）	归属于母公司所有者的净利润（亿元）	可比样本变动率（%）
电力、热力、燃气及水生产和供应业	25.63	0.85	4.47	33.86
建筑业	0.00	—	0.00	—
批发和零售业	664.89	-10.60	7.86	6.14
交通运输、仓储和邮政业	1370.61	38.52	-75.53	-389.60
住宿和餐饮业	0.00	—	0.00	—
信息传输、软件和信息技术服务业	0.00	—	0.00	—
金融业	0.00	—	0.00	—
房地产业	131.86	50.23	-0.88	80.72
租赁和商务服务业	0.00	—	0.00	—
科学研究和技术服务业	23.35	12.13	1.68	-46.70
水利、环境和公共设施管理业	0.00	—	0.00	—
教育	0.00	—	0.00	—
卫生和社会工作	0.00	—	0.00	—
文化、体育和娱乐业	0.00	—	0.00	—
综合	7.01	2.48	-0.82	-890.48
合计	3057.58	9.14	-117.06	-195.84

资料来源：沪深交易所，同花顺。

（三）业绩变动情况分析

1. 营业收入、毛利率等变动原因分析

2016年，天津辖区上市公司共实现营业收入3057.58亿元，较2015年（可比）增加367.45亿元，增长13.67%，主要原因是天海投资完成对美国英迈公司的收购，纳入合并范围使营业收入增长368亿元。2016年，辖区公司总体销售毛利率、销售净利率、净资产收益率分别为10.69%、-3.19%、-5.49%。与2015年（可比）相比，销售毛利率下降4.24个百分点，销售净利率及净资产收益率由正转负，主要原因是中海油服、中远海控2家央企2016年归属母公司股东的净利润分别为-114.56亿元、-99.06亿元，两家公司巨额亏损导致辖区上市公司整体净利润为负。

2. 盈利构成分析

2016年，天津辖区共7家上市公司亏损（比2015年减少1家），7家亏损公司合计归属于母公司股东的净利润-224.74亿元。其他38家盈利公司合计归属于母公司股东的净利润107.68亿元，从盈利构成看，38家公司利润的主要来源是营业利润，为109.29亿元，占利润总额的73.61%。

3. 经营性现金流量分析

2016年，天津辖区上市公司经营活动现金流量净额为122.50亿元，较2015年（可比）减少130.25亿元，下降51.53%。大幅下降的主要原因是中远海控、中海油服、广宇发展、中储股份4家央企减少金额均在30亿元以上，整体影响较大。45家公司中，有16家公司经营活动净现金流量为负，较2015年增加2家。

4. 业绩特点分析

一是整体业绩下滑，亏损面继续扩大。2016年天津辖区上市公司整体营业收入较2015年有所增长，但归属于母公司股东的净利润为-117.06亿元，较2015年下降201.25%。45家公司中，除7家公司亏损外，另有5家公司虽然盈利但扣除非经常性损益后的净利润为负值，亏损面继续扩大，与全国非金融上市公司净利润明显上涨的情况形成较大反差。

二是国有公司体量大但整体业绩不佳，民营公司占比小但均保持盈利。2016年7家亏损公司均为国有，其中中央国有2家，地方国有5家。辖区共10家中央国有公司，数量占比不多但资产规模、经营业绩均占主导地位，2016年年末总资产、净资产分别占总体的45.87%、48.35%，全年营业收入占总体的57.95%，中海油服、中远海控两家央企的巨亏对辖区整体业绩产生较大影响。辖区共14家民营公司，体量相对较小，2016年年末总资产、净资产仅占总体的8.04%、15.52%，全年营业收入仅占总体的10.49%，但14家公司2016年均实现了盈利。

5. 利润分配情况

表8　　2016年天津上市公司现金分红情况

2016年分红公司家数			2016年分红金额		
家数	变动率（%）	分红公司家数占地区公司总数比重	金额（亿元）	变动率（%）	分红金额占归属于母公司所有者的净利润比重
29	11.54	64.44	31.13	-2.23	—

资料来源：天津证监局。

四、天津上市公司并购重组情况

（一）并购重组基本情况

2016年，天津辖区上市公司中有天海投资、中国远洋、九安医疗、百利电气、凯发电气5家公司完成并购重组，涉及金额651.98亿元。

（二）并购重组特点

2016年，天津辖区上市公司并购重组以现金支付方式的重大资产购买或出售为主，其中天海投资、中国远洋并购重组金额较大，天海投资以现金支付方式收购美国英迈公司，交易金额达412.70亿元，中国远洋的并购重组分别涉及144.54亿元的重大资产出售和83.19亿元的重大资产购买。九安医疗、百利电气、凯发电气的并购重组均为以现金支付方式的股权收购，合计金额11.55亿元。

五、天津上市公司募集资金情况、使用情况

（一）募集资金总体情况

表 9　　2016 年天津上市公司募集资金情况

发行类型	代码	简称	募集资金（亿元）
首发	002821	凯莱英	6.98
	002820	桂发祥	5.31
	603727	博迈科	12.22
	小计		24.51
再融资（增发、配股）	600468	百利电气	11.00
	002432	九安医疗	9.24
	603019	中科曙光	14.00
	300119	瑞普生物	2.29
	600335	国机汽车	10.70
	小计		47.23
其他融资（公司债券、短期融资券、中期票据、次级债、金融债、境外发行债券）	600335	国机汽车	20.00
	600821	津劝业	3.00
	601808	中海油服	100.00
	600751	天海投资	10.00
	600322	天房发展	12.00
	600874	创业环保	7.00
	000965	天保基建	8.00
	小计		160.00
总计			231.74

资料来源：天津证监局。

（二）募集资金使用情况及特点

2016 年，天津辖区上市公司通过首发、非公开发行、公司债券融资等形式，共募集资金 231.74 亿元，多元化特点：一是新增上市公司 3 家，首发融资达 24.51 亿元。二是再融资均为非公开发行，主要用于项目建设，少部分用于补充流动资金、偿还银行借款；其中百利电气、九安医疗、中科曙光、国机汽车非公开发行主要用于实体项目投资建设，瑞普生物非公开发行主要用于购买股权。三是公司债券融资金额较大，成为上市公司利用资本市场融资的重要方式。

（三）募集资金变更情况

表 10　　2016 年天津上市公司募集资金使用项目变更情况

变更募集资金使用项目的公司家数	涉及金额（亿元）	募集资金总额（亿元）	占公司募集资金总额的比例（%）
2	4.41	15.83	27.86

资料来源：天津证监局。

其中，鑫茂科技2015年完成非公开发行募集资金总额8.94亿元，计划分别投资PSOD光纤预制棒套管扩产建设项目2亿元和光纤预制棒制造项目6.75亿元。2016年，公司决定终止PSOD光纤预制棒套管扩产建设项目，增加对光纤预制棒制造项目的投资。银龙股份2015年完成非公开发行募集资金总额6.89亿元，2016年将其中原计划投资的部分项目做变更，变更投向的募集资金金额为2.41亿元。

六、天津上市公司规范运作情况

（一）上市公司治理专项情况

2016年度，天津辖区上市公司总体治理结构完善，运作规范。各公司积极开展投资者关系管理工作，完善投资者保护机制，47家公司（2017年初新增2家）参与了“年报业绩网上集体说明会”，有效拉近了与投资者之间的距离；31家公司（含2017年初新增的2家）在年报中披露了现金分红方案，分红公司家数占辖区上市公司总数的65.96%。另外，辖区有41家公司在披露2016年年报的同时，披露了内部控制自我评价报告，仅有天津磁卡1家公司因存在内控重大缺陷导致未能发现多家账外子公司而被出具否定意见的内部控制审计报告。此外，辖区共有18家上市公司披露了社会责任报告。

（二）审计情况及监管情况

在天津辖区上市公司2016年年报审计中，43家公司被出具标准无保留意见的审计报告，2家公司被出具带强调事项段的无保留意见的审计报告。2016年，天津证监局通过强化和完善事前督导、事中跟踪和事后检查的全过程监管，加大了审计监管力度。对上市公司年审机构首次开展“双随机”抽查，并在对上市公司的现场检查中，对年审机构进行延伸检查，针对检查发现的问题，对部分会计师事务所采取了印发监管关注函等措施，督促其进一步提高执业质量。

（三）信息披露情况

2016年，天津辖区上市公司合规意识不断增强，信息披露质量不断提高。45家公司均在规定时间内披露了2016年年报。但也有个别公司还存在信息披露违规情况，有的公司关联交易未按规定披露，有的公司重大事项未予以及时披露，公司及有关责任人员分别被采取行政监管措施；有的公司年报存在信息披露瑕疵，被出具监管关注函。

（四）证券市场服务情况

一是开展调研服务。2016年，天津证监局深入3家上市公司、5家挂牌公司进行走访调研，聚焦具体问题，对症分析现状，提出工作建议。编发《天津上市、挂牌、融资情况周报》，动态汇总辖区直接融资情况，定期报送市领导及市有关部门。

二是加大宣传培训。2016年，天津证监局参加天津市企业股改上市挂牌政策宣讲团，并作为宣讲二团带团单位，赴天津市16个区县，就上市挂牌融资工具向有关企业进行培训讲解。天津证监局联合天津市金融局、国资委举办了“2016年天津辖区利用资本市场融资培训班”，指导天津上市公司协会举办了宏观经济形势报告会、经济形势及资本市场研讨会等各类培训，引导辖区企业不断提升利用资本市场融资的能力和水平。

三是积极建言献策。完成《天津辖区上市公司并购重组调研报告》《关于提高辖区上市公司质量的调研报告》《关于进一步提升我市新三板挂牌公司做市率有关情况的报告》《关于我市资本市场发展情况的报告》等多篇调研报告，积极向市政府及有关部门建言献策，供决策参考。

审稿人：安青松、王修祥、李　艳

撰稿人：田德水

河北地区

一、河北国民经济发展概况

表 1　　2016 年河北国民经济发展概况　　单位：亿元

指标	1～3 月		1～6 月		1～9 月		1～12 月	
	绝对量	同比增长（%）	绝对量	同比增长（%）	绝对量	同比增长（%）	绝对量	同比增长（%）
地区生产总值（GDP）	6487.44	6.50	14467.69	6.60	22496.12	6.80	31827.86	6.80
全社会固定资产投资	3864.2	10.90	13784.50	11.10	23593.10	9.70	31340.1	8.40
社会消费品零售总额	3196.70	9.50	6388.00	9.80	9869.20	10.10	14364.70	10.60
规模以上工业增加值	—	4.90	—	5.10	—	5.60	-	4.80
规模以上工业企业实现利润	459.60	18.00	1153.80	20.00	1833.10	23.10	2610.00	18.90
居民消费价格指数（CPI）	1～3 月		1～6 月		1～9 月		1～12 月	
	1.80		1.0		1.7		1.9	

资料来源：国家统计局，河北统计局。

二、河北上市公司总体情况

（一）公司数量

表 2　　2016 年河北上市公司数量　　单位：家

公司总数	2016 年新增	股票类别			板块分布			
		仅 A 股	仅 B 股	（A+B）股	沪市主板	深市主板	中小板	创业板
52	-1	50	1	1	18	14	10	10

资料来源：沪深交易所，同花顺。

（二）行业分布

表 3　　2016 年河北上市公司行业分布情况

所属证监会行业类别	家数	占比（%）	所属证监会行业类别	家数	占比（%）
农、林、牧、渔业	1	1.92	金融业	1	1.92
采矿业	1	1.92	房地产业	3	5.77
制造业	39	75.00	租赁和商务服务业	0	0.00
电力、热力、燃气及水生产和供应业	2	3.85	科学研究和技术服务业	0	0.00
建筑业	0	0.00	水利、环境和公共设施管理业	0	0.00
批发和零售业	2	3.85	教育	0	0.00
交通运输、仓储和邮政业	1	1.92	卫生和社会工作	0	0.00
住宿和餐饮业	0	0.00	文化、体育和娱乐业	0	0.00
信息传输、软件和信息技术服务业	1	1.92	综合	1	1.92
合计	52	100.00			

资料来源：沪深交易所，同花顺。

（三）股本结构及规模

表 4　　2016 年河北上市公司股本规模在 10 亿股以上公司分布情况

股本规模（亿股）	公司家数	具体公司
股本规模（亿股）	公司家数	具体公司
100≤～<200	1	河钢股份
50≤～<100	2	庞大集团，长城汽车
20≤～<50	6	东旭光电，新兴铸管，冀中能源，荣盛发展，华夏幸福，唐山港
10≤～<20	10	常山股份，冀东水泥，建投能源，以岭药业，宝硕股份，三友化工，中国动力，保变电气，华北制药，开滦股份

资料来源：沪深交易所，同花顺。

表 5　　2016 年河北上市公司分地区股权构成情况　　单位：家

股权性质 / 地域分布	央企国资控股	省属国资控股	地市国资控股	民营控股	其他	合计
石家庄市	1	3	1	10	0	15
唐山市	2	3	1	2	0	8

续表

股权性质 / 地域分布	央企国资控股	省属国资控股	地市国资控股	民营控股	其他	合计
秦皇岛市	0	0	0	1	1	2
邯郸市	1	0	0	0	1	2
邢台市	0	1	0	1	0	2
保定市	5	0	0	5	0	10
张家口市	0	1	0	0	0	1
承德市	0	0	0	2	0	2
沧州市	1	1	0	3	0	5
廊坊市	0	0	1	3	0	4
衡水市	0	0	1	0	0	1
合计	10	9	4	27	2	52

资料来源：河北证监局。

（四）市值规模

截至2016年12月31日，河北52家上市公司境内总市值7840.40亿元，占全国上市公司境内总市值的1.54%；其中上交所上市公司18家，总股本343.66亿股，境内总市值3697.77亿元，占上交所上市公司境内总市值的1.30%；深交所上市公司34家，总股本440.59亿股，境内总市值4142.63亿元，占深交所上市公司境内总市值的1.86%。

（五）资产规模

截至2016年12月31日，河北52家上市公司合计总资产12262.75亿元，归属于母公司股东权益3678.98亿元，与2015年相比，分别增长27.98%、29.14%；平均每股净资产4.68元。

三、河北上市公司经营情况及变动分析

（一）总体经营情况

表6　　2016年河北上市公司经营情况

指标	2016年	2015年	变动率（%）
家数	52	53	-1.89%
亏损家数	4	9	-55.56%
亏损家数比例（%）	7.69	16.98	-54.71%
平均每股收益（元）	0.45	0.32	36.36%
平均每股净资产（元）	4.68	3.87	15.84%

续表

指标	2016 年	2015 年	变动率（%）
平均净资产收益率（%）	9.60	8.22	16.79%
总资产（亿元）	12262.75	9581.95	27.98%
归属于母公司股东权益（亿元）	3678.98	2848.75	29.14%
营业收入（亿元）	5500.64	4587.79	19.90%
利润总额（亿元）	462.92	316.92	46.07%
归属于母公司所有者的净利润（亿元）	353.04	234.03	50.85%

资料来源：沪深交易所，同花顺。

（二）分行业经营情况

表 7　　2016 年河北上市公司分行业经营情况

所属行类	营业收入（亿元）	可比样本变动率（%）	归属于母公司所有者的净利润（亿元）	可比样本变动率（%）
农、林、牧、渔业	13.71	2.02	1.85	11.04
采矿业	136.36	8.76	2.44	-30.65
制造业	3634.87	14.19	207.25	70.59
电力、热力、燃气及水生产和供应业	117.68	-3.43	17.36	-30.28
建筑业	0.00	—	0.00	—
批发和零售业	664.20	16.83	3.98	68.53
交通运输、仓储和邮政业	56.26	9.10	13.20	10.04
住宿和餐饮业	0.00	—	0.00	—
信息传输、软件和信息技术服务业	18.15	-18.11	2.20	43.20
金融业	11.15	219.98	-1.42	-162.96
房地产业	848.11	36.96	106.43	46.39
租赁和商务服务业	0.00	—	0.00	—
科学研究和技术服务业	0.00	—	0.00	—
水利、环境和公共设施管理业	0.00	—	0.00	—
教育	0.00	—	0.00	—
卫生和社会工作	0.00	—	0.00	—
文化、体育和娱乐业	0.00	—	0.00	—
综合	0.17	40.67	-0.25	61.35
合计	5500.64	16.82	353.04	46.02

资料来源：沪深交易所，同花顺。

（三）业绩变动情况分析

1. 营业收入、毛利率等变动原因分析

2016年，河北省52家上市公司整体收入较2015年增长19.90%，归属于母公司股东净利润较2015年增长50.85%，扣除非经常性损益的净利润较2015年增长100.86%。毛利率方面，有29家公司毛利率较2015年增长。主要原因是2016年房地产市场突飞猛进、量价齐升，传统制造业钢铁、水泥和煤炭等行业回暖。

2. 盈利构成分析

2016年，河北省上市公司盈利主要来源于汽车制造、房地产及电力、交通运输、设备制造、钢铁等行业，其中长城汽车、华夏幸福、荣盛发展2016年归属于母公司股东净利润分别为105.51亿元、64.92亿元、41.48亿元，占河北省所有上市公司总利润的60.03%；东旭光电、建投能源、河钢股份、中国动力、唐山港5家公司2016年归属于母公司股东净利润均超过10亿元，合计66.42亿元，占河北省所有上市公司总利润的18.81%。

3. 经营性现金流量分析

2016年，河北省上市公司经营活动产生的现金流量净额为277.12亿元，净减少177.12亿元，同比下降38.99%。投资活动现金流入与支出基本保持同比例增加，但投资支出增加额较多，达到319.80亿元，同比增长33.91%。筹资活动持续活跃，筹资活动产生的现金流净额较2015年增加488.76亿元，同比增长144.63%；其中，筹资活动现金流入较2015年增加1374.16亿元，同比增长48.54%。2016年期末现金及现金等价物余额为1822亿元，较2015年期末增加559.83亿元，同比增加44.35%。

4. 业绩特点分析

2016年，河北省上市公司业绩与国家宏观经济状况高度相关，上市公司利润主要来自汽车制造、房地产及电力、交通运输、设备制造、钢铁等行业，上市公司利润较2015年有较大提升，主营业务发展势头良好。荣盛发展、华夏幸福归属于母公司股东净利润比2015年分别增长17.2亿元、16.91亿元，冀东水泥、河钢股份、沧州大化、开滦股份归属于母公司股东净利润比2015年分别增长17.68亿元、9.82亿元、9.81亿元、8.49亿元。

5. 利润分配情况

表8　　2016年河北上市公司现金分红情况

2016年分红公司家数			2016年分红金额		
家数	变动率（%）	分红公司家数占地区公司总数比重	金额（亿元）	变动率（%）	分红金额占归属于母公司所有者的净利润比重
40	42.86	76.92%	118.78	52.50	33.64%

资料来源：河北证监局，Wind资讯。

四、河北上市公司并购重组情况

（一）并购重组基本情况

2016年，河北省上市公司积极实施并购重组，借助资本市场促进转型升级和结构调整。2016年，河北省上市公司实施并购重组7家，较2015年减少3家，并购重组涉及标的资产金额共398.5亿元，较2015年增长187.21%。

（二）并购重组特点

2016年，河北省上市公司并购重组的实施，主要围绕结构调整、转型升级进行。一是围绕主业发展，提高产业集中度，如中国动力收购控股股东等相关资产、唐山港收购控股股东等相关资产、新奥股份收购联信创投股权等；二是通过并购重组实现业务转型，解决单一主业发展受限问题，如宝硕股份购买华创证券股权、茂业通信收购长实通信股权、恒信移动收购东方梦幻股权。

五、河北上市公司募集资金情况、使用情况

（一）募集资金总体情况

表9　　2016年河北上市公司募集资金情况

发行类型	代码	简称	募集资金（亿元）
再融资（增发、配股）	000413	东旭光电	69.50
	000958	东方能源	13.00
	002108	沧州明珠	5.49
	002494	华斯股份	6.00
	300081	恒信移动	12.90
	300138	晨光生物	3.69
	300255	常山药业	6.00
	300491	通合科技	0.44
	600155	宝硕股份	147.25
	600340	华夏幸福	70.00
	600482	中国动力	269.65
	601000	唐山港	21.97
	601258	庞大集团	2.98
	小计		628.87

续表

发行类型	代码	简称	募集资金（亿元）
其他融资（公司债券、资产证券化、短期融资券、中期票据、次级债、金融债、境外发行债券）	000401	冀东水泥	5
	000413	东旭光电	47
	000687	华讯方舟	10
	000709	河钢股份	50
	000778	新兴铸管	55
	000937	冀中能源	30
	002146	荣盛发展	60.5
	600340	华夏幸福	225
	600803	新奥股份	17
	600812	华北制药	20
	601000	唐山港	20
	601258	庞大集团	39
	小计		578.5
总计			1207.37

资料来源：河北证监局，Wind 资讯。

（二）募集资金使用情况及特点

2016 年，河北省上市公司首发和增发募集资金使用方面基本能够按照《募集资金管理办法》的规定使用；公司债募集资金方面，河北省部分公司债券发行人存在资金使用不规范或者信息披露不及时的状况，但整体上不存在违规变更募集资金或者重大违规情况。

（三）募集资金变更情况

2016 年，河北省上市公司中有 2 家（庞大集团、先河环保）变更募集资金使用项目，庞大集团变更的募集资金为 2014 年非公开发行股票所募，涉及金额为 2.6 亿元；先河环保变更的募集资金为 2010 年首次公开发行股票超募资金，涉及金额为 0.17 亿元。

表 10　　2016 年河北上市公司募集资金使用项目变更情况

变更募集资金使用项目的公司家数	涉及金额（亿元）	募集资金总额（亿元）	占公司募集资金总额的比例（%）
2	2.77	36.6	7.57

资料来源：河北证监局，Wind 资讯。

六、河北上市公司规范运作情况

（一）上市公司治理专项情况

按照财政部和证监会部署，河北省上市公司公司治理水平稳步提升，但部分上市公司在内部控制制度实施方面存在一定问题，如天业通联委托贷款逾期、恒信移动随意变更行业分类等，河北证监局通过采取公司或中介机构全面自查、出具专项说明等措施要求公司规范上市公司治理。

（二）审计情况及监管情况

河北省 52 家上市公司均按时披露了 2016 年年报和年报审计报告，除*ST 坊展被出具带强调事项段的无保留意见外，其余 51 家公司的年度审计报告均为标准无保留意见类型，年报审计工作整体推进有序，未出现年报审计风险。在 2016 年年报审计监管工作中，河北证监局事前调阅审计计划，约谈多家重点监管上市公司的会计师，提示风险，督促严格审计程序。年报披露后，河北证监局对 52 家上市公司的年报进行了审阅，就发现的问题通过监管谈话或下发年报问询函的形式进行深入了解，对部分公司采取了现场检查。针对河北省上市公司 2016 年年报，河北证监局共约谈 4 家公司高管、向 3 家公司下发年报问询函、对 2 家公司进行现场检查。

（三）信息披露情况

2016 年，河北省上市公司信息披露整体良好，存在部分上市公司信息披露延时或未披露现象，河北证监局已对其采取行政监管措施。如河北宣工 2015 年报中未明确披露河钢集团免息情况，河北证监局对河北宣工采取出具警示函的行政监管措施，对河北宣工董事长、董事会秘书采取监管谈话的行政监管措施。

（四）证券市场服务情况

2016 年，河北证监局在依法全面从严监管的基础上，结合河北省资本市场发展实际，积极向省政府建言献策，深化与地方政府及相关部门的合作，协调沪深证券交易所及全国股转公司力量，推进辖区多层次资本市场稳步发展。一是助推公司债券市场发展。推动河北省金融办与沪深交易所、河北证监局共同签署《公司债券业务合作备忘录》，配合省财政厅出台《河北省资产证券化奖励资金管理办法》，引导重点行业公司运用公司债券融资工具，推进河北省企业资产证券化发展。二是广泛组织政企对接活动。联合河北省金融办、财政厅等部门组织系列金融支持供给侧结构性改革和实体经济融资对接活动，不断促进资本与实体经济的对接融合。三是扎实开展扶贫攻坚工作。制定实施《河北证监局发挥资本市场作用服务国家脱贫攻坚战略实施方案》，局领导深入贫困村调研，全面摸底调查，及时向地方政府通报证监会扶贫政策意见，积极推动华福证券有限责任公司与阳原县结对帮扶。

审稿人：王　亮

撰稿人：孙晓雯

山西地区

一、山西国民经济发展概况

表 1　　2016 年山西国民经济发展概况　　单位：亿元

指标	1~3月		1~6月		1~9月		1~12月	
	绝对量	同比增长（%）	绝对量	同比增长（%）	绝对量	同比增长（%）	绝对量	同比增长（%）
地区生产总值（GDP）	2465.99	3.00	5714.00	3.40	8945.55	4.00	12928.34	4.50
全社会固定资产投资	972.66	13.00	4658.10	10.60	9799.99	9.10	13859.35	0.80
社会消费品零售总额	1485.90	5.30	3026.60	6.40	4661.10	6.90	6480.50	7.40
规模以上工业增加值	—	-2.50	—	-2.00	—	-0.10	—	1.10
规模以上工业企业实现利润	-57.00	-2292.30	-51.60	1046.70	-4.20	-88.70	208.70	—
居民消费价格指数（CPI）	1~3月		1~6月		1~9月		1~12月	
	1.20		1.10		1.00		1.10	

资料来源：国家统计局。

二、山西上市公司总体情况

（一）公司数量

表 2　　2016 年山西上市公司数量　　单位：家

公司总数	2016年新增	股票类别			板块分布			
		仅A股	仅B股	（A+B）股	沪市主板	深市主板	中小板	创业板
38	1	37	0	1	20	11	4	3

资料来源：沪深交易所，同花顺。

（二）行业分布

表 3　　**2016 年山西上市公司行业分布情况**

所属证监会行业类别	家数	占比（%）	所属证监会行业类别	家数	占比（%）
农、林、牧、渔业	0	0.00	金融业	1	2.63
采矿业	7	18.42	房地产业	0	0.00
制造业	23	60.53	租赁和商务服务业	0	0.00
电力、热力、燃气及水生产和供应业	3	7.89	科学研究和技术服务业	0	0.00
建筑业	0	0.00	水利、环境和公共设施管理业	0	0.00
批发和零售业	2	5.26	教育	0	0.00
交通运输、仓储和邮政业	1	2.63	卫生和社会工作	0	0.00
住宿和餐饮业	0	0.00	文化、体育和娱乐业	1	2.63
信息传输、软件和信息技术服务业	0	0.00	综合	0	0.00
合计	38	100.00			

资料来源：沪深交易所，同花顺。

（三）股本结构及规模

表 4　　**2016 年山西上市公司股本规模在 10 亿股以上公司分布情况**

股本规模（亿股）	公司家数	具体公司
100≤～<200	2	永泰能源，大秦铁路
50≤～<100	1	太钢不锈
20≤～<50	7	美锦能源，漳泽电力，西山煤电，山西证券，太原重工，阳泉煤业，潞安环能
10≤～<20	10	英洛华，跨境通，兰花科创，安泰集团，晋西车轴，*ST 山煤，国新能源，阳煤化工，通宝能源，大同煤业

资料来源：沪深交易所，同花顺。

表 5　　**2016 年山西上市公司分地区股权构成情况**　　单位：家

地域分布＼股权性质	央企国资控股	省属国资控股	地市国资控股	民营控股	其他	合计
太原市	2	10	0	7	0	19
大同市	1	1	0	2	0	4

续表

地域分布＼股权性质	央企国资控股	省属国资控股	地市国资控股	民营控股	其他	合计
阳泉市	0	2	0	0	0	2
长治市	0	1	0	1	0	2
朔州市	0	0	0	0	0	0
晋城市	0	0	1	0	0	1
晋中市	0	0	0	2	0	2
运城市	1	1	0	2	0	4
忻州市	0	0	0	1	0	1
临汾市	0	2	0	0	0	2
吕梁市	0	1	0	0	0	1
合计	4	18	1	15	0	38

资料来源：山西证监局。

（四）市值规模

截至2016年12月31日，山西38家上市公司境内总市值5629.67亿元，占全国上市公司境内总市值的1.11%；其中上交所上市公司20家，总股本505.61亿股，境内总市值3309.64亿元，占上交所上市公司境内总市值的1.16%；深交所上市公司18家，总股本237.61亿股，境内总市值2320.03亿元，占深交所上市公司境内总市值的1.04%。

（五）资产规模

截至2016年12月31日，山西38家上市公司合计总资产8330.38亿元，归属于母公司股东权益2835.37亿元，与2015年相比，分别增长12.57%、7.11%；平均每股净资产3.81元。

三、山西上市公司经营情况及变动分析

（一）总体经营情况

表6　　2016年山西上市公司经营情况

指标	2016年	2015年	变动率（%）
家数	38	37	2.70
亏损家数	8	12	-33.33
亏损家数比例（%）	21.05	32.43	-11.38
平均每股收益（元）	0.14	0.09	55.56
平均每股净资产（元）	3.81	3.87	-1.55
平均净资产收益率（%）	3.63	2.22	1.41

续表

指标	2016 年	2015 年	变动率（%）
总资产（亿元）	8330.38	7400.43	12.57
归属于母公司股东权益（亿元）	2835.37	2647.18	7.11
营业收入（亿元）	3221.6	3073.45	4.82
利润总额（亿元）	161.22	120.69	33.58
归属于母公司所有者的净利润（亿元）	102.9	58.87	74.79

资料来源：沪深交易所，同花顺。

（二）分行业经营情况

表 7　　2016 年山西上市公司分行业经营情况

所属行类	营业收入（亿元）	可比样本变动率（%）	归属于母公司所有者的净利润（亿元）	可比样本变动率（%）
农、林、牧、渔业	0.00	-	0.00	-
采矿业	792.41	12.10	22.99	483.73
制造业	1171.44	-11.79	-10.84	77.95
电力、热力、燃气及水生产和供应业	201.23	-6.74	5.59	-57.81
建筑业	0.00	—	0.00	—
批发和零售业	576.97	32.47	7.01	131.71
交通运输、仓储和邮政业	446.25	-15.05	71.68	-43.32
住宿和餐饮业	0.00	—	0.00	—
信息传输、软件和信息技术服务业	0.00	—	0.00	—
金融业	23.46	-38.89	4.68	-67.50
房地产业	0.00	—	0.00	—
租赁和商务服务业	0.00	—	0.00	—
科学研究和技术服务业	0.00	—	0.00	—
水利、环境和公共设施管理业	0.00	—	0.00	—
教育	0.00	—	0.00	—
卫生和社会工作	0.00	—	0.00	—
文化、体育和娱乐业	9.86	99.91	1.77	60.25
综合	0.00	—	0.00	—
合计	3221.60	-1.02	102.90	31.96

资料来源：沪深交易所，同花顺。

（三）业绩变动情况分析

1. 营业收入、毛利率等变动原因分析

2016 年，山西地区上市公司实现营业收入 3221.60 亿元，较 2015 年上升 4.82%；归属于母公司所有者的净利润 102.90 亿元，较 2015 年上升 74.79%；利润总额 161.22 亿元，较 2015 年上升 33.58%；营业成本 2549.91 亿元，较 2015 年上升 4.09%；毛利率 26.32%，较

2015 年增长 0.86 个百分点（较 2015 年可比样本增长 1.58 个百分点）。总体来看，受行业周期以及去产能等因素影响，煤炭行业业绩回暖，传统行业上市公司经营情况有所改善，辖区公司整体利润增幅较大，且营业收入增幅略大于营业成本增幅，导致整体毛利率上升。

2. 盈利构成分析

从盈利构成看，2016 年山西地区上市公司利润来源主要是当年营业利润 141.45 亿元，较 2015 年上升 26.98%，占利润总额比重为 87.74%。其中，山西辖区上市公司投资净收益 72.83 亿元，较 2015 年上升 116.76%，占利润总额比重为 45.18%；资产减值损失 60.94 亿元，较 2015 年增长 17.53%，占利润总额比重为 37.80%；营业外净收益 19.77 亿元，较 2015 年增长 90.36%，占利润总额比重为 12.26%；公允价值变动净收益对利润影响较少，占利润总额比重为 -0.41%。

3. 经营性现金流量分析

2016 年，山西地区上市公司经营现金流量净额为 335.46 亿元，较 2015 年的 289.91 亿元上升了 15.71%，其中太钢不锈经营现金流量净额为 76.54 亿元，占所有公司的 22.82%。38 家上市公司中，28 家经营现金流量净额为正，占比 73.68%，高于 2015 年 64.86% 的水平。

4. 业绩特点分析

（1）整体业绩水平。2016 年，山西地区 38 家上市公司实现归属于母公司所有者的净利润 102.9 亿元，较 2015 年上升 74.79%；每股收益 0.14 元，较 2015 年上升 55.56%；净资产收益率 3.63%，较 2015 年上升 1.41 个百分点；每股净资产 3.81 元，较 2015 年下降 1.55%。

（2）板块情况。2016 年，山西主板上市公司（剔除中小企业板）平均每股收益 0.13 元，远低于 0.51 元的全国平均水平；净资产收益率 3.51%，低于 9.77% 的全国平均水平。山西作为中西部地区，中小板、创业板上市公司还不多（中小板 4 家，创业板 3 家），仅占山西上市公司家数的 18.42%。中小板上市公司平均每股收益 0.21 元，低于深交所中小板 0.34 元的平均每股收益水平；净资产收益率 5.56%，低于深交所中小板 8.97% 的平均净资产收益率。创业板上市公司每股收益 0.21 元，低于深交所创业板 0.34 元的平均每股收益水平；净资产收益率 2.76%，低于深交所创业板 9.41% 的平均净资产收益率。

5. 利润分配情况

2016 年，山西共有 15 家公司发放现金股利，家数与 2015 年持平，占山西上市公司总数的 39.47%；派现总额 59.38 亿元，较 2015 年下降 29.23%，分红金额占 38 家上市公司归属于母公司所有者的净利润的 57.71%。

表 8　　2016 年山西上市公司现金分红情况

2016 年分红公司家数			2016 年分红金额		
家数	变动率（%）	分红公司家数占地区公司总数比重	金额（亿元）	变动率（%）	分红金额占归属于母公司所有者的净利润比重
15	0	39.47%	59.38	-29.23	57.71%

资料来源：山西证监局。

四、山西上市公司并购重组情况

（一）并购重组基本情况

2016 年，山西共有 5 家公司实施并购重组，涉及金额合计约 103.39 亿元。从并购重组情况看，2 家公司为现金收购，2 家为发行股份（及支付现金）购买资产，1 家为重大资产置换并发行股份及支付现金购买资产。

1. 永泰能源（600157）

永泰能源全资子公司华兴电力以现金方式收购中誉国信持有的南阳电厂 51% 股权。标的资产的交易价格为 1.04 亿元。2016 年 9 月完成工商登记变更。

2. 大秦铁路（601006）

大秦铁路以现金方式收购太原铁路局持有的太兴公司 70% 股权，并以太古岚铁路既有线资产向太兴公司增资。交易价格合计人民币 39.03 亿元，其中股权收购价格 31.58 亿元，太古岚铁路既有线实物资产增资 7.45 亿元。2016 年 1 月完成工商登记变更。

3. 英洛华（000795）

英洛华通过发行股份的方式向东磁有限、恒益投资购买其合计持有的赣州东磁 100% 股权；向横店进出口购买其拥有的钕铁硼业务相关资产（包括英洛华进出口 100% 股权）。标的资产的交易价格 6.13 亿元。2016 年 5 月完成工商登记变更。

4. 振东制药（300158）

振东制药通过发行股份及支付现金的方式购买李勋等 9 名股东持有的北京康远制药有限公司 100% 股权。标的资产的交易价格为 26.46 亿元，其中以现金支付 6.29 亿元，以发行股份方式支付 20.17 亿元。2016 年 5 月完成工商登记变更。

5. *ST 煤气（000968）

*ST 煤气以截至 2016 年 1 月 31 日除全部应付债券及部分其他流动资产、应交税费、应付利息外的全部资产和负债（置出资产），与晋煤集团所持有的蓝焰煤层气 100% 股权（置入资产）中的等值部分进行置换，置出资产由公司原控股股东太原煤气化承接。置入资产评估值 30.73 亿元。置入资产超过置出资产的差额部分为 22.17 亿元，其中以现金支付 5 亿元，以发行股份的方式支付 17.17 亿元。置入资产 2016 年 12 月 23 日完成工商登记变更。

（二）并购重组特点

2016 年，山西地区并购重组呈现较

活跃的态势，呈现出以下几个特点：一是通过并购重组进行资产置换和行业转型，有效改善绩差公司持续经营能力，助力地方经济转型升级。二是以业务或行业整合为目标，实施横向收购和多元化战略，充分发挥资本市场并购重组功能，优化产业布局，延伸产业链条，增强竞争力，稳步推进公司战略目标的实现。

五、山西上市公司募集资金情况、使用情况

（一）募集资金总体情况

表 9　　2016 年山西上市公司募集资金情况

发行类型	代码	简称	募集资金（亿元）
再融资（增发、配股）	000723	美锦能源	24.72
	002500	山西证券	38.78
	600157	永泰能源	49.00
	002640	跨境通	20.78
	600169	太原重工	5.71
	000795	英洛华	6.13
	300158	振东制药	11.98
	002640	跨境通	2.04（股权激励）
	300486	东杰智能	0.43（股权激励）
	300158	振东制药	0.66（股权激励）
	000673	当代东方	0.46（股权激励）
	小计		160.69
其他融资（公司债券、短期融资券、中期票据、次级债、金融债、境外发行债券）	600617	国新能源	10（公司债）
	600157	永泰能源	60（公司债）
	000825	太钢不锈	15（中期票据）
	600348	阳泉煤业	15（中期票据）
	600157	永泰能源	63（短期融资券）
	601006	大秦铁路	110（短期融资券）
	000767	漳泽电力	20（短期融资券）
	600691	阳煤化工	2（短期融资券）
	600617	国新能源	9（短期融资券）
	000767	漳泽电力	14（定向债务融资工具）
	600691	阳煤化工	5（定向债务融资工具）
	小计		323
总计			483.69

资料来源：山西证监局。

（二）募集资金使用情况及特点

2016年，山西共有20家公司使用募集资金530.72亿元。其中434.15亿元为2016年度募集的资金，占年度募集资金使用总额的81.80%；96.56亿元为以前年度募集的资金，占年度募集资金使用总额的18.19%。上市公司使用的2016年度募集资金434.15亿元中，253亿元为短期融资券、中期票据和非公开定向债务融资工具等，主要用于偿还债务及补充流动资金；111.15亿元为定向增发融资、70亿元为公司债券，主要用于购买相关资产、项目建设和补充流动资金。

（三）募集资金变更情况

2016年，山西有1家公司变更募集资金的使用项目，涉及金额4亿元，为该公司本年度募集资金，占该公司本年募集资金总额的17.53%。募集资金变更程序合法，经公司股东大会批准。变更的主要原因：由于业务发展、资金需求等，经审慎评估及测算，将跨境进口电商平台建设项目的“品牌推广投资”中的4亿元变更投向跨境出口B2B电商平台建设项目。

表10　2016年山西上市公司募集资金使用项目变更情况

变更募集资金使用项目的公司家数	涉及金额（亿元）	募集资金总额（亿元）	占公司募集资金总额的比例（%）
1	4	22.82	17.53

资料来源：山西证监局。

六、山西上市公司规范运作情况

（一）上市公司治理专项情况

2016年，山西证监局推动市场主体建立长效机制，提升公司治理水平。一是督促畅通沟通渠道，举办上市公司投资者网上集体接待日活动，引导与投资者实现良性互动。督促上市公司完善现金分红机制，建立多元化投资回报体系。引导采用网络投票方式召开股东大会，采用累积投票制选举董事、监事，保障中小投资者充分行使股东权利。二是加强诚信体系建设。对上市公司承诺履行和规范情况定期排查，将辖区公司承诺履行和被采取行政监管措施的情况及时录入证监会诚信档案系统，将上市公司资本运作与公司诚信记录挂钩，构建诚信约束环境。

（二）审计情况及监管情况

在2016年度报告审计过程中，共有15家会计师事务所为38家山西上市公司提供审计服务，其中8家公司更换了会计师事务所。38家上市公司中，33家上市公司审计报告为标准无保留意见，5家为带强调事项段的无保留意见。在披露内部控制审计报告的辖区34家上市公司中，30家上市公司内部控制审计报告为标准无保留意见，2家为带强调事项段的无保留意见，2家为否定意见。

2016年年报审计监管中，主要采取事前督促提醒、事中事后监管、以检查促整改等方式提升年报监管质量。一是加强事前提醒，要求所有上市公司年报审计机构在现场审计前向山西证监局报备审计计划，系统梳理审计风险；召开辖区部分高风险公司年报审计工作座谈会，传达监管要求，督促中介机构做好年审工作。二是强化事中事后监管，提请审计师关注日常监管中掌握的重点事项，现场约谈审计机构8家次，列席审计沟通会23家次；年报出具后认真进行审核，进行监管风险分类，以风险导向选取检查样本。三是加大现场检查力度，对18家次上市公司、4家中介机构进行了检查，督促中介机构归位尽责、实现借力监管，促进公司规范运作水平提高。

（三）信息披露情况

2016年，山西证监局坚持以信息披露为抓手，强化事中事后监管，提升监管针对性和有效性。一是将以往责任人监管模式调整为分行业监管，将辖区公司按煤焦、医药化工和新型业态三类分行业进行监管，各小组加强对行业的研究，及时了解行业动向和总结行业特征，进一步提高监管能力和监管效率。二是持续开展定期报告和临时报告审核工作，把非现场监管、媒体报道和投资者反映的问题作为日常监管的重要线索来源，及时关注辖区公司经营及风险防范情况，稳妥处置各类事项。三是将信息披露纳入现场检查范围，强化现场检查和问责力度，全年累计对上市公司现场检查18家次，采取行政监管措施10项，日常监管措施23次，移交稽查2件。

（四）证券市场服务情况

1. 指导推动企业改制上市和挂牌

一是通过调研走访、召开座谈会，积极协调解决企业改制上市（挂牌）过程中面临的困难和问题，联合省金融办、中小企业局、交易所等相关部门，举办改制上市（挂牌）培训，强化政策指导，推进企业培育工作。二是强化拟上市企业辅导监管工作，督促中介机构归位尽责，借力券商加快山西企业挂牌上市步伐。三是支持山西省股权交易中心业务创新。截至2016年12月末，已有1456家中小企业在省股权交易中心挂牌展示。

2. 打击证券期货市场违法违规行为

开展防范打击证券期货类非法集资宣传月活动和防范非法证券期货活动宣传教育进社区活动。建立健全投诉举报系统，强化舆情监控发现机制。2016年累计查办省内证券期货违法违规案件9件，做出行政处罚决定5件，向省政府报告非法发行线索2起，出具性质认定意见4件，维护了市场稳定。联合省金融办等省直部门，对互联网股权融资平台及其平台融资者的违法违规行为进行集中整治，排查、化解和处置相关风险。

3. 做好资本市场培训宣传工作

一是深化调研指导，局领导带队深入

市场主体、地市县调研30余次，为省委组织部、阳泉市委理论中心组、省中小企业局等单位作资本市场专题报告。二是开展资本市场服务实体经济培训，与省金融办、省扶贫办联合举办“资本市场服务山西脱贫攻坚”专题培训会、与工商银行总行联合举办“资本助力，振兴山西”资本市场论坛等，提升利用资本市场发展意识和水平。三是利用网站、微信公众号、广播电台等媒体，围绕证券期货领域投资者教育、防范打击非法集资活动及资本市场新工具新品种开展资本市场舆论宣传工作。

（五）其他

支持地方金融创新。一是为地方金融发展提供咨询支持。及时向省政府报告资本市场脱贫攻坚新政和证监会监管工作会议精神，定期报送《资本市场信息专报》，应邀向省委报送《关于山西未来五年发展的几点思考和建议》等。二是以金融创新和模式创新助力旅游振兴，指导成立山西省首家混合所有制旅游文化产业发展集团，组建旅游文化产业基金，开展“旅游振兴+金融创新”试点。

审稿人：王　坤

撰稿人：张彩霞

内蒙古地区

一、内蒙古国民经济发展概况

表 1　　2016 年内蒙古国民经济发展概况　　单位：亿元

指标	1～3 月		1～6 月		1～9 月		1～12 月	
	绝对量	同比增长（%）	绝对量	同比增长（%）	绝对量	同比增长（%）	绝对量	同比增长（%）
地区生产总值（GDP）	3495.54	7.20	7579.98	7.10	12690.14	7.10	18632.57	7.20
全社会固定资产投资	564.87	12.80	6123.30	13.80	12363.64	10.60	14893.96	10.10
社会消费品零售总额	1519.53	9.70	3031.30	9.50	4726.00	9.60	6700.80	9.70
规模以上工业增加值	–	7.90	–	8.10	–	7.50	–	7.20
规模以上工业企业实现利润	164.40	–10.90	449.10	0.60	764.40	18.10	1242.10	31.00
居民消费价格指数（CPI）	1～3 月		1～6 月		1～9 月		1～12 月	
	1.20		1.30		1.10		1.20	

资料来源：国家统计局。

二、内蒙古上市公司总体情况

（一）公司数量

表 2　　2016 年内蒙古上市公司数量　　单位：家

公司总数	2016 年新增	股票类别			板块分布			
		仅 A 股	仅 B 股	（A+B）股	沪市主板	深市主板	中小板	创业板
26	0	24	1	1	16	5	2	3

资料来源：沪深交易所，同花顺。

（二）行业分布

表 3　　2016 年内蒙古上市公司行业分布情况

所属证监会行业类别	家数	占比（%）	所属证监会行业类别	家数	占比（%）
农、林、牧、渔业	0	0.00	金融业	1	3.85
采矿业	6	23.08	房地产业	0	0.00
制造业	17	65.38	租赁和商务服务业	0	0.00
电力、热力、燃气及水生产和供应业	1	3.85	科学研究和技术服务业	0	0.00
建筑业	0	0.00	水利、环境和公共设施管理业	1	3.85
批发和零售业	0	0.00	教育	0	0.00
交通运输、仓储和邮政业	0	0.00	卫生和社会工作	0	0.00
住宿和餐饮业	0	0.00	文化、体育和娱乐业	0	0.00
信息传输、软件和信息技术服务业	0	0.00	综合	0	0.00
合计	26	100.00			

资料来源：沪深交易所，同花顺。

（三）股本结构及规模

表 4　　2016 年内蒙古上市公司股本规模在 10 亿股以上公司分布情况

股本规模（亿股）	公司家数	具体公司
200≤～<500	1	包钢股份
50≤～<100	3	内蒙华电，伊利股份，君正集团
20≤～<50	4	远兴能源，北方稀土，亿利洁能，伊泰 B 股
10≤～<20	7	兴业矿业，平庄能源，银泰资源，露天煤业，蒙草生态，西水股份，鄂尔多斯

资料来源：沪深交易所，同花顺。

表 5　　2016 年内蒙古上市公司分地区股权构成情况　　单位：家

股权性质 / 地域分布	央企国资控股	省属国资控股	地市国资控股	民营控股	其他	合计
呼和浩特市	1	0	0	2	2	5
包头市	2	2	0	4	0	8
乌海市	0	0	0	2	0	2

续表

地域分布＼股权性质	央企国资控股	省属国资控股	地市国资控股	民营控股	其他	合计
赤峰市	1	0	0	2	0	3
通辽市	1	0	0	0	0	1
鄂尔多斯市	0	0	0	4	0	4
锡林郭勒盟	0	0	0	1	0	1
阿拉善盟	1	0	0	0	0	1
乌兰察布市	0	0	0	1	0	1
合计	6	2	0	16	2	26

资料来源：内蒙古证监局。

（四）市值规模

截至2016年12月31日，内蒙古26家上市公司境内总市值5093.92亿元，占全国上市公司境内总市值的1.00%；其中上交所上市公司16家，总股本657.27亿股，境内总市值4167.06亿元，占上交所上市公司境内总市值的1.46%；深交所上市公司10家，总股本120.47亿股，境内总市值926.86亿元，占深交所上市公司境内总市值的0.42%。

（五）资产规模

截至2016年12月31日，内蒙古26家上市公司合计总资产8034.81亿元，归属于母公司股东权益2113.42亿元，与2015年相比，分别增长24.66%、11.49%；平均每股净资产2.65元。

三、内蒙古上市公司经营情况及变动分析

（一）总体经营情况

表6　　2016年内蒙古上市公司经营情况

指标	2016年	2015年	变动率（%）
家数	26	26	0.00
亏损家数	2	7	-71.43
亏损家数比例（%）	7.69	26.92	-19.23
平均每股收益（元）	0.16	0.07	128.57
平均每股净资产（元）	2.65	2.7	-1.85
平均净资产收益率（%）	6.07	2.58	3.49
总资产（亿元）	8034.81	6445.45	24.66
归属于母公司股东权益（亿元）	2113.42	1895.67	11.49
营业收入（亿元）	2338.73	1966.74	18.91
利润总额（亿元）	173.08	77.88	122.24
归属于母公司所有者的净利润（亿元）	128.34	48.99	161.97

资料来源：沪深交易所，同花顺。

（二）分行业经营情况

表 7　　2016 年内蒙古上市公司分行业经营情况

所属行类	营业收入（亿元）	可比样本变动率（%）	归属于母公司所有者的净利润（亿元）	可比样本变动率（%）
农、林、牧、渔业	0.00	–	0.00	–
采矿业	342.66	12.91	31.16	355.56
制造业	1569.58	10.74	90.09	149.29
电力、热力、燃气及水生产和供应业	91.86	–15.18	3.33	–52.41
建筑业	0.00	–	0.00	–
批发和零售业	0.00	–	0.00	–
交通运输、仓储和邮政业	0.00	–	0.00	–
住宿和餐饮业	0.00	–	0.00	–
信息传输、软件和信息技术服务业	0.00	–	0.00	–
金融业	306.04	52.79	0.36	–79.76
房地产业	0.00	–	0.00	–
租赁和商务服务业	0.00	–	0.00	–
科学研究和技术服务业	0.00	–	0.00	–
水利、环境和公共设施管理业	28.61	61.76	3.39	113.13
教育	0.00	–	0.00	–
卫生和社会工作	0.00	–	0.00	–
文化、体育和娱乐业	0.00	–	0.00	–
综合	0.00	–	0.00	–
合计	2338.73	14.25	128.34	140.59

资料来源：沪深交易所，同花顺。

（三）业绩变动情况分析

1. 营业收入、毛利率等变动原因分析

2016 年，内蒙古地区煤炭、钢铁行业在去产能去库存政策的积极影响下，整体经营情况向好，加上医药制造业持续向好，全区上市公司整体经营业绩有所好转。2016 年 26 家上市公司实现营业收入 2338.73 亿元，同比增加 18.91%；归属于母公司的净利润 128.34 亿元，同比增加 161.97%。同时，由于转型升级、提质增效等影响，2016 年毛利率为 57.39%，增加了 11.59 个百分点。

2. 盈利构成分析

2016 年全区上市公司利润主要来源于营业利润，为 145.76 亿元，占利润总额的 84.22%，较 2015 年上升 23.37 个百分点。营业利润中，投资净收益占比 100.00%。

3. 经营性现金流量分析

2016 年，全区上市公司经营活动现金流量净额为 1485.79 亿元，较 2015 年同期增加15.90%。26家上市公司中，25家上市公司经营活动现金净流量为正，比2015年增加3家。其中增长较大的2家公司分别为包钢股份、伊泰B股，分别增长796.79%、224.23%，增长原因分别是由于公司报告期支付的采购款大幅减少、煤炭售价上涨所致。

4. 业绩特点分析

2016年，全区上市公司实现归属于母公司净利润128.34亿元，较2015年同期增加161.97%，经营业绩大幅增长的主要原因是传统产业钢铁行业转型升级、提质增效，煤炭价格有所回升，钢铁煤炭净利润及归属于母公司的净利润同比增长分别为193.35%、183.68%，医药制造业净利润及归属于母公司的净利润同比增长分别为41.74%、39.15%。

5. 利润分配情况

表8 2016年内蒙古上市公司现金分红情况

2016年分红公司家数			2016年分红金额		
家数	变动率（%）	分红公司家数占地区公司总数比重	金额（亿元）	变动率（%）	分红金额占归属于母公司所有者的净利润比重
18	12.50	69.23%	58.35	37.78	45.47%

资料来源：内蒙古证监局。

四、内蒙古上市公司并购重组情况

（一）并购重组基本情况

2016年，内蒙古共有6家上市公司完成7次重大的并购重组，购买资产总额316.8亿元，其中3家公司为以发行股份购买资产，资产总额为172亿元。

1. 蒙草生态

2016年1月，蒙草生态以非公开发行股份和支付现金的方式合计2.73亿元收购厦门鹭路兴绿化工程建设有限公司60%的股权。

2. 西水股份

2016年2月，西水股份以非公开发行股份和支付现金的方式合计135.31亿元收购天安财产保险股份有限公司39.5%的股权。

2016年6月，西水股份以支付现金方式68.97亿元收购子公司天安财产保险股份有限公司增发的14.99%的股权。

3. 远兴能源

2016年8月，远兴能源支付现金3.77亿元收购内蒙古博大实地化学有限公司20%股权。

4. 兴业矿业

2016年12月，兴业矿业以非公开发行股份和支付现金的方式合计33.96亿元收购西乌珠穆沁旗银漫矿业有限责任公司100%股权和正镶白旗乾金达矿业有限责任公司100%的股权。

5. 内蒙一机

2016年12月，内蒙一机以非公开发行股份和支付现金的方式合计70.59亿元收购一机集团主要经营性资产及负债和北方机械100%股权。

6. 福瑞股份

2016年12月，福瑞股份支付现金1.47亿元收购法国Median Technologies公司13.01%的股权。

（二）并购重组特点

从并购重组的金额来看，超过30亿元的上市公司重组项目占半数以上；从并购类型来看，内蒙古地区上市公司横向整合的产业并购成为主流，上市公司通过横向整合的产业并购，提高了产业集中度和核心竞争力，降低了企业成本，培育了发展新动能；促进了传统行业转型，帮助企业"盘活"和"再生"；从并购主体股权性质来看，各有侧重，国有企业通过并购重组实现大股东资产注入，助力国有企业混合所有制改革，内蒙一机通过重大资产重组整合控股股东的军工产品，实现军民融合发展，使公司在业务结构、资产体量、盈利能力等方面得到显著改善。民营企业主要以收购外部企业为主，培养发展新动能。

五、内蒙古上市公司募集资金情况、使用情况

（一）募集资金总体情况

表9　2016年内蒙古上市公司募集资金情况

发行类型	代码	简称	募集资金（亿元）
再融资（增发、配股）	000426	兴业矿业	11.96
	000683	远兴能源	26.05
	600201	生物股份	12.50
	600328	兰太实业	7.26
	002688	金河生物	4.73
	300355	蒙草生态	2.62
	600967	内蒙一机	19.50
	小计		84.62
其他融资（公司债券、短期融资券、中期票据、次级债、金融债、境外发行债券）	600277	亿利洁能	10
	小计		10
总计			94.62

资料来源：内蒙古证监局。

（二）募集资金使用情况及特点

2016年，内蒙古自治区共有8家公司募集资金，募集资金总额94.62亿元，同比规模下降82.66%，占全区新增社会融资规模的12.80%，同比下降46.40%。从发行类型上看，定向增发融资84.62亿元，公司债融资10亿元。

2016 年，内蒙古共有 11 家上市公司使用募集资金，至 2016 年年末，上市公司累计使用额达 344.97 亿元，其中 68.87 亿元为使用 2016 年募集资金，占比 19.96%。

（三）募集资金变更情况

2016 年，内蒙古地区只有兰太实业 1 家公司变更募集资金用途，公司盐藻类保健食品的研发申报再注册受到国家对药品、保健品的注册管理调整的影响，将募投项目由盐藻基地建设和食品车间建设变更为金属钠、液氯和高品质液态氨项目。

表 10　　2016 年内蒙古上市公司募集资金使用项目变更情况

变更募集资金使用项目的公司家数	涉及金额（亿元）	募集资金总额（亿元）	占公司募集资金总额的比例（%）
1	2.30	7.07	32.52

资料来源：内蒙古证监局。

六、内蒙古上市公司规范运作情况

（一）上市公司治理专项情况

2016 年，内蒙古证监局上市公司监管工作以维护上市公司稳定为核心，以公司治理为基石，以推动上市公司治理机制完善和治理水平提高为最终目的。辖区上市公司全年运行平稳，公司治理水平稳步提高。一是化解风险“三步走”，妥善处置辖区上市公司突发事件。二是年报监管“两转变”有效提升监管效能。三是现场检查问题导向结合“双随机”，坚决贯彻依法从严全面监管要求。四是监管协作“三个到位”，切实推动上市公司治理水平提升。

（二）审计情况及监管情况

2016 年，内蒙古证监局结合日常监管掌握情况事先筹划，将所有在辖区执业的审计与评估机构开展的执业项目全部纳入监管范围和“双随机抽查范围”，实现年报审计执业项目及评估执业项目全覆盖。同时，在日常监管过程中，加大工作力度，传导监管压力，促进审计和评估机构提高执业水平和质量。完成对辖区 11 家上市公司的 34 个评估执业项目监管工作，对上市公司进行现场检查时延伸审计机构 3 家次，实施评估执业项目专项检查 1 家次。

2016 年的审计监管工作中，主要工作及成效有：一是加强日常监管，提高责任意识；二是加强年报审计监管，督导审计机构归为尽责；三是深入开展现场检查，落实依法从严监管要求；四是加强监管协作，提升监管合力。

（三）信息披露情况

2016 年，内蒙古证监局切实履行信息披露监管职责，始终保持审慎态度，强化监管敏感性。一是加强日常信息披露审核，突出问题风险导向，紧盯风险公司和突发事件，妥善处置辖区上市公司重大风险和突发事件。二是做好年报监管“两转变”，有效提升监管效能。通过年报监管，发现辖区上市公司在财务会计处理、经营业绩变化、公司治理等方面重点关注存疑事项65项，对2家上市公司下发了问询函，通过邮件问询8家次，电话沟通50余次，保证了对疑点问题全覆盖。三是做到现场检查问题导向结合双随机，坚决贯彻依法全面从严监管要求。2016年，对辖区10家上市公司开展了8种类型的专项检查，对4家上市公司采取出具警示函、1家上市公司采取责令改正的行政监管措施。监管措施采取次数及严厉程度创历年之最。

（四）证券市场服务情况

2016年，内蒙古证监局站位区情，做好服务，积极促进辖区资本市场规范发展。一是加强辖区资本市场知识的普及培训工作，加强上市公司董监高和自治区党政干部的专门培训。二是做好投资者保护工作，妥善处置信访投诉案件，年内处理“12386热线业务”15件次，处理投诉6件次，内蒙古证监局均按时进行了回复并得到投资者的认可。三是全面推进企业上市，支持上市公司转型发展，建立和完善上市企业后备资源库，形成上市企业梯队。四是继续支持上市公司再融资和并购重组，鼓励上市公司注入优质资产，剥离劣质资产，增强核心竞争力。支持符合条件的上市公司充分利用资本市场、金融市场各项创新金融工具。五是指导内蒙古上市公司协会开展工作，发挥“服务自律规范提高”职能，强化会员服务和会员培训，促进上市公司提高质量、完善公司治理，推动建立良好的公司文化。

审稿人：苏虎超　董阅军
撰稿人：樊跃华

辽宁地区

一、辽宁国民经济发展概况

表 1　　2016 年辽宁国民经济发展概况　　单位：亿元

指标	1~3 月		1~6 月		1~9 月		1~12 月	
	绝对量	同比增长（%）	绝对量	同比增长（%）	绝对量	同比增长（%）	绝对量	同比增长（%）
地区生产总值（GDP）	5647.10	-1.30	12812.57	-1.00	19952.81	-2.20	22037.88	-2.50
全社会固定资产投资	1413.20	-27.40	4600.68	-58.10	6076.84	-63.50	6436.33	-63.50
社会消费品零售总额	-	8.50	6590.40	8.10	-	7.20	13414.10	4.90
规模以上工业增加值	-	-8.40	-	-7.70	-	-11.10	-	-15.20
规模以上工业企业实现利润	193.80	-32.00	439.00	-27.40	602.70	-28.10	657.60	-31.80
居民消费价格指数（CPI）	1~3 月		1~6 月		1~9 月		1~12 月	
	1.70		1.70		1.50		1.60	

资料来源：国家统计局

二、辽宁上市公司总体情况

（一）公司数量

表 2　　2016 年辽宁上市公司数量　　单位：家

公司总数	2016 年新增	股票类别			板块分布			
		仅 A 股	仅 B 股	（A+B）股	沪市主板	深市主板	中小板	创业板
48	0	46	0	2	17	15	6	10

资料来源：沪深交易所，同花顺。

（二）行业分布

表 3　　2016 年辽宁上市公司行业分布情况

所属证监会行业类别	家数	占比（%）	所属证监会行业类别	家数	占比（%）
农、林、牧、渔业	0	0.00	金融业	0	0.00
采矿业	1	2.08	房地产业	0	0.00
制造业	33	68.75	租赁和商务服务业	0	0.00
电力、热力、燃气及水生产和供应业	3	6.25	科学研究和技术服务业	0	0.00
建筑业	0	0.00	水利、环境和公共设施管理业	1	2.08
批发和零售业	3	6.25	教育	0	0.00
交通运输、仓储和邮政业	2	4.17	卫生和社会工作	0	0.00
住宿和餐饮业	0	0.00	文化、体育和娱乐业	2	4.17
信息传输、软件和信息技术服务业	3	6.25	综合	0	0.00
合计	48	100.00			

资料来源：沪深交易所，同花顺

（三）股本结构及规模

表 4　　2016 年辽宁上市公司股本规模在 10 亿股以上公司分布情况

股本规模（亿股）	公司家数	具体公司
50≤～<100	2	鞍钢股份，营口港
20≤～<50	3	本钢板材，锦州港，凌钢股份
10≤～<20	10	华锦股份，*ST 烯碳，锌业股份，机器人，金山股份，抚顺特钢，金杯汽车，文投控股，东软集团，红阳能源

资料来源：沪深交易所，同花顺。

表 5　　2016 年辽宁上市公司分地区股权构成情况　　单位：家

地域分布 \ 股权性质	央企国资控股	省属国资控股	地市国资控股	民营控股	其他	合计
沈阳市	2	2	5	13	3	25
鞍山市	1	0	0	5	0	6
抚顺市	0	1	0	0	0	1
本溪市	0	1	0	0	0	1

续表

地域分布 \ 股权性质	央企国资控股	省属国资控股	地市国资控股	民营控股	其他	合计
丹东市	0	0	0	2	0	2
锦州市	0	0	0	2	1	3
营口市	0	0	1	0	0	1
阜新市	0	0	0	2	0	2
辽阳市	0	0	0	2	0	2
盘锦市	1	0	0	0	0	1
铁岭市	0	0	1	0	0	1
葫芦岛市	1	0		1	0	2
朝阳市	0	0	1	0	0	1
合计	5	4	8	27	4	48

资料来源：辽宁证监局。

（四）市值规模

截至2016年12月31日，辽宁48家上市公司境内总市值4783.30亿元，占全国上市公司境内总市值的0.94%；其中上交所上市公司17家，总股本231.50亿股，境内总市值2060.05亿元，占上交所上市公司境内总市值的0.72%；深交所上市公司31家，总股本262.44亿股，境内总市值2723.25亿元，占深交所上市公司境内总市值的1.22%。

（五）资产规模

截至2016年12月31日，辽宁48家上市公司合计总资产4434.61亿元，归属于母公司股东权益1744.34亿元，与2015年相比，分别增长5.47%、6.45%；平均每股净资产3.46元。

三、辽宁上市公司经营情况及变动分析

（一）总体经营情况

表6　2016年辽宁上市公司经营情况

指标	2016年	2015年	变动率（%）
家数	48	48	0.00
亏损家数	6	12	-50.00
亏损家数比例（%）	12.50	25	-12.50
平均每股收益（元）	0.19	-0.11	272.73
平均每股净资产（元）	3.46	3.46	0.00

续表

指标	2016 年	2015 年	变动率（%）
平均净资产收益率（%）	5.61	-3.29	8.90
总资产（亿元）	4434.61	4204.53	5.47
归属于母公司股东权益（亿元）	1744.34	1638.59	6.45
营业收入（亿元）	2477.97	2331.19	6.30
利润总额（亿元）	121.38	-36.40	433.46
归属于母公司所有者的净利润（亿元）	97.90	-53.90	281.63

资料来源：沪深交易所，同花顺。

（二）分行业经营情况

表 7　　2016 年辽宁上市公司分行业经营情况

所属行类	营业收入（亿元）	可比样本变动率（%）	归属于母公司所有者的净利润（亿元）	可比样本变动率（%）
农、林、牧、渔业	0.00	-	0.00	-
采矿业	71.61	20.92	1.74	137.31
制造业	2054.62	4.84	54.63	185.69
电力、热力、燃气及水生产和供应业	104.42	-0.42	7.73	-2.45
建筑业	0.00	-	0.00	-
批发和零售业	35.64	-16.33	2.10	262.91
交通运输、仓储和邮政业	62.18	11.17	5.47	-13.05
住宿和餐饮业	0.00	-	0.00	-
信息传输、软件和信息技术服务业	110.38	9.30	21.40	299.50
金融业	0.00	-	0.00	-
房地产业	0.00	-	0.00	-
租赁和商务服务业	0.00	-	0.00	-
科学研究和技术服务业	0.00	-	0.00	-
水利、环境和公共设施管理业	0.21	-38.84	-2.40	-34.09
教育	0.00	-	0.00	-
卫生和社会工作	0.00	-	0.00	-
文化、体育和娱乐业	38.91	67.34	7.24	235.41
综合	0.00	-	0.00	-
合计	2477.97	5.59	97.90	296.73

资料来源：沪深交易所，同花顺。

（三）业绩变动情况分析

1. 营业收入、毛利率等变动原因分析

2016 年，辖区 48 家上市公司实现营业收入 2477.97 亿元，较 2015 年增长 6.30%；归属母公司所有者的净利润 97.90 亿元，较 2015 年增长 281.63%；营业利润 104.78 亿元，较 2015 年增长

257.25%；利润总额121.38亿元，较2015年增长433.46%；平均毛利率23.19%，较2015年增加2.29个百分点。随着供给侧结构性改革的不断深入，辖区钢铁类、煤炭有色金属类和化工类企业营业盈利能力显著提升；部分上市公司并购重组后业绩显著改善是辖区上市公司利润大幅增长的主要原因。投资收益增长较多是辖区营业利润增幅大于营业收入增幅的主要原因。

2. 盈利构成分析

2016年，辖区48家上市公司总体实现归属于母公司所有者的净利润97.90亿元，同比实现扭亏、增长2.8倍。辖区42家公司盈利，净利润总额122.47亿元；6家公司亏损，亏损总额24.57亿元。其中，东软集团盈利18.51亿元，为辖区利润贡献最多，沈阳机床净利润－14.03亿元，为辖区亏损之最。

营业利润是辖区上市公司盈利的主要来源，占当期利润总额的比重为86.32%。48家上市公司共确认非经常性损益41.70亿元，较2015年增加64.56%，占归属于母公司所有者的净利润的42.59%，其中，非流动资产处置损益17.92亿元，较2015年有大幅增长（增加299.82%）；政府补助13.08亿元，较2015年有较明显回落（下降42.11%）。

3. 经营性现金流量分析

2016年，辽宁辖区上市公司经营性现金流量净额为250.24亿元，较2015年增加68.06%。48家上市公司中有34家公司经营性现金流量净额为正，占比70.83%，低于2015年的79.17%。

4. 业绩特点分析

（1）行业发展不平衡，业绩表现各具特色。制造业整体向好，传统权重公司大幅扭亏。辖区制造业上市公司33家，占辖区公司总数近七成，2016年营业总收入2054.62亿元，同比增长4.84%，占辖区全部公司营业总收入的82.92%；净利润54.63亿元，同比增长1.86倍，占辖区净利润总额的55.81%。辖区4家黑色金属行业权重公司的净利润由2015年的－76.42亿元扭转为盈利26.42亿元，其中，鞍钢股份2015年净利润－45.39亿元，2016年为16.16亿元；本钢板材2015年净利润为－32.94亿元，2016年为7.81亿元。

化工行业有所回暖，业绩显著攀升。辖区5家化工及石油加工行业公司（科隆精化、奥克股份、方大化工、沈阳化工、华锦股份）受原料价格走低、市场环境向好等因素影响，收入规模虽稳中有落，但盈利显著增加。2016年5家公司实现营业总收入456.81亿元，同比降低2.64%；实现净利润23.48亿元，增长了近5倍。

采矿业收入规模稳增，利润翻升。辖区1家采矿业上市公司（红阳能源）受煤炭价格上涨等因素影响，报告期实现营业总收入71.61亿元，同比增长20.91%；实现净利润1.74亿元，同比增长1.37倍（2015年亏损4.65亿元），其中，实现扣非后的净利润0.94亿元，同比增长1.36倍，实现了主营扭亏。

（2）主板权重优势明显，中小板、

创业板盈利较强。2016年年底，辖区主板公司32家，占比66.67%；实现营业总收入2296.75亿元，占比92.69%；实现净利润83.55亿元（2015年主板公司亏损65.11亿元，全部上市公司亏损总额53.93亿元），占比85.34%。主板公司为辖区主要利润贡献板块，一改2015年同期在辖区各板块中独亏的局面，但盈利能力仍较弱，净利率为3.64%，低于辖区3.95%的平均水平。辖区中小板、创业板上市公司数量分别为6家和10家，公司家数合计占比33.33%；资产规模较小，合计占比不足1成，但盈利能力较强，其中，创业板净利率为9.63%，是辖区上市公司板块中盈利能力最强的板块，中小板净利率为5.65%，盈利能力次之。

（3）国有控股业绩向好，民营控股盈利能力优势凸显。国有控股公司多年来一直为辖区上市公司贡献大部分收入。2016年，占辖区公司总数4成的19家国有控股公司实现营业总收入1926.83亿元，占比77.76%；实现净利润50.55亿元（2015年亏损71.50亿元），占比51.63%，扭亏为盈效果明显；但国有控股盈利能力相对较弱，2016年净利率为2.62%，低于3.95%的平均水平。占辖区上市公司总数56.25%的27家民营控股公司实现营业总收入448.26亿元，占比18.31%；实现净利润28.29亿元，占比28.90%；净利率为6.31%，盈利能力优于国有控股公司。

（4）供给侧结构性改革初见成效，去产能、降成本、去杠杆稳步推进。传统行业去产能效果明显。辖区三大去产能行业上市公司（鞍钢股份、本钢板材、抚顺特钢、凌钢股份、红阳能源、新华龙、锌业股份）2016年固定资产投资为-2.94亿元，与去年相比下降了163.82亿元，去产能效果明显。其中最具代表性的鞍钢股份，2016年固定资产投资较2015年减少19.49亿元。

成本降低提升上市公司盈利空间。辖区上市公司在营业收入同比增长6.30%的情况下，营业总成本和债务成本分别为2409.84亿元和74.36亿元，同比分别上升0.02%和下降8.21%。

负债率逐步下降，去杠杆效果明显。辖区上市公司近3年平均资产负债率分别为53.31%、49.62%、49.15%，呈逐年下降趋势，资本结构有所优化，非金融企业借助去杠杆助推盈利能力提升。

5. 利润分配情况

表8　　2016年辽宁上市公司现金分红情况

2016年分红公司家数			2016年分红金额		
家数	变动率（%）	分红公司家数占地区公司总数比重	金额（亿元）	变动率（%）	分红金额占归属于母公司所有者的净利润比重
27	22.73	56.25%	20.33	77.71	20.77%

资料来源：辽宁证监局。

四、辽宁上市公司并购重组情况

（一）并购重组基本情况

2016年，辽宁辖区上市公司共发生重大资产并购重组9起，比2015年发生的6起相比增加了50.00%；涉及交易金额84.42亿元，比2015年下降29.94%。在发生的9起并购重组中，完成3起、失败6起，其中借壳式重组发生3起，成功2起，失败1起；横向整合类重组进行了4起，全部失败；1起多元化重组实施完成；惠天热电的整体上市重组失败。

（二）并购重组特点

2016年，辽宁辖区上市公司重大资产重组活跃，开展重组公司数量较2015年明显增多。从开展并购重组的上市公司来看，8家为民营控股上市公司，仅1家为国有控股上市公司；从完成重组的公司情况看，完成的3起并购重组上市公司都是民营控股公司。从并购重组上市公司所属上市板块看，主板公司占据了大部分。从支付手段看，发行股份购买资产仍为辖区上市公司并购重组的主要支付手段。从并购类型上看，完成的3起并购重组中2起为借壳式重组，1起为纵向产业链延伸并购。

五、辽宁上市公司募集资金情况、使用情况

（一）募集资金总体情况

表9　2016年辽宁上市公司募集资金情况

发行类型	代码	简称	募集资金（亿元）
首发	300573	兴齐眼药	1.03
	小计		1.03
再融资（增发、配股）	300405	科隆股份	1.90
	600303	曙光股份	3.86
	小计		5.76
其他融资（公司债券）	300202	聚龙股份	5.00
	000633	合金投资	7.00
	小计		12.00
总计			18.79

资料来源：辽宁证监局。

（二）募集资金使用情况及特点

2016年，辖区共有5家公司通过首发、再融资、公司债三种方式募集资金18.79亿元，较2015年下降86.80%。其中，有1家公司首发上市募集资金1.03亿元，较2015年下降93.59%；2家公司通过非公开发行股票方式募集资金5.76

亿元，较2015年下降94.58%；2家公司通过发行公司债募集资金12亿元，较2015年下降40.00%。2016年，已投入使用募集资金4.22亿元，占全年股权募集资金总额的62.15%（公司债募集资金使用无指定使用项目，故未统计）。辖区上市公司募集资金使用情况较规范，涉及变更募集资金项目的公司严格履行了内部审批和对外披露程序。

（三）募集资金变更情况

2016年，辖区共有5家公司发生了募集资金使用项目变更，涉及募集12.92亿元，12个项目，占5家公司募集资金总额的47.98%。公司变更募集资金使用项目的主要原因包括：一是根据项目行业发展和市场环境变化，暂缓或取消原募投项目，或变更募投项目的实施方式和地点（2家，6个项目）；二是配合公司经营规划和战略转型，终止部分原募投项目，改投新项目（2家，5个项目）；三是将原有募投资项目出现结余，为提高使用效率，剩余资金变更投向（1家，1个项目）。

表10　　2016年辽宁上市公司募集资金使用项目变更情况

变更募集资金使用项目的公司家数	涉及金额（亿元）	募集资金总额（亿元）	占公司募集资金总额的比例（%）
5	12.92	26.92	47.98

资料来源：辽宁证监局。

六、辽宁上市公司规范运作情况

（一）上市公司治理专项情况

2016年，辽宁证监局通过开展“辖区上市公司风险排查”专项活动并结合日常监管情况，对辖区48家上市公司全面梳理公司治理及风险事项，确定公司风险等级，针对高风险和次高风险公司具体风险状况和特点，制定了有针对性的风险处置预案，以妥善应对相关风险。在上市公司日常监管过程中，多举措督促上市公司完善公司治理结构，提升规范运作水平。一是结合“双随机”、并购重组和年报等专项检查项目对上市公司治理情况进行现场检查，对发现的问题积极采取监管措施，督促上市公司及时整改。二是在日常监管中，持续督促上市公司及相关各方切实提高诚信意识，做好承诺履行和信息披露工作，针对违反承诺、超期未履行承诺行为依法采取行政监管措施。三是积极引导上市公司通过股权激励、员工持股计划等方式，建立健全激励约束机制，提高公司治理水平。2016年，辖区共有5家公司实施股权激励或员工持股计划，4家已完成。四是联合辖区上市公司协会，通过举办专项培训会等多种形式不断增强上市公司规范运作意识，提升公司治理水平。

（二）审计情况及监管情况

2016年，共有19家会计师事务所对

辖区48家上市公司进行了年报审计，其中，审计意见类型为标准无保留意见的44家，无法表示意见的有1家（欣泰电气），保留意见（*ST烯碳，公司未在法定期限内披露经审计的年度报告，已被立案调查），带强调事项段的无保留意见2家（金杯汽车和抚顺特钢）。

辽宁证监局一直十分重视年报审计的非现场监管工作。充分发挥监管责任人加功能监管责任人的监管模式，对辖区48家上市公司年报进行事后审阅，梳理和汇总辖区公司的风险和问题点，为现场检查精准发力奠定基础。开展年报审核事前三方沟通机制试点，将监管部门关注的问题与中介机构解决的问题，以及独立董事所了解的问题进行事前沟通，做到事前对有关风险和问题达成共识，取得良好效果。

此外，针对辖区无注册会计师事务所总所的实际情况，抓住事务所执业项目这条主线开展现场检查督促其提高执业质量，发挥其对上市公司信息披露、内部控制等情况的把关作用，实现借力监管。2016年，共对1家公司涉嫌欺诈发行和重大信息披露违法的相关中介机构移交稽查立案，1家公司并购重组相关中介机构进行现场核查，4家公司年报审计相关会计师事务所执业质量进行现场核查。约见会计师事务所负责人或签字会计师7次，与相关中介机构沟通现场检查发现的主要问题31个，出具检查结果告知书3份、监管关注函1份。

（三）信息披露情况

信息披露监管作为上市公司监管的核心工作，辽宁证监局以现场检查为抓手，建立并完善事中事后监管机制，强化同交易所、稽查等部门的监管联动，不断提升上市公司信息披露质量。2016年，持续关注媒体质疑、市场传闻等信息，对抚顺特钢等3家媒体质疑进行核实，督促公司做好披露工作；重点加强上市公司停复牌、被举牌、被借壳等事项信息披露的监管力度，针对1家公司大股东减持未预披露及2家公司信息披露不准确、不完整情况，分别对相关违法违规主体出具了4家次警示函和责令改正等监管措施。

（四）证券市场服务情况

1. 做好首发上市公司的监管与服务工作

2016年辖区兴齐眼药首发上市，辽宁证监局约见公司董监高人员以及相关保荐代表人，开展新上市公司“入门”谈话，上好监管第一课：宣讲市场化、法治化监管原则和导向，提出上市公司规范运作的监管要求，划清董监高人员尽责履职的行为红线，要求保荐机构发挥专业优势，切实把持续督导职责担在肩上。

2. 组织培训交流，增强公司规范发展意识。

2016年，辽宁证监局联合辽宁上市公司协会，通过举办董事、监事培训会等形式，增强上市公司规范运作意识。2016年2月，举办辖区上市公司年报分析暨高管人员培训会，辖区48家上市公司财务总监、董秘和证券事务代表和部分会计师事务所相关人员共计130余人参加了培训；10 月份，再次联合辽宁上市公司协会举办辖区上市公司高管人员培训会，辖区 47 家上市公司财务总监、董秘和证券事务代表共计 110 余人参加了培训。一是解读监管政策要求，增强辖区上市公司高管的规范运作意识；二是邀请中介机构和行业专家作实务讲解，增强企业对并购融资和财务处理等新工具新形势的认知。

3. 开展投资者走进上市公司活动，促进双向交流。

2016 年，辽宁证监局与辽宁上市公司协会联合开展机构投资者走进上市公司活动，来自辖区 8 家证券经营机构 16 名代表和多名投资者实地走访了锦州港、森远股份等公司，与公司高管人员进行了互动交流。

4. 妥善处理信访举报，保护投资者合法权益。

理顺上市公司日常监管、投诉举报处理及 12386 热线处理等工作机制，做到“有投诉必回应、有线索必核查、有违规必处理”。2016 年，我处受理并答复投资者投诉举报 39 件，12386 系统及信访 10 件。

审稿人：胡书乐

撰稿人：郎丰高

吉林地区

一、吉林国民经济发展概况

表 1　　2016 年吉林国民经济发展概况　　单位：亿元

指标	1～3 月		1～6 月		1～9 月		1～12 月	
	绝对量	同比增长（%）	绝对量	同比增长（%）	绝对量	同比增长（%）	绝对量	同比增长（%）
地区生产总值（GDP）	2484.68	6.20	5604.85	6.70	9298.11	6.90	14886.23	6.90
全社会固定资产投资	430.01	8.50	5137.47	10.30	10637.34	10.30	13773.17	10.10
社会消费品零售总额	1620.39	9.80	3385.20	9.90	5251.13	9.90	7310.42	9.90
规模以上工业增加值	1510.87	5.00	3013.21	6.10	4596.81	6.40	6133.98	6.30
规模以上工业企业实现利润	275.60	-5.30	581.40	-0.20	891.00	5.40	1241.80	5.20
居民消费价格指数（CPI）	1～3 月		1～6 月		1～9 月		1～12 月	
	1.70		1.70		1.50		1.60	

资料来源：国家统计局。

二、吉林上市公司总体情况

（一）公司数量

表 2　　2016 年吉林上市公司数量　　单位：家

公司总数	2016 年新增	股票类别			板块分布			
		仅 A 股	仅 B 股	（A+B）股	沪市主板	深市主板	中小板	创业板
41	1	40	0	1	18	14	6	3

资料来源：沪深交易所，同花顺。

（二）行业分布

表 3　　2016 年吉林上市公司行业分布情况

所属证监会行业类别	家数	占比（%）	所属证监会行业类别	家数	占比（%）
农、林、牧、渔业	0	0.00	金融业	1	2.44
采矿业	0	0.00	房地产业	3	7.32
制造业	25	60.98	租赁和商务服务业	0	0.00
电力、热力、燃气及水生产和供应业	4	9.76	科学研究和技术服务业	0	0.00
建筑业	1	2.44	水利、环境和公共设施管理业	1	2.44
批发和零售业	2	4.88	教育	0	0.00
交通运输、仓储和邮政业	1	2.44	卫生和社会工作	0	0.00
住宿和餐饮业	0	0.00	文化、体育和娱乐业	0	0.00
信息传输、软件和信息技术服务业	3	7.32	综合	0	0.00
合计	41	100.00			

资料来源：沪深交易所，同花顺。

（三）股本结构及规模

表 4　　2016 年吉林上市公司股本规模在 10 亿股以上公司分布情况

股本规模（亿股）	公司家数	具体公司
20≤～<50	5	顺发恒业，东北证券，苏宁环球，亚泰集团，吉视传媒
10≤～<20	10	富奥股份，吉林化纤，一汽轿车，吉电股份，紫鑫药业，诺德股份，*ST 吉恩，中天能源，通化东宝，吉林高速

资料来源：沪深交易所，同花顺。

表 5　　2016 年吉林上市公司分地区股权构成情况　　单位：家

地域分布＼股权性质	央企国资控股	省属国资控股	地市国资控股	民营控股	其他	合计
长春市	5	4	6	7	1	23
吉林市	1	1	1	6	0	9
四平市	0	0	0	0	0	0
辽源市	0	0	0	1	0	1
通化市	0	0	0	6	0	6

续表

股权性质 地域分布	央企国资控股	省属国资控股	地市国资控股	民营控股	其他	合计
白山市	0	0	0	0	0	0
松原市	0	0	0	0	0	0
白城市	0	0	0	0	0	0
延边州	0	0	0	1	0	1
长白山管委会	0	1	0	0	0	1
合计	6	6	7	21	1	41

资料来源：吉林证监局。

（四）市值规模

截至2016年12月31日，吉林41家上市公司境内总市值4347.15亿元，占全国上市公司境内总市值的0.85%；其中上交所上市公司18家，总股本160.92亿股，境内总市值1586.98亿元，占上交所上市公司境内总市值的0.56%；深交所上市公司23家，总股本238.52亿股，境内总市值2760.18亿元，占深交所上市公司境内总市值的1.24%。

（五）资产规模

截至2016年12月31日，吉林41家上市公司合计总资产4252.14亿元，归属于母公司股东权益1549.83亿元，与2015年相比，分别增长8.95%、15.53%；平均每股净资产3.88元。

三、吉林上市公司经营情况及变动分析

（一）总体经营情况

表6　　2016年吉林上市公司经营情况

指标	2016年	2015年	变动率（%）
家数	41	40	2.50
亏损家数	3	4	-25.00
亏损家数比例（%）	7.32	10	-2.68
平均每股收益（元）	0.19	0.25	-24.00
平均每股净资产（元）	3.88	3.87	0.26
平均净资产收益率（%）	4.93	6.39	-1.46
总资产（亿元）	4252.14	3902.75	8.95
归属于母公司股东权益（亿元）	1549.83	1341.46	15.53
营业收入（亿元）	1360.46	1328.48	2.41
利润总额（亿元）	113.12	108.64	4.12
归属于母公司所有者的净利润（亿元）	76.4	85.77	-10.92

资料来源：沪深交易所，同花顺。

（二）分行业经营情况

表 7　　2016 年吉林上市公司分行业经营情况

所属行类	营业收入（亿元）	可比样本变动率（%）	归属于母公司所有者的净利润（亿元）	可比样本变动率（%）
农、林、牧、渔业	0.00	-	0.00	-
采矿业	0.00	-	0.00	-
制造业	791.08	3.48	28.36	-5.97
电力、热力、燃气及水生产和供应业	118.13	13.94	7.01	117.50
建筑业	94.44	-3.33	5.12	8.65
批发和零售业	138.29	-0.59	1.13	-68.11
交通运输、仓储和邮政业	7.75	38.00	1.92	37.87
住宿和餐饮业	0.00	-	0.00	-
信息传输、软件和信息技术服务业	39.79	0.27	4.54	-0.15
金融业	44.82	-33.56	13.15	-50.00
房地产业	123.11	9.70	14.45	17.45
租赁和商务服务业	0.00	-	0.00	-
科学研究和技术服务业	0.00	-	0.00	-
水利、环境和公共设施管理业	3.07	-3.65	0.71	-29.28
教育	0.00	-	0.00	-
卫生和社会工作	0.00	-	0.00	-
文化、体育和娱乐业	0.00	-	0.00	-
综合	0.00	-	0.00	-
合计	1360.46	2.05	76.40	-12.38

资料来源：沪深交易所，同花顺。

（三）业绩变动情况分析

1. 营业收入、毛利率等变动原因分析

2016 年，辖区上市公司共实现营业收入 1360.46 亿元，占 A 股上市公司 0.46%，同比增长 2.41%。辖区总体毛利率为 28.89%，较 2015 年同期上升 1.09 个百分点。

2. 盈利构成分析

2016 年，吉林辖区上市公司归属于母公司股东的净利润合计 76.40 亿元，占 A 股上市公司的 0.29%，净利润同比减少 9.4 亿元，降幅 10.92%。大额的投资收益仍是辖区上市公司盈利的主导因素，但其对利润的影响已大幅下降，2016 年，辖区上市公司投资收益总额 58.22 亿元，较 2015 年同期减少 35.78 亿元，对净利润的贡献率由 108% 下降至 76.21%。

3. 经营性现金流量分析

2016 年，吉林辖区上市公司经营活动产生的现金流量净额为 19.75 亿元，较 2015 年同期减少 133.63 亿元，较 2015 年下降 87.12%；现金及现金等价物净增加额为 33.38 亿元，较 2015 年同期减少 118.12 亿元，较 2015 年下降 77.96%。其中，东北证券的现金波动情况对辖区影响较大，若剔除东北证券影响，同 2015 年相比，辖区总体现金流变动较为平缓。

4. 业绩特点分析

2016 年，吉林辖区传统行业——医药、地产、汽车三大板块表现迥异，金融板块贡献突出。7 家医药类上市公司实现净利润33.68 亿元，同比下降8.07%，贡献辖区净利润 44.08% 的份额，贡献比例提升 1.37 个百分点。3 家地产类上市公司共实现净利润 14.45 亿元，同比增长 17.28%，贡献辖区净利润 18.91% 的份额，贡献比例上升 4.55 个百分点。4 家汽车类上市公司共实现净利润 1.61 亿元，同比下降 83.6%，贡献率仅为 2.1%，贡献比例下降 12.26 个百分点，主要系一汽轿车本年亏损所致。此外，辖区唯一一家金融类公司东北证券实现净利润 13.14 亿元，同比下降 50.03%，但仍贡献辖区净利润 17.2% 的份额，贡献比例下降 13.46 个百分点。医药类上市公司在辖区的龙头骨干作用日益凸显，证券金融业、房地产业贡献不容小觑，汽车板块整体表现欠佳。

5. 利润分配情况

表 8　　2016 年吉林上市公司现金分红情况

2016 年分红公司家数			2016 年分红金额		
家数	变动率（%）	分红公司家数占地区公司总数比重	金额（亿元）	变动率（%）	分红金额占归属于母公司所有者的净利润比重
27	17.39	65.85%	28.21	43.13	36.92%

资料来源：吉林证监局。

四、吉林上市公司并购重组情况

（一）并购重组基本情况

2016 年，吉林辖区 5 家上市公司开展重大资产重组。其中，通化金马以现金 4.14 亿元购买永康制药 100% 股权，中天能源以现金 9.55 亿元购买中天石油投资 49.47% 股权，金冠电气发行股份及支付现金购买南京能瑞自动化 100% 股权，总金额 15.04 亿元，上述资产重组均已完成。吉林森工拟发行股份购买新泉阳泉 75.45% 股权、园区园林 100% 股权，并募集配套资金，交易总金额 22.96 亿元，目前重组工作正在推进中。苏宁环球拟发行股份及支付现金购买伊尔美港华 80% 股权，交易金额 2.08 亿元，因重组历时较长、标的公司审计报告届满，已撤回申请材料，该项重组终止。

（二）并购重组特点

2016 年，吉林辖区上市公司并购重组呈现出以下特点：一是并购重组日趋主动，抢救式、被迫式的变革逐步缩减，上市公司能够积极主动利用资本市场的广阔平台寻求新增长、新发展、新突破；二是重组方式逐渐丰富，不只局限于发行股份购买资产，越来越多资金充裕的上市公司选择现金方式购买资产；三是并购重组效果较为明显，上市公司通过收购优质资产，延伸产业链条，拓展业务领域，使得自身的经营规模、盈利能力得到大幅提高，实现了企业做大做强的目标，充分体现了资本市场优化资源配置的重要作用。

五、吉林上市公司募集资金情况、使用情况

（一）募集资金总体情况

表 9　　2016 年吉林上市公司募集资金情况

发行类型	代码	简称	募集资金（亿元）
首发	300510	金冠电气	2.68
	603559	中通国脉	2.27
	小计		4.95
再融资（增发、配股）	000766	通化金马	16.88
	002501	利源精制	1.71
	002118	紫鑫药业	16
	000420	吉林化纤	17.2
	000631	顺发恒业	16
	600867	通化东宝	10.41
	000928	中钢国际	8.03
	000875	吉电股份	38.4
	000686	东北证券	34.8
	000661	长春高新	17.72
	小计		177.15
其他融资（公司债券、短期融资券、中期票据、次级债、金融债、境外发行债券）	000546	金圆股份	2.5
	600881	亚泰集团	10
	000361	顺发恒业	12
	小计		24.5
总计			206.6

资料来源：吉林证监局。

（二）募集资金使用情况及特点

2016 年，辖区上市公司直接融资合计 206.6 亿元，比 2015 年度增长 94.97%，创历史新高。直接融资涉及的公司家数为 15 家，占辖区公司总数比重

为35.71%，辖区公司利用资本市场平台的意愿不断增强。其中，2家公司首发募集资金4.95亿元；2家公司配股募集资金52.52亿元；8家公司非公开发行股票募集资金124.63亿元；3家公司发行公司债券募集资金24.5亿元。

2016年，辖区共有17家公司使用募集资金，至2016年年末，累计使用募集资金204.41亿元，占募集资金总额的74.44%。

（三）募集资金变更情况

表10　　2016年吉林上市公司募集资金使用项目变更情况

变更募集资金使用项目的公司家数	涉及金额（亿元）	募集资金总额（亿元）	占公司募集资金总额的比例（%）
2	4.85	21.39	22.67

资料来源：吉林证监局。

六、吉林上市公司规范运作情况

（一）上市公司治理专项情况

2016年，吉林证监局对7家上市公司开展了现场检查，检查覆盖率达17.5%，检查对象涉及重组上市公司、高风险公司摸排、媒体质疑核查、双随机和公司债券检查等类型，就上市公司在公司治理与规范运作、募集资金管理和使用、承诺履行等方面存在的问题，吉林证监局共采取了2项行政监管措施，惩戒违法违规问题；下发了3份监管关注函，对上市公司予以提醒，及时矫正违规行为。

（二）审计情况及监管情况

2016年，吉林证监局对辖区41家上市公司开展了年报审计监管，针对254个风险事项，向审计机构下发了54份监管备忘录，累计约谈年审会计师22家次，现场督导14家次。通过事中监管，242个风险事项得以妥善解决。辖区3家公司的财务报告、6家公司的内部控制被审计机构出具了非标审计意见，两家公司经审计调整减少净利润导致业绩承诺未达标，相关股东按照约定进行了业绩补偿。

（三）信息披露情况

吉林证监局始终坚持以信息披露为核心的监管理念，进一步完善上市公司监管机制，调整非现场监管模式，有效提升风险监控能力。一是以信息日报为抓手，强化临时公告审核。全年共审核上市公司临时公告文件4819份，对审核中发现的问题及时响应、妥善处置。二是以年报审核为依托，提高风险研判能力。按照“披露一家，审核一家”的原则，完成辖区全部41家上市公司年报审核分析工作，关注事项227个，下发问询函14份。三是以媒体报道为途径，丰富线索发现渠道。全年关注涉及4家公司较为集中的媒体报道或市场传闻，并迅速予以核实，督促公司及时发布澄清或说明公告，掌握舆论引导的主动权。

（四）证券市场服务情况

2016 年，吉林证监局以维护中小投资者合法权益专项活动为依托，着力构建“以知情权为基础，以决策权为保障，以收益权为核心”的投资者“三维立体式”综合体系。一是加强宣传力度，扩大社会影响力。以“3·15”消费者权益日为契机，开展“投资者保护，你我同行”主题宣传教育活动。二是充分借助举报投诉等渠道，及时捕捉和动态分析苗头性、倾向性问题，积极采取约见谈话、书面说明、中介机构出具复核意见、现场检查等方式，妥善解决投资者诉求。三是畅通沟通渠道，加强投资者关系管理。2016 年初，辖区 15 家公司召开了年报业绩说明会，取得了良好的市场反响。积极推动上市公司建立健全投资者投诉处理机制，提高投资者投诉处理的及时性和有效性。

审稿人：蒋隐丽

撰稿人：杨　帆

黑龙江地区

一、黑龙江国民经济发展概况

表 1　　2016 年黑龙江国民经济发展概况　　单位：亿元

指标	1～3 月		1～6 月		1～9 月		1～12 月	
	绝对量	同比增长（%）	绝对量	同比增长（%）	绝对量	同比增长（%）	绝对量	同比增长（%）
地区生产总值（GDP）	2601.71	5.10	5630.29	5.70	9231.56	6.00	15386.09	6.10
全社会固定资产投资	192.21	6.30	2456.93	6.00	6085.33	5.60	10432.55	5.50
社会消费品零售总额	1869.00	10.10	3776.00	10.00	5831.30	9.90	8402.50	10.00
规模以上工业增加值	551.70	0.30	1278.90	1.90	2050.90	1.90	2994.20	2.00
规模以上工业企业实现利润	-6.60	-110.70	57.70	-70.90	130.70	-55.70	244.00	-40.60
居民消费价格指数（CPI）	1～3 月		1～6 月		1～9 月		1～12 月	
	1.80		1.70		1.50		1.50	

资料来源：国家统计局。

二、黑龙江上市公司总体情况

（一）公司数量

表 2　　2016 年黑龙江上市公司数量　　单位：家

公司总数	2016 年新增	股票类别			板块分布			
		仅 A 股	仅 B 股	（A+B）股	沪市主板	深市主板	中小板	创业板
35	0	34	0	1	25	5	3	2

资料来源：沪深交易所，同花顺。

（二）行业分布

表 3　　2016 年黑龙江上市公司行业分布情况

所属证监会行业类别	家数	占比（%）	所属证监会行业类别	家数	占比（%）
农、林、牧、渔业	3	8.57	金融业	1	2.86
采矿业	0	0.00	房地产业	0	0.00
制造业	22	62.86	租赁和商务服务业	0	0.00
电力、热力、燃气及水生产和供应业	3	8.57	科学研究和技术服务业	0	0.00
建筑业	1	2.86	水利、环境和公共设施管理业	0	0.00
批发和零售业	2	5.71	教育	0	0.00
交通运输、仓储和邮政业	1	2.86	卫生和社会工作	0	0.00
住宿和餐饮业	0	0.00	文化、体育和娱乐业	0	0.00
信息传输、软件和信息技术服务业	2	5.71	综合	0	0.00
合计	35	100.00			

资料来源：沪深交易所，同花顺。

（三）股本结构及规模

表 4　　2016 年黑龙江上市公司股本规模在 10 亿股以上公司分布情况

股本规模（亿股）	公司家数	具体公司
50≤～<100	2	中航资本，中国一重
20≤～<50	4	誉衡药业，哈药股份，东方集团，哈投股份
10≤～<20	8	金洲慈航，安通控股，国中水务，北大荒，*ST 工新，华电能源，宝泰隆，龙江交通

资料来源：沪深交易所，同花顺。

表 5　　2016 年黑龙江上市公司分地区股权构成情况　　单位：家

股权性质 / 地域分布	央企国资控股	省属国资控股	地市国资控股	民营控股	其他	合计
哈尔滨市	7	2	4	12	0	25
齐齐哈尔市	1	0	0	2	0	3
鸡西市	0	0	0	1	0	1
鹤岗市	0	0	0	0	0	0
双鸭山市	0	0	0	0	0	0

续表

地域分布＼股权性质	央企国资控股	省属国资控股	地市国资控股	民营控股	其他	合计
大庆市	1	0	0	0	0	1
伊春市	0	0	0	1	0	1
佳木斯市	1	0	0	0	0	1
七台河市	0	0	0	1	0	1
牡丹江市	0	0	1	0	1	2
黑河市	0	0	0	0	0	0
绥化市	0	0	0	0	0	0
合计	10	2	5	17	1	35

资料来源：黑龙江证监局。

（四）市值规模

截至2016年12月31日，黑龙江35家上市公司境内总市值4481.32亿元，占全国上市公司境内总市值的0.88%；其中上交所上市公司25家，总股本392.36亿股，境内总市值3513.03亿元，占上交所上市公司境内总市值的1.23%；深交所上市公司10家，总股本60.79亿股，境内总市值968.29亿元，占深交所上市公司境内总市值的0.43%。

（五）资产规模

截至2016年12月31日，黑龙江35家上市公司合计总资产4777.94亿元，归属于母公司股东权益1533.24亿元，与2015年相比，分别增长23.21%、24.66%；平均每股净资产3.38元。

三、黑龙江上市公司经营情况及变动分析

（一）总体经营情况

表6　　2016年黑龙江上市公司经营情况

指标	2016年	2015年	变动率（%）
家数	35	35	0.00
亏损家数	3	6	-50.00
亏损家数比例（%）	8.57	17.14	-8.57
平均每股收益（元）	0.09	0.17	-47.06
平均每股净资产（元）	3.38	3.64	-7.14
平均净资产收益率（%）	2.69	4.53	-1.84
总资产（亿元）	4777.94	3877.85	23.21
归属于母公司股东权益（亿元）	1533.24	1229.9	24.66
营业收入（亿元）	1290.35	1194.38	8.04
利润总额（亿元）	81.51	92.23	-11.62
归属于母公司所有者的净利润（亿元）	41.25	55.61	-25.82

资料来源：沪深交易所，同花顺。

（二）分行业经营情况

表 7　　2016 年黑龙江上市公司分行业经营情况

所属行类	营业收入（亿元）	可比样本变动率（%）	归属于母公司所有者的净利润（亿元）	可比样本变动率（%）
农、林、牧、渔业	38.74	-5.47	8.02	14.24
采矿业	0.00	-	0.00	-
制造业	786.30	3.82	-10.20	-152.99
电力、热力、燃气及水生产和供应业	113.73	-13.33	5.07	39.46
建筑业	75.80	6.29	0.29	16.36
批发和零售业	153.49	1.49	9.87	43.42
交通运输、仓储和邮政业	4.99	-0.98	2.89	4.73
住宿和餐饮业	0.00	-	0.00	-
信息传输、软件和信息技术服务业	29.82	46.37	2.06	136.72
金融业	87.48	0.77	23.24	0.51
房地产业	0.00	-	0.00	-
租赁和商务服务业	0.00	-	0.00	-
科学研究和技术服务业	0.00	-	0.00	-
水利、环境和公共设施管理业	0.00	-	0.00	-
教育	0.00	-	0.00	-
卫生和社会工作	0.00	-	0.00	-
文化、体育和娱乐业	0.00	-	0.00	-
综合	0.00	-	0.00	-
合计	1290.35	2.06	41.25	-35.34

资料来源：沪深交易所，同花顺。

（三）业绩变动情况分析

1. 营业收入、毛利率等变动原因分析

2016 年，黑龙江上市公司实现营业收入共计 1290.35 亿元，较 2015 年上涨 8.04%，约 1/3 的公司营业总收入出现负增长；营业利润 70.57 亿元，较 2015 年下降 20%；归属于上市公司股东的净利润共计 41.25 亿元，较 2015 年下降 25.82%；毛利率 7.76%，较 2015 年基本持平。

2. 盈利构成分析

2016 年，黑龙江上市公司利润来源主要是营业利润，其占利润总额的 87%。35 家上市公司中完全依靠非经常性损益实现盈利（即非经常性损益占归属于上市公司股东净利润的比例超过 100%）的有 2 家，较 2015 年度下降 66%。非经常性损益占归属于上市公司股东净利润比例在 50% ~100% 的有 2 家，比例在 30% ~50% 的有 3 家。扣除非经常性损益之后，共有 5 家公司亏损。

2016 年，由于制造业等周期性传统行业公司的经营状况与外部宏观经济环境正相关，伴随着经济周期的波动，辖区上市公司行业分化较为突出。辖区 21 家制造业公司中，共 3 家出现亏损，亏损占制造业公司总数的 14%，部分企业出现巨亏。除去亏损公司，辖区其他18家制造业公司实现净利润约为53.14亿元，与金融、信息技术等行业上市公司相比，经营效率、盈利能力等指标明显偏低。

3. 经营性现金流量分析

2016年，黑龙江上市公司经营现金流量净额为-115.16亿元，25家公司经营现金流量净额为正，占35家上市公司的71.4%，与2015年度基本持平。

4. 业绩特点分析

（1）与2015年度相比，黑龙江上市公司亏损加剧。2016年，黑龙江省上市公司实现营业收入1290.35亿元，同比增长8.04%；实现净利润44.49亿元，同比下降约20%。35家上市公司中，实现盈利的32家，亏损的3家，亏损家数较2015年度减少3家，累计亏损63.52亿元，较2015年增长138.52%。中国一重、佳电股份2家公司因连续两年出现亏损被实施退市风险警示，中国一重出现巨亏。此外，部分公司的业绩对政府补助等非经常性损益依赖较大，扣除非经常性损益之后，5家公司出现亏损。

（2）主要盈利指标落后于全国平均水平。2016年，黑龙江上市公司平均营业总收入、净利润、每股收益分别为37.41亿元、1.2亿元、0.25元，与全国平均水平94.77亿元、8.05亿元、0.43元，差距比较明显，辖区上市公司净资产收益率（5.73%）也远低于全国平均水平（8.53%）。

（3）国有控股上市公司经营效益有待改善，非国有控股公司实现稳步增长。从数量上看，黑龙江共有国有控股上市公司17家，占比48.62%。从经营业绩上看，黑龙江2016年国有控股上市公司实现营业总收入817.38亿元，与2015年度基本持平。中国一重2016年度亏损约57亿元，除其之外，辖区国有控股上市公司实现净利润约为50.1亿元。而同期辖区18家非国有控股公司经营业绩改善明显，实现营业总收入472.96亿元，实现净利润48.47亿元、31.85亿元，同比增长21.8%、52.18%。

（4）上市公司通过再融资为快速发展奠基了坚实的基础。2016年东方集团等7家上市公司实现再融资194.97亿元，再融资规模位列东北三省之首。其中，东方集团非公开发行融资87亿元，为辖区上市公司近三年单家次融资规模之最。

（5）装备制造作为传统优势行业，业务规模继续保持稳健增长。2016年中直股份等10家装备制造业上市公司共实现营业收入24.45亿元，同比增长6.45%。其中，航天科技实现营业收入约为54.82亿元，同比增长202.84%。东安动力实现营业收入25.38亿元，同比增长101.2%。

（6）医药制造业盈利能力快速增长，成为传统行业发展的新亮点。5家医药类上市公司实现净利润25.43亿元，同比增长11.34%。规模效应得以继续增加，行业龙头地位凸显。

5. 利润分配情况

表 8　　2016 年黑龙江上市公司现金分红情况

2016 年分红公司家数			2016 年分红金额		
家数	变动率（%）	分红公司家数占地区公司总数比重	金额（亿元）	变动率（%）	分红金额占归属于母公司所有者的净利润比重
26	44.44	74.29%	43.56	-8.95	105.6%

资料来源：黑龙江证监局。

四、黑龙江上市公司并购重组情况

（一）并购重组基本情况

2016 年，辖区共有 5 家公司完成重大资产重组，分别为黑化股份、哈投股份、航天科技、工大高新及京蓝科技。并购重组对改善公司业绩效果十分明显，5 家公司 2016 年度营业总收入为 137.74 元，同比增长 190%。实现净利润为 9.36 亿元，同比增长 853%。

（二）并购重组特点

辖区上市公司外延式扩张意愿增强，不断通过并购重组实现产业转型升级，并购重组规模持续扩大。哈投股份收购江海证券，主营业务由供热变为金融与供热并重。工大高新收购汉柏科技，实现了新型技术产业转型。航天科技收购卢森堡两家汽车电子公司，延伸产业链。黑化股份实现重组上市，由传统煤化工变为现代化物流公司。京蓝科技收购沐禾节水，进军高端农业装备制造行业。

五、黑龙江上市公司募集资金情况、使用情况

（一）募集资金总体情况

表 9　　2016 年黑龙江上市公司募集资金情况

发行类型	代码	简称	募集资金（亿元）
再融资（增发、配股）	600179	黑化股份（已更名为安通控股）	7
	600864	哈投股份	50
	000901	航天科技	16.77
	600701	*ST 工新	7.43
	000711	京蓝科技	15.70
	600289	亿阳信通	11.1
	600811	东方集团	87
	小计		195

续表

发行类型	代码	简称	募集资金（亿元）
其他融资（公司债券）	亿阳集团股份有限公司		40
	大庆市城市建设投资开发有限公司		50
	哈尔滨好民居建设投资发展有限公司		20
	哈尔滨秋林集团股份有限公司		10
	黑龙江北大荒农垦集团总公司		30
	双鸭山市大地城市建设开发投资有限公司		20
	小计		170
总计			365

资料来源：黑龙江证监局。

（二）募集资金使用情况及特点

2016 年辖区共 17 家上市公司使用募集资金，总金额为 328.07 亿元，募集资金整体情况良好。辖区募集资金多为生产经营项目，个别用于补充流动资金。

（三）募集资金变更情况

表 10　2016 年黑龙江上市公司募集资金使用项目变更情况

变更募集资金使用项目的公司家数	涉及金额（亿元）	募集资金总额（亿元）	占公司募集资金总额的比例（%）
0	0	0	0

资料来源：黑龙江证监局。

六、黑龙江上市公司规范运作情况

（一）上市公司治理专项情况

一是强化股东减持行为的监管。向辖区上市公司下发《关于执行 <上市公司大股东、董监高减持股份的若干规定> 的通知》，督促公司提醒股东按照规定减持。针对股份减持概率高的 6 家公司建立专项监管台账，要求公司高度关注大股东、董监高的股份减持行为，及时报告，持续关注违规短线交易、违规减持等问题。二是加大对并购重组的事中事后监管力度。按照并购重组审核分道制要求对京蓝科技、航天科技、九洲电气等 3 家公司的并购重组出具意见，并督促上市公司建立并购重组内幕交易防控机制，发现问题，快速反应。

（二）审计情况及监管情况

黑龙江 35 家上市公司的 2016 年年报审计工作由 16 家会计师事务所承担，其中 34 家公司的年报被审计机构出具标准无保留意见的审计报告，1 家公司被出具了保留意见审计报告。

在年报监管方面，一是事前梳理。对照公司风险和会计师事务所审计风险指标，对上市公司存在的问题和风险隐患进行梳理，将16家公司确定为年报重点监管公司。

二是事中监管。以年报审计监管检查为契机，加强对中介机构的执业监管。约谈了瑞华会计师事务所、致同会计师事务所等12家年审机构及签字会计师，充分了解风险。

三是事后分析审核。由监管责任人按A、B角分工分别对公司年报进行分析审核。针对审核发现问题共下发8次问询函，填写《年报审核意见表》13份。

（三）信息披露情况

黑龙江证监局通过对信息披露的事后审查和舆情信息监测，主动筛查问题和线索。一是以提高公司透明度为目标，不断规范上市公司信息披露行为，加强对股价异动的监管，及时关注公司的信息披露。2016年共针对7家上市公司进行了现场检查。针对哈高科及黑化股份信息披露违规问题，采取行政监管措施3项，并将违法违规线索及时移交立案稽查。

二是建立上市公司每日监管快报制度，及时审阅公告，了解辖区动态，密切跟踪，针对问题迅速反馈。黑龙江证监局全年共审阅上市公司定期公告和临时公告4000余份，提出重点关注问题及监管线索160余项，发现问题迅速反应，及时介入。对中国一重、京蓝科技、誉衡药业等19家公司进行了电话问询。向国中水务、亿阳信通、秋林集团等6家公司下发了问询函。约见佳电股份、航天科技、秋林集团等6家公司高管进行谈话。

（四）证券市场服务情况

1. 切实维护投资者合法权益

2016年度，黑龙江证监局妥善处置投资者投诉举报，推动市场主体与中小投资者协商解决争议纠纷；将处置投诉举报作为促进监管的切入点，作为促进上市公司规范运作的“助推器”，实现处置投诉举报与监管工作的有效结合。全年共处置完成投诉举报20余起，切实维护了投资者合法权益。

2. 精心组织策划辖区上市公司培训

2016年度，为了进一步推动辖区上市公司董事、监事、高管等主体各行其权、各司其责，加强内幕交易防控，服务上市公司并购重组、再融资等方面的实际需求，传达最新监管精神。黑龙江证监局联合辖区上市公司协会开展了3次对辖区上市公司200余名董事、监事、高级管理人员及财务总监的培训。通过培训，不但进一步推动了上市公司的规范运作，提升了辖区上市公司的竞争力，而且也加强了对资本市场业务的学习以及对风险的研判管理。

审稿人：郭若超

撰稿人：韩　瑶

上海地区

一、上海国民经济发展概况

表 1　　2016 年上海国民经济发展概况　　单位：亿元

指标	1～3 月		1～6 月		1～9 月		1～12 月	
	绝对量	同比增长（%）	绝对量	同比增长（%）	绝对量	同比增长（%）	绝对量	同比增长（%）
地区生产总值（GDP）	6225.39	6.70	12956.99	6.70	19529.67	6.70	27466.15	6.80
全社会固定资产投资	1190.82	8.40	2810.53	7.90	4418.43	6.40	6751.68	6.30
社会消费品零售总额	2551.32	7.10	5247.13	7.60	8024.60	7.90	10946.57	8.00
规模以上工业增加值	–	–4.30	–	–4.70	–	–1.50	–	1.10
规模以上工业企业实现利润	611.40	6.80	1343.80	–1.60	2054.80	7.30	2906.20	9.00
居民消费价格指数（CPI）	1～3 月		1～6 月		1～9 月		1～12 月	
	3.00		3.10		3.20		3.20	

资料来源：国家统计局。

二、上海上市公司总体情况

（一）公司数量

表 2　　2016 年上海上市公司数量　　单位：家

公司总数	2016 年新增	股票类别			板块分布			
		仅 A 股	仅 B 股	（A+B）股	沪市主板	深市主板	中小板	创业板
240	16	203	4	33	169	2	29	40

资料来源：沪深交易所，同花顺。

（二）行业分布

表 3　　2016 年上海上市公司行业分布情况

所属证监会行业类别	家数	占比（%）	所属证监会行业类别	家数	占比（%）
农、林、牧、渔业	2	0.83	金融业	12	5.00
采矿业	1	0.42	房地产业	22	9.17
制造业	109	45.42	租赁和商务服务业	3	1.25
电力、热力、燃气及水生产和供应业	3	1.25	科学研究和技术服务业	4	1.67
建筑业	11	4.58	水利、环境和公共设施管理业	0	0.00
批发和零售业	20	8.33	教育	1	0.42
交通运输、仓储和邮政业	16	6.67	卫生和社会工作	0	0.00
住宿和餐饮业	1	0.42	文化、体育和娱乐业	4	1.67
信息传输、软件和信息技术服务业	28	11.67	综合	3	1.25
合计	240	100.00			

资料来源：沪深交易所，同花顺。

（三）股本结构及规模

表 4　　2016 年上海上市公司股本规模在 10 亿股以上公司分布情况

股本规模（亿股）	公司家数	具体公司
500≤～＜1000	1	交通银行
200≤～＜500	3	浦发银行，上港集团，中国联通
100≤～＜200	8	宝钢股份，上汽集团，东方航空，绿地控股，上海石化，海通证券，上海电气，中远海发
50≤～＜100	7	协鑫集成，上海建工，东方证券，国泰君安，上海银行，中国太保，招商轮船
20≤～＜50	25	上海莱士，美邦服饰，东方财富，上海电力，中远海能，国投安信，大名城，复星医药，振华重工，中化国际，方正科技，大众交通，华谊集团，大众公用，东方明珠，申能股份，城投控股，陆家嘴，华域汽车，安信信托，隧道股份，世茂股份，环旭电子，上海医药，光大证券

续表

股本规模（亿股）	公司家数	具体公司
10≤～<20	35	三湘印象，二三四五，万达信息，上海机场，中国船舶，航天机电，紫江企业，鹏欣资源，华丽家族，置信电气，光明乳业，云赛智联，中毅达，鼎立股份，氯碱化工，浦东金桥，爱建集团，外高桥，申华控股，中安消，豫园商城，强生控股，*ST中企，交运股份，光明地产，上实发展，益民集团，新华传媒，百联股份，上海机电，丹化科技，海欣股份，张江高科，大智慧，吉祥航空

资料来源：沪深交易所，同花顺

表5　　2016年上海上市公司分地区股权构成情况　　单位：家

股权性质 / 地域分布	央企国资控股	省属国资控股	地市国资控股	民营控股	其他	合计
上海市	36	57	18	105	24	240

资料来源：上海证监局。

（四）市值规模

截至2016年12月31日，上海240家上市公司境内总市值51808.72亿元，占全国上市公司境内总市值的10.19%；其中上交所上市公司169家，总股本3792.01亿股，境内总市值44112.04亿元，占上交所上市公司境内总市值的15.45%；深交所上市公司71家，总股本463.72亿股，境内总市值7696.68亿元，占深交所上市公司境内总市值的3.45%。

（五）资产规模

截至2016年12月31日，上海240家上市公司合计总资产238429.12亿元，归属于母公司股东权益31536.05亿元，与2015年相比，分别增长23.61%、17.89%；平均每股净资产6.47元。

三、上海上市公司经营情况及变动分析

（一）总体经营情况

表6　　2016年上海上市公司经营情况

指标	2016年	2015年	变动率（%）
家数	240	224	7.14
亏损家数	20	20	0.00
亏损家数比例（%）	8.33	8.93	-0.60
平均每股收益（元）	0.65	0.68	-4.41

续表

指标	2016 年	2015 年	变动率（%）
平均每股净资产（元）	6.47	5.93	9.11
平均净资产收益率（%）	10.02	11.48	-1.46
总资产（亿元）	238429.12	192893.33	23.61
归属于母公司股东权益（亿元）	31536.05	26749.62	17.89
营业收入（亿元）	39279.96	36248.63	8.36
利润总额（亿元）	4429.77	4376.87	1.21
归属于母公司所有者的净利润（亿元）	3159.76	3071.27	2.88

资料来源：沪深交易所，同花顺。

（二）分行业经营情况

表 7　　2016 年上海上市公司分行业经营情况

所属行类	营业收入（亿元）	可比样本变动率（%）	归属于母公司所有者的净利润（亿元）	可比样本变动率（%）
农、林、牧、渔业	21.47	26.76	1.13	798.60
采矿业	51.80	4.42	4.52	3859.62
制造业	16838.08	9.03	711.23	13.34
电力、热力、燃气及水生产和供应业	483.40	-3.76	39.25	0.00
建筑业	1790.93	6.98	44.30	3.82
批发和零售业	2779.64	-6.41	78.42	39.43
交通运输、仓储和邮政业	2209.77	-6.13	222.24	12.74
住宿和餐饮业	106.36	91.19	6.95	8.93
信息传输、软件和信息技术服务业	3757.83	5.76	67.08	-39.09
金融业	7413.84	-1.25	1761.55	-12.46
房地产业	3571.29	26.50	201.99	28.93
租赁和商务服务业	54.33	-22.18	1.14	-22.88
科学研究和技术服务业	117.29	4.03	5.64	6.03
水利、环境和公共设施管理业	0.00	-	0.00	-
教育	13.90	19.27	1.83	204.26
卫生和社会工作	0.00	-	0.00	-
文化、体育和娱乐业	41.98	4.63	4.25	-19.04
综合	28.07	-11.76	8.25	41.37
合计	39279.96	5.55	3159.76	-3.28

资料来源：沪深交易所，同花顺。

（三）业绩变动情况分析

1. 营业收入、毛利率等变动原因分析

2016 年，上海上市公司实现营业收入 39279.96 亿元，较 2015 年有所增长；营业利润 4205.04 亿元，较 2015 年减少 0.93%；利润总额 4429.77 亿元，毛利率 9.51%，低于 2015 年（10.30%）水平。与 2015 年相比，投资收益减少 9.62%、资产减值损失增加 15.52%，是营业收入同比增长但营业利润出现下滑的主要原因。

2. 盈利构成分析

营业利润仍是上海上市公司盈利的主要来源，其占利润总额比重为94.93%，略高于2015年（93.12%）的水平，其中投资收益1551.96亿元，占利润总额比重为35.03%，较2015年（37.67%）有所下降。240家上市公司共确认非经常性损益314.06亿元，占归属于上市公司股东净利润的9.94%，低于2015年（11.42%）的占比，非经常性损益的影响有所减少。

3. 经营性现金流量分析

2016年，上海上市公司经营性现金流量净额为6449.59亿元，低于2015年的11164.84亿元。240家上市公司中，181家经营性现金流量净额为正，占比75.42%，略高于2015年的74.58%。其中，剔除金融类上市公司，上海228家上市公司经营性现金流量净额为2687.07亿元，高于2015年的2337.73亿元。

4. 业绩特点分析

（1）实体经济企业持续增长，经营业绩整体向好。2016年，上海非金融业上市公司（228家）共实现营业收入31866.12亿元、净利润1398.21亿元，同比分别增长8.94%和15.91%。制造、房地产等行业同比增幅较大。制造业上市公司（109家）实现营业收入16838.08亿元、净利润711.23亿元，房地产业上市公司（22家）实现营业收入3571.29亿元、净利润201.99亿元，与2015年相比，增速均有明显提升。

（2）银行业低速增长，证券业利润下滑明显。2016年，上海金融业上市公司（12家）共实现净利润1761.55亿元，同比减少12.46%，占上海上市公司净利润的比重为55.75%。其中，银行业（3家）实现净利润1346.17亿元，同比增长3.44%，与2015年增速基本持平，保持低速增长；证券业（5家）利润下滑明显，实现净利润257.73亿元，同比减少49.50%，但与2014年相比，净利润仍上升36.48%。

（3）上海地方国资控股上市公司业绩占主导地位，民营控股公司业绩增长良好。2016年，70家上海地方国资控股上市公司共实现营业收入24984.12亿元，占上海上市公司营业收入总额的63.61%，实现净利润1892.38亿元，占上海上市公司净利润总额的59.89%；净资产收益率12.07%，高于上海上市公司的平均水平。105家民营控股上市公司业绩增长态势良好，2016年度共实现营业收入2600.16亿元，同比增长25.58%；实现净利润213.25亿元，同比增长9.10%，但占上海上市公司净利润总额的比例较低，仅为6.75%。

（4）业绩两极分化，退市风险公司数量有所增加。2016年，净利润排名前20位的上市公司（占上海上市公司家数的8.33%）共计实现净利润2566.56亿元，占上海上市公司净利润总额的81.23%。共有20家上市公司亏损，亏损金额合计69.71亿元。个别公司亏损严重，如中国船舶亏损26.07亿元，*ST智慧亏损17.60亿元。此外，上海新增退市风险公司9家，其中7家公司近两年连续亏损、1家公司2016年末净资产为负值、1家公司2016年财务报告被出具无法表示意见的审计报告。

5. 利润分配情况

2016年，上海共有185家公司实施了现金分红，占上海240家上市公司的77.08%，较2015年分红家数（162家）增长14.20%。合计分红总额1038.81亿元，占上海上市公司归属于母公司所有者的净利润的32.88%，较2015年分红金额（997.84亿元）增长4.11%。上海上市公司现金分红家数和金额均呈稳定增长态势，回报投资者意识不断增强。

表8　2016年上海上市公司现金分红情况

2016年分红公司家数			2016年分红金额		
家数	变动率（%）	分红公司家数占地区公司总数比重	金额（亿元）	变动率（%）	分红金额占归属于母公司所有者的净利润比重
185	14.20	77.08%	1038.81	4.11	32.88%

资料来源：上海证监局。

四、上海上市公司并购重组情况

（一）并购重组基本情况

2016年，上海上市公司完成并购重组35家次，涉及交易金额1204.62亿元。上海上市公司积极利用资本市场进行并购重组和融资，推进供给侧结构性改革，加快产业转型升级步伐，成效显著。

表9　上海上市公司2016年并购重组情况

股票贷码	公司简称	并购重组方式	涉及金额（亿元）
600000	浦发银行	发行股份购买资产	163.52
600072	钢构工程	发行股份购买资产	16.42
600490	鹏欣资源	发行股份购买资产	17.00
600604	市北高新	发行股份购买资产	5.61
600741	华域汽车	发行股份购买资产	45.08
600748	上实发展	发行股份购买资产	1.39
600848	上海临港	发行股份购买资产	16.62
000863	三湘印象	发行股份及支付现金购买资产	19.00
002527	新时达	发行股份及支付现金购买资产	10.00

续表

股票代码	公司简称	并购重组方式	涉及金额（亿元）
002605	姚记扑克	发行股份及支付现金购买资产	2.55
300008	天海防务	发行股份及支付现金购买资产	13.55
300061	康耐特	发行股份及支付现金购买资产	23.40
300129	泰胜风能	发行股份及支付现金购买资产	2.88
300170	汉得信息	发行股份及支付现金购买资产	1.29
300222	科大智能	发行股份及支付现金购买资产	13.49
300326	凯利泰	发行股份及支付现金购买资产	4.81
603128	华贸物流	发行股份及支付现金购买资产	12.00
601727	上海电气	资产置换及发行股份购买资产	63.17
600649	城投控股	吸收合并阳晨 B 股	37.91
600193	创兴资源	重大资产出售	0.00
600634	中技控股	重大资产出售	24.16
600822	上海物贸	重大资产出售	0.00
600026	中远海能	重大资产出售	53.33
		重大资产购买	66.29
601866	中远海发	重大资产出售	49.23
		重大资产购买	272.53
600073	上海梅林	重大资产购买	13.05
600151	航天机电	重大资产购买	5.98
600634	中技控股	重大资产购买	16.32
600654	中安消	重大资产购买	7.88
600654	中安消	重大资产购买	9.78
600663	陆家嘴	重大资产购买	94.89
600754	锦江股份	重大资产购买	85.55
600097	开创国际	重大资产购买	4.26
600530	交大昂立	重大资产购买	7.10
600651	飞乐音响	重大资产购买	10.69
600061	国投安信	重大资产购买及吸收合并	13.89
总计			1204.62

（二）并购重组特点

2016 年，上海上市公司贯彻落实国家重点产业调整规划，利用资本市场兼并重组，通过横向或纵向的产业整合，做大做强优势企业，有效推动去产能、去库存。在国资国企改革不断深化的背景下，上海国有控股上市公司利用资本市场发展的意识和能力不断提升，通过并购重组加快发展创新步伐。随着经济全球化进程和我国对外开放战略的稳步推进，越来越多的上海上市公司通过国际化并购获取技术资源和优质资产，提升企业竞争力和影响力，海外并购保持活跃态势。

五、上海上市公司募集资金情况、使用情况

（一）募集资金总体情况

表 10　　2016 年上海上市公司募集资金情况

发行类型	代码	简称	募集资金（亿元）
首发	601229	上海银行	107.00
	601595	上海电影	9.53
	603131	上海沪工	2.52
	603159	上海亚虹	1.72
	603189	网达软件	4.01
	603515	欧普照明	8.67
	603633	徕木股份	2.03
	603777	来伊份	7.00
	603868	飞科电器	7.86
	603886	元祖股份	6.10
	603887	城地股份	2.98
	603987	康德莱	5.00
	002825	纳尔股份	2.54
	300501	海顺新材	2.95
	300508	维宏股份	2.37
	300511	雪榕生物	6.31
	300551	古鳌科技	2.29
	小计		180.88
再融资（非公开发行 A 股）	600094	大名城	48.00
	600115	东方航空	85.48
	600151	航天机电	20.34
	600196	复星医药	23.00
	600604	市北高新	21.39
	600622	嘉宝集团	18.19
	600628	新世界	13.15

续表

发行类型	代码	简称	募集资金（亿元）
再融资（非公开发行 A 股）	600653	申华控股	5.18
	600676	交运股份	14.25
	600741	华域汽车	44.62
	600748	上实发展	37.63
	600754	锦江股份	45.18
	600816	安信信托	49.91
	600827	百联股份	9.27
	600844	丹化科技	17.80
	603003	龙宇燃油	35.05
	603009	北特科技	7.36
	603030	全筑股份	5.00
	603108	润达医疗	11.40
	603885	吉祥航空	33.68
	002184	海得控制	3.23
	002195	二三四五	16.70
	002568	百润股份	7.71
	002669	康达新材	8.50
	002706	良信电器	5.10
	300017	网宿科技	35.70
	300180	华峰超纤	10.36
	300230	永利股份	13.70
	300236	上海新阳	3.00
	300253	卫宁健康	8.20
	300262	巴安水务	12.00
	600072	钢构工程	16.42
	603128	华贸物流	12.00
	000863	三湘印象	18.60
	002605	姚记扑克	2.37
	300008	天海防务	11.02
	300059	东方财富	40.00
	300061	康耐特	12.30
	300129	泰胜风能	1.78
	300222	科大智能	7.90
	300326	凯利泰	3.40
	小计		795.87

续表

发行类型	代码	简称	募集资金（亿元）
再融资（H股首发）	600635	大众公用	13.91
	600958	东方证券	65.29
	601788	光大证券	77.00
	小计		156.20
再融资（优先股）	601328	交通银行	450.00
其他融资（公司债券）	600018	上港集团	80.00
	600094	大名城	52.00
	600115	东方航空	30.00
	600196	复星医药	30.00
	600500	中化国际	25.00
	600606	绿地控股	100.00
	600638	新黄浦	16.50
	600648	外高桥	30.00
	600654	中安消	11.00
	600665	天地源	10.00
	600675	中华企业	29.43
	600748	上实发展	10.00
	600823	世茂股份	35.00
	600837	海通证券	260.00
	600895	张江高科	29.00
	600958	东方证券	170.00
	601021	春秋航空	23.00
	601211	国泰君安	320.00
	601607	上海医药	20.00
	601788	光大证券	140.00
	000863	三湘股份	10.00
	300336	新文化	10.00
	600050	中国联通	180.00
	600061	国投安信	45.00
	小计		1665.93
总计			3248.88

资料来源：上海证监局。

（二）募集资金使用情况及特点

2016年，上海共有117家上市公司使用募集资金，使用金额合计1248.54亿元。截至2016年年底，上海共有108家上市公司存在尚未使用完毕的募集资金，募集资金余额合计370.82亿元。近年来，上海上市公司融资规模增长迅速，募集资金整体使用情况较为规范。主要特点如下：一是募集资金整体使用效率较高，但受经济转型及行业动态变化影响，个别公司募集资金使用进度较慢，部分募投项目未达预期收益。二是使用闲置募集资金购买理财产品的现象更加普遍，主要用于购买保本型银行理财产品。

（三）募集资金变更情况

2016年，上海有13家上市公司变更募集资金的使用项目，涉及20个募投项目（变更前），计划投入募集资金51.82亿元，占该13家上市公司相关募集资金总额的24.27%。募集资金变更的主要原因包括：一是根据项目行业发展和市场环境变化，暂缓或取消原募投项目，或者变更募投项目的实施方式和地点；二是根据公司经营规划和战略转型需要，终止部分原募投项目，改投新项目；三是将原募投项目结余资金投资新项目，进一步提高募集资金使用效率。

表11　　2016年上海上市公司募集资金使用项目变更情况

变更募集资金使用项目的公司家数	涉及金额（亿元）	募集资金总额（亿元）	占公司募集资金总额的比例（%）
13	51.82	213.51	24.27

资料来源：上海证监局。

六、上海上市公司规范运作情况

（一）上市公司治理专项情况

2016年，上海上市公司积极强化制度建设与执行，对公司章程中利润分配、征集投票权、中小投资者单独计票、累积投票等条款修订完善，积极实施股东大会网络投票，注重发挥独立董事在公司治理中的作用，规范运作水平进一步提升。上海证监局加强承诺监管，持续关注承诺进展，及时督促相关方切实履行承诺，充分保护上市公司和中小股权权益；严格查处违规减持和短线交易行为，增强对大股东及董监高超比例减持未披露、短线交易、敏感期买卖股票等违法行为的线索排查和监管执法力度。

（二）审计情况及监管情况

2016年，25家会计师事务所为上海240家上市公司提供了2016年年报审计服务。其中，236家公司的审计报告为标准无保留意见，2家公司的审计报告为带强调事项段的无保留意见，1家公司的审计报告为保留意见，1家公司的审计报告为无法表示意见。上海上市公司非标意见报告数量占比为 1.67%，较 2015 年（1.34%）略有上升，低于全国平均水平（3.50%）。上海证监局以问题风险为导向，通过对会计师事务所的现场走访，及时提示风险；创新现场检查方式方法，提升审计执业检查的深入度和覆盖度；加大对审计执业违规行为的处理处罚力度，有效督促会计师事务所归位尽责，切实提升审计执业质量。

（三）信息披露情况

2016 年，上海上市公司不断加强信息披露管理，持续提高信息披露的及时性和透明度；自愿信息披露意愿进一步增强，自愿性信息披露公告数量和公司家数逐年上升；积极开展投资者集体接待日、投资者走进上市公司等活动，加强与投资者的互动交流。上海证监局通过培训、座谈、编发监管通讯等方式，不断引导和推动上市公司提高信息披露质量；坚持以信息披露为核心，加强对定期报告的审阅分析，强化对临时报告和媒体质疑的核查，加大对信息披露违法违规行为的处理处罚，切实提高上市公司信息披露质量。

（四）证券市场服务情况

一是搭建平台，增进上市公司和投资者的交流互动。2016 年，159 家上市公司参加了首届上海上市公司投资者集体接待日活动，在线回答了投资者提出和关注的 3310 个问题，增强了双方的互动互信，受到了广大投资者的欢迎。联合上海上市公司协会持续开展“投资者走进上市公司”系列活动，2016 年共走进光明乳业等 9 家公司，近 300 名中小投资者参与，为中小投资者深入了解公司提供便利。

二是多措并举，保障投资者重要权利行使。积极引导上市公司利用交易所平台、公司网站、微博微信等多种渠道，在依法合规前提下增强主动性、自愿性信息披露，进一步保障投资者知情权。督促上市公司落实中小投资者投票制度；推动实施网络投票，2016 年上海上市公司股东大会网络投票实现全覆盖；引导上市公司合理选择股东大会会场等，便利中小投资者参与表决和监督，进一步保障投资者表决权。支持配合中证中小投资者服务中心工作，督促上市公司及时修订完善公司章程利润分配等条款，优化投资者回报机制，进一步保障投资者收益权。

三是注重服务，扎实推进首发上市工作。上海证监局不断优化辅导备案工作流程，增强辅导过程透明度，充分发挥社会公众监督作用；强化中介机构责任，进一步理顺行政监管与中介履职关系；加强对申请验收企业的现场核查，有效落实强化辅导验收工作要求。2016 年，上海证监局共收到 26 家公司的辅导验收申请，完成 21 家公司的验收工作。

审稿人：韩少平　袁同济　张　浩
撰稿人：赵　瀛　鲍　晟　于晓萌　于　森

江苏地区

一、江苏国民经济发展概况

表 1　　2016 年江苏国民经济发展概况　　单位：亿元

指　标	1～3 月		1～6 月		1～9 月		1～12 月	
	绝对量	同比增长（%）	绝对量	同比增长（%）	绝对量	同比增长（%）	绝对量	同比增长（%）
地区生产总值（GDP）	16509.04	8.30	36531.73	8.20	55281.46	8.10	76086.17	7.80
全社会固定资产投资	10515.24	9.30	22452.30	9.70	34897.97	8.50	49370.85	7.50
社会消费品零售总额	7079.49	10.50	13883.02	10.60	20880.40	10.80	28707.12	10.90
规模以上工业增加值	8008.64	7.70	17068.38	7.80	25962.47	7.80	35433.23	7.70
规模以上工业企业实现利润	2089.00	10.90	4597.60	10.80	6995.70	11.50	10525.80	10.00
居民消费价格指数（CPI）	1～3 月		1～6 月		1～9 月		1～12 月	
	2.40		2.30		2.30		2.30	

资料来源：国家统计局。

二、江苏上市公司总体情况

（一）公司数量

表 2　　2016 年江苏上市公司数量　　单位：家

公司总数	2016 年新增	股票类别			板块分布			
		仅 A 股	仅 B 股	（A+B）股	沪市主板	深市主板	中小板	创业板
317	41	313	1	3	122	25	102	68

资料来源：沪深交易所，同花顺。

（二）行业分布

表 3　　2016 年江苏上市公司行业分布情况

所属证监会行业类别	家数	占比（%）	所属证监会行业类别	家数	占比（%）
农、林、牧、渔业	0	0.00	金融业	8	2.52
采矿业	0	0.00	房地产业	7	2.21
制造业	236	74.45	租赁和商务服务业	3	0.95
电力、热力、燃气及水生产和供应业	3	0.95	科学研究和技术服务业	5	1.58
建筑业	8	2.52	水利、环境和公共设施管理业	4	1.26
批发和零售业	16	5.05	教育	0	0.00
交通运输、仓储和邮政业	8	2.52	卫生和社会工作	1	0.32
住宿和餐饮业	1	0.32	文化、体育和娱乐业	4	1.26
信息传输、软件和信息技术服务业	9	2.84	综合	4	1.26
合计	317	100.00			

资料来源：沪深交易所，同花顺。

（三）股本结构及规模

表 4　　2016 年江苏上市公司股本规模在 10 亿股以上公司分布情况

股本规模（亿股）	公司家数	具体公司
100≤～<200	1	江苏银行
50≤～<100	5	徐工机械，苏宁云商，宁沪高速，南京银行，华泰证券
20≤～<50	23	华东科技，中南建设，鸿达兴业，美年健康，沙钢股份，金螳螂，胜利精密，康得新，爱康科技，保千里，恒瑞医药，南钢股份，海澜之家，海润光伏，国电南瑞，中天科技，江苏有线，汇鸿集团，常熟银行，新城控股，怡球资源，东吴证券，凤凰传媒
10≤～<20	50	中国天楹，东方市场，四环生物，威孚高科，中航动控，智慧农业，南极电商，东华能源，奥特佳，洋河股份，必康股份，雷科防务，沪电股份，中超控股，通鼎互联，辉丰股份，旷达科技，天顺风能，亚太科技，春兴精工，千红制药，江阴银行，海伦哲，东方电热，吴通控股，德威新材，宏图高科，江苏阳光，中央商场，维维股份，红豆股份，双良节能，亨通光电，黑牡丹，栖霞建设，长电科技，太极实业，*ST 常林，苏州高新，综艺股份，保税科技，中航高科，无锡银行，中材国际，连云港，文峰股份，林洋能源，风范股份，吴江银行，今世缘

资料来源：沪深交易所，同花顺。

表 5　　2016 年江苏上市公司分地区股权构成情况　　单位：家

股权性质 / 地域分布	央企国资控股	省属国资控股	地市国资控股	民营控股	其他	合计
南京市	9	10	8	27	7	61
无锡市	1	0	5	46	6	58
徐州市	0	0	1	9	0	10
常州市	1	0	2	23	0	26
苏州市	1	0	6	68	15	90
南通市	1	0	1	26	3	31
连云港市	0	0	1	6	0	7
淮安市	0	1	1	0	0	2
盐城市	0	0	1	3	1	5
扬州市	2	1	1	5	1	10
镇江市	0	0	3	5	0	8
泰州市	1	0	0	4	1	6
宿迁市	0	0	1	2	0	3
合计	16	12	31	224	34	317

资料来源：江苏证监局。

（四）市值规模

截至 2016 年 12 月 31 日，江苏 317 家上市公司境内总市值 36868.75 亿元，占全国上市公司境内总市值的 7.25%；其中，上交所上市公司 122 家，总股本 1353.86 亿股，境内总市值 16730.87 亿元，占上交所上市公司境内总市值的 5.86%；深交所上市公司 195 家，总股本 1448.72 亿股，境内总市值 20137.87 亿元，占深交所上市公司境内总市值的 9.03%。

（五）资产规模

截至 2016 年 12 月 31 日，江苏 317 家上市公司合计总资产 57981.74 亿元，归属于母公司股东权益 12280.61 亿元，与 2015 年相比，分别增长 87.25%、40.05%；平均每股净资产 4.33 元。

三、江苏上市公司经营情况及变动分析

（一）总体经营情况

表 6　　2016 年江苏上市公司经营情况

指标	2016 年	2015 年	变动率（%）
家数	317	276	14.86
亏损家数	17	19	-10.53
亏损家数比例（%）	5.36	6.88	-1.52

续表

指标	2016 年	2015 年	变动率（%）
平均每股收益（元）	0.37	0.33	12.12
平均每股净资产（元）	4.33	4.08	6.13
平均净资产收益率（%）	8.48	8.1	0.38
总资产（亿元）	57981.74	30964.62	87.25
归属于母公司股东权益（亿元）	12280.61	8768.52	40.05
营业收入（亿元）	13919.03	11454.44	21.52
利润总额（亿元）	1380.14	956.41	44.30
归属于母公司所有者的净利润（亿元）	1040.93	710.19	46.57

资料来源：沪深交易所，同花顺。

（二）分行业经营情况

表 7　　2016 年江苏上市公司分行业经营情况

所属行类	营业收入（亿元）	可比样本变动率（%）	归属于母公司所有者的净利润（亿元）	可比样本变动率（%）
农、林、牧、渔业	0.00	–	0.00	–
采矿业	0.00	–	0.00	–
制造业	6523.84	19.49%	499.43	44.40%
电力、热力、燃气及水生产和供应业	58.02	4.44	6.66	0.20%
建筑业	609.35	36.48	27.31	7.69
批发和零售业	4521.46	29.40%	48.87	27.28%
交通运输、仓储和邮政业	170.56	8.32	38.78	36.14
住宿和餐饮业	8.35	13.45%	0.42	–16.49%
信息传输、软件和信息技术服务业	222.35	22.64%	33.12	22.99%
金融业	913.14	–3.61	300.03	–9.42
房地产业	509.41	18.71	49.14	51.69
租赁和商务服务业	10.38	21.14	2.18	–15.45
科学研究和技术服务业	80.51	50.60	8.43	36.89
水利、环境和公共设施管理业	31.67	–6.65	2.82	–40.77%
教育	0.00	–	0.00	–
卫生和社会工作	30.82	46.65	3.39	30.21
文化、体育和娱乐业	141.76	8.88	17.53	8.18
综合	87.41	18.01	2.83	–754.38%
合计	13919.03	21.04%	1040.93	19.97%

资料来源：沪深交易所，同花顺。

（三）业绩变动情况分析

1. 营业收入、毛利率等变动原因分析

2016 年，江苏地区上市公司实现营业收入 13919.03 亿元，较 2015 年增长 21.52%；营业利润 1293.41 亿元，较 2015 年增长 48.46%；利润总额 1380.14 亿元，较 2015 年增长 44.30%。辖区上市公司总数大幅增加、部分上市公司业绩改善、房地产业公司盈利提升是辖区上市公司总体收入、利润保持增加的主要原因，金融业上市公司盈利能力回落明显。扣除华泰证券、东吴证券、江苏银行、南京银行等 8 家金融业上市公司，江苏地区上市公司平均毛利率为 20.48%，较 2015 年增长 0.88 个百分点，盈利能力进一步得到加强。

2. 盈利构成分析

从盈利构成来看，2016 年江苏地区上市公司利润主要来源于营业利润，为 1293.41 亿元，占利润总额的 93.72%，较 2015 年增加 2.63 个百分点；其次为营业外收入，总额 124.81 亿元，占利润总额的 9.04%，较 2015 年下降 3.39 个百分点；营业外支出 38.09 亿元，对利润影响较小，占利润总额的 2.76%，较 2015 年下降 0.77 个百分点，营业外利润对上市公司利润的影响进一步下降。

3. 经营性现金流量分析

2016 年，江苏地区 317 家上市公司中共有 259 家公司的经营活动产生的现金流量净额为正，占上市总数的 81.7%，较 2015 年下降 1.27 个百分点。扣除华泰证券、东吴证券、江苏银行、南京银行等 8 家金融业上市公司，江苏地区上市公司经营活动产生的现金流量净额 1024.70 亿元，较 2015 年增长 28.50%，增幅较 2015 年回落 29.32 个百分点。

4. 业绩特点分析

一是上市公司整体业绩较 2015 年呈现回升，营业收入较 2015 年增长 21.52%，增幅较 2014 年增长 9.1 个百分点；归属于上市公司股东净利润较 2015 年增长 46.57 %，增幅较 2015 年增长 22.06 个百分点；平均每股收益较 2015 年增长 12.12%，增幅较 2015 年增长 17.83 个百分点。

二是行业经营业绩分化明显。占比 72.87% 的制造业保持了平稳增长，归属上市公司股东净利润增长 44.40%；4 个行业的净利润出现下降，亏损行业数量较 2015 年下降 50%，分别是住宿和餐饮业 -16.49%，金融业 -9.42%，租赁和商务服务业 -15.45%，水利、环境和公共设施管理业 -40.77%；4 个行业的净利润增幅超过 30.00%，分别是交通运输、仓储和邮政业 36.14%，房地产业 51.69%，科技研究和技术服务业 36.89%，卫生和社会工作 30.21%；综合业上市公司的总体业绩由亏损转为盈利。

三是亏损企业依然集中在制造业，转型升级压力较大。2016 年辖区共有 17 家亏损企业，其中 14 家制造企业，归属于母公司的净利润为 -37.17 亿元，占辖区上市公司总亏损金额的 90.48%，较 2015

年下降4.83个百分点，制造业上市公司亏损金额较2015年减少62.95亿元。

5. 利润分配情况

表8　2016年江苏上市公司现金分红情况

2016年分红公司家数			2016年分红金额		
家数	变动率（%）	分红公司家数占地区公司总数比重	金额（亿元）	变动率（%）	分红金额占归属于母公司所有者的净利润比重
266	20.36	83.91%	356.79	36.55	34.29%

资料来源：江苏证监局。

四、江苏上市公司并购重组情况

（一）并购重组基本情况

2016年，伴随着并购重组的政策收紧，并购重组热潮趋于理性，上市公司并购重组越来越注重产业的逻辑。

2016年全年江苏共有49家上市公司涉及并购重组，交易金额为1587.84亿元。30家上市公司完成了并购重组，交易金额为423.76亿元。与2015年相比，实施并购重组家数与金额基本保持持平。

上市公司通过并购重组实现多元化发展，整体质量得到有效提升。部分公司通过横向并购扩大产业规模，部分公司通过纵向并购延伸产业链条，部分公司通过整体资产置换实现过剩产能出清和优质资产注入，促进产业结构转型升级。

（二）并购重组特点

1. 板块分布多元化

30家公司中，上交所主板公司为5家，交易金额为121.16亿元，深交所中小板公司16家，交易金额为240.62亿元，创业板公司9家，交易金额61.98亿元。从交易规模而言，主板公司平均交易规模较大；从板块分布而言，中小板、创业板公司数量占比超过80%，是并购重组的主力军。

2. 产业并购仍是主流

30家公司中，有21家公司并购以横向整合和垂直整合为主，通过产业并购达到资源整合并发挥协同效应以提升行业地位，尤其是传统制造业除了通过提高内部管理能力和科技创新能力实现加快转型以外，注重针对新技术、新产品进行外延式并购加速优化升级；有6家公司并购以多元化战略为主，通过进入新领域增强上市公司利润增长点；此外，有2家公司涉及重组上市，有1家公司涉及战略合作。

3. 交易进程实施较快

受益于证监会简政放权及推动市场化进程，22家发行股份购买资产公司从首次披露至最终实施完成的时间平均为250天左右，整体效率较高。

五、江苏上市公司募集资金情况、使用情况

（一）募集资金总体情况

表 9　　2016 年江苏上市公司募集资金情况

发行类型	代码	简称	募集资金额（亿元）
首发	300585. SZ	奥联电子	1. 76
	603929. SH	亚翔集成	2. 07
	300575. SZ	中旗股份	3. 65
	603416. SH	信捷电气	4. 05
	603878. SH	武进不锈	7. 08
	603389. SH	亚振家居	3. 84
	603585. SH	苏利股份	6. 18
	603990. SH	麦迪科技	1. 61
	603928. SH	兴业股份	4. 29
	603036. SH	如通股份	3. 03
	603660. SH	苏州科达	3. 52
	603819. SH	神力股份	2. 26
	603900. SH	莱绅通灵	7. 95
	300563. SZ	神宇股份	1. 44
	603203. SH	快克股份	3. 50
	603323. SH	吴江银行	7. 16
	300555. SZ	路通视信	2. 81
	603313. SH	梦百合	8. 67
	300549. SZ	优德精密	2. 18
	601500. SH	通用股份	8. 07
	601128. SH	常熟银行	9. 11
	600908. SH	无锡银行	7. 89
	300537. SZ	广信材料	1. 96
	603090. SH	宏盛股份	1. 81
	002807. SZ	江阴银行	9. 24
	002808. SZ	苏州恒久	1. 91
	300528. SZ	幸福蓝海	4. 46
	603007. SH	花王股份	3. 54

续表

发行类型	代码	简称	募集资金金额（亿元）
首发	300522. SZ	世名科技	2. 81
	600919. SH	江苏银行	71. 29
	603016. SH	新宏泰	2. 90
	603958. SH	哈森股份	4. 49
	002802. SZ	洪汇新材	2. 29
	603339. SH	四方冷链	4. 65
	002796. SZ	世嘉科技	2. 25
	603528. SH	多伦科技	4. 20
	300509. SZ	新美星	2. 31
	300507. SZ	苏奥传感	3. 54
	603028. SH	赛福天	1. 92
	300500. SZ	启迪设计	2. 78
	002778. SZ	高科石化	1. 66
	小计		232. 13
再融资（增发、可转债）	300196. SZ	长海股份	7. 82
	600400. SH	红豆股份	17. 89
	002165. SZ	红宝丽	3. 67
	002519. SZ	银河电子	15. 05
	300325. SZ	德威新材	5. 94
	601599. SH	鹿港文化	9. 81
	002223. SZ	鱼跃医疗	25. 27
	002531. SZ	天顺风能	19. 68
	002516. SZ	旷达科技	11. 51
	002024. SZ	苏宁云商	290. 85
	300382. SZ	斯莱克	3. 36
	002610. SZ	爱康科技	37. 77
	601555. SH	东吴证券	33. 93
	002734. SZ	利民股份	7. 40
	600562. SH	国睿科技	4. 90
	002685. SZ	华东重机	4. 79
	600358. SH	国旅联合	3. 70
	002182. SZ	云海金属	3. 94

续表

发行类型	代码	简称	募集资金额（亿元）
再融资（增发、可转债）	002484. SZ	江海股份	11. 81
	002659. SZ	中泰桥梁	17. 25
	002747. SZ	埃斯顿	9. 30
	002290. SZ	中科新材	3. 61
	002450. SZ	康得新	47. 84
	600327. SH	大东方	4. 01
	300421. SZ	力星股份	5. 51
	000525. SZ	红太阳	10. 34
	601799. SH	星宇股份	14. 77
	000961. SZ	中南建设	45. 80
	002160. SZ	常铝股份	6. 63
	002367. SZ	康力电梯	8. 79
	300304. SZ	云意电气	5. 36
	300373. SZ	扬杰科技	9. 74
	601222. SH	林洋能源	27. 56
	002380. SZ	科远股份	9. 15
	002150. SZ	通润装备	3. 69
	002426. SZ	胜利精密	33. 62
	300215. SZ	电科院	5. 16
	300261. SZ	雅本化学	0. 50
	600074. SH	ST 保千里	19. 59
	002221. SZ	东华能源	28. 82
	300190. SZ	维尔利	11. 23
	002546. SZ	新联电子	13. 22
	603117. SH	万林股份	8. 22
	601199. SH	江南水务	7. 60
	002245. SZ	澳洋顺昌	5. 10
	002496. SZ	辉丰股份	8. 45
	小计		889. 95
其他融资（公司债）	000425. SZ	徐工机械	30. 00
	000936. SZ	华西股份	12. 00
	000936. SZ	华西股份	9. 00

续表

发行类型	代码	简称	募集资金金额（亿元）
其他融资（公司债）	000961. SZ	中南建设	30. 00
	000961. SZ	中南建设	20. 00
	000961. SZ	中南建设	48. 00
	000961. SZ	中南建设	30. 00
	002090. SZ	金智科技	5. 00
	002221. SZ	东华能源	12. 00
	002411. SZ	必康股份	40. 00
	002445. SZ	中南文化	6. 00
	002531. SZ	天顺风能	8. 00
	002585. SZ	双星新材	15. 00
	300190. SZ	维尔利	10. 00
	600074. SH	ST 保千里	12. 00
	600716. SH	凤凰股份	20. 00
	600736. SH	苏州高新	30. 00
	601155. SH	新城控股	50. 00
	601688. SH	华泰证券	140. 00
	小计		527. 00
总计			1649. 08

资料来源：江苏证监局。

（二）募集资金使用情况及特点

2016 年度，辖区共有 106 家公司通过首发、再融资（定增、可转债）、公司债等方式募集资金 1649. 08 亿元。辖区上市公司募集资金使用情况较为规范，涉及变更募集资金使用项目的公司严格履行了内部审批及对外披露程序。

（三）募集资金变更情况

2016 年度，辖区共有 14 家公司变更了募集资金使用项目，涉及金额 26. 49 亿元，占 35 家公司募集资金总额（162. 17 亿元）的 16. 33%。公司变更募集资金使用项目的主要原因有：一是募集资金到位后，拟使用项目所处行业发生明显变化，继续投资难以实现预期效益，公司变更投向；二是部分项目募集资金出现盈余，为提高使用效率，剩余资金变更投向。

表 10　　2016 年江苏上市公司募集资金使用项目变更情况

变更募集资金使用项目的公司家数	涉及金额（亿元）	募集资金总额（亿元）	占公司募集资金总额的比例（%）
14	26.49	162.17	16.33

资料来源：江苏证监局。

六、江苏上市公司规范运作情况

（一）上市公司治理专项情况

2016 年，江苏证监局突出重点公司、高风险公司和机构执业的重点项目，实现全面监管。把风险导向和双随机结合起来，在双随机检查的基础上，开展了针对募集资金使用、实施借壳重组的专项检查，开展了年报监管、公司治理、高管违规买卖股票、股东违规减持等日常检查。对发现的问题积极采取监管措施，督促上市公司及时整改，通过公司治理专项培训等方式不断提高公司规范运作意识，提升公司治理水平。

（二）审计情况及监管情况

2016 年，共有 38 家证券资格会计师事务所为江苏公司出具了 2016 年度审计报告。在 2016 年年报审计意见类型中，标准无保留意见的审计报告 310 份（占 97.89%），非标意见审计报告 7 份（占 2.21%）。2016 年，江苏辖区共有 20 家上市公司变更了审计机构，占上市公司总数的 6.31%。原因为原会计师事务所时间冲突或受限、审计到期、重大资产重组需要等。

（三）信息披露情况

2016 年，江苏证监局紧紧抓住信息披露的真实、准确、及时的要求，不断提升上市公司信息披露质量。一是加强上市公司宣传教育，提升公司规范运作意识，减少信息披露无知违规的情况。二是督促公司提升自愿性信息披露水平，防止信息披露不足与披露过度的现象。三是针对性提升公司信息披露水平，对信息披露考核为 C 以下的公司“一司一策”，要求公司加强内控和信息披露流程梳理。

（四）证券市场服务情况

2016 年，江苏证监局探索实践多项举措，全面服务和保护资本市场投资者。一是完善投资者保护工作机制，建立了包括辖区证券期货公司、行业协会在内的投资者保护联络工作平台，强化行业投保工作合力；二是开展投资者宣传教育，全年共开展了健康环保行、微信评选、“走进上市公司”、“走进投教基地”等五大主题活动，宣传投资者保护相关政策；三是密切投诉举报、媒体质疑等投资者重点关注的问题，严格按照规定处理，维护投资者和上市公司的合法权益。

审稿人：许加林
撰稿人：徐　萍　陈　宇　王　瑞
孙　蕾　马秋霞　肖永鹏

浙江地区

一、浙江国民经济发展概况

表 1　　2016 年浙江国民经济发展概况　　单位：亿元

指标	1～3月		1～6月		1～9月		1～12月	
	绝对量	同比增长（%）	绝对量	同比增长（%）	绝对量	同比增长（%）	绝对量	同比增长（%）
地区生产总值（GDP）	9356.20	7.20	20762.33	7.70	32234.33	7.50	46484.98	7.50
全社会固定资产投资	5423.96	12.50	13659.00	12.60	21176.90	11.10	29571.00	10.90
社会消费品零售总额	5026.10	10.40	10179.72	10.90	15614.40	10.90	2170.79	11.00
规模以上工业增加值	2887.77	6.10	6518.74	6.70	10040.60	6.60	14008.82	6.20
规模以上工业企业实现利润	750.70	17.00	1893.60	14.60	2957.20	15.20	4322.70	16.10
居民消费价格指数（CPI）	1～3月		1～6月		1～9月		1～12月	
	2.30		2.00		1.80		1.90	

资料来源：国家统计局。

二、浙江上市公司总体情况

（一）公司数量

表 2　　2016 年浙江上市公司数量　　单位：家

公司总数	2016 年新增	股票类别			板块分布			
		仅 A 股	仅 B 股	（A+B）股	沪市主板	深市主板	中小板	创业板
273	25	271	1	1	91	14	119	49

资料来源：沪深交易所，同花顺。

（二）行业分布

表 3　　2016 年浙江上市公司行业分布情况

所属证监会行业类别	家数	占比（%）	所属证监会行业类别	家数	占比（%）
农、林、牧、渔业	0	0.00	金融业	1	0.37
采矿业	1	0.37	房地产业	8	2.93
制造业	207	75.82	租赁和商务服务业	7	2.56
电力、热力、燃气及水生产和供应业	3	1.10	科学研究和技术服务业	0	0.00
建筑业	4	1.47	水利、环境和公共设施管理业	1	0.37
批发和零售业	10	3.66	教育	0	0.00
交通运输、仓储和邮政业	0	0.00	卫生和社会工作	3	1.10
住宿和餐饮业	0	0.00	文化、体育和娱乐业	10	3.66
信息传输、软件和信息技术服务业	16	5.86	综合	2	0.73
合计	273	100.00			

资料来源：沪深交易所，同花顺。

（三）股本结构及规模

表 4　　2016 年浙江上市公司股本规模在 10 亿股以上公司分布情况

股本规模（亿股）	公司家数	具体公司
100≤～<200	1	浙能电力
50≤～<100	3	海康威视，新湖中宝，小商品城
20≤～<50	17	万向钱潮，传化智联，大华股份，滨江集团，联络互动，浙江永强，荣盛石化，森马服饰，华谊兄弟，杭钢股份，巨化股份，美都能源，中国巨石，浙江龙盛，康恩贝，物产中大，杭州银行
10≤～<20	44	华数传媒，华媒控股，普洛药业，嘉凯城，新和成，亿帆医药，三花智控，华峰氨纶，景兴纸业，万丰奥威，海翔药业，天马股份，利欧股份，报喜鸟，海亮股份，大东南，浙富控股，海宁皮城，亚厦股份，康盛股份，万里扬，巨星科技，申通快递，贝因美，世纪华通，完美世界，向日葵，华策影视，宋城演艺，金科娱乐，宋都股份，升华拜克，阳光照明，嘉化能源，士兰微，杭萧钢构，腾达建设，华海药业，卧龙电气，浙报传媒，东方通信，轻纺城，桐昆股份，正泰电器

资料来源：沪深交易所，同花顺。

表 5　　2016 年浙江上市公司分地区股权构成情况　　单位：家

股权性质 / 地域分布	央企国资控股	省属国资控股	地市国资控股	民营控股	其他	合计
杭州市	7	5	8	77	5	102
温州市	0	0	1	15	0	16
嘉兴市	1	0	3	20	4	28
湖州市	0	0	0	16	1	17
绍兴市	0	1	3	40	1	45
金华市	0	0	2	17	2	21
衢州市	0	2	0	1	0	3
舟山市	0	0	0	1	0	1
台州市	1	0	3	33	1	38
丽水市	0	0	0	2	0	2
合计	9	8	20	222	14	273

资料来源：浙江证监局。

（四）市值规模

截至 2016 年 12 月 31 日，浙江 273 家上市公司境内总市值 34501.29 亿元，占全国上市公司境内总市值的 6.78%；其中上交所上市公司 91 家，总股本 962.65 亿股，境内总市值 11499.81 亿元，占上交所上市公司境内总市值的 4.03%；深交所上市公司 182 家，总股本 1360.29 亿股，境内总市值 23001.48 亿元，占深交所上市公司境内总市值的 10.31%。

（五）资产规模

截至 2016 年 12 月 31 日，浙江 273 家上市公司合计总资产 25302.7 亿元，归属于母公司股东权益 9526.32 亿元，与 2015 年相比，分别增长 76.10%、34.68%；平均每股净资产 4.09 元。

三、浙江上市公司经营情况及变动分析

（一）总体经营情况

表 6　　2016 年浙江上市公司经营情况

指标	2016 年	2015 年	变动率（%）
家数	273	248	10.08
亏损家数	13	19	-31.58
亏损家数比例（%）	4.76	7.66	-2.90
平均每股收益（元）	0.4	0.33	21.21
平均每股净资产（元）	4.09	3.82	7.07

续表

指标	2016 年	2015 年	变动率（%）
平均净资产收益率（%）	9.74	8.59	1.15
总资产（亿元）	25302.7	14367.99	76.10
归属于母公司股东权益（亿元）	9526.32	7073.32	34.68
营业收入（亿元）	11589.52	9489.98	22.12
利润总额（亿元）	1197.89	803.45	49.09
归属于母公司所有者的净利润（亿元）	928.31	607.39	52.84

资料来源：沪深交易所，同花顺。

（二）分行业经营情况

表 7　　2016 年浙江上市公司分行业经营情况

所属行类	营业收入（亿元）	可比样本变动率（%）	归属于母公司所有者的净利润（亿元）	可比样本变动率（%）
农、林、牧、渔业	0.00	–	0.00	–
采矿业	3.15	28.59	0.25	124.97
制造业	6569.64	13.18	557.68	34.71
电力、热力、燃气及水生产和供应业	426.91	-1.56	65.81	-8.59
建筑业	220.82	5.80	9.02	29.06
批发和零售业	2859.30	14.54	47.88	32.26
交通运输、仓储和邮政业	0.00	–	0.00	–
住宿和餐饮业	0.00	–	0.00	–
信息传输、软件和信息技术服务业	312.51	17.68	49.08	45.43
金融业	137.33	10.71	40.21	8.54
房地产业	550.57	37.98	80.51	826.45
租赁和商务服务业	153.50	24.43	23.54	31.18
科学研究和技术服务业	0.00	–	0.00	–
水利、环境和公共设施管理业	6.93	2.68	3.29	12.77
教育	0.00	–	0.00	–
卫生和社会工作	58.77	64.24	5.40	18.46
文化、体育和娱乐业	230.12	26.02	43.94	10.55
综合	59.96	-17.37	1.71	118.38
合计	11589.52	14.12	928.31	41.98

资料来源：沪深交易所，同花顺。

（三）业绩变动情况分析

1. 营业收入、毛利率等变动原因分析

2016 年，浙江辖区上市公司整体业绩增长较快。全年度实现营业收入 11589.52 亿元，同比增长 22.12 %；利润总额 1197.89 亿元，同比增长 49.09%；归属于母公司所有者的净利润 928.31 亿元，同比增长 52.84%；平均毛利率达到 22.12%。同时，企业亏损面缩小，全年 13 家公司出现亏损，比 2015 年减少 2 家。

2. 盈利构成分析

从盈利构成来看，2016 年辖区上市公司利润来源主要是主业利润，其占利润总额比重约为87.28%，比2015年度降低2.04个百分点。投资收益占利润总额的15.75%，比2015年同期增加5.2个百分点。营业外利润占利润总额的12.72%，比2015年同期增加2.04个百分点。此外，扣除非经常性损益的净利润占净利润的比例约为71.16%，比上年同期降低3.5个百分点。

3. 经营性现金流量分析

2016年，辖区上市公司经营活动现金净流入2031.12亿元，同比增加116.62%。273家上市公司中，239家经营性现金流量为正，占比87.55%，高于2015年的84.68%。

4. 业绩特点分析

随着创新驱动发展、供给侧结构性改革、“一带一路”等战略的深入实施和持续推进，2016年浙江辖区上市公司整体业绩稳定增长，经济结构稳步优化，供给侧改革成效显著，上市公司“浙江高地”进一步显现。

一是产业转型升级频现新亮点。浙江上市公司以传统行业为主，积极调整产业布局，加大供给侧改革力度。如黑色金属冶炼及压延加工、造纸业均扭亏为盈；化学原料和化学制造业扭转业绩下滑趋势，实现净利润增长。荣盛石化通过新增芳烃项目进一步完善产业链，该项目当年实现毛利超20亿元。同时，战略新兴产业成为加快发展经济的“新动力”，业绩和新增固定资产投资快速增长。

二是“去杠杆去库存”成效显著。上市公司总体杠杆水平处于安全合理区域，资产负债率低于全国的整体水平；房地产业上市公司存货余额连续两年减少，存货在总资产中的占比继续下降。

三是降成本成果初现。2016年浙江省全面实施“营改增”，并减征地方水利建设基金等费用，整体降税费效果有所体现。

5. 利润分配情况

表8　2016年浙江上市公司现金分红情况

2016年分红公司家数			2016年分红金额		
家数	变动率（%）	分红公司家数占地区公司总数比重	金额（亿元）	变动率（%）	分红金额占归属于母公司所有者的净利润比重
231	14.93	84.62%	310.85	32.78	33.49%

资料来源：浙江证监局。

四、浙江上市公司并购重组情况

（一）并购重组基本情况

2016年，浙江辖区上市公司共有150家上市公司实施并购重组326起，比2015年度增加10.51%；交易金额1114.83亿元，比2015年度减少5.02%。经过几年来的蓬勃发展，平均每单并购金额略有下降，单位并购数量呈上升趋势。2016年，平均每单并购金额3.42亿元；单位并购数量为2.17，高出全国平均水平1.39。

从行业分布来看，软件开发及服务、影

视动漫、汽车零部件、其他通用机械等行业成为并购重组最为集中的领域，2016 年上述行业并购重组数量 84 次，占比达 25.69%。

（二）并购重组特点

1. 并购重组持续活跃，重组家数与金额呈上升趋势

浙江上市公司并购数量近五年基本呈现稳步上升趋势从 2010 年的 139 次增加到 2016 年的 326 次，并购金额从 100 亿元增加到 1114.83 亿元，并购次数和并购金额不断增长。

2. 海外并购继续受到资本青睐

浙江上市公司以民营企业为主，2016 年，浙江上市公司实施海外并购 43 起，涉及金额 172 亿元，已远超 2015 年全年水平。

3. 新兴行业并购不断升温

浙江上市公司以传统制造业为主，化工、医药生物、机器设备等传统行业并购占比较大。近年来，随着影视、互联网等行业的发展，软件开发及服务、影视动漫等新兴行业并购重组数量呈上升趋势。

4. 并购重组形式、目的更加多元

重组形式多元化，除了传统的资产置换外，协议收购、发行股份购买资产、二级市场收购日益增多。重组目的多元化，以横向整合、多元化战略为目的的重大资产重组占比达 83.78%。

5. 并购重组伴生问题开始显现

并购重组中商誉占交易总额的比重逐年上升，商誉存在高估迹象。部分公司的高额商誉和商誉减值损失对公司报表影响明显。同时，因业绩未达承诺导致的重组风险初步显现。

五、浙江上市公司募集资金情况、使用情况

（一）募集资金总体情况

表 9　　2016 年浙江上市公司募集资金情况

发行类型	代码	简称	募集资金（亿元）
首发	002801	微光股份	2.87
	603701	德宏股份	2.65
	603520	司太立	3.65
	603667	五洲新春	4.45
	603816	顾家家居	20.34
	603556	海兴电力	22.06
	002793	东音股份	2.99
	300512	中亚股份	7.06
	002795	永和智控	3.71
	300519	新光药业	2.44
	603033	三维股份	3.98

续表

发行类型	代码	简称	募集资金（亿元）
首发	603258	电魂网络	9.37
	603822	嘉澳环保	2.16
	300550	和仁科技	2.51
	300548	博创科技	2.43
	603239	浙江仙通	4.93
	300553	集智股份	1.69
	300558	贝达药业	7.2
	600926	杭州银行	37.67
	300582	英飞特	4.9
	603298	杭叉集团	10.98
	603823	百合花	4.77
	300571	平治信息	1.2
	小计		166.01
再融资（增发、配股）	000963	华东医药	35.00
	002003	伟星股份	2.31
	002011	盾安环境	8.50
	002020	京新药业	7.06
	002034	美欣达	4.00
	002043	兔宝宝	5.00
	002050	三花智控	4.00
	002061	江山化工	8.22
	002099	海翔药业	10.27
	002131	利欧股份	11.40
	002135	东南网架	5.00
	002173	创新医疗	30.00
	002206	海利得	6.00
	002244	滨江集团	27.54
	002247	帝龙文化	31.93
	002280	联络互动	48.00
	002344	海宁皮城	17.41
	002364	中恒电气	10.00
	002370	亚太药业	13.24

续表

发行类型	代码	简称	募集资金（亿元）
再融资（增发、配股）	002381	双箭股份	4.76
	002403	爱仕达	3.07
	002434	万里扬	31.12
	002468	申通快递	197.00
	002472	双环传动	12.00
	002493	荣盛石化	40.00
	002590	万安科技	8.45
	002617	露笑科技	13.19
	002624	完美世界	170.00
	002637	赞宇科技	7.70
	002699	美盛文化	20.88
	002712	思美传媒	4.35
	002718	友邦吊顶	3.36
	300032	金龙机电	25.00
	300068	南都电源	24.50
	300113	顺网科技	5.19
	300234	开尔新材	4.06
	300244	迪安诊断	10.03
	300250	初灵信息	7.12
	300266	兴源环境	15.94
	300300	汉鼎宇佑	13.97
	300306	远方光电	7.14
	300316	晶盛机电	13.20
	300347	泰格医药	5.00
	300349	金卡智能	17.11
	300351	永贵电器	14.76
	300459	金科娱乐	41.36
	600126	杭钢股份	92.87
	600160	巨化股份	32.00
	600175	美都能源	62.35
	600176	中国巨石	48.00
	600512	腾达建设	25.50

续表

发行类型	代码	简称	募集资金（亿元）
再融资（增发、配股）	600521	华海药业	2.09
	600580	卧龙电气	16.00
	600633	浙数文化	19.50
	601233	桐昆股份	30.00
	601579	会稽山	13.28
	601877	正泰电器	93.71
	603008	喜临门	9.40
	603085	天成自控	5.07
	603168	莎普爱思	5.05
	603558	健盛集团	10.02
	603618	杭电股份	6.35
	603799	华友钴业	18.32
	小计		1494.65
其他融资（公司债券、短期融资券、中期票据、次级债、金融债、境外发行债券）	002332	仙琚制药	2
	002266	浙富控股	0.5
	000411	英特集团	5
	000925	众合科技	2
	600208	新湖中宝	35
	600267	海正药业	12
	600283	钱江水利	3
	600704	物产中大	155
	600415	小商品城	35
	600526	菲达环保	5
	600512	腾达建设	10
	600273	嘉化能源	3
	600352	浙江龙盛	65
	600572	康恩贝	11
	002099	海翔药业	5
	002133	广宇集团	1
	002244	滨江集团	21
	600926	杭州银行	2435
	300020	银江股份	4

续表

发行类型	代码	简称	募集资金（亿元）
其他融资（公司债券、短期融资券、中期票据、次级债、金融债、境外发行债券）	300027	华谊兄弟	35
	002344	海宁皮城	28
	300068	南都电源	3
	002430	杭氧股份	5
	601177	杭齿前进	2
	601233	桐昆股份	9
	300244	迪安诊断	8
	300266	兴源环境	5
	002634	棒杰股份	0.5
	603008	喜临门	4
	小计		2909
总计			4569.66

资料来源：浙江证监局。

（二）募集资金使用情况及特点

2016年，辖区上市公司募集项目资金总额4569.66亿元，其中首发与再融资总额1660.66亿元，已投入使用募集金额1214.16亿元，占首发与再融资金额的73.11%。募集资金的使用严格履行决策程序，总体来看使用情况较好，但也存在募投项目进展延缓情况未及时披露、募集资金置换不规范、募集资金专户存放不严格等问题。

（三）募集资金变更情况

表10　2016年浙江上市公司募集资金使用项目变更情况

变更募集资金使用项目的公司家数	涉及金额（亿元）	募集资金总额（亿元）	占公司募集资金总额的比例（%）
9	13.3	4583.43	0.29

资料来源：浙江证监局。

六、浙江上市公司规范运作情况

（一）上市公司治理专项情况

2016年，浙江证监局在中国证监会领导和浙江省政府指导下，充分发挥综合监管体系的作用，坚持守住不发生系统性风险的基本底线，坚持把保护投资者合法权益放在突出位置，坚持市场化、法治化、国际化的改革方向，坚持服务浙江实体经济发展的根本宗旨，切实履行“两维护、一促进”监管职责。2016年，对16家上市公司出具了行政监管措施，对36家上市公司下发了监管关注函，对维护辖区资本市场秩序产生了很大作用。

（二）审计情况及监管情况

在2016年年报审计中，境内21家会计师事务所为浙江辖区273家上市公司提供审计业务。其中，262家公司的审计报告为标准无保留意见，7家公司的审计报告为带强调事项段无保留意见，4家公司的审计报告为保留意见。

浙江证监局在日常监管中强化年报审核在非现场监管中的作用。通过完善年报审阅及审核底稿和流程，建立18项具体监管指标来确定年报审核对象，全年审核覆盖面达到监管公司总量的19.05%。全年完成93家上市公司的年报审阅和52家上市公司的年报审核工作；电话问询上市公司董监高66人次；电话问询会计师、保荐机构、财务顾问38人次；约谈上市公司董监高63人次；累计向上市公司下发24份年报监管关注函、向会计师、保荐机构下发2份监管关注函，下发10份行政监管措施。

此外，加大对中介机构的监管力度。在对部分上市公司检查时，对会计师事务所、保荐机构、财务顾问等进行延伸检查，对存在的问题采取相应措施。

（三）信息披露情况

2016年，浙江证监局坚持以信息披露监管为核心，以信息披露的真实、及时、准确、完整和公平性为重点，持续加强上市公司信息收集、分析以及监管协作。针对并购重组层出不穷的现状，加大对以市值管理为动机，涉嫌股价操纵的信息披露监管力度，对存在忽悠式重组、以市值管理为名义发布信息操纵股价等新情况、新问题，提升监管敏感度；对重大信息披露问题及时开展现场核查，妥善处置风险事项；加强与交易所、稽查部门等二级市场监控部门的监管联动，及时查处和打击违规行为。上市公司信息披露质量稳步提高，辖区上市公司信息披露整体较好。

（四）证券市场服务情况

投资者保护是证券市场的基础性工作。浙江证监局积极落实证券市场保护投资的各种举措。2016年妥善处理上市公司类举报事项112件、12386转办事项43件，内容涉及上市公司生产经营、信息披露、资产收购等方面问题；组织召开辖区新上市公司培训会，明确监管要求，开好“上市第一课”；积极赴上市公司走访调研，分别就并购重组、再融资、公司债发行、产业转型升级、投资者保护等方面与公司进行深入交流，提炼成熟经验；开展投资者座谈会，倾听投资者诉求心声。根据个人和机构投资者对上市公司的反馈意见和建议，严格督促上市公司认真落实投资者关系管理措施，明确要求上市公司执行累积投票制、扩大网络投票范围、搭建多渠道沟通平台等，切实提高投资者的参与度，积极服务广大中小投资者。

审稿人：俞　峰、吴凯亮

撰稿人：郑昕璨、王珊珊

安徽地区

一、安徽国民经济发展概况

表 1　　2016 年安徽国民经济发展概况　　单位：亿元

指标	1～3 月		1～6 月		1～9 月		1～12 月	
	绝对量	同比增长（%）	绝对量	同比增长（%）	绝对量	同比增长（%）	绝对量	同比增长（%）
地区生产总值（GDP）	4647.26	8.60	11028.49	8.60	17131.95	8.70	24117.87	8.70
全社会固定资产投资	4790.27	11.40	12042.65	11.50	19513.33	11.50	26577.37	11.70
社会消费品零售总额	2427.00	12.00	4792.20	12.10	7257.10	12.20	10000.20	12.30
规模以上工业增加值	2371.00	8.50	4709.80	8.50	7192.70	8.60	10081.20	8.80
规模以上工业企业实现利润	386.30	18.00	847.60	18.20	1291.40	16.60	2078.90	12.30
居民消费价格指数（CPI）	1～3 月		1～6 月		1～9 月		1～12 月	
	2.20		1.80		1.70		1.80	

资料来源：国家统计局。

二、安徽上市公司总体情况

（一）公司数量

表 2　　2016 年安徽上市公司数量　　单位：家

公司总数	2016 年新增	股票类别			板块分布			
		仅 A 股	仅 B 股	（A＋B）股	沪市主板	深市主板	中小板	创业板
93	5	90	0	3	37	16	28	12

资料来源：沪深交易所，同花顺。

（二）行业分布

表 3　　2016 年安徽上市公司行业分布情况

所属证监会行业类别	家数	占比（%）	所属证监会行业类别	家数	占比（%）
农、林、牧、渔业	2	2.15	金融业	3	3.23
采矿业	2	2.15	房地产业	3	3.23
制造业	63	67.74	租赁和商务服务业	0	0.00
电力、热力、燃气及水生产和供应业	1	1.08	科学研究和技术服务业	0	0.00
建筑业	3	3.23	水利、环境和公共设施管理业	3	3.23
批发和零售业	4	4.30	教育	0	0.00
交通运输、仓储和邮政业	2	2.15	卫生和社会工作	0	0.00
住宿和餐饮业	0	0.00	文化、体育和娱乐业	2	2.15
信息传输、软件和信息技术服务业	5	5.38	综合	0	0.00
合计	93	100.00			

资料来源：沪深交易所，同花顺。

（三）股本结构及规模

表 4　　2016 年安徽上市公司股本规模在 10 亿股以上公司分布情况

股本规模（亿股）	公司家数	具体公司
50≤～<100	4	铜陵有色，中弘股份，海螺水泥，马钢股份
20≤～<50	6	华信国际，三七互娱，山鹰纸业，皖江物流，华安证券，新集能源
10≤～<20	17	美菱电器，皖能电力，国元证券，中鼎股份，新光圆成，科大讯飞，长信科技，盛运环保，阳光电源，皖通高速，皖维高新，梦舟股份，江淮汽车，精工钢构，精达股份，恒源煤电，皖新传媒

资料来源：沪深交易所，同花顺。

表 5　　2016 年安徽上市公司分地区股权构成情况　　单位：家

地域分布＼股权性质	央企国资控股	省属国资控股	地市国资控股	民营控股	其他	合计
合肥市	3	10	6	16	2	37
芜湖市	0	3	0	7	1	11
蚌埠市	2	1	0	0	0	3

续表

地域分布＼股权性质	央企国资控股	省属国资控股	地市国资控股	民营控股	其他	合计
淮南市	1	0	0	1	0	2
马鞍山市	1	1	1	5	0	8
淮北市	0	2	0	2	0	4
铜陵市	0	1	2	3	0	6
安庆市	0	0	1	1	0	2
黄山市	0	0	1	1	1	3
阜阳市	0	0	1	0	0	1
宿州市	0	0	0	1	0	1
滁州市	0	0	1	3	0	4
六安市	0	0	0	2	0	2
宣城市	0	0	0	7	0	7
池州市	0	0	1	0	0	1
亳州市	0	0	1	0	0	1
合计	7	18	15	49	4	93

资料来源：安徽证监局。

（四）市值规模

截至 2016 年 12 月 31 日，安徽辖区 93 家上市公司境内总市值 10590.80 亿元，占全国上市公司境内总市值的 2.08%；其中上交所上市公司 37 家，总股本 478.52 亿股，境内总市值 4657.47 亿元，占上交所上市公司境内总市值的 1.63%；深交所上市公司 56 家，总股本 525.23 亿股，境内总市值 5933.33 亿元，占深交所上市公司境内总市值的 2.66%。

（五）资产规模

截至 2016 年 12 月 31 日，安徽辖区 93 家上市公司合计总资产 9955.63 亿元，归属于母公司股东权益 4452.65 亿元，与 2015 年相比，分别增长 26.61%、29.05%；平均每股净资产 4.29 元。

三、安徽上市公司经营情况及变动分析

（一）总体经营情况

表 6　　2016 年安徽上市公司经营情况

指标	2016 年	2015 年	变动率（%）
家数	93	88	5.68
亏损家数	3	9	-66.67
亏损家数比例（%）	3.23	10.23	-7.00

续表

指标	2016 年	2015 年	变动率（%）
平均每股收益（元）	0.36	0.17	111.76
平均每股净资产（元）	4.29	3.97	8.06
平均净资产收益率（%）	8.44	4.29	4.15
总资产（亿元）	9955.63	7863.09	26.61
归属于母公司股东权益（亿元）	4452.65	3450.24	29.05
营业收入（亿元）	6261.78	5046.5	24.08
利润总额（亿元）	491.13	242.05	102.90
归属于母公司所有者的净利润（亿元）	375.59	148.14	153.54

资料来源：沪深交易所，同花顺。

（二）分行业经营情况

表 7　　2016 年安徽上市公司分行业经营情况

所属行类	营业收入（亿元）	可比样本变动率（%）	归属于母公司所有者的净利润（亿元）	可比样本变动率（%）
农、林、牧、渔业	19.75	14.81	0.52	-0.97
采矿业	100.30	14.69	2.77	107.02
制造业	5019.25	12.35	261.13	143.78
电力、热力、燃气及水生产和供应业	106.33	-5.88	8.89	-23.02
建筑业	192.21	-3.84	4.97	-20.67
批发和零售业	266.85	1.62	4.98	0.81
交通运输、仓储和邮政业	92.53	-9.76	14.06	-7.09
住宿和餐饮业	0.00	-	0.00	-
信息传输、软件和信息技术服务业	118.26	26.91	18.44	65.90
金融业	59.21	-45.98	21.70	-54.08
房地产业	108.15	115.05	17.95	105.04
租赁和商务服务业	0.00	-	0.00	-
科学研究和技术服务业	0.00	-	0.00	-
水利、环境和公共设施管理业	35.33	13.55	5.56	25.95
教育	0.00	-	0.00	-
卫生和社会工作	0.00	-	0.00	-
文化、体育和娱乐业	143.60	13.95	14.61	25.35
综合	0.00	-	0.00	-
合计	6261.78	10.62	375.59	98.43

资料来源：沪深交易所，同花顺。

（三）业绩变动情况分析

1. 营业收入、毛利率等变动原因分析

2016 年，安徽 93 家上市公司实现营业收入 6261.78 亿元，同比增长 24.08%；营业利润 361.41 亿元，同比增长 133.24%；归属母公司股东的净利润 375.59 亿元，同比增长 153.54%；平均销售毛利率为 26.23%，同比上升 2.46 个百分点；平均净资产收益率为 8.44%，同比上升 4.15 个百分点。受供给侧结构性改革影响，煤炭、钢铁等产能过剩行业上市公司的业绩明显好转，产业转型升级提效增质的成效明显，主营收入和毛利率同比大幅提升，同时辖区顺丰控股、新光圆成等公司完成借壳上市，重组注入的资产体量较大且盈收良好，直接提升了辖区营业收入和净利润水平。

2. 盈利构成分析

2016 年，安徽辖区上市公司利润总额为 491.13 亿元，其中营业利润达到 361.41 亿元，为上市公司主要利润来源，占利润总额的比重为 73.59%，营业外收支净额为 129.72 亿元；营业利润主要构成中，公允价值变动净收益为 -9.59 亿元，投资净收益达到 57.37 亿元，占比为 15.87%，同比下降 20.11 个百分点，表明辖区上市公司盈利结构进一步改善，主营业务盈利能力明显提升。2016 年，安徽辖区上市公司 90 家实现盈利，3 家出现亏损；其中，海螺水泥继续保持辖区净利润的最高水平，为 85.3 亿元，铜峰电子净利润水平最低，为 -2.1 亿元。

3. 经营性现金流量分析

2016 年，安徽辖区上市公司 75 家经营现金流净额为正，占辖区上市公司的比例为 80.65%，辖区整体经营现金流量净额为 378.94 亿元，平均经营性现金流净额为 4.07 亿元；其中海螺水泥继续保持辖区经营性现金流净额的最高水平，为 131.96 亿元，华安证券经营性现金流净额最低，为 -78.54 亿元。

4. 业绩特点分析

一是过剩行业“去产能”取得成效。辖区 3 家钢铁、煤炭类上市公司购建固定资产、无形资产和其他长期资产支付的现金由 2015 年增长 26.75% 变为 2016 年下降 44.56%，新增产能有所减少，政策措施效果显现。二是房地产行业“去库存”效果明显。3 家房地产上市公司存货占总资产比重为 52.69%，同比下降 12.61 个百分点。三是上市企业“去杠杆”取得成效。2016 年辖区 93 家上市公司资产负债率为 52.84%，同比下降 1.96 个百分点；96 家非金融类上市公司资产负债率为 50.92%，同比下降 0.67 个百分点。四是实体经济“降成本”取得进展。91 家非金融类上市公司营业成本率为 82.06%，下降 3 个百分点；营业总成本率为 95.13%，下降 3.54 个百分点。五是“补短板”领域表现良好。25 家战略新兴产业公司实现营业收入 1337.70 亿元，同比增长 157.65%；实现净利润 82.06 亿元，同比增长 120.14%。

5. 利润分配情况

表 8　　2016 年安徽上市公司现金分红情况

2016 年分红公司家数			2016 年分红金额		
家数	变动率（%）	分红公司家数占地区公司总数比重	金额（亿元）	变动率（%）	分红金额占归属于母公司所有者的净利润比重
68	28.3	73.12%	81.73	9.73	21.76%

资料来源：安徽证监局。

四、安徽上市公司并购重组情况

（一）并购重组基本情况

2016 年度，安徽辖区有顺丰控股、新光圆成等 9 家上市公司依托资本市场实施并购重组，合计交易金额 745.9 亿元，同比增长 376.80%，其中顺丰控股实现借壳上市，排名快递行业上市公司规模业务第一名，交易金额达到 505 亿元，创辖区上市公司并购重组金额的新高；新光圆成借壳方圆支承实现新光集团旗下房地产业务的整体上市，交易金额为 143.87 亿元，为近五年来辖区房地产行业最大一笔并购事项；新力金融通过出售原水泥资产，成功实现由重资产资源消耗类公司向轻资产类金融公司的转型，为辖区首家以小贷、担保及融资租赁业务为主的类金融公司；皖江物流通过注入集团的优质煤电资产，实现由单一港口业务向能源 + 港口 + 运输等全产业链的升级转型。2016 年实施并购重组的上市公司总计实现营业收入 942.86 亿元，归属母公司股东的净利润合计为 75.38 亿元，营业收入及净利润水平同比 2015 年均大幅上升，净利润水平同比增长近 10 倍，同时资产负债率、存货占总资产比重及财务费用同比均有所下降，收入规模和盈利水平好于当年辖区上市公司的总体水平。

（二）并购重组特点

2016 年度，辖区并购重组市场日趋活跃，直接融资金额创历史新高，呈现出重组金额高、行业全、模式多及成效足的特点，有力支持了供给侧结构性改革战略，持续推动辖区上市公司“去杠杆、降成本、补短板”。当年辖区上市公司并购重组金额创历史新高，同比增长近四倍，并购事项涉及能源、物流、房地产、科技及健康产业等多个行业类别，覆盖现金收购、重组募集配套资金、资产出售等各项并购模式业态，有力地促进了供给侧改革提质提效，推动上市公司发展动能不断积聚增强。辖区完成重大资产重组的上市公司，进一步优化了业务规模和资本结构，逐渐形成了新的利润增长点，持续推动并购重组与促进经济转型升级之间的有效结合。

五、安徽上市公司募集资金情况、使用情况

（一）募集资金总体情况

表 9　　2016 年安徽上市公司募集资金情况

发行类型	代码	简称	募集资金（亿元）
首发	300520	科大国创	2.31
	603031	安德利	2.34
	600909	华安证券	51.28
	002817	黄山胶囊	3.01
	300577	开润股份	3.26
	小计		62.20
再融资（增发、配股）	600567	山鹰纸业	20.0
	603308	应流股份	8.65
	600418	江淮汽车	45.67
	601801	皖新传媒	20.0
	000979	中弘股份	39.0
	000521	美菱电器	15.70
	300274	阳光电源	26.50
	002555	三七互娱	28.0
	002607	亚夏汽车	10.0
	002541	鸿路钢构	12.18
	002743	富煌钢构	11.47
	002298	中电鑫龙	10.50
	002226	江南化工	9.77
	300009	安科生物	3.54
	300090	盛运环保	21.66
	300388	国祯环保	5.23
	小计		287.87
其他融资（公司债券、短期融资券、中期票据、次级债、金融债、境外发行债券）	000979	中弘股份	28.7
	600567	山鹰纸业	10
	600909	华安证券	18
	300090	盛运环保	5
	000728	国元证券	30
	小计		91.7
总计			441.77

资料来源：安徽证监局。

（二）募集资金使用情况及特点

2016年度，安徽辖区共有5家公司实现首发上市，首发募集资金62.6亿元；16家上市公司成功实行非公开发行，增发募集资金218.33亿元，主要用于公司技术改造、购买资产及补充流动资金等；5家上市公司通过一般公司债、证券公司债等方式募集资金91.7亿元，合计实现募集资金总额441.77亿元，同比增长59.58%。从报告期内募集资金使用的总体情况上看，辖区上市公司募集资金管理及使用情况规范，基本能够按照预期投资计划使用，及时准确地披露募集资金使用的具体情况，主要存在问题是部分公司募集资金使用进展相对缓慢，募投项目建设进度有待提高；超募资金余额披露不准确，存在超募资金结存金额披露不准确的情形；公司再融资方式较为单一，仅限于增发、一般公司债及可转债等若干常规方式，对配股、优先股、可分离转债存债及资产支持证券等新型融资方式的运用有待提升。

（三）募集资金变更情况

2016年度，安徽辖区上市公司按照证券法律、法规的要求规范使用募集资金，并及时披露了募集资金的使用情况，但部分上市公司因募投项目客观环境发生变化，经履行相关审议及披露程序后，存在部分募集资金使用项目及拟投募资金额发生变更的情形。

表10　2016年安徽上市公司募集资金使用项目变更情况

变更募集资金使用项目的公司家数	涉及金额（亿元）	募集资金总额（亿元）	占公司募集资金总额的比例（%）
众泰汽车	3	7.83	38.31
精达股份	0.89	6.08	14.63
金禾实业	1.69	6.77	24.96

资料来源：安徽证监局。

六、安徽上市公司规范运作情况

（一）上市公司治理专项情况

一是强化风险警示。继续以点名通报的形式对辖区上市公司违法违规行为进行警示提醒，下发《关于进一步加强上市公司规范运作和投资者利益保护 深入开展自查自纠工作的通知》，督导公司及时发现一些倾向性、苗头性风险，抓早抓小，通过早提醒、早警示、早处置等监管措施，遏制违规风险的爆发，防范风险的蔓延。上市公司主动自查，查漏补缺，从源头上提升了规范运作水平。二是强化合规培训。通过举办董监事培训班、新上市（重组）公司董监高“入门谈话”、编印《公众公司及债券监管法规汇编》等，实施广覆盖、多层次规范督导机制；发挥协会自律规范作用，通过优秀董秘证代评选，财务总监、董秘专业委员会定期交流等多渠道开展活动，促进市场主体提高规范运作意识和能力。三是强化问题督导。以编写公司治理案例为契机，梳理辖区上市公司治理存在的问题，总结公司治理监管采用的有效做法，并在监管实践中督导上市公司完善股东大会、董事会、监事会和独立董事制度，规范上市公司股东行为，向董监事及高管宣讲市场规则及最新政策，并提出监管要求，要求其发挥好在健全公司治理中的作用。

（二）审计情况及监管情况

辖区93家上市公司均按期披露了2016年年报，共有16家审计机构进行审计并出具审计报告，其中有1家公司被出具带强调事项段的无保留意见审计报告，其余公司均被出具了标准无保留意见的审计报告；辖区有80家上市公司被出具了标准无保留意见的内控审计报告，有1家公司被出具带强调事项段的无保留意见的审计报告。

审计监管中注重以年报监管为依托，以问题风险为导向，深入年报审计过程，深化监管效果。一是强化谈话提醒，提示年报审计风险。年报前，结合日常监管风险和问题研判，2016年开展6家次年报审计机构“点对点”谈话，提示年报风险及重要审计领域，有针对性地加强执业风险提示，并将监管要求传递到市场，督促其提高执业质量。二是强化监管重点，下发审计风险提示。年报期间，突出对“经营风险、财务风险、审计风险”的提示，当年向辖区相关上市公司的年报审计机构下发《年报审计风险提示》21份，详细列示日常监管关注重点事项，督促审计机构做好对年报重要风险领域的审计。三是强化过程督导，提高年报审计质量。根据年报审计进展情况，选择风险类、重点类公司，开展3家次年报现场督导。通过现场沟通，了解审计过程，有针对有选择地抽取审计工作底稿、公司原始会计资料等进行查阅，核实工作开展情况，然后“一对一”向被督导审计项目提出个性化督导要求或监管提示，督促审计人员勤勉尽责。2016年共开展审计机构现场检查6家次，评估机构现场检查2家次，年报审计现场督导3家次，期货公司年报审计走访1家次，年报审计机构谈话6家次，并举办审计机构座谈会2次。

（三）信息披露情况

2016年，上市公司监管坚持以信息披露为中心，着力强化公司治理规范运作，总体上辖区上市公司信息披露情况整体良好，积极通过投资者调研、投资者关系互动平台等途径进行沟通交流，主动增强信息披露意识和责任履行。一是审阅临时公告、处置媒体质疑等，做好非现场监管。面对监管对象越来越多、监管资源不匹配的态势，提高非现场监管效能，以信息披露监管为核心，聚焦重点公司重点风险领域。每日及时审阅公司公告、舆情信息、交易所监管信息等，就关注事项问询公司情况，及时矫正规范运作问题。关注上市公司关联方资金占用事项、对外担保超过公司净资产事项、违规使用募集资金事项、及控股股东减持及质押公司股份行为等100余个事项，督导公司加强规范运作，做好信息披露，并提出具体监管要求。二是强化制度建设，规范信息披露监管工作。为切实履行辖区上市公司信息披露监管工作职责，规范监管流程，提升监管效能，制订《安徽证监局上市公司信息披露监管工作规程》，明确信息披露监管总体要求、监管人员的监管职责和方法、监管措施实施类型和程序、监管协作安排等，进一步从制度上规范事中事后监管。同时，修订完善《辖区上市公司非现场监管指引》，梳理完善最新的监管法律法规依据，就日常监管重点关注事项、违规风险点、监管响应措施、备忘事项等进行规范，持续推进日常信息披露监管水平的提升。

（四）证券市场服务情况

2016年以来，辖区市场监管中坚持以“三公”原则为指引，通过加强以健全投保机制、现金分红机制和主体承诺履行机制等“三项机制”为抓手，积极做好辖区资本市场服务工作，切实推动市场平稳有序发展。一是聚焦机制建设，督导公司建立健全投保机制。重点是督促公司建立以投资者需求为导向的信息披露体系，把信息披露作为解决问题的重要方式，强化公司治理及内控体系建设。同时，引导公司完善各项投保制度，保障中小投资者知情权，健全上市公司股东投票和表决机制，完善中小投资者赔偿制度。督导上市公司以投资者需求为导向，有针对性地进行信息披露，保障投资者知情权；推动实施单独计票，保障中小投资者依法行使参与权。二是聚焦分红监管，提升股东回报意识。借助董监高培训会、现场检查沟通会等方式持续做好现金分红政策的宣传，督导修改完善公司章程，定期对辖区上市公司分红情况进行摸底调查，推动上市公司建立现金分红长效机制。落实《上市公司现金分红监管指引》，现场检查上市公司现金分红决策程序、分红实施情况、分红信息披露情况等，提升公司现金分红的自觉性。三是聚焦诚信建设，督导承诺主体践诺履约。重点关注上市公司IPO、再融资、并购重组过程中，相关大股东、公司及高管所作的承诺事项，推动承诺方严格履行。对于上市公司或相关承诺主体违法承诺的情况，严格按照相关规定采取监管措施。目前，已将所有行政处罚和行政监管措施在网上公开，并记入证券期货市场诚信档案，进一步推进监管透明化和违规诚信约束，形成“一处失信，处处受限”的诚信惩戒约束。

审稿人：张文生

撰稿人：蒋　诚　祝庆松

福建地区

一、福建国民经济发展概况

表 1　　2016 年福建国民经济发展概况　　单位：亿元

指标	1～3 月		1～6 月		1～9 月		1～12 月	
	绝对量	同比增长（%）	绝对量	同比增长（%）	绝对量	同比增长（%）	绝对量	同比增长（%）
地区生产总值（GDP）	5784.80	8.30	11815.51	8.30	18287.01	8.40	28519.15	8.40
全社会固定资产投资	4275.96	12.00	10925.05	11.50	16698.93	10.50	22927.99	9.30
社会消费品零售总额	2833.16	11.20	5521.36	11.40	8324.44	11.10	11674.54	11.10
规模以上工业增加值	–	7.70	–	7.80	–	7.80	–	7.60
规模以上工业企业实现利润	533.40	22.20	1145.20	16.60	1775.10	17.00	2643.30	19.50
居民消费价格指数（CPI）	1～3 月		1～6 月		1～9 月		1～12 月	
	2.10		1.90		1.60		1.70	

资料来源：国家统计局。

二、福建上市公司总体情况

（一）公司数量

表 2　　2016 年福建上市公司数量　　单位：家

公司总数	2016 年新增	股票类别			板块分布			
		仅 A 股	仅 B 股	（A+B）股	沪市主板	深市主板	中小板	创业板
70	4	70	0	0	27	11	24	8

资料来源：沪深交易所，同花顺。

（二）行业分布

表 3 　　2016 年福建上市公司行业分布情况

所属证监会行业类别	家数	占比（%）	所属证监会行业类别	家数	占比（%）
农、林、牧、渔业	3	4.29	金融业	2	2.86
采矿业	1	1.43	房地产业	4	5.71
制造业	41	58.57	租赁和商务服务业	0	0.00
电力、热力、燃气及水生产和供应业	3	4.29	科学研究和技术服务业	0	0.00
建筑业	0	0.00	水利、环境和公共设施管理业	0	0.00
批发和零售业	5	7.14	教育	0	0.00
交通运输、仓储和邮政业	2	2.86	卫生和社会工作	0	0.00
住宿和餐饮业	0	0.00	文化、体育和娱乐业	0	0.00
信息传输、软件和信息技术服务业	9	12.86	综合	0	0.00
合计	70	100.00			

资料来源：沪深交易所，同花顺。

（三）股本结构及规模

表 4 　　2016 年福建上市公司股本规模在 10 亿股以上公司分布情况

股本规模（亿股）	公司家数	具体公司
200≤～<500	1	紫金矿业
100≤～<200	1	兴业银行
50≤～<100	2	兴业证券，永辉超市
20≤～<50	4	阳光城，冠福股份，福建高速，福耀玻璃
10≤～<20	12	华映科技，航天发展，平潭发展，泰禾集团，三钢闽光，圣农发展，天广中茂，纳川股份，冠城大通，青山纸业，龙净环保，福能股份

资料来源：沪深交易所，同花顺。

表 5 　　2016 年福建上市公司分地区股权构成情况 　　单位：家

股权性质 地域分布	央企国资控股	省属国资控股	地市国资控股	民营控股	其他	合计
福州市	2	8	1	17	4	32
泉州市	0	0	1	12	3	16

续表

股权性质 地域分布	央企国资控股	省属国资控股	地市国资控股	民营控股	其他	合计
莆田市	0	0	0	2	0	2
三明市	0	1	2	1	0	4
漳州市	0	0	3	0	0	3
南平市	0	2	0	3	1	6
龙岩市	0	0	2	2	0	4
宁德市	0	0	1	2	0	3
合计	2	11	10	39	8	70

资料来源：福建证监局。

（四）市值规模

截至2016年12月31日，福建70家上市公司境内总市值11579.44亿元，占全国上市公司境内总市值的2.28%；其中上交所上市公司27家，总股本687.39亿股，境内总市值7105.24亿元，占上交所上市公司境内总市值的2.49%；深交所上市公司43家，总股本324.77亿股，境内总市值4474.20亿元，占深交所上市公司境内总市值的2.01%。

（五）资产规模

截至2016年12月31日，福建70家上市公司合计总资产69249.93亿元，归属于母公司股东权益6384.10亿元，与2015年相比，分别增长16.42%、20.26%；平均每股净资产5.94元。

三、福建上市公司经营情况及变动分析

（一）总体经营情况

表6　　2016年福建上市公司经营情况

指标	2016年	2015年	变动率（%）
家数	70	66	6.06
亏损家数	3	7	-57.14
亏损家数比例（%）	4.29	10.61	-6.32
平均每股收益（元）	0.72	0.75	-4.00
平均每股净资产（元）	5.94	5.85	1.54
平均净资产收益率（%）	12.1	12.84	-0.74
总资产（亿元）	69249.93	59484.63	16.42
归属于母公司股东权益（亿元）	6384.1	5308.62	20.26
营业收入（亿元）	4933.42	4579.6	7.73
利润总额（亿元）	949.34	876.7	8.29
归属于母公司所有者的净利润（亿元）	772.47	681.44	13.36

资料来源：沪深交易所，同花顺。

（二）分行业经营情况

表7　　2016年福建上市公司分行业经营情况

所属行类	营业收入（亿元）	可比样本变动率（%）	归属于母公司所有者的净利润（亿元）	可比样本变动率（%）
农、林、牧、渔业	92.64	14.35	7.25	331.47
采矿业	788.51	6.12	18.40	11.12
制造业	996.93	18.07	97.42	79.89
电力、热力、燃气及水生产和供应业	74.01	-15.38	11.46	4.98
建筑业	0.00	-	0.00	-
批发和零售业	674.00	16.81	16.27	132.43
交通运输、仓储和邮政业	49.06	-2.66	7.21	21.14
住宿和餐饮业	0.00	-	0.00	-
信息传输、软件和信息技术服务业	121.51	32.07	20.71	17.14
金融业	1646.49	-0.75	558.96	2.80
房地产业	490.26	4.30	34.79	12.84
租赁和商务服务业	0.00	-	0.00	-
科学研究和技术服务业	0.00	-	0.00	-
水利、环境和公共设施管理业	0.00	-	0.00	-
教育	0.00	-	0.00	-
卫生和社会工作	0.00	-	0.00	-
文化、体育和娱乐业	0.00	-	0.00	-
综合	0.00	-	0.00	-
合计	4933.42	7.15	772.47	12.98

资料来源：沪深交易所，同花顺。

（三）业绩变动情况分析

1. 营业收入、毛利率等变动原因分析

2016年，福建辖区70家上市公司实现营业收入4933.42亿元，同比增长7.73%；营业成本4031.2亿元，同比增长6.91%；营业利润929.53亿元，同比增长8.42%；利润总额949.34亿元，同比增长8.29%；毛利率为22.38%，同比增加0.33个百分点。总体来看，营业收入增幅略高于营业成本增幅是毛利率增长的主要原因。

2. 盈利构成分析

从盈利构成看，2016年，福建辖区上市公司利润来源主要是营业利润，其占利润总额的比重为97.91%，较2015年度增加0.43个百分点；营业外收支净额占利润总额比重为2.09%，较2015年度下降0.43个百分点。

3. 经营性现金流量分析

2016年，福建辖区56家上市公司经营现金流量净额为正数，占70家上市公司的80%，高于2015年77.27%的水平。

4. 业绩特点分析

2016年度，福建辖区上市公司总体发展形势良好，资产规模平稳增长，盈利水平有所提高。具体情况如下：

（1）福建辖区上市公司资产规模总体增幅较大。截至2016年12月31日，福建辖区上市公司资产总额为69249.93亿元，较2015年同期增长16.42%；归属于母公司股东权益总额为6384.10亿元，较上年同期增长20.26%。

（2）盈利能力总体保持增长。2016年度，福建辖区70家上市公司共实现营业收入4933.42亿元，同比增长7.73%；实现净利润总额772.47亿元，同比增长13.36%；平均净资产收益率12.1%，同比减少0.74个百分点；平均每股收益0.72元，同比下降4%。

（3）企业亏损有所好转。2016年度福建辖区上市公司亏损金额有所下降，辖区70家上市公司中有3家出现亏损，亏损总额为1.92亿元，与2015年度相比，亏损家数减少4家，亏损金额减少90.96%。亏损主要是主营业务市场竞争力不强原因所导致。

（4）上市公司回报股东意识明显提高。2016年，福建辖区共有56家公司提出利润分配或资本公积金转增股本方案，占盈利公司家数的83.58%；发放现金股利家数为54家，占利润分配家数的96.43%；派发现金总额210.04亿元，占福建辖区公司净利润总额的27.19%。

表8　　2016年福建上市公司现金分红情况

2016年分红公司家数			2016年分红金额		
家数	变动率（%）	分红公司家数占地区公司总数比重	金额（亿元）	变动率（%）	分红金额占归属于母公司所有者的净利润比重
54	42.11	77.14%	210.04	11.52	27.19%

资料来源：福建证监局。

四、福建上市公司并购重组情况

（一）并购重组基本情况

2016年，福建辖区上市公司并购重组活动较为活跃。据统计，全年共有22家次上市公司开展并购重组，涉及金额合计153.51亿元，其中，12家次公司已完成，9家次公司已终止，1家次公司正在实施中。

（二）并购重组特点

2016年，福建辖区上市公司开展并购重组目的日益多元化，部分公司通过纵向整合延伸产业链，部分公司通过横向并购扩大生产规模，部分公司通过跨行业重组实现业务转型，部分公司出售不良资产等。

五、福建上市公司募集资金情况、使用情况

（一）募集资金总体情况

表 9　　2016 年福建上市公司募集资金情况

发行类型	代码	简称	募集资金（亿元）
首发	603737	三棵树	3.98
	300525	博思软件	2
	603663	三祥新材	1.77
	300560	中富通	1.8
	小计		9.55
再融资（增发、配股）	002098	浔兴股份	3.1
	601377	兴业证券	122.58
	600483	福能股份	27
	000797	中国武夷	10.99
	600203	福日电子	6.54
	600734	实达集团	12
	002529	海源机械	6.04
	300198	纳川股份	4.01
	002639	雪人股份	4.5
	002229	鸿博股份	7.84
	601933	永辉超市	63.52
	002674	兴业科技	7.16
	603678	火炬电子	10.27
	002110	三钢闽光	30
	600103	青山纸业	21
	000536	华映科技	100
	002578	闽发铝业	4.66
	002517	恺英网络	19.03
	603555	贵人鸟	3.96
	小计		464.20
其他融资（公司债券、短期融资券、中期票据、次级债、金融债、境外发行债券）	601899	紫金矿业	30
	601899	紫金矿业	20
	000732	泰禾集团	30
	601377	兴业证券	25
	000732	泰禾集团	30
	000732	泰禾集团	15
	601377	兴业证券	30

续表

发行类型	代码	简称	募集资金（亿元）
其他融资（公司债券、短期融资券、中期票据、次级债、金融债、境外发行债券）	000671	阳光城	22
	601899	紫金矿业	18
	601899	紫金矿业	12
	601377	兴业证券	30
	600660	福耀玻璃	8
	000671	阳光城	31.1
	000671	阳光城	6.9
	000671	阳光城	13
	601566	九牧王	2
	000671	阳光城	13
	601377	兴业证券	30
	601377	兴业证券	50
	002509	天广中茂	12
	601377	兴业证券	20
	601377	兴业证券	30
	601899	紫金矿业	20
	002299	圣农发展	5
	603555	贵人鸟	4
	600660	福耀玻璃	3
	000993	闽东电力	1
	002682	龙洲股份	2
	601899	紫金矿业	20
	601899	紫金矿业	10
	000536	华映科技	4
	601377	兴业证券	30
	600660	福耀玻璃	3
	600660	福耀玻璃	3
	601377	兴业证券	30
	601899	紫金矿业	10
	600660	福耀玻璃	3
	601899	紫金矿业	10
	000993	闽东电力	1

续表

发行类型	代码	简称	募集资金（亿元）
其他融资（公司债券、短期融资券、中期票据、次级债、金融债、境外发行债券）	603555	贵人鸟	3
	603555	贵人鸟	3
	601899	紫金矿业	5
	601899	紫金矿业	5
	000753	漳州发展	2
	601899	紫金矿业	5
	601899	紫金矿业	5
	601899	紫金矿业	5
	601899	紫金矿业	5
	002299	圣农发展	5
	000732	泰禾集团	20
	601166	兴业银行	100
	601166	兴业银行	300
	601166	兴业银行	200
	601166	兴业银行	200
	小计		1500
总计			1973.75

资料来源：福建证监局。

（二）募集资金使用情况及特点

2016 年，福建辖区共有 46 家上市公司使用募集资金，金额 287.35 亿元，其中，246.89 亿元为 2016 年度募集的资金，占全年使用募集资金总额的 85.92%；40.46 亿元为以前年度募集的资金，占年度使用募集资金总额的 14.08%。募集资金的使用主要涉及制造业、信息技术服务业和金融业等 7 个行业。

（三）募集资金变更情况

2016 年，福建辖区有 4 家上市公司变更募集资金的使用项目，涉及金额约为 5.11 亿元，占该 4 家公司募集资金总额 17.16 亿元的 29.78%。募集资金变更程序合法，均经过公司董事会和股东大会批准。变更的原因主要包括：一是拟投资项目的投资环境发生改变，导致募投项目无法实施或进展缓慢；二是公司战略发展规划调整。

表 10　　2016 年福建上市公司募集资金使用项目变更情况

变更募集资金使用项目的公司家数	涉及金额（亿元）	募集资金总额（亿元）	占公司募集资金总额的比例（%）
4	5.11	17.16	29.78

资料来源：福建证监局。

六、福建上市公司规范运作情况

（一）上市公司治理专项情况

以宣传培训促规范运作。编发《公司监管简报》宣传辖区公司治理和规范运作良好的公司案例；印发《最佳公司治理实践手册》；对 4 家新上市公司开展“监管第一课”，组织董事长签订诚信公约，强调规范运作要求；指导福建省上市公司协会开展 3 次董监高或财务人员证券事务人员培训，强化规范运作意识。

以加强投保促规范运作。联合深交所举办辖区上市公司网上集体接待日活动，66 家上市公司 176 名高管参加，现场答复投资者问题 3768 个，答复率 87%，进一步拓宽投资者沟通渠道；约谈年度投保工作被评为 D 的 5 家公司董秘，督促公司提升投资者保护工作水平；指导福建省上市公司协会开展辖区上市公司投资者关系管理评价，引导公司完善投资者关系管理；通过外网和《公司监管简报》公示辖区上市公司实施现金分红情况，增强公司回报投资者意识。

以内生机制促规范运作。指导福建省上市公司协会从辖区内部控制专家库中挑选 3 名辖区上市公司内控专业人员对福建水泥进行内部控制自律检查，发现内部控制方面问题 24 个，通过交流和自律约束，提升公司内控规范水平。督导公司完善治理结构，对 1 家未及时完成董事会、监事会换届的公司下发关注函，督促开展换届工作。

（二）审计情况及监管情况

12 家会计师事务所承接了福建辖区上市公司的年报审计业务，其中，福建华兴会计师事务所（特殊普通合伙）承接 24 家、致同会计师事务所（特殊普通合伙）承接 24 家、瑞华会计师事务所（特殊普通合伙）承接 3 家，合计占总量的 77.27%。全年，福建证监局完成了证监会会计部安排的 1 个全面检查、1 个专项检查和 2 个债券审计项目执业质量线索核查，自主安排了 8 个年审项目执业质量专项检查，延伸检查 2 个审计项目，下发 7 份监管关注函，约见谈话 7 家次年审机构，向证监会会计部建议对 2 个检查项目相关责任主体采取行政监管措施。同时，坚持开展审计执业质量评价，创新使用审计机构质量控制部门自评与监管评价相结合的方式，督导审计机构履职尽责。

（三）信息披露情况

持续提升上市公司信息披露质量。全

年，福建证监局共开展18项现场检查，累计对6家上市公司及3名董事、监事、高级管理人员出具行政监管措施，并通过局外网和《公司监管简报》等平台公示违法违规信息，实现对上市公司惩戒措施的公开化、透明化，加大警示和威慑力度。

（四）证券市场服务情况

一是调研指导。福建证监局局领导实地走访有并购重组、再融资意向或长期未再融资的12家公司，针对性地指导公司借力资本市场规范发展。二是推动交流。组织并购经验较丰富的12家公司召开董秘例会，分享并购重组实务经验，构建交流平台。三是打造平台。联合省发改委、省国资委等部门举办并购重组对接会，辖区17家上市公司，23家标的公司以及2家中介机构参会，打造企业并购重组对接平台。

（五）其他

福建证监局自主开展大股东及其关联方资金占用和关联交易合规情况摸排工作，对3家公司开展专项核查；要求辖区各上市公司成立专项工作小组，自查并向福建证监局报送近3年关联方与关联交易信息披露情况，发现5家次公司存在问题并督促整改，下发1份监管关注函。

审稿人：洪文志　陈燕苹　潘琼芳

撰稿人：王佳炜　朱智敏

江西地区

一、江西国民经济发展概况

表 1　　2016 年江西国民经济发展概况　　单位：亿元

指标	1～3 月		1～6 月		1～9 月		1～12 月	
	绝对量	同比增长（%）	绝对量	同比增长（%）	绝对量	同比增长（%）	绝对量	同比增长（%）
地区生产总值（GDP）	3766.91	9.10	7827.37	9.10	12587.30	9.10	18364.41	9.00
全社会固定资产投资	2805.48	14.70	8787.31	14.10	14453.89	14.20	19378.69	14.00
社会消费品零售总额	1510.90	11.90	2997.40	11.90	4576.80	11.90	6634.60	12.00
规模以上工业增加值	1625.90	9.10	3281.60	9.00	5282.30	9.10	7803.60	9.00
规模以上工业企业实现利润	418.70	13.00	859.20	12.10	1407.20	12.50	2399.40	11.90
居民消费价格指数（CPI）	1～3 月		1～6 月		1～9 月		1～12 月	
	1.90		1.90		1.80		2.00	

资料来源：国家统计局。

二、江西上市公司总体情况

（一）公司数量

表 2　　2016 年江西上市公司数量　　单位：家

公司总数	2016 年新增	股票类别			板块分布			
		仅 A 股	仅 B 股	（A+B）股	沪市主板	深市主板	中小板	创业板
36	1	35	0	1	16	7	8	5

资料来源：沪深交易所，同花顺。

（二）行业分布

表 3　　2016 年江西上市公司行业分布情况

所属证监会行业类别	家数	占比（%）	所属证监会行业类别	家数	占比（%）
农、林、牧、渔业	0	0.00	金融业	0	0.00
采矿业	1	2.78	房地产业	1	2.78
制造业	28	77.78	租赁和商务服务业	0	0.00
电力、热力、燃气及水生产和供应业	2	5.56	科学研究和技术服务业	0	0.00
建筑业	0	0.00	水利、环境和公共设施管理业	0	0.00
批发和零售业	1	2.78	教育	0	0.00
交通运输、仓储和邮政业	2	5.56	卫生和社会工作	0	0.00
住宿和餐饮业	0	0.00	文化、体育和娱乐业	1	2.78
信息传输、软件和信息技术服务业	0	0.00	综合	0	0.00
合计	36	100.00			

资料来源：沪深交易所，同花顺。

（三）股本结构及规模

表 4　　2016 年江西上市公司股本规模在 10 亿股以上公司分布情况

股本规模（亿股）	公司家数	具体公司
20≤～<50	4	正邦科技，赣粤高速，江西铜业，新钢股份
10≤～<20	6	仁和药业，诚志股份，江特电机，三川智慧，中文传媒，方大特钢

资料来源：沪深交易所，同花顺。

表 5　　2016 年江西上市公司分地区股权构成情况　　单位：家

股权性质 / 地域分布	央企国资控股	省属国资控股	地市国资控股	民营控股	其他	合计
南昌市	3	4	1	9	1	18
九江市	0	0	0	0	0	0
景德镇市	0	0	2	1	1	4
萍乡市	0	1	0	0	0	1
新余市	0	1	0	1	0	2
鹰潭市	0	1	0	1	0	2
赣州市	0	0	1	1	1	3

续表

地域分布＼股权性质	央企国资控股	省属国资控股	地市国资控股	民营控股	其他	合计
宜春市	0	0	0	2	0	2
上饶市	1	2	0	0	0	3
吉安市	0	0	0	0	0	0
抚州市	0	0	0	0	1	1
合计	4	9	4	15	4	36

资料来源：江西证监局。

（四）市值规模

截至2016年12月31日，江西36家上市公司境内总市值3913.60亿元，占全国上市公司境内总市值的0.77%；其中上交所上市公司16家，总股本151.79亿股，境内总市值1865.72亿元，占上交所上市公司境内总市值的0.65%；深交所上市公司20家，总股本151.85亿股，境内总市值2047.87亿元，占深交所上市公司境内总市值的0.92%。

（五）资产规模

截至2016年12月31日，江西36家上市公司合计总资产3605.42亿元，归属于母公司股东权益1737.41亿元，与2015年相比，分别增长9.72%、18.99%；平均每股净资产5.47元。

三、江西上市公司经营情况及变动分析

（一）总体经营情况

表6　　2016年江西上市公司经营情况

指标	2016年	2015年	变动率（%）
家数	36	35	2.86
亏损家数	4	4	0.00
亏损家数比例（%）	11.11	11.43	-0.32
平均每股收益（元）	0.29	0.33	-12.12
平均每股净资产（元）	5.47	5.82	-6.01
平均净资产收益率（%）	5.31	5.63	-0.32
总资产（亿元）	3605.42	3285.92	9.72
归属于母公司股东权益（亿元）	1737.41	1460.09	18.99
营业收入（亿元）	4004.85	3782.2	5.89
利润总额（亿元）	130.05	107.48	21.00
归属于母公司所有者的净利润（亿元）	92.19	82.25	12.09

资料来源：沪深交易所，同花顺。

（二）分行业经营情况

表 7　　2016 年江西上市公司分行业经营情况

所属行类	营业收入（亿元）	可比样本变动率（%）	归属于母公司所有者的净利润（亿元）	可比样本变动率（%）
农、林、牧、渔业	0.00	-	0.00	-
采矿业	32.61	-36.33	-20.56	-7402.48
制造业	3365.20	10.07	75.78	34.38
电力、热力、燃气及水生产和供应业	52.68	-6.65	6.11	-26.53
建筑业	0.00	-	0.00	-
批发和零售业	338.45	-21.35	2.23	198.21
交通运输、仓储和邮政业	71.70	-9.90	9.40	19.08
住宿和餐饮业	0.00	-	0.00	-
信息传输、软件和信息技术服务业	0.00	-	0.00	-
金融业	0.00	-	0.00	-
房地产业	16.44	46.31	6.28	119.15
租赁和商务服务业	0.00	-	0.00	-
科学研究和技术服务业	0.00	-	0.00	-
水利、环境和公共设施管理业	0.00	-	0.00	-
教育	0.00	-	0.00	-
卫生和社会工作	0.00	-	0.00	-
文化、体育和娱乐业	127.76	10.12	12.95	22.44
综合	0.00	-	0.00	-
合计	4004.85	5.33	92.19	9.69

资料来源：沪深交易所，同花顺。

（三）业绩变动情况分析

1. 营业收入、毛利率等变动原因分析

2016 年，江西辖区上市公司实现营业收入 4004.85 亿元，较 2015 年增加 222.65 亿元，较 2015 年增加达 5.89%，与 2015 年降幅相比增长较大；整体毛利率为 10.75%，较 2015 年增长了 1.84 个百分点，高于 2013 年、2014 年的水平，扭转了 2013 年以来毛利率下滑的态势。之所以营业收入、毛利率出现大幅度增长，一方面是因为部分行业如钢铁、生猪养殖受国家宏观调控政策或行业周期的带动导致相关企业营业收入大幅增长；另一方面是因为部分公司并购重组后为公司带来了新的利润增长点。

2. 盈利构成分析

2016 年辖区 36 家上市公司归属于母公司所有者的净利润 92.19 亿元，较 2015 年增长 12.09%；其中归属于母公司股东扣除非经常性损益后的净利润为 80.85 亿元，占归属于母公司股东净利润的 87.70%，高于 2015 年度扣除非经常性损益后的净利润占比 24.06 个百分点。因此，2016 年度辖区上市公司主业对业绩的贡献度增大。

3. 经营性现金流量分析

2016 年辖区上市公司盈利质量有所提高，全年经营活动产生的现金流量净额为 222.79 亿元，较 2015 年同期增长 26.96%，高于净利润增幅 13.16 个百分点。经营活动产生现金净流量为负值的公司有4家，与上年相比增加了1家。

4. 业绩特点分析

一是公司之间经营状况差异较大，大部分营业收入和利润集中在少数公司。2016年辖区营业收入在100亿元以上的6家公司，占上市公司总数的16.67%，其营业总收入共计3249.45亿元，占辖区公司营业总收入的81.14%；其净利润共计53.59亿元，占辖区公司净利润的54.79%。

二是钢铁煤炭行业化解过剩产能对辖区上市公司经营状况影响较大。一方面钢铁、煤炭市场价格回暖，带动钢铁行业的上市公司业绩出现好转；另一方面淘汰落后产能关停部分煤矿和工厂，使得部分公司资产减值损失的计提有所增加。

三是加强内部管理，整体经营较为稳健。在A股整体存货周转率和应收账款周转率下行的背景下，辖区上市公司处置存货、提高货款回笼速度，存货和应收账款的管控水平高于A股整体水平。辖区公司2016年存货周转率8.98，应收账款周转率12.91，分别达到A股整体存货周转率和应收账款周转率的3.39倍和1.65倍。

5. 利润分配情况

表8　　2016年江西上市公司现金分红情况

2016年分红公司家数			2016年分红金额		
家数	变动率（%）	分红公司家数占地区公司总数比重	金额（亿元）	变动率（%）	分红金额占归属于母公司所有者的净利润比重
31	14.81	86.11%	36.23	24.16	39.30%

资料来源：江西证监局。

四、江西上市公司并购重组情况

（一）并购重组基本情况

2016年，江西辖区实施股权再融资（包括非公开发行、发行股份购买资产等）共计187.99亿元，较2015年同期增长139.69%。全年实施股权再融资的上市公司6家，其中发行股份购买资产的上市公司4家，非公开发行股票的上市公司2家。

（二）并购重组特点

一是并购重组积极性较高。2016年度实施发行股份购买资产的家数与2015年基本持平，再融资金额较2015年同期增幅明显。二是注重以企业转型升级为目的的并购重组。公司注重借助并购重组延伸公司产业链，为公司创造新的利润增长点。三是均为资产置入，无重大资产置出。

五、江西上市公司募集资金情况、使用情况

（一）募集资金总体情况

表 9　　2016 年江西上市公司募集资金情况

发行类型	代码	简称	募集资金（亿元）
首发	603977	国泰集团	3.57
	小计		3.57
再融资（增发、配股）	000899	赣能股份	21.58
	000990	诚志股份	123.92
	600461	洪城水业	5.24
	300095	华伍股份	4.00
	002176	江特电机	13.92
	小计		168.66
其他融资（公司债券、短期融资券、中期票据、次级债、金融债、境外发行债券）	600590	泰豪科技	10（公司债券）
	600316	洪都航空	19（中期票据）
	600782	新钢股份	20（超短融）
	600373	中文传媒	11（超短融）
	600269	赣粤高速	17（超短融）
	600590	泰豪科技	2.9（中期票据）
	小计		79.9
总计			252.13

资料来源：江西证监局。

（二）募集资金使用情况及特点

2016 年辖区 20 家上市公司使用了首发、再融资项目募集资金，累计使用募集资金 146.63 亿元，使用金额较 2015 年增加 14.55%；辖区上市公司使用募集资金的家数占上市公司总数的 55.56%，较 2015 年提高了 4.13%。在 2016 年使用的募集资金中，6 家上市公司使用了 2016 年募集的资金 128.42 亿元，占累计使用募集资金的 87.58%。

（三）募集资金变更情况

2016 年度辖区仅 1 家上市公司变更了募集资金使用项目，且该资金为 2016 年度非公开发行所募集，募集资金的变更已经过董事会和股东大会审议通过。

表 10　　2016 年江西上市公司募集资金使用项目变更情况

变更募集资金使用项目的公司家数	涉及金额（亿元）	募集资金总额（亿元）	占公司募集资金总额的比例（%）
1	0.54	4	13.5

资料来源：江西证监局。

六、江西上市公司规范运作情况

（一）上市公司治理专项情况

2016年江西证监局结合日常监管和现场检查的情况，重点关注辖区上市公司的承诺履行、关联交易、三会运作以及再融资的合规运行等情况。通过约见谈话、警示教育、监管督导等多种举措，稳步推进内控规范实施，强化源头防范，督促公司建立健全内控体系，严格落实内控实施要求。

2016年报中辖区29家上市公司出具了内部控制审计报告，占辖区上市公司的80.56%；其中1家公司被出具了否定意见，2家公司被出具了带强调事项段的无保留意见。江西证监局就1家上市公司的年报现场检查中采取了行政监管措施，并通报辖区其他上市公司，要求其吸取教训，引以为鉴，督促其持续不断改善治理情况。

（二）审计情况及监管情况

36家A股上市公司均如期披露了2016年年报，江西证监局就年报审核的相关问题向2家公司下发了审计监管备忘录，提示其审计关注点。

江西证监局在年报审计监管中，以风险和问题为导向，对辖区公司年报逐一认真审核，就年报审核中发现的问题及时以口头或书面的形式问询，以及时掌握上市公司的风险情况。审阅完成后，江西证监局对辖区公司整体状况进行分析，动态调整各公司监管关注点和风险分类。根据2016年报的情况，江西证监局对36家上市公司中，确定高风险公司2家，次高风险公司2家，关注类公司27家，正常类5家。江西证监局对2家公司年报出具了问询函，对1家公司年报开展了现场检查。

（三）信息披露情况

江西辖区36家上市公司中5家公司2016年交易所信息披露评级为A，占辖区上市公司总数的13.89%；25家公司评级为B，占比达69.44%；6家公司评级为C，占比达16.67%。

在日常监管中，江西证监局坚持大信息的监管理念，以信息披露为核心，强化风险问题导向。2016年度江西证监局共审核上市公司公告4603份，关注跟进涉及辖区上市公司的媒体报道32次，核查或回复涉及上市公司的信访举报7家次，就各公司信息披露及相关事项向公司下发问询函10份等。通过多方面收集信息，对各种信息相互比对验证，关注公司是否存在应披露而未披露的事项，披露是否真实、准确、及时。

（四）证券市场服务情况

2016年江西证监局举办了辖区上市公司董事、监事和高级管理人员培训班，培训近100人，解读监管政策，督促上市公司合规经营，不触碰违法违规的红线。同时，江西证监局注重实地走访，开展对新上市的企业现场走访，实地了解企业的经营状况，与公司控股股东、高层面对面交流，介绍上市公司监管要求，督促新上市公司尽快适应新角色。

（五）其他

为推动辖区资本市场发展，江西证监局采取多种方式助力资本市场发展。一是与地方政府相关部门密切协作，宣传资本市场知识；二是积极参加地方政府组织的专项活动，并以此为契机，深入多地工业园区调研，引导当地企业利用资本市场解决发展中遇到的难题；三是与地方政府联合举办全省县域经济发展暨资本市场扶贫工作培训对接会，积极宣传证监会的扶贫工作和政策。

审稿人：何庆文　匡晓凤　史达宁

撰稿人：胡文静

山东地区

一、山东国民经济发展概况

表 1　　2016 年山东国民经济发展概况　　单位：亿元

指标	1～3 月		1～6 月		1～9 月		1～12 月	
	绝对量	同比增长（%）	绝对量	同比增长（%）	绝对量	同比增长（%）	绝对量	同比增长（%）
地区生产总值（GDP）	14914.77	7.30	31688.29	7.30	48703.82	7.50	67008.19	7.60
全社会固定资产投资	7407.70	10.60	22311.31	10.60	36860.78	10.70	52364.49	10.50
社会消费品零售总额	7107.15	9.80	14291.37	9.90	21853.74	10.20	30645.76	10.40
规模以上工业增加值	–	6.70	–	6.60	–	6.70	–	6.80
规模以上工业企业实现利润	1861.50	2.40	4072.70	0.90	6059.00	0.20	8643.10	1.20
居民消费价格指数（CPI）	1～3 月		1～6 月		1～9 月		1～12 月	
	2.10		1.90		1.90		2.10	

资料来源：国家统计局。

二、山东上市公司总体情况

（一）公司数量

表 2　　2016 年山东上市公司数量　　单位：家

公司总数	2016 年新增	股票类别			板块分布			
		仅 A 股	仅 B 股	（A+B）股	沪市主板	深市主板	中小板	创业板
148	6	144	1	3	47	27	56	18

资料来源：沪深交易所，同花顺。

（二）行业分布

表 3　　2016 年山东上市公司行业分布情况

所属证监会行业类别	家数	占比（%）	所属证监会行业类别	家数	占比（%）
农、林、牧、渔业	6	4.05	金融业	0	0.00
采矿业	6	4.05	房地产业	2	1.35
制造业	110	74.32	租赁和商务服务业	0	0.00
电力、热力、燃气及水生产和供应业	3	2.03	科学研究和技术服务业	1	0.68
建筑业	2	1.35	水利、环境和公共设施管理业	0	0.00
批发和零售业	5	3.38	教育	0	0.00
交通运输、仓储和邮政业	5	3.38	卫生和社会工作	0	0.00
住宿和餐饮业	0	0.00	文化、体育和娱乐业	0	0.00
信息传输、软件和信息技术服务业	3	2.03	综合	5	3.38
合计	148	100.00			

资料来源：沪深交易所，同花顺。

（三）股本结构及规模

表 4　　2016 年山东上市公司股本规模在 10 亿股以上公司分布情况

股本规模（亿股）	公司家数	具体公司
50≤～<100	3	山东钢铁，华电国际，南山铝业
20≤～<50	9	潍柴动力，太阳纸业，金正大，通裕重工，日照港，兖州煤业，万华化学，山东高速，新潮能源
10≤～<20	21	晨鸣纸业，山东路桥，山推股份，鲁西化工，合力泰，歌尔股份，天润曲轴，齐翔腾达，双塔食品，史丹利，康欣新材，瑞茂通，鲁商置业，华泰股份，华鲁恒升，好当家，山东黄金，金晶科技，博汇纸业，滨化股份，玲珑轮胎

资料来源：沪深交易所，同花顺。

表 5　　2016 年山东上市公司分地区股权构成情况　　单位：家

股权性质 地域分布	央企国资控股	省属国资控股	地市国资控股	民营控股	其他	合计
济南市	3	9	1	8	3	24
淄博市	0	5	2	13	1	21
枣庄市	0	0	0	1	0	1

续表

地域分布＼股权性质	央企国资控股	省属国资控股	地市国资控股	民营控股	其他	合计
东营市	0	0	0	3	2	5
烟台市	2	1	5	24	1	33
潍坊市	3	2	2	13	0	20
济宁市	0	3	0	3	0	6
泰安市	2	1	0	2	0	5
威海市	1	0	1	8	0	10
日照市	0	0	1	0	0	1
莱芜市	0	0	0	1	0	1
临沂市	0	0	0	2	2	4
德州市	0	1	0	4	0	5
聊城市	1	1	1	1	0	4
滨州市	0	0	3	4	0	7
菏泽市	0	0	0	1	0	1
合计	12	23	16	88	9	148

资料来源：山东证监局。

（四）市值规模

截至2016年12月31日，山东148家上市公司境内总市值16272.25亿元，占全国上市公司境内总市值的3.20%；其中上交所上市公司47家，总股本691.47亿股，境内总市值6809.83亿元，占上交所上市公司境内总市值的2.39%；深交所上市公司101家，总股本689.11亿股，境内总市值9462.42亿元，占深交所上市公司境内总市值的4.24%。

（五）资产规模

截至2016年12月31日，山东148家上市公司合计总资产23931.42亿元，归属于母公司股东权益6955.13亿元，与2015年相比，分别增长73.12%、33.06%；平均每股净资产4.84元。

三、山东上市公司经营情况及变动分析

（一）总体经营情况

表6　　2016年山东上市公司经营情况

指标	2016年	2015年	变动率（%）
家数	148	142	4.23
亏损家数	11	16	-31.25
亏损家数比例（%）	7.43	11.27	-3.84

续表

指标	2016 年	2015 年	变动率（%）
平均每股收益（元）	0.37	0.29	27.59
平均每股净资产（元）	4.84	4.41	9.75
平均净资产收益率（%）	7.66	6.62	1.04
总资产（亿元）	23931.42	13823.32	73.12
归属于母公司股东权益（亿元）	6955.13	5227.24	33.06
营业收入（亿元）	9598.91	7435.36	29.10
利润总额（亿元）	810.85	525.73	54.23
归属于母公司所有者的净利润（亿元）	532.78	346.18	53.90

资料来源：沪深交易所，同花顺。

（二）分行业经营情况

表 7　　2016 年山东上市公司分行业经营情况

所属行类	营业收入（亿元）	可比样本变动率（%）	归属于母公司所有者的净利润（亿元）	可比样本变动率（%）
农、林、牧、渔业	84.84	31.47	15.23	734.58
采矿业	1538.84	39.11	29.21	143.86
制造业	5979.70	14.87	384.37	19.19
电力、热力、燃气及水生产和供应业	684.82	-10.85	29.85	-61.75
建筑业	110.98	20.34	8.76	49.52
批发和零售业	632.42	34.07	13.99	39.67
交通运输、仓储和邮政业	298.71	12.01	40.79	8.74
住宿和餐饮业	0.00	-	0.00	-
信息传输、软件和信息技术服务业	107.25	132.57	7.33	186.44
金融业	0.00	-	0.00	-
房地产业	98.86	39.39	2.28	0.05
租赁和商务服务业	0.00	-	0.00	-
科学研究和技术服务业	3.51	-44.03	0.12	-90.64
水利、环境和公共设施管理业	0.00	-	0.00	-
教育	0.00	-	0.00	-
卫生和社会工作	0.00	-	0.00	-
文化、体育和娱乐业	0.00	-	0.00	-
综合	58.99	8.15	0.84	256.23
合计	9598.91	17.74	532.78	13.59

资料来源：沪深交易所，同花顺。

（三）业绩变动情况分析

1. 营业收入、毛利率等变动原因分析

2016年，辖区上市公司共实现营业收入9598.91亿元，较2015年增长29.10%；辖区上市公司2016年度平均毛利率为7.10%，较2015年度平均毛利率上升1.23个百分点。总体来看，随着供给侧结构性改革的推进，辖区上市公司营业收入增长较快；辖区上市公司2016年营业成本8917.50万元，比2015年增长21.08%，由于营业收入增长幅度大于营业成本增长幅度，导致毛利率略有上升。

2. 盈利构成分析

从盈利构成来看，2016年辖区上市公司利润来源主要为营业利润，占利润总额比重为93.56%，较2015年上升5.98个百分点；同时，2016年辖区上市公司营业外收入净额77.52亿元，较2015年减少15.39亿元，变动率为16.56%；资产减值损失增幅较大，2016年辖区上市公司资产减值损失100.26亿元，较2015年增加44.74%。

3. 经营性现金流量分析

2016年，山东辖区148家上市公司中经营活动产生的现金流量净额为正值的公司家数占比为81.76%，低于2015年85.14%的水平。其中，经营活动产生的现金流量净额合计为695.24亿元，比2015年减少17.82%，同时高于2016年归属于母公司所有者的净利润。

4. 业绩特点分析

2016年度山东辖区上市公司总体业绩增幅较大，涉及的11个门类行业均实现盈利，部分行业盈利有所下滑。2016年度山东辖区上市公司实现归属于母公司股东的净利润532.78亿元，较2015年增长53.90%。信息传输、软件和信息技术服务业，采矿业、建筑业及农、林、牧、渔业等行业业绩增长加快，电力、热力、燃气及水生产和供应业和科学研究和技术服务业等行业业绩均有不同程度的下滑；2016年度辖区上市公司亏损11家，亏损金额合计30.78亿元，较2015年下降20.89%。

5. 利润分配情况

山东辖区共有100家上市公司提出了2015年度利润分配方案，其中84家公司采用单纯现金分红方式，1家公司采取了单纯转股方式，15家公司采取了现金分红和转股相结合的方式。

山东辖区上市公司2016年进行现金分红的家数为99家，分红总额148.76亿元，分红总额较2015年的104.64亿元增长42.16%。

表8　2016年山东上市公司现金分红情况

2016年分红公司家数			2016年分红金额		
家数	变动率（%）	分红公司家数占地区公司总数比重	金额（亿元）	变动率（%）	分红金额占归属于母公司所有者的净利润比重
99	7.61	66.89%	148.76	47.14	27.92%

资料来源：山东证监局。

四、山东上市公司并购重组情况

（一）并购重组基本情况

2016 年度，辖区上市公司涉及并购重组事项 40 家次，其中 5 家次涉及上市公司控制权变更事项，35 家次涉及重大资产重组事项。截至 2016 年 12 月 31 日，5 家公司已完成控股权变更；8 家公司完成重大资产重组，涉及标的资产金额 179.57 亿元，募集配套资金 63.78 亿元；2 家公司完成现金购买重大资产，涉及资产 59.65 亿元；1 家公司完成重大资产出售，涉及资产 16.14 亿元。7 家公司重大资产重组事项已经并购重组委审核通过正在实施，涉及资产 837.98 亿元，募集配套资金 223.42 亿元；8 家公司已发布重大资产重组预案，涉及资产 193.51 亿元，募集配套资金 71.43 亿元。4 家公司正在筹划重大资产重组，尚未发布预案。4 家公司重大资产出售正处于实施阶段，涉及资产 16.36 亿元；1 家公司重大资产现金购买正处于实施阶段，涉及资产 2.49 亿元。

（二）并购重组特点

2016 年度，辖区上市公司并购重组呈现以下特点：一是并购重组仍保持较高活跃度，并购重组资产的金额大幅增加。二是实施并购重组的目的以产业整合和转型升级为主，拓展了新的业务领域。三是重组中置入资产的增值率普遍较高，导致对置入资产进行业绩承诺较高，收购给公司带来的较高商誉值得关注。

五、山东上市公司募集资金情况、使用情况

（一）募集资金总体情况

表 9　　2016 年山东上市公司募集资金情况

发行类型	代码	简称	募集资金（亿元）
首发	603029	天鹅股份	2.08
	603779	威龙股份	2.31
	601966	玲珑轮胎	25.96
	002805	丰元股份	1.41
	002810	山东赫达	2.38
	601163	三角轮胎	44.14
	603858	步长制药	39
	603708	家家悦	12.28
	小计		129.56

续表

发行类型	代码	简称	募集资金（亿元）
再融资（增发、配股）	002458	益生股份	5.93
	002374	丽鹏股份	2.45
	002270	法因数控	3.50
	300285	国瓷材料	7.96
	300185	通裕重工	14.04
	002376	新北洋	3.55
	002193	山东如意	18.38
	002589	瑞康医药	31.00
	300443	金雷风电	4.49
	002643	万润股份	10.30
	002111	威海广泰	5.40
	002746	仙坛股份	8.38
	002374	丽鹏股份	7.81
	000977	浪潮信息	10
	000639	西王食品	4.95
	600756	浪潮软件	10
	600529	山东药玻	6.76
	603021	山东华鹏	6.3
	000407	胜利股份	6.5
	000488	晨鸣纸业（优先股）	45
	002363	隆基机械（配股）	4.85
	小计		217.55
其他融资（公司债券）	600180	瑞茂通	43.00
	600223	鲁商置业	20.00
	002078	太阳纸业	10.00
	300121	阳谷华泰	2.00
	002241	歌尔股份	15.00
	小计		90.00
总计			437.11

资料来源：山东证监局。

（二）募集资金使用情况及特点

2016年，山东辖区共有76家公司使用募集资金，金额571.61亿元。其中282.48亿元为2016年度募集的资金，占全年募集资金使用总额的49.42%；289.13亿元为以前年度募集资金，占年度募集资金使用总额的50.58 %。募集资金的使用总额较2015年增长175.40%，募集资金投入进度较2015年度大幅增长。

（三）募集资金变更情况

2016年，山东地区5家公司变更募集资金的使用项目，涉及金额约为8.71亿元，占该5家公司募集资金总额的30.84%。募集资金使用项目变更程序合法，均经过公司股东大会审议。变更的主要原因是市场环境发生较大变化，原募投项目可行性降低，为保证募集资金使用效益而转投其他项目。

表10　　2016年山东上市公司募集资金使用项目变更情况

变更募集资金使用项目的公司家数	涉及金额（亿元）	募集资金总额（亿元）	占公司募集资金总额的比例（%）
5	8.71	28.24	30.84

资料来源：山东证监局。

六、山东上市公司规范运作情况

（一）上市公司治理专项情况

一是各公司认真贯彻落实中国证监会现金分红相关要求，严格执行公司章程中确定的现金分红政策及决策程序，99家公司实施现金分红，分红金额148.76亿元，现金分红家数再创历史新高。二是山东证监局持续推进内幕交易防控活动，在现场检查中重点关注内幕信息知情人登记工作，规范水平进一步提升。三是各公司及承诺相关方高度重视承诺履行工作，及时履行并披露相关信息。但仍有少数主体因履行承诺不及时或违反承诺被监管部门采取行政监管措施。同时，由于受经济下行压力的持续影响，违法违规行为有所抬头，个别公司出现了一些不容忽视的问题和风险，如大股东违规占用资金、违规对外担保。

（二）审计情况及监管情况

截至2017年4月30日，辖区全部上市公司均按时披露了2016年年度报告，24家会计师事务所提供了相关年度报告审计服务。年报审计意见类型中，除2家为保留意见、4家为带强调事项段的无保留意见外，其余均为标准无保留意见。118家上市公司披露了内部控制审计报告或鉴证报告，其中主板上市公司均按规定进行了披露，23家会计师事务所为辖区公司提供了相关内部控制审计服务。内部控制审计意见类型中，除2家为否定意见，4家为带强调事项段的无保留意见外，其余均为标准无保留意见。2016年，辖区有 13 家上市公司更换会计师事务所。

山东证监局在召开年报审计监管座谈会明确监管要求的基础上，认真开展年报审核和现场检查工作，有效提高了年报监管效率效果。年内共对 19 家上市公司的年报审计机构开展了延伸检查，对 1 家会计师事务所开展全面检查，对 3 个上市公司审计执业项目开展了专项检查。

（三）信息披露情况

2016 年，辖区上市公司信息披露情况总体较好，能够按照相关法律法规的要求履行信息披露义务，合理处理投资者来电来访，及时回应媒体质疑。但仍有个别上市公司或其他信息披露义务人因信息披露问题被监管部门出具监管关注函、监管意见函或采取行政监管措施，1 家上市公司因信息披露违法违规被移送立案稽查，1 家上市公司的大股东因超比例减持公司股票被移送立案稽查。

（四）证券市场服务情况

为进一步提高辖区上市公司的规范运作和公司治理水平，保护中小投资者合法权益，山东证监局在加强监管的同时，积极主动为证券市场的健康发展做好服务工作。一是强化会议及培训，提高上市公司规范运作意识。全年共组织各类会议、培训 8 期，参会、培训人员 2200 余名。二是多措并举，扎实做好投资者权益保护工作。积极推动建立矛盾纠纷调解机制，妥善处理投资者投诉举报事项，坚持“有疑问必追问、有线索必核查、有异动必回应”，全年共处理信访、举报、投诉事项 90 起。

审稿人：邵珠东　霍　丹

撰稿人：杨志华　孙素美　卞　民

河南地区

一、河南国民经济发展概况

表 1 2016 年河南国民经济发展概况 单位：亿元

指标	1～3 月		1～6 月		1～9 月		1～12 月	
	绝对量	同比增长（%）	绝对量	同比增长（%）	绝对量	同比增长（%）	绝对量	同比增长（%）
地区生产总值（GDP）	8284.26	8.20	17954.90	8.00	28840.57	8.10	40160.01	8.10
全社会固定资产投资	4910.45	13.50	17137.41	12.60	27822.73	13.00	39753.93	13.70
社会消费品零售总额	4246.29	11.50	8353.08	11.50	12614.81	11.70	17618.35	11.90
规模以上工业增加值	–	7.70	–	8.00	–	8.00	–	8.00
规模以上工业企业实现利润	1158.00	2.40	2324.30	4.30	3592.90	5.00	5174.10	6.40
居民消费价格指数（CPI）	1～3 月		1～6 月		1～9 月		1～12 月	
	2.00		2.00		1.90		1.90	

资料来源：国家统计局。

二、河南上市公司总体情况

（一）公司数量

表 2 2016 年河南上市公司数量 单位：家

公司总数	2016 年新增	股票类别			板块分布			
		仅 A 股	仅 B 股	（A+B）股	沪市主板	深市主板	中小板	创业板
74	1	74	0	0	29	10	24	11

资料来源：沪深交易所，同花顺。

（二）行业分布

表 3　　2016 年河南上市公司行业分布情况

所属证监会行业类别	家数	占比（%）	所属证监会行业类别	家数	占比（%）
农、林、牧、渔业	3	4.05	金融业	0	0.00
采矿业	4	5.41	房地产业	0	0.00
制造业	60	81.08	租赁和商务服务业	0	0.00
电力、热力、燃气及水生产和供应业	3	4.05	科学研究和技术服务业	0	0.00
建筑业	0	0.00	水利、环境和公共设施管理业	0	0.00
批发和零售业	1	1.35	教育	0	0.00
交通运输、仓储和邮政业	1	1.35	卫生和社会工作	0	0.00
住宿和餐饮业	0	0.00	文化、体育和娱乐业	1	1.35
信息传输、软件和信息技术服务业	1	1.35	综合	0	0.00
合计	74	100.00			

资料来源：沪深交易所，同花顺。

（三）股本结构及规模

表 4　　2016 年河南上市公司股本规模在 10 亿股以上公司分布情况

股本规模（亿股）	公司家数	具体公司
100≤～<200	1	洛阳钼业
20≤～<50	9	双汇发展，雏鹰农牧，佰利联，中原高速，宇通客车，大有能源，安阳钢铁，中信重工，平煤股份
10≤～<20	15	许继电气，焦作万方，大地传媒，*ST 神火，新乡化纤，恒星科技，牧原股份，豫金刚石，银鸽投资，郑州煤电，莲花健康，平高电气，豫光金铅，中孚实业，郑煤机

资料来源：沪深交易所，同花顺。

表 5　　2016 年河南上市公司分地区股权构成情况　　单位：家

股权性质 / 地域分布	央企国资控股	省属国资控股	地市国资控股	民营控股	其他	合计
郑州市	0	5	2	15	2	24
开封市	0	1	0	0	0	1

续表

股权性质 / 地域分布	央企国资控股	省属国资控股	地市国资控股	民营控股	其他	合计
洛阳市	5	0	0	5	0	10
商丘市	0	0	1	2	0	3
安阳市	0	2	0	1	0	3
平顶山市	1	2	0	0	0	3
新乡市	0	0	1	1	0	2
焦作市	1	1	0	3	2	7
濮阳市	0	0	0	2	0	2
许昌市	1	0	0	4	0	5
漯河市	0	1	0	0	1	2
三门峡市	0	1	0	0	0	1
鹤壁市	0	0	0	0	0	0
周口市	0	0	0	2	0	2
驻马店市	0	0	0	0	0	0
南阳市	1	0	1	2	0	4
信阳市	0	0	1	1	0	2
济源市	1	0	1	1	0	3
合计	10	13	7	39	5	74

资料来源：河南证监局。

（四）市值规模

截至2016年12月31日，河南74家上市公司境内总市值8714.75亿元，占全国上市公司境内总市值的1.71%；其中上交所上市公司29家，总股本451.54亿股，境内总市值3611.59亿元，占上交所上市公司境内总市值的1.27%；深交所上市公司45家，总股本368.79亿股，境内总市值5103.16亿元，占深交所上市公司境内总市值的2.29%。

（五）资产规模

截至2016年12月31日，河南74家上市公司合计总资产7398.98亿元，归属于母公司股东权益2903.02亿元，与2015年相比，分别增长23.10%、17.83%；平均每股净资产3.34元。

三、河南上市公司经营情况及变动分析

（一）总体经营情况

表 6

2016 年河南上市公司经营情况

指标	2016 年	2015 年	变动率（%）
家数	74	73	1.37
亏损家数	5	13	-61.54
亏损家数比例（%）	6.76	17.81	-11.05
平均每股收益（元）	0.25	0.11	127.27
平均每股净资产（元）	3.34	3.31	0.91
平均净资产收益率（%）	7.35	3.44	3.91
总资产（亿元）	7398.98	6010.67	23.10
归属于母公司股东权益（亿元）	2903.02	2463.65	17.83
营业收入（亿元）	3643.28	3133.70	16.26
利润总额（亿元）	258.48	117.99	119.07
归属于母公司所有者的净利润（亿元）	213.41	84.84	151.54

资料来源：沪深交易所，同花顺。

（二）分行业经营情况

表 7

2016 年河南上市公司分行业经营情况

所属行类	营业收入（亿元）	可比样本变动率（%）	归属于母公司所有者的净利润（亿元）	可比样本变动率（%）
农、林、牧、渔业	142.11	67.58	32.82	293.70
采矿业	362.96	9.13	-8.41	73.79
制造业	2925.61	13.13	166.24	96.27
电力、热力、燃气及水生产和供应业	87.23	44.37	7.67	25.18
建筑业	0.00	-	0.00	-
批发和零售业	0.30	129.01	0.03	-93.21
交通运输、仓储和邮政业	39.34	-13.34	7.48	-34.63
住宿和餐饮业	0.00	-	0.00	-
信息传输、软件和信息技术服务业	6.83	33.90	0.85	40.48
金融业	0.00	-	0.00	-
房地产业	0.00	-	0.00	-
租赁和商务服务业	0.00	-	0.00	-
科学研究和技术服务业	0.00	-	0.00	-
水利、环境和公共设施管理业	0.00	-	0.00	-
教育	0.00	-	0.00	-
卫生和社会工作	0.00	-	0.00	-
文化、体育和娱乐业	78.90	10.52	6.73	-4.28
综合	0.00	-	0.00	-
合计	3643.28	14.36	213.41	146.60

资料来源：沪深交易所，同花顺。

（三）业绩变动情况分析

1. 营业收入、毛利率等变动原因分析

2016 年，河南上市公司实现营业收入 3643.28 亿元，较 2015 年的 3133.70 亿元上升 16.26%；实现营业利润 222.45 亿元，较 2015 年的 88.32 亿元上升 151.87%；实现归属于母公司所有者的净利润 213.41 亿元，较 2015 年的 84.84 亿元上升 151.54%。从毛利率来看，河南 74 家上市公司整体毛利率为 21.40%，较 2015 年的 18.30% 上升了 3.10 个百分点。

2. 盈利构成分析

2015 年，河南上市公司利润来源主要是营业利润，占利润总额的比重为 86.06%。

其中，投资净收益 32.11 亿元，占利润总额的比重为 12.42%。营业外收支净额 36.03 亿元，占利润总额的比重为 13.94%；非流动资产处置净损失 2.95 亿元，占利润总额的比重为 1.14%。

3. 经营性现金流量分析

2016 年，河南上市公司经营活动产生的现金流量净额合计 403.15 亿元，较 2015 年的 293.59 亿元增加 109.56 亿元，增加幅度为 37.32%，经营活动产生的现金流量净额上升的主要原因为煤炭、有色金属行业整体回暖，平煤股份、洛阳钼业、神火股份、*ST 郑煤四家公司现金流量较 2015 年增加 78.84 亿元。河南 66 家上市公司经营性现金流量净额为正，占 74 家上市公司的 89.19%。经营活动现金流量净额与归属于母公司所有者的净利润的比例为 188.91%，公司净利润的现金含量较高，资金流动性较强。

4. 业绩特点分析

（1）业绩呈上升趋势。2016 年，河南上市公司实现归属于母公司所有者净利润 213.41 亿元，较 2015 年的 84.84 亿元上升 151.54%；按照整体法计算的每股收益为 0.25 元，较 2015 年的每股收益 0.11 元上升 127.27%。

（2）主板、中小板上市公司业绩好于创业板。河南主板上市公司平均每股收益 0.22 元，净资产收益率 7.18%；中小板上市公司平均每股收益 0.36 元，净资产收益率 11.35%；创业板上市公司平均每股收益 0.14 元，净资产收益率 4.11%。

5. 利润分配情况

表 8　　2016 年河南上市公司现金分红情况

2016 年分红公司家数			2016 年分红金额		
家数	变动率（%）	分红公司家数占地区公司总数比重	金额（亿元）	变动率（%）	分红金额占归属于母公司所有者的净利润比重
52	10.64	70.27	155.27	40.26	72.76

资料来源：河南证监局。

四、河南上市公司并购重组情况

（一）并购重组基本情况

2016 年度，河南共有中原环保、智度股份、清水源、好想你 4 家上市公司完成重大资产重组，涉及金额 110.01 亿元。其中 3 家为民营上市公司，1 家为国有上市公司。

（二）并购重组特点

一是通过重大资产重组实现向新兴领域转型升级。上市公司通过收购上下游企业或者相关行业，拓宽产业链条，优化产业布局，向新兴行业转型升级。例如，好想你通过收购百草味，拓宽电商渠道，实现产业转型；智度股份通过重大资产重组，转型为一家同时拥有移动互联网流量入口、流量经营平台以及商业变现渠道的三位一体的移动互联网公司。

二是股权支付比重增加。4 家公司重大资产重组方案均为发行股份及支付现金购买资产并募集配套资金形式，股权支付比例不断增加。例如，智度股份交易总额为 29.11 亿元，其中股份支付 13 亿元，占比 44.66%。

三是重大资产重组持续活跃。截至 2016 年年末，河南有 16 家次重大资产重组正在进行中，涉及金额 202.75 亿元，并购重组持续活跃。

五、河南上市公司募集资金情况、使用情况

（一）募集资金总体情况

表 9　　2016 年河南上市公司募集资金情况

发行类型	代码	简称	募集资金（亿元）
首发	603658.SH	安图生物	6.12
	小计		6.12
再融资（增发、配股）	600207.SH	安彩高科	11.00
	600285.SH	羚锐制药	4.75
	600312.SH	平高电气	35.22
	600531.SH	豫光金铅	15.34
	600876.SH	洛阳玻璃	2.15
	601608.SH	中信重工	8.48
	000544.SZ	中原环保	43.74
	000676.SZ	智度股份	41.18
	000949.SZ	新乡化纤	10.00
	002046.SZ	轴研科技	1.05
	002087.SZ	新野纺织	7.61

续表

发行类型	代码	简称	募集资金（亿元）
再融资（增发、配股）	002132. SZ	恒星科技	9. 69
	002321. SZ	华英农业	8. 57
	002358. SZ	森源电气	21. 60
	002582. SZ	好想你	17. 76
	002601. SZ	龙蟒佰利	100. 71
	002770. SZ	科迪乳业	3. 89
	300064. SZ	豫金刚石	45. 88
	300248. SZ	新开普	3. 25
	300259. SZ	新天科技	7. 72
	300437. SZ	清水源	7. 33
	小计		406. 92
其他融资（公司债券、短期融资券、中期票据、次级债、金融债、境外发行债券）	601666. SH	平煤股份	10. 00
	603993. SH	洛阳钼业	20. 00
	002087. SZ	新野纺织	6. 00
	002477. SZ	雏鹰农牧	15. 00
	002714. SZ	牧原股份	10. 00
	小计		61. 00
总计			474. 04

资料来源：河南证监局。

（二）募集资金使用情况及特点

一是募集资金主要投向信息技术、污染治理、电子商务等新技术行业与领域。2016 年度，上市公司通过非公开发行、重大资产重组以及公司债券、中期票据等方式融资，资金主要用于企业转型升级，投向技术密集与知识密集的新行业、新领域。

二是闲置募集资金效益管理不断加强。上市公司以闲置募集资金购买理财产品或者补充流动资金，提高募集资金使用效益。

（三）募集资金变更情况

2016 年，河南共有平煤股份、新野纺织、新开源、华英农业 4 家上市公司变更募集资金用途、实施主体等共 8 项，金额合计 8.50 亿元，占募集资金总额的 18.68%。募集资金变更的主要原因是外部经济形势和市场环境发生变化。

表 10　　2016 年河南上市公司募集资金使用项目变更情况

变更募集资金使用项目的公司家数	涉及金额（亿元）	募集资金总额（亿元）	占公司募集资金总额的比例（%）
4	8.50	45.50	18.68

资料来源：河南证监局。

六、河南上市公司规范运作情况

（一）上市公司治理专项情况

河南证监局继续以公司治理为着眼点，督促上市公司合法合规履行决策程序，及时、准确披露信息，推动上市公司不断提高规范运作水平。引导上市公司积极落实《关于完善河南非国有控股上市公司治理的规范指引》和《关于完善河南国有控股上市公司治理的规范指引》，推动辖区 17 家公司实施股权激励和员工持股计划，鼓励公司进一步完善公司治理。强化现金分红监管，督促上市公司落实现金分红政策。持续跟踪股价异动，督促公司做好内幕信息管理工作，严厉防范和打击内幕交易行为和上市公司相关人员违规买卖股票行为。认真贯彻落实《证券期货市场诚信监督管理暂行办法》，及时录入诚信信息，落实诚信约束。

（二）审计情况及监管情况

1. 河南 74 家上市公司 2016 年年报审计情况

在 74 家上市公司中，72 家公司年报被审计机构出具标准无保留意见，大有能源、东方银星 2 家公司年报为带强调事项段无保留意见。63 家上市公司披露了内部控制审计报告，其中 62 家公司意见类型为标准无保留意见，东方银星为带强调事项段无保留意见。

2. 年报审计监管工作情况

一是继续把年报审计监管作为监管重点内容。召开相关年审签字会计师参加的年报审计监管工作会议，提示审计风险和重点关注领域。通过审阅审计计划、与注册会计师谈话沟通、现场督导等多种形式加强年报审计事中事后监管，对 5 家公司进行年报审计现场督导，发送审计监管备忘录 5 份，谈话提醒 5 家次，要求审计机构专项说明 1 次。对 20 家重点类公司 2015 年年报进行审核，累计关注问题 102 个。针对审核发现问题及时采取监管措施，向 4 家公司发送《年报问询函》，要求公司说明和披露相关情况。对辖区上市公司 2015 年年报、2016 年半年报财务数据进行汇总分析，通过互联网站定期通报辖区上市公司经营和监管工作情况。

二是继续以检查工作为抓手，强化上市公司监管。实施“双随机”抽查，把随机抽取的 6 家上市公司列入 2015 年年报全面检查范围，分层次随机抽取检查人员，成立检查小组，认真开展年报检查，并延伸检查年报审计执业质量。针对年报检查中发现的问题，先后采取责令改正行政监管措施1家次，发送监管关注函5份，对年审机构签字注册会计师谈话提醒6家次。对4家上市公司举报问题进行专项核查，对3家公司募集资金运用情况进行专项检查。

（三）信息披露情况

河南证监局以信息披露为中心，不断推动上市公司提高透明度。强化全面监管，重大事项及时问询、快速反应，专人负责跟踪进度，抓好落实信息披露日常监控，确保信息披露质量。2016年，共审阅上市公司公告9967条，询问重大事项信息披露100余次，发现重大问题5个，采取行政监管措施2家次，日常监管措施6家次；妥善处理媒体质疑8起。

（四）证券市场服务情况

河南证监局积极推动企业加快上市进程。积极落实简政放权要求，修订辅导监管工作规程，大幅减少辅导验收时间。加大对涉农、旅游等重点行业的上市推动力度，主动服务，争取地方政府支持。大力支持上市公司并购重组再融资，支持产业机构调整和转型升级，积极推动公司利用资本市场做优做强。全力推动落实资本市场服务脱贫攻坚政策。加强与省政府汇报沟通，配合省政府及时组织召开全省资本市场发展工作会议，并提出相关工作建议。加强摸底调研，了解辖区上市挂牌后备资源和有可能利用资本市场扶贫政策的地方和实体企业，重点研究推动措施。

审稿人：楚天慧　王　勐

撰稿人：李　苗　吕　品　张　文　张景霞

湖北地区

一、湖北国民经济发展概况

表 1　　2016 年湖北国民经济发展概况　　单位：亿元

指　标	1～3 月		1～6 月		1～9 月		1～12 月	
	绝对量	同比增长（%）	绝对量	同比增长（%）	绝对量	同比增长（%）	绝对量	同比增长（%）
地区生产总值（GDP）	6456.23	8.10	14114.76	8.20	22198.40	8.10	32297.91	8.10
全社会固定资产投资	4731.16	13.60	14135.42	13.30	21133.23	13.40	29503.88	13.10
社会消费品零售总额	3678.52	11.74	7354.98	11.36	11142.78	11.36	15649.22	11.80
规模以上工业增加值	–	7.70	–	8.00	–	8.00	–	8.00
规模以上工业企业实现利润	574.00	16.80	1159.60	9.50	1743.80	10.30	2441.40	9.60
居民消费价格指数（CPI）	1～3 月		1～6 月		1～9 月		1～12 月	
	2.00		2.10		2.10		2.20	

资料来源：国家统计局。

二、湖北上市公司总体情况

（一）公司数量

表 2　　2016 年湖北上市公司数量　　单位：家

公司总数	2016 年新增	股票类别			板块分布			
		仅 A 股	仅 B 股	（A+B）股	沪市主板	深市主板	中小板	创业板
96	9	93	1	2	39	26	11	20

资料来源：沪深交易所，同花顺。

（二）行业分布

表 3　　2016 年湖北上市公司行业分布情况

所属证监会行业类别	家数	占比（%）	所属证监会行业类别	家数	占比（%）
农、林、牧、渔业	0	0.00	金融业	2	2.08
采矿业	0	0.00	房地产业	3	3.13
制造业	62	64.58	租赁和商务服务业	0	0.00
电力、热力、燃气及水生产和供应业	5	5.21	科学研究和技术服务业	0	0.00
建筑业	5	5.21	水利、环境和公共设施管理业	2	2.08
批发和零售业	9	9.38	教育	0	0.00
交通运输、仓储和邮政业	3	3.13	卫生和社会工作	0	0.00
住宿和餐饮业	0	0.00	文化、体育和娱乐业	3	3.13
信息传输、软件和信息技术服务业	2	2.08	综合	0	0.00
合计	96	100.00			

资料来源：沪深交易所，同花顺。

（三）股本结构及规模

表 4　　2016 年湖北上市公司股本规模在 10 亿股以上公司分布情况

股本规模（亿股）	公司家数	具体公司
100≤～<200	1	武钢股份
50≤～<100	2	长江证券，湖北能源
20≤～<50	4	天茂集团，东风汽车，葛洲坝，三安光电
10≤～<20	14	长航凤凰，新洋丰，凯迪生态，长源电力，中航机电，南国置业，楚天高速，人福医药，东方金钰，烽火通信，长江传媒，华新水泥，航天电子，九州通

资料来源：沪深交易所，同花顺。

表 5　　2016 年湖北上市公司分地区股权构成情况　　单位：家

股权性质 / 地域分布	央企国资控股	省属国资控股	地市国资控股	民营控股	其他	合计
武汉市	14	4	6	21	7	52
黄石市	1	0	0	4	2	7

续表

地域分布 \ 股权性质	央企国资控股	省属国资控股	地市国资控股	民营控股	其他	合计
十堰市	0	0	0	1	0	1
荆州市	1	0	0	5	1	7
宜昌市	1	0	4	1	0	6
襄阳市	3	1	0	4	0	8
鄂州市	0	0	0	3	0	3
荆门市	0	0	1	3	0	4
黄冈市	0	1	0	0	0	1
孝感市	0	0	1	1	1	3
随州市	0	0	0	1	0	1
潜江市	0	0	0	2	0	2
仙桃市	0	0	0	1	0	1
合计	20	6	12	47	11	96

资料来源：湖北证监局。

（四）市值规模

截至2016年12月31日，湖北96家上市公司境内总市值11371.79亿元，占全国上市公司境内总市值的2.24%；其中，上交所上市公司39家，总股本444.55亿股，境内总市值5464.68亿元，占上交所上市公司境内总市值的1.91%；深交所上市公司57家，总股本455.86亿股，境内总市值5907.11亿元，占深交所上市公司境内总市值的2.65%。

（五）资产规模

截至2016年12月31日，湖北96家上市公司合计总资产12281.95亿元，归属于母公司股东权益4069.62亿元，与2015年相比，分别增长27.03%、30%；平均每股净资产4.51元。

三、湖北上市公司经营情况及变动分析

（一）总体经营情况

表6　2016年湖北上市公司经营情况

指标	2016年	2015年	变动率（%）
家数	96	87	10.34
亏损家数	7	12	-41.67

续表

指标	2016 年	2015 年	变动率（%）
亏损家数比例（%）	7.29	13.79	-6.50
平均每股收益（元）	0.3	0.21	42.86
平均每股净资产（元）	4.51	4.14	8.94
平均净资产收益率（%）	6.69	5.16	1.53
总资产（亿元）	12281.95	9668.24	27.03
归属于母公司股东权益（亿元）	4069.62	3130.41	30.00
营业收入（亿元）	5816.12	5005.31	16.20
利润总额（亿元）	388.6	241.24	61.08
归属于母公司所有者的净利润（亿元）	272.37	161.42	68.73

资料来源：沪深交易所，同花顺。

（二）分行业经营情况

表 7　　2016 年湖北上市公司分行业经营情况

所属行类	营业收入（亿元）	可比样本变动率（%）	归属于母公司所有者的净利润（亿元）	可比样本变动率（%）
农、林、牧、渔业	0.00	-	0.00	-
采矿业	0.00	-	0.00	-
制造业	2759.93	5.35	103.51	417.51
电力、热力、燃气及水生产和供应业	226.84	17.32	34.93	-4.46
建筑业	1071.50	20.09	36.37	24.46
批发和零售业	1062.59	12.42	23.20	24.12
交通运输、仓储和邮政业	38.27	9.18	4.51	-24.83
住宿和餐饮业	0.00	-	0.00	-
信息传输、软件和信息技术服务业	10.10	154.31	2.21	179.09
金融业	228.53	138.44	39.85	6.54
房地产业	176.26	30.63	7.34	-0.50
租赁和商务服务业	0.00	-	0.00	-
科学研究和技术服务业	0.00	-	0.00	-
水利、环境和公共设施管理业	73.68	8.84	10.27	5.51
教育	0.00	-	0.00	-
卫生和社会工作	0.00	-	0.00	-
文化、体育和娱乐业	168.41	14.34	10.18	35.64
综合	0.00	-	0.00	-
合计	5816.12	13.26	272.37	57.18

资料来源：沪深交易所，同花顺。

（三）业绩变动情况分析

1. 营业收入、毛利率等变动原因分析

2016 年，湖北 96 家上市公司实现营业收入 5816.12 亿元，比 2015 年增长 16.20%，其中 73 家公司营业收入同比增长，23 家公司营业收入同比下降，主要集中在制造业。平均毛利率为 28.36%。

2. 盈利构成分析

2016 年湖北 96 家上市公司实现归属于上市公司股东的净利润 272.37 亿元，比 2015 年增长 68.73%，7 家公司出现亏损，比 2015 年减少 41.67%，70 家公司盈利水平同比上升。营业利润占利润总额的比例为 86.83%，此外营业外收入和投资净收益贡献较大，分别实现 60.59 亿元和 103.41 亿元，占利润总额的比例分别为 15.67% 和 26.75%。

3. 经营性现金流量分析

2016 年，湖北 96 家上市公司经营活动现金流量净额 153.99 亿元，比 2015 年度下降 28.09%，其中有 75 家公司经营活动现金为净流入，占湖北上市公司总家数的 78.13%，其中武钢股份现金净流入 59.40 亿元，长江证券现金净流入 -137.27 亿元。从行业来看，电力、热力、燃气及水生产和供应业、房地产业、批发和零售业、制造业经营现金流量较好，金融业、建筑业整体经营现金流较差。

4. 业绩特点分析

湖北上市公司 2016 年整体业绩特点：一是总体盈利大幅增加。96 家上市公司 2016 年实现归属于上市公司股东净利润 272.37 亿元，武钢股份从亏损 75.15 亿元变为盈利 1.1 亿元；二是亏损面大幅下降，96 家公司中有 89 家公司盈利，仅有 7 家公司亏损，与 2015 年 12 家公司亏损相比，亏损面大幅下降。

5. 利润分配情况

2016 年，在湖北 89 家盈利公司中，有 68 家实施了现金分红，占上市公司总家数的 70.83%，分红金额 77.03 亿元，分红金额占归属于母公司所有者的净利润比重为 28.56%。现金分红超过 5 亿元的有 5 家，其中金融、医药、通信行业分红较为积极。

表 8　　2016 年湖北上市公司现金分红情况

2016 年分红公司家数			2016 年分红金额		
家数	变动率（%）	分红公司家数占地区公司总数比重	金额（亿元）	变动率（%）	分红金额占归属于母公司所有者的净利润比重
68	25.93	70.83%	77.03	3.22	28.55%

资料来源：湖北证监局。

四、湖北上市公司并购重组情况

（一）并购重组基本情况

截至2016年年末，湖北共有20家公司进行了资产重组并购活动，占上市公司总数的20.83%，较2015年有所下降，2016年完成并购重组11家次，其中10家为发行股份购买资产，1家为要约收购。从重组的目的来看，8家为横向整合，1家为资产重整，1家为买壳上市，1家为变更控制权。平均重组交易金额为14.10亿元，东贝B股重组完成后实际控制人发生变更。

（二）并购重组特点

一是以横向整合为主。在2016年完成的资产并购重组的公司中，有8家公司进行横向整合，进一步整合了产业链。二是并购重组效果显著。2016年完成并购重组的公司总资产比2015年增加了54.64%，营业总收入比2015年增加了53.21%，净利润比2015年增加了164.79%，高升控股因合并莹悦网络净利润同比增长4186.92%。

五、湖北上市公司募集资金情况、使用情况

（一）募集资金总体情况

表9　2016年湖北上市公司募集资金情况

发行类型	代码	简称	募集资金（亿元）
首发	300516	久之洋	6.75
	300517	海波重科	2.57
	300527	华舟应急	7.68
	300536	农尚环境	2.11
	300557	理工光科	1.95
	300567	精测电子	3.98
	603067	振华股份	3.37
	603716	塞力斯	3.43
	603738	泰晶科技	2.69
	小计		34.53
再融资（增发、配股）	000501	鄂武商A	8.27
	002194	武汉凡谷	1.30
	600681	百川能源	8.74
	000939	凯迪生态	42.55
	002305	南国置业	15.34

续表

发行类型	代码	简称	募集资金（亿元）
再融资（增发、配股）	300184	力源信息	3.60
	600293	三峡新材	25.60
	002013	中航机电	19.99
	000783	长江证券	83.11
	300161	华中数控	1.25
	000627	天茂集团	98.50
	600136	当代明诚	6.00
	600566	济川药业	6.42
	600568	中珠医疗	13.00
	000678	襄阳轴承	1.91
	002414	高德红外	6.21
	000971	高升控股	11.50
	300323	华灿光电	6.00
	小计		359.29
其他融资（公司债券、短期融资券、中期票据、次级债、金融债、境外发行债券）	000422	湖北宜化	10
	000826	启迪桑德	70
	000883	湖北能源	50
	000926	福星股份	30
	000939	凯迪生态	16
	000966	长源电力	5
	000988	华工科技	5
	600035	楚天高速	5
	600068	葛洲坝	260
	600079	人福医药	52
	600133	东湖高新	5
	600136	当代明诚	4
	600141	兴发集团	25
	600168	武汉控股	3.5
	600260	凯乐科技	7
	600298	安琪酵母	6
	600801	华新水泥	12
	600879	航天电子	15
	600998	九州通	74
	小计		654.5
总计			1048.32

资料来源：湖北证监局。

（二）募集资金使用情况及特点

2016 年，湖北上市公司股票直接融资募集资金 393.82 亿元，其他融资 654.5 亿元。主要有以下几个特点：一是 IPO 家数大幅增长，同比增长 800%，但平均融资额下降 35.84%。二是定向增发成为融资首选。定向增发金额大幅增长，同比增长 46.11%，大大超过其他融资增长速度。

（三）募集资金变更情况

表 10　　2016 年湖北上市公司募集资金使用项目变更情况

变更募集资金使用项目的公司家数	涉及金额（亿元）	募集资金总额（亿元）	占公司募集资金总额的比例（%）
5	5.13	39.65	12.94

资料来源：湖北证监局。

年度内共有 5 家上市公司变更了募集资金用途，涉及金额 5.13 亿元，其中：（1）当代明诚公司将募投项目电视剧《黎明 1949》变更为《警花与警犬之再上征程》，涉及金额 0.27 亿元，电视剧《爸爸的小情人》变更为电视剧《失忆之城》，涉及金额 0.34 亿元；（2）华灿光电将“LED 单晶衬底片产业化项目”中与蓝宝石衬底加工环节相关的机器设备建设投资款 2 亿元改在浙江省义乌市工业园苏福路进行投资，建设主体改由蓝晶科技在浙江省义乌市新成立的全资子公司——蓝晶科技（义乌）有限公司进行；（3）斯太尔将“Steyr Motors 增资扩产项目”结余募集资金 0.56 万元全部用于“常州生产基地一期一段年产 3 万台柴油发动机建设项目”；（4）凯龙股份终止工程爆破服务建设项目、金属材料爆炸复合建设项目的投资，涉及金额 1.54 亿元；（5）宏发股份将“高压直流继电器与电表组件产业化项目”的募集资金 0.42 亿元投入“高性能继电器技改扩能及产业化项目”进行扩建。

六、湖北上市公司规范运作情况

（一）上市公司治理专项情况

2016 年湖北证监局通过推动落实各项治理工作，推动辖区上市公司规范运作水平不断提高。一是配合中国证监会做好《上市公司治理准则》修订工作，参加准则修订座谈会，积极献言献策。二是实施现场检查。对 11 家上市公司的公司治理情况进行现场检查，重点关注三会运作情况。三是集中开展专项整治工作，推进上市公司承诺全面履行。四是开展上市公司培训，提高上市公司规范运作水平。

（二）审计情况及监管情况

2016 年共有 16 家审计机构为辖区提供年报审计服务，顾地科技、*ST 昌鱼、仰帆控股被出具带强调事项段的无保留意见，盈方微被出具无法表示意见，其他

92 家上市公司均为标准无保留意见。在 2016 年年报中，82 家上市公司披露了内部控制审计报告，其中襄阳轴承、凯迪生态、*ST 昌鱼、仰帆控股、长江传媒、汉商集团被出具带强调事项段的无保留意见，其余均为标准无保留意见。

年报审计监管中，湖北证监局一是开展年报审计专项监管活动，从上市公司风险和审计机构执业质量两个维度确立了 26 家重点公司，并集中约谈执业集中度较高的中审众环、大信、立信、中勤万信 4 家会计师事务，对重点公司审计机构开展一对一约谈。二是实施延伸检查，对高德红外、楚天高速等上市公司 3 家审计机构 5 个项目开展执业质量检查，下发监管关注函 5 份。

（三）信息披露情况

2016 年湖北证监局多维度强化信息跟踪，督促上市公司提高披露质量。一是全面跟踪日常经营情况，全年审阅上市公司公告 6150 份、定期报告 270 份，跟踪重大资产重组事项 18 家次，现金再融资事项 42 家次。二是聚焦舆论，及时核实质疑。全年搜集舆情信息 3127 条，分析、获取媒体质疑线索 16 条，通过现场检查、公司自查等方式予以核实，提高信息披露质量。三是加强监管联动，发现公司存在信息披露问题后及时通报交易所做专项披露。四是加大违规行为打击力度，2016 年共对 6 起信息披露违规事件下发监管措施。

（四）证券市场服务情况

湖北证监局在坚持依法、全面、从严监管的理念的同时，着力做好中小投资者保护、服务资本市场工作。一是及时化解上市公司风险。移送稽查立案 4 家次，通过现场检查、持续约谈促使 1 家公司大股东及时补齐业绩补偿款。二是切实保护中小投资者合法权益。2016 年受理投诉举报 138 起，回复 122 份，回复信息公开申请 4 份，接受行政复议 2 次，举办上市公司投资者网上集体接待日活动。三是切实服务上市公司。2016 年湖北证监局与长江证券建立常态化培训机制，共召开上市公司培训会 4 次，联合上海证券交易所举办独立董事培训 1 次，下发热点问题通告 3 次，组织、协调辖区上市公司积极参加中国证监会、交易所等举办的培训会。

审稿人：陈绪旺

撰稿人：马倾城

湖南地区

一、湖南国民经济发展概况

表 1　　2016 年湖南国民经济发展概况　　单位：亿元

指标	1～3 月		1～6 月		1～9 月		1～12 月	
	绝对量	同比增长（%）	绝对量	同比增长（%）	绝对量	同比增长（%）	绝对量	同比增长（%）
地区生产总值（GDP）	6318.99	7.30	13613.48	7.60	21771.08	7.60	31244.68	7.90
全社会固定资产投资	3516.42	14.50	11014.11	14.10	18384.79	13.40	27688.45	13.80
社会消费品零售总额	3027.16	11.20	6164.84	11.40	9475.50	11.60	13436.53	11.70
规模以上工业增加值	-	6.20	-	6.50	-	6.60	-	6.90
规模以上工业企业实现利润	332.20	4.00	691.30	6.90	1059.80	8.80	1620.50	4.50
居民消费价格指数（CPI）	1～3 月		1～6 月		1～9 月		1～12 月	
	1.80		1.90		1.70		1.90	

资料来源：国家统计局。

二、湖南上市公司总体情况

（一）公司数量

表 2　　2016 年湖南上市公司数量　　单位：家

公司总数	2016 年新增	股票类别			板块分布			
		仅 A 股	仅 B 股	（A+B）股	沪市主板	深市主板	中小板	创业板
85	3	84	0	1	26	21	21	17

资料来源：沪深交易所，同花顺。

（二）行业分布

表 3　　2016 年湖南上市公司行业分布情况

所属证监会行业类别	家数	占比（%）	所属证监会行业类别	家数	占比（%）
农、林、牧、渔业	4	4.71	金融业	2	2.35
采矿业	1	1.18	房地产业	0	0.00
制造业	53	62.35	租赁和商务服务业	0	0.00
电力、热力、燃气及水生产和供应业	3	3.53	科学研究和技术服务业	1	1.18
建筑业	0	0.00	水利、环境和公共设施管理业	3	3.53
批发和零售业	7	8.24	教育	0	0.00
交通运输、仓储和邮政业	2	2.35	卫生和社会工作	1	1.18
住宿和餐饮业	1	1.18	文化、体育和娱乐业	3	3.53
信息传输、软件和信息技术服务业	4	4.71	综合	0	0.00
合计	85	100.00			

资料来源：沪深交易所，同花顺。

（三）股本结构及规模

表 4　　2016 年湖南上市公司股本规模在 10 亿股以上公司分布情况

股本规模（亿股）	公司家数	具体公司
50≤～<100	3	中联重科，大康农业，方正证券
20≤～<50	4	华菱钢铁，尔康制药，蓝思科技，旗滨集团
10≤～<20	13	华天酒店，江南红箭，现代投资，电广传媒，隆平高科，湖南黄金，拓维信息，加加食品，爱尔眼科，科力远，华银电力，岳阳林纸，中南传媒

资料来源：沪深交易所，同花顺。

表 5　　2016 年湖南上市公司分地区股权构成情况　　单位：家

股权性质 地域分布	央企国资控股	省属国资控股	地市国资控股	民营控股	其他	合计
长沙市	6	14	2	27	1	50
岳阳市	2	0	1	6	0	9
常德市	0	1	3	0	0	4
张家界市	0	0	1	0	0	1

续表

地域分布 \ 股权性质	央企国资控股	省属国资控股	地市国资控股	民营控股	其他	合计
益阳市	0	0	0	4	0	4
湘潭市	1	1	1	1	0	4
娄底市	0	0	0	0	0	0
怀化市	0	0	1	0	0	1
湘西州	1	0	0	0	0	1
邵阳市	0	0	0	0	0	0
永州市	0	1	0	0	0	1
衡阳市	2	0	0	0	0	2
郴州市	0	0	1	1	0	2
株洲市	2	0	2	2	0	6
合计	14	17	12	41	1	85

资料来源：湖南证监局。

（四）市值规模

截至2016年12月31日，湖南85家上市公司境内总市值8999.16亿元，占全国上市公司境内总市值的1.77%；其中上交所上市公司26家，总股本256.64亿股，境内总市值2744.96亿元，占上交所上市公司境内总市值的0.96%；深交所上市公司59家，总股本497.93亿股，境内总市值6254.16亿元，占深交所上市公司境内总市值的2.8%。

（五）资产规模

截至2016年12月31日，湖南85家上市公司合计总资产7746.89亿元，归属于母公司股东权益3016.01亿元，与2015年相比，分别增长7.04%、15.3%；平均每股净资产3.92元。

三、湖南上市公司经营情况及变动分析

（一）总体经营情况

表6　2016年湖南上市公司经营情况

指标	2016年	2015年	变动率（%）
家数	85	82	3.66
亏损家数	4	15	-73.33
亏损家数比例（%）	4.71	18.29	-13.58
平均每股收益（元）	0.21	0.13	61.54
平均每股净资产（元）	3.92	3.88	1.03
平均净资产收益率（%）	5.41	3.45	1.96

续表

指标	2016 年	2015 年	变动率（%）
总资产（亿元）	7746.89	7237.29	7.04
归属于母公司股东权益（亿元）	3016.01	2615.72	15.30
营业收入（亿元）	3601.42	3098.56	16.23
利润总额（亿元）	201.75	114.73	75.85
归属于母公司所有者的净利润（亿元）	163.17	90.24	80.82

资料来源：沪深交易所，同花顺。

（二）分行业经营情况

表 7　　2016 年湖南上市公司分行业经营情况

所属行类	营业收入（亿元）	可比样本变动率（%）	归属于母公司所有者的净利润（亿元）	可比样本变动率（%）
农、林、牧、渔业	111.40	37.92	7.80	55.59
采矿业	67.81	17.07	1.44	482.30
制造业	2145.73	6.81	69.77	91.26
电力、热力、燃气及水生产和供应业	91.02	-8.82	4.29	-30.41
建筑业	0.00	-	0.00	-
批发和零售业	716.69	25.35	12.47	1.85
交通运输、仓储和邮政业	97.35	45.32	8.80	50.30
住宿和餐饮业	10.04	-15.97	-2.89	-2349.71
信息传输、软件和信息技术服务业	89.24	27.96	6.01	9.91
金融业	80.94	-27.80	25.90	-36.58
房地产业	0.00	-	0.00	-
租赁和商务服务业	0.00	-	0.00	-
科学研究和技术服务业	7.69	70.80	1.06	42.15
水利、环境和公共设施管理业	23.98	49.88	2.24	23.10
教育	0.00	-	0.00	-
卫生和社会工作	40.00	26.37	5.57	30.24
文化、体育和娱乐业	119.52	12.30	20.70	11.89
综合	0.00	-	0.00	-
合计	3601.42	11.20	163.17	18.42

资料来源：沪深交易所，同花顺。

（三）业绩变动情况分析

1. 营业收入、毛利率等变动原因分析

2016 年，辖区 85 家上市公司全年实现营业收入 3601.42 亿元，较 2015 年增长 16.23%；营业成本 2423.81 亿元，较 2015 年增长 16.67%。整体毛利率 21.56%，较 2015 年下降 0.16 个百分点。

2. 盈利构成分析

从盈利构成来看，2016 年湖南上市公司利润来源以营业利润为主，其占利润总额的比例为 80%，比 2015 年上升 8.55 个百分点。营业外收支净额占利润总额比例下降至 20%。净利润超过 10 亿元的有 4 家，分别是方正证券、五矿资本、中南传媒、蓝思科技，净利润分别为 25.82 亿元、19.54 亿元、19 亿元、12.05 亿元，合计占上市公司净利润的 46.8%；2016 年湖南上市公司华菱钢铁、中联重科、华天酒店、科力远 4 家公司亏损，净利润分别为 -15.53 亿元、-9.05 亿元、-4.38 亿元、-2.52 亿元。

3. 经营性现金流量分析

2016 年，湖南 85 家上市公司经营活动产生的现金流量净额为 60.25 亿元，较 2015 年增长 9.5%。其中，方正证券经营活动产生的现金流量净额由 2015 年的 -14.5 亿元大幅降低至 -248.55 亿元。2016 年，湖南有 67 家上市公司经营活动产生的现金流量为正，占全部上市公司的 78.82%，同比上升 4.43 个百分点。

4. 业绩特点分析

2016 年，辖区上市公司业绩特点：一是业绩增长较快，盈利能力大幅提升。2016 年湖南上市公司实现营业收入 3601.42 亿元，同比增长 16.23%；归属于母公司股东净利润 163.17 亿元，同比大幅增长 80.82%。二是降杠杆取得一定成效，上市公司资产负债率由 2015 年的 63.85% 下降至 2016 年的 59.11%，下降 4.74 个百分点；库存水平进一步提高，2016 年上市公司存货总额 777.97 亿元，同比增长 8.84%，去库存压力增加。三是应收账款余额增加。85 家公司应收款项共计 725.12 亿元，较 2015 年增长 12.18%，资金回收风险进一步加大。

5. 利润分配情况

表 8　2016 年湖南上市公司现金分红情况

2016 年分红公司家数			2016 年分红金额		
家数	变动率（%）	分红公司家数占地区公司总数比重	金额（亿元）	变动率（%）	分红金额占归属于母公司所有者的净利润比重
59	31.11	69.41%	55.52	105.40	34.03%

资料来源：湖南证监局。

四、湖南上市公司并购重组情况

（一）并购重组基本情况

2016 年，湖南辖区上市公司并购重组活跃程度较 2015 年有所下降，湖南辖区共有 5 家上市公司完成了重大资产重组，太阳鸟收购中海船舶股权、长高集团收购华网电力股权、天舟文化收购游爱网络股权、南华生物收购惠州梵宇股权、老百姓收购郴州和广西公司股权，共涉及金额 20.5 亿元。

（二）并购重组特点

2016年，证监会加强了对并购重组的监管，辖区上市公司并购重组呈现出3个特点：一是从并购重组规模来看，2016年辖区上市公司审核通过并实施完成的并购重组规模为20.5亿元，较2015年下降173.38亿元。二是以产业链横向整合为主，也有因主业亏损而主动扩大主业范围。如太阳鸟发行股份收购益阳中海船舶公司，丰富公司产品类型，完善公司在游艇行业的布局。南华生物出资5448.33万元收购惠州梵宇100%股权，从而间接持有城光节能45.61%股权，形成生物医药、节能技术服务双主业发展的新格局。三是消除关联交易，实现了治理优化效果。老百姓4.35亿元支付现金收购少数股东权益，消除关联交易同时，增加了公司所有者净利润，有利于上市公司未来在当地进一步完善网点布局。

五、湖南上市公司募集资金情况、使用情况

（一）募集资金总体情况

表9 2016年湖南上市公司募集资金情况

发行类型	代码	简称	募集资金（亿元）
首发	603319	湘油泵	2.12
	300515	三德科技	2.14
	603959	百利科技	3.38
	300474	景嘉微	4.57
	小计		12.21
再融资（增发、配股）	002251	步步高	12.5
	002155	湖南黄金	8
	600257	大湖股份	5.5
	600416	湘电股份	25
	300148	天舟文化	22.25
	300123	太阳鸟	2.11
	603939	益丰药房	13.55
	002277	友阿股份	14.87
	002297	博云新材	6.08
	002113	天润发展	8.3
	300433	蓝思科技	31.68
	000998	隆平高科	30.77
	002661	克明面业	12
	002125	湘潭电化	6.23
	600458	时代新材	15
	小计		213.84

续表

发行类型	代码	简称	募集资金（亿元）
其他融资（公司债券、短期融资券、中期票据、次级债、金融债、境外发行债券）	000917	电广传媒	15
	601901	方正证券	190
	000900	现代投资	27
	000908	景峰医药	10
	002277	友阿股份	24
	000157	中联重科	62
	603883	老百姓	8
	002716	金贵银业	6
	小计		342
总计			568.05

资料来源：湖南证监局。

（二）募集资金使用情况及特点

2016 年，湖南共有 37 家上市公司使用募集资金，使用金额 133.72 亿元，同比增长 13.88%。其中 86.06 亿元为 2016 年募集资金，占全年使用募集资金总额的 64.37%；47.65 亿元为以前年度募集资金，占年度使用募集资金总额的 35.63%。

（三）募集资金变更情况

表 10　　2016 年湖南上市公司募集资金使用项目变更情况

变更募集资金使用项目的公司家数	涉及金额（亿元）	募集资金总额（亿元）	占公司募集资金总额的比例（%）
5	6.7	226.05	2.96

资料来源：湖南证监局。

六、湖南上市公司规范运作情况

（一）上市公司治理专项情况

2016 年，辖区上市公司治理结构完善，运作规范。一是湖南证监局督促上市公司制定明确、清晰的股东回报规划，提出差异化的现金分红政策。2016 年，辖区共有 59 家上市公司披露了现金分红方案，占辖区上市公司总数的 69.41%；现金分红总额 55.52 亿元，同比增长 105%，分红金额占归属于上市公司股东净利润比例达到 34.03%。二是督促向市场做出承诺的公司认真履行承诺。在湖南证监局监管督促下，电广传媒、凯美特气等公司大股东通过二级市场增持公司股票、履行了承诺。三是以持股行权为抓手，推动上市公司公平对待投资者，协调中证中小投资者服务中心入湘对*ST 恒立行使股东权利，形成对上市公司规范运作的“监管部门、股东、媒体”三位一体的监督体系。

（二）审计情况及监管情况

湖南证监局加强日常监管，提高监管透明度和依法行政水平。坚持以信息披露为核心，以年报监管为重点，加强审计机构监管，切实提高年报审计工作质量。2016年年报审计中，湖南辖区85家上市公司，82家公司被出具标准无保留意见审计报告，2家公司被出具带强调事项段的无保留意见审计报告，1家公司被出具保留意见的审计报告。湖南证监局将存在业绩异常、投诉举报较多的19家公司确定为重点审核对象，关注重大会计处理及信息披露相关问题45个，约见45家次上市公司财务总监及年审会计师，向10家公司下发《年报事后审核问询函》。2016年，湖南证监局完成年报现场检查9家，专项核查8家，发现问题144个，对公司及相关责任人采取行政监管措施5次。

（三）信息披露情况

湖南证监局对上市公司披露的各类定期报告、临时公告均由责任人负责逐一审阅，并就有关问题和疑点采取监管措施。2016年，全年审阅定期报告340件，临时公告6869件。坚持做好网络舆情监测，设置专职舆情监控员，每天定时对辖区公司公告、媒体报道进行排查，形成每日舆情专报，全年编写舆情专报235期，关注和处理舆论报道588篇、股价异动33家次，很好地履行了信息披露监管核心职责。

审稿人：樊晓晖
撰稿人：李检华

广东地区

一、广东国民经济发展概况

表 1　　2016 年广东国民经济发展概况　　单位：亿元

指标	1～3 月		1～6 月		1～9 月		1～12 月	
	绝对量	同比增长（%）	绝对量	同比增长（%）	绝对量	同比增长（%）	绝对量	同比增长（%）
地区生产总值（GDP）	17272.24	7.30	37357.59	7.40	57061.17	7.30	79512.05	7.50
全社会固定资产投资	5039.68	12.10	13504.18	13.50	22284.64	12.30	32947.30	10.00
社会消费品零售总额	8162.07	9.80	16683.99	10.10	25465.26	10.10	34739.00	10.20
规模以上工业增加值	6480.19	6.90	14222.70	6.70	22677.13	6.60	31917.39	6.70
规模以上工业企业实现利润	1448.50	25.80	3519.50	16.30	5516.60	14.20	8025.40	11.00
居民消费价格指数（CPI）	1～3 月		1～6 月		1～9 月		1～12 月	
	2.60		2.40		2.30		2.30	

资料来源：国家统计局。

二、广东上市公司总体情况

（一）公司数量

表 2　　2016 年广东上市公司数量　　单位：家

公司总数	2016 年新增	股票类别			板块分布			
		仅 A 股	仅 B 股	（A+B）股	沪市主板	深市主板	中小板	创业板
241	19	236	2	3	44	39	97	61

资料来源：沪深交易所，同花顺。

（二）行业分布

表 3　　2016 年广东上市公司行业分布情况

所属证监会行业类别	家数	占比（%）	所属证监会行业类别	家数	占比（%）
农、林、牧、渔业	3	1.24	金融业	2	0.83
采矿业	1	0.41	房地产业	10	4.15
制造业	175	72.61	租赁和商务服务业	5	2.07
电力、热力、燃气及水生产和供应业	9	3.73	科学研究和技术服务业	2	0.83
建筑业	4	1.66	水利、环境和公共设施管理业	0	0.00
批发和零售业	4	1.66	教育	0	0.00
交通运输、仓储和邮政业	9	3.73	卫生和社会工作	1	0.41
住宿和餐饮业	1	0.41	文化、体育和娱乐业	2	0.83
信息传输、软件和信息技术服务业	12	4.98	综合	1	0.41
合计	241	100.00			

资料来源：沪深交易所，同花顺。

（三）股本结构及规模

表 4　　2016 年广东上市公司股本规模在 10 亿股以上公司分布情况

股本规模（亿股）	公司家数	具体公司
100≤～<200	2	TCL 集团，保利地产
50≤～<100	6	美的集团，粤电力 A，格力电器，广发证券，分众传媒，南方航空
20≤～<50	17	广汽集团，粤高速 A，宝新能源，*ST 韶钢，海印股份，越秀金控，巨轮智能，大洋电机，海格通信，温氏股份，广州发展，金发科技，格力地产，中远海特，康美药业，东阳光科，海天味业
10≤～<20	37	佛山照明，韶能股份，珠海中富，中山公用，东莞控股，春晖股份，德豪润达，蓉胜超微，广电运通，艾派克，粤传媒，奥飞娱乐，海大集团，省广股份，棕榈股份，搜于特，达华智能，江粉磁材，勤上光电，普邦股份，星辉娱乐，劲胜精密，高新兴，汤臣倍健，蓝盾股份，三环集团，白云机场，生益科技，华发股份，白云山，粤泰股份，冠豪高新，科达洁能，佳都科技，梅雁吉祥，宜华生活，东风股份

资料来源：沪深交易所，同花顺。

表 5　　2016 年广东上市公司分地区股权构成情况　　单位：家

地域分布＼股权性质	央企国资控股	省属国资控股	地市国资控股	民营控股	其他	合计
广州市	6	8	15	40	9	78
珠海市	1	0	5	16	2	24
汕头市	1	0	1	22	2	26
韶关市	1	0	1	1	0	3
佛山市	1	4	1	17	4	27
江门市	0	0	0	9	1	10
湛江市	1	0	0	1	0	2
茂名市	0	0	0	1	0	1
肇庆市	0	2	1	4	0	7
惠州市	0	0	0	6	1	7
梅州市	0	0	0	7	1	8
汕尾市	0	0	0	0	0	0
河源市	0	0	0	0	0	0
阳江市	0	0	0	1	0	1
清远市	0	0	0	1	0	1
东莞市	0	0	1	14	3	18
中山市	0	0	2	12	1	15
潮州市	0	0	0	4	1	5
揭阳市	0	0	0	7	0	7
云浮市	0	0	0	1	0	1
合计	11	14	27	164	25	241

资料来源：广东证监局。

（四）市值规模

截至 2016 年 12 月 31 日，广东 241 家上市公司境内总市值 34891.19 亿元，占全国上市公司境内总市值的 6.86%；其中上交所上市公司 44 家，总股本 685.40 亿股，境内总市值 8900.95 亿元，占上交所上市公司境内总市值的 3.12%；深交所上市公司 197 家，总股本 1688.00 亿股，境内总市值 25990.24 亿元，占深交所上市公司境内总市值的 11.65%。

（五）资产规模

截至 2016 年 12 月 31 日，广东 241 家上市公司合计总资产 32054.83 亿元，归属于母公司股东权益 11206.37 亿元，与 2015 年相比，分别增长 21.01%、25.27%；平均每股净资产 4.56 元。

三、广东上市公司经营情况及变动分析

（一）总体经营情况

表 6　　2016 年广东上市公司经营情况

指标	2016 年	2015 年	变动率（%）
家数	241	222	8.56
亏损家数	6	17	-64.71
亏损家数比例（%）	2.49	7.66	-5.17
平均每股收益（元）	0.55	0.56	-1.79
平均每股净资产（元）	4.56	4.39	3.87
平均净资产收益率（%）	11.98	12.66	-0.68
总资产（亿元）	32054.83	26488.87	21.01
归属于母公司股东权益（亿元）	11206.37	8946.04	25.27
营业收入（亿元）	14759.29	12834.64	15.00
利润总额（亿元）	1773.05	1539.64	15.16
归属于母公司所有者的净利润（亿元）	1342.72	1132.52	18.56

资料来源：沪深交易所，同花顺。

（二）分行业经营情况

表 7　　2016 年广东上市公司分行业经营情况

所属行类	营业收入（亿元）	可比样本变动率（%）	归属于母公司所有者的净利润（亿元）	可比样本变动率（%）
农、林、牧、渔业	624.09	23.37	119.39	91.37
采矿业	32.12	6.88	0.63	-38.24
制造业	9197.03	14.58	745.20	26.87
电力、热力、燃气及水生产和供应业	606.57	-1.52	49.61	-37.36
建筑业	155.15	0.70	6.21	136.37
批发和零售业	193.07	13.22	10.99	34.28
交通运输、仓储和邮政业	1373.31	3.98	87.34	23.11
住宿和餐饮业	3.03	-0.99	0.31	-21.96
信息传输、软件和信息技术服务业	174.16	39.25	17.57	50.93
金融业	229.24	-36.98	83.96	-40.52
房地产业	1796.55	27.36	149.20	1.32
租赁和商务服务业	294.32	28.48	56.01	35.76
科学研究和技术服务业	7.27	-0.88	1.20	-18.05
水利、环境和公共设施管理业	0.00	-	0.00	-
教育	0.00	-	0.00	-
卫生和社会工作	12.96	25.72	7.44	1342.25
文化、体育和娱乐业	57.30	10.36	7.25	45.83
综合	3.10	46.06	0.41	8.05
合计	14759.29	13.30	1342.72	15.68

资料来源：沪深交易所，同花顺。

（三）业绩变动情况分析

1. 营业收入、毛利率等变动原因分析

2016 年，广东上市公司实现营业收入 14759.29 亿元，较 2015 年增长 15.00%；实现利润总额 1773.05 亿元，较 2015 年增长 15.16%；实现归属于母公司所有者的净利润 1342.72 亿元，较 2015

年增长18.56%；实现平均每股收益0.55元，较2015年下降1.79%；平均净资产收益率11.98%，较2015年下降0.68个百分点；毛利率26.18%，较2015年下降0.48个百分点。

2. 盈利构成分析

从盈利构成情况来看，2016年上市公司利润来源主要是营业利润，金额为1596.72亿元，占利润总额的90.05%，其中投资净收益占利润总额的比重为7.96%。营业外收支净额为176.33亿元，占利润总额的比重为9.95%。

3. 经营性现金流量分析

2016年，广东上市公司经营活动产生的现金净流入为1841.57亿元，较2015年下降21.43%。其中，有195家上市公司经营活动产生的现金流量为正，占辖区241家上市公司的80.91%，较2015年下降10.09个百分点；46家上市公司经营性现金流量为负，占比19.09%。

4. 业绩特点分析

2016年，广东上市公司经营情况呈现以下特点：一是上市公司整体业绩持续向好发展。辖区上市公司总资产、营业收入、归属于母公司所有者的净利润等经营指标与2015年相比，分别增长21.01%、15.00%、18.56%；平均每股收益、平均每股净资产基本与2015年持平，变动幅度较小。二是主板上市公司的龙头支柱作用依然明显但占比有所下降。上海、深圳主板的广东上市公司实现净利润共计944.27亿元，约占辖区上市公司净利润总额的70.33%，较2015年下降7.88个百分点。从排位上看，广东上市公司2016年净利润贡献前十位的企业除温氏股份外其余均为主板大型上市公司，共实现净利润843.25亿元，约占广东上市公司净利润总额的62.80%。三是不同行业之间的经营情况仍存在较大差别。2016年，制造业、房地产业、交通运输仓储和邮政业的上市公司分别实现营业收入9197.03亿元、1796.55亿元和1373.31亿元，占比分别为62.31%、12.17%和9.30%，其他行业上市公司实现的营业收入合计只占16.22%。2016年，除金融业，住宿和餐饮业，电力、热力、燃气及水生产和供应业，科学研究和技术服务业4个行业外，广东其他行业的上市公司均实现了不同程度的营业收入的增长，其中增长幅度最大的为其他行业，同比增长46.06%，随后是信息传输、软件和信息技术服务业，租赁和商务服务业，同比分别增长39.25%、28.48%。

5. 利润分配情况

表8　2016年广东上市公司现金分红情况

2016年分红公司家数			2016年分红金额		
家数	变动率（%）	分红公司家数占地区公司总数比重	金额（亿元）	变动率（%）	分红金额占归属于母公司所有者的净利润比重
210	16.67	87.14%	578.90	23.83	43.11%

资料来源：广东证监局。

四、广东上市公司并购重组情况

（一）并购重组基本情况

2016年，广东上市公司并购重组活动保持活跃状态，共有29家上市公司实施并完成重大资产重组，分别是宜华健康、粤高速A、万家乐、万泽股份、东凌国际、艾派克、大洋电机、凯撒文化、江粉磁材、勤上光电、国盛金控、宏大爆破、猛狮科技、天际股份、文化长城、星河生物、冠昊生物、明家联合、蓝盾股份、宜通世纪、硕贝德、迪森股份、科恒股份、溢多利、正业科技、中昌数据、粤泰股份、广东榕泰、宜华生活，涉及金额共计600.66亿元，实施家数较2015年增长7.4%、并购金额较2015年下降23.12%。其中，19家公司以发行股份的方式收购标的资产实现横向整合或多元化战略，9家公司以协议收购的方式购买标的资产，1家公司吸收合并。并购后上市公司质量有所提升，这29家公司平均总资产、净资产、营业收入、净利润同比分别增长129.20%、87.77%、33.21%和108.85%，远远高于广东上市公司的总体增长水平。

（二）并购重组特点

整体来看，2016年广东上市公司并购重组较为活跃，且有多项并购重组事项正在进行中。从已经完成的重大资产重组事项来看，辖区呈现以下特点：一是以横向整合或多元化战略为目的的并购重组仍然占主要地位。宜华健康、粤高速A、艾派克、大洋电机、凯撒文化、江粉磁材、勤上光电、国盛金控、宏大爆破、猛狮科技、天际股份、文化长城、星河生物、冠昊生物、蓝盾股份、硕贝德、迪森股份、科恒股份、正业科技、中昌数据、粤泰股份、广东榕泰、宜华生活23家公司收购资产向横向整合或多元化发展。二是发行股份购买资产的方式成为并购重组的主要形式。在29家次已经完成重大并购重组的上市公司中，以发行股份购买资产方式的有19家次，该方式仍是广东上市公司并购重组的主要形式。三是板块和行业覆盖面较为广泛。已经实施重大并购重组的上市公司涵盖了资本市场的主要板块，且中小创板块较为活跃。其中上海主板4家、深圳主板5家、中小板9家、创业板11家。按照证监会上市公司行业分类标准，其中主要是制造业，还有信息传输软件和信息技术服务业、房地产业、电力热力燃气及水生产和供应业、交通运输仓储和邮政业、采矿业、农林牧渔业等。

五、广东上市公司募集资金情况、使用情况

（一）募集资金总体情况

表 9　　2016 年广东上市公司募集资金情况

发行类型	代码	简称	募集资金（亿元）
首发	002791	坚朗五金	9.57
	002792	通宇通讯	6.88
	002806	华锋股份	1.24
	002809	红墙股份	4.49
	002832	比音勒芬	6.98
	002833	弘亚数控	3.37
	002836	新宏泽	1.62
	300499	高澜股份	2.59
	300503	昊志机电	1.93
	300521	爱司凯	2.25
	300526	中潜股份	2.23
	300529	健帆生物	4.54
	300530	达志科技	2.09
	300561	汇金科技	3.66
	300562	乐心医疗	2.31
	601900	南方传媒	10.37
	603322	超讯通信	2.4
	603336	宏辉果蔬	3.1
	603608	天创时尚	6.86
	603861	白云电器	4.17
	小计		82.65
再融资（增发、配股）	002101	广东鸿图	5.38
	000429	粤高速 A	16.50
	000513	丽珠集团	14.58
	000523	广州浪奇	6.50
	000690	宝新能源	31.00
	000976	华铁股份	33.50
	000987	越秀金控	100.00
	002027	分众传媒	50.00
	002141	贤丰控股	10.12
	002152	广电运通	31.37
	002169	智光电气	15.17

续表

发行类型	代码	简称	募集资金（亿元）
再融资（增发、配股）	002249	大洋电机	20.33
	002292	奥飞娱乐	9.04
	002317	众生药业	10.00
	002400	省广股份	22.39
	002425	凯撒文化	6.21
	002441	众业达	10.11
	002503	搜于特	25.00
	002512	达华智能	6.80
	002572	索菲亚	11.00
	002579	中京电子	2.27
	002600	江粉磁材	11.75
	002611	东方精工	5.00
	002616	长青集团	2.09
	002638	勤上股份	18.00
	002656	摩登大道	8.52
	002670	国盛金控	69.30
	002717	岭南园林	12.2
	002745	木林森	23.48
	002759	天际股份	4.40
	002776	柏堡龙	9.88
	300053	欧比特	2.03
	300089	文化长城	4.94
	300143	星普医科	6.80
	300219	鸿利智汇	7.25
	300238	冠昊生物	4.50
	300297	蓝盾股份	11.00
	300310	宜通世纪	10.00
	300335	迪森股份	7.50
	300340	科恒股份	1.42
	300376	易事特	19.42
	300381	溢多利	5.20
	300409	道氏技术	5.12

续表

发行类型	代码	简称	募集资金（亿元）
再融资（增发、配股）	300410	正业科技	3.20
	300458	全志科技	4.01
	600048	保利地产	90.00
	600143	金发科技	8.45
	600185	格力地产	30.00
	600242	中昌数据	6.00
	600332	白云山	78.86
	600382	广东明珠	20.00
	600393	粤泰股份	14.44
	600428	中远海特	25.00
	600518	康美药业	81.00
	600728	佳都科技	11.00
	小计		1059.03
其他融资（公司债券、短期融资券、中期票据、次级债、金融债、境外发行债券）	000100.SZ	TCL 集团	140
	000333.SZ	美的集团	20
	000507.SZ	珠海港	6
	000513.SZ	丽珠集团	3.5
	000531.SZ	穗恒运 A	2
	000532.SZ	华金资本	3
	000539.SZ	粤电力 A	12
	000690.SZ	宝新能源	30
	000712.SZ	锦龙股份	12
	000776.SZ	广发证券	533
	000828.SZ	东莞控股	15
	000861.SZ	海印股份	11.11
	000973.SZ	佛塑科技	8
	002031.SZ	巨轮智能	11.5
	002291.SZ	星期六	4.5
	002292.SZ	奥飞娱乐	3
	002345.SZ	潮宏基	9
	002400.SZ	省广股份	11
	002431.SZ	棕榈股份	10.8
	002433.SZ	太安堂	9
	002512.SZ	达华智能	3
	002670.SZ	国盛金控	30
	200539.SZ	粤电力 B	12

续表

发行类型	代码	简称	募集资金（亿元）
	300147. SZ	香雪制药	7.5
	300297. SZ	蓝盾股份	3
	300328. SZ	宜安科技	1
	600004. SH	白云机场	35
	600029. SH	南方航空	340
	600048. SH	保利地产	130
	600098. SH	广州发展	30
	600143. SH	金发科技	10
	600185. SH	格力地产	30
	600323. SH	瀚蓝环境	10
	600325. SH	华发股份	70
	600518. SH	康美药业	75
	600589. SH	广东榕泰	2
	600684. SH	珠江实业	15
	600978. SH	宜华生活	5
	601228. SH	广州港	50
	601238. SH	广汽集团	64.06
	小计		1776.97
总计			2918.65

资料来源：广东证监局。

（二）募集资金使用情况及特点

2016 年，广东辖区共有 20 家公司 IPO 发行上市，融资 82.65 亿元；55 家公司通过增发、配股等进行再融资 1059.05 亿元。2016 年，广东共有 70 家上市公司使用募集资金 657.49 亿元。

2016 年，广东上市公司使用募集资金呈现以下特点：一是各板块公司使用募集资金的情况与公司规模、数量基本匹配。21 家主板公司使用募集资金 385.52 亿元，27 家中小板公司使用募集资金 206.64 亿元，22 家创业板公司使用募集资金 65.33 亿元；二是中小板和创业板公司变更募集资金用途的情况仍占较高比例，2016 年共有 7 家中小板公司、6 家创业板公司变更了募集资金使用用途，占变更募集资金用途公司数量（14 家）的 92.86%。

（三）募集资金变更情况

2016 年，广东辖区有 14 家公司变更募集资金的使用项目，涉及金额约为 14.42 亿元，占这 14 家公司募集资金总额（112.79亿元）的12.78%。募集资金变更的程序合法。变更的原因主要包括：一是为提高募集资金使用效率，结合市场形势和公司未来发展战略的需要对募投项目进行调整；二是外部的宏观经济和市场环境发生了较大变化，原有产品市场开拓不如预期；三是公司募投项目地块规划发生变化；四是原投资项目可行性和假设条件发生了较大变化，将剩余募集资金改投其他项目。

表10　　2016年广东上市公司募集资金使用项目变更情况

变更募集资金使用项目的公司家数	涉及金额（亿元）	募集资金总额（亿元）	占公司募集资金总额的比例（%）
14	14.42	112.79	12.78

资料来源：广东证监局。

六、广东上市公司规范运作情况

（一）上市公司治理专项情况

2016年，广东证监局深入贯彻依法全面从严监管理念，继续推进公司治理监管工作，持续提高上市公司质量，将公司治理列为年报审核和现场检查的一项重点内容，切实抓紧抓好。根据对辖区241家上市公司年报审核和现场检查的情况来看，除少部分公司存在内控机制不健全、“三会”运作存在瑕疵、关联交易管理不规范、财务管理有待加强等问题外，大部分公司治理运作都比较规范。

（二）审计情况及监管情况

广东辖区241家上市公司均如期披露了2016年年度报告，其中有237家公司被出具标准无保留意见的审计报告，4家公司被出具带强调事项段的无保留意见的审计报告。

广东证监局对披露2016年年报的上市公司实施年报监管。在年报监管期间，广东证监局结合日常监管掌握的情况，向13家公司的年报审计机构下发了年报审计监管提示函；以风险为导向，根据公司风险全面排查情况，将66家公司确定为年报重点审核对象；强化会计审计监管联动，在对辖区会计师事务所执业情况进行全面分析的基础上，有针对性地选择执业项目较多、执业质量存在一定隐患的3家事务所负责的审计项目进行重点审核。

（三）信息披露情况

2016年，广东辖区上市公司基本能够按照信息披露的有关法律法规，依法履行信息披露义务，在指定信息披露报纸和网站真实、准确、完整、及时地披露公司动态信息，保障信息使用的公平、公正。

（四）证券市场服务情况

2016年，广东证监局认真贯彻落实全国证券期货监管工作会议精神和各项工作部署，切实做好保护投资者尤其是中小投资者合法权益相关工作。一是强化现金分红监管。督促辖区上市公司建立差异化分红制度，规范、完善利润分配的内部决策程序和机制，增强现金分红透明度和持续回报投资者能力。2016 年，广东辖区 210 家上市公司实施了现金分红，分红金额达 578.90 亿元，再创历史新高。二是开展投资者关系管理专项检查工作。对辖区 129 家上市公司投资者关系管理工作进行专项检查，重点检查了各公司热线电话顺畅情况、电子邮件回复情况和公司网站建设等情况，将检查中发现的问题向全辖区上市公司作了通报，并组织问题较为集中的上市公司董秘开展集中约谈，督促公司加强学习、认真整改。三是认真做好信访投诉举报处理工作。进一步完善投诉举报处理登记制度，督促上市公司落实投资者投诉举报处理首要责任，推动辖区证券期货行业协会成立广东中证投资者服务与纠纷调解中心。2016 年，广东辖区全年共办理涉及上市公司的投诉举报事项 51 件，调解投资者纠纷 16 起，切实把投资者保护工作要求落到实处。四是加强上市公司诚信建设。广东证监局联合广东省发展改革委等部门转发了《关于对违法失信上市公司相关责任主体实施联合惩戒的合作备忘录》《失信企业协同监管和联合惩戒合作备忘录》，着力推动建立对违法失信上市公司及相关责任主体实施联合惩戒，让失信者“一处失信、处处受限”的机制。五是拓展投资者权益保护渠道。作为中证中小投资者服务中心维权试点的三大地区之一，全年配合中证中小投资者服务中心在辖区开展公司章程修改、股东质询等多起工作，探索保护中小投资者合法权益、提升公司治理水平的新途径。

（五）其他

2016 年，广东证监局坚决落实证监会党委提出的“守土有责、守土尽责”要求，积极稳妥地推进辖区上市公司风险防控和处置工作。一是全面排查公司风险。先后 2 次对辖区上市公司存在的风险隐患进行拉网式、矩阵式全面摸底排查，并根据风险程度进行分类监管，有针对性地制订风险处置预案，确保对公司风险做到“心中有数、应对有策”。二是强化风险动态监测。持续开展舆情监控和信息收集工作，加强对辖区上市公司风险的动态监测，紧盯媒体质疑集中、投诉举报频繁等存在风险隐患的公司，提前介入、及时处置，对公司的风险隐患抓早抓小，及早防范。三是实施贴身监管措施。将风险排查情况与分类监管紧密结合，在监管资源分配、现场检查和非现场监管方面向高风险公司倾斜，按照“一司一策”原则对高风险公司实施贴身监管，有效防范和化解公司风险。

审稿人：戴文慧　张敏聪

撰稿人：唐国强　吴惠清　李学峰　肖彬彬

广西地区

一、广西国民经济发展概况

表 1　　2016 年广西国民经济发展概况　　单位：亿元

指　标	1~3月		1~6月		1~9月		1~12月	
	绝对量	同比增长（%）	绝对量	同比增长（%）	绝对量	同比增长（%）	绝对量	同比增长（%）
地区生产总值（GDP）	3480.32	7.00	7311.64	7.20	11345.53	7.00	18245.07	7.30
全社会固定资产投资	2801.30	14.10	8351.89	13.70	12165.53	13.70	17652.95	12.80
社会消费品零售总额	1604.18	9.90	3252.81	9.80	5009.36	10.20	7027.31	10.70
规模以上工业增加值	-	7.30	-	7.60	-	7.60	-	7.50
规模以上工业企业实现利润	199.50	14.70	469.60	16.90	733.80	15.00	1287.70	8.90
居民消费价格指数（CPI）	1~3月		1~6月		1~9月		1~12月	
	2.20		2.10		1.70		1.60	

资料来源：国家统计局。

二、广西上市公司总体情况

（一）公司数量

表 2　　2016 年广西上市公司数量　　单位：家

公司总数	2016 年新增	股票类别			板块分布			
		仅 A 股	仅 B 股	（A+B）股	沪市主板	深市主板	中小板	创业板
36	1	36	0	0	17	12	6	1

资料来源：沪深交易所，同花顺。

（二）行业分布

表 3　　2016 年广西上市公司行业分布情况

所属证监会行业类别	家数	占比（%）	所属证监会行业类别	家数	占比（%）
农、林、牧、渔业	1	2.78	金融业	1	2.78
采矿业	0	0	房地产业	1	2.78
制造业	20	55.56	租赁和商务服务业	0	0
电力、热力、燃气及水生产和供应业	3	8.33	科学研究和技术服务业	0	0
建筑业	0	0	水利、环境和公共设施管理业	3	8.33
批发和零售业	2	5.56	教育	0	0
交通运输、仓储和邮政业	2	5.56	卫生和社会工作	0	0
住宿和餐饮业	0	0	文化、体育和娱乐业	0	0
信息传输、软件和信息技术服务业	3	8.33	综合	0	0
合计	36	100			

资料来源：沪深交易所，同花顺。

（三）股本结构及规模

表 4　　2016 年广西上市公司股本规模在 10 亿股以上公司分布情况

股本规模（亿股）	公司家数	具体公司
50≤～<100	1	桂冠电力
20≤～<50	3	国海证券，中恒集团，柳钢股份
10≤～<20	4	柳工，恒逸石化，银河生物，广西广电

资料来源：沪深交易所，同花顺。

表 5　　2016 年广西上市公司分地区股权构成情况　　单位：家

地域分布＼股权性质	央企国资控股	省属国资控股	地市国资控股	民营控股	其他	合计
防城港市	0	0	0	0	0	0
南宁市	1	2	3	5	2	13
崇左市	0	0	0	0	0	0
柳州市	0	2	2	1	0	5

续表

股权性质 / 地域分布	央企国资控股	省属国资控股	地市国资控股	民营控股	其他	合计
来宾市	0	0	0	0	0	0
桂林市	0	1	1	4	0	6
梧州市	0	1	0	1	0	2
贺州市	0	0	1	0	0	1
玉林市	0	0	0	1	0	1
贵港市	0	1	0	0	0	1
百色市	0	0	0	0	0	0
钦州市	0	0	0	0	0	0
河池市	0	0	0	1	0	1
北海市	0	1	0	5	0	6
合计	1	8	7	18	2	36

资料来源：广西证监局。

（四）市值规模

截至 2016 年 12 月 31 日，广西 36 家上市公司境内总市值 3762.86 亿元，占全国上市公司境内总市值的 0.74%；其中，上交所上市公司 17 家，总股本 203.10 亿股，境内总市值 1722.92 亿元，占上交所上市公司境内总市值的 0.60%；深交所上市公司 19 家，总股本 161.10 亿股，境内总市值 2039.93 亿元，占深交所上市公司境内总市值的 0.91%。

（五）资产规模

截至 2016 年 12 月 31 日，广西 36 家上市公司合计总资产 3156.18 亿元，归属于母公司股东权益 1183.03 亿元，与 2015 年相比，分别增长 12.09%、19.92%；平均每股净资产 3.25 元。

三、广西上市公司经营情况及变动分析

（一）总体经营情况

表 6　　2016 年广西上市公司经营情况

指标	2016 年	2015 年	变动率（%）
家数	36	35	2.86
亏损家数	6	7	-14.29
亏损家数比例（%）	16.67	20	-3.33

续表

指标	2016 年	2015 年	变动率（%）
平均每股收益（元）	0.2	0.19	5.26
平均每股净资产（元）	3.25	3.15	3.17
平均净资产收益率（%）	6.19	5.91	0.28
总资产（亿元）	3156.18	2815.84	12.09
归属于母公司股东权益（亿元）	1183.03	986.5	19.92
营业收入（亿元）	1314.02	1221.35	7.59
利润总额（亿元）	97.04	93.78	3.48
归属于母公司所有者的净利润（亿元）	73.28	58.32	25.65

资料来源：沪深交易所，同花顺。

（二）分行业经营情况

表 7　　2016 年广西上市公司分行业经营情况

所属行类	营业收入（亿元）	可比样本变动率（%）	归属于母公司所有者的净利润（亿元）	可比样本变动率（%）
农、林、牧、渔业	20.69	10.99	0.59	3.81
采矿业	0	–	0	–
制造业	901.81	7.65	20.91	4820.84
电力、热力、燃气及水生产和供应业	149.73	-0.39	30.94	-2.77
建筑业	0	–	0	–
批发和零售业	97.67	10.06	2.87	21.47
交通运输、仓储和邮政业	42.84	-16.65	6.74	125.63
住宿和餐饮业	0	–	0	–
信息传输、软件和信息技术服务业	34.17	16.19	3.36	-23.47
金融业	38.38	-22.62	10.16	-43.36
房地产业	6.40	-1.24	-4.68	-2420.31
租赁和商务服务业	0	–	0	–
科学研究和技术服务业	0	–	0	–
水利、环境和公共设施管理业	22.35	63.26	2.40	66.54
教育	0	–	0	–
卫生和社会工作	0	–	0	–
文化、体育和娱乐业	0	–	0	–
综合	0	–	0	–
合计	1314.02	5.46	73.28	17.96

资料来源：沪深交易所，同花顺。

（三）业绩变动情况分析

1. 营业收入、毛利率等变动原因分析

2016年广西上市公司实现营业收入合计1314.02亿元，较2015年上升7.59%；平均净资产收益率6.19%，较2015年上升0.28个百分点；整体销售毛利率为19.55%，较2015年下降1.53个百分点。

2. 盈利构成分析

从盈利构成来看，在2016年广西上市公司利润来源构成中，主要是营业利润，占比为86.7%，其中投资净收益占利润来源比重为19.49%，公允价值变动净收益为负，绝对值占利润来源的比重为1.30%。

3. 经营性现金流量分析

2016年，广西地区上市公司经营活动产生的现金流量净额为155.01亿元，较2015年增加124.85%，其中30家上市公司经营现金流量净额为正，占36家上市公司的83.33%，6家上市公司经营现金流量为负。

4. 业绩特点分析

2016年广西上市公司利润总额97.04亿元，较2015年增长3.48%；归属母公司所有者的净利润73.28亿元，较2015年增长25.65%。经营情况呈现以下特点：一是营业收入和营业利润与2015年相比有所增长，制造业，电力、热力、燃气及水生产和供应业、金融业占收入和利润规模的比重较大。二是制造业，交通运输、仓储和邮政业，水利、环境和公共设施管理业业绩大幅提升，制造业增长最快，对收入、利润增长的贡献最大，20家制造业上市公司实现净利润20.91亿元，较2015年增长4820.84%。三是金融业和房地产业上市公司业绩大幅下滑，其中1家金融业上市公司实现净利润10.16亿元，较2015年减少43.36%，1家房地产业上市公司由2015年盈利0.2亿元转为亏损4.68亿元。

5. 利润分配情况

表8　2016年广西上市公司现金分红情况

2016年分红公司家数			2016年分红金额		
家数	变动率（%）	分红公司家数占地区公司总数比重	金额（亿元）	变动率（%）	分红金额占归属于母公司所有者的净利润比重
21	0	58.33%	30.32	-14.01	41.38%

资料来源：广西证监局。

四、广西上市公司并购重组情况

（一）并购重组基本情况

2016年广西共有6家上市公司计划实施重大资产重组，2家上市公司完成重大资产重组工作，占广西上市公司总数的5.56%。相关上市公司计划通过重大资产重组，整合并充实主业，或实现产业结构调整转型，提升公司的经营实力和盈利能力。另外多家上市公司通过资产收购和行业并购，进一步拓展了上下游产业链和业务范围，资产质量和盈利能力得到显著提升。

（二）并购重组特点

2016 年，广西上市公司并购重组热情持续不减，但重组成功率偏低，多家上市公司拟借助资本市场平台和机制实现规模扩张或业务转型，仅北部湾旅通过定向增发收购信息传输、软件和信息技术服务业公司博康智能网络科技有限公司 100% 股权，实现产业横向整合，提升了公司的经营实力。天夏智慧通过非公开发行股份募集资金 41.63 亿元，完成杭州天夏科技集团有限公司 100% 股权收购，公司主营业务调整为智慧城市业务，经营业绩显著提升。

五、广西上市公司募集资金情况、使用情况

（一）募集资金总体情况

表 9　　2016 年广西上市公司募集资金情况

发行类型	代码	简称	募集资金（亿元）
首发	600936	广西广电	14.40
	小计		14.40
再融资（增发、配股）	603368	柳州医药	16.50
	000662	天夏智慧	41.63
	002175	东方网络	5.91
	603869	北部湾旅	16.50
	000700	恒逸石化	38.00
	300422	博世科	5.50
	603869	北部湾旅	10.00
	小计		134.04
其他融资（公司债券、短期融资券、中期票据、次级债、金融债、境外发行债券）	600310	桂东电力	10.00
	600310	桂东电力	10.00
	000608	阳光股份	4.00
	601368	绿城水务	10.00
	小计		34.00
总计			182.44

资料来源：广西证监局。

（二）募集资金使用情况及特点

2016年，广西共有23家公司使用募集资金，金额合计77.60亿元，其中64.63亿元为2016年度募集的资金，占年度使用募集资金总额的83.29%，12.97亿元为以前年度募集资金，占年度使用募集资金总额的16.71%。2016年使用的募集资金中有9.38%是首发募集资金，再融资资金占比为90.62%。

（三）募集资金变更情况

2016年，广西共有3家公司存在募集资金用途变更情况，其中1家变更金额分别为0.02亿元，系首发募投项目的变更。另有2家变更金额分别为1.3亿元、2.76亿元，系再融资项目终止变更。

表10　　2016年广西上市公司募集资金使用项目变更情况

变更募集资金使用项目的公司家数	涉及金额（亿元）	募集资金总额（亿元）	占公司募集资金总额的比例（%）
3	4.08	18.24	22.37

资料来源：广西证监局。

六、广西上市公司规范运作情况

（一）上市公司治理专项情况

2016年，广西证监局通过推进以下监管工作，引导市场主体不断提高规范运作意识，完善公司治理：一是按照“惩防并举、注重预防”的思路，加强法治培训教育，推动上市公司规范治理运作。召开辖区上市公司董事监事培训班及董秘座谈会，帮助参训人员了解掌握证券法规知识，增强规范意识、诚信意识和自律意识，避免无知违规。局领导为新上市公司主动送法上门，开展“监管第一课”。加强沟通引导，约见辖区上市公司及中介机构高管人员22家次53人次。对9家上市公司进行走访调研，了解公司经营运作情况，沟通监管形势和关注的问题，提醒公司规范治理运作和信息披露行为。二是加大对大股东违规减持股票行为的惩处，其中对辖区上市公司资管计划一致行动人涉嫌违规减持股票立案调查属于证券市场无先例事项。三是推动上市公司继续落实现金分红政策。通过组织培训、检查督促、开展投资者教育活动等方式继续深入推动辖区上市公司股东提高回报意识。

（二）审计情况及监管情况

广西证监局坚持“依法监管、全面监管、从严监管”的理念，强化中介机构市场主体地位，加强持续督导，推动审计机构归位尽责。一是加强上市公司年报审计督导工作。针对辖区2家上市公司存在未按约披露年报及关联方资金占用问题，约谈审计机构，提醒审计关注，提出监管要求。二是以检查促落实，督促审计、评估等服务机构勤勉尽责。在开展2

家上市公司随机抽查的同时，对其审计机构进行专项检查，结合非日常现场监管，延伸调阅1家评估机构工作底稿。

（三）信息披露情况

广西证监局围绕上市公司信息披露监管这一核心，加强预判研判，做好非现场监管工作。一方面，落实上市公司信息舆情监测响应机制，加强舆情监测和信息审核，年内共审阅上市公司各类公告超过4700条，深入挖掘上市公司疑点和问题线索，将监管资源向高风险公司和风险问题倾斜。另一方面，开展“看年报说监管”活动，加强辖区上市公司2016年年报审核，结合年报审核及时调整上市公司风险分类，及时明确公司监管重点，强化风险分类监管。

（四）证券市场服务情况

广西证监局始终坚持“监管与服务并重”，积极支持符合条件的企业发行上市和上市公司通过非公开发行、发行公司债等方式进行再融资，提高直接融资比重，积极推进并购重组，着力提高上市公司质量，提升资本市场服务实体经济水平。2016年辖区新增1家IPO企业，募集资金14.4亿元。2016年辖区6家上市公司完成定向增发，募集资金合计134.04亿元；3家上市公司完成公司债券发行，融资额为34亿元；2016年辖区2家上市公司完成重大资产重组，交易金额51.13亿元，辖区资本市场融资和并购重组功能得到有效发挥。

（五）监管执法情况

广西证监局2016年严格落实日常监管与稽查执法联动机制，及时将检查发现的违法违规线索移交立案稽查，积极争取交易所及其他派出机构的支持，提高稽查办案速度，尽快化解公司风险，切实维护中小股东的合法权益。全年共对辖区上市公司及相关主体采取行政监管措施8家次，移送立案稽查4起。

审稿人：周海东

撰稿人：曾海青

海南地区

一、海南国民经济发展概况

表 1　　2016 年海南国民经济发展概况　　单位：亿元

指　标	1～3 月		1～6 月		1～9 月		1～12 月	
	绝对量	同比增长（%）	绝对量	同比增长（%）	绝对量	同比增长（%）	绝对量	同比增长（%）
地区生产总值（GDP）	944.57	9.70	2008.95	8.10	2880.88	7.40	4044.51	7.50
全社会固定资产投资	621.04	11.70	1583.15	9.10	2509.05	8.40	3747.03	11.70
社会消费品零售总额	363.08	8.00	705.67	8.70	1051.11	9.20	1453.72	9.70
规模以上工业增加值	91.06	3.50	194.11	4.20	296.44	2.90	441.82	2.60
规模以上工业企业实现利润	18.40	73.60	49.10	-0.80	74.00	3.80	103.50	13.40
居民消费价格指数（CPI）	1～3 月		1～6 月		1～9 月		1～12 月	
	2.50		2.40		2.60		2.80	

资料来源：国家统计局、海南统计局。

二、海南上市公司总体情况

（一）公司数量

表 2　　2016 年海南上市公司数量　　单位：家

公司总数	2016 年新增	股票类别			板块分布			
		仅 A 股	仅 B 股	（A+B）股	沪市主板	深市主板	中小板	创业板
28	1	24	0	4	11	12	3	2

资料来源：沪深交易所，同花顺。

（二）行业分布

表 3　　2016 年海南上市公司行业分布情况

所属证监会行业类别	家数	占比（%）	所属证监会行业类别	家数	占比（%）
农、林、牧、渔业	3	10.71	金融业	0	0.00
采矿业	4	14.29	房地产业	4	14.29
制造业	8	28.57	租赁和商务服务业	0	0.00
电力、热力、燃气及水生产和供应业	0	0.00	科学研究和技术服务业	0	0.00
建筑业	1	3.57	水利、环境和公共设施管理业	0	0.00
批发和零售业	1	3.57	教育	0	0.00
交通运输、仓储和邮政业	3	10.71	卫生和社会工作	1	3.57
住宿和餐饮业	1	3.57	文化、体育和娱乐业	1	3.57
信息传输、软件和信息技术服务业	1	3.57	综合	0	0.00
合计	28	100.00			

资料来源：沪深交易所，同花顺。

（三）股本结构及规模

表 4　　2016 年海南上市公司股本规模在 10 亿股以上公司分布情况

股本规模（亿股）	公司家数	具体公司
100≤ ~ <200	1	海南航空
20≤ ~ <50	4	华闻传媒，海航基础，洲际油气，海南橡胶
10≤ ~ <20	6	海南海药，海马汽车，罗牛山，神农基因，海航创新，海南矿业

资料来源：沪深交易所，同花顺。

表 5　　2016 年海南上市公司分地区股权构成情况　　单位：家

股权性质 / 地域分布	央企国资控股	省属国资控股	地市国资控股	民营控股	其他	合计
海口市	2	6	1	12	3	24
三亚市	0	0	0	2	1	3
昌江黎族自治县	0	0	0	1	0	1
合计	2	6	1	15	4	28

资料来源：海南证监局。

（四）市值规模

截至2016年12月31日，海南28家上市公司境内总市值3878.23亿元，占全国上市公司境内总市值的0.76%；其中，上交所上市公司11家，总股本324.57亿股，境内总市值2211.18亿元，占上交所上市公司境内总市值的0.77%；深交所上市公司17家，总股本135.91亿股，境内总市值1667.05亿元，占深交所上市公司境内总市值的0.75%。

（五）资产规模

截至2016年12月31日，海南28家上市公司合计总资产3801.89亿元，归属于母公司股东权益1604.73亿元，与2015年相比，分别增长55.94%、71.02%；平均每股净资产3.48元。

三、海南上市公司经营情况及变动分析

（一）总体经营情况

表6　　2016年海南上市公司经营情况

指标	2016年	2015年	变动率（%）
家数	28	27	3.70
亏损家数	7	7	0.00
亏损家数比例（%）	25	25.93	-0.93
平均每股收益（元）	0.1	0.08	25.00
平均每股净资产（元）	3.48	2.66	30.83
平均净资产收益率（%）	2.97	2.85	0.12
总资产（亿元）	3801.89	2438.04	55.94
归属于母公司股东权益（亿元）	1604.73	938.35	71.02
营业收入（亿元）	1025.19	824.29	24.37
利润总额（亿元）	69.53	39.11	77.78
归属于母公司所有者的净利润（亿元）	47.65	26.78	77.93

资料来源：沪深交易所，同花顺。

（二）分行业经营情况

表7　　2016年海南上市公司分行业经营情况

所属行类	营业收入（亿元）	可比样本变动率（%）	归属于母公司所有者的净利润（亿元）	可比样本变动率（%）
农、林、牧、渔业	109.27	15.47	1.58	117.17
采矿业	71.46	7.36	-1.83	-28.63
制造业	247.71	8.29	1.33	702.21

续表

所属行类	营业收入（亿元）	可比样本变动率（%）	归属于母公司所有者的净利润（亿元）	可比样本变动率（%）
电力、热力、燃气及水生产和供应业	0.00	–	0.00	–
建筑业	1.53	39.72	–0.46	–1925.61
批发和零售业	99.37	14.51	9.60	96.26
交通运输、仓储和邮政业	425.20	14.47	33.58	5.30
住宿和餐饮业	0.22	36.65	–0.03	64.41
信息传输、软件和信息技术服务业	2.17	11.87	0.28	21.50
金融业	0.00	–	0.00	–
房地产业	14.01	124.28	–0.53	81.30
租赁和商务服务业	0.00	–	0.00	–
科学研究和技术服务业	0.00	–	0.00	–
水利、环境和公共设施管理业	0.00	–	0.00	–
教育	0.00	–	0.00	–
卫生和社会工作	8.54	–10.29	–4.59	–2002.90
文化、体育和娱乐业	45.71	5.44	8.73	4.17
综合	0.00	–	0.00	–
合计	1025.19	12.60	47.65	49.44

资料来源：沪深交易所，同花顺。

（三）业绩变动情况分析

1. 营业收入、毛利率等变动原因分析

2016年，海南上市公司实现营业收入1025.19亿元，较2015年增长24.37%；营业成本1040.42亿元，较2015年增长62.30%；营业利润39.95亿元，较2015年增长75.76%；利润总额69.53亿元，较2015年增长77.78%。从毛利率来看，海南28家上市公司整体毛利率为–1.49%，较2015年下降23.69个百分点，其中12家毛利率上升，16家毛利率下降；营业成本大幅增加，营业收入增幅小于营业成本增幅是毛利率下降的主要原因。

2. 盈利构成分析

从盈利构成来看，2016年海南上市公司利润来源主要是营业利润，其占利润总额的比重为57.45%，较2015年下降0.67个百分点。其中，投资净收益48.10亿元，营业外收支净额为29.59亿元，公允价值变动净收益为7.07亿元，分别占利润总额的比重为69.17%、42.55%、10.17%；资产减值损失为18.63亿元，比2015年增加2.21亿元，占利润总额的比重为26.79%。

3. 经营性现金流量分析

2016年，海南上市公司经营性现金流量净额为141.53亿元，比2015年下降8.00%。在28家上市公司中，19家上市公司经营性现金流量净额为正，占28家上市公司的67.86%，较2015年增长4.9个百分点，其余9家上市公司经营现金流量净额为负。经营现金流量净额下降最大的为神农基因，比2015年减少9.30亿元。

4. 业绩特点分析

海南上市公司2016年整体业绩特点：一是总体盈利大幅增长。海南28家上市公司2016年归属于母公司所有者的净利润为47.65亿元，较2015年增长77.93%；28家上市公司中有21家实现盈利，7家出现亏损，与2015年亏损家数持平。二是盈利能力有所提升。海南上市公司2016年实现营业收入较2015年可比样本增长12.60%，但归属于母公司所有者的净利润增长49.44%，盈利水平有所提高。三是经营情况行业分化明显。海南上市公司2016年营业收入整体比2015年略有增加，除卫生和社会工作行业外，其他行业的营业收入出现总体增长的情况；除采矿业、建筑业、卫生和社会工作行业外的海南上市公司2016年归属于母公司所有者的净利润整体比2015年均有所增长，卫生和社会工作类企业利润下滑明显。

5. 利润分配情况

表8 2016年海南上市公司现金分红情况

2016年分红公司家数			2016年分红金额		
家数	变动率（%）	分红公司家数占地区公司总数比重（%）	金额（亿元）	变动率（%）	分红金额占归属于母公司所有者的净利润比重（%）
9	-10	32.14	12.50	262.32	26.23

资料来源：海南证监局。

四、海南上市公司并购重组情况

（一）并购重组基本情况

2016年，海南有2家上市公司开展并购重组，分别为览海投资、海航基础，涉及资产金额243.20亿元，配套募集资金160亿元，并购重组金额创历史新高。

（二）并购重组特点

海南上市公司通过并购重组实现主营业务转型。览海投资通过出售持续亏损的航运业务，集中资源和优势加快发展医疗健康服务产业，完善医疗健康服务产业链布局，提升上市公司行业竞争力、盈利水平；海航基础重组前主营业务为商业百货零售，业务和资产规模相对有限，且经营压力持续增大，通过并购重组从商业百货零售转型成为国内领先的基础设施项目投资开发与运营商后，海航基础盈利能力将得到持续提升。

五、海南上市公司募集资金情况、使用情况

（一）募集资金总体情况

表 9　　2016 年海南上市公司募集资金情况

发行类型	代码	简称	募集资金（亿元）
首发	603069	海汽集团	3.02
	小计		3.02
再融资（增发、配股）	600896	览海投资	20.00
	000735	罗牛山	16.50
	600221	海南航空	165.54
	000566	海南海药	30.00
	600515	海航基础	160.00
	600259	广晟有色	13.55
	小计		405.59
其他融资（公司债券）	136667	海南矿业（16 海矿 01）	1.06
	118805	海南瑞泽（16 瑞泽债）	5.00
	135639	洲际油气（16 洲际债）	8.00
	123035	洲际油气（16 洲际 01）	7.00
	123047	洲际油气（16 洲际 02）	1.50
	小计		22.56
总计			431.17

资料来源：海南证监局。

（二）募集资金使用情况及特点

2016 年，海南 13 家公司使用募集资金 264.18 亿元，较 2015 年增长 492.20%。其中使用 2016 年度募集资金 258.35 亿元，占全年使用募集资金总额的 97.79%；使用以前年度募集资金 5.83 亿元，占全年使用募集资金总额的 2.21%。

（三）募集资金变更情况

表 10　　2016 年海南上市公司募集资金使用项目变更情况

变更募集资金使用项目的公司家数	涉及金额（亿元）	募集资金总额（亿元）	占公司募集资金总额的比例（%）
—	—	—	—

资料来源：海南证监局。

六、海南上市公司规范运作情况

（一）上市公司治理专项情况

2016年，海南证监局着力提升海南上市公司整体公司规范运作水平，加强辖区上市公司监管，稳步推进海南上市公司承诺履行规范工作，形成《海南上市公司承诺履行情况分析报告》。通过梳理海南上市公司存在的未履行完毕承诺事项，针对承诺事项披露不规范、承诺事项不规范、未及时履行承诺及变更承诺事项等问题，督促上市公司完善公司治理和内部控制，建立承诺履行的自我约束机制，在日常监管工作中，建立将承诺履行与公司风险分类、并购重组分道制评价等工作的有效挂钩和衔接机制，实现“一处失信、处处受限”的诚信监管效果。

（二）审计情况及监管情况

海南28家上市公司2016年度审计报告均为标准无保留审计意见。2016年海南证监局年报审计监管工作主要围绕：一是对上市公司审计风险进行预分类，确定8个重点类审计项目，针对风险较高的5家上市公司下发2016年年报审计风险提示函，提请审计机构增强年报审计风险把关作用。二是深入事中监管，主动列席上市公司年审会计师与独立董事、审计委员会的审前见面会、初审意见沟通会，约谈年审会计师，积极对审计过程进行现场督导。三是对海南28家上市公司年度报告逐家进行审核，针对年报发现的问题向22家上市公司及20家审计机构调取相关资料及审计工作底稿，约谈2家上市公司的年审会计师，要求8家上市公司的年报审计机构发表专项意见。四是双随机与问题导向相结合，实施年报审计项目现场检查3家次、年报专项核查1家次。

（三）信息披露情况

海南证监局坚持以信息披露监管为核心，督促上市公司不断提高上市公司透明度及披露信息质量。一是借助上市公司监管信息系统、万得资讯等信息平台，及时收集、分析上市公司信息，通过对信访举报反映情况的排查，对媒体质疑、网络舆情、微博微信等信息监控，及时全面了解上市公司情况，掌握上市公司风险底数。二是以信息披露为抓手，对公司披露的证券发行、重大资产重组、上市公司收购等事项保持高度关注，找准重大事项信息披露违规线索开展监管工作。三是加强培训，召开辖区上市公司座谈会、开展重点上市公司“一对一”专题培训等方式，督促公司合规披露年报信息，提高上市公司信息披露水平。

（四）证券市场服务情况

2016年，海南证监局不断提升服务资本市场能力，坚持监管与服务并重。一是认真处理投资者投诉举报，注重保护中小投资者合法权益，全年妥善处理投诉举报事项约50起。二是与深圳前海全景财经信息有限公司、深圳市全景网络有限公司、海南上市公司协会联合举办海南辖区上市公司业绩网上集体说明会，海南上市公司通过海南地区投资者关系互动平台，就投资者所关心的问题与投资者进行了“一对多”形式的沟通，答复率达到94.39%。三是积极联合海南上市公司协会赴企业实地开展调研活动，实地调研企业3家，了解企业真实情况，沟通资本市场监管动态，宣讲资本市场政策精神。四是积极推动海南省金融办举办资本市场融资业务培训活动，努力培育海南后备上市资源，配合举办医药和互联网企业两个专题资本市场融资业务培训会议，培训企业达200家。

审稿人：杨宗儒　贺　玲　王小星

撰稿人：庞　秦

重庆地区

一、重庆国民经济发展概况

表 1　2016 年重庆国民经济发展概况　单位：亿元

指标	1～3月		1～6月		1～9月		1～12月	
	绝对量	同比增长（%）	绝对量	同比增长（%）	绝对量	同比增长（%）	绝对量	同比增长（%）
地区生产总值（GDP）	3772.73	10.70	8000.82	10.60	12505.05	10.70	17558.76	10.70
全社会固定资产投资	2422.44	12.00	6161.81	12.50	10838.47	12.20	15931.78	12.10
社会消费品零售总额	1765.30	13.02	3504.85	12.86	5274.62	13.14	7271.35	13.19
规模以上工业增加值	–	10.20	–	10.20	–	10.40	–	10.30
规模以上工业企业实现利润	290.10	25.70	617.50	17.20	977.80	17.40	1584.20	12.20
居民消费价格指数（CPI）	1～3月		1～6月		1～9月		1～12月	
	2.00		2.10		1.80		1.80	

资料来源：国家统计局。

二、重庆上市公司总体情况

（一）公司数量

表 2　2016 年重庆上市公司数量　单位：家

公司总数	2016 年新增	股票类别			板块分布			
		仅 A 股	仅 B 股	（A+B）股	沪市主板	深市主板	中小板	创业板
44	1	42	1	1	22	12	5	5

资料来源：沪深交易所，同花顺。

（二）行业分布

表 3　　2016 年重庆上市公司行业分布情况

所属证监会行业类别	家数	占比（%）	所属证监会行业类别	家数	占比（%）
农、林、牧、渔业	0	0.00	金融业	1	2.27
采矿业	1	2.27	房地产业	4	9.09
制造业	26	59.09	租赁和商务服务业	0	0.00
电力、热力、燃气及水生产和供应业	5	11.36	科学研究和技术服务业	0	0.00
建筑业	0	0.00	水利、环境和公共设施管理业	1	2.27
批发和零售业	1	2.27	教育	0	0.00
交通运输、仓储和邮政业	2	4.55	卫生和社会工作	0	0.00
住宿和餐饮业	0	0.00	文化、体育和娱乐业	1	2.27
信息传输、软件和信息技术服务业	2	4.55	综合	0	0.00
合计	44	100.00			

资料来源：沪深交易所，同花顺。

（三）股本结构及规模

表 4　　2016 年重庆上市公司股本规模在 10 亿股以上公司分布情况

股本规模（亿股）	公司家数	具体公司
50≤～<100	2	金科股份，西南证券
20≤～<50	5	长安汽车，华邦健康，迪马股份，重庆钢铁，重庆水务
10≤～<20	7	太阳能，建新矿业，宗申动力，世纪游轮，智飞生物，重庆燃气，力帆股份

资料来源：沪深交易所，同花顺。

表 5　　2016 年重庆上市公司分地区股权构成情况　　单位：家

股权性质 / 地域分布	央企国资控股	省属国资控股	地市国资控股	民营控股	其他	合计
重庆市	9	9	4	18	4	44

资料来源：重庆证监局。

（四）市值规模

截至2016年12月31日，重庆44家上市公司境内总市值6690.95亿元，占全国上市公司境内总市值的1.32%；其中，上交所上市公司22家，总股本295.13亿股，境内总市值2942.68亿元，占上交所上市公司境内总市值的1.03%；深交所上市公司22家，总股本254.79亿股，境内总市值3748.27亿元，占深交所上市公司境内总市值的1.68%。

（五）资产规模

截至2016年12月31日，重庆44家上市公司合计总资产6466.89亿元，归属于母公司股东权益2130.16亿元，与2015年相比，分别增长17.14%、20.62%；平均每股净资产3.83元。

三、重庆上市公司经营情况及变动分析

（一）总体经营情况

表6　2016年重庆上市公司经营情况

指标	2016年	2015年	变动率（%）
家数	44	43	2.33
亏损家数	5	7	-28.57
亏损家数比例（%）	11.36	16.28	-4.92
平均每股收益（元）	0.33	0.36	-8.33
平均每股净资产（元）	3.83	3.72	2.96
平均净资产收益率（%）	8.59	9.63	-1.04
总资产（亿元）	6466.89	5520.82	17.14
归属于母公司股东权益（亿元）	2130.16	1765.97	20.62
营业收入（亿元）	2790.1	2290.95	21.79
利润总额（亿元）	215.33	198.79	8.32
归属于母公司所有者的净利润（亿元）	182.97	170.05	7.60

资料来源：沪深交易所，同花顺。

（二）分行业经营情况

表7　2016年重庆上市公司分行业经营情况

所属行类	营业收入（亿元）	可比样本变动率（%）	归属于母公司所有者的净利润（亿元）	可比样本变动率（%）
农、林、牧、渔业	0.00	-	0.00	-
采矿业	11.14	2.17	2.34	-18.75

续表

所属行类	营业收入（亿元）	可比样本变动率（%）	归属于母公司所有者的净利润（亿元）	可比样本变动率（%）
制造业	1649.38	11.90	101.38	25.55
电力、热力、燃气及水生产和供应业	171.99	3.54	24.92	-10.77
建筑业	0.00	-	0.00	-
批发和零售业	338.47	-7.25	4.19	16.88
交通运输、仓储和邮政业	25.04	4.95	3.74	23.53
住宿和餐饮业	0.00	-	0.00	-
信息传输、软件和信息技术服务业	24.95	17.98	9.99	462.72
金融业	36.32	-57.26	9.18	-74.19
房地产业	492.81	67.64	23.07	30.22
租赁和商务服务业	0.00	-	0.00	-
科学研究和技术服务业	0.00	-	0.00	-
水利、环境和公共设施管理业	32.61	-7.77	1.52	-47.12
教育	0.00	-	0.00	-
卫生和社会工作	0.00	-	0.00	-
文化、体育和娱乐业	7.39	55.69	2.65	54.74
综合	0.00	-	0.00	-
合计	2790.10	12.50	182.97	2.92

资料来源：沪深交易所，同花顺。

（三）业绩变动情况分析

1. 营业收入、毛利率等变动原因分析

2016年，实现营业收入2790.10亿元，同比增长21.79%，营收规模呈现较快增长态势；实现净利润182.97亿元，同比增长7.60%，有39家公司实现盈利，占重庆地区公司总数的88.64%；销售毛利率19.76%。总体来看，收入规模逐年扩大，净利润上升，毛利率有所下降。

2. 盈利构成分析

从盈利构成来看，非经常性损益对净利润影响有所减小，盈利质量有所提升。2016年44家重庆上市公司非经常性损益45.85亿元，占当期归属于上市公司股东净利润的25.05%。非经常性损益金额比2015年减少23.28亿元，降幅33.68%。

3. 经营性现金流量分析

2016年，重庆上市公司经营活动产生的现金流量净额为87.19亿元，同比下降43.30%；现金及现金等价物净增加额为184.48亿元，较2015年减少38.23%。现金流状况总体表现不佳。

4. 业绩特点分析

（1）从盈亏结构来看，业绩两极分化明显。2016年，重庆44家上市公司中有39家上市公司实现盈利，5家亏损。其中，盈利排名第一上市公司实现盈利102.77亿元，占重庆地区上市公司总体净利润的53.96%，与净利润小于10亿元的35家公司总和持平；而5家亏损公司合计亏损额为57.71亿元，亏损第一的上市公司亏损46.86亿元，占亏损总额的81.20%。

（2）负债水平仍处于高位，但负债结构进一步优化。重庆上市公司整体资产负债率、财务费用均有不同程度降低。43家非金融类上市公司（剔除西南证券）2016年年末整体资产负债率为64.56%，略低于2015年度的65.44%，但高于全国非金融上市公司60.38%的负债水平。44家上市公司2016年度财务费用总额为36.13亿元，较2015年下降17.11%。

5. 利润分配情况

表8　　2016年重庆上市公司现金分红情况

2016年分红公司家数			2016年分红金额		
家数	变动率（%）	分红公司家数占地区公司总数比重	金额（亿元）	变动率（%）	分红金额占归属于母公司所有者的净利润比重
28	-9.68%	63.64%	79.67	56.03	43.54%

资料来源：重庆证监局。

四、重庆上市公司并购重组情况

（一）并购重组基本情况

2016年度，重庆地区4家上市公司完成并购重组，涉及金额355.81亿元，其中，太阳能借壳桐君阁，发行股份购买资产80.34亿元，募集配套资金47.56亿元；巨人网络借壳世纪游轮，发行股份购买资产131.24亿元，募集配套资金50亿元；欢瑞世纪借壳星美联合，发行股份购买资产30亿元；福安药业发行股份购买资产9.6亿元，募集配套资金7.07亿元。

（二）并购重组特点

在宏观经济缓中趋稳、稳中向好背景下，重庆地区上市公司通过利用资本市场多种融资手段，进一步整合资源，盘活资产，缓解产能过剩矛盾，推动了供给侧结构性改革，使得资本市场助推实体经济发展的功能得到进一步发挥。从并购重组的目的上看，呈现两个特点：一是在传统制造业的基础上引入新兴产业，为区域经济增长注入新活力，如世纪游轮发行股份购买巨人网络股权，主营业务变更为以网络游戏开发为主的综合性高科技互联网企业；二是扩大产业规模，如福安药业购买只楚药业，扩大公司业务规模，提升盈利水平和市场竞争力。

五、重庆上市公司募集资金情况、使用情况

（一）募集资金总体情况

表 9　2016 年重庆上市公司募集资金情况

发行类型	代码	简称	募集资金（亿元）
首发	601127	小康股份	8.28
	小计		8.28
再融资（增发、配股）	300006	莱美药业	6.69
	603601	再升科技	7.78
	000625	长安汽车	20
	000656	金科股份	45
	000591	太阳能	127.90
	002558	世纪游轮	181.24
	300194	福安药业	16.67
	000892	欢瑞世纪	30
	小计		435.28
其他融资（公司债券、短期融资券、中期票据、次级债、金融债、境外发行债券）	000736	中房地产	24.70
	600369	西南证券	175
	601777	力帆实业	20
	000656	金科股份	125.5
	600565	迪马股份	26
	小计		371.2
总计			814.76

资料来源：重庆证监局。

（二）募集资金使用情况及特点

2016 年，重庆 9 家公司通过首发和增发的方式新增募集资金，计划投入募集资金 443.56 亿元，已投入募集资金 239.94 亿元，完成比例 54.09%。部分公司利用暂时闲置募集资金购买安全性高的理财产品，以提高资金使用效益。

（三）募集资金变更情况

表 10　2016 年重庆上市公司募集资金使用项目变更情况

变更募集资金使用项目的公司家数	涉及金额（亿元）	募集资金总额（亿元）	占公司募集资金总额的比例（%）
1	1	7	14.29

资料来源：重庆证监局。

六、重庆上市公司规范运作情况

（一）上市公司治理专项情况

2016年，重庆证监局按照证监会依法、全面、从严的监管要求，推动重庆上市公司进一步提升独立性、完善治理结构、强化内控建设。一是继续开展新上市公司董监高培训，通过培训教育等方式形成并固化公司信息披露意识、合规意识、接受监管意识，避免新上市公司因对证监会监管法律理解不透彻，造成无知犯错；二是深入贯彻落实从严监管要求，以风险和问题为导向，加大现场检查和违规处理力度，全年共对6家上市公司，3名公司高管采取行政监管措施。

（二）审计情况及监管情况

重庆44家上市公司均按时披露了2016年年度报告和审计报告。其中，42家公司的审计意见类型为标准无保留意见，2家公司的审计意见类型为带强调事项段的无保留意见。为提高年报审计监管的前瞻性，重庆证监局周密部署，制定上市公司年报监管工作方案，逐家约谈审计机构，通报监管关注问题。对于重点类审计项目，开展现场督导，列席会计师与独立董事和公司审计委员会的沟通会。2016年重庆证监局对3家上市公司进行了年报现场检查，并对2家审计机构的年报审计项目进行了延伸检查。

（三）信息披露情况

2016年，重庆证监局以信息披露监管为核心，督促辖区上市公司持续提升信息披露质量，确保信息披露的真实、准确、完整、及时。持续引导上市公司以投资者需求为导向，结合所在行业和公司自身的特点，突出信息披露差异化。借力中介机构，通过约见谈话、现场督导、审阅审计计划、审计总结等手段，督促审计机构勤勉尽责，提高上市公司财务信息披露质量。加强与沪深交易所的监管协作，提升信息披露监管的及时性和全面性。总体来看，辖区上市公司能够按照要求及时披露定期报告和临时公告，但仍有个别公司存在信息披露不及时、不完整的情况，2016年，重庆证监局对5家上市公司存在的信息披露问题采取了行政监管措施。

（四）证券市场服务情况

为切实保护投资者合法权益，进一步贯彻落实国务院办公厅《关于进一步加强资本市场中小投资者合法权益保护工作的意见》精神，增强市场主体规范运作和保护投资者权益意识，重庆证监局采取了一系列措施：一是开展投资者网上集体接待日活动，推动上市公司加强投资者关系管理工作；二是联合交易所组织“走进上市公司”活动，进一步强化投资者股东意识；三是妥善处置投诉举报，切实保护投资者合法权益；四是举办内幕交易专题培训，提升上市公司对内幕交易危害的认识。

审稿人：张姗姗

撰稿人：周　峰　李龄玲

四川地区

一、四川国民经济发展概况

表 1　　**2016 年四川国民经济发展概况**　　单位：亿元

指　标	1～3 月		1～6 月		1～9 月		1～12 月	
	绝对量	同比增长（%）	绝对量	同比增长（%）	绝对量	同比增长（%）	绝对量	同比增长（%）
地区生产总值（GDP）	6703.70	7.40	14222.33	7.50	23793.60	7.50	32680.50	7.70
全社会固定资产投资	6084.68	12.8	14013.15	12.9	21404.2	12.8	28229.79	13.1
社会消费品零售总额	3554.95	11.80	7309.33	11.50	11108.93	11.50	15501.87	11.70
规模以上工业增加值	–	7.70	–	7.8	–	7.9	–	7.90
规模以上工业企业实现利润	519.80	1.90	1055.50	3.80	1552.30	6.90	2176.10	5.40
居民消费价格指数（CPI）	1～3 月		1～6 月		1～9 月		1～12 月	
	2.00		2.00		1.80		1.90	

资料来源：国家统计局。

二、四川上市公司总体情况

（一）公司数量

表 2　　**2016 年四川上市公司数量**　　单位：家

公司总数	2016 年新增	股票类别			板块分布			
		仅 A 股	仅 B 股	（A+B）股	沪市主板	深市主板	中小板	创业板
110	7	110	0	0	36	23	27	24

资料来源：沪深交易所，同花顺。

（二）行业分布

表 3　　2016 年四川上市公司行业分布情况

所属证监会行业类别	家数	占比（%）	所属证监会行业类别	家数	占比（%）
农、林、牧、渔业	0	0.00	金融业	1	0.91
采矿业	2	1.82	房地产业	2	1.82
制造业	73	66.36	租赁和商务服务业	3	2.73
电力、热力、燃气及水生产和供应业	7	6.36	科学研究和技术服务业	1	0.91
建筑业	4	3.64	水利、环境和公共设施管理业	1	0.91
批发和零售业	4	3.64	教育	0	0.00
交通运输、仓储和邮政业	2	1.82	卫生和社会工作	0	0.00
住宿和餐饮业	0	0.00	文化、体育和娱乐业	2	1.82
信息传输、软件和信息技术服务业	8	7.27	综合	0	0.00
合计	110	100.00			

资料来源：沪深交易所，同花顺。

（三）股本结构及规模

表 4　　2016 年四川上市公司股本规模在 10 亿股以上公司分布情况

股本规模（亿股）	公司家数	具体公司
50≤～<100	1	*ST 钒钛
20≤～<50	13	兴蓉环境，五粮液，新希望，四川路桥，国金证券，宏达股份，通威股份，蓝光发展，川投能源，四川长虹，东方电气，四川成渝，和邦生物
10≤～<20	17	*ST 川化，泸州老窖，四川九洲，创维数字，印纪传媒，三泰控股，科伦药业，云图控股，利君股份，红旗连锁，禾嘉股份，国栋建设，中铁二局，鹏博士，茂业商业，博瑞传播，新华文轩

资料来源：沪深交易所，同花顺。

表 5　**2016 年四川上市公司分地区股权构成情况**　单位：家

地域分布＼股权性质	央企国资控股	省属国资控股	地市国资控股	民营控股	其他	合计
成都市	6	6	3	44	7	66
自贡市	0	0	1	2	0	3
攀枝花市	1	0	0	0	0	1
泸州市	1	0	2	0	0	3
德阳市	0	0	0	1	0	1
绵阳市	0	0	2	5	1	8
遂宁市	2	0	0	3	1	6
内江市	0	1	0	0	0	1
乐山市	0	0	0	3	1	4
南充市	0	0	0	2	0	2
眉山市	0	0	0	2	0	2
宜宾市	0	0	3	1	0	4
广安市	0	0	1	0	0	1
达州市	0	0	0	1	0	1
雅安市	0	0	0	1	0	1
西昌市	1	0	0	0	0	1
什邡市	0	0	0	2	0	2
江油市	0	0	0	1	0	1
峨眉山市	0	0	1	0	0	1
阿坝羌族自治州	1	0	0	0	0	1
合计	12	7	13	68	10	110

资料来源：四川证监局。

（四）市值规模

截至 2016 年 12 月 31 日，四川 110 家上市公司境内总市值 13507.98 亿元，占全国上市公司境内总市值的 2.66%；其中，上交所上市公司 36 家，总股本 487.03 亿股，境内总市值 4589.19 亿元，占上交所上市公司境内总市值的 1.61%；深交所上市公司 74 家，总股本 550.21 亿股，境内总市值 8918.79 亿元，占深交所上市公司境内总市值的 4.00%。

（五）资产规模

截至 2016 年 12 月 31 日，四川 110 家上市公司合计总资产 9885.07 亿元，归属于母公司股东权益 3987.72 亿元，与 2015 年相比，分别增长 3.83%、15.36%；平均每股净资产 3.78 元。

三、四川上市公司经营情况及变动分析

（一）总体经营情况

表 6　　2016 年四川上市公司经营情况

指标	2016 年	2015 年	变动率（%）
家数	110	103	6.80
亏损家数	15	17	-11.76
亏损家数比例（%）	13.64	16.5	-2.86
平均每股收益（元）	0.24	0.25	-4.00
平均每股净资产（元）	3.78	3.72	1.61
平均净资产收益率（%）	6.42	6.78	-0.36
总资产（亿元）	9885.07	9520.72	3.83
归属于母公司股东权益（亿元）	3987.72	3456.78	15.36
营业收入（亿元）	5276.16	5033.4	4.82
利润总额（亿元）	355.47	319.02	11.43
归属于母公司所有者的净利润（亿元）	255.89	234.26	9.23

资料来源：沪深交易所，同花顺。

（二）分行业经营情况

表 7　　2016 年四川上市公司分行业经营情况

所属行类	营业收入（亿元）	可比样本变动率（%）	归属于母公司所有者的净利润（亿元）	可比样本变动率（%）
农、林、牧、渔业	0.00	-	0.00	-
采矿业	126.66	-36.43	-63.92	-170.53
制造业	3219.20	7.90	174.04	37.15
电力、热力、燃气及水生产和供应业	112.73	6.60	51.19	-2.48
建筑业	845.26	-7.9	12.86	2.17
批发和零售业	197.76	78.13	6.69	136.44
交通运输、仓储和邮政业	94.56	-13.24	11.42	-2.84
住宿和餐饮业	0.00	-	0.00	-
信息传输、软件和信息技术服务业	135.27	16.20	13.91	7.05
金融业	46.71	-30.78	12.99	-44.96

续表

所属行类	营业收入（亿元）	可比样本变动率（%）	归属于母公司所有者的净利润（亿元）	可比样本变动率（%）
房地产业	213.34	21.15	8.62	11.31
租赁和商务服务业	199.05	142.93	18.90	38.81
科学研究和技术服务业	1.58	-14.96	0.20	-24.80
水利、环境和公共设施管理业	10.42	-2.25	1.91	-2.57
教育	0.00	-	0.00	-
卫生和社会工作	0.00	-	0.00	-
文化、体育和娱乐业	73.62	5.56	7.08	-1.99
综合	0.00	-	0.00	-
合计	5276.16	6.58	255.89	2.22

资料来源：沪深交易所，同花顺。

（三）业绩变动情况分析

1. 营业收入、毛利率等变动原因分析

2016年，四川上市公司营业总收入5276.16亿元，较2015年增长4.82%；营业成本4124.97亿元，较2015年增加5.61%；销售费、管理费用和财务费用合计727.85亿元，较2015年增加9.96%；平均毛利率21.74%，较2015年下降7.12个百分点。总的来看，营业成本增幅大于营业收入增幅，毛利率小幅下降。

2. 盈利构成分析

从盈利结构来看，2016年，四川上市公司利润主要是营业利润，其占利润总额的比重为99.9%，营业外收益对利润影响很小。归属母公司净利润在5亿元以上的20家，总额282.75亿元，占四川公司归属母公司净利润总额的110.49%。*ST钒钛和东方电气分别亏损59.88亿元和17.84亿元，对整体经济效果影响较大。

3. 经营性现金流量分析

2016年，四川86家上市公司经营现金流量净额为正，占110家上市公司的78.18%，高于2015年75.73%的水平。

4. 业绩特点分析

2016年，四川上市公司实现归属母公司所有者净利润255.89亿元，较2015年增加9.23%。平均每股收益0.24元，较2015年减少4%。

5. 利润分配情况

2016年，四川共有75家上市公司进行分红，总计分红146.51亿元，占四川公司归属母公司所有者净利润的57.26%。白酒类上市公司现金分红依然较为突出，共计68.70亿元，占总分红的46.89%。

表 8　　2016 年四川上市公司现金分红情况

2016 年分红公司家数			2016 年分红金额		
家数	变动率（%）	分红公司家数占地区公司总数比重（%）	金额（亿元）	变动率（%）	分红金额占归属于母公司所有者的净利润比重（%）
75	15. 38	68. 18	146. 51	40. 31	57. 26

资料来源：四川证监局。

四、四川上市公司并购重组情况

（一）并购重组基本情况

2016 年，四川共有 13 家公司筹划重大并购重组事项 15 单，有 7 家上市公司（*ST 钒钛、创意信息、富临精工、金亚科技、茂业商业、升达林业、通威股份）完成重大并购重组 10 单，涉及交易金额 318. 69 亿元，交易数量与 2015 年基本持平，交易金额较 2015 年同期增加 100. 97%。

（二）并购重组特点

一是横向整合的产业并购逐渐成为主流。2016 年，四川 70% 的重大并购重组交易为同行业收购，上市公司通过并购重组实现整合，提高了产业集中度和核心竞争力，不少企业降低了成本，培育了发展新动能。二是民营经济并购重组活跃。在四川 2016 年筹划的重大重组项目中，民营企业占比达 86. 67%，其中茂业商业、金亚科技年内启动了两次重大并购交易，民营经济在运用资本市场工具方面活跃度更高。

五、四川上市公司募集资金情况、使用情况

（一）募集资金总体情况

表 9　　2016 年四川上市公司募集资金情况

发行类型	代码	简称	募集资金（亿元）
首发	603027	千禾味业	3. 68
	300547	川环科技	3. 30
	002818	富森美	10. 34
	300535	达威股份	2. 76
	601811	新华文轩	7. 03
	002798	帝王洁具	2. 28
	300540	深冷股份	3. 33
	300559	佳发安泰	3. 16
	300502	新易盛	4. 17
	小计		40. 05

续表

发行类型	代码	简称	募集资金（亿元）
再融资（增发、配股）	002258	利尔化学	5.90
	000593	大通燃气	5.65
	000810	创维数字	4.40
	000835	长城动漫	1.20
	002259	升达林业	7.62
	300019	硅宝科技	0.36
	300362	天翔环境	10.00
	300366	创意信息	14.00
	300432	富临精工	24.69
	600438	通威股份	120.43
	600828	茂业商业	85.61
	600979	广安爱众	15.34
	603077	和邦生物	39.31
	小计		334.51
其他融资（公司债券、金融债）	000598	兴蓉环境	11.00
	002630	华西能源	5.00
	300362	天翔环境	2.00
	600093	禾嘉股份	10.00
	601107	四川成渝	10.00
	600466	蓝光发展	40.00
	小计		78.00
总计			452.56

资料来源：四川证监局。

（二）募集资金使用情况及特点

2016 年，四川上市公司通过资本市场直接融资 452.56 亿元（不含 H 股融资），其中，A 股首发股本融资（IPO）40.05 亿元，再融资 334.51 亿元，公司债券融资 78 亿元，资本市场有力地支持了四川上市公司持续健康发展。上市公司募集资金主要用于以下方面：一是增资或收购外部资产；二是用于新建扩建自有项目；三是补充流动资金、归还银行贷款。2016 年度募集资金使用情况整体正常，基本符合募投项目计划安排。

（三）募集资金变更情况

2016 年，四川有 2 家公司变更募集资金的使用项目，变更项目涉及金额约为 8.74 亿元。变更募集资金用途的主要原因有：市政规划原因使得原有项目无法按计划推进；将超募资金永久补充流动资金。上述公司募集资金的变更均经过董事会或股东大会批准并公告披露。

表 10　　2016 年四川上市公司募集资金使用项目变更情况

变更募集资金使用项目的公司家数	涉及金额（亿元）	募集资金总额（亿元）	占公司募集资金总额的比例（%）
2	1.48	8.74	16.93

资料来源：四川证监局。

六、四川上市公司规范运作情况

（一）上市公司治理专项情况

一是通过培训、座谈等多种方式，帮助上市公司牢固树立规范经营意识，促进企业在规范的前提下更好的发展壮大。组织了涵盖分行业背景下的上市公司信息披露规范、内幕交易防范、内控实务、并购重组等内容的辖区上市公司高管培训，辖区内 59 家企业的 270 位高管参加了培训。二是号召全川上市公司签署了《上市公司自律公约》（2016 年版），形成了上市公司在监管、内控、经营、投资者关系管理、突发情况处理等方面的自律机制。三是做好上市公司承诺履行监管，四川证监局通过多种措施督促辖区上市公司履行相关承诺事项，重点关注业绩承诺事项情况，通过现场检查等方式查明业绩未达预期的原因、明确责任，督促严格履行承诺事项。

（二）审计情况及监管情况

2016 年，四川辖区 110 家上市公司均按期披露了年度财务报表审计报告。从审计意见类型来看，标准无保留意见 104 家，带强调事项段的无保留意见 4 家，无法表示意见 1 家，保留意见 1 家。

四川证监局坚决贯彻落实“依法、全面、从严”的监管理念，牢牢抓住重大风险防范主线，紧紧围绕证监会上市部 2016 年上市公司监管重点工作安排，在正确处理好发展与监管、创新与规范关系的基础上，进一步优化和完善监管模式，扎扎实实做好各项监管工作，努力实现上市公司监管收到实效。

（三）信息披露情况

经过多年的监管引导和培训教育，四川上市公司以投资者需求为导向，信息披露意识逐渐加强，信息披露的质量不断提高，维护了上市公司信息使用者和投资者的知情权。四川证监局加强上市公司信息收集、分析，关注媒体舆情，对重大媒体质疑事项及时反应与核查。2016 年，针对个别上市公司信息披露违法违规事项，四川证监局对 12 家上市公司或个人采取行政监管措施 14 次，通过加强监管及时纠偏，提高了四川资本市场的透明度。

（四）证券市场服务情况

2016年四川证监局紧紧围绕保护投资者利益工作目标，组织辖区上市公司开展了系列投保工作。一是组织了对上市公司投资者服务热线的抽查，通过此次抽查，了解辖区上市公司投资者服务热线的接听情况，并作为评价上市公司投资者服务工作情况的重要依据；二是指导四川上市公司协会联合新浪财经四川、四川金融时报、中证报、宏信证券研究人员、国金证券研究人员共同开展省内四家酒类公司年报解读活动，并通过问卷调查，了解投资者对于上市公司年报信息的关注点和对年报解读的需求情况，帮助投资者提高年报阅读水平；三是与交易所和媒体展开合作，举办投资者集体接待日活动，分别与上交所信息公司联合举办“强化信息披露规范，构建和谐投资者关系——2016年四川辖区上交所上市公司投资者集体接待日”活动、与深交所信息公司联合举办“2016四川辖区深交所上市公司投资者集体接待日”活动，还与上交所、华西证券、东方电气合办“做理性投资人，走进上市公司”系列活动。

审稿人：侯　睿　范家勇

撰稿人：梁　溦　任　思

贵州地区

一、贵州国民经济发展概况

表 1　　2016 年贵州国民经济发展概况　　单位：亿元

指　标	1～3 月		1～6 月		1～9 月		1～12 月	
	绝对量	同比增长（%）	绝对量	同比增长（%）	绝对量	同比增长（%）	绝对量	同比增长（%）
地区生产总值（GDP）	2102.97	10.30	4936.61	10.50	8135.38	10.50	11734.43	10.50
全社会固定资产投资	1830.12	21.10	4723.02	21.50	7918.38	21.70	12929.17	21.10
社会消费品零售总额	848.36	12.60	1691.73	12.50	2613.10	12.80	3708.99	13.00
规模以上工业增加值	902.96	9.50	1940.90	9.70	2979.64	9.90	4032.11	9.90
规模以上工业企业实现利润	147.50	11.50	306.90	11.00	473.30	15.90	658.70	5.40
居民消费价格指数（CPI）	1～3 月		1～6 月		1～9 月		1～12 月	
	1.60		1.50		1.30		1.40	

资料来源：国家统计局。

二、贵州上市公司总体情况

（一）公司数量

表 2　　2016 年贵州上市公司数量　　单位：家

公司总数	2016 年新增	股票类别			板块分布			
		仅 A 股	仅 B 股	（A+B）股	沪市主板	深市主板	中小板	创业板
23	3	23	0	0	12	5	5	1

资料来源：沪深交易所，同花顺。

（二）行业分布

表 3　　2016 年贵州上市公司行业分布情况

所属证监会行业类别	家数	占比（%）	所属证监会行业类别	家数	占比（%）
农、林、牧、渔业	0	0.00	金融业	1	4.35
采矿业	1	4.35	房地产业	1	4.35
制造业	16	69.57	租赁和商务服务业	0	0.00
电力、热力、燃气及水生产和供应业	1	4.35	科学研究和技术服务业	0	0.00
建筑业	0	0.00	水利、环境和公共设施管理业	0	0.00
批发和零售业	1	4.35	教育	0	0.00
交通运输、仓储和邮政业	0	0.00	卫生和社会工作	0	0.00
住宿和餐饮业	0	0.00	文化、体育和娱乐业	0	0.00
信息传输、软件和信息技术服务业	2	8.70	综合	0	0.00
合计	23	100.00			

资料来源：沪深交易所，同花顺。

（三）股本结构及规模

表 4　　2016 年贵州上市公司股本规模在 10 亿股以上公司分布情况

股本规模（亿股）	公司家数	具体公司
20≤～＜50	2	中天城投，贵阳银行
10≤～＜20	6	信邦制药，贵州百灵，赤天化，盘江股份，贵州茅台，贵广网络

资料来源：沪深交易所，同花顺。

表 5　　2016 年贵州上市公司分地区股权构成情况　　单位：家

股权性质 / 地域分布	央企国资控股	省属国资控股	地市国资控股	民营控股	其他	合计
贵阳市	8	1	1	5	1	16
遵义地区	0	2	0	1	0	3
六盘水市	0	1	0	0	0	1
安顺市	0	0	1	1	0	2
黔南州	0	0	0	1	0	1
合计	8	4	2	8	1	23

资料来源：贵州证监局。

（四）市值规模

截至2016年12月31日，贵州23家上市公司境内总市值6839.88亿元，占全国上市公司境内总市值的1.34%；其中，上交所上市公司12家，总股本113.15亿股，境内总市值5508.34亿元，占上交所上市公司境内总市值的1.93%；深交所上市公司11家，总股本115.01亿股，境内总市值1331.54亿元，占深交所上市公司境内总市值的0.60%。

（五）资产规模

截至2016年12月31日，贵州23家上市公司合计总资产6864.18亿元，归属于母公司股东权益1657.69亿元，与2015年相比，分别增长169.02%、37.93%；平均每股净资产7.27元。

三、贵州上市公司经营情况及变动分析

（一）总体经营情况

表6　　2016年贵州上市公司经营情况

指标	2016年	2015年	变动率（%）
家数	23	20	15.00
亏损家数	2	4	-50.00
亏损家数比例（%）	8.7	20	-11.30
平均每股收益（元）	1.14	1.11	2.70
平均每股净资产（元）	7.27	6.91	5.21
平均净资产收益率（%）	15.75	16.06	-0.31
总资产（亿元）	6864.18	2551.58	169.02
归属于母公司股东权益（亿元）	1657.69	1201.8	37.93
营业收入（亿元）	1320.86	1035.15	27.60
利润总额（亿元）	353.94	268.52	31.81
归属于母公司所有者的净利润（亿元）	261.05	193.05	35.22

资料来源：沪深交易所，同花顺。

（二）分行业经营情况

表7　　2016年贵州上市公司分行业经营情况

所属行类	营业收入（亿元）	可比样本变动率（%）	归属于母公司所有者的净利润（亿元）	可比样本变动率（%）
农、林、牧、渔业	0.00	-	0.00	-
采矿业	39.14	-3.80	1.96	744.74
制造业	851.36	14.84	185.78	13.76

续表

所属行类	营业收入（亿元）	可比样本变动率（%）	归属于母公司所有者的净利润（亿元）	可比样本变动率（%）
电力、热力、燃气及水生产和供应业	19.18	-28.96	1.30	-63.94
建筑业	0.00	-	0.00	-
批发和零售业	86.74	16.82	0.80	-6.20
交通运输、仓储和邮政业	0.00	-	0.00	-
住宿和餐饮业	0.00	-	0.00	-
信息传输、软件和信息技术服务业	26.87	11.08	5.28	2.78
金融业	101.59	31.85	36.54	13.42
房地产业	195.97	27.37	29.39	12.76
租赁和商务服务业	0.00	-	0.00	-
科学研究和技术服务业	0.00	-	0.00	-
水利、环境和公共设施管理业	0.00	-	0.00	-
教育	0.00	-	0.00	-
卫生和社会工作	0.00	-	0.00	-
文化、体育和娱乐业	0.00	-	0.00	-
综合	0.00	-	0.00	-
合计	1320.86	16.03	261.05	12.81

资料来源：沪深交易所，同花顺。

（三）业绩变动情况分析

1. 营业收入、毛利率等变动原因分析

2016年贵州上市公司营业收入较2015年可比样本增长16.03%，增速提高近11个百分点。其中，除贵州茅台和中天城投合计贡献近600亿元营业收入外，2016年新上市公司贵阳银行也与前述两家企业共同占据营业收入总额的近50%，三者的增加额127.31亿元占贵州所有上市公司增加总额的71.55%。2016年贵州上市公司总体毛利率52.48%，较2015年提高3.85个百分点。

2. 盈利构成分析

2016年贵州上市公司净利润为276.25亿元，投资净收益10.91亿元，占归属于母公司股东净利润的4.18%，与2015年度的1.53%相比，提高2.65个百分点；非经常性损益11.42亿元，占归属于母公司股东净利润的4.37%。

3. 经营性现金流量分析

2016年度，贵州上市公司经营活动现金流入3072.22亿元，较2015年可比样本增长29.20%；经营活动现金流出1946.03亿元，较2015年可比样本增长11.83%；经营活动现金流量净额1126.19亿元，较2015年可比样本增长

76.60%；其中信邦制药和盘江股份2家经营活动现金流量净额为负数，较2015年增加1家。

4. 业绩特点分析

一是盈利能力实现提升，2016年净资产收益率（ROE）、销售净利率、成本费用利润率较2015年均有所提高。二是收益质量进一步提升，2016年利润总额/营业收入，销售现金比（经营性活动产生的现金流净额/营业收入）均实现了同比提升。三是资本结构更加合理、偿债能力实现提升，2016年加权平均资产负债率、权益乘数[1/(1－资产负债率)]同比2015年均有所下降，流动比率、速动比率、长期负债占比、归属母公司股东权益/负债均实现了不同程度的提升。四是优质企业业绩表现突出，贵州茅台、中天城投和贵阳银行所有者权益合计达1134.75亿元，占贵州上市公司该项指标总额1752.07亿元的64.77%；而三家企业合计实现归属母公司股东净利润233.12亿元，占贵州上市公司该项指标总额261.05亿元的89.3%。贵州茅台以13.31元的基本每股收益连续7年雄冠A股。

5. 利润分配情况

表8　2016年贵州上市公司现金分红情况

2016年分红公司家数			2016年分红金额		
家数	变动率（%）	分红公司家数占地区公司总数比重	金额（亿元）	变动率（%）	分红金额占归属于母公司所有者的净利润比重
20	33.3	86.96	111.74	20.68	42.8

资料来源：贵州证监局。

四、贵州上市公司并购重组情况

（一）并购重组基本情况

2016年度，贵州上市公司中有中天城投、赤天化、高鸿股份实施了并购重组。

中天城投通过全资子公司贵阳金控采取竞拍方式，通过现金收购清华控股持有的中融人寿10000万股股权及清华控股对中融人寿的新增股份优先认购权，本次交易价格为20元/股，总价20亿元。本次收购完成后中天城投通过全资子公司贵阳金控和联合铜箔将合计持有中融人寿51%的股权。

高鸿股份采取向南京庆亚发行股份购买其持有的高鸿鼎恒41.77%股权，本次交易价格为11.60元/股，发行股份数量为27542993股，交易总价3.195亿元。同时向不超过10名特定投资者发行股份募集配套资金用于高鸿鼎恒智能化仓储物流平台建设项目及补充上市公司流动资金，本次交易价格为11.60元/股，发行股份数量26724137股，募集配套资金总额不超过3.10亿元。

赤天化采取非公开发行股份方式购买渔阳公司持有的圣济堂100%股权，本次交易价格为 4.30 元/股，发行股份数量为 458139534 股，总价 19.70 亿元。同时，赤天化采取非公开发行股份方式配套募集资金用于贵阳观山湖肿瘤医院建设项目、贵阳圣济堂糖尿病医院建设项目和偿还银行贷款，配套募集资金总额为 19.70 亿元。

（二）并购重组特点

一是 2016 年贵州辖区上市公司开展并购重组事项在数量和规模上较 2015 年均实现大幅提升。二是传统行业企业积极通过并购重组谋求转型升级。三是开展并购重组方式包括现金收购和非公开发行股份募集资金。

五、贵州上市公司募集资金情况、使用情况

（一）募集资金总体情况

表 9　　2016 年贵州上市公司募集资金情况

发行类型	代码	简称	募集资金（亿元）
首发	600996	贵广网络	18.73
	603058	永吉股份	2.01
	601997	贵阳银行	42.45
	小计		63.19
再融资（增发、配股）	002390	信邦制药	18.50
	600227	赤天化	19.70
	000851	高鸿股份	1.55
	000540	中天城投	30.00
	小计		69.75
其他融资（公司债券、短期融资券、中期票据、次级债、金融债、境外发行债券）	000540	中天城投	98.40
	600996	贵广网络	5.00
	601997	贵阳银行	20.00
	000851	高鸿股份	4.95
	002037	久联发展	7.00
	小计		135.35
总计			268.29

资料来源：贵州证监局。

（二）募集资金使用情况及特点

2016 年度，贵州 7 家上市公司通过股权融资方式合计募集资金总额为 132.94 亿元，累计使用募集资金 106.37 亿元，变更募集资金 0 亿元，尚未使用募集资金 23.38 亿元。

募集资金使用特点：一是无上市公司

进行募投项目变更。二是募集资金使用效率的明显增强，累计已使用募集资金占募集资金净额达82%，其中仅永吉股份和高鸿股份因募集资金到账时间为12月底导致未投入使用。三是部分上市公司在不影响募投项目投资进度的前提下，经履行必要审批程序后，采取动用尚未使用募集资金暂时补充流动资金、购买理财产品等措施提高闲置募集资金使用率。

（三）募集资金变更情况

表10　　2016年贵州上市公司募集资金使用项目变更情况

变更募集资金使用项目的公司家数	涉及金额（亿元）	募集资金总额（亿元）	占公司募集资金总额的比例（%）
0	0	129.75	0

资料来源：贵州证监局。

六、贵州上市公司规范运作情况

（一）上市公司治理专项情况

现场检查是发现和核实上市公司在公司治理方面是否存在问题的主要抓手。2016年，贵州证监局继续开展上市公司治理专项工作，以“防范风险、化解风险”为出发点，采取风险和问题为导向，对10家上市公司分别开展各类现场检查，对公司三会运作、内部控制规范体系建设和运转、内幕信息知情人登记、专门委员会职能发挥、财务核算基础规范等方面进行了较为详细的检查。根据检查结果，对9家公司下发年报问询函，对1家公司采取出具警示函的行政监管措施，对4家公司采取下发监管关注函的日常监管措施。

（二）审计情况及监管情况

2016年，贵州证监局按照证监会会计部部署要求，通过“双随机”抽查、项目延伸检查、专项核查等多种方式，进一步加强对会计师事务所监管。

一是加强上市公司年报审计监管，督促会计师事务所勤勉尽责。年报审计前，及时审阅审计计划，约谈辖区所有上市公司审计机构，做到计划早、范围广、重点明。年报审计中，适时跟进审计进度，及时掌握审计情况，督促审计机构提高审计质量。二是通过“双随机”抽查对4个上市公司项目进行现场检查或延伸检查，对8个债券发行人项目进行现场检查，对1个债券发行申报人审计机构进行专项核查。

经检查，共发现会计师事务所执业质量问题100余个，共对4家会计师事务所8名注册会计师采取行政监管措施，对7家会计师事务所下发监管关注函。

（三）信息披露情况

在日常监管中，贵州证监局围绕上市公司信息披露、信访投诉、媒体质疑等情形，进一步加强沟通协作，不断强化风险防范和及时处置，督促上市公司提高信息披露质量，坚决维护市场稳定，充分保障投资者权益。

一是及时审阅贵州辖区上市公司公告2000多份，对发现的疑点或问题及时关注并第一时间与交易所和上市公司进行沟通，对重大问题及时向证监会上市部请示，对需要进行现场核查的事项果断采取行动，确保做到不遗漏问题、不忽视隐患、不延误处置。二是将上市公司信息披露作为现场检查的重要内容，对违规信息披露保持高压监管态势，对存在违规行为的上市公司坚决采取各类监管措施并在外网进行公开，有力震慑其他市场主体。三是强化舆情监控，提升舆论风险应对能力。通过辖区资本市场舆情监控系统、中央信息监控平台以及四大法批媒体等平台和渠道，实时监测辖区上市公司舆情状况，对发现的2家上市公司所存在问题及时进行高管约谈，督促上市公司履行信息披露义务，确保广大投资者尤其是中小投资者知情权。四是加强投资者保护，妥善处理信访投诉。全年共通过电话闻讯、约见谈话等方式处理信访投诉5起。

（四）证券市场服务情况

一是以“提升公司规范运作水平，增强公司内生动力”为目的，围绕“如何提升年报审计质量、提高信息披露质量”为主题，召开了2016年度辖区上市公司董秘和财务总监座谈会。贵州证监局与辖区各上市公司董秘和财务总监共同总结了过去一年的工作，分享了各自在信息披露工作中的感想、体会和经验，就如何提升信息披露质量充分交流意见。

二是贵州证监局联合贵州证券业协会举办了2016年贵州上市公司董监事培训班，辖区各上市公司近100名董监事参加学习并接受测试。通过集中学习培训，增强辖区上市公司董监事法律法规意识，促进公司治理和规范运作水平进一步提升。

三是加大促进资本市场扶贫攻坚力度，提升服务实体经济能力。深入全省9个市州、贵安新区和国资系统开展“多层次资本市场·多彩贵州行”宣讲培训，以贫困地区政府和企业为培训对象，深化其对资本市场认识、了解资本市场相关政策和监管理念，增强资本市场服务实体经济和脱贫攻坚能力。开展资本市场扶贫攻坚专项调研。与省政府联合起草《贵州省人民政府关于加快发展多层次资本市场助力脱贫攻坚同步小康的实施意见》，推动省政府出台《支持我省企业上市发展八条措施》，为贵州省资本市场脱贫攻坚搭建制度框架。参与组织贵州省在北京、上海、深圳举办的资本市场扶贫招商推广会。大力推动贫困地区企业在“新三板”挂牌和充分利用资本市场提高直接融资比例。联合贵州证券业协会发出倡议，号召上市公司在脱贫攻坚事业上积极作为。

审稿人：程催禧　杨德付
撰稿人：洪　娟　杨司瀚

云南地区

一、云南国民经济发展概况

表 1　　2016 年云南国民经济发展概况　　单位：亿元

指　标	1~3 月		1~6 月		1~9 月		1~12 月	
	绝对量	同比增长（%）	绝对量	同比增长（%）	绝对量	同比增长（%）	绝对量	同比增长（%）
地区生产总值（GDP）	2764.86	6.60	5806.57	6.60	9536.94	7.60	14869.95	8.70
全社会固定资产投资	2278.08	17.00	6417.03	18.30	10653.72	19.20	15662.49	19.80
社会消费品零售总额	1292.54	12.00	2658.56	11.90	4127.80	12.00	5722.90	12.10
规模以上工业增加值	863.74	2.10	1747.39	1.50	2465.58	3.80	3668.28	6.50
规模以上工业企业实现利润	94.70	-10.70	221.40	-5.10	327.60	-11.50	309.10	-34.20
居民消费价格指数（CPI）	1~3 月		1~6 月		1~9 月		1~12 月	
	1.70		1.80		1.60		1.50	

资料来源：国家统计局，云南统计局。

二、云南上市公司总体情况

（一）公司数量

表 2　　2016 年云南上市公司数量　　单位：家

公司总数	2016 年新增	股票类别			板块分布			
		仅 A 股	仅 B 股	（A+B）股	沪市主板	深市主板	中小板	创业板
32	2	32	0	0	12	8	10	2

资料来源：沪深交易所，同花顺。

（二）行业分布

表 3　　2016 年云南上市公司行业分布情况

所属证监会行业类别	家数	占比（%）	所属证监会行业类别	家数	占比（%）
农、林、牧、渔业	2	6.25	金融业	1	3.13
采矿业	1	3.13	房地产业	2	6.25
制造业	20	62.50	租赁和商务服务业	0	0.00
电力、热力、燃气及水生产和供应业	1	3.13	科学研究和技术服务业	0	0.00
建筑业	0	0.00	水利、环境和公共设施管理业	2	6.25
批发和零售业	2	6.25	教育	0	0.00
交通运输、仓储和邮政业	0	0.00	卫生和社会工作	0	0.00
住宿和餐饮业	0	0.00	文化、体育和娱乐业	0	0.00
信息传输、软件和信息技术服务业	1	3.13	综合	0	0.00
合计	32	100.00			

资料来源：沪深交易所，同花顺。

（三）股本结构及规模

表 4　　2016 年云南上市公司股本规模在 10 亿股以上公司分布情况

股本规模（亿股）	公司家数	具体公司
50≤～<100	1	太平洋
20≤～<50	3	美好置业，云铝股份，驰宏锌锗
10≤～<20	8	云南白药，昆百大 A，云南铜业，锡业股份，沃森生物，云天化，云南城投，*ST 云维

资料来源：沪深交易所，同花顺。

表 5　　2016 年云南上市公司分地区股权构成情况　　单位：家

地域分布＼股权性质	央企国资控股	省属国资控股	地市国资控股	民营控股	其他	合计
昆明市	2	11	2	6	2	23
曲靖市	0	2	1	0	0	3
玉溪市	0	0	0	1	0	1

续表

股权性质 / 地域分布	央企国资控股	省属国资控股	地市国资控股	民营控股	其他	合计
保山市	0	0	0	1	0	1
昭通市	0	0	0	0	0	0
丽江市	0	0	1	0	0	1
普洱市	0	0	0	1	0	1
临沧市	0	0	0	1	0	1
文山州	1	0	0	0	0	1
合计	3	13	4	10	2	32

资料来源：云南证监局。

（四）市值规模

截至2016年12月31日，云南32家上市公司境内总市值3928.65亿元，占全国上市公司境内总市值的0.77%；其中，上交所上市公司12家，总股本180.25亿股，境内总市值1271.67亿元，占上交所上市公司境内总市值的0.45%；深交所上市公司20家，总股本171.90亿股，境内总市值2656.98亿元，占深交所上市公司境内总市值的1.19%。

（五）资产规模

截至2016年12月31日，云南32家上市公司合计总资产4043.21亿元，归属于母公司股东权益1130.86亿元，与2015年相比，分别增长8.96%、19.85%；平均每股净资产3.2元。

三、云南上市公司经营情况及变动分析

（一）总体经营情况

表6　2016年云南上市公司经营情况

指标	2016年	2015年	变动率（%）
家数	32	30	6.67
亏损家数	4	7	-42.86
亏损家数比例（%）	12.5	23.33	-10.83
平均每股收益（元）	0.1	0.01	900.00
平均每股净资产（元）	3.2	3.58	-10.61
平均净资产收益率（%）	3.24	0.17	3.07
总资产（亿元）	4043.21	3710.65	8.96

续表

指标	2016 年	2015 年	变动率（%）
归属于母公司股东权益（亿元）	1130.86	943.56	19.85
营业收入（亿元）	2611.42	2452.14	6.50
利润总额（亿元）	57.88	9.48	510.55
归属于母公司所有者的净利润（亿元）	36.59	1.59	2201.26

资料来源：沪深交易所，同花顺。

（二）分行业经营情况

表 7　　2016 年云南上市公司分行业经营情况

所属行类	营业收入（亿元）	可比样本变动率（%）	归属于母公司所有者的净利润（亿元）	可比样本变动率（%）
农、林、牧、渔业	10.80	16.04	0.67	183.10
采矿业	141.04	-22.13	-16.53	-3437.48
制造业	2147.79	5.38	27.64	209.42
电力、热力、燃气及水生产和供应业	18.36	-6.02	1.59	54.49
建筑业	0.00	-	0.00	-
批发和零售业	81.66	22.62	4.33	14.71
交通运输、仓储和邮政业	0.00	-	0.00	-
住宿和餐饮业	0.00	-	0.00	-
信息传输、软件和信息技术服务业	21.58	0.93	0.21	11.46
金融业	18.04	-34.24	6.68	-41.07
房地产业	149.74	72.28	9.09	28.60
租赁和商务服务业	0.00	-	0.00	-
科学研究和技术服务业	0.00	-	0.00	-
水利、环境和公共设施管理业	22.39	1.21	2.91	4.17
教育	0.00	-	0.00	-
卫生和社会工作	0.00	-	0.00	-
文化、体育和娱乐业	0.00	-	0.00	-
综合	0.00	-	0.00	-
合计	2611.42	5.61	36.59	6014.87

资料来源：沪深交易所，同花顺。

（三）业绩变动情况分析

1. 营业收入、毛利率等变动原因分析

2016 年，云南 32 家公司共实现营业收入 2611.42 亿元，同比增长 6.50%；非金融企业平均毛利率为 13.02%，同比增加 0.31 个百分点。除个别公司因重组原因毛利率变化较大，部分化工类及机械制造类、有色金属类公司因行业周期变化毛利下降较快外，云南其他非金融上市公司毛利率变化幅度不大。

2. 盈利构成分析

2016 年，云南 32 家上市公司有 28 家累计实现归属母公司股东净利润 89.84 亿元，4 家亏损公司累计实现归属母公司股东净利润 -53.25 亿元；合计实现归属母公司股东净利润 36.59 亿元，同比增长 2201.26%；扣除政府补贴、出售资产等非经常性损益后的净利润为 -26.72 亿元，同比增亏 4.02 亿元。

3. 经营性现金流量分析

2016 年，云南上市公司经营活动产生的现金流量净额为 117.36 亿元，同比增加 69.38%；32 家公司中有 9 家经营活动产生的现金流量净额为净流出，23 家实现净流入。

4. 业绩特点分析

一是整体经营情况触底回升。2016 年云南 32 家上市公司营业收入、实现净利润较 2015 年有了较快增长，总资产收益率、净资产收益率均有所提升，整体经营情况呈现触底回升态势。二是主业盈利能力较低。2016 年云南上市公司扣除非经常性损益后净利润为 -26.72 亿元，投资收益、政府补助、处置资产等非经常性损益成为维持公司业绩的主要因素，主业盈利能力仍然有待提高。三是行业发展差距逐渐加大。云南上市公司主要集中在有色金属、化工、生物医药、房地产和装备制造等行业，近年来受宏观经济周期影响，化工和装备制造行业仍处下行区间，有色金属行业企稳回升，房地产行业回暖，生物医药行业平稳增长但增速放缓。

5. 利润分配情况

表 8　　2016 年云南上市公司现金分红情况

2016 年分红公司家数			2016 年分红金额		
家数	变动率（%）	分红公司家数占地区公司总数比重	金额（亿元）	变动率（%）	分红金额占归属于母公司所有者的净利润比重
19	26.67	59.38%	21.65	35.14	59.17%

资料来源：云南证监局。

四、云南上市公司并购重组情况

（一）并购重组基本情况

2016 年，云南有 4 家上市公司实施重大资产重组，交易金额合计为 48.8 亿元。其中驰宏锌锗以发行股份及现金收购荣达矿业 49% 股权，交易价格 261743.66 万元；沃森生物以发行股份收购上海泽润生物科技有限公司 33.53% 股权、嘉和生物药业有限公司 15.45% 股权，交易价格 59800 万元。云南盐化以其氯碱化工业务相关资产（作价 110495.09 万元）与云南能投集团的持有的能投天然气 100% 股权（作价 95538.85 万元）进行等值置换，置换差额部分由云南能投集团以现金方式向云南盐化予以支付。云煤能源以持有的昆明焦化制气有限公司 100% 股权（作价 56002.24 万元）与昆钢控股持有的云南昆钢重型装备制造集团有限公司 100% 股权（作价 52614.07 万元）进行等值置换，置换差额部分由昆钢控股于以现金方式向云煤能源补足。

（二）并购重组特点

2016 年，云南上市公司并购重组以国企资源整合为主，其中 2 家国有控股上市公司通过与大股东资产置换注入优质资产，有效提升了上市公司资产质量。

五、云南上市公司募集资金情况、使用情况

（一）募集资金总体情况

表 9　　2016 年云南上市公司募集资金情况

发行类型	代码	简称	募集资金（亿元）
首发	300505. SZ	川金诺	2.39
	002812. SZ	创新股份	7.84
	小计		10.23
再融资（增发、配股）	601099. SH	太平洋证券	42.98
	600096. SH	云天化	16.42
	600497. SH	驰宏锌锗	20.02
	600497. SH	驰宏锌锗	25.84
	300142. SZ	沃森生物	5.98
	300142. SZ	沃森生物	5.98
	000807. SZ	云铝股份	36.83
	000903. SZ	云内动力	6.50
	小计		160.55

续表

发行类型	代码	简称	募集资金（亿元）
其他融资（公司债券、短期融资券、中期票据、次级债、金融债、境外发行债券）	112364. SZ	云南白药	9. 00
	135409. SH	太平洋证券	20. 00
	135479. SH	太平洋证券	20. 00
	135554. SH	云南城投	15. 00
	135770. SH	云南城投	15. 00
	145001. SH	太平洋证券	15. 00
	145095. SH	驰宏锌锗	9. 00
	145096. SH	驰宏锌锗	1. 00
	145260. SH	太平洋证券	5. 00
	小计		109
总计			279. 78

资料来源：云南证监局。

（二）募集资金使用情况及特点

上述10家公司通过IPO首发、定向增发、重大资产重组、发行公司债等方式募集资金279. 78亿元，主要用于项目投资、股权收购、偿还银行借款及补充流动资金。

（三）募集资金变更情况

2016年云南有3家公司募集资金使用项目发生了实质性变更。其中川金诺“10万吨/年湿法磷酸净化制工业级磷酸项目”拟使用募集资金金额20306. 78万元，总计将投入14777. 19万元。公司将未投入使用的募集资金5529. 59万元，用于投资建设“15万吨/年饲料级磷酸盐项目”。昆百大A“电子商务平台项目”拟使用的募集资金50000万元用途变更为收购大理泰业国际广场商业综合楼项目20年的经营权。丽江旅游“香格里拉香巴拉月光城项目”拟使用募集资金由60882. 04万元调整为48684. 12万元，调整后剩余的募集资金12197. 92万元补充公司流动资金。

云南旅游2013年募集配套资金原投资项目“云南省旅游服务综合广场项目”变更为“云旅旅游服务中心项目”，总投资规模由37259. 97万元变更为55000万元，但所用地块、实施主体、项目主要内容、项目功能不变，拟使用的募集资金也不变，仍为12757. 30万元。

表10　2016年云南上市公司募集资金使用项目变更情况

变更募集资金使用项目的公司家数	涉及金额（亿元）	募集资金总额（亿元）	占公司募集资金总额的比例（%）
3	6. 77	33. 65	20. 10

资料来源：云南证监局。

六、云南上市公司规范运作情况

（一）上市公司治理专项情况

2016年，云南上市公司整体规范治理水平稳步提升，但在宏观经济调整期和资本市场出现较大波动的背景下，个别上市公司经营风险不断累积，违法违规行为有所抬头。云南证监局在中国证监会的统一领导下，持续保持对上市公司违法违规行为的高压监管态势，旗帜鲜明地坚守不出现系统性金融风险底线，防范风险诱因。对破产重整公司管理人、原实际控制人、原控股股东进行持续监管，形成定期沟通机制，督促管理人在公司破产重整期间依法进行破产重整程序，做好信息披露相关工作，保护债权人和中小股东的权益；对上市公司大股东、高级管理人员减持公司股票行为情况进行专项梳理，对违规行为进行了处理，督促各方规范减持行为，共同维护市场稳定；持续跟进上市公司及相关方承诺履行情况，督促依法合规的履行相关承诺；对上市公司重大资产重组的决策过程和信息披露进行了重点监管，对涉嫌信息披露违法违规公司和相关责任人采取措施并进行立案调查。

（二）审计情况及监管情况

云南32家上市公司均按时披露了2016年年报及审计报告，除*ST昆机被出具无法表示意见，ST云维、云投生态被出具带强调事项段的审计报告外，其余29家公司的年度审计报告均为无保留意见类型。审计监管工作整体推进有序，并严肃查处涉嫌年报财务信息虚假披露的公司。2016年，云南证监局对两家会计师事务所分支机构进行了全面检查，并对其执行的部分证券期货业务进行抽查；采用“双随机”以及风险和问题导向的检查方式对部分年报审计业务和专项审计业务进行检查，对未按审计准则要求履行充分、适当审计程序的中介机构采取了监管措施；向云南省财政厅、云南省注协及各审计机构主要负责人通报审计监管中发现的问题。

（三）信息披露情况

2016年，云南上市公司个性化和自愿披露信息有所增加，信息披露针对性和有用性得到一定程度提升。云南证监局重点关注上市公司股份减持、重大资产重组、关联交易、承诺履行、定期报告等重大事项信息披露，辅以舆情监控和投诉举报收集的线索，通过非现场监管、现场检查和稽查结合的方式，多管齐下督促辖区上市公司及相关信息披露义务人持续做好信息披露工作，依法精准打击监管中发现的信息披露违法违规问题。

（四）证券市场服务情况

2016年，云南有10家上市公司完成融资计划，完成融资总额为279.78亿元（IPO融资10.23亿元），公司再融资意愿有所增强，证券市场服务实体经济发展能力持续提升。云南证监局进一步推动上市公司提高融资规模和质量，以并购重组为抓手，推动优质资产、优质项目向优势上市公司集中，从根本上提升公司的规范程度和持续盈利能力。服务云南白药等上市公司控股股东混合所有制改革依法有序推进。积极开展全省拟上市企业摸底和现场调研工作，联合地方政府相关部门做好贫困地区后备上市企业摸底，制定了全省15个州市现场调研方案，深入开展昆明市、迪庆州等重点地区重点企业现场调研。

审稿人：林林

撰稿人：杨　锐　张　瑶

西藏地区

一、西藏国民经济发展概况

表 1　　2016 年西藏国民经济发展概况　　单位：亿元

指标	1~3 月		1~6 月		1~9 月		1~12 月	
	绝对量	同比增长（%）	绝对量	同比增长（%）	绝对量	同比增长（%）	绝对量	同比增长（%）
地区生产总值（GDP）	238.54	10.70	471.96	10.60	829.20	10.70	1150.07	10.00
全社会固定资产投资	79.00	21.00	524.22	19.20	1144.99	19.20	1596.05	23.20
社会消费品零售总额	-	12.50	-	12.20	-	12.00	-	12.50
规模以上工业增加值	-	11.90	-	12.00	-	12.00	-	12.70
规模以上工业企业实现利润	0.20	-86.70	5.00	8.70	11.20	128.60	16.50	166.10
居民消费价格指数（CPI）	1~3 月		1~6 月		1~9 月		1~12 月	
	1.70		2.30		2.40		2.50	

资料来源：国家统计局。

二、西藏上市公司总体情况

（一）公司数量

表 2　　2016 年西藏上市公司数量　　单位：家

公司总数	2016 年新增	股票类别			板块分布			
		仅 A 股	仅 B 股	（A+B）股	沪市主板	深市主板	中小板	创业板
14	3	14	0	0	8	2	4	0

资料来源：沪深交易所，同花顺。

（二）行业分布

表 3　　2016 年西藏上市公司行业分布情况

所属证监会行业类别	家数	占比（%）	所属证监会行业类别	家数	占比（%）
农、林、牧、渔业	0	0.00	金融业	0	0.00
采矿业	3	21.43	房地产业	1	7.14
制造业	8	57.14	租赁和商务服务业	0	0.00
电力、热力、燃气及水生产和供应业	0	0.00	科学研究和技术服务业	0	0.00
建筑业	1	7.14	水利、环境和公共设施管理业	1	7.14
批发和零售业	0	0.00	教育	0	0.00
交通运输、仓储和邮政业	0	0.00	卫生和社会工作	0	0.00
住宿和餐饮业	0	0.00	文化、体育和娱乐业	0	0.00
信息传输、软件和信息技术服务业	0	0.00	综合	0	0.00
合计	14	100.00			

资料来源：沪深交易所，同花顺。

（三）股本结构及规模

表 4　　2016 年西藏上市公司股本规模在 10 亿股以上公司分布情况

股本规模（亿股）	公司家数	具体公司
20≤～<50	1	梅花生物
10≤～<20	1	海思科

资料来源：沪深交易所，同花顺。

表 5　　2016 年西藏上市公司分地区股权构成情况　　单位：家

地域分布 \ 股权性质	央企国资控股	省属国资控股	地市国资控股	民营控股	其他	合计
拉萨市	0	3	1	7	0	11
山南市	0	0	0	2	0	2
林芝市	0	0	0	1	0	1
合计	0	3	1	10	0	14

资料来源：西藏证监局。

（四）市值规模

截至2016年12月31日，西藏14家上市公司境内总市值1528.07亿元，占全国上市公司境内总市值的0.3%；其中，上交所上市公司8家，总股本62.77亿股，境内总市值942.75亿元，占上交所上市公司境内总市值的0.33%；深交所上市公司6家，总股本26.45亿股，境内总市值585.32亿元，占深交所上市公司境内总市值的0.26%。

（五）资产规模

截至2016年12月31日，西藏14家上市公司合计总资产541.14亿元，归属于母公司股东权益274.24亿元，与2015年相比，分别增长11.73%、24.02%；平均每股净资产3.07元。

三、西藏上市公司经营情况及变动分析

（一）总体经营情况

表6　　2016年西藏上市公司经营情况

指标	2016年	2015年	变动率（%）
家数	14	11	27.27
亏损家数	1	0	–
亏损家数比例（%）	7.14	0	7.14
平均每股收益（元）	0.38	0.22	72.73
平均每股净资产（元）	3.07	2.77	10.83
平均净资产收益率（%）	12.4	7.8	4.60
总资产（亿元）	541.14	484.34	11.73
归属于母公司股东权益（亿元）	274.24	221.12	24.02
营业收入（亿元）	242.23	217.87	11.18
利润总额（亿元）	40.34	22.02	83.20
归属于母公司所有者的净利润（亿元）	34.00	17.25	97.10

资料来源：沪深交易所，同花顺。

（二）分行业经营情况

表7　　2016年西藏上市公司分行业经营情况

所属行类	营业收入（亿元）	可比样本变动率（%）	归属于母公司所有者的净利润（亿元）	可比样本变动率（%）
农、林、牧、渔业	0.00	–	0.00	–
采矿业	28.41	–5.34	8.59	142.85

续表

所属行类	营业收入（亿元）	可比样本变动率（%）	归属于母公司所有者的净利润（亿元）	可比样本变动率（%）
制造业	160.05	-5.73	23.10	60.80
电力、热力、燃气及水生产和供应业	0.00	-	0.00	-
建筑业	25.01	19.85	2.53	73.03
批发和零售业	0.00	-	0.00	-
交通运输、仓储和邮政业	0.00	-	0.00	-
住宿和餐饮业	0.00	-	0.00	-
信息传输、软件和信息技术服务业	0.00	-	0.00	-
金融业	0.00	-	0.00	-
房地产业	27.51	261.23	0.73	17.55
租赁和商务服务业	0.00	-	0.00	-
科学研究和技术服务业	0.00	-	0.00	-
水利、环境和公共设施管理业	1.26	-16.97	-0.95	-1876.28
教育	0.00	-	0.00	-
卫生和社会工作	0.00	-	0.00	-
文化、体育和娱乐业	0.00	-	0.00	-
综合	0.00	-	0.00	-
合计	242.23	5.42	34.00	69.65

资料来源：沪深交易所，同花顺。

（三）业绩变动情况分析

1. 营业收入、毛利率等变动原因分析

2016 年，西藏辖区上市公司实现营业收入 242.23 亿元，同比增长 11.18%；营业成本 155.10 亿元，同比增长 11.41%；平均毛利率 28.81%。营业收入增长主要系辖区新增三家 A 股上市公司，此外，梅花生物、西藏天路产品销量增加，西藏药业收购依姆多产品在全球（除美国市场）的生产经营权对辖区上市公司营业收入贡献较大。从毛利率来看，辖区上市公司总体毛利增长主要是西藏辖区医药行业、采矿业及建筑行业毛利率增加较多所致。

2. 盈利构成分析

2016 年辖区上市公司实现利润总额 40.34 亿元，同比上升 83.2%；主要原因是辖区新增三家上市公司且部分上市公司净利润较 2015 年增幅较大，其中西藏药业、梅花生物、西藏珠峰净利润增长同比超过 100%，特别是西藏珠峰净利润同比增长达 306.31%。归属于母公司所有者的净利润 34 亿元，同比上升 97.1%。各公司利润主要来自于公司主营业务收入。

3. 经营性现金流量分析

2016年西藏辖区上市公司经营性活动现金流量净额为60.95亿元，同比下降6%，经营性活动现金流量净额较2015年减少3.39亿元。平均每家公司经营性活动现金流量净额4.36亿元。2016年辖区14家上市公司中有12家经营性活动现金流量净额为正；而2015年辖区所有上市公司现金流量净额均为正。其中西藏天路、西藏药业经营性活动现金流量净额较2015年增加超过50%，梅花生物经营活动现金流量净额达30.59亿元，超过辖区上市公司经营性活动现金流量净额的一半。

4. 业绩特点分析

2016年西藏辖区上市公司除西藏旅游外全部盈利。从板块方面来看，上海主板上市的公司整体盈利能力持续增强，特别是梅花生物、西藏天路、西藏珠峰、西藏药业等公司净利润增幅较大；深圳主板上市公司中，西藏矿业受大宗商品市场持续疲软拖累本年净利润同比下降；4家中小板上市公司相对平稳，但2016年新增2家中小板上市公司对辖区上市公司整体业绩有一定贡献。

5. 利润分配情况

表8　2016年西藏上市公司现金分红情况

2016年分红公司家数			2016年分红金额		
家数	变动率（%）	分红公司家数占地区公司总数比重	金额（亿元）	变动率（%）	分红金额占归属于母公司所有者的净利润比重
11	10	78.57%	18.42	98.06	54.18%

资料来源：西藏证监局。

四、西藏上市公司并购重组情况

（一）并购重组基本情况

2016年辖区上市公司西藏诺迪康药业股份有限公司启动非公开发行股份购买资产项目。西藏药业此次收购的标的为阿斯利康旗下IMDUR®（依姆多）产品、品牌和相关资产。公司通过在香港的全资子公司向阿斯利康及其附属公司收购IMDUR®（依姆多）产品在全球范围内（除美国外）的相关资产，标的资产的购买价格总额为1.9亿美元及完成日预估库存价值400万美元，共计1.94亿美元。此次收购资金来源于公司非公开发行股票募集资金。依姆多是全球范围内运用最广泛的心脑血管疾病治疗药物，与公司原主要产品新活素、诺迪康胶囊同属心脑血管疾病治疗药物。

（二）并购重组特点

辖区上市公司近年来海外并购重组增加，并与原主营业务有较高契合度。2015年完成海外并购重组的西藏珠峰在2016年净利润达6.5亿元，同比增长306.31%。西藏药业2016年收购依姆多后净利润达1.98亿元，同比增长116.39%。西藏辖区上市公司通过海外收购直接带来利润提升和品牌协同效应。

五、西藏上市公司募集资金情况、使用情况

（一）募集资金总体情况

表 9　　2016 年西藏上市公司募集资金情况

<table>
<tr><th>发行类型</th><th>代码</th><th>简称</th><th>募集资金（亿元）</th></tr>
<tr><td rowspan="4">首发</td><td>601020</td><td>华钰矿业</td><td>3.73</td></tr>
<tr><td>002826</td><td>易明医药</td><td>2.87</td></tr>
<tr><td>002827</td><td>高争民爆</td><td>3.79</td></tr>
<tr><td colspan="2">小计</td><td>10.39</td></tr>
<tr><td rowspan="3">再融资（增发、配股）</td><td>000762</td><td>西藏矿业</td><td>4.69</td></tr>
<tr><td>601020</td><td>华钰矿业（限制性股权激励）</td><td>0.71</td></tr>
<tr><td colspan="2">小计</td><td>5.4</td></tr>
<tr><td rowspan="2">其他融资（公司债券、短期融资券、中期票据、次级债、金融债、境外发行债券）</td><td>600873</td><td>梅花生物</td><td>15</td></tr>
<tr><td colspan="2">小计</td><td>15</td></tr>
<tr><td colspan="3">总计</td><td>30.79</td></tr>
</table>

资料来源：西藏证监局。

（二）募集资金使用情况及特点

2016 年，西藏辖区共有 4 家公司使用发行股票募集资金，金额共 12.63 亿元。其中 6.12 亿元为 2016 年募集资金投入；6.51 亿元为以往年度募集资金投入。募集资金使用主要特点：募集资金使用符合规定，但部分公司募集资金因经营环境变化导致无法投入，或投入进度严重滞后于招股说明书。多数公司将闲置募集资金用于购买保本型理财产品，降低公司财务费用；也有部分公司经过相关程序将闲置募集资金用于暂时补充公司流动资金。

（三）募集资金变更情况

表 10　　2016 年西藏上市公司募集资金使用项目变更情况

变更募集资金使用项目的公司家数	涉及金额（亿元）	募集资金总额（亿元）	占公司募集资金总额的比例（%）
–	–	–	–

资料来源：西藏证监局。

六、西藏上市公司规范运作情况

（一）上市公司治理专项情况

2016 年西藏辖区上市公司规范运作水平进一步强化。一是持续督促公司实施内部控制规范。西藏辖区主板上市公司全部实施内部控制规范并进行内控审计。对于不要求进行内部控制审计的中小板上市公司，鼓励在做好内部控制自我评价的基础上有条件的也进行内部控制审计，同时，西藏证监局对公司实施内部控制规范情况全程进行监管，在现场检查中将内部控制规范列为重要检查对象。二是及时化解治理风险。2016 年，西藏证监局坚持以问题为导向，加强公司治理，有效提升了辖区上市公司治理水平。

（二）审计情况及监管情况

2016 年西藏辖区上市公司年报审计意见均为标准无保留意见，西藏证监局对一家会计师事务所执业质量进行了现场检查，对一家会计师事务所执业质量进行了“双随机”现场检查。发现问题 8 个。2016 年，西藏证监局通过现场检查共对 6 家公司及中介机构采取了监管措施，下发了监管关注函 4 份，约见谈话 2 家次/4 人次。通过上述监管措施，督促公司更正信息披露问题，化解风险，促进公司规范运作。

（三）信息披露情况

2016 年通过审核辖区上市公司定期公告、临时公告发现部分公司存在信息披露不符合规范性要求，存在退市风险，财务指标异常，关联交易等问题。随后针对非现场监管发现问题，西藏证监局约见了部分公司高管谈话，了解情况，反馈整改要求。在综合分析的基础上，确定了现场检查重点公司及重点问题处置及信息披露情况等进行了现场检查。结合问题的性质，有针对性地采取了监管措施，并对西藏发展一名 5% 以上股东违规增持采取了行政监管措施。

（四）证券市场服务情况

西藏证监局加强对上市公司培训工作，形式多样，突出实效。在总结往年培训工作的基础上，西藏局针对辖区上市公司分布广的特点组织了上市公司董事、监事、高级管理人员培训，同时积极借助微信等新媒体平台开展非现场培训工作，同时还联合西藏证券业协会组织培训。既达到了学习的目的，同时又提高了政策宣讲的时效性。相继开展了现场培训 2 次，通过微信平台开展培训 20 多次，就发行制度改革、并购重组新政解读及监管要点、信息披露法规、退市新规、独立董事履职指引、现金分红、股份回购、会计准则解释等内容进行了培训。

（五）其他

2016 年，西藏证监局继续加强与地方政府的密切合作，共同做好辖区资本市场风险化解，维护辖区上市公司规范运作。一是强化信息通报。每月以《西藏资本市场月度统计表》形式向自治区政府及有关部门通报当月辖区资本市场大事件，内容涉及市场基本数据、公司风险状况与存在的主要问题等。二是合力推动辖区公司化解风险。针对辖区资本市场获得的重大成就及上市公司存在的重点问题，以《资本市场要情专报》形式报地方政府，提请政府关注公司存在风险，协调帮助公司解决问题。三是与地方政府联合开展调研工作。共同掌握辖区市场发展情况，提出有针对性的意见和建议，促进辖区资本市场健康发展。

审稿人：颜晓红　苏　飞

撰稿人：薛静漪

陕西地区

一、陕西国民经济发展概况

表 1　　2016 年陕西国民经济发展概况　　单位：亿元

指标	1～3 月		1～6 月		1～9 月		1～12 月	
	绝对量	同比增长（%）	绝对量	同比增长（%）	绝对量	同比增长（%）	绝对量	同比增长（%）
地区生产总值（GDP）	3849.22	7.60	8207.85	7.20	12879.97	7.30	19165.39	7.60
全社会固定资产投资	2143.62	11.80	8156.59	9.30	14551.10	11.30	20474.85	12.30
社会消费品零售总额	1746.36	10.70	3399.88	10.20	5176.35	10.60	7302.57	11.00
规模以上工业增加值	–	7.70	–	6.70	–	6.80	–	6.90
规模以上工业企业实现利润	192.70	–26.20	484.10	–16.50	839.00	0.20	1472.40	8.80
居民消费价格指数（CPI）	1～3 月		1～6 月		1～9 月		1～12 月	
	1.80		1.50		1.20		1.30	

资料来源：国家统计局。

二、陕西上市公司总体情况

（一）公司数量

表 2　　2016 年陕西上市公司数量　　单位：家

公司总数	2016 年新增	股票类别			板块分布			
		仅 A 股	仅 B 股	（A＋B）股	沪市主板	深市主板	中小板	创业板
45	2	45	0	0	20	11	5	9

资料来源：沪深交易所，同花顺。

（二）行业分布

表 3　　2016 年陕西上市公司行业分布情况

所属证监会行业类别	家数	占比（%）	所属证监会行业类别	家数	占比（%）
农、林、牧、渔业	0	0.00	金融业	2	4.44
采矿业	4	8.89	房地产业	1	2.22
制造业	27	60.00	租赁和商务服务业	2	4.44
电力、热力、燃气及水生产和供应业	1	2.22	科学研究和技术服务业	0	0.00
建筑业	1	2.22	水利、环境和公共设施管理业	2	4.44
批发和零售业	2	4.44	教育	0	0.00
交通运输、仓储和邮政业	0	0.00	卫生和社会工作	0	0.00
住宿和餐饮业	1	2.22	文化、体育和娱乐业	0	0.00
信息传输、软件和信息技术服务业	1	2.22	综合	1	2.22
合计	45	100.00			

资料来源：沪深交易所，同花顺。

（三）股本结构及规模

表 4　　2016 年陕西上市公司股本规模在 10 亿股以上公司分布情况

股本规模（亿股）	公司家数	具体公司
100≤～<200	1	陕西煤业
50≤～<100	2	西安民生，中国西电
20≤～<50	4	陕国投 A，中航飞机，西部证券，金钼股份
10≤～<20	7	国际医学，陕天然气，坚瑞沃能，中再资环，中航动力，隆基股份，陕鼓动力

资料来源：沪深交易所，同花顺。

表 5　　2016 年陕西上市公司分地区股权构成情况　　单位：家

股权性质 / 地域分布	央企国资控股	省属国资控股	地市国资控股	民营控股	其他	合计
西安市	5	9	6	12	1	33
咸阳市	1	1	0	1	0	3

续表

股权性质 地域分布	央企国资控股	省属国资控股	地市国资控股	民营控股	其他	合计
宝鸡市	0	3	0	1	1	5
渭南市	0	0	0	1	0	1
安康市	0	0	0	0	0	0
商洛市	0	0	0	0	0	0
汉中市	1	0	0	0	0	1
榆林市	0	0	0	0	0	0
延安市	0	0	0	0	0	0
铜川市	1	0	0	0	0	1
杨凌示范区	0	1	0	0	0	1
合计	8	14	6	15	2	45

资料来源：陕西证监局。

（四）市值规模

截至2016年12月31日，陕西45家上市公司境内总市值6437.80亿元，占全国上市公司境内总市值的1.27%；其中，上交所上市公司20家，总股本311.61亿股，境内总市值2918.64亿元，占上交所上市公司境内总市值的1.02%；深交所上市公司25家，总股本258.85亿股，境内总市值3519.16亿元，占深交所上市公司境内总市值的1.58%。

（五）资产规模

截至2016年12月31日，陕西45家上市公司合计总资产5161.22亿元①，归属于母公司股东权益2237.00亿元，与2015年相比，分别增长19.98%、27.78%；平均每股净资产3.92元。

三、陕西上市公司经营情况及变动分析

（一）总体经营情况

表6　　2016年陕西上市公司经营情况

指标	2016年	2015年	变动率（%）
家数	45	43	4.65
亏损家数	4	10	-60.00

① 不包括个别公司对2016年度报告追溯调整数据，下同。

续表

指标	2016 年	2015 年	变动率（%）
亏损家数比例（%）	8.89	23.26	-14.37
平均每股收益（元）	0.20	0.08	150.00
平均每股净资产（元）	3.92	3.76	4.26
平均净资产收益率（%）	5.20	2.16	3.04
总资产（亿元）	5161.22	4301.74	19.98
归属于母公司股东权益（亿元）	2237.00	1750.73	27.78
营业收入（亿元）	1976.39	1730.68	14.20
利润总额（亿元）	164.02	68.98	137.78
归属于母公司所有者的净利润（亿元）	116.27	37.84	207.27

资料来源：沪深交易所，同花顺。

（二）分行业经营情况

表 7　　2016 年陕西上市公司分行业经营情况

所属行类	营业收入（亿元）	可比样本变动率（%）	归属于母公司所有者的净利润（亿元）	可比样本变动率（%）
农、林、牧、渔业	0.00	-	0.00	-
采矿业	437.09	1.99	27.93	194.95
制造业	1088.92	13.53	54.81	79.72
电力、热力、燃气及水生产和供应业	72.11	6.19	5.09	-13.26
建筑业	36.26	-5.02	1.23	1.39
批发和零售业	173.55	21.73	6.03	774.95
交通运输、仓储和邮政业	0.00	-	0.00	-
住宿和餐饮业	5.01	0.31	0.12	139.03
信息传输、软件和信息技术服务业	25.96	8.77	1.33	0.03
金融业	44.20	-34.92	16.40	-32.42
房地产业	0.05	-55.25	0.03	124.67
租赁和商务服务业	73.13	38.84	2.75	6.18
科学研究和技术服务业	0.00	-	0.00	-
水利、环境和公共设施管理业	18.49	5.66	0.64	9.14
教育	0.00	-	0.00	-
卫生和社会工作	0.00	-	0.00	-

续表

所属行类	营业收入（亿元）	可比样本变动率（%）	归属于母公司所有者的净利润（亿元）	可比样本变动率（%）
文化、体育和娱乐业	0.00	–	0.00	–
综合	1.62	-6.09	-0.10	-414.29
合计	1976.39	9.49	116.27	226.32

资料来源：沪深交易所，同花顺。

（三）业绩变动情况分析

1. 营业收入、毛利率等变动原因分析

2016年度，陕西45家上市公司共实现营业收入1976.39亿元，较2015年度增长14.20%，主要由于资产重组置入资产规模较大所致，供销大集、坚瑞沃能等收入大幅增长。归属于上市公司股东的净利润116.27亿元，较2015年度增长207.27%；每股收益0.20元，较2015年增长150.00%；净资产收益率5.20%，较2015年提高3.04个百分点；除陕国投A、西部证券两家金融企业外，其余43家上市公司平均毛利率23.34%，较2015年提高3.03个百分点。净利润、每股收益、净资产收益率、毛利率大幅提高主要由于煤炭行业回暖，煤炭价格上涨以及单晶硅行业持续向好，陕西煤业、隆基股份等公司大幅盈利，提升了辖区上市公司整体的盈利水平。

2. 盈利构成分析

2016年度，陕西45家上市公司的利润来源主要为营业利润，金额为195.54亿元，占辖区上市公司利润总额的比重为91.33%。其中，投资收益31.93亿元，占利润总额的14.91%。资产减值损失22.97亿元，占利润总额的10.73%，存货、应收款项等资产减值金额较大，其中存货减值损失占全部资产减值损失的65.24%，说明辖区上市公司存货质量有待提高。营业外收支净额15.11亿元，占利润总额的7.06%。

3. 经营性现金流量分析

2016年度，陕西45家上市公司经营活动产生的现金流量净额70.87亿元，较2015年度减少18.23%，其中航发动力、坚瑞沃能等公司经营活动现金流量净流出较大；投资活动产生的现金流量净额-131.75亿元，说明陕西上市公司投资活动较为活跃，但其中理财产品投资占比较大；筹资活动产生的现金流量净额108.99亿元，较2015年度减少58.63%，表明陕西上市公司仍然具有一定的融资能力和意愿，但呈下降趋势。2016年年末，陕西上市公司现金及现金等价物较年初增加49.44亿元。

4. 业绩特点分析

2016年度，陕西上市公司经营呈现以下特点：一是受煤炭行业回暖以及资产重组影响，辖区上市公司整体经营情况明显改善。2016年度，仅天和防务、彩虹股份等4家公司亏损，亏损家数较2015

年度减少 6 家，亏损金额同比减少 37.15 亿元。二是部分上市公司对非经常性损益依赖较大。2016 年度有 9 家上市公司依靠政府补助、处置房产、土地、拆迁补偿等非经常性损益实现盈利，主营业务盈利能力亟待提升。三是整体盈利能力不强尚未得到根本改善。2016 年度，陕西上市公司与全国平均水平相比，仍存在较大差距，平均每股收益和净资产收益率分别为全国平均水平的 41.61% 和 54.00%，整体盈利能力有待进一步提高。

5. 利润分配情况

表 8　　2016 年陕西上市公司现金分红情况

2016 年分红公司家数			2016 年分红金额		
家数	变动率（%）	分红公司家数占地区公司总数比重	金额（亿元）	变动率（%）	分红金额占归属于母公司所有者的净利润比重
26	36.84	57.78%	35.33	24.40	30.39%

资料来源：陕西证监局。

四、陕西上市公司并购重组情况

（一）并购重组基本情况

2016 年，陕西辖区共计有 14 家上市公司实施或启动重组，占辖区上市公司总数的 37.11%，并购重组继续保持活跃态势。供销大集、坚瑞沃能、兴化股份、中环装备、通源石油、*ST 宏盛 6 家上市公司完成重大资产重组，注入资产合计 383.36 亿元。同时，不考虑用于支付交易对价部分，坚瑞沃能、通源石油 2 家上市公司募集配套资金合计 13.50 亿元；凯撒旅游、博通股份、西安旅游、宝光股份 4 家上市公司终止了重大资产重组；陕西金叶、国际医学、炼石有色、陕国投 A 4 家上市公司正在筹划或进行重大资产重组。

（二）并购重组特点

2016 年，陕西上市公司并购重组主要呈现以下特点：一是重组形式多样化。包括支付现金、发行股份、资产置换等多种方式。二是重组目的多样化。通源石油实施横向整合重组，供销大集、坚瑞沃能、中环装备 3 家公司重组实现多元化战略，兴化股份、*ST 宏盛通过重组完成了资产调整。三是重组作用明显。通过资产重组，上市公司资产规模及经营业绩实现较大增长，资产质量明显提高，经营状况明显改善，持续经营能力明显提升。四是重组失败概率减少。2016 年因未如期完成有关部门审批程序等原因而终止重组的共有 4 家公司，较 2015 年减少 3 家，占 2016 年实施或启动重组公司总数的 28.57%，重组失败概率明显减少。

五、陕西上市公司募集资金情况、使用情况

（一）募集资金总体情况

表 9　　2016 年陕西上市公司募集资金情况

发行类型	代码	简称	募集资金（亿元）
首发	002799	环球印务	1.99
	300581	晨曦航空	2.74
	小计		4.73
再融资（增发、配股）	000564	供销大集	268.00
	300116	坚瑞沃能	65.00
	601012	隆基股份	29.80
	002109	兴化股份	20.48
	002149	西部材料	9.41
	300140	中环装备	9.02
	600831	广电网络	7.55
	300164	通源石油	2.52
	小计		411.78
其他融资（公司债券、短期融资券、中期票据、次级债、金融债、境外发行债券）	601012	隆基股份	10.00
	600831	广电网络	3.00
	小计		13.00
总计			429.51

资料来源：陕西证监局。

（二）募集资金使用情况及特点

2016 年，陕西 29 家上市公司共使用募集资金 100.04 亿元。其中隆基股份使用募集资金最多，共使用 26.11 亿元。截至 2016 年年末，中航电测、延长化建、广电网络 3 家公司募集资金全部投入使用；国际医学等 27 家公司尚待使用的募集资金共计 112.21 亿元，其中金钼股份待使用资金 16.82 亿元，为待使用募集资金最多的公司。2016 年，辖区上市公司未发生募集资金使用违规情形。

（三）募集资金变更情况

2016 年，中航飞机变更了募集资金使用用途，变更金额 5 亿元，将“国际转包生产条件建设项目”以及“客户服务体系条件建设项目”尚未使用的 5 亿元募集资金变更用于“新型涡桨支线飞机研制项目”。坚瑞沃能变更 1 项募投项目的投入金额，将“收购达明科技有限公司配套募集资金”投入金额由 1.35 亿元调减

到1.10亿元，将结项后剩余的0.25亿元募集资金用于对湖南纽思曼导航定位科技有限公司进行增资。

表10　　2016年陕西上市公司募集资金使用项目变更情况

变更募集资金使用项目的公司家数	涉及金额（亿元）	募集资金总额（亿元）	占公司募集资金总额的比例（%）
2	5.25	59.10	8.88

资料来源：陕西证监局。

六、陕西上市公司规范运作情况

（一）上市公司治理专项情况

陕西证监局以投资者利益为中心引导辖区公司完善公司治理。一是督促辖区上市公司全面落实网络投票、中小投资者单独计票制度，辖区45家上市公司召开股东大会均开通网络投票并对中小投资者进行单独计票。二是对辖区上市公司现金分红政策进行梳理总结，重点防范现金分红政策不规范、不明晰，以及“满足现金分红条件而不实施分红”等违规情形。三是持续关注辖区上市公司“三会”运作规范性，引导大股东规范行使权力。四是不断加大内幕交易防控工作，督促上市公司做好内幕信息管理工作。

（二）审计情况及监管情况

2016年度财务报表审计方面，彩虹股份因主营业务毛利亏损以及资金紧张、短期偿债压力较大，天和防务因连续亏损以及应收账款较大，导致持续经营能力存在不确定性被出具带强调事项段的无保留意见，其余43家上市公司均被出具标准无保留意见。

2016年内部控制审计方面，除ST宏盛因破产重整、供销大集因实施重大资产重组外，其余29家主板上市公司均进行了内控审计，另有9家中小板和创业板上市公司主动聘请中介机构进行内控审计。内控审计执业机构，除中国西电内控审计和年报审计分别由安永华明和普华永道中天两家会计师事务所执行外，其余37家公司均与财报审计整合进行；内控审计意见类型，除宝光股份因控制权不清晰，导致重大事项不能履行内部决策程序而被出具带强调事项段的无保留意见外，其余37家公司均被出具了标准无保留意见。

陕西证监局进一步加大年报审计监管力度。年报监管方面，针对1家上市公司财务核算不规范问题，采取了行政监管措施；针对5家上市公司年报披露不符合编报规则的问题，引导上市公司通过补充或更正披露方式进行了改正，提升了年报信息披露的质量；审计监管方面，共对审计机构以及从业人员采取了2项行政监管措施，针对5家审计机构审计程序执行不到位等问题，分别下发检查结果告知书，指出存在问题，明确整改要求。

（三）信息披露情况

2016年，陕西上市公司及相关信息披露义务人总体上能够依法履行信息披露义务，信息披露质量稳步提升。但仍有部分公司或相关信息披露义务人存在问题，4家上市公司、5名高管因信息披露违规被陕西证监局采取了行政监管措施。

（四）证券市场服务情况

2016年，证券市场服务实体经济和陕西地方经济发展的能力和效果不断增强，陕西上市公司充分利用资本市场积极融资，优化资源配置，为陕西省稳增长、调结构、促发展提供了动力。一是在改善存量方面，6家上市公司完成重大资产重组，3家公司通过定向增发募集资金，支持了地方经济调结构、促发展工作。二是在提高增量方面，稳步推进企业上市工作，环球印务、晨曦航空2家公司完成首发上市，辖区上市公司数量达到45家。2016年年末，共有7家陕西企业首发申请进入中国证监会审核程序，12家企业在陕西证监局辅导备案，上市资源培育的梯次格局进一步巩固。

审稿人：陈国飞　王宝卷

撰稿人：赵　南

甘肃地区

一、甘肃国民经济发展概况

表 1　　2016 年甘肃国民经济发展概况　　单位：亿元

<table>
<tr><th rowspan="2">指标</th><th colspan="2">1～3 月</th><th colspan="2">1～6 月</th><th colspan="2">1～9 月</th><th colspan="2">1～12 月</th></tr>
<tr><th>绝对量</th><th>同比增长（%）</th><th>绝对量</th><th>同比增长（%）</th><th>绝对量</th><th>同比增长（%）</th><th>绝对量</th><th>同比增长（%）</th></tr>
<tr><td>地区生产总值（GDP）</td><td>1235.97</td><td>7.30</td><td>2720.99</td><td>7.80</td><td>4769.45</td><td>7.50</td><td>7152.04</td><td>7.60</td></tr>
<tr><td>全社会固定资产投资</td><td>718.93</td><td>10.50</td><td>4416.84</td><td>13.30</td><td>7445.83</td><td>11.10</td><td>9534.10</td><td>10.50</td></tr>
<tr><td>社会消费品零售总额</td><td>733.50</td><td>8.60</td><td>1503.25</td><td>9.30</td><td>2295.21</td><td>8.90</td><td>3184.39</td><td>9.50</td></tr>
<tr><td>规模以上工业增加值</td><td>323.30</td><td>5.10</td><td>703.28</td><td>5.50</td><td>1120.66</td><td>5.90</td><td>1565.40</td><td>6.20</td></tr>
<tr><td>规模以上工业企业实现利润</td><td>-12.80</td><td>-</td><td>22.50</td><td>-3.80</td><td>59.19</td><td>-403.60</td><td>116.10</td><td>-</td></tr>
<tr><td rowspan="2">居民消费价格指数（CPI）</td><td colspan="2">1～3 月</td><td colspan="2">1～6 月</td><td colspan="2">1～9 月</td><td colspan="2">1～12 月</td></tr>
<tr><td colspan="2">1.50</td><td colspan="2">1.50</td><td colspan="2">1.30</td><td colspan="2">1.30</td></tr>
</table>

资料来源：国家统计局。

二、甘肃上市公司总体情况

（一）公司数量

表 2　　2016 年甘肃上市公司数量　　单位：家

<table>
<tr><th rowspan="2">公司总数</th><th rowspan="2">2016 年新增</th><th colspan="3">股票类别</th><th colspan="4">板块分布</th></tr>
<tr><th>仅 A 股</th><th>仅 B 股</th><th>（A+B）股</th><th>沪市主板</th><th>深市主板</th><th>中小板</th><th>创业板</th></tr>
<tr><td>30</td><td>3</td><td>30</td><td>0</td><td>0</td><td>14</td><td>8</td><td>5</td><td>3</td></tr>
</table>

资料来源：沪深交易所，同花顺。

（二）行业分布

表 3　　2016 年甘肃上市公司行业分布情况

所属证监会行业类别	家数	占比（%）	所属证监会行业类别	家数	占比（%）
农、林、牧、渔业	3	10.00	金融业	0	0.00
采矿业	3	10.00	房地产业	2	6.67
制造业	19	63.33	租赁和商务服务业	0	0.00
电力、热力、燃气及水生产和供应业	1	3.33	科学研究和技术服务业	0	0.00
建筑业	0	0.00	水利、环境和公共设施管理业	0	0.00
批发和零售业	1	3.33	教育	0	0.00
交通运输、仓储和邮政业	0	0.00	卫生和社会工作	0	0.00
住宿和餐饮业	0	0.00	文化、体育和娱乐业	1	3.33
信息传输、软件和信息技术服务业	0	0.00	综合	0	0.00
合计	30	100.00			

资料来源：沪深交易所，同花顺。

（三）股本结构及规模

表 4　　2016 年甘肃上市公司股本规模在 10 亿股以上公司分布情况

股本规模（亿股）	公司家数	具体公司
50≤ ~ <100	1	酒钢宏兴
20≤ ~ <50	2	靖远煤电，银亿股份
10≤ ~ <20	7	中核钛白，华天科技，恒康医疗，亚盛集团，方大炭素，刚泰控股，兰石重装

资料来源：沪深交易所，同花顺。

表 5　　2016 年甘肃上市公司分地区股权构成情况　　单位：家

股权性质 / 地域分布	央企国资控股	省属国资控股	地市国资控股	民营控股	其他	合计
兰州市	2	8	1	7	0	18
嘉峪关市	0	1	0	1	0	2
金昌市	0	0	0	0	0	0

续表

股权性质 / 地域分布	央企国资控股	省属国资控股	地市国资控股	民营控股	其他	合计
白银市	0	1	0	1	0	2
天水市	0	0	0	2	0	2
武威市	0	0	0	2	0	2
张掖市	0	0	0	0	0	0
酒泉市	0	0	1	1	0	2
平凉市	0	0	0	0	0	0
庆阳市	0	0	0	0	0	0
定西市	0	0	0	0	0	0
陇南市	0	0	0	2	0	2
合计	2	10	2	16	0	30

资料来源：甘肃证监局。

（四）市值规模

截至2016年12月31日，甘肃30家上市公司境内总市值2767.86亿元，占全国上市公司境内总市值的0.54%；其中，上交所上市公司14家，总股本164.68亿股，境内总市值1328.51亿元，占上交所上市公司境内总市值的0.47%；深交所上市公司16家，总股本137.20亿股，境内总市值1439.35亿元，占深交所上市公司境内总市值的0.65%。

（五）资产规模

截至2016年12月31日，甘肃30家上市公司合计总资产1945.58亿元，归属于母公司股东权益827.04亿元，与2015年相比，分别增长8.93%、10.58%；平均每股净资产2.74元。

三、甘肃上市公司经营情况及变动分析

（一）总体经营情况

表6　　2016年甘肃上市公司经营情况

指标	2016年	2015年	变动率（%）
家数	30	27	11.11
亏损家数	6	3	100.00
亏损家数比例（%）	20	11.11	8.89
平均每股收益（元）	0.09	-0.16	156.25

续表

指标	2016 年	2015 年	变动率（%）
平均每股净资产（元）	2.74	2.88	-4.86
平均净资产收益率（%）	3.28	-5.59	8.87
总资产（亿元）	1945.58	1786.05	8.93
归属于母公司股东权益（亿元）	827.04	747.92	10.58
营业收入（亿元）	923.7	1061	-12.94
利润总额（亿元）	45.68	-33.82	235.07
归属于母公司所有者的净利润（亿元）	27.09	-41.78	164.84

资料来源：沪深交易所，同花顺。

（二）分行业经营情况

表 7　　2016 年甘肃上市公司分行业经营情况

所属行类	营业收入（亿元）	可比样本变动率（%）	归属于母公司所有者的净利润（亿元）	可比样本变动率（%）
农、林、牧、渔业	33.09	-16.74	-0.20	-107.73
采矿业	33.45	6.77	1.64	-15.78
制造业	742.44	-16.43	20.10	139.11
电力、热力、燃气及水生产和供应业	15.92	-15.36	-1.07	-529.90
建筑业	0.00	-	0.00	-
批发和零售业	10.27	-8.40	0.62	-26.09
交通运输、仓储和邮政业	0.00	-	0.00	-
住宿和餐饮业	0.00	-	0.00	-
信息传输、软件和信息技术服务业	0.00	-	0.00	-
金融业	0.00	-	0.00	-
房地产业	81.04	-5.38	5.15	-4.34
租赁和商务服务业	0.00	-	0.00	-
科学研究和技术服务业	0.00	-	0.00	-
水利、环境和公共设施管理业	0.00	-	0.00	-
教育	0.00	-	0.00	-
卫生和社会工作	0.00	-	0.00	-
文化、体育和娱乐业	7.51	-9.01	0.84	-17.04
综合	0.00	-	0.00	-
合计	923.70	-14.74	27.09	168.83

资料来源：沪深交易所，同花顺。

（三）业绩变动情况分析

1. 营业收入、毛利率等变动原因分析

2016 年，甘肃上市公司实现营业收入 923.70 亿元，较 2015 年下降 12.94%；营业利润 39.33 亿元，较 2015 年增长 196.11%；利润总额 45.68 亿元，较 2015 年增长 235.07%；平均毛利率为 21.98%，较 2015 年增长 10.02 个百分点。营业收入下降的主要原因是钢铁产业在甘肃上市公司营业收入中占比高达 37.99%，受国家“去产能”政策和钢铁价格大幅下滑的双重影响，钢铁行业营业收入下滑幅度较大。扣除上述因素影响，甘肃上市公司营业收入较 2015 年增长 11.6%，其中刚泰控股、华天科技、恒康医疗、上峰水泥增长幅度较大。

2. 盈利构成分析

2016 年，甘肃上市公司整体扭亏为盈，实现归属于母公司所有者的净利润 27.09 亿元，较 2015 年增长 164.84%，主要原因是国内经济总体企稳向好，市场供需矛盾改善，钢铁企业经营状况较 2015 年明显好转，酒钢宏兴扭转巨亏局面，实现盈利。剔除酒钢宏兴的影响，甘肃其他上市公司整体盈利情况较 2015 年相比变化不大。上市公司利润总额主要来源于营业利润，其占利润总额的比重为 86.11%，营业外收支净额为 6.35 亿元。

3. 经营性现金流量分析

2016 年，甘肃上市公司经营活动产生的现金流量净额 73.50 亿元，较 2015 年增长 48.79%，其中 24 家公司经营活动产生现金流量净额为正，占 30 家上市公司的 80%，高于 2015 年 74.07% 的水平。

4. 业绩特点分析

2016 年，甘肃上市公司实现归属于母公司所有者净利润 27.09 亿元，较 2015 年增长 164.84%；平均每股收益 0.09 元，较 2015 年增长 156.25%；平均净资产收益率 3.28%，较 2015 年增长 8.87 个百分点。甘肃上市公司整体业绩显著改善，酒钢宏兴、中核钛白、三毛派神扭亏为盈，甘肃电投、荣华实业、兰州黄河、皇台酒业、蓝科高新、敦煌种业由盈转亏，上峰水泥、方大炭素、刚泰控股盈利增长幅度较大，兰石重装、亚太实业（2016 年迁入甘肃）盈利下降幅度较大。

5. 利润分配情况

表 8　　2016 年甘肃上市公司现金分红情况

2016 年分红公司家数			2016 年分红金额		
家数	变动率（%）	分红公司家数占地区公司总数比重	金额（亿元）	变动率（%）	分红金额占归属于母公司所有者的净利润比重
21	61.54	70%	5.97	27.84	22.04%

资料来源：甘肃证监局。

四、甘肃上市公司并购重组情况

（一）并购重组基本情况

2016年，甘肃上市公司收购金额合计17.07亿元。上峰水泥加强现有主业水泥产品与下游终端房地产行业的协同效应，收购浙江上峰房地产有限公司，增强公司抵抗风险能力和持续盈利能力。恒康医疗继续扩大医疗服务业务规模，完成崇州二医院有限公司的收购工作，提高了公司核心竞争力。刚泰控股收购上海珂兰商贸有限公司、广州市优娜珠宝首饰有限公司，全力推进向黄金采矿产业链下游拓展战略，不断优化和调整产品结构，进一步增强了公司盈利能力。

（二）并购重组特点

2016年，甘肃上市公司并购标的均具有较强的盈利能力，能够与公司主业产生互补作用和协同效应。通过并购重组，公司拓宽现有产业布局，延伸产业链，对原有业务进行优化和调整，提升公司总体规模和抵御风险的能力，提高市场影响及核心竞争力，提高了公司持续盈利能力，促进公司长期持续健康发展。

五、甘肃上市公司募集资金情况、使用情况

（一）募集资金总体情况

表9　2016年甘肃上市公司募集资金情况

发行类型	代码	简称	募集资金（亿元）
首发	603919	金徽酒	7.66
	300534	陇神戎发	2.96
	小计		10.62
再融资（增发、配股）	600687	刚泰控股	32.65
	603169	兰石重装	12.50
	000791	甘肃电投	18.10
	300021	大禹节水	7.21
	002772	众兴菌业	11.27
	300084	海默科技	7.08
	小计		88.81
其他融资（公司债券、短期融资券、中期票据、次级债、金融债、境外发行债券）	600687	刚泰控股	10
	000981	银亿股份	25
	小计		35
总计			134.43

资料来源：甘肃证监局。

（二）募集资金使用情况及特点

2016 年，甘肃有靖远煤电、甘肃电投、中核钛白、华天科技、恒康医疗、佛慈制药、众兴菌业、大禹节水、海默科技、陇神戎发、亚盛集团、长城电工、方大炭素、刚泰控股、蓝科高新、兰石重装、金徽酒、读者传媒、敦煌种业共 19 家公司使用募集资金，合计金额 89.68 亿元，主要用于项目建设、股权收购、补充流动资金和偿还银行借款。募集资金建设项目 2016 年实现效益合计 2.71 亿元。截至 2016 年年末，有 16 家公司募集资金尚未使用完毕。

（三）募集资金变更情况

2016 年，甘肃上市公司恒康医疗、佛慈制药、众兴菌业、亚盛集团、蓝科高新存在变更部分募集资金使用用途的情况，变更的资金均为 2016 年以前年度募集的资金。

表 10　2016 年甘肃上市公司募集资金使用项目变更情况

变更募集资金使用项目的公司家数	涉及金额（亿元）	募集资金总额（亿元）	占公司募集资金总额的比例（%）
5	8.37	50.66	16.52

资料来源：甘肃证监局。

六、甘肃上市公司规范运作情况

（一）上市公司治理专项情况

2016 年，甘肃证监局坚持以问题和风险为导向，通过现场监管、非现场监管等多种方式，传导监管压力，继续推动上市公司提高公司治理水平。一是督促上市公司及相关主体积极履行各类承诺，重点关注并购重组、同业竞争、股份减持的承诺履行情况，推动承诺主体增强诚信意识。二是督促上市公司加大现金分红力度，积极回报投资者，全年上市公司现金分红金额合计 5.97 亿元，较 2015 年增长 27.84%。三是通过现场检查等方式，摸清问题底数，督促公司进一步完善治理机制。全年共对 10 家公司治理情况进行检查，检查发现的公司治理问题均得到积极整改。

（二）审计情况及监管情况

2016 年年报期间，共有 10 家会计师事务所为甘肃 30 家上市公司提供 2016 年年报审计服务，其中瑞华会计师事务所甘肃分所为 14 家公司提供审计服务。30 家公司的财务报告审计报告，有 28 家公司为标准无保留意见报告，2 家公司为非标准审计报告。26 家公司的内部控制审计报告，有 25 家为标准无保留意见报告，1 家为否定意见报告。在年报审计监管工作中，甘肃证监局详细制定方案，合理进行监管风险分类，督促会计师事务所提高执业质量、规范执业行为。2016 年共列席年报审计沟通会17家次，约谈签字会计师7家次，对7家公司开展年报审计现场督导，对2家审计机构开展现场检查。

（三）信息披露情况

2016年，甘肃证监局坚持以信息披露监管为中心，以非现场监管为手段，对公司日常信息披露做到快速反应和及时处置，督促公司提高信息披露质量，进一步提升上市公司透明度。提高现场检查频次，加大对违法违规行为的惩处力度，推动相关市场主体切实做好信息披露工作，2016年对1家上市公司信息披露违法违规事项立案稽查，向公司及其15名董监高、2名年报签字会计师出具了行政监管措施。支持上市公司加大与投资者的交流力度，拓宽沟通渠道，丰富沟通方式，保持沟通畅通。推动上市公司加强舆论监测和引导工作，认真应对媒体质疑，及时澄清有关事项，提升危机应对能力。

（四）证券市场服务情况

2016年，甘肃证监局认真贯彻落实依法全面从严监管理念，切实提高上市公司质量，积极鼓励上市公司并购重组和再融资，统筹推进公司债券市场发展，着力培育拟上市后备资源，稳步推进多层次资本市场的建设，牢固树立服务意识，切实增强资本市场服务实体经济的能力。辖区有6家公司通过再融资募集资金88.81亿元；有2家公司实现IPO，募集资金10.62亿元；有2家公司发行公司债券募集资金35亿元。截至2016年年末，甘肃拟上市公司达11家；新增13家公司挂牌“新三板”，“新三板”挂牌公司达到28家；甘肃股权交易中心挂牌企业、纯托管企业、展示企业分别达到945家、606家、1691家。

（五）其他

2016年，甘肃证监局共举办2次培训班，向甘肃上市公司及120余名董监高开展培训，为提高上市公司信息披露质量，提升董监高管理人员合规履职意识和诚信意识，帮助上市公司掌握最新并购重组和再融资政策发挥了积极作用。

审稿人：柴小平　贾汝明
撰稿人：李康莉

青海地区

一、青海国民经济发展概况

表 1　　2016 年青海国民经济发展概况　　单位：亿元

指标	1～3 月		1～6 月		1～9 月		1～12 月	
	绝对量	同比增长（%）	绝对量	同比增长（%）	绝对量	同比增长（%）	绝对量	同比增长（%）
地区生产总值（GDP）	456.51	8.30	1068.98	8.30	1741.38	8.20	2572.49	8.00
全社会固定资产投资	198.53	12.70	1386.16	11.50	2692.14	11.40	3455.51	9.90
社会消费品零售总额	164.05	10.80	337.34	10.70	544.82	11.20	767.30	11.00
规模以上工业增加值	–	7.40	–	7.50	–	7.60	–	7.50
规模以上工业企业实现利润	-4.60	-190.20	14.20	-61.50	26.60	-46.80	76.90	8.00
居民消费价格指数（CPI）	1～3 月		1～6 月		1～9 月		1～12 月	
	1.80		2.00		1.80		1.80	

资料来源：国家统计局。

二、青海上市公司总体情况

（一）公司数量

表 2　　2016 年青海上市公司数量　　单位：家

公司总数	2016 年新增	股票类别			板块分布			
		仅 A 股	仅 B 股	（A+B）股	沪市主板	深市主板	中小板	创业板
12	2	12	0	0	8	3	1	0

资料来源：沪深交易所，同花顺。

（二）行业分布

表 3　　2016 年青海上市公司行业分布情况

所属证监会行业类别	家数	占比（%）	所属证监会行业类别	家数	占比（%）
农、林、牧、渔业	0	0.00	金融业	0	0.00
采矿业	2	16.67	房地产业	0	0.00
制造业	9	75.00	租赁和商务服务业	0	0.00
电力、热力、燃气及水生产和供应业	0	0.00	科学研究和技术服务业	0	0.00
建筑业	1	8.33	水利、环境和公共设施管理业	0	0.00
批发和零售业	0	0.00	教育	0	0.00
交通运输、仓储和邮政业	0	0.00	卫生和社会工作	0	0.00
住宿和餐饮业	0	0.00	文化、体育和娱乐业	0	0.00
信息传输、软件和信息技术服务业	0	0.00	综合	0	0.00
合计	12	100.00			

资料来源：沪深交易所，同花顺。

（三）股本结构及规模

表 4　　2016 年青海上市公司股本规模在 10 亿股以上公司分布情况

股本规模（亿股）	公司家数	具体公司
20≤ ~ <50	3	*ST 金源，智慧能源，西部矿业
10≤ ~ <20	2	盐湖股份，西宁特钢

资料来源：沪深交易所，同花顺。

表 5　　2016 年青海上市公司分地区股权构成情况　　单位：家

地域分布 \ 股权性质	央企国资控股	省属国资控股	地市国资控股	民营控股	其他	合计
西宁市	0	4	0	4	1	9
海东市	0	0	0	1	0	1
格尔木市	0	1	0	1	0	2
合计	0	5	0	6	1	12

资料来源：青海证监局。

（四）市值规模

截至2016年12月31日，青海12家上市公司境内总市值1657.18亿元，占全国上市公司境内总市值的0.33%；其中，上交所上市公司8家，总股本78.13亿股，境内总市值815.88亿元，占上交所上市公司境内总市值的0.29%；深交所上市公司4家，总股本51.45亿股，境内总市值841.30亿元，占深交所上市公司境内总市值的0.38%。

（五）资产规模

截至2016年12月31日，青海12家上市公司合计总资产1811.29亿元，归属于母公司股东权益629.82亿元，与2015年相比，分别增长13.71%、33.12%；平均每股净资产4.86元。

三、青海上市公司经营情况及变动分析

（一）总体经营情况

表6　　2016年青海上市公司经营情况

指标	2016年	2015年	变动率（%）
家数	12	10	20.00
亏损家数	1	3	-66.67
亏损家数比例（%）	8.33	30	-21.67
平均每股收益（元）	0.19	-0.02	1050.00
平均每股净资产（元）	4.86	4.94	-1.62
平均净资产收益率（%）	3.84	-0.43	4.27
总资产（亿元）	1811.29	1592.97	13.71
归属于母公司股东权益（亿元）	629.82	473.11	33.12
营业收入（亿元）	670.74	603.63	11.12
利润总额（亿元）	31.88	4.21	657.24
归属于母公司所有者的净利润（亿元）	24.21	-2.04	1286.76

资料来源：沪深交易所，同花顺。

（二）分行业经营情况

表7　　2016年青海上市公司分行业经营情况

所属行类	营业收入（亿元）	可比样本变动率（%）	归属于母公司所有者的净利润（亿元）	可比样本变动率（%）
农、林、牧、渔业	0.00	-	0.00	-
采矿业	279.09	3.01	1.57	2774.13

续表

所属行类	营业收入（亿元）	可比样本变动率（%）	归属于母公司所有者的净利润（亿元）	可比样本变动率（%）
制造业	370.50	2.93	21.73	172.95
电力、热力、燃气及水生产和供应业	0.00	–	0.00	–
建筑业	21.15	–12.17	0.91	2.66
批发和零售业	0.00	–	0.00	–
交通运输、仓储和邮政业	0.00	–	0.00	–
住宿和餐饮业	0.00	–	0.00	–
信息传输、软件和信息技术服务业	0.00	–	0.00	–
金融业	0.00	–	0.00	–
房地产业	0.00	–	0.00	–
租赁和商务服务业	0.00	–	0.00	–
科学研究和技术服务业	0.00	–	0.00	–
水利、环境和公共设施管理业	0.00	–	0.00	–
教育	0.00	–	0.00	–
卫生和社会工作	0.00	–	0.00	–
文化、体育和娱乐业	0.00	–	0.00	–
综合	0.00	–	0.00	–
合计	670.74	2.41	24.21	175.56

资料来源：沪深交易所，同花顺。

（三）业绩变动情况分析

1. 营业收入、毛利率等变动原因分析

2016年，青海上市公司实现营业收入670.74亿元，较2015年增长11.12%；营业利润25.81亿元，较2015年增长29.41亿元；利润总额31.88亿元，较2015年增长657.24%；归属于母公司股东的净利润24.21亿元，较2015年增长26.25亿元；毛利率20.40%，同比上升1.54个百分点。2016年，青海上市公司经营状况整体明显改善，较2015年大幅提升。2016年，辖区上市公司通过股权融资193.24亿元（其中，募集资金73.13亿元），债券融资13亿元，缓解了公司资金链紧张压力，改善了公司财务结构，增强了公司持续经营能力；4家公司开展资产重组，极大改善了公司资产质量，提高了公司盈利能力。

2. 盈利构成分析

2016年，青海上市公司利润来源主要是营业利润，共计25.81亿元，占利润总额的比重为80.96%。营业外收支净额为6.07亿元，占利润总额的比重为19.04%。5家公司进行资产处置，确认投资收益或营业外收入金额大，对年报利润贡献力度大。

3. 经营性现金流量分析

2016 年，青海上市公司经营性现金流净额为 32.55 亿元，较 2015 年下降 27.68%。其中，7 家上市公司经营性现金流量净额为正，占比 58.33%。西宁特钢、青海华鼎、广誉远 3 家公司 2015 年经营性现金流量净额为负，2016 年经营性现金流量净额继续为负。智慧能源 2016 年经营性现金流量净额较 2015 年下降 15.97 亿元。

4. 业绩特点分析

（1）经营业绩普遍增长，业绩企稳回升。2016 年，上市公司净利润 23.27 亿元，比 2015 年增长 24.74 亿元。11 家公司盈利，西宁特钢、*ST 易桥、金瑞矿业均扭亏为盈。青海华鼎 1 家公司亏损，亏损面较上年显著缩小。新增上市公司 *ST金源贡献利润 9.19 亿元；西宁特钢扭亏为盈，由 2015 年巨亏 16.76 亿元好转为微盈 0.42 亿元。

（2）部分公司盈利质量不高，主业盈利能力不佳。青海上市公司大部分属于传统制造业，正处于转型升级阶段，受近年来宏观经济上行乏力的影响，以及受研发基础薄弱、科研技术人才缺乏等因素制约，公司核心竞争力不强的现状没有根本性改善。2016 年内，辖区 12 家上市公司中有 5 家公司进行了资产处置，均不同程度依靠出售资产、处置股权等非经常性损益实现业绩增长，利用非经营性损益补充主营业务盈利能力不佳现状。

（3）部分公司业绩大幅下滑，经营风险需要关注。盐湖股份实现净利润 3.41 亿元，同比下降 38.95%，扣非后净利润 -1.24 亿元，同比下降 184.59%，主要原因是钾肥产品价格较 2015 年平均下降 270 元/吨，海纳 PVC 一体化项目、金属镁一体化项目转固。青海春天实现净利润 2.45 亿元，同比下降 31.51%，主要原因是国家食品药品监督管理部门对冬虫夏草类产品的相关政策发生变化，青海春天主要产品冬虫夏草纯粉片停止生产。青海华鼎 2016 年亏损，主要原因是机床行业产品需求持续低迷，企业订单不足，公司机床产品营业收入同比下降 60.25%。

5. 利润分配情况

表 8　　2016 年青海上市公司现金分红情况

2016 年分红公司家数			2016 年分红金额		
家数	变动率（%）	分红公司家数占地区公司总数比重	金额（亿元）	变动率（%）	分红金额占归属于母公司所有者的净利润比重
5	25	41.67%	3.38	26.59	13.96%

资料来源：青海证监局。

四、青海上市公司并购重组情况

（一）并购重组基本情况

2016 年度，辖区 4 家上市公司开展资产重组，其中 3 家属于重大资产重组，发行股份购买资产 120.11 亿元，募集配套资金 73.13 亿元。一是藏格控股通过借壳*ST 金源实现上市，辖区新增一家上市公司，贡献营业收入 26.03 亿元、净利润 9.20 亿元。二是*ST 易桥于 4 月完成重大资产重组，形成“企业互联网服务业务为主导，传统明胶行业制造业务为支撑”的双主业发展模式。公司实现营业收入 4.12 亿元，同比增长 53.16%；实现净利润 0.41 亿元，成功扭亏为盈。其中，新增企业互联网服务业务贡献营业收入 1.72 亿元，贡献净利润 0.85 亿元。三是广誉远年度内完成对山西广誉远 40% 股权的收购，持股比例提高至 95%，利润贡献力度大。2016 年实现营业收入 9.37 亿元，较 2015 年同期增长 5.08 亿元；实现净利润 1.54 亿元，较 2015 年同期增长 1.44 亿元。

（二）并购重组特点

2016 年，青海上市公司并购重组活跃，积极开展以产业整合和结构调整为目的的并购重组，发行股份购买资产是并购重组的主要方式。一是横向并购扩宽业务领域。智慧能源通过非公开发行股份及支付现金的方式收购福斯特集团 100% 股权，业务领域扩大至新能源锂电池领域，整合双方的经验及资源，加快在数码电子、新能源汽车、储能相关的业务布局及开拓，完善“智慧能源、智慧城市”产业链布局。二是跨行业重组实现业务转型。*ST 易桥通过重大资产重组实现了由传统的医药制造业向“企业互联网为主导，制造业务为支撑”的双主业发展模式，实现多元化经营。三是重组上市实现资本市场对接。藏格钾肥通过借壳*ST 金源实现上市，拓宽融资渠道，提升主营业务规模，提升藏格钾肥的综合竞争力、品牌影响力和行业地位。四是收购股权强化上市公司主业。山西广誉远作为广誉远的控股子公司，是广誉远重要利润来源。本次重组中，广誉远通过发行股份购买山西广誉远 40% 股份，持有山西广誉远 95% 的股权，极大地巩固了上市公司主业，做大做强中药产业。

五、青海上市公司募集资金情况、使用情况

（一）募集资金总体情况

表 9　　2016 年青海上市公司募集资金情况

发行类型	代码	简称	募集资金（亿元）
首发	603843	正平股份	5.01
	小计		5.01

续表

发行类型	代码	简称	募集资金（亿元）
再融资（增发、配股）	600869	智慧能源	19.80（增发）
	600117	西宁特钢	17.50（增发）
	600771	广誉远	21.54（增发）
	000408	藏格控股	109.39（增发）
	000606	*ST 易桥	20.00（增发）
	小计		188.23
其他融资（公司债券、短期融资券、中期票据、次级债、金融债、境外发行债券）	600869	智慧能源	13.00（公司债券）
	000792	盐湖股份	15.00（中期票据）
	000792	盐湖股份	7.50（短期融资券）
	601168	西部矿业	10.00（短期融资券）
	小计		45.50
总计			238.74

资料来源：青海证监局。

（二）募集资金使用情况及特点

2016 年，青海辖区 5 家上市公司募集资金，11 家公司使用募集资金，使用金额 77.82 亿元，本年使用本年度募集资金 41.61 亿元，本年使用以前年度募集资金 36.21 亿元。募集资金主要用于项目建设、偿还银行借款或补充流动资金，其中，43.78 亿元用于项目建设，21.06 亿元用于补充流动资金，12.97 亿元用于偿还银行借款。募集资金使用整体较为规范，资金使用投向明确。部分公司对暂时闲置募集基金实施现金管理，购买银行保本型理财产品。

（三）募集资金变更情况

表 10　　2016 年青海上市公司募集资金使用项目变更情况

变更募集资金使用项目的公司家数	涉及金额（亿元）	募集资金总额（亿元）	占公司募集资金总额的比例（%）
0	0	0	0

资料来源：青海证监局。

六、青海上市公司规范运作情况

（一）上市公司治理专项情况

2016 年，青海证监局持续强化上市公司治理监管，提高上市公司独立性、规范性和透明度。一是高度重视上市公司及相关方并购重组业绩承诺监管，督促青海春天相关方及时履行盈利预测股份回购注销补偿承诺，督促智慧能源相关方补偿净资产损失承诺。二是按照《上市公司大股东、董监高减持股份的若干规定》，根据现场检查、日常监管掌握情况，严格规范相关方减持股份行为。2016 年，辖区上市公司不存在违规减持股份行为。三是加强对上市公司董监高培训，强化辖区上市公司内幕信息管理，规范重大资产重组行为，提高财务信息披露质量，引导公司规范运作，促进辖区上市公司规范发展。

（二）审计情况及监管情况

青海 12 家上市公司均如期披露 2016 年年报，8 家会计师事务所为辖区上市公司提供年报审计服务，出具的审计报告均为标准无保留意见。青海证监局坚持问题和风险导向，加强事前提醒沟通，强化事中、事后监管，加大审核分析及现场检查力度，着力督促会计师事务所强化尽职履责意识，提升执业质量。审计机构年报审计进场前，加强沟通交流，向审计机构下发《监管提醒函》，提出审计重点关注事项 99 项。认真开展年报审核，审阅审计机构报送的《年报审计总结》，加强年报审核分析，提升会计信息披露质量，发现关注事项 98 项，下发年报审核《监管关注函》，要求公司书面解释。开展年报审计现场检查，强化审计监管工作，发现审计相关问题 26 项，对年报审计机构下发《监管关注函》，要求审计机构限期整改并报送整改报告。

（三）信息披露情况

2016 年，青海证监局以信息披露监管为核心，强化信息披露事后审核，密切关注上市公司日常规范运作，加强监管提醒。一是及时审核上市公司临时公告，关注公司信息披露、股价异动、媒体质疑，做好舆情监控。二是针对智慧能源在预计经营业绩发生大幅变动时未及时进行业绩预告，对公司采取警示函监管措施。三是针对金瑞矿业会计差错更正、发行股份及支付现金购买资产并募集配套资金、股价连续出现涨停异动等事项，先后 3 次向公司下发《监管关注函》。四是针对上海证券报、新浪财经等媒体报道盐湖股份在建工程建设期严重延误，且未计提任何减值准备，涉嫌操纵业绩，将风险后置爆发等事项，向公司下发《监管提醒函》，并对相关高管进行监管谈话。五是针对青海春天未及时披露控股子公司春天药用原《药品生产许可证》于 2015 年 12 月 31 日到期未获换发事项及持有的春天药用股权法院裁定拍卖重大诉讼事项，分别采取警示函监管措施。

（四）证券市场服务情况

一是积极培育拟上市企业。制定《青海省拟上市企业培育工作方案》，及时备案登记符合条件的拟上市公司。联合青海省国资委、海西州政府开展拟上市企业专题培训，深入昌荣传媒、青运集团、金河藏药等开展专题调研，准确掌握实际情况。

二是支持企业拓宽直接融资渠道。2016 年，青海辖区上市公司首发上市、重组上市、重大资产重组活跃，融资规模取得较大增幅。8 月藏格钾肥重组重组上市，9月正平股份首发上市，有7家公司共计10个项目开展并购重组和再融资，全年完成融资206.24亿元，同比增长93%。

三是加强风险防范与处置。稳妥化解青海春天控股子公司《药品生产许可证》到期未换发新证及极草身份试点被取消重大风险，公司持续经营能力、盈利能力已得到较好恢复。稳妥化解西宁特钢“11西钢债”兑付重大风险，协调公司筹措到足额资金10.45亿元。妥善化解江仓煤业“14江仓债”高风险，协调公司筹措到足额资金3.25亿元。

四是多形式服务地方经济发展。及时向青海省政府报告资本市场发展情况和监管政策动向，提出意见建议，全年报送《要情专报》19份，多次获得省政府分管领导和主要领导的批示和肯定。联合青海省金融办、南京市金融办举行“利用西部贫困地区资本市场绿色通道发展，支持青海省贫困地区脱贫解困”推介会。联合青海省经信委、全景网络举办首次“2016年青海资本市场投融资接洽会”，搭建高效便捷的投融资对接和宣传平台，通过市场化力量推进青海企业的上市融资能力。

审稿人：梁世鹏　肖雪维　谢　誉

撰稿人：刘艺多

宁夏地区

一、宁夏国民经济发展概况

表 1　　2016 年宁夏国民经济发展概况　　单位：亿元

指标	1~3月		1~6月		1~9月		1~12月	
	绝对量	同比增长（%）	绝对量	同比增长（%）	绝对量	同比增长（%）	绝对量	同比增长（%）
地区生产总值（GDP）	508.06	6.90	1203.72	7.90	2120.31	8.00	3150.06	8.10
全社会固定资产投资	269.12	11.6	1441.77	13.8	2710.05	10.8	3835.46	8.6
社会消费品零售总额	202.93	7.30	390.33	7.00	613.13	7.20	850.10	7.70
规模以上工业增加值	203.30	2.00	455.80	7.40	722.50	7.50	1039.70	7.50
规模以上工业企业实现利润	8.20	12.30	37.50	-1.60	63.50	1.30	137.70	62.40
居民消费价格指数（CPI）	1~3月		1~6月		1~9月		1~12月	
	1.10		0.90		1.10		1.50	

资料来源：国家统计局。

二、宁夏上市公司总体情况

（一）公司数量

表 2　　2016 年宁夏上市公司数量　　单位：家

公司总数	2016 年新增	股票类别			板块分布			
		仅 A 股	仅 B 股	（A+B）股	沪市主板	深市主板	中小板	创业板
12	0	12	0	0	4	7	1	0

资料来源：沪深交易所，同花顺。

（二）行业分布

表 3　　2016 年宁夏上市公司行业分布情况

所属证监会行业类别	家数	占比（%）	所属证监会行业类别	家数	占比（%）
农、林、牧、渔业	0	0.00	金融业	0	0.00
采矿业	0	0.00	房地产业	0	0.00
制造业	9	75.00	租赁和商务服务业	0	0.00
电力、热力、燃气及水生产和供应业	1	8.33	科学研究和技术服务业	0	0.00
建筑业	0	0.00	水利、环境和公共设施管理业	0	0.00
批发和零售业	1	8.33	教育	0	0.00
交通运输、仓储和邮政业	1	8.33	卫生和社会工作	0	0.00
住宿和餐饮业	0	0.00	文化、体育和娱乐业	0	0.00
信息传输、软件和信息技术服务业	0	0.00	综合	0	0.00
合计	12	100.00			

资料来源：沪深交易所，同花顺。

（三）股本结构及规模

表 4　　2016 年宁夏上市公司股本规模在 10 亿股以上公司分布情况

股本规模（亿股）	公司家数	具体公司
10≤～<20	2	西部创业，中银绒业

资料来源：沪深交易所，同花顺。

表 5　　2016 年宁夏上市公司分地区股权构成情况　　单位：家

地域分布 \ 股权性质	央企国资控股	省属国资控股	地市国资控股	民营控股	其他	合计
银川市	2	1	0	5	0	8
石嘴山市	2	0	0	1	0	3
吴忠市	0	0	0	0	0	0
固原市	0	0	0	0	0	0
中卫市	1	0	0	0	0	1
合计	5	1	0	6	0	12

资料来源：宁夏证监局。

（四）市值规模

截至 2016 年 12 月 31 日，宁夏 12 家上市公司境内总市值 1057.13 亿元，占全国上市公司境内总市值的 0.21%；其中，上交所上市公司 4 家，总股本 18.59 亿股，境内总市值 360.85 亿元，占上交所上市公司境内总市值的 0.13%；深交所上市公司 8 家，总股本 63.24 亿股，境内总市值 696.28 亿元，占深交所上市公司境内总市值的 0.31%。

（五）资产规模

截至 2016 年 12 月 31 日，宁夏 12 家上市公司合计总资产 593.91 亿元，归属于母公司股东权益 271.93 亿元，与 2015 年相比，分别增长 16.84%、43.62%；平均每股净资产 3.32 元。

三、宁夏上市公司经营情况及变动分析

（一）总体经营情况

表 6　　2016 年宁夏上市公司经营情况

指标	2016 年	2015 年	变动率（%）
家数	12	12	0.00
亏损家数	3	6	-50.00
亏损家数比例（%）	25	50	-25.00
平均每股收益（元）	-0.12	-0.22	45.45
平均每股净资产（元）	3.32	2.96	12.16
平均净资产收益率（%）	-3.69	-7.47	3.78
总资产（亿元）	593.91	508.31	16.84
归属于母公司股东权益（亿元）	271.93	189.34	43.62
营业收入（亿元）	234.06	204.95	14.20
利润总额（亿元）	-6.52	-13.72	52.48
归属于母公司所有者的净利润（亿元）	-10.04	-14.15	29.05

资料来源：沪深交易所，同花顺。

（二）分行业经营情况

表 7　　2016 年宁夏上市公司分行业经营情况

所属行类	营业收入（亿元）	可比样本变动率（%）	归属于母公司所有者的净利润（亿元）	可比样本变动率（%）
农、林、牧、渔业	0.00	-	0.00	-
采矿业	0.00	-	0.00	-

续表

所属行类	营业收入（亿元）	可比样本变动率（%）	归属于母公司所有者的净利润（亿元）	可比样本变动率（%）
制造业	144.52	21.78	-10.87	23.34
电力、热力、燃气及水生产和供应业	14.43	19.70	0.11	109.42
建筑业	0.00	-	0.00	-
批发和零售业	70.49	-4.80	0.63	-53.95
交通运输、仓储和邮政业	4.63	-22.78	0.08	-85.91
住宿和餐饮业	0.00	-	0.00	-
信息传输、软件和信息技术服务业	0.00	-	0.00	-
金融业	0.00	-	0.00	-
房地产业	0.00	-	0.00	-
租赁和商务服务业	0.00	-	0.00	-
科学研究和技术服务业	0.00	-	0.00	-
水利、环境和公共设施管理业	0.00	-	0.00	-
教育	0.00	-	0.00	-
卫生和社会工作	0.00	-	0.00	-
文化、体育和娱乐业	0.00	-	0.00	-
综合	0.00	-	0.00	-
合计	234.06	11.06	-10.04	24.98

资料来源：沪深交易所，同花顺。

（三）业绩变动情况分析

1. 营业收入、毛利率等变动原因分析

2016年，宁夏上市公司全年共实现营业收入234.06亿元，同比增长14.2%；平均销售毛利率为18.24%，较2015年度上升1个百分点。总体来看，辖区上市公司主要为传统制造业，受宏观经济整体回暖和供给侧结构性改革持续推进的影响，公司经营业绩呈现复苏迹象。

2. 盈利构成分析

2016年，12家公司实现归属于母公司所有者的净利润为-10.04亿元，较2015年的-14.15亿元上升29.05%；实现营业利润为-21.35亿元，其中7家公司营业成本大于营业收入，部分公司政府补助、营业外收入对净利润贡献较大。

3. 经营性现金流量分析

2016年，上市公司经营活动产生的现金流持续改善，实现经营活动产生的现金流量净额为20.53亿元，较2015年上升81.30%，辖区上市公司收益质量、获取现金的能力提升。

4. 业绩特点分析

受宏观经济结构调整、供给侧改革等政策红利的影响，上市公司主业盈利能力有所提升，主要呈现以下特点：一是整体业绩回暖。辖区亏损公司由6家减少至3家，净利润总额较2015年度减亏31.25%，扭转了2015年同比下降303.51%的情况。同时，剔除辖区1家上市公司因规模扩张较快、负担较重导致的巨亏后，其余11家上市公司净利润合计为正；二是收益质量有所好转，持续经营能力有所提高。从盈利构成来看，上市公司扣除非经常性损益后净利润占净利润比例由131.73%上升至161.71%。

5. 利润分配情况

表8　　2016年宁夏上市公司现金分红情况

2016年分红公司家数			2016年分红金额		
家数	变动率（%）	分红公司家数占地区公司总数比重	金额（亿元）	变动率（%）	分红金额占归属于母公司所有者的净利润比重
3	50	25%	0.64	326.67	—

资料来源：宁夏证监局。

四、宁夏上市公司并购重组情况

（一）并购重组基本情况

2016年内宁夏共有4家上市公司开展并购重组。其中，1家（西部创业）上市公司于年内完成并购重组，涉及资产金额合计43.28亿元；3家（东方钽业、宝塔实业、英力特）筹划上市公司重大资产重组，其后因不同原因终止。

（二）并购重组特点

2016年宁夏地区上市公司并购重组特点主要表现为：

1. 数量和规模方面

全年4家公司筹划或实施并购重组事项，仅完成1家；并购重组规模较小，占全国并购重组规模比重较低，与周边省份相比，并购重组规模排位靠后。

2. 模式方面

一是并购重组方式多样化，主要包括：发行股份购买资产、现金收购、重大资产出售等；二是部分重组带有产业转型的目的，开展的并购重组事项中，2项涉及引入新产业，其中西部创业完成对宁东铁路的重组，引入铁路运输行业；东方钽业拟引入远洋渔业行业。

3. 实现的目标和取得的效果方面

一是通过并购重组获得优质资产，使上市公司资产负债率显著下降，资产结构得到优化，财务状况得以改善，有效地提高了上市公司的盈利能力和抗风险能力，为上市公司的长期稳健发展夯实基础；二是部分公司并购重组效果不佳，3家公司并购重组因准备不充分等原因终止；三是并购重组中业绩承诺备受市场关注，西部创业重组时5家股东承诺3年10亿元的业绩，引起市场和监管部门的持续关注。

五、宁夏上市公司募集资金情况、使用情况

（一）募集资金总体情况

表 9　　2016 年宁夏上市公司募集资金情况

发行类型	代码	简称	募集资金（亿元）
首发	-	-	0
	小计		0
再融资（增发、配股）	600146	商赢环球	28.10
	000815	美利云	19.45
	小计		47.55
其他融资（公司债券、短期融资券、中期票据、次级债、金融债、境外发行债券）	600449	宁夏建材	5.00
	小计		5.00
总计			52.55

资料来源：宁夏证监局。

（二）募集资金使用情况及特点

上市公司募集资金主要用于公司主业相关的募投项目及补充营运资金。在募集资金管理和使用方面，各公司严格按照法律法规和公司制度的规定，与保荐机构、银行签订《募集资金三方监管协议》，对募集资金实行专户存储，对其使用严格审批，以保证专款专用。总体上来讲，各公司能够按照募集资金项目的计划使用募集资金，但存在使用进度缓慢，对市场和政策变化预计不足导致部分募投项目未达到预期收益等问题。

（三）募集资金变更情况

表 10　　2016 年宁夏上市公司募集资金使用项目变更情况

变更募集资金使用项目的公司家数	涉及金额（亿元）	募集资金总额（亿元）	占公司募集资金总额的比例（%）
0	0	0	0

资料来源：宁夏证监局。

2016 年，辖区上市公司没有出现变更募集资金用途的情形。2016 年，商赢环球募集资金 28.10 亿元，美利云募集资金 19.45 亿元。截至 2016 年 12 月 31 日，商赢环球使用募集资金 15.08 亿元，剩余 12.36 亿元，剩余金额中现金管理金额

9.7 亿元，公司购买海外服装资产项目达到预期效益；美利云使用募集资金 10.13 亿元，剩余 9.42 亿元，剩余金额中现金管理 9.14 亿元，公司投资云创数据中心项目尚未达到预期效益。青龙管业在 2010 年首发募集资金总额 8.75 亿元，截至 2016 年年末，尚未使用募集资金 1.82 亿元，公司在 2016 年以前累计变更募集资金 2.93 亿元，占已使用募集资金总额的 39.07%。2013 年以来，青龙管业因市场条件已发生较大变化，决定终止及变更的项目较多。

六、宁夏上市公司规范运作情况

（一）上市公司治理专项情况

2016 年，宁夏证监局依法开展上市公司日常监管工作，全面提升上市公司规范运作水平；积极督促公司解决同业竞争，规范关联交易；持续督促辖区上市公司全面梳理并妥善解决实际控制人、股东、关联方、收购人以及自身各项承诺事项；督促上市公司加强内幕信息管理，严格执行内幕信息知情人登记管理制度。2016 年，辖区公司治理水平进一步提升，上市公司及其控股股东规范运作意识增强，独立性、承诺履行等历史遗留问题进一步得到解决；上市公司内部控制规范体系运行平稳、执行有效，经营管理水平及风险防范和应对能力不断提升。

（二）审计情况及监管情况

2016 年，辖区公司年报分别由信永中和会计师事务所银川分所、瑞华会计师事务所、中天运会计师事务所、中兴财光华会计师事务所、立信会计师事务所 5 家会计师事务所审计。2016 年，有 3 家公司被年审会计师出具非标审计意见报告（均为带强调事项段的无保留意见）。宁夏证监局积极加强与证监会会计部、沪深交易所的监管协作，贯彻风险导向监管理念，扎实推进年报审计监督工作，增强监管的针对性和有效性；启动监管约谈机制和审计监督机制，督导审计机构提高年报审计质量；加大会计师事务所执业质量检查力度，强化年报审计责任。进一步完善辖区会计师事务所和资产评估机构内部治理、健全质量控制体系、提升职业水平。

（三）信息披露情况

2016 年，辖区上市公司信息披露规范化程度整体有所提高，各公司以体现投资价值为导向，强化了投资者关心事项的披露，年报披露涵盖了经营业绩、公司治理、内控规范体系实施、利润分配、社会责任等。通过及时、有效的信息披露，公司重大风险得到充分揭示和有效化解，但个别上市公司存在年报打补丁及因信息披露问题被宁夏证监局及沪深交易所下发关注函或采取监管措施的情形。

（四）证券市场服务情况

1. “扩大增量”，推动宁夏企业上市工作

2016 年，中国证监会发布了《关于发挥资本市场作用，服务国家脱贫攻坚战

略的意见》，对发展贫困地区资本市场提供有力支撑，为宁夏嘉泽新能源股份有限公司上市提供了有力契机。同时，为大力宣传证监会政策，扩大宁夏企业上市规模，宁夏证监局通过举办“宁夏企业 IPO 工作会议”，深入调研挖掘辖区 IPO 后备资源、持续开展 IPO 辅导备案等工作，为进一步推动辖区企业上市奠定了坚实的基础。

2. “改善存量”，着力提高上市公司质量

为做强宁夏资本市场，提高宁夏上市公司核心竞争力，推动宁夏上市公司并购重组工作，宁夏证监局组织召开了 2016 年宁夏上市公司并购重组座谈会。座谈会采取实地观摩、专题讲座、企业经验介绍、开放式座谈等形式向辖区 12 家上市公司全面介绍并购重组在改造传统产业、化解过剩产能中发挥的重要作用，取得了良好的效果。

3. 多措并举，提升投资者保护工作

一是联合全景网举办“宁夏上市公司 2016 年度业绩说明会暨投资者集体接待日”活动，促进上市公司与投资者的沟通交流，提升上市公司投资者关系管理能力和水平。二是向辖区上市公司下发专题通知，通报中国证券投资者保护基金公司对各家上市公司投保工作的评价情况，督导上市公司切实做好投资者保护工作。三是积极应对媒体质疑与市场传闻，让市场充分了解情况，减少误读误判。四是组织上市公司董监高培训，提高上市公司管理人员法制意识和合规运作能力。

审稿人：陈　玲　孔艳芬

撰稿人：刘燕强　李东升　弭杨囡

新疆地区

一、新疆国民经济发展概况

表 1　　2016 年新疆国民经济发展概况　　单位：亿元

指标	1～3 月		1～6 月		1～9 月		1～12 月	
	绝对量	同比增长（%）	绝对量	同比增长（%）	绝对量	同比增长（%）	绝对量	同比增长（%）
地区生产总值（GDP）	1546.16	6.90	3819.98	8.00	6717.79	7.90	9617.23	7.60
全社会固定资产投资	462.32	1.10	3635.24	7.40	7922.75	7.40	9983.86	-5.10
社会消费品零售总额	642.21	7.90	1296.20	8.30	1986.03	8.00	2825.90	8.40
规模以上工业增加值	480.09	3.20	1097.07	6.00	1737.44	4.40	2440.94	3.70
规模以上工业企业实现利润	32.60	-44.60	112.40	-31.80	216.90	-16.70	345.10	-4.80
居民消费价格指数（CPI）	1～3 月		1～6 月		1～9 月		1～12 月	
	1.30		1.20		1.10		1.40	

资料来源：国家统计局。

二、新疆上市公司总体情况

（一）公司数量

表 2　　2016 年新疆上市公司数量　　单位：家

公司总数	2016 年新增	股票类别			板块分布			
		仅 A 股	仅 B 股	（A+B）股	沪市主板	深市主板	中小板	创业板
47	4	47	0	0	26	6	12	3

资料来源：沪深交易所，同花顺。

（二）行业分布

表 3　　2016 年新疆上市公司行业分布情况

所属证监会行业类别	家数	占比（%）	所属证监会行业类别	家数	占比（%）
农、林、牧、渔业	5	10.64	金融业	1	2.13
采矿业	4	8.51	房地产业	0	0.00
制造业	23	48.94	租赁和商务服务业	1	2.13
电力、热力、燃气及水生产和供应业	4	8.51	科学研究和技术服务业	1	2.13
建筑业	2	4.26	水利、环境和公共设施管理业	0	0.00
批发和零售业	5	10.64	教育	0	0.00
交通运输、仓储和邮政业	1	2.13	卫生和社会工作	0	0.00
住宿和餐饮业	0	0.00	文化、体育和娱乐业	0	0.00
信息传输、软件和信息技术服务业	0	0.00	综合	0	0.00
合计	47	100.00			

资料来源：沪深交易所，同花顺。

（三）股本结构及规模

表 4　　2016 年新疆上市公司股本规模在 10 亿股以上公司分布情况

股本规模（亿股）	公司家数	具体公司
200≤～<500	1	申万宏源
50≤～<100	2	渤海金控，广汇能源
20≤～<50	5	中泰化学，金风科技，特变电工，*ST 天利，中粮屯河
10≤～<20	7	德展健康，西部建设，新研股份，中葡股份，同济堂，*ST 新亿，青松建化

资料来源：沪深交易所，同花顺。

表 5　　2016 年新疆上市公司分地区股权构成情况　　单位：家

股权性质 / 地域分布	央企国资控股	省属国资控股	地市国资控股	民营控股	其他	合计
乌鲁木齐市	5	4	5	12	3	29
克拉玛依市	0	0	1	2	0	3

续表

股权性质 地域分布	央企国资控股	省属国资控股	地市国资控股	民营控股	其他	合计
石河子市	0	0	3	0	0	3
库尔勒市	1	0	1	0	0	2
昌吉市	1	0	0	3	0	4
博乐市	0	0	1	0	0	1
阿克苏市	0	0	1	1	0	2
阿拉尔市	0	0	1	0	0	1
伊犁哈萨克自治州	0	0	1	0	0	1
塔城市	0	0	0	1	0	1
合计	7	4	14	19	3	47

注：中葡股份、金风科技、渤海金控计入“其他”类。

资料来源：新疆证监局，Wind 资讯。

（四）市值规模

截至 2016 年 12 月 31 日，新疆 47 家上市公司境内总市值 6251.87 亿元，占全国上市公司境内总市值的 1.23%；其中，上交所上市公司 26 家，总股本 295.73 亿股，境内总市值 2719.51 亿元，占上交所上市公司境内总市值的 0.95%；深交所上市公司 21 家，总股本 402.84 亿股，境内总市值 3532.36 亿元，占深交所上市公司境内总市值的 1.58%。

（五）资产规模

截至 2016 年 12 月 31 日，新疆 47 家上市公司合计总资产 10298.47 亿元，归属于母公司股东权益 2580.40 亿元，与 2015 年相比，分别增长 18.4%、26.13%；平均每股净资产 3.67 元。

三、新疆上市公司经营情况及变动分析

（一）总体经营情况

表 6　　2016 年新疆上市公司经营情况

指标	2016 年	2015 年	变动率（%）
家数	47	43	9.30
亏损家数	12	10	20.00
亏损家数比例（%）	25.53	23.26	2.27
平均每股收益（元）	0.27	0.3	-10.00

续表

指标	2016 年	2015 年	变动率（%）
平均每股净资产（元）	3.67	3.88	-5.41
平均净资产收益率（%）	7.36	7.67	-0.31
总资产（亿元）	10298.47	8697.71	18.40
归属于母公司股东权益（亿元）	2580.4	2045.82	26.13
营业收入（亿元）	2950.18	2215.42	33.17
利润总额（亿元）	241.7	235.78	2.51
归属于母公司所有者的净利润（亿元）	189.91	156.84	21.09

资料来源：沪深交易所，同花顺。

（二）分行业经营情况

表 7　　2016 年新疆上市公司分行业经营情况

所属行类	营业收入（亿元）	可比样本变动率（%）	归属于母公司所有者的净利润（亿元）	可比样本变动率（%）
农、林、牧、渔业	37.17	36.40	-8.26	-682.53
采矿业	59.59	-13.01	3.03	59.14
制造业	2081.98	-2.86	107.04	132.42
电力、热力、燃气及水生产和供应业	53.98	-0.25	6.01	-4.66
建筑业	97.21	2.35	-1.88	-389.71
批发和零售业	217.53	4.76	5.36	-34.48
交通运输、仓储和邮政业	5.50	12.91	0.35	8.27
住宿和餐饮业	0.00	-	0.00	-
信息传输、软件和信息技术服务业	0.00	-	0.00	-
金融业	147.20	-51.68	54.09	-55.50
房地产业	0.00	-	0.00	-
租赁和商务服务业	242.58	146.86	22.77	74.54
科学研究和技术服务业	7.45	-7.94	1.39	134.27
水利、环境和公共设施管理业	0.00	-	0.00	-
教育	0.00	-	0.00	-
卫生和社会工作	0.00	-	0.00	-
文化、体育和娱乐业	0.00	-	0.00	-
综合	0.00	-	0.00	-
合计	2950.18	-2.04	189.91	-1.54

资料来源：沪深交易所，同花顺。

（三）业绩变动情况分析

1. 营业收入、毛利率等变动原因分析

2016 年，新疆上市公司实现营业收入 2950.18 亿元，较 2015 年增长 33.17%；营业成本 2759.16 亿元，较 2015 年增长 36.11%；营业利润 213.52 亿元，较 2015 年增长 5.1%；利润总额 241.7 亿元，较 2015 年增长 2.51%；毛利率 6.47%，较 2015 年下降 2.03 个百分点。总体来看，营业成本增幅略大于营业收入增幅是毛利率下降的主要原因。

2. 盈利构成分析

从盈利构成来看，2016 年新疆上市公司利润来源主要是营业利润，占利润总额的比重为 88.34%，较 2015 年上升 2.19 个百分点；投资净收益为 61.97 亿元，占利润总额的比重为 25.64%，较 2015 年（35.57%）有所下降；公允价值变动净损益为 -10.62 亿元，占利润总额的比重为 4.39%；营业外收支净额为 28.18 亿元，占利润总额的比重为 11.66%，较 2015 年下降 2.14 个百分点。

3. 经营性现金流量分析

2016 年，新疆上市公司经营活动现金流净额为 -91.39 亿元，较 2015 年下降明显。47 家上市公司中，35 家公司经营性现金流净额为正，占比 74.47%，与 2015 年基本持平。其中，21 家上市公司经营性现金流呈增长态势，占比 44.68%。

4. 业绩特点分析

（1）整体业绩稳步增长，企业规模日益扩大。2016 年新疆上市公司营业收入和净利润总体增长明显，共实现营业收入 2950.18 亿元，净利润 189.91 亿元，较 2015 年均上涨明显。企业资产规模总体增长，截至 2016 年 12 月 31 日，新疆上市公司资产总额为 10298.47 亿元，较 2015 年同期增长 18.40%；归属于母公司股东权益总额为 2580.4 亿元，较 2015 年同期增长 26.13%。净资产收益率略微下降，由 2015 年的 7.67% 下降至 2016 年的 7.36%；每股收益 0.27 元，低于 2015 年的 0.3 元。

（2）民营控股企业业绩增速高于国资控股企业。2016 年，新疆国资控股上市公司共 25 家，民营控股上市公司共 19 家。其中国资控股上市公司共实现营业收入 1653.43 亿元，较 2015 年增长 40%；净利润 96.35 亿元，较 2015 年增长 11.43%；净资产收益率 6.97%，较 2015 年下降 1.06 个百分点；平均每股收益 0.23 元，较 2015 年下降 17.86%。民营控股上市公司共实现营业收入 787.57 亿元，较 2015 年增长 24.2%；净利润 40.63 亿元，较 2015 年增长 41.86%；净资产收益率 6.14%，较 2015 年增长 0.46 个百分点；平均每股收益 0.22 元，较 2015 年增长 4.76%。

（3）主板、中小板上市公司业绩稳步增长，创业板公司业绩变动较大。2016 年，新疆主板上市公司共实现营业收入 2167.15 亿元，较 2015 年增长 42.37%；净利润 132.04 亿元，较 2015 年增长 10.42%。中小板上市公司共实现营业收入 754.71 亿元，较 2015 年增长 12.52%；

净利润 57.28 亿元，较 2015 年增长 66.75%。创业板上市公司共实现营业收入 28.31 亿元，较 2015 年增长 25.93%；净利润 0.59 亿元，较 2015 年下降 79.49%。

5. 利润分配情况

表 8　　2016 年新疆上市公司现金分红情况

2016 年分红公司家数			2016 年分红金额		
家数	变动率（%）	分红公司家数占地区公司总数比重	金额（亿元）	变动率（%）	分红金额占归属于母公司所有者的净利润比重
28	40	59.57%	51.81	-1.05	27.28%

资料来源：新疆证监局，Wind 资讯。

四、新疆上市公司并购重组情况

（一）并购重组基本情况

2016 年，新疆共有 8 家上市公司完成重大资产重组，占辖区上市公司总数的 17.02%，共实现交易金额合计 711.54 亿元。具体包括：渤海金控现金支付购买爱尔兰飞机租赁公司 Avolon Holding Limited 资产，通过资产收购继续扩张企业规模；天山生物发行股份购买大股东呼图壁土地，整合自身技术、产业资源，努力打造境外引种、国内繁殖销售的肉牛全产业链模式；中泰化学通过收购下游富丽达纤维、金富纱业以及蓝天物流进一步完善自身产业链；新疆天业通过向大股东购买资产置入附加值较高的特种 PVC，使优质资源向上市公司集中；百花村将亏损严重、发展前景受限的煤炭、煤化工资产置出，置入成长性较好的医药研发服务业资产，成为新疆兵团首家以医药研发为主业的上市公司；啤酒花完成重大资产重组工作，主营业务由生产及销售转型为医药流通，公司更名为同济堂；天山纺织置出原有盈利能力较弱的毛纺织及矿业业务和资产，置入盈利能力较强、发展潜力巨大的优质资产嘉林药业，转型进入医药行业，公司更名为德展健康；天利高新将原有石化产品的生产和销售资产置出，置入石油相关工程建设业务，资产规模和盈利能力得到大幅提升，公司更名为中油工程。

（二）并购重组特点

2016 年，新疆上市公司并购重组较为活跃，并呈现如下特点：一是并购重组主要围绕产业整合、优化产业链以及置入优质资产实现产业转型展开。其中渤海金控、天山生物、中泰化学、新疆天业主要通过并购重组实现产业整合，扩大规模，降本增效。百花村、啤酒花、天山纺织及天利高新则通过并购重组实现了业务转型或产业升级，获得新的利润增长点。二是并购重组的支付方式主要采取现金或定向增发的模式。在 8 家已经完成并购重组的上市公司中，采用发行股份购买资产方式的有 7 家（其中借壳上市 2 家），以现金购买资产的 1 家。三是板块覆盖较为广泛，行业覆盖较为集中。完成并购重组的上市公司覆盖交易所各个板块，其中上交所主板4家，深交所主板2家，中小板1家，创业板1家。而从公司所处行业来看，则较为集中，其中制造业6家，租赁和商务服务业1家，农、林、牧、渔业1家。

五、新疆上市公司募集资金情况、使用情况

（一）募集资金总体情况

表9　　2016年新疆上市公司募集资金情况

发行类型	代码	简称	募集资金（亿元）
首发	603101	汇嘉时代	5.28
	002800	天顺股份	1.44
	603393	新天然气	10.66
	002828	贝肯能源	3.52
	小计		20.9
再融资（增发、配股）	600090	啤酒花	16.00
	600075	新疆天业	18.00
	002092	中泰化学	27.6
	300313	天山生物	0.4
	600721	百花村	11.98
	000813	天山纺织	15.09
	300106	西部牧业	3.96
	小计		93.03
其他融资（公司债券）	600509	天富能源	10.00
	000166	申万宏源	125.00
	小计		135.00
总计			248.93

资料来源：新疆证监局，Wind资讯。

（二）募集资金使用情况及特点

2016年，新疆辖区上市公司共募集资金248.93亿元。其中首发企业4家，募集资金共计20.9亿元；并购重组配套融资6家，募集金额89.07亿元；配股1家，募集金额3.96亿元。另有两家公司发行公司债，募集金额合计135亿元。2016年，新疆上市公司募集资金总额较2015年有所增长，募集资金所投项目共31个；募集资金中共使用资金总额187.03亿元，占2016年募集资金总额的

75.13%。募集资金使用具有以下特点：一是除金融类上市公司申万宏源外，新疆上市公司募集资金主要用于支付并购重组对价；二是受市场环境的影响，部分上市公司募投项目进展缓慢或处于停滞状态。

（三）募集资金变更情况

2016年，新疆上市公司中有4家变更募集资金使用项目，涉及项目数量5个，金额约5.53亿元，占4家公司募集资金总额的30.07%。变更募集资金的原因主要包括拟投资项目的实施客观环境和可行性发生变化，募投项目风险加大，投资收益可能无法实现等。上述募集资金变更均按规定履行了相关程序。

表10　　2016年新疆上市公司募集资金使用项目变更情况

变更募集资金使用项目的公司家数	涉及金额（亿元）	募集资金总额（亿元）	占公司募集资金总额的比例（%）
4	5.53	18.39	30.07

资料来源：新疆证监局，Wind资讯。

六、新疆上市公司规范运作情况

（一）上市公司治理专项情况

2016年，新疆证监局进一步加强对辖区上市公司的监管，新疆上市公司在内部控制建设等方面日益完善，整体公司治理水平进一步提高。一是公司内部控制工作稳步实施，其中47家公司中的41家披露了内部控制自我评价报告及审计报告，33家公司由注册会计师出具了内部控制鉴证报告。二是公司现金分红持续推进。2016年新疆28家上市公司发布利润分配预案，占35家盈利上市公司中的80%，其中现金分红金额达51.81亿元，与2015年基本持平，在整体经济仍处转型调整的背景下尤其不易。三是持续督导公司“三会”及关联交易等规范运作。新疆证监局在本年度日常监管及现场检查过程中，将公司“三会”运作及关联交易等治理情况作为重点检查内容，通过约谈公司董事长、董事会秘书等有关负责人，日常电话或函件询问，实施监管措施等方式，持续关注公司治理等方面的潜在风险和问题，督促新疆上市公司不断完善内部治理，持续稳定健康发展。

（二）审计情况及监管情况

在2016年年报审计工作中，共有15家会计师事务所为新疆上市公司提供审计服务。新疆证监局持续跟踪年报审计进程，对辖区内执业的审计与评估机构开展专项检查7家次、重组核查延伸调阅检查审计工作底稿3家次，下发审计提示函4份，IPO辅导验收调阅审计底稿7家次，约谈或沟通34家次，拟下发行政监管措施2家。在审计监管工作中，新疆证监局一是聚焦风险变化，动态调整年报审计监管风险分类。二是持续跟踪高风险公司动态，及时作出监管安排。约谈高风险公司会计师，提示其充分关注有关风险事项，严格控制审计质量，审慎发表审计意见；约谈公司高管，督促其配合会计师做好审计相关工作，按时保质披露年报。三是深化年报事后审核工作，施加监管压力。继续坚持年报审核全覆盖，对辖区上市公司2016年年报进行全面审核，并有针对性地出具年报审核意见14份，提出反馈意见近200条。四是加强现场监管力度，提升监管威慑力。以风险和问题为导向，坚持将上市公司监管与年报审计监管相结合，在现场检查中根据上市公司存在的风险和问题延伸检查会计师事务所，进一步提高监管针对性，提升现场检查效率。

（三）信息披露情况

2016年，新疆上市公司信息披露质量不断提高，辖区上市公司全部在规定时间内披露了2016年年报，其中4家公司审计报告被出具非标准审计意见。针对上市公司信息披露情况，新疆证监局一方面强化对风险公司信息披露的事后审核；关注风险公司对有关重要信息披露的及时性、准确性，重点关注非正常长期停工、定期报告业绩预告等事项，并根据情况向高风险公司下发监管关注函。另一方面，通过现场检查，强化风险公司的信息披露监管；重点强化非经常性损益影响较大的上市公司年报的现场检查，以及重组、增发事项的现场检查。

（四）证券市场服务情况

1. 多举措服务上市公司，发挥资本市场带动作用

2016年，受传统行业产能过剩及大宗商品价格下跌等不利因素的影响，传统行业上市公司业绩承压，经营风险不断加大，部分上市公司新旧动能转换乏力，结构性问题突出。为切实了解辖区公司发展情况及主要问题，新疆证监局一是选取典型企业进行集中走访，围绕上市公司发展中面临的突出问题，与企业进行面对面地沟通和交流。二是通过座谈和现场调研等形式，深入了解公司治理情况。三是在调研基础上进行总结分析，查找公司问题，厘清监管思路，研判潜在风险。同时，着力督促上市公司高管提升职业能力和水平。一是对上市公司新任董监高进行集体诫勉谈话，系统讲述包括公司治理、内幕交易和董监高人员买卖股票等方面的法律法规以及新近出台的政策。二是坚持不懈地举办各类培训，做好宣传培训工作，进一步提高董监高切实依法履职能力。三是充分利用各类会议、培训机会，及时通报信息披露监管、再融资监管、并购重组“回头看”中发现的各种问题，促进上市公司提升信息披露质量及规范运作水平。

2. 持续做好上市公司投资者合法权益保护工作

2016年，为推动辖区上市公司进一步做好投资者关系管理工作，加强与广大投资者的沟通联系，切实保护投资者知情权，新疆证监局联合中国上市公司协会以及沪深交易所组织了“新疆上市公司投资者网上集体接待日”等多种活动。联合上市公司协会以及交易所，帮助70余

名中小投资者代表走入上市公司，与公司董秘、财务总监就公司业绩、股价表现、竞争优势、可持续发展能力等问题面对面交流。同时，积极应对投诉举报，切实保护投资者合法权益。2016 年，新疆证监局共接待电话、信件及走访等形式的信访投诉 360 余件。对此，新疆证监局均及时响应，认真核查，并针对重大问题适时开展现场检查，及时将核查结果告知投诉人，给投资者以满意答复。

审稿人：栾伟华

撰稿人：张雅婧

深圳地区

一、深圳国民经济发展概况

表 1　　2016 年深圳国民经济发展概况　　单位：亿元

指标	1~3月		1~6月		1~9月		1~12月	
	绝对量	同比增长（%）	绝对量	同比增长（%）	绝对量	同比增长（%）	绝对量	同比增长（%）
地区生产总值（GDP）	3887.90	8.40	8608.88	8.60	13768.36	8.70	19492.60	9.00
全社会固定资产投资	568.00	23.40	1609.55	24.30	2670.26	20.80	4078.16	23.60
社会消费品零售总额	1193.51	8.80	2536.28	8.10	3979.10	7.80	5512.76	8.10
规模以上工业增加值	1479.18	7.60	3138.20	7.50	4986.52	6.60	7199.47	7.00
规模以上工业企业实现利润	–	–	–	–	–	–	–	–
居民消费价格指数（CPI）	1~3月		1~6月		1~9月		1~12月	
	3.00		2.60		2.40		2.40	

资料来源：国家统计局。

二、深圳上市公司总体情况

（一）公司数量

表 2　　2016 年深圳上市公司数量　　单位：家

公司总数	2016 年新增	股票类别			板块分布			
		仅 A 股	仅 B 股	（A+B）股	沪市主板	深市主板	中小板	创业板
233	31	215	1	17	17	60	94	62

资料来源：沪深交易所，同花顺。

（二）行业分布

表 3　　2016 年深圳上市公司行业分布情况

所属证监会行业类别	家数	占比（%）	所属证监会行业类别	家数	占比（%）
农、林、牧、渔业	0	0.00	金融业	7	3.00
采矿业	0	0.00	房地产业	16	6.87
制造业	131	56.22	租赁和商务服务业	9	3.86
电力、热力、燃气及水生产和供应业	3	1.29	科学研究和技术服务业	1	0.43
建筑业	16	6.87	水利、环境和公共设施管理业	2	0.86
批发和零售业	13	5.58	教育	0	0.00
交通运输、仓储和邮政业	8	3.43	卫生和社会工作	0	0.00
住宿和餐饮业	2	0.86	文化、体育和娱乐业	0	0.00
信息传输、软件和信息技术服务业	24	10.30	综合	1	0.43
合计	233	100.00			

资料来源：沪深交易所，同花顺。

（三）股本结构及规模

表 4　　2016 年深圳上市公司股本规模在 10 亿股以上公司分布情况

股本规模（亿股）	公司家数	具体公司
200≤～<500	1	招商银行
100≤～<200	4	平安银行，万科 A，中信证券，中国平安
50≤～<100	5	华侨城 A，招商蛇口，国信证券，招商证券，广深铁路
20≤～<50	19	中国宝安，南玻 A，深康佳 A，深圳能源，中集集团，中金岭南，中兴通讯，海王生物，深圳机场，怡亚通，世联行，格林美，立讯精密，比亚迪，第一创业，香江控股，金地集团，深高速，深圳燃气
10≤～<20	40	世纪星源，深振业 A，神州长城，深科技，深深房 A，中粮地产，华联控股，东旭蓝天，深天马 A，皇庭国际，农产品，长城电脑，华控赛格，盐田港，天健集团，大族激光，宝鹰股份，科陆电子，劲嘉股份，兆新股份，信立泰，美盈森，南山控股，洪涛股份，海普瑞，爱施德，达实智能，兆驰股份，兴森科技，欧菲光，广田集团，英飞拓，海能达，奋达科技，汇川技术，英唐智控，铁汉生态，欣旺达，健康元，长园集团

资料来源：沪深交易所，同花顺。

表 5　　2016 年深圳上市公司分地区股权构成情况　　单位：家

股权性质 地域分布	央企国资控股	省属国资控股	地市国资控股	民营控股	其他	合计
深圳市	24	1	22	169	17	233

资料来源：深圳证监局。

（四）市值规模

截至 2016 年 12 月 31 日，深圳 233 家上市公司境内总市值 43631.22 亿元，占全国上市公司境内总市值的 8.58%；其中，上交所上市公司 17 家，总股本 690.89 亿股，境内总市值 12670.80 亿元，占上交所上市公司境内总市值的 4.44%；深交所上市公司 216 家，总股本 2046.58 亿股，境内总市值 30960.42 亿元，占深交所上市公司境内总市值的 13.88%。

（五）资产规模

截至 2016 年 12 月 31 日，深圳 233 家上市公司合计总资产 187538.46 亿元，归属于母公司股东权益 22330.92 亿元，与 2015 年相比，分别增长 13.84%、18.38%；平均每股净资产 7.54 元。

三、深圳上市公司经营情况及变动分析

（一）总体经营情况

表 6　　2016 年深圳上市公司经营情况

指标	2016 年	2015 年	变动率（%）
家数	233	202	15.35
亏损家数	8	17	-52.94
亏损家数比例（%）	3.43	8.42	-4.99
平均每股收益（元）	0.9	1	-10.00
平均每股净资产（元）	7.54	7.47	0.94
平均净资产收益率（%）	11.96	13.36	-1.40
总资产（亿元）	187538.46	164731.69	13.84
归属于母公司股东权益（亿元）	22330.92	18863.33	18.38
营业收入（亿元）	26796.4	23146.92	15.77
利润总额（亿元）	3838.92	3718.02	3.25
归属于母公司所有者的净利润（亿元）	2671.61	2520.68	5.99

资料来源：沪深交易所，同花顺。

（二）分行业经营情况

表 7　　2016 年深圳上市公司分行业经营情况

所属行类	营业收入（亿元）	可比样本变动率（%）	归属于母公司所有者的净利润（亿元）	可比样本变动率（%）
农、林、牧、渔业	0.00	-	0.00	-
采矿业	0.00	-	0.00	-
制造业	6726.68	11.32	282.55	8.39
电力、热力、燃气及水生产和供应业	214.01	4.69	34.26	88.70
建筑业	556.22	11.93	31.78	24.47
批发和零售业	1845.48	33.83	36.41	27.77
交通运输、仓储和邮政业	295.83	9.83	39.94	-10.35
住宿和餐饮业	1.54	-28.93	0.84	-0.10
信息传输、软件和信息技术服务业	270.95	25.35	24.90	16.86
金融业	10936.67	6.07	1679.61	-6.40
房地产业	4233.50	30.14	431.22	44.33
租赁和商务服务业	1274.87	29.02	36.78	111.88
科学研究和技术服务业	16.52	28.30	1.02	-43.77
水利、环境和公共设施管理业	359.63	11.27	69.97	52.59
教育	0.00	-	0.00	-
卫生和社会工作	0.00	-	0.00	-
文化、体育和娱乐业	0.00	-	0.00	-
综合	64.50	31.75	2.33	-68.90
合计	26796.40	13.80	2671.61	4.15

资料来源：沪深交易所，同花顺。

（三）业绩变动情况分析

1. 营业收入、毛利率等变动原因分析

深圳辖区 233 家公司 2016 年实现营业收入 2.68 万亿元，实现归属于上市公司股东的净利润（以下简称“净利润”）2671.61 亿元，同比增速分别为 15.77%、5.99%，其中金融业业绩增幅下降，但实体经济增长强劲，反映出深圳上市公司出现“脱虚向实”转变的新动向。

2016 年，非金融房地产业毛利率为 20.74%，制造业提升较为明显，由 2014 年的 21.21% 升至 23.73%，连续五年逐年提升。融资贵的问题有一定程度的缓解，非金融房地产业财务费用占营业收入的比例由 2014 年的 1.40% 下降至 2016 年的 1.04%，制造业更由 1.36% 下降至 0.75%。营改增对降成本产生了积极影响，以非金融房地产业为例，营业税金及附加占营业收入的比例由 2014 年的 1.60% 下降至 2016 年的 1.30%。

2. 盈利构成分析

从盈利构成来看，2016 年深圳上市公司利润来源主要是营业利润，占利润总额的比重为 97.31%，比 2015 年提升了 1.01 个百分点；而营业外收支净利润占总额的比重为 2.97%，比 2015 年降低了 0.73 个百分点。在营业利润中，投资净收益占总额的比重为44.90%，较2015 年降低了 9.42 个百分点；公允价值变动净收益占利润总额的比重为 0.37%。

3. 经营性现金流量分析

2016 年，深圳上市公司经营活动现金流量净额 1446.92 亿元，其中，扣除金融、房地产业其他上市公司的经营活动现金流量净额为 468.55 亿元，较 2015 年下降 6.66%。

4. 业绩特点分析

2016 年深圳上市公司业绩呈现几个特点：一是实体经济活力增强，“脱虚向实”取得明显进展。深圳辖区 233 家公司 2016 年实现营业收入 2.68 万亿元，实现归属于上市公司股东的净利润（以下简称“净利润”）2671.61 亿元，同比增速分别为 15.77%、5.99%，其中金融业业绩增幅下降，但实体经济增长强劲，反映出深圳上市公司出现“脱虚向实”转变的新动向。二是实体经济增长可持续强。2016 年辖区非金融业营业收入、净利润增幅显著高于全国平均 8.29% 和 22.07% 的增速。三是金融业净利润出现一定程度回调，但营业收入增幅仍高于全国金融业平均水平。受 2015 年高基数影响，辖区 7 家金融业公司 2016 年营业收入、净利润分别为 1.09 万亿元、1679.61 亿元，增幅分别为 6.07%、-6.40%。同期，全国金融业营业收入、净利润同比增幅分别为 0.13%、-4.98%。四是产业转型升级取得突破，发展质量优化。2016 年，辖区 89 家战略新兴产业类公司实现净利润 355.31 亿元，占非金融房地产业净利润总额的比例为 61.15%，净利润贡献较上年提升超过 10 个百分点，近三年净利润同比增幅分别为 13.96%、23.71%、43.25%，呈逐年提高趋势。五是大步迈进“走出去”，海外市场拓展进入新阶段。2016 年，辖区非金融房地产业中 147 家公司涉及海外业务，实现海外销售收入 2412.01 亿元，占辖区非金融房地产业营业收入的比例超过 20%，其中 39 家海外销售收入占比超过 40%，6 家占比超过 80%，最高的为 92.83%。

5. 利润分配情况

表 8　2016 年深圳上市公司现金分红情况

2016 年分红公司家数			2016 年分红金额		
家数	变动率（%）	分红公司家数占地区公司总数比重	金额（亿元）	变动率（%）	分红金额占归属于母公司所有者的净利润比重
193	15.57	82.83%	765.42	5.46	28.65%

资料来源：深圳证监局。

四、深圳上市公司并购重组情况

（一）并购重组基本情况

2016年，深圳上市公司共发生重大资产并购重组17宗，完成9宗，失败8宗，其中发生借壳式重组1宗，完成1宗。9宗完成的重大资产重组分别是：

（1）深圳万润科技股份有限公司以发行股份及支付现金收购鼎盛意轩和亿万无线各100%股权；

（2）深圳市天威视讯股份有限公司收购宜和股份60%股权；

（3）神州数码集团股份有限公司出售部分公司股权；

（4）神州数码集团股份有限公司收购神码中国100%的股权、神码上海100%的股权和神码广州100%的股权；

（5）深圳大通实业股份有限公司发行股份及支付现金收购两广告公司100%股权；

（6）深圳市联建光电股份有限公司发行股份及支付现金收购四家标的公司；

（7）深圳市金证科技股份有限公司收购联龙博通100%股权；

（8）深圳珈伟光伏照明股份有限公司发行股份收购国源电力100%股权；

（9）深圳市奥拓电子股份有限公司定增收购千百辉100%股权。

（二）并购重组特点

2016年，深圳上市公司的重大资产重组较2015年29宗有所下降。重大资产重组全部为民营公司，反映深圳地区民营控股企业并购重组的活跃度更高的现状。从并购类型上来看，5宗为行业整合式重组，1宗为整体上市，1宗为借壳上市，1宗为业务转型，1宗为资产调整，整合效益明显。

五、深圳上市公司募集资金情况、使用情况

（一）募集资金总体情况

表9　　2016年深圳上市公司募集资金情况

发行类型	代码	简称	募集资金（亿元）
首发	002789. SZ	建艺集团	4. 57
	300484. SZ	蓝海华腾	2. 44
	300506. SZ	名家汇	2. 57
	002797. SZ	第一创业	23. 30
	300518. SZ	盛讯达	5. 19
	300531. SZ	优博讯	2. 67
	300532. SZ	今天国际	3. 43
	300533. SZ	冰川网络	9. 26

续表

发行类型	代码	简称	募集资金（亿元）
首发	300538. SZ	同益股份	2. 22
	002811. SZ	亚泰国际	6. 30
	300543. SZ	朗科智能	3. 38
	300545. SZ	联得装备	2. 41
	300546. SZ	雄帝科技	2. 73
	002813. SZ	路畅科技	2. 07
	002815. SZ	崇达技术	8. 16
	603160. SH	汇顶科技	8. 74
	002816. SZ	和科达	2. 07
	300556. SZ	丝路视觉	1. 54
	300565. SZ	科信技术	3. 51
	002823. SZ	凯中精密	4. 94
	002822. SZ	中装建设	7. 67
	300568. SZ	星源材质	6. 50
	300570. SZ	太辰光	6. 58
	300572. SZ	安车检测	2. 30
	002830. SZ	名雕股份	2. 76
	002831. SZ	裕同科技	14. 71
	300576. SZ	容大感光	1. 65
	002835. SZ	同为股份	3. 33
	002837. SZ	英维克	3. 60
	小计		150. 60
再融资（增发、配股）	002740. SZ	爱迪尔	4. 06
	002416. SZ	爱施德	4. 00
	002587. SZ	奥拓电子	2. 25
	002170. SZ	芭田股份	1. 60
	002594. SZ	比亚迪	144. 73
	300134. SZ	大富科技	35. 13
	000040. SZ	东旭蓝天	95. 00
	000055. SZ	方大集团	4. 70
	603118. SH	共进股份	15. 95
	000028. SZ	国药一致	35. 04

续表

发行类型	代码	简称	募集资金（亿元）
再融资（增发、配股）	002583. SZ	海能达	21. 09
	000078. SZ	海王生物	30. 00
	300199. SZ	翰宇药业	6. 60
	300012. SZ	华测检测	9. 20
	300317. SZ	珈伟股份	19. 05
	002609. SZ	捷顺科技	10. 00
	300252. SZ	金信诺	12. 00
	002475. SZ	立讯精密	46. 00
	300269. SZ	联建光电	24. 38
	002137. SZ	麦达数字	5. 76
	300319. SZ	麦捷科技	8. 50
	002303. SZ	美盈森	14. 08
	002456. SZ	欧菲光	13. 67
	300241. SZ	瑞丰光电	3. 06
	002620. SZ	瑞和股份	8. 50
	002551. SZ	尚荣医疗	2. 00
	000038. SZ	深大通	27. 50
	000034. SZ	神州数码	22. 00
	000555. SZ	神州信息	11. 52
	300047. SZ	天源迪科	4. 50
	300197. SZ	铁汉生态	15. 21
	002139. SZ	拓邦股份	5. 97
	002654. SZ	万润科技	7. 60
	002130. SZ	沃尔核材	8. 20
	600162. SH	香江控股	16. 50
	002341. SZ	新纶科技	18. 00
	002733. SZ	雄韬股份	9. 35
	002528. SZ	英飞拓	7. 52
	300377. SZ	赢时胜	20. 86
	300301. SZ	长方集团	7. 60
	002429. SZ	兆驰股份	25. 71
	002256. SZ	兆新股份	15. 29

续表

发行类型	代码	简称	募集资金（亿元）
再融资（增发、配股）	002197. SZ	证通电子	15. 12
	300232. SZ	洲明科技	3. 29
	小计		818. 09
其他融资（公司债券、短期融资券、中期票据、次级债、金融债、境外发行债券）	002170. SZ	芭田股份	6. 00
	002594. SZ	比亚迪	6. 00
	002797. SZ	第一创业	56. 00
	002210. SZ	飞马国际	5. 00
	002681. SZ	奋达科技	4. 00
	002340. SZ	格林美	26. 00
	002482. SZ	广田集团	10. 00
	002736. SZ	国信证券	60. 00
	000069. SZ	华侨城 A	35. 00
	600380. SH	健康元	13. 00
	600383. SH	金地集团	78. 00
	002121. SZ	科陆电子	5. 00
	002475. SZ	立讯精密	5. 00
	000012. SZ	南玻 A	56. 00
	000001. SZ	平安银行	7355. 26
	000022. SZ	深赤湾 A	8. 50
	600548. SH	深高速	3. 00
	000027. SZ	深圳能源	30. 00
	601139. SH	深圳燃气	35. 00
	000555. SZ	神州信息	2. 00
	300047. SZ	天源迪科	2. 00
	300197. SZ	铁汉生态	8. 00
	000002. SZ	万科 A	30. 00
	002130. SZ	沃尔核材	3. 00
	300130. SZ	新国都	4. 00
	002341. SZ	新纶科技	3. 00
	000088. SZ	盐田港	3. 00
	002183. SZ	怡亚通	26. 60
	002831. SZ	裕同科技	8. 00

续表

发行类型	代码	简称	募集资金（亿元）
其他融资（公司债券、短期融资券、中期票据、次级债、金融债、境外发行债券）	600525. SH	长园集团	12. 00
	600999. SH	招商证券	10. 00
	000009. SZ	中国宝安	10. 00
	000043. SZ	中航地产	15. 00
	600030. SH	中信证券	480. 00
	小计		8413. 36
总计			9382. 05

资料来源：深圳证监局。

（二）募集资金使用情况及特点

2016 年，29 家公司通过 IPO 募集资金 150. 60 亿元；79 家公司通过增发、配股及其他融资方式等项目共筹 9231. 45 亿元。与 2015 年相比，2016 年新增 IPO 融资项目 16 家，再融资减少 2 家。IPO 及再融资共有募集资金项目 80 个（公司债、短期融资券、中期票据等募集金无指定使用项目故未统计）。

（三）募集资金变更情况

2016 年，深圳有 6 家上市公司变更募集资金投向，涉及额 23. 05 亿元。相对于 2015 年，变更家数减少 1 家，涉及金额增加 17. 60 亿元。变更募集资金新投 9 个项目，其中 1 个项目用于收购或者并购，1 个项目用于设立合资公司，1 个项目用于补充流动资金，1 个项目改变主投产业，另外 5 个项目与上市公司主营业务相关。

表 10　　2016 年深圳上市公司募集资金使用项目变更情况

变更募集资金使用项目的公司家数	涉及金额（亿元）	募集资金总额（亿元）	占公司募集资金总额的比例（%）
6	23. 05	73. 93	31. 18

资料来源：深圳证监局。

六、深圳上市公司规范运作情况

（一）上市公司治理专项情况

2016 年，深圳证监局深入开展公众公司治理范例调研，联合深圳上市公司协会、北京大学法学院，遴选了辖区 9 家覆盖主要行业、不同层次规模和不同所有制背景的典型公司，总结了 9 个典型治理案例，以此为基础形成了《深圳上市公司治理典型案例调研报告》和《深圳上市公司治理参考范例（36 条）》，相关调研成果在《中国证券报》专栏刊载，并在《比较》杂志举办的公司治理座谈会上做主题交流。

2016年，深圳证监局在对监管档案提炼基础上建立持续记载每一家上市公司关键信息的“监管脸谱”，充分反映相关公司历史沿革、监管情况、诚信记录、规范运作情况以及重大风险事项的“监管脸谱”，已完成233家上市公司的监管脸谱填报工作。自2016年起，深圳证监局全面公开与上市公司相关的行政监管措施文书，进一步丰富和完善“一站式、全方位、体系化”的上市公司监管信息公开机制。截至2016年12月底，深圳证监局“上市公司监管信息专栏”已累计发布监管法规130余篇、监管案例8篇、行政监管措施21份、行政处罚文书30份。

（二）审计情况及监管情况

2016年，深圳证监局根据辖区上市公司的风险状况及日常监管掌握到的公司存在的重大事项，确定了2016年年报审计监管15家重点公司，约谈相关年审会计师，积极督促会计师事务所尽职履责。同时，深圳证监局继续深化对辖区上市公司日常监管的风险分类管理，调整了辖区208家公司的风险分类情况，调高风险级别的公司有21家，调低风险级别的公司有10家。

（三）信息披露情况

2016年，深圳证监局大力推进投资者保护“蓝天行动”，充分调动发挥上市公司的主体作用，推动辖区上市公司全面落实投资者保护要求。2016年，深圳证监局积极鼓励辖区上市公司建立“信息披露委员会”等提高公司信息披露质量的机制，累计23家上市公司建立了信息披露委员会或类似机制；此外，深圳证监局积极推动31家上市公司单独披露了投资者保护工作报告，涵盖现金分红、承诺履行、投资者接待、投资者保护特色等方面的内容。

（四）证券市场服务情况

2016年，深圳证监局针对上市公司收购与反收购案例开展调研，结合控制权之争过程中的现实问题，对“举牌”披露、借助资管计划参与举牌、一致行动人认定等诸多新情况、新问题进行深入研究，分别形成针对性的工作报告及工作建议。

审稿人：郑坤山　訾　磊

撰稿人：吕　哲

大连地区

一、大连国民经济发展概况

表 1　　2016 年大连国民经济发展概况　　单位：亿元

指标	1～3月		1～6月		1～9月		1～12月	
	绝对量	同比增长（%）	绝对量	同比增长（%）	绝对量	同比增长（%）	绝对量	同比增长（%）
地区生产总值（GDP）	1495.50	4.30	3633.80	5.00	5881.20	5.80	8150.00	7.00
全社会固定资产投资	338.90	-22.60	1010.50	-64.20	1344.60	-68.70	1436.40	-68.50
社会消费品零售总额	763.20	9.30	1571.90	9.80	2471.90	10.10	3410.10	10.40
规模以上工业增加值	-	3.10	-	5.50	-	6.60	-	7.60
规模以上工业企业实现利润	-	-	-	-	-	-	-	-
居民消费价格指数（CPI）	1～3月		1～6月		1～9月		1～12月	
	1.80		1.90		1.90		1.90	

资料来源：国家统计局。

二、大连上市公司总体情况

（一）公司数量

表 2　　2016 年大连上市公司数量　　单位：家

公司总数	2016 年新增	股票类别			板块分布			
		仅 A 股	仅 B 股	(A+B) 股	沪市主板	深市主板	中小板	创业板
28	0	25	2	1	14	5	7	2

资料来源：沪深交易所，同花顺。

（二）行业分布

表 3　　2016 年大连上市公司行业分布情况

所属证监会行业类别	家数	占比（%）	所属证监会行业类别	家数	占比（%）
农、林、牧、渔业	2	7.14	金融业	0	0.00
采矿业	0	0.00	房地产业	1	3.57
制造业	10	35.71	租赁和商务服务业	0	0.00
电力、热力、燃气及水生产和供应业	2	7.14	科学研究和技术服务业	1	3.57
建筑业	0	0.00	水利、环境和公共设施管理业	1	3.57
批发和零售业	6	21.43	教育	0	0.00
交通运输、仓储和邮政业	3	10.71	卫生和社会工作	0	0.00
住宿和餐饮业	0	0.00	文化、体育和娱乐业	0	0.00
信息传输、软件和信息技术服务业	1	3.57	综合	1	3.57
合计	28	100.00			

资料来源：沪深交易所，同花顺。

（三）股本结构及规模

表 4　　2016 年大连上市公司股本规模在 10 亿股以上公司分布情况

股本规模（亿股）	公司家数	具体公司
100≤～＜200	2	国电电力，大连港
50≤～＜100	1	广汇汽车
20≤～＜50	2	圆通速递，恒力股份
10≤～＜20	5	海航投资，大连重工，铁龙物流，辽宁成大，大连控股

资料来源：沪深交易所，同花顺。

表 5　　2016 年大连上市公司分地区股权构成情况　　单位：家

股权性质 / 地域分布	央企国资控股	省属国资控股	地市国资控股	民营控股	其他	合计
大连市	2	2	6	15	3	28

资料来源：大连证监局。

（四）市值规模

截至2016年12月31日，大连28家上市公司境内总市值4087.25亿元，占全国上市公司境内总市值的0.80%；其中，上交所上市公司14家，总股本443.15亿股，境内总市值3001.25亿元，占上交所上市公司境内总市值的1.05%；深交所上市公司14家，总股本79.97亿股，境内总市值1086.01亿元，占深交所上市公司境内总市值的0.49%。

（五）资产规模

截至2016年12月31日，大连28家上市公司合计总资产5921.09亿元，归属于母公司股东权益1804.01亿元，与2015年相比，分别增长20.36%、19.06%；平均每股净资产3.12元。

三、大连上市公司经营情况及变动分析

（一）总体经营情况

表6　　2016年大连上市公司经营情况

指标	2016年	2015年	变动率（%）
家数	28	28	0.00
亏损家数	5	7	-28.57
亏损家数比例（%）	17.86	25	-7.14
平均每股收益（元）	0.24	0.19	26.32
平均每股净资产（元）	3.12	3.52	-11.36
平均净资产收益率（%）	7.65	5.29	2.36
总资产（亿元）	5921.09	4919.47	20.36
归属于母公司股东权益（亿元）	1804.01	1515.16	19.06
营业收入（亿元）	3158.69	2352.47	34.27
利润总额（亿元）	211.41	148.65	42.22
归属于母公司所有者的净利润（亿元）	137.97	80.21	72.01

资料来源：沪深交易所，同花顺。

（二）分行业经营情况

表7　　2016年大连上市公司分行业经营情况

所属行类	营业收入（亿元）	可比样本变动率（%）	归属于母公司所有者的净利润（亿元）	可比样本变动率（%）
农、林、牧、渔业	38.34	15.96	3.75	6495.78
采矿业	0.00	-	0.00	-
制造业	340.54	1.82	17.32	80.28

续表

所属行类	营业收入（亿元）	可比样本变动率（%）	归属于母公司所有者的净利润（亿元）	可比样本变动率（%）
电力、热力、燃气及水生产和供应业	591.23	2.96	47.41	5.28
建筑业	0.00	–	0.00	–
批发和零售业	1774.49	26.90	44.10	51.43
交通运输、仓储和邮政业	359.45	31.67	21.45	44.62
住宿和餐饮业	0.00	–	0.00	–
信息传输、软件和信息技术服务业	16.75	78.02	5.47	50.99
金融业	0.00	–	0.00	–
房地产业	2.87	–76.72	–4.35	–296.20
租赁和商务服务业	0.00	–	0.00	–
科学研究和技术服务业	1.63	–56.57	–0.62	–875.42
水利、环境和公共设施管理业	3.17	3.88	0.34	–21.96
教育	0.00	–	0.00	–
卫生和社会工作	0.00	–	0.00	–
文化、体育和娱乐业	0.00	–	0.00	–
综合	30.23	41.48	3.12	27.10
合计	3158.69	18.62	137.97	28.41

资料来源：沪深交易所，同花顺。

（三）业绩变动情况分析

1. 营业收入、毛利率等变动原因分析

2016年度，大连地区上市公司营业收入总计3158.69亿元，较2015年增加806.22亿元，增幅34.27%。主要由广汇汽车、恒力股份、圆通速递贡献。其中恒力股份和圆通速递分别在2016年度通过借壳辖区大橡塑和大杨创世实现上市，经过重大资产重组为大连地区上市公司注入盈利能力更好的资产，有利于民营企业借助资本市场平台实现跨越式发展。

2. 盈利构成分析

2016年度，大连地区上市公司利润总额211.41亿元，较2015年增长62.76亿元，增幅42.22%，归属母公司的净利润为137.97亿元，较2015年增长57.76亿元，增长72.01%。收入及净利润增长较高的公司分别为中广核技、恒力股份、圆通速递、广汇汽车和辽宁成大，净利润分别增长15.79亿元、13.95亿元、13.02亿元、9.24亿元、5.95亿元。净利润较高的公司分别为国电电力、广汇汽车、圆通速递、恒力股份、辽宁成大、大商股份、大连港、天神娱乐、壹桥股份、中广核技，净利润分别为70.19亿元、30.43亿元、13.72亿元、11.45亿元、10.70亿元、6.53亿元、6.13亿元、5.46亿元、3.26亿元和3.16亿元。2016年度有5家上市公司亏损，较2015年减少两家，其中大连控股、大化B因连续两年亏损被实施特别风险警示。

3. 经营性现金流量分析

2016年大连地区上市公司筹资活动现金流入明显增加。2016年各上市公司现金流量净增加额为108.24亿元，较2015年增加84.64亿元，增幅359%，广汇汽车、中广核技、大连港、大连友谊、圆通速递现金流增长分别为58.52亿元、36.11亿元、31.65亿元、15.24亿元、10.74亿元，主要系重组公司现金流增加所致。各上市公司经营活动现金流量362.20亿元，较2015年增长6.75亿元，增幅2%；投资活动现金净支出419.48亿元，较2015年净增加支出93.22亿元，增幅29%，其中广汇汽车投资支出增加87.14亿元，辽宁成大投资支出增加41.44亿元，圆通速递投资支出增加37.89亿元。筹资活动现金净流入157.34亿元，较2015年增加160.97亿元，主要系并购重组及再融资形成。

4. 业绩特点分析

大连地区上市公司2016年资产规模不断扩大，盈利能力上升。一是重组公司资产注入。恒力股份资产增加168.02亿元，圆通速递资产增加96.45亿元，中广核技资产增加61.70亿元。二是公司开展收购、投资等业务。广汇汽车资产增加361.48亿元系公司加强对外开展同业收购业务所致，国电电力资产增加210亿元系公司投资增加。净资产增加原因：一是利润增加164.14亿元，为常规增量；二是资本运作形成的增量，其中商誉系主要组成部分，2014年、2015年、2016年商誉余额分别为7.35亿元、130.15亿元、234.42亿元，2016年商誉增加额占净资产增加额的28.65%。

5. 利润分配情况

表8　　2016年大连上市公司现金分红情况

2016年分红公司家数			2016年分红金额		
家数	变动率（%）	分红公司家数占地区公司总数比重	金额（亿元）	变动率（%）	分红金额占归属于母公司所有者的净利润比重
21	5	75%	50.53	59.96	36.62%

资料来源：大连证监局。

四、大连上市公司并购重组情况

（一）并购重组基本情况

2016年，大连地区上市公司并购重组继续保持活跃态势，多家公司通过借壳或收购改善公司经营现状、谋求转型升级发展，经营运行稳中求进，规模逐步增长，取得了新的进步。

（二）并购重组特点

2016年，大连地区有11家上市公司启动或完成并购重组、再融资等工作，披露涉及金额356.6亿元。其中恒力段份和圆通速递两家民营企业实现借壳上市，大部分并购重组的上市公司已经变更了主业或转入双主业运行，管理总部和主要资产变更为异地，很多进入了游戏、快递、教育等相对新兴的行业和产业，而且后续融资并购动作不断。

五、大连上市公司募集资金情况、使用情况

（一）募集资金总体情况

表 9　　2016 年大连上市公司募集资金情况

发行类型	代码	简称	募集资金（亿元）
首发	–	–	–
	小计		–
再融资（增发、配股）	002220	天宝食品	6
	000530	大冷股份	5.8
	600346	恒力股份	107.885
	600233	圆通速递	198
	小计		317.685
其他融资（公司债券、短期融资券、中期票据、次级债、金融债、境外发行债券）	600795	国电电力	273
	600739	辽宁成大	59
	601880	大连港	30
	小计		362
总计			679.685

资料来源：大连证监局。

（二）募集资金使用情况及特点

2016 年度大连地区上市公司募集资金总额 679.685 亿元。再融资（增发、配股）募集资金 317.685 亿元，其中 266.885 亿元为恒力股份和圆通速递的重大资产重组项目中发行股份购买资产额度，上述两个项目的配套募集资金数量为 39 亿元。大连本地上市公司增发募集资金数额较小，分别为天宝食品 6 亿元、大冷股份 5.8 亿元。利用其他融资方式募集资金的上市公司主要为大型国有企业，采取的工具多为短期融资券，借助企业自身的信用优势获得相对利率较低的直接融资以促进发展。

（三）募集资金变更情况

2016 年，大连地区 4 家发行股份募集资金的上市公司无变更募集资金使用项目的情况。

表 10　　2016 年大连上市公司募集资金使用项目变更情况

变更募集资金使用项目的公司家数	涉及金额（亿元）	募集资金总额（亿元）	占公司募集资金总额的比例（%）
0	0	0	0

资料来源：大连证监局。

六、大连上市公司规范运作情况

（一）上市公司治理专项情况

2016 年是“十三五“规划的开局之年，是资本市场经历异常剧烈波动后逐步稳定的一年。大连地区上市公司进一步强化规范运作意识，不断深化公司治理，取得一定成效。大连证监局按照证监会党委依法全面从严监管的总体部署，强化监管本位，妥善处置和化解獐子岛重大舆情和大股东债务危机、大连控股持续多人缠访等风险事件。

（二）审计情况及监管情况

截至 2017 年 4 月 30 日，辖区上市公司全部如期披露 2016 年年度报告，除大连控股被审计机构出具了无法表示意见的审计报告外，其余上市公司年报审计意见类型均为标准无保留意见。

大连证监局对强化年报监管，实现风险监管端口前移，提前传导压力，对辖区各公司存在的风险事项进行逐一梳理，对实际控制人变更、延迟开展年报审计工作的公司分别下发《监管关注函》，对计划摘帽、业绩承诺、频繁重大资产重组、高溢价收购等存在风险隐患的公司向负责审计的会计师事务所下发《关于提请审计重点关注事项的函》，对一些重点关注公司采取约谈公司高管的方式，进一步加大监管力度。年报披露后，对辖区 12 家公司年报进行重点审核，并撰写 12 篇年报分析，对 1 家公司进行年报现场检查。

（三）信息披露情况

2016 年大连证监局以信息披露为中心，持续加强上市公司日常监管。一是以年报监管为重点督促上市公司提升信息披露水平。下发通知明确年报监管重点；针对重点公司，通过提请重点关注实现、约谈年审会计师等方式督导上市公司及相关方归位尽责。二是鼓励上市公司开展自愿性信息披露。引导上市公司运用易互动、互动平台、公司网站等与投资者实时互动，鼓励上市公司结合自身特点，实施分行业差异化信息披露。

（四）证券市场服务情况

以支持实体经济为导向，努力做好传导服务工作。大连证监局继续坚持监管与服务并重，积极支持并严格督导大连市法人机构有效利用资本市场，依法合规经营。加大政策引导力度。按照降杠杆、服务实体经济等政策导向，局领导带队赴 10 余家各类公司走访调研，充分利用协会平台开展10余次业务培训交流，积极为上市公司并购发展争取良好舆论环境，大力促进实体企业通过股权方式实施再融资和并购重组。

以为民服务为宗旨，加强投资者保护。大连证监局持续组织开展“中小投资者走进上市公司”活动。指导协调铁龙物流和大连港分别与大通证券联合举办投资者交流活动，推动辖区上市公司探索建立以投资者需求为导向的信息披露体系。坚持举办网上集体接待日活动。在“2016年上市公司网上集体接待日活动”中，28家上市公司高管共回答投资者问题1277个，充分实现了公司与投资者的良好互动。

审稿人：滕兆滨

撰稿人：周子歆

宁波地区

一、宁波国民经济发展概况

表 1　　2016 年宁波国民经济发展概况　　单位：亿元

指标	1～3 月		1～6 月		1～9 月		1～12 月	
	绝对量	同比增长（%）	绝对量	同比增长（%）	绝对量	同比增长（%）	绝对量	同比增长（%）
地区生产总值（GDP）	1643.77	5.30	3915.08	6.80	6011.15	7.40	8541.11	7.10
全社会固定资产投资	1134.31	12.30	2593.33	11.60	3781.51	12.40	4961.40	10.10
社会消费品零售总额	808.25	9.90	1647.80	10.30	2582.50	10.40	3667.60	10.30
规模以上工业增加值	586.37	5.40	1304.57	7.10	2027.52	8.50	2799.12	7.30
规模以上工业企业实现利润	171.34	26.70	440.85	20.00	679.62	28.10	993.80	30.50
居民消费价格指数（CPI）	1～3 月		1～6 月		1～9 月		1～12 月	
	2.80		2.30		2.10		2.10	

资料来源：国家统计局。

二、宁波上市公司总体情况

（一）公司数量

表 2　　2016 年宁波上市公司数量　　单位：家

公司总数	2016 年新增	股票类别			板块分布			
		仅 A 股	仅 B 股	（A+B）股	沪市主板	深市主板	中小板	创业板
56	5	56	0	0	32	1	12	11

资料来源：沪深交易所，同花顺。

（二）行业分布

表 3　　2016 年宁波上市公司行业分布情况

所属证监会行业类别	家数	占比（%）	所属证监会行业类别	家数	占比（%）
农、林、牧、渔业	0	0.00	金融业	1	1.79
采矿业	0	0.00	房地产业	4	7.14
制造业	39	69.63	租赁和商务服务业	1	1.79
电力、热力、燃气及水生产和供应业	1	1.79	科学研究和技术服务业	0	0.00
建筑业	4	7.14	水利、环境和公共设施管理业	0	0.00
批发和零售业	3	5.36	教育	0	0.00
交通运输、仓储和邮政业	3	5.36	卫生和社会工作	0	0.00
住宿和餐饮业	0	0.00	文化、体育和娱乐业	0	0.00
信息传输、软件和信息技术服务业	0	0.00	综合	0	0.00
合计	56	100.00			

资料来源：沪深交易所，同花顺。

（三）股本结构及规模

表 4　　2016 年宁波上市公司股本规模在 10 亿股以上公司分布情况

股本规模（亿股）	公司家数	具体公司
100≤～<200	1	宁波港
20≤～<50	3	宁波银行，荣安地产，雅戈尔
10≤～<20	9	百隆东方，宁波富达，三星医疗，龙元建设，亿晶光电，杉杉股份，宁波海运，新海股份，宏润建设

资料来源：沪深交易所，同花顺。

表 5　　2016 年宁波上市公司分地区股权构成情况　　单位：家

股权性质 地域分布	央企国资控股	省属国资控股	地市国资控股	民营控股	其他	合计
宁波市	0	4	2	46	4	56

资料来源：宁波证监局。

（四）市值规模

截至2016年12月31日，宁波56家上市公司境内总市值6672.28亿元，占全国上市公司境内总市值的1.31%；其中，上交所上市公司32家，总股本350.65亿股，境内总市值3752.57亿元，占上交所上市公司境内总市值的1.31%；深交所上市公司24家，总股本175.33亿股，境内总市值2919.70亿元，占深交所上市公司境内总市值的1.31%。

（五）资产规模

截至2016年12月31日，宁波56家上市公司合计总资产13302.41亿元，归属于母公司股东权益2370.76亿元，与2015年相比，分别增长22.83%、23.44%；平均每股净资产4.51元。

三、宁波上市公司经营情况及变动分析

（一）总体经营情况

表6　2016年宁波上市公司经营情况

指标	2016年	2015年	变动率（%）
家数	56	51	9.80
亏损家数	3	3	0.00
亏损家数比例（%）	5.36	5.88	-0.52
平均每股收益（元）	0.48	0.41	17.07
平均每股净资产（元）	4.51	4.21	7.13
平均净资产收益率（%）	10.76	9.86	0.90
总资产（亿元）	13302.41	10830.21	22.83
归属于母公司股东权益（亿元）	2370.76	1920.5	23.44
营业收入（亿元）	2294.48	1872.08	22.56
利润总额（亿元）	338.98	254.25	33.33
归属于母公司所有者的净利润（亿元）	255.00	189.39	34.64

资料来源：沪深交易所，同花顺。

（二）分行业经营情况

表7　2016年宁波上市公司分行业经营情况

所属行类	营业收入（亿元）	可比样本变动率（%）	归属于母公司所有者的净利润（亿元）	可比样本变动率（%）
农、林、牧、渔业	0.00	-	0.00	-
采矿业	0.00	-	0.00	-
制造业	1011.22	43.09	85.20	63.84

续表

所属行类	营业收入（亿元）	可比样本变动率（%）	归属于母公司所有者的净利润（亿元）	可比样本变动率（%）
电力、热力、燃气及水生产和供应业	12.13	21.08	0.84	-8.73
建筑业	392.75	-1.10	8.70	29.75
批发和零售业	91.84	0.55	2.92	23.08
交通运输、仓储和邮政业	248.07	33.75	35.65	36.07
住宿和餐饮业	0.00	-	0.00	-
信息传输、软件和信息技术服务业	0.00	-	0.00	-
金融业	236.45	21.16	78.10	19.35
房地产业	281.03	4.73	42.51	23.89
租赁和商务服务业	20.99	16.82	1.08	-23.76
科学研究和技术服务业	0.00	-	0.00	-
水利、环境和公共设施管理业	0.00	-	0.00	-
教育	0.00	-	0.00	-
卫生和社会工作	0.00	-	0.00	-
文化、体育和娱乐业	0.00	-	0.00	-
综合	0.00	-	0.00	-
合计	2294.48	16.56	255.00	26.11

资料来源：沪深交易所，同花顺。

（三）业绩变动情况分析

1. 营业收入、毛利率等变动原因分析

2016年，宁波56家上市公司实现营业收入2294.48亿元，同比增长22.56%，主要由制造业转型升级、快递业快速发展、金融业稳健发展等因素形成，制造业、快递业、金融业分别实现营业收入1011.22亿元、50.53亿元和235.45亿元，同比增长43.09%、45.44%和21.16%。

2016年，宁波上市公司共有29家销售毛利率同比增长，占55家上市公司（除宁波银行）的52.73%，其中制造业公司22家，说明制造业上市公司产品附加值增加，盈利能力提升。

2. 盈利构成分析

2016年，宁波上市公司实现归属与母公司股东的净利润255.00亿元，同比增长34.64%，扣除非经常性损益后的净利润217.75亿元，同比增长41.51%，快递业、制造业、建筑业盈利增幅较快，同比分别增长120.87%、63.84%和29.75%。

3. 经营性现金流量分析

2016年度，宁波上市公司经营活动现金流较为稳健，货币资金保有量相对较高，全年经营活动产生的现金流量净额为1259.04亿元，远超扣非净利润217.75

亿元，同比增长271.53%，剔除宁波银行后同比增长56.16%。2016年年末，有38家上市公司的货币资金较2015年同期增长，占55家上市公司（除宁波银行）的69.09%，其中24家公司的货币资金占总资产的比例在15%以上。

4. 业绩特点分析

（1）制造业快速发展。在《"中国制造2025"宁波行动纲要》等政策的落地推动下，宁波上市公司制造业2016年实现跨越式发展，其中汽车配件行业上市公司表现尤其突出，6家上市公司实现营业收入406.26亿元、实现归属于母公司股东的净利润25.17亿元，同比分别增长61.93%和67.68%

（2）房地产业经营趋稳。宁波3家纯房地产业上市公司2016年实现营业收入132.08亿元，同比增长7.32%；归属母公司股东净利润5.67亿元，扣非后净利润3.40亿元，房地产业上市公司经营在行业大调整后逐步走向稳定。

（3）建筑业盈利改善。宁波4家建筑业上市公司2016年实现营业收入392.75亿元，同比下降1.10%；归属母公司股东净利润8.70亿元，扣非后净利润7.25亿元，同比分别增长29.75%和27.50%。在营收基本持平的情况下，整体盈利有较大改善，主要得益于PPP项目的落地推动。

5. 利润分配情况

表8　2016年宁波上市公司现金分红情况

2016年分红公司家数			2016年分红金额		
家数	变动率（%）	分红公司家数占地区公司总数比重	金额（亿元）	变动率（%）	分红金额占归属于母公司所有者的净利润比重
46	9.52	82.14%	67.01	-2.95	26.28%

资料来源：宁波证监局。

四、宁波上市公司并购重组情况

（一）并购重组基本情况

2016年，宁波共有鲍斯股份、宁波港、博威合金、均胜电子和新海股份5家上市公司开展了重大资产重组交易活动，交易涉及金额306.12亿元。其中，新海股份以重大资产置换及发行股份形式取得韵达股份100%股权，韵达股份实现借壳上市；均胜电子以支付现金形式收购KSS、TS德累斯顿100%股权，实现公司跨越式发展。

（二）并购重组特点

2016年，宁波上市公司并购重组呈现出以下特点：（1）交易方式多样化，上市公司通过资产置换、现金支付和发行股份购买资产等多种形式进行并购重组；（2）并购标的以同行业整合为主，部分上市公司通过并购上下游产业，实现公司做大做强。

五、宁波上市公司募集资金情况、使用情况

（一）募集资金总体情况

表 9　　2016 年宁波上市公司募集资金情况

发行类型	代码	简称	募集资金（亿元）
首发	603726	朗迪集团	2.78
	300539	横河模具	1.45
	601882	海天精工	0.78
	300566	激智科技	2.97
	603218	日月股份	9.80
	小计		17.78
再融资（增发、配股）	300329	海伦钢琴	2.16
	600491	龙元建设	13.74
	600884	杉杉股份	34.46
	600177	雅戈尔	50.00
	601567	三星医疗	30.00
	300441	鲍斯股份	3.72
	601137	博威合金	15.00
	600114	东睦股份	6.00
	小计		155.08
其他融资（公司债券、短期融资券、中期票据、次级债、金融债、境外发行债券）	600683	京投发展	20.00
	601339	百隆东方	16.00
	600724	宁波富达	7.50
	600699	均胜电子	10.00
	601018	宁波港	50.00
	002124	天邦股份	14.80
	小计		118.30
总计			291.16

资料来源：宁波证监局。

（二）募集资金使用情况及特点

2016 年，宁波上市公司使用募集资金金额约 105 亿元，占当期募集资金总额 172.87 亿元（公司债除外）的 60.74%。宁波上市公司在募集资金管理、使用方面

存在如下特点：一是各公司均按要求执行募集资金管理、使用制度，募集资金管理、使用程序符合规范要求；二是募集资金使用进度整体情况良好，募集资金变更较2015年有所减少；三是募集资金主要投入公司主业，上市公司利用资本市场融资工具进一步做大主业。

（三）募集资金变更情况

2016年，宁波有3家上市公司变更募集资金的用途，涉及金额约为2.85亿元，占该3家公司募集资金总额（33.16亿元）的8.60%，相对于2015年比例数（18.45%）有所下降。募集资金变更程序合法，均经过公司股东大会批准。综合来看，募集资金用途变更的原因主要为拟投资项目的投资环境发生重大变化、原投资项目未能或预计不能达到预期收益。

表10　　2016年宁波上市公司募集资金使用项目变更情况

变更募集资金使用项目的公司家数	涉及金额（亿元）	募集资金总额（亿元）	占公司募集资金总额的比例（%）
3	2.85	33.16	8.60

资料来源：宁波证监局。

六、宁波上市公司规范运作情况

（一）上市公司治理专项情况

近年来，上市公司资本运作日趋活跃，或整合同行业、上下游做大做强，或通过跨界并购突破公司发展困境、实现战略转型。2016年，针对这一情况，宁波证监局通过多种方式，正确引导上市公司进行产业整合、转型升级。一是结合证监会重组上市专项检查任务要求，以问题为导向，对重组上市公司进行现场检查，并针对检查中发现的问题及时约谈上市公司并下发监管措施。二是指导宁波上市公司协会举办并购重组和海外并购业务交流会，通过面对面的交流，分享并购知识与技巧，达到了解并购重组需求和困难、交流成功经验的目的。三是联合宁波上市公司协会举办辖区上市公司董监事和高管人员培训班，详细介绍并购重组最新监管政策动态，深入解读市场热点问题和相关案例，重申上市公司董监事和高管人员应负的忠实勤勉义务。四是为规范上市公司并购重组行为，宁波证监局通过下发监管情况通报，及时向上市公司传递监管精神，并进行细致的政策解读。

（二）审计情况及监管情况

宁波56家上市公司均按时披露了2016年年度报告和审计报告，其中一家上市公司审计意见类型为无法表示意见，2家为带强调事项段的无保留意见，其余均为标准无保留意见。

2016年，宁波证监局以现场检查和监管问询为抓手，发挥现场监管与非现场监管协同作用，确保审计监管工作不留死角、不存疑点。一是将双随机抽查与问题导向相结合，强化现场检查力度。按照证监会现场检查随机抽查工作实施方案要求，确定5家上市公司、1家审计机构、1家评估机构为检查对象，并以问题为导向、结合日常监管掌握情况及证监会专项检查任务要求，对10家上市公司、1名个人有关事项进行了检查，既确保了监管工作的公平公正，又体现了检查工作的针对性。二是以监管问询为主要抓手，着力做好上市公司日常监管工作。在日常监管问询工作中，突出监管问询的时效性、针对性、互补性、持续性及追责严肃性，及时发出监管声音，传导监管压力，提升事中监管效能。

（三）信息披露情况

宁波证监局着力做好信息披露事后审核工作。一是重点做好年报监管工作。约谈审计机构，就日常监管中关注的问题提醒审计机构在年审过程中予以重点关注。同时审阅辖区所有公司的年报，针对年报中存在的问题向公司下发询问函，督促公司及时关注、披露及化解风险。二是以监管问询为抓手，围绕关联交易、同业竞争、规范运作等问题，强化上市公司非现场监管工作，督促上市公司提高信息披露质量。

（四）证券市场服务情况

宁波证监局坚持监管与服务并重的理念，认真做好上市公司服务工作。一是指导上市公司协会增强培训的针对性和有效性，提高培训效果。2016年共组织召开了上市公司年报披露、并购重组、投资者关系管理、税务管理等专题的培训交流会12次，受训人员达到1262人。二是举办新上市公司“监管第一课”培训会，做好新上市公司法律法规培训宣传。2016年共对5家新上市公司高管人员进行了集体谈话，向新上市公司传达监管理念，明确监管要求。三是采用蹲点调研形式，指导、帮助规范水平不高的上市公司解决相关问题，提升公司利用资本市场促进发展的能力。保持对市场新问题的快速反应，加强调查研究，服务市场健康发展。

审稿人：杨才表
撰稿人：包志敏

厦门地区

一、厦门国民经济发展概况

表 1　　2016 年厦门国民经济发展概况　　单位：亿元

指标	1~3月		1~6月		1~9月		1~12月	
	绝对量	同比增长（%）	绝对量	同比增长（%）	绝对量	同比增长（%）	绝对量	同比增长（%）
地区生产总值（GDP）	801.02	9.60	1641.65	9.20	2585.18	8.40	3784.25	7.90
全社会固定资产投资	437.37	22.10	1099.20	20.80	1635.80	16.50	2159.81	14.40
社会消费品零售总额	274.44	10.60	642.58	10.30	942.57	9.40	1283.46	9.80
规模以上工业增加值	296.60	8.00	622.03	7.70	933.93	5.50	1264.79	5.40
规模以上工业企业实现利润	–	–	–	–	–	–	–	–
居民消费价格指数（CPI）	1~3月		1~6月		1~9月		1~12月	
	1.90		1.80		1.60		1.70	

资料来源：国家统计局。

二、厦门上市公司总体情况

（一）公司数量

表 2　　2016 年厦门上市公司数量　　单位：家

公司总数	2016 年新增	股票类别			板块分布			
		仅 A 股	仅 B 股	（A+B）股	沪市主板	深市主板	中小板	创业板
37	4	36	1	0	13	4	13	7

资料来源：沪深交易所，同花顺。

（二）行业分布

表 3　　2016 年厦门上市公司行业分布情况

所属证监会行业类别	家数	占比（%）	所属证监会行业类别	家数	占比（%）
农、林、牧、渔业	0	0.00	金融业	0	0.00
采矿业	1	2.70	房地产业	0	0.00
制造业	21	56.76	租赁和商务服务业	1	2.70
电力、热力、燃气及水生产和供应业	0	0.00	科学研究和技术服务业	2	5.41
建筑业	0	0.00	水利、环境和公共设施管理业	0	0.00
批发和零售业	5	13.51	教育	1	2.70
交通运输、仓储和邮政业	2	5.41	卫生和社会工作	0	0.00
住宿和餐饮业	0	0.00	文化、体育和娱乐业	0	0.00
信息传输、软件和信息技术服务业	3	8.11	综合	1	2.70
合计	37	100.00			

资料来源：沪深交易所，同花顺。

（三）股本结构及规模

表 4　　2016 年厦门上市公司股本规模在 10 亿股以上公司分布情况

股本规模（亿股）	公司家数	具体公司
20≤～<50	1	建发股份
10≤～<20	5	合兴包装，象屿股份，厦门钨业，盛屯矿业，厦门国贸

资料来源：沪深交易所，同花顺。

表 5　　2016 年厦门上市公司分地区股权构成情况　　单位：家

地域分布＼股权性质	央企国资控股	省属国资控股	地市国资控股	民营控股	其他	合计
厦门市	1	2	7	26	1	37

资料来源：厦门证监局。

（四）市值规模

截至2016年12月31日，厦门37家上市公司境内总市值3013.17亿元，占全国上市公司境内总市值的0.59%；其中，上交所上市公司13家，总股本116.98亿股，境内总市值1470.23亿元，占上交所上市公司境内总市值的0.51%；深交所上市公司24家，总股本96.85亿股，境内总市值1542.93亿元，占深交所上市公司境内总市值的0.69%。

（五）资产规模

截至2016年12月31日，厦门37家上市公司合计总资产3676.27亿元，归属于母公司股东权益1084.94亿元，与2015年相比，分别增长27.63%、29.29%；平均每股净资产5.07元。

三、厦门上市公司经营情况及变动分析

（一）总体经营情况

表6　2016年厦门上市公司经营情况

指标	2016年	2015年	变动率（%）
家数	37	33	12.12
亏损家数	4	7	-42.86
亏损家数比例（%）	10.81	21.21	-10.40
平均每股收益（元）	0.24	0.24	0.00
平均每股净资产（元）	5.07	4.6	10.22
平均净资产收益率（%）	4.71	5.21	-0.50
总资产（亿元）	3676.27	2880.48	27.63
归属于母公司股东权益（亿元）	1084.94	839.12	29.29
营业收入（亿元）	5015.84	3614.77	38.76
利润总额（亿元）	88.57	90.98	-2.65
归属于母公司所有者的净利润（亿元）	51.11	43.74	16.85

资料来源：沪深交易所，同花顺。

（二）分行业经营情况

表7　2016年厦门上市公司分行业经营情况

所属行类	营业收入（亿元）	可比样本变动率（%）	归属于母公司所有者的净利润（亿元）	可比样本变动率（%）
农、林、牧、渔业	0.00	-	0.00	-
采矿业	127.10	90.78	1.89	36.19

续表

所属行类	营业收入（亿元）	可比样本变动率（%）	归属于母公司所有者的净利润（亿元）	可比样本变动率（%）
制造业	562.17	-0.76	-9.40	-328.56
电力、热力、燃气及水生产和供应业	0.00	-	0.00	-
建筑业	0.00	-	0.00	-
批发和零售业	2976.51	26.81	42.08	34.31
交通运输、仓储和邮政业	105.03	15.37	6.05	-4.45
住宿和餐饮业	0.00	-	0.00	-
信息传输、软件和信息技术服务业	18.24	31.60	2.50	225.46
金融业	0.00	-	0.00	-
房地产业	0.00	-	0.00	-
租赁和商务服务业	1190.67	98.70	4.26	47.63
科学研究和技术服务业	16.75	3.44	2.25	-11.74
水利、环境和公共设施管理业	0.00	-	0.00	-
教育	13.07	5113.78	-0.99	-627.62
卫生和社会工作	0.00	-	0.00	-
文化、体育和娱乐业	0.00	-	0.00	-
综合	6.31	-28.39	2.47	-58.37
合计	5015.84	35.21	51.11	-7.35

资料来源：沪深交易所，同花顺。

（三）业绩变动情况分析

1. 营业收入、毛利率等变动原因分析

2016年，厦门上市公司实现营业收入5015.84亿元，较2015年增长38.76%，归属于母公司的净利润51.11亿元，较2015年增长16.85%；平均毛利率为7.87%，较2015年上升6.22个百分点。从行业来看，以建发股份、厦门国贸、象屿股份为代表的贸易型公司仍为厦门上市公司中坚力量，随着2016年大宗商品价格触底反弹，营业收入和利润水平均有较大幅度增长。

2. 盈利构成分析

2016年，厦门上市公司利润来源主要是营业利润，共计79.67亿元，占利润总额的比重为89.96%，相比2015年下降2.76个百分点。在营业利润中，投资净收益占利润总额的比重为15.83%，相比2015年下降13.77个百分点。

3. 经营性现金流量分析

2016年，厦门上市公司经营性现金流量净额为38.65亿元，与2015年的139.19亿元相比，企业将经营活动产生利润转化为现金净收入的能力有所下降。在37家上市公司中，有27家经营活动产生的现金流量为正，整体经营性现金流量净流入金额大幅减少的主要原因是建发股份支付地价款及拍地保证金金额大幅增加，以及供应链业务营业规模增长年末预付款项和存货增加，使得建发股份经营性现金净流量较2015年下降106.18亿元。

4. 业绩特点分析

一是经营业绩总体向好。2016年，厦门上市公司实现归属于母公司的净利润51.11亿元，较2015年增长16.85%，37家上市公司有33家盈利，4家亏损，亏损公司占比为10.81%，亏损面较2015年度缩小10.40%。

二是业绩分化较为明显。盈利前3名的公司合计实现归属于上市公司股东的净利润43.24亿元，占厦门上市公司净利润总额的84.61%，亏损前3名的公司亏损合计35.07亿元，公司业绩两极分化较明显。

三是制造业企业去库存、去产能的结构性调整压力较大。2016年厦门市制造业企业合计实现归属于母公司的净利润-9.40亿元，其中，*ST厦工和金龙汽车分别亏损26.90亿元和7.19亿元。在行业库存压力和市场需求及价格下滑的双重挤压下，厦门上市公司2016年存货减值损失达13.93亿元，同比增加31.66%。

5. 利润分配情况

表8　　2016年厦门上市公司现金分红情况

2016年分红公司家数			2016年分红金额		
家数	变动率（%）	分红公司家数占地区公司总数比重	金额（亿元）	变动率（%）	分红金额占归属于母公司所有者的净利润比重
28	16.67	75.68	16.93	3.29	33.12

资料来源：厦门证监局。

四、厦门上市公司并购重组情况

（一）并购重组基本情况

2016年，厦门上市公司并购重组较为活跃，共完成重大资产重组5家次，涉及交易金额90.98亿元，同比增长275.33%。另有3家公司提出重大资产重组预案，其中2家公司提出预案后因条件不成熟终止实施。

（二）并购重组特点

一是并购重组活动较为活跃，并购重组规模再创新高，反映出在宏观经济下行压力增大、市场竞争日益激烈的大环境下，厦门部分上市公司转变经营模式，借力并购寻求外延式发展。二是社会效益明显，部分上市公司通过并购重组实现了跨越式发展，业绩、市值、资产规模均快速增长，提升了股东价值。

五、厦门上市公司募集资金情况、使用情况

（一）募集资金总体情况

表 9 2016 年厦门上市公司募集资金情况

发行类型	代码	简称	募集资金（亿元）
首发	002788	鹭燕医药	5.98
	002790	瑞尔特	6.63
	002803	吉宏股份	1.85
	603909	合诚股份	2.64
	小计		17.10
再融资（增发、配股）	600057	象屿股份	15.00
	000701	厦门信达	13.00
	002264	新华都	5.47
	002335	科华恒盛	16.58
	002626	金达威	6.72
	002235	安妮股份	10.00
	300056	三维丝	2.00
	小计		68.77
其他融资（公司债券、短期融资券、中期票据、次级债、金融债、境外发行债券）	600711	盛屯矿业	12.50
	600755	厦门国贸	181.00
	000905	厦门港务	12.00
	600057	象屿股份	17.00
	000701	厦门信达	55.00
	600549	厦门钨业	23.00
	600686	金龙汽车	20.00
	600153	建发股份	65.00
	小计		385.50
总计			471.37

资料来源：厦门证监局。

（二）募集资金使用情况及特点

2016 年，厦门有 26 家上市公司使用募集资金，共计 77.18 亿元，占 26 家公司募集资金总额的 32.23%。厦门上市公司使用募集资金呈现如下特点：一是各公司募集资金使用程序符合规范要求；二是募集资金使用进度整体情况良好，但部分

公司存在因项目可行性发生重大变化，导致募集资金使用进度和效益不符合预期的情况。

（三）募集资金变更情况

2016 年，厦门有 9 家上市公司变更募集资金使用项目，涉及金额 22.24 亿元，主要有以下情况：一是募集资金投资项目的变更；二是募集资金投资项目实施地点的变更；三是将募集资金用于补充流动资金。募集资金变更均经过公司股东大会批准，履行了相应的信息披露义务。

表 10　　2016 年厦门上市公司募集资金使用项目变更情况

变更募集资金使用项目的公司家数	涉及金额（亿元）	募集资金总额（亿元）	占公司募集资金总额的比例（%）
9	22.24	96.20	23.12

资料来源：厦门证监局。

六、厦门上市公司规范运作情况

（一）上市公司治理专项情况

2016 年，厦门上市公司在厦门证监局的督导下，持续深化公司治理，取得良好成效。一是分红机制逐步完善，上市公司积极落实现金分红政策要求，细化现金分红政策和机制，制定股东回报规划，提高了回报投资者的意识，现金分红公司家数持续增加，分红比例稳步提高；二是根据厦门证监局“两加强、两遏制”回头看活动要求，对信息披露、规范运作情况进行全面自查，建立自查自纠机制，进一步防范金融风险，规范运作水平不断提高；三是在有关部门的指导下，部分上市公司积极与大股东沟通协商，推动大股东遵守承诺，妥善解决了同业竞争等问题，切实保护中小投资者的合法权益。

（二）审计情况及监管情况

厦门 37 家上市公司均聘请了具有证券期货执业资格的会计师事务所对其 2016 年年报进行了审计，除三维丝被出具无法表示意见，*ST 厦工和厦华电子被出具带强调事项段的无保留审计意见外，其余 34 家公司的 2016 年财务报告均为标准无保留审计意见。厦门证监局将依法全面从严监管的理念贯穿于年报监管的事前、事中和事后各个工作环节，切实做好年报审计监管工作。一是结合日常风险监测矩阵，多维度分析上市公司审计风险，确定重点类审计项目并下发《年报审计监管提示函》，提示审计风险。二是开展重点上市公司的审计风险提示和跟踪，通过参加审计委员会沟通会、约谈会计师等方式，进行现场督导。三是做好会计师事务所执业质量检查，在上市公司现场检查的同时，延伸至具体审计项目，有效推动了辖区执业审计机构提高执业质量。

（三）信息披露情况

2016年，厦门上市公司进一步完善信息披露机制和责任追究制度，信息披露质量进一步提高，总体而言，厦门上市公司信息披露工作基本能够做到及时、准确、完整，一些受市场高度关注的公司，在厦门证监局的督导下，信息披露质量明显提高。在深圳证券交易所信息披露的评价考核中，厦门24家深交所上市公司有8家被评为A级，12家被评为B级，优良率居全国前列。个别公司的信息披露仍然存在不足，如信息披露不及时、关联交易披露不完整、年报信息披露数据错误等。厦门证监局坚持以信息披露监管为抓手，保持监管敏锐性，对信息披露违法违规行为坚决严肃查处。2016年，共下发监管问询函件11份，向上市公司及相关方下发监管关注函21份，采取行政监管措施6项，立案查处信息披露违规的上市公司1家次。

（四）证券市场服务情况

2016年，厦门证监局全面贯彻落实中国证监会的各项决策部署，坚持“两维护、一促进”的工作理念，结合辖区实际情况，不断加强和改进监管工作，全力推动厦门资本市场稳定健康发展。一是进一步强化服务意识，积极推动出台并购重组和直接融资相关配套政策，为辖区上市公司并购重组和再融资营造良好的政策环境，宣传公司债发行政策，引导辖区公司利用公司债借力发展，积极帮助上市公司利用资本市场做大做强；二是积极培育上市后备资源，与厦门市金融办联合举办拟上市企业上市专题培训，宣讲IPO相关政策，不断完善辅导监管工作机制，优化监管程序，督导拟上市公司完善治理结构、加强规范运作、提高治理水平；三是以落实投资者回报和信息知情权为切入点，抓实投资者保护，强化上市公司现金分红监管和承诺履行监管；四是重信访维权，全年共办理投资者信访投诉13件，对发现的违规问题严肃处理，切实保护投资者合法权益。

审稿人：李永春　叶　敏　陈永强
撰稿人：伊　韬

青岛地区

一、青岛国民经济发展概况

表 1　　2016 年青岛国民经济发展概况　　单位：亿元

指标	1～3 月		1～6 月		1～9 月		1～12 月	
	绝对量	同比增长（%）	绝对量	同比增长（%）	绝对量	同比增长（%）	绝对量	同比增长（%）
地区生产总值（GDP）	1937.53	7.40	4520.30	7.40	7150.95	7.70	10011.29	7.90
全社会固定资产投资	920.80	13.10	3269.70	13.50	5405.40	13.10	7454.70	13.70
社会消费品零售总额	951.88	9.50	1892.93	9.43	2911.56	9.94	4104.90	10.50
规模以上工业增加值	–	7.00	–	7.10	–	7.25	–	7.50
规模以上工业企业实现利润	–	–	–	–	–	–	934.70	6.00
居民消费价格指数（CPI）	1～3 月		1～6 月		1～9 月		1～12 月	
	3.00		2.50		2.40		2.50	

资料来源：国家统计局。

二、青岛上市公司总体情况

（一）公司数量

表 2　　2016 年青岛上市公司数量　　单位：家

公司总数	2016 年新增	股票类别			板块分布			
		仅 A 股	仅 B 股	（A＋B）股	沪市主板	深市主板	中小板	创业板
25	5	24	1	0	11	3	6	5

资料来源：沪深交易所，同花顺。

（二）行业分布

表 3　　2016 年青岛上市公司行业分布情况

所属证监会行业类别	家数	占比（%）	所属证监会行业类别	家数	占比（%）
农、林、牧、渔业	1	4.00	金融业	1	4.00
采矿业	0	0.00	房地产业	0	0.00
制造业	20	80.00	租赁和商务服务业	0	0.00
电力、热力、燃气及水生产和供应业	0	0.00	科学研究和技术服务业	0	0.00
建筑业	0	0.00	水利、环境和公共设施管理业	0	0.00
批发和零售业	0	0.00	教育	0	0.00
交通运输、仓储和邮政业	0	0.00	卫生和社会工作	0	0.00
住宿和餐饮业	0	0.00	文化、体育和娱乐业	1	4.00
信息传输、软件和信息技术服务业	2	8.00	综合	0	0.00
合计	25	100.00			

资料来源：沪深交易所，同花顺。

（三）股本结构及规模

表 4　　2016 年青岛上市公司股本规模在 10 亿股以上公司分布情况

股本规模（亿股）	公司家数	具体公司
50≤～<100	1	青岛海尔
20≤～<50	2	汉缆股份，赛轮金宇
10≤～<20	3	东方铁塔，海信电器，青岛啤酒

资料来源：沪深交易所，同花顺。

表 5　　2016 年青岛上市公司分地区股权构成情况　　单位：家

股权性质 / 地域分布	央企国资控股	省属国资控股	地市国资控股	民营控股	其他	合计
青岛市	1	0	7	16	1	25

资料来源：青岛证监局。

（四）市值规模

截至2016年12月31日，青岛25家上市公司境内总市值3150.43亿元，占全国上市公司境内总市值的0.62%；其中，上交所上市公司11家，总股本133.12亿股，境内总市值1675.59亿元，占上交所上市公司境内总市值的0.59%；深交所上市公司14家，总股本110.70亿股，境内总市值1474.85亿元，占深交所上市公司境内总市值的0.66%。

（五）资产规模

截至2016年12月31日，青岛25家上市公司合计总资产2867.09亿元，归属于母公司股东权益1088.86亿元，与2015年相比，分别增长49.91%、29.20%；平均每股净资产4.33元。

三、青岛上市公司经营情况及变动分析

（一）总体经营情况

表6　　2016年青岛上市公司经营情况

指标	2016年	2015年	变动率（%）
家数	25	20	25.00
亏损家数	1	0	-
亏损家数比例（%）	4	0	4.00
平均每股收益（元）	0.42	0.45	-6.67
平均每股净资产（元）	4.33	3.88	11.60
平均净资产收益率（%）	9.73	11.56	-1.83
总资产（亿元）	2867.09	1912.56	49.91
归属于母公司股东权益（亿元）	1088.86	842.75	29.20
营业收入（亿元）	2289.29	1859.81	23.09
利润总额（亿元）	157.77	137.65	14.62
归属于母公司所有者的净利润（亿元）	105.98	97.45	8.75

资料来源：沪深交易所，同花顺。

（二）分行业经营情况

表7　　2016年青岛上市公司分行业经营情况

所属行类	营业收入（亿元）	可比样本变动率（%）	归属于母公司所有者的净利润（亿元）	可比样本变动率（%）
农、林、牧、渔业	8.46	16.88	0.53	333.11
采矿业	0.00	-	0.00	-
制造业	2236.10	20.41	95.90	0.62

续表

所属行类	营业收入（亿元）	可比样本变动率（%）	归属于母公司所有者的净利润（亿元）	可比样本变动率（%）
电力、热力、燃气及水生产和供应业	0.00	–	0.00	–
建筑业	0.00	–	0.00	–
批发和零售业	0.00	–	0.00	–
交通运输、仓储和邮政业	0.00	–	0.00	–
住宿和餐饮业	0.00	–	0.00	–
信息传输、软件和信息技术服务业	23.70	30.54	6.67	22.13
金融业	3.29	40.36	0.17	–22.00
房地产业	0.00	–	0.00	–
租赁和商务服务业	0.00	–	0.00	–
科学研究和技术服务业	0.00	–	0.00	–
水利、环境和公共设施管理业	0.00	–	0.00	–
教育	0.00	–	0.00	–
卫生和社会工作	0.00	–	0.00	–
文化、体育和娱乐业	17.74	15.27	2.72	16.62
综合	0.00	–	0.00	–
合计	2289.29	20.48	105.98	2.46

资料来源：沪深交易所，同花顺。

（三）业绩变动情况分析

1. 营业收入、毛利率等变动原因分析

2016 年，辖区 25 家上市公司实现营业收入合计 2289.29 亿元，同比上升 23.09%；实现营业利润合计 134.79 亿元，同比上升 11.69%；实现归属于母公司股东的净利润合计 105.98 亿元，同比上升 8.75%；实现平均毛利率 31.89%，基本持平。2016 年，辖区新增 5 家上市公司，对营业收入和净利润等指标影响较大，剔除上述因素外，辖区上市公司盈利水平整体小幅上升，与宏观经济稳中向好总趋势一致，4 家公司因并购重组等外延式扩张或 2015 年基数较低等原因实现了 100% 以上的净利润增长，1 家公司因行业不景气等原因首次出现亏损。

2. 盈利构成分析

2016 年度，辖区上市公司实现营业利润合计 134.79 亿元，占当期利润总额合计数的 85%，同比略降 2.2 个百分点。非经常性收益规模为 16.14 亿元，同比下降 12.28%，非经常性收益比重由 2015 年的 27% 下降至 15%，主业贡献度明显提升。辖区实体经济整体回暖趋势较为明显。

3. 经营性现金流量分析

2016 年度，辖区上市公司实现经营

活动现金流量净额合计 171.96 亿元，同比大幅增长 28%。7 家公司经营活动现金流量净额为负。

4. 业绩特点分析

（1）整体业绩回升，近年首现亏损企业。2016 年，辖区上市公司收入和净利润同比明显上升，整体业绩回暖，部分公司业绩增长翻番，但个别公司因行业需求低迷等因素，首次出现亏损。

（2）负债相对稳健，整体偿债风险可控。2016 年，辖区上市公司平均资产负债率为 37.65%，负债结构继续保持稳健态势。流动比率平均为 3.98%，同比提高 0.24 个百分点，辖区公司偿债能力进一步增强，风险整体可控。

（3）宏观政策激发活力，税务负担下降明显。2016 年辖区上市公司支付的各项税费合计为 156.65 亿元，剔除收到的税费返还 18.95 亿元，实际税费支出约为 137.7 亿元，同比下降 5.68%，税务负担下降明显。

5. 利润分配情况

表 8　2016 年青岛上市公司现金分红情况

2016 年分红公司家数			2016 年分红金额		
家数	变动率（%）	分红公司家数占地区公司总数比重	金额（亿元）	变动率（%）	分红金额占归属于母公司所有者的净利润比重
18	38.46	72%	33.15	-5.18	31.28%

资料来源：青岛证监局。

四、青岛上市公司并购重组情况

（一）并购重组基本情况

2016 年辖区共发生并购重组交易 20 起，交易金额合计 458.23 亿元，涉及 11 家上市公司，每单平均交易金额 22.91 亿元。上述并购重组交易中，7 起构成重大资产重组，其中 4 起涉及发行股份购买资产、1 起买壳上市事项需报请证监会审批，除该起买壳上市事项经证监会审核未通过外，其余 6 起合计交易额 441.72 亿元。

（二）并购重组特点

一是通过并购重组实现上下游产业整合，规模效应增厚效益。20 起并购交易中，仅 5 起属多元化并购，绝大多数通过并购重组交易实现对产业上下游的进一步整合，借助资本市场扩大产业规模、拓展业务空间、完善产业布局。

二是交易金额大幅增长。2016 年，辖区共发生并购重组交易 20 起，交易金额合计 458.23 亿元，同比增长 175.35%；每单平均交易金额 22.91 亿元，同比增长 354.56%，并购重组交易金额和交易体量越来越大。

三是并购重组交易呈现开放化、市场化、国际化趋势。上述 20 起并购重组交易中，仅 5 起属同一控制下的并购活动，其余均为市场主导、企业自身需求发起的非同一控制下的并购活动，并购效力有效提升，充分反映了简政放权背景下资本市场优化资源配置、引导要素流动的重要功能，并购活动的市场化程度大大提升。此外，青岛海尔56亿美元收购GE家电业务与资产，进一步拓展全球业务布局，成为民族企业走出去的成功典范，中国企业海外并购的时代已到来，但其中的风险也随之升级。

四是分步式并购重组交易增多。年内，辖区有4起交易采用分步式并购达到对标的公司控股的目的，分步式交易对公司业绩的保证程度更高，同时能一定程度上缓解公司的融资压力。

五是并购交易支付手段越来越多样化。辖区公司发生的并购重组交易多数为现金协议收购，但构成重大资产购买的6起重组交易中，有4起通过发行股份支付，并同时募集配套资金，其中股份支付发行额合计73.34亿元，截至2016年年底已到位69.82亿元；募集配套资金额合计34.07亿元，截至2016年年底已到位30.63亿元。

五、青岛上市公司募集资金情况、使用情况

（一）募集资金总体情况

表9　　2016年青岛上市公司募集资金情况

发行类型	代码	简称	募集资金（亿元）
首发	603798	康普顿	3.58
	603421	鼎信通讯	6.09
	300569	天能重工	8.66
	603577	汇金通	3.24
	小计		21.57
再融资（增发、配股）	002537	海立美达	18.70
	002545	东方铁塔	6.00
	002073	软控股份	12.69
	002094	青岛金王	5.93
	600336	澳柯玛	7.46
	600579	天华院	4.97
	小计		55.75
其他融资（公司债券、短期融资券、中期票据、次级债、金融债、境外发行债券）	002073	软控股份	10.00
	000599	青岛双星	5.00
	小计		15.00
总计			92.32

资料来源：青岛证监局。

（二）募集资金使用情况及特点

2016 年度，青岛辖区共有 13 家上市公司使用募集资金，金额合计 26.18 亿元；已累计投入的募集资金金额占募集资金总额的比重为 59.93%。

2016 年，辖区上市公司管理和使用募集资金整体规范，未发生违规使用募集资金情况。辖区公司非公开发行股份融资总额达 55.75 亿元，利用资本市场发展能力进一步提升。

（三）募集资金变更情况

2016 年，辖区共有 3 家公司变更募集资金用途，涉及金额 1.48 亿元，占 3 家募集资金总额的比重为 7.48%。3 家公司募集资金变更程序合规。辖区多数上市公司按照所计划募投项目和进度使用募集资金，个别公司使用进度较慢。

表 10　　2016 年青岛上市公司募集资金使用项目变更情况

变更募集资金使用项目的公司家数	涉及金额（亿元）	募集资金总额（亿元）	占公司募集资金总额的比例（%）
3	1.48	18.88	7.84

资料来源：青岛证监局。

六、青岛上市公司规范运作情况

（一）上市公司治理专项情况

2016 年，青岛证监局按照依法、全面、从严监管理念，坚持问题和风险理念，强化对辖区上市公司风险和问题的防范和处置力度，通过制定风险预案、向青岛市政府及时通报等，维护辖区资本市场整体稳定。一是对高风险公司保持持续关注，通过采取制定风险监测、识别与应急预案、及时向证监会上市部报告、向市政府有关部门通报等措施，落实问题和风险导向工作原则，推动辖区上市公司主动化解风险。二是针对 2 家公司存在控制权变更事项或风险，分别约谈公司相关负责人、新提名董事监事、董秘、财务总监等关键人员，督导公司规范运作，做好信息披露、公司治理等工作。三是针对 2 家新上市公司规范运作风险，第一时间约谈公司董事长、总经理、财务总监、董秘、中介机构等关键岗位关键人员，传达监管要求，提示市场风险，督导提高其资本市场法律法规和规范运作意识，为进一步净化辖区资本市场环境上好“监管第一课”。四是结合定期报告审阅情况，问询并关注业绩下滑较为严重的公司相关经营情况和风险，督导公司做好信息披露工作，提供政策咨询，推动公司积极开展供给侧结构性改革，借助资本市场转型升级。

（二）审计情况及监管情况

2016 年，辖区 25 家上市公司由 9 家会计师事务所提供审计服务，除 1 家因被中国证监会立案稽查，事务所对其出具了带强调事项段的无保留意见之外，辖区其他上市公司财务信息披露质量认可度较高，全部出具了标准无保留审计意见。

2016 年，按照依法、全面、从严监管理念，青岛证监局强化了对中介机构的监管力度，用好中介机构抓手，督导其归位尽责，提高辖区上市公司规范运作水平。一是以年报为载体，向辖区上市公司及其年审机构下发通知，向 2 家上市公司及其年审机构下发《提醒关注函》，着力督导辖区上市公司及中介机构提高财务信息编报、审计和披露水平。二是督导年审机构做实与上市公司治理层、管理层的三方沟通，并现场列席重点公司的三方沟通会议，充分发挥公司治理内在机制作用，推动实现公司自治。三是青岛证监局局领导亲自约谈部分年审机构负责人，要求其发挥中介机构“看门人机制”作用，提高执业质量。四是召开年报审核分析会议，通报辖区上市公司财务信息披露问题和年审机构执业瑕疵，促进执业水平提升。五是借力青岛市上市公司协会自律组织平台，吸收年审机构加入协会会员，督促和引导年审机构借助自律组织发挥更大作用。

（三）信息披露情况

青岛证监局改变以往“人盯人”“保姆式监管”的工作模式，从财务信息和非财务信息两个维度，区分临时公告和定期公告两个类别，建立财务风险监测、非财务风险监测、合规督导三类岗位，按照分类分层分级的原则探索实施风险监测，对上市公司重大资产重组、再融资、员工持股计划、股权质押、承诺履行等重大事项实施动态监测，对上市公司年报、季报、内部控制报告等定期报告深入比对分析，预研预判上市公司相关风险，强化预警预防性的事中监管。通过实时动态的风险监测，对辖区上市公司重大事项保持关注，并通过监管问询等方式，传导监管高压，督导辖区上市公司规范开展资本市场活动，2016 年度，辖区相关上市公司在信息披露层面未出现重大风险问题。

（四）证券市场服务情况

2016 年，青岛证监局贯彻落实“两维护，一促进”的核心监管职责，引导辖区上市公司加强投资者关系管理水平，提高投资者保护意识，切实将投资者保护落到实处。一是组织辖区上市公司对照《国务院办公厅关于进一步加强资本市场中小投资者合法权益保护工作的意见》开展自查，梳理了辖区投资者合法权益保护，督促辖区市场主体落实投资者投诉处理的首要责任，完善投诉处理机制。二是进一步建立健全《青岛证监局投资者合法权益保护工作规程（试行）》《青岛证监局投资者诉求处理工作规程》等投保工作制度，实现中小投资者保护工作常态化、规范化和制度化。三是强化投资者教育宣传，开展投资者教育和保护百日讲坛活动。四是建立证券期货纠纷多元化解机制，督导上市公司及证券期货经营机构等承担投资者投诉处理的首要责任。五是督导市场主体归位尽责，建立健全投资者纠纷和诉求的机制。六是积极鼓励上市公司股东大会全面采用网络投票方式，并建立中小投资者单独计票机制，保障中小投资者合法权利。

（五）其他

2016年度，青岛证监局联合或指导青岛市上市公司协会开展了多次形式多样、内容精进、主题突出的自律活动。一是举办辖区上市公司董事、监事培训班，就资本市场最新监管政策、规范信息披露与公司治理等进行专题培训指导，切实提高辖区上市公司资本市场规范发展意识与能力。二是组织辖区上市公司及中介机构相关人员走进上海证券交易所，帮助辖区上市公司全面深入认识资本市场规范运作新规，提高信息披露有效性和防控资本市场内幕交易。三是定期举办辖区上市公司董秘与财务总监培训或联席会议，抓住关键岗位关键人员，强化依法、全面、从严监管。四是举办“青岛辖区上市公司投资者网上集体接待日”专项活动，积极构建和谐投资者关系。五是定期组织走进上市公司活动，并协调山西、浙江上市公司协会成员组织了“走进青岛上市公司”活动，推动辖区上市公司积极实施供给侧结构性改革，提升辖区资本市场活力。

审稿人：张兆兵

撰稿人：李世伟　宿伟娜

第四篇

上市公司治理篇

- “上市公司监事会最佳实践案例”概论
- 中国铁建：准确把握职能定位 不断提升监督实效
- 国海证券：建立合规管理制度体系　夯实公司风险控制防线
- 北汽福田：创建“福田特色”监事会工作机制
- 当升科技：激发内生动力 引领创新发展
- TCL 集团：创新调研机制 拓展监督方式
- 泛海控股：优化制度建设 严守风控大关
- 深圳能源：创建联合运行机制 打造大监督平台
- 人福医药：党建引领 促进企业持续健康发展

“上市公司监事会最佳实践案例”概论

2015年8月至2016年5月，中国上市公司协会监事会专业委员会牵头成立课题组，对上市公司监事会履职评价体系进行了调查研究。在分析我国上市公司监事会履职现状和存在问题的基础上，探讨通过建立监事会履职评价体系和开展履职评价工作，树立行业典型和工作标杆，进一步提升我国上市公司监事会的整体履职水平。在此基础上，课题组制定了上市公司监事会最佳实践评选的评价体系和标准，通过调研和座谈的形式，征求了100多家上市公司的意见和建议，形成了《上市公司监事会履职评分指标》《上市公司监事会评选入围申报条件》《上市公司监事会评选计分规则》和《上市公司监事会最佳实践评选申报信息表》，作为监事会最佳实践评选的主要标准和依据。

2016年9月13日，上市公司监事会最佳实践评选活动正式启动。此次评选活动是中国上市公司协会在建立和完善我国上市公司监事会制度、倡导和树立行业标杆、发挥优秀上市公司监事会在行业中的引领作用上的体现，同时，也是在倡导会员自律、不断提升上市公司治理水平上的一次探索和尝试。从上市公司的申报材料和公众投票情况来看，此次评选活动提升了监事会在公众和上市公司内部的影响力和关注度，达到了举办评选活动的初衷。为全面了解和掌握上市公司监事会在公司治理中的最新动态，进一步加强和改进服务工作和评选机制，评选工作组对本次评选入围的193家上市公司监事会的申报材料进行了梳理、统计和分析。

一、入围上市公司概况

在本次入围的193家上市公司中，沪市上市公司104家，占53.89%；深市上市公司89家，占46.11%。按照所有制性质划分，国有企业101家，占52.33%；民营企业67家，占34.71%；混合所有制企业15家，占7.77%；其他10家（包含外资企业），占5.19%（见图1）。按照行业划分，制造业最多，共有77家，占39.90%；金融类24家，占12.44%；能源冶金类和地产建筑类各20家；贸易类12家；交通储运类11家。按照地域划分，覆盖全国31个省（市），其中，北京市是入围最多的地区，共29家，占15%；其次是广东省24家；浙江省15家；湖南、山东各11家；上海10家（见图2）。

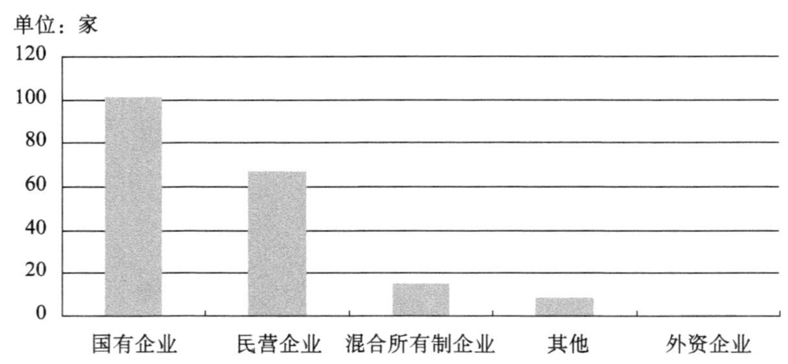

图 1 入围上市公司的企业所有制类型分布

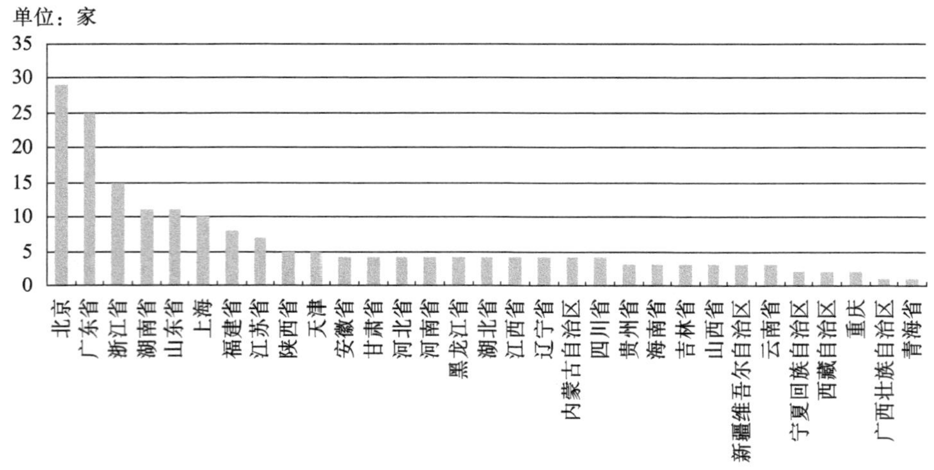

图 2 入围上市公司的地域分布

在入围上市公司监事会履职水平的分值分布方面（以专家依据企业申报材料的打分为标准，满分 100 分），80 分以上的上市公司 27 家，60 ~ 80 分的上市公司 150 家，60 分以下的上市公司 16 家（见图 3、图 4、图 5、图 6 和图 7）。这表明上市公司监事会的履职水平从整体上来讲还是比较好的。

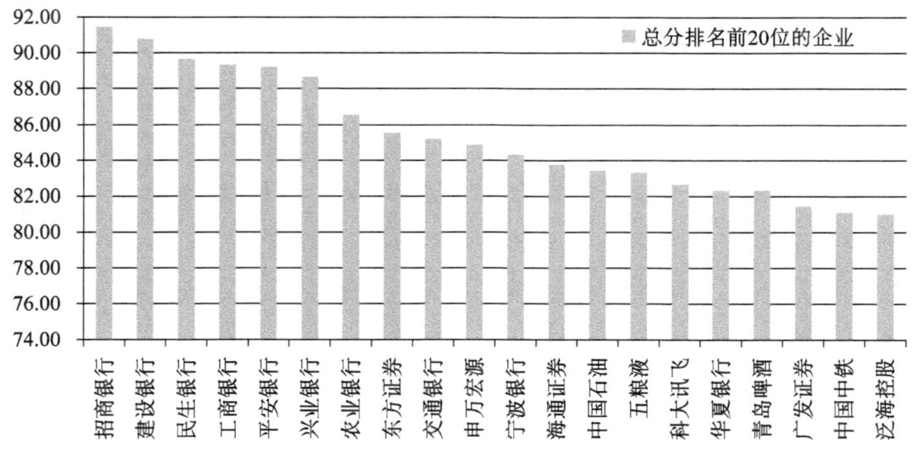

图 3 监事会履职水平得分前 20 位的上市公司

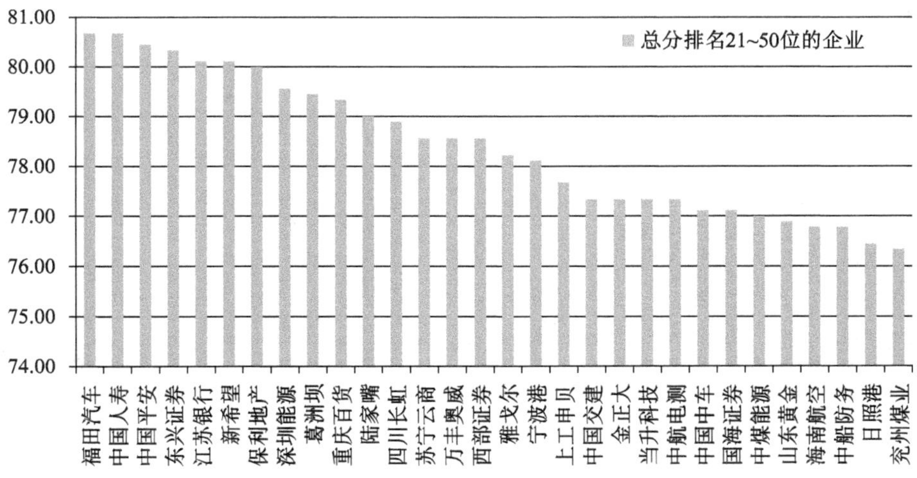

图 4　监事会履职水平得分第 21 ~ 50 位的上市公司

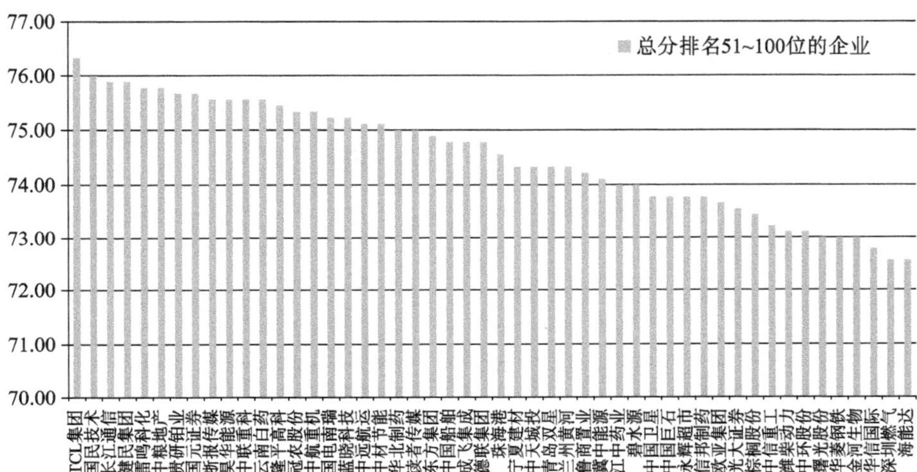

图 5　监事会履职水平得分第 51 ~ 100 位的上市公司

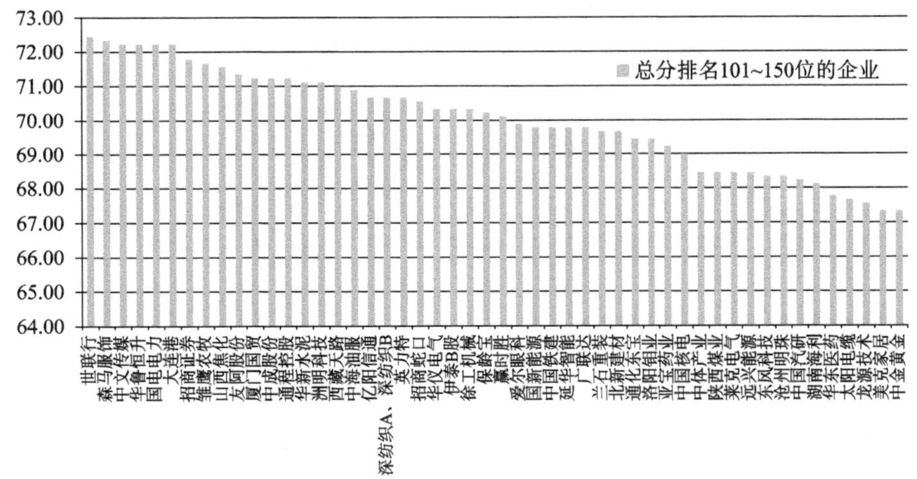

图 6　监事会履职水平得分第 101 ~ 150 位的上市公司

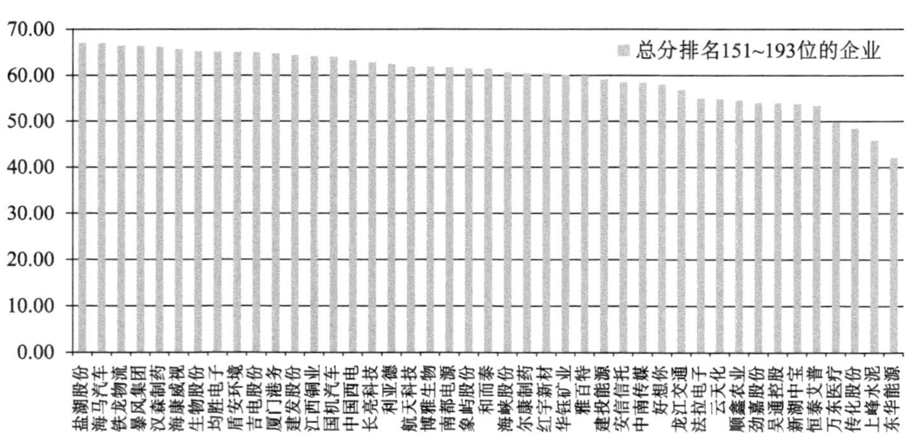

图 7　监事会履职水平得分第 151 ~ 193 位的上市公司

二、上市公司监事会履职信息

（一）上市公司监事参加培训和下设专门服务机构

在 193 家上市公司中，监事每年定期参加培训的占比 86%，未参加培训的占比 14%（其中，包括近期监事会换届的公司）。监事会下设机构的占比 57.5%（见图 8）。

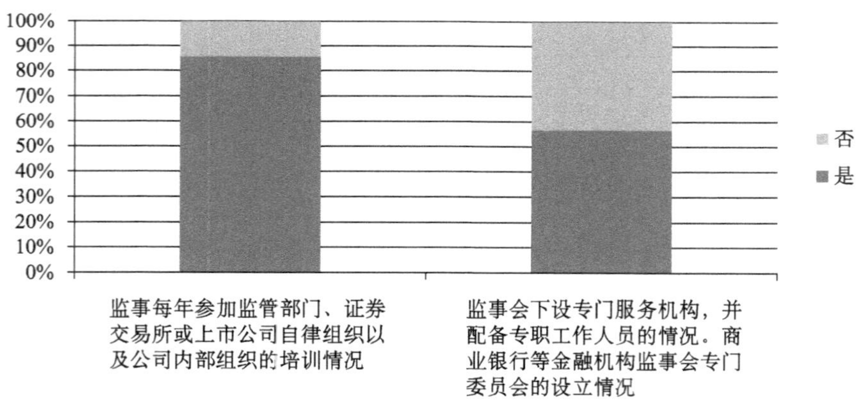

图 8　上市公司监事参加培训和监事会下设专门服务机构的情况

（二）上市公司监事会制度建设

193 家上市公司在公司章程中，对监事会及监事的权力、义务、职责、激励约束机制等有相应规定的占比 100%。有监事会议事规则及专业委员会工作制度的（例如，有专业委员会）占比 98.5%。有监事会对董事会、高级管理层履职监督和履职评价制度的占比 70%。有监事会对监事的履职评价制度的占比 51.5%。有监事会履行财务、风险、内控等监督职责制度的占比 82%（见图 9）。

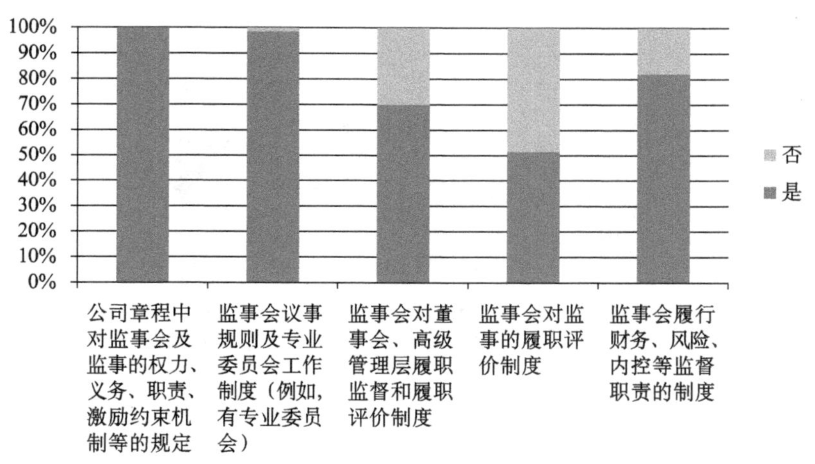

图 9　上市公司监事会制度建设情况

（三）上市公司监事会权利保障

在 193 家上市公司中，建立重大事项向监事会报告机制的占比 83.5%。公司承担监事履职所需合理费用，商业银行等金融机构有独立的监事会费用预算，为监事建立职业责任保险制度的占比 82.5%（见图 10）。

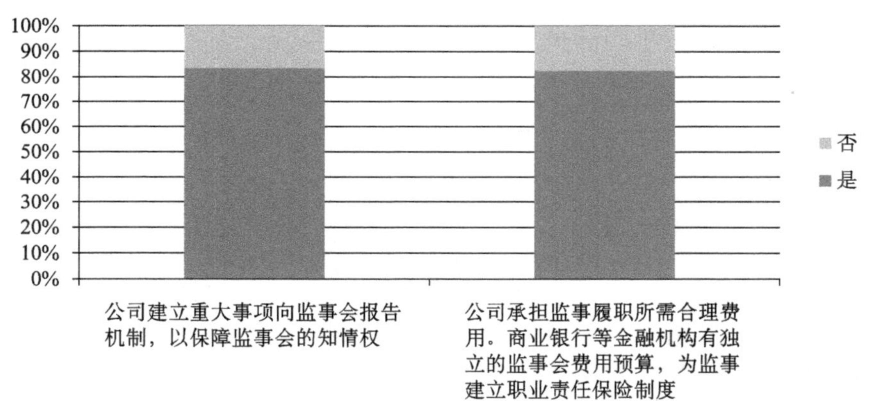

图 10　上市公司监事会权利保障情况

（四）上市公司监事会履职监督

在 193 家上市公司中，做到对董事会、高级管理层开展履职监督，并建立履职监督档案，同时注重加强与董事会、高级管理层的沟通和反馈的占比 70.5%。做到对董事会、高级管理层的年度履职评价工作的占比 75.50%。做到对董事会、高级管理层的履职评价结果向股东大会和监管部门报告情况的占比 82%（见图 11）。

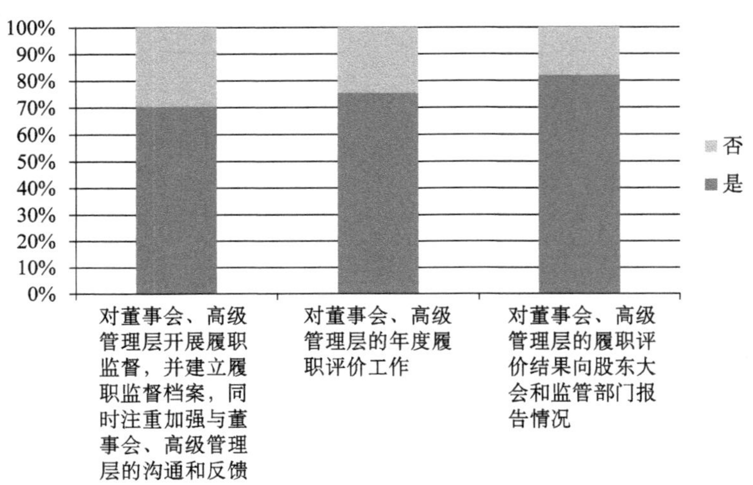

图 11　上市公司监事会履职监督情况

（五）上市公司监事会财务监督

在 193 家上市公司中，监事会做到对公司财务进行检查，发现问题及监督整改落实的占比 87%。做到检查监督董事会和高级管理层重要财务决策和执行情况的占比 93%。做到审核定期报告及发表意见的占比 100%。监督公司财务管理机制的建立健全和有效运作的占比 93%。直接与外部审计师（如有）沟通，听取审计结果汇报的占比 75%（见图 12）。

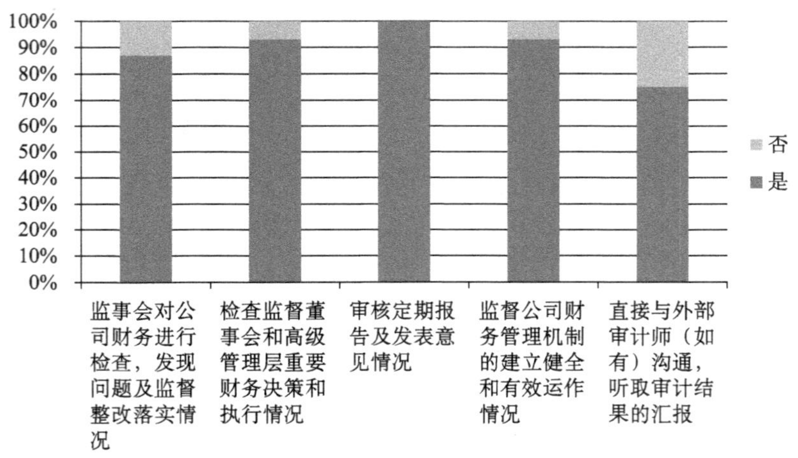

图 12　上市公司监事会财务监督情况

（六）上市公司监事会内部控制监督

在 193 家上市公司中，监事会监督董事会建立和实施内部控制机制的占比 95%。监督高级管理层执行董事会决策和落实内部控制职责的占比 94.5%。审议公司内部控制检查报告、内部控制自我评价报告并发表意见的占比 96%。监督公司关联交易的占比96%。指导内部审计和内部控制合规工作的占比90.5%（见图13）。

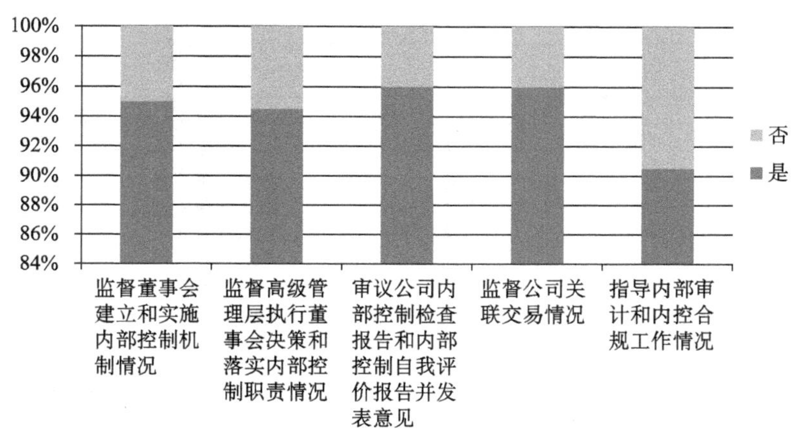

图13　上市公司监事会内部控制监督情况

（七）上市公司监事会风险管理监督

在193家上市公司中，监事会监督董事会和高级管理层风险管控机制的占比82%。监督公司风险管理战略、风险偏好及其传导机制的占比75.5%。监督公司面临的主要实质性风险，调查评估相关风险管理的占比79%（见图14）。

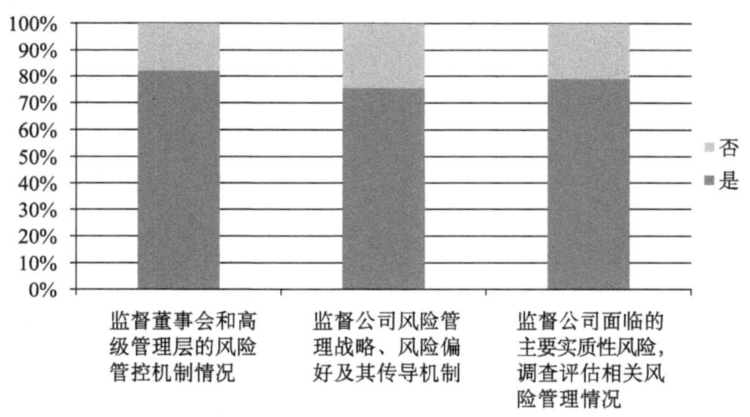

图14　上市公司监事会风险管理监督情况

（八）上市公司监事会信息披露监督

在193家上市公司中，监事会监督董事会、高级管理层履行信息披露职责的占比91.5%。监督公司制定重大事件的报告、传递、审核披露程序的占比90.5%。监督内幕信息知情人管理制度实施的占比87.5%（见图15）。

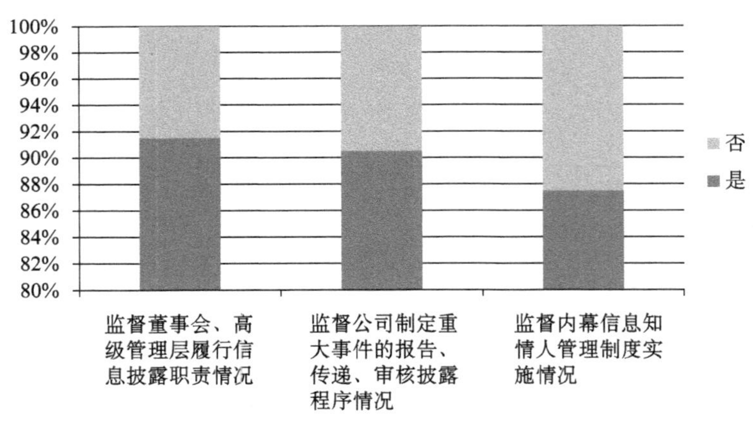

图 15 上市公司监事会信息披露监督情况

三、上市公司监事会履职评价结果分析

从对 193 家上市公司监事会的履职评价结果来分析，现阶段上市公司监事会履职情况具有以下 5 个特点：

（一）监管要求不同，监事会履职水平行业差异巨大

目前，我国针对上市公司监事会普遍适用的法规，只有《公司法》《上市公司治理指引》等少数法律、规章制度中有限的几条规定，因此，对于大多数行业来讲，对监事会的结构、人员、职责、运作规范等没有过多要求，进而导致监事会运作相对偏松、偏弱。然而，对于商业银行、大型国有企业等上市公司来讲，由于监管机制和力度的差异，对其公司治理以及监事会的要求相对严格、细致，从而使得商业银行监事会的结构相对完善、职责相对清晰、监事整体职业素质相对较高、履职相对规范、监督作用的发挥相对充分。从 193 家上市公司监事会履职水平的最终得分可以看出，在行业方面，金融行业平均得分 82.08 分，制造行业平均得分 69.76 分，贸易行业平均得分 71.45 分，地产建筑行业平均得分 71.77 分；在所有制类型方面，国有企业平均得分 73.61 分，民营企业平均得分 68.54 分，混合所有制企业平均得分 73.41 分（见图 16）。

（二）监事会制度缺失，监事会履职尚待规范

从入围的 193 家上市公司的申报材料中可以发现，导致其减分最多的项目之一就是监事会制度缺失，193 家上市公司中因此项减分的就有 172 家，占比 89%。这一现象说明，各上市公司监事会对制度建设未给予充分重视，对监事会重点职责落实的目的、方法、途径、应用等不够精细和规范，缺乏有针对性的、细致的制度安排，仍处于粗放管理阶段。

（三）监事会保障机制不足，制约监事会履职能力

在入围的 193 家上市公司中，设有监

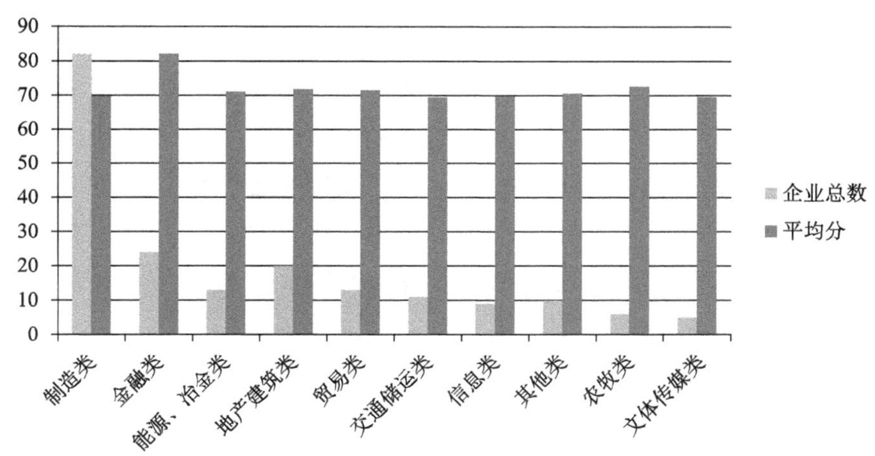

图 16 各行业上市公司监事会履职水平得分情况

事会办公室的只有 58 家，设专职监事会秘书的有 7 家，69 家上市公司没有设置专门的监事会机构。制定了独立地向监事会报告重大事项制度的上市公司也只是少数，有独立财务费用预算、为监事建立履职责任保险的上市公司更为鲜见。这些监事会保障机制的缺失，在很大程度上也是制约监事会作用充分发挥的关键因素。

（四）对董事会和高级管理层的履职评价不到位，监事会的制衡作用难以发挥

在入围的 193 家上市公司的申报材料中，另一个减分大项就是履职监督评价这一项。一方面，监督制度不足，规范性不够；另一方面，很多上市公司的监事会没有建立董事和高管的履职档案，没有对董事会、高级管理层出具独立的、定期的履职评价报告，要么在高管考核中加入一部分监事会的打分权重，要么就是在工作报告中复述一下公司人事部门的考核结果。可以说，对董事会、高级管理层的履职监督评价流于形式的现象普遍存在，甚至包括一些相对来讲比较不错的商业银行监事会。虽然近几年探索着搞了很多履职监督制度方法和实施细则，但是总体上还是形式大于实际，力度有限、权威不足、效果不明，然而，对人的监督如果不能落到实处，那么监事会的制衡作用就难以发挥。

（五）监事会履职创新有限，特色尚不明显

总结入围的 193 家上市公司的申报材料，在监事会履职创新和特色方面，虽然各有千秋，有的上市公司确实也进行了有益的探索和创新，形成了自己的鲜明特色，但是总体来看，监事会在履职模式和工作方法等方面仍然有待完善，特别在对公司重大事项、财务运营、内部控制、风险管理等监督方面，除了会议、审议文件、检查和调研等方式外，缺乏适时性、针对性、有效性更强的监测和督查手段，特别在知情权的保障方面，总体上存在一些困难，需要探索更加有效、更具特色的机制和模式。

四、监事会履职创新亮点

193家上市公司虽然来自不同行业、不同地域、不同所有制形式，但是在监事会履职方面还是有很多可以相互学习、借鉴的经验和亮点。

（一）整合监督力量，形成完整的监督链条

监事会作为公司治理层面的监督主体，法定职责明确，治理针对性强，但是因为缺少工作途径和方法，加之机构、人力、信息等必要资源配置有限，高大上的职责难以落地。然而，在监事会履职评价中我们发现，部分上市公司通过加强监事会与独立董事、内外部审计、纪检监察、内控管理部门等监督机构协调配合的方式，整合内部监督力量，上下联动，形成合力，不仅使监事会的工作有的放矢，有力可借，而且扩张了监事会的监督范围，强化了监督效果，促使监督、问责、整改、复查形成了完整的闭环，监督的体系化和机制化优势更加明显。

（二）强化机构建设，提升监事会的履职能力

目前，一些上市公司监事会设立了独立的办事机构，大部分为服务机构且人员有限。但有部分上市公司，将企业管理职能整合到监事会办事机构中，例如，将法律合规、内部审计、内控管理等职责整合到监事会办事机构中，并配备专业人员，使办事机构的工作范围、职责权限和工作能力有了很大提升，对监事会履职的支持保障力度必然增大。此外，还有部分上市公司在监事会下设立了监事会秘书岗，与董事会秘书类似，可以提高监事会与内外部的协调联络效率，同样可以提高对监事会的支持力度。

（三）建立联席会议制度，适应集团化管理

部分集团化上市公司，为加强对附属公司的监管和指导，加大了监事会的监督力度，配置了一定的资源，明确母公司监事会对附属公司的监督权责。监事会为履行自身职责，探索了一种联席会议制度，不定期地召开与附属企业董事、监事、经营层的工作会议，听取工作情况报告和重大、特别事项报告。这种制度在集团化发展成为各个行业主要运营模式的今天，对于监事会发挥监督作用，具有较好的可行性和实际意义。

（四）重用外部监事，提高监事会监督的独立性

部分上市公司监事会比较重视发挥外部监事的作用，在监事会构成上加大外部监事的比例。在外部监事人选方面，尽可能地选择执行能力强、有责任心，特别是有工作时间保证的人士。在实际工作中，由外部监事承担大部分的监督、检查工作，一方面，弥补了兼职股东监事履职时间不足的问题；另一方面，保证了监事会工作的独立性和客观性。

（五）监督挂钩考核，监事会监督更具制衡作用

参评的很多上市公司监事会，将对高管甚至包括核心管理团队成员的履职监督与其考核、任用挂钩，形式上要求高管人员对监事会进行年度工作述职，监事会在征求公司各层级人员意见的基础上，结合高管年度业绩完成情况和监事会日常履职监督情况，对其进行综合评价，评价结果在高管人员年度考核中占有相当的比重，甚至部分上市公司的监事会是高管人员考核的主体机构，直接影响高管人员和核心团队的任、用、考，从而使监事会的履职监督更具实效，监事会的制衡作用也得以充分发挥。

五、完善监事会制度的相关建议

通过上述分析可以看出，随着市场经济的不断深入，经过国家长期自上而下的监督管理，国内企业特别是上市公司的整体治理水平和管理能力有了很大提高，主要体现在治理结构更加规范、运作更加高效、职责更加明晰、履职更加到位等方面。但这只是纵向比较，自己和自己比确实提高了，然而，与国际先进企业和先进管理模式相比，还有很大的进步空间。结合目前上市公司监事会的实践做法和面临的问题，对改进监事会制度提出以下建议：

（一）引入差异化治理观念，允许中小板、创业板独立董事和监事会备选

目前，国际公司治理的演变趋势已经呈现“选择化”和“灵活化”的趋势，独立董事、监事会不再是公司治理的必备机构，而是治理结构“菜单”的选项之一。而我国上市公司结构和性质日趋多元化，既有传统经济模式，又有新型经济模式；既有一般生产制造类企业，又有创新驱动类企业；既有高科技生产企业，又有文化服务类企业；同时上市公司行业、规模差异较大，情况千差万别，不同类型上市公司呈现出不同的治理特色，单一结构的公司治理已经很难适用于所有公司。同时，对于中小板和创业板公司，由于其规模相对较小、人数相对较少，在建立独立董事制度后，再设立一套监事会，叠床架屋的制度安排为中小板和创业板公司增加了很大的治理成本，建议实行差异化的备选治理模式，允许中小板和创业板上市公司的独立董事和监事会二选一，降低治理成本，把公司治理机构设置的选择权交给上市公司。

（二）大力推进外部监事制度，增强其独立性

参照独立董事和银行类外部监事做法，大力推广外部监事，增强监事的独立性。制定外部监事相关制度，并对建立外部监事制度做出强制性要求，即对外部监事的内涵、选聘程序、职能等做出规定，保证外部监事的知情权和话语权。

着力改善股东监事结构，增强监事会的独立性。由于目前股权监事的来源、专业性、履职能力等存在较大差异，导致大部分股权监事的监督形式化、工作内部化、职位下移化，难以发挥监督作用，为增加监事会的监督职责，建议着力改变股东监事的结构，增加非控股股东监事的比例，例如，推动长期机构投资者担任公司监事，同时扩大独立监事在监事会中的比例，充分发挥外部监事的监督作用，使监事会的职能由目前对企业内部经营管理的监督，逐渐“正位”到《公司法》赋予的三会制衡的使命。

（三）进一步拓宽监督深度和广度，探索决策评价机制

建议进一步拓展监事会的监督方式和方法，加大监督深度和广度。鼓励监事会在财务检查、董事和高管行为监督等方面探索建立评价机制，对重大战略决策的科学性、合理性及执行结果的有效性进行评估。对重大事项的执行过程进行跟踪，向股东大会报告，充分发挥纠偏和监督职能，提高企业规范运作水平。进一步细化工作制度，探索实施监督的量化评价方法，逐步将评价结果作为财务检查、董事和高管行为考评的重要依据。充分发挥外部审计机构在监事会履职中的作用，建立外审机构与监事会的良好沟通机制，借助外部审计力量，通过审计及时发现问题，对企业运行情况、经营过程实行监督，提高监督的有效性和针对性。

（四）加强监事会机构建设

建议进一步明确监事会在公司治理结构中的监督地位，加强监事会机构建设。鼓励建立监事会下设日常工作机构，整合纪检、监察、审计等相关部门的监督合力，探索设立监事会专业委员会。推动上市公司向全资和控股子公司派驻监事会、对参股投资企业派驻监事，延伸监督触角，加大对子公司的监督力度。建议监管部门可定期组织对上市公司治理结构的执行情况进行监督检查，其中，把监事会的责权利落实情况作为检查的重点内容之一。

（五）提高监事履职能力

建议从源头抓起，规范监事任职资格，选任高素质、高水平的监事。可仿效董秘资格培训的做法，设置监事任职资格及后续培训制度，提升监事履职能力，提高监事的整体素质。对于外部监事或者独立监事进行资格认定，比照独立董事做法，实现外部或独立监事专业化，保证外部或独立监事的独立性，充分发挥其监督作用。对于股东派出监事，比照股东派出董事的做法，保证其充分履职。同时，建议在实现监事履职的基础上，对监事实行问责制。明确监事的监督责任和相应处罚措施，规定监事未履行职责的处罚，加大问责力度，并充分发挥上市公司行业自律组织的作用，强化外部监督力量。

中国铁建：准确把握职能定位　不断提升监督实效

中国铁建股份有限公司（以下简称中国铁建）由中国铁道建筑总公司于2007年11月5日独家发起设立，是国务院国有资产监督管理委员会管理的特大型建筑企业。2008年3月10日和13日分别在上海和香港上市，公司连续11年入选《财富》世界500强企业，2016年排名第62位，名列ENR“全球250家最大承包商”第3位。中国铁建监事会成立于2007年11月5日，由3名监事组成，其中包括2名股东监事和1名职工监事。第三届监事会于2014年10月组建，现任监事会主席黄少军。10年来，中国铁建监事会严格按照《公司法》《公司章程》《监事会议事规则》及相关法律法规和规章的规定，本着对股东负责的精神，认真履行监督职责，积极有效地开展工作，对公司财务、公司依法运作情况和董事、高管人员履行职责情况进行了监督，较好地发挥了监事会的监督作用，有效地维护了公司和股东的合法权益。

一、明确职能定位，强化制度建设，营造良好监督环境

（一）坚持依法依章监督，准确把握职能定位

根据法律法规和规定开展监事会工作，将监事会工作融入公司治理结构之中，切实发挥监事会在公司治理中的制衡作用。《公司章程》第十三章对监事会、监事的职能职责定位明确。监事会主席、监事纳入公司高管，行政级别相对较高，确保监督职责充分发挥。为保证监事会相关事务有序开展，公司在组织机构中设立监事会办公室，定编2人，全面负责监事会的日常工作。

（二）加强制度体系建设，促进规范有序运作

按照法律法规和有关文件的精神，结合公司实际，建立和完善了《监事会议事规则》《监事会办公室工作规范》等各项规章制度，定期编制监事会年度工作报告，布置下一年度工作要点，不断充实完善监管工作基础信息库，促进监事会工作逐步规范化。监事会办公室在深入研究和调查的基础上，编辑出版《监事会工作手册》，收集整理与上市公司监事会相关的国家法律法规、证监委、上海和香港两地上市公司治理规则以及公司章程、监事会成功做法等材料，汇编成册，以指导监事会工作的有效开展。

（三）完善沟通交流机制，营造良好监督环境

公司监事会积极探索创新监督方式方

法，建立了公司监事会与职能部门、骨干子企业的工作互动协调机制，建立了日常工作联系、重要情况报告、会议通知、信息资料报送的工作流程。目前，公司所属二级集团均已建立监事会制度，业务上接受公司总部监事会的监督指导，有效地发挥了监事会的监督合力。同时，积极推动公司监督力量整合，监事会与公司总部纪检、监察、财务、审计等部门建立联动机制，支持和督促社会中介机构开展对公司内部审计工作，充分整合内外部监督资源，借助其力量，运用其成果，实现监督信息的双向沟通，信息共享。

二、切实履行职责，强化依法合规，确保监督程序到位

（一）出席列席重要会议，履行会议监督职责

几年来，历任监事成员均能按规定出席或列席股东大会、董事会会议、总裁办公会等各项重要会议，积极参加公司定期经济活动分析会以及廉政建设、安全生产、经营创新、财务审计等专题会议，参与公司重大决策的讨论，依法对历次董事会审议议题、议案和会议召开程序、决策程序进行监督，以强化公司管控，提升公司各项决策的科学性和有效性，规避重大风险，促进公司依法经营、规范运作，监督董事、高管人员的履职行为。

（二）定期召开专题会议，突出财务监督职责

2014 年 10 月至 2016 年 11 月，公司共召开监事会会议 14 次，先后审议表决通过 34 项议案，较好地履行了监督职责，有效地维护了股东、公司和员工的权益，未发生违法违规行为及证监会处理处罚事件。审议的议案涉及公司财务报告、内控制度、公司治理、关联交易、会计政策等重大事项。依据财务监督的基本职责，监事会定期听取公司财务负责人的专项汇报，审查公司财务报表，审议公司财务报告及会计师事务所审计报告，对公司财务运作情况进行检查和监督。按照上市公司监管要求，对公司募集资金使用情况、重大收购出售资产情况、重大关联交易、内控评价报告等事项发表了独立客观的监事会意见。

三、改进工作方式，注重实地调研，充分发挥监督实效

（一）强化过程监督，提高监督时效

公司监事会注重深入公司各个层级了解和掌握情况，分析和解决问题，实现事前、事中、事后的全过程监督，全面落实《公司章程》赋予的检查公司财务和监督公司董事及高管履职行为的基本职责。以重大决策为重点开展事前监督，督促公司落实“三重一大”决策制度，规范决策行为；以重大财务事项为重点开展事中监督，督促公司严格执行财务管理制度，提升财务管理水平；以督促公司整改存在的问题为重点开展事后监督，促进公司完善规章制度。

（二）结合岗位职责，强化日常监督

历任监事结合本职岗位和专业分工，不断创新工作方式，整合监督资源，开展日常监督。黄少军主席利用分管审计工作、参加经济责任审计和境外项目审计的机会，对公司所属重点子企业、重大投资项目和重要境外项目进行监督调研；李学甫监事利用分管公司治理、锦鲤资产、改革改制工作的机会，广泛参与子企业拆分上市、发行债券、资产管理等方面的合规性检查；张良才监事利用参与巡视及落实"两个责任"检查、民主生活会等活动的机会，检查职工权益保障情况。通过一系列深入基层的实地监督，各位监事对公司所属单位生产经营和资产管理状况、境外项目成本的控制及管理、财务规范化建设，以及对公司重大经营决策和投资项目等情况有了比较全面深入地了解和认识，为更好履行监督职责提供了信息保障。

（三）开展专题调研，增强监督实效

专项调研的目的在于完善公司治理制度，提升公司管控能力。几年来，监事会先后组织开展募集资金投资项目效果专项检查，公司关联交易情况专项检查，内幕信息知情人管理制度执行情况专项检查，以及针对重点子公司、重点项目的专题调研。2015 年，针对公司当前境外业务规模大、资产监管和风险防范有待进一步深入的问题，黄少军主席利用境外审计的机会，对中国铁建在埃塞俄比亚、吉布提分支机构（工程项目）的经营管理状况、政治法律环境和税收征管政策等情况进行了综合调研，就调研检查中发现的问题和相关风险提出了相应意见和建议。同时，为建立境外资产管理的长效机制，要求各所属单位每 3 年对本单位境外公司、分支机构和项目（合同额 1 亿美元以上）开展一轮内部审计，对某一国家和地区存在 3 家以上的所属单位，每 3 年由股份公司组织一次专项审计，确保境外审计工作全覆盖，促进企业规范境外业务管理，防范风险。该意见已在《中国铁建股份有限公司境外业务管理工作指导意见》中得到明确。2016 年，黄少军主席再次带队，对中国铁建阿尔及利亚地区公司和项目进行了深入调研，针对发现的问题和相关风险提出了 7 个方面 24 项意见和建议，并就阿尔及利亚东西高速公路项目结算问题，拜会了阿国高速公路管理局负责人，取得了实质性进展。

四、监督服务并重，注重成果运用，促进公司管理提升

针对公司管理中存在的普遍性、倾向性问题，监事会从有利于公司规范运作的角度，及时向董事会和高级管理层提出建议，积极发挥监事会监督与服务相结合的功能。高度重视监事会监督检查的成果运用，先后出具专题建议书 10 余份，要求总部相关部门和骨干子企业对监事会建议书中每个重大问题的处理，有落实、有反馈、有结果，环环相扣，形成监督工作闭环。加大与董事会和高级管理层交换意见

的力度，把监事会的监督检查工作成果更有效地转化为董事会、高级管理层改善和推进工作的依据和动力。2014 年上半年，公司按照“统一部署、分工负责、自审自查、强化督导、限时整改、规范提升”的要求，开展了对各级会计核算单位的自审自查工作。时任监事会主席的齐晓飞亲自担任领导小组副组长，监事黄少军亲自组织了自审自查工作。在全面整改、严格处理的基础上，公司制订了《关于进一步规范企业经济行为的规定》，明确划定企业经营管理过程中必须严格禁止的 10 条“红线”、不可触碰的 20 条“黄线”和需要规范的 40 条“蓝线”，对落实企业长效机制建设、推进依法合规经营起到了积极作用。2014 年下半年，公司按照“清、诊、治、惩、防”5 字方针，开展了“亏损项目整治年”活动。公司监事会高度关注，积极组织专项审计和蹲点督导工作，扎实推进这项活动的有序深入开展，减亏扭亏成效显著。2015 年上半年，公司监事会责成审计监事局对系统内工程施工板块的物资管理及集中采购工作推行情况展开了专项审计调查，涉及集团公司 21 个，工程项目 3492 个，调查范围广、内容多、要求严，调查目的明确，取得了一定实效。同时为充分发挥物资集中采购的成本优势，组织专人对中国中铁、中国建筑等 6 家大型建筑类央企的物资集中采购情况进行了专项调研，针对调查和调研中发现的问题，提出了设立专职集采职能部门、整合系统资源、完善配套制度、强化统筹协调，保障资金支付等建议，得到了管理层的采纳。2015 年下半年，公司相继完成 A 股再融资、发行 H 股可转换债券、铁建装备拆分上市等工作，监事会给予了高度关注，委派李学甫监事全程参与和监督，确保了各项决策的合规有效。另外，监事会主席黄少军多次到公司组织的“后备干部培训班”“经济管理人员培训班”“项目经理培训班”“审计财务骨干培训班”授课，结合公司治理、监事会日常监督、企业内部审计等理论和实践案例，给学员做讲解，受到主办部门和学员的一致好评。

五、注重学习培训，着力队伍建设，提高监督履职能力

几年来，公司监事会成员及监事会办公室工作人员均符合任职资格，均按规定参加了国资委、中国证监会、北京证监局、上市地交易所等组织的专项培训活动。2016 年 8 月，公司监事会主席、监事会办公室人员参加了全国监事会监督检查工作实务及职业化高级研修班，监事会相关人员的综合素质和履职能力得到不断提升。此外，注重开展调查研究和工作交流，公司监事会先后向中国石油、中国石化、中交股份等监事会工作开展较好的企业取经，扬长避短，因地制宜，改进监事会工作方式，认识和把握监督规律，探索有效监督的方式方法，促进监事会监督体制和机制的完善。

六、存在的问题

中国铁建监事会自成立以来，恪尽职

守，认真履责，取得一定的工作成效，但与其他优秀上市公司相比，还有一定的差距，主要表现在：监事会相对股东会、董事会独立性不强，监事兼职较多、专职较少，内部监事多，外部监事少；监事的责权利尚不对等；国务院派驻监事会、外部董事及部分董事会下设的专业委员会与内设监事会职能有重复和交叉；监督高管的职责很难得到实质性履行；监事会及其办事机构人员少等。今后，中国铁建监事会将进一步拓展工作思路，创新工作模式，一如既往地依据《公司法》《公司章程》及上市规则的有关规定，严格履行职责，谨遵诚信原则，加强监督资源整合，以维护和保障公司及股东的合法权益为己任，努力做好各项工作。

国海证券：建立合规管理制度体系　夯实公司风险控制防线

国海证券股份有限公司（以下简称国海证券）前身为广西证券公司，是国内首批设立也是在广西区内注册的唯一一家证券公司。2001 年，增资扩股并更名为国海证券有限责任公司。2011 年 8 月，借壳桂林集琦药业股份有限公司登陆 A 股市场，更名为国海证券股份有限公司，成为国内第 16 家上市证券公司。目前是广西唯一一家本土上市金融机构，是深证 100、沪深 300 等多个指数的成分股。2015 年成功入选世界品牌实验室“中国 500 最具价值品牌”榜，位列总榜单第 329 位和金融行业品牌子榜单第 23 位。

2014 年 11 月，经股东单位推荐及职工代表大会选举，产生了国海证券第七届监事会，成员共有 3 人，其中股东监事 2 人，均为兼职；职工监事 1 人，为专职。黄兆鹏监事为国海证券职工监事，现任国海证券党委副书记、监事长、工会主席、纪委书记；李静丹监事为广西投资集团有限公司财务总监；张南生监事为天夏智慧城市科技股份有限公司董事、副总经理。国海证券监事会严格遵守《公司法》《证券法》《公司章程》及《监事会议事规则》等法律法规和公司制度的规定，依法履行监督职责，定期对公司日常经营和财务状况进行审查，并组织针对公司高级管理人员的离任审计，切实维护公司利益和全体股东的合法权益，保证了公司的规范运作。

一、加强制度建设，推动规范运作

国海证券全体监事勤勉尽责，报告期内均亲自出席了全部监事会会议，并对提交监事会审议的各项议案积极发表意见，依法行使表决权，充分履行监事职责。2014～2016 年，共召开监事会 13 次，审议相关议题 48 个，出席了公司 2014 年和 2015 年年度股东大会，并列席了 2014 年、2015 年、2016 年度全部董事会会议，切实维护公司利益和全体股东权益。监事会认真关注公司经营管理的各项工作，对公司经营决策的有关程序和经营管理行使了监督职责。

（一）积极协助公司党委查找“四风”方面的问题并落实整改

2015 年，公司监事会积极协助公司党委把贯彻落实中央“八项规定”作为加强公司作风建设的一项重要工作认真抓好落实，进一步细化“八项规定”和厉行勤俭节约、反对铺张浪费的各项工作要求，班子成员带头严格执行“三公”经费管理规定、车辆使用管理制度等，公司风气发生了深刻变化：迎来送往少了，轻车简从多了；高高在上少了，深入基层多了；大吃大喝没有了，粗茶淡饭多了。“三公”经费逐年减少，2015 年，公司在业务翻倍增长的情况下，公务车运行费比上年下降 7.71%，公务接待费比上年下降 7.65%。这些改变，说明公司能够很好地贯彻执行中央“八项规定”，作风建设取得了可喜进步。

针对公司党委 2014 年和 2015 年民主生活会查出、摆出的各类问题和群众意见，公司监事会积极推动做好落实整改工作，并将整改结果在 OA 上进行公告，接受群众监督。认真开展“查处发生在群众身边的‘四风’和腐败问题”专项活动，防止和杜绝“四风”问题反弹。

（二）积极协助公司经营班子推动公司规范运作

2014 年，公司监事会积极协助公司经营班子制定和修订各项制度、流程合计 111 项。各部门还相应制定了部门级的制度、流程，形成“用制度管人，按制度办事”的制度文化。其中，报告期内公司根据相关法律法规和监管政策的要求，对《公司章程》《公司股东大会议事规则》《公司利润分配管理制度》等公司治理和内部控制制度进行了修订：一是进一步完善公司利润分配政策，在兼顾股东利益和公司可持续发展的基础上，根据公司不同发展阶段和有无重大资金支出安排，规定了差异性的最低现金分红比例，并明确公司在利润分配方案审议前应当充分听取中小股东的意见和诉求；二是进一步明确、细化股东大会中网络投票权和中小股东分类表决权的有关条款，以制度形式切实维护股东特别是中小股东的合法权益。

2015 年，监事会积极协助公司党委，严明党的政治纪律和组织纪律。公司加强制度的建设，共修订党建和党风廉政建设方面的制度 11 项，加强了党风廉政建设的制度保障，以制度为准绳，约束各项业务规范运行，从源头上扼制和铲除滋生腐败的土壤。

二、整合监督力量，强化风险控制

监事会利用公司合规、稽核监察、风险控制等内部监督资源，有效整合监督力量，2014 年和 2015 年，国海证券获得证券公司分类监管评级 A 类 A 级。

（一）强化合规管理力度，实现合规管理全覆盖

2014 年和 2015 年，国海证券建立了董事会（董事长）—合规总监—合规部门—各部门及分支机构合规岗 4 个层级的合规管理组织架构，并建立了完善的合规管理制度体系。报告期内，公司通过组织开展合规审查和合规咨询，提前揭示合规风险以及解决疑难问题，组织业务部门与职能管理部门、法律合规部、风险管理部、稽核监察部协作配合，有序开展合规

监测和合规检查工作，对公司的各项经营活动及员工执业行为实施合规控制，按照证券监管机构要求和公司规定开展定期、不定期合规检查，防范和化解合规风险。监事会认为，公司合规管理机制运作有效，合规管理部门能够有效履行职责，各项业务开展均合法合规。

积极推动公司合规建设。一是各决策事项按金额和风险大小，进行综合评估，实行分级授权审批；公司重大事项决策、重大项目建设、大额资金的使用严格按照董事会批准的年度预算执行，各业务条线的投资规模和使用，由投资决策委员会集体研究审批后执行，2015 年公司一次性投资在 20 万元的招投标项目共实施 37 个，中标金额 4275 万元，未出现领导干预和决策失误的情况。二是以“两个遏制、两个加强”监管检查为契机，公司认真组织自查，全程参与配合广西证监局检查工作，将监管外力与合规内生动力相结合，推动业务合规管理水平上台阶。此外，报告期内公司新聘任了合规总监兼首席风险官、财务总监，进一步加强公司合规和风险管理，加强和规范财务管理，优化公司领导班子结构。

2014 年，公司监事会督促法律合规部加强合规管理。法律合规部为公司各项业务开展提供了法律专业服务，共完成审核事项 5041 项；处理公司各类法律纠纷，及时高效处理各类法律纠纷 15 起，有效化解各项法律合规风险。2015 年，法律合规部共完成审核事项 7869 个，文件 18887 个，完成制度审核 113 项，从维护公司利益、服务业务开展并有效防范风险的角度出具审核意见 25125 条。

（二）借助公司稽核监察部的力量消除风险隐患

2014 年，公司监事会督促稽核监察部加大监督检查力度，消除风险隐患。稽核监察部完成监管稽核、专项稽核、离任审计、离岗稽核及其他突发项目稽核共计 34 个，提交稽核报告 50 份，提出管理建议 82 条，有效促进公司制度、业务流程的完善和规范经营。

2015 年，稽核监察部完成监管稽核、专项稽核、离任审计、离岗稽核及其他突发项目共计 34 个，累计提交稽核产品 50 份，发现问题 138 个，提出管理建议 76 条。

（三）强化风险控制，全面夯实公司风险控制防线

2014 年和 2015 年，公司严格落实全面风险管理要求，按照“董事会—投资决策与风险控制委员会—各业务条线风险控制专业委员会—各单位”的 4 级风险管理组织体系，通过对风险进行集中统一管理，分类识别，分级分层管控，以制度为抓手，量化工具、信息系统和考核问责等为手段推进全面风险管理。设立专业的风险管理部门，为公司提供风险管理决策支持，为各业务条线风险控制专业委员会提供风险管理策略和建议，督导各单位风险管理工作，确保公司能够对各类风险进行识别、评估与计量、监测、处置。公司内

部控制机制遵循了健全性、独立性、相互制约、防火墙等原则，内部控制有效，完善了以净资本为核心的风控指标及流动性指标预测分析和管理体系，未发现公司存在内部控制缺陷。

2015年，公司监事会利用风险管理部的力量，加强公司风险管控能力，防范和控制风险。全年共组织制订或修订相关制度、流程共计114项；全年对提交公司投决会审议的涉及资管、股票质押回购、代销金融产品、收益互换、场外市场融资、风险应对等68个议题提供了评估意见，督导落实会议决议上百条；为信用、资管、代销、柜台、做市等二级委员会提供风险管理策略服务，对所有涉及风险的事项进行评估，发表专业意见，提供风险管理策略建议，全年参与会议50余次，审核项目150余个；投行业务方面，共组织了339个项目的内核预审及内核会议，审核流程3000余项，督导项目组落实相关问题并复核项目组回复12500项，确保投行项目顺利开展。

三、利用内外部审计力量，对关注事项进行监督检查

（一）聘请大信会计师事务所广西分所对关注事项进行审计

监事会聘请大信会计师事务所（特殊普通合伙）广西分所对公司2014年和2015年年度报告进行审计，监事会认为公司财务报告内容真实、准确、完整地反映了公司的经营管理和财务状况等实际情况，不存在任何虚假记载、误导性陈述或重大遗漏。

监事会根据《证券公司监督管理条例》《证券公司董事、监事和高管任职资格监管办法》和《国海证券股份有限公司离任审计制度》等相关规定，2014年，聘请大信会计师事务所广西分所为公司原第六届董事会董事长张雅锋及原总裁齐国旗、副总裁余跃、陈列江等4名高管的离任审计机构并出具审计报告。

（二）利用内部审计师的力量对关注事项进行审计

监事会关注公司的财务状况，借助稽核监察部、法律合规部、风险管理部对公司的财务状况、经营情况实施监督和检查。监事会认真审议了公司2014年和2015年定期报告、2016年第1季度、半年度报告、会计报表及相关财务资料。监事会认为，公司董事会编制和审议2014年和2015年定期报告、2016年第1季度、半年度报告的程序符合法律、行政法规及中国证监会的规定；年度报告的内容能够真实、准确、完整地反映公司2014年、2015年、2016年的经营管理和财务状况等实际情况，不存在任何虚假记载、误导性陈述或者重大遗漏。

公司监事会组织成立公司审计小组，对4名原高管进行了审计。2014年，对离任的刘健、李慧等2名高管进行了离任审计；2015年，对离任的彭思奇、刘俊红等2名高管进行了离任审计。

北汽福田：创建“福田特色”监事会工作机制

一、监事会概况

1996 年，通过资本运营手段有效整合社会分散资源，100 家国有资产跨地区重组并得到盘活和优化组合，共同发起成立了北汽福田汽车股份有限公司（以下简称福田汽车）。1998 年，福田汽车实现整体上市。自 2005 年起，福田汽车一直位居中国商用车第一品牌；自 2009 年起，福田汽车产品销量一直位居全球第一。截至 2016 年上半年，公司品牌价值达到 1005.65 亿元，在汽车行业稳居第 4 位，继续保持中国商用车行业第一品牌的市场地位。

“百家法人造福田”成立模式的特殊性决定了福田汽车股东众多且股权分散的特点，也成就了规范、科学的公司治理架构。在福田汽车董事会中，控股股东、独立董事、战略中小股东、经理层（职业经理人）及职工 4 种力量有效制衡，各司其职，规范运作，不存在控股股东集权、控权现象，也不存在内部人控制、侵权现象，各方股东的合法权益得到有效平衡和保障，形成了董事会民主、科学的决策机制。而福田汽车监事会的构成民主、科学、合理，其设置思路就是为了能够充分保证中小股东和职工的利益，使得中小股东和职工的呼声能够得到更有效地重视和解决。根据《公司章程》规定，福田汽车监事会成员 7 人，其中，3 名职工监事，占比 42.86%；3 名中小股东监事，占比 42.86%；1 名大股东监事，占比 14.28%，充分体现了国有控股上市公司对中小股东和职工利益的重视和关注。

二、具有“福田特色”的监事会履职创新实践

（一）监事会、党委、纪检、工会——相互渗透，有机联结，齐力提升监督检查机制

福田汽车监事会作为公司的专门监督机构，不是形式会、会套会。福田汽车监事会有来自公司党委、纪委、工会及职工代表的成员，监事会成员凭借勤勉负重、绝不懈怠的工作状态与作风，独立监督，主动管理，保证了公司合法合规运营，充分发挥了监督审查职能，形成了监事会、党委、纪检、工会——相互渗透，有机联结，齐力提升的监督检查机制，既有利于监事会发挥监督职能，又有利于保障中小股东和职工的利益。公司监事会对股东大会负责，监督董事会和高级管理层，达到了有效制衡，形成了高效、完善的公司治理结构。

案例：监事会主动发挥监督职能——监事会督促董事会尽快履行增发议案的决策

受公司与戴姆勒公司全球战略合作进展的影响，公司增发事项迟迟未决。2007年11月，监事会督促董事会推进工作，维护了公司的整体利益。

监事会以书面形式向董事会发出《关于提请董事会注意防范和化解财务风险的意见》的公函，监事会建议，积极运用各种能力和影响，促成定向增发事项早日完成，为福田汽车的稳定和发展提供必要的保证。

（二）董事、监事候选人储备库的“福田特色”选聘机制及中小股东联名机制

福田汽车将股东持股比例大小及对公司中长期战略发展的支持力度作为入选“董事、监事候选人储备库”的标准，在找寻和引进这些高素质人才的工作上，公司的“董事、监事候选人储备库”发挥了巨大的辅助作用。

根据福田汽车《公司章程》规定：“单独或合并持有公司3%以上股份的股东，可以提出董事、监事候选人。”福田汽车特色的中小股东联名机制，进一步维护了公司中小股东的利益，展现出了福田汽车公司治理的先进性。

（三）以“调研+培训”的灵活形式学习业务，提升治理水平

（1）重大新业务专项培训——监事的内部学习工作机制。为了进一步强化和落实监事会的监督职能，福田汽车的监事不定期参加公司组织的关于重大新产品、新业务以及公司产品研发、价值链运营、管理流程等知识的专题培训，例如，2010年5月，借公司4名新独立董事上任之机，公司组织了针对董事、监事的关于公司战略规划、生产经营情况及新能源汽车发展情况的专题培训。2011年8月，董事、监事参加了公司组织的高端装备制造新业务培训会。2014年11月，董事、监事参加了公司组织的密云多功能工厂乘用车业务培训。2016年11月24日监事参加了氢能源电池介绍培训及乘用车相关业务的专项培训。这些培训对于监事了解、学习新产品和新业务，提高监督决策效率，加强监督力度起到了重大的铺垫作用。

（2）积极参加监管部门及公司组织的公司治理合规类业务培训。福田汽车的监事除每年按要求参加监管部门组织的各种培训之外，还参加公司组织的年度公司治理合规类业务培训。通过加强对公司主营业务和上市公司法规、规则的学习，及时了解年度内发布的法律法规以及公司重要业务开展情况，做到与监管政策同步，与公司生产经营同步，确保决策的科学、高效，有效促进公司依法运作，更好地发挥监督职能。例如，2013年11月30日，公司邀请上海证券交易所监管老师黄敏之为董事、监事进行加强内幕信息、关联交易管理及规范公司治理业务培训。2016年11月24日，董事、监事参加了福田汽车董事、监事证券市场合规运作培训，进一步深入学习了勤勉履职、持股规范、定期学习培训等董事、监事行为规范，进而使其更加忠实、诚信、依法、合规、勤勉地履行职责，以维护福田汽车在证券市场的良好形象。

福田汽车组织的年度公司治理合规类业务培训，每2～3年对监事进行一次实体培训，公司邀请上海证券交易所、北京证监局或者公司治理领域内的专家、公司董事会秘书/监事会秘书为监事进行公司治理合规业务培训。其余年份公司编制年度培训材料，通过发送邮件等通信方式，组织监事主动学习年度内的重要法律法规变化。

（3）一线事业部调研——监事的现场调研检查工作机制，强化监督力度。公司监事会多次赴各事业部进行实地调研，着重强调以财务监督为核心，加大内部控制的监督力度，促进公司依法经营、积极防范各种经营风险，对重大技改、投资项目进行监督，同时对董事会、股东大会决议执行情况进行检查。例如，2013年，监事实地参观、检查河北福田新近投产的工厂经营和建设进展情况，监督董事会相关决议执行情况。2014年，监事会实地参观密云多功能工厂，检查公司经营和建设进展情况。2015年，监事会实地参观福田康明斯发动机有限公司，检查公司经营和建设进展情况。2016年，监事会实地参观北京宝沃工厂生产线运营现状，并通过试乘试驾深入了解了宝沃产品质量情况。

（4）监事“走出去”标杆企业调研——学习、了解外部经营环境的有效途径。监事会每年都会对标杆企业进行调研，取长补短，借鉴外部标杆企业先进的监事会管理经验。近几年来，福田汽车的监事几乎走遍了国内优秀的汽车企业，进行了深入、全面地沟通、交流，汲取了宝贵的经验。例如，2014年董事、监事会赴长城汽车进行考察、调研；2015年董事、监事会赴柳州五菱汽车进行考察、调研；2016年监事会赴江铃汽车进行考察、调研。

（5）季度生产经营情况汇报——监事会的特色监督工作机制。福田汽车形成了每季度由经理层向监事汇报、沟通的固定机制。每季度，都会由监事会秘书配合董事会秘书，根据实际经营发展情况，组织公司研发、销售、财务、生产等相关部门编制材料，以实体会议或通讯发放材料、电话汇报等方式，就公司近期生产经营情况、重大投融资等进行汇报，以便监事了解公司生产经营的真实、实时状况。

（6）监事会参加年度财务报告审计沟通会，贯彻监事会对公司年度报告的监督机制落实。监事会积极参加公司组织的独立董事及审计委员会与公司审计师的年度财务报告审计沟通会，及时听取并监督年度财务报告审计工作进度安排和重要问题的沟通等，从而能够进一步保障公司监事会财务监督检查职责的实现和提升。

（四）特色的监事会办公室运作模式

（1）独有的监事会秘书设置。根据北京证监局下发的《关于提高辖区上市公司质量的指导意见》（京证公司发〔2008〕

33 号），要求有条件的公司应设立专门的监事会办公室和监事会秘书。

根据公司实际情况，为进一步规范监事会办公室的运作，明确专人负责监事会办公室，以更好地协助公司监事长处理监事会日常事务，公司设置了监事会秘书，从而更有效地保证公司决策事项更好地得以贯彻和落实。

（2）重大事项提前沟通，顺畅和谐决策机制。重大议案提交监事会审议前，监事会秘书带领相关业务部门提前进行沟通，进而将矛盾、意见等在会下充分交流、解决。会议仅是履行法定程序，确保会议氛围和谐、决策高效。

（3）实施“服务＋管理”的工作模式。作为监事会的日常办事机构，一方面，监事会办公室对监事会成员履行服务和支持职能；另一方面，为保证监事会的决策质量，充分调动监事的勤勉尽责能力，福田汽车特意制定了详细的细则和规定，进行严格的监事考核管理，对未按要求履行职责的监事进行扣减车马费，实行约束和激励并施的管理机制，促使监事最大限度地发挥自身的作用。

（4）积极主动为外部监事提供调研场所，便于外部监事调研公司情况。

（5）多次向北京辖区上市公司介绍福田汽车监事会办公室运作经验。作为北京上市公司协会监事会工作委员会成员单位之一，福田汽车监事会办公室牵头制定了《上市公司监事会办公室工作指引》，并经北京证监局同意后，由北京上市公司协会下发。

三、存在的问题及建议

福田汽车监事会紧紧围绕《公司章程》赋予的职责，积极探索完善监督机制，创新监督手段，较好地发挥了监督作用，但是还存在一些有待改进的问题，例如，国内公司治理中监事会界定与审计内控委员会、独立董事职责定位存在交叠，可能造成资源浪费，决策效率低下，成本提高等。此外，福田汽车作为一家国有控股上市公司，建议监事会成员架构设置时，充分考虑中小股东及职工的利益，建议监事会成员设置中 1/3 为职工监事，2/3 为外部监事（其中至少一半来自中小股东代表监事），以便保障中小股东及职工利益的呼声得到有效保证和解决。

未来福田汽车监事会将继续以公司发展为主线，规范运作，优质高效，实现公司法人治理水平的不断提高，尤其在学习跨国公司标杆和提高国际化运作能力方面多下功夫，以强劲的力量推动福田汽车国际化道路更快、更好地发展。

当升科技：激发内生动力　引领创新发展

北京当升材料科技股份有限公司（以下简称当升科技）是国内专注于锂电正极材料研究、生产和销售的高新技术企业，2010年4月在深圳证券交易所创业板上市。当升科技控股股东北京矿冶研究总院是隶属于国务院国资委管理的中央企业。当升科技一直将技术创新和新产品开发作为公司发展战略的核心，先后被评为“北京市企业技术中心”“北京市锂电正极材料工程技术中心”“国家技术创新示范企业”。公司多项产品技术达到国内领先、国际先进水平，曾荣获“国家重点新产品”称号。当升科技监事会自成立以来，在国务院国资委、北京证监局、深圳证券交易所等监管部门的领导下，始终将强化公司规范运作，切实发挥监督作用作为首要职责，对公司经营管理、财务状况、内部控制以及信息披露等方面进行了有效监督，监督贯彻股东大会决议，切实维护全体股东的权益，在国有控股创业板上市公司中做出了率先垂范。

一、重视个人品质，激发公司治理内生动力

为确保公司高管成员、董事会成员、监事会成员能够忠实、勤勉地履行职责，公司在进行换届提名时，对各位候选人的职业品格、专业背景、履职能力等进行了严格考察，除按照法律法规和监管要求核查候选人任职资格之外，重点考察候选人的个人品质、职业道德以及诚信状况。目前，公司核心管理层都是了解资本市场、熟悉相关监管法规且个人品质优秀的管理人员。公司独立董事的选聘，不仅注重专业能力，而且更看重其作为独立董事是否具备履职能力，关注其以往履职上市公司的实际表现等。此外，公司对监事候选人的专业背景也进行了细致考虑，最终当选的监事分别是财务、审计、法律方面的专家以及拥有党务、人事等专业背景和工作经验的中层干部，有效保证了监事会在日后工作中对相关重大经营事项进行专业判断并发表核查意见。总之，人是第一要务，只有个人品质优良且专业能力强，熟悉资本市场的人才进入董事会、监事会、核心管理层，才能真正激发出公司治理的内生动力，他们诚信经营，敬畏资本市场，恪守法律法规以及监管部门的要求，尊重中小股东的利益，最终使公司赢得资本市场的信任。

二、完善监督机制，强化履职保障

为保障监事会充分履行监督权，公司

建立健全了相关规章制度，对公司监事会的机构设置、选举程序、职权范围、议事规则及履职保障等做出了明确规定。同时，在《关联交易管理制度》《现金分红管理制度》《募集资金管理办法》《信息披露重大差错责任追究制度》《防范大股东及其他关联方资金占用制度》《董事、监事和高管人员所持公司股份及其变动管理制度》等专项制度中也加入了监事会的监督程序，为公司监事会充分发挥监督职权奠定了制度基础。

与此同时，在监事会的主导下，公司依据上市公司治理规则和有关法律法规，制定了《关于贯彻落实“三重一大”决策制度的实施办法》，进一步完善了民主决策程序，保障了公司在重大经营事项、重要人事任免、重大项目安排和大额度资金运作等方面做出科学合理的决策，有效维护了公司和股东的合法权益。

三、从严履行程序，加强主动监督

为保障公司重大决策程序合法合规，公司监事会建立了“事前沟通、事中监督、事后核查”的工作机制。在公司相关重大经营决策做出前，管理层提前与监事会进行沟通，听取监事会的意见和建议。同时，公司监事会主席要求监事会审议重大议案时必须召开现场会议，表决前要进行充分的审议、讨论，以程序的完备来保障决策的正确。公司董事会和股东大会在就相关事项进行审议表决时，公司监事会列席，对相关决策程序进行了有效监督。在重大决策获得审议通过后，监事会督促公司管理层落实公司董事会和股东大会的决议，并及时了解和掌握决议的执行情况和效果。

除通过日常履职方式开展监督外，公司监事积极借助多种途径和场合开展主动监督。公司监事会主席及监事多次出席公司管理层的座谈会、经营总结会，认真听取了公司管理层的工作汇报和总结，与管理层就生产经营进行了充分交流，并针对降本增效、形象宣传、资本运作、信息披露、技术开发模式、产品策略等方面提出了建设性意见和建议。此外，监事会成员多次赴公司研发中心和生产基地进行视察，认真审阅公司财务报告、审计报告和项目报告，采取工作调研与专项检查相结合，积极与外部审计师沟通，深入了解公司总部、各分子公司经营和风险管理情况。公司监事会保持与公司法律审计部的日常沟通，了解公司在重大项目投资方面的程序规范履行情况。

四、积极参加培训，提高履职能力

当升科技监事会将参加监管培训作为提升监事履职能力的重点方式加以贯彻落实。公司监事会按照北京证监局年初发布的年度培训计划，结合每位监事的专业背景和兴趣，为每位监事制定了相应的年度培训计划，要求监事每人每年必须参加两次以上的监管培训，学习掌握最新的法律法规和监管政策。公司此项计划得到了监事会的肯定和支持，监事踊跃参加培训，部分监事年度培训次数超过5次，切实提高了监事会的履职能力和监督水平。此外，公司证券部还通过微信、邮件等方式向监事会及时发送最新的监管政策、文件通知、监管案例等，加深了监事对上市公司规范运作知识的学习和理解。

此外，公司监事会还积极加强外部联络，学习其他上市公司监事会的优秀运作经验。当升科技作为北京上市公司协会监事工作委员会副主任单位，多次参加北京上市公司协会监事工作委员会组织的学习和交流，并承办了“北京上市公司协会监事工作委员会2015年第三次会议”，参与讨论、编写了《监事会工作指引》，为北京辖区上市公司监事会运作提供了宝贵意见和建议。

当升科技监事会始终将完善公司治理、强化规范运作作为监事会的工作主旨，结合公司自身实际，充分调动各方面资源，在保障公司科学决策、维护股东合法权益方面，做出了积极的努力并取得了实效，为国有控股背景的中小型上市公司监事会运作提供了有益的参考。当升科技监事会将持续完善监督机制，不断提升公司治理水平，以创新引领发展。

TCL 集团：创新调研机制　拓展监督方式

一、监事会概述

TCL 集团第五届监事会于 2014 年 9 月 1 日选举产生，由 3 名成员组成，包括 2 位股东监事和 1 位职工监事。第五届监事会自成立以来，一直致力于加强自身队伍建设，其内部建立了季度学习制度，制定了培训计划，定期对最新的法律法规、公司经营情况、行业发展趋势等进行跟踪学习；在监事会外部，公司董事会办公室、总裁办公室、监事会秘书等工作人员通过视频会议、邮件传送等信息化方式保障各位监事紧跟政策方向、熟悉公司动态、顺利履行职责。监事会内外双管齐下，提升了各位监事的业务水平和监事会整体的监督能力。

公司监事会要求监事会主席对监事会工作负总责。具体的工作职责包括：（1）对公司贯彻执行国家有关法律法规以及 TCL 集团规章制度情况进行监督；（2）对公司发展战略、经营方针的制订和执行情况进行监督；（3）对公司财务会计报告的真实性、合规性及经济效益、利润分配等情况进行监督检查；（4）对企业生产经营、风险管理、工程项目建设、资产状况、股权投资管理、董事及高管人员的经营管理行为深入分析、研究及评论；（5）及时与董事会、高级管理层进行沟通，对相关意见及建议进行反馈，确保监事会工作有效开展。履职期间，何卓辉主席认真负责，及时召集并组织每一次监事会会议，在会前全面了解和阅读会议材料，就其关注的问题多次与公司管理层沟通，就涉及股东利益的问题提出意见和建议；日常工作中何卓辉主席也关注公司动态，主动通过公司网站、媒体等熟悉公司的发展方向，积极组织监事会成员进行日常学习，曾发起监事会赴公司生产一线的调研监督工作。

股东监事邱海燕女士从事财务工作多年，受监事会主席委托，管理监事会的日常工作。主要负责监督和检查公司贯彻执行国家有关法律法规及 TCL 集团规章制度情况；对公司的财务状况进行深入了解分析，并提出专业意见；对公司发展战略、经营方针的制定和执行、风险管理、工程项目建设、股权投资管理及投资效率、董事及高管人员的经营管理行为、精益生产、精细化管理等事项进行监督检查等。

职工监事米新滨先生主要负责对公司贯彻执行国家有关法律法规及 TCL 集团规章制度情况进行监督；作为职工代表就公司发展战略、经营方针的制定及执行、财务活动、资产运行情况、生产经营活动等事项进行监督和检查，反映职工的利益诉求，保障职工的权益等。

TCL 集团第五届监事会自组建以来，按照有关法律法规要求，抱着切实维护股东利益，尤其是中小股东利益受任监督之责的态度，通过列席企业有关会议，分析企业月度财务快报、查阅企业生产经营相关资料和访谈座谈等多种方式，随时了解、掌握和跟踪企业重要经营管理活动，对企业内控制度及执行情况做出评估，对企业重大决策及其程序的合法性、合理性做出评判，积极加强监督能力，提高监督实效。

同时，第五届监事会坚持以财务监督为核心，把对企业的财务监督与会计师事务所对企业的年报审计结合起来，充分参考和利用会计师事务所的审计结果，重点分析和复核审计报告中披露的重大事项和重大问题，形成监督合力，使监事会在集团的经营过程中有效地发挥前线督战、守土固疆的作用。

下面将以 2016 年监事会赴武汉华星光电的专项调研为例，详细说明公司监事会的履职成效和特色创新。

二、监事会履职创新实践具体做法

（一）基于财务及业务等全方位考量，确定专项调研对象

TCL 集团自 2014 年提出“双 +”战略转型以来，公司正处于整体战略转型的关键时期，这无疑对第五届监事会开展针对公司发展战略、经营方针的制定及执行、财务活动、资产运行情况、生产经营活动等事项进行监督检查提出了更高的要求，除了传统的事后监督，应当对集团的产业进行实地调研，更为深入地掌握企业运行情况，借此监事会决定于 2016 年开展一次实地调研活动。

监事会在确定实地调研对象时，基于财务和业务两个方面对集团的各个产业进行了详细地分析和全方位地考量：财务方面，华星光电一直有集团的“现金奶牛”之称，2015 年度，华星光电共投入玻璃基板 192.15 万张，同比增长 19.7%，实现销售收入 180.28 亿元，净利润 20.70 亿元；业务方面，华星光电为 TCL 集团最为重要的产业之一，从事液晶面板的研发、生产和销售业务，现有两条 8.5 代 TFT－LCD 面板产线和一条 6 代 LTPS/AMOLED 液晶面板生产线，产品线覆盖大尺寸电视面板和中小尺寸移动终端面板，是 TCL 集团实现液晶产业垂直一体化布局的中流砥柱，为制造 LCD 电视、手机、商业显示器等提供优质的屏资源，打通了液晶显示产业的全流程，在提升 TCL 集团的生产效率，改善 TCL 集团的行业地位，甚至改变“中国消费电子企业在全球发展当中缺芯少屏”的局面，都起到了关键的作用。

监事会初步选定华星光电为调研的产业方向，武汉华星为华星光电的控股子公司，是 TCL 定位于高端手机第 6 代 LTPS（OXIDE）· LCD/AMOLED 面板生产，投

资总额为160亿元，是武汉市最大单体投资和建设速度最快的项目，考虑到武汉华星是华星光电首次在异地经营管理的工厂，在管理方面面临着一些挑战，值得监事会予以关注；同时考虑到武汉华星在2016年刚刚试产①，在工厂管理、质量管控、安全保障等方面需要攻关克难，监事会在这些方面有充足的经验，可以为企业的发展建言献策。

据此，监事会选择武汉华星作为专项调研的目标。

（二）专项调研前期全面了解调研标的

确定调研地点为武汉华星之后，监事会在实地调研前就展开了对武汉华星的资料收集、阅读和分析。监事会主要对武汉华星的基本情况、财务效益情况、企业经营管理和内部控制情况、企业审计情况、企业重大违法违规以及涉及的经济诉讼等事项、企业领导班子及成员情况等进行了详细了解。

为更好地履行监事会的监督职责，进一步发挥监事会的作用创造更有利的条件，在监事会主席何卓辉先生的召集下，监事会全体成员2016年6月对武汉华星进行了一次具有针对性的实地调研，深入了解武汉华星对公司战略转型相关工作的落实状况以及企业对经营方针、财务活动、生产经营活动的执行情况，并拟依据该次调研结果论证调研机制的运作方法，以便监事会拓展其监督企业的途径和深度。此外，监事会还计划将依据此次调研结果，健全监事会监督检查成果运用机制，加强企业对监事会监督意见建议的贯彻落实力度。

在整个调研过程前，监事会制定了保证财务安全、提升生产质量、排除安全隐患的检查目标，将武汉华星的财务状况、人才状况、安全生产管理等列为检查重点，将人员进行如下分工，由何卓辉主席作为牵头人，就华星的发展规划、人才发展规划与华星管理层进行交流，验收调研结果，邱海燕监事负责对武汉华星的财务状况和资本运作情况进行专项审查，米新滨监事负责就安全生产和质量管控等方面进行调查，公司监事会秘书负责协调联系武汉华星并为调研开展后勤保障，保证了此次调研工作规范有序、科学高效地开展。

（三）深入实地调研，通过问答模式及时释疑

公司监事会按照既定的工作部署，于2016年6月15～17日对武汉华星光电技术有限公司进行了考察，深入生产车间了

① 武汉华星6代LTPS（OXIDE）oLCD/AMOLED面板项目主体厂房工程于2014年9月16日开始打桩，2015年6月29日完成主体厂房封顶，2015年9月28日第一阶段首台主生产设备顺利搬入，5吋和6吋产品的技术研发取得突破性进展；并于2015年12月获得国开发展基金有限公司10亿元投资。2016年2月10日，新一代低温多晶硅高端小尺寸显示屏点亮仪式在武汉华星光电技术有限公司研发大楼举行，标志着国内首条第6代LTPS－LCD显示面板生产线开始试生产。项目预计在2016年第三季度第二阶段设备机台搬入，于2017年1月开始大规模量产。

解生产流程、访谈了武汉华星的高级管理人员，就武汉华星的治理结构、项目建设、技术路线、人才情况、客户结构等进行了调查，对武汉华星有了一个更加全面的认识，并基于监事会的职责提出了一些改善建议，武汉华星方面高度配合监事会进行调研，如实反映了制造、技术等方面的现状和问题，对于监事会提出的建议表示欢迎，并拟在后续的工作中逐步落实。

基于前期对武汉华星资料的广泛收集和深入的阅读分析，结合监事会实地调研的情况，监事会重点关注了武汉华星关于股权结构等方面的问题，华星方面亦给出了相应答复。

（四）结合实地调研，提出多方建议

监事会基于武汉华星方面的回复，结合对武汉华星外部和内部情况的了解，提出了一系列有关武汉华星安全生产、技术创新以及外部市场等方面的意见和建议，例如，聘请外部专家，根除安全隐患；内外资源整合拓展销路，外部打开中高端市场；加快技术优化升级，提高运营效率；发挥产业协调优势，稳抓核心竞争力等。

三、监事会履职创新特色

本次专项调研，监事会采取现场检查与后期成果跟踪监测相结合、监事会日常工作调研与安全专项检查相结合等方式，深入了解 TCL 集团旗下重点产业武汉华星的经营和风险管理情况，对具体事项开展监督检查十分具有借鉴意义，进而不断提高监事会的工作效率。

此次监事会调研的亮点主要表现在以下几个方面：

（一）集团性质企业多元经营管理的特殊性

TCL 集团本身属于一个集团性质的多元化经营企业，主营业务主要包括 11（7 +3 +1）个业务板块，其中包括产品业务（如 TCL 多媒体电子、TCL 通讯科技、华星光电等）、服务业务（包括互联网应用及服务事业本部、销售及物流服务业务群以及金融控股集团），以及创投及投资业务群。企业集团多元化经营虽然实现了经营分散投资，以化解企业集团整体的经营风险，但是同一企业集团内产业相互的关联性决定了各个行业的子公司面临着共同的风险，累积的风险规模随之扩大，这意味着，公司本身伴随着更大的财务风险和经营风险，这对监事会履职增加了难度，对监事会的履职提出了更高的要求。

公司监事会通过此次调研，对产业的财务情况、人才储备、生产管理、质量管控、安全保障等全方位进行调研，解剖麻雀，见微知著，对工业企业的监督形成了一整套行之有效的监督管理方法，对以后的工作具有指导性意义。

（二）选择调研标的代表性强

当前中国制造的电子产品约占全球的 41%，但半导体自给率仅 7% 左右。国家层面提出要实施“芯火”计划，发挥国家集成电路等产业基金的引导带动作用。

此次选择的调研标的是武汉华星，首先，从产业本身来讲，武汉华星从事半导体生产研发，不仅与当前的国家战略紧密相关，而且也是公司未来发展的重中之重。

其次，从华星光电本身来讲，华星光电一直在深圳集中进行生产，此次在武汉设立子公司，是华星光电首次在异地设立子公司，实现两地运营。新的运作模式必定给公司带来从内部控制到整体运营、从组织结构到权责分配、从财务核算到战略发展的新风险，监事会选定武汉华星作为调研标的，不仅有利于监事会实地实时掌握集团重要产业的经营运作情况，而且有利于监事会行使在整个集团层面上的监督职责。

（三）调研方式的创新性

此次调研过程中，监事会在调研前期就了解了大量与武汉华星相关的行业资料、武汉华星自身的财务资料及业务资料等，结合现场检查情形，当场即提出了对公司组织结构、产品技术等相关的疑问，并就武汉华星的回复，提出了对武汉华星非常具有建设性的一系列建议。监事会这种现场检查与后期成果跟踪监测相结合的工作方法创新值得进一步推广。

此外，监事会将对武汉华星的安全性专项检查与一般的工作调研结合起来，并取得了一定成效：武汉华星在 2016 年 4 月 10 日凌晨其光电厂区综合动力站冷却塔发生火灾事故，在安全生产方面给了我们警示，故监事会在实地调研过程中对武汉华星的消防设施、消防组织等进行了专门的实地访问和检查，了解武汉华星的消防安全现状，指出了目前可能存在的安全隐患，并建议武汉华星注意调动集团内部的安全生产委员会，聘请外部的安全专家对武汉华星进行检查，提供优化方案，对安全隐患进行改造。

（四）拟形成调研机制，拓展企业监督方式

监事会拟依据此次调研情况，形成 TCL 集团监事会实地调研机制，在考虑成本效益的同时，将类似的调研活动机制化、常态化，以便监事会拓展其监督企业的方式，进而更加突出了监事会在企业运营过程中的监督管理职能。

（五）健全监督检查意见运用机制，加大落实力度

此外，监事会还拟健全监事会监督检查意见运用机制，即通过充分学习和拓展，提高自身的业务能力，将调研活动机制化、常态化，为集团提出更多具有建设性的意见，并建立事后跟进机制，了解这些建议的履行情况，从而加大监事会监督检查意见的落实力度，增强监督成果的参考利用价值。

四、监事会履职创新经验总结

TCL 集团监事会在经过前期充分准备以及为期 3 天的实地调研过程中，从外部市场、行业地位、治理结构、财务情况、安全生产工作等方面对武汉华星进行了全

面地了解，并实地进入生产车间全面了解生产工艺、技术特点等，对武汉华星进行了客观、深度、全面地考察。考察期间武汉华星积极配合监事会开展工作，如实客观地提供了相关资料并正面回答监事会提出的问题，对监事会提出的意见进行了深入思考，对于监事会提出的整改建议，武汉华星也虚心地接纳。

总体上来讲，武汉华星的治理结构稳定，财务状况良好，项目建设进展顺利、人才储备充足、客户结构合理、技术工艺领先，尤其是三大特有技术在业内颇具竞争力，虽然武汉华星存在安全生产、经验不足、外部市场竞争激烈等隐患，但是相信在TCL集团的支持下以及武汉华星全体员工的努力下，将会取得较为优异的收益，为股东创造更多的价值。

未来，TCL集团监事会将基于职能范围，在针对集团财务层面做好监督的同时，积极探索能够更高效地发挥监事会监督职能的新方式。TCL集团监事会将尽快形成调研机制，健全监事会监督检查意见运用机制，并加大落实监事会意见的执行力度，不让其浮于形式，实现对包括武汉华星等在内的各产业进行积极有效地监督，保障TCL集团全体股东尤其是中小股东的权益不受侵害。

泛海控股：优化制度建设　严守风控大关

泛海控股股份有限公司（以下简称泛海控股）成立于1989年，于1994年在深圳证券交易所上市，公司主营业务涉及房地产、金融、投资等，现为沪深300指数成分股。自成立以来，泛海控股高度重视监事会在公司治理中的作用，采取多项措施有效保障监事会履职，并严格按照国家法律法规规定，持续不断地规范公司治理结构。目前，泛海控股第八届监事会任期始于2014年1月，并于2015年根据公司转型发展需要，进行了全面充实调整，调整后的监事会由15名监事组成，人员构成涵盖地产、金融、企业管理等各个专业领域。同时，依托监事会办公室、风险控制部门、审计监察部门，对公司经营管理特别是风险和审计类业务实现垂直管控，监事会监督履职能力得到切实提升。具体而言，监事会履职创新的主要内容包括以下几个方面：

一、发挥监督职能，护航战略转型

2014年以来，面对中国经济结构转型的历史性机遇，公司敏锐地感知宏观经济和行业市场的变化，重新规划了产业发展方向，在继续发挥房地产业务优势的基础上，融合具有较大发展潜力的金融、战略投资业务板块，通过一系列产业经营和资本运作，正在由传统的房地产开发企业向“以金融为主体、以产业为基础、以互联网为平台的产融一体化的国际化企业集团”的目标坚定前行。

转型的过程充满了挑战和艰辛，转型的道路上不乏风险和困难。公司顺利转型，离不开公司董事会的正确决策、监事会的有效监督、管理层的高效执行。其中，公司监事会就转型过程中可能出现的各类风险，尤其影响到公司转型成功与否的重大风险，进行了有效监督和把控。在公司转型的每个重要节点，监事会充分发挥监督、建言职能，通过列席董事会会议、召开监事会会议等方式，对涉及公司转型事项的议案进行认真审核。监事会的有效监督，为确保公司各项转型工作蹄疾步稳，发挥了重要作用。

目前，泛海控股围绕“金融全牌照”目标，全力拓展金融版图，业务已涵盖证券、信托、保险、期货、基金、资产管理、互联网金融等领域，形成了以民生证券、民生信托、亚太财险为核心的金融布局和业态分布。公司转型已取得阶段性重要成果，未来公司将继续努力挖掘金融板块的潜力，整合推进各项金融业务的发展，致力于将“泛海控股”打造成为综合实力强大的金融控股集团。

二、推动垂直管控，防范运营风险

审计监察、风险控制是公司监事会的重要职能。泛海控股监事会高度重视发挥风险控制、审计监察等既有职能部门的作用，推动风控部门建立条线垂直管理体系。目前，公司风险控制、审计监察部门实行“统一领导、分级管理”的纵向垂直管理体系，从制度规范、组织机构、汇报机制和独立考核等4个方面明确管理要求。横向各职能部门确定风控联系人，承接风控工作事项。通过建立“纵向到底、横向到边”的风控、审计监察机构体系，并完善风控、审计监察垂直管理制度，为监事会履职提供了重要保障。

泛海控股监事会要求风控和审计部门定期出具相关风险提示报告和检查报告，并报送监事会，从而加强对公司日常经营活动的监督，将日常经营活动中产生的风险及时消灭在萌芽状态。为进一步提高公司风险管理工作水平，防患于未然，在监事会的领导下，公司建立并启动了风控指标试运行报送工作，定期采集公司总部及各业务平台涉及战略风险、财报风险、合规风险、运行风险等各类风控指标，并相应编制分析报告，呈报董事会和高级管理层。

2016年，根据年内业务开展过程中发生的各类事件，公司编制风险报告函4份，关注点报告函1份，风险提示函5份，内容涉及公司评级、监管合规、工程施工安全、经营管理、项目收购以及抗洪防汛等方面，此类报告均呈报监事会，监事会通过审阅此类报告，及时了解并指导公司对各类风险事件的处置。公司还建立了风险控制月度例会制度。监事会领导通过出席风险控制月度例会，可以听取与会各业务板块风控负责人的工作汇报，并提出工作指导意见。

三、强化信披审核，提高公告质量

上市公司信息披露工作是投资者了解公司经营信息的重要窗口，是反映公司治理水平的试金石，至关重要。监事会高度重视监督公司信息披露工作按照相关法律法规要求，合规高效地开展。

定期报告是上市公司信息披露的重要方式，编制高质量的定期报告是保障股东特别是中小股东了解公司经营状况的重要手段。公司监事会充分履行自身职责，对年报、半年报、季报的编写高度重视，要求并督促各职能部门编制高质量的定期报告，以及时、准确、真实、完整地反映公司全面经营情况，满足股东和投资者了解公司经营信息的需求。在定期报告的编制过程中，公司监事会要求风险控制、审计监察等职能部门，对定期报告的内容进行校验，防止定期报告内容出现疏漏。

正是基于公司的规范治理和对于信息披露工作的高度重视，泛海控股在深圳证券交易所公布的上市公司年度信息披露考核中，连续3年获评A等级。

四、优化制度建设，完善风控体系

泛海控股历来重视公司治理合规、有效，特别是随着近年公司战略转型的不断深入，制度建设更是作为年度重点工作被提上日程。2016 年，公司开展了制度体系优化工作，以期对现有制度体系进行完善和修订。在董事会的领导和监事会的监督下，公司统一部署，协调各部门、业务平台、所属公司 3 个层面，以业务条线为抓手，从经营发展和组织管控的需要出发，全面梳理了管控模式和管控要点，认真制订、修订了各项重点制度和配套权限表，形成了一系列制度成果，进一步优化了基本制度架构。

根据公司监事会垂直管控要求，公司风险控制部门不断完善优化业务制度，形成了“一个制度”“五个办法”的风险管控制度体系。

“一个制度”是指根据公司全面风险管理的目标，结合公司全面风险管理工作的总体要求，通过构建实施“标准化管理”和“差异化控制”的全面风险控制体系，实现公司整体风险管理工作的科学化、制度化和规范化，为公司战略、运营、合规及风控目标的实现提供合理保证。

“五个办法”包括：（1）《泛海控股全面风险控制指标数据采集与建设管理办法》，要求各业务平台及所属公司风险控制部门应当广泛、持续不断地收集与本单位风险管理相关的内外部指标，包括定性和定量指标，并注意收集行业内近期发生的风险案例，结合实际情况，及时进行指标优化和更新，准确识别本单位在业务开展过程中所面临的内外部风险。

（2）《泛海控股全面风险控制分析与应对工作指南》，要求对风险控制指标进行监控，开展相应分析识别和评估工作，根据风险等级采取应对措施。

（3）《泛海控股全面风险控制监督改进工作指导》，要求对风险管理制度流程的执行情况进行监督，不断改进风险管理各项工作，提升优化公司风险控制能力。

（4）《泛海控股全面风险控制协同工作指引》，旨在及时组织公司各层级风控部门协同开展工作，确保各部门、各层级风控人员有效联动，绩效监督到位。

（5）《泛海控股股份有限公司内部控制评价管理办法》，旨在及时发现公司内部控制缺陷，揭示和防范风险，确保公司风险管理机制有效运行。

五、突出项目管理，优化审计工作

2016 年，公司审计监察部门在公司监事会的全面领导下，紧密围绕公司战略发展目标，以风险防范和管控优化为导向，开展了包括制度体系优化、重点业务平台及关键业务流程的综合与专项审计、上市公司规范运营相关定期检查以及根据领导专项指派或投诉举报线索开展监察工作等在内的一系列工作。

在制度建设方面，2016年度审计监察部门先后制订或优化了《泛海控股股份有限公司内部审计管理制度》《泛海控股股份有限公司离任审计管理办法（试行）》等在内的一系列审计管理制度，为各项工作能够依法依规开展，提供了有力保证。

在综合和专项审计方面，2016年度截至目前审计监察部门先后牵头或联合参与了14个审计项目。审计对象的范围涵盖了包括地产、不动产、保险、信托、证券等在内的公司主要业务平台，对公司各项重要业务环节基本能够实现有效覆盖，为公司实现经营战略目标保驾护航。各业务平台内部审计机构依托审计监察垂直管理体系，亦及时、有效地开展了多类别、多层级的内部审计（稽核）工作。

在上市公司规范运营检查方面，2016年度审计监察部门每季度对公司关联交易信息报送与披露情况及公司募集资金存放与使用情况进行专项检查。在规范公司募集资金的管理和运用，防范资金使用风险，提高资金使用效率，以及规范“关联交易”信息内部管控流程，保证上市公司依法合规运作等方面，发挥了重要作用。

六、建立巡视制度，畅通举报渠道

1. 监事会巡视制度

为了进一步完善公司监督机制，规范监事会的监督工作，促进公司持续、规范发展，公司监事会制订并在2012年9月审议通过了《公司监事会巡视制度》。公司监事会根据项目进展，每年制订具体的项目巡视计划，组建相应巡视组，对公司项目进行定期巡视，并形成巡视报告，对其中发现的问题要求公司予以改正。巡视组在巡视过程中发现公司经营情况异常，或者有重大、敏感事项需要调查时，会直接要求公司风控部门、审计部门或者聘请专业机构对某一事项进行专项审计或检查，并将结果直接向公司监事会汇报。监事会巡视制度的设立，有助于及时发现问题、解决问题，切实保障了公司经营的合规运转，有效提升了公司治理水平。

2. 投诉举报机制

根据公司垂直管控体系的需要，公司制定了《投诉举报管理办法》，并在公司内公布了各级投诉举报联系方式。自投诉举报联系方式公布以来，公司审计监察部门陆续收到下属业务平台或子公司反应的举报线索，并通过认真核查有关线索，形成调查书面报告。该类报告均呈报公司监事会，监事会通过审阅报告，从而了解下属公司及其领导在生产经营、从业履职、风险防控等方面存在的问题，并根据问题核查结果，下达处理意见，从而有效查实并解决了一些难以通过日常监督渠道发现的问题。2016年度审计监察部门根据领导专项指派或投诉举报线索，先后开展了9项监察工作，案件涉及人事、财务、客户投诉等多个重要方面；各业务平台举报投诉等监察工作亦同步有序开展。各级监察工作对公司内部违规违纪行为形成了有效震慑，为公司内部营造良好的职业道德风气提供了重要保障。

七、丰富信息渠道，做好日常监管

公司监事会持续不断地做好有关日常工作，通过列席公司经营会议和各项专题会议，以及实地调研，及时了解公司日常经营情况。通过认真审阅公司提交的年度内控审计计划、内控审计报告等，对审计计划提出具体意见和建议，就内控评价报告和审计报告与公司经营班子商讨确定整改、处理意见等。除此之外，公司监事会办公室定期发布《公司简讯》（内部刊物）、“泛海控股信息发布”（微信企业号）、《上市公司监管信息月报》等资料，有助于监事会随时了解公司的经营发展及转型战略等情况以及最新的监管动态。

深圳能源：创建联合运行机制　打造大监督平台

一、监事会概况

深圳能源集团股份有限公司（以下简称深圳能源）由深圳市能源集团有限公司于 1993 年 1 月作为发起人设立。1993 年 9 月，在深圳证券交易所上市，是全国电力行业第一家在深圳上市的大型股份制企业，也是深圳市第一家上市的公用事业股份公司。

深圳能源监事会共有 7 人，包括股东监事 4 人，职工监事 3 人。其中股东监事分别由控股股东深圳市国资委和公司第二大股东华能国际各推荐 2 人。职工监事由职工代表大会选举产生，本届职工监事中包括集团总部 1 人，下属企业 2 人。监事会主席为深圳市国资委外派专职，其余监事均为兼职。监事中包含了财务、审计、管理、安全生产、工程等方面的专家，具有较强的履职能力和丰富的经营管理经验。同时，公司还专门设立了监事会事务管理岗位，负责为监事会提供专门的支持服务。

此外，深圳能源还建立了一整套健全的制度体系，包括公司章程、监事会议事规则、财务管理制度、审计管理制度、内控管理制度、重大信息报告制度、监事会主席工作函制度等，对监事会及监事的职责、运作方式、监督事项、监事会费用管理等均有明确规定，为监事会履职奠定了坚实的基础。深圳能源监事会在按照上市公司法人治理结构要求规范运作的同时，积极创新监督机制，整合集团监督资源，构建了集团联合监督运行大平台，取得了较好的监督成效。

二、联合监督运行机制的具体做法

（一）创建联合监督运行机制的必要性

在目前国有企业大监督体制下，监督主体政出多门，包括监事会、纪检监察、审计、财务、职代会等各类监督主体。各监督主体之间缺乏相互协调和沟通联动，没有形成相互衔接、协调一致的运行机制，导致监督资源分散，监督信息无法共享，存在着重复监督、监督效率不高等问题。因此，打造大监督平台，开展联合监督，使监督工作紧密结合企业实际，发挥合力监督优势势在必行。

为了更好地整合集团内部的监督资源，形成监督合力，提高监督成效，深圳能源监事会在对集团监督体制和机制进行认真调研和分析的基础上，提出以监事会为抓手，整合审计、纪检、检察、财务

（财务总监）、产权、工会及相关部门“多位一体”的监督力量，构建“职责明确、职能互补、信息共享、整体联动”的大监督模式，力求通过该平台，提高监督的前瞻性、及时性、针对性和有效性。

（二）联合监督运行机制的指导思想

指导思想是遵循深圳能源监事会“严格监督、和谐监督、联合监督、有效监督”的监督理念，创新监督机制，立足于维护公司治理结构的规范运作，融入经营管理，服务企业效能建设，努力使监督资源转化为企业发展能力，监督措施转化为企业执行能力，监督成果转化为企业风险防范能力，为进一步促进企业有质量、可持续、健康发展做出贡献。

（三）联合监督运行机制的主要特点

（1）加强统一领导。联合监督由集团党委统一领导，是新形势下加强党的建设、完善集团监督制度、做好监督体系顶层设计的需要，确保了企业整体监督管理工作的顺利开展。

（2）明确监督职责。监督委员会及监督办作为一个领导机构，对各监督机构起领导、督促、协调作用，具体的监督工作由各监督机构按其工作职责负责完成。

（3）共享监督信息。在监督组织体系中实现监督资源共用，监督信息互通，监督成果共享。

（4）增强整体联动。通过机构设置、制度规范和工作机制，形成监督主体整体联动、监督资源有效整合、监督工作相互衔接的一体化运行机制，提高监督效能，增强监督机制运作的整体功能。

（5）坚持监督服务。在开展监督活动时，注重将监督工作寓于为企业服务之中。在开展监督工作中，立足于帮助和促使企业解决问题，改进工作，加强管理，提高效益。

（四）联合监督运行机制的具体做法

（1）加强组织建设，明确监督职责。集团成立了监督委员会及其办公室。监督委员会主任由集团党委书记担任，监事会主席、党委副书记、纪委书记分别担任副主任。监督委员会主要的职责是负责集团监督工作机制的整合和运作，规划、部署、统筹、实施重大监督工作，组织协调、指导集团各监管部门及下属企业开展监督检查工作。监督委员会下设办公室，由监事会主席担任主任，成员由集团各监督机构负责人组成。监督办主要的职责是落实监督委员会部署的各项工作，研究制定监督工作计划，负责具体监督事项的协调、调研、检查以及督促整改，起草监督检查工作总结和汇报材料等。

（2）加强制度建设，确定监督重点。集团专门制定了《关于创建联合监督运行机制的实施意见》，明确了监督委员会的组成、指导思想和工作原则、工作重点和工作流程。根据实施意见，集团监督工作重点集中在财务监督、内控监督、程序监督、廉政监督和审计监督5个方面。财务监督主要对财务收支和经济活动的真实性、效益性和合法性进行监督和评价。内控监督主要对工程建设领域、招投标工作、大宗物资采购、产权转让、财产和年金保险、合同管理、安全生产、设备检修、服务外包、工作流程等进行全方位地监督检查。程序监督主要对重大问题决策事项、重要人事任免事项、重大项目安排事项和大额资金运作事项等重大事项进行监督检查。廉政监督主要对开展党风廉政建设情况、领导人员廉洁从业、职业道德、违纪违法案件查处、信访维稳等进行监督检查。审计监督主要对企业负责人进行经济责任审计；对财务收支、资产状况、经济效益等相关经济活动进行审计；对企业内部控制系统的健全性、合理性、有效性进行检查和审计；对企业经营风险进行监测和评估。

（3）制定年度计划，精心组织实施。每年年初，各监督机构向监督办上报监督计划，监督办对上述计划根据检查单位、检查内容、检查时间、检查方式等进行统筹安排，编制年度监督检查计划。该计划经监督委员会审议批准后，下发全集团遵照执行。各监管部门按年度计划再制订每季度的监督检查计划，有条不紊地开展监督检查活动，被检查单位按要求予以支持配合。

（4）定期总结工作，重在落实整改。监督委员会每半年召开一次会议，听取监督办关于监督计划、监督工作情况的汇报，对发现的重大问题以及具有代表性的问题进行研究分析，提出整改要求。监督办每季度召开一次监督机构联席会议，各监督机构分别汇报本季度监督检查工作。会议重点对监督检查中发现的重点、难点问题进行研究，同时根据实际情况修订部署下季度监督检查工作。在深圳的股东监事、职工监事列席参加监督办会议，对集团整体监督工作进行了解并提出意见和建议。在整个监督过程中，整改落实是重中之重，为此一是要求各监督机构对发现的问题必须要提出整改意见和建议；二是监督办定期将发现的问题汇总后，提交集团总裁办公会进行研究，确定专人负责跟踪落实；三是利用监事会主席工作函制度，包括咨询函、提示函和建议函，由监事会主席向一些重大问题的直接责任人发函了解情况、直接跟踪督导问题解决，责任人必须定期反馈整改情况直至问题全部解决。

（5）增强整体联动，提高监督效率。在开展监督检查工作中，注重监督方式方法的创新，鼓励建议采取现场监督、网络监督、联合监督等多种监督方式相结合来开展工作。例如，监事会联合审计部开展了内控及风控有效性检查；联合产权管理部门每年召开下属企业外派监事座谈会，指导下属企业监事会工作；利用集团招投标网络管理系统对全集团招标情况进行监督。通过监督方式方法的创新，既提高了监督工作的针对性和有效性，又降低了监督成本，减轻了下属企业负担，取得了较好成效。

（6）注重监督服务，支持企业发展。监督办负责对监督检查各个环节工作的具体指导和督促检查，要求集团各监督机构处理好监督的原则性与灵活性的关系，做到既敢于监督，又善于监督；既要有监督原则的坚定性，又要有监督方式方法的灵活性。要把握好监督与服务的关系，明确监督也是服务的理念，注重将监督检查工作寓于为企业服务之中，立足于帮助和促使企业解决实际问题，改进工作，加强管理，提高效益。针对检查发现的问题，各监管部门从监管职能出发，提出整改意见和建议，督促企业落实整改。通过专题会议、下发整改通知、举办培训讲座等多种方式，确保各项整改工作的顺利进行。检查中发现的整改事项，除部分须较长时间整改的以及部分深层次问题外，其他都能按要求及时完成整改。

（五）联合监督运行机制主要成效

（1）通过联合监督运行机制，监事会对于集团整体监督工作进行领导、协调和督导，及时了解集团存在的问题、面临的风险并跟踪整改。这样监事会工作有了抓手，落在实处，保障了监事会的知情权、调查权和建议权。

（2）建立健全了集团监督工作领导体制和制度建设。集团通过制定出台联合监督运行的系列文件，打造了由顶层的监督委员会和监督办、中层的集团各监督机构和下层的各下属企业共同组成的监督网格化体系，实现了“分级监管、职能互补、信息共享、整体联动”的监督运行模式，打造了全方位、全覆盖的监督网络，延伸了监督链条，形成了监督闭环。

（3）创新监督工作运行机制。针对能源集团监督制度健全、监督职责明确、监督工作规范、监督流程优化的特点，联合监督机制更注重在监督检查工作中的方式创新，通过采取网络监督、现场监督、联合监督等多种监督方式开展工作，避免了一些重复监督、无效监督现象的发生，有效地降低了监督成本，提高了监督的整体效能（见图1）。

三、存在的问题和未来设想

通过4年多的实践，集团联合监督运行机制取得了明显成效。随着集团不断地发展壮大，集团监督工作面临着新的问题和挑战。目前集团总资产规模已经超过500亿元，直属企业有23家，产权关系已达到4级之多，投资区域从广东走向全国十几个省市乃至海外，涉及行业从传统火电向水电、风电、光伏产业等新能源拓展，由此也引发集团对下属企业的监督链条加长、监管范围扩大、监督环节增多、监督信息不畅等新情况和新问题。而目前的联合监督运行机制只是将集团本部的监督力量加以整合，尚不能实现与下属企业监事会、纪委、审计等监督力量的整合联通，因此，集团监事会下一步打算对现有的联合监督运行机制进行深化，通过借鉴国务院国资委对央企的监管经验，探索在下属企业中实行“一监多企”（包括“外派内联”“外派外设”等方式）的监管模式。这样，一方面，既可以将下属企业的监督资源纳入集团整体联合监督的范围，拓展集团整体监督的广度和深度；另一方面，又可以为下属企业监事会提供业务指导，促进下属企业监事会建设，打造全集团系统内的监督完整链条，构建覆盖全集团、全地域、全行业的整体监督网络。

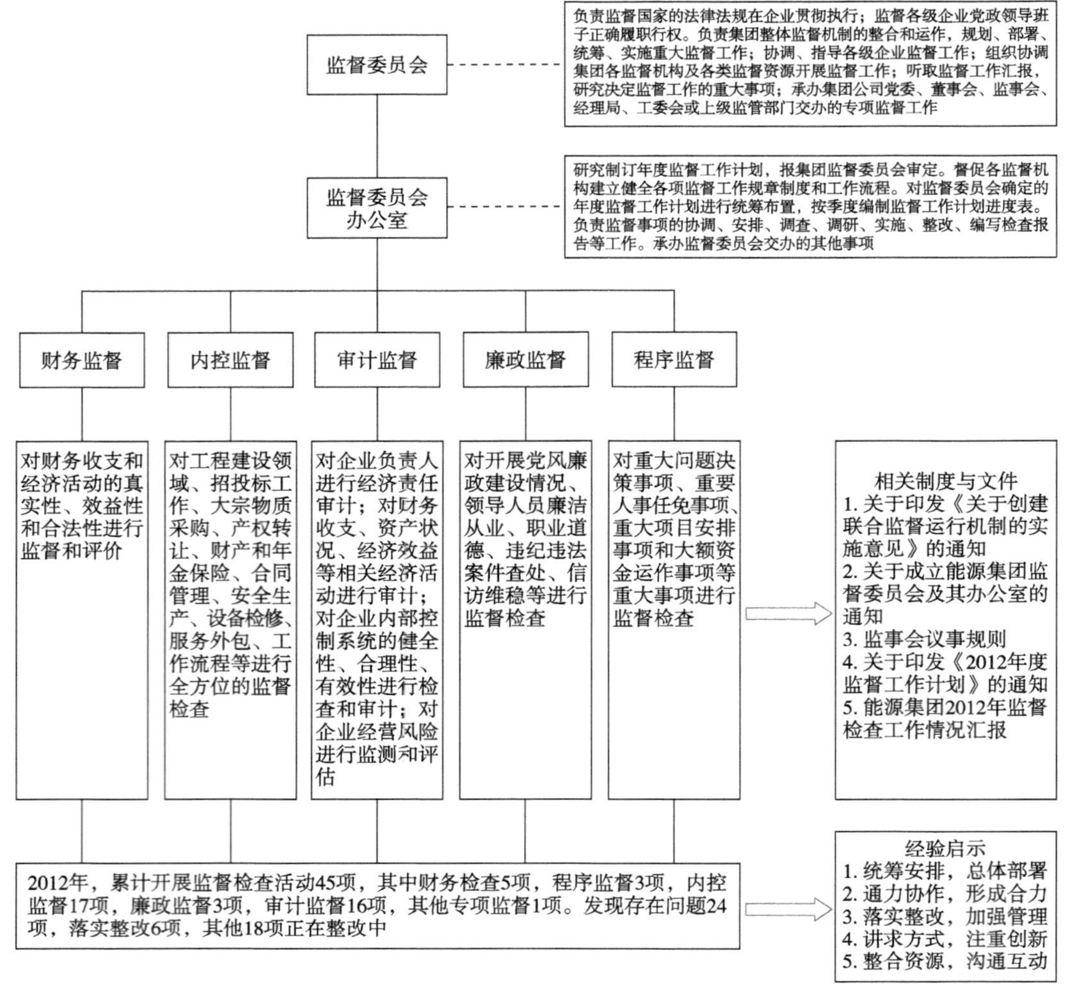

图1　深圳能源联合监督机制运行示意图

人福医药：党建引领　促进企业持续健康发展

一、真抓实干，全方位落实党务工作

人福集团自 1993 年成立初，便高度重视党建群团工作、员工思想政治工作，并设立专职部门，作为党、工、团、妇作常设部门与日常工作机构。

集团党委成立于 1997 年，下设 13 个党支部。人福医药党委高度重视党建及思想政治工作，将思想政治建设与企业文化建设紧密结合、与企业持续发展紧密结合。在“两学一做”“红色引擎”的重要思想指导下，拓展延伸出“做合格党员、做优秀员工、传播红色正能量”的学习实践热潮，走出了一条人福特色的学习实践之路。公司坚持每月开展支部“主题党日”活动，加强党的理论知识学习，做好入党积极分子的教育、发展工作。加强党组织的队伍建设，根据“坚持标准，保证质量，改进结构，慎重发展”的原则，在基层员工和管理骨干中发展党员。

集团工会委员会及共青团人福医药委员会成立于 1995 年。在党委领导下，工会和团委持续开展“优秀青年岗位能手、创新成果”评选、“新版 GMP”知识竞赛、人福“创新创业大赛”等与公司经营相契合、凸显创新主题，弘扬创新精神的一系列极富特色、深得员工支持的主题活动，并取得了一定的外部正面影响力，真正做到了以党建带团建，以团建促党建，党工团共建促企业发展。

二、红色引擎，引领集团党建深入开展

非公企业党组织，是党在企业中的战斗堡垒。党建做实了就是生产力，做强了就是竞争力，做细了就是凝聚力。哪里有党组织，哪里就有战斗力和凝聚力；哪里党建工作抓得好，哪里就有和谐生态和蓬勃朝气。在红色引擎伟大工程的指引下，集团持续加强和创新基层党建工作，深刻学习和领会“红色引擎工程”的内核思想和指导方针，强化基层党组织的政治功能和服务功能，以党组织坚强有力地引领带动群团组织。

为此，集团党委开创了“一刊、一微、多维、一中心”的党员学习互动的广范围沟通学习平台，“一刊”即内刊主舆论阵地，设置“党员园地、两学一做、红色引擎”等一系列紧扣思想主题的撰稿策划栏目，“一微”即建立“人福医药党员之家”微信群及群团微信公众号，及时推送，及时沟通，及时互动，内容丰富，既有集团党委的大事记，集团党务工

作通知，又涵盖国家或湖北省的时事新闻，优秀党员故事的推广等，“多维”是指集团党委不断拓展思路，结合公司现有党员日常工作跨地域化、组织机构遍布全国各地的特点，鼓励各党支部主动策划组织主题活动，强化各支部之间的日常交流，充分运用现场视频会议、群内主题探讨等各种通讯联络及沟通手段，点对点让各支部之间形成“比、赶、超”的热烈学习氛围，让每一位党员都能紧跟上级党委步伐，不让一名党员掉队！“一中心”即在固定的党员活动中心、党员学习园地集中进行理论实践探讨活动，在企业全员中树立党的学习主阵地、党的红色引擎思想圣地。

此外，人福集团作为湖北省委宣传部首次“理论热点面对面示范点”中唯一一家民营企业、开发区连续多年的武汉市“文明单位”“和谐企业”，企业党建工作一直受到省市各级相关部门的肯定。借助湖北省委宣传部“理论热点面对面示范点”的机会，公司邀请湖北省委讲师团为党群干部、员工进行宏观形式分析。此外，集团党委将“道德讲堂”活动与“两学一做”结合起来，通过聆听道德故事，提升道德修养，在集团不断传递充满正能量的企业文化；同时，结合党组织活动，宣传优秀党员事迹，发动公司党员更好地起到先锋模范作用。

三、组织建设，构筑企业发展基石

建设一支思想稳定、技术精湛、作风顽强、能打硬仗的队伍，是企业加快发展，提升竞争优势的基础。在党组织建设方面，除集团党委外，要求符合条件的各经营公司皆成立党支部（或党委），并把党组织建设到班组。

在扩大党员队伍与党员发展方面，注重把一些优秀的青年人纳入党组织进行培养，适时地把他们放在中层干部的岗位上去锻炼，为企业的人力资源提供政治支撑；积极鼓励高层次人才加入中国共产党，用党的先进思想武装企业核心人才，每年持续重点发展经营公司一把手、研发精英（博士）等企业核心人才加入中国共产党。在提拔各级干部时，在党员和非党员同时竞争一个岗位时，在同等条件下，优先考虑共产党员。

同时，持续开展党组织活动及主题活动，先后组织了“红色之旅”及企业党建交流研讨活动。

四、正确定位，促企业民主、创新与和谐

对于民营企业来说，党务工作不是务虚，更在务实。党务工作，要为企业助推力，为员工谋发展。为此，人福医药特别关注创新争优以及员工沟通平台搭建工作，在集团党委的提倡下，一方面，让员工工作得开心、工作得有激情；另一方面，广开言路，强化员工主人翁意识，让员工参与到公司的经营管理中来，为正处于探索蓬勃发展的人福提供稳定的内在向心力。

在创新争优方面，人福是一个典型的学习型企业，积极引导员工争做知识型职工，把争做知识型职工活动与公司员工的素质教育结合起来。公司积极组织各个经营公司开展 GMP、GSP 等劳动竞赛以及读书会、五一基层创新人才表彰，力求在全集团内形成勇于创造、攻坚克难、敢于拼搏的工作热情，促使员工与企业一起稳步前行。通过一次次的劳动竞赛以及读书活动，看到的是广大员工对于自身职业的思考、对于业务发展的心得，对于管理理念的认同，同样的，也是投身自身热爱的工作的幸福。

在沟通平台搭建方面，在集团党委的领导下，协同人力资源部、企业文化部，在职工大会、合理化建议等工作上着力创新。

五、关爱员工，送关怀中强化思想建设

集团组织开展“营销关怀平台”搭建活动，为员工传播企业文化、联谊、党建新思路等精神需求。营销人员关怀小组以“分阶段走访、量需求定制、兼顾标准与灵活、及时分析调整”为原则，让营销人员充分了解集团公司的基本状况、发展战略，体会到党组织的关怀、感受到“家”的温暖，增强人福医药集团的向心力、凝聚力。生活方面，员工除在工作上事业心的追求，内心也有着对家庭温暖和亲情呵护的诉求。因此，集团党委不仅对为工作而不得不背井离乡同事们的家属进行走访和慰问，而且也组织集体婚礼、青年员工相亲等活动，真诚关心和呵护员工对爱情的期盼、对亲情的渴望，一次次联谊活动成就了人福一段段佳话和姻缘；在党建工作方面，营销关怀小组带去了中央下达的新精神、新思路，还有集团近期开展的新的党务活动，给他们补上党课，让他们牢记自己的党员身份。

人福医药集团党委力争在新形势下以新型党务工作创幸福民营企业，不断推动员工在自己热爱的岗位幸福工作，不断为职工热爱的家人送去关怀，让企业不断满足员工不断成长的幸福需要，不断让民营企业接地气、暖人心、有正能量！

集团党委的新思路，对公司的快速发展起到了极大的推动作用。吸引了一批批优秀的人才，其中不乏优秀的海归党员，真正实现了党员干部与人才选拔相匹配，党务工作促企业发展的局面，在民营企业中独树一帜！

六、尽善社会责任，生命之树常青

公益活动方面，集团党委通过“爱心义卖”“人福青年志愿者”等新的工作形式，在集团内部形成热心公益、乐于助人的文化氛围，在广大员工中得到了积极响应。为了解决困难职工救助问题，公司成立了“人福医药爱心基金”，基金已对集团内有需要的多名员工进行了捐助和扶持。

集团党建与群团工作一体化，实现有

机的联动，即党委作为公司领航号，充分带动企业团委（公司先锋号）、工会（公司和谐号）、妇联（公司幸福号）的建设，并将企业党建与企业经营、员工成长融合在一起。为了积极推进党建工作新模式，响应湖北省委省政府关于全力推进精准扶贫工作决定的精神，人福医药集团党委开展了“爱在人福”微公益党建活动。以活动带动企业党员队伍建设，充分调动广大党员的积极性、主动性和创造性；在活动的开展中，带动党员的素质发展，提升党员队伍建设，激发党员的荣誉感和责任感，促进企业党员队伍敢于、勇于亮身份，增强党员党性建设。针对企业党建的难点（因企业生产经营限制，活动组织难度相对较大），通过灵活机动的活动形式和内容，结合大家普遍关心的公益，开展“爱在人福”微公益党建活动，充分调动党员队伍的积极性，提升党员队伍素质建设，实现党建队伍内在教育。

除此之外，人福在精准扶贫、捐资助学等方面积极参与、深入实践：村企结对帮扶，帮助贫困村排忧解难；开展产业帮扶，为贫困村打开脱贫致富之门；开展防艾抗艾、健康扶贫等公益活动，履行医药企业社会责任；开展助学帮扶，为贫困学子铺就求学成才之路。

党的第十九次全国代表大会胜利召开，举国上下，人心振奋。在党的坚强领导下，带领全国各族人民开创了经济社会发展的崭新局面。十九大报告令人鼓舞、催人奋进，高瞻远瞩地指出，“必须把发展经济的着力点放在实体经济上”“以供给侧结构性改革为主线，推动经济发展质量变革、效率变革、动力变革”。

责任凝聚力量，使命引领未来。深刻理解新时期优秀企业家精神的核心内涵：弘扬企业家爱国敬业、遵纪守法、艰苦奋斗的精神；弘扬企业家创新发展、专注品质、追求卓越的精神；弘扬企业家履行责任、敢于担当、服务社会的精神。作为企业及企业家，应当以更加饱满的激情、更加坚定的信念和更加坚守的创新行动，担起企业及企业家应尽的社会责任，发挥更大的作用和价值。

作为湖北省的本土民营企业、医药龙头企业，人福医药将坚持“创新驱动、提值增效”，不断巩固和提升企业核心竞争力，全面推进企业的国际化发展进程，实现企业的跨越发展，以实际行动和优异成绩向党汇报。

（湖北证监局　供稿）

第五篇

上市公司并购重组篇

- 2016年上市公司并购市场综述
- 越秀金控注入广州友谊实现整体上市案例
- 振东制药收购康远制药重组案例
- 英洛华并购重组案例
- 苏美达股份有限公司重大资产重组案例
- 蓝焰控股并购重组案例
- 国电南瑞重大资产重组案例

2016 年上市公司并购市场综述

一、概述

2016 年，中国并购市场延续了前几年的火热状态，持续蓬勃发展。伴随着“一带一路”战略、供给侧改革等一系列政策的推出和实施，2016 年的并购市场交易金额继续攀升，并购交易总金额达到 4933.21 亿美元，再创历史新高。在中国经济结构调整、产业转型升级的背景下，上市公司充分借助资本市场的价值发现、优化资源配置和融资等功能，出于产业升级、战略协同、提高竞争力等目的不断开展并购活动。据统计，2016 年上市公司并购交易总金额约为 3600.02 亿美元，约占当年全部并购交易总额的 73.12%，在并购市场上扮演了举足轻重的角色。具体如图 1 和图 2 所示。

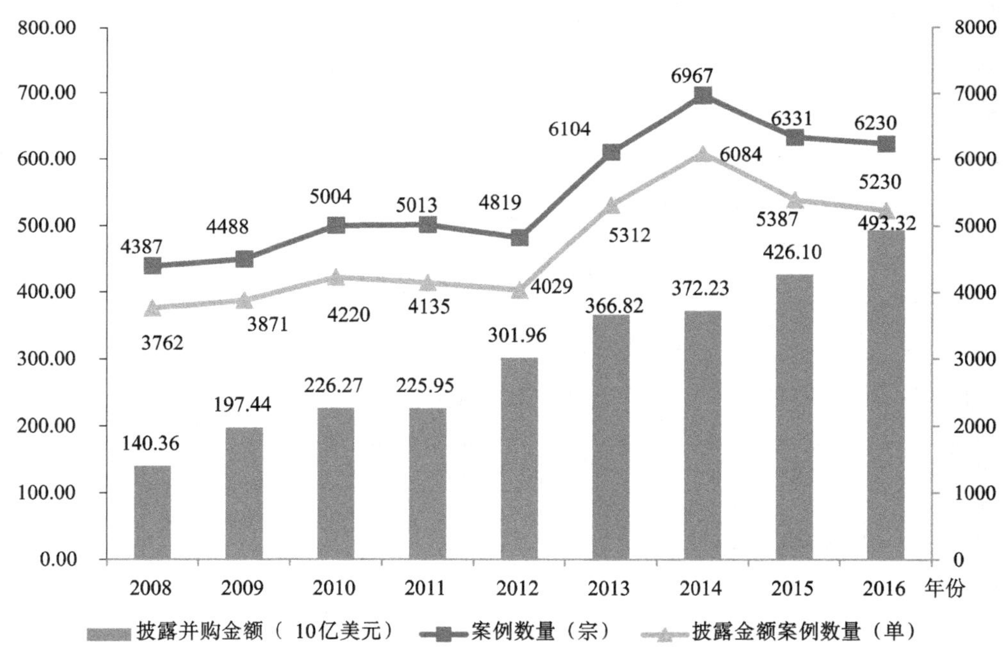

资料来源：Wind 资讯。

图 1　2008～2016 年中国并购市场概况

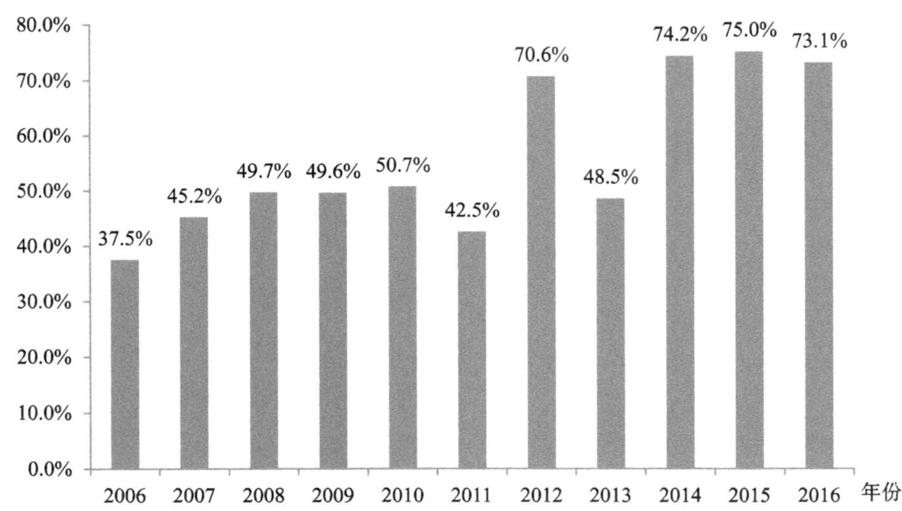

资料来源：Wind 资讯。

图 2　2006～2016 年上市公司并购交易金额占中国企业并购交易总金额变化的比重

按交易金额统计，2016 年中国上市公司前十大并购交易中，互联网软件和信息服务业（以下简称“互联网”）占有 3 席，制造业、交通运输与物流各占 2 席，多元金融、房地产、钢铁各占一席。动态观察，2016 年前十大并购交易的总金额较 2015 年增长 30%，交通运输与物流、互联网软件和信息服务、多元金融行业的交易金额所占比重持续升高。2016 年十大并购交易有 8 宗是 100% 的全资股权收购，2 宗为控股权收购，其中，2016 年 9 月宣布的中油资本重组上市是 2016 年中国上市公司最大的并购交易。具体如表 1 所示。

表 1　2016 年中国上市公司前十大并购交易

收购方					目标方				
排名	宣布日期	公司名称	股票代码	性质	公司名称	性质	行业	交易金额（亿美元）	收购股比
1	2016/9/6	*ST 济柴	000167	国企	中油资本	国企	多元金融	114.41	100%
2	2016/12/10	渤海金控	000415	民企	C2 公司	外企	交通运输与物流	101.75	100%
3	2016/6/21	腾讯控股	0700.HK	民企	supercell	外企	互联网软件与信息服务	86.3	84.30%
4	2016/5/23	鼎泰新材	002352	民企	顺丰控股	民企	交通运输与物流	65.6	100%

续表

收购方					目标方				
排名	宣布日期	公司名称	股票代码	性质	公司名称	性质	行业	交易金额（亿美元）	收购股比
5	2016/2/19	天海投资	600751	民企	英迈国际	外企	互联网软件与信息服务	59.89	100%
6	2016/1/16	青岛海尔	600690	国企	GE家电	外企	制造业	53.7	100%
7	2016/3/14	中国海外发展	0688.HK	国企	中信住宅地产	国企	房地产	46.97	100%
8	2016/10/21	巨人网络	002558	民企	Alpha公司	外企	互联网软件与信息服务	46.21	100%
9	2016/5/26	美的集团	000333	民企	库卡集团	外企	制造业	44.24	81.04%
10	2016/9/23	宝钢股份	600010	国企	武钢股份	国企	钢铁	39.45	100%

资料来源：Wind资讯。

二、上市公司并购分析

（一）并购目标的行业分布

从2016年上市公司并购重组的行业分布来看，互联网行业以527宗的交易单数独占鳌头，占当年并购交易总单数的20.10%；医药与医疗服务、制造业、电子业紧随其后，分别完成交易267宗、252宗和216宗，占并购交易总单数的10.19%、9.62%和8.26%。而从并购重组交易金额的行业分布来看，金融、互联网、房地产的交易规模分别为455.32亿美元、396.13亿美元和390.89亿美元，占比13.41%、11.67%和11.51%，位列前三。

数据显示，近年来并购重组活动在互联网、医疗与医疗服务、制造业、电子、金融、文化与传媒等行业持续活跃发展，充分反映了中国经济增长方式由粗放型转变为集约型的趋势。伴随着移动互联网技术和商业模式的深入发展创新和AI、大数据、云计算等前沿科技的方兴未艾，互联网软件和信息服务业、电子等相关行业的并购重组发展迅速；在先进制造业、高端医药和医疗服务领域，上市公司通过纵向、横向行业整合等方式寻求竞争优势，实现跨越式发展。具体如图3所示。

（二）并购交易的规模分布

从并购重组的交易金额和交易宗数分布区间来看，2016年中国上市公司完成了2200单小于1亿美元的并购交易，占并购交易总数的80.73%和交易总金额的11.20%；交易金额大于5亿美元、小于10亿美元的并购案例占交易总宗数的3.27%

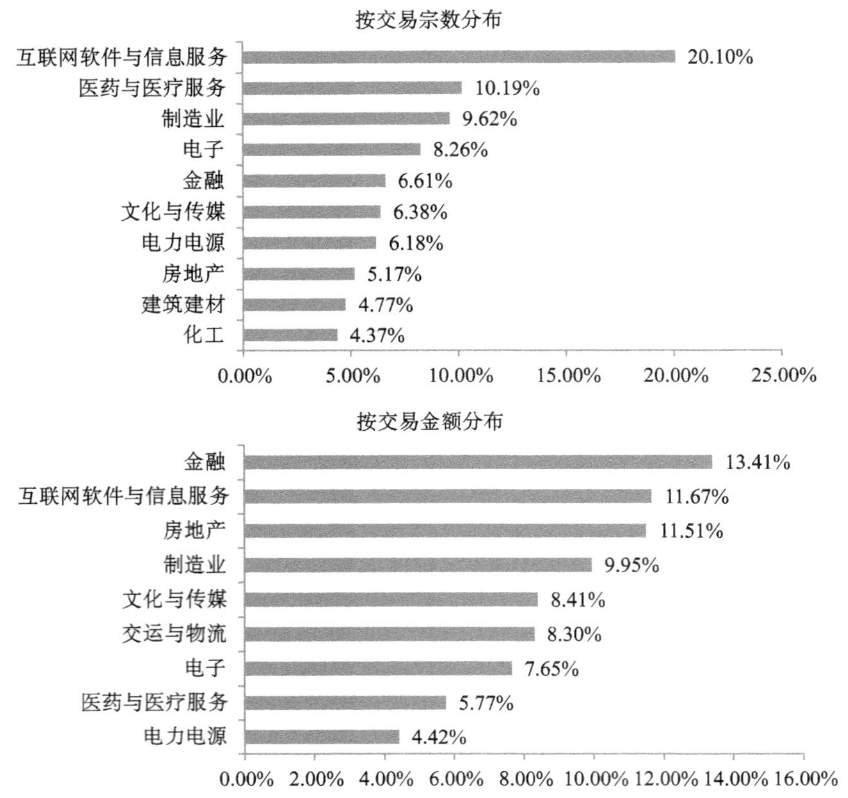

资料来源：Wind 资讯。

图 3　2016 年中国上市公司并购按行业分布

和交易总金额的 14.14%；交易金额大于 10 亿美元的并购案例占交易总宗数的 1.98%，但合计交易金额占比却达到整个并购市场交易的 49.25%。具体如图 4 所示。

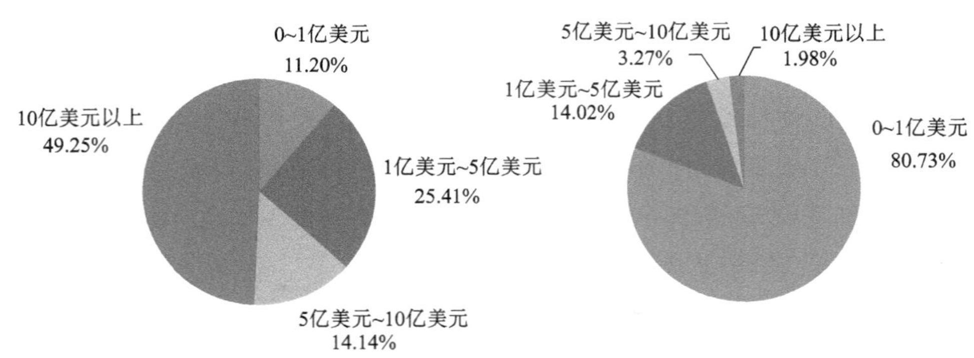

资料来源：Wind 资讯。

图 4　2016 年中国上市公司交易规模分布

从上市公司并购的行业分布观察，钢铁、交运与物流、房地产、金融等行业和往年一样在 2016 年平均单笔交易金额上名列前茅，其中，钢铁行业单笔交易金额达 7.43 亿美元，是平均单笔交易额最大的行业。发生在钢铁行业的宝钢股份吸收合并武钢股份 100% 股权（交易金额 39.45 亿美元）是 2016 年国有钢铁企业横向整合的最大金额并购交易案例。在移动互联网时代，物流企业通过并购重组实现产业升级的步伐明显加快，其中顺丰控股、韵达股份、圆通速递的重组上市交易金额均超过 25 亿美元。具体如图 5 所示。

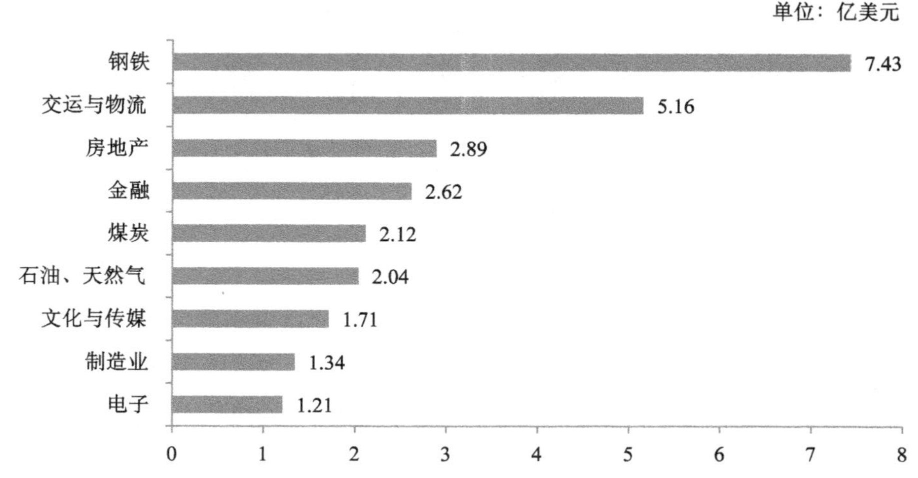

资料来源：Wind 资讯。

图 5　2016 年中国上市公司单笔交易金额行业分布

（三）并购交易的类型分析

从并购类型来看，2016 年境内并购交易金额占比由 2015 年的 86% 下降至 69.71%，而跨境并购金额占比由 2015 年的 11.61% 上升至 29.91%，外资企业入境并购的交易金额占比由 2015 年的 2.33% 下降到 2016 年的 0.38%，降幅较为明显。

境内并购目标占据主导地位，2016 年境内并购交易宗数达 4865 宗，交易金额达到 3372 亿美元，虽较 2015 年有所下降，但交易金额和交易数量仍维持高位。中资企业 2016 年海外并购交易总额为 1446.57 亿美元，为 2015 年的 2.94 倍，增长势头十分迅猛。

动态观察，化工、工业、信息技术和可选消费行业的中资企业海外并购交易金额占全年海外并购总额的 76.34%，是 2016 年海外并购的活跃板块。化工行业海外并购整合在 2016 年发展迅速，其中，中国化工集团收购瑞士先正达农化公司（交易金额约 460 亿美元）是迄今为止中国企业交易金额最大的海外并购。在国内经济转型的大背景下，信息技术和可选消费等行业依旧是中国企业海外并购优先选择的行业。

房地产、金融和可选消费是外资入境并购青睐的行业，从并购行业的偏好上，可以看出外资公司与中资机构的明显差异，也侧面反映出相关各方经济结构和并购目的的不同。具体如图 6、图 7 和图 8 所示。

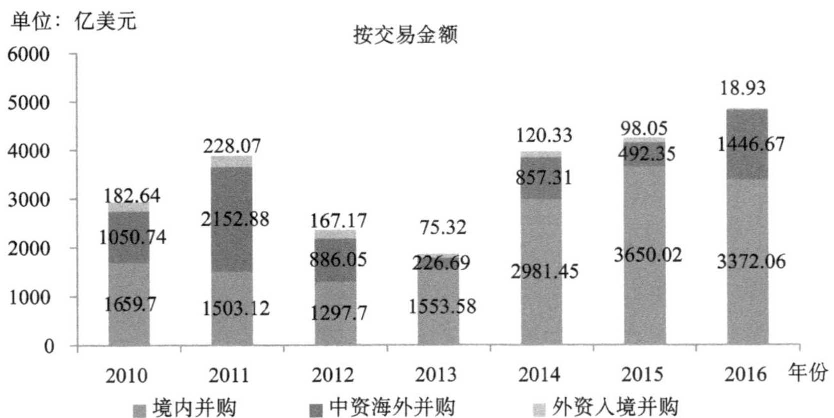

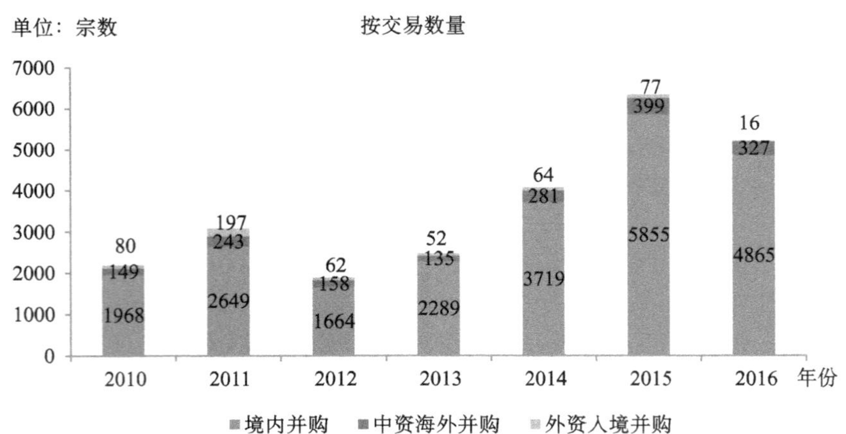

资料来源：Wind 资讯。

图 6　2010～2016 年中国上市公司交易并购类型分布

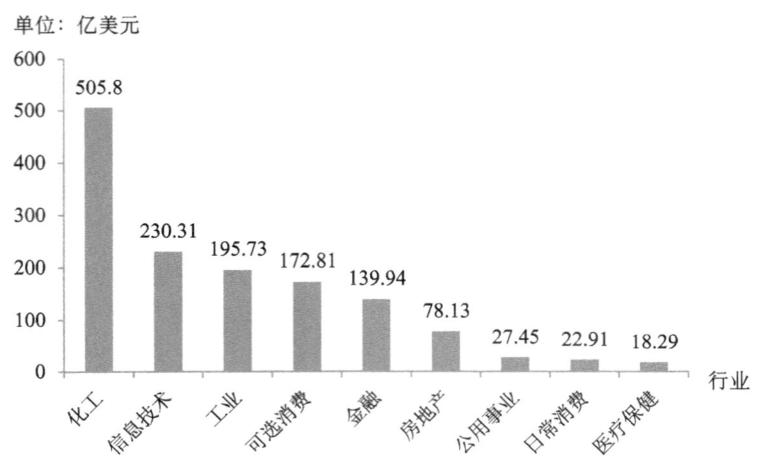

资料来源：Wind 资讯。

图 7　2016 年中国上市公司出境并购按行业分布

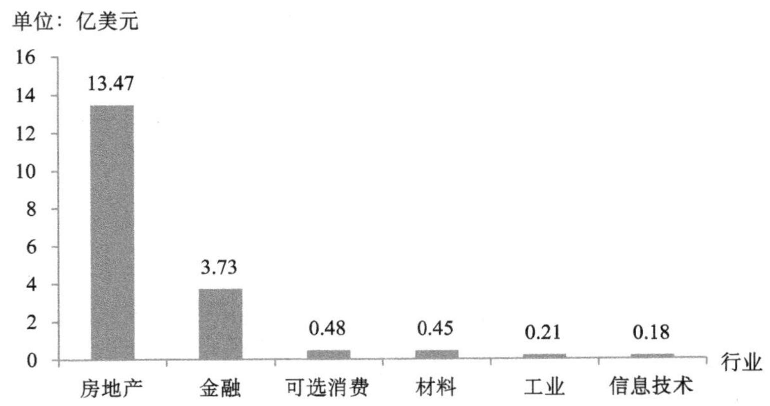

资料来源：Wind 资讯。

图 8　2016 年中国上市公司外资入境并购按行业分布

三、并购市场发展趋势

（一）并购重组服务实体经济，支持供给侧改革，促进产业升级的作用进一步提升

在供给侧改革的背景下，推进企业兼并重组、提高行业集中度是化解过剩产能、促进产业升级的重要途径，在落实“三去一降一补”任务，支持战略新兴产业发展、助力国企改革、扶贫攻坚、一带一路战略方面发挥重要作用。2016 年，国有上市公司特别是产能过剩行业国有上市公司纷纷通过并购重组以实现“去产能、去库存、去杠杆、降成本、补短板”的战略目标，新一轮国企并购重组浪潮已经开始涌现。2016 年 6 月公告的冀东水泥并购整合金隅股份水泥生产资产、2016 年 9 月公告的宝钢股份吸收合并武钢股份等是国有上市公司通过并购重组落实供给侧改革的代表性案例。

（二）互联网、高端制造业、大消费行业的并购活动持续增长，行业差异化日趋明显

2016 年，互联网、高端制造业和大消费行业并购活动保持了快速增长。伴随着技术和消费对中国经济增长贡献比重的逐渐加大，新经济、新技术、新产业与资本市场深度融合的步伐不断加快，一批已经显示出强大发展后劲的企业通过并购重组登陆资本市场，为后续发展注入强劲动力。在“工业 4.0”和“互联网 + 制造”时代，互联网和制造业上市公司纷纷通过并购重组加快补齐基础技术、材料等短板并实现重点领域的快速突破；大消费产业的并购重组则将伴随人民群众对高端物质文化需求的满足而快速发展，包括智能家电、高端医疗、绿色农产品等领域。

（三）并购重组服务“一带一路”建设，支持上市公司提升国际竞争力

2016 年，中国上市公司在全球范围内开展并购重组，通过资本“走出去”，

把先进技术和管理“引进来”，在开拓国际市场的同时，也促进了产业升级。市场预期以满足国内经济增长和产业升级的战略需求，为国家带来新技术、新产业的跨境并购仍将是增量市场。在“一带一路”战略带动下，中国上市公司形成了“国企搭台、民企唱戏”的融合共进格局，协力推进“一带一路”国家和地区的基础设施、矿业等建设，在服务国家战略的同时，增厚了盈利，提升了竞争力。2016年6月公告的上海电力17.72亿美元收购巴基斯坦卡拉奇电力公司等是并购重组服务“一带一路”战略的典型案例。

（四）监管政策去伪存真，市场化程度不断提升

2016年5月，中国证监会相关负责人明确了今后一段时间并购重组的监管方向，即强化信息披露，弱化实质审核；提升审核效率和审核透明度；支持并购重组的支付方式创新和改善并购融资环境等。从制度环境的角度来看，为适应近年来快速发展的市场化并购交易的需求，监管机构的监管导向更趋市场化，审核效率不断提高，进一步释放了并购需求。

但在上市公司外延式并购规模达到历史高点的同时，也不断暴露出诸如商誉减值隐患、忽悠式并购、过度炒壳等一些问题，引起了监管部门的重视，并积极从制度层面约束不当的并购重组行为。2016年9月，中国证监会颁布新修订的《上市公司重大资产重组管理办法》明确重组上市的审核标准与IPO趋同；同时监管严厉打击“炒壳”行为、对跨界重组“一事一议”等。经历了一系列监管政策的洗礼后，并购重组的某些无序行为明显减少，市场化程度不断提升，并购市场支持实体经济和长期健康发展的基础不断夯实。

（中国上市公司协会并购融资委员会 供稿）

越秀金控注入广州友谊实现整体上市案例

2013 年以来，国家大力发展多层次资本市场，监管部门对优质资产通过重组上市逐步放开，中央及省市正式启动新一轮的国企改革，尤其是鼓励利用资本市场实施资源优化配置、推动企业转型升级和实现混合所有制改革。与此同时，广州市正在积极推进区域金融中心建设，希望借助资本市场推动广州市属金融产业发展迈上新的台阶。因此，作为广州市重点打造的市属金融控股平台以及越秀集团旗下境内金融产业的集中持股和管控平台，广州越秀金融控股集团有限公司（以下简称“越秀金控”）迎来了登陆资本市场的历史性机遇。

2014 年 9 月 1 日，广州友谊集团股份有限公司（以下简称“广州友谊”）发布公告，宣布自 2014 年 9 月 1 日开始起停牌，开始筹划重大事项，即广州友谊以非公开发行股票的方式向广州市国资委以及广州地铁、广州国发等其他 6 家市属国企募集现金 100 亿元，收购广州越秀企业集团有限公司（简称“广州越企”）持有的越秀金控 100% 股权。2015 年 1 月 9 日，广州友谊向中国证监会提交《上市公司非公开发行股票行政许可申请》，同年 10 月 23 日获得中国证监会发审会审核通过，2016 年 1 月 22 日获得中国证监会的正式核准批复，3 月 28 日完成股票发行并上市，4 月 30 日完成越秀金控进入广州友谊的股权交割，8 月 1 日上市公司正式更名为“越秀金控”。至此，越秀金控顺利通过重组方式实现整体上市，成为国内首个地方金控上市平台。这一交易金额达百亿元的重大资本运作项目，无论对广州市国有企业改革大局，还是对越秀集团、越秀金控和广州友谊的可持续、跨越式发展，都具有重要的现实意义和战略价值。

一、广州友谊非公开发行项目双方基本情况

（一）越秀金控基本情况

越秀金控于 2012 年 1 月 18 日正式挂牌成立，是越秀集团境内金融产业的集中管控和投资平台，主要经营证券、融资租赁、私募基金、融资担保、小额贷款等金融业务。

截至 2014 年 6 月底，越秀金控总资产超 400 亿元，净资产超 100 亿元，年度利润总额超过 10 亿元，归母净利润超过 6 亿元，核心财务指标已基本达到了上市条件。顺应国资金融产业改革趋势，越秀金控亟需通过对接资本市场，增强资本实力，实现跨越式发展。

（二）广州友谊基本情况

广州友谊前身是创建于1959年的“广州友谊商店”，以高级百货商店为定位，是广州市属的综合性商业百货集团。广州友谊是全国文明单位、中国服务业五百强、中国百货业百强、中国连锁百强、全国商贸流通服务业先进集体。

广州友谊于2000年7月在深圳证券交易所主板上市，总股本3.59亿股，控股股东是广州市国资委，持股量占51.89%。截至2014年6月底，广州友谊总资产33.58亿元，净资产20.40亿元，股价在9元上下浮动，市值仅30亿元左右。受实体经济及消费疲弱的影响，广州友谊经营业绩连续多年下滑，其上市平台的价值、效益无法得到充分发挥和释放。

二、广州友谊非公开发行项目方案

广州友谊以非公开发行方式向广州市国资委以及其他广州市属国有企业募集资金，收购越秀集团所持有的越秀金控全部股权，实现越秀金控登陆国内资本市场。同时，广州友谊将其原有的百货业务打包成立子公司，独立运作。按照上述资产重组方案，广州友谊以每股9.4元（后因广州友谊2015年度每股分红0.5元，发行价格调整为每股8.9元）的发行价，向广州市国资委、广州国发、广州地铁、广州电气装备、广州城投、广州交投和万力集团共7家特定对象非公开发行股票募集资金100亿元，向广州越企收购越秀金控100%股权。其中，向广州市国资委募集55亿元，向其他市属企业募集45亿元。发行完成后，广州市国资委持股量增至54.25%，仍为最终实际控制人。

三、成效与评价

（一）实现了广州市有史以来最大的一单资本市场股权融资以及广州市国资金融产业在中国资本市场的历史性突破，为广州市新一轮国企改革迈出了重要一步。

新一轮的国企改革聚焦于混合所有制改革，其目的是通过资本市场释放国有资产的能量，确保国有资产管理的规范化和资产价值的最大化。广州友谊以非公开发行方式向广州市国资委及6家广州市属国有企业募集资金收购越秀金控全部股权，既满足了越秀金控登陆资本市场的需要，又开启了广州友谊“百货+金融”双主业驱动的战略转型；既大力推动了广州市国资金融业发展战略的实施，又符合广州市推进国有企业混合所有制改革的大方向。

通过此次资本运作，越秀金控成为国内首个地方金控上市平台和广州市第一个国资金融上市平台，也是广州市第三家市值超过300亿元的国资控股上市公司，在资本市场的影响力大幅提升。同时，作为广州市利用资本市场推动新一轮国资国企改革的首个重大资本运作项目，该项目的成功实施不仅对广州市国资国企改革具有重要借鉴意义，而且也成为其他省市推动国企改革的标杆和示范项目。

从金融行业监管的角度来看，此次资本运作是支持综合金融模式探索的一次成功尝试，也为监管部门今后对金控类公司上市审批以及金控类上市公司监管提供了借鉴意义。

（二）广州越秀金控成功实现“弯道超车”，从地方性金融控股平台层出不穷的纷繁局面中脱颖而出，借助资本市场迅速壮大资本实力和综合实力，为下一步跨越式发展奠定坚实基础。

广州证券是越秀金控的核心业务板块，本次非公开发行募集的剩余资金11.7亿元主要用于广州证券补充营运资金，不仅增强了其资本实力，而且也壮大了上市公司的综合实力。2016年8月29日，越秀金控再次停牌启动重大资本运作项目，收购广州证券少数股权，进一步完善金融产业链条。

未来，越秀金控将利用上市平台的优势，拓宽资本运作空间，实现跨越式发展，成为以证券、租赁为基础，做大资产管理，谋划保险和信托，优化提升小微金融业务，打造跨境经营、全国拓展、服务高效、品牌卓越、具有核心竞争力的金融控股集团。

（三）上市公司成功转型，业绩强劲增长，推动国有资产大幅保值增值，实现了中小投资者利益共赢。

本次资本运作顺利实施后，上市公司主业由单一的百货业务转型为“金融+百货”的双主业模式，盈利能力得到大幅提升，初步扭转了持续多年的业绩颓势，总市值由重组前的30亿元左右，增加至300亿元；总资产和净资产分别由重组前的30亿元和20亿元左右，增加至650亿元和120亿元；营业收入和利润总额分别由重组前的30亿元和3亿元左右，分别增加至70亿元和15亿元。

在非公开发行过程中，7家市属国企共认购100亿元。截至2016年8月26日，7家市属国企所认购股份对应的总市值为244亿元，升值145%。中小投资者同时也分享了上市公司整合带来的业绩增长，实现了良好的投资回报。

（广东证监局　供稿）

振东制药收购康远制药重组案例

山西振东制药股份有限公司（以下简称“振东制药”）于2011年1月7日在深圳证券交易所上市交易，是山西省首家登陆创业板的上市企业，股票代码：300158。公司主要生产抗肿瘤、心脑血管、抗感染、消化系统、呼吸系统、维生素营养、解热镇痛、补益中成药等。

2016年，振东制药通过发行股份及支付现金的方式购买北京康远制药有限公司（以下“康远制药”）100%股权，有效丰富了产品结构，降低了经营风险，实现了企业的多元转型和快速发展。

一、本次重组的背景

随着我国城市化进程的加速、人口老龄化趋势的加快、现代社会居民健康意识的不断提升以及居民可支配收入的逐年提高，我国医药行业近年来一直处于高速发展阶段。

公司重组前主要营业收入、净利润来自于岩舒注射液，一旦公司主要产品销售产生波动，将直接对经营业绩产生重大影响。由于新药研发具有高投入、长周期、高风险等特点，短期内公司自主研发新产品难以满足行业和公司自身快速发展的需要。康远制药拥有多项药品注册批件，其中，朗迪碳酸钙D3片（Ⅱ）、碳酸钙D3颗粒等具有较高的市场知名度和占有率。通过并购，公司可在短时间内获得标的公司具有核心竞争力的优势产品，增强核心竞争力，并降低经营风险。

二、本次重组的方案及进展

（一）重组方案

（1）发行股份购买资产。振东制药以发行股份及支付现金的方式购买李勋等9名股东持有的康远制药100%股权。收标的康远制药100%股权的交易价格为264590.00万元，其中，以现金支付62918.00万元，以发行股份方式支付201672.00万元，发行股份价格为13.70元/股，共计发行147205839股。

（2）募集配套资金。公司向山西振东健康产业集团有限公司和常州京江博翔投资中心（有限合伙）发行股份合计76063491股，发行价格15.75元/股，实际募集资金总额119800.00万元。募集资金用于支付现金对价和中介机构费用，剩余部分用于补充公司流动资金。

（二）重组的主要过程

此次重组相关事项经公司2015年10月21日召开的第三届董事会第六次会议

和2015年11月23日召开的2015年度第三次临时股东大会审议通过。2016年4月21日，公司收到中国证监会《关于核准山西振东制药股份有限公司向李勋等发行股份购买资产并募集配套资金的批复》（证监许可〔2016〕835号）。2016年5月，公司完成收购康远制药100%的股权项目，5月11日资产过户并办理了工商变更登记。2016年8月10日，非公开发行的223269330股新增股份在深圳证券交易所上市。

三、重组的成效及意义

重组后，公司拥有更丰富的产品线，发展更加多元化，形成以“岩舒”带动处方药，以“朗迪”带动OTC的局面，全面拓展了公司各产品群的销售规模，增强了公司在医药领域的核心竞争力，在实现快速发展的同时，增强了抵御风险的能力。通过本次交易，康远制药成为上市公司全资子公司，公司以此为契机，有效实现产业结构调整、完善产业链、进行业务升级，使产品品牌与企业品牌形成良性互动，走上多元转型发展的快车道。

（山西证监局　供稿）

英洛华并购重组案例

英洛华科技股份有限公司（以下简称“英洛华”）于1997年8月8日在深圳证券交易所上市交易，是太原市首家上市公司，股票代码：000795。公司主要业务为稀土永磁材料与制品、电机系列、物流与消防智能装备等。

2016年，英洛华通过发行股份购买控股股东横店集团旗下赣州市东磁稀土有限公司（以下简称“赣州东磁”）100%股权及浙江横店进出口有限公司（以下简称“横店进出口”）钕铁硼业务相关资产，有效完善公司钕铁硼产业链，显著提高了公司资产规模和盈利能力。

一、本次资产重组的背景

钕铁硼磁性材料广泛应用于信息通讯产业、汽车工业、能源产业、节能环保、医疗器械等领域。在国家高度重视科学发展，强调建设节约型社会和环境友好型社会的背景下，钕铁硼磁性材料的生产经营受到国家产业政策的积极支持，有利于提升当前我国稀土行业的核心竞争力、加快稀土工业结构调整和升级等发展要求。

赣州东磁多年来从事高性能钕铁硼磁性材料的研发、生产和销售，在风电发电机、新能源汽车等领域占据了一定的市场份额；横店进出口钕铁硼业务相关资产主要从事钕铁硼磁性材料出口业务。此次通过发行股份购买上述资产，有助于公司对钕铁硼磁性材料产业的优化配置，充分发挥规模效应，降低生产成本，增强主营业务的市场竞争力和盈利能力。此外，此次交易也是控股股东横店集团履行解决同业竞争承诺的行为，并将减少关联交易。

二、本次资产重组的方案及进展

（一）资产重组方案

（1）发行股份购买资产。公司通过发行股份的方式，向横店集团东磁有限公司、东阳市恒益投资合伙企业（有限合伙）购买其合计持有的赣州东磁100%股权；向横店进出口购买其拥有的钕铁硼业务相关资产。公司以5.01元/股的价格，向上述交易对方发行股份合计为122355288股。

（2）募集配套资金。公司向横店控股、钜洲资产管理（上海）有限公司等特定投资者非公开发行股份募集配套资金，用于消防机器人及消防训练模拟产业化项目、新能源汽车驱动系统及电机用高性能磁体研发及产业化项目、还债及补充流动资金等。配套融资部分发行价格为

5.01 元/股，发行股份 122355287 股，募集资金总额 613000000 元。

（二）资产重组的主要过程

此次重大资产重组相关事项经公司 2015 年 11 月 25 日第七届董事会第四次会议、2015 年 12 月 14 日第七届董事会第五次会议、2015 年 12 月 31 日 2015 年第三次临时股东大会审议通过，并批准横店控股及其关联方免于因此次交易发出收购要约。

2016 年 5 月 4 日，中国证监会下发《关于核准英洛华科技股份有限公司向横店集团东磁有限公司等发行股份购买资产并募集配套资金的批复》（证监许可〔2016〕948 号）。2016 年 5 月 17 日、23 日，公司分别完成标的资产过户手续并办理了工商变更登记。配套募集资金于 2016 年 6 月 13 日到账。新增股份 244710575 股于 2016 年 6 月 30 日在深圳证券交易所上市。

三、重组的成效及意义

（一）提高公司资产规模及盈利能力

重组完成后，公司财务状况得到改善和优化，资产规模、业务规模、盈利能力以及抵御风险的能力显著增强。公司 2016 年经营与财务指标大幅增长：总资产 252508.86 万元，较 2015 年调整后的数据增长 13.25%；净资产 196987.92 万元，较 2015 年调整后的数据增长 46.95%；归属于上市公司股东的净利润 3458.08 万元，较 2015 年实现扭亏为盈。

（二）有效完善公司钕铁硼产业链，发挥协同效应

重组完成后，公司将自身钕铁硼永磁材料业务与赣州东磁的钕铁硼磁性材料业务及横店进出口的钕铁硼材料出口贸易业务相结合，实现了产能、技术、市场三方面的互补。公司有效完善了钕铁硼产业链，实现技术能力的提高和产品结构的优化，发挥规模效应、协同效应，进一步降低生产成本，增强了市场综合竞争力，也为公司下游业务延伸提供了良好条件。

（三）减少关联交易、解决同业竞争

重组前，横店进出口和赣州东磁均为控股股东横店集团的下属公司，与公司存在一定的关联交易和同业竞争问题。重组完成后，标的资产注入公司，整合了相关生产及销售资源，有效减少关联交易，并解决了同业竞争的问题，使公司治理更加规范，保障了公司及股东的利益，对公司实现可持续发展有着重要意义。

（山西证监局　供稿）

苏美达股份有限公司重大资产重组案例

苏美达股份有限公司（以下简称“公司”）前身常林股份有限公司（以下简称“常林股份”）2013年起所处工程机械行业发展经受了严峻考验，国内固定资产投入减缓和全球经济发展不稳定导致工程机械市场总体需求持续疲软。受各种外部环境叠加的影响，常林股份经营状况面临较大困难，自2015年4月28日起，常林股份由于连续2年亏损，被上交所实施退市风险警示。2016年年报披露后，因连续3年亏损，被上交所暂停上市。为保障上市公司持续经营能力和盈利能力，保护广大中小股东的利益，常林股份实际控制人中国机械工业集团有限公司（以下简称“国机集团”）启动资产重组计划，将国机集团下属盈利能力最强的资产之一江苏苏美达集团有限公司（以下简称“苏美达集团”）注入常林股份。2016年9月22日，中国证监会并购重组委召开第69次工作会议，对常林股份发行股份购买资产项目进行审核，最终获得无条件通过。

2016年11月14日，公司重组完成。2017年7月31日，公司股票恢复上市，重回资本市场，切实保护了中小投资者的利益，也让上市公司恢复了持续经营能力，实现了多方共赢。现将有关情况总结如下：

一、选择合适的标的，公司方能“浴火重生”

公司在启动重大资产重组之初，最先面临的问题就是重组标的的选择。在此之前，连续两年亏损，按照当时工程机械产业的发展形势，公司经营状况难以在短期内得到有效改善，面临被暂停上市，甚至是终止上市的风险。为避免被强制终止上市，需要重组标的能够全面扭转公司业务现状，实现扭亏为盈，从根本上改变公司的盈利能力。同时，重大资产重组标的的持续盈利情况也是证监会在并购重组审核中的一个重点。

置入公司的苏美达集团成立于1978年，是国机集团重要成员企业。苏美达集团成长和崛起于中国改革开放和全球经济一体化进程之中，经过40年的发展，已成为专注于贸易与服务、工程承包、投资发展三大领域的现代制造服务业集团。

通过本次重大资产重组，国机集团承接常林股份全部资产及负债，将盈利性较弱的工程机械行业资产置出上市公司，从而有效解除上市公司负担；同时，将国机集团内部盈利能力最强的资产之一苏美达集团注入上市公司，使上市公司转变成为一家具备较强市场竞争力的以贸易和服务业务为核心业务的现代制造服务业企业集团。通过重组，上市公司的盈利能力和持续经营能力得到根本性改善，广大中小股东的利益得到了保护。因此，此次重组也得到了资本市场和广大投资者广泛的认可和支持。

二、主动与监管机构沟通，确保实施规范严谨

公司此次重大资产重组于 2015 年 8 月 4 日正式启动，在国机集团的帮助下以及重组各方的努力下，经历了方案设计和准备、国资委评估备案及方案审批、中国证监会审批等重要阶段，历时 14 个月，最终获中国证监会的正式批准。

一段时间以来，中国证监会强化依法监管、全面监管、从严监管，稳健有序推进上市公司并购重组，在此背景下，重组项目在筹划、实施和报批的所有环节中，均做出了规范、严谨和全面的设计和安排，特别是针对相关特殊、无先例情形，通过主动对接、主动释疑，获得了各个监管环节的理解、支持和认可，保障了重组项目有序、有力、有效推进，充分体现了国机集团作为中央企业以及所属苏美达集团、常林股份努力实施业务重组战略、推动优质资产进入资本市场、维护中小投资者合法权益的信念和决心！

三、选择优秀的专业机构，重组也能“如虎添翼”

重大资产重组是证券业务中最为复杂的业务模式之一，涉及交易架构设计、审计、评估等诸多方面，因此，重大资产重组的开展更需要专业机构的协助。优秀的中介机构为上市公司的重大资产重组方案提供各个环节可行性、合法合规性的专业意见，识别重组标的和重组过程中可能面临的风险，协助上市公司完成整体方案的实施。

四、国有股东大力支持，过程更需“戮力齐心”

苏美达集团原股东为国机集团和江苏省国有企业江苏省农垦集团有限公司，在本次重组过程中，两家企业通力合作，共同推动项目进展，创造了资本市场又一例央企和国企密切合作的成功案例。此外，为了支持重组后上市公司的业务发展，国机集团下属多家企业和江苏省国有企业共同出资认购本次重组募集配套资金，通过实际行动支持上市公司的业务发展，切实践行了保护中小股东利益的社会担当。

不忘初心，继续前行。作为中央企业改革创新和资本市场稳定发展的重要典范，重组完成后，公司将牢固秉持 30 多年“创新超越、行稳致远”的企业精神，依托长期建设形成的“贸工技金”一体化核心能力，充分发挥央企平台、混合体制和企业家及人才队伍优势，用好、用足资本市场资源，全面实施“产业＋投资”双轮驱动发展战略，奋力推动企业提质增效、转型升级，确保新一轮有质量、有效益、可持续发展，以一流治理、一流经营和一流业绩回报股东、国家和社会，致力于成为备受投资者尊敬的优秀上市公司！

（江苏证监局　供稿）

蓝焰控股并购重组案例

太原煤气化股份有限公司（以下简称“太原煤气化”）于2000年6月22日在深圳证券交易所上市，股票代码：000968。重组前，是一家集采煤、洗煤、炼焦、造气、煤化工、煤矸石发电为一体的煤炭综合加工利用企业，由于2014年、2015年度连续两年亏损，面临退市风险。

2016年，公司实施重大资产重组，成功置入山西晋城无烟煤矿业集团有限责任公司（以下简称“晋煤集团”）旗下优质资产山西蓝焰煤层气集团有限责任公司（以下简称“蓝焰煤层气”）100%股权，由传统煤炭企业成功转型成为清洁能源煤层气抽采利用生产企业，并更名为山西蓝焰控股股份有限公司（以下简称“蓝焰控股”），退市风险得到化解，持续经营能力从根本上得到改善。

一、本次重组的背景

蓝焰控股前身为太原煤气化股份有限公司，成立于1998年12月，是一家煤炭综合加工利用企业。2012年，公司按照山西省委、省人民政府全面改善省城环境质量的相关要求，先后对太原工厂区“5厂4公司”及相关辅助单位实施了关停，导致公司产业链断裂，仅存煤炭产业。加之受煤炭市场持续低迷影响，公司2014年、2015年连续巨额亏损，2016年难以扭亏，如果不进行重组，退市风险可能难以避免。2015年12月24日，经山西省人民政府和省国资委同意，公司股票交易停牌，启动重大资产重组工作。

二、本次重组方案及进展

（一）本次重组整体方案

（1）重大资产置换：公司以截至2016年1月31日除全部应付债券及部分其他流动资产应交税费、应付利息外的全部资产和负债（置出资产），与晋煤集团所持有的蓝焰煤层气100%股权（置入资产）中的等值部分进行置换，置出资产合计评估值85613.96万元，置入资产评估值扣除现金股利后的价值307268.17万元。

（2）发行股份及支付现金购买资产：置入资产超过置出资产的对价差额部分共计221654.21万元，其中，50000万元对价由公司以现金形式支付给晋煤集团，171654.21万元由公司向晋煤集团非公开发行股份262870153股的方式支付，发行价格为6.53元/股。

（3）股份转让：公司原控股股东太原煤炭气化（集团）有限责任公司向晋

煤集团转让 124620029 股股票，交易价格为 6.87 元/股。

（4）募集配套资金：公司采用锁价方式向 7 名符合条件的特定对象非公开发行 190885507 股股份，募集配套资金 131711 万元，发行价格为 6.90 元/股。募集配套资金扣除中介费用及相关税费后，用于支付现金对价和晋城矿区低产井改造提产项目。

（二）资产重组的主要过程

此次重大资产重组事项经公司 2016 年 6 月 17 日召开的第五届董事会第二十八次会议和 2016 年 7 月 8 日召开的 2016 年第二次临时股东大会审议通过，期间还在深圳证券交易所举行了沪深两市首家媒体说明会。

2016 年 12 月 23 日，公司获得《关于核准太原煤气化股份有限公司向山西晋城无烟煤矿业集团有限责任公司发行股份购买资产并募集配套资金的批复》（证监许可〔2016〕3160 号），标的资产蓝焰煤层气 100% 股权的工商变更登记手续办理完成；12 月 30 日股东协议转让国有股份 124620029 股过户完成。2017 年 1 月 25 日、4 月 24 日，向晋煤集团非公开发行的股份和向 7 家认购对象非公开发行股份分别在深圳证券交易所上市，公司总股本由重组前的 513747000 股增至 967502660 股。

三、重组的成效及意义

本次重组成功，有效化解了上市公司退市风险，维护了企业在资本市场良好的形象，保护了员工、中小投资者和债权人的利益。重组完成后，公司主营业务由煤炭开采、洗选及销售变更为煤矿瓦斯治理及煤层气勘查、开发利用，拥有从煤层气勘探、抽采、工程设计、气井运营到煤层气运储和批发销售等较为完整的业务链条，实现了传统煤炭产业向清洁环保煤层气产业的转型升级，打造了国内 A 股市场第一家煤层气产业上市公司。

国有上市公司面对企业生存发展难题和国资国企改革课题双重考验时，应该何去何从？对于传统能源行业来说，转型发展是应势之举。蓝焰控股通过重大资产重组，大股东优质资产实现证券化，使得企业由濒临退市转而进入良性发展的轨道，不仅在资金层面实现了社会资金的优化配置，而且以此为基点，推动了更广泛意义的社会资源优化配置，为传统能源企业实施“供给侧改革”进行了积极的探索，也为国有上市公司转型发展、进行国资国企改革尝试了一条创新之路。

（山西证监局　供稿）

国电南瑞重大资产重组案例

为履行解决同业竞争的公开承诺，进一步提升国电南瑞盈利能力，国电南瑞与控股股东南瑞集团于2017年完成重大资产重组，通过发行股份及支付现金购买资产方式，收购南瑞集团及相关方资产。并计划配套募集资金用于后续产业发展。

一、资产重组背景

（一）控股股东履行同业竞争相关承诺

2013年国电南瑞进行重大资产重组，国网电科院、南瑞集团曾承诺自该次重组完成后3年内解决国电南瑞与国网电科院、南瑞集团下属普瑞特高压、中电普瑞电网监控技术分公司、继保电气之间的同业竞争，本次重组将通过注入相关资产履行上述承诺。

（二）落实推动国资委关于国企主业资产整体上市的战略要求

积极落实国务院关于国有企业发展混合所有制经济的相关政策意见，通过整体上市、并购重组等方式，逐步调整国有股权比例，积极引入各类投资者，形成股权结构多元、股东行为规范、内部约束有效、运行高效灵活的经营机制。本次交易为落实国家积极推进的国有企业整体上市和积极推进混合所有制改革的精神，以国电南瑞作为上市平台，将国网电科院、南瑞集团下属主要资产注入上市公司，以实现南瑞集团及国网电科院核心业务资产的整体上市。

二、资产重组过程

（一）决策、审批过程

2016年12月28日13：00国电南瑞股票以重大事项开始临时停牌。

2016年12月29日，国电南瑞发布重大事项停牌公告，公司因筹划重大项目连续停牌。

2017年1月12日，国电南瑞发布重大资产重组停牌公告，确认与控股股东进行重大资产重组。

2017年5月16日，2017年7月31日国电南瑞分别召开第六届董事会第十一次会议、第十三次会议，审议通过重组方案等议案。

2017年7月20日，国务院国资委完成对标的资产评估报告的备案。

2017年8月17日，国务院国资委出具的《关于国电南瑞科技股份有限公司资产重组和配套融资有关问题的批复》（国有产权〔2017〕768号），原则同意国电南瑞本次资产重组及配套融资总体方案。

2017年8月21日，上市公司召开2017年第三次临时股东大会，审议通过本次交易方案。

2017年8月22日，上市公司向中国证监会提交申报材料，并于28日获受理。

2017年10月20日，商务部反垄断局出具的《不实施进一步审查通知》（商反垄初审函〔2017〕第272号），“对国电南瑞科技股份有限公司收购国网电力科学研究院部分业务案不实施进一步审查，从即日起可以实施集中。”

2017年12月4日，中国证监会出具《关于核准国电南瑞科技股份有限公司向南瑞集团有限公司等发行股份购买资产并募集配套资金的批复》（证监许可〔2017〕2224号）。

（二）重组交割及股份登记

2017年12月22日，国电南瑞和国网电科院、南瑞集团分别签订重组交割协议，国网电科院、南瑞集团已将本次纳入重组范围的全部资产过户或交付给国电南瑞。立信会计师对国电南瑞本次发行股份购买资产新增注册资本以及实收资本进行了审验，出具了《验资报告》。2017年12月26日，本次发行股份购买资产新增股份已在中国证券登记结算有限责任公司上海分公司办理完成登记托管手续。国网电科院、南瑞集团因本次重组新增的股份限售期为股份登记完成日起36个月，其他认购方为12个月。2017年12月28日，上市公司对外发布《发行股份及支付现金购买资产并募集配套资金暨关联交易之发行股份购买资产发行结果暨股份变动公告》，标志着本次重组工作实施完毕。

三、资产重组意义

（一）拓展上市公司产业链，提高上市公司资产质量，增强上市公司持续经营能力

本次重组完成后，上市公司的业务范围和业务规模将得到拓展和增长，公司将新增继电保护及柔性输电、电力信息通信等领域的业务，标的资产盈利能力较强，资产质量较好，未来成长空间较大，上市公司的业务布局、资产质量、盈利能量将得到显著提高，为国电南瑞抢抓能源电力变革发展机遇，打造电力二次设备旗舰企业创造了条件。

（二）履行了资本市场承诺，树立良好央企形象

通过本次重组，兑现控股股东的公开承诺，消除了与上市公司的同业竞争，树立了国电南瑞在资本市场的良好形象，为公司后续利用上市公司平台加大资本运作创造了条件。

（江苏证监局　供稿）

大事记

大事记

2016 年 1 月 1 日 财政部发布的《关于征收工业企业结构调整专项资金有关问题的通知》（财税〔2016〕6 号）开始实施。

2016 年 1 月 9 日 中国证监会制定并发布的《上市公司大股东、董监高减持股份的若干规定》（证监会公告〔2016〕1 号）开始施行，证监会公告〔2015〕18 号同时废止。

2016 年 1 月 15 日 国务院印发《推进普惠金融发展规划（2016～2020 年）》（国发〔2015〕74 号）。

2016 年 1 月 18 日 国家税务总局发布《关于修改企业所得税年度纳税申报表（A 类，2014 年版）部分申报表》的公告（国家税务总局公告 2016 年第 3 号）。

2016 年 2 月 4 日 深圳证券交易所制定并发布《债券业务办理指南第 1 号——公开发行公司债券上市预审核、发行及上市业务办理》和《债券业务办理指南第 2 号——非公开发行公司债券转让条件确认、发行、转让及投资者适当性管理业务办法》。

2016 年 2 月 4 日 国务院发布《国务院关于钢铁行业化解过剩产能实现脱困发展的意见》（国发〔2016〕6 号）。

2016 年 2 月 5 日 国务院发布《国务院关于煤炭行业化解过剩产能实现脱困发展的意见》（国发〔2016〕7 号）。

2016 年 2 月 18 日 国家税务总局发布关于贯彻落实《高新技术企业认定管理办法》的通知（税总函〔2016〕74 号）。

2016 年 2 月 25 日 中国人民银行按照定向降准相关制度，对参与定向降准金融机构 2015 年度支持“三农”和小微企业领域情况进行考核，并根据考核结果动态调整其存款准备金率。

2016 年 3 月 1 日 中国人民银行普遍下调金融机构人民币存款准备金率 0.5 个百分点，以保持金融体系流动性合理充裕。

2016 年 3 月 10 日 财政部发布《关于铁路债券利息收入所得税政策问题的通知》（财税〔2016〕30 号）。

2016 年 3 月 18 日 深圳证券交易所制定并发布《上市公司信息披露简明展示业务操作指南》。

2016 年 3 月 21 日 中国人民银行、民政部、银监会、证监会、保监会联合印发《关于金融支持养老服务业加快发展的指导意见》（银发〔2016〕65 号），大力推动金融组织、产品和服务创新，改进完善养老领域金融服务，支持养老服务业加快发展。

2016 年 3 月 23 日 中国人民银行、发展改革委、财政部、银监会、证监会、保监会、扶贫办联合印发《关于金融助推脱贫攻坚的实施意见》（银发〔2016〕84号），紧紧围绕“精准扶贫、精准脱贫”基本方略，提出了金融助推脱贫攻坚6个方面共22条细化落实措施，明确了新形势下金融助推脱贫攻坚的总体要求、目标任务和重点工作。

2016年4月6日 中国人民银行印发《中国人民银行抵押补充贷款管理办法（试行）》（银发〔2016〕101号），进一步加强抵押补充贷款管理。

2016年4月12日 国务院印发《互联网金融风险专项整治工作实施方案》（国办发〔2016〕21号）。

2016年4月15日 中国银监会、科技部、中国人民银行发布《关于支持银行业金融机构加大创新力度开展科创企业投贷联动试点的指导意见》（银监发〔2016〕14号）。

2016年4月21日 中国人民银行、银监会、证监会、保监会联合印发《关于支持钢铁煤炭行业化解过剩产能实现脱困发展的意见》（银发〔2016〕118号），引导金融机构坚持区别对待、有扶有控原则，满足钢铁、煤炭企业合理资金需求，严格控制对违规新增产能的信贷投入。支持企业债务重组和兼并重组，推动钢铁、煤炭行业结构调整优化，支持银行加快不良资产处置，依法处置企业信用违约事件。

2016年4月22日 深圳证券交易所制定并发布《深圳证券交易所关于开展绿色公司债券业务试点的通知》。

2016年4月28日 深圳证券交易所修订并发布《深圳证券交易所交易规则》《深圳证券交易所投资者网络服务身份认证业务指引》《深圳证券交易所上市公司股东大会网络投票实施细则》。

2016年4月29日 全国中小企业股份转让系统发布并实行《全国中小企业股份转让系统自律监管措施和纪律处分实施办法（试行）》的公告（股转系统公告〔2016〕20号）。

2016年05月05日 中国保监会发布《保险公司资金运用信息披露准则第4号：大额未上市股权和大额不动产投资》。

2016年5月27日 中国人民银行、农业部、银监会、证监会、保监会、国家外汇管理局等6部门联合印发《关于做好现代种业发展金融服务的指导意见》（银发〔2016〕154号），要求加大对现代种业的金融支持，培育壮大育繁推一体化的种子龙头企业，保障国家粮食安全和农业持续稳定发展。

2016年5月27日 中国人民银行、国务院扶贫办、银监会、证监会、保监会5部门联合印发《关于加强金融精准扶贫信息对接共享工作的指导意见》（银发〔2016〕155号），推动建立金融扶贫信息与扶贫基础信息对接共享机制，夯实金融精准扶贫工作基础。

2016年5月27日 全国中小企业股份转让系统发布并实行《全国中小企业股份转让系统挂牌公司分层管理办法（试行）》。

2016年6月2日 财政部印发《金

融企业绩效评价办法》（财金〔2016〕35号）。

2016 年 6 月 22 日 科技部、财政部、国家税务总局发布关于修订印发《高新技术企业认定管理工作指引》的通知（国科发火〔2016〕195 号）

2016 年 7 月 14 日 深圳证券交易所修订并发布《创业板行业信息披露指引第 1 号——上市公司从事广播电影电视业务》。

2016 年 7 月 26 日 国务院发布《关于推动中央企业结构调整与重组的指导意见》（国办发〔2016〕56 号）。

2016 年 07 月 26 日 中国保监会发布《关于进一步加强保险公司股权信息披露有关事项的通知》。

2016 年 8 月 1 日 财政部、海关总署、国家税务总局发布《关于动漫企业进口动漫开发生产用品税收政策》的通知（财关税〔2016〕36 号）。

2016 年 8 月 5 日 国家发展改革委发布《关于开展 2016 年度备案创业投资企业年检工作》的通知（发改办财金〔2016〕1791 号）。

2016 年 8 月 11 日 财政部、国家税务总局发布《关于科技企业孵化器税收政策》的通知（财税〔2016〕89 号）。

2016 年 8 月 13 日 中国证监会公布的《上市公司股权激励管理办法》（证监会令【第 126 号】）开始施行。

2016 年 8 月 13 日 深圳证券交易所修订并发布《主板信息披露业务备忘录第 3 号——股权激励及员工持股计划》。

2016 年 08 月 15 日 中国保监会发布《关于保险公司在全国中小企业股份转让系统挂牌有关事项的通知》。

2016 年 8 月 18 日 国家发展改革委发布《关于进一步规范原油加工企业申报使用进口原油有关工作》的通知（发改电〔2016〕485 号）。

2016 年 8 月 22 日 国务院印发《降低实体经济企业成本工作方案》（国发〔2016〕48 号）。

2016 年 8 月 23 日 国务院发布《关于建立国有企业违规经营投资责任追究制度的意见》（国办发〔2016〕63 号）。

2016 年 8 月 24 日 中国银监会、工业和信息化部、公安部、国家互联网信息办公室发布并实施《网络借贷信息中介机构业务活动管理暂行办法》。

2016 年 8 月 24 日 财政部、国家税务总局发布《关于供热企业增值税、房产税、城镇土地使用税优惠政策》的通知（财税〔2016〕94 号）。

2016 年 8 月 26 日 国家发展改革委发布《关于加强地方天然气输配价格监管降低企业用气成本》的通知（发改价格〔2016〕1859 号）。

2016 年 8 月 31 日 经中央全面深化改革领导小组第二十七次会议审议通过，中国人民银行、财政部、发展改革委、环境保护部、银监会、证监会、保监会联合印发《关于构建绿色金融体系的指导意见》（银发〔2016〕228 号），通过创新性金融制度安排发展绿色金融，利用绿色信贷、绿色债券等金融工具和相关政策为绿色发展服务，推进供给侧结构性改革。

2016 年 9 月 2 日 深圳证券交易所作出自 9 月 6 日起暂停丹东欣泰电气股份有限公司股票上市的决定。

2016 年 9 月 5 日 全国中小企业股份转让系统发布并实行《全国中小企业股份转让系统公开转让说明书信息披露指引（试行）》1～6 号的公告（股转系统公告〔2016〕74 号）。

2016 年 9 月 9 日 中国证监会公布并实施证监会令【第 127 号】《关于修改〈上市公司重大资产重组管理办法〉的决定》。

2016 年 9 月 9 日 中国证监会公布并实施证监会公告〔2016〕17 号《关于修改〈关于规范上市公司重大资产重组若干问题的规定〉的决定》。

2016 年 9 月 9 日 中国证监会公布并实施证监会公告〔2016〕16 号《关于修改〈关于加强与上市公司重大资产重组相关股票异常交易监管的暂行规定〉的决定》。

2016 年 9 月 20 日 国务院发布《关于促进创业投资持续健康发展的若干意见》（国发〔2016〕53 号）。

2016 年 9 月 30 日 中国证监会公布并实施证监会公告〔2016〕22 号《上市公司股东大会规则（2016 年修订）》。

2016 年 9 月 30 日 中国证监会公布并实施证监会公告〔2016〕23 号《上市公司章程指引（2016 年修订）》。

2016 年 9 月 30 日 深圳证券交易所发布与深港通相关的八大业务规则，包括：《深港通业务实施办法》《港股通投资者适当性管理指引》《港股通交易风险揭示书必备条款》《港股通委托协议必备条款》《关于深港通业务中上市公司信息披露及相关事项的通知》《香港结算参与网络投票实施指引》，以及修订后的《股东大会网络投票实施细则》和《交易规则》。

2016 年 9 月 30 日 深圳证券交易所修订并发布《上市公司业务办理指南——重大资产重组》。

2016 年 10 月 1 日 全国中小企业股份转让系统发布的《全国中小企业股份转让系统主办券商内核工作指引（试行）》的公告（股转系统公告〔2016〕32 号）开始施行。

2016 年 10 月 1 日 人民币加入 SDR 货币篮子正式生效。

2016 年 10 月 8 日 财政部发布《关于银行业金融机构存款保险保费企业所得税税前扣除有关政策问题》的通知（财税〔2016〕106 号）。

2016 年 10 月 20 日 国家发展改革委发布开展《有关原油加工企业使用进口原油专项督查》的通知（发改办运行〔2016〕2212）。

2016 年 10 月 28 日 深圳证券交易所实施《创业板公司上市首日行业交流工作制度（试行）》，开展新公司上市首日行业交流活动。

2016 年 11 月 2 日 财政部发布《关于保险公司准备金支出企业所得税税前扣除有关政策问题》的通知（财税〔2016〕

114 号）。

2016 年 11 月 4 日 中国人民银行、中国证券监督管理委员会联合印发《关于内地与香港股票市场交易互联互通机制有关问题的通知》（银发〔2016〕282 号）。12 月 5 日正式启动深港通。

2016 年 11 月 14 日 深圳证券交易所制定并发布《行业信息披露指引第 4 号——上市公司从事种业、种植业务》《行业信息披露指引第 5 号——上市公司从事工程机械相关业务》和《行业信息披露指引第 6 号——上市公司从事装修装饰业务》。

2016 年 11 月 22 日 财政部、国家税务总局发布关于落实降低企业杠杆率税收支持政策的通知（财税〔2016〕125 号）。

2016 年 11 月 28 日 财政部、国家税务总局发布《关于大型客机和大型客机发动机整机设计制造企业房产税 城镇土地使用税政策》的通知（财税〔2016〕133 号）。

2016 年 11 月 29 日 中国人民银行印发《关于进一步明确境内企业境外放款业务有关事项的通知》（银发〔2016〕306 号），进一步规范境内企业人民币境外放款业务，引导境外放款跨境人民币结算有序开展。

2016 年 12 月 5 日 财政部、国家税务总局、证监会联合发布的《关于深港股票市场交易互联互通机制试点有关税收政策的通知》开始执行。

2016 年 12 月 7 日 财政部发布《关于进一步加强国有金融企业股权管理工作有关问题》的通知（财金〔2016〕122 号）。

2016 年 12 月 9 日 国家税务总局发布《关于房地产开发企业土地增值税清算涉及企业所得税退税有关问题的公告》（国家税务总局公告 2016 年第 81 号）。

2016 年 12 月 15 日 国家发展改革委发布《2016 年国家企业技术中心名单》的通知（发改高技〔2016〕2680 号）。

2016 年 12 月 16 日 中国银监会、发展改革委、工业和信息化部发布《关于钢铁煤炭行业化解过剩产能金融债权债务问题的若干意见》（银监发〔2016〕51 号）。

2016 年 12 月 20 日 财政部印发《企业破产清算有关会计处理规定》（财会〔2016〕23 号）。

2016 年 12 月 27 日 财政部、海关总署、国家税务总局发布《关于“十三五”期间支持科技创新进口税收政策》的通知（财关税〔2016〕70 号）。

2016 年 12 月 28 日 国务院发布《关于进一步促进农产品加工业发展的意见》（国办发〔2016〕93 号）。

2016 年 12 月 28 日 国务院发布《关于成立国家新材料产业发展领导小组》的通知（国办发〔2016〕97 号）。

2016 年 12 月 29 日 国家发展改革委发布《关于公布 2015 年度企业债券主承销商信用评价结果》的通知（发改办财金〔2016〕2834 号）。

2016 年 12 月 29 日 中国保监会宣布将全面修订《保险公司股权管理办法》，

严格股权监管，确保保险姓保。

2016年12月30日 深圳证券交易所制定并发布《关于做好上市公司扶贫工作信息披露的通知》。

2016年12月30日 深圳证券交易所修订并发布《创业板信息披露业务备忘录第10号：定期报告披露相关事项》《创业板信息披露业务备忘录第11号：业绩预告、业绩快报及修正公告》和《创业板信息披露业务备忘录第21号——上市公司与专业投资机构合作投资》。